Schweiz

Nicola Williams
Damien Simonis, Kerry Walker

Unterwegs

NICOLA WILLIAMS Hauptautorin
Wieder zu Hause: Ich war gerade mit der Familie eine Woche skifahren auf der Bettmeralp (S. 186), eine wahre Perle in den schweizerischen Bergen: Sie ist autofrei, Kinder fahren auf Bilderpuchpisten, hochgelegene Pisten führen in die Nähe des Aletschgletschers. Zurück ging's mit der Seilbahn, dem Glacier Express, noch einem Zug, dann mit dem Boot über den Genfer See zu unserem Dorf am See.

DAMIEN SIMONIS An einem herrlichen Herbsttag hielten wir an, um die Landschaft zwischen Altdorf und Glarus, einige Kilometer vom Klausenpass entfernt, zu bestaunen. Nach einer langen Tour Richtung Nordosten – ein faszinierender Stopp folgte dem anderen – ist man völlig bezaubert von dieser wenig bereisten Gegend.

KERRY WALKER Ein blauer, klarer Himmel, Gletscher und golden schimmernde Hochmoore – das Zmuttal auf dem Höhenweg Höhbalmen (S. 69) hat alles, was ich an der Schweiz so liebe. Nahe des Matterhorns, aber Millionen Kilometer entfernt vom hektischen Treiben in Zermatt, ist es hier wild, gelassen und im diffusen Septemberlicht einfach großartig.

Mehr zu den Autoren auf S. 417.

ALPINE EUPHORIE

Die Schweiz zählt zu Europas fortschrittlichsten Nationen. Mit lebendigen Städten, erhabenen Bergen, malerischen Landschaften, inspirierender Kunst, vier Sprachen und kultureller Vielfalt bietet sie das volle Programm. Die alpinen Zentren mit Action pur bringen das Herz zum Klopfen und öffnen die Seele, dafür sorgen auch superzarte Schokolade, Uhren und Männer in Trachten mit Federhüten. Reisen durch dieses lebenslustige Land versetzen Körper und Sinne in höchste Euphorie.

Spektakuläre Aussichten

Kein anderes Land ist für Outdoor-Aktivitäten besser geeignet als die Schweiz mit ihrer perfekten Postkartenlandschaft. Die göttliche Mischung aus grünen und felsigen Gipfeln, traumhaften, weißen Gletschern inmitten dieser wunderbaren Landschaft lassen niemanden kalt: Man schnüre die Wanderstiefel, steige aufs Snowboard, trete in die Pedale, begebe sich in die Lüfte – und lasse sich von der Begeisterung anstecken, die all die herrlichen Ausblicke auslösen.

❶ Aletschgletscher
Aus gutem Grund gehört der Aletschgletscher (S. 185) zu den Naturwundern der Welt: Vom Jungfraujoch schweift der Panoramablick ungehindert über dieses 23 km lange Meer aus Eis, Fels und Schnee. Die Aussicht von den Skihängen der autofreien Bettmeralp ist ebenfalls genial.

❷ Genfer See
In Lavaux am Ufer des Genfer Sees (S. 127) führen Reihen von Weinstöcken in lebhaftem Smaragdgrün exakt parallel bergauf. Der beste Aussichtspunkt in einer Stadt auf den größten See Europas (mit dem Mont Blanc im Hintergrund) ist der Quai du Mont Blanc in Genf (S. 99).

❸ Staubbachfall, Lauterbrunnen
Der schmale Wasserfall (S. 204) zog bereits Goethe und Lord Byron in seinen Bann – so sehr, dass die himmlische Schönheit der märchenhaften Sprühnebel am Fels beide Literaturgrößen zu Lobgedichten inspirierte. Der Rheinfall (S. 310) donnert wesentlich lauter zu Tal.

❹ Vierwaldstätter See
Am Rand der schimmernden Wasserfläche (S. 274) wartet überall eine höchst lohnenswerte Aussicht auf grüne Hügelflanken, Wiesen, Täler und versteckt liegende Urlaubsorte. Von den Gipfeln von Pilatus, Rigi oder Stanserhorn aus lässt sich das Ganze aus der Vogelperspektive betrachten.

❺ Klöntal
In einem der ursprünglichsten Täler des Landes (S. 323) kann man der Zivilisation entfliehen: Majestätische Wasserfälle haben dort tiefe Spalten in den Fels gegraben, während der spiegelglatte Klöntaler See für eine perfekte Idylle steht.

❻ Hölloch
Das längste Höhlensystem (S. 281) Europas ist weltweit das drittgrößte seiner Art. Dort kann man den Untergrund der Schweiz bei Wanderungen durch ein 170 km langes Labyrinth von Gängen erkunden und dabei im Biwak übernachten.

❼ Ruinaulta
Besucher der glazialen Ruinaulta (Rheinschlucht; S. 82) können bizarr anmutende Kalksteinnadeln erwandern oder von einem Wildwasserfloß aus bewundern. Ganz Mutige unternehmen Klettertouren. (S. 334).

Kunst & Architektur

Die schweizerische Architektur – ihre Palette reicht von romanisch bis modern – ist dynamisch und innovativ, aber stets traditionsbewusst. Sie verbindet moderne Wahrzeichen mit historischen Gebäuden wie bezaubernden Bergbauernhöfen. Dort stehen Bänke mit leeren Metallmilchkannen vor betagten Klappfensterläden und rotem Geranienschmuck.

❶ Bern
Die Hauptstadt der Schweiz ist ein Paradies für Kunst- und Architekturfans. Hierfür sorgen u. a. mittelalterliche, gepflasterte Straßen, eine astronomische Uhr und Folkloregifuren, die sich seit dem 16. Jh. in Brunnen tummeln – ganz zu schweigen von den drei Wellen aus Stahl des Architekten Renzo Piano, in denen das Zentrum Paul Klee (S. 203) untergebracht ist.

❷ Château de Chillon
Dieses Märchenschloss (S. 128) ist landesweit das schönste seiner Art und genau so, wie man sich ein solches Bauwerk vorstellt: In historischer Pracht ragt es gleichsam romantisch und zuckersüß über dem Genfer See empor. Gleich dahinter rangieren Schloss Thun (S. 209) und das Château de Grandson am Lac de Neuchâtel (S. 132).

❸ Le Corbusier
In La Chaux-de-Fonds (S. 151) errichtete der gebürtige Schweizer einst das Weiße Haus für seine Eltern. Besucher können auf den Spuren des Architekturgotts wandeln und mit dem heutigen Le Corbusier Museum in Zürich (S. 251) dessen allerletztes Werk bewundern.

❹ Sammlung Rosengart & KKL
Luzern erfreut sich gleich zweier Kulturhighlights: Der unvergleichlichen Sammlung Rosengart mit Werken Picassos sowie des großartigen Kultur- und Kongresszentrums Luzern (KKL; S. 269). Letzteres wurde von Jean Nouvel entworfen und zeigt tolle Ausstellungen mit zeitgenössischer Kunst.

❺ Fondation Pierre Gianadda
Martignys futuristische Betonkreation (S. 161) vereint Kunst und Architektur. Hier hängen Werke von Picasso, Cézanne und van Gogh. Skulpturen von Henri Moore und Niki de Saint Phalle zieren das Außengelände.

❻ Fondation Beyeler
Der langgestreckte Bau nach einem Entwurf Renzo Pianos (S. 295) wird vom Tageslicht durchflutet. Er ist genauso aufregend wie die bedeutende zeitgenössische Kunstsammlung im Inneren, die landesweit ihresgleichen sucht.

❼ Therme Vals & Zervreilasee
Der berühmteste Wellnesstempel der Schweiz (S. 335) empfängt Badegäste in topmodernem Quarzitdesign. Wer anschließend noch zum türkisblauen See in der Nachbarschaft wandert, wird wochenlang im Zenhimmel weilen.

❽ Lugano
Mario Botta, der berühmteste zeitgenössische Architekt des Landes (S. 363), ist in seiner Heimatstadt überall präsent.

Urbane Lebensart

Nicht alles dreht sich nur ums Wandern, Fondue und Après-Ski: Die schicken schweizerischen Stadtlandschaften sind von insgesamt vier Sprachen und einer großen Kulturvielfalt geprägt – ein kräftiger Cocktail aus Straßenleben, Edel-Shopping und frühmorgendlichen Alpin-Adrenalinkicks. Und wenn die Sonne über dem See untergeht, hält auch die gute alte Romantik Einzug.

❶ Züricher Nachtleben
Europas hippste Stadt – ein Loblied auf die Stadtsanierung! – schreit nach Party. Fashion-Freaks pilgern zum Freitag (S. 260), das den obersten Stock des ersten Wolkenkratzers im Stadtkreis 5 belegt. Danach stillt man den Durst in Uferbars und tanzt in Züri-West (S. 258) bis zum Morgengrauen ab.

❷ Genfer Möwen
Im französischsprachigen Genf, der kosmopolitischsten Stadt der Schweiz (S. 93), wohnen etwa 180 verschiedene Nationalitäten. Deren Alltag ist stark von Les Mouettes (frz. „Möwen") geprägt – kanariengelben Wassertaxis, die über den Genfer See flitzen.

❸ Luzern
Das Promenieren über seine mittelalterliche Seebrücke macht Luzern so unwiderstehlich. Aber auch der tolle Blick aufs Wasser, Freiluftcafés, die bonbonfarbene Architektur und Raritäten aus der Gründerzeit garantieren einen super Aufenthalt (S. 267).

❹ Lausanne
Bis heute besteigt ein Nachtwächter allabendlich den Uhrenturm der gotischen Kathedrale von Lausanne (S. 113), um zu jeder vollen Stunde die Uhrzeit auszurufen. Am Nationalfeiertag der Schweiz (1. Aug.) unbedingt ein Tretboot mieten, um das Feuerwerk vom See aus zu betrachten.

❺ Zug
Mit den niedrigsten Steuersätzen des Landes lockt Zug (S. 286) zahlreiche Großverdiener ans Nordufer des Zuger Sees. Ein Stück likörgetränkte Kirschtorte in der mittelalterlichen Altstadt weckt eigene Millionärsambitionen.

❻ St. Gallen
Das traditionsverbundene St. Gallen (S. 315) besticht durch eine tolle Rokoko-Bibliothek, unterhaltsames Amüsement auf dem roten Platz und Kneipen in Fachwerkhäusern.

❼ Chur
Das Welschdörfli in der ältesten Stadt des Landes (S. 329) ist für sein ausschweifendes Nachtleben bekannt. Gegen Katerstimmung am nächsten Morgen hilft eine Dosis alpine Aktivitäten in Arosa (S. 331), das über 365 Serpentinen erreichbar ist.

Schräge Feste

Flaggenschwingen, Jodeln und Bartschneiden, Steinstoßen, Kuhkämpfe und Ringen – die Schweizer wissen ihre Feste äußerst ungewöhnlich, aber fröhlich zu feiern. Angesichts zahlreicher Schutzheiliger, Erntefeste, historischer und kultureller Traditionen gibt es auch immer etwas zu feiern. Hier ist jeder Tag ein Festtag!

❶ Street Parade, Zürich
Jedes Jahr im August steigt in Zürich mit einem wilden und exzentrischen Mega-Technoevent die größte Straßenparty in ganz Europa (S. 254).

❷ Harder-Potschete, Interlaken
Kichernde und fauchende Unholde in Warzenmasken machen am 2. Januar Interlaken unsicher und heizen die närrische Feierwut mit möglichst viel schellenklingendem Schabernack an (S. 192).

❸ L'Escalade, Genf
Ende Dezember werden in Genf traditionell mit Marzipan gefüllte Schokoladenkessel zerschlagen. Anschließend verspeist das Publikum die süßen Bruchstücke auf den gepflasterten Altstadtstraßen (S. 101).

❹ Fastnacht, Luzern
Direkt vor der Fastenzeit sind in Luzern sechs Tage lang buchstäblich die Narren los (S. 272) – mit allem, was dazugehört.

Inhalt

Unterwegs	4
Alpine Euphorie	5
Reiseziel Schweiz	16
Bevor es losgeht	17
Festkalender	21
Reiserouten	23
Geschichte	27
Kultur	36
Essen & Trinken	46
Natur & Umwelt	55

Wandern in der Schweiz 60

Bevor es losgeht	61
Praktische Informationen	61
Wanderzeit	62
Ausrüstung	62
Routeninfos	64
Verantwortungsbewusst wandern	64
Sicherheit & Notfälle	66
WALLIS	**66**
Aletschgletscher	66
Höhenweg Höhbalmen	69
Bisse de Clavau	71
BERNER OBERLAND	**72**
Kleine Scheidegg	72
Faulhornweg	75
ZENTRALSCHWEIZ	**77**
Bürgenstock Felsenweg	77
NORDOSTSCHWEIZ	**79**
Zwinglipass	79
GRAUBÜNDEN	**82**
Ruin' Aulta (Rheinschlucht)	82
Parpaner Rothorn	84
Rundweg beim Lai Da Tuma	86
Seenplatte von Macun	88
TESSIN	**91**
Cima Della Trosa	91

Genf (Genève) 93

Geschichte	94
Orientierung	94
Praktische Informationen	94
Sehenswertes	95
Genf mit Kindern	100
Geführte Touren	100
Feste & Events	101
Schlafen	101
Essen	104
Ausgehen	106
Unterhaltung	108
Shoppen	109
An- & Weiterreise	109
Unterwegs vor Ort	110

Genfer See & Waadt (Vaud) 111

LAUSANNE	**113**
Rund um Lausanne	123
SCHWEIZER RIVIERA	**124**
Vevey	124
Rund um Vevey	127
Weinanbaugebiet Lavaux	127
Montreux & Umgebung	127
NORDWESTLICHES WAADT (VAUD)	**130**
Yverdon-Les-Bains	130
Rund um Yverdon-Les-Bains	132
Zum Lac De Joux	132
ALPES VAUDOISES (WAADTLÄNDER ALPEN)	**133**
Aigle	134
Leysin	134
Les Diablerets	134
Villars & Gryon	134
Pays d'Enhaut	135

Fribourg, Neuchâtel & Jura 136

Anreise & Unterwegs vor Ort	137
CANTON DE FRIBOURG (KANTON FREIBURG)	**137**

Fribourg (Freiburg)	137	
Estavayer-Le-Lac	142	
Murten	143	
Rund um Murten	144	
Gruyères	145	
Broc & Bulle	146	
Charmey & Der Schwarzsee	147	
CANTON DE NEUCHÂTEL (KANTON NEUENBURG)	**147**	
Neuchâtel (Neuenburg)	147	
Rund um Neuchâtel	151	
Montagnes Neuchâteloises	153	
CANTON DE JURA (KANTON JURA)	**154**	
Franches Montagnes	154	
Nordjura	155	

Wallis (Valais) 158

UNTERWALLIS	**160**
Champéry	160
Martigny	161
Martigny & Umgebung	164
Mont Blanc	165
Verbier	165
Val de Bagnes	168
Ovronnaz	168
Sion (Sitten)	168
Rund um Sion	171
Sierre	172
Salgesch	173
Crans-Montana	174
Val d'Anniviers	175
OBERWALLIS	**176**
Leuk	176
Leukerbad	176
Lötschental	177
Visp	178
Brigerbad	178
Zermatt	178
Saas Fee	183
Brig	184
Goms & Aletschgletscher	185

Berner Oberland 188

INTERLAKEN	**190**
RUND UM INTERLAKEN	**196**
Schynige Platte	196
St. Beatus-Höhlen	196
JUNGFRAU-REGION	**196**
Grindelwald	198
Rund um Grindelwald	201
Kleine Scheidegg	202
Jungfraujoch	203
Lauterbrunnen	204
Wengen	206
Stechelberg	207
Mürren	207
Gimmelwald	208
Schilthorn	209
DIE SEEN	**209**
Thun	209
Spiez	211
Thunersee	212
Brienz	212
Rund um Brienz	214
ÖSTLICHES BERNER OBERLAND	**214**
Meiringen	214
WESTLICHES BERNER OBERLAND	**216**
Kandersteg	216
Gstaad	217

Mittelland 220

BERN	**221**

Outdoor-Aktivitäten 229

BIEL (BIENNE)	**239**
Rund um Biel	241
REGION EMMENTAL	**242**
SOLOTHURN (SOLEURE)	**244**
Rund um Solothurn	246

Zürich 247

Geschichte	248
Orientierung	248
Praktische Informationen	248
Sehenswertes	249
Feste & Events	253
Schlafen	254
Essen	255
Ausgehen	258
Unterhaltung	258
Shoppen	260
An- & Weiterreise	260
Unterwegs vor Ort	261
RUND UM ZÜRICH	**261**
Uetliberg	261
Rapperswil-Jona	262
Winterthur	262

Zentralschweiz 265

LUZERN	**267**
VIERWALDSTÄTTER SEE	**274**
Pilatus	275
Stanserhorn	276
Beckenried	276
Rigi	276
URNERSEE	**278**
Brunnen	278
DER KANTON SCHWYZ	**280**
Schwyz	280
Einsiedeln	281
ENGELBERG	**282**
DER KANTON ZUG	**286**
Zug	286
GOTTHARD-PASS	**288**
Andermatt	288

Basel & Aargau 290

BASEL	**291**
Basel & Umgebung	301
KANTON AARGAU	**301**
Baden	302
An der Aare entlang	303

Nordostschweiz 306

KANTON SCHAFFHAUSEN	**307**
Schaffhausen	308
Rheinfall	310
Klettgau	310
Stein am Rhein	311
BODENSEE	**312**
Konstanz	313
Kreuzlingen	313
Friedrichshafen	313
Romanshorn & Arbon	314
Rorschach	314
Bregenz	315
KANTONE ST. GALLEN & APPENZELL	**315**
St. Gallen	315
Von St. Gallen nach Appenzell	318
Appenzell	318
Säntis	320
Von Appenzell nach Toggenburg	320
Walensee	321
Taminatal & Sardona	322
KANTON GLARUS	**322**
Vom Walensee nach Glarus	322
Klöntal	323
Südlich von Glarus	323
Klausenpass	323

Graubünden 324

CHUR	**326**
RUND UM CHUR	**330**
Lenzerheide & Valbella	330
Arosa	331

INHALT

WESTLICH VON CHUR	333	LUGANO	361	**Gesundheit**	**405**
Flims, Laax & Falera	333	Rund um Lugano	366		
Ilanz	335	LAGO DI LUGANO (LUGANER SEE)	366		
Valsertal & Val Lumnezia	335			**Sprache**	**408**
Disentis/Mustér & Val Medel	336	Gandria	366		
		Campione d'Italia	367		
SÜDLICH VON CHUR	337	Monte Generoso	367		
Via Mala & Averstal	337	Halbinsel Ceresio	367	**Alternative Ortsnamen**	**415**
Splügen & Valle Vesolcina (Misox)	337	Mendrisio & Umgebung	368		
		Meride	368		
NÖRDLICH VON CHUR	338	LOCARNO	369		
Bündner Herrschaft	338	Rund um Locarno	371	**Glossar**	**416**
KLOSTERS & DAVOS	339	DIE WESTLICHEN TÄLER	372		
Klosters	339	Centovalli	372		
Davos	341	Valle Onsernone	373	**Die Autoren**	**417**
Parc Ela	343	Valle Maggia	373		
DAS ENGADIN	344	Val Verzasca	374		
Unterengadin	344			**Hinter den Kulissen**	**418**
Oberengadin	347	**Liechtenstein**	**375**		
St. Moritz	348				
Silvaplana, Sils-Maria & Maloja	351	Vaduz	377		
		Rund um Vaduz	380	**GreenDex**	**431**
BERNINAPASS	351	Malbun	381		
Pontresina & Umgebung	352	Rund um Malbun	381		
Val Poschiavo	352			**Kartenlegende & Impressum**	**432**
BERGELL (VAL BREGAGLIA)	352	**Allgemeine Informationen**	**382**		
Tessin (Ticino)	**354**				
BELLINZONA	356	**Verkehrsmittel & -wege**	**394**		
Nördlich von Bellinzona	359				

Regionalkarten

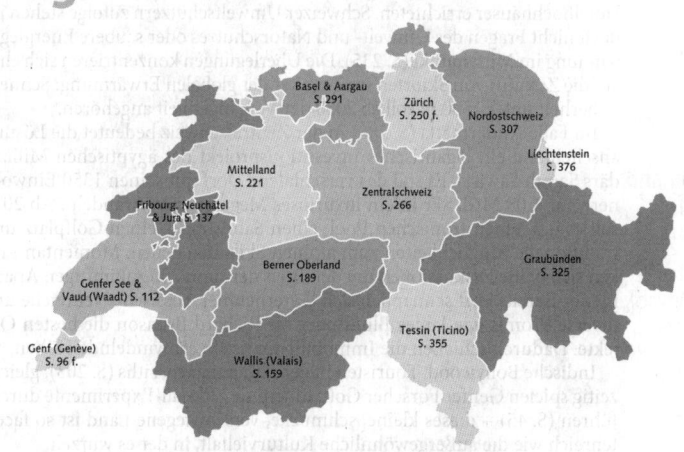

Basel & Aargau S. 291
Zürich S. 250 f.
Nordostschweiz S. 307
Liechtenstein S. 376
Mittelland S. 221
Zentralschweiz S. 266
Fribourg, Neuchâtel & Jura S. 137
Berner Oberland S. 189
Graubünden S. 325
Genfer See & Vaud (Waadt) S. 112
Genf (Genève) S. 96 f.
Wallis (Valais) S. 159
Tessin (Ticino) S. 355

Reiseziel Schweiz

Kitschromantik und Glamour in Zermatt, St. Moritz, Davos oder anderen Jetset-Hochburgen sind nur ein Teil des allumfassenden Schweizer Verführungsfaktors: In Verbier stoßen Multimillionäre mit Champagnercocktails aus Eisflöten an, während Kühe unter Glockengeläut zu geschmückten Gehöften im Engadin zurückkehren. Besucher können mit kleinen Zügen zwischen Gipfeln und Kiefern durch die Landschaft fahren, in alpinen Wellnesstempeln entspannen, auf Schneeschuhen wandern oder sich in die Luzerner Brücken verlieben. Das Leben lässt sich in dieser gemütlichen und bezaubernden Bilderbuchenklave Europas also trefflich genießen.

All dies ist der *Sonderfall Schweiz* – eine Nation, die etwas anders ist. Basis hierfür ist die Verfassung von 1874 (S. 30) und die Neutralität während beider Weltkriege (S. 31). Inzwischen schlägt die Schweiz verstärkt Wege der internationalen Kooperation ein. Dazu zählen das Aussetzen von Grenzkontrollen gegenüber Schengenstaaten Ende 2008 und die üppige Präsenz globaler Institutionen in Genf. Aber immer noch ist ein Großteil der modernen Schweiz eigenwillig, ländlich und einzigartig. Nur wenige Länder praktizieren „direkte Demokratie" über Volksentscheide und „bewaffnete Neutralität" mittels einer gut ausgebildeten Präsenzarmee, die wegen der Neutralität wohl nie einem Feind direkt gegenüberstehen wird.

Doch kein Paradies ist ungefährdet. Ende 2008 schlug die weltweite Finanzkrise auch in der Schweiz zu: Ohne staatliche Rettungspläne wäre die größte Bank des Landes am Ende gewesen (S. 34). Im August des gleichen Jahres hatte die rechtsgerichtete Schweizerische Volkspartei (SVP) durch eine Petition gegen den Bau neuer muslimischer Minarette für Aufsehen gesorgt. Der Regierung zufolge ist das Bauverbot weder menschenrechts- noch verfassungskonform. Somit soll darüber typischerweise mittels eines landesweiten Volksentscheids entschieden werden, aber das wird dauern.

Weiter oben dreht sich darum, den Alpen ein neues Gesicht zu verpassen. Stararchitekten feierten große Erfolge, indem sie ihre Bauten sensibel in die charakteristische Heidi-Landschaft einbetteten: Sir Norman Foster verkleidete seine futuristischen Apartments in St. Moritz mit Schindeln aus Lärchenholz, während Herzog & de Meuron in Davos ihre umweltgerechten Hotelhochhäuser errichteten. Schweizer Umweltschützern zufolge stehen jedoch nicht Fragen des Umwelt- und Naturschutzes oder saubere Energiegewinnung im Mittelpunkt (S. 235). Die Überlegungen konzentrieren sich eher auf die Zukunft von Skiorten im Zeitalter der globalen Erwärmung: Schneesicherheit unter 1500 m soll ab 2050 der Vergangenheit angehören.

Im Falle Andermatts (S. 288) in der Zentralschweiz bedeutet die Lösung anscheinend ein gigantisches Investitionsprojekt des ägyptischen Milliardärs Samih Sawiris. Es soll das verschlafene Dorf mit seinen 1350 Einwohnern für 1,08 Mrd. SFr in ein luxuriöses Megaresort verwandeln. Ab 2014 soll es u. a. einen tropischen Pool, einen Sandstrand, einen Golfplatz und traditionelle Möglichkeiten zum alpinen Skilaufen geben. Momentan ranken sich heiße Diskussionen um den Preis der rund 700 zukünftigen Apartments. Bereits jetzt schnappen sich Unternehmer, russische Neureiche und diverse Promis wie James Blunt oder Sir Richard Branson die besten Objekte. Dadurch schießen die Immobilienpreise in schwindelnde Höhen.

Indische Bollywood-Touristen pilgern hinauf zum Titlis (S. 203), gleichzeitig spielen Genfer Forscher Gott, indem sie Urknall-Experimente durchführen (S. 45) – dieses kleine, schmucke, verschwiegene Land ist so facettenreich wie die außergewöhnliche Kulturvielfalt, in der es wurzelt.

KURZINFOS

Bevölkerung: 7,59 Mio.

Ausländische Einwohner: 20,7 % der Gesamtbevölkerung

Fläche: 41 285 km²

Bruttoinlandsprodukt: 480 Mrd. SFr (2007)

Bruttoinlandsprodukt pro Kopf: 65 830 SFr (2007)

Wachstum Bruttoinlandsprodukt: 1,9 %

Inflationsrate: 2 %

Arbeitslosenquote: 2,4 % (2007)

Durchschnittliche Lebenserwartung (Frauen/Männer): 83,7/77,9 Jahre

Höchster Punkt: Dufourspitze (4634 m)

Bevor es losgeht

Die meisten Leute kennen die Schweiz als jenes historische, altbewährte Luxusreiseziel, bei dem man monatelang im Voraus planen muss, um ein Zimmer (irgendeins, nicht etwa ein besonderes) in einem der legendären edlen Hotels zu ergattern. Weniger Menschen wissen, dass es auch typisch Schweiz ist, den Überfluss Überfluss sein zu lassen, zu improvisieren, sich mit wenig zufrieden zu geben und anzureisen, ohne vorher groß zu planen oder zu reservieren.

Mit ein paar Münzen in der Tasche kommt man in der Schweiz nicht weit, aber das heißt nicht, dass man ein Vermögen ausgeben muss, wenn man das Land besuchen will. Die andere – positive – Seite ist, dass man hier reibungslos, unkompliziert, bekanntermaßen zuverlässig, normalerweise gut organisiert und ohne böse Überraschungen reist.

Zum Klima s. S. 387. Dort sind auch Klimadiagramme zu finden.

REISEZEIT

Im Sommer, d. h. von Juni bis August, ist das Wetter am besten für Aktivitäten im Freien (S. 229) – abgesehen natürlich vom Wintersport. Einige der extremeren Zeitvertreibe, z. B. Kanufahren, werden nur in dieser Zeit angeboten. Hauptsaison ist im Juli und August, dann steigen die Preise steil an, die Unterkünfte sind komplett ausgebucht und die meisten Sehenswürdigkeiten sind überlaufen. Logischerweise sind in den Monaten direkt vor und nach der Sommersaison die Konditionen besser und weniger Leute da: Am besten legt man seinen Schweizbesuch auf April, Mai oder Oktober.

Abgesehen von den Osterferien ist der Frühling eine schöne Zeit, um die Landschaft zu erkunden. Im Tessin blühen die Blumen schon im März. Wanderer, die in höhere Lagen hinaus wollen, sollten bis weit in den Juni für Schnee und Eis gerüstet sein (an einigen Stellen muss man das ganze Jahr über mit Eis rechnen). Von Mitte August bis Ende Oktober ist das Wetter im Allgemeinen relativ beständig – dann kann man prima wandern. Weitere Infos darüber, wann es sich gut wandert, gibt's auf S. 62.

In den alpinen Ferienorten fängt die geschäftige Wintersaison Mitte Dezember an, ab Weihnachten hat sie ihre Hochphase. Sie neigt sich erst dem Ende zu, wenn der Schnee etwa Mitte April zu schmelzen beginnt. Zwischen Sommer- und Wintersaison sind die Skiresorts entweder geschlossen (außer dort, wo man ganzjährig auf Gletscher Ski fahren kann) oder schalten in bestenfalls schnarchlangweiligen Leerlauf um.

Dann gibt es natürlich noch die tollen Feste der Schweiz, die für den Reisetermin ausschlaggebend sein können: Es ist zwar das ganze Jahr über etwas los, doch die berühmten internationalen Musikfestivals der Schweiz finden im Sommer statt, genauso wie einige der weniger bekannten, ausgesprochen vielfältigen lokalen Feste, die die tief im Land verwurzelte Alpenkultur am besten widerspiegeln (S. 36). Näheres ist auf S. 21 nachzulesen.

PREISE

Es lässt sich nicht leugnen: Die Schweiz ist teuer. Genf und Zürich sind 2008 auf Platz sieben und acht der teuersten Städte der Welt gewählt worden. Das fällt Reisenden aus Nordamerika und Australien, die auch andere europäische Länder besuchen, sicher stärker auf als Travellern aus deutschsprachigen Ländern, aber auch Reisende aus England und Skandinavien bemerken die Preisunterschiede, obwohl sie in den letzten Jahren geringer geworden sind. Die gute Nachricht ist, dass Benzin in der Schweiz billiger ist als in den Nachbarländern Österreich, Frankreich, Deutschland und Italien.

WAS KOSTET WIE VIEL?

Weitere Infos gibt's im Lonely Planet Index auf der vorderen Umschlaginnenseite.

Lokalzeitung: 2,50 SFr

Fahrkarte für öffentliche Verkehrsmittel: ab 2 SFr

Zehnminütige Taxifahrt: 15 SFr

Skipass für 1/6 Tage: 60/300 SFr

Leihfahrrad halber/ganzer Tag: 25/35 SFr

100 g Toblerone-Schokolade: 2,50 SFr

AN ALLES GEDACHT?

- eventuell eine Auslandskranken- oder Reiseversicherung
- Personalausweis oder Reisepass und Visum, falls erforderlich (S. 393)
- Führerschein, Fahrzeugpapiere und Autoversicherung (S. 397)
- Sonnenbrille und Sonnenhut, und zwar im Sommer wie im Winter – der Schnee reflektiert die Sonne sehr stark
- wer in die Berge will, sollte schwindelfrei sein und braucht ein paar robuste Wanderstiefel
- eine Vorliebe für Süßes und Käse (S. 46)
- Partylaune und Lust auf Neues (S. 21 und S. 36)

Am meisten wird man wahrscheinlich für öffentliche Verkehrsmittel, Unterkunft und Restaurantbesuche ausgeben. In den einfachsten Hotels muss man mit mindestens 80/120 SFr für ein EZ/DZ rechnen. Ein Essen samt 0,5 l Hauswein kann leicht 50 SFr und mehr pro Person kosten.

Doch es gibt Möglichkeiten, die Kosten niedrig zu halten. Mit Travelpässen (S. 402) spart man bei Fahrten mit Zügen, Schiffen und Bussen; auch wer zeltet, in Scheunen (S. 383) oder in Jugendherbergen übernachtet, schläft preiswert(er). Sich selbst zu versorgen, zu picknicken und bei Restaurantbesuchen auf Alkohol zu verzichten, hilft ebenfalls zu sparen. Gut ist auch, an einem Ort zu bleiben und sich Zeit zu lassen, ihn näher kennen zu lernen, anstatt auf die Schnelle viele verschiedene Orte einschließlich großer Städte und größerer Wintersportorte zu besuchen. Sparfüchse beschränken sich außerdem auf den Besuch preiswerter Sehenswürdigkeiten (der Eintritt zu Museen und Galerien kostet zwischen 5 und 10 SFr) und gehen zu Fuß, statt die Seilbahn zu benutzen, denn für Seilbahnen gelten Travelpässe oft nicht. Für eine kurze Fahrt zahlt man etwa 15 SFr, für eine mittellange um die 30 SFr und die Hin- und Rückfahrt auf den bzw. vom Titlis oder aufs Schilthorn und zurück schlägt mit 80 bis 100 SFr zu Buche.

Budgettraveller, die sich an die oben genannten Vorschläge halten, kommen mit 100 SFr pro Tag über die Runden. Man muss jedoch mindestens noch 40 SFr pro Tag für die Unterkunft in einem Budgethotel draufzulegen und weitere 40 SFr einkalkulieren, wenn man eine breitere Auswahl an Restaurants und Sehenswürdigkeiten haben möchte. Natürlich braucht man immer auch zusätzliches Bargeld für Notfälle. Studenten sollten ihren Studentenausweis mitnehmen, damit gibt's den einen oder anderen Rabatt (S. 383).

VERANTWORTUNGSBEWUSST REISEN

Seit seiner Gründung 1973 hat Lonely Planet Reisende darum gebeten, zurückhaltend und verantwortungsbewusst zu reisen und die Magie zu genießen, die das unabhängige Reisen mit sich bringt. Der internationale Reiseverkehr nimmt mit atemberaubender Geschwindigkeit zu, und wir glauben noch immer fest an den Nutzen, den Reisen bringt – doch wir erinnern Traveller auch daran, an die Auswirkungen zu denken, die ihr Besuch auf die globale Umwelt und die lokale Wirtschaft, die Kulturen und das Ökosystem hat.

Jeder kann unmittelbar etwas tun, um die Auswirkungen seines Besuchs zu minimieren und in der Schweiz verantwortungsbewusst zu reisen: in B&Bs, auf Bauernhöfen, Heuböden (S. 392) und in den am Steinbock-Siegel (S. 392) erkennbaren Öko-Unterkünften übernachten, Kinder mit Aktivitäten in der Natur unterhalten (S. 385), statt riesige Freizeitparks besu-

TOP PICKS

Frankreich — LIECHTENSTEIN — Österreich
•Bern
SCHWEIZ

BELIEBTE SKIGEBIETE

- Andermatt (S. 288)
- Bettmeralp (S. 186)
- Crans-Montana (S. 174)
- Klosters und Davos (S. 339)
- Engelberg (S. 282)
- Champéry und Les Portes du Soleil (S. 160)
- Grindelwald, Wengen und Mürren, Berner Oberland (S. 198)
- Arosa (S. 331)
- St. Moritz (S. 348)
- Verbier (S. 165)
- Zermatt (S. 178) und Saas Fee (S. 183)

DESIGN IN DER STADT

Fans der zeitgenössischen Kunst können hier nach Herzenslust essen, schlafen, ausgehen und besichtigen! Die Städte strotzen nur so vor beeindruckenden innovativen Schöpfungen.

- Vitra Design Museum (S. 295) und Herzog & de Meuron's Schaulager, Basel (S. 296)
- Renzo Pianos Fondation Beyeler, Basel (S. 295) und Zentrum Paul Klee, Bern (S. 225)
- City Lounge, St. Gallen (S. 317)
- Mario Bottas Museum Jean Tinguely, Basel (S. 295) und sein Luganer Vermächtnis (S. 363)
- KKL (S. 269) und The Hotel (S. 272), Luzern
- Freitag, Zürich (S. 260)
- Therme Vals, Vals (S. 335)
- Giger Bar, Chur (S. 329)
- Matterhorn Museum (S. 179) und Vernissage Bar (S. 182), Zermatt
- Le Corbusier Pavillon & Heidi Weber Museum, Zürich (S. 251)
- La Cour des Augustins, Hôtel Auteuil und La Réserve, Genf (S. 103)
- Auberge aux 4 Vents, Fribourg (S. 141)
- Le Corbusiers Maison Blanche, La Chaux-de-Fonds (S. 152)

GRÜNE AUSFLÜGE

Geruhsam, umweltfreundlich und nachhaltig reisen – mit unseren Empfehlungen für „grüne" Tagesausflüge ist das ganz einfach!

- Faulenzen am Luganer See mit Übernachtung in Locanda del Giglio (S. 366).
- Spaziergänge vom Restaurant St. Martin in St. Martin (S. 322) aus machen.
- Im Klettgau durch Dörfer wandern, Wein probieren und mittags *Spätzli* im Lokal Bad Osterfingen in Osterfingen (S. 311) essen.
- Auf einer Wanderung von Arosa (S. 331) über das Parpaner Rothorn (S. 84) nach Lenzerheide frischen Käse, Buttermilch und Übernachtungen im Stroh genießen.
- In Engelberg (S. 282) bei Käseherstellung, Radtouren und den Biogerichten von Stephan Oberli in Hess entspannen und sich in einem phantastischen Molkebad aalen.
- Die Teufelsbrücke in der Nähe von Andermatt (S. 288) bezwingen und im The River House Boutique Hotel (S. 289) essen gehen.
- Sich bei der Fondation Barry bei Martigny (S. 164) einen Bernhardiner leihen und über den Großen St. Bernhard wandern.
- Mit einem Lama durch das herrliche Engadin (S. 90) ziehen oder mit der Pferdekutsche durch den einsamen Jura (S. 156).
- Nahe Murten bei Bauern und Winzern Frischluft tanken und auf dem Eulenhof (S. 151) übernachten.
- In der Auberge du Mont Cornu (S. 151) bei Neuchâtel den Geschmack der Schweiz kennenlernen – im Sommer auch draußen.

chen, auf Inlandsflüge verzichten und das Auto gegen den Zug (S. 403) bzw. das Auto gegen den Drahtesel austauschen (S. 400).

Oder man testet **SwitzerlandMobility** (www.switzerlandmobility.ch), ein innovatives und wegweisendes grünes Reisenetzwerk, wie es sich nur die Schweiz ausdenken konnte. Es zeigt Reiserouten „ohne Motor" auf, z. B. 22 nationale und 147 regionale Strecken für Wanderer (6300 km), Radfahrer (8500 km), Mountainbiker (3300 km), Inlineskater (1000 km) und Kanuten (250 km). Jede Strecke ist perfekt ausgeschildert; für Familien geeignete Abschnitte sind entsprechend gekennzeichnet. Wichtige Vermieter, Übernachtungsmöglichkeiten, Verbindungen öffentlicher Verkehrsmittel, besonders schöne Landschaften und Sehenswürdigkeiten in der Natur sind allesamt aufgelistet. **Swiss Trails** (☎ 044 450 24 34; www.swisstrails.ch) organisiert den Gepäcktransport auf nationalen Strecken und stellt Reisepakete zusammen, ob nun für zwei oder zehn Tage.

Eine umfassende Liste umweltfreundlicher Restaurants, Hotels und weiterer ökologisch und nachhaltig arbeitender Tourismusanbieter gibt's auf S. 431. Tipps für tolle Tage im Freien sind auf S. 19 nachzulesen, und wer umweltfreundlich Ski fahren möchte, schaut auf S. 235 nach.

REISELEKTÜRE

Ein perfekter Kellner (Alain Claude Sulzer) Der Roman des Basler Schriftstellers spielt in den 1930er-Jahren im legendären Grandhotel Giessbach (S. 214) im Berner Oberland und handelt von der Affäre eines Hotelkellners, an der dessen Herz zerbrach. Jahre später kehrt der Geliebte zurück, um ihn zu quälen.

The Rose of Bern (Paul Dasilva) Die Stadt Bern bildet die Kulisse für diese spannungsgeladene Spionagegeschichte, die selbst eingefleischte Spionagethriller-Fans vom Hocker reißen wird.

Zermatt (Frank Schaeffer) *Zermatt* spielt im Jahr 1966 und handelt von einem Paar Reformierter Presbyterianer aus Kansas und ihren drei Kindern im Teenageralter, die in diesem Schweizer Skigebiet Urlaub machen. Das Familienleben ist fundamentalistisch streng, bis ihr vierzehnjähriger Sohn von einer Kellnerin wachgerüttelt wird.

Switzerland: A Village History (Paul Birmingham) Birmingham beschreibt Château-d'Œx, die Stadt der Heißluftballons, aus einem anderen Blickwinkel. Er zeichnet ihren Werdegang nach: Das einst ländliche Dorf verarmte infolge der napoleonischen Invasionen und kam im Zeitalter des Tourismus wieder zu Wohlstand.

INFOS IM INTERNET

Lonely Planet (www.lonelyplanet.com) Gibt einen Überblick über die Schweiz und bietet Links zu Seiten, die mit der Schweiz zu tun haben. Reiseberichte gibt's im Thorn-Tree-Reiseforum.

Schweiz Tourismus (www.myswitzerland.com) Die Website der Schweizer Tourismusbehörde hat alle Infos, die man möglicherweise brauchen könnte, u. a. auch zu besonders guten Festen, und einen Veranstaltungskalender.

SBB CFF FFS (www.sbb.ch) Hier kann man den Fahrplan der Schweizer Bundesbahn studieren und online Fahrkarten kaufen.

Swiss Info (www.swissinfo.org) Inlandnachrichten, Politik, Musik, Kultur, Podcasts und jede Menge weitere Informationen finden sich auf dieser mehrsprachigen Nachrichtenseite des Nachrichtensenders Swiss Radio International.

Swiss World (www.swissworld.org) Infos zu Personen, Kultur, Geschichte, Geografie, Politik und Schokolade sowie Wissenswertes zum Land; man kann den digitalen Newsletter abonnieren.

Das Schweizer Portal (www.ch.ch) Pressemitteilungen der Regierung, Wahlen, Porträts jedes Kantons, Verkehrsregeln, Gesetze und jede Menge weitere detaillierte Informationen zum politischen, wirtschaftlichen und sozialen Geschehen in der modernen Schweiz.

Festkalender

Der breit gefächerte Festkalender der Schweiz ist eine bunte Mischung aus uralten Märkten *(Märit)* und traditionellen Jahrmärkten *(Chilbi)*. Sie ziehen die Leute an, sind abwechslungsreich und manchmal sogar richtiggehend exzentrisch. Hier gibt es Kunst- und Musikfestivals, Dorffeste mit erstaunlichen, einheimischen Traditionen, kulinarische Schlemmereien und seelenvolle Bräuche der Alpenregion, wie z.B. Übergangsriten. Am 1. August, dem Schweizer Nationalfeiertag, explodieren über dem ganzen Land und seinen Seen schillernde Feuerwerke.

Es ist unmöglich, hier alle Feste und Events aufzulisten. Mehr Infos gibt es auf www.switzerland.com. Wichtige Termine rund um alle Schweizer Sportereignisse s. S. 39.

JANUAR

HARDER-POTSCHETE 2. Jan.
Bei diesem teuflischen Umzug im Januar fallen maskierte Ungeheuer in die Stadt Interlaken ein (S. 192).

VOGEL GRYFF Ende Jan.
Der Basler Winter wird während dieser volkstümlichen Feierlichkeiten vom Vogel Gryff, einem wilden Mann (Wild Maa) und einem Löwen (Leu) vertrieben (S. 296).

WORLD SNOW FESTIVAL Ende Jan.
Während des sechstägigen Festivals in Grindelwald geht es, zumindest unter den kreativen Köpfen, heiß her. Künstler meißeln dann z.B. am Fuße des Eigergletschers gewaltige Skulpturen in das Eis (S. 199).

FEBRUAR

FASNACHT Schmutziger Donnerstag bis Aschermittwoch
Während der *Fasnacht* geht es auf den Straßen Dutzender Gemeinden, vor allem in den katholischen Kantonen, recht närrisch zu. U. a. in Luzern (S. 272), Basel (Montag nach Aschermittwoch, S. 296) und Bellinzona (S. 358) werden mit Straßenparaden, Kostümen, Musik und jeder Menge buntem Treiben das Ende des Winters und die letzten Tage vor Beginn der Fastenzeit gefeiert.

APRIL

SECHSELÄUTEN 3. Montag
Mit einem farbenfrohen, kostümierten Umzug und der Verbrennung des Furcht einflößenden Böögg, eines mit Feuerwerkskörpern gefüllten, künstlichen Schneemanns, wird in Zürich das Ende des Winters eingeläutet. „Böögg" bedeutet in Zürich „verkleidete, vermummte Gestalt" (S. 253).

LUGANO FESTIVAL April – Mai
Lugano taucht ein in den Klang klassischer Musik (S. 363).

LUCERNE FESTIVAL Ostern
Dieses Festival von Weltrang zieht Kammerorchester, Pianisten und andere Musiker aus allen Teilen der Welt nach Luzern. Echte Fans können auch im Sommer und im November wiederkommen (S. 270).

JUNI

FESTI'NEUCH Anfang Juni
Rund um den Lac de Neuchâtel gibt es Jazz, Pop und Rock im Freien (S. 149).

ST. GALLER FESTSPIELE ca. vom 20. Juni–Anfang Juli
Zwei Wochen lang finden in St. Gallen Opernaufführungen statt (S. 317).

JODLERFEST LUZERN Ende Juni
Tausende von Schweizer Jodlern, Alphornbläsern und Fahnenschwingern sorgen bei Luzerns fabelhaftem Alpinfestival für Hochstimmung (S. 270).

TELL-FREILICHTSPIELE INTERLAKEN Juni–Anfang Sept.
In Interlaken wird die Sage von Wilhelm Tell auf die Freilichtbühne gebracht (S. 195).

JULI

MONTREUX JAZZ Anfang Juli
Zwei Wochen Jazz sind Grund genug, das am Ufer des Genfer Sees gelegene Montreux in seine Reiseroute aufzunehmen (S. 129).

PALÉO FESTIVAL Ende Juli
Als Königin der Sommer-Musikfestivals deklariert, erobert dieses sechstägige, extravagante Open-Air-Musikevent schon seit den 1970er-Jahren die Stadt Nyon (S. 124).

DAVOS FESTIVAL Ende Juli – Anfang Aug.
Junge Talente kommen beim Festival der klassischen Musik in Davos zum Zuge (S. 342).

AUGUST

FESTIVAL INTERNAZIONALE DI FILM
Locarnos zweiwöchiges Internationales Filmfestival gibt's bereits seit 1948 (S. 370).

SEPTEMBRE MUSICAL
MONTREUX-VEVEY Ende Aug. – Mitte Sept.
Dieses alljährlich stattfindende Klassikfestival zieht die Besucher in seinen Bann (S. 129).

STREET PARADE Mitte Aug.
Die größte Straßen-Technoparty Europas findet im August in Zürich statt (S. 254).

CHURER FEST Mitte Aug.
Drei Tage lang Konzerte, kulinarische Köstlichkeiten – und Marathon-Wettmelken (S. 328).

SETTIMANE MUSICALI Ende Aug. – Mitte Okt.
Jeden Sommer strömen Musiker aus aller Welt nach Ascona am Lago Maggiore, um an diesem Musikfestival teilzunehmen (S. 372).

SEPTEMBER

FÊTE DES VENDANGES Letztes Septemberwochenende
Bei diesem Winzerfest in Neuchâtel dreht sich alles um Wein (S. 149).

OKTOBER

FOIRE DU VALAIS
Bei der 10-tägigen Walliser Messe in Martigny wird beim letzten Treffen des Jahres das beste Rind der Region gekürt (S. 163).

NOVEMBER

ZWIEBELMARKT 4. Montag im Nov.
Berns legendärer *Zibelemärit* erinnert mehr an Karneval als an einen herkömmlichen Markt (S. 226).

DEZEMBER

CLAU WAU 1. Dezemberwochenende
Bei der Weltmeisterschaft der Weihnachtsmänner in Samnaun zeigt sich, welcher Nikolaus der beste ist: Wer klettert am schnellsten auf den Kamin, wer malt das schönste Schneebild? (S. 346).

L'ESCALADE 11. Dez.
Historische Fackelzüge, ein Stadtlauf und das Zerschlagen des Schokoladentopfes machen Genfs größtes Festival des Jahres zu einem echten Erlebnis (S. 101).

Reiserouten

KLASSISCHE ROUTEN

VON GENF NACH ZÜRICH   2 Wochen/von Genf nach Zürich

Dieser Trip bietet sich für Stadtfans an: Er führt durch brummende Metropolen und charmante Kleinstädte. Die Strecke lässt sich prima mit dem Auto oder öffentlichen Verkehrsmitteln bewältigen. Wer mit dem Flieger kommt, kann die Tour am Flughafen der einen Stadt beginnen und von dem der anderen wieder abfliegen oder kommt mit dem Schnellzug in zweidreiviertel Stunden wieder zum Ausgangspunkt. Die Tour Genf–Zürich ist in beiden Richtungen möglich und kann problemlos abgewandelt werden.

Mit **Genf** (S. 93) besichtigt man die kosmopolitischste Großstadt der Schweiz. Von dort geht es auf der Straße am Ufer des größten Alpensees Europas ins muntere **Lausanne** (S. 113). In der von Hügeln umgebenen Stadt am See sitzt das Internationale Olympische Komitee. Auf der herrlichen Straße fährt man an den Weinterrassen von Lavaux vorbei nach **Montreux** (S. 127) und dann gen Norden zur mittelalterlichen Festungsstadt **Gruyères** (S. 145), die für Käse und Sahnebaisers berühmt ist. Weiter nördlich erreicht man in **Fribourg** (S. 137) die französisch-deutsche Sprachgrenze und danach **Bern** (S. 221), die schöne Landeshauptstadt. Es folgen die Seeorte rund um **Interlaken** (S. 190). Dort gibt's tolle Ski-, Wander- und andere Outdoor-Optionen. Die Fahrt nach Norden bringt einen in eine weitere nette Stadt am See, nach **Luzern** (S. 267). Wenn man über **Zug** (S. 286) in die trendigste Stadt der Schweiz, nach **Zürich** (S. 247), kommt, ist es vorbei mit der Beschaulichkeit.

Um für alle Ziele dieser Route Zeit zu haben, sollte man mindestens zwei Wochen einplanen. Dann hat man für Genf, Lausanne, Bern, Luzern und Zürich je zwei Tage. Der Wechsel der Landschaften und Lebensstile auf dieser 385 km langen Strecke ist erstaunlich.

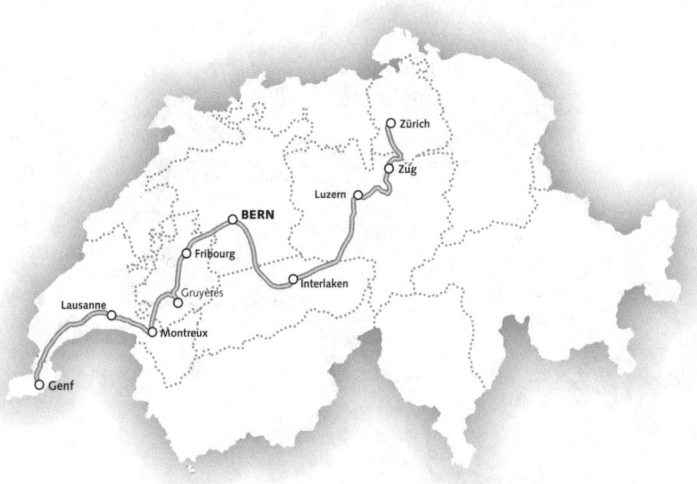

DER GLACIER EXPRESS 7½ Std./von Zermatt nach St. Moritz

So lange wie eine Fahrt mit der Transsibirischen Eisenbahn dauert die Tour zwar nicht, aber das Auf und Ab macht wett, was dieser klassischen Bahnstrecke an Länge fehlen mag. In der Schweiz gibt es mehrere Bahnstrecken durch die Berge – eine von ihnen steht sogar auf der Weltkulturerbeliste der UNESCO (S. 352 und S. 344) –, doch am sagenumwobensten ist die Fahrt mit dem Glacier Express, der seine Gäste von Zermatt in nordöstlicher Richtung nach St. Moritz bringt.

Als die alpinen Ferienorte in der Schweiz im frühen 20. Jh. zu angesagten Zielen für die Wohlhabenden wurden, entstand die Idee, eine Bahn zu bauen, die Zermatt und St. Moritz verbindet. 1930 absolvierte die Dampflok ihre Jungfernfahrt auf der Strecke zwischen diesen beiden Ferienorten in den Alpen. Seitdem hat die siebeneinhalbstündige Reise, die das ganze Jahr über möglich ist, nichts von ihrem Reiz verloren. Details gibt's auf S. 403.

Nach der Abfahrt in **Zermatt** (S. 178) windet sich die Strecke Richtung Norden hinunter ins Tal nach **Brig** (S. 184). Von dort führt die Strecke an der schönen Ostseite des Rhonetals auf den Furkapass zu (er wird durch einen Tunnel unterfahren) und dann nach **Andermatt** (S. 288) hinunter, ehe sie ansteigt und den **Oberalppass** überquert, den mit 2033 m höchsten Punkt der Reise.

Nun schlängelt sie sich am Vorderrhein entlang und geht durch **Disentis/Mustér** (S. 336), ehe sie schließlich **Chur** (S. 326) erreicht. Von dort führt die Hauptstrecke weiter nach **St. Moritz** (S. 348), eine Zweigstrecke Richtung Nordosten nach **Davos** (S. 341).

Von den zahlreichen tollen Bahnstrecken in der Schweiz ist dies die atemberaubendste. Die 272 km lange Tour führt durch alpine Landschaft umgeben von eisbedeckten Gipfeln, Hochalmen und hübschen Ortschaften. Es geht durch 91 Tunnel und über 291 Brücken.

UNBEKANNTE ROUTEN

GRAUBÜNDEN & DAS TESSIN 2–3 Wochen/von Chur nach Vals

Abgesehen von Bergtouren in den Alpen ist dieser Trip einer der besten, um sich eine Auszeit zu gönnen (ohne darauf verzichten zu müssen, sich auch mal ins Touristengetümmel stürzen zu können). Die Rundreise kann überall beginnen; ein guter Ausgangspunkt ist **Chur** (S. 326), die Kantonshauptstadt von Graubünden. Von dort führt ein Abstecher nach Norden ins hübsche **Maienfeld** (S. 338) mit den Weinbergen. Östlich liegen die Skizentren **Klosters** (S. 339) und **Davos** (S. 341). Dort lässt man das Gewimmel hinter sich und fährt ostwärts ins Unterengadin, wo hübsche Gemeinden wie **Guarda** (S. 344) und **Scuol** (S. 345) warten. In Scuol gibt's klasse Mineralbäder. Ab da führt die Straße gen Osten zur österreichischen Grenze und ein Stück durch Österreich und Italien, ehe es Richtung Westen zurück in die Schweiz geht. Dort kann man in **Müstair** (S. 346) Fresken besichtigen. Die Straße verläuft weiter nach Westen und schließlich nach Südwesten durch das malerische **Zuoz** (S. 347) ins schicke **St. Moritz** (S. 348). Die Bergstraße über den Julierpass kurvt nach Norden und Westen, bevor sie in die Schluchten an der **Via Mala** (S. 337) und zum künstlerischen Örtchen **Zillis** (S. 337) hinunterführt.

Nun führt die Straße nach Süden ins Tessin zu den mittelalterlichen Burgen von **Bellinzona** (S. 356). Am Seestädtchen **Locarno** (S. 369) geht es vorbei und hinauf ins bezaubernde **Valle Maggia** (S. 373). Nach der Rückkehr nach Bellinzona fährt man auf der Hauptstraße durch das Valle Leventina. Hier kann man in **Giornico** (S. 360) und jedem beliebigen Ort im Hochtal anhalten, ehe man den **St. Gotthard** (S. 288) überquert, **Andermatt** (S. 288) besucht und nach Graubünden zurückkehrt. Am Kloster in **Disentis/Mustér** (S. 336) bietet sich ein kurzer Halt an, ehe man noch einen letzten, sehr empfehlenswerten Abstecher zur architektonisch reizvollen Therme von **Vals** (S. 335) macht. Das ist der letzte Zwischenstopp vor der Rückkehr nach Chur.

Auf dieser Rundreise bewegt man sich abseits der Touristenströme und entdeckt lebhafte romanische Fresken, idyllische Ortschaften im Engadin, abgelegene Dörfer im Tessin, mittelalterliche Burgen, Hochgebirgspässe und zwei verlockende Thermalbäder. Für diese 685 km lange Reise sollte man sich zwei bis drei Wochen Zeit nehmen.

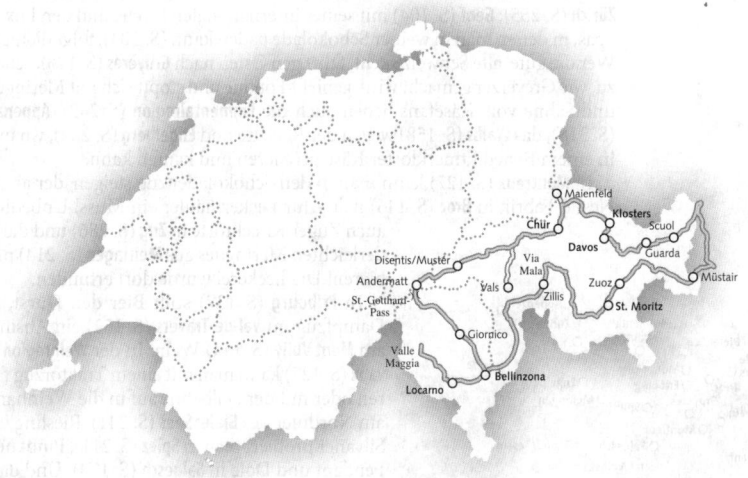

MASSGESCHNEIDERTE TOUREN

WELTERBESTÄTTEN

Trotz all der von Natur und Menschenhand geschaffenen Wunder kann die Schweiz nur mit neun UNESCO-Welterbestätten aufwarten. In der Nordschweiz liegt **St. Gallen** (S. 315) mit einem großen Stifts- und Kirchenkomplex, in dem sich eine der ältesten Bibliotheken der Welt befindet. Von ähnlicher Bedeutung ist das Kloster St. Johann in **Müstair** (S. 346) im äußersten Osten des Landes mit den karolingischen und romanischen Fresken.

Im Tessin befinden sich zwei Weltkulturerbestätten: die imposanten drei Verteidigungsburgen in **Bellinzona** (S. 356) und der pyramidenförmige **Monte San Giorgio** (S. 369), ein bewaldeter Berg (1096 m) südlich des Luganersees, an dem man eine Menge Meerestierfossilien aus dem Trias gefunden hat.

In der Südschweiz zählt das Gebiet Jungfrau-Aletsch-Bietschhorn wegen seiner – leider schwindenden – Gletscher, u. a. des 23 km langen **Aletschgletschers** (S. 185), zum Weltnaturerbe. Parallel zur Bedrohung durch den Klimawandel (S. 58) wächst paradoxerweise das Schutzgebiet – 2007 wurde es stark vergrößert.

In der Westschweiz wurde die Altstadt von **Bern** (S. 221) mit ihren Laubengängen als schützenswert empfunden. Erst vor Kurzem wurden die Weinterrassen von **Lavaux** (S. 127) am Nordufer des Genfer Sees zum Welterbe erklärt. 2008 kürte man weitere Welterbestätten: die **Tektonikarena Sardona** (S. 322) im Herzen der Glaruser Alpen in der Nordostschweiz, die 1903 gebaute **Albulabahn** (S. 344) und die **Berninabahn** (S. 352), die seit 1910 den Berninapass überquert und St. Moritz mit dem italienischen Tirano verbindet.

SCHLEMMER UNTERWEGS

Nirgendwo kann man seinen Gaumen besser verwöhnen als im schicken **Zürich** (S. 255); **Genf** (S. 104) mit seiner internationalen Küche und den Luxus-Spas, in denen man in weißer Schokolade baden kann (S. 104), folgt dichtauf. Wer die gute, alte Schweiz sucht, fährt gen Osten nach **Gruyères** (S. 146), schaut zu, wie Greyerzer gemacht wird, genießt Fondue und stopft sich mit Meringues und Sahne voll. Käsefans lieben auch die **Emmentalregion** (S. 242), **Appenzell** (S. 318), das **Wallis** (S. 158) wegen der Raclette und **Engelberg** (S. 282), wo man in einem Benediktinerkloster Käse probieren und kaufen kann.

In **Montreux** (S. 127) kann man in den Schokoladenzug steigen, der an der Nestlé-Fabrik in **Broc** (S. 146) hält – für Leckermäuler ein Muss! Unbedingt auch Zuger Kirschtorte in **Zug** (S. 286) und die federleichten Meringues aus **Meiringen** (S. 214) probieren! Die Leckerei wurde dort erfunden.

In **Fribourg** (S. 137) stillt Bier den Durst, im Dampfzug im **Val-de-Travers** (S. 152) ein Absinth, am **Mont Vully** (S. 144) Wein. In der **Weinregion Lavaux** (S. 127) kann man mit einem Traktorzug fahren oder mit der Seilbahn rauf in die Weinhänge am Nordufer des **Bieler Sees** (S. 241). Riesling und Silvaner probiert man in **Spiez** (S. 211), Pinot noir, Fendant und Dôle in **Salgesch** (S. 173). Und dann wären da noch die Merlots und die italienische Küche des **Tessin** (S. 354).

Geschichte

Ob Wilhelm Tell nun wirklich lebte oder ob er auch nur für die Hälfte der Taten verantwortlich ist, die ihm zugeschrieben werden (s. S. 279), ist letztendlich nebensächlich. Fest steht, er spielt eine tragende Rolle für die Identität der Schweizer und ist eine nationale Legende. Der Mann, der dabei half, fremde Machthaber aus der Schweiz zu vertreiben, nachdem er unter Zwang seinem Sohn einen Apfel vom Kopf schoss, verkörpert seit etlichen Jahrhunderten auf perfekte Weise den besonderen Umgang des Landes mit dem Thema Unabhängigkeit.

Unter www.musee-suisse.ch gibt es Informationen über historische Ausstellungen im Schweizer Landesmuseum und anderen Museen. Außerdem kann man sich ausführlich über die eidgenössische Geschichte informieren.

VOR GRÜNDUNG DER EIDGENOSSENSCHAFT

Das Jahr 1291 gilt als Ausgangspunkt der modernen Schweizer Geschichtsschreibung, doch schon weit vor Christi Geburt hatten sich Menschen auf dem Gebiet der heutigen Schweiz niedergelassen.

Die ersten Einwohner waren die Kelten, darunter Helvetier aus dem Juragebirge und dem schweizerischen Mittelland und die Rätoromanen aus Graubünden. Zunächst drangen die Römer in ihre Heimat ein; unter Julius Cäsar traten sie 58 v. Chr. ihren Eroberungsfeldzug an und machten Aventicum (das heutige Avenches) zum Hauptort von Helvetia (der Römischen Schweiz). Die Eroberung des heutigen Schweizer Gebietes wurde dann in der Regierungszeit des Augusts (31 v. Chr.–14 n. Chr.) abgeschlossen. In der folgenden jahrhundertelangen Friedenszeit entwickelten sich zahlreiche Städte, darunter etwa Lausanne (Lusonna) und Genf (Genava). Erst im 4. Jh. drangen allmählich germanische Stämme in die Schweiz vor, die Alemannen in den Nordosten und die Burgunder in den Westen; Ende des 6. Jhs. schließlich siedelten sich Langobarden aus Italien im Süden an. Bereits um 400 waren die römischen Truppen zum Schutz Italiens abgezogen worden.

Die Burgunder übernahmen bald das Christentum und die lateinische Sprache und legten somit den Grundstein für die Teilung in eine französisch- und eine deutschsprachige Schweiz, wohingegen die italienische Sprache ein Erbe des langobardischen Einflusses ist. Und die ursprüngliche Bevölkerung der romanisierten Räter wurde zwar von den Alemannen immer mehr zurückgedrängt, aber nicht vollständig verdrängt – die rätoromanische Sprache zeugt davon.

Im 6. bis 8. Jh. brachten die Franken das Gebiet der heutigen Schweiz nach und nach unter ihre Kontrolle. Als dann das Reich Karls des Großen 843 zerfiel, verliefen die neuen Grenzen mitten durch die Schweiz, bis schließlich 1033 Burgund vom römisch-deutsche Kaiserreich einverleibt wurde. Örtlich ansässige Adelsgeschlechter übten in dieser Zeit den größten Einfluss in der Schweiz aus, darunter die Zähringer, die Fribourg, Bern und

Unter www.geschichte-schweiz.ch kommen Geschichtsinteressierte voll auf ihre Kosten. Auf der Website stehen chronologisch geordnete Daten und Aufsätze zu historischen Themen.

ZEITACHSE

Um 400 v. Chr.	58 v. Chr.	4.–6. Jh. n. Chr.
Keltische Stämme besiedeln den Westen der heutigen Schweiz; im Osten leben die Räter, deren Herkunft nicht geklärt ist. Um 100 v. Chr. dringt dann der keltische Stamm der Helvetier ins Mittelland ein.	Julius Caesar siedelt die Helvetier zwischen Alpen und Juragebirge an, um die Rheingrenze zu überwachen und die Germanen davon abzuhalten, in römisches Gebiet einzufallen.	Nach und nach dringen Alemannen, Burgunder und Langobarden in die von den Römern preisgegebenen Territorien der heutigen Schweiz vor und legen die Grundlagen für die Mehrsprachigkeit der Schweiz.

Murten gründeten und ein Schloss bei Thun (s. S. 209) erbauten, und die Savoyer, die rund um den Genfer See einen Ring von Schlössern – u. a. das bemerkenswerte Château de Chillon (s. S. 128) – errichteten.

In den Schatten gestellt wurden sie aber von einem anderen Adelsgeschlecht aus dem Kanton Aargau, den Habsburgern, die unter Rudolf I. 1273 erstmals die Krone des Heiligen Römischen Reiches erlangten. Als Rudolf mit unbarmherziger Hand mehr Steuern einziehen ließ und das Verwaltungssystem straffte, wuchs die Unzufriedenheit unter den Schweizern.

DER RÜTLISCHWUR & DIE SCHWEIZER EIDGENOSSENSCHAFT

Als Rudolf 1291 starb, kam es zu ersten nationalen Unabhängigkeitsbestrebungen. In Schweizer Schulen wird gelehrt, dass die drei Waldstätte Uri, Schwyz und Unterwalden am 1. August desselben Jahres auf der Rütliwiese (S. 278) im Kanton Schwyz den „Ewigen Bund" schlossen. Feierlich schworen sie, sich keinen fremden Machthabern oder Gesetzgebern zu unterwerfen. Historikern zufolge verzerrt der Mythos die wahren Begebenheiten ein wenig. Fest steht jedenfalls, dass ein Bündnis geschlossen wurde – in der Stadt Schwyz (S. 280) wird die Urkunde aufbewahrt – und dass dieses als Gründungsakt der Schweizerischen Eidgenossenschaft gilt. Deren lateinischer Name Confoederatio Helvetica lebt bis heute im Schweizer Länderkürzel CH (z. B. auf Nummernschildern und in Internetadressen) weiter. Die Geschichte des Patrioten Wilhelm Tell, einer Schlüsselfigur im Mythos um die Schweizer Befreiungskämpfe, stammt ebenfalls aus jener Zeit.

1315 entsandte Herzog Leopold I. von Österreich eine mächtige Armee, um den aufmüpfigen Untertanen Einhalt zu gebieten. Diese fügten jedoch seinen Truppen in der Schlacht am Morgarten eine historische Niederlage zu – was andere Gemeinden dazu veranlasste, sich dem Bund anzuschließen. In den nächsten 200 Jahren machten die Freiheitskämpfer durch militärische Siege, Landeroberungen und dem Hinzugewinn neuer Verbündete weiter an Boden gut. Kanton nach Kanton schloss sich ihnen an: Luzern (1332), Zürich (1351), Glarus und Zug (1352), Bern (1353), Fribourg und Solothurn (1481), Basel und Schaffhausen (1501) und Appenzell (1513). In diese ereignisreiche Zeit fällt auch der Schwabenkrieg, in dem die Schweizer Eidgenossen bei Dornach 1499 die Truppen des Kaisers Maximilian I. schlugen. Der daraufhin geschlossene Frieden von Basel wird oft als entscheidender Schritt zur Schweizer Loslösung vom Heiligen Römischen Reich gesehen, die jedoch erst im Westfälischen Frieden 1648 völkerrechtlich besiegelt wurde.

Nachdem sie sich bis nach Mailand vorgekämpft hatten, unterlagen die Schweizer dann 1515 in Marignano französisch-venezianischen Truppen. Diese empfindliche Niederlage veranlasste die Eidgenossen dazu, sich von der internationalen Bühne zurückzuziehen und sich erstmals für neutral zu

---

1522 verweigerten die Schweizer Protestanten beim „Wurstessen" erstmals offen der katholischen Kirche den Gehorsam: Ein Druckereibesitzer und einige Priester wurden an einem Aschermittwoch – also während der Fastenzeit – in Zürich beim Verzehr von Würsten erwischt.

---

um 1020

In der Nähe von Brugg im heutigen Kanton Aargau erbaut ein regionales Grafengeschlecht die Habsburg. Die nach dieser Residenz benannte Adelsfamilie sollte später einmal ein erdumgreifendes Imperium besitzen.

1033

In der Westschweiz ansässige Gemeinden werden gemeinsam mit dem Königreich der Burgunder vom Heiligen Römischen Reich einverleibt, bleiben jedoch weitgehend selbständig.

1273

Der Habsburger Rudolf I. wird König des Heiligen Römischen Reiches und herrscht über große Teile der Schweiz. Als die Habsburger mit harter Hand Steuern eintreiben, wächst der Widerstand in der Bevölkerung.

DIE SCHWEIZER KANTONE

1 Jura (JU)
2 Basel-Stadt (BS)
3 Basel-Land (BL)
4 Soleure/Solothurn (SO)
5 Aargau (AG)
6 Zürich (ZH)
7 Schaffhausen (SH)
8 Thurgau (TG)
9 Appenzell-Ausserrhoden (AR)
10 Appenzell-Innerrhoden (AI)
11 St. Gallen (SG)
12 Glarus (GL)
13 Schwyz (SZ)
14 Zug (ZG)
15 Luzern (LU)
16 Bern (BE)
17 Fribourg/Freiburg (FR)
18 Neuchâtel/Neuenburg (NE)
19 Vaud/Waadt (VD)
20 Uri (UR)
21 Grischun/Graubünden (GR)
22 Nidwalden (NW)
23 Obwalden (OW)
24 Geneva/Genf (GE)
25 Valais/Wallis (VS)
26 Ticino/Tessin (TI)

erklären. In den folgenden Jahrhunderten zeigte sich der Kriegsgeist der Schweiz lediglich im Einsatz von Söldnern; diese Tradition spiegelt sich bis heute im päpstlichen Militärkorps wider, der Schweizer Garde.

REFORMATION

Die Kombination aus Schweizer Neutralität und Völkervielfalt erwies sich als schützender Faktor, als 1618 der auch religiös motivierte Dreißigjährige Krieg ausbrach. Dennoch ging dieser auch an der Eidgenossenschaft nicht spurlos vorbei, in der wie im restlichen Europa protestantische Reformation und die darauf folgende Gegenreformation der Katholiken im Lauf des 16. Jhs. zu einer tiefen Spaltung geführt hatten. In Zürich hatte der Priester Ulrich Zwingli bereits im Jahr 1519 – wie Jean Calvin in Genf – den protestantischen Glauben gepredigt, während die Zentralschweiz katholisch geblieben war. So konnten sich die uneinigen Schweizer nicht darauf

> Jura ist der jüngste Kanton der Schweiz; erst 1979 wurde er von Bern unabhängig. Appenzell, Basel und Walden sind in sich untergliedert, weshalb man auf die Gesamtzahl von 26 Kantonen kommt. Bis zur letzten Verfassungsrevision 1999 nannte man die kleineren Einheiten Halbkantone (z. B. Basel-Stadt und Basel-Land).

1291
Das auf der Rütliwiese geschlossene Bündnis gilt als Grundstein für die Gründung der heutigen Schweiz. Viele Historiker datieren den Rütlischwur und die damit verbundene Tell-Legende ins Jahr 1307.

1315
Schweizer Truppen schlagen in der Schlacht am Morgarten überraschend habsburgisch-österreichische Streitkräfte. Es soll nicht der einzige Schweizer Sieg über Eindringlinge bleiben.

1476
Karl der Kühne, Herzog von Burgund, wird in der Schlacht bei Murten vernichtend geschlagen. Es handelt sich um eine von drei Niederlagen gegen Truppen der Eidgenossen und der Franzosen.

verständigen, welche Kriegspartei zu unterstützen war und blieben – zu ihrem Glück – im Verlauf des Dreißigjährigen Kriegs neutral.

Innerhalb des Landes schwelten religiöse Auseinandersetzungen jedoch weiter. Zunächst ließen sich die katholischen Kantone auf ein gefährliches Bündnis mit Frankreich ein, bevor sie sich dann doch zur Religionsfreiheit bekannten. Zur gleichen Zeit erlebte das Land dank der im Nordosten angesiedelten Textilindustrie einen Wirtschaftsaufschwung.

1798 drangen die Truppen Napoleons in die Schweiz ein und errichteten die kurzlebige Helvetische Republik. Sie waren nicht willkommener als die Österreicher vor ihnen und innere Auseinandersetzungen veranlassten Napoleon, das Bündnis der Kantone 1803 mittels der sogenannten Mediationsakte wiederherzustellen; dabei behielt Frankreich jedoch seinen Status als gesetzgebende Macht. Weitere Kantone traten der Eidgenossenschaft bei: das Aargau, St. Gallen, Graubünden, das Tessin, Thurgau und das Waadtland.

Nach Napoleons Niederlage gegen Briten und Preußen bei Waterloo 1815 wurde auf dem Wiener Kongress die Schweiz erstmals offiziell als unabhängiger und neutraler Staat anerkannt. Außerdem traten die Kantone Wallis, Genf und Neuenburg der Eidgenossenschaft bei.

EIN MODERNER STAAT ENTSTEHT

1847 brach ein Bürgerkrieg aus, in dem die von General Guillaume-Henri Dufour geführte protestantische Armee dem Sonderbund katholischer Kantone, darunter Luzern, eine schnelle und vernichtende Niederlage zufügte. Der Krieg dauerte lediglich 26 Tage, weshalb ihn der spätere deutsche Reichskanzler Otto von Bismarck herablassend mit einem Hasenschießen vergleichen sollte. Dem Sieg der Streitkräfte Dufours folgte 1848 die Schaffung einer neuen föderalen Verfassung, die größtenteils bis heute in Kraft ist; Bern wurde zur Hauptstadt ernannt.

Die Verfassung stellte einen Kompromiss zwischen Befürwortern einer zentralistischen Machtstruktur und konservativen Kräften dar, die die Souveränität der einzelnen Kantone beibehalten wollten. Die Kantone traten schließlich ihr Recht an die Bundesregierung ab, Geld zu drucken, postalische Dienste zu leisten und Zölle und Steuern zu erheben. In lokalen Angelegenheiten behielten sie jedoch die legislative und exekutive Gewalt. Darüber hinaus wurde die neue Bundesversammlung mit der Zielsetzung konzipiert, den einzelnen Kantonen viele Mitspracherechte zu geben. Die große Kammer, der Nationalrat, hat 200 Mitglieder aus den 26 Kantonen, die Zahl der Abgeordneten entspricht der Bevölkerungszahl der jeweiligen Kantone. Die kleine Kammer, der Ständerat, hat 46 Mitglieder, jeweils zwei aus jedem Kanton (bzw. eines aus den sechs früher so bezeichneten Halbkantonen Basel-Land, Basel-Stadt, Nidwalden, Obwalden, Appenzell-Ausserrhoden und Appenzell-Innerrhoden).

> In dem 780-Seitenstarken Wälzer *Dunant's Dream: War, Switzerland and the History of the Red Cross* beschäftigt sich Caroline Moorhead mit den Erfolgen, ethischen Dilemmas und gelegentlichen moralischen Fehltritten der weltweit führenden humanitären Organisation.

1499

Die Schweizer Eidgenossenschaft löst sich nach einer Reihe von Siegen gegen die kaiserlichen Streitkräfte entlang des Rheins und auf Schweizer Gebiet vom Heiligen Römischen Reich.

1515

Nach ihrem Siegeszug durch Mailand und Pavia 1512 werden die Schweizer bei Marignano von französisch-venezianischen Truppen geschlagen. Daraufhin ziehen sich die Schweizer zurück und erklären sich für neutral.

1519

Der Reformator Ulrich Zwingli predigt im Großmünster in Zürich neue Ideen, er tritt für die Priesterehe und eine neue Art des Gottesdienstes ein. 1523 übernimmt Zürich seine Reformvorschläge.

Aus Mangel an Bodenschätzen begann die Schweiz eine eigene Industrie aufzubauen, gut ausgebildete Arbeiter schlossen sich in Gilden zusammen. Mit dem Bau eines Eisenbahn- und Straßennetzes wurde die Alpenregion zugänglich gemacht, was sich in späteren Jahren für den Tourismus als äußerst nützlich erweisen sollte. Zwischen 1850 und 1860 wurden sechs neue Handelsbanken eröffnet und 1863 gründete Henri Dunant in Genf das Internationale Rote Kreuz.

Widerstand gegen politische Korruption mündete in der immer lauter werdenden Forderung nach mehr Demokratie. 1874 wurde so die Verfassung überarbeitet: Viele Bundesgesetze mussten nun durch nationale Volksabstimmungen abgesegnet werden. Bis heute ist die Schweiz für ihr Element einer direkten Demokratie bekannt: Mit 50 000 gesammelten Unterschriften kann ein Gesetzesvorhaben gestoppt werden, 100 000 Unterschriften sind nötig, um eine öffentliche Abstimmung über eine beliebige Angelegenheit herbeizuführen.

DAS FRÜHE 20. JAHRHUNDERT

Auch wenn Teile der Bevölkerung mit den Deutschen sympathisierten, bewahrte die Schweiz im Ersten Weltkrieg strikt das Prinzip der bewaffneten Neutralität und beschränkte sich auf das Organisieren von Einheiten des Roten Kreuzes. Nach Kriegsende trat die Schweiz dem Völkerbund bei, beschränkte ihre Mitgliedschaft jedoch ausschließlich auf die wirtschaftliche Ebene (so wurde Genf als Sitz des Bundes bestimmt). Eine militärische Beteiligung blieb außen vor.

Während die Schweizer Industrie vom Krieg hatte profitieren können, litt die Arbeiterklasse unter einem Preis- und Lohnverfall. Als Konsequenz wurde im November 1918 ein Landesstreik ausgerufen. Das Land kam zum Stillstand und der Bundesrat musste schließlich einige Forderungen der Arbeiter umsetzen. Die 48-Stunden-Woche wurde eingeführt und Sozialleistungen ausgeweitet; die Grundlagen für ein bis heute gut funktionierendes Sozialsystem waren gelegt.

Den Zweiten Weltkrieg überstand die Schweiz vergleichsweise unbeschadet. Abgesehen von vereinzelten Bombenangriffen etwa auf Schaffhausen (S. 307) gab es für die Schweizer während des Krieges ein Ereignis von besonderer Tragweite: Henri Guisan, Oberbefehlshaber der Schweizer Armee, versammelte die militärische Elite der Schweiz auf der Rütliwiese (1291 Schauplatz des berühmten Rütlischwurs), um der Weltöffentlichkeit die Schweizer Entschlossenheit, das eigene Land zu verteidigen, zu demonstrieren.

Das Land erwies sich zwar als sicheres Auffangbecken für alliierte Kriegsgefangene auf der Flucht, Schweizer Banken stehen jedoch bis heute dafür in der Kritik, Konten für das Nazi-Regime bereitgestellt zu haben, auf denen dieses im Krieg erbeutetes Geld deponieren konnte.

In Die Schweiz, das Gold und die Toten gibt der Genfer Soziologe Jean Ziegler faszinierende und brisante Einblicke in die Schweizer Geschichte während des Zweiten Weltkrieges.

1590–1600

Um die 300 Frauen werden im Kanton Waadt gefoltert und bei lebendigem Leibe verbrannt; Protestanten in anderen Schweizer Kantonen kämpfen zu diesem Zeitpunkt bereits für ein Ende der Hexenverfolgung.

1648

Der Westfälische Friede beendet den Dreißigjährigen Krieg. Indem die Unabhängigkeit der Schweizer von der Reichsgerichtsbarkeit anerkannt wird, wird auch ihre staatliche Unabhängigkeit festgeschrieben.

1798–1803

Napoleons Truppen besetzen die Schweiz, die in die Helvetische Republik, einen Zentralstaat nach französischem Vorbild, umgewandelt wird. Schon 1803 wird das Experiment von Napoleon beendet.

DAS SCHWEIZER REGIERUNGSSYSTEM

- Die Schweizer Regierung, der Bundesrat, wird nicht von der Partei gestellt, die die meisten Parlamentssitze gewinnt, sondern setzt sich seit 1959 aus der „Zauberformel" zusammen: Die Regierungsverantwortung wird unter den vier größten Parteien aufgeteilt.
- Der Bundesrat besteht aus sieben Ministern.
- Jedes Jahr wird einer der sieben Bundesminister nach dem Rotationsprinzip zum Präsidenten gewählt, es gibt also jedes Jahr ein neues Staatsoberhaupt.
- Viele Bundesgesetze müssen per Volksabstimmung abgesegnet werden; jedes Jahr finden mehrere Referenden statt.
- Bis 2003 stellten nach der „Zauberformel" die Sozialisten, die Konservativen und die Christdemokraten jeweils zwei Bundesratsmitglieder, ein Sitz ging an die rechtsgerichtete Schweizerische Volkspartei (SVP). Diese Verteilung änderte sich 2003, als die SVP bei den Parlamentswahlen stark zulegen konnte und den zweiten Sitz der Christdemokraten eroberte.

DIE NACHKRIEGSZEIT

Seit Ende des Zweiten Weltkrieges erlebt die Schweiz eine Phase der wirtschaftlichen, sozialen und politischen Stabilität.

Während der Rest Europas sich immer noch von den Folgen des Krieges erholte, befand sich die Schweiz bereits auf dem Weg nach oben und konnte dabei von ihrer bereits vorhandenen Stabilität in Wirtschaft, Handel und Industrie profitieren. Zürich entwickelte sich zum internationalen Zentrum für das Banken- und Versicherungswesen, Genf wurde zum Sitz der Weltgesundheitsorganisation und vieler anderer internationaler Einrichtungen. Auch wenn sich der neben New York zweite Sitz der Vereinten Nationen (UN) in der Schweiz befindet, trat sie aufgrund ihrer vielgerühmten Neutralität erst 2002 der UN bei; und bis heute verzichtet sie auf eine Mitgliedschaft in der Europäischen Union. Dennoch gehört die Schweiz zu den reichsten und angesehensten Ländern der Welt.

In den späten 1990er-Jahren sah sich das Land dann nach einer Reihe von Skandalen dazu gezwungen, ihr berühmtes auf dem Schweizer Bankgeheimnis basierendes Bankwesen zu reformieren. 1995 gaben Schweizer Banken auf Druck von jüdischer Seite bekannt, millionenschwere Konten aus der Zeit vor 1945 zu haben; das Geld stammte von Opfern und Überlebenden des Holocaust. Wiederholt mit Anschuldigungen konfrontiert, die Geldinstitute hätten das Geld verwahrt, ohne ernsthafte Bemühungen unternommen zu haben, die rechtmäßigen Eigentümer ausfindig zu machen, erklärten sich drei Jahre später die zwei größten Banken, UBS und Crédit Suisse, dazu bereit, Überlebenden des Holocaust und ihren Familien 1,25 Mrd. US-Dollar Entschädigung zu zahlen.

Als die Schweiz 2002 der UNO beitrat, sollte irrtümlicherweise eine rechteckige Schweizer Fahne vor dem New Yorker Hauptsitz gehisst werden. Daraufhin protestierte die Schweizer Seite heftig und bestand auf der richtigen quadratischen Flagge.

1847

Bürgerkrieg zwischen Protestanten und Katholiken. Der Spuk ist bereits nach 26 Tagen vorbei. Die Bilanz: 86 Tote und 500 Verletzte, doch der Weg für die Verfassung von 1848 ist geebnet.

1863

Nachdem er 1859 Zeuge der erschütternden Zustände nach der Schlacht bei Solferino in Norditalien wird, gründet der Geschäftsmann und Pazifist Henri Dunant in Genf das Internationale Rote Kreuz.

1918

Die Arbeiter rufen den Landesstreik aus. Dieser wird zwar nach drei Tagen von der Armee beendet, doch einige Forderungen – wie die Einführung der 48-Stunden-Woche – werden durchgesetzt.

Das Schweizer Bankgeheimnis reicht bis ins Mittelalter zurück und wurde 1934 gesetzlich verankert; damals wurden u. a. die Nummernkonten eingeführt. 2004 machte das Land jedoch aufgrund äußeren Drucks weitere Zugeständnisse und erklärte sich damit einverstanden, von EU-Bürgern in der Schweiz geführte Konten zu besteuern. Und 2009 sicherte die eidgenössische Regierung der EU Amtshilfe in Fällen von Steuerhinterziehung zu.

AUF DEM WEG IN EIN NEUES JAHRTAUSEND

Die Schweiz erlebte mit den Parlamentswahlen von 2003 einen gewaltigen Ruck hin zum rechtskonservativen Lager, als Christoph Blochers SVP (Schweizerische Volkspartei) 28 % der Stimmen eroberte und damit die politische Landschaft der Schweiz in noch nie dagewesener Form auf den Kopf stellte. Die SVP scheint mit ihrer antieuropäischen und gegen Zuwanderung gerichteten Programmatik einen Nerv der Schweizer Gesellschaft getroffen zu haben.

2006 unterstützte die Partei ein Referendum zur Verschärfung der Einwanderungs- und Asylpolitik, dem schließlich eine klare Mehrheit zustimmte. Im folgenden Jahr legte die SVP bei den Parlamentswahlen nochmals zu und kam auf 29 % – rund 10 % mehr als ihr größter Konkurrent, die SP (Sozialdemokratische Partei der Schweiz). Zuvor hatte sie einen umstrittenen Wahlkampf geführt, in dem Blochers Partei von vielen offener Rassismus unterstellt worden war.

Auf dem Höhepunkt ihres Erfolgs stand sich die Partei dann aber selbst im Weg; Blocher wurde vom Parlament nicht in den Bundesrat, die Exekutive der Schweiz, gewählt. Stattdessen wurden zwei seiner Parteikollegen Bundesratsmitglieder, was innerhalb der SVP für großen Wirbel sorgte.

Die Kritik in den eigenen Reihen wuchs und es kam zu einer Reihe von Parteiausschlüssen. 2008 eskalierte die Situation schließlich in der Gründung der Splitterpartei BDP (Bürgerlich-Demokratische Partei) in den Kantonen Bern, Glarus und Graubünden. Auch die SVP-Mitglieder, die in die Regierung gewählt worden waren, gehörten nun der neuen Partei an. Somit ergab sich eine bisher einzigartige Situation: Diese winzige, neu gegründete Partei hatte auf einen Schlag zwei Sitze im Bundesrat inne, während die SVP als größte im Parlament vertretene Partei nicht einmal einen hatte.

Blocher gilt als charismatischer, jedoch höchst umstrittener Politiker, der während seiner Zeit als Bundesratsmitglied von 2003 bis 2007 viele Federn lassen musste. Als das BDP-Mitglied Samuel Schmid sich Ende 2008 aus dem Bundesrat zurückzog, war der Sitz frei für die SVP. Blocher erhielt von seiner Partei nur halbherzige Unterstützung, sodass der Sitz schließlich an seinen Parteikollegen Ueli Maurer ging. Auch wenn dieser als ähnlicher Hardliner wie Blocher bekannt ist, versuchte Maurer in der Öffentlichkeit mit dem Image des Versöhners zu punkten. Es wird sich zeigen, ob er es damit tatsächlich ernst gemeint hat.

Unter www.parliament.ch oder www.admin.ch gibt es Informationen über das außergewöhnliche politische System der Schweizer; dort werden Begriffe wie „direkte Demokratie" oder „Zauberformel" erklärt.

In seinem Buch *Die Deutschen und ihre Nachbarn. Schweiz* stellt Iso Camartin seine Heimat deutschen Lesern vor und hinterfragt Klischees und Mythen.

1940

General Henri Guisan verkündet auf der Rütliwiese die Reduit-Strategie: Der größte Teil der Armee wird in Alpenfestungen stationiert, um einen möglichen Partisanenkrieg gegen die Deutschen vorzubereiten.

1971

Die Schweizer Männer führen auf der Bundesebene das Stimmrecht für Frauen ein. Auf kantonaler Ebene wird es allerdings noch bis 1991 dauern, bis schließlich auch Appenzell-Innerrhoden nachzieht.

1979

Das Jura mit seiner vorwiegend französischsprachig-katholischen Bevölkerung, das sich das deutschsprachig-protestantische Bern 1815 einverleibt hatte, wird ein unabhängiger Kanton.

Der Einfluss Blochers schwand weiter. Ein Referendum zur weiteren Verschärfung der Einwanderungsgesetze im September 2008 schlug fehl und der Vorschlag der SVP, das Erlangen der schweizerischen Staatsbürgerschaft zu erschweren, fand im Parlament keine Mehrheit.

Trotz der streng konservativen Programmatik der SVP in vielen Themenbereichen gab es in den ersten Jahren des neuen Jahrhunderts konkrete Anzeichen dafür, dass die Schweiz sich dem Rest der Welt gegenüber öffnet. 2002 wurde sie 190. UN-Mitglied – ein Referendum war noch 1986 fehlgeschlagen. 2005 entschloss sich die Schweiz dazu, dem Schengener Abkommen beizutreten (seit Ende 2008 ist das Land offiziell Teil der Schengen-Zone), zudem versprach sie, seine Grenzen bis 2011 für Arbeitskräfte aus den zwölf neuen EU-Mitgliedsstaaten zu öffnen.

2005 sprach sich eine knappe Mehrheit der Schweizer per Referendum für die Einführung gleichgeschlechtlicher Partnerschaften – wenn auch nicht Ehen – aus und fügte der SVP so eine weitere Niederlage zu.

Nur wenige erwarten, dass das Land in naher (oder auch unbestimmter) Zukunft auch mit dem Gedanken spielt, der Europäischen Union oder der Euro-Zone beizutreten. (Traditionell findet man die EU-Befürworter eher in den französischsprachigen Kantonen im Westen, während sich die deutschsprachigen Kantone und das Tessin tendenziell dagegen aussprechen.) Sicher spielt dabei auch die Befürchtung vieler eine Rolle, eine solche Annäherung an die EU könne dem privilegierten Schweizer Bankwesen, das von seinem Bankgeheimnis lebt, weiter schaden.

BANKEN IN DER KRISE – WAS NUN?

Doch 2008 waren es genau diese Banken, die die Schweiz in eine Art Schockzustand versetzten. Als die Auswirkungen der US-Hypothekenkrise auch auf den europäischen Finanzmärkten durchschlugen, mussten die UBS und die Crédit Suisse große Verluste einräumen.

Die Regierung entschloss sich, den Banken massiv unter die Arme zu greifen. Sie verabschiedete ein Rettungspaket im Wert von rund 44 Mrd. € zur Stabilisierung der UBS (wenn auch zum stolzen Zinssatz von 12,5 %). Die Crédit Suisse wiederum suchte eigene Wege aus der Krise. Die geplanten staatlichen Eingriffe, die vergleichbar mit den Notfallplänen anderer westlicher Regierungen sind, stellten ein Novum in der Schweizer Geschichte dar und lösten breite Proteste von Seiten der politischen Linken aus. Diese prangerten die in den vergangenen Jahren an risikofreudige Bankmanager geleisteten üppigen Bonuszahlungen an.

Zu einem der wahrscheinlich am meisten diskutierten öffentlichen Themen in den vergangenen Jahren gehört das Rauchverbot. 2005 wurde es in öffentlichen Verkehrsmitteln eingeführt, 2006 verbannte das Tessin als erster Kanton den blauen Dunst aus allen öffentlichen Räumen. Seitdem hat sich jeder Kanton intensiv und kontrovers mit dem Thema auseinanderge-

---

1999 kam es zur umfangreichsten Stationierung von Schweizer Truppen im Ausland in der jüngsten Geschichte; damals entsandte die Schweiz 220 Soldaten zur Unterstützung der KFOR-Einheiten in den Kosovo. Die Truppen sind zur Selbstverteidigung ausgerüstet, ihr Einsatz soll bis 2011 dauern.

1989

Die Geburtsstunde eines globalen Dorfes: Am Genfer Forschungszentrum CERN entwickelt Tim Berners-Lee die Auszeichnungssprache HTML, die Grundlage zur Erstellung von Seiten für das WWW.

2001

Ein Unglücksjahr: Die Swissair meldet Insolvenz an, 14 Politiker sterben bei einem Amoklauf im Zuger Parlament, 21 Menschen bei einem Canyoning-Unfall und 11 Menschen bei einem Feuer im Gotthardtunnel.

2005

Nach einem Stromausfall bricht das Eisenbahnsystem für fast 24 Stunden zusammen. Auslöser ist ein Hochwasser, das einen Schaden von ca. 2 Mrd. SFr verursacht. Rund 1000 Menschen müssen evakuiert werden.

setzt, was zu einer unübersichtlichen Flut von Gesetzen und Ausnahmeregelungen führte. Viele Schweizer scheinen allerdings eine bundesweite Lösung zu favorisieren. So wurde 2008 ein Gesetz verabschiedet, das das Rauchen nur in Gaststätten und Bars erlaubt, die nicht größer als 80 m² sind (und das sind nicht gerade wenige). Ob das Gesetz zur Klärung der Situation beitragen wird, ist unklar, gehen doch die Kantone weiterhin ihren eigenen Weg. Ende 2008 stimmten das Waadtland, Freiburg und das Wallis für ein Rauchverbot in öffentlichen Räumen; wie im Tessin räumten sie Gaststätten, Bars usw. jedoch die Möglichkeit ein, abgeschlossene Raucherbereiche zu schaffen. Diese neuen Landesgesetze werden wohl Ende 2009 in Kraft treten ... in Zeiten der Wirtschaftskrise sollte man sich eben ab und zu eine Zigarette genehmigen dürfen!

2006

Das Tessin ist der erste Kanton, der ein Rauchverbot in öffentlichen Räumen einführt. Andere Kantone werden – in wild durcheinander gewürfelter Reihenfolge – in den nächsten Jahren folgen.

2008

Erster Start des Teilchenbeschleunigers LHC am CERN, der Europäischen Organisation für Kernforschung mit Sitz in Genf. Aufgrund technischer Probleme müssen erste Experimente auf Mitte 2009 verschoben werden.

2008

Die weltweite Finanzkrise trifft die zwei größten Schweizer Banken UBS und Crédit Suisse. Die Regierung greift der UBS mit 44 Mrd. € unter die Arme, Crédit Suisse sucht eigene Wege aus der Krise.

Kultur

SONDERFALL SCHWEIZ

Toblerone, Käse, Uhren und das Bankgeheimnis, Heidi, Wilhelm Tell, Jodeln, die Alpen – an Klischees über die Schweiz und die Schweizer herrscht wahrlich kein Mangel. Wahnsinnig effizient, arbeitsam, durchorganisiert und auf Hygiene bedacht, ordentlich, gehorsam und übervorsichtig – das sind nur ein paar der Eigenschaften, die man den Schweizern zuschreibt, als wären sie alle Leute, die man gern als Schwiegersohn oder Schwiegertochter hätte. Offensichtlich geht man in der Schweiz erst über die Straße, wenn die Fußgängerampel auf Grün steht.

Aber das bestimmende Merkmal der Schweiz ist ihre kulturelle Vielfalt, die sich schon in den vier Landessprachen zeigt. Die deutschen, französischen und italienischen Schweizer sind kulturell schon den Deutschen, Franzosen oder Italienern ähnlich – deshalb stößt man in der Schweiz auf eine oft überraschende Vielfältigkeit und Mischung der Stimmungen und Seelenlagen. Und dann gibt es noch die kleine Gruppe der Sprecher des Rätoromanischen (S. 414) in Graubünden (S. 324). Rätoromanisch zerfällt in viele Dialekte, die schon im nächsten Tal kaum jemand versteht. Wer glaubt, die Schweizer seien langweilig, weiß also wirklich nicht, wovon er spricht!

Tatsächlich betrachten sich die Schweizer als etwas Besonderes, und das trifft auch zu. Von jahrhundertealten wilden Alpentraditionen wie dem Ringen und dem Steinschleudern (S. 36) über hypermoderne „Zoogler", die an ihrem Arbeitsplatz bei Google an einer Feuerwehrstange herunterrutschen (S. 247) bis hin zu Genfer Juwelieren, die Uhren aus Mondstaub machen (S. 109) oder modischen Mittdreißigern, die selbstbewusst in recycelten Lasterplanen oder kambodschanischen Fischsäcken (S. 260 & 109) herumlaufen – auf Innovationen haben sich die Schweizer schon immer verstanden.

Aber nicht nur Kreativität ist angesagt, auch Ausdauer und Zähigkeit stehen hoch im Kurs. Das sieht man nicht nur an dem Versuch, im Sport die Grenzen auszutesten (S. 36), sondern mehr noch an der Hartnäckigkeit, mit der die Schweizer Bergbauern dem Land ihren Lebensunterhalt abzutrotzen verstehen (S. 156). Zwar erstrahlt der „Sonderfall Schweiz" nicht mehr in so hellem Glanz (S. 16) wie noch vor ein paar Jahrzehnten, aber ganz verblasst ist er keineswegs.

WOHLHABEND, GEBILDET & GESUND

„Die Schweizer sind", schrieb der Londoner *Guardian*, „wohl das glücklichste Volk der Erde. Sie sind gesund, wohlhabend und, dank eines erstklassigen Bildungswesens, auch gebildet. Sie führen ein Leben, von dem die meisten nur träumen können." Ursache für diese Hommage seitens eines Landes, in dem man sich sonst schon gerne einmal über die „langweilige" Schweiz lustig macht, war eine Bewertung der Lebensqualität in den Großstädten der Welt, bei der Zürich, Genf und Bern ganz oben standen. Daran hat sich seither nicht viel geändert: Im Ranking, das Mercer Consultancy 2009 vorlegte, rangierte Zürich in Sachen Lebensqualität nach sieben Jahren auf Platz eins immerhin noch auf dem zweiten Platz (von Wien überholt), Genf wurde Dritter und Bern Neunter.

Das Leben in den meisten Schweizer Städten unterscheidet sich nicht sehr von dem in anderen westlichen Metropolen, nur liegt der Lebensstandard vielfach höher. Die Schweizer können sich darauf verlassen, dass ihr Land, das im Hinblick auf das Pro-Kopf-Einkommen zu den zehn reichsten der Welt zählt, eine ausgezeichnete Gesundheitsversorgung, einen effizienten

---

Beihilfe zum Suizid ist in der Schweiz legal. Die Rolle von Dignitas (www.dignitas.ch) ist international umstritten. Die Organisation leistet auch todkranken oder chronisch kranken Ausländern, die in die Schweiz kommen, Sterbehilfe.

Will man tiefer in den Schweizer Untergrund eintauchen, lohnt sich ein Blick auf die als Chalets verkleideten Bunker des Projekts „Falsche Chalets" des Fotografen Christian Schwager.

öffentlichen Nahverkehr und umfassende Sicherheit bietet. Aber die Schweizer wollen auch viel vom Leben haben, deswegen sind sie sportlich, achten auf ihre Ernährung und sind im Umweltschutz engagiert.

Bei all dem ist es kein Wunder, dass die Schweizer von allen Europäern die höchste Lebenserwartung haben: Bei Frauen liegt sie bei 83,7 und bei Männern bei 77,9 Jahren. Die Schweiz ist natürlich nicht gegen die modernen Sorgen wie Aids oder Drogenmissbrauch gefeit, aber der Wohlstand ist gleichmäßiger verteilt als in vielen anderen Gesellschaften der Gegenwart. Die meisten Schweizer bezeichnen Freunde und Familie als das Wichtigste in ihrem Leben, während die Arbeit erst danach kommt.

Aber der Schweizer Lebensstil besteht keineswegs darin, Champagnercocktails für 10 000 SFr aus geschliffenen Eisgläsern in Verbier (S. 165) zu schlürfen und sich während des Wochenendaufenthalts in den Chalets, die viele Schweizer besitzen oder für die Saison mieten, auf den Skihängen zu tummeln. In den ländlichen Gebieten – besonders im Appenzellerland, im Wallis und im Jura – steht die traditionelle Kultur, nicht der Glamour der großen Welt im Mittelpunkt. Bei den Festen tragen die Leute traditionelle Trachten, und altehrwürdige Bräuche feiern den Lauf der Jahreszeiten. Die Väter bringen ihren Söhnen die Kunst des Alphornspielens bei, die sie ihrerseits von ihren Vätern gelernt haben (S. 39), und die jüngeren Geschwister schwenken die Schweizer Fahne. Im Frühjahr schmücken die Hirten ihre Kühe mit Blumen und Glocken, ehe sie sie auf die Almwiesen hinauftreiben, wo Hirt und Herde gemeinsam den Sommer verbringen.

> Die pharmazeutische Industrie der Schweiz ist ein wichtiger Wirtschaftsfaktor. Die Schweizer Pharma-Giganten Novartis und Roche spielen eine große Rolle auf dem Weltmarkt.

WIRTSCHAFT

Die Schweizer sind mit ihrem Geld und in Bezug auf ihre Währung konservativ. Seit in den 1850er-Jahren der Schweizer Franken eingeführt wurde, ist er kaum verändert worden. Als 2005 die Absicht laut wurde, das 5-Rappen-Stück (den Fünfräppler) einzuziehen, weil die Produktion dieser

AUF DER WACHT

„Die Schweizer sind am stärksten bewaffnet und erfreuen sich der größten Freiheit", schrieb Macchiavelli. Aber mehr als vierhundert Jahre nach der letzten größeren militärischen Unternehmung im Ausland ist sogar bei den Schweizern viel von der Begeisterung für die „bewaffnete Neutralität" verloren gegangen.

Zwar herrscht in der Schweiz die allgemeine Wehrpflicht, aber die Verteidigungsanstrengungen gehen gleichwohl zurück. Auf dem Höhepunkt des Kalten Kriegs hatte das Land mehr als 600 000 Soldaten und Reservisten der „allgemeinen Miliz". Diese Art Landwehr hat immer ihr Gewehr im Schrank und umfasste damals fast die gesamte männliche Bevölkerung. Daher stammt auch die Redewendung „Die Schweiz hat keine Armee, die Schweiz ist eine Armee!" Auch heute noch muss jeder wehrfähige Schweizer die militärische Grundausbildung absolvieren und zwischen seinem 20. und 36. Lebensjahr 260 Tage Militärdienst ableisten. Immerhin aber gibt es jetzt einen (längeren) Zivildienst, und die Zahl der Soldaten und Reservisten, die innerhalb von 48 Stunden mobilisiert werden können, ist auf 220 000 zurückgegangen.

Viele Jahre lang unterhielt die Schweiz Bunker mit ausreichenden Nahrungsmittelvorräten, um im Fall von Angriffen praktisch die gesamte Bevölkerung im Untergrund unterbringen zu können. Aus Einsparungsgründen wurden allerdings kürzlich ungefähr 13 000 Militäreinrichtungen aufgegeben. Mit der typisch schweizerischen Geschäftstüchtigkeit wurden daraus Touristenattraktionen gemacht: Die einst streng geheimen, als Bauernhäuser getarnten Bunker bei **Faulensee** (S. 213), das erste **Null-Sterne-Bunkerhotel** (S. 321) und **La Claustra** (www.claustra.ch), das avantgardistische Designeräquivalent unter dem Gotthardpass am anderen Ende der Preisskala, sind bestimmt erst der Anfang der touristischen Erschließung.

Die niedrigsten Lebenshaltungskosten der Schweiz hat der Kanton Appenzell-Innerrhoden (S. 315) dank niedriger Grundstückspreise, geringer Steuern und Krankenversicherungskosten. Die Männer in diesem Kanton sind auch die kleinsten Schweizer Männer.

Münze sechs Rappen kostete, löste das ein mittleres Erdbeben aus – Veränderungen gegenüber ist man hier durchaus misstrauisch.

Als die USA und die Staaten der EU gegen Ende 2008 in die Rezession rutschten, wirkte die Schweiz – trotz mancher in Schwierigkeiten geratener Banken und trotz eines staatlichen Rettungspakets für die UBS (s. S. 34) – von der globalen Finanzkrise zunächst recht wenig berührt. Die Volkswirtschaft wuchs im Jahr 2008 noch um 1,9 %, und die Arbeitslosenrate ist im Vergleich zum übrigen Europa sehr niedrig: Sie betrug 2,5 % im Oktober 2008 und soll bis Ende 2009 schlimmstenfalls auf 3,5 % steigen. Die Inflationsrate lag Mitte 2008 bei 2,6 % und soll Sachverständigen zufolge 2009 auf 1,5 % fallen.

Als globales Finanzzentrum und Hüterin eines beträchtlichen Teils der weltweiten Auslandsvermögen ist die Schweiz ein Synonym für Nummernkonten und Bankgeheimnis. Jeder Schweizer Kanton legt seine Steuersätze selber fest, was Einzelpersonen und Unternehmen veranlasst, sich den günstigsten Standort auszusuchen: Zug lockt die Großindustriellen der Welt mit den niedrigsten Einkommens- und Gewerbesteuern der Welt und mit Steuerbefreiungen (s. S. 287). Obwalden wiederum, ein bislang landwirtschaftlich geprägter Kanton, ebnete im November 2008 ungeachtet der Einkommenshöhe seine Einkommenssteuer auf einheitliche 24,1 % ein, um seiner Wirtschaft zu neuem Aufschwung zu verhelfen.

Für Schweizbesucher die schlechte Nachricht zum Schluss: Der Kurs des Schweizer Franken steigt gegenwärtig gegenüber allen großen Währungen, also auch dem Euro, weil er als eine so sichere Anlage gilt.

BEVÖLKERUNG

Die ländliche Schweiz schrumpft: Durch die Verstädterung ist seit 1935 so viel Land verloren gegangen wie in den zwei Jahrtausenden zuvor, erklärt ein Bericht des Schweizerischen Nationalfonds zur Förderung der wissenschaftlichen Forschung.

In der Schweiz leben durchschnittlich 176 Einwohner pro Quadratkilometer. Die städtischen Gebiete sind dichter, die alpinen Gebiete nur spärlich besiedelt: Ein Drittel aller Einwohner der Schweiz wohnen in oder um Zürich, Basel, Genf, Bern und Lausanne; ein weiteres Drittel lebt auf dem Land.

Von den Schweizer Einwohnern sprechen 64 % deutsch, 19 % französisch, 8 % italienisch und weniger als 1 % rätoromanisch als Muttersprache. Die Deutschschweizer verwenden die Schweizer Variante des Hochdeutschen als Schriftsprache, sprechen aber untereinander ihre Dialekte. Das für Deutsche nahezu unverständliche „Schwizerdütsch" besitzt keine offizielle Schriftform und ist in unzählige Dialekte aufgespalten. Beim Rätoromanischen haben Sprachforscher zumindest zwei Hauptdialekte und beim Tessiner Italienisch drei Varianten feststellen können. Oft unterscheidet sich die gesprochene Sprache von einem Tal zum nächsten.

SPORT

Eine echte Superathletin ist die Schweizer Orientierungsläuferin Simone Niggli-Luder (geb. 1978). Sie gewann 14 Weltmeistertitel und war 2002 bis 2008 die Nummer eins in ihrer Disziplin, bis sie wegen der Familienplanung ihre Karriere unterbrach.

Abseits der Mainstream-Sportarten ist hier viel los: Kein anderes Land erfindet in Sachen Sport das Rad immer wieder so häufig neu wie die Schweiz.

Traditionen in den Bergen

Das Hornussen ist ein Ballspielsport mittelalterlichen Ursprungs, bei dem zwei Mannschaften mit je 16 bis 18 Spielern aufeinandertreffen. Die eine Mannschaft schlägt den 78 g schweren Hornuss oder Nouss so weit wie möglich ab; die andere versucht, mithilfe der Schindel, eines 4 kg schweren Geräts, das wie ein Straßenschild aussieht, den Hornuss „abzutun", d. h. zu stoppen, bevor er zu Boden fällt. Zur Originalität des Spiels trägt noch bei, dass der Hornuss mithilfe eines biegsamen Steckens von einer Stahlrampe, dem Bock, abgeschossen wird, was aussieht wie ein Zwischending aus Angeln und Putten beim Golfen. Die Schindel wird entweder als Fänger eingesetzt,

SPORTEVENT-KALENDER

Die Schweizer versetzen buchstäblich Berge, um sportliche Höchstleistungen möglich zu machen. Den gewöhnlichen Sterblichen wird dabei immer ein großartiges Spektakel geboten. Marathonläufe auf der Straße gibt es rund um Genf (S. 101), Lausanne (S. 118), Zermatt (S. 180) und Murten (S. 144), doch am spektakulärsten ist der **Jungfrau-Marathon** (S. 192 im September, der um die drei berühmtesten Gipfel der Schweiz herumführt.

Im Januar findet seit 1928 in Mürren das halsbrecherische **Inferno-Rennen** (S. 201) statt, der längste Abfahrtslauf für Amateure und Profis. Weltberühmt sind außerdem das **Lauberhornrennen** (S. 206) in Wengen und die **Internationale Heißluftballonwoche** (S. 135) in Château-d'Œx.

Ende Januar sind alle Augen auf den zugefrorenen St. Moritzersee (S. 350) gerichtet, wenn dort der **Cartier Polo World Cup on Snow** ausgetragen wird. Im Februar stehen dann die Pferderennen auf dem Eis beim **White Turf** sowie **Cricket on Ice** an. Wahnsinn pur ist der extrem strapaziöse, 42,2 km lange **Engadin Skimarathon** im März. Es ist ein sagenhafter Anblick, wenn Abertausende von Skilangläufern sich zwischen Kiefern und gefrorenen Seen abquälen; zuschauen kann man in St. Moritz oder Pontresina. Das Highlight des Sportkalenders von Verbier ist der **Xtreme Freeride Contest** (S. 166) im März, wenn Profi-Snowboarder die steile Nordwand des Bec des Rosses hinuntersausen. Richtig holperig wird es dann im April beim Buckelpistenrennen **Bump Bash** (S. 180) in Zermatt.

Den Sportsommer läutet ein Tennis-Event ein: die **Swiss Open** (Allianz Suisse Open; S. 218), die im Juli in Gstaad stattfindet. Der August bringt die 90 km lange **Eiger Bike Challenge** (S. 199) der Radfahrer. Im Spätherbst geht es dann zum Tennis in die Halle: Das Tennisturnier **Swiss Indoors** (Okt./Nov.; S. 297) ist eines der größten Sportevents der Schweiz.

Im Dezember stehen dann der **FIS Langlauf Weltcup** (S. 342) in Davos und der **FIS Skisprung Weltcup** (S. 285) in Engelberg an.

Tickets für Sportevents in der Schweiz kann man unter www.ticketcorner.com finden und buchen.

---

um den Hornuss, der eine Geschwindigkeit von bis zu 85 m/s erreicht, zu stoppen; man kann sie aber auch in die Luft werfen, um den Hornuss so zu treffen.

Ein weiterer derber Nationalsport ist das Schwingen, die Schweizer Version des Sumo-Ringens, an dem sich nicht nur kräftige Bauernburschen, sondern auch zehnjährige Mädchen beteiligen. Die beiden Wettkämpfer – beide tragen über der Kleidung eine kurze, wie eine Lederhose aussehende Jutehose – treten gegeneinander auf einem mit Sägemehl bestreuten Platz an. Man beugt sich vor und fasst den Gegner hinten am Hosenbund. Nun gilt es mithilfe vorgeschriebener Griffe, Wendungen und sonstiger Manöver, den Gegner auf den Rücken zu zwingen. Bei jedem Jahrmarkt in den Bergen und jedem Alpenfest kann man Schwingen-Wettkämpfe sehen, die unter großer Publikumsbeteiligung stattfinden.

Zu den weiteren gern praktizierten Sportarten gehören das Steinstoßen, das bei den Bergfesten praktiziert wird (S. 194), Kricket, Polo, Pferderennen auf dem Eis, Trotti-Bike-Rennen, bei denen junge Leute auf geländegängigen Rollern die Hügel hinuntersausen, sowie das Waffenlaufen, bei dem Machos im Kampfanzug mit Rucksack und Gewehr durch die Berge rennen.

Dann gibt's da noch Ringkuhkämpfe (S. 172) und das Chüefladefäscht (Kuhfladenfest; S. 186), bei dem die Schweizer mit Golfschlägern oder Mistgabeln begeistert über die Almwiesen hüpfen und die ausgelegten Kuhfladen zerlegen. Beim Chüefladefäscht von 2008 lagen 17 000 Kuhfladen herum, sodass es gute Chancen gab, den Vorjahresrekord von 2137 „vernichteten" Kuhfladen zu überbieten. Und tatsächlich konnten dieses Mal 7837 gezählt werden!

> Der Prix Ecosport wird in der Schweiz an Sportevents (wie den Engadin-Ski-Marathon oder den Locarno Triathlon) verliehen, die den Umweltschutz berücksichtigen. Infos über die bisherigen Gewinner des Preises gibt's unter www.prix-ecosport.ch.

Fußball & Tennis

Kein internationales Sportereignis verlief für die Schweiz je so deprimierend wie die Fußballeuropameisterschaft 2008, das größte Sportevent, das jemals im Land stattgefunden hat. Der zweite Gastgeber war Österreich. Die Schweizer „Nati" schied (wie Österreich) schon in der Vorrunde aus. Immerhin wurden für das 23-tägige Turnier ein paar schicke Stadien zur Freude der Zuschauer gebaut – Fußball ist auch in der Schweiz der wichtigste Zuschauersport. Die Erste Liga heißt in der Schweiz Axpo Super League. 2009 wurde der FC Zürich Meister, Rekordmeister ist der Grasshopper Club Zürich.

Das Schweizer Tennis-As Roger Federer (geb. 1981) war zwischen 2004 und 2008 in 237 Wochen hintereinander die Nummer eins der Weltrangliste – ein Rekord. Dann verdrängte ihn der Spanier Rafael Nadal auf den zweiten Platz. Im Damentennis stand die aus der Slowakei stammende Schweizerin Martina Hingis (geb. 1980) 209 Wochen an der Spitze. Nach Auszeit und Comeback beendete sie 2007 endgültig ihre aktive Laufbahn. Die aus Basel stammende Patty Schnyder (geb. 1978) ist heute die beste Tennisspielerin der Schweiz; Mitte 2009 stand sie auf dem 16. Platz der Weltrangliste.

> Der Weltfußballverband FIFA hat seinen Sitz in Zürich. Er residiert in einem sagenhaften, 196 Mio. US$ teuren Komplex mit Glasfassade.

Wintersport

Eishockey ist der zweite wichtige Zuschauersport in der Schweiz; die Nationalmannschaft der Männer belegt weltweit den siebten Rang. Zürich (bzw. Kloten) und Bern richteten 2009 gemeinsam die Weltmeisterschaft aus. Der Titel ging an Russland, die Schweiz wurde neunter (14. Österreich, 15. Deutschland).

Das Schweizer alpine Ski-As Daniel Albrecht (geb. 1983) startete mit Edelmetall in die Saison 2008/09, indem er den ersten Weltcup-Riesenslalom gewann. Es war sein dritter Weltcupsieg, und Albrecht war der erste Schweizer Skifahrer, der seit Steve Locher (geb. 1967) im Jahr 1996 wieder ein Eröffnungsrennen gewinnen konnte. Abseits der Piste hat sich der 25-Jährige mit einer eigenen Skimode-Kollektion hervorgetan, die seinen Spitznamen aus der Oberschulzeit, Albright, trägt. Am 22. Januar 2009 endete Albrechts Höhenflug je, als er beim Abschlusstraining zur Abfahrt von Kitzbühel schwer stürzte und aufgrund eines Schädel-Hirn-Traumas in ein künstliches Koma versetzt werden musste. Er erwachte am 12. Februar – ob er seine Karriere wieder aufnehmen kann, ist noch unklar.

IMMIGRATION & MULTIKULTURELLES

Lässt man Saisonarbeiter, Ausländer mit zeitweiligem Aufenthalt in der Schweiz sowie die ausländischen Angehörigen internationaler Organisationen außer Acht, sind 20,7 % aller Menschen, die in der Schweiz leben, keine Schweizer Staatsbürger, sondern ständig im Land lebende Einwanderer. 54 % von diesen wurden entweder schon im Land geboren oder leben seit mindestens 15 Jahren hier. Viele Einwanderer kamen nach dem Zweiten Weltkrieg – zunächst vor allem aus Italien und Spanien, später aus dem ehemaligen Jugoslawien.

Wie überall auf der Welt begrüßt ein Teil der Einheimischen den kulturellen Beitrag und die Arbeitsleistung der Zuwanderer, während ein anderer Teil zu Fremdenfeindlichkeit neigt. Zwar bleibt es äußerst schwer, die Schweizer Staatsbürgerschaft zu erlangen, denn Ausländer müssen dafür mindestens zwölf Jahre in der Schweiz gelebt haben und sich mit den Behörden auf Landes-, Kantons- und Gemeindeebene auseinandersetzen, aber die Einbürgerung ist immerhin nicht mehr so problematisch wie noch vor ein paar Jahren. Damals hing die letzte Entscheidung, ob jemand Schweizer

DIE SCHWEIZER FLAGGE

Keine Nationalflagge (S. 282) bietet sich so sehr zu modischen Experimenten an wie die der Schweiz.

Da gibt es die **Swiss Army Recycling Collection** (www.swissbags.de), eine äußerst angesagte Modelinie, geschaffen von einem Schuster und Sattler aus dem Wallis. Er macht Öko-Taschen aus den rauen Wolldecken, die bis in die 1960er-Jahre hinein von der Schweizer Armee verwendet wurden, ehe sie auf Schlafsäcke umstieg. Die Griffe sind recycelte Pistolenhalfter oder Uniformgürtel, aber das Tüpfelchen auf dem i ist das vorne aufgenähte große weiße Kreuz.

Alprausch (www.alprausch.ch) ist das letzte Wort in Sachen Straßen- und Schneegarderobe dank der immensen Popularität ihres hippen Züricher Schöpfers, des Snowboard-Champions Andy Tanner. Und was prunkt wohl auf dem jüngsten seiner Skianzugsentwürfe (die Anzüge sind so cool, dass vor ein paar Jahren auch mal Victoria Beckham in St. Moritz in einem Anzug des Labels abgelichtet wurde) oder auf seinem Filzhut? Natürlich ein weißes Kreuz auf rotem Grund.

Bürger werden konnte, von der Ortsgemeinde ab, die darüber in einer geheimen Abstimmung befand. Interessanterweise wurde ein Begehren, diskriminierende Verfahren wieder einzuführen, im Mai 2008 in einer Volksabstimmung zurückgewiesen.

RELIGION

Die Grenze zwischen römisch-katholisch (42%) und protestantisch (35%) folgt weitgehend den Kantonsgrenzen. Zu den vorwiegend protestantischen Gebieten gehören Zürich, Genf, Waadt, Thurgau, Neuchâtel (Neuenburg) und Glarus; zu den ausgeprägt katholischen Kantonen das Wallis, das Tessin, Uri, Unterwalden, Schwyz, Fribourg (Freiburg), Luzern, Zug und Jura.

Etwas mehr als 4% der Einwohner sind Muslime.

KUNST & LITERATUR

Viele ausländische Autoren und Künstler, darunter Voltaire, Byron, Shelley und Turner, haben der Schweiz mit der Feder oder dem Pinsel ein Denkmal gesetzt – so wie das in Beton und Stahl Architekten wie Sir Norman Foster, Renzo Piano oder Jean Nouvel taten.

Architektur

Der Anteil der Schweiz an der Architektur des Modernismus ist gar nicht wegzudenken: Le Corbusier (1887–1965), der Bahnbrecher einer radikalen Entwurfsökonomie, des Formalismus und Funktionalismus, wurde im schweizerischen La Chaux-de-Fonds geboren. Auch wenn er den größten Teil seines Arbeitslebens in Frankreich verbrachte, errichtete er seine ersten (S. 152) und letzten (S. 251) Bauten in seinem Geburtsland.

Auch die zeitgenössische Schweizer Architektur ist innovativ. Am bekanntesten ist zurzeit das in Basel ansässige Büro von Jacques Herzog und Pierre de Meuron (beide geb. 1950). Zu den bekanntesten Werken des 2001 mit dem angesehenen Pritzker-Preis ausgezeichneten Büros zählen der Neubau der Londoner Tate Gallery und das Olympiastadion für die Olympiade von 2008 in Beijing. In der Schweiz sind Werke der Architekten in Basel (S. 296) und zukünftig in Davos zu bewundern. Dort soll sich ein 105 m hoher Turm über die mythische Schatzalp neigen; die Bauarbeiten werden wohl noch 2009 beginnen. Der zweite große Name der zeitgenössischen Schweizer Architektur ist der aus dem Tessin stammende Mario Botta (geb. 1943; www.botta.ch), der als Schöpfer des Museum of Modern Art in San Francisco im internationalen Rampenlicht steht; seine Chiesa di San Giovanni Battista in Mogno (S. 374) und das kathedralenartige Bäderhotel

---

Unter Swissworld (www.swissworld.org) findet man eine schnelle Übersicht über die meisten Aspekte der Schweiz, von Land & Leuten und Kultur bis hin zu Wissenschaft und Wirtschaft.

Bei den Bildern kommt man schon ins Schmunzeln: Bei Football – Switzerland 1:1 wird ein Fotowettstreit zwischen dem Schweizer Fußball und den Landschaften des Landes ausgetragen. Online unter www.footballswitzerland.ch bestellbar.

Tschuggen Bergoase in Arosa (S. 331) sind wahrhaft stimmungsvolle Leistungen.

Erwähnt werden sollten schließlich noch die preisgekrönte Therme Vals (S. 335), die der aus Basel stammende Peter Zumthor (geb. 1943) aus Beton und Quarz gestaltete, das Davoser Kirchner Museum (S. 342) des Züricher Büros von Annette Gigon und Mike Guyer (www.gigon-guyer.ch) sowie die Serie der Hotels in Zermatt, die der ortsansässige Avantgarde-Architekt Heinz Julen (www.heinz-julen.com) entworfen hat.

Einen Überblick über die ländliche Architektur der Schweiz und ihre regionalen Besonderheiten vermittelt das Freilichtmuseum Ballenberg (S. 214) in der Nähe von Brienz.

> Max Frischs *Homo Faber* (1957) ist die Geschichte der Liebesaffäre eines kopfbestimmten Ingenieurs mit einer Frau, die sich katastrophalerweise als seine Tochter herausstellt. Volker Schlöndorff verfilmte den Roman 1991.

Literatur

Dank des Films mit Shirley Temple aus den 1930er-Jahren ist Johanna Spyris *Heidi* weltweit der berühmteste Schweizer Roman. Die Geschichte des Waisenmädchens, das bei seinem Großvater in den Schweizer Alpen lebt und dann in die Stadt gehen muss, ist ziemlich sentimental und eigentlich untypisch für die Schweizer Literatur, die im Allgemeinen ernst und düster ist.

So verfocht der deutschstämmige Schweizer Staatsbürger und Nobelpreisträger Hermann Hesse (1877–1962) in Romanen wie *Siddharta* (1922) und *Steppenwolf* (1927) die These, dass die westliche Zivilisation zum Untergang verurteilt sei, wenn die Menschen nicht ihre Menschlichkeit wiederentdeckten. Inspiriert wurde er dabei von ostasiatischer Mystik und Jungianischer Tiefenpsychologie. Spätere Romane wie *Narziss und Goldmund* (1930) oder das Kultbuch *Das Glasperlenspiel* (1943) behandeln den Konflikt zwischen individueller Freiheit und gesellschaftlicher Kontrolle.

> Heinz Rühmann spielt in Ladislao Vajdas Film *Es geschah am hellichten Tag* (1958) einen risikofreudigen Ermittler. Das Drehbuch, aus dem dann der Roman *Das Versprechen* entstand, schrieb Friedrich Dürrenmatt. Bestimmendes Thema im Roman ist die Frage, wie der blinde Zufall unsere Existenz bestimmt.

Düster und richtiggehend kafkaesk erzählte der aus Zürich stammende Max Frisch (1911–91) in seinem Roman *Stiller* (1954) vom Identitätsproblem des Individuums. Zugänglicher sind die Werke von Friedrich Dürrenmatt (1921–90), der auch viele hintersinnige Kriminalromane schrieb.

Aber nicht erst der moderne Roman hat in der Schweiz Konjunktur: *Der grüne Heinrich* (1854) von Gottfried Keller (1819–1900) ist die wechselvolle Entwicklungsgeschichte eines Züricher Studenten und gilt als einer der bedeutendsten Bildungsromane der deutschsprachigen Literatur.

VOLLKOMMEN DADA

Bürgerfeindlich, rebellisch, nihilistisch und entschlossen sinnlos – die Dada-Bewegung entstand aus dem Widerstand gegen den Ersten Weltkrieg und die Mechanisierung des modernen Lebens. Ihre Vertreter bahnten fast jeder Form der zeitgenössischen Kunst den Weg, indem sie die Collagetechnik entwickelten, Einflüsse aus der Volkskunst aufnahmen, Abstraktionselemente in Literatur, Film und Darstellungskunst einführten oder auch fabrizierte Gebrauchsgegenstände verändert oder unverändert zu Kunst erklärten.

Zürich war die Geburtsstätte der Bewegung. Hugo Ball, Tristan Tzara und Emmy Hennings gründeten hier im Februar 1916 das Cabaret Voltaire in einer Bar in der Spiegelgasse 1 (S. 249), wo es dann eine Reihe skandalumwitterter Aktionen und Veranstaltungen gab. Über die Herkunft des Wortes Dada gibt es verschiedene Theorien: Einer zufolge wurde das Wort willkürlich dadurch bestimmt, dass man ein Messer in ein französisch-deutsches Wörterbuch piekte.

Im Jahr 1923 hatte sich die Bewegung zwar totgelaufen, ihr Geist lebte aber in den Werken wahrer Dadaisten wie George Grosz, Hans Arp, Max Ernst und genauso weiter, die sich wie Marcel Duchamp (dessen berühmtes Urinal so etwas wie der Inbegriff von Dada ist) oder der Fotograf Man Ray von Dada anstecken ließen. Dada-Werke sind in Zürich im Kunsthaus und im Museum für Gestaltung (S. 249) zu sehen.

BERÜHMTE SCHWEIZER

Die Schweiz hat immer schon Berühmtheiten angezogen. Hier lebten und leben unter anderem Charlie Chaplin, Yehudi Menuhin, Audrey Hepburn, Richard Burton, Peter Ustinov, Roger Moore, Tina Turner, Phil Collins, der Aga Khan, Michael Schumacher, Tyler Brûlé, der Gründer der Zeitschrift *Wallpaper*, und der Formel-1-Star Lewis Hamilton. Aber es gibt auch eine ganze Menge Schweizerinnen und Schweizer, die man auf der ganzen Welt kennt, z. B. diese:

Ursula Andress (geb. 1936) Schauspielerin und Sexsymbol der 1960er-Jahre. Berühmt ist sie vor allem durch die Bikini-Szene aus dem James-Bond-Streifen *Dr. No*.

Sepp (Joseph) Blatter (geb. 1936) Der forsche Präsident des Weltfußballverbandes FIFA ließ sich einmal dahingehend aus, dass Frauenfußballerinnen engere Shorts tragen sollten.

Alain de Botton (geb. 1969) Der Züricher Pop-Philosoph wurde u. a. mit *Kunst des Reisens* weltweit zu einem Bestsellerautor.

Louis Chevrolet (1878–1941) Er gründete 1911 die Autofirma Chevrolet, die das typisch „amerikanische" Auto baute.

Le Corbusier (1887–1965) Auch der Vorreiter der architektonischen Moderne war Schweizer und nicht etwa Franzose.

Marc Forster (geb. 1969) Der Regisseur bekam für seine Filme *Monster's Ball* und *Wenn Träume fliegen lernen* jeweils einen Oscar.

Albert Hofmann (1906–2008) Der Chemiker synthetisierte als Erster Lysergsäurediethylamid (LSD) und experimentierte mit dem Stoff.

Jean-Luc Godard (geb. 1930) Auch der französische Avantgarde-Filmemacher hatte starke Bindungen zur Schweiz, dem Land seiner Eltern.

Elisabeth Kübler-Ross (1926–2004) Die Psychiaterin beschrieb in *Über den Tod und das Leben danach* die berühmt gewordenen fünf Phasen des Sterbens: Nichtwahrhabenwollen, Zorn, Verhandeln, Depression und Akzeptanz.

Erich von Däniken (geb. 1935) Der umstrittene Autor behauptete in seinem *Erinnerungen an die Zukunft* (1968), die Erde sei in grauer Vorzeit von außerirdischen Astronauten besucht worden.

Musik & Tanz

Jodeln und das Alphornblasen sind die traditionellen Formen der Schweizer Musik. Das Jodeln entstand in den Alpen als Mittel, um sich von Berggipfel zu Berggipfel zu verständigen. Daraus entwickelten sich zwei Formen: das „Juchzen", das aus kurzen Rufen von unterschiedlicher Bedeutung wie „Zeit zum Abendessen" oder „wir kommen" besteht, und der „Naturjodel", bei dem ein oder mehrere Stimmen eine Melodie ohne Worte singen. Jodeln ist heute auch in manchen städtischen Gebieten ein durchaus trendiger Spaß – auch dank schweizerischer Volksmusiker wie Nadja Räss, die mit großem Erfolg jodeln. Bei ihr kann man auch Kurse belegen und sein „Jodeldiplom" machen!

D'r Schacher-Seppli, ein Volkslied, das vom bekanntesten Jodler der Schweiz, dem Bauern und Käsemacher Rudolf „Ruedi" Rymann (1933–2008), neu verjodelt wurde, ist ein klassischer iPod-Download. Einen sehr interessanten Sound bietet auch Sonalp (www.sonalp.com), eine Neun-Mann-Band aus der Region Gruyères-Château-d'Œx: Ihr klingender Ethno-Folk-Mix aus Jodeln, Kuhglocken, singender Säge, klassischer Violine und Didgeridoo ist ansteckend.

Wer mehr auf Folk-Balladen steht, lädt sich vielleicht einen Song der 25-jährigen Schweizer Sängerin Sophie Hunger (www.sophiehunger.com) auf seinen iPod. Mit ihrer zarten Stimme errang sie internationale Anerkennung für ihr zweites Album *Monday's Ghost* (2008).

Das Alphorn ist ein ländliches Blasinstrument, das in den Bergen beim Hüten der Kühe verwendet wurde. Das Instrument besteht aus Holz, hat eine Länge von 2 bis 4 m, einen gekrümmten Schaft und ein tassenförmiges Mundstück. Je kürzer das Horn ist, umso schwerer ist es zu spielen. Wenn

Die zwei berühmtesten Musikfestivals der Schweiz sind das Lucerne Festival (S. 269) und das Montreux Jazz Festival (S. 129).

man einmal hört, wie hundert Alphornbläser unisono auf der „Bühne" (in Wahrheit fast immer in freier Natur an einem See zwischen den Berggipfeln) ihr Horn blasen, wird man sich dem Zauber dieses Tons nie mehr entziehen können. Wichtige Termine sind das Alphorn In Concert (www.alphorninconcert.ch), ein Festival, das im September in Oensingen in der Nähe von Solothurn (S. 244) stattfindet, sowie das Festival international de cor des Alpes (Internationales Alphornfestival; www.nendazcordesalpes.ch), das an den stimmungsvollen alpinen Gestaden des Lac de Tracouet in Nendaz, 13 km südlich von Sion (S. 168) im Wallis stattfindet. Man erreicht die Veranstaltung als Wanderer zu Fuß oder per Seilbahn.

Eine Performance-Truppe, die man sich anschauen sollte, ist Öff Öff (www.oeffoeff.ch). Die Tanz-, Artistik- und Theatergruppe aus Bern tourt mit einer transportablen „Air Station" (einem rotierenden Klettergerüst). Ihre Veranstaltungen werden als eine Kombination aus Tanz und (passend für die Schweiz) Bergsteigen beschrieben.

Malerei, Bildhauerei & Design

Von Dada einmal abgesehen (s. Kasten S. 42), gab es wenige genuin Schweizer Kunstbewegungen (und auch die Gründer des Züricher Dadaismus waren in der Schweiz lebende Deutsche und Rumänen). Der Maler, der sich am ausgeprägtesten Schweizer Themen widmete, war Ferdinand Hodler (1853–1918), der Volkshelden wie Wilhelm Tell (s. Kunstmuseum, S. 245) und geschichtliche Ereignisse (s. Kunsthaus, S. 249) darstellte. Anders als viele aus der Schweiz stammende Künstler lebte Hodler sein ganzes Leben lang in seinem Heimatland.

Der abstrakte Maler und Farbtheoretiker Paul Klee (1879–1940) verbrachte den größten Teil seines Lebens in Deutschland (u. a. arbeitete er als Lehrer am Dessauer Bauhaus), doch die umfassendste Sammlung seiner Werke befindet sich in Bern (S. 225). Auch der in Graubünden geborene Bildhauer Alberto Giacometti (1901–66) arbeitete im Ausland, nämlich in Paris, doch sind viele seiner typischen langen und spitzen Figuren ins Züricher Kunsthaus (S. 249) gelangt.

Eigenwillige Plastiken von Jean Tinguely (1925–91), der ebenfalls in Paris arbeitete, findet man in großer Zahl rund um Basel (S. 296) und seine Geburtsstadt Fribourg (S. 138).

Dann gibt es noch den in Genf lebenden und damit als Schweizer anzusehenden italienischen Künstler Gianni Motti (geb. 1958), der für seine provokativen Aktionen bekannt ist. So verkaufte er Seife, die angeblich aus Silvio Berlusconis abgesaugtem Körperfett hergestellt war, für 18 000 US$ pro Stück. Lecker.

Die Schweiz ist ein ausgezeichneter Boden für Grafikdesign. Die „Schweizer Typografie" von Josef Müller-Brockmann (1914–96) und Max Bill (1908–94) ist immer noch hoch angesehen. Berühmt sind außerdem die Arbeiten Karl Gerstners (geb. 1930) für IBM und die Schriften von Büro Destruct (www.burodestruct.net), die bei vielen Plattencovers eingesetzt werden.

Produktdesign und Installationskunst sind weitere Stärken der Schweizer Kunstlandschaft. So schenkte Pipilotti Rist (geb. 1962) aus dem Kanton St. Gallen der Welt Europas größtes städtisches Wohnzimmer (S. 317). Berühmt geworden ist auch die CowParade, eine Unmenge lebensgroßer, von verschiedenen Künstlern bemalter Kühe aus Kunststoff, die sich weltweit ausbreiteten. Die erste, 800 Köpfe starke Herde versammelte sich 1998 unter dem Namen „Kuh-Kultur" in Zürich, und diverse der Tiere in verschiedener Bemalung und Verkleidung streunen immer noch in der ganzen Schweiz herum. Und schließlich gibt es noch den Design-Hit der Schweizer Flagge (s. Kasten S. 41)!

WISSENSCHAFT

Die Schweiz besitzt pro Kopf mehr eingetragene Patente und Nobelpreisträger (überwiegend in naturwissenschaftlichen Disziplinen) als jedes andere Land der Welt. Albert Einstein entdeckte die Gleichung $E = mc^2$ während seines Aufenthalts in Bern (s. Einstein-Museum, S. 224). Und auch das World Wide Web wurde in der Schweiz, nämlich am CERN (S. 100) in Genf, aus der Taufe gehoben.

Dort befindet sich auch der Große Hadronen-Speicherring (Large Hadron Collider; LHC), dessen Bau dreizehn Jahre dauerte. In dieser Maschine, die zu den größten physikalischen Leistungen der Gegenwart zählt, versucht man, Bedingungen herzustellen, wie sie Minuten nach dem Urknall herrschten (S. 16). Allgemeinere Bekanntheit hat dieses Forschungsprojekt durch Dan Browns Buch *Illuminati* und dessen Verfilmung erlangt.

Essen & Trinken

Im Heidi-Land isst man herzhaft, aber natürlich längst nicht nur die Schweizer Kult-Nahrungsmittel – Schokolade, Käse mit Löchern und Rösti.

Das Essen in der Schweiz ist so ausgezeichnet wie abwechslungsreich, was aber weniger der nationalen Küche zu verdanken ist als den Kochstilen seines Nachbartrios, auf die sich das Land stützt: Die Köche in den französischsprachigen Kantonen bringen Tipps aus Frankreich ein, die Küche des Tessin steuert italienische Einflüsse bei und auch Anregungen aus Deutschland und Österreich (mit fabelhaften Desserts als Ergebnis!) fließen ein. Einwanderer haben die Schweizer Gastroszene zudem mit einer farbenfrohen Palette importierter Küchen bereichert, von griechisch bis vietnamesisch.

In der deutschsprachigen Schweiz fließt das Bier bekanntlich in Strömen, aber noch mehr kommen hier Weinliebhaber auf ihre Kosten: Schweizer Weine werden vor allem in den französischsprachigen Kantonen produziert und kaum exportiert, daher können viele Tropfen nur exklusiv in der Schweiz konsumiert werden – eine exquisite und rar gewordene Seltenheit für Feinschmecker in unserer zunehmend globalisierten Welt.

Kulinarische Erlebnisse, die man in seine Reiseplanung einbauen kann, finden sich auf S. 26.

TOP PICKS

Es war mühsam, aber es hat sich gelohnt: Dies sind die besten Orte, an denen es etwas zu beißen gibt. Die Gaumenfreude selbst war uns dabei wichtiger als der Preis.

- **Alpenrose** (S. 257) Unser Favorit in Zürich: hervorragend gelegen, durch und durch grün und inspiriert von der dynamischsten städtischen Gastroszene des Landes.

- **Auberge du Mont Conu** (S. 151) Wildbret (im Herbst), luftgetrocknetes Fleisch und *cornet à la crème* (Schaumrolle) auf einem Bauernhof mit wundervollen Ausblicken aufs Land – das ist die Schweiz!

- **Burestübli** (S. 332) Traditionsreiche Schweizer Küche (klebrige Fondues, butterweiche Steaks) in waldreicher Umgebung; dem Gaumenschmaus folgt ein Rodelrennen unter Sternen zwischen den Bäumen.

- **Fletschhorn** (S. 184) Markus Neffs raffinierte Interpretationen der französischen Küche wurden mit einem Michelin-Stern bedacht.

- **Hatecke** (S. 350) Bündnerfleisch und Hirschschinken werden in diesem unkonventionellen Café in St. Moritz zu essbarer Kunst.

- **L'Adresse** (S. 105) Genfs Top-Location für Brunch oder ein Mittagessen zwischen Geschäften.

- **Michel's Stallbeizli** (S. 219) „Zurück zur Natur!" scheint hier das Motto zu sein: selbst angebaute Nahrungsmittel, ein Ausblick auf wiederkäuende Kühe im angrenzenden Stall …

- **Montagnard** (S. 113) Herzhafte Kost vom Land, serviert in einem Bauernhaus in der Nähe von Montreux.

- **Osteria Chiara** (S. 371) Italienisches Flair, zu genießen unter der Pergola oder neben der Feuerstelle eines Grotto.

- **Restaurant aux Trois Amis** (S. 243) Ein Unikat: ein Schweizer Dorfbistro mit absolut spektakulärem Blick auf einen Weinberg, einen See und eine Insel.

- **Restaurant Le Château** (S. 125) In dieser Residenz aus dem 17. Jh. speist man stilvoll die Kreationen eines der größten Maître in der Schweizer Kochszene der Gegenwart.

> **GESCHMACKSREISEN: GEFÄHRDETE NAHRUNGSMITTEL**
>
> Für wirklich authentische kulinarische Erlebnisse sollte man sich nach Produkten umsehen, die die Slow Food's Ark of Taste („Arche des Geschmacks") empfiehlt. Auf www.slowfoodfoundation.com findet man eine Liste gefährdeter Lebensmittel aus der ganzen Welt, die durch Industrialisierung, Globalisierung, Hygienevorschriften und Umweltgefahren vom „Aussterben" bedroht sind.
>
> In der Schweiz treffen die Geschmacksknospen auf etwa ein Dutzend solcher gefährdeter Spezies, u. a. auf den feurigen **Berudgenschnaps**, gewonnen aus Berudge-Mirabellen, die an den Hängen des Mont Vully im Kanton Freiburg wachsen, und auf den süßen **Kirsch**; bei Letzterem fürchtet man allerdings um die einzig wahre Schweizer Version, da die Obstbauern die alten Kirschsorten zunehmend durch weniger aromatische moderne ersetzen. Aus Kirschen wird auch **Chrüsimüsi** gemacht, ein Sirup, so dick wie Honig, der zum Backen oder einfach als Brotaufstrich verwendet wird. Der drastische Schwund der heimischen Bienenbevölkerung im Mittelland könnte das Aus für den **Landrasse-Honig** bedeuten.
>
> Zwei Salamisorten mit „Biss" sind die **Sac** (aus Schweinefleisch, Leber, Schmalz und Gewürzen, zwölf Monate gereift) und die **Mortadella di fegato** (gerade in Kalbsdarm oder gekrümmt in Schweinedarm verpackt, zwei bis drei Wochen gereift) – besonders lecker zusammen mit **Schweizer Heukäse**, einem weichen Alpkäse, der tatsächlich traditionell in Heu eingepackt wurde. Man kann aber auch stattdessen einfach bei einem Glas Wein an **Taillés aux greubons (Griebengebäck)** aus dem Kanton Waadt knabbern.
>
> Das Tessiner **Farina Bona** (das „gute Mehl" aus geröstetem Mais), **Roggenbrot** aus dem Val Müstair in Graubünden und der **Zincarlin** (ein Rohmilchkäse in Becherform aus der Gegend der Schweiz-Italien-Grenze) stehen ebenfalls auf der Liste des bedrohten kulinarischen Erbes.

TYPISCHES & SPEZIALITÄTEN

Rösti sind die Stars in der kulinarischen Szene der deutschsprachigen Schweiz. Die Deutschschweizer werfen zur Zubereitung einen Klecks Butter oder Speck in die Pfanne, die französischen Schweizer hingegen verwenden dafür Öl (meist aber nur, um sich davon abzuheben). Rösti sind in diesem Land so allgegenwärtig und günstig wie Chips, und man bekommt in jedem Supermarkt eine Portion im Vakuumpack für Zuhause.

Was beim Festmahl im italienisch geprägten Tessin auf den Tisch kommt, steht auf S. 368.

Fleisch, Fisch & Wildbret

Nichts geht über eine herzhafte Platte mit Würsten und Rösti, oft gekrönt von einem Spiegelei, und als Beilage knackigen grünen Salat. Kalbfleisch wird hoch geschätzt, ob in schmalen Streifen in Rahmsauce geschmort oder vor allem (aber nicht nur) in Zürich, als Geschnetzeltes serviert. In und um Bern sollte man *Rippli* probieren, ein Stück vom magersten Schweinefleisch, das mit Schinken, Kartoffeln und Bohnen gekocht wird. Im Kanton Waadt gibt's *Taillé aux greubons*, mit Schweinegrieben gefüllte, knusprig würzige Teigstückchen, und *Papet vaudois* (Lauchgemüse mit Kartoffeln und Würsten).

Rindfleisch wird in Graubünden luftgetrocknet, geräuchert, in dünne Scheiben geschnitten und als Bündnerfleisch serviert – eine wahrhaft süße und ausgesprochen zarte Delikatesse. Das Fleisch ist die Hauptzutat für *Capuns*; es wird zusammen mit Schinken und Kräutern in Spätzlesteig gefüllt, der gekocht und in kleinen Happen in Mangoldblätter gewickelt und dann in Brühe gegart wird. *Pizokel* kommen aus dem gleichen Kanton und sind Kartoffelspätzle mit Kräutern, die mit Gratinkäse serviert werden. Im Engadin werden Zwiebeln mit Kartoffeln und Wurst überbacken (*Plain in pigna*); *Schaffhauser Bölletünne* ist ein würziger Zwiebelkuchen aus Schaffhausen. Tierliebhaber werden sich vielleicht daran stören, dass in der Schweiz auch gern Pferdefleisch gegessen wird.

> In der Schweiz wurde 1931 Cenovis erfunden, ein dunkler Brotaufstrich aus Bierhefe und Gemüseextrakten mit hohem Vitamin-B1-Gehalt.

Im Herbst ist Jagdsaison, was sich auf den Tellern etwa in frischem Wildbret, Hirsch und Wildschwein niederschlägt. Restaurants landauf, landab werben zu dieser Zeit mit Wildspezialitäten (französisch *Specialités de gibier* oder *chasse*, italienisch *Cacciagione*).

Fisch ist die Spezialität der Städte an den Seen. Barsch (französisch *perche*) und Renkenfilets (*féra*) bekommt man überall – auch wenn natürlich nicht alle *filets de perche*, die auf nahezu jeder Tafel der Restaurants am Genfer See angeschrieben stehen, aus dem See stammen. Die meisten Fische, die hier serviert werden, kommen aus Osteuropa.

Käse

Löchriger Käse (französisch *fromage*, italienisch *formaggio*) ist ein Schweizer Archetypus, doch entgegen der landläufigen Meinung hat längst nicht jeder Schweizer Käse Löcher. Der Emmentaler, der Hartkäse aus dem Emmental östlich von Bern (S. 242), ist löchrig, aber die meisten anderen, inklusive des ihm ähnelnden Greyerzer (Gruyère; S. 146), sind es nicht. Andere feine Sorten sind der stark riechende Appenzeller, aus dem eine ganze Reihe „stinkender" Spezialitäten gezaubert wird (S. 319), der L'Etivaz (S. 50), und der Vacherin. Der Tête de Moine (S. 155), der in runden Spänen vom Laib geschabt wird, wurde erstmals in einer Abtei im Jura hergestellt.

Kein Skifahrer verlässt die Schweiz, ohne wenigstens ein Fondue (vom französischen Verb *fondre*, „schmelzen") genossen zu haben . Der wichtigste Beitrag der Franzosen dazu ist ein Topf mit klebrigem geschmolzenen Käse, der, auf kleiner Flamme warmgehalten, in der Tischmitte platziert wird; dann tunkt man mit zweizinkigen Fonduegabeln knusprige Brotwürfel hinein. Wer sein Brotstück in den Käse fallen lässt, muss die nächste Getränkerunde zahlen (in Genf wird man alternativ in den See geworfen). Die Schweizer essen das traditionelle Wintergericht nur, solange draußen Schnee liegt, aber die Touristen hauen das ganze Jahr über rein.

Klassischerweise verwendet man für Fondue eine Mischung aus Emmentaler und Greyerzer, die mit Weißwein und/oder einem Schuss Kirschwasser verfeinert, geschmolzen und leicht mit Stärke eingedickt wird. Man reicht dazu gekochte Kartoffeln, Essiggurken und Brotstückchen. Beim *Fondue moitié moitié* (halb und halb) wird Greyerzer mit Vacherin Fribourgeois vermischt, beim *Fondue savoyarde* nimmt man zu gleichen Teilen Comté, Beaufort und Emmentaler. Daneben gibt es auch Varianten, bei denen Zutaten wie Pilze oder Tomaten untergemischt werden.

Es heißt, wer zum Fondue Wasser trinkt, muss mit Darmproblemen rechnen, da es den warmen Käse im Magen gerinnen lässt. Das ist zwar nicht unbedingt immer so, aber dennoch passt ein heimischer Weißwein besser dazu, etwa der Fendant aus dem Wallis. Wer sich richtig vollgestopft fühlt, sollte einen *Trou Normand* („normannisches Loch") hinunter kippen: hochprozentigen französischen Calvados.

> Ende des 19. Jhs. erfanden die Schweizer das Müsli. Die gebräuchlichste Variante des gesunden Frühstücks ist das Birchermüsli, das manchmal mit einem Klecks wenig schlank machender Sahne serviert wird.

HEISSE KISTE!

Er ist heiß, er ist weich und er ist in einer Schachtel verpackt. Der Vacherin Mont d'Or, ein AOC-geschützter Käse, ist der einzige Schweizer Käse, der mit Löffel gegessen wird – heiß. Die Spezialität aus dem Jura gibt's nur von September bis März, hat eine weiche Kruste und schmeckt dank der Fichtenrinde, in die sie gewickelt ist, einzigartig nussig.

Kenner bohren ein kleines Loch in die Mitte des Käses, füllen es mit fein gehackten Zwiebeln und Knoblauch, gießen Weißwein darauf, wickeln alles in Alufolie und backen ihn 45 Minuten. Danach tunkt man Brot oder andere schmackhafte Kleinigkeiten in die *boîte chaude* (heiße Schachtel) – eine tolle Alternative zum herkömmlichen Fondue!

SCHWEIZER SCHOKOLADE

In den ersten Jahrhunderten nach Christi Tod, als das römische Imperium mit einer Diät aus derbem Wein und Oliven seinem langsamen Untergang entgegensah, zerschlugen die Maya in Mittelamerika Kakaobohnen, konsumierten deren Innenleben und verwendeten sie sogar als Zahlungsmittel.

Ein Jahrtausend später, 1528, brachte der spanische Konquistador Hernando Cortez die erste Schiffsladung Kakao nach Europa. Die Begeisterung, die das auslöste, hatte er sicher nicht vorausgesehen – die Spanier und bald auch die anderen Europäer entwickelten ein unstillbares Verlangen nach dem süßen Getränk, das aus dem Kakao gemacht wurde. Die feste Form kam erst später.

Dank bahnbrechender Geister wie François-Louis Cailler (1796–1852), Philippe Suchard (1797–1884), Henri Nestlé (1814–90), Jean Tobler (1830–1905), Daniel Peter (1836–1919) und Rodolphe Lindt (1855–1909) sicherte sich die Schweizer Schokolade ihre Reputation im 19. Jh. Cailler gründete die erste Schweizer Schokoladenfabrik 1819 bei Vevey, Daniel Peter fügte 1875 Milch zur Schokolade hinzu, und Lindt erfand die Conche, eine Längsreibemaschine, die der Schokoladenmasse eine zart schmelzende Konsistenz verleiht.

Raclette bezeichnet sowohl das zweite Schweizer Wintergericht aus den Alpen als auch den Käse, der dafür verwendet wird. Traditionell hält man einen halben Laib Käse so nahe an eine Feuerquelle, bis seine Oberfläche angeschmolzen ist. Dann wird der Käse direkt auf Teller geschabt und z. B. mit gekochten Kartoffeln, Wurst und eingelegten Zwiebeln oder Essiggurken verspeist.

Ein köstlicher herbstlicher Begleiter zu jeder Bergkäseplatte ist *Brisolée*, ein Gericht mit Esskastanien aus dem Kanton Wallis, das außen knusprig und innen weich ist.

Süßigkeiten

Obst findet sich in verschiedensten Formen in Süßigkeiten und Kuchen, etwa in der unglaublich leckeren Zuger Kirschtorte (aus Biskuitteig und Baiser mit geriebenen Mandeln und Buttercreme, getränkt mit Kirschwasser). *Raisinée* (so genannt in der Waadt, in Freiburg heißt er *Vin Cuit*) ist ein Obstkonzentrat aus 24 Stunden lang gekochtem Apfel- oder Birnenmost, das für Kuchen und andere fruchtige Nachspeisen verwendet wird; *Buttemoscht* ist die weniger verbreitete Hagebuttenvariante.

Äpfel und Birnen werden hauptsächlich in den beiden großen Obstbauzentren Thurgau und Aargau geerntet. Die Botzi-Birnen, die um Greyerz im Kanton Freiburg angebaut werden, haben sogar einen eigenen AOC-Stempel (S. 50).

Cuisses de dame (Damenschenkel) sind zuckrige frittierte Teigstücke in Schenkelform, die man neben *Amandines* (Mandelgebäck) in den französischsprachigen Kantonen bekommt. Die Kantone in der Südschweiz bieten außer dem allgegenwärtigen Apfelstrudel, der mit Vanillesauce am besten schmeckt, vor allem *Vermicelles* an, eine Kreation aus püriertem Esskastanien, die wie Spaghetti aussehen und daher auch ihren Namen („Würmchen") haben.

Keine Sahne ist berühmter als die extradicke Variante der Kalorienbombe, die in Greyerz hergestellt wird. Hier wird alles mit einem großen dicken Klecks dieser Leckerei versehen, von der einfachen Tasse Kaffee bis zu einem der beliebten einheimischen Schaumgebäckstücke – das reinste Paradies für Naschkatzen! Meiringen im Berner Oberland ist die andere Schweizer Gegend, die in solch süßen Genüssen schwelgt (S 216).

Und dann gibt's da natürlich auch noch die berühmte Schokolade (s. Kasten oben)…

> Die Schokolade liebenden Schweizer verschlingen pro Kopf mehr von dem Stoff als jede andere Nation, nämlich 11,3 kg im Jahr!

> Schweizer mögen Kekse – sie essen laut Biscosuisse, dem nationalen Verband der Back- und Zuckerwarenindustrie, im Schnitt 6 kg im Jahr.

DIE BOTSCHAFT DER AOC

Schon seit Langem gibt's in der Schweiz, ähnlich wie in den Nachbarländern Frankreich und Italien, ein Qualitätskontrollsystem für Weine. Das AOC-Etikett (*Appellation d'Origine Contrôllée*; kontrollierte Herkunftsbezeichnung) garantiert, dass der Wein in seinem Herkunftsgebiet mit bewährten traditionellen Methoden und unter Verwendung zugelassener Zutaten hergestellt wurde. Zudem kann jeder, der andernorts Wein unter demselben Namen vertreibt, juristisch belangt werden.

In den 1990er-Jahren wurden die AOC-Kennzeichnungen auf andere Produkte ausgeweitet, u. a. auf Käsesorten; auf www.aoc-igp.ch findet man eine vollständige Liste mit einer bebilderten Karte. Der L'Etivaz, ein waadtländischer Rohmilchkäse aus den Pays d'Enhaut, der durchschnittlich acht Monate reift, war das erste Nicht-Wein-Produkt, das das Label erhielt.

2007 erhielten die würzigen runden Raclette-Käseräder, die seit dem 16. Jh. im Wallis hergestellt und in dem bekannten Gericht (S. 48) verwendet werden, ebenfalls eine AOC – zum Entsetzen Dutzender Käsehersteller in anderen Kantonen, die vehement, aber vergebens argumentierten, dass sich Raclette (vom französischen *racler*, „abkratzen") auf das Gericht und nicht auf den Käse beziehe und das Label daher nicht auf eine Region beschränkt werden dürfe. Der Raclette du Valais AOC wird aus *Lait Cru* (Rohmilch) gemacht und zu Laiben mit 29–31 cm Durchmesser und 4,8–5,2 kg Gewicht geformt. Jeder ein ähnlicher Käse, der allgemein als Raclette Suisse verkauft wird, ist industriell aus pasteurisierter Milch hergestellt.

GETRÄNKE

Das Leitungswasser in der Schweiz ist sehr gut trinkbar, aber natürlich gibt's auch eine Menge einheimischer Mineralwässer, etwa Henniez in den französischsprachigen Kantonen, Aproz im Wallis oder verschiedene Marken wie Rhäzünser, Passugger und Valser in Graubünden.

Den Schweizerdeutschen Softdrink Rivella, als einziger mit Laktose hergestellt, sollte man probieren. Die blaue Variante (kalorienreduziert) ist wahrscheinlich die beste als Versucherli; daneben gibt es eine rote (das Original), eine grüne (mit Grüntee-Extrakt) und neuerdings auch eine gelbe (mit Soja statt Laktose). Schweizer Apfelsaft enthält immer Kohlensäure, und Süßmost ist der alkoholfreie Apfelwein aus den deutschsprachigen Gegenden.

Kaffee ist populärer als Tee, welcher in der Regel ohne Milch serviert wird. Die Schweizer lieben heiße Schokolade, die enttäuschenderweise aber gewöhnlich als ein Becher mit heißer Milch serviert wird, in die man selbst ein Beutelchen Kakaopulver unterrühren muss.

> Eine kurze Geschichte und Erklärungen zu allem, was man je über Schokolade wissen wollte (besonders über die Schoki der Schweiz), findet sich auf www.chocolat.ch.

Bier & Apfelwein

Bier bekommt man in Flaschen (0,33 l und 0,5 l) oder vom Fass (*bière à la pression; birra alla pressione*), das in der Kneipe in Gläsern von 0,2 l bis 0,5 l ausgeschenkt wird. Das meiste wird in der deutschsprachigen Schweiz geschluckt, aber den seit über einem Jahrhundert bekannten Marken Feldschlösschen und Cardinal (S. 140) begegnet man überall. Die Erzeugnisse kleinerer Brauereien wie des Schützengarten aus St. Gallen, der ältesten des Landes (seit 1779), findet man meist nur im Umkreis ihrer Herkunft.

Saurer Most ist die alkoholhaltige Variante des Süßmostes, die es in den deutschsprachigen Kantonen gibt.

Wein

Die meisten Weine werden im französischsprachigen Teil der Schweiz produziert: Hier erheben sich Weinberge an den Seeufern, die in konstant guter Qualität Rot-, Weiß- und Roséweine liefern.

Wenn man Wein zum Essen bestellt, sollte man nur die in der Schweiz gebräuchliche Mengenangabe des *déci* (0,1 l) oder ein Mehrfaches davon verwenden – oder gleich eine ganze Flasche bestellen.

GENFER SEE & WAADT

Es gibt viele kleine Familien-*vignerons* (Winzereien) in den Genfer Randgebieten, denen man einen Besuch zur *dégustation* (Weinprobe) abstatten kann. Der Großteil der *domaines viticoles* (Weingüter) am Genfer See liegt aber zu beiden Seiten von Lausanne in der Waadt.

Die besonders edlen terrassierten Weinberge von Lavaux (S. 127), zwischen Lausanne und Montreux gelegen, wurden von der Unesco zum Weltkulturerbe erklärt. Hier werden aus der Gutedel-Traube und gelegentlich aus Kombinationen mit anderen Rebsorten hervorragende Weißweine hergestellt. Die beiden *Grands Crus* des Gebiets sind Calamin und Dézaley.

Der für Waadt typische Rotwein ist der Salvagnin, der in verschiedene Labels aufgeteilt ist und normalerweise Spätburgunder- und Gamay-Trauben kombiniert. Eine heimische Kreuzung ist die Rebsorte Gamaret (oder Garanoir), kreiert in den 1970er-Jahren; sie ergibt einen süffigen Rotwein, der gut gelagert werden kann.

Das kleine Weinanbaugebiet Chablais im Waadt ist bestens bekannt für seine Weißweine aus der Gemeinde Yvorne.

Auf www.patrimoine culinaire.ch erfährt man in allen vier Landessprachen der Schweiz sämtliche Details über die kulinarische Geschichte der Schweizer, ihr Können, ihre Produkte und noch vieles andere Wissenswerte.

WALLIS

Der Großteil des Landes nördlich der Rhone im Westen des Kanton Wallis bekommt von den Südalpen her viel Sonnenlicht ab und steht daher auch ganz im Zeichen des Weines. Hier entstehen einige der besten Schweizer Tropfen.

Die Produktion im Wallis besteht zu zwei Dritteln aus dem eher trockenen weißen Fendant, der einen perfekten Begleiter zu Fondue und Raclette abgibt; auch der Johannisberg aus der Silvaner-Traube ist ein ausgezeichneter Weißwein. Petite Arvine und Amigne sind süße Vertreter.

Der führende Rotwein ist der Dôle aus Spätburgunder- (Pinot Noir) und Gamay-Trauben, der mit seinem robusten Fruchtaroma so körperreich ist wie ein Opernsänger. Die Cadillac-Rotweine des Wallis werden aus den Rebsorten Humagne Rouge, Syrah, Cornalin und Spätburgunder gewonnen.

Dieser Kanton bringt auch einige ausgezeichnete Dessertweine hervor, etwa aus den Rebsorten Malvoisie (Grauburgunder) und Muskat.

Verführerische Kombinationen von Wein und Essen, Kurse zu Verkostungen und Angebote für Weinberggehungen gehören zu den vielen Entdeckungen, die man auf www.campagnon.ch und www.vins-vaudois.com machen kann.

LAC DE NEUCHÂTEL (NEUENBURGERSEE)

Weiter nördlich entlang der Ufer des Neuenburgersees wird der fruchtige Roséwein Œil-de-Perdrix produziert. Entgegen einer Tendenz der Industrie, Trübstoffe aus den Weißweinen herauszufiltern, keltern manche Winzer hier ihre Weißweine mit beachtlichem Erfolg ungefiltert. Die Weine punkten mit ihrem kräftigen Aroma. Vor dem Servieren leicht schütteln!

TESSIN

In der italienischsprachigen Schweiz ist der bevorzugte Begleiter zum Essen der Merlot, der fast 90 % der Erzeugnisse aus der Tessiner Weinproduktion ausmacht. Es gibt zudem einige weiße Merlots und Weine aus einer Handvoll anderer Rebsorten. Die Hauptanbaugebiete liegen zwischen Bellinzona und Ascona, rund um Biasca sowie zwischen Lugano und Mendrisio.

SCHWEIZERDEUTSCHE WEINE

Die Lesen aus der deutschsprachigen Schweiz sind zwar weniger bekannt als ihre Gegenstücke aus der französischen Schweiz und werden in deutlich geringerem Umfang hergestellt, sie sind eine Kostprobe unbedingt wert. Ca. 75 % davon sind Rotweine, überwiegend Blauburgunder. Der wichtigste Weißwein ist der Müller-Thurgau, eine Mischung aus Riesling und Silvaner; es gibt auch trockene Weiße, etwa den Gewürztraminer.

Mehr über Schweizer Weine und die Veranstaltungsorte kommender Weinmessen erfährt man auf www.swisswine.ch.

Die Dörfer mit Weinanbau verteilen sich im Zickzack die Hügel westlich des Bielersees (S. 243) hinauf. Sie sind ausgesprochen bezaubernd und bieten unzählige Möglichkeiten zur Weinprobe. Graubünden produziert einige ordentliche Grauburgundervarianten, daneben bringt die Region Bündner Herrschaft nördlich von Chur Blauburgunder hervor.

Liköre & Schnäpse

Die heimischen Fruchtbrände werden oft mit oder schon im Kaffee serviert. Kirschwasser ist ein Produkt aus dem Saft gepresster Kirschkerne, Appenzeller Alpenbitter ein Likör aus den Essenzen von 67 verschiedenen Blüten und Wurzeln. Damassine, der hauptsächlich in den französischsprachigen Kantonen zu finden ist, wird aus Zwetschgen gemacht und gern als Verdauungsschnaps nach dem Essen gereicht. Birnen sind das Ausgangsmaterial für den populären Williams-Christ-Brand, und den typischen Pflaumenschnaps Pflümli gibt's in den deutschsprachigen Kantonen.

Nach einem Jahrhundert auf dem Index verbotener Getränke ist der Absinth (auch „grüne Fee" genannt) in der Schweiz wieder legal, zur Freude des Tals im Kanton Neuenburg, in dem das Wermutgetränk im 18. Jh. erstmals destilliert wurde. Weitere Details zu diesem Raketentreibstoff auf Anisbasis mit einem typischen Alkoholgehalt von 56% oder mehr stehen auf S. 153. In Bars und Discos sollte man auf absINt 56 achten, der vor allem in der angesagten Clubszene Anklang findet. Ein klitzekleines bisschen Minze mildert seinen dominanten Anisgeschmack.

FESTESSEN

Es hat ungemein verbindenden Charakter, gemeinsam mit Freunden vor einem Topf mit blubberndem Käsefondue zu sitzen oder reichlich abgeschabten geschmolzenen Raclettekäse miteinander zu teilen, und deshalb kommt es häufig zu solchen Zusammenkünften: Fondue und Raclette, egal ob zuhause oder im Restaurant, garantieren stets einen geselligen Abend.

Eines der beeindruckendsten traditionellen Festessen findet zu St. Martin statt, das vor allem im Jura am zweiten Sonntag nach Allerheiligen (Nov.) gefeiert wird. Zu dieser Jahreszeit werden in den ländlichen Gegenden der Schweiz noch nach alter Tradition Schweine geschlachtet, die den ganzen Sommer über gemästet wurden. Jahrhundertelang folgten auf den Höfen und in den Dörfern dem Schlachten das Einsalzen und das Wurstmachen, und nach getaner Arbeit ging man zum Schmaus über und belohnte sich so für die Plackerei. Das Hauptgericht des Festes? Klar, Schweinefleisch!

Im Jura ist diese Tradition noch sehr lebendig. Mit besonderer Energie geht man sie etwa in und um Porrentruy (S. 156) an: Kneipen und Restaurants der Region organisieren dann für mehrere Wochenenden im Oktober und November ein Festessen nach dem anderen.

Europas höchste Weinberge (1150 m) liegen in Visperterminen, und in der Nähe von Sion (beides im Kanton Wallis) umgarnen die höchsten Trockenmauern der Welt üppig grüne Reben.

Ein typisches Schweinefleisch-Festmenü besteht aus bis zu sieben üppigen Gängen, die nur wenige Menschen schaffen. Es beginnt etwa mit *Gelée de ménage*, der Schweinesülze, darauf folgen z. B. *Boudin*, *Purée de pommes et Racines rouges* (Blutwurst, Apfelkompott und rotes Wurzelgemüse) sowie haufenweise Würste mit Rösti und *Atriaux* (Schweinespeck, -wurst und -leber, die in siedendem Fett geröstet werden). Jetzt folgt der Hauptgang, *Rôti, Côtines et Doucette* (Schweinsbraten, Rippchen und ein grüner Salat). Ein mit Schnaps getränktes Sorbet im Anschluss hilft bei der Verdauung, danach geht's weiter mit einer Portion *Choucroute* (Sauerkraut mit – lecker! – Speckwürfeln). Das Ganze krönt ein traditionelles Dessert, etwa *Striflate en sauce de vanille* (frittierte Teigstreifen in Vanillesauce).

Rund um Freiburg ist zu Erntedank (Okt.) das Jahrhunderte alte Fest Le Bénichon ebenfalls eine Marathonangelegenheit: Sechs Stunden lang wird da ausgiebig gegessen und getrunken. Den Anfang macht dabei traditionell *cuchaule*, ein nach Safran duftendes Brot, zu dem *Moutarde de Bénichon*, (Chilbisenf – eine gekochte, dickflüssige Mischung aus Senfpulver, Wein, Gewürzen, Zucker und Mehl) gereicht wird.

Als Grund zum Feiern ist Wein so gut wie alles andere, deshalb begießen die Winzer in Lausanne schon ihre erste *Millésime* (Jahrgang) im Mai. Die richtigen Partys steigen dann zur Weinlese im September und Oktober.

WOHIN ZUM ESSEN?

Wer es sich beim Essen gemütlich machen will, geht in ein Restaurant oder, in den französischsprachigen Kantonen, vielleicht in eine *Brasserie* (Bierlokal, Gaststätte) oder ein Café. Im Tessin bieten familiengeführte, im Bistrostil gehaltene *Trattorias* oder *Osterias* günstige Einkehrmöglichkeiten, und im ländlichen Tessin hält man Ausschau nach einem *Grotto* (gewöhnlich ein einfaches, in die Felsen geschlagenes Steinhäuschen, das früher oft als Wohnung oder Lagerraum genutzt wurde). Auch die Wein- und Bierstübli in den deutschsprachigen Kantonen bieten häufig Essen an.

Mittagessen gibt's gewöhnlich ab 12 Uhr (in den französisch- und italienischsprachigen Landesteilen etwas später). Am günstigsten kommt man entweder mit einem Tagesteller (*Plat du jour*; *Piatto del giorno*) oder einem festgelegten Menü weg, das entweder aus Vor- und Hauptspeise oder aus Hauptgericht und Dessert besteht.

Mit der Dämmerung essen die Schweizer zu Abend – in ländlichen Gegenden, besonders in denen der deutschsprachigen Kantone, und in den Skiorten schon ab 18.30 Uhr. Nach 21.30 Uhr bekommt man kaum noch etwas zu beißen. In den Städten aber sind die Essenszeiten flexibler und viele Restaurants in den deutschsprachigen Kantonen haben durchgehend von 11–22 Uhr geöffnet.

In der Regel haben Restaurants einen Ruhetag *(Jour de fermeture; Giorno di riposo)*. Für Reisende mit schmalem Geldbeutel sind die Selbstbedienungsrestaurants in den größeren Migros- und Coop-Filialen und in Kaufhausketten wie Manor eine gute Alternative; die meisten haben an Werktagen von etwa 11 bis 18.30 Uhr geöffnet und an Samstagen bis 16 oder 17 Uhr.

Auf die Schnelle

Die Schweizer haben eine ganze Reihe schmackhafter Snacks für unterwegs zu bieten, vom Tütchen mit dampfend heißen Maronen (allerdings nur im Herbst und Winter) bis zur frisch gebackenen Brezel, die in Salz, Sonnenblumen- oder Kürbiskernen oder Sesamsaat gedreht wurde. Solche Kleinigkeiten bekommt man praktisch in jedem Bahnhof am Kiosk, und tatsächlich sind viele von ihnen, z. B. die Würstchen mit Brot, die in St. Gallen am Kiosk verkauft werden, regionale, ausgefallene Spezialitäten.

Der allgegenwärtige Kebab-Schnellimbiss ist in den Städten der Schweiz immer mehr auf dem Vormarsch; die Pittaria (S. 246) im kleinen Städtchen Solothurn ist einer der berühmtesten des Landes (und das aus gutem Grund!).

VEGETARIER & VEGANER

In den Städten sind ausgewiesene vegetarische Restaurants selbstverständlich, doch es gibt auch auf nahezu jeder anderen Speisekarte fleischlose Nudel- oder Rösti-Gerichte. Für Gesundheitsbewusste werden in den Skigebieten zunehmend „Fitnessteller" angeboten.

Ein ewiger Liebling der Vegetarier ist *Älplermagronen*, ein ausgefallenes Gericht aus Makkaroni, Käse, gekochten Äpfeln und Zwiebeln. Auch vegetarische Suppen werden häufig bestellt, oft mit *Knöpfli* aufgepeppt.

Nach der Lektüre von *Winter in the Alps: Food by the Fireside* von der in Lugano geborenen Manuela Darling-Gansser möchte man sich am liebsten sofort in ein Chalet mit einem prasselnden Kaminfeuer absetzen. Mit Fotos, Geschichten und Rezepten aus der Kindheit der Autorin zeichnet das Buch ein idyllisches Bild vom Leben in den Alpen.

In Sue Styles wunderschön illustriertem *A Taste of Switzerland* erfährt man etwas über die Jagd und findet u. a. heraus, ob Schweizer Kinder wirklich an Broten knabbern, in denen Schokoladenriegel stecken.

ESSEN MIT KINDERN

Die meisten Restaurants heißen Kinder willkommen, und manche bieten sogar eine extra Kinderkarte oder kleinere Portionen an. Kleinkinder werden gewöhnlich direkt vom Teller ihrer Eltern gefüttert, und wenn keine Kinderstühle verfügbar sind, wird das Personal eine Lösung finden.

SPRACHFÜHRER ESSEN
Was heißt ...?

Die Übersetzungen sind französisch (F) und italienisch (I).

Einen Tisch für ..., bitte.	*Une table pour ..., s'il vous plaît.* (F)
	Un tavolo per ..., per favore. (I)
Darf ich die Speisekarte sehen, bitte?	*Est-ce que je pourrais voir la carte, s'il vous plaît?* (F)
	Posso vedere il menù, per favore? (I)
Darf ich die Weinkarte sehen, bitte?	*Est-ce que je pourrais voir la carte aux vins, s'il vous plaît?* (F)
	Posso vedere la carta dei vini, per favore? (I)
Guten Appetit!	*Bon appétit!* (F)
	Buon appetito! (I)
Prost!	*Santé!* (F)
	Salute! (I)
Zahlen, bitte.	*L'addition, s'il vous plaît.* (F)
	Il conto, per favore. (I)
Ist die Bedienung inbegriffen?	*Est-ce que le service est compris?* (F)
	È compreso il servizio? (I)
Ich bin Vegetarier(in)	*Je suis végétarien(ne).* (F; m/f)
	Sono vegetariano/vegetariana. (I; m/f)

Essglossar

Diese Nahrungsmittel könnten einem auf Französisch (F) und Italienisch (I) begegnen:

Salzkartoffeln	*pommes nature* (F)	*patate lesse* (I)
Forelle Müllerin	*truite à la meunière* (F)	*trota frittata al burro* (I)
Rindsfilet	*filet de bœuf* (F)	*filetto di manzo* (I)
Nudeln	*nouilles* (F)	*tagliatelle* (I)
Obstsalat	*macédoine de fruits* (F)	*macedonia di frutta* (I)
gegrillter Lachs	*saumon grillé* (F)	*trota salmonata alla griglia* (I)
Eis	*glâce* (F)	*gelato* (I)
Teigwaren	*pâtes* (F)	*pasta* (I)
Schwein	*porc* (F)	*maiale* (I)
Reis	*riz* (F)	*riso* (I)
Rumpsteak	*entrecôte* (F)	*costata di manzo* (I)
Suppe	*potage* oder *consommé* (F)	*zuppa* (I)
Kalb	*veau* (F)	*vitello* (I)
Gemüse	*légumes* (F)	*vedura* (I)
Renkenfilets (mit Mandeln)	*filets de féra (aux amandes)* (F)	*filetti di coregone (alle mandorle)* (I)

Natur & Umwelt

GEOGRAFIE

Die Schweiz ist ein alpines Binnenland umgeben von Deutschland, Österreich, Liechtenstein, Italien und Frankreich. Die Alpen und Voralpen in der Mitte und im Süden des Landes bilden 60 % der 41 284 km², die die Schweiz innerhalb Europas beansprucht. Das Juragebirge im Westen nimmt weitere 10 % ein, das Schweizer Mittelland den Rest. Das Kulturland wird intensiv bewirtschaftet. Sobald die Schneegrenze weit genug zurückgewichen ist, werden die Kühe zum Grasen auf die hochgelegenen Sommerweiden getrieben.

In der Schweiz finden sich die höchsten Gipfel Europas. Der höchste Punkt des Landes ist die Dufourspitze (4634 m) des in den Alpen gelegenen Monte Rosa; das Matterhorn (4478 m) mit seiner pyramidenförmigen Spitze ist aber bekannter. Und dann ist da noch der gewaltige Mont Blanc (4807 m), Europas höchster Berg, den sich die Schweiz mit Frankreich und Italien teilt.

In der Südschweiz gibt es mehrere Hochgebirgspässe, die nach Italien runterführen. Gletscher bedecken insgesamt 2000 km². Der bedeutendste ist der Aletschgletscher, Europas größter Talgletscher, der bei der letzten Messung 23 km lang war und eine Fläche von 86 km² einnahm (S. 58). Auf mehreren Gletschern kann man auch im Sommer Ski fahren, insbesondere auf dem Tsanfleurongletscher der Diablerets (S. 134) in 3000 m Höhe.

Seen gibt es überall außer im Jura, dort ist das Gestein brüchig und porös. Der wichtigste Quellort für Seen und Flüsse, z. B. des Rheins und der Rhone, ist das Gotthardmassiv (S. 288) in der Zentralschweiz. Die Rhone bleibt von ihrer Quelle bis nach Martigny ein reißender Gebirgsstrom und fließt dann nach Westen, wo sie den Genfer See (franz. Lac Léman) speist, Europas größten alpinen See und den bekanntesten See der Schweiz.

Der einzige Kanton, der gänzlich südlich des Alpenhauptkamms liegt, ist das Tessin, zu dem auch der nördliche Teil des Lago Maggiore (193 m) gehört, der tiefste Punkt der Schweiz.

In Berg- und Gletscherfahrten in den Alpen in den Jahren 1860 bis 1869, einem Klassiker der Bergsteigerliteratur, beschreibt Edward Whymper die gefährliche Erstbesteigung des berühmtesten Bergs der Schweiz (1869) und die Tragödie, der beim Abstieg mehrere Männer der Seilschaft zum Opfer fielen.

Außerhalb der Schweiz mag das Matterhorn bekannter sein, für die Einheimischen aber sind Eiger, Mönch und Jungfrau im Berner Oberland die Heilige Dreifaltigkeit der Berggipfel.

TIERE & PFLANZEN

Die Schweiz, in der sich einige der größten Gebirge und Seen Europas befinden und in der Umweltschutz groß geschrieben wird, verfügt über eine

---

TOP PICKS: UNVERGESSLICHE AUSSICHTEN

Den besten Blick auf die eindrucksvollsten Naturwunder der Schweiz hat man von folgenden Punkten aus:

- **Matterhorn** Der Berg wirkt am mächtigsten, wenn man in seinem Schatten Ski fährt oder ihn aus der Zahnradbahn von Zermatt zum Gornergrat (S. 178) betrachtet.
- **Mont Blanc** Die Schweizer Seite lässt sich am besten aus dem Mont-Blanc-Express (S. 164) oder bei der Mont-Blanc-Umrundung (S. 165) aus betrachten oder aber bei einem entspannten Bummel am Genfer Quai du Mont-Blanc (S. 99) entlang.
- **Jungfraujoch** Auf Europas am höchsten gelegener Bahnstrecke geht es zum „Top of Europe" in 3454 m Höhe mit Halt im **Eiger** und **Mönch** (S. 203). Super ist der Blick auf die drei Riesen auch von der Spitze des Titlis (S. 284) aus der ersten rotierenden Großraumgondel der Welt.
- **Aletschgletscher** Man kann von dem bezaubernden autofreien Skidorf Bettmeralp (S. 186) aus am größten europäischen Talgletscher entlang Ski fahren oder ihn vom Jungfraujoch (s. oben) aus bewundern.

REGELN FÜR DAS VERHALTEN IN DER FREIEN NATUR

- Man sollte die Orte so verlassen, wie man sie vorgefunden hat.
- Nur auf markierten Wegen wandern. Die Abkürzung den Hang hinunter kann beim nächsten größeren Regen zu einem Wasserlauf werden und Bodenerosion begünstigen.
- Keine Wildblumen pflücken – an den Berghängen sehen sie einfach schöner aus.
- Weidengatter offen oder geschlossen lassen, je nachdem wie man sie vorgefunden hat.
- Wildtiere könnten in Panik geraten, also nicht zu nah herangehen.
- Offene Feuer dürfen ausschließlich an ausgewiesenen Stellen entfacht werden.
- Alles, was man in die Berge mitgebracht hat, sollte man wieder mitnehmen, auch Abfall, Verpackungen, Zigarettenkippen und benutzte Tampons.
- Falls es sich nicht vermeiden lässt, ein Andenken zu hinterlassen (soll heißen: falls ein größeres Bedürfnis zu dringend wird), sollte dieses mit mindestens 100 m Abstand zu jedem Wasserlauf im Boden vergraben werden.
- Es ist streng verboten, in den Nationalparks zu campen.

---

bunte Tier- und Pflanzenwelt, die aber bedroht ist. Experten schätzen, dass in den letzten 150 Jahren ungefähr 200 Pflanzen- und Tierspezies aus der Schweiz verschwunden sind, darunter Lerchen und Otter, und dass Dutzende weitere (z. B. die Süßwassermuschel, das Affen-Knabenkraut und 81 Vogelarten) kurz vor der Ausrottung stehen.

> Mit SlowUp (www.slowup.ch) aus Bern die Langsamkeit entdecken: An dem Projekt beteiligen sich Dutzende Schweizer Städte und Ortschaften. Dabei werden in einem bestimmten Bereich die Straßen für einen Tag gesperrt. Man läuft oder fährt mit dem Rad. Termine sind online zu finden.

Tiere

Der Bartgeier hat die unappetitliche Angewohnheit, die Knochen verendeter Tiere zu zermalmen, beeindruckt aber mit seiner gewaltigen Flügelspannweite von fast 3 m. In den Alpen kommt er heute nur dank der Wiederansiedlungsprogramme der alpinen Nationalparks, z. B. des Schweizerischen Nationalparks (S. 58), vor. Im 19. Jh. war der große Aasfresser in den Alpen ausgerottet, doch zwischen 1991 und 2001 wurden 21 in Gefangenschaft ausgebrütete Junggeier im zum Park gehörenden Val da Stabelchod freigelassen. Dort finden sie ausreichend Nahrung und haben schon erfolgreich gebrütet. Seit 2005 verfolgt der Park im Rahmen eines europäischen Projekts zum besseren Verständnis dieser Spezies zwei junge Bartgeier mithilfe von Satellitentelemetrie.

Weitere majestätische Greifvögel, die man am Himmel der Schutzgebiete in den Schweizer Alpen sehen kann, sind der Turmfalke und der Steinadler. Die Adler kommen häufiger vor als die Bartgeier; sie nisten in großer Zahl in Graubünden, wo sie sich im Sommer von Murmeltieren und im Winter von den Kadavern verendeter Huftiere ernähren. Erheblich kleiner ist die Alpendohle, ein Verwandter der Krähe. Man erkennt die Vögel an ihrem pechschwarzen Gefieder und dem gelben Schnabel.

> In *Die weiße Spinne*, einem Klassiker der Bergsteigerliteratur, erzählt Heinrich Harrer die spannende Geschichte seiner Erstdurchsteigung der Eiger-Nordwand im Jahr 1938.

Das auffälligste Säugetier in den Alpen ist der Steinbock, eine Bergziege mit gewaltigen gekrümmten und gerieffelten Hörnern. Schon 1650 war er in Graubünden ausgerottet, doch ein paar Jahrhunderte später schmuggelte ein Abenteurer ein Paar aus der Herde des Königs von Italien in die Schweiz, und 1920 wurden die ersten Nachkommen dieses Steinbockpaars im Schweizerischen Nationalpark in die Freiheit entlassen. Heute leben etwa 12 000 Steinböcke in der Schweiz, sie wandern bis in eine Höhe von 3000 m hinauf. Die Gämse (eine Spezies der Ziegenartigen) ist scheuer und ebenfalls auf den Gipfeln zu Hause. Sie kann bis zu 4 m hoch springen. Auch die Murmeltiere (gedrungene, mit Hörnchen verwandte Nagetiere) sind berühmte

Alpenbewohner. Man erhascht allerdings nur selten einen Blick auf sie, da sie die meiste Zeit ihres Lebens in ihren labyrinthartigen Bauen im Boden verbringen, um hungrigen Raubtieren zu entgehen. Ab September halten Murmeltiere Winterschlaf, wobei ihre Körpertemperatur seltsamerweise alle 14 Tage von zwischen 3 und 6 °C auf 38 °C ansteigt und zwei Tage lang so hoch bleibt, ehe sie wieder in den einstelligen Bereich zurückgeht.

Der wiedereingeführte eurasische Luchs, der Schneehase, das Hermelin, das Wiesel und der Rotfuchs sind weitere Bewohner der Alpen, ebenso der Braunbär. In der Schweiz wurde er gejagt, bis man ihn 1904 ausgerottet hatte, aber in den letzten Jahren ist der tapsige Geselle mehrfach zu Besuch gekommen: 2005 wanderte er aus Italien herüber, zerstörte Bienenstöcke und riss im Sommer 2007 ein paar Schafe im Schweizer Nationalpark. Im Jahr 2008 trieb sich ein Bär bei Lenzerheide (S. 330) herum, fraß Schafe und Honig und randalierte nachts auf Campingplätzen. Einem Braunbär hat man inzwischen ein Ortungsgerät verpasst (S. 347).

Die Brunftzeit zwischen September und Anfang Oktober ist die beste Zeit, um Rehe und die größeren Rothirsche in den Wäldern und auf den Almwiesen zu beobachten. Heftige Kämpfe finden statt, wenn die Platzhirsche ihren Harem gegen andere Männchen verteidigen. Wenn die Brunftsaison vorüber ist, verlassen Rehe und Hirsche die alpinen Weiden im Schweizerischen Nationalpark und wandern zu den sonnigeren Hängen in wärmeren Tälern wie dem Engadin, dem Val Mustair und dem Vinschgau.

Etwas mehr als 10 % der landwirtschaftlichen Nutzflächen der Schweiz werden ökologisch bewirtschaftet.

Der Tannenhäher mit seinem lauten, auffälligen Gesang und dem weiß gesprenkelten braunen Gefieder ist praktisch von allen Wanderwegen in den Kiefernwäldern aus zu sehen und zu hören: Auf den Infotafeln des Schweizerischen Nationalparks kann man ihn als Symbol des Parks finden und oben in den Baumwipfeln pickt er mit seinem langen Schnabel die Samen aus den Zapfen oder versteckt Nüsse für den kommenden Winter. Für Vogelfreunde ebenfalls interessant ist das Alpenschneehuhn, das sich an Felshängen und auf Alpenwiesen in über 2000 m Höhe erspähen lässt. Diese Vogelaus der Familie der Raufußhühner existieret seit der letzten Eiszeit und wechselt das Federkleid zweimal jährlich, um immer gut getarnt zu sein (im Sommer hat er ein braunes, im Winter ein weißes Gefieder).

Pflanzen
Dank ihrer klimatischen Vielfalt gibt es in der Schweiz sowohl Palmen (im Tessin) als auch nordische Flora (in den Alpen). In größeren Höhen blühen die Blumen, je nach Art, zwischen April und Juli. Das berühmte Edelweiß mit seinen sternförmigen Blüten wächst auf 3500 m Höhe. Alpenrosen gibt's auf 2500 m in rauen Mengen. Der Frühlingsenzian hat kleine, dunkelblaue Blüten. Die weißen Krokusse blühen früh (ab März) in niedrigen Lagen.

HILFE FÜR DIE HIESIGE LANDWIRTSCHAFT: KUH-LEASING & KÄLBERPATENSCHAFT

Ramona, Ginette, Finette und eine ganze Herde von Alpenschönheiten mit langen, gebogenen Wimpern sorgen auf dem **Wylerhof** (☎ 033 951 31 60; www.kuhleasing.ch; Stockmatte, Brienz) im Berner Oberland für die Milch, einem auf Milchviehhaltung spezialisierten Bauernhof, der Helga und Paul Wyler gehört. Man kann die Kuh seiner Wahl online für einen Monat (200 SFr) oder die ganze Saison (Juni–Sept.; 380 SFr) leasen oder einen halben Tag auf dem Bauernhof arbeiten und erhält dafür 70 bis 100 kg Käse seiner Kuh zum Rabattpreis.

Wer Kälber niedlicher findet, kann bei der Agentur **Patenrind** (☎ 031 822 02 01; www.patenrind.ch; Schaufelacker 3, Wohlen) unter 180 Exemplaren in zwölf Kantonen wählen. Kälberpate zu werden, kostet 120 SFr pro Jahr plus 15 SFr „Vermittlungsgebühr". Die Paten dürfen dem Tier einen Namen geben und haben uneingeschränktes Besuchs- und Ausmistrecht.

Im Schweizer Mittelland kommen sowohl Laub- als auch Nadelbäume vor. Ab einer Höhe von 800 m werden es immer mehr Nadelbäume. Fichten sind in tieferen Lagen verbreitet, in größerer Höhe treten Zirbelkiefern (auch Arve od. Zirbe) und Lärchen an ihre Stelle. Bei ungefähr 2000 m ist die Baumgrenze erreicht, oberhalb davon wachsen nur noch Büsche und Sträucher. Noch weiter oben sind Almwiesen zu finden.

> Auf der Website des Bundesamts für Umwelt (www.bafu.admin.ch) kann man sich die Lärmverschmutzung durch ein Düsenflugzeug anhören, sich informieren, wie viel Müll aus Haushalten und kleinen Firmen jährlich recycelt wird, und sich eine interaktive Karte zur Luftverschmutzung anschauen.

NATIONALPARKS

Die Schweiz besitzt nur einen Nationalpark, der darum auch einfach **Schweizerischer Nationalpark** (www.nationalpark.ch) heißt. Der 1914 gegründete Park schützt 172,4 km² aus Nadelwald (28 %), Almwiesen (21 %) und Schutthalden, Felsen und Hochgebirge (51 %) und liegt rund um Zernez (S. 346) in der Ostschweiz. Hier leben viele Steinböcke, Murmeltiere und Gämsen, und 1800 bis 2000 Rothirsche streifen im Sommer frei herum. Wer Adleraugen hat, kann im Stabelchod-Tal vielleicht sogar einen der 1991 wieder ausgewilderten Bartgeier erspähen. Im Park können Besucher hauptsächlich wandern, wobei sie das 80 km umfassende Netz von markierten Wegen nicht verlassen dürfen. Zwischen November und Mai ist der Nationalpark nicht zugänglich.

Weitere 20 % der Schweiz stehen in den rund 600 regionalen Naturparks, Reservaten und Landschaftsschutzgebieten in einem geringeren Maß unter Schutz.

Seit 2000 setzt sich die Schweizer Naturschutzgruppe Pro Natura (s. S. 59) dafür ein, dass bis zum Jahr 2010 ein weiterer Schweizer Nationalpark gegründet wird. Dank der Ergebnisse von Machbarkeitsstudien billigte man dem Projekt 2005 Staatsgelder in Höhe von 10 Mio. SFr pro Jahr zu. Als Kandidaten kommen das 600 km² große Gebiet um das Rheinwaldhorn in der Nähe des Sankt Bernhard, ein 349 km² großes Areal westlich von Locarno, 350 km² bei Zermatt und dem Matterhorn sowie ein Teil der Muverans-Region in Betracht.

> Der erste Bartgeier, der nach mehr als 100 Jahren in der Schweiz in freier Wildbahn das Licht der Welt erblickte, schlüpfte im April 2007 in 2300 m Höhe über dem Oltenpass in der Ostschweiz. Wo die mit Ortungssendern ausgestatteten Bartgeier Blick und Samuel sich so herumtreiben, kann man sich unter „Bartgeier unterwegs" auf www.wild.unizh.ch/bg anschauen.

Drei Naturjuwelen stehen auf der Weltnaturerbeliste der UNESCO: Zuerst wäre da der pyramidenförmige Monte San Giorgio (1096 m; S. 369) südlich des Luganersees im Tessin, wo man die weltweit meisten Meerestierfossilien aus der Mitteltrias findet, jener Zeit vor 245 bis 230 Mio. Jahren. Die spektakuläre Bergregion Jungfrau-Aletsch-Bietschhorn (das Welterbegebiet wurde 2008 von 539 km² auf 824 km² erweitert; S. 185) in der Südwestschweiz, wo die Berner Alpen Europas größten Talgletscher und weitere wundervolle Gletscher schützen, gehört ebenfalls dazu, genauso wie die Tektonikarena Sardona im Herzen der Glarner Alpen in der Nordostschweiz (seit 2008; S. 322).

Neben den Welterbestätten gibt es im Kanton Luzern in der Zentralschweiz noch das Entlebuch, ein UNESCO-Biosphärenreservat (www.biosphaere.ch) mit 394 km² geschützter Moore, Auenwälder, Wälder und Heide.

UMWELTPROBLEME

Schweizer Bürger leben ausgesprochen umweltfreundlich: Sie produzieren weniger als 400 kg Abfall pro Jahr (halb so viel wie US-Bürger). Schweizer sind sogar noch eifriger auf Wiederverwertung bedacht als Deutsche; der Müll wird geradezu mit religiösem Eifer getrennt.

Wasserkraftwerke erzeugen fast 60 % des Stroms, der im Land gebraucht wird, den Rest liefern fünf Atomkraftwerke, die zwischen 1969 und 1984 gebaut wurden. Daran wird sich auch nichts ändern, weil die Wähler 2003 die Verlängerung des zehnjährigen Moratoriums zum Bau neuer Atomkraftwerke, das 2000 ausgelaufen war, genauso ablehnten wie das Projekt „Strom

> **UMWELTSCHUTZORGANISATIONEN**
>
> Zu den Umwelt- und Tierschutzorganisationen der Schweiz gehören u. a.:
> **Alpeninitiative** (☎ 041 870 97 81; www.alpeninitiative.ch; Herrengasse 2, Altdorf) Beschäftigt sich hauptsächlich mit den Verkehrswegen in den Alpen.
> **BirdLife Schweiz** (☎ 044 457 70 20; www.birdlife.ch; Wiedingstrasse 78, Zürich) Schweizer Vogelschutzorganisation mit Touristeninformationen in der Nähe von Zürich und Bern.
> **Greenpeace Schweiz** (www.greenpeace.ch); deutsch (☎ 044 447 41 41; Heinrichstrasse 147, 8031 Zürich); französisch (☎ 022 731 02 09; Case Postale 1558, 1211 Geneva 1)
> **Pro Natura** (www.pronatura.ch); französisch (☎ 024 425 03 72; Champ Pittet, 1400 Yverdon les Bains); deutsch (☎ 061 317 91 91; Postfach, 4018 Basel) Die größte gemeinnützige Umweltschutzorganisation der Schweiz wurde 1909 gegründet und ist für die Verwaltung des Nationalparks und der Naturschutzgebiete verantwortlich.
> **Wildtier Schweiz** (☎ 044 635 61 31; www.wild.unizh.ch; Strickhofstrasse 39, Zürich)
> **WWF Schweiz** (☎ 044 297 21 21; www.wwf.ch; Hohlstrasse 110, 8010 Zürich)

ohne Atom", demzufolge bis 2014 alle Atomkraftwerke in der Schweiz abgeschaltet werden sollten.

Die Luftverschmutzung durch Autoabgase ist ein Problem. In größeren Städten wie Genf geht man es im Sommer, wenn die Ozonwerte zu stark ansteigen, dadurch an, dass an einem Tag nur Autos mit gerader, am nächsten nur Autos mit ungerader Nummer fahren dürfen. Um die Luftverschmutzung einzudämmen, hat man auch die erlaubte Höchstgeschwindigkeit auf Autobahnen heruntergesetzt; außerdem werden Autofahrer an bestimmten „langsamen" Tagen aufgefordert, ihr Auto stehen zu lassen.

Das Hauptumweltproblem ist in diesem vorwiegend alpinen Land naturgemäß der Schutz der Berge. Die fragilen Ökosysteme der Gebirge sind besonders anfällig für Verschmutzungen und Umweltschäden, zu denen die ca. 120 Mio. Besucher pro Jahr beitragen, die über die grünen Wiesen wandern. Seit den 1950er-Jahren hat die Schweizer Bundesregierung verschiedene Maßnahmen zum Schutz von Wäldern, Seen und Schwemmland vor der Zerstörung eingeführt; 1991 unterzeichnete sie die Alpenkonvention, die darauf abzielt, die von Verkehr und Tourismus verursachten Schäden zu vermindern.

Dann ist da noch die globale Erwärmung, ein weltweites Problem, das in der Schweiz bereits ernsthafte Auswirkungen hat. „Sie schmelzen schnell", heißt es über die 1800 Gletscher der Schweiz, die zwischen 1985 und 2000 ganze 18 % ihrer Fläche verloren; Wissenschaftlern zufolge ist bis 2025 mit einem Rückgang um weitere 30 % zu rechnen. Die berühmteste Fläche aus Eis, Felsen und Schnee in der Schweiz ist der 23 km lange Aletschgletscher (S. 185). Er schrumpfte allein 2006 um 114,6 m (2005 um 65,6 m und 2007 um 32,4 m) und könnte bis zum Jahr 2100 gar um 80 % geschrumpft sein, wenn sich nichts ändert. Deshalb posierten etwa 600 Menschen im Sommer 2007 nackt auf dem schmelzenden Eis für den New Yorker Künstler Spencer Tunick. Das Event war Teil einer Greenpeace-Kampagne, mit der die Regierungen in aller Welt zu schnellem Handeln aufgefordert werden sollten.

In tieferen Lagen und weniger hoch gelegenen Skigebieten ist wegen des Klimawandels generell mit weniger Schnee zu rechnen (im Hochgebirge kann sich auch einmal der gegenteilige Effekt ergeben: In der Saison 2008/09 gingen in Zermatt und anderen Skiorten in den Hochalpen die Lifts bereits Anfang November in Betrieb, einen Monat früher als üblich und früher als jemals zuvor). Kunstschnee ist eine Lösung, auf die man an 19 % der Schweizer Skihänge vertraut – trotz des sehr großen Energie- und des (noch bedenklicheren) hohen Wasserverbrauchs.

Vom Klimawandel wird natürlich auch die Bergwirtschaft (S. 16) schwer in Mitleidenschaft gezogen.

> Mal was anderes als Skifahren: Im Rahmen der bahnbrechenden Clean-Energy-Tour (S. 349) erfahren die Teilnehmer etwas über den Einsatz von Solarenergie und Wasserkraft in St. Moritz. Sie besichtigen auch Heidis Blumenweg und das Hotel, das als erstes in der Schweiz über elektrische Beleuchtung verfügte.

Wandern in der Schweiz

Hoch aufragende Berge und schimmernde Gletscher, glitzernde Flüsse und Karstschluchten, abgelegene Moore und Weiden in fruchtbarem Grün – die Schweiz hat einen schon fast unerhörten Reichtum an natürlicher Schönheit. Das Beste liegt allerdings gut versteckt. Nur, wer seinen Rucksack packt und sich auf den Weg macht, erkennt, wie riesig dieses winzig kleine Land wirklich ist. Also: Wanderschuhe schnüren und sich auf die Verführungskünste der Schweizer Naturschönheiten einlassen.

Für echte Freaks heißt Wandern in der Schweiz: in den Alpen. Der Grund dafür wird schnell klar, wenn man zum Klang von Kuhglocken im Schatten der schneebedeckten Giganten Eiger, Mönch und Jungfrau wandelt, die Pyramidenform des Piz Buin vom Schweizerischen Nationalpark aus bewundert oder wenn es einem beim Anblick von 4000 m hohen Bergspitzen rund um den markanten Gipfel des Matterhorns die Sprache verschlägt. Doch es gibt noch viel mehr: Ob man nun in der Rheinschlucht, der Ruinaulta, zwischen nebelverhangenen Felsen umherschlendert, einen Streifzug durch die sonnenverwöhnten Weinberge des Wallis macht oder dem kurvenreichen Verlauf des Großen Aletschgletschers nachgeht – wer sich hier auf Erkundungstour begibt, dem bleibt der Atem weg. Im wahrsten Sinne des Wortes.

Typisch ist der rhythmische Klang der Schritte auf den Wanderwegen, die gut in Schuss sind. Ob Regen oder Sonnenschein, man findet immer Leute, die die Höhen erklimmen. Und der Wanderer wird reich belohnt. Das Aufblühen der Wildblumen im Frühling, die Übernachtung in einer Berghütte und das Erlebnis, wenn die untergehende Sonne die Gipfel in ein rotes Licht taucht, ein Streifzug im Herbst durch einen goldenen Lärchenwald – dies macht einen zum absoluten Wander- und Schweizfan.

BEVOR ES LOSGEHT

Wer auf den markierten Wegen bleibt, kann sich in der Schweiz eigentlich gar nicht verlaufen. Das Wanderwegsystem gehört zu den besten der Welt in Sachen Vielfalt, Instandhaltung und Beschilderung. Wie der gut informierte Schweizer dem Fragenden mit ehrfürchtigem Unterton zu berichten wissen wird, würde das 62 500 km lange Netz von Wanderwegen (franz. *sentier*) anderthalbmal um die Erde reichen. So überrascht es nur wenig, dass viele Einheimische für ihr Leben gern wandern. Am besten tut man es ihnen gleich, ob bei einem gemütlichen Waldspaziergang oder einer mehrtägigen Wandertour.

Die Wege sind, je nach Schwierigkeitsgrad, farblich markiert: gelb für einfach (keine Erfahrung erforderlich), weiß-rot-weiß für Bergwege (man sollte trittsicher sein, da der Weg manchmal heikle Stellen passiert) und weiß-blau-weiß für alpine Routen (gute körperliche Verfassung vorausgesetzt; Klettern und/oder das Überqueren von Gletschern kann erforderlich sein). Pinkfarbene Schilder und Pfosten markieren Winterwanderwege.

PRAKTISCHE INFORMATIONEN
Infoquellen

Interaktive Karten und Anregungen für Wanderungen gibt es nach Regionen, Schwierigkeitsgrad, Zeit und Art der Wanderung sortiert im Internet unter www.wanderland.ch und auf der exzellenten Internetseite von Schweiz Tourismus, www.myswitzerland.com. Begeisterte Schneeschuhwanderer sollten bei www.globaltrail.net reinschauen.

Den **Schweizer Alpen-Club** (SAC; ☎ 031 370 18 18; www.sac-cas.ch) gibt es seit 1863. Der SAC betreibt etwa 300 Hütten und Schutzhütten in den Schweizer Alpen. Der jährliche Mitgliedsbeitrag liegt zwischen 75 und 130 SFr, je nach dem, zu welcher Sektion man gehört. Für Kinder und Familien gibt's beträchtliche Preisnachlässe. Eine Mitgliedschaft bringt nicht nur Ermäßigungen von bis zu 50 % für SAC-Hütten (Mitglieder zahlen maximal 26 SFr). Sie beinhaltet auch Kurse zur Sicherheit in den Bergen, eine monatliche Zeitschrift und Rabatte auf Karten und Bücher.

Gewöhnlich gibt es vor Ort Mahlzeiten oder Kochgelegenheiten. Eine Übernachtung kostet meistens zwischen 28 und 40 SFr für eine Matratze auf dem Boden oder ein Bett in einem Schlafsaal. Weitere Infos stehen im Kasten "Von Hütte zu Hütte" (s. unten).

Ausführlichere Infos über das Wandern in der Schweiz gibt es bei **Schweizer Wanderwege** (vormals Schweizer Arbeitsgemeinschaft für Wanderwege, SAW; ☎ 031 370 10 20; www.swisshiking.ch; Monbijoustrasse 61, Bern), einer natio-

---

VON HÜTTE ZU HÜTTE

Wer sein weiches Hotelbett gegen eine Matratze in einer der Hütten des SAC (Schweizer Alpen-Club) eintauscht, wird es nicht bereuen. Eines der Highlights einer Wanderung in der Schweiz ist eine Nacht in einer dieser Berghütten auf 2000 bis 3000 m Höhe. Wenn die Tagesausflügler wieder hinunter ins Tal steigen und in der Höhe Stille einkehrt, so ist man unter den wenigen Glücklichen, die in der Dämmerung die Steinböcke beim Grasen vor der Kulisse der Jungfrau beobachten dürfen oder am Morgen zusehen können, wie die ersten Sonnenstrahlen das Matterhorn streifen.

Auch wenn die Schlafsäle nur mit dem Nötigsten ausgestattet sind und man warme Duschen oft vergeblich sucht, ist man in diesen Höhenlagen doch immer herzlich willkommen und wird zusätzlich noch mit einem atemberaubenden Ausblick belohnt. Nach einem langen Wandertag gibt es nichts besseres, als sich in der holzgetäfelten Wohnstube neben einem Kachelofen zusammenzurollen oder sich als Belohnung eine riesige Tasse *Schoggi* (heiße Schokolade) zu genehmigen und mit anderen Wanderern Tipps auszutauschen. Hat man sich dann den Bauch mit Fondue vollgeschlagen, ist man reif für den Schlafsack – bleibt zu hoffen, dass man nicht neben der Ober-Schnarchnase liegt.

Das gut organisierte System hat den Vorteil, dass man so gut wie nie mehr als fünf bis sechs Stunden von der nächsten Hütte entfernt ist und man sich so das Mitschleppen eines Zelts, eines Campingkochers oder anderer schwerer Ausrüstung sparen kann. Die meisten Hütten sind witterungsabhängig von Mitte Juni bis Mitte September geöffnet. Auf der Internetseite des SAC (s. oben) kann man Hütten nach Regionen suchen. Decken sind oft vorhanden, Bettwäsche und Handtücher selbst mitbringen! Vor allem in der Hochsaison im Juli und August empfiehlt es sich, im Voraus ein Bett zu reservieren.

nalen Organisation, die die Instandhaltung und Ausschilderung aller offiziellen Wanderrouten überwacht und hervorragende geführte Wanderungen organisiert. Die Website der SAW gibt Anregungen und Tipps rund ums Wandern.

Karten & Bücher

Vermessung und Kartografie sind zwei (weitere) Dinge, in denen die Schweizer unübertroffen sind: ihre Karten sind wahre Präzisions-, wenn nicht sogar Kunstwerke. Die umfassendste Sammlung ist die Reihe von Wanderkarten im Maßstab 1:50 000, die von Schweizer Wanderwege (SAW; s. oben) herausgegeben wird. Sie sind leicht an ihrem gelben Cover und dem „T" nach der Kartennummer (z. B. *Jungfrau 264T*) zu erkennen und werden direkt aus den Karten des Bundesamts für Landestopografie erzeugt. Diese Karten sind meistens genauer, langlebiger und günstiger als andere und kosten circa 22,50 SFr. Hallwag, Kümmerly + Frey (K+F) decken das Land mit ihren 1:60000-Karten ab. Weitere Infos s. S. 385.

Auch regionale Tourismusämter verkaufen oft hilfreiche Wanderkarten der Umgebung, meist im Maßstab zwischen 1:25 000 und 1:50 000. Abhängig von Größe und Qualität liegt der Preis hierfür zwischen zwölf und 20 SFr. Bei den einzelnen Wanderungen in diesem Kapitel findet man weitere Karten-Empfehlungen.

Alle großen Buchhandlungen führen eine breite Auswahl an topografischen Karten und Wanderkarten für die Schweiz. Die Karten der SAW kann man online unter www.shop.wandern.ch und www.toposhop.admin.ch bestellen.

Wanderführer helfen bei der Tourenvorbereitung, beispielsweise: *Wandern im Engadin*, *Wandern im Ober- und Mittelwallis*, *Wandern im Tessin*, *Wandern am Vierwaldstätter See* (Dumont Aktiv im Dumont Reiseverlag).

WANDERZEIT

Aus gutem Grund gilt der Sommer als beste Zeit, um sich in den Alpen auf den Wandertrip zu machen. Echte Wanderfreaks finden aber zu jeder Jahreszeit eine passende Route. Unerlässlich dabei ist es, der Jahreszeit entsprechende Ausrüstung dabei zu haben: Schneeschuhe zum Stapfen durch tiefen Pulverschnee, leichte Trekkingstöcke, um auf dem Laub nicht auszurutschen, Regenausrüstung für plötzliche Wolkenbrüche. Wo ein Wille ist, da ist auch ein Wanderweg.

Wer vorhat, sich an alpine Höhenwanderungen zu wagen, sollte sich zwischen Juni und September auf die Socken machen. Im Frühling düsen immer noch Skifahrer die Pisten hinab und kaum ist es Oktober, sinkt die Schneefallgrenze auch schon wieder und manche Pässe sind wegen des Schnees nicht mehr passierbar. Wanderungen im Sommer stimulieren alle Sinne – man stelle sich das melodische Bimmeln der Kuhglocken vor, Wiesen mit blühendem Enzian und Alpenrosen in schrillem Rosa und den blauen Himmel, der auch das Herz erblühen lässt. Berghütten öffnen erschöpften Wanderern ihre Türen und eiskalte Bergseen sind eine super Alternative zur morgendlichen Dusche.

Sobald die Wälder taufeucht werden, der Nebel die Berge verschleiert und brünstige Hirsche die Gegend durchstreifen, ist Herbst. Diese Jahreszeit wird oftmals nicht genug gewürdigt. Sie ist ruhig und geheimnisvoll, die Wälder sind bunt, überall sieht man Pilze, Laub raschelt und Rauch steigt aus den Hütten. Viele Schweizer Wintersportorte präparieren nun die Wanderwege für den Winter, und durch den funkelnden Schnee zu stapfen ist wahrlich zauberhaft.

Einheimische wissen, dass man sich auf das Wetter in den Alpen nicht verlassen darf. Es kann im Laufe eines Tages schnell umschlagen: von sonnig auf stürmisch, von Schnee auf Nebel. Bevor man sich auf den Weg macht, unbedingt die Vorhersage unter www.meteoschweiz.ch prüfen.

AUSRÜSTUNG

Leicht packen und der Rücken wird's einem danken … Für Tageswanderungen reicht ein 20-Liter-Rucksack für das Nötigste. Wanderer müssen ihren Blutzuckerspiegel oben halten, sodass man mal ohne schlechtes Gewissen Schokolade und Käse futtern darf. Energiereiche Kost wie Nüsse, getrocknete Früchte, Wurst- und Schinkenbrote sind auch optimal. Pro Person muss man mindestens einen Liter Wasser mitnehmen, um einer Dehydrierung vorzubeugen.

Mehrere Schichten leichter Kleidung sind gut, damit man sich schnell wärmer oder leichter anziehen kann. Ein atmungsaktives T-Shirt, eine Fleecejacke, eine bequeme Hose, feste Wanderschuhe und Regenklamotten

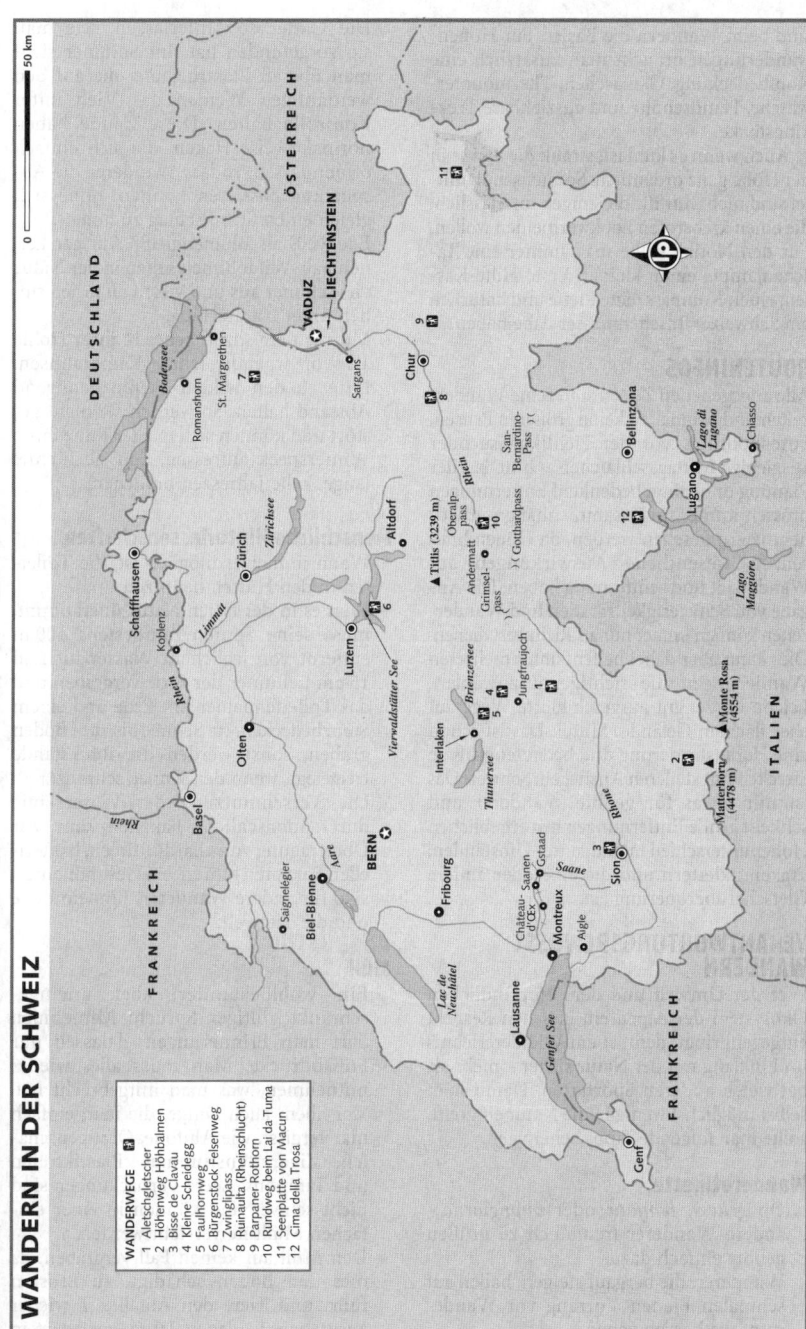

sind beim Wandern die Basics. Für Höhenwanderungen braucht man zusätzlich eine Kopfbedeckung, Gamaschen, Thermounterwäsche, Handschuhe und ausziehbare Trekkingstöcke.

Auch wenn es kühl ist, strahlt die Sonne in der Höhe ganz ordentlich. Sonnenschutzmittel sind nicht nur für diejenigen unerlässlich, die einen krebsroten Look vermeiden wollen. Für den Notfall sollte man immer eine Taschenlampe, einen kleinen Erste-Hilfe-Kasten, einen Kompass, eine Pfeife und natürlich ein Schweizer Taschenmesser dabeihaben.

ROUTENINFOS

Alle angegebenen Zeiten sind reine Wanderzeiten und beinhalten keine größeren Pausen, Fotoshootings vor der Heidikulisse oder ausgiebige Mittagsschläfchen – bitte bei der Planung unbedingt bedenken! Entfernungen müssen immer im Zusammenhang mit Höhenmetern gesehen werden, da Höhendifferenzen wesentliche Auswirkungen auf Wanderzeit und -entfernung haben. Die Angabe von Schwierigkeitsgraden und Wanderzeiten können immer nur als Richtwert dienen. Dies kann aber dabei helfen, unter mehreren Wanderungen die richtige auszuwählen. Leicht: kurze, gut ausgeschilderte Wege auf eher flachem Gelände. Mittel: Das ist schon eine Herausforderung und bedeutet größere Strecken mit steilen Anstiegen. Schwer: Das ist nur etwas für geübte Wanderer und schließt große Entfernungen mit erheblichen Höhenunterschieden und, unter Umständen, kraxeln, klettern und die eine oder andere Gletscherüberquerung ein.

VERANTWORTUNGSBEWUSST WANDERN

Wer der Umwelt und dem empfindlichen Ökosystem der Alpen ein bisschen Respekt entgegenbringt, dem ist ein Wandererlebnis im Einklang mit der Natur sicher – mehr als bei vielen anderen Sportarten. Damit man selbst möglichst wenig in die Natur eingreift, sollte man folgende Tipps beherzigen:

Wanderetikette

- Ob *grüezi, bonjour* oder *buongiorno* – andere Wanderer freundlich zu grüßen gehört einfach dazu.
- Wanderer, die bergauf steigen, haben auf schmalen Pfaden Vorrang vor Wanderern, die bergab gehen.
- Die Gatter so hinterlassen, wie man sie vorgefunden hat. Im Sommer sieht man überall Elektrozäune, die auf den weitläufigen Weiden das Vieh unter Kontrolle halten. Diese Zäune haben normalerweise Haken, die sich einfach öffnen lassen, sodass Wanderer die Absperrung passieren können, ohne sich gleich einen Stromschlag zu holen.
- Edelweiß als Blumengruß? Auf gar keinen Fall. Wildblumen sehen in der Natur viel schöner aus und viele von ihnen stehen unter Naturschutz.
- Murmeltiere sitzen lieber in ihrer Höhle als vor irgendwelchen Kameralinsen. Bitte zu den wilden Tieren genügend Abstand halten. So werden sie nicht gestört und können sich in aller Ruhe ihren Winterspeck anfressen, den sie für die lange, kalte Jahreszeit brauchen.

Menschliche Hinterlassenschaften

- Wann immer es möglich ist, die Toiletten in den Hütten benutzen.
- Wen es in der freien Natur überkommt, muss seine Spuren mindestens 100 m entfernt von jeglichem Wasserlauf und 15 cm tief unter der Erde vergraben und das Toilettenpapier mit Erde und einem Stein bedecken. Im Schnee bis zum Boden graben, sonst werden die Rückstände freigelegt, wenn der Schnee schmilzt.
- Die Verschmutzung der Wasserläufe durch menschliche Fäkalien kann zur Übertragung von Giardia, üblen, bakteriellen Parasiten führen, ein Gesundheitsrisiko für andere Wanderer, Einheimische und die Tierwelt.

Müll

- Ein wohlbekannter, aber uneingeschränkt gültiger Spruch: Mitnehmen darf man Erinnerungen, dalassen nur Fußabdrücke. Man muss alles wieder mitnehmen, was man mitgebracht hat. Vor allem auch Dinge, die man einfach mal vergisst, wie Alufolie, Orangenschalen, Zigarettenstummel, Plastikfolien und Tampons. Leere Verpackungen sind nicht schwer und können in einer einfachen Mülltüte verstaut werden.
- Den Müll auf keinen Fall vergraben, da dies den Boden schädigt, zu Erosion führt und Tiere den Abfall z. T. wieder ausgraben. Es dauert Jahre, vor allem in

den Höhenlagen, bis der Abfall komplett abgebaut ist.

- Weniger Abfall entsteht, wenn unnötige Verpackungen gleich zu Hause bleiben und alle Lebensmittel in wieder verwendbaren Behältnissen oder in Tüten aufbewahrt werden.

Erosion

- Berg- und Abhänge sind vor allem in großen Höhen sehr erosionsanfällig. Immer auf dem Weg bleiben und keine Abkürzungen nehmen, auch wenn die Versuchung groß ist. Wer einen neuen Pfad in den Boden stampft, muss sich

---

FÜNF BERÜHMTE FERNWANDERWEGE

Wen bei den Tagestouren die Wanderlust gepackt hat, der sollte sich vielleicht an einen der Fernwanderwege der Schweiz wagen. Jeder Weg zeigt die Schweiz von einer ihrer eindrucksvollsten Seiten und gewährt einen Einblick in die große kulturelle Vielfalt des Landes. Wer sich aber doch nicht zwei Wochen lang auf Wanderschaft begeben will, kann die Touren auch in kleinere Wegstücke aufteilen. Es ist aber eine ziemlich beachtliche Leistung, einen dieser großen und großartigen Wanderwege am Stück zu meistern.

- **Via Alpina** – Die 350 km lange Via Alpina (ehemals Alpenpassroute) ist der klassische Fernwanderweg der Schweiz. Die Ost-West-Route geht einmal quer durchs Land. Von Sargans nahe der Grenze zu Liechtenstein bis nach Montreux (S. 127) am Genfersee überquert man 16 Pässe und kommt durch einige der höchsten und beeindruckendsten Gebirgslandschaften der Schweizer Alpen. Mit freiwilligen und unfreiwilligen Pausen – zum Ausruhen bzw. bei schlechtem Wetter – muss man schon mit drei bis vier Wochen rechnen, bis man die gesamte Tour geschafft hat.

- **Tour Monte Rosa** – Dieser anspruchsvolle Rundweg von zehn Tagen und 160 km rund um das höchste Bergmassiv der Schweiz, den Monte Rosa, ist sowohl abwechslungsreich als auch spektakulär. Vom Ausgangspunkt Zermatt (S. 178) führt die Route über Grächen, Saas Fee und die italienischen Dörfer Macugnaga, Gressoney und St-Jacques. Es gilt, anspruchsvolle Pässe zu überqueren (inklusive einem Gletscher) und sich von dem Anblick schneebedeckter 4000er-Gipfel bezaubern zu lassen, darunter auch die Pyramide mit Kultstatus – das Matterhorn – und der höchste Gipfel der Schweiz, die 4634 m hohe Dufourspitze. Von K+F gibt es eine 1:50 000-Karte *Tour Monte Rosa*. Die Karte *Monte Rosa* von Kompass hat denselben Maßstab. Weitere Infos stehen auf der Website www.tmr-matterhorn.com.

- **Tour des Combins** – Dies ist ein sechs bis acht Tage langer Rundweg, der um die eisbedeckten 4000er-Gipfel des Grand Combins Massivs im Unterwallis führt. Gewöhnlich ist Verbier (S. 165) der Ausgangspunkt der Wanderung. Die Route führt bergaufwärts durch das Val de Bagnes und über das Fenêtre de Durand bis nach Barasson im italienischen Val Pelline. Über St. Rhémy, den Großen Sankt-Bernhard-Pass und das Val d'Entremont geht es zurück auf schweizerisches Terrain. Eine Karte und Wegbeschreibung findet man auf www.tour descombins.ch.

- **Senda Sursilvana** – In vier bis fünf Tagen geht es vom größtenteils unberührten Oberalppass (S. 333) hinunter durch das Tal des Vorderrheins bis nach Chur (S. 326). Die 110 km der Senda Sursilvana gehören zu den weniger anstrengenden dieser großen schweizerischen Wanderwege. Der Höhenweg führt durch dramatische Landschaftsformen, vorbei an rätselhaften Menhiren und durch Ortschaften von einzigartigem kulturellem Wert, in denen Rätoromanisch gesprochen wird. Die 1:40 000-Wanderkarte *Senda Sursilvana* (8,50 SFr, K+F) deckt den Weg vollständig ab.

- **Haute Route** – Diese Strecke führt von Chamonix in Frankreich durch das Südwallis nach Zermatt (S. 178). Die Tour verspricht dem Bergsteiger, dass er hier an einigen der genialsten Stellen der Alpen vorbeikommt, die dem Menschen zugänglich sind. Aber diese Tour hat's in sich: lange Anstiege, es geht auf und ab von Pass zu Pass, Gletscher müssen überquert werden. Erfahrung am Berg ist also unbedingt notwendig. Wer diese Tour schafft, wird mit einem unvergesslichen Blick auf den Mont Blanc, die Dents Blanches und das Matterhorn belohnt.

darüber im Klaren sein, dass sich dieser bei den nächsten starken Regenfällen in einen Wasserlauf verwandelt, den Boden abtragen und tiefe Furchen in die Erde reißen wird.
- Führt der Weg durch eine Schlammpfütze, Augen zu und durch! Geht man um die Pfütze herum, wird das Schlammloch nur noch größer.
- Wenn möglich, die Pflanzen einfach in Ruhe lassen. Sie sorgen nämlich dafür, dass der fruchtbare Mutterboden an Ort und Stelle bleibt.
- Für einen Wanderer ist es vielleicht einfach eine bunte Blumenwiese oder ein Maisfeld, für den Bauern jedoch ist es die Lebensgrundlage. So sollte man vor allem Wege nicht verlassen, wenn man an Bauernhöfen und an Feldern vorbeiwandert.

SICHERHEIT & NOTFÄLLE

Obwohl man bei Unfällen sofort an Lawinen und Erdrutsche denkt, verletzen sich die meisten Menschen oder werden Opfer von tödlichen Wanderunfällen, weil sie müde, unterkühlt, dehydriert oder von der Hitze erschöpft sind. Die meisten Stürze geschehen, weil der Wanderer auf Laub, Geröll oder Eis ausrutscht. In den Höhenlagen kann Steinschlag immer ein Problem sein. In alter Pfadfindermanier sollte man immer mit der passenden Kleidung und dem richtigen Schuhwerk ausgestattet sein. Beim Planen der Wanderung die Pausen nicht vergessen und früh genug aufbrechen, um noch vor Einbruch der Dunkelheit wieder zurück zu sein. Der Anblick des Eigers über Grindelwald zieht einen vielleicht magisch an. Trotzdem sollte immer der gesunde Menschenverstand siegen. Man muss seine Grenzen kennen. Man sollte nach und nach immer schwierigere Wanderungen angegehen und man muss bereit sein umzukehren, wenn der Weg zu gefährlich erscheint.

Man sollte sich grundsätzlich immer an die markierten Wege halten. Bei starkem Nebel (und damit schlechter Sicht) allerdings ist dies überlebenswichtig. Niemals allein loswandern! Zwei Personen sind das Minimum. Immer eine verantwortliche Person, wie beispielsweise einen Hüttenwirt oder die Angestellten an der Rezeption eines Hotels über Pläne und die voraussichtliche Rückkehr informieren.

Das gängige Notsignal in den Alpen sind sechs Pfiffe, sechs Rufe oder sechs Rauchzeichen – sechs Wiederholungen des Zeichens, das man am besten machen kann. Dem folgt eine Pause, so lang wie die vorangegangenen Signale, dann wiederholt man die Signale. Wer ein Mobiltelefon besitzt, sollte es auch mit sich führen. Die **Schweizerische Rettungsflugwacht** (REGA; ☎ 14 14) arbeitet sehr effizient, aber ein Rücktransport nach Hause ist teuer. Deshalb ist eine Versicherung, die auch alpine Sportarten abdeckt, besonders wichtig.

WALLIS

ALETSCHGLETSCHER

Dauer Fünf bis sechs Stunden
Länge 17 km
Schwierigkeitsgrad Leicht bis mittel
Nächste Orte Fiesch und Fiescheralp (S. 186)
Kurz gefasst Auf dieser hochalpinen Wanderung begleitet einen die gewaltige Kulisse des Großen Aletschgletschers. Es ist ein wildes Naturspektakel mit Heiden, schroffen Bergen und zerklüfteten Gletschern.

Es gibt in den Alpen, geschweige denn in der Schweiz, nur wenige Orte, die den überwältigenden Anblick des zum Unesco-Weltnaturerbe gehörenden Großen Aletschgletschers in irgendeiner Form überbieten könnten. Der 23 km lange, nie zu enden scheinende Gletscher ist der längste und massigste seiner Art in den Alpen. Gespeist wird er von einigen anderen großen Gletschern, die ihrerseits ihre Quellen in der Region des Jungfraujochs haben. Ein beachtliches Stück des Weges führt direkt am hohen Grat des Gletschers entlang. Von hier aus hat man einen unvergleichlichen Blick auf die vereisten Läufe dieses riesigen Stroms und auf die schneebedeckten Gipfel hoch über ihm. Die Wanderung führt vorbei an alpinem Heideland, glitzernden Bergseen und an Almen, auf denen Walliser Schwarznasenschafe weiden. Sie ist ebenso abwechslungsreich wie beeindruckend, und Wanderer werden für ihre minimalen Anstrengungen ununterbrochen mit einer unglaublichen Aussicht belohnt.

Zwischen Fiescheralp und Bettmeralp gibt es nur ein Restaurant, Getränke und Verpflegung also am besten selbst mitnehmen. Der Weg verläuft oberhalb der Baumgrenze, also gut über das Wetter informieren, bevor man aufbricht. Gute Karten für diese Wanderung sind die SAW 1:50 000 *Jungfrau 264T* (22,50 SFr) und die Karte 1:25 000 *Aletschgletscher* (13,50 SFr) des Fremdenverkehrsbüros.

An- & Weiterreise

Die Wanderung startet in der Fiescheralp, an der Mittelstation der Seilbahn von Fiesch aufs Eggishorn; weitere Infos s. S. 186. Das Ziel ist der autofreie Bergort Bettmeralp, von wo aus jede halbe Stunde eine Seilbahn ins Tal nach Betten fährt (einfache Strecke Erw./Kind 8/4 SFr). Zwischen Betten und Fiesch verkehrt stündlich ein Zug (4 SFr, 20 Min.).

Die Bergtour

Die Aussicht von der auf 2212 m gelegenen **Fiescheralp** (Kühboden) ist von Anfang an spektakulär, denn in der Ferne kann man am Horizont die Gipfel des Matterhorns und des Weisshorns erkennen. Von der Seilbahnstation aus beginnt die Wanderung in Richtung Nordosten auf einem ebenen Trampelpfad. Dieser schlängelt sich an blühenden Berghängen entlang und zieht den Wanderer mit seinem tollen Ausblick ins Tal in seinen Bann. An klaren Tagen wird man mit Sicherheit einige Drachen- und Gleitschirmflieger sehen, die von den Hängen aus wie Greifvögel in Richtung Tal gleiten. Nach den Abzweigungen zum Eggishorn und zur Märjela über den kleinen **Tällitunnel** rechts halten. Nimmt man den Weg durch den Tunnel, kann man sich eine Stunde Fußmarsch sparen – diese Route ergötzt einen zweifelsfrei nicht mit dem besten

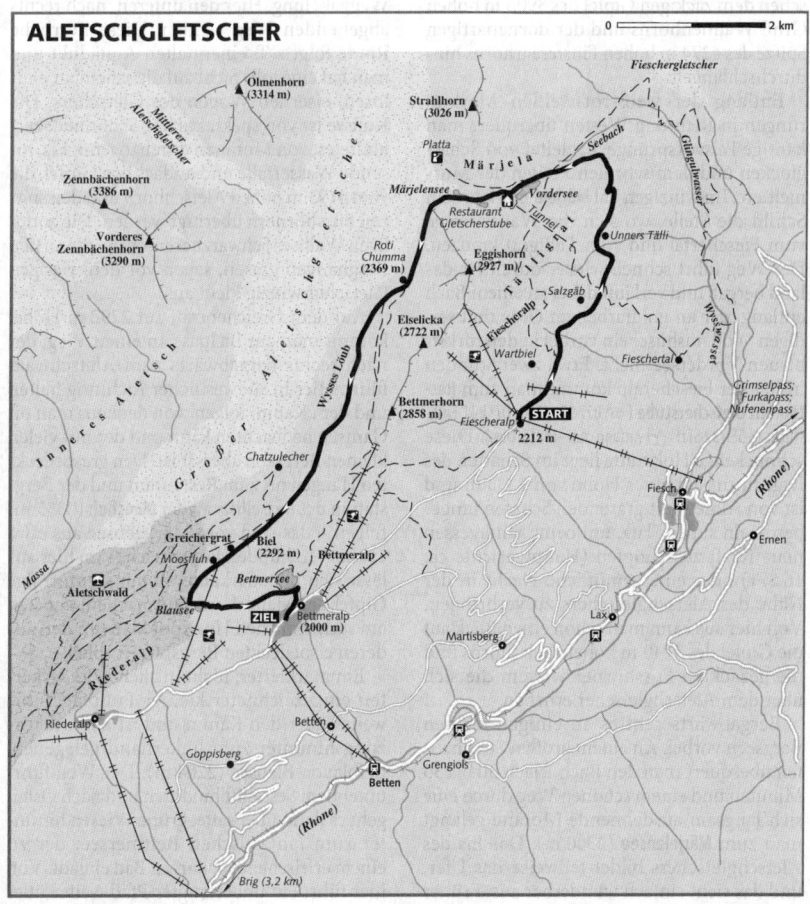

Ausblick und man braucht unbedingt eine Taschenlampe mit Reservebatterien.

Die Route geht schnell in einen breiten, klaren Weg über, der von Heidelbeersträuchern und weichem Gras umgeben ist. Man wandert durch abgegraste Weiden und erhascht einen atemberaubenden Blick auf die eisige Zunge des Fieschergletschers – Kameras raus! Der Weg windet sich hoch über dem Fieschertal weiter über die Berghänge nach oben und passiert das Gras bewachsene und von Felsen übersäte Tal des Unners Tälli. Serpentinen führen noch steiler hinauf zu einem kleinen, hölzernen, auf einer Felsplattform errichteten Kreuz. Dieser schwindelerregende natürliche Aussichtspunkt eröffnet einen weiten Blick über die **Fieschergletscher**, der sich zwischen dem zackigen Gipfel des 3905 m hohen Groß Wannenhorns und der dornenartigen Spitze des 4274 m hohen Finsteraarhorns hindurchschlängelt.

Entlang der weiß-rot-weißen Markierungen in Richtung Westen überquert man kantige Felsvorsprünge, begleitet von Schafglocken und dem schrillen Pfeifen der Murmeltiere. Im winzigen Tal **Märjela** markiert ein Schild die Stelle, wo sich die Wanderwege vom Fieschertal und vom Tälligrat kreuzen. Der Weg führt schnell wieder durch Heideland bergab und verläuft dabei an einem Bach entlang, der an goldfarbenem Gras und seidigen Wollgrasbüscheln vorbei in den türkisblauen Vordersee fließt. Etwa zwei Stunden hinter der Fiescheralp kommt man zum **Restaurant Gletscherstube** (☎ 027 971 47 83; DZ/ inkl. Frühstück 25 SFr/32 SFr; ☺ Anfang Juli–Mitte Okt.). Diese schnuckelige Holzhütte liegt im Schatten des Eggishorns auf einer Höhe von 2363 m und ist von Almen mit grasenden Schafen umgeben – ein super Platz, um beim Mittagessen neue Kraft zu schöpfen (Hauptgerichte ca. 16 SFr) oder eine gemütliche Nacht in der Nähe des Aletschgletschers zu verbringen. Von hier aus kann man schon einen Blick auf die Gipfel des 3740 m hohen Geisshorns und die gezackten Fusshörner werfen, die sich über dem Aletschgletscher erheben.

Bergabwärts geht es an einigen kleinen Bergseen vorbei. An einem großen Steinhaufen überquert man den Bach. Nach 30 bis 35 Minuten und einem schönen Weg durch eine sich langsam ausdehnende Moräne gelangt man zum **Märjelensee** (2300 m). Das Eis des Aletschgletschers bildet teilweise das Ufer, und das sieht einfach wunderbar aus. Früher war der Märjelensee tiefer und größer als heute. Manchmal stieg das Wasser so weit an, dass es plötzlich durch die Eiswand hindurch brach, was das untere Tal komplett überflutete. Durch den ständigen Rückgang des Gletschers kann das heute aber nicht mehr passieren. Über dem Märjelensee gibt es mehrere glatt polierte Steinplatten, von denen aus man einen gigantischen Blick nach Norden über das unglaublich riesige Gletscherareal hat, das sich bis ganz nach oben, zu den perlmuttweißen Gipfeln des Eigers (3970 m), des Mönchs (4107 m) und der Jungfrau (4158 m) erstreckt.

Weiter südlich führt der Weg um einen felsigen Grat herum nach oben. Bei **Roti Chumma** (2369 m) kommt man an eine beschilderte Weggabelung. Hier den unteren, nach rechts abgehenden Weg wählen. Diese herrliche Route folgt z. T. einem alten Aquädukt und man hat eine tolle Sicht auf die scheinbar endlosen, eisernen Wogen des Gletschers. Die Kulisse ist von spektakulärer Schönheit: zerklüftetes, von Moränen durchzogenes Eis, tosende Wasserfälle und andächtige Gipfel, die vom 4193 m hohen Aletschhorn und den spitzen Fusshörnern überragt werden. Die zotteligen Walliser Schwarznasenschafe, die an den Berghängen grasen, sehen vor dem riesigen Gletscher winzig klein aus.

Auf dem Greicherngrat, auf 2292 m Höhe, kommt man am Bielpass an einen Weg, der nach rechts bergabwärts zum Aletschwald führt. Hier in südwestlicher Richtung halten und dem Kamm folgen, von dem aus man oft Gämsen beobachten kann und der mit vielen kleinen Bergseen übersät ist. Den grasbedeckten Hängen bis zum Restaurant und der Bergstation des Sessellifts an der **Moosfluh** (2333 m) folgen – das sind vom Märjelensee aus etwa 1¼ bis 1¾ Stunden Fußmarsch. Von hier aus lässt sich der markante, pyramidenförmige Gipfel des Matterhorns ausmachen, der sich am südwestlichen Horizont klar von den anderen eisbedeckten Bergspitzen abhebt.

Ein markierter, nicht in allen Wanderkarten eingezeichneter kleiner Fußpfad führt weiter über den Kamm und ist eine Abkürzung hinunter zum linkerhand gelegenen, tiefblauen Blausee (2204 m). Der Weg führt unter dem Sessellift hindurch und nach Osten geht es dann über satte, grüne Wiesen hunter zum fantastischen Bettmersee, der zu einem erfrischenden, kurzen Bad einlädt. Von hier führt ein unbefestigter Pfad weiter über die Staumauer bis hin zu den oberen Häusern der auf 2000 m gelegenen **Bettmeralp**, 40 bis 50 Minuten von Moosfluh entfernt. Zur Bergstation der Seilbahn Betten–Bettmeralp geht es durch den Ort etwa zehn Minuten zu Fuß bergab.

HÖHENWEG HÖHBALMEN
Dauer Sechseinhalb bis siebeneinhalb Stunden
Länge 18 km
Schwierigkeitsgrad Mittel
Nächster Ort Zermatt (S. 178)
Kurz gefasst Dieser relativ lange Rundweg ist eine Tageswanderung mit allem, was zu einem echten Alpenerlebnis gehört: wilde Gletscher, saftige Almweiden und die berauschenden, pyramidenförmigen Steilwände des Matterhorns.

Diese hervorragende Wanderung vereint alles, was die Schweizer Alpen so einzigartig macht. Wer Zermatt zügig hinter sich lässt, taucht in eine Welt voller funkelnder Bäche, von Wildblumen übersäter Hänge, zerklüfteter Gletscher und spitzer Gipfel ein. Auf einer Höhe von über 2600 m bieten die hügeligen Terrassen von Höhbalmen mit den besten natürlichen Aussichtspunkten der Schweiz. Das über allem thronende pyramidenförmige, 4477 m hohe Matterhorn schlägt auf fast dem ganzen Weg den Wanderer in seinen Bann – und das, obwohl auch zwei Dutzend andere 4000er-Gipfel zu dieser tollen Alpenkulisse beitragen.

Je nach Schnee- und Wetterbedingungen ist diese Tour normalerweise von Juni bis Ende Oktober begehbar. Da es auf der Strecke einige sehr lohnenswerte Abstecher gibt, kann die Tour auch in eine Zwei-Tages-Wanderung mit Übernachtung (am besten im Berggasthaus Trift) ausgedehnt werden. Die *Wanderkarte Zermatt* (24,90 SFr) im Maßstab 1:25 000 des örtlichen Fremdenverkehrsamts ist sehr zu empfehlen.

An- & Weiterreise
Dieser Rundweg beginnt und endet in Zermatt. Auf S. 182 gibt's Infos, wie man dorthin kommt.

Die Bergtour
Vom Bahnhof in Zermatt die Hauptstraße (Bahnhofstrasse) entlang gehen und an **GramPi's Pub** nach rechts in eine schmale, steiler werdende Gasse mit Kopfsteinpflaster einbiegen, die zwischen idyllischen Holzscheunen hindurchführt. Es geht vorbei an Ferienwohnungen und über Almen, die mit Disteln und Wildblumen, etwa dem Enzian, der Alpenrose, dem Blauen Eisenhut und dem empfindlichen Wachtelweizen übersät sind. Der Weg führt schnell aus Zermatt heraus und hinein in die unberührte Bergwelt. Man überquert den plätschernden Triftbach auf einer kleinen, hölzernen Fußgängerbrücke, geht weiter durch einen schattenspendenden Lärchenwald nach oben, um dann nach 40 bis 50 Minuten zur **Pension Edelweiss** (☎ 027 967 22 36; EZ/DZ ab 42/84 SFr; ☼ Juni–Sept.) gelangt. Das Haus wurde um die Jahrhundertwende erbaut und ist bis oben hin voll mit antiken Kuriositäten. Es liegt auf 1961 m an einem Felsvorsprung mit Blick über Zermatt und das obere Mattertal.

Der Weg steigt nun leicht an und überquert den Bach erneut an einem Kanal, der zur Gewinnung von Wasserkraft angelegt wurde. Dann führt er in weiten Serpentinen über die Triftbachklamm und ihre kristallklaren Wasserfälle (Schilder warnen davor, ihnen zu nahe zu kommen). Vorbei an gefährlich geneigten Felsen, Geröllpassagen und kleinen Bächen kommen die ersten zerklüfteten, schneebedeckten Gipfel in Sicht. Nach 50 bis 60 Minuten ist auf 2337 m Höhe das **Berggasthaus Trift** (S. 181) erreicht. Wer die Wanderung ganz gemütlich in zwei Tagen machen will, kann in der schnuckeligen Berghütte am Rande einer kleinen, grasbedeckten Mulde Station machen. Genauso ist die Hütte ein idealer Ausgangspunkt für einen anstrengenden aber lohnenden Trip zum 3406 m hohen Mettelhorn oder zur **SAC Rothornhütte** (☎ 027 967 20 48) auf 3198 m, die auf dem felsigen Grat liegt, der zum Zinalrothorn hinaufführt. Wem das zu anstrengend ist, kann auf der Terrasse den hausgemachten Apfelkuchen mit Eistee genießen – dazu den einzigartigen Blick auf den stark zerklüfteten Triftgletscher und eine Reihe funkelnder Gipfel wie der Wellenkuppe, dem Trifthorn und dem Obergabelhorn.

Den Triftbach ein letztes Mal überqueren, direkt danach über die kleine Almweide nach Süden gehen und im Zickzack die grasbedeckten, von Felsen eingerahmten Hänge nach oben steigen. Dann hat man das spitze Zinalrothorn mit seinen 4221 m im Rücken und je weiter man auf den **Höhbalmen** nach oben steigt, desto sensationeller wird das Panorama. Der grandiose Ausblick schließt das Täschhorn, das Allalinhorn, das Rimpfisch-

Höhenweg Höhbalmen

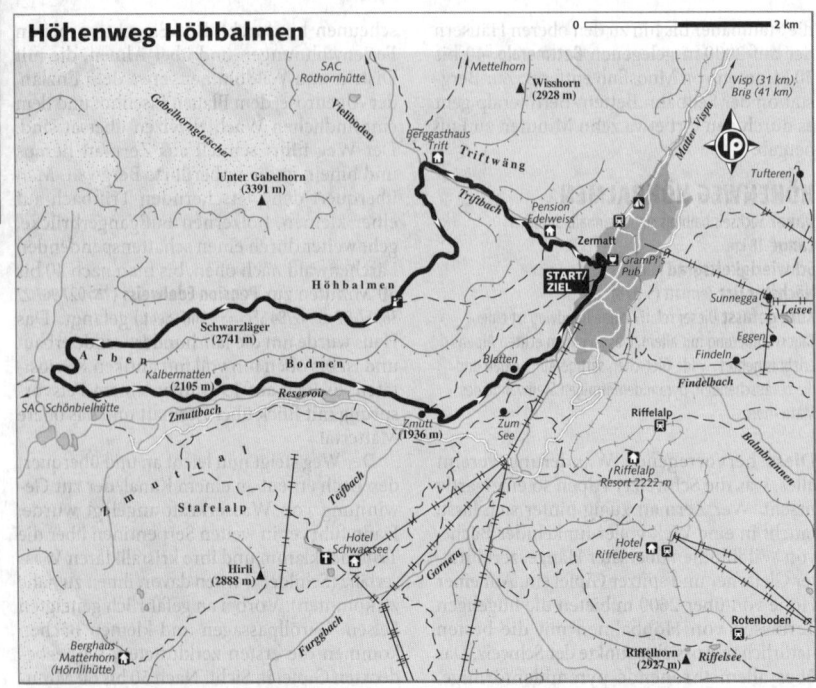

horn, die Dufourspitze (mit 4634 m der höchste Berg der Schweiz), das Breithorn, das Klein Matterhorn und den beeindruckenden Lauf eines riesigen, eisigen Gletscherstroms ein, der sich von den mit Eis bedeckten Gipfeln Richtung Tal schiebt. Der Blick nach vorn wird allerdings die gesamte Aufmerksamkeit beanspruchen, denn hier erhebt sich die riesige, markante Spitze des Matterhorns (4478 m).

Der Wanderweg zieht sich an sanften, von unzähligen Wildblumen übersäten Weiden – den Höhbalmen – entlang. Hier wächst eine echte Besonderheit, die lila-gelbe Haller-Kuhschelle. Etwa 40 bis 50 Minuten vom Berggasthaus Trift entfernt kommt man auf einer Höhe von 2665 m an einem **Wegweiser** vorbei. Auch hier verschlägt es einem die Sprache, wenn man die 4000 m hohen, stahlgrauen Gipfel erblickt, die sich wie Haifischflossen vom schaumig weißen Ozean abheben. Dies ist eines der besten Gebiete, wenn man wilde Tiere beobachten möchte. So heißt es also: Augen aufhalten und nach Steinadlern, Gämsen und Steinböcken Ausschau halten.

Nach Westen führt die Route weiter ins Zmuttal. Auf einem Höhenweg geht es an Felsvorsprüngen entlang, die sich direkt gegenüber der furchterregenden Nordwand des Matterhorns eng an den Berg schmiegen. Am **Schwarzläger** (2741 m) ist nach 40 bis 50 Minuten der höchste Punkt der Wanderung erreicht. Von hier aus hat man einen ausgezeichneten Blick auf die mit Moränen bedeckten Zmuttgletscher und weitere schneebedeckte Gipfel, die sich um den Entstehungsbereich des Gletschers, den Dent d'Hérens (etwa 4171 m), erheben.

Ab jetzt geht es langsam aber stetig über die kargen Berghänge von Arben bergab. Zur Rechten sieht man schillernde Hängegletscher, die sich hoch oben über die schroffen Felsen schieben. Der Weg schlängelt sich weiter nach unten und trifft auf einen stärker frequentierten Wanderweg, der von der leicht erreichbaren **SAC Schönbielhütte** (☎ 027 967 13 54) bergab führt. An seiner Seite erhebt sich eine Moräne, die der zurückgehende Zmuttgletscher hinterlassen hat. Im Zickzack geht es zuerst über Gletschergeröll, dann entlang einer besser begehbaren, über dem Zmuttbach verlaufenden Flussterrasse weiter nach unten. Die Route führt auf gewaltige, wie Hörner erscheinende Gipfel zu, vorbei an einem Wasserfall, der sich spektakulär über einen Felsvorsprung ergießt. Eine bis eineinviertel Stunden von Schwarzläger entfernt erreicht man das kleine Restaurant bei **Kalbermatten** (2105 m). Während der Sommermonate weiden hier Walliser Schwarznasenschafe an den grasbedeckten Berghängen.

Gemächlich führt der Weg hinab an einem trübblauen Reservoir vorbei, dessen Wasser über lange Tunnel in den Lac des Dix im angrenzenden Val d'Hérens geleitet wird. An der Abzweigung bei der Staumauer rechts halten, worauf man bald zum malerischen Örtchen **Zmutt** (1936 m) gelangt, einer Ansammlung kleiner Holzhütten mit Schieferdächern und einer schönen weißgekalkten Kapelle. Von hier aus geht der Weg über Wiesen, die nur von schmucken Bauernhäusern mit Kieswegen durchbrochen werden. Nach der Seilbahnstation Schwarzsee nimmt man die erste Abzweigung nach links und kann dann, 1¼ bis 1½ Stunden nach Kalbermatten, wieder gemütlich ins geschäftige Treiben Zermatts zurückkehren.

BISSE DE CLAVAU

Dauer Zwei bis zweieinhalb Stunden
Länge 7 km
Schwierigkeitsgrad Leicht
Nächster Ort Sion (S. 168)
Kurz gefasst Diese gemächliche Wanderung besteht aus einem wunderschönen Abschnitt des Chemin du Vignoble, einem Fernwanderweg, der durch das sonnenverwöhnte Weinanbaugebiet des Wallis führt.

Die Bisse de Clavau ist ein 550 Jahre alter kleiner Kanal, der die durstigen Weinberge im 7,5 km entfernten Tal der Rhone mit Wasser versorgt. Die steilen, nach Süden geneigten Hänge dienen fast ausschließlich der Herstellung des feinen Walliser Rot- und Weißweins, dem Dôle und dem Fendant. Die schmalen Terrassen auf denen man den Wein hier anbaut, werden wegen des starken Gefälles von einem Trockenmauerwerk gestützt.

Da die Hänge direkter Sonneneinstrahlung ausgesetzt sind, kann es beim Wandern sehr heiß werden. Daher sollte man im Sommer immer einen Hut und ausreichend Wasser dabei haben. Außer an ein paar eisigen Tagen im Winter kann die Wanderung das ganze Jahr über gemacht werden, obwohl der Herbst mit seinen goldfarbenen Weinreben voller saftiger Trauben natürlich die spektakulärste Jahreszeit ist. Wer am Wochenende kommt, kann in den Weinkellern Wein aus dem Wallis und andere Spezialitäten kosten.

Die Karte der SAW 1:50 000 *Montana* (22,50 SFr) deckt die Gegend sehr gut ab, ist aber nicht unbedingt notwendig, da die Wanderung gut ausgeschildert ist.

An- & Weiterreise

Informationen über öffentliche Verkehrsverbindungen von/nach Sion stehen auf S. 171. Die Wanderung endet in dem kleinen Dörfchen Saint-Léonard. Direkte Züge fahren stündlich von Saint-Léonard nach Sion (3 SFr, 7 Min.).

Die Wanderung

Vom Bahnhof in Sion geht es zuerst geradeaus und dann rechts in die Rue des Creusets. Mehrere kleine Fußgängerwege führen durch die Altstadt Sions und durch die Rue du Grand-Point und die Rue du Rawil. Kurz vor dem Kreisverkehr gibt ein Wegweiser Hintergrundinformationen zur Bisse de Clavau und weist nach rechts in den engen **Chemin de Champlan**, einen Fußweg, der zwischen mit Weinreben bewachsenen Steinwänden hindurchführt und von dem man tolle erste Blicke auf die umliegenden Weinberge erhaschen kann.

Etwa 20 Minuten vom Ausgangspunkt der Wanderung entfernt führt der als **Chemin Vignoble** ausgeschilderte Weg nach Osten, entlang des winzigen Kanals, der von steil ansteigenden Weinbergen gesäumt ist. Die Reben werden in eng beieinanderliegenden Reihen gepflanzt, um die Traubenausbeute zu maximieren. Rechts sind der Tourbillon und der Valère zu sehen, zwei riesige Felsen, auf denen eine Schlossruine bzw. eine Kirche stehen – die Kamera bereithalten. Diese schroffen Felsen thronen über Sion und erheben sich abrupt aus dem bebauten Rhonetal. Es ist bemerkenswert, dass die Felsen das kontinuierliche Abschleifen des Geländes durch den Rhonegletscher während der letzen Eiszeiten überstanden haben.

Am Weg findet man überall Schilder mit Hintergrundinformationen über die einzigartigen Anbaubedingungen und das Mikroklima der Region. Das Wetter und die Vegetation hier sind fast schon mediterran und die Chancen stehen gut, leuchtend bunte Schmetterlinge,

BISSE DE CLAVAU

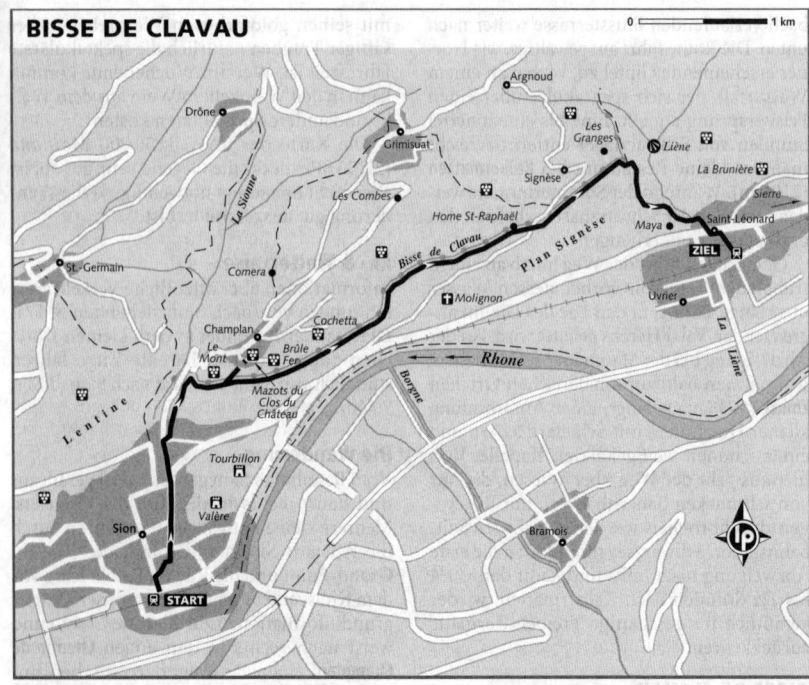

Eidechsen und Libellen, Feigenbäume und Wildblumen wie den gelben Färberwaid zu entdecken. Während der Weinlese lohnt es sich, einen Blick auf die raffinierten Liftsysteme zu werfen, die die Winzer nutzen, um ihre Ernte an den steilen Hängen einzubringen.

Das **Mazots du Clos du Château** (☎ 079 628 61 70; einfache Gerichte 13–25 SFr; ✆ Sa 11–21, So 11–18 Uhr) hat eine große Sonnenterrasse mit Blick auf die Weinberge und die Alpen und ist der ideale Ort, um einen Pinot Blanc oder einen Humagne Rouge zu probieren und dazu noch hausgeräucherten Lachs oder Walliser Spezialitäten wie Raclette zu probieren.

Weiter geht es entlang der Rhone, wobei man einen tollen Blick auf die sich hinter dem Tal erhebenden Berge hat. An klaren Tagen sieht man sogar die schneebedeckten Gipfel des Dent Blanche (4357 m) und des Bietschhorns (3934 m). Unterwegs überquert man mehrere Straßen, kommt am winzigen Dörfchen Signèse und den paar Häusern bei Les Granges vorbei, biegt dann nach rechts ab und kehrt der Bisse de Clavau den Rücken zu. Auf einem unbefestigten, landwirtschaftlich genutzten Weg geht's an der Schlucht der **Liène**

(ihr Wasser wird weiter flussaufwärts unterirdisch zur Bewässerung umgeleitet) und an Weinbergen entlang. So spart man sich ein paar Biegungen auf der Straße.

Vorbei an Buchen, Schlehen und Weinreben weisen gelbe Pfeile den Weg zum gepflasterten, von steinernen Villen gesäumten Chemin de la Maya. Dieser Weg führt, etwa 1½ Stunden nachdem man die Bisse de Clavau erstmals gesehen hat, zu einem schnell fließenden Gewässer und nach **Saint-Léonard** (508 m). Der Bahnhof liegt 500 m südlich der Ave de la Gare.

BERNER OBERLAND

KLEINE SCHEIDEGG
Dauer Sechs bis sieben Stunden
Länge 18 km
Schwierigkeitsgrad Leicht bis mittel
Nächster Ort Grindelwald (S. 198)
Kurz gefasst Dies ist zweifellos eine der überwältigendsten Wanderungen, die das Berner Oberland zu bieten hat. Höhepunkte sind die Almen, die Wälder und Eiger, Mönch und Jungfrau – zum Greifen nah.

Für diese unvergessliche Wanderung sollte ein klarer Tag gewählt werden. Der Anblick der vollkommenen Form der Eiger-Nordwand und der funkelnden Riesen der Jungfrauregion lässt keinen kalt. Nach einem kurzen, aber heftigen Anstieg ist die Route recht gemütlich und die vielen Berghütten auf dem Weg laden dazu ein, sich auf der Terrasse auszuruhen und eine der herrlichsten Aussichten der Schweizer Alpen zu genießen.

Der breite und relativ tief gelegene Sattel des Männlichen trennt die zwei oberen Flussarme der Lütschine voneinander und ist ein natürlicher Aussichtspunkt mit einem atemberaubenden Blick aus großer Nähe auf die bekanntesten Gipfel der Schweiz. Der Höhenunterschied, der bei der Wanderung überwunden werden muss, beträgt bergauf über 1000 m, während es 1200 m wieder bergab geht. Der Weg bildet den elften Abschnitt der Via Alpina (früher als Alpenpassroute bekannt). Die beste Karte für diese Tour ist die SAW 1:50 000 *Interlaken* 254T (22,50 SFr).

An- & Weiterreise

Die Wanderung beginnt in Grindelwald (S. 198) und endet in Lauterbrunnen (S. 204); weitere Infos über An- und Weiterreise findet man in den jeweiligen Abschnitten im Regionenkapitel. Da die Route weitgehend an den Schienen der Schmalspurbahn Wengernalpbahn (WAB) entlangführt, können Wanderer an jeder der Stationen entlang des Weges aus der Wanderung aus- und in die Bahn einsteigen. Nach Wengen kommt man ganz einfach mit der Zahnradbahn von Lauterbrunnen aus (6,20 SFr, 17 Min.).

Die Wanderung

Vom Hauptbahnhof in Grindelwald aus führt ein beschilderter Weg gleich am Hotel Glacier vorbei nach unten. Unterwegs kommt man an hügeligem Weideland mit vielen kleinen Holzhütten vorbei und erreicht nach etwa 15 bis 20 Minuten den Bahnhof **Grindelwald-Grund**. Die meisten Züge zur Kleinen Scheidegg und zum Jungfraujoch fahren von hier ab.

Man überquert die Schienen der Bahn und biegt nach links auf den markierten Weg in Richtung Kleine Scheidegg ab. Es folgt ein steiler Anstieg vorbei an Blockhütten, die im Sommer mit unzähligen Geranien verziert sind. Im Südosten eröffnet sich dem Wanderer ein atemberaubender Blick auf den schroffen Kalksteinkegel des Wetterhorns (3701 m) und die zerklüfteten Eismassen des Unteren Grindelwaldgletschers. Der Weg mündet in eine breite Straße. Hier bergauf den Schildern und der weiß-rot-weißen Markierung folgen. Die anfangs nur leichte Steigung wird schnell wesentlich steiler, was allerdings durch den Anblick der kantigen, mit Schnee verkrusteten **Eiger-Nordwand** wieder wett gemacht wird. Die Aussicht, mit jedem Schritt diesem atemberaubenden Berg näherzukommen, spornt zusätzlich an.

Der Weg führt entlang des glasklaren **Sandbachs** bergauf und ist stellenweise sehr steil. Die Route führt immer wieder durch einen dichten, kühlen Wald mit Lärchen, Fichten, Farnen und Flechten. Diese üppige Natur steht in krassem Kontrast zu den mächtigen, von funkelnden Gletschern bedeckten Kalksteinformationen, die sich über den Köpfen der Betrachter erheben. Kurz nachdem man unter dem steinernen Bogen der Eisenbahnbrücke hindurch ist, erreicht man auch schon das **Restaurant Brandegg** (☎ 033 853 10 57; Snacks & Hauptgerichte 6–20 SFr; ⓥ Juni–Okt. & Dez–April 9–18 Uhr), das direkt unter der Eiger-Nordwand liegt – etwa eine Stunde von Grindelwald entfernt. Die Sonnenterrasse lädt zu einer wohlverdienten Pause ein, und der Apfelstrudel ist einfach traumhaft.

Ab hier ist der Anstieg leichter zu meistern und die verwitterte Eiger-Nordwand ist dem Wanderer ein steter Begleiter. An der Straße den zweiten Weg nach links Richtung Alpiglen nehmen und dem breiten Schotterweg nach oben folgen, der zuerst durch ein Waldstück führt und dann den Schienen der Wengernalpbahn folgt. Der Weg geht vorbei an üppigen Weiden, die im Sommer voller Purpur-Enziane und Disteln stehen, und führt unter einer kleinen Eisenbahnbrücke hindurch. Zweieinhalb Stunden nachdem man ab Grindelwald Grund losgewandert ist, erreicht man das **Berghotel Alpiglen** (☎ 033 853 11 30; www.alpiglen.ch; B/EZ/DZ 35/45/90 SFr). Um die bezaubernde Holzhütte herum tummeln sich neugierige Ziegen, Kühe und mit Schlamm verschmierte Schweine. Da überrascht es nicht, dass Biofleisch, beispielsweise schmackhafte Ziegenwurst oder Schnitzel, ganz oben auf der Speisekarte steht (Hauptgerichte 18–25 SFr). Wenn man nicht in Eile ist, ist dies ein hervorragender Ort, um eine entspannte Nacht zu verbringen.

Ein Stück oberhalb des Hotels überquert der Weg die Bahnlinie erneut, steigt dann langsam nach oben und begleitet den Verlauf der Eiger-Nordwand. An einem plätschernden Bergbach geht es an wogenden Wiesen, Heidelbeerbüschen und den im Frühsommer in einem kräftigen Pink blühenden Alpenrosen entlang. Zur **Mettla**, einer Senke auf 1809 m, führt der Weg an sturmerprobten Bergkiefern und Bauernhöfen vorbei.

Der Weg führt nach oben zu den Skiliften von Arvengarten, zu einem Pfad, der sich auf etwa 2000 m Höhe an die Berghänge schmiegt. Dieser kleine Pass bietet dem Betrachter aus unmittelbarer Nähe einen unglaublichen Anblick: fast 2000 m über dem Wanderweg erheben sich die ungezähmten Eis- und Steinwände von Eiger (3970 m), Mönch (4107 m) und Jungfrau (4158 m) und die Gletscher ergießen sich über die Steilwände wie Schaum über den Rand einer Cappuccinotasse – ein Foto kann sich hier mit Sicherheit niemand verkneifen. Unter der Bahnlinie führt der Weg weiter über die Berghänge nach oben und eineinviertel bis eindreiviertel Stunden nachdem man das Berghotel Alpiglen verlassen hat, kommt man auf 2061 m an der **Kleinen Scheidegg** an.

Vom betriebsamen Bahnhof Kleine Scheidegg kann man mit der Zahnradbahn über das Jungfraujoch zurückfahren, wobei der Fahrpreis kaum niedriger ist, als die noch teurere Fahrkarte von Grindelwald aus. Wer den Rückweg zu Fuß auf sich nimmt, wird mit noch mehr umwerfenden Blicken auf die strahlend weißen Gipfel belohnt, unter denen sich auch die wie mit Puderzucker glasierte Spitze des Silberhorns (3695 m) befindet. Vom Weg aus sieht man auch das mysteriöse Kriegsloch, ein unerklärliches, dauerhaftes Loch im Giessengletscher.

Ein breiter Pfad führt an der Bahnlinie entlang bergab und kurz vor dem Bahnhof **Wengernalp** auf 1874 m Höhe unter den Bahngleisen hindurch. Auch hier ist dem Wanderer eine tolle Aussicht sicher, beispielsweise auf das Gspaltenhorn und das Schilthorn, die hinter dem Punkt aufragen, an dem das Gelände tief in die Gletscherrinne des Lauterbrunnentals abfällt. Ein Pfad führt durch kleine Waldstücke nach Norden und überquert die Bahngleise erneut. Es folgt ein klar definierter Weg, der sich über Allmend die Berghänge entlang nach oben windet und auf dem man, nach eineinhalb bis zwei Stunden, zum autofreien Urlaubsresort Wengen (S. 206) auf 1274 m gelangt.

Vom Bahnhof **Wengen** aus dem ausgeschilderten Wanderweg unter den Bahngleisen hindurch folgen, bis dieser auf einen schmalen Pfad stößt. Die Route fällt schnell steil ab, windet sich in kleinen Spiralen durch den hohen Tannen- und Ahornwald und überquert dabei zweimal kurz hintereinander die Schienen. Manchmal kann man durch die Blätter hindurch das 3785 m hohe Lauterbrunner Breithorn und den tosenden Staubbachfall oben im Tal sehen. Über unbewachsene Hänge geht's weiter bergab, bevor man über einen Brückensteg die reißende Weisse Lütschine quert und nach weiteren 40 bis 50 Minuten Fußweg in **Lauterbrunnen**

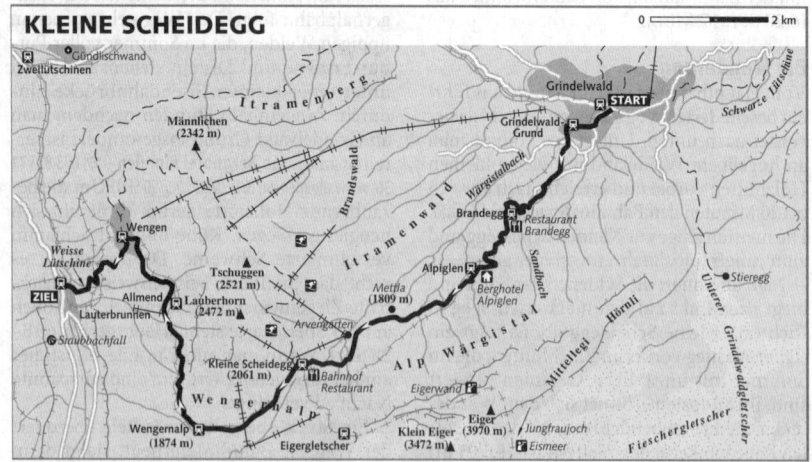

KLEINE SCHEIDEGG

(S. 204) auf 796 m wieder auf die Hauptstraße gelangt.

FAULHORNWEG

Dauer Viereindreiviertel bis sechseinviertel Stunden
Länge 15 km
Schwierigkeitsgrad Mittel
Nächster Ort Grindelwald (S. 198)
Kurz gefasst Diese Wanderung ist eine traumhafte Panoramaroute von der Schynige Platte über das Faulhorn bis nach First. Wegen des faszinierenden Blicks auf die Jungfrau-Region gehört sie zu den Klassikern unter den Wanderungen im Berner Oberland.

Hoch über der Baumgrenze, meist auf über 2000 m Höhe, bietet diese reizvolle Gratwanderung entlang eines Gebirgskamms weite Blicke über den türkisfarbenen Brienzersee und die hoch emporragenden Nordwände von vier der bekanntesten Gipfel Europas: Wetterhorn, Eiger, Mönch und Jungfrau. Der Faulhornweg führt durch die geologisch faszinierende Gebirgskette, die die Jungfrau-Region von Brienzersee trennt. Zu bestaunen gibt es hier verschobene und sich überlagernde Gesteinsschichten und Karstlandschaften sowie einige der dramatischsten Gebirgskammformationen die in den Schweizer Alpen zu finden sind.

Der Faulhornweg kann mit einer Übernachtung in Männdlenen oder dem Berghotel Faulhorn leicht in eine gemütliche Zwei-Tages-Tour aufgeteilt werden. Im Voraus buchen und den Schlafsack nicht vergessen. Um echtes Klettern zu vermeiden, werden auf dem Weg sowohl Zahnradbahn als auch Gondel als Transportmittel eingesetzt. Trotzdem beträgt der Höhenunterschied, der zu Fuß zurückgelegt werden muss, insgesamt etwa 600 m, was den Tag dann doch recht anstrengend macht. Der letzte Teil der Wanderung, zwischen dem Berghotel Faulhorn und First, ist ein vom Schnee befreiter Winterwanderweg.

Da es in dieser Höhe nur wenig Trinkwasser gibt, sollte jeder seine eigenen Getränke mitbringen. Aufgrund der Höhenlage sollten die Wetterbedingungen immer genau im Auge behalten werden, um schlechtes Wetter vorauszusehen. Eine empfehlenswerte Karte ist die SAW 1:50 000 *Interlaken* 254T (22,50 SFr).

An- & Weiterreise

Ausgangspunkt der Wanderung ist die Schynige Platte (1967 m), die von Wilderswil aus über die historische Zahnradbahn zu erreichen ist; auf S. 196 gibt's weitere Informationen. Züge fahren mindestens stündlich von Grindelwald nach Wilderswil (9 SFr, 29 Min.). Das Ende der Wanderung ist First (2167 m), von wo aus die 5 km lange First-Bahn, eine von Europas längsten Gondelbahnen, die Besucher wieder zurück nach Grindelwald bringt. Die First-Bahn ist von Ende Mai bis Ende Oktober täglich im Betrieb; eine einfache Fahrt kostet 32 SFr und die letzte Gondel fährt gegen 17 Uhr.

Die Wanderung

Die ein wenig altersschwache Zahnradbahn befördert Wanderer in etwa 50 Minuten um 1400 Höhenmeter nach oben zur Station **Schynige Platte** (1967 m). An dieser großartigen natürlichen Aussichtsplattform wartet schon der erste spektakuläre Ausblick des Tages auf die Wanderer, nämlich die in allen Farben schillernden Gipfel von Eiger, Mönch und Jungfrau, wie sie sich über die wogenden Wipfel der Wälder und das mit Wildblumen bedeckte Weideland erheben. Die Riesen der Jungfrau-Region sind das ganze Jahr über von Gletschern bedeckt und ihr Anblick ist einfach atemberaubend.

Bevor man sich auf den Wanderweg macht, lohnt es allemal, sich den **Alpengarten** der Schynige Platte (S. 196) anzusehen. Hier kann man die typische Alpenflora blühen sehen, beispielsweise das sehr seltene Edelweiß. Danach marschiert man in Richtung Nordosten auf einem Weg, der an wogenden Wiesen vorbei zur Alpenhütte Oberberg führt. Hier geht es oberhalb des grünen Talkessel von Inner-Iselten leicht bergauf und man erreicht **Louchera** (auch als Laucheren ausgeschildert) auf 2020 m. Nicht weit von der Zahnradbahnstation Schynige Platte zweigt der Panoramaweg, eine etwas längere Alternativroute, nach links ab. Er führt über das felsige Oberberghorn (2069 m) nach Louchera. Auf dieser Strecke wird man mit einem überragenden Blick ins Tal auf Interlaken und den funkelnden Brienzersee belohnt.

Um Geröllhalden herum geht man weiter über die westliche Seite des Loucherhorns (2230 m) und über einen flachen, grasbedeckten Kamm. Auf der Südseite geht es immer wieder bergauf und bergab und man kommt zwischen den Gebirgsausläufern an zwei Stellen zwischen Felsspalten hindurch. Eineinviertel bis eineinhalb Stunden nachdem man die Schynige Platte verlassen hat, erreicht man schließlich auf 2067 m die **Egg**, einen breiten, grünen Pass, der mit Kräutern und Felsbrocken übersät ist.

Die Egg geht in Richtung Nordosten ins Sägistal über, ein winziges Tal mit Weiden und grasenden Schafen, das komplett von Bergkämmen eingerahmt wird und dabei keinen oberirdischen Ablauf hat. Am tiefsten Punkt des Tals liegt der aquamarinblaue **Sägistalsee** (1937 m), dessen Wasser nicht abfließt, sondern versickert. Weiter geht es am südlichen Rand des Sägistals, unter der Steilwand des Indri Sägissa entlang, bevor man über das von Geröll bedeckte Gebiet des Bonera (oder Hühnertals) nach Südwesten abbiegt. Auf ihrem Weg nach oben zieht sich die Route nun durch eine interessante Karstlandschaft voller Felsplatten und man kommt eine bis eineinhalb Stunden später am mit Holzschindeln verzierten **Berghaus Männdlenen** (☎ 033 853 44 64; www.berghaus-maenndlenen.ch; B mit Frühstück/HP 36/58 SFr; ☼ Mitte Juni–Mitte Okt.) auf dem mittleren Sattel des Männdlenens (2344 m) an. Der privat geführte Gasthof/Berghütte hält für Wanderer einen kleinen Schlafsaal bereit. Sonnenuntergänge sind hier ein besonderes Farbspektakel und Frühaufsteher haben gute Chancen, Gämsen beim Grasen auf den umliegenden Berghängen beobachten zu können.

Auf dem Weg zur Winteregg geht es entlang eines breiten Felsvorsprungs zwischen übereinandergeschichtetem Gestein weiter bergauf. Man muss hierbei nur den weiß-rot-weißen Markierungen und den Metallpfosten nach Nordosten folgen. Nimmt man kurz nach einer kleineren Abzweigung auf 2546 m Höhe den ausgeschilderten Fußweg, der links vom Weg abzweigt und entlang der Bergkette verläuft, so erreicht man eineinviertel Stunden nach Männdlenen den knubbeligen Gipfel des **Faulhorns** (2681 m). In dieser luftigen Höhe hat man einen atemberaubenden 360°-Panoramablick – vom großartigen Trio von Eiger, Mönch und Jungfrau bis hin zum schillernden Brienzersee und Thunersee und, an klaren Tagen, sogar bis zum Schwarzwald und zu den Vogesen.

Direkt unter dem Gipfel liegt das historische, aus dem Jahr 1832 stammende **Berghotel Faulhorn** (☎ 033 853 27 13; B/EZ/DZ 46/84/156 SFr; ☼ Ende Juni–Ende Okt.). Es ist sowohl das älteste als auch das am höchsten gelegene Berghotel der Alpen. Die Terrasse lädt dazu ein, sowohl Walliser Spezialitäten (Hauptgerichte 18–28 SFr) als auch die Aussicht zu genießen oder auch eine Nacht hier zu verbringen und den magischen Sonnenunter- und Sonnenaufgang zu erleben.

Beim Abstieg über den nur spärlich bewachsenen Bergrücken hin zum kleinen Gebirgspass Gassenboden (2553 m) hat man gute Chancen, Murmeltiere auszumachen. Es geht weiter nach Osten, vorbei an einer Notunterkunft, hinein ins winzige, grüne Tal um den **Bachalpsee** (2265 m). Das funkelnd blaue Wasser des Sees steht in krassem Gegensatz zu den beeindruckenden, mit Gletschereis überzogenen Gipfeln des (von links nach

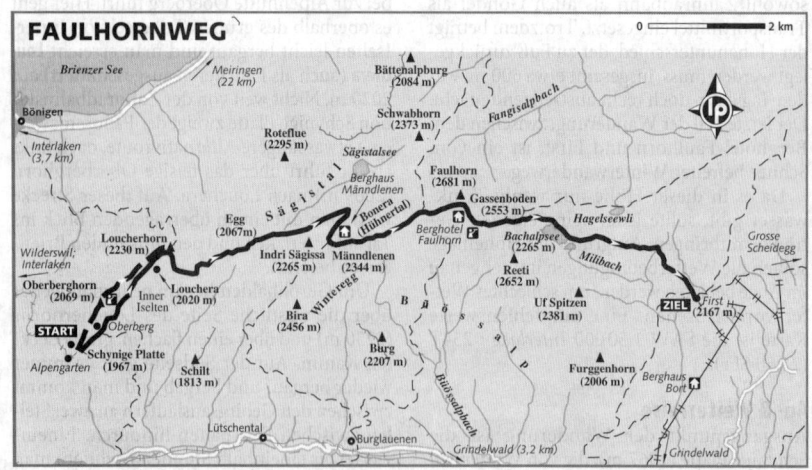

WEG DER SCHWEIZ

Auf dem **Weg der Schweiz** (www.weg-der-schweiz.ch) kann man den Urner See (S. 278) zu Fuß umrunden – vorausgesetzt, man trägt ein gutes Paar Wanderschuhe. Der Weg der Schweiz wurde 1991 anlässlich des 700. Jahrestages der Eidgenossenschaft eingerichtet. Gewandert wird von Brunnen bis nach Rütli. Je eindrucksvoller die Aussicht, desto größer auch die Symbolik – der Weg ist in 26 Abschnitte aufgeteilt, von denen jeder einen anderen Kanton repräsentiert, von den drei an der Gründung beteiligten Kantonen bis hin zum spät (1979) hinzugekommenen Jura. Bei jedem Schritt sollte man daran denken, dass 5 mm Weg für einen Schweizer Bürger stehen. So hat das dicht besiedelte Zürich eine Länge von 6,1 km, während das ländliche Appenzell Innerrhoden nur mit 71 m vertreten ist.

Die 35 km dieser Zwei-Tages-Wanderung führen über Berg und Tal, durch eine der schönsten Landschaften die die Zentralschweiz zu bieten hat. Es geht über Wiesen mit Orchideen, Margeriten und dem typischen Alpenpanorama, am Seeufer entlang und dann wieder zurück in den Farnwald. Vorbei kommt man dabei auch an historisch bedeutsamen Orten, beispielsweise der Tellskapelle und einem Obelisken, der Schiller gewidmet ist. Um einen wirklichen Eindruck der Gegend hier zu bekommen, lohnt es sich auf jeden Fall die ganze Wanderung zu machen, obwohl sie auch in kleinere Stücke aufgeteilt werden kann. Karten und die Entfernungen kann man der Website entnehmen.

---

rechts) Wetterhorns (3701 m), Schreckhorns (4078 m) und Finsteraarhorns (4274 m), die sich direkt hinter dem See erheben, was schon wieder einer von vielen atemberaubenden Blicken ist.

Der Weg führt um das Nordufer des Bachalpsees herum, steigt leicht an und passiert dann einem kleineren, etwas tiefer gelegenen zweiten See. Hier kommt man auf einen breiten, ausgetretenen Pfad, der über Almweiden allmählich nach unten führt und von dem aus man weiter unten die etwas sumpfige Umgebung des Milibach sehen kann. Mit dem Läuten von Kuhglocken im Ohr kommt man, etwa eineinhalb bis zwei Stunden, nachdem man das Berghotel Faulhorn verlassen hat, zum *First* (2167 m) und damit auch zur Bergstation der Gondel. Der Blick fällt zuerst nach vorn, auf den schmalen, gewundenen Eisbruch des Oberen Grindelwaldgletschers. Wer nicht noch einmal eineinhalb Stunden zu Fuß weiter bis zur Großen Scheidegg gehen will, für den ist dies der letzte großartige Ausblick auf einer außerordentlich panoramareichen Wanderung.

ZENTRALSCHWEIZ

BÜRGENSTOCK FELSENWEG

Dauer Zwei bis zweieinhalb Stunden
Länge 7,5 km
Schwierigkeitsgrad Leicht
Nächster Ort Luzern (S. 267)

Kurz gefasst Bei dieser kurzen Wanderung gibt es keine großen Höhenunterschiede zu bewältigen, und dennoch handelt es sich um eine spektakuläre Route: der Weg wurde in den Felsen hinein gehauen und verläuft 500 m über dem Vierwaldstätter See.

Diese landschaftlich sehr schöne Halbtageswanderung verläuft am Bürgenstock entlang, einem langgestreckten Berg aus Karstgestein (oft auch als „der kleine Bruder der Rigi" bezeichnet), der als Halbinsel in das funkelnd blaue Wasser des Vierwaldstätter Sees hineinreicht. Obwohl sein höchster Gipfel, der Hammetschwand, nur bescheidene 1128 m hoch ist, sieht man den Vierwaldstätter See vom Bürgenstock aus seiner schönsten Perspektive, mit einem atemberaubenden Blick über den See bis hin zum Pilatus, nach Luzern und zur Rigi.

Der *Felsenweg* ist eine einfache, sichere Route, die auch für Familien gut geeignet ist – auch wenn Menschen mit Höhenangst höchstwahrscheinlich anderer Meinung sind. Die beste erhältliche Wanderkarte ist die 1:25 000 *Nidwalder Wanderkarte* (etwa 20 SFr) der Nidwalder Wanderwege.

An- & Weiterreise

Der einfachste (und romantischste) Weg, den Ausgangspunkt der Wanderung am Bürgenstock zu erreichen, ist die Fähre von Kehrsiten-Bürgenstock (462 m). Von Ende Mai bis Ende September fahren täglich von Luzern aus etwa ein Dutzend Boote (14,60 SFr, 30–

Bürgenstock Felsenweg

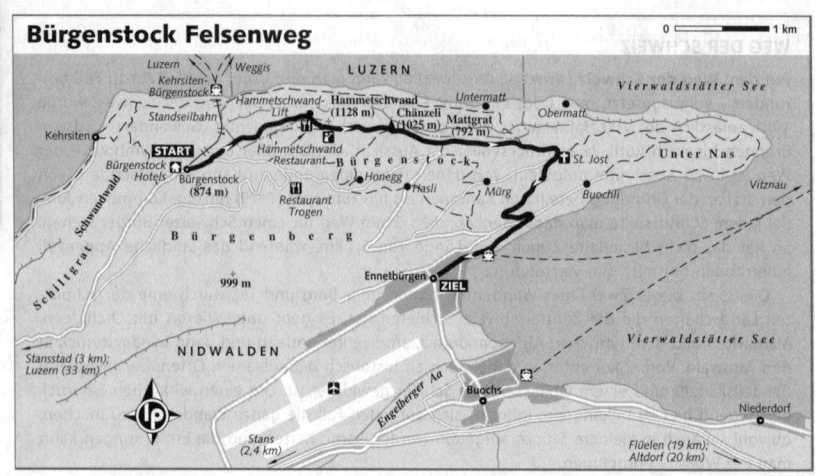

50 Min.). Vom Landesteg Kehrsiten-Bürgenstock fährt, auch von Ende Mai bis Ende September, eine Standseilbahn hinauf zum Bürgenstock (einfache Strecke Erw./Kind 12,20/ 6,10 SFr; hier gilt auch der Tell-Pass, s. S. 402). Auch der Endpunkt der Wanderung, Ennetbürgen, wird von den Fähren des Vierwaldstätter Sees angefahren.

Die Wanderung

Von der Bergstation der Standseilbahn am **Bürgenstock** (874 m) aus geht es zunächst nach Osten durch das eigenständige Luxus-Resort Bürgenstock Hotels, um dann nach links auf einen breiten Kieselweg abzubiegen. Der schwindelerregende Weg ist in den Felsen hineingehauen und windet sich um die Karstkämme herum und über die mit dichtem Wald bewachsenen Abhänge, die 500 m steil in die Tiefe zum See hin abfallen. Weiter geht es durch sonnige Waldgebiete voller Farne, wobei sich häufig zwischen den Bäumen hindurch ein toller Blick bietet: auf den glitzernden Vierwaldstätter See und den schroffen Pilatus (2132 m), die hinter einem liegen, nach vorne auf die geneigte Form der Rigi (1797 m) und Richtung Norden sogar auf den hinter Luzern liegenden Zugersee. Im Herbst, wenn die Blätter der Buchen goldfarben werden und Nebelschwaden zwischen den Gipfeln hängen, ist die Wanderung absolut zauberhaft.

Nach 30 bis 35 Minuten ist der **Hammetschwand-Lift** erreicht. Diese skelettartige, 160 m hohe Konstruktion wurde 1905 erbaut und ist seitdem an der Felswand befestigt – der Hammetschwand-Lift ist der höchste, freistehende Lift in Europa. Hier hat man die Qual der Wahl: entweder die einminütige Fahrt (Erw./Kind 9/5,60 SFr) zur Hammetschwand hinauf machen und einen unglaublichen Panoramablick über das Mittelland bis hin zu den höchsten Gipfeln der Zentralschweiz im Süden in die Wanderung zu integrieren, oder direkt weiter zum Chänzeli gehen.

Wer sich für den Lift entscheidet, kann während der kurzen Fahrt über die mit Höhlen übersäte Felswand den erstaunten Ausrufen der anderen Passagiere lauschen und – schnell, denn allzu viel Zeit bleibt leider nicht – den weit über den See und viele Hügel, Täler und Wälder hinausreichenden Blick genießen. Auch von der Terrasse des **Hammetschwand Restaurants** (☎ 041 610 81 10; ⊙ Mai–Mitte Okt. 9–18 Uhr) aus lässt sich der Ausblick bei einem kühlen (oder heißen) Getränk genießen, bevor das kurze Stück bis zum Aussichtspunkt auf 1128 m noch in Angriff genommen wird. Von hier führt ein Weg durch Weideland und Mischwälder bis zum Chänzeli.

Wer auf den Lift verzichtet, nimmt den alternativen Weg, der durch einige kleine, in den Fels hinein gesprengte Tunnel führt. Die Ränder des Wegs sind mit kräftigen Stahlseilen gesichert, und wem es leicht schwindelig wird, der kann sich auf einer der zahlreichen Bänke etwas ausruhen. Der Felsenweg führt durch einen letzten Tunnel und endet dann an einer Abzweigung. Hier beginnt ein weiß-rotweißer Pfad (als Waldstätterweg ausgeschildert), der nach Osten über den **Chänzeli** (1025 m) entlang des von Wald bedeckten Bergkammes verläuft. Auf dem Weg nach Mattgrat (792 m) führt der Weg 25 bis 30 Minuten lang im Zickzack bergab durch den Wald, wobei die Felsen und Wurzeln der Bäume teilweise als natürliche Treppe dienen. Die paar Häuser, die hier am Ende des Schotterweges liegen, blicken über weitläufige Berghänge hinunter auf den Ort Ennetbürgen, der in einer kleinen Bucht des Vierwaldstätter Sees liegt.

Weiter geht es an einer kleinen, privaten Seilbahn entlang, die den abgelegenen, kleinen, am Seeufer gelegenen Hof Untermatt versorgt. An der Gabelung links halten, dann kommt man nach 20 bis 25 Minuten zu einer mit Gras bedeckten Anhöhe hoch über dem See und der historischen Kapelle **St. Jost** (690 m). Das kleine, weiß gekalkte Gebäude wurde 1733 als letzte Ruhestätte eines mittelalterlichen Einsiedlers erbaut, der unterhalb eines nahegelegenen Granitbrockens lebte. Im Zuge von Restaurierungsarbeiten vor einigen Jahren wurden unter dem Putz im Innern Originalfresken entdeckt.

Am besten nimmt man die Abkürzung quer über die grünen Felder. Hier kommt man an einem riesigen Bauernhof und mehreren verstreuten Bauernhäusern vorbei. Ein ausgeschilderter Pfad führt für ein kurzes Stück wieder zurück nach links, an einem überwucherten Zaun entlang. Nach dem Überqueren einer kleineren Straße dreht der Weg wieder nach rechts ab, schlängelt sich entlang des spärlich bewaldeten Seeufers und trifft schließlich auf die geteerte Straße am Ortseingang von **Ennetbürgen**. Dieser Straße folgen und an dem Anlegesteg vorbeigehen. Etwa 40 bis 50 Minuten nach St. Jost erreicht man dann das Zentrum von Ennetbürgen.

NORDOSTSCHWEIZ

ZWINGLIPASS

Dauer Zwei Tage
Länge 17,5 km
Schwierigkeitsgrad Mittel
Nächster Ort Appenzell
Kurz gefasst Diese Zwei-Tages-Wanderung führt durch die karge Schönheit von Karstlandschaften und ländlichen Tälern und durchquert einen breiten Gebirgspass am nördlichen Fuß der zerklüfteten Churfirsten.

Die Kalksteingipfel, die von Tannen übersäten Täler und die urigen Bauernhäuser die man in dieser Ecke des Appenzellerlandes findet, sind offenbar noch immer ein wohlgehütetes Geheimnis. Dies liegt wohl vor allem daran, dass sie der offensichtlicheren Alpen-Regionen wegen häufig schlicht übersehen werden. Die Wanderung führt am Sämtisersee und am Fälensee vorbei. Sie steigt durch eine beeindruckende Karstlandschaft, in der sich auf der Höhe des 2011 m hohen Zwinglipasses zahlreiche Dolinen (Einsturztrichter im Karst) gebildet haben, stetig bergan. Die senkrechten Türme und Spitzen des Alpsteinmassivs ragen so abrupt aus den sanften Hügel um sie herum auf, dass sie viel höher erscheinen als sie tatsächlich sind.

Diese Zwei-Tages-Wanderung kann in der Regel von Anfang Juni bis Anfang November gemacht werden. Es lohnt sich, seine Unterkunft im Voraus zu buchen. Die SAW 1:50000 *Appenzell* 227T (22,50 SFr) ist eine hervorragende Karte für das Gebiet.

An- & Weiterreise

Der Ausgangspunkt der Wanderung ist Brülisau, das stündlich von Postbussen aus Appenzell angefahren wird (6,80 SFr, 15 Min.). Weitere Infos über Verkehrsverbindungen von Appenzell aus gibt's auf S. 320. Die Wanderung endet in Wildhaus, wo es sich empfiehlt, die Nacht zu verbringen - unter www.wildhaus.ch gibt's weitere Infos -, da öffentliche Verkehrsmittel nach Appenzell nur unregelmäßig verkehren und die Fahrt recht lange dauert (etwa 2 Std.).

Die Wanderung
TAG 1: BRÜLISAU BIS BERGGASTHAUS BOLLENWEES
2½–3 Std. / 7,5 km / Anstieg: 548 m

Von der unteren Seilbahnstation des Hohen Kasten aus führt eine ausgeschilderte Asphaltstraße nach Südosten. Sie verläuft unter einer Stromleitung hindurch und an mit Holzschindeln verkleideten Hütten vorbei grüne Felder bis zum Pfannenstiel (940 m). Hier führt eine wenig benutzte und unbefestigte Straße in die bewaldete Brüeltobel-Schlucht und geht weiter über eine Wasserscheide zum **Gasthaus Plattenbödeli** (☎ 071 799 11 52; www.platten boedeli.ch; Snacks & Hauptgerichte 8–28 SFr; ☼ Mai–Nov.), das nach einer bis eineinviertel Stunden erreicht ist. Diese urige Hütte bietet eine große Anzahl leckerer Käsegerichte.

Etwa 50 m weiter führt links ein Pfad (als „Waldabstieg" ausgeschildert) hinab zum **Sämtisersee**. Man wandert am Seeufer entlang und trifft inmitten blühenden Weiden am oberen Ende des Sees wieder auf die Straße. Der Sämtisersee, eines der schönsten Fleckchen Natur im Alpsteinmassiv, ist von steilen, bewaldeten Hängen und zerklüfteten Gipfeln umgeben und lädt im Sommer mit seinem flachen und relativ warmen Wasser sogar zum Baden ein.

An der Gabelung am Appenzeller Sämtis rechts halten und durch ein reizendes Tal, in dem ein Bach durch einen von Terrassen unterbrochenen Graben fließt, hinauf in Richtung der aufragenden Gipfeln steigen. Der unbefestigte Weg verläuft sich am winzigen Hof Rheintaler Sämtis (1295 m). Die weiß-rotweißen Farbtupfer markieren den Fußpfad, der unter den spitzen Felsen des Marweesgrats verläuft und Wanderern das Gefühl gibt, sich in einer Schlucht zu befinden. Nach kurzer Zeit erreicht man die grasbedeckten Ebenen der Chalberweid

Die Abzweigungen nach rechts zur Bogartenlücke und den Weg zum Widderalpsattel ignorieren und nach Süden über einen steilen Hohlweg zu einem kleinen Sattel absteigen, von wo aus, eineinviertel bis eineinhalb Stunden vom Gasthaus Plattenbödeli entfernt, die markante, langgestreckte Form des **Fälensees** (1446 m) in Sicht kommt.

Das 1471 m hoch gelegene **Berggasthaus Bollenwees** (☎ 071 799 11 70; B/EZ/DZ 35/68/120 SFr; ☉ Mitte Mai–Okt.) erreicht man nur wenige Mi-

EVELYNE BINSACK, BERGSTEIGERIN & ABENTEURERIN

Die erste Schweizerin, die den Mount Everest bezwungen hat, eine ausgebildete Hubschrauberpilotin und Bergführerin, eine Abenteurerin die 484 Tage von Innertkirchen bis zum Südpol mit dem Fahrrad, zu Fuß und auf Skiern zurückgelegt hat – der Werdegang Evelyne Binsacks (www.binsack.ch) liest sich wie ein packender Abenteuerroman. Die Frau, die mit ihren Aktionen die ganze Schweiz in Atem hält, ist die Bescheidenheit in Person und nimmt sich nach einer morgendlichen Klettertour im Berner Oberland Zeit, ein paar Fragen zu beantworten.

Was ist das für ein Gefühl wenn Sie in den Bergen sind?
Freiheit. Berge helfen dir nicht, deine Stärken zu beweisen, sondern sie lehren dich, deine Schwächen zu erkennen und zu überwinden. Als ich 2001 den Mount Everest bestiegen habe, war das eine sowohl körperliche als auch geistige Herausforderung, die mich überwältigt hat und mir gleichzeitig ungeheuer viel Energie gab. Zum Klettern braucht man einen gewissen Respekt den Bergen gegenüber und man muss seine Grenzen kennen. Wer überstürzt und kopflos loszieht, verletzt sich nur. Müsste ich mich zwischen zwei Dingen im Leben entscheiden, so wären die Berge immer meine erste Wahl. Selbst wenn ich einen Mann dafür aufgeben müsste. Mein Freund weiß, dass er da nicht mithalten kann. (Sie lacht.)

Erzählen Sie uns von der Expedition Antarctica.
2006 bin ich von Innertkirchen aus zu einer 25 000 km langen Expedition in die Antarktis aufgebrochen. Natürlich gab es da ganz außergewöhnliche Momente, z. B. als ich Angehörige der indigenen Völker Südamerikas traf oder den riesengroßen Vollmond am Horizont aufgehen sah. Aber oft war ich einfach nur dankbar für so einfache Dinge wie Essen und Wasser oder dafür, einen Tag trocken überstanden zu haben. In der Antarktis habe ich meinen Körper an seine Grenzen getrieben: ich musste bei -40 °C einen 115 km schweren Schlitten hinter mir herziehen. Mein einziger Gedanke war, den Tag – manchmal sogar einfach nur die nächste Stunde – irgendwie zu überstehen. Sechs Tage vor dem Ende der Unternehmung bin ich körperlich zusammengebrochen. Da hab ich mich einfach an meine Familie daheim erinnert, was mir sehr viel Kraft gegeben hat. Ich habe ein imaginäres Kreuz über mir gezogen und gebetet. Zurückblickend habe ich dabei sicher gelernt, was es wirklich heißt, positiv zu denken. Als ich dann endlich am Südpol ankam war ich dankbar, erleichtert und einfach nur froh. Ich dachte mir: „Da bin ich also!"

Jetzt sind Sie wieder zuhause im Berner Oberland. Wo gehen Sie hier klettern?
Die Wendenstöcke sind ein traumhaftes Gebiet zum Klettern, da Kalksteinhänge eine körperliche und geistige Herausforderung sind. Mir ist Kalkstein lieber als Granit, weil man ihn besser fühlen und besser Dinge ausprobieren kann. Toll sind auch Höhentouren über den Gletscher an der Nordwand des Mönch und die Stille und Erhabenheit des Wetterhorns. Die Lebensqualität in der Schweiz ist einfach fantastisch. Innerhalb von 20 Minuten bin ich in 40 verschiedenen Gebieten.

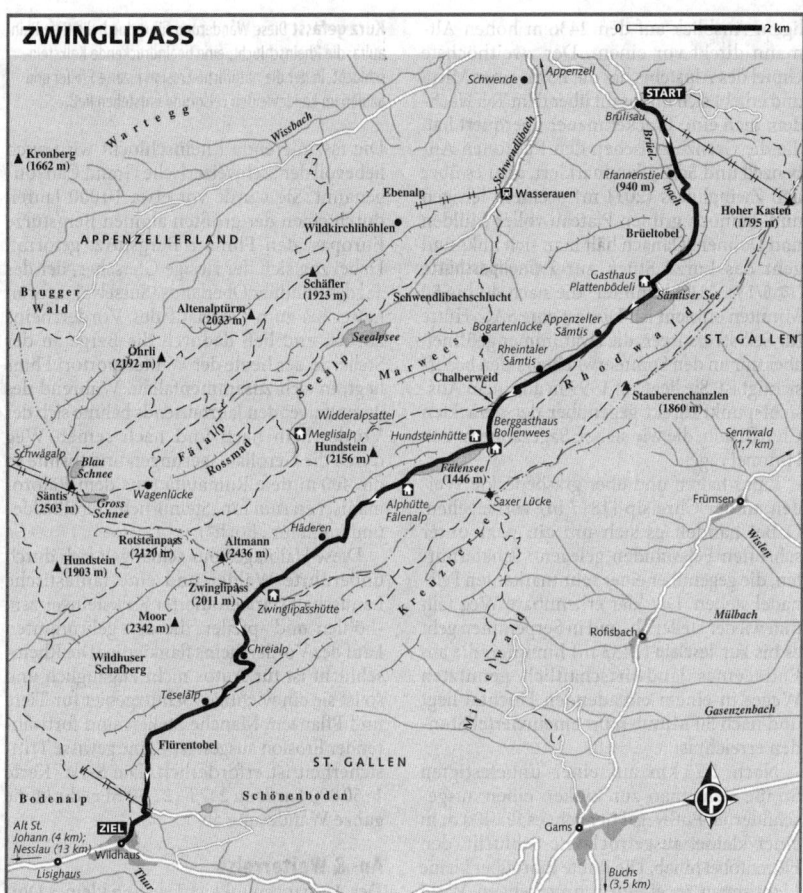

nuten später. Von hier hat man einen tollen Panoramablick über das tiefblaue Wasser des Fälensees, eines typischen Karstsees mit unterirdischem Abfluss, der sich in einem von schroffen Bergen umgebenen glazialen Trogtal gebildet hat. Die mit Kiefernholz getäfelten Zimmer laden dazu ein, hier die Nacht zu verbringen. Beim Frühstück wird noch mal eins drauf gesetzt: es gibt frische Alpenmilch und Alpenkäse.

TAG 2: BERGGASTHAUS BOLLENWEES BIS WILDHAUS
3½–4½ Std. / 10 km / Höhenunterschied: 966 m

Am zweiten Tag geht es zunächst um das Nordufer des Fälensees herum und über ein breites Geröllfeld, das direkt ans Wasser reicht, bis man (am anderen Ende des Sees) zur urigen Almhütte Fälenalp gelangt. Die Almhütten dieser romantischen, abgeschiednen Weiden trotzen tapfer sowohl Lawinen als auch Steinschlag und bieten je nach Jahreszeit verschiedene Milchprodukte zum Kauf an. Schaut man nach oben, sieht man aus den (fast) überhängenden Felsen des **Hundsteins** (2156 m) spektakuläre Felsnadeln herausragen. Im winzigen Obertal geht es an einigen Murmeltierkolonien vorbei, bevor man entlang eines mit Gras bewachsenen Kamms steil auf eine Höhe von 1738 m steigt und nach eineinviertel Stunden (von Bollenwees), zu den drei Steinhütten von Häderen gelangt.

Der Weg steigt nun weniger steil an. Man kommt durch lange Karstfelder mit einmaligem Ausblick auf den 2436 m hohen Altmann direkt vor einem. Der zweithöchste Gipfel des Alpsteins hat die Form einer Mitra und erhebt sich imposant über dem Tal. Nachdem man eine Trockenmauer überquert hat, die die Grenze zwischen den Kantonen Appenzell und St. Gallen markiert, geht es über den Zwinglipass (2011 m) – einem felsigen und dennoch grünen Plateau voller Mulden und Dolinen. Danach hält man sich links und geht das kurze Stück zur **Zwinglipasshütte** (☎ 071 988 28 02) hinunter, die nach 40 bis 50 Minuten erreicht ist. Dies ist eine SAC-Hütte für Selbstversorger, die zwar immer geöffnet, aber nur an den Sommerwochenenden beaufsichtigt ist. Sie liegt auf 1999 m an einem Aussichtspunkt direkt gegenüber der gezackten Churfirsten, die wie sieben Sägezähne in den Himmel ragen.

Links halten und über grasbedeckte Weiden an der Chreialp (1817 m) vorbeigehen. Dabei handelt es sich um ein paar unter schroffen Felswänden gelegene Schäferhütten, die gegenüber einer sehr markanten Felsnadel stehen. Der klar erkennbare Weg fällt nun wieder steiler ab, und in Serpentinen geht es bis zur **Teselalp** (1433 m) hinunter, die am Ende eines landwirtschaftlich genutzten Weges in einem einladenden Hochtal liegt und nach 50 Minuten bis eineinviertel Stunden erreicht ist.

Nach 1,25 km auf einer unbefestigten Straße sieht man zur Linken einen ausgeschilderten Fußweg. Hier geht es für 400 m in einer kleine, ausgetrocknete Schlucht, den Flürentobel hinab. Die Route führt über kleine Lichtungen in einem schnuckeligen Wald weiter und trifft in der Nähe der Seilbahn wieder auf eine Straße. Auf dem Weg nach unten umgeht man den eigenwilligen Verlauf der Straße durch eine Abkürzung und kommt 50 bis 60 Minuten, nachdem man die Teselalp passiert hat, in **Wildhaus** an. Hält man sich rechts und folgt der Hauptstraße, kommt man ins Zentrum (1090 m), das auch einige Hotels und Restaurants hat.

GRAUBÜNDEN

RUINAULTA (RHEINSCHLUCHT)
Dauer Dreieinhalb bis vier Stunden
Länge 12 km
Schwierigkeitsgrad Leicht bis mittel
Nächster Ort Chur (S. 326)

Kurz gefasst Diese Wanderung führt durch die tiefe Ruinaulta, die Rheinschlucht, eine beeindruckende Kalksteinschlucht, in der die natürliche Erosion bizarre Pfeiler und Säulen im kreideweißen Felsgrund entstehen ließ.

Die faszinierende Rheinschlucht wird auch liebevoll der „schweizerische Grand Canyon" genannt. Sie wurde vor etwa 10 000 Jahren durch einen der größten alpinen Bergstürze Europas, den Flimser Bergsturz, geformt. Dabei zog sich der riesige Gletscher, der das Tal des Bündner Oberlands (Surselva) geformt hatte, bis zum Oberlauf des Vorderrheins zurück und ließ dadurch die Berge an der Stelle, an der heute der Wintersportort Flims liegt, in sich zusammenfallen. Während des darauffolgenden Jahrtausends bahnte sich der Vorderrhein nach und nach seinen Weg durch die Geröllablagerungen und formte so die 400 m tiefe Ruinaulta (aus dem Rätoromanischen *ruin* für „Steinbruch/Geröllhalde" und *aulta* für „hoch").

Diese Halbtagestour schlängelt sich durch unberührte Wälder und eine fantastische Landschaft stark erodierter Kalksteinspitzen, -höhlen und -pfeiler, die den gekrümmten Lauf des Vorderrheins flankieren. Die Rheinschlucht ist für Autos nicht zugänglich und so ist sie ein wichtiges Schutzgebiet für Tiere und Pflanzen. Manche Stellen sind fortwährender Erosion ausgesetzt – eine gewisse Trittsicherheit ist erforderlich. Die SAW-Karte 1 : 50 000 *Sardona* 247T (22,50 SFr) deckt die ganze Wanderung ab.

An- & Weiterreise
Der Ausgangspunkt ist Trin, ein kleines Dorf an der Straße, die Tamins, Flims und Laax verbindet. Stündlich kommen hier Züge aus Chur (8,20 SFr, 20 Min.) und Ilanz (8,20 SFr, 18 Min.) an, letzteres wird regelmäßig von Postbussen aus Flims und Falera angefahren. Das Ende der Wanderung ist der Bahnhof von Valendas-Sagogn, der an der Strecke Chur–Disentis liegt und von wo aus stündlich Züge zurück nach Chur (11,80 SFr, 31 Min.) und Ilanz (4 SFr, 10 Min.) fahren.

Die Wanderung
Am höher gelegenen Teil **Trins** (876 m) verläuft die Hauptstraße, von der ein ausgeschilderter Fußweg talwärts durch das tiefer gelegene Trin-Digg führt. Der Wanderweg Senda Sursilvana, an dieser Stelle eine einsamer, mit gelben Diamanten gekennzeichneter Feldweg,

RUINAULTA (RHEINSCHLUCHT)

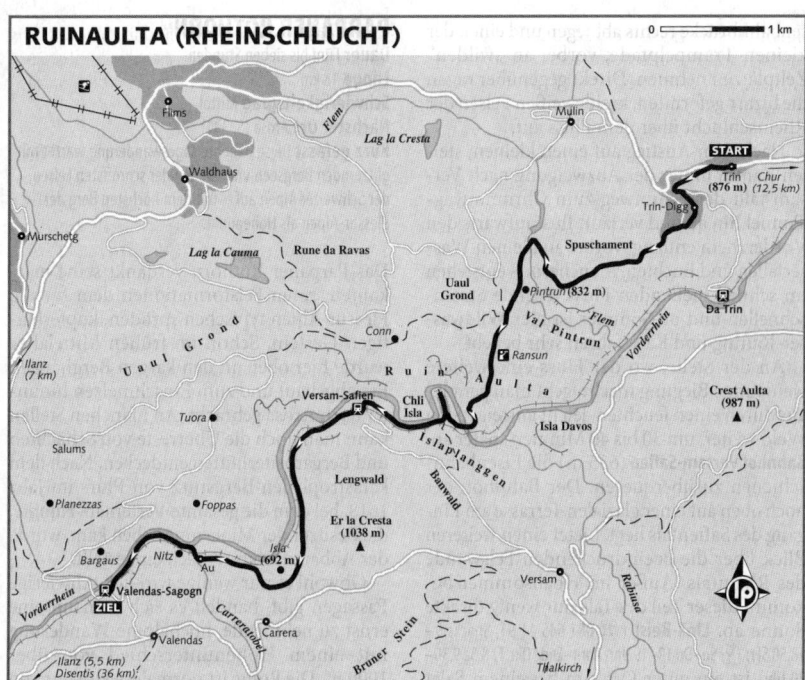

schlängelt sich an einer breiten Terrasse mit Blick über das Bündner Oberland in südwestlicher Richtung durch Ackerland, hügelige Weiden und kleine Wäldchen mit Buchen, Tannen und Kiefern. Zur Rechten erhebt sich die eindrucksvolle Felsformation des Crap da Flem, dessen massive Felsen unvermittelt hinter dem alpinen Kurort Flims aufragen und dem Berg den Anschein einer ehrfurchtgebietenden Festung geben.

Nachdem die Straße eine Biegung nach Norden gemacht hat, den Markierungen nach links folgen und die eiskalte Flem überqueren. Weiter nach links geht es über einen landwirtschaftlich genutzten Weg bergauf und an den Holzhütten beim Weiler **Pintrun** (832 m) vorbei. Eine unbefestigte Straße schlängelt sich an liebevoll gepflegten Obst- und Schrebergärten entlang und weiter über einen kleinen Kamm. Der Weg verläuft durch einen von Sonnenstrahlen durchdrungenen Wald und ab und zu kann man durch die Blätter hindurch einen vielversprechenden Blick auf die tiefe Schlucht unter einem erhaschen. Der Weg geht nun ein Stück bergab zu dem steilen Aussichtspunkt **Ransun**, der auf 805 m Höhe oberhalb des Vorderrhein und etwa 50 Minuten von Trin entfernt liegt. Die Aussicht ist unglaublich: der wilde, funkelnde Fluss und die sanften, mit Bäumen bewachsenen Berge, die einen krassen Kontrast zu den kantigen Kalksteinfelsen bilden. Hier ist der perfekte Platz für ein Picknick.

Durch Kiefern- und Lärchenwälder geht es nun über Stufen und Baumwurzeln hinab und nur das Geräusch des tosenden Wassers und der kreischenden Greifvögel begleitet einen. Der weiß-rot-weiße Pfad führt im Zickzack steil bergab. Unterwegs geben mehrere Aussichtspunkte den Blick auf den milchig-türkisfarbenen Fluss unter einem frei, und auch eine Großaufnahme der messerscharfen Kanten der umliegenden Gipfel, die über dem Wald zu sehen sind, ist möglich. In der Schlucht angekommen, überquert man den Fluss auf dem Fußgängerweg einer **Eisenbahnbrücke**, einviertel bis eineinhalb Stunden von Trin entfernt.

Ein lohnenswerter, 15 Minuten langer Abstecher führt zum äußersten Punkt der Rheinschlaufe, der sogenannten **Chli Isla** oder auch Chrummwag. Hierfür 200 m nach der Einsenbahnbrücke rechts abbiegen und einen der kleinen Trampelpfade, vorbei an „wilden" Zeltplätzen nehmen. Direkt gegenüber ragen die bizarr geformten, kreideweißen Felsen der Rheinschlucht über dem Fluss auf.

Nach dem Anstieg auf einen kleinen, steilen Kamm hinter der Abzweigung nach Versam fällt der Hauptweg zum Chrummwag-Tunnel hin ab und verläuft flussaufwärts den Vorderrhein entlang, vorbei an kleinen Wasserfällen und Buchten. Mancherorts entstehen im schnell fließenden Fluss tosende Stromschnellen und im Sommer ist hier Wildwasser-Rafting und Kanufahren sehr beliebt.

An der Stelle, wo der Fluss eine weitere weitläufige Biegung macht, geht man geradeaus durch einen feuchten, leicht ansteigenden Wald weiter, um 30 bis 40 Minuten später am **Bahnhof Versam-Safien** (635 m) die Eisenbahnschienen zu überqueren. Der Bahnhof, der hoch oben auf einer glazialen Terrasse am Eingang des Safientals liegt, bietet einen weiteren Blick über die beeindruckenden Felswände des Rheintals. Außer im Hochsommer bekommt dieser Teil des Tals zu wenig direkte Sonne ab. **LinX-Beisl** (☎ 081 645 11 91; Snacks 9–18,50 SFr; So–Do 10–19 Uhr, April–Ende Okt. Fr & Sa 9.30–20 Uhr) ist ein guter Ort, um bei einem Salat oder einem Stück hausgemachtem Zwetschgenkuchen wieder etwas Energie zu tanken. Auf Wunsch organisiert der Besitzer Rafting- und Kajaktouren. Es gibt hier auch einfache Mehrbettzimmer (mit eigenem Schlafsack 30 SFr/Nacht).

Nun geht es oberhalb der Eisenbahnlinie weiter, teilweise an Dämmen zum Schutz der Schienen vor Erdrutschen vorbei. Die Route führt hier durch eine unwirkliche Landschaft von Höhlen, Erdspalten und Felssäulen, die aus dem leicht erodierenden, feinen Boden herausgeformt wurden. Links klettert der Weg durch einen Kiefernwald und führt an dem kleinen Hof **Isla** (692 m) vorbei, von wo aus die Wintersportorte Laax und Falera an den gegenüberliegenden Hängen des Tals zu erkennen sind. Dann folgt der Abstieg durch Wälder hindurch und man erreicht nach einer bis eineinviertel Stunden das malerische Au. Über die Eisenbahnbrücke wird der Carreratobel überquert und ein letztes Mal führt der Weg flussaufwärts zwischen den Bahnlinien und dem Fluss hindurch. Nach dem letzten Abschnitt weißer Kreidefelsen gelangt man nach weiteren 15 bis 20 Minuten zum **Bahnhof Valendas-Sagogn** (669 m).

PARPANER ROTHORN
Dauer Fünf bis sieben Stunden
Länge 18 km
Schwierigkeitsgrad Mittel
Nächster Ort Arosa (S. 331)
Kurz gefasst Diese beliebte Tageswanderung wartet mit glitzernden Bergseen und einigen der schroffsten Felsen der Schweizer Alpen auf – mit dem höchsten Berg der Plessur-Alpen als Höhepunkt.

Das Parpaner Rothorn verdankt seine markanten, roten Felsformationen dem für die Plessur Alpen typischen spröden, kupferhaltigen Gestein. Schon im frühen Mittelalter wurde hier oben an den kargen Berghängen Erz abgebaut und zum Einschmelzen hinunter nach Arosa gebracht. An manchen Stellen kann man noch die Überreste von Schächten und Bergarbeiterhütten entdecken. Nach dem katastrophalen Bergsturz von Plurs im Jahr 1618, bei dem die gesamte Vertemati-Familie, die Besitzer der Mine, ums Leben kam, wurde der Abbau nach und nach eingestellt.

Obwohl es nur wenige wirklich schwierige Passagen gibt, handelt es sich hier um eine ernst zu nehmende, hochalpine Wanderung mit einem Höhenunterschied von über 1000 m. Die Route ist normalerweise nur von Ende Juni bis Ende Oktober begehbar. Morgens auf jeden Fall früh starten und die Wetterlage schon im Voraus prüfen, da die Tour bei tiefhängenden Wolken oder Regen, der die losen Steine gefährlich rutschig werden lässt, keinen Spaß macht. Die beste Karte hierzu ist die 1:25 000 *Lenzerheide Wanderkarte* (15 SFr) des örtlichen Fremdenverkehrsamts. Die kostenlosen Karten, die es an der Hörnli-Express Station gibt, decken ebenfalls einen Teil der Wanderung ab.

An- & Weiterreise
Vom Bahnhof von Arosa aus fahren kostenlose öffentliche Busse, die mindestens halbstündlich zur Talstation der Hörnli-Express Gondelbahn fahren, dem Ausgangspunkt der Wanderung. Sie kann etwas verkürzt werden, indem man die **Seilbahn** (Rothornbahn; ☎ 081 385 50 00) vom Parpaner Rothorn aus nach Lenzerheide nimmt, aber eine einfache Fahrt kostet 28/5 SFr pro Erwachsenem/Kind und der etwa dreistündige Abstieg ist sehr angenehm zu gehen. Die Seilbahn fährt von Juni bis Oktober mindestens alle 30 Minuten, die letzte Talfahrt ist um 16.50 Uhr. Ein Wanderbillett, das einen Tag lang für alle Fahrten mit

PARPANER ROTHORN

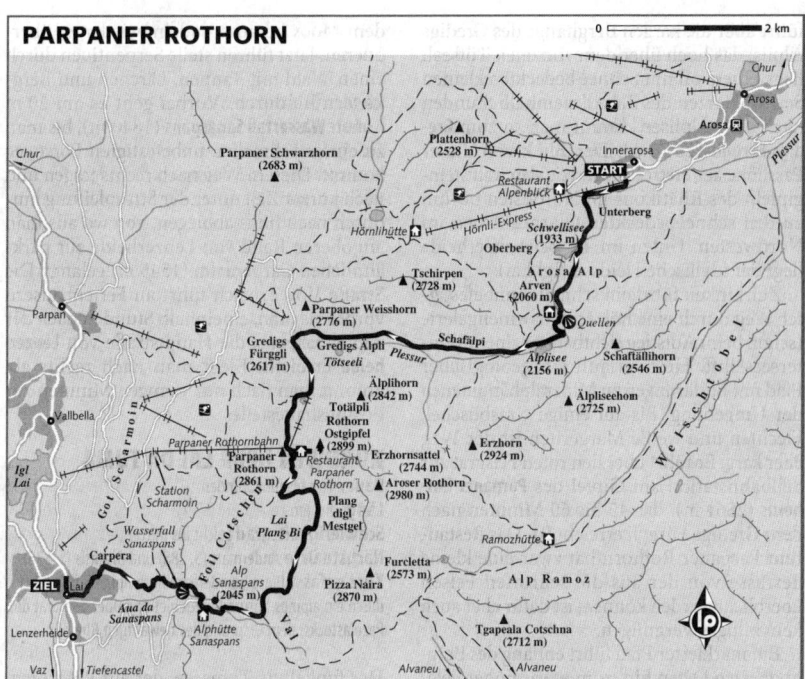

Seilbahn, Zug und Postbus (Lenzerheide–Rothorn–Arosa–Chur–Lenzerheide) gültig ist, gibt es bei der Touristeninformation für 54 SFr (mit Hörnli-Express 62 SFr). Weitere Infos, wie man Arosa am besten erreicht, gibt's auf S. 331.

Die Wanderung

Von der Talstation des Hörnli-Express (1811 m) führt ein mit „Erzhornsattel" ausgeschilderter Weg nach Südwesten unter den Seilen der Gondelbahn hindurch und hinauf zu einem schmalen Bergweg, der sich durch das samtige Gras bergauf schlängelt. Knapp oberhalb der Baumgrenze geht es mit Blick auf Arosa nach links über Berghänge bis zum grünblauen **Schwellisee** (1933 m), der nach nur 15 bis 20 Minuten erreicht ist. Der See ist von grünem Weideland mit grasenden Schafen umgeben, was ihn nicht nur schön, sondern auch sehr beliebt macht.

Ein hölzerner Fußsteg führt über den plätschernden Plessur und verläuft oberhalb der Almweiden der Aroser Alp weiter an der Ostseite des Sees entlang. Man passiert eine freistehende Baumgruppe von Zirbelkiefern, die als **Arven** (2060 m) bekannt ist, und auch mehrere Quellen, denen die Einheimischen einst magische Kräfte zuschrieben, entspringen hier in der Nähe. Der Weg quert noch einmal das mit Kieselsteinen übersäte Bachbett und trifft auf weitere Wanderwege, die zum Restaurant Alpenblick und nach Innerarosa abzweigen. Nur wenige Minuten von dieser Gabelung entfernt befindet sich eine große Notfallhütte aus Holz (übernachten verboten).

Nach einem kurzen, steilen Anstieg über einen mit Gras bewachsenen Kamm erblickt man, 30 bis 45 Minuten nach dem Schwellisee, den türkisfarbenen **Älplisee** (2156 m). Dieser glasklare Bergsee liegt in einer tiefen Rinne direkt unter dem Schaftällihorn (2546 m) und dem Älpliseeohorn (2725 m), deren schroffe Gipfel in weitläufige Geröllfelder übergehen. Richtung Norden kann man sogar noch einen guten Blick auf das Weisshorn (2653 m) und die grünen Hügel der Churer Alpen erhaschen.

Oberhalb des Älplisees führt ein weiß-rotweiß markierter Pfad über die Almen des Schafälplis mit seinen Horden von pfeifenden Murmeltieren langsam nach oben. Der Weg führt über die kargen Berghänge des Gredigs Älplis, das hoch über dem winzigen Tötseeli liegt, einem oft mit Schnee bedeckten kleinen See im Herzen des Tals. Eineinhalb Stunden nach dem Älplisee kommt man so zum **Gredigs Fürggli** (2617 m). Der Blick von dieser Passhöhe aus erstreckt sich von den Kalksteingipfeln des Rhätikons im Nordosten bis hin zu den schneebedeckten Glarner Alpen im Nordwesten. Unten im Tal bei Lenzerheide liegt der idyllische Heidsee (Igl Lai).

Zur Linken führt ein schmaler unbefestigter Weg durch eine hölzerne Lawinengalerie (schon beim Aufstieg sichtbar) zu einem Wintersessellift. Hier verläuft ein geologischer Pfad mit Erklärungen zu Mineralphänomenen der Umgebung. Bis auf einige Grasbüschel, Flechten und weiße Margeriten ist der Weg eher karg. Er führt über den roten Felsgrat zur Seilbahnstation am Gipfel des **Parpaner Rothorns** (2861 m), das 45 bis 60 Minuten nach dem Gredigs Fürggli erreicht ist. Das Restaurant Parpaner Rothorn hat zwar eine kleine Terrasse von der aus die schroffen Felsen überblickt werden können, ist dafür aber auch kein billiges Vergnügen.

Ein markierter Pfad führt entlang des Berggrats nach Osten hin, zum etwas höher gelegenen Rothorn Ostgipfel auf 2899 m (hin & zurück 40 Min.).

Ein breiter Weg schlängelt sich in südlicher Richtung den steilen Hang hinunter, bis an einer kleinen Mulde eine Gabelung erreicht ist. Hier nach links (Osten) zum Plang digl Mestgel abbiegen, einem kleinen, mit Gras bewachsenen Becken unterhalb des Aroser Rothorns (2980 m). Entlang einer alten, von Heidelbeeren überwachsenen Seitenmoräne geht es am winzigen, nicht sehr tiefen Heidsee vorbei. Die Route führt weiter talwärts, über die mit Alpenrosen bedeckten Auen und Kuhweiden von Val. Eineinhalb bis zwei Stunden nach dem Parpaner Rothorn kommt man, kurz nach dem stark ausgewaschenen Aua da Sanaspans, zum kleinen Hof Alp Sanaspans (2045 m). Nur wenig später ist die gemütliche **Alphütte Sanaspans** (☎ 079 357 75 55; ☼ Anfang Juli– Ende Sept.) erreicht, wo gut gelaunte Besitzer die Besucher im Freien mit Erfrischungen versorgen. Es lohnt sich, das hausgemachte Biobrot und die sahnigen Käse, die Nusstorte oder ein Glas frische Buttermilch zu kosten.

Kurz hinter der Alphütte geht es nach rechts weiter, um über einen Brückensteg den Bach und eine Reihe kleiner Quellen, die aus dem Moos heraussprudeln, wieder zu überqueren. Jetzt führen steile Serpentinen durch einen Wald mit Tannen, Lärchen und Bergkiefern hindurch. Vorbei geht es am 20 m hohen **Wasserfall Sanaspans** (1840 m), bis man zu einem schmalen, unbefestigten Forstweg kommt. Diesem Weg nach rechts folgen und nach kurzer Zeit unter der Stromleitung hindurch nach links abbiegen, von wo aus man am oberen Rand von Lenzerheide zur parkähnlichen Carperaalm (1545 m) gelangt. Die Straße Voa Trotsch führt an Ferienhäusern vorbei bis man, eineinhalb Stunden nach der Alp Sanaspans, die Hauptstraße von **Lenzerheide** erreicht. Biegt man nach rechts ab, kommt man nach nur wenigen Minuten zur Postbushaltestelle.

RUNDWEG BEIM LAI DA TUMA

Dauer Vier bis fünf Stunden
Länge 8,5 km
Schwierigkeitsgrad Leicht bis mittel
Nächste Orte Andermatt (S. 288) und Disentis (S. 336)
Kurz gefasst Diese wunderbare hochalpine Route führt durch ein alpines Naturschutzgebiet und über den Grat des Pazolastocks, dem Ursprung des gewaltigen Rheins.

Der funkelnde Tomasee, der auf Rätoromanisch Lai da Tuma heißt, wird gemeinhin als Quelle des Rheins angesehen. Hier verläuft die Grenze zwischen Graubünden und Gotthardregion, dem zentralen Drehkreuz der Schweizer Alpen. Wanderer können oft beobachten, wie Steinadler über die Granitgipfel der Umgebung gleiten. Diese prachtvollen alpinen Raubvögel wurden in den frühen 1990er-Jahren erfolgreich wieder in der Region angesiedelt.

Dieser Rundweg kehrt wieder zum Oberalppass zurück. Er beginnt auf einer Höhe von über 2000 m und man muss nur einen relativ geringen Höhenunterschied von weniger als 700 m meistern. Der Gebirgskamm rund um den Pazolastock ist allerdings Wind und Wetter stark ausgesetzt und daher sollte man ständig die Witterung beachten. Empfehlenswert ist die Wanderkarte SAW 1:50 000 *Disentis/Mustér* 256T (22,50 SFr).

An- & Weiterreise

Der Ausgangs- und Endpunkt der Wanderung ist der Oberalppass, der höchste Punkt der Furka-Oberalp-Bahn (eine Schmalspurbahn, die Disentis mit Brig im Wallis verbindet). Fast stündlich gibt es Zugverbindungen nach

RUNDWEG BEIM LAI DA TUMA

Andermatt (7,60 SFr, 20 Min.) und Disentis (10,20 SFr, 38 Min.). Eigene Fahrzeuge können am kostenlosen Parkplatz am Oberalppass abgestellt werden.

Die Wanderung

Der wunderschöne, langgezogene Oberalpsee am **Oberalppass** (2044 m) ist der Ausgangspunkt der Wanderung. Er wird von schroffen Granitspitzen eingerahmt und erstreckt sich scheinbar bis zum Horizont, was ihn endlos erscheinen lässt. Von dem kleinen Bahnhof am See die 200 m bis zum Restaurant Alpsu hinaufsteigen und die gegenüberliegende unbefestigte Straße nehmen. Oberhalb eines Felsvorsprungs mit einem Kreuz nach rechts abbiegen und die Berghänge überqueren. Der Weg führt an einem mit Gras bedeckten Felsvorsprung entlang und vorbei an typischen Hochlandheiden mit Anemonen und Enzianen in das kleine obere Tal des Puozas-Gebiets. Es geht an klaren Bächen, spitzen Gipfeln und Berghängen mit Heidelbeersträuchern und Alpenrosen vorbei, und mit der Zeit verschwinden auch die Motorengeräusche, die man vom Oberalppass hört. Vom gelegentlichen Pfeifen der Murmeltiere mal abgesehen, wird diese Abgeschiedenheit von nichts und niemandem gestört.

Über enge Serpentinen führt der Weg weiter über Hänge voller Geröll, auf denen manchmal noch bis in den Sommer hinein einzelne Fleckchen Schnee übrig sind. Schaut man zurück, bietet sich ein einmaliger Blick auf weitläufige, mit tiefblauen Bergseen gesprenkelte Wiesen.

An provisorischen Behelfsbunkern vorbei, die zu Kriegszeiten von Soldaten gebaut wurden, kommt man nach einer bis eineinhalb Stunden auf einer Höhe von 2571 m am ungeschützten **Bergkamm** zu einem Wegweiser. Von hier zweigt eine Nebenroute nach Andermatt ab, das man im westlich gelegenen Reusstal schon sehen kann. Hinter Andermatt erheben sich die 3500 m hohen schneebedeckten Gipfel des Winterbergmassivs und die flossenförmige Spitze des Galenstocks, welcher die Kantonsgrenze zwischen Uri und dem Wallis markiert.

Auf dem Weg nach oben bieten sich dem Wanderer weitere schwindelerregende Blicke über das Tal und den kurvigen Oberalppass. Die weiß-rot-weiße Route führt weiter am Bergkamm entlang und an zwei einfachen Militärgebäuden direkt unter dem 2739 m hohen **Pazolastock** (Piz Nurschalas) vorbei. Von letzterem aus hat man einen 360°-Panoramablick, der über die vergletscherten Gipfel der Umgebung und, bei klarer Sicht, bis nach Innsbruck reicht. Mit etwas Glück kann man sogar Steinadler ihre Kreise ziehen sehen. Die Route führt weiter über den ungeschützten Bergkamm einer schroffen Bergkette. Man muss hier trittsicher sein – dann macht das Hüpfen von Fels zu Fels sogar Spaß und ist gar nicht anstrengend.

An der Markierung 2743 dem Fil Tuma, einem Bergkamm, nach Südosten folgen. Über die mit Gras bedeckte und von Felsen übersäte rechte Seite des Kamms erreicht man nach weiteren eineinhalb Stunden die **Badushütte** (☎ 032 512 83 84; B 25 SFr; ☼ Juni–Ende Sept.). Diese schnuckelige Hütte des SAC liegt auf 2505 m und ist gegen eine niedrige Felswand gebaut. Die Vorderseite blickt direkt auf den 2928 m hohen Badus. Während der Saison gibt's hier Snacks wie Suppe und Würstchen. Übernachten kann man in einfachen Mehrbettzimmern, allerdings wird der spaßige Wirt einem erklären, dass das einzige Frühstück, das es auf der Hütte gibt, flüssiger Natur ist – nämlich Bier. Gut informierte Fotoliebhaber übernachten hier oft, um die morgendliche Stille des Sees auf Bildern einzufangen.

Über Felsbrocken geht's weiter zu einem ausgeschilderten Weg, der hinab an das Ufer des **Tomasees** (2343 m) führt, den man 15 bis 20 Minuten nach der Hütte erreicht. Der funkelnde blaugrüne See liegt in einem Kessel und ist von seidig glänzenden, grünen Berggipfeln umgeben, die durch das Abschleifen eines nicht mehr existierenden Hängegletschers entstanden sind. Hier entspringt der Vorderrhein, die tatsächliche Quelle des Rheins. An heißen Tagen kann man in dem vom Schmelzwasser gespeisten See ein schnelles Bad nehmen, und die üppigen natürlichen Rasenflächen am Zufluss sind ein ideales Plätzchen für ein mittägliches Picknick. Wollgras, eine Grassorte, die typischerweise in wassergesättigtem Boden vorkommt, gedeiht hier prächtig. An den unberührten Hängen der Alp Tuma direkt oberhalb des Sees wachsen Pflanzen, die auf Weiden, auf denen normalerweise Kühe grasen, nur selten zu finden sind.

Während im Nordosten der Abfluss des Sees, der **Rein da Tuma**, außer Sichtweite davonblubbert, führt die Wanderung, ausgehend von dem Wegweiser oberhalb des Tomasees, nach Norden weiter. Zu Beginn geht es durch felsige Hügel und an Kuhweiden und Wasserfällen vorbei, bis die Haarnadelkurven der stark befahrenen Passstraße erreicht sind. Wenn man hier nach links abbiegt, gelangt man auf den Weg, der vom Val Maighels talwärts führt. Er schlängelt sich über blühende Hänge und nähert sich langsam dem kleinen Bach, der vom Pass aus ins Tal fließt. Am oft sumpfigen Ufer vorsichtig weitergehen, bis man eineinhalb Stunden nach dem Lai da Tuma wieder am Oberalppass ankommt.

SEENPLATTE VON MACUN

Dauer Siebeneinhalb bis achteinhalb Stunden
Länge 16 km
Schwierigkeitsgrad Schwer
Nächster Ort Zernez (S. 346)
Kurz gefasst Unberührte Gebirgslandschaften, Begegnungen mit wild lebenden Tieren, beflügelnde Anstiege, Ausblick auf den Piz Buin: Diese anspruchsvolle Tageswanderung durch den abgelegenen Schweizerischen Nationalpark hat all dies – und noch mehr.

Wer die doch beachtlichen Strapazen dieser Tageswanderung auf sich nimmt, wird reichlich belohnt. Sie beginnt im Obertal des Engadins und führt zu den magischen Seen der Seenplatte von Macun – die Seen sind auch als Lais da Macun bekannt. Die Seenplatte liegt auf etwa 2600 m, und nur die robustesten Pflanzen und Gräser überleben in diesem hochalpinen Klima. Wie ein natürliches Amphitheater wird die mit fast zwei Dutzend Seen und Tümpeln überzogene Seenplatte von rauen Gipfeln mit über 3000 m Höhe umschlossen.

Mit einem Höhenunterschied von zusammen 1400 m ist das Programm für einen Tag gut ausgefüllt und daher muss man auf jeden Fall früh morgens loswandern. Trittsicherheit ist Grundvoraussetzung, wobei das Klettern und Kraxeln echte Wanderfans genauso begeistern wird wie die Landschaft selbst. Da es unterwegs nichts zu kaufen gibt, muss unbedingt genügend Wasser und Verpflegung mitgenommen werden. Der höchste Teil der Route führt an einem ungeschützten Gebirgskamm auf fast 3000 m entlang und kann sogar im Sommer mit Schnee bedeckt sein. Bevor man los geht, immer die Wetterverhältnisse prüfen. Das Mitführen von Trekkingstöcken und einer geeigneten Karte, z. B. die des Fremdenverkehrsamts Unterengadin 1:50 000 *Wanderkarte Scuol* (16 SFr), wird ausdrücklich empfohlen.

An- & Weiterreise

Die Wanderung beginnt in Lavin, der Endpunkt ist Zernez (S. 346). Am einfachsten ist es, in Zernez zu übernachten, früh morgens den Zug nach Lavin zu nehmen und dann nach Zernez zurückzuwandern. In der Nähe des Bahnhofs von Zernez gibt's kostenlose Parkplätze, und stündlich fahren Züge zwischen Zernez und Lavin (5,60 SFr, 10–20 Min.).

Die Wanderung

Mitten im Engadin, südlich des Piz Buin und oberhalb des Inns, liegt das wunderschöne Dorf **Lavin** (1412 m) mit seinen typischen, mit Fresken verzierten Chalets. Hier ist der Ausgangspunkt der Wanderung. Vom Dorfplatz direkt am Bahnhof geht's 250 m die Hauptstraße entlang bis zu einem Brunnen in Form eines Fasses. Hier nach links abbiegen und das türkisfarbene Wasser des Inns über eine überdachte Holzbrücke überqueren. Nach rechts gehen und einer unbefestigten Straße für 1,25 km folgen. Biegt man nach der engen

SEENPLATTE VON MACUN

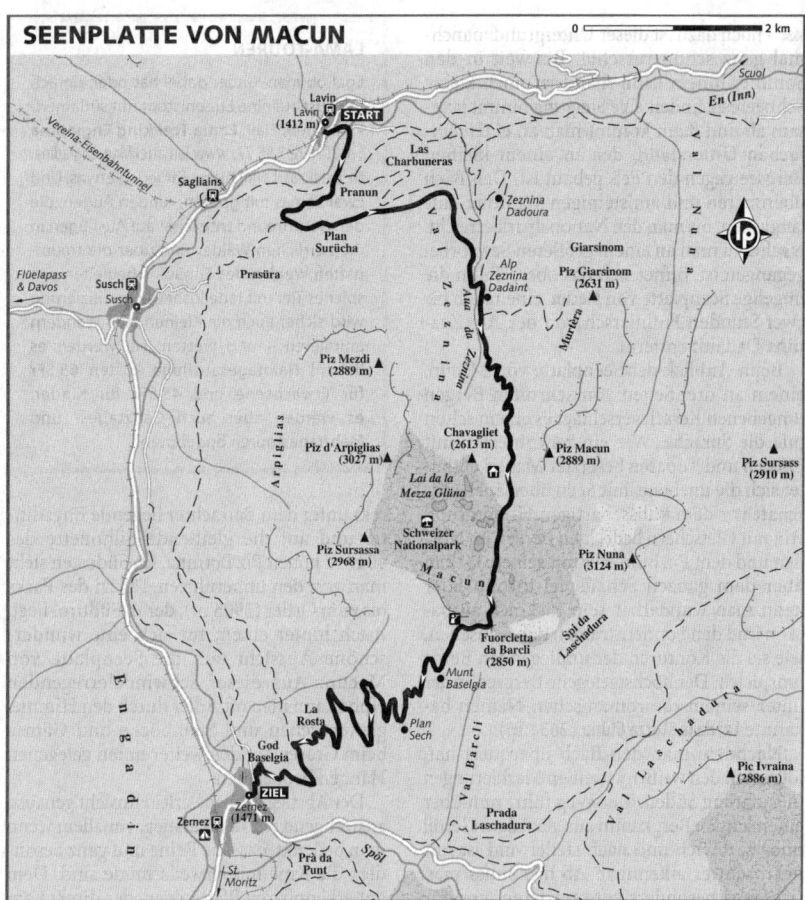

Kurve nach links ab, kommt man auf einen Weg, der sich nach Osten hin durch einen Kiefernwald nach oben windet. Von hier aus hat man durch das Blätterwerk einen wunderbaren Blick auf die mit Gletschern überzogenen Gipfel und gelangt bald zum **Plan Surücha** (1577 m).

Ein breiter Pfad führt über dicht bewaldete Hänge nach oben. Der Weg dreht langsam nach Süden ab und überquert den schnell fließenden Bach Aua da Zeznina über eine kleine Holzbrücke. Etwa zwei Stunden nach Lavin erreicht man die Steinhütte der **Alp Zeznina Dadaint** (1958 m). Auf dem Weg dahin eröffnet sich dem Wanderer der Blick auf den schroffen Piz Macun (2889 m) und den Fuorcletta da Barcli (2850 m). Szenen aus dem Spielfilm *Heidi* wurden an diesem idyllischen Plätzchen gedreht und man kann leicht verstehen, warum: die Bergweiden liegen nach Norden gewandt und blicken auf die 3000 m hohen, schneebedeckten Gipfel rund um die markante Pyramide des Piz Buin, an dessen Südhängen die Seitentäler Val Sagliains, Val Lavinuoz und Val Tuoi steil in das Engadin abfallen.

Der Weg passiert die Abzweigung Richtung Murtèra und führt ins Val Zeznina, von wo aus es über unzählige steile Serpentinen und mit Alpenrosen und Murmeltierbauten übersäte Almweiden weiter nach oben geht. Spätestens dann, wenn der steile Anstieg einen Hohlweg erreicht, der mit losem Geröll aufgefüllt ist, geht das gewaltig in die Oberschenkel – noch dazu ist dieser Untergrund manchmal ganz schön rutschig. Bis weit in den Sommer hinein kann man hier noch kleine Schneereste finden. Die Steigung nimmt langsam ab und dann kommt man an einen einfachen Unterstand, der an einem kleinen Bergsee gegen den Fels gebaut ist. Den Bach überqueren und am steinigen Westufer entlanggehen, bis man den Nationalpark erreicht. Nachdem man an einem größeren See vorbei gegangen ist, öffnet sich das obere Tal in die hügelige Seenplatte von **Macun**, eineinhalb bis zwei Stunden Fußmarsch von der Alp Zeznina Dadaint entfernt.

Beim Anblick der Seenplatte von Macun, einem an drei Seiten von schroffen Bergen umgebenen Kessel, verschlägt es einem schon mal die Sprache. Wie ein zerknitterter, mit Opalen und Topasen besetzter Mantel entfaltet sich die unebene, mit Seen übersäte Landschaft vor dem kulissenartigen Hintergrund von mit Gletschern bedeckten Bergen im Norden und dem Piz Buin, der mit seinen 3312 m über dem ganzen Schauspiel thront. Hier kann man wunderbar sein Picknick auspacken und den Sonnenstrahlen dabei zusehen, wie sie die Konturen der umliegenden Berge umspielen. Der höchstgelegene Bergsee ist der unter seinem rätoromanischen Namen bekannte **Lai da la Mezza Glüna** (2631 m).

Nachdem man den Bach überquert hat, folgt man den weiß-rot-weißen Markierungen in Richtung Süden. Der Weg führt nun über einen kargen Bergkamm aus glazialem Geröll und wird nach und nach steiler und ist nur noch schwer erkennbar. Ab hier muss man sich ganz besonders konzentrieren, und für das jetzt folgende Stück sollte man unbedingt trittsicher und schwindelfrei sein. Die Strecke führt nämlich über einen steilen Berghang mit groben und losen Felsbrocken, an dem es ab und zu nur noch unter Zuhilfenahme der Hände vorangeht. Ist dieser Abschnitt geschafft, hat man auf 2850 m die **Fuorcletta da Barcli** erreicht, einen Durchlass im Bergkamm. Von hier aus geht es weiter nach Westen, entlang eines felsigen und ungeschützten Kamms, über den man, eineinhalb Stunden nach der Seenplatte, einen kleineren Gipfel in 2945 m Höhe erreicht. Ist der Gipfel erst mal bezwungen, ist man mit Sicherheit gleichzeitig erleichtert und erschöpft.

Dieser hoheitsvolle Aussichtspunkt bietet einen wahrlich himmlischen Ausblick. Im Südwesten fällt der Blick auf Zernez, das direkt unter dem Betrachter liegende Engadintal und auf die gleißende Silhouette des 4049 m hohen Piz Bernina. Im Südosten sieht man von den unberührten Tälern des Parks bis zum Ortler (3905 m), der in Südtirol liegt. Auch hinter einem tut sich eine wunderschöne Aussicht auf: die Seenplatte von Macun. Aus dieser schwindelerregenden Höhe kann man oft Adler durch den Himmel gleiten sehen und Steinböcke und Gämse beim Grasen auf den weiter unten gelegenen Hängen beobachten.

Der Abstieg ist in vielerlei Hinsicht genauso anstrengend wie der Aufstieg, vor allem wenn man bedenkt, dass die Beine und ganz besonders die Knie mittlerweile müde sind. Dem gut erkennbaren Pfad folgen, der direkt vom Gipfel nach Südwesten verläuft, und dann nach rechts abbiegen, um den Nationalpark wieder hinter sich zu lassen. Der Weg führt an mehreren Reihen von Lawinenverbauungen vorbei und zum Berghang des Munt Baselgia, an dem man auf den Bergwanderweg **Plan Sech** (2268 m) stößt. Von ein paar Abkürzungen an einigen Kurven abgesehen, bleibt man auf dieser allmählich immer besser werdenden Straße und steigt über Serpentinen und vorbei an La Rosta und God Baselgia in einen Mischwald hinab. Das letzte Stück führt über Wiesen direkt oberhalb des Ortes und an einer Kirche vorbei, ehe man nach zweieinhalb bis drei Stunden die Hauptstraße von **Zernez** auf 1471 m erreicht. Hier nach links abbiegen, dann kommt man nach weiteren 10 bis 15 Minuten an den Bahnhof.

LAMA-TOUREN

Egal ob man Kinder dabei hat oder einfach nur Lust auf eine Erlebnistour mit südamerikanischem Flair, **Lama Trekking Engiadina** (☎ 079 601 55 77; www.lamatrekking-engiadina.ch; Baselgias, Lavin) bietet für jeden etwas. Und zwar Lamas mit großen, runden Augen, die den Naturfreund trittsicher auf Ausflügen in die herrlichen Wälder und über die traumhaften Weiden des Engadins begleiten. Ein solches Tier mit tadelloser Ökozertifizierung wird sicher auch die Kleinen zum Wandern animieren – und wetten, sie werden es lieben! Halbtagesausflüge kosten 65 SFr für Erwachsene und 45 SFr für Kinder, es werden aber auch Ganztages- und Mehrtagestouren angeboten.

TESSIN

CIMA DELLA TROSA
Dauer Dreidreiviertel bis fünf Stunden
Länge 10 km
Schwierigkeitsgrad Leicht
Nächster Ort Locarno (S. 369)
Kurz gefasst Diese kurze alpine Wanderung überquert sanfte Berggipfel und wartet mit dem glitzernden Lago Maggiore und majestätisch daliegenden Alpengipfeln aus der Vogelperspektive auf – und das alles auch noch ohne die üblichen Menschenmassen.

Die Route führt durch jahrhundertealte kleine Dörfer und Weiler, die nur zu Fuß oder mit dem Pferd erreicht werden können und nur im Sommer bewohnt sind. Sie geben der Wanderung einen rustikalen Touch, was zeigt, wie einfach es ist, im Tessin den Menschenmassen zu entgehen. Wie in anderen Teilen des Tessins sind viele der kleinen Bergbauernhöfe im winzigen Valle di Mergoscia längst verlassen und verfallen nach und nach.

Obwohl die Strecke eigentlich in einer kurzen Tageswanderung zu meistern ist, ist eine Nacht in den Bergen die preisgünstigere und beschaulichere Alternative zu einer Nacht in Locarno. Die Route ist von Ende April bis in den Spätsommer hinein begehbar. Da es überall entlang des Weges Brunnen mit frischem Quellwasser gibt, muss man, außer vielleicht an ganz heißen Sommertagen, kein Wasser mitgeschleppen. Dafür sollte man aber immer auf die wechselnde Witterung eingestellt sein und wenigstens einen Sonnenhut und eine Regenjacke mitnehmen – ganz egal, zu welcher Jahreszeit man den Cima della Trosa besteigt. Die ausführlichste Karte zu dieser Wanderung ist Orell Füsslis 1 : 25 000 *Locarno/Ascona* (28,90 SFr.)

An- & Weiterreise
In der Nähe des Bahnhofs von Locarno fährt die Standseilbahn nach Orselina ab, von wo aus man mit der Seilbahn Cardada (1332 m) erreicht, den Ausgangspunkt der Wanderung. Von Locarno aus gibt's ein Kombiticket, das pro Erwachsener/Kind 27/7 SFr (einfache Strecke) bis nach Cardada oder 27/8 SFr bis Cimetta kostet. Seilbahn und Sessellift fahren nur bis November, wenn sie zur Wartung

abgenommen werden. Von Mergoscia aus fahren täglich etwa sieben FART-Busse zurück nach Locarno; der letzte gegen 19 Uhr.

Die Wanderung

Die Wanderung beginnt auf 1332 m Höhe, hoch über Locarno, bei Cardada, der Bergstation der Seilbahn. Um nach Cardada zu kommen, nimmt man entweder die Standseilbahn, die in der Nähe des Bahnhofs von Locarno abfährt, oder man geht über die Via al Sasso bis zur berühmten, ockerfarbenen heiligen Stätte der **Madonna del Sasso** aus dem 15. Jh. Es lohnt sich an dieser interessanten Pilgerkirche und dem Museum Halt zu machen, bevor man die Seilbahn nach Cardada nimmt. Die weniger dynamischen Wanderer können auch den Sessellift bis zum Cimetta auf 1671 m nehmen.

Ein unbefestigter Weg führt nach rechts und verläuft überwiegend über unbewachsene Berghänge am Ristorante Capanna Cardada mit seiner Panoramaterrasse vorbei. Nach 30 bis 40 Minuten ist die **Capanna Lo Stallone** (☎ 091 743 61 46; B 42 SFr; ⊙ Mai-Anfang Okt.) erreicht. Diese große Hütte aus Naturstein liegt in der grasbedeckten Mulde der Alpe Cardada (1486 m) und bietet einfache Übernachtungsmöglichkeiten. Im Restaurant gibt's traditionelle Tessiner Gerichte aus frischen Bio-Zutaten.

Von der Alpe Cardada aus führt der Weg nach links weiter nach oben, über die mit Farnkraut übersäten Berghänge und unter Schleppliften und dem Sessellift hindurch. Dann biegt er rechts ab, läuft entlang des Waldes und erreicht die 1671 m hohe **Capanna Cimetta** (☎ 091 743 04 33; B 35 SFr, mit HP 55 SFr), von deren sonniger Terrasse aus man auf den Lago Maggiore schauen kann. Nimmt man den Weg, der unmittelbar unter der Bergstation des Sessellifts nach links führt, so erreicht man zügig einen kleinen Bergsattel (1610 m) mit einem Brunnen, aus dem frisches Quellwasser sprudelt. Über die südwestlichen Hänge der Cima della Trosa geht es nach rechts und wieder bergauf, sodass der Grat bald erreicht wird. Ein kurzer Seitenpfad führt zum großen Metallkreuz, das den windgepeitschten 1869 m hohen Gipfel schmückt. Wenn man nach 35 bis 45 Minuten hier ankommt, kann man an diesem hoch aufragenden Aussichtspunkt traumhafte Blicke auf den Lago Maggiore und die ungleichmäßigen Gipfel genießen, die den See einrahmen.

Nachdem man sich im Gipfelbuch verewigt hat, geht's zurück auf den Hauptweg. Dieser windet sich dann am nordöstlichen Berghang des Cima della Trosa bis zu einem kleinen Hügel auf 1657 m. Von hier aus führt wieder ein Seitenpfad zum abgerundeten und oft mit Schnee überzuckerten Gipfel des **Madone** (2039 m). Hin- und Rückweg sind in eineinhalb bis zwei Stunden zu schaffen. Die Route verläuft immer geradeaus und ist weiß-rot-weiß markiert. Sie führt am Kamm entlang und weiter oben folgen dann einige wenige harmlose Kletterstücke. Als Belohnung winkt ein weiterer eindrucksvoller Blick über die schroffen Berge und das Seepanorama.

In breiten Kehren geht es dann durch Unterholz und Heidelbeersträucher bergab bis zur Molkerei auf der Alpe di Bietri (1499 m), wo man eine kleine Pause machen und den hausgemachten Ziegenrahmkäse probieren kann. Weiter geht's auf einem alten Maultierpfad, der am Nordhang des winzigen Valle di Mergoscia entlang verläuft. Während des allmählichen Abstiegs führt die Wanderung an alten, verlassenen Häusern und einfachen kleinen Bauerndörfern vorbei, die aus dem Granit aus der Umgebung errichtet wurden. Eineinviertel bis eindreiviertel Stunden nach dem Cima della Trosa erreicht man das weitverstreute Dorf **Bresciadiga** (1128 m).

Ein kleines Stück weiter kommt man zu einer Gabelung. Hier rechts halten. Der Weg führt in einen üppigen Buchen- und Kastanienwald hinab und an kleinen Schreinen vorbei zu einem Parkplatz am Ende der Straße. Weitere 600 m Richtung Tal erreicht man eine Kreuzung, an der man nach links auf die asphaltierte Hauptstraße abbiegt. An Weinbergen entlang gilt es noch ein letztes steiles Stück zu bewältigen, bevor man nach einer bis eineinviertel Stunden auf 731 m zu einem kleinen Platz neben der großen Barockkirche von **Mergoscia** gelangt.

Das malerische alte Dorf liegt hoch über dem Val Verzasca. Von hier oben kann man über die Steindächer hinweg bis zum Speichersee Lago di Vogorno nahe dem Monte Tamaro blicken (ganz leicht am Fernmeldeturm zu erkennen).

Genf (Genève)

Das superschicke, elegante und kosmopolitische Genf ist eine ganz besondere Stadt. Das Leben ist hier sehr teuer; man hört alle erdenklichen Sprachen auf den Straßen und in den Cafés, sodass man glaubt, man befände sich in der Hauptstadt des Landes. Tatsächlich ist dieses Kleinod nur die drittgrößte Stadt der Schweiz, schön gelegen am größten See der Alpen.

Und doch ist hier die ganze Welt vertreten: u. a. findet man hier die Vereinten Nationen, das Internationale Rote Kreuz, die Internationale Arbeitsorganisation und die Weltgesundheitsorganisation. Insgesamt sind es an die 200 bedeutende internationale Regierungs- und Nichtregierungsorganisationen, die hier Entscheidungen über Weltfragen aushandeln. Deshalb steigen in den Vier- und Fünfsternehotels der Stadt auch ständig illustre Gäste ab. Es gibt eine unglaubliche Auswahl an internationaler Küche, mit der die heimischen Restaurants auf die Nachfrage eingehen. Angesichts des Übermaßes an Banken, Luxusjuwelieren und Schokoladengeschäften, sorgen sie außerdem für Abwechselung. Am Wochenende flaniert man in den gepflegten Parks, segelt auf dem Genfer See oder fährt in den Alpen Ski.

Aber wo ist nun eigentlich die Stadt an sich zu finden? Sicher nicht am Ufer, wo die Touristen promenieren und den Jet d'Eau bestaunen – und auch nicht in der postkartengerechten Altstadt. Will man Genf mit all seinen Ecken und Kanten erleben, muss man in das Quartier Pâquis vorstoßen, sich westwärts in das Industriegelände an der Rhone oder südwärts ins trendige Carouge aufmachen, wo renovierte Fabriken, alternative Clubs und Nachbarschaftsbars Aufmerksamkeit verdienen. Hier findet man, wenn überhaupt, das Genf der Genfer.

HIGHLIGHTS

- Unter dem **Jet d'Eau** (S. 95) nass werden und dann in die Altstadt eintauchen
- Hinter die Kulissen des **CERN** (S. 100) oder des monumentalen **Palais des Nations** (S. 99) blicken
- In Genfs Altstadt und den Boutiquen des **Pâquis** (S. 109) schoppen – zwischendurch ein Mittagessen im L'Adresse (S. 105)
- Im **Ciné Lac** (S. 108) einen Kassenschlager ansehen – vor der romantischen Kulisse funkelnder Sterne, von Bootslichtern und plätschernden Wellen auf dem legendären Genfer See
- Sich in einem hippen, urbanen Wellnessbad mit einem **Schokoladenbad** (S. 103) verwöhnen lassen

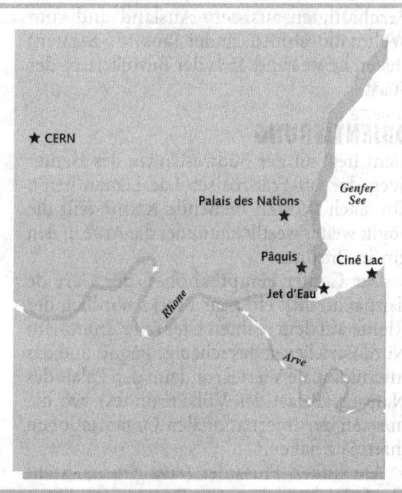

| EINWOHNER: 178 603 | FLÄCHE: 282 KM² | SPRACHE: FRANZÖSISCH |

GESCHICHTE

Das von allen beneidete Genf war einst von den Römern besetzt und später (ab dem 5. Jh.) ein Bischofssitz. Im Mittelalter kamen die Menschen von nah und fern zu den Jahrmärkten; im 16. Jh. wurde die Stadt durch Johannes Calvin und seine Reformation zum „Rom der Reformierten". 1602 versuchte Herzog Karl Emanuel I. von Savoyen, sich der Stadt zu bemächtigen, wurde aber von den Genfern zurückgeschlagen, die ihren Sieg noch heute jedes Jahr am 11. Dezember feiern (S. 101).

1798 wurde Genf von Frankreich annektiert und zur Hauptstadt des Département Léman; nach Napoleons Niederlage wurde die Stadt 1814 Republik und trat im folgenden Jahr der Eidgenossenschaft als Kanton bei. Die Uhrmacherkunst, das Bankwesen und der Handel blühten. Ein örtlicher Geschäftsmann gründete 1864 das Rote Kreuz; danach entdeckten andere internationale Organisationen die strategisch günstig gelegene Stadt und Geburtsstätte der humanitären Idee als Standort ihrer Zentralen, womit Genfs Zukunft als internationale Drehscheibe gesichert war. Nach dem Ersten Weltkrieg mühte sich der Völkerbund hier um den Weltfrieden – und nach dem Zweiten Weltkrieg siedelte sich hier die UNO an.

Am Ende des vergangenen Jahrhunderts zählte Genf zu den zehn teuersten Städten der Welt. Ihr Reichtum hängt sehr stark von Beschäftigten aus dem Ausland und vom Weltmarkt ab. Ausländer (aus 184 Staaten) stellen heute rund 45 % der Bevölkerung der Stadt.

ORIENTIERUNG

Genf liegt an der Südwestspitze des Genfer Sees, der auf Französisch Lac Léman heißt. Die nach Westen fließende Rhone teilt die Stadt; weiter westlich mündet die Arve in den großen Strom.

Der Genfer Hauptbahnhof, der Gare de Cornavin, liegt ein paar Blocks nördlich der Rhone auf dem rechten Ufer *(rive droite)*. Im Nordosten liegen das schäbige Pâquis und das internationale Viertel rund um den Palais des Nations (Palast des Völkerbundes), wo die meisten der internationalen Organisationen ihren Sitz haben.

Am linken Flussufer *(rive gauche)* steht Genfs Wahrzeichen, die Fontäne Jet d'Eau. Hier befinden sich auch die Einkaufsmeile der Rue du Rhône, die verkehrsberuhigte Altstadt *(vieille ville)* sowie das Museumsviertel Plainpalais.

PRAKTISCHE INFORMATIONEN
Buchläden
Off the Shelf (Karte S. 98 f.; ☎ 022 311 10 90; www.offtheshelf.ch; Blvd Georges Favon 15; ☼ Di–Fr 9–18.30, Sa 10–17 Uhr) Buchladen, der sich auf englischsprachige Bücher spezialisiert hat.

Payot Libraire (Karte S. 98 f.; ☎ 022 731 89 50; www.payot.ch; Rue Chantepoulet 5; ☼ Mo–Mi & Fr 9.30–19, Do bis 20, Sa 9.30–18 Uhr) Ausgezeichnete Auswahl an französisch- und englischsprachiger Literatur und Nachschlagewerken.

Infos im Internet
Glocals (www.glocals.com) Menschen aus aller Welt und Einheimische tauschen Tipps aus.

Spotted by Locals (http://geneva.spottedbylocals.com) Englischsprachiger Blog.

Ville de Genève (www.ville-ge.ch) Website der Stadt; auch in deutscher Sprache.

Internetzugang
Charly's Checkpoint (Karte S. 98 f.; ☎ 022 901 13 13; Rue de Fribourg 7; 5 SFr/Std.; ☼ Mo–Sa 9–24, So 14–23 Uhr) Hier stehen 40 Computer bereit.

Internet Café de la Gare (Karte S. 98 f.; ☎ 022 731 51 87; 10 SFr /Std.; ☼ Mo–Fr 7.30–22.30, Sa & So 8.30–22.30 Uhr) Im Bahnhof.

Medizinische Versorgung
Hôpital Cantonal (Karte S. 96 f.; ☎ 022 372 33 11, Notfall 022 372 81 20; www.hug-ge.ch, französisch; Rue Micheli du Crest 24; ☼ 24 Std.)

SOS Médecins à Domicile (☎ 022 748 49 50; www.sos-medecins.ch, französisch) Wenn man einen Arzt braucht, der nach Hause oder ins Hotel kommt.

Notfall
Polizei (Karte S. 98 f.; ☎ 117; Rue de Berne 6)

Post
Post (Karte S. 98 f.; Rue du Mont-Blanc 18; ☼ Mo–Fr 7.30–18, Sa 9–16 Uhr)

Touristeninformation
Information de la Ville de Genève (Karte S. 98 f.; ☎ 022 311 99 70; www.ville-ge.ch; Pont de la Machine; ☼ Mo–Fr 12–18, Sa 10–17 Uhr) Städtische Touristeninformation; Ticketverkauf für kulturelle Ereignisse.

Touristeninformation (Karte S. 98 f.; ☎ 022 909 70 00; www.geneve-tourisme.ch; Rue du Mont-Blanc 18; ☼ Mo 10–18, Di–Sa 9–18 Uhr)

Waschsalons

Salon Lavoir (Karte S. 96 f.; Rue du 31 Décembre 12; ⓥ 6–24 Uhr)

SEHENSWERTES

Genfs wichtigste Sehenswürdigkeiten verteilen sich auf beide Ufer der Rhone; der Strom fließt durch die Stadt und erzeugt auch deren größte Attraktion: den Genfer See.

Will man Geld sparen, sollte man die Museen in Genf am ersten Sonntag im Monat besuchen, denn dann ist der Eintritt zu den meisten frei. An anderen Tagen empfiehlt es sich, den Schweizer Museumspass (S. 383) zu haben.

Südlich der Rhone

Hier kann man sich vor der **Horloge Fleurie** (Blumenuhr; Karte S. 98 f.) im **Jardin Anglais** (Karte S. 98 f.; Quai du Général-Guisan) fotografieren lassen. Der Park voller Blumen am Seeufer wurde 1854 an dem Standort eines alten Hafens, in dem Holz umgeschlagen wurde, und eines Lagerplatzes angelegt. Genfs meistfotografierte Uhr besteht aus 6500 echten Blumen, läuft seit 1955 und hat den längsten Sekundenzeiger (2,50 m) aller Uhren weltweit.

Zur vollen Stunde kann man in der Passage Malbuisson (abseits der Rue du Rhône) zusehen, wie 13 Gespanne und 42 Bronzefiguren zum Klang der 16 Glocken einer extravaganten Uhr aus den 1960er-Jahren ihren Tanz aufführen. Dann geht's westwärts zu einem Kaffee auf der **Île Rousseau**, einer der fünf Inseln im größten See der Alpen.

JET D'EAU

Landet man mit dem Flugzeug in Genf, ist der Jet d'Eau der erste, dramatische Eindruck, den man von der Stadt bekommt. Die 140 m hohe **Fontäne** (Karte S. 96 f.; Quai Gustave-Ador) am Seeufer stößt das Wasser mit einer unglaublichen Gewalt aus – 200 km/h, 1360 PS – und erzeugt einen himmelhohen Wasserschleier, in dem sich an sonnigen Tagen ein Regenbogen wölbt. Zu jeder beliebigen Zeit sprühen 7 t Wasser durch die Luft, von dem die am Kai unter der Fontäne stehenden Zuschauer einiges abbekommen. Zwei- oder dreimal im Jahr wird die Fontäne zu Ehren irgendeines humanitären Anliegens (Welttag zur Verhinderung von Suiziden, Monat der Brustkrebsvorsorge, Welt-AIDS-Tag etc.) in Rosa, Blau oder einer anderen kräftigen Farbe illuminiert. Während der Euro 2008 tanzte ein mit Helium gefüllter Fußball von 15 m Durchmesser auf der Spitze der Fontäne.

Der Jet d'Eau ist Genfs dritte Druckfontäne. Die erste schoss zwischen 1886 und 1890 jeden Sonntag 15 Minuten lang Wasser in die Luft, um den Druck im städtischen Wasserwerk abzusenken; die zweite war ab 1891 an Sonntagen und öffentlichen Feiertagen zu sehen und schoss von der Jetée des Eaux-Vives aus 90 m in die Höhe; die dritte schließlich gibt es seit 1951. Die Betriebszeit des Wasserspiels, das von einem von fünf pensionierten Ingenieuren per Knopfdruck angestellt wird, wurde Ende 2008 um 10 % (316 Std./Jahr) reduziert, um Energie zu sparen.

ESPACE ST-PIERRE

Im 11. Jh. wurde mit der Errichtung der **Cathédrale de Saint-Pierre** (Kathedrale St. Peter; Karte S. 98 f.; Cour St-Pierre; Eintritt frei; ⓥ Juni–Sept. Mo–Sa 9.30–18.30, So 12–18.30 Uhr, Okt.–Mai Mo–Sa 10–17.50, So 12–17.30 Uhr) begonnen. Das heutige Gebäude ist hauptsächlich gotisch, doch wurde ihm im 18. Jh. eine klassizistische Fassade vorgesetzt. Von der Spitze des über 157 Stufen zu erklimmenden **Nordturms** (Erw./Kind unter 7 Jahren/7–16 Jahre 4 SFr/frei/2 SFr; ⓥ Juni–Sept. 9–19 Uhr, Okt.–Mai Mo–Sa 10–12 & 14–17, So 11–12.30 & 13.30–17 Uhr) hat man einen eindrucksvollen Panoramablick auf die Stadt, den Jet d'Eau und die Berge. Von Juni bis September gibt's in der Kathedrale **Orgel- und Carillonkonzerte** (www.saintpierre-geneve.ch/index2.html).

Der Reformator Johannes Calvin predigte hier von 1536 bis 1564; seinen Stuhl kann man im nördlichen Seitenschiff der Kathedrale sehen. Weitere Informationen zu seinem Leben finden sich im benachbarten **Musée International de la Réforme** (Internationales Museum der Reformation; Karte S. 98 f.; ☎ 022 310 24 31; www.musee-reforme.ch; Rue du Cloître 4; Erw./Kind unter 7 Jahren/7–16 Jahre/Jugendl. 16–25 Jahre 10 SFr/frei/5/7 SFr; ⓥ Di–So 10–17 Uhr).

Vom Kathedralplatz führen Stufen hinunter zum Eingang der **Site Archéologique** (archäologische Stätte; Karte S. 98 f.; ☎ 022 311 75 74; www.site-archeologique.ch; Cour St-Pierre 6; Erw./Kind unter 7 Jahren/7–16 Jahre 8 SFr/frei/4 SFr; ⓥ Di–So 10–17 Uhr), einer interaktiv gestalteten Ausstellungsfläche im Untergrund, wo schöne Mosaiken aus dem 4. Jh. und das Grab eines Häuptlings der Allobroger zu sehen sind.

Ein Kombiticket für all diese Sehenswürdigkeiten kostet für Erw./Kinder 7–16 Jahre/Jugendliche 16–25 Jahre 16/8/10 SFr.

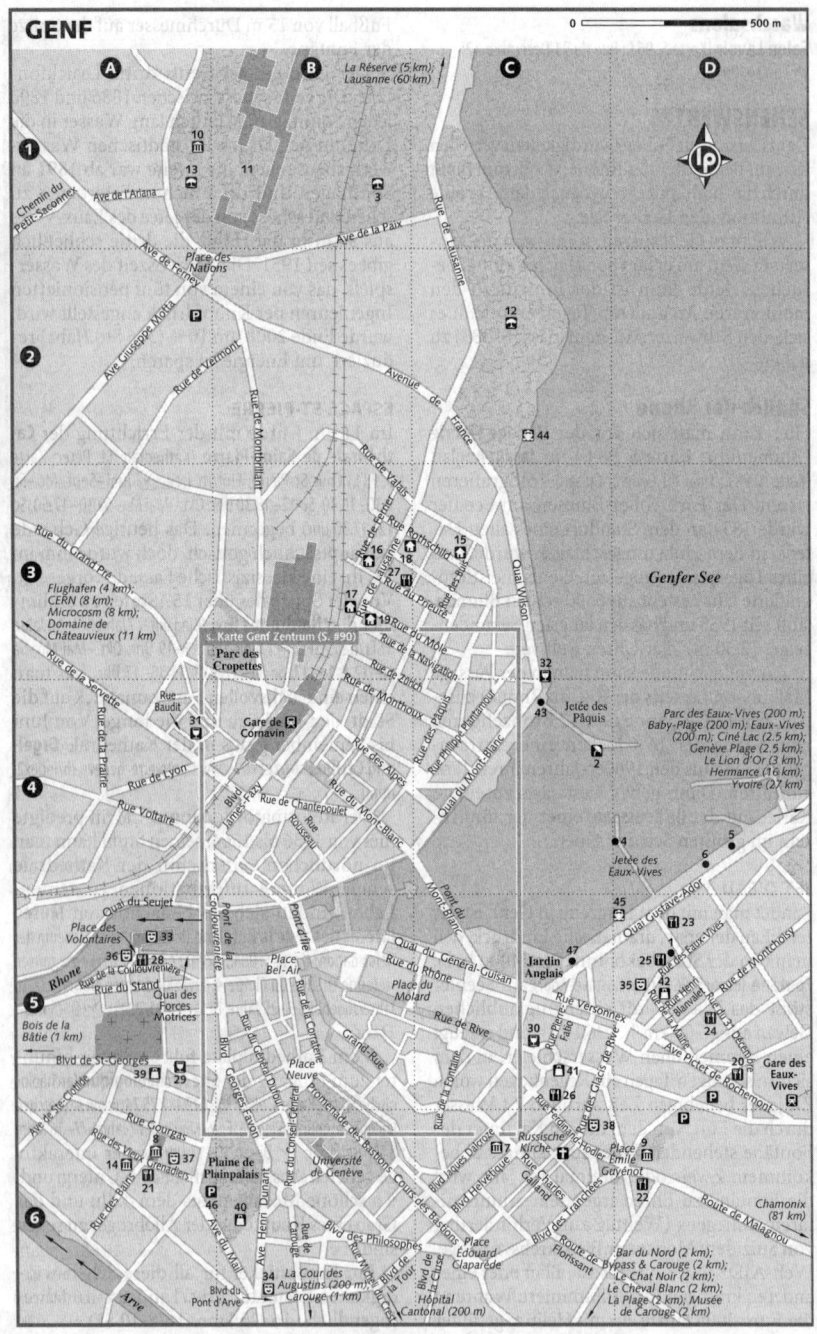

PRAKTISCHES		City Hostel...............................16 B3	Paillote.....................................32 C3
Salon Lavoir...............................1 D5		Hôtel Auteuil..............................17 B3	
		Hôtel Jade..................................18 B3	UNTERHALTUNG
SEHENSWERTES & AKTIVITÄTEN		Hôtel Kipling..............................19 B3	Bâtiment des Forces Motrices....33 A5
Bains des Pâquis........................2 C4			Le Déclic....................................34 B6
Jardin Botanique........................3 B1		ESSEN	Les Scala....................................35 D5
Jet d'Eau.....................................4 D4		Bistrot du Boucher...................20 D5	L'Usine.......................................36 A5
Les Corsaires..............................5 D4		Buvette des Bains................(siehe 2)	SIP...37 A6
Mini-Train Electro-Solaire.........6 D4		Café des Bains..........................21 A6	White 'n Silver..........................38 C6
Musée d'Art et d'Histoire..........7 C6		Chez Kei....................................22 D6	
Musée d'Art Moderne et		Gelateria Arlecchino.................23 D5	SHOPPEN
Contemporain........................8 A6		L'Adresse..................................24 D5	Best Of......................................39 A5
Musée d'Histoire Naturelle........9 D6		Le Marché de Vie.....................25 D5	Flohmarkt.................................40 B6
Musée International de la Croix Rouge		Le Pain Quotidien....................26 C5	Great Outdoor Store................41 C5
et du Croissant-Rouge..........10 A1		Little India................................27 B3	La Trouvaille.............................42 D5
Palais des Nations....................11 B1		Migros.................................(siehe 25)	
Parc de la Perle du Lac............12 C2		Omnibus...................................28 A5	TRANSPORT
Parc de l'Ariana........................13 A1			Genève Roule...........................43 C4
Patek Philippe Museum...........14 A6		AUSGEHEN	Les Mouettes Anlegestelle........44 C2
		La Presse...................................29 A5	Les Mouettes Anlegestelle........45 D5
SCHLAFEN		Le Caveau de Bacchus.............30 C5	Parking Plaine de Plainpalais.....46 A6
Auberge de Jeunesse...............15 C3		Nathan......................................31 A4	Swissboat..................................47 C5

MAISON TAVEL
Nur wenig erinnert an das wahre Alter des ältesten Hauses von Genf, aber die Ausstellung in dem aus dem 14. Jh. stammenden **Maison Tavel** (Karte S. 98 f.; ☎ 022 418 37 00; Rue du Puits St-Pierre 6; Eintritt frei; 10–17 Uhr) bietet interessante Einblicke in das Leben der Stadt vom 14. bis zum 19. Jh.

ESPACE ROUSSEAU
Im **Espace Rousseau** (Karte S. 98 f.; ☎ 022 310 10 28; www.espace-rousseau.ch; Grand-Rue 40; Erw./Kind unter 7 Jahren/7–18 Jahre 5 SFr/frei/3 SFr; Di–So 11–17.30 Uhr) zeichnet eine 25-minütige audiovisuelle Vorführung das schwere Leben Jean-Jacques Rousseaus nach. Genfs berühmtester Philosoph wurde hier 1712 geboren.

MUSÉE BARBIER-MUELLER
Der Kultur indigener Kulturen aus aller Welt widmet sich das **Musée Barbier-Mueller** (Barbier-Mueller-Museum; Karte S. 98 f.; ☎ 022 312 02 70; www.barbier-mueller.ch; Rue Jean Calvin 10; Erw./Kind unter 12 Jahre/Student 8 SFr/frei/5 SFr; 11–17 Uhr). In der Sammlung sind u. a. präkolumbianische Kunstschätze aus Südamerika, Statuen der Südseekulturen und Schilder und Waffen aus Afrika zu sehen.

PARC DES BASTIONS & PLACE NEUVE
4,5 m hohe Statuen der Reformatoren Bèze, Calvin, Farel und Knox – in Nachthemden, als wollten sie gleich zu Bett gehen – wachen über dem **Parc des Bastions** (Karte S. 98 f.). Der Nordeingang des Parks liegt an der **Place Neuve**, auf der eine Statue von Henri Dufour steht, dem Mitbegründer des Roten Kreuzes, der 1865 die erste detaillierte topografische Karte der Schweiz zeichnete. An dem Platz stehen außerdem Genfs Theater (S. 108) sowie das **Musée Rath** (Karte S. 98 f.; ☎ 022 418 33 40; Place Neuve), das zum Zeitpunkt der Recherche renoviert wurde, inzwischen aber wieder geöffnet ist.

MUSÉE D'ART MODERNE ET CONTEMPORAIN
Das **Musée d'Art Moderne et Contemporain** (MAMCO; Museum für moderne & zeitgenössische Kunst; Karte S. 96 f.; ☎ 022 320 61 22; www.mamco.ch, französisch; Rue des Vieux Grenadiers 10; Erw./Kind unter 18 Jahre 8 SFr/frei, am 1. Mi des Monats ab 18 Uhr Eintritt frei; Di–Fr 12–18, Sa & So 11–18 Uhr, 1. Mi des Monats 12–21 Uhr) ist auf dem Fertigungsgelände einer Fabrik aus den 1950er-Jahren untergebracht und zeigt Ausstellungen junger, internationaler Künstler, die in verschiedenen Medien arbeiten.

PATEK PHILIPPE MUSEUM
Ein Schatzhaus der Präzisionsinstrumente: Dieses **Museum** (Karte S. 96 f.; ☎ 022 807 09 10; www.patekmuseum.com; Rue des Vieux Grenadiers 7; Erw./Kind unter 18 Jahren/Jugendl. 18–25 Jahre 10 SFr/frei/7 SFr; Di–Fr 14–18, Sa 10–18 Uhr, kostenlose Führung in englischer Sprache Sa 14.30 Uhr) zeigt exquisite Chronometer aus der Zeit vom 16. Jh. bis zur Gegenwart.

WEITERE MUSEEN AUF DER LINKEN UFERSEITE
Konrad Witz' Gemälde *Der wunderbare Fischzug* (ca. 1440–1444), das Christus wandelnd auf dem Genfer See zeigt, ist eines der Highlights im **Musée d'Art et d'Histoire** (Museum für Kunst & Geschichte; Karte S. 96 f.; ☎ 022 418 26 00;

GENF ZENTRUM

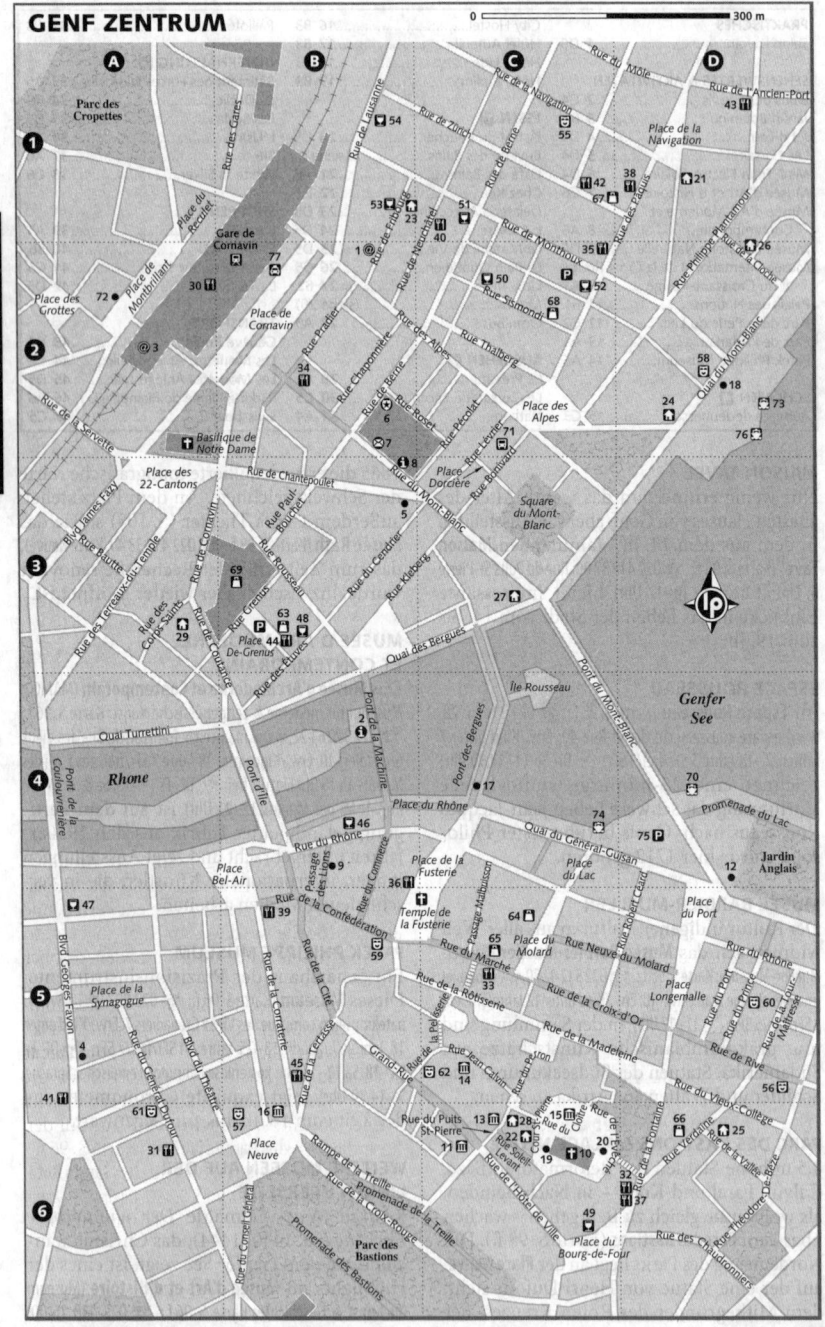

PRAKTISCHES		Hôtel de la Cloche	26 D2	Olé Olé	53 B1
Charly's Checkpoint	1 B2	Hôtel des Bergues	27 C3	Scandale	54 B1
Information de la Ville de		Hôtel Les Armures	28 C6		
Genève	2 B4	Hotel St-Gervais	29 A3	**UNTERHALTUNG**	
Internet Café de la Gare	3 A2			Dialogai	55 C1
Off the Shelf	4 A5	**ESSEN**		Fnac Billetterie Spectacles	56 D5
Payot Libraire	5 B3	Aperto	30 A2	Grand Théâtre de Genève	57 B6
Polizei	6 B2	Au Grütli	31 A6	Java Club	58 D2
Post	7 B2	Au Pied de Cochon	32 D6	Rex	59 B5
Touristeninformation	8 B3	Boucherie Moulard	33 C5	Service Culturel Migros	
		Café de Paris	34 B2	Genève	60 D5
SEHENSWERTES & AKTIVITÄTEN		Café des Arts	35 C2	Théâtre du Grütli	(siehe 31)
After the Rain Spa	9 B4	Café Prunier	36 B4	Victoria Hall	61 A6
Cathédrale de Saint-Pierre	10 C6	Chez Ma Cousine	37 D6	X-S Club	62 C5
Espace Rousseau	11 C6	Delicatessa Globus	(siehe 65)		
Horloge Fleurie	12 D4	Gelatomania	38 D1	**SHOPPEN**	
La Cité du Temps	(siehe 2)	Gilles Desplanches	39 B5	Collection Privée	63 B3
La Collection Swatch	(siehe 2)	Globus	(siehe 64)	Globus Eingang	64 C5
Maison Tavel	13 C6	Jecks Place	40 C1	Globus Eingang	65 C5
Musée Barbier-Mueller	14 C5	Le Pain Quotidien	41 A6	La 3ème Main	66 D6
Musée International de la		Les 5 Portes	42 C1	La Fringue-Halle	67 C1
Réforme	15 C6	Mikado	43 D1	L'Appart	68 C2
Musée Rath	16 B6	Piment Vert	44 B3	L'Autre	(siehe 44)
Altstadtführung	17 C4	RestO by Arthur's	(siehe 2)	Manor	69 B3
Tour Parks & Herrschaftl. Häuser	18 D2	ù bobba	45 B5		
Site Archéologique	19 C6			**TRANSPORT**	
Terrasse Agrippa		**AUSGEHEN**		Compagnie Générale de	
d'Abigné	20 C6	Arthur's	46 B4	Navigation	70 D4
		Boulevard du Vin	47 A5	Gare Routière	71 C2
SCHLAFEN		La Bretelle	48 B3	Genève Roule	72 A2
Edelweiss	21 D1	La Clémence	49 C6	Les Mouettes Anlegestelle	73 D2
Hôme St-Pierre	22 C6	L'Aiglon	50 C2	Les Mouettes Anlegestelle	74 C4
Hôtel At Home	23 B1	Le Palais		Parking du Mont Blanc	75 D2
Hôtel Beau-Rivage	24 D2	Mascotte	51 C1	Swissboat	76 D2
Hôtel Bel'Esperance	25 D6	Melody's	52 C2	Taxistand	77 B2

http://mah.ville-ge.ch; Rue Charles Galland 2; Dauerausstellung/Wechselausstellungen Eintritt frei/je nach Ausstellung verschieden; Di–So 10–17 Uhr).

Kinder haben ihre Freude an den ausgestopften Bären, Tigern, Giraffen und der Schweizer Fauna im **Musée d'Histoire Naturelle** (Museum der Naturgeschichte; Karte S. 96 f.; ☎ 022 418 63 00; Rte de Malagnou 1; Eintritt frei; Di–So 9.30–17 Uhr).

Nördlich der Rhone

Man überquert den Fluss mit einer Fähre (Les Mouettes; S. 110); über den **Pont du Mont-Blanc** (Karte S. 96 f.), die für Staus berüchtigte einzige Autoverkehrsbrücke in Genf oder über den Fußgängern vorbehaltenen **Pont de la Machine** (Karte S. 98 f.), eine Brücke, die sich an ein Industriegebäude aus den 1840er-Jahren schmiegt und das errichtet wurde, um die öffentlichen Springbrunnen der Stadt mit Wasser zu versorgen. Jetzt ist daraus eine eindrucksvolle Ausstellungsfläche geworden, die **Cité du Temps** (Karte S. 98 f.; ☎ 022 818 39 00; www.citedutemps.com; Pont de la Machine 1; 9–18 Uhr). In ihr befinden sich eine Loungebar mit Restaurant (S. 106), Ausstellungen zeitgenössischer Kunst sowie **La Collection Swatch**, wo 1700 der 4000 Modelle in der weltgrößten Sammlung dieser modischen Schweizer Uhren ausgestellt sind. Dazu gehören so amüsante Stücke wie Love Bite, das 1998 für den Valentinstag geschaffen wurde, die Skin Collection, die 1997 produzierten flachsten Plastikuhren der Welt sowie die Sonderanfertigungen zum 20. Jubiläum von James Bond. An zwei Computerterminals kann man seine eigene Swatch entwerfen, und einige Modelle werden zum Kauf angeboten.

Ein Blumenmeer, Statuen und der Ausblick auf den Mont Blanc (allerdings nur an klaren Tagen) bestimmen das Bild am Quai du Mont-Blanc, der nördlichen Uferpromenade, die an den **Bains des Pâquis** (S. 100) vorbei zum **Parc de la Perle du Lac** (Karte S. 96 f.) führt, wo die Römer einst aufwändige Thermen errichteten. Weiter nördlich tummeln sich Pfaue auf den Rasenflächen des **Parc de l'Ariana** (Karte S. 96 f.), der das Gelände der UNO und den **Jardin Botanique** (Botanischer Garten; Karte S. 96 f.; Eintritt frei; April–Okt. 8–19.30 Uhr, Nov.–März 9.30–17 Uhr) umschließt.

PALAIS DES NATIONS

Seit 1966 ist das **Palais des Nations** (Karte S. 96 f.; ☎ 022 917 48 60; Völkerbundpalast; Ave de la Paix 14;

Erw./Kind unter 6 Jahren/6–18 Jahre 10 SFr/frei/5 SFr; April–Juni, Sept. & Okt. 10–12 & 14–16 Uhr, Juli & Aug. 10–17 Uhr, Nov.–März Mo–Fr 10–12 & 14–16 Uhr) der europäische Hauptsitz der Vereinten Nationen. Errichtet wurde das Palais zwischen 1929 und 1936 als Sitz für den damaligen Völkerbund. Im Eintrittspreis inbegriffen sind eine einstündige Führung und der Zugang zum Park, in dem ein graues, mit hitzebeständigem Titan verkleidetes Denkmal aus dem Boden schießt, das der Eroberung des Weltraums gewidmet und ein Geschenk der ehemaligen Sowjetunion ist. Für den Eintritt auf das Gelände ist die Vorlage eines Ausweises oder Reisepasses erforderlich.

MUSÉE INTERNATIONAL DE LA CROIX ROUGE ET DU CROISSANT-ROUGE

Die Multimedia-Präsentationen im **Musée International de la Croix Rouge et du Croissant-Rouge** (Internationales Rotkreuz- & Rothalbmondmuseum; Karte S. 96 f.; ☎ 022 748 95 25; www.micr.org; Ave de la Paix 17; Wechselausstellung frei, Dauerausstellung Erw./Kind unter 12 Jahren/12–16 Jahre 10 SFr/frei/5 SFr; Mi–Mo 10–17 Uhr) zeigen den erschütternden Überblick über die Grausamkeiten, die sich Menschen im Krieg zufügen. In Filmen, Fotos, Skulpturen und Geräuschinstallationen wird die lange Litanei der Kriege und Scheußlichkeiten veranschaulicht. Hiergegen wandte sich mit hehren Zielen jene Organisation (ab 1864), deren wichtigste Begründer die Philanthropen Henri Dunant (ein Geschäftsmann) und Henri Dufour (ein General) waren. Mit dem Bus 8 fährt man vom Gare de Cornavin bis zur Haltestelle „Appia".

CERN

Das 1954 gegründete **CERN** (Conseil Européen pour la Recherche Nucléaire; Europäische Organisation für Kernforschung; außerhalb der Karte S. 96 f.; ☎ 022 767 84 84; visits-service@cern.ch; kostenlose Führung mit Voranmeldung Mi & Sa 9 & 14 Uhr) befindet sich etwa 8 km westlich von Genf in der Nähe von Meyrin und ist eine Forschungsanlage für Teilchenphysik. Hier werden Elektronen und Positronen in einer 27 km langen Ringröhre (*Large Hadron Collider*, Großer Hadronen-Speicherring, größte Maschine der Welt) beschleunigt; beim Zusammenprall der Teilchen sollen bisher unbekannte Elementarteilchen freigesetzt und erforscht werden. Die dreistündige Führung muss man mindestens eine Monat im Voraus buchen. Außerdem ist die Vorlage des Personalausweises oder Reisepasses erforderlich.

Microcosm (außerhalb der Karte S. 96 f.; ☎ 022 767 84 84; http://microcosm.web.cern.ch; Eintritt frei; Mo–Fr 8.15–17.30, Sa 8.30–17 Uhr) heißt das vor Ort befindliche multimediale und interaktive Besucherzentrum des CERN. Hier gibt's Physik-Workshops (Mi 9 & 15, Sa 15 Uhr) für Jugendliche ab 14 Jahre.

Vom Bahnhof fährt man mit der Tram 14 oder 16 zunächst nach Avanchet und nimmt dort den Bus 56 bis zur Endhaltestelle vor dem CERN (3 SFr, 40 Min.).

GENF MIT KINDERN

Rund um den Genfer See erfreuen sich die Kinder an den Enten und Schwänen. Bei **Les Corsaires** (Karte S. 96 f.; ☎ 022 735 43 00; www.lescorsaires.ch, französisch; Quai Gustave-Ador 33) kann man geruhsame Tret-, schnittige Motor- und schicke Segelboote mieten. Ein weiterer großer Spaß ist die Wasserrutsche im **Genève Plage** (außerhalb der Karte S. 96 f.; ☎ 022 736 24 82; www.geneve-plage.ch, französisch; Port Noir; Juni–Mitte Sept. 10–20 Uhr), einem Schwimmbadkomplex am See aus den 1930er-Jahren, oder das Planschen in den **Bains des Pâquis** (Karte S. 96 f.; ☎ 022 732 29 74; www.bains-des-paquis.ch, französisch; Quai du Mont-Blanc 30; Mitte April–Mitte Sept. 9–20 Uhr), wo sich die Genfer seit 1872 in der Sonne tummeln.

Zu den weiteren kindgerechten Attraktionen gehören die Fahrt mit dem elektrischen Zug (S. 101), der von Tarzan inspirierte Park am **Baby-Plage** (außerhalb der Karte S. 96 f.; Quai Gustave-Ador), wo man sich an Gummiseilen von Baum zu Baum schwingen kann, sowie die gut ausgestatteten Spielplätze für Kleinkinder im **Parc de la Perle du Lac** (S. 99) und im **Bois de la Bâtie** (außerhalb der Karte S. 96 f.), wo sich Pfaue, Ziegen und Rehe tummeln.

Die Ausstellungsstücke und die Workshops (Mi nachmittags) im **Musée d'Histoire Naturelle** (S. 99) ziehen Kinder genauso in ihren Bann wie die vielen interaktiven Ausstellungen im MAMCO (S. 97).

Nützlich ist die Website www.genevefamille.ch (französisch und deutsch).

GEFÜHRTE TOUREN

Man kann die Stadt auf eigene Faust mit einem (deutschsprachigen) Audioguide der Touristeninformation (10 SFr) erkunden oder sich für einen der von ihr organisierten Stadtspaziergänge durch die Altstadt anmelden (15 SFr, 2 Std.).

Key Tours (☎ 022 731 41 40; www.keytours.ch) bietet mehrsprachig vom Band kommentierte

Trips nach Yvoire (S. 102) sowie diverse kreative Touren quer durch die Stadt, darunter eine 45-minütige **Altstadtführung** (Karte S. 98 f.; Erw./Kind 9,90/6,90 SFr; ☼ März–Dez. 10.45–18 Uhr) an Bord einer altmodischen Tram, die täglich bis zu zwölfmal von der Place du Rhône abfährt; die 35-minütige **Tour Parks & Herrschaftliche Häuser** (Karte S. 98 f.; Erw./Kind 8,90/5,90 SFr; ☼ März–Okt. 10 Uhr–Dämmerung, Nov. & Dez. nur Sa & So) mit einem weißen Elektrozug längs dem rechten Flussufer vom Quai du Mont-Blanc aus sowie eine 30-minütige Tour am linken Ufer mit dem knallroten, mit Sonnenenergie betriebenen **Mini-Zug Electro-Solaire** (Karte S. 96 f.; Erw./Kind 8/5 SFr; ☼ April–Sept. stündl. 10.15–22.15 Uhr), der in der Nähe des Jardin Anglais abfährt.

Das ganze Jahr über veranstaltet **CGN** (s. S. 109) einstündige Bootsfahrten auf dem See entlang von Genfs *belles rives* (schönen Ufern); Abfahrt ist mehrmals täglich an der CGN-Anlegestelle im Jardin Anglais. Die Tickets kann man dort im Ticketbüro kaufen (16 SFr). Von Mai bis Ende Oktober gibt's von der gleichen Landestelle aus denkwürdige Schlemmerkreuzfahrten (Mittagessen 65 SFr, Abendessen 85–98 SFr), bei denen der Chefkoch Philippe Chevrier (www.savoie-philippe -chevrier.ch) sein Können zeigt. Im Winter kann man abends eine Kreuzfahrt mit Fleisch- oder Käsefondue (Ende Sept.–Mitte Juni; 49/63 SFr) und einem Blick auf die Lichter der Stadt genießen.

Auf der anderen Seeseite bietet **Swissboat** (Karte S. 96 f.; ☎ 022 732 29 44; www.swissboat.com; 4–8 Quai du Mont Blanc) zwischen Mai und Oktober diverse, thematisch ausgerichtete Kreuzfahrten auf dem See, Dauer 40 Minuten bis 2¾ Stunden, sowie eine faszinierende 2¾-stündige Naturfahrt die Rhone hinunter (Erw./Kind 24/17 SFr) an.

FESTE & EVENTS

Das Zertrümmern von mit Marzipan gefüllten *marmites en chocolat* (Schokoladenkessel) und der anschließende Genuss der süßen Brocken machen das **L'Escalade** (www.escalade.ch, französisch), Genfs größtes Fest am 11. Dezember, zu einer vergnüglichen Angelegenheit. Fackelprozessionen beleben die Altstadt; auf dem Platz vor der Kathedrale wird ein Freudenfeuer entfacht, mit dem man des Siegs über die savoyischen Truppen im Jahr 1602 gedenkt. Der Legende nach wurde der Überfall zurückgeschlagen, weil eine wackere Hausfrau einen Söldner entdeckte, diesem einen Topf heißer Suppe über den Kopf kippte, dann mit dem Kochkessel auf ihn eindrosch und Alarm schlug.

Während der zweiwöchigen **Fêtes de Genève** (www.fetes-de-geneve.ch, französisch) gibt's im August Umzüge, Freiluftkonzerte, Karusselle am Seeufer und Feuerwerk.

SCHLAFEN

Eine umfassende Liste der Unterkünfte findet man unter www.geneva-hotel.ch; die Touristeninformation nimmt gegen eine Gebühr von 5 SFr Hotelreservierungen vor. Beim Einchecken nach dem kostenlosen ÖPNV-Ticket fragen, mit dem man während der Dauer des Hotelaufenthalts unbegrenzt die städtischen Nahverkehrsbusse nutzen kann.

Budgetunterkünfte

Auberge de Jeunesse (Karte S. 96 f.; ☎ 022 732 62 60; www.yh-geneva.ch; Rue Rothschild 28–30; B 29 SFr, DZ/4BZ

EIN ABSTECHER IN DIE BOHEME

Genfs Boheme-Seite ist in Carouge zu finden, wo das Fehlen wirklicher Sehenswürdigkeiten – abgesehen von den eleganten Häusern mit Hofgärten aus dem 18. Jh. und dem **Musée de Carouge** (außerhalb der Karte S. 96 f.; ☎ 022 342 33 84; muse@carouge.ch; Place de la Sardaigne 2; Eintritt frei; ☼ Di–So 14–18 Uhr), in dem Keramik aus dem 19. Jh. ausgestellt ist – zum Charme beiträgt.

Carouge wurde im 18. Jh. von Viktor Amadeus III. umgestaltet, dem Herzog von Savoyen und König von Sardinien, der so Genf den Rang als Handelszentrum ablaufen wollte – aber im Vertrag von Turin wurde der Ort 1816 Genf zugeschlagen. Heute füllen Bars, Boutiquen und Künstlerateliers die engen Straßen.

Die Straßenbahnen 12 und 13 verbinden das Zentrum von Genf mit dem ebenen, von Bäumen bestandenen Hauptplatz von Carouge, der Place du Marché. Am Mittwoch und Samstag herrscht hier vormittags buntes Markttreiben. Während der Fête du Cheval im April trotten Pferde durch die Straßen, und im Dezember reihen sich Pferdewagen an der Place de l'Octroi, sodass die Leute während der Weihnachtseinkäufe eine Kutschfahrt machen können.

mit Toilette 85/123 SFr, mit Dusche & Toilette 95/135 SFr; ⊙ Rezeption Juni–Sept. 6.30–10 & 14–1 Uhr, Okt.–Mai 6.30–10 & 16–24 Uhr; 🖳) Das Hostel befindet sich in einem Apartmentblock und hat 350 Betten. Im Preis ist das Frühstück enthalten. Die Schlafsäle haben höchstens 12 Betten, in den Badezimmern gibt's Föhne, auch Einrichtungen für Gäste mit Behinderungen und ein Waschsalon mit vielen Waschmaschinen stehen zur Verfügung.

Hôme St-Pierre (Karte S. 98 f.; ☎ 022 310 37 07; www.homestpierre.ch; Cour St-Pierre 4; B 29 SFr, EZ/DZ mit Waschbecken 46/68 SFr; ⊙ Rezeption Mo–Sa 9–12 & 16–20, So 9–12 Uhr; 🖳) Diese Herberge im Schatten der Kathedrale wurde 1874 von der Deutschen Lutherischen Kirche eingerichtet, um deutschen Frauen eine Unterkunft zu bieten, die in Genf Französisch lernen wollten. Auch heute noch ist das Haus überwiegend auf weibliche Gäste eingerichtet – für Männer gibt's nur sechs Betten in einem Schlafsaal. Der Blick von der Dachterrasse ist schlicht himmlisch.

City Hostel (Karte S. 96 f.; ☎ 022 901 15 00; www.cityhostel.ch; Rue de Ferrier 2; B 32–36 SFr, EZ/DZ 59/86 SFr; ⊙ Rezeption 7.30–12 & 13–24 Uhr; ✗ Ⓟ 🖳) Das blitzblanke und gut organisierte Hostel hat auch Zweibett-Schlafräume, die gut und günstig sind. Im Preis inbegriffen sind Bettwäsche und Handtücher, die Benutzung von Küche und Fernsehzimmer sowie ein kostenloses Schließfach.

LP Tipp **Hôtel de la Cloche** (Karte S. 98 f.; ☎ 022 732 94 81; www.geneva-hotel.ch/cloche; Rue de la Cloche 6; EZ mit/ohne Bad ab 90/65 SFr, DZ mit/ohne Bad ab 110/95 SFr, 4BZ mit Bad ab 135 SFr; ✗) Elegante Kamine, großbürgerliche Möbel, Holzböden und ein paar Kandelaber geben dem altmodischen Ein-Sterne-Hotel ein wenig Glanz. Einige Zimmer prunken sogar mit gusseisernen Balkonen und einem guten Blick auf den Jet d'Eau.

LP Tipp **Hotel St-Gervais** (Karte S. 98 f.; ☎ 022 732 45 72; www.stgervais-geneva.ch; Rue des Corps Saints 20; EZ/DZ mit Waschbecken 109/119 SFr, DZ mit Dusche & Toilette 140 SFr; ⊙ Rezeption 7–23 Uhr) Traveller mit übergroßen Koffern aufgepasst: die Fahrt mit dem winzigen Fahrstuhl dieses urigen, sieben Stockwerke umfassenden Hotels in Bahnhofsnähe ist eine ziemlich einengende Angelegenheit. Die Zimmer im 1. und 7. Stock sind frisch renoviert.

Mittelklassehotels

Hôtel Bel'Esperance (Karte S. 98 f.; ☎ 022 818 37 37; www.hotel-bel-esperance.ch; Rue de la Vallée 1; EZ/DZ/3BZ/4BZ ab 98/154/186/228 SFr; ⊙ Rezeption 7–22 Uhr; ✗ 🖳)

TAGESAUSFLÜGE

In Genf gibt es drei Möglichkeiten für einen Tagesausflug: eine Bootstour auf dem Genfer See, eine Bergwanderung im Jura oder eine Fahrt ins benachbarte Frankreich.

Das französische Bilderbuch-Städtchen **Yvoire** (außerhalb der Karte S. 96 f.), 27 km nordöstlich von Genf am Südufer des Genfer Sees, ist der Ort, an dem alle – egal ob Diplomat oder Müllmann – am Wochenende gern mal einen Nachmittag verbringen. Das mittelalterliche Städtchen hat eine Stadtmauer, einen Fischerhafen, eine Burg wie aus dem Märchenbuch (für Besucher geschl.) und kopfsteingepflasterte Gassen, die für Fahrzeuge gesperrt sind. Hier kann man herumbummeln, Blumen bewundern und sich den restaurierten mittelalterlichen Küchengarten anschauen, den **Jardin des Cinq Sens** (Garten der Fünf Sinne; ☎ 72 82 04 50 80; www.jardin5sens.net; Erw./Kind 4–16 Jahre 10/5,50 SFr; ⊙ April 11–18 Uhr, Mai–Mitte Sept. 10–19 Uhr, Sept.–Mitte Okt. 13–17 Uhr). Außerdem gibt's jede Menge Souvenirläden und touristische Mittagsrestaurants. Die Bootsfahrt mit CGN (S. 109) vom Genfer Jardin Anglais (2. Klasse hin & zurück 37,80 SFr; 1¾ Std., Mai–Sept.) oder am See entlang in einem grünen, altmodischen Bus (Erw./Kind hin & zurück 49/24,50 SFr; Mai–Okt. tgl., März, April, Nov. & Dez. nur Sa & So) von Key Tours (S. 100), der von der Place du Rhône abfährt, sind Teil des Ausflugsvergnügens.

Das idyllische Schweizer Städtchen **Hermance** (außerhalb der Karte S. 96 f.), 16 km nordöstlich von Genf an der schweizerisch-französischen Grenze, lockt mit seinen engen Gassen und mittelalterlichen Häusern, ein paar teuren Kunstgalerien und der legendären **Auberge d'Hermance** (☎ 022 751 13 68; www.hotel-hermance.ch; Rue du Midi 12; Mittagsmenü Mo–Fr 42 SFr, Hauptgerichte 22–68 SFr) vor allem Kenner an. Die Auberge ist eine der feinsten kulinarischen Adressen in der Region, die Hähnchen werden hier im Ganzen gebacken und in einer sagenhaften Salzkruste serviert. Der TPG-Bus E (4,60 SFr, 30 Min., mind. stündl.) verbindet Hermance mit der Rue de Pierre Fatio auf der linken Uferseite in Genf.

Das Zwei-Sterne-Hotel liegt praktisch direkt an der Altstadt. Die Zimmer sind ruhig und gepflegt, die im 1. Stock teilen sich eine Küche. Mit dem Lift kann man zu der mit Blumen dekorierten Dachterrasse hinauffahren. Kostenloses WLAN.

Hôtel At Home (Karte S. 98; ☎ 022 906 19 00; www.hotel-at-home.ch; Rue de Fribourg 16; EZ/DZ 130/170 SFr) Funktionalität ist Trumpf in diesem steifen Hotel, in dem sich die Gäste in einfachen Zimmern oder den für längere Vermietung vorgesehenen Apartments mit Küche „zu Hause" fühlen sollen. Die Restaurants in der Nachbarschaft bieten Gerichte aus aller Welt.

La Cour des Augustins (außerhalb der Karte S. 96 f.; ☎ 022 322 21 00; www.lacourdesaugustins.com; Rue Jean-Violette 15; EZ/DZ ab 191/225 SFr; P 🖥) Das schicke, hochmoderne Hotel preist sich selbst als „Boutique Gallery Design Hotel" an. Das Innere hinter der täuschenden Fassade aus dem 19. Jh. ist weiß gehalten, verfügt über die neueste Technologie und gibt sich absolut trendig. Beim Auschecken kann man sich in der Hotelboutique mit einer Designerlampe oder einem anderen Kunstobjekt für den Haushalt eindecken.

Edelweiss (Karte S. 98 f.; ☎ 022 544 51 51; www.manotel.com; Place de la Navigation 2; DZ 290–390 SFr) In dieser Unterkunft im Heidi-Stil fühlt man sich wie mitten in den Schweizer Alpen. Alles ist da, auch ein mächtiger, knuddeliger Bernhardiner, der am Geländer, am Kamin oder hinter dem mit Blumen bemalten, aus Kiefernholz bestehenden Kopfteil der Betten herumlümmelt. Das Restaurant im Chalet-Stil gilt bei den Genfern als Top-Adresse.

Hôtel Jade (Karte S. 96 f.; ☎ 022 544 38 38; www.manotel.com; Rue Rothschild 55; DZ 290–390 SFr) Elegantes Ebenholz und weitere dunkle Hölzer bilden einen schönen Kontrast zu den cremefarbenen und anderen Naturtönen dieses modisch-zurückhaltenden „Feng-Shui-Erlebnisses". Das stilvolle Boutiquehotel will seine Gäste mit altchinesischen Gestaltungsprinzipien und Zen-Philosophie entspannen, revitalisieren und inspirieren.

Hôtel Kipling (Karte S. 96 f.; ☎ 022 544 40 40; www.manotel.com; Rue de la Navigation 27; DZ 290–390 SFr) Was der in Bombay geborene Autor des *Dschungelbuchs* mit Genf zu tun haben soll, wissen die Angestellten im Hôtel Kipling auch nicht. Ist aber auch egal. Das thematisch um den britischen Schriftsteller ausgerichtete, stilvolle Boutiquehotel bietet jedenfalls einen erfrischenden Aufenthalt.

DAS ULTIMATIVE SCHOKOLADENERLEBNIS

Körper und Seele entspannen? Dafür bietet sich das **After the Rain Spa** (Karte S. 98 f.; ☎ 022 819 01 50; www.spa-aftertherain.ch; Passage des Lions 4; ⓥ Mo–Sa 9–21 Uhr) an, ein Hafen des Friedens und der Ruhe in der Innenstadt von Genf, wo das Tüpfelchen auf dem i für Schokoverrückte eine Körperpackung aus cremiger Milchschokolade (140 SFr, 45 Min.) oder – noch besser –, ein gutes, altes Bad in Milch oder weißer Schokolade (180 SFr, 30 Min.) ist.

Spitzenklassehotels

Genf besitzt eine ganze Menge Vier- oder Fünf-Sterne-Hotels.

Hôtel Auteuil (Karte S. 96; ☎ 022 544 22 22; www.manotel.com; Rue de Lausanne 33; DZ ab 350 SFr; P ✕ ❀ 🖥) Das Highlight dieses schicken Designerhotels in der Nähe des Bahnhofs ist die beneidenswerte Sammlung von Schwarzweißfotos von Filmstars der 1950er-Jahre – jedenfalls für Genf. An der Rezeption gibt's ein Buch für all jene, die genau wissen wollen, wer wer ist und wo der Schnappschuss gemacht wurde. Kostenloses WLAN.

Hôtel Les Armures (Karte S. 98 f.; ☎ 022 310 91 72; www.hotel-les-armures.ch; Rue du Puits St-Pierre 1; EZ/DZ ab 395/605 SFr; P ✕ ❀ 🖥) Diese verwunschene Prinzessin aus dem 17. Jh. strahlt aus jedem Winkel Geschichte aus. Bei wunderschöner Lage im Herzen der Altstadt bietet das Hotel eine intime und elegante Atmosphäre. Die WLAN-Nutzung kostet 25 SFr pro Tag.

LP Tipp La Réserve (außerhalb der Karte S. 96 f.; ☎ 022 959 59 59; www.lareserve.ch; Rte de Lausanne 301; DZ ab 500 SFr; P ✕ ❀ 🖥) Man hat eigentlich absolut keinen Grund, diese Anlage überhaupt wieder zu verlassen: Die Innengestaltung stammt von dem Pariser Designergott Jacques Garcia und bietet in bester Uferlage alles an hochmodischer Gestaltung von afrikanischem Kolonialstil über Pop im Barbarella-Stil der 1960er-Jahre bis hin zu Fengshui-Minimalismus. „Himmel auf Erden" ist da nicht zu viel gesagt.

Hôtel des Bergues (Karte S. 98 f.; ☎ 022 908 70 00; www.bergueshotel.com; Quai des Bergues 33; DZ ab 760 SFr; P ✕ ❀ 🖥) Genfs ältestes Hotel wird seiner glanzvollen Vergangenheit wirklich gerecht. Von Kronleuchtern beleuchtete Stuckdecken, großartige Blumenarrangements. Ölgemälde in schweren Goldrahmen und hinter Glas glitzernde Diamanten bestimmen die Atmosphäre in diesem am See gelegenen klassizistischen Juwel aus dem Jahr 1834. Allerdings muss man sich fragen, wie man ernsthaft für die Übernachtung in einer Suite 12 000 SFr pro Tag verlangen kann.

Hôtel Beau-Rivage (Karte S. 98 f.; ☎ 022 716 66 66; www.beau-rivage.ch; Quai du Mont-Blanc 13; DZ ab 790 SFr; P ✗ ✻ 💻) Seit vier Generationen wird dieses Hotel von der Familie Mayer geführt; es ist ein opulentes Schmuckstück aus dem 19. Jh.

ESSEN

Genf hat eine Vielzahl von Restaurants, die Gerichte aus allen Küchen der Welt auftischen. Gourmets mit beschränkten finanziellen Mitteln essen am besten im Pâquis, wo es preiswerte Restaurants aus aller Herren Länder gibt.

Genfs legendärste (d. h. teuerste) asiatische Restaurants sind das **Chez Kei** (Karte S. 96 f.; ☎ 022 346 47 89; Rte de Malagnou 6; Hauptgerichte 30–37 SFr, Mittagsmenü Mo–Fr 28 SFr; ⊙ Mo–Fr mittags & abends, Sa nur abends), die zweitälteste Hommage an die chinesische Küche in Genf, das **Jecks Place** (Karte S. 98 f.; ☎ 022 731 33 03; Rue de Neuchâtel 14; Hauptgerichte 24–30 SFr; ⊙ Mo–Fr mittags & abends, Sa & So nur abends) mit Schlemmergerichten aus Singapur, China, Malaysia und Thailand sowie das **Little India** (Karte S. 96 f.; ☎ 022 731 11 71; www.littleindia.ch; Rue du Prieuré 20; Hauptgerichte 15–30 SFr; ⊙ Mo–So), bei dem der Name sagt, was es hier zu essen gibt.

Restaurants – Südlich der Rhone

Die Place du Molard ist der perfekte Ort für einen Lunch während des Einkaufsbummels; entsprechend viel ist hier los. Empfehlenswert sind auch die vielen Lokale an der Place du Bourg-de-Four, Genfs ältestem Platz.

Chez Ma Cousine (Karte S. 98 f.; ☎ 022 310 96 96; www.chezmacousine.ch; Place du Bourg-de-Four 6; Mittagessen 14,90 SFr; ⊙ 11–22 Uhr) „*On y mange du poulet*" (Hier isst man Hähnchen) heißt es in dieser studentischen Institution und zu Recht, denn hier kann man große Portionen von Hähnchen mit Kartoffeln und Salat zu einem Preis verdrücken, für den man keinen Kleinkredit aufnehmen muss.

Omnibus (Karte S. 96 f.; ☎ 022 321 44 45; www.omnibus-cafe.ch; französisch; Rue de la Coulouvrenière 23; Tages-Mittagsmenü 18 SFr, Hauptgerichte 25–40 SFr; ⊙ Mo–Fr 11–2, Sa & So 17–2 Uhr) Von der graffitibedeckten Fassade dieses Barrestaurants an der Rhone sollte man sich nicht abschrecken lassen. Die vielen Innenräume im Retrostil wirken schon auf den ersten Blick verführerisch. Ganz besonders romantisch ist der hintere Raum (Reservierung erforderlich) mit seinen Wandteppichen und viel Spitze. Als Visitenkarten dienen ausgediente Busfahrscheine.

Café Prunier (Karte S. 98; ☎ 022 781 09 24; www.caviarhouse-prunier.com; Place de la Fusterie 26; Hauptgerichte 19–46 SFr, Menü 67 SFr; ⊙ Mo–Fr mittags & abends) Eines der angesehensten Kaviargeschäfte (es wurde 1950 eröffnet) liegt inmitten dieses gehobenen Restaurants, das sich in einer Shoppingmeile hinter der Boutique von Caviar House &

DIE BESTEN ORTE FÜR EIN PICKNICK

Angesichts der schönen Aussicht auf die Berge ist Genf ein erstklassiger Ausgangspunkt zum Picknicken, wenn man einmal keine Lust hat, zu viel Geld fürs Essen auszugeben. Hier unsere Favoriten unter den Picknickstellen:

- In dem kleinen Park gegenüber dem Musée d'Art et d'Histoire (S. 104) kann man sich besinnlich im Schatten von Henry Moores üppiger Skulptur *Reclining Figure: Arch Leg* (1973) niederlassen.
- Hinter der Kathedrale (S. 95) lädt die **Terrasse Agrippa d'Aubigné** (Karte S. 98 f.) zum Verweilen ein. Im Park stehen Bänke, auf denen man im Schatten der Bäume dösen kann. Für Kinder gibt's Buddelkästen und Wippen, und man hat einen prima Ausblick auf die Dächer der Stadt und die Kathedrale.
- Ein schöner Platz ist der steinige Strand am Jetée des Pâquis, gegenüber dem Eingang zu den Bains de Pâquis (S. 100).
- An einem klaren und sonnigen Tag bietet sich eine Bank am Quai du Mont Blanc an, von wo aus man einen prachtvollen Ausblick auf den Mont Blanc hat.
- Und schließlich ist da noch die längste Bank der Welt. Sie ist 126 m lang und steht an der von Kastanienbäumen gesäumten Promenade de la Treille im Parc des Bastions (S. 97).

Prunier versteckt. Ein Löffel Kaviar kostet stolze 50 SFr.

Café des Bains (Karte S. 96 f.; ☎ 022 321 57 98; www.cafedesbains.com; Rue des Bains 26; Tages-Mittagsmenü 20 SFr, Hauptgerichte 25–48 SFr; ⓥ Di–Sa 11–15 & 18–1 Uhr) Keine Markenprodukte, schöne Objekte und ein Sinn für Gestaltung sind die Markenzeichen dieses Fusion-Restaurants gegenüber dem Museum für zeitgenössische Kunst, wo sich die Schönen und Reichen von Genf einfinden. Es gibt auch mehrere vegetarische Angebote.

Au Pied de Cochon (Karte S. 98 f.; ☎ 022 310 47 97; Place du Bourg-de-Four 4; Hauptgerichte 23,50–36 SFr; ⓥ Mo–Fr 8–24, Sa & So 11–24Uhr) Im „Schweinefuß" geht's schweinisch zu, denn hier kommen die fetten kurzen Treter als Spezialität des Hauses gefüllt, geschmort oder gebraten auf den Tisch. Eine verzinkte Bar, eine lärmende, dem Wein zusprechende Klientel und (zur Jagdzeit) viel Wild auf der Karte vervollständigen das klassische Bistro-Tableau.

Bistrot du Boucher (Karte S. 96 f.; ☎ 022 736 56 36; Ave Pictet de Rochemont 15; Hauptgerichte 25–40 SFr; ⓥ Mi & Sa mittags, So ganztägig geschl.) Fleisch vom Rind steht in diesem Restaurant, einem Bistro nach Pariser Art mit Spitzenvorhängen, Buntglas und Jugendstilschnitzereien, ganz obenan. *Entrecôte, côte,* Carpaccio oder Tartare wird mit verschiedenen Saucen, Pommes oder Risotto und Salat serviert. Freunde von Kälbern werden das zarte *tartare de veau* (30,50 SFr) lieben oder hassen, je nachdem, welcher Art ihre Liebe zu den Tieren ist.

Au Grütli (Karte S. 98 f.; ☎ 022 328 98 68; www.cafedugrutli.ch; Rue du Général Dufour 16; Hauptgerichte 28–35 SFr; ⓥ Mo–Fr 8–23, Sa & So 16–23 Uhr) Dieser trendige, Laden im Industriestil mit Sitzen im Mezzanin ist zugleich Café und hochmodisches Restaurant. Lamm indonesisch, Moussaka, gebratene Muscheln mit Ingwer und Zitrusfrüchten oder Hähnchen auf provenzalische Art sind nur ein paar der internationalen Gerichte.

ù bobba (Karte S. 98 f.; ☎ 022 310 53 40; Rue de la Corraterie 21; Hauptgerichte 29–47 SFr; Menü 49 SFr; ⓥ Mo 8–15, Di–Do 8–0.30, Fr 8–1, Sa 10–1 Uhr) Kultivierte Gäste versammeln sich in diesem in Rot und Gold aufgemachten eleganten Restaurant in der Nähe des Opernhauses, zu dem eine der tollsten Dachterrassen in Genf gehört.

Le Lion d'Or (außerhalb der Karte S. 96 f.; ☎ 022 736 44 32; www.liondor.ch; Place Gautier 5, Cologny; Hauptgerichte 78–95 SFr, 8 gängiges Degustationsmenü 220 SFr; ⓥ Mo–Fr mittags & abends) Das förmliche Lion d'Or mit vornehmen Gästen befindet sich im Zentrum von Cologny, der vornehmsten Vorstadt von Genf. Zu leckeren Fisch- und Meeresfrüchtegerichten trinkt man edle Weine. Wenn man nicht ein kleines Vermögen auf den Kopf hauen will, speist man besser in dem preiswerteren Bistro, zu dem auch ein Blumengarten gehört.

Restaurants – Nördlich der Rhone

In der Nähe des Bahnhofs findet man das Scandale (S. 106) – nicht nur eine Nachtbar, sondern auch ein angesagtes Restaurant zum Mittagessen. In Sachen Schweizer Fondues (32 SFr) und alpenländischer Atmosphäre ist das Edelweiss (S. 103) die Top-Adresse.

Les 5 Portes (Karte S. 98 f.; ☎ 022 731 84 38; Rue de Zürich 5; Brunch 10 SFr, Hauptgerichte 15–20 SFr; ⓥ Mo–Fr 9–2, Sa 11–2, So 11–20 Uhr) Das „Fünf Türen" hat tatsächlich fünf Türen und ist eine modische Anlaufstelle im Pâquis, wo man allen Stimmungen und Wünschen gerecht wird.

Buvette des Bains (Karte S. 96 f.; ☎ 022 738 16 16; www.bains-des-paquis.ch, auf Französisch; Quai du Mont-Blanc 30; Hauptgerichte 15 SFr; ⓥ 8–22 Uhr) In dieser bodenständigen, unverstellten Strandbar in den Bains des Pâquis (S. 100) kann man mit Einheimischen ins Gespräch kommen. Hier gibt's Frühstück, Salate, Tagesgerichte oder auch ein *fondue au crémant* (Champagnerfondue). Im Sommer isst man von Tabletts im Freien.

LP Tipp L'Adresse (Karte S. 96 f.; ☎ 022 736 32 32; www.ladresse.ch, französisch; Rue du 31 Décembre 32; Hauptgerichte 25–35 SFr; ⓥ Di–Sa mittags & abends) Diese „Adresse" ist absolut hip und wirkt wie ein

---

EIS ZUM MITNEHMEN

- **Gelateria Arlecchino** (Karte S. 96 f.; ☎ 022 736 70 60; Rue du 31 Décembre 1; 3,50 SFr/Kugel, Milchshake 7 SFr) Schokolade und Ingwer, Honig, Erdnusscreme und Mango gehören zu den 40 Sorten, die diese leckere Eisdiele auf dem linken Flussufer zu bieten hat.

- **Gelatomania** (Karte S. 98 f.; ☎ 022 741 41 44; Rue des Pâquis 25; 3,50 SFr/Kugel) Vor dieser Eisdiele auf dem rechten Flussufer bilden sich ständig lange Schlangen. Hier finden Eisverrückte so exotische Sorten wie Möhre, Orange und Limone, Gurke und Pfefferminz, Zitrone und Basilikum oder Ananas und Basilikum.

städtisches Apartment mit einer sagenhaften Dachterrasse – eine Mischung aus Mode- und Lifestyle-Boutique und zeitgenössischem Bistro inmitten renovierter Künstlerateliers. Das Restaurant ist die Genfer Top-Adresse für einen Lunch, Brunch oder samstags auch einen „Slunch" – ein Zwischending aus Nachmittagstee und Abendessen gegen 17 Uhr, bei dem man sich mit Freunden auf ein paar Drinks trifft und sich an kalten und warmen, süßen und herzhaften Kleinigkeiten erfreut.

RestO by Arthur's (Karte S. 98 f.; ☎ 022 818 39 00; La Cité du Temps, 1 Pont de la Machine; Hauptgerichte 35–46 SFr; Mo-Do 9–24, Fr 9–1, Sa 11–1 Uhr) Dieses Designer-Restaurant ist eine der angesagtesten Adressen in Genf. Es befindet sich im 1. Stock des alten Industriegebäudes der Cité du Temps (S. 99). Es gibt Gerichte aus aller Welt, und zu jedem Gericht eine Weinempfehlung. Der Ausblick aufs Wasser ist unschlagbar.

Café de Paris (Karte S. 98 f.; ☎ 022 732 84 50; Rue du Mont-Blanc 26; grüner Salat, Steak & Fritten 40 SFr; 11–23 Uhr) Dieses eindrucksvolle Restaurant gibt es seit 1930. Alle essen das Gleiche: grünen Salat, gefolgt von einem *Entrecôte* mit einer sagenhaften Kräuterbuttersauce und so vielen knusprigen Pommes, wie man verdrücken kann. Man isst drinnen im holzgetäfelten Speisesaal oder draußen auf der gut geheizten, gepflasterten Terrasse.

Cafés

Gilles Desplanches (Karte S. 98 f.; ☎ 022 810 30 28; www.gillesdesplanches.com, französisch; Rue de la Confédération 2; Mo-Mi & Fr 7–19, Do 7–20, Sa 8–19, So 10–18 Uhr) Etwas für echte Freunde der Schweizer Schokolade: In diesem Laden mit grellpinker Fassade, der zur Mittagszeit brechend voll ist, gibt's ausgezeichnete Kuchen und Schokoladen, einfallsreiche Salate und herzhafte Tarts.

Café des Arts (Karte S. 98 f.; ☎ 022 321 58 85; Rue des Pâquis 15; Mo-Fr 11–2, Sa & So 8–2 Uhr) Dieses Café ist abends auch eine Bar. Der Treff im Pâquis zieht die Einheimischen mit seiner Terrasse im Pariser Stil und seinem künstlerisch gehaltenen Innenraum an. Zum Essen gibt's große Salate, prima Sandwichs und andere leckere Mittagsgerichte (15–20 SFr).

Le Pain Quotidien (Karte S. 96 f.; ☎ 022 736 36 90; Blvd Helvétique, Frühstück 10,50–16,50 SFr, Tarts & Salate 12,50–17,50 SFr; Mo-Fr 7–18, Sa & So 8–18 Uhr;) In diesem rustikalen Restaurant, das nur tagsüber geöffnet hat, kann man unter vielen Frühstücks- (kontinental, englisch usw.) und Brunch-Angeboten (klassisch, nach Bauernart etc.) wählen. Eine zweite Filiale findet man am Blvd Georges-Favon (Karte S. 98 f.).

Auf die Schnelle

In der Rue de Fribourg, der Rue de Neuchâtel, der Rue de Berne und am nördlichen Ende der Rue des Alpes (alle Karte S. 98 f.) gibt's viele Kebab-, Falafel- und sonstige Schnellimbisse. Das Essen ist zum Verzehr vor Ort oder zum Mitnehmen. Empfehlenswert sind u. a.:

Mikado (Karte S. 98 f.; ☎ 022 732 47 74; Rue de l'Ancien-Port 9; Sushi 2,50 SFr/Stück, Reis/warmes Hauptgericht 3/6,50 SFr; Di-Fr 10–18.30, Sa 10–18 Uhr) Möchte man authentische, schnelle und schmackhafte Sachen auf dem roten Lacktablett serviert bekommen, ist man in diesem japanischen Feinkostladen mit Tischen zum Hinsetzen absolut richtig.

Piment Vert (Karte S. 98; ☎ 022 731 93 03; www.pimentvert.ch, französisch; Place De-Grenus 4; Menü 25 SFr, Hauptgerichte 15–19 SFr; Mo-Fr 11.30–14.45 & 17.30–22, Sa 12–16 Uhr) Die Gerichte in dieser indisch-ceylonesischen Bar kommen schnell, frisch und trendbewusst daher.

Globus (Karte S. 98 f.; ☎ 022 319 50 50; Rue du Rhône 50; Mo-Sa 9–22 Uhr) In dem zentralen Warenhaus gibt's ein riesiges Snackangebot: Sushi, Sashimi, Panini, Tapas, Antipasti, Nudelgerichte und Currys.

Selbstversorger

Bio-Produkte aller Art bis hin zu Gemüsesäften, Bodylotions aus Quitten und Seegras-Tofu findet man im **Marché de Vie** (☎ 022 735 44 34; Rue des Eaux-Vives 27). **Delicatessa Globus** (Karte S. 98 f.; Rue du Rhône 50) hat das beste Lebensmittelgeschoss in Genf. Die **Boucherie Moulard** (Karte S. 98 f.; ☎ 022 311 71 66; www.boucheriemolard.ch; Rue du Marché 20) gleich gegenüber existiert seit 1921 und ist ein Fest für Augen und Sinne.

Zentral gelegene Supermärkte:

Aperto (Karte S. 98 f.; Gare de Cornavin; 6–24 Uhr)

Migros (Rue des Eaux-Vives 27; Mo-Mi 8–19, Do & Fr 8–19.30, Sa 8–18 Uhr)

AUSGEHEN

Paillote (Karte S. 96 f.; Quai du Mont-Blanc 30; bis 24 Uhr) Mit seinen Holztischen direkt am Wasser ist dieses Café im Sommer brechend voll. Gegen 23 Uhr sind die Rasenflächen, der Kai und die Mauern in einem Umkreis von 20 m um die Bar stets mit fröhlichen Zechern besetzt.

Scandale (Karte S. 98 f.; ☎ 022 731 83 73; www.scandale.ch; Rue de Lausanne 24; Di-Fr 11–2, Sa 17–2 Uhr)

Der große Innenraum ist im Geschmack der 1950er-Jahre eingerichtet und bietet alle möglichen Sitzmöbel, darunter sehr gemütliche Sofas. Kein Wunder, dass in dieser Loungebar immer etwas los ist. Hier gibt's echte Hauptgerichte (15-20 SFr), aber auch Salate, Bruschetta und dergleichen. Für Unterhaltung sorgen Kunstausstellungen sowie am Samstag DJs und Bands.

Arthur's (Karte S. 98 f.; ☎ 022 810 32 60; www.arthurs.ch; Rue du Rhône 7-9; ⓦ Mo-Fr 7-2, Sa 11-2 Uhr) Falls es Arthur wirklich gab, hieß er 007 und mochte den Wodka Martini geschüttelt, nicht gerührt. Auf der prachtvollen Terrasse am Seeufer trinken die Leute gerne einen Aperitif.

La Bretelle (Karte S. 98 f.; ☎ 022 732 75 96; Rue des Étuves 17; ⓦ täglich 18-2 Uhr) Hier hat sich nur wenig verändert, seit diese legendäre Bar in den 1970er-Jahren eröffnet wurde. Der „Tragriemen" ist einer der Orte, an denen man gern in ein gutes altes, vom Akkordeon begleitetes französisches Chanson einstimmt. Und tatsächlich gibt's an den meisten Abenden auch Livemusik.

La Clémence (Karte S. 98 f.; ☎ 022 312 24 98; www.laclemence.ch; Place du Bourg-de-Four 20; ⓦ Mo-Do & So 7-1, Fr & Sa 7-2 Uhr) In dieser echten Genfer Cafébar am hübschesten Platz der Stadt genehmigt man sich ein Glas lokalen Weins (3,80-6 SFr) oder Bier aus der Hausbrauerei (7,40 SFr).

DIE GANZE NACHT UNTERWEGS

Genf ist nicht die „nette, aber langweilige" Stadt, wie manche glauben. Eine Frau um die 30, die hier geboren wurde und aufwuchs, erklärt, dass die Stadt „rockt. Hier kann man rund um die Uhr Party machen." Sie verrät uns auch, wo man hingehen sollte.

Wo anfangen, welches sind die angesagten Bars?
Bar du Nord (außerhalb der Karte S. 96 f.; ☎ 022 342 38 20; Rue Ancienne 66; ⓦ Do-Fr 17-2, Sa 9-2 Uhr). Das ist eine der ältesten Bars in Carouge. Sie war in den 1990er-Jahren für ihren Strand bekannt (der Sand wurde importiert) und ist heute ein stilvoller Ort mit vom Bauhausstil inspirierten Möbeln, dem besten Whisky-Sortiment vor Ort und einer kleinen Hofterrasse nach hinten hinaus. Der Laden ist jung, trendy und überraschend. Die besten Abende sind Donnerstag und Freitag. Dann gibt's gute Musik, DJs, viel Electro.

L'Aiglon (Karte S. 98 f.; ☎ 022 732 97 60; www.laiglon.ch; Rue Sismondi 16; ⓦ Mo-Sa 10-2 Uhr). Eine Institution im Pâquis, wo alles erlaubt ist! Es gibt gute *steak frites* (Steaks mit Pommes), aber vor allem wilde Partys in einer großartigen, alternativen, schwulenfreundlichen Atmosphäre. Auch hier gute Musik, DJs, Electro …

Und danach. In welche Clubs zum Abtanzen?
Genf hat keine Clubszene; Lausanne (S. 121) ist in dieser Hinsicht deutlich besser dran.
Eine Adresse ist **Le Palais Mascotte** (Karte S. 98 f.; ☎ 022 800 33 33, Reservierung 079 820 33 33; www.palaismascotte.ch; Rue de Berne 43; Hauptgerichte 15 SFr; ⓦ tgl. bis 5 Uhr). Das Mascotte war über zehn Jahre geschlossen und wurde nun als Restaurant-Cabaretbar für Leute über 30 wiedereröffnet. Es herrscht eine großartige, sehr besondere Stimmung. Im obersten Stockwerk gibt es ein Restaurant, im Erdgeschoss Cabaret und Musik der 1970er- und 1980er-Jahre. Im UG befindet sich das Le Zazou, ein Club, in dem nach Konzerten Musik der 1990er-Jahre aufgelegt wird. Alles sehr unterhaltsam!

Und dann. Wohin zieht man weiter?
Die bekannteste Institution für die späte Nacht ist **La Presse** (Karte S. 96 f.; ☎ 022 320 62 99; www.pubdelapresse.ch; Blvd de St-Georges 62-64) in Plainpalais, das um 2 Uhr schließt und um 4 Uhr für Clubgänger und Leute, die einen Kaffee wollen, wieder öffnet! Marez, der Besitzer, weiß, wie man die Leute bei Laune hält …

Gut. Der Morgen ist gekommen. Wohin geht es zum Brunch?
Le Cheval Blanc (außerhalb der Karte S. 96 f.; ☎ 022 343 61 61; www.lechevalblanc.ch; Place de l'Octroi 15; ⓦ Di-Sa 11.30-1 oder 2, So 10.30-1 Uhr) in Carouge ist eine gemütliche, junge, sehr aufgestylte Bar mit einem der besten Brunch-Angebote in der Stadt (All-you-can-eat; alles frisch und mit warmen und kalten Getränken) sowie den besten Tapas, die Genf zu bieten hat. Unten gibt's einen Club, Le Box, wo Konzerte stattfinden.

Dann ist da auch noch das **Melody's** (Karte S. 98 f.; ☎ 022 732 78 72; Rue des Pâquis 9; ⓦ Mo-Fr 8.30-14.30 & 17.30-24 oder 2, So 19-2 Uhr), eine neue, kleine Bar im Pâquis mit guten DJs, Tapas, After-Hours-Parties sowie Frühstück/Brunch.

La Plage (außerhalb der Karte S. 96 f.; ☎ 022 342 20 98; Rue Vautier 19; ⊗ Mo–Do 11–1, Fr & Sa 10–2, So 17–1 Uhr) Mit den nackten Holztischen, dem Linoleumboden im Schachbrettmuster, den grünen Fensterläden und den Tischen im Freien ist das La Plage in Carouge einfach zeitlos.

Olé Olé (Karte S. 98 f.; ☎ 022 731 38 71; baroleole@yahoo.com; Rue de Fribourg 11; Tapas 10–20 SFr) Mit riesigen Fenstern zur Straße und einer Bar, die von nackten Glühbirnen beleuchtet wird, gibt sich diese Tapasbar in Bahnhofsnähe fabrikmäßig. Das italienische Restaurant gleich nebenan ist eine gute Alternative fürs Abendessen.

Boulevard du Vin (Karte S. 98 f.; ☎ 022 310 91 90; www.boulevard-du-vin.ch, französisch; Blvd Georges-Favon 3; ⊗ Mo–Fr 16–23 Uhr) Weinfreunde werden diesen ausgezeichneten Weinladen mögen, der zugleich eine Weinbar mit wöchentlichen Verkostungen ist. Dass es auch Teller mit Essen gibt, verleiht dem Laden eine zusätzliche gastronomische Dimension.

Le Caveau de Bacchus (Karte S. 96 f.; ☎ 022 312 41 30; www.bacchus.ch, französisch; Cours de Rive 5; ⊗ Mo–Fr 9.30–19, Sa 9.30–18 Uhr) Dieses Weingeschäft veranstaltet fantastische Verkostungsabende (70 SFr), bei denen meist neun verschiedene Weine an einem Abend probiert werden können.

UNTERHALTUNG

Über das Unterhaltungsangebot kann man sich auf www.nuit.ch informieren. Theater- und Konzertkarten erhält man an der **Fnac Billetterie Spectacles** (Karte S. 98 f.; ☎ 022 816 12 30; Rue de Rive 16; ⊗ Mo–Mi 9.30–19, Do 9.30–21, Fr 9.30–19.30, Sa 9–18 Uhr); beim **Service Culturel Migros Genève** (Karte S. 98 f.; ☎ 022 319 61 19; www.culturel-migros-geneve.ch, französisch; Rue du Prince 5; ⊗ Mo–Fr 10–18 Uhr) oder vom **Kartenbüro** (⊗ Mo–Fr 12–17 Uhr) in der Touristeninformation (S. 94).

Angesagte Orte für Veranstaltungen verschiedener Art:

L'Usine (Karte S. 96 f.; ☎ 022 781 34 90; www.usine.ch, französisch; Place des Volontaires 4) Die umgebaute, jugendliche und urige ehemalige Fabrik bietet Dance-Abende, Kunst-Happenings, Theater, Cabaret und Clubnächte.

Le Chat Noir (außerhalb der Karte S. 96 f.; ☎ 022 343 49 98; www.chatnoir.ch, französisch; Rue Vautier 13; Konzerte 16–22 SFr; ⊗ Di–Sa) Hier gibt's jeden Abend Jazz, Rock, Funk oder Salsa.

Clubs

Die Clubszene ist nicht gerade die starke Seite von Genf (s. Kasten S. 107), es gibt aber durchaus ein paar ultratrendige Orte, wo man abtanzen und einen ein Drink schlappe 20 SFr kosten kann. Entsprechend aufbrezeln.

White'n Silver (Karte S. 96; ☎ 022 735 15 15; www.whitensilver.ch; Rue des Glacis de Rive 15; ⊗ 23–5 Uhr) Die Schönen von Genf treffen sich in diesem Designer-Nachtclub in der Altstadt, wo in den 1950er- und 1960er-Jahren der mythische Club 58 die Genfer Szene aufmischte.

Bypass (außerhalb der Karte S. 96 f.; ☎ 022 300 65 65; www.bypass.ch; Carrefour de l'Étoile; ⊗ Do–Sa 22.30–5 Uhr) Hier trifft man sich und stößt mit den Genfer Partygängern an. Eine verlässliche Quelle verkündet: „Freitags Kitsch, samstags echt gute Musik zum Abtanzen."

Java Club (Karte S. 98 f.; ☎ 022 908 90 88; www.javaclub.ch; Quai du Mont-Blanc 19; ⊗ Di–Sa 23–5 Uhr) In diesem *branché* (trendigen) Dance-Club im Hotel Kempinski legt, abgesehen von internationalen DJs auf Besuch, der örtliche Matador Massimiliano auf.

SIP (Karte S. 96 f.; www.lasip.ch; Rue des Vieux Grenadiers 10; ⊗ Do 22–4, Fr & Sa 22–5 Uhr) Laut Werbung will das Soul Influenced Product „kein Nachtclub" sein. Der Designerschuppen ist in einer Fabrik aus den 1860er-Jahren untergebracht und setzt ganz auf Mainstream-Sound.

X-S Club (Karte S. 96 f.; ☎ 022 311 70 09; Grand-Rue 21, Eingang von der Rue de la Pelisserie 19; ⊗ Do 23–4, Fr & Sa 23.30–5 Uhr) R&B, Disco, Reggae, Oriental; freitags ist Ladies' Night.

Kinos

Filme auch in englischer Sprache gibt's im **Rex** (Karte S. 98 f.; ☎ 0900 900 156; Confederation Centre, Rue de la Confédération 8) oder im **Les Scala** (Karte S. 96 f.; ☎ 022 736 04 22; www.les-scala.ch, französisch; Rue des Eaux-Vives 23). Programminfos findet man online unter http://geneve.cinemas.ch (französisch).

Ciné Lac (außerhalb der Karte S. 96 f.; www.cinelac.ch, französisch; Erw./Kinder unter 14 Jahren 17/14 SFr; ⊗ Juli & Aug.) Im Sommer ein tolles Freiluftkino-Erlebnis: Die Leinwand wird am Ufer aufgestellt.

Theater, Tanz & klassische Musik

Grand Théâtre de Genève (Karte S. 98 f.; ☎ 022 418 31 30; www.geneveopera.ch, französisch; Blvd du Théâtre 11) Oper und Ballett.

Victoria Hall (Karte S. 98 f.; ☎ 022 418 35 00; Rue du Général Dufour 14) Konzertsaal des 1918 gegründeten Orchestre de la Suisse Romande (www.osr.ch) sowie des Orchestre de Chambre de Genève (www.locg.ch).

Bâtiment des Forces Motrices (Karte S. 96 f.; ☎ 022 322 12 20; www.bfm.ch; Place des Volontaires 4) Genfs früheres Pumpwerk am Flussufer (1886) ist

> **SCHWULEN- & LESBENSZENE IN GENF**
>
> Die wichtigste Anlaufstelle ist **Dialogai** (Karte S. 98 f.; ☎ 022 906 40 40; www.dialogai.org; Rue de la Navigation 11–13). Die Organisation gibt einen Führer für Schwule zur Genfer Region heraus und veranstaltet in dem retro aufgemachten Café Candlelight-Dinners, einen Sonntagsbrunch, Filmabende, französisch-englische Diskussionen und Clubnächte; alle Details auf der Website.
>
> Bei der **Gay International Group** (GIG; www.360.ch/espace/gig) versammeln sich hauptsächlich schwule Expats aus 80 Nationen einmal im Monat zu Drinks und Abendessen.
>
> Zu den wichtigsten Treffs für schwule Unterhaltung zählen das **Nathan** (Karte S. 96 f.; ☎ 022 733 78 76; Rue Baudit 6; 17–2 Uhr), eine abgefahren-schmuddelige, aber angesagte Bar und der Nachtclub **Le Déclic** (Karte S. 96 f.; ☎ 022 320 59 40; www.ledeclic.ch, französisch; Blvd du Pont d'Arve 28; Mo–Fr 17–2, Sa 21–2 Uhr).

heute ein toller Ort für klassische Konzerte, Tanz, Ballett und andere Kultur-Events. Besonders nett sind die Musique-sur-Rhône-Konzerte am Sonntagvormittag.

Théâtre du Grütli (Karte S. 98 f.; ☎ 022 328 98 68; www.grutli.ch; Rue du Général Dufour 16) Experimentelles Theater und Comedy.

SHOPPEN

Designerklamotten findet man in den Läden zwischen der Rue du Rhône und der Rue de Rive. **Globus** (Karte S. 98 f.; Rue du Rhône 50) und **Manor** (Karte S. 98 f.; Rue de Cornavin) sind die wichtigsten Warenhäuser in Genf. Designerkleidung aus zweiter Hand gibt's in der Rue des Étuves.

Künstlerisch angehauchte Boutiquen haben die Grand-Rue in der Altstadt sowie Carouge (S. 101) zu bieten. Wer nach etwas Besonderem sucht, sollte sich unbedingt auf dem zweimal in der Woche stattfindenden Genfer **Flohmarkt** (Karte S. 96 f.; Plaine de Plainpalais; Mi & Sa) umsehen.

Zu empfehlen:

L'Autre (S. 98; ☎ 022 738 34 60; Place De-Grenus 4; Mo 14–18.30, Di–Fr 10–18.30, Sa 10–17 Uhr) Modische und altmodische Möbel und Schmuck aus den 1930er- bis 1980er-Jahren.

L'Appart (S. 98; ☎ 022 732 12 80; Rue Sismondi 6; Mo–Fr 14–19, Sa 11–17 Uhr) Einmalige Kreationen junger Schweizer Modeschöpfer.

Collection Privée (S. 98; ☎ 022 738 75 69; Place De-Grenus 8; Di–Fr 11.30–18.30, Sa 11.30–17 Uhr) Art-Déco-Lampen, Möbel und anderes Kunsthandwerk aus dem letzten Jahrhundert.

Great Outdoor Store (S. 98; ☎ 022 840 17 57; Cours de Rive 14; Mo–Fr 7–19, Sa 9–18 Uhr) Outdoor-Designerklamotten; alles was man für den Ausflug in die Schweizer Berge braucht.

La 3ème Main (Die dritte Hand; Karte S. 98 f.; ☎ 022 310 56 66; www.la3main.ch; Rue Verdaine 18) Designerstücke und -accessoires fürs Haus, darunter Collpart-Taschen – wiederverwertete kambodschanische Fischernetze, gestaltet von der Designerin Nina Raeber aus Lausanne.

La Trouvaille (Karte S. 96 f.; ☎ 022 735 86 35; Rue de la Mairie 7; Mo 14–18.30, Di–Fr 10.30–18.30, Sa 10.30–16.30 Uhr) Secondhand-Designermode für Frauen.

Best Of (S. 96; ☎ 022 328 42 64; Rues des Bains 63; Mo–Fr 10.30–18.30 Uhr) Ebenfalls Secondhand-Designermode.

La Fringue-Halle (S. 98; ☎ 022 732 58 34; Rue de Zürich 2; Di–Sa 11–18 Uhr) Für Accessoires bietet sich das *dépôt-vente* (Verkaufslager) der Caritas im Pâquis an.

AN- & WEITERREISE
Auto & Motorrad

Alle wichtigen Autovermieter haben einen Schalter am Flughafen.

Bus

Internationale Fernbusse fahren von der **Gare Routière** (Busbahnhof; Karte S. 98 f.; ☎ 0900 320 320, 022 732 02 30; www.coach-station.com; Place Dorcière).

Flugzeug

Der **Aéroport International de Genève** (☎ Fluginformation 0900 571 500; www.gva.ch), 4 km außerhalb des Zentrums, hat Verbindungen in europäische Großstädte und zu vielen Zielen in aller Welt. Siehe S. 394.

Schiff

Die **Compagnie Générale de Navigation** (CGN; Karte S. 98 f.; ☎ 084 881 18 48; www.cgn.ch) betreibt einen Dampferservice von der Anlegestelle im Jardin Anglais zu anderen Orten am Genfer See. Viele Boote fahren nur zwischen Mai und September, darunter die Linie nach/von Lausanne-Ouchy (Erw. 2. Klasse einfache Fahrt/hin & zurück 37,60/64 SFr, 3½ Std.). Kinder zwischen sechs und 16 Jahren zahlen die Hälfte, Kinder unter sechs Jahren fahren kostenlos mit.

Unbedingt den Preis für die Fahrten hin und zurück prüfen, denn eine Carte Journalière CGN (Tageskarte) kann billiger sein: Mit ihr kann man einen Tag lang unbegrenzt die Boote nutzen. Sie kostet 49/67 SFr für die 2./1. Klasse. Auch Bahnpässe von Eurail oder Swiss Rail (s. Kasten zu den Schweizer Bahnpässen, S. 402) werden anerkannt.

Zug
Von Genfs **Gare de Cornavin** (Place de Cornavin) gibt es meist stündliche Zugverbindungen in die meisten Städte der Schweiz, darunter nach Lausanne (20,60 SFr, 40 Min.), Bern (46 SFr, 1¾ Std.) und Zürich (80 SFr, 2¾ Std.). Fahrpläne kann man im **Informationsbüro** (☎ 0900 300 300; Mo-Fr 8.30-18.30, Sa 9-16.45 Uhr) des Bahnhofs erhalten.

Die Züge, die in südöstlicher Richtung nach Annecy, Chamonix und anderen Orten in Frankreich fahren bzw. von dort kommen, nutzen den Genfer Bahnhof der Französischen Eisenbahn (SNCF), den **Gare des Eaux-Vives** (Karte S. 96 f.; Ave de la Gare des Eaux-Vives).

Zu internationalen Zugverbindungen, s. S. 396.

UNTERWEGS VOR ORT
Auto & Motorrad
Ein großer Teil der Altstadt ist für den Autoverkehr gesperrt. Parkplätze in den Straßen sind knapp; man sollte die öffentlichen Parkhäuser wie **Parking du Mont Blanc** (Karte S. 98 f.; Quai du Général-Guisan; 1 SFr/25 Min.) oder **Parking Plaine de Plainpalais** (Karte S. 96 f.; Ave du Mail; 1 SFr/30 Min.) nutzen. Das Parkticket in einem der orangefarbenen TPG-Automaten abstempeln, bevor man das Parkhaus verlässt: Das Ticket berechtigt zu einer einstündigen, kostenlosen Fahrt mit Bus, Straßenbahn oder Boot für zwei Personen.

Fahrrad
Fahrräder kann man bei **Genève Roule** (Karte S. 98 f.; ☎ 022 740 13 43; www.geneveroule.ch, französisch; Place de Montbrillant 17; Mo-Sa 8-18 Uhr) oder in der Saison auch an einem Abholpunkt am Jetée des Pâquis (Karte S. 96 f.) für 12/20 SFr pro Tag/Wochenende mieten. Zwischen Mai und Oktober kann man Fahrräder mit angebrachter Werbung kostenlos entleihen.

Vom/Zum Flughafen
Die schnellste Verbindung vom/zum Flughafen in die Stadt ist der Zug: Rund 200 Züge täglich verbinden den Bahnhof am Flughafen mit dem Gare de Cornavin (30 SFr, 8 Min.). Zwischen dem Flughafen und dem Gare de Cornavin fährt auch der langsamere Bus 10 (3 SFr); an der Haltestelle 22 Cantons aussteigen. Die Fahrt mit dem Taxi kostet zwischen 30 und 50 SFr.

Öffentlicher Personennahverkehr
Tickets für die Busse, Trolleybusse und Straßenbahnen von **Transports Public Genevois** (TPG; ☎ 0900 022 021; www.tpg.ch, französisch) gibt's an den Automaten an den Haltestellen oder im **TPG-Büro** (Mo-Fr 7-19, Sa 7-18 Uhr) im Bahnhof. Ein Ticket mit einstündiger Gültigkeit bei beliebig häufigem Umsteigen kostet 3 SFr; ein Kurzstreckenticket (3 Haltestellen; Gültigkeit 30 Min.) schlägt mit 2 SFr zu Buche; die Tageskarte (gültig von 9-24 Uhr) kostet für die Stadt/den Kanton 7/12 SFr. Die Fahrpläne der **Noctambus-Nachtbusse** (☎ 0900 022 021; www.noctambus.ch, französisch) kann man auch online einsehen.

Schiff
Gelbe Shuttleboote, die sogenannten Les Mouettes (Möwen), fahren zwischen 7.30 und 18 Uhr alle 10 Minuten kreuz und quer den See. Die Fahrkarten aus den Automaten des öffentlichen Nahverkehrs, die an den Anlegestellen stehen, sind ebenfalls gültig.

Taxi
Taxis stehen am Bahnhof; die Taxirufnummer lautet ☎ 022 331 41 33.

Genfer See & Waadt (Vaud)

Östlich von Genf erstreckt sich Westeuropas größter Binnensee, ein gigantischer flüssiger Spiegel, zwischen dem französischsprachigen Kanton Waadt (französisch: Vaud) an seinem Nordufer und Frankreich an seinem Südufer.

Was für uns der „Genfer See" ist, nennen französische Muttersprachler „Lac Léman". An seinen Ufern finden sich das elegante Lausanne und eine Reihe hübscher kleiner Städte. Die Schweizer Uferseite präsentiert sich in herrlichem Grün: An den steilen Hügeln im Lavaux drängen sich terrassierte Weinberge, deren Trauben zu feinen Tropfen verarbeitet werden. Man kann hier ein paar *caveaux* (Weinkeller) besuchen oder an den schlichten Stränden rund um den See, die oft von friedlichen Waldungen gesäumt sind, baden. Rund um Montreux wachsen dank des milden Klimas sogar Palmen.

Doch das ist noch lang nicht alles: Bei Montreux erhebt sich über dem See das märchenhafte Château de Chillon, das erste der vielen Schlösser, die nur darauf warten, erkundet zu werden. In Yverdon-les-Bains, am südlichen Zipfel des Neuenburger Sees (Lac de Neuchâtel) gelegen, bieten herrliche Thermalbäder Erholung und Entspannung. Die Waadtländer Alpen (Alpes Vaudoises) im Südosten des Kantons sind im Frühjahr und Sommer ein Wanderparadies. Und auch Skifahrer kommen hier auf ihre Kosten, und das nicht nur im Winter: Der imposante Gletscher Les Diablerets ist selbst im Sommer befahrbar. Doch vielleicht steuert man im Juli besser den Genfer See an, der dann ganz im Zeichen der Musik steht: In Montreux findet das Montreux Jazz Festival statt, Nyon hält mit seinem dreitägigen bunten Paléo-Festival dagegen.

HIGHLIGHTS

- Das märchenhafte **Château de Chillon** (S. 127) nahe Montreux bestaunen
- In Lausannes einzigartigem **Musée de l'Art Brut** (S. 117) das Bizarre erleben
- Das **Weinanbaugebiet Lavaux** (S. 127) östlich von Lausanne erkunden
- Rund um **Les Diablerets** (S. 134) in den spektakulären Waadtländer Alpen wandern und Ski fahren
- Beim Jazzfestival in **Montreux** (S. 129) und beim rockigen Paléo-Festival in **Nyon** (S. 123) abtanzen

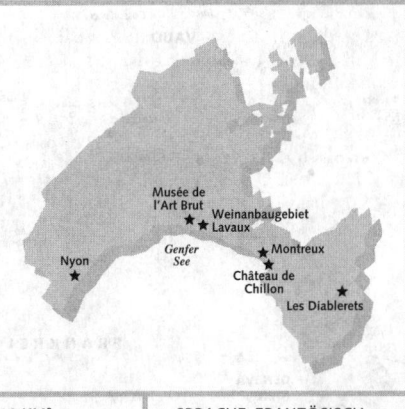

| BEVÖLKERUNG: 672 040 | FLÄCHE: 3212 KM² | SPRACHE: FRANZÖSISCH |

Geschichte

Im Jahr 58 v. Chr. kontrollierte Caesar mit seinen Truppen das Gebiet der heutigen südwestlichen Schweiz. In den folgenden Jahrhunderten lebten hier keltische Stämme und Römer in Frieden und Wohlstand zusammen. Aventicum (das heutige Avenches) wurde zur Hauptstadt des Gebiets und beherbergte 20 000 Menschen, und auch zahlreiche andere Ortschaften, z. B. das heutige Lausanne, florierten.

Im 4. Jh. dann hatten sich die Römer weitgehend aus dem Gebiet der heutigen Schweiz zurückgezogen, und germanische Stämme drangen in das Land vor. Christianisierte Burgunder hielten im 5. Jh. Einzug in den Südwesten; sie übernahmen das Vulgärlateinische, den Vorläufer des heutigen Französisch. Die Franken unterwarfen das Burgunderreich, und nach mehreren Teilungen des Frankenreiches wurde das Waadtland im Jahr 1032 Teil des Heiligen Römischen Reiches.

Während des 12. und 13. Jhs. erlangten nach und nach die Herzoge von Savoyen die Herrschaft über Waadt und begannen mit dem Bau der eindrucksvollen Burgen an den Ufern des Genfer Sees.

Diese Burgen kamen dem Kanton Bern sehr gelegen, als seine Bewohner 1536 Savoyen den Krieg erklärten und das Waadtland besetzten. Doch obwohl die Berner Vögte den Wohlstand der Region emsig abzuschöpfen versuchten, blieb das Lausanne des 18. Jhs.

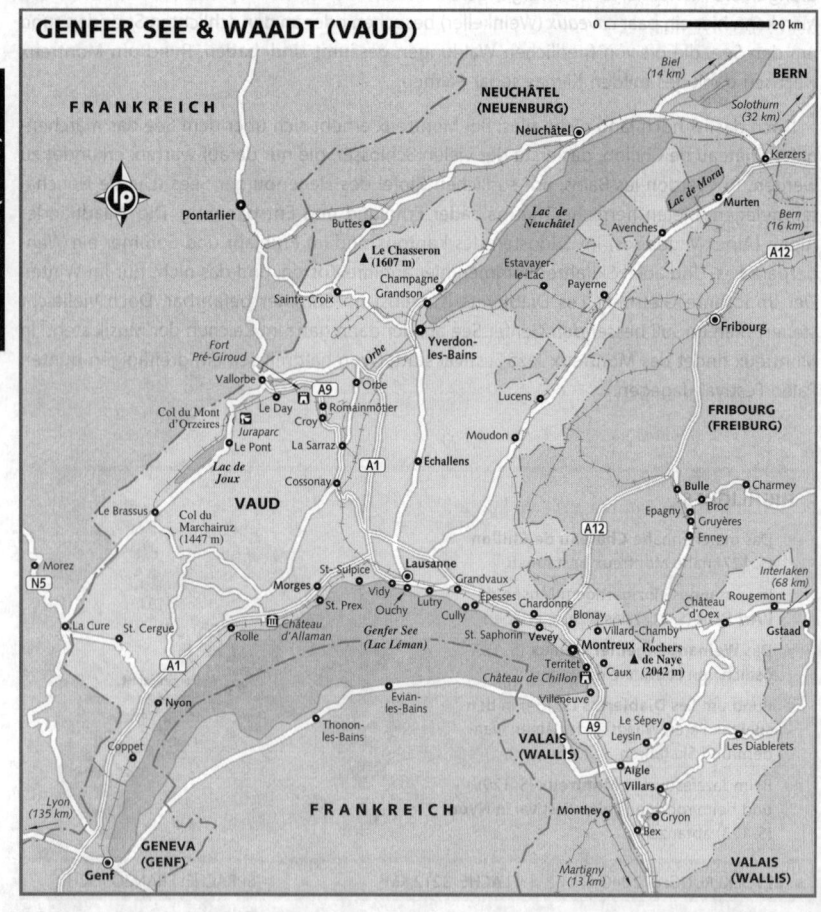

(das zu diesem Zeitpunkt die Hauptstadt der Region war) ein blühendes Zentrum.

Die Französische Revolution von 1789 hatte für die Nachbarländer schwerwiegende Folgen. Auf Gesuch von Fréderic-César de la Harpe, dem Führer der französischen Liberalen, machte das Pariser Direktorium im Dezember 1797 das Waadtland zu einem Protektorat. Mit der Mediationsakte, die Napoleon Bonaparte 1803 erließ und damit die Schweizerische Eidgenossenschaft schuf, wurde die Waadt mit Lausanne als Hauptstadt zu einem von sechs neuen, selbständigen Kantonen erklärt.

Die zweite Hälfte des 19. Jhs. brachte dem Kanton industriellen Fortschritt und verhältnismäßigen Wohlstand; gebremst wurde dieser Aufschwung erst durch die Auswirkungen der beiden Weltkriege.

Orientierung & Praktische Informationen

Der Kanton erstreckt sich über die drei wichtigsten geographischen Regionen der Schweiz: vom Juragebirge im Westen über die relativ flache Ebene des Plateau Suisse (Mittelland) bis zu einem Ausläufer der Alpen im Südosten.

Im Norden grenzt die Waadt an die Kantone Neuenburg und Freiburg, im Süden liegt Frankreich (in das der Kanton Genf wie eine Art Fjord hineinragt), im Südosten der Kanton Wallis, und im Osten beginnt mit dem Kanton Bern der deutschsprachige Teil der Schweiz.

In der **Touristeninformation des Canton de Vaud** (Karte S. 114; ☎ 021 613 26 26; www.lake-geneva-region.ch; Ave d'Ouchy 60, 1006, Ouchy, Lausanne; ◷ Mo–Fr 8–17.30 Uhr) erhält man Broschüren mit Wander- und Radwegen.

Infos zu den in der Waadt gelegenen Ortschaften Avenches und Payerne gibt's auf S. 145.

Neben den üblichen Schweizer Feiertagen begehen die Waadtländer am 2. Januar den Berchtoldstag und am dritten Montag im September den Bettagsmontag (Lundi du Jeûne).

Unterwegs vor Ort

Mit einem **Regional-Pass** (7-Tages-Karte 1./2. Klasse 164/114 SFr) kann man an drei Tagen in einer Woche kostenlos mit Bus und Zug durch den ganzen Kanton fahren, an den restlichen vier Tagen zahlt man nur den halben Fahrpreis. Außerdem erhält man bei der Schweizerischen Schifffahrtsgesellschaft CGN eine Ermäßigung von 50 % und bei manchen Seilbahnen (z. B. bei der auf den Gletscher Les Diablerets) 25 % Rabatt. Es gibt auch eine Fünf-Tages-Karte, mit der man zwei Tage kostenlos und drei Tage ermäßigt fahren kann (1./2. Klasse 136/94 SFr). Wer eine der verschiedenen Bahnkarten der Schweizerischen Bundesbahnen (s. S. 404) besitzt, bekommt den Regional-Pass 20 % günstiger.

LAUSANNE

119 180 Ew. / 495 m

Die fünftgrößte Stadt der Schweiz ist mit einer wundervollen Lage an den Hängen am Seeufer gesegnet. Die Altstadt aus dem Mittelalter wird von einer großen gotischen Kathedrale dominiert. Unter den Museen sticht das Musée de l'Art Brut mit seiner tollen Sammlung heraus, Sportfans kommen im Musée Olympique auf ihre Kosten. Das ganze Jahr über finden in Lausanne zudem zahlreiche Kunstveranstaltungen statt. Und allein schon der Bummel am See ist ein wahrer Genuss.

Geschichte

Die Römer errichteten zunächst ein Militärlager am Ufer des Sees bei Vidy. Das Lager, das sie „Lousanna" nannten, bildete einen Knotenpunkt an der Straße von Italien nach Gallien. Als im 4. Jh. die Alemannen einfielen, flohen die Bewohner Lousannas ins hügelige Inland – dorthin, wo heute die Altstadt von Lausanne zu finden ist.

1529 kam Guillaume Farel, einer der Anhänger Calvins, in die Stadt und propagierte die Reformation, aber erst sieben Jahre später, als Bern die Stadt gewaltlos besetzte, mussten die Katholiken klein beigeben.

Seit dem 18. Jh. zieht Lausanne Schriftsteller und Freidenker in seinen Bann. Zeitweise lebten hier berühmte Autoren wie Voltaire, Dickens, Byron und T. S. Eliot (der hier sein Gedicht *Das wüste Land* schrieb).

Lausanne hatte nur 10 000 Einwohner, als es 1803 zur Hauptstadt des Kantons wurde. Die zweite Hälfte des 19. Jhs. brachte eine rasche Entwicklung mit sich, und die Stadt nahm ihr heutiges Erscheinungsbild an.

Das moderne Lausanne ist eine geschäftige, lebendige Stadt, die mit dem nahen Genf um die Rolle als kosmopolitisches Zentrum des

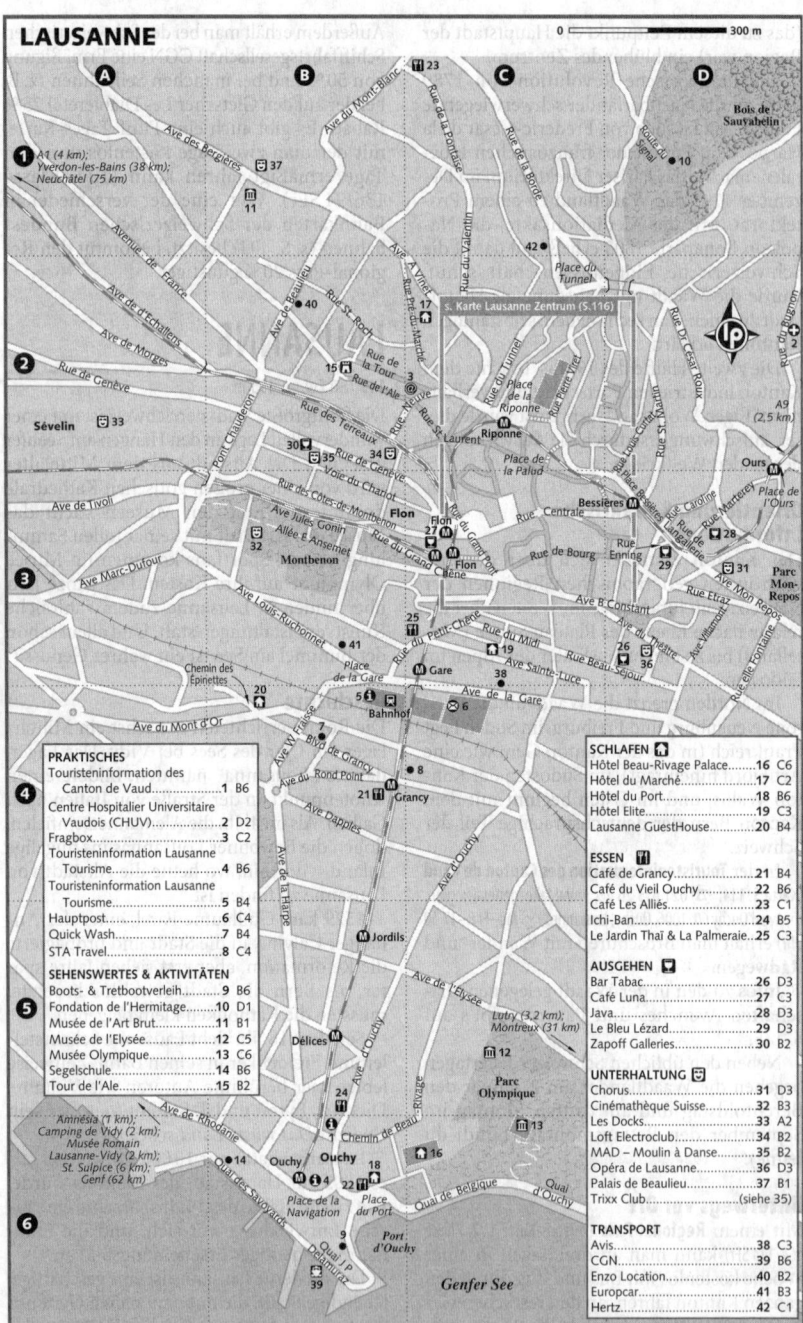

Landes wetteifert: In Genf liegt der Ausländeranteil seit 1990 konstant bei 43 %, in Lausanne ist er von damals 28 % auf heute 39 % gestiegen.

Die Stadt ist Sitz des Schweizerischen Bundesgerichts (der oberste Gerichtshof des Landes), des Internationalen Olympischen Komitees (IOC), einer ambitionierten internationalen Business School (IMD) sowie der Zentralen von Tetra Pak und des multinationalen Tabakkonzerns Philip Morris. Auch Restaurants und Bars gibt's zuhauf.

Orientierung

Die Altstadt (*vieille ville*) mit ihren gewundenen Gassen, die bergauf und bergab gehen, liegt nördlich vom Bahnhof. Ihr Highlight ist die Kathedrale. Die Rue Centrale verläuft durch das Tal, das den Altstadthügel von einem zweiten Hügel trennt, auf dessen Gipfel der Place St. François und seine Kirche zu finden sind. Dieser Platz ist der Knotenpunkt des städtischen Busverkehrs. Von hier geht auch die Shoppingmeile Rue de Bourg nach Osten ab, die im 19. Jh. zu den Top-Adressen des Landes zählte (daher findet man die Straße auch in der Schweizer Ausgabe von Monopoly). Mit dem Einzug der Fast-Food-Imbisse und wegen der notdürftigen Pflege, die ihr zuteil wird, hat sie allerdings an Klasse eingebüßt. Gleich westlich liegt hügelabwärts von der Place St. François das Viertel Flon. Es blühte wieder auf, als die alten leerstehenden Lagerhäuser umgebaut wurden und ein Kinokomplex, Kunstgalerien, trendige Läden, Restaurants und Bars hier einzogen. Das malerische Uferdorf Ouchy wurde schon vor Langem ins Stadtgebiet integriert.

Praktische Informationen

BUCHLÄDEN
Librairie Payot (Karte S. 116; ☎ 021 341 33 31; Place Pépinet 4) Eine breite Auswahl von Material über die Schweiz. Eine der besten Buchhandelsketten der französischsprachigen Schweiz.

GELD
Banque Cantonale Vaudoise (Karte S. 116; Place St François 10) Hat überall in der Stadt Filialen mit Geldautomaten verteilt.
Wechselstube (◷ 8–19 Uhr) Im Bahnhof.

INTERNETZUGANG
In der Stadt gibt's überall kostenlose WLAN-Hotspots, z. B. in Flon, an der Place de la Palud, an der Place St. François, an der Place de la Riponne, an der Place du Port, an der Place de la Navigation und in Montbenon.
Fragbox (Karte S. 114; ☎ 021 311 89 69; www.fragbox.com; Rue de la Tour 3; 5 SFr/Std.; ◷ Mo–Fr 9–23.30, Sa 13.30–23.30, So 13.30–22 Uhr) Schnelle Internetverbindung.

MEDIZINISCHE VERSORGUNG
Centre Hospitalier Universitaire Vaudois (CHUV; Karte S. 114; ☎ 021 314 11 11; www.chuv.ch; Rue du Bugnon 46) Das wichtigste Krankenhaus in Lausanne.

POST
Post (Karte S. 116; Place St. François 15; ◷ Mo–Fr 7.30–18.30, Sa 8–11.30 Uhr) Einst stand hier das Haus, in dem Edward Gibbon den größten Teil seines Hauptwerks *Verfall und Untergang des Römischen Reiches* verfasste.
Hauptpost (Karte S. 114; Place de la Gare 1; ◷ tgl. 8.30–19 Uhr) Am Bahnhof.

REISEBÜROS
STA Travel (Karte S. 114; ☎ 058 450 48 50; Blvd de Grancy 20) Die Agentur für Budgetreisen hat mehrere Filialen in der Stadt.

TOURISTENINFORMATION
InfoCité (Karte S. 116; ☎ 021 315 25 55; www.lausanne.ch/infocite; Place de la Palud 2; ◷ Mo–Fr 7.45–12 & 13.15–17 Uhr) Wird von der Stadtverwaltung betrieben und hat Infos zu allen Events in der Stadt.
Touristeninformation Lausanne Tourisme (☎ 021 613 73 73; www.lausanne-tourisme.ch; Bahnhof; Karte S. 116; Place de la Gare 9; ◷ 9–19 Uhr; Ouchy; Karte S. 114; Place de la Navigation 4; ◷ Okt.–März 9–18 Uhr, April–Sept. bis 20 Uhr)

WASCHSALONS
Quick Wash (Karte S. 114; Blvd de Grancy 44; Ladung 22 SFr; ◷ Mo–Fr 7.30–20.30, Sa & So 9–20.30 Uhr)

Sehenswertes & Aktivitäten
KATHEDRALE & UMGEBUNG
Die gotische **Cathédrale de Notre Dame** (Karte S. 116; ◷ April–Aug. Mo–Fr 7–19, Sa & So 8–19 Uhr, Sept.–März 7–17.30 Uhr) ist die wohl schönste ihrer Art in der Schweiz und erhebt sich stolz über die *vieille ville*. Errichtet wurde sie im 12. und 13. Jh. Der Kathedrale fehlt zwar die Leichtigkeit französischer gotischer Bauwerke, aber dennoch ist sie außergewöhnlich. 1275 weihte sie Papst Gregor X. im Beisein des deutschen Königs Rudolf von Habsburg und einer eindrucksvollen Schar von Kardinälen und Bischöfen aus ganz Europa.

116 LAUSANNE •• Sehenswertes & Aktivitäten

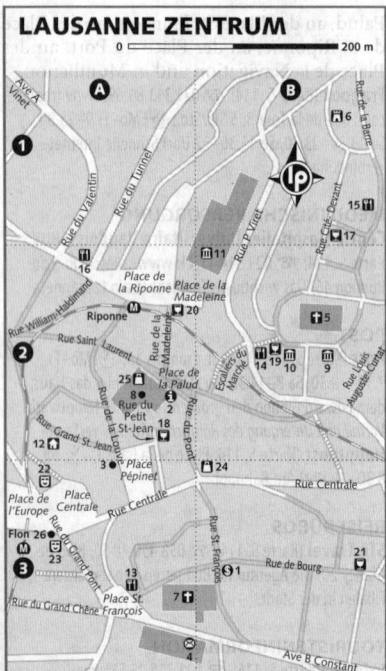

LAUSANNE ZENTRUM

PRAKTISCHES
Banque Cantonale Vaudoise	1 B3
InfoCité	2 A2
Librairie Payot	3 A3
Post	4 A3

SEHENSWERTES & AKTIVITÄTEN
Cathédrale de Notre Dame	5 B2
Château St. Maire	6 B1
Église de St. François	7 A3
Hôtel de Ville	8 A2
Musée Cantonal des Beaux Arts	(siehe 11)
Musée de Design et d'Arts Appliqués Contemporains	9 B2
Musée Historique de Lausanne	10 B2
Palais de Rumine	11 B2

SCHLAFEN
Hôtel des Voyageurs	12 A2

ESSEN
Café Romand	13 A3
Café-Restaurant du Vieux Lausanne	14 B2
La Pomme de Pin	15 B1
Le Vaudois	16 A2

AUSGEHEN
XIIIeme Siècle	17 B1
Café du Pont	18 A2
Giraf Bar	19 B2
Great Escape	20 A2
Le Bourg	21 B3

UNTERHALTUNG
D-Club	22 A3
Le Romandie	23 A3

SHOPPEN
Globus	24 B3
La Ferme Vaudoise	25 A2

TRANSPORT
Lausanne Roule	26 A3

Die Kirche ist weitgehend in ihrem ursprünglichen Zustand erhalten, auch wenn im Lauf der Jahrhunderte einiges verändert wurde; das gilt vor allem für die Hauptfassade, die man erst später anbaute, um das Innere der Kirche vor starken Windböen zu schützen. Am bemerkenswertesten ist der prachtvolle Eingang an der Südseite des Gebäudes, der – für ein christliches Gotteshaus ungewöhnlich – lange der Haupteingang war. Die teilweise restaurierten und heute unter Glas verwahrten bemalten Statuen zeigen Christus auf dem Thron, die Krönung der Jungfrau Maria, die Apostel und biblische Szenen.

Im südlichen Querschiff fällt eine **Fensterrosette** aus dem 13. Jh. ins Auge, die mit ungewöhnlichen geometrischen Mustern versehen ist. In das Muster sind die Zeichen des Tierkreises, der vier Elemente und der Jahreszeiten aufgenommen.

Gleich südlich der Kathedrale gibt es zwei kleinere Museen. Das **Musée Historique de Lausanne** (Karte S. 116; ☎ 021 315 41 01; www.lausanne.ch/mhl; Place de la Cathédrale 4; Erw./Student 8 SFr/frei; ☼ Sept.–Juni Di–Do 11–18, Fr–So bis 17 Uhr, Juli & Aug. Mo–Do bis 18, Fr–So bis 17 Uhr) widmet sich der Stadtgeschichte, das **Musée de Design et d'Arts Appliqués Contemporains** (Karte S. 116; ☎ 021 315 25 30; www.mudac.ch; Place de la Cathédrale 6; Erw./Kind/Student 10 SFr/frei/5 SFr; ☼ Sept.–Juni Di–So 11–18 Uhr, Juli & Aug. tgl. bis 18 Uhr) ist ein Zentrum für moderne Kunst, in dem häufig spannende Sonderausstellungen zu sehen sind. Jeweils am ersten Samstag im Monat ist der Eintritt in beide Museen frei. (Kombiticket für beide Museen Erw./Kind/Student 15 SFr/frei/8 SFr).

ALTSTADT (VIEILLE VILLE)
Ungefähr 200 m nördlich der Kathedrale erhebt sich das mächtige, zinnenbewehrte **Château St. Maire** (Karte S. 116). Die aus dem 15. Jh. stammende Burg war einst die Residenz der Lausanner Bischöfe; heute sind hier Verwaltungsstellen untergebracht. In den Straßen zwischen der Kathedrale und der Burg finden sich mehrere verlockende Restaurants.

Vom Haupteingang der Kathedrale führt eine überdachte Holztreppe zur Rue Pierre Viret hinunter, von der aus wiederum zwei Treppen weiter den Hügel hinab führen. Die eine führt zur modernen Place de la Riponne, die andere zur mittelalterlichen **Place de la Palud** (Karte S. 116). Wie der Name verrät (*palud* bedeutet „Moor"), war der im 9. Jh. angelegte Marktplatz ursprünglich Sumpfland. Seit fünf Jahrhunderten hat die Stadtverwaltung hier ihren Sitz, heute in dem im 17. Jh. errichteten **Hôtel de Ville** (Rathaus; Karte S. 116). Die Säule mit der allegorischen Figur der Justitia über dem Brunnen ist eine Kopie einer Skulptur aus dem Jahr 1585, die im Musée Historique de Lausanne zu bewundern ist.

Vom Ostende der Place de la Palud führt die Rue du Pont hinunter zur Rue Centrale. Auf der anderen Straßenseite klettert die Rue St. François zum Platz gleichen Namens hinauf. Der Platz verdankt seinen Namen der **Église de St. François** (Karte S. 116), die ursprünglich Teil eines Franziskanerklosters aus dem 13. Jh. war und heute ziemlich umgebaut ist. Im Inneren der Kirche kann man einige restaurierte Fresken bewundern. Kaum noch vorstellbar, dass Kirche und Kloster einst mitten auf einer grünen Wiese standen …

Etwa 200 m westlich der Place de la Riponne ist das letzte erhaltene Stück der mittelalterlichen Stadtmauern zu sehen. Die zylindrische **Tour de l'Ale** (Karte S. 114) versteckt sich am Ende der Rue de la Tour; sie wurde 1340 an der äußersten Westspitze der mittelalterlichen Vorstadt Ale errichtet. Dass wir den Turm heute noch bewundern können, ist den Gegnern der Abrisspläne zu verdanken, die 1903 gemacht, aber vereitelt wurden.

MUSÉE DE L'ART BRUT
Die außergewöhnliche **Sammlung** (Karte S. 114; ☎ 021 315 25 70; www.artbrut.ch; Ave des Bergières 11-13; Erw./Kind/Student & Senior 10 SFr/frei/5 SFr, 1. Sa im Monat frei; Sept.–Juni Di–So 11–18 Uhr, Juli & Aug. bis 18 Uhr) wurde von dem französischen Künstler Jean Dubuffet zusammengetragen. Seit 1976 residiert das Museum in diesem aus dem späten 18. Jh. stammenden Landhaus.

Brut bedeutet so viel wie „rau" oder „ungeschliffen", und genau so ist die hier ausgestellte Kunst auch. Die vertretenen Künstler waren allesamt Autodidakten und hatten einen starken Ausdrucksdrang. Einige waren regelrecht verrückt, viele verbrachten (ob zu Recht oder nicht, sei dahingestellt) Jahre in Nervenkliniken oder waren ausgeprägte Exzentriker. Die gezeigten Werke sind von erstaunlicher Vielfalt und offenbaren häufig eine überraschende Beherrschung der Techniken sowie eine ungewöhnliche Weltsicht.

Man kann Skulpturen sehen, die aus zerbrochenen Gehwegplatten und Lumpen gemacht sind, außerdem Gesichtsmasken aus Muscheln, Holzplastiken, Malereien, Zeichnungen und noch vieles andere. Hin bringt einen Bus 2 oder 3 – an der Haltestelle Beaulieu aussteigen.

PALAIS DE RUMINE
Dieser Bau im Neorenaissance-Stil steht seit 1904 an der Place de la Riponne. Neben dem Parlament des Kantons Waadt sind mehrere Museen darin untergebracht. Hier wurde 1923 der Vertrag von Lausanne unterzeichnet, mit dem das Osmanische Reich nach dem Ersten Weltkrieg endgültig zu Grabe getragen wurde.

Das wichtigste der Museen ist das **Musée Cantonal des Beaux-Arts** (Kantonales Kunstmuseum; Karte S. 116; ☎ 021 316 34 45; www.beaux-arts.vd.ch; Place de la Riponne 6; Erw./Kind/Senior & Student 10 SFr/frei/8 SFr, 1. Sa im Monat frei; Fr–So 11–17, Di–Mi bis 18, Do bis 20 Uhr), in dem viele Werke sowohl von nationalen als auch von ausländischen Künstlern zu sehen sind. Die Bandbreite der Ausstellungsobjekte reicht vom antiken Ägypten bis zum Kubismus. Den Kern der Sammlung bilden die Werke des Landschaftsmalers Louis Ducros (1748–1810) und der dreier weiterer lokaler Künstler. Während der zahlreichen Sonderausstellungen bleibt die Dauersammlung ge-

---

> **JETZT SCHLÄGT'S ZEHN!**
>
> Manche Traditionen sterben nie aus: Hoch vom Glockenturm der Kathedrale ruft zwischen 22 und 2 Uhr immer noch ein *guet* (Nachtwächter) die Stunde aus. In dieser Zeit ertönt zu jedem Stundenschlag: *C'est le guet! Il a sonné dix, il a sonné dix!* (Hier ist der Nachtwächter! Es hat zehn geschlagen! Es hat zehn geschlagen!). Früher war dieser Beruf durchaus wichtig, denn der *Guet* hielt nach Bränden und anderen Gefahren in der Gegend Ausschau. Zudem hatte er für Ruhe und Ordnung unter der Bevölkerung zu sorgen und dafür, dass während der Gottesdienste auf den Straßen alles ruhig blieb.

schlossen. Die Sammlung soll in den kommenden Jahren in ein neues Haus am See umziehen.

Die weiteren **Sammlungen** (Eintritt Erw./Kind/Senior & Student 6 SFr/frei/4 SFr, 1. Sa im Monat frei; Di–Do 11–18, Fr–So bis 17 Uhr) der Museen im Haus widmen sich der Naturgeschichte, der Zoologie (hier ist z. B. der weltweit längste ausgestopfte weiße Hai zu sehen, der fast 6 m misst), der Geologie, der Numismatik (Münzkunde), der Archäologie und der Geschichte. Die historische Sammlung vermittelt einen Überblick über die Geschichte des Kantons von der Altsteinzeit bis in die Moderne. Die Eintrittskarten gelten für alle Museen im Gebäude, man kann anfangen, wo man möchte.

MUSÉE OLYMPIQUE & UMGEBUNG

Dieses **Museum** (Karte S. 114; 021 621 65 11; www.museum.olympic.org; Quai d'Ouchy 1; Erw./Kind/Student & Senior 15 SFr/frei/10 SFr; April–Okt. tgl. 9–18 Uhr, Nov.–März Di–So 9–18 Uhr) residiert in einem prächtigen Gebäude im Parc Olympique, auf der höchsten Ebene eines terrassenförmig angelegten Landschaftsgartens. Angesichts seines profanen Themas ist das Museum überraschend interessant: Es erzählt die Geschichte der Olympischen Spiele von den Anfängen zur Zeit Pierre de Coubertins bis zu den jüngsten Veranstaltungen. Mit Videos, Archivfilmen (die auch Szenen der letzten Olympiade beinhalten), Touchscreen-Computern und Memorabilien – darunter die Fackeln seit den Wettkämpfen im Jahr 1936 und die Laufschuhe von Carl Lewis – wird die Saga des sportlichen Großereignisses lebendig.

Wer sich für Fotografie interessiert, sollte einen Blick in das **Musée de l'Elysée** (Karte S. 114; 021 316 99 11; www.elysee.ch; Ave de l'Elysée 18; Erw./Kind/Student/Senior 8 SFr/frei/4/6 SFr, 1. Sa im Monat frei; 11–18 Uhr) werfen: Hier finden häufig ausgezeichnete Sonderausstellungen zu diesem Thema statt.

DER SEE

Der Genfer See (Lac Léman) bietet unzählige Möglichkeiten, aktiv zu werden. Die **Segelschule** (École de voile; 021 635 58 87; www.ecole-de-voile.ch; Chemin des Pêcheurs 7) in Ouchy etwa veranstaltet Kurse im Windsurfen, Wasserskifahren und Segeln und verleiht auch die notwendige Ausrüstung dazu. An den Ständen vor dem Château d'Ouchy kann man Tretboote (20 SFr/Std.) und Motorboote (45–50 SFr/Std.) mieten.

CGN (s. S. 122) veranstaltet eine Reihe von Bootsfahrten.

Im Sommer sind die Strände am See beliebte Ausflugsziele. Der in **Vidy** gehört zu den schöneren Vertretern. Er liegt inmitten dichter Wälder und Parks. An sonnigen Wochenenden fahren die Einheimischen hier gerne Rad, skaten oder gehen spazieren. Zudem sind hier Überreste des römischen Lousanna und das **Musée Romain Lausanne-Vidy** (021 315 41 85; www.lausanne.ch/mrv; Chemin du Bois de Vaux 24; Erw./Kind/Student 8 SFr/frei/5 SFr, 1. Sa im Monat frei; Di–So 11–18 Uhr) zu entdecken; Letzteres ist in einer alten römischen Villa untergebracht und zeigt eine bescheidene Sammlung antiker Artefakte.

BOIS DE SAUVABELIN

Lausanne ist herrlich grün. Der Großteil seines Seeufers ist gesäumt von dichten Wäldern und weitläufigen Picknickbereichen, und nördlich der Stadt erstreckt sich der riesige Landschaftspark **Bois de Sauvabelin** (Karte S. 114). In diesem friedvollen Gebiet hat auch die **Fondation de l'Hermitage** (Karte S. 114; 021 312 50 13; www.fondation-hermitage.ch; Rte du Signal 2; Erw./Kind/Student/Senior 15 SFr/frei/7/12 SFr; Di–Mi 10–18, Fr–So & feiertags bis 18, Do bis 20 Uhr) ihren Sitz. In der charmanten Residenz aus dem 19. Jh. sind immer hochkarätige Kunstausstellungen zu Gast. Zu erreichen mit dem Bus 16 ab der Place St François.

Geführte Touren

Im Frühjahr und Sommer gibt es zweimal täglich geführte, ein- bis zweistündige **Stadtspaziergänge** (021 321 77 66; Erw./Student & Kind/Senior 10 SFr/frei/5 SFr; Mai–Sept. Mo–Sa 10 & 14.30 Uhr) durch die *vieille ville*; sie sind in der Regel auf Französisch und beginnen vor dem Hôtel de Ville. Zwischen Juli und Mitte September kann man von Montag bis Samstag viermal am Tag an einer kostenlosen Führung durch die Cathédrale de Notre Dame teilnehmen. Mindestens vier Tage vorher reservieren!

Feste & Events

Während des einwöchigen **Festival de la Cité** (www.festivalcite.ch) in der ersten Juliwoche steigen in ganz Lausanne Kulturveranstaltungen.

Zum Schweizer **Nationalfeiertag** am 1. August kann man sich ein Tretboot (s. S. 118) ausleihen und gegen 22 Uhr vom See aus das Feuerwerk betrachten.

Ende Oktober findet der **Lausanne-Marathon** (www.lausanne-marathon.com) statt.

Schlafen

In den meisten Hotels zahlen Touristen eine Pauschalsteuer von 2,50 SFr pro Person. Dafür erhält man aber eine Karte zur unbegrenzten Nutzung des öffentlichen Nahverkehrs der Stadt.

BUDGETUNTERKÜNFTE

Camping de Vidy (☎ 021 622 50 00; www.camping lausannevidy.ch; Chemin du Camping 3; Stellplatz pro Erw. 7,50 SFr, pro Zelt 10–18 SFr, pro Fahrzeug 3,50 SFr; ganzjährig) Dieser Campingplatz liegt gleich westlich der Sportanlagen von Vidy am See. An der Place St. François nimmt man Bus 2, steigt am Bois de Vaux aus und unterquert die Autobahn in Richtung See. Für Strom, Müllentsorgung und die örtliche Touristensteuer legt man noch ein paar Franken drauf.

Lausanne GuestHouse (Karte S. 114; ☎ 021 601 80 00; www.lausanne-guesthouse.ch; Chemin des Épinettes 4; B 33–38 SFr, EZ/DZ 94/115 SFr, ohne Bad 85/95 SFr; Rezeption 7.30–12 & 15–22 Uhr; P ✗ ▯) Das attraktive Herrenhaus in der Nähe des Bahnhofs wurde zu einer ordentlichen Backpacker-Herberge umgebaut. Viele der Zimmer bieten Ausblick auf den See, außerdem kann man gut im Garten oder auf der Terrasse abhängen. Ein Parkplatz kostet 10 SFr; es ist auch Platz zum Abstellen von Fahrrädern. Das Gebäude wird zum Teil mit Solarkraft beheizt.

Hôtel du Marché (Karte S. 114; ☎ 021 647 99 00; www.hoteldumarche-lausanne.ch; Rue Pré du Marché 42; EZ/DZ 100/130 SFr, ohne Bad 70/110 SFr) Wer eine Unterkunft in angenehmer Lage und ohne Schnickschnack sucht, ist hier richtig. Die Zimmer sind sauber, und nach hinten hinaus gibt's eine kleine Terrasse.

MITTELKLASSEHOTELS

Alle folgenden Hotels bieten kostenloses WLAN an.

Hôtel Elite (Karte S. 114; ☎ 021 320 23 61; www.elite-lausanne.ch; Ave Sainte-Luce 1; EZ/DZ 175/225 SFr; P ✗ ▯) Zentral gelegener Familienbetrieb in friedvoller Umgebung. Die Gäste des Hotels nehmen auf dem Areal gerne ein Sonnenbad. Die in Pastelltönen gehaltenen Zimmer sind groß, komfortabel (wenn auch etwas altmodisch) und mit Kabelfernsehen ausgestattet. Manche haben eine Dusche, andere ein richtiges Bad. Die Zimmer mit Balkon eröffnen einen hübschen Blick über die Stadt. Die mit Seeblick kosten 30 SFr mehr.

Hôtel du Port (Karte S. 114; ☎ 021 612 04 44; www.hotel-du-port.ch; Place du Port 5; EZ/DZ 180/230 SFr; ✗) Die perfekte Lage in Ouchy, fast direkt am See, macht dieses Hotel zu einer guten Wahl. Die besseren Doppelzimmer haben Seeblick (20 SFr extra) und sind mit ca. 20 m^2 relativ geräumig. Im dritten Stock gibt's ein paar hübsche kleine Suiten.

Hôtel des Voyageurs (Karte S. 116; ☎ 021 319 91 11; www.voyageurs.ch; Rue Grand St. Jean 19; EZ/DZ 200/250 SFr; P ▯) In 33 komfortablen, unauffällig eingerichteten Zimmern nächtigt man in praktischer Nähe zur Altstadt von Lausanne. Die Preise schwanken und können in der Nebensaison (EZ/DZ ca. 120/160 SFr) beträchtlich sinken.

SPITZENKLASSEHOTELS

Hôtel Beau-Rivage Palace (Karte S. 114; ☎ 021 613 33 33; www.beau-rivage-palace.ch; Place du Port 17-19; EZ/DZ 450/520 SFr; P ✗ ▯ ⛱) Das Hotel hat wohl die beste Lage in der Stadt zu bieten und ist eine von nur zwei Fünf-Sterne-Optionen vor Ort. Das wunderbar gepflegte, aus dem frühen 19. Jh. stammende Landhaus befindet sich auf einem herrlichen Gelände. Von den Zimmern aus hat man einen fantastischen Blick auf den Genfer See und die Alpen. Angeschlossen sind ein Wellnesscenter, drei Restaurants mit Terrassen zum Draußensitzen und zwei Bars.

Essen

Café Romand (Karte S. 116; ☎ 021 312 63 75; Place St. François 2; Hauptgerichte 18–28,50 SFr; Mo–Sa 11–23 Uhr) Ein schäbiges Schild weist den Weg in eine wenig verheißende Arkade. Nach ein paar Schritten geht's durch eine Tür aus dem 21. Jh. zurück in ein anderes Zeitalter. Der große, etwas düstere Speisesaal ist wegen des traditionellen Essens, das hier auf Holztischen serviert wird, bei Bankern und Punks gleichermaßen beliebt. Man hat die Qual der Wahl, vom leckeren Fondue bis hin zu *cervelle au beurre noir* (Hirn mit braun gebrannter Butter) gibt's alles. Die Küche ist den ganzen Tag über offen – eine Rarität in Lausanne.

LP Tipp Café de Grancy (Karte S. 114; ☎ 021 616 86 66; www.cafédegrancy.ch; Ave du Rond Point 1; Hauptgerichte 18–35 SFr; Mo & Mi–Do 8–24, Fr 8–1, Sa 10–1, So 10–24 Uhr) Die alte Bar wurde von ihren jungen Betreibern stilvoll aufgemöbelt und ist heute ein angesagter Treff mit gemütlichen Sitzbereichen vorne, WLAN-Internetzugang und einem verführerischen Restaurant hinten. Brunch gibt's jeden Samstag und Sonntag, jeweils von 10–15 Uhr.

Café du Vieil Ouchy (Karte S. 114; ☎ 021 616 21 94; Place du Port 3, Ouchy; Hauptgerichte 18,50–38,50 SFr; ✤ Do–Mo) Das einfache, aber charmante Lokal zaubert Fondue (23,50 SFr), Rösti und andere Klassiker. Zum Nachtisch empfiehlt sich das Baiser mit *crème double de la Gruyères* (extra fette Sahne aus Gruyères).

Le Jardin Thaï (Karte S. 116; ☎ 021 555 59 99; Rue du Petit-Chêne 34; Hauptgerichte 20–39 SFr; ✤ tgl.) Eines der besseren Thai-Lokale der Stadt. Man speist bei gedämpfter Beleuchtung unter Palmen, und der Service ist super schnell. Es gibt eine große Auswahl an Reis-, Nudel-, Fisch-, Fleisch- und vegetarischen Gerichten. Wer es scharf mag, sollte das *curry de crevettes vertes au lait de coco* (grünes Garnelencurry in Kokosmilch) probieren. Im selben Hotel befindet sich auch das La Palmeraie (gleiches Ambiente), das gute Schweizer Gerichte und Muscheln auftischt.

Café-Restaurant du Vieux Lausanne (Karte S. 116; ☎ 021 323 53 90; Rue Pierre Viret 6; Hauptgerichte 25–42 SFr; ✤ Di–Fr mittags & abends, Sa abends) In diesem traditionellen Restaurant werden ordentliche französische und Schweizer Gerichte in großzügigen Portionen serviert. Fleisch ist der Star und insbesondere das *tartare de boeuf* (32 SFr) ein echter Gassenhauer. Im Sommer kann man unter der schmalen Pergola sitzen.

Le Vaudois (Karte S. 116; ☎ 021 331 22 22; www.le vaudois.ch; Place de la Riponne 1; Hauptgerichte 20–44 SFr; ✤ Küche tgl. durchgängig 11.30–23.15 Uhr) Klassische regionale Küche mit Schwerpunkt auf Fondues und Fleischgerichten wie das landesweit beliebte *émincé de veau à la Zurichoise* (feines Kalbsfilet in Pilz-Sahnesauce nach Züricher Art, 32,50 SFr).

Ichi-Ban (Karte S. 114; ☎ 021 601 31 68; www.ichi-ban. ch; Ave d'Ouchy 58; Hauptgerichte 35–45 SFr; ✤ Di–So) Unter dem halben Dutzend japanischer Restaurants der Stadt ist das Ichi-Ban das stilvollste und originellste, und sein Betreiber sieht aus wie George Clooney. Vor allem die Fleischgerichte sind super (Zubereitung nach Wahl), aber auch das sagenhafte Sashimi und das köstliche *futto maki* (mit sieben verschiedenen Zutaten, u. a. Avocado, Garnelen und Thunfisch) lohnen den Besuch.

La Pomme de Pin (Karte S. 116; ☎ 021 323 46 56; Rue Cité-Derrière 11; Hauptgerichte 40–56 SFr; ✤ Mo–Fr mittags & abends, Sa abends) Bei diesem herausragenden Vertreter der französischen Küche in den Gassen der mittelalterlichen Altstadt speisten während des Zweiten Weltkriegs u. a. Winston Churchill und Charlie Chaplin. Das Lokal ist unterteilt in ein *bistrot* und ein schickes Restaurant, das *gastro*. Fisch aus der Gegend nimmt auf der Karte einen wichtigen Platz ein, das gesamte Speisenangebot richtet sich nach der Jahreszeit.

LP Tipp Café Les Alliés (Karte S. 114; ☎ 021 648 69 40; www.lesallies.ch; Rue de la Pontaise 48; Hauptgerichte 22–44 SFr; ✤ Mo–Fr mittags & abends; ✗) Von außen wirkt es recht unscheinbar, aber das Restaurant mit seinen knarrenden Holzböden und dem hübschen Sommergarten nach hinten raus ist ein warmer, gemütlicher Ort. Vorne befindet sich das Café. Man kann wählen zwischen einfallsreichen Salaten und ebensolchen Hauptgerichten, z. B. *steak de veau poêlé au jus d'abricots* (gebratenes Steak in Aprikosensauce).

Ausgehen

XIIIeme Siècle (Karte S. 116; ☎ 021 312 40 64; Rue Cité-Devant 10; ✤ Di–Sa 22–4 Uhr) Tolles mittelalterliches Ambiente, Steingewölbe, schwere Holzbalken und leckeres Bier.

Giraf Bar (Karte S. 116; ☎ 021 323 53 90; Escaliers du Marché; ✤ Di–Do 20.30–1, Fr & Sa bis 2 Uhr) An Freitag- und Samstagabenden ist das winzige verrauchte Bar rappelvoll. Entsprechend ihrem Namen haben die Lampenschirme ein Giraffenmuster. Es wird auch etwas ältere Musik gespielt, etwa aus den 1980er-Jahren.

Le Bleu Lézard (Karte S. 114; ☎ 021 321 38 30; www. bleu-lezard.ch; Rue Enning 10; ✤ Mo–Do 7–1, Fr 7–2, Sa 8–2, So 9.30–1 Uhr) Diese tolle, alteingesessene Eckkneipe lädt mit Holztischen und einer entspannten Atmosphäre zum Klönen ein. Sowohl tagsüber als auch abends ist sie ein beliebter Treff. Wer gern tanzt, geht hinunter in den clubartigen Bereich, das Cave. Auch der Sonntagsbrunch ist super. Es gibt WLAN.

Java (Karte S. 114; ☎ 021 321 38 37; www.lejava.ch; Rue Marterey 36; ✤ Mo–Mi 7–24, Do 7–1, Fr 7–2, Sa 10–2, So 11–24 Uhr) Das Java verteilt sich auf zwei Stockwerke und ähnelt von der Atmosphäre her dem Le Bleu Lézard. In der abgetrennten Lounge im ersten Stock geht's etwas ruhiger zu. Vom Boden bis zur Decke reichende Spiegel und wuchtige Sessel dominieren die Inneneinrichtung.

LP Tipp Bar Tabac (Karte S. 114; ☎ 021 312 33 16; Rue Beau-Séjour 7; ✤ Mo–Mi 7–21, Do & Fr 7–1, Sa 9–2, So 9–15 Uhr) Solch eine geschniegelte Eckkneipe alten Stils muss Hemingway im Sinn gehabt haben, als er von einem „sauberen, gut ausgeleuchteten Lokal" sprach. Knarrende Holzböden strahlen Wärme aus und die Gäste an den Tischen rund um die L-förmige Bar sind stets in angeregte Gespräche vertieft.

Café Luna (Karte S. 114; ☎ 021 329 08 46; www.cafe-luna.ch; Place de l'Europe 7; ◷ Mo–Mi 11–24, Do, Fr & Sa bis 1 Uhr) Eine geräumige, moderne Bar mit eckigen, dunklen Sitzmöbeln und großen Lampen, die wie fliegende Untertassen an der Decke hängen. Donnerstags bis sonntags legen DJs bunt gemischte Musik auf.

Café du Pont (Karte S. 116; ☎ 021 311 41 40; Rue Petit St. Jean 7; ◷ Di–Do 11–14 & 17–1, Fr & Sa 11–14 & 17–2 Uhr) Diese kleine Bar im Obergeschoss ist von jeher ein Treff von Linke, die hier lange, konspirative Diskussionen über die Lage der Nation (oder des Kantons) führen. Das kuriose kleine Refugium eignet sich perfekt, um dem belgischen Bier zuzusprechen.

The Great Escape (Karte S. 116; ☎ 021 312 31 94; www.the-great.ch; Rue de la Madeleine; ◷ So–Do 11–1, Fr 14.30–2, Sa 16.30–2 Uhr) Unter riesigen Dachbalken versteckt sich in einer Art Landhaus ein lauter Pub mit vielen Bier- und Alesorten vom Fass. Gelegentlich beehren Sportfans die Location, die die besten Burger der Stadt auftischt, aber freitag- und samstagabends ist das Publikum ganz bunt gemischt.

Unterhaltung

Lausanne ist eine der Schweizer Städte mit einem regen Nachtleben. In manchen Bars liegt die praktische, kostenlose Broschüre *What's Up* (www.whatsupmag.ch), französisch und deutsch) aus, die über Events informiert. Tickets für viele Shows erhält man im Vorverkauf bei **Ticketcorner** (☎ 0900 800 800; www.ticketcorner.ch) oder **Resaplus** (☎ 0900 552 333; www.resaplus.ch).

LIVEMUSIK

Le Bourg (Karte S. 116; ☎ 021 625 07 07; www.lebourg.ch; Rue de Bourg 51; ◷ Mi & Do 19–1, Fr & Sa 19–2 Uhr) Was früher einmal ein altes Kino war, ist heute ein Happening-Treff im Stadtzentrum mit Barbereich und einer Bühne für Livemusik. Wenn man es an der Bar vorbei nach oben geschafft hat, bietet sich ein guter Blick auf die Bühne. An Musik gibt's alles, von Afro bis zu Jam-Sessions mit lokalen Musikern.

Chorus (Karte S. 114; ☎ 021 323 22 33; www.chorus.ch; Ave Mon Repos 3; Eintritt frei–35 SFr; ◷ Do–Sa 20.30–2 Uhr) Einer der besten Jazzschuppen Lausannes. Das dunkle und manchmal etwas verraucht Ambiente bildet eine perfekte Kulisse für regionale und internationale Stars, die sich hier die Ehre geben.

Le Romandie (Karte S. 116; ☎ 021 311 17 19; www.leromandie.ch; Place de l'Europe 1a; ◷ Di & Do–Sa 22–4 Uhr) Lausannes führender Rockclub. In einer postindustriellen Location unter den großartigen Steinbögen des Grand Pont gibt's live Rock, Garage und sogar Punk auf die Ohren, gefolgt von ähnlicher Musik aus der Konserve, gerührt und geschüttelt von einem DJ.

Les Docks (Karte S. 114; ☎ 021 623 44 44; www.lesdocks.ch; Ave de Sévelin 34; Eintritt 20–40 SFr; ◷ Di–So 21–2 Uhr) Ein etwas düsterer, halb-industrieller Schuppen, der wie ein Büroblock wirkt, ist die Heimat des Les Docks, Top-Adresse für Konzerte aller Art. Von Hip-Hop bis zu Heavy Metal, von Liedermachern bis zu Reggaekünstlern – das Programm ist kunterbunt.

CLUBS

MAD – Moulin à Danse (Karte S. 114; ☎ 021 340 69 69; www.mad.ch; Rue de Genève 23; Eintritt bis zu 25 SFr; ◷ Di–So 23–4 Uhr) Das MAD ist echt verrückt und bietet auf fünf Etagen Unterhaltung pur. Von Trance bis Chill-Out wird alles gespielt. Gleich dahinter an der Rue de Genève findet man das Zapoff Galleries, eine schicke Designerbar derselben Betreiber. Hier muss man fesch gekleidet und mindestens 25 Jahre alt sein, um an den strengen Türstehern vorbeizukommen.

Amnésia (☎ 021 619 06 50; www.amnesiaclub.ch; Ave E Dalcroze 9; Eintritt 20 SFr; ◷ Fr–So 23–5 Uhr) Hier am See geht's richtig ab. Neben dem eigentlichen Club (mit vier Tanzflächen) gibt's noch drei angeschlossene Bars, wo man vor dem Dancen einen heben kann. Im Sommer bekommt man im Restaurant am Strand auch einen Snack (Bars & Restaurant Mai–Okt. bis 2 Uhr geöffnet).

D-Club (Karte S. 116; ☎ 021 351 51 40; www.dclub.ch; Place Centrale; Eintritt 10–25 SFr; ◷ Mi–Sa 23–5 Uhr) Hier legen einheimische DJs und solche auf der Durchreise Funk und vor allem House in all ihren Unterformen auf. Freitagnachts ist Electro angesagt und samstags immer House. Man nimmt die Treppe von der Rue du Grand Pont in Richtung Place Centrale und biegt vor der Place rechts ab.

Loft Electroclub (Karte S. 114; ☎ 021 311 63 64; www.loftclub.ch; Place de Bel-Air 1; Eintritt bis zu 20 SFr; ◷ Mi 1–4, Do–Sa 23–5 Uhr) Ein weiterer beliebter Treffpunkt für Nachtschwärmer ist das Loft, eine vorwiegend rote Bar mit Tanzfläche direkt unterhalb der Treppe des Tour-Bel-Air-Gebäudes. An manchen Nächten legen DJs R & B auf; samstags ist Electro Night.

SCHWULEN- UND LESBENTREFFS

Trixx Club (Karte S. 114; Eintritt frei; So 23.30–4 Uhr) Sonntagnachts ist im MAD der Trixx Club zu Gast – *die* angesagte Clubnacht für Schwule und Lesben in der gesamten Westschweiz. Von den fünf Stockwerken ist dabei eines für Lesben und eines für Schwule reserviert.

KINOS

Einige Kinos in der Stadt zeigen auch Filme in Originalsprache (in der Auflistung von *24 Heures* mit „vo" gekennzeichnet).

Cinémathèque Suisse (Karte S. 114; ☎ 021 315 21 70; www.cinematheque.ch; Allée E Ansermet 3, Casino de Montbenon) Das Kino des Schweizer Filmarchivs zeigt Klassiker und Filmreihen. Zudem gibt's hier ein gutes Café und ein Restaurant.

THEATER, OPER & KLASSISCHE MUSIK

Fast das ganze Jahr über werden in Lausanne zahlreiche Theaterstücke geboten. Die Veranstaltungen sind im Lokalblatt *24 Heures* aufgelistet. Auch bei InfoCité (s. S. 115) erhält man Infos zu anstehenden Events.

Palais de Beaulieu (Karte S. 114; ☎ 021 643 21 11; www.beaulieu.org; Ave des Bergières 10) Hier finden Konzerte, Opern und Ballettaufführungen statt. Lausanne hat ein eigenes Kammerorchester und eine angesehene Ballettschule, die Rudra Béjart (www.bejart-rudra.ch).

Opéra de Lausanne (Karte S. 114; ☎ 021 310 16 00; www.opera-lausanne.ch; Ave du Théâtre 12) Spielzeit ist von September bis Mai. Neben Opernaufführungen gibt's klassische Konzerte und ab und an auch Weltmusik. Tickets kosten je nach Veranstaltung und Sitzplatz zwischen 15 und 130 SFr.

Shoppen

In der Rue de Bourg findet man viele Boutiquen und Schmuckläden. Warenhäuser, weitere Modeboutiquen sowie Wein- und Feinkostläden gibt's an der Place de la Palud und in den umliegenden Fußgängerzone.

La Ferme Vaudoise (Karte S. 116; ☎ 021 351 35 55; Place de la Palud 5) Hier gibt's ein interessantes Angebot an Käse, Süßwaren, alkoholischen Getränken sowie Obst und Gemüse aus dem gesamten Waadtland.

Globus (Karte S. 116; ☎ 021 342 90 90; www.globus.ch; Rue du Pont 5) Der Deli im Erdgeschoss des Globus verkauft viele (teure) Leckereien aus der Schweiz und dem Ausland.

Für Streetwear und Schnäppchen ist Flon, abseits der geschniegelten Hauptgeschäfte, die richtige Adressen. In diesem Viertel lohnt sich auch ein Blick in die Kunstgalerien.

Am Mittwoch- und Samstagvormittag (6–14.30 Uhr) finden zudem in der Rue de Bourg, auf der Place de la Palud und in einigen anderen Fußgängerzonen rund um den Platz Wochenmärkte statt.

An- & Weiterreise

AUTO & MOTORRAD

Autobahnen verbinden Lausanne mit Genf und Yverdon-les-Bains (über die A 1), Martigny (über die A 9) und Bern (über die A 9 und dann über die A 12). An großen Autovermietern sind **Avis** (Karte S. 114; ☎ 021 340 72 00; Ave de la Gare 50), **Hertz** (Karte S. 114; ☎ 021 312 53 11; Place du Tunnel 17) und **Europcar** (Karte S. 114; ☎ 021 319 90 40; Ave Louis Ruchonnet 2) vertreten. Bei **Enzo Location** (Karte S. 116; ☎ 084 245 45 45; Ave de Beaulieu 8) bekommt man einen Fiat Panda mit Firmenlogo schon für 20 SFr am Tag (zzgl. 0,20 SFr/km).

SCHIFF/FÄHRE

Die Schweizer Schifffahrtsgesellschaft **CGN** (Karte S. 114; ☎ 084 881 18 48; www.cgn.ch; Quai JP Delamuraz 17) steuert von Ouchy aus Ziele rund um den Genfer See an. Autofähren gibt es nicht.

Im Juli und August fahren bis zu 14 Schiffe täglich von und nach Evian-les-Bains in Frankreich (2. Klasse einfach/hin & zurück 17,20/29,40 SFr, 40 Min.); im übrigen Jahr sind es nur sieben bis neun. Weniger häufig verbinden Schiffe auch mit Montreux (einfach/hin & zurück 22,20/37,80 SFr, 1½ Std.) und Genf (einfach/hin & zurück 37,60/64 SFr, ca. 3½ Std.). Eine Tageskarte, die für alle Linien auf dem See gilt, kostet 49 SFr.

ZUG

Bis zu sechs Züge fahren stündlich von bzw. nach Genf (20,60 SFr, 33–51 Min.) und bis zu vier zum Genfer Flughafen (25 SFr, 42–58 Min.). Von bzw. nach Bern (31 SFr, 70 Min.) fährt ein- bis zweimal pro Stunde ein Zug und von bzw. nach Yverdon-les-Bains (14,80 SFr, 20–45 Min.) bis zu viermal pro Stunde.

Unterwegs vor Ort

Die meisten Ziele erreicht man mit einem Bus oder einem O-Bus. Im Stadtgebiet Lausanne bezahlt man für eine Kurzstrecke (bis zu drei Haltestellen) 1,90 SFr, für eine einfache Fahrt 3 SFr (gültig 1 Std.) und für eine Tageskarte 8,60 SFr.

Die neue U-Bahn M2 verbindet Ouchy mit der gare (Bahnhof) und mit Flon und fährt dann quer durch die Stadt ins nördliche Vorstadtgebiet nach Épalinges (Haltestelle „Croisettes"). Von Flon aus fährt die ältere Stadtbahn M1 nach Westen in die Vorstädte und weiter nach Renens. Es gelten die gleichen Fahrpreise wie für den Bus.

Das Parken im Zentrum von Lausanne ist ein Alptraum. In den blauen Zonen kann man sein Auto mit Parkscheibe für eine Stunde kostenlos abstellen (s. S. 398), in den weißen Zonen sind meistens Parkautomaten aufgestellt; der Preis ist unterschiedlich (bis zu 2 SFr/Std.; max. 2 Std. Parkdauer). Das untere Ende der Ave des Bains ist eine der wenigen Stellen, wo man kostenlos und unbegrenzt lange parken kann.

Ein Taxi kann man unter ☎ 080 081 08 10 rufen. Die kurze Fahrt vom Bahnhof bis zu einem Hotel in der Innenstadt kostet zwischen 12 und 20 SFr.

Fahrräder (mit Reklameaufschrift) bekommt man kostenlos bei **Lausanne Roule** (Karte S. 116; ☎ 021 533 01 15; www.lausanneroule.ch; Place de l'Europe 1b) unter den Bögen der Grand Pont im Stadtviertel Flon. Die Ausgabe ist von 7.30 bis 21.30 Uhr geöffnet. Man hinterlegt 20 SFr Schutzgebühr und einen Ausweis, wer das Rad zu spät zurückbringt, zahlt 1 SFr pro Stunde.

RUND UM LAUSANNE
La Côte

An der Küste zwischen Lausanne und Genf (die als „La Côte" bezeichnet wird) finden sich märchenhafte Burgen, imposante Paläste und herausgeputzte mittelalterliche Städtchen. Mehr als die Hälfte des gesamten im Canton de Vaud produzierten Weines (überwiegend Weißwein) kommt von hier. Die Ortschaften von La Côte liegen an der Bahnstrecke von Lausanne und Genf; einige sind auch mit Dampfern der CGN zu erreichen (Preise ab Lausanne: nach Morges 13,60 SFr, nach Rolle 21 SFr, nach Nyon 28,60 SFr).

VON LAUSANNE NACH ROLLE

Von Lausanne aus kann man gut Richtung Westen nach **St. Sulpice** wandern (von Ouchy sind es ca. 6 km). St. Sulpice ist heute schon fast eine kleine Stadt. Ihr Schmuckstück ist die romanische Kirche gleichen Namens am See. Unterwegs liegen ein paar strategisch günstig platzierte Restaurants, in denen man seinen Hunger stillen kann. Man nimmt Bus 2 von der Place St. François und steigt in Bourdonette in Bus 30 um.

Die erste wichtige Ortschaft westlich von Lausanne ist das etwa 12 km entfernte Weinanbauzentrum **Morges**. Den Hafen beherrscht das gedrungene, mit vier Türmchen versehene **Château** (☎ 021 316 09 90; Place du Port; Erw./Kind/Student/Senior 7 SFr/frei/5/6 SFr; ⏲ Juli & Aug. Di–So 10–17 Uhr, Sept.–Juni Mo–Fr 10–12 & 13.30–17, Sa & So 13.30–17 Uhr) aus dem 13. Jh. Herzog Ludwig von Savoyen ließ die Burg 1286 errichten; heute sind in ihr vier Museen untergebracht, die hauptsächlich Waffensammlungen präsentieren. Im **Musée de la Figurine Historique** kann man 8000 Spielzeugsoldaten bestaunen.

Von April bis Mitte Mai findet am See im Parc de l'Indépendence die **Fête de la Tulipe** (Tulpenfest) statt. Der Blick über den See auf den schneebedeckten Mont Blanc ist atemberaubend.

Wer heiße Schokolade, exotische Tees und Salate mit asiatischem Einschlag mag, wird das **LP Tipp Café de Balzac** (☎ 021 811 02 32; www.balzac.ch; Rue de Louis-de-Savoie 37; Hauptgerichte 20–25 SFr, heiße Schokolade 6,20–7,20 SFr; ⏲ Di–Mi & Fr 8–18.30, Do 8–22, Sa 9–17, So 11–17 Uhr), einen Block von der Uferpromenade entfernt im Herzen der Altstadt, lieben.

An dem 26 km langen Streifen bis zur nächsten größeren Stadt Nyon liegen das alte Dorf **St. Prex**, dessen jahrhundertealte Häuser farbenfroh mit Efeu und Blumenkästen geschmückt sind, und **Rolle**, das ebenfalls eine savoyische Burg (geschl.) am See aus dem 13. Jh. sein Eigen nennt.

VON NYON NACH COPPET

Nyon ist römischen Ursprungs, aber der Name ist teilweise keltisch (das „on" kommt von *dunon*, was „befestigte Einfriedung" bedeutet). Im Herzen des munteren Uferstädtchens (17 615 Ew.) steht das gleißend weiße **Château** mit seinen fünf Türmen. Der Bau der Burg begann im 12. Jh.; 400 Jahre später wurde sie vollständig umgebaut. Heute ist in ihr das städtische **Musée Historique** (Geschichtsmuseum; ☎ 022 363 83 51; ⏲ April–Okt. Di–So 10–17 Uhr, Nov.–März Di–So 14–17 Uhr) untergebracht, dessen Highlight die Sammlung von regional hergestelltem Porzellan ist. Gelegentlich finden Sonderausstellungen statt. Nahebei lockt die Multimediaausstellung des **Musée Romain** (☎ 022 361 75 91; www.mrn.ch; Rue Maupertuis; ⏲ April–Okt. Di–So 10–17 Uhr, Nov.–März Di–So 14–17 Uhr) in einer Basilika aus dem 1. Jh. mit Einblicken in die Anfänge des Ortes, der zur Römerzeit Colonia Iulia Equestris hieß. In Nyon kann man auch prima am Ufer speisen und alles ist zu haben, von Fondue bis thailändisch.

Im **Château de Prangins**, einem großen Landhaus ca. 2,5 km nordöstlich von Nyon, ist eine Zweigstelle des **Musée National Suisse** (☎ 022 994 88 90; www.musee-suisse.com; Erw./Kind/Senior & Student 7 SFr/frei/5 SFr; ⓥ Di–So 11–17 Uhr) untergebracht. Die Dauerausstellung behandelt die Schweizer Geschichte von 1730–1920, daneben gibt's regelmäßig Sonderausstellungen.

Das **Paléo-Festival** (☎ 022 365 10 10; www.paleo.ch) in Nyon ist ein internationales Open-Air-Musikfest (das größte in der ganzen Schweiz). Es findet Ende Juli statt und dauert drei Tage. Tickets gibt's an der Kasse für rund 50 SFr pro Tag (im Vorverkauf billiger).

Coppet liegt auf halbem Weg zwischen Nyon und Genf. Das dicht bebaute, mittelalterliche Dorf bietet ein paar gemütliche Hotels und Restaurants. Unweit des Ortes auf einem Hügel steht ein aus dem 18. Jh. stammendes **Château** (☎ 022 776 10 28; Erw./Kind/Student & Senior 4 SFr/frei/3 SFr; ⓥ Ostern–Okt. 14–18 Uhr). Die rosafarbene Residenz gehörte einst dem durchtriebenen Jacques Necker, Bankier und Finanzminister Ludwigs XVI. In dem aufwändig im Louis-XVI-Stil ausgestatteten Komplex lebte Neckers Tochter, Madame de Staël, nachdem Napoleon sie aus Paris verbannt hatte. In ihrem Salon waren u. a. Edward Gibbon und Lord Byron zu Gast.

Lutry & Cully

Ungefähr 4 km östlich von Lausanne befindet sich das bezaubernde Dorf Lutry (8735 Ew.). Es wurde im 11. Jh. von französischen Mönchen gegründet und bietet sich für einen netten Nachmittagsspaziergang an. Im Zentrum steht die im frühen 13. Jh. errichtete **Église de St. Martin et St. Clément**, etwas weiter nördlich trifft man auf ein schlichtes **Château**. Man kann ein hübsches Ufer herumschlendern oder im Ortszentrum die niedliche Hauptstraße mit ihren Kunstgalerien, Antiquitätenläden und vereinzelten Bars unsicher machen. Jedes Jahr am letzten Septemberwochenende wird mit Umzügen und Verkostungen die Weinlese gefeiert.

Im **Caveau du Singe Vert** (Keller zum grünen Affen; ☎ 021 866 16 26; www.jazzausingevert.ch; Grand Rue 41; Eintritt für Konzerte 25 SFr) finden jeden Monat ein paar Livekonzerte statt. Ebenfalls gute Konzerte (v. a. *chanson française*) gibt's im **Esprit Frappeur** (☎ 021 793 12 01; www.espritfrappeur.ch; Villa Mégroz, Ave du Grand Pont 20; Eintritt bis zu 35 SFr; ⓥ Di–Sa 19.30–2, So 17–24 Uhr). Nach Lutry fährt Bus 9 ab der Place St. François in Lausanne.

5 km östlich von Lutry findet man in dem alten Winzerdorf Cully (1750 Ew.) ein hübsches altes Hotel mit Restaurant: Das **Auberge du Raisin** (☎ 021 799 21 31; www.aubergeduraisin.ch; Place de l'Hôtel de Ville 1; EZ/DZ 180/220 SFr, Apt. 380 SFr; 🖳) gewährt schon seit dem 15. Jh. müden Reisenden Obdach, und in der *rotisserie* kann man sich an tollen Fleisch- oder Fischgerichten laben (Tagesmenü 120 SFr).

SCHWEIZER RIVIERA

Östlich von Villeneuve erstreckt sich die Schweizer Riviera und macht ihrem französischen Gegenstück als Magnet für die Reichen und Berühmten ernsthaft Konkurrenz. Gerade mal eine Autostunde von den Skigebieten der Alpen entfernt, gedeihen hier dank des milden Klimas Palmen und andere subtropische Pflanzen.

Wer malerische Zugfahrten und Dampfloks liebt, sollte in Vevey oder Montreux eines der vielen Ausflugsangebote in die Gegend und ins Berner Oberland wahrnehmen.

VEVEY

16 950 Ew. / 385 m

Das am See gelegene Vevey ist von unaufdringlicher Eleganz und an so berühmte Gäste wie Jean-Jacques Rousseau oder Charlie Chaplin gewöhnt. Chaplin lebte bis zu seinem Tode im Jahr 1977 etwa 25 Jahre lang hier; sein Anwesen in Corsier, das Manoir de Ban, soll ab 2010 ein Museum werden.

Orientierung & Praktische Informationen

Das Zentrum der Stadt ist die Grande Place, 250 m links vom Bahnhof gelegen. Die **Touristeninformation** (☎ 084 886 84 84; www.montreux-vevey.com; ⓥ Mitte Mai–Mitte Sept. Mo–Fr 9–18, Sa 8.30–12.30 Uhr, Mitte Sept.–Mitte Mai Mo–Fr 9–12 & 13–17.30, Sa 9–12 Uhr) ist in der früheren Markthalle am Platz untergebracht.

Sehenswertes

Die alten Gassen östlich der Grande Place und die Uferpromenaden am See sind wirklich toll. Darüber hinaus weist die Stadt mit ihren zahlreichen Museen ein breites Unterhaltungsangebot auf.

Das wohl lustigste Museum ist das **Musée Suisse du Jeu** (Schweizerisches Spielmuseum; ☎ 021 977 23 00; www.museedujeu.com; Rue du Château 11; Erw./Kind unter 6 Jahren/Kind von 6–16 Jahren/Student & Senior 8 SFr/frei/2/4 SFr; ⓧ Di–So 11–17.30 Uhr). Die Exponate sind thematisch geordnet nach Lern-, Strategie-, Simulations-, Geschicklichkeits- und Glücksspielen, und manche kann man sogar selber spielen (die Anleitungen sind auf Französisch). Das Museum ist im Château de la Tour de Peilz untergebracht – mit O-Bus 1 zur Place du Temple.

Nestlé hat seit 1814 seinen Hauptsitz in Vevey und betreibt auch das **Alimentarium – Musée de l'Alimentation** (Ernährungsmuseum; ☎ 021 924 41 11; www.alimentarium.ch; Quai Perdonnet; Erw./Kind/Student & Senior 10 SFr/frei/8 SFr; ⓧ Di–So 10–18 Uhr). Diese Einrichtung gewährt einen unterhaltsamen Blick in Ernährung und Essgewohnheiten in der Vergangenheit und in der Gegenwart.

Im **Musée Jenisch** (☎ 021 921 29 50; www.museejenisch.ch; Ave de la Gare 2; Erw./Kind/Student/Senior 15 SFr/frei/7,50/13 SFr; ⓧ Di–So 11–17.30 Uhr) ist Schweizer Kunst aus dem 19. und 20. Jh. zu sehen. Außerdem beherbergt es eine große Sammlung von Zeichnungen internationaler Künstler. Sehenswert ist vor allem die Sonderabteilung über den Wiener Expressionisten Oskar Kokoschka. Ein anderer Teil widmet sich Kupferstichen und Radierungen mit Werken von Dürer, Rembrandt, Canaletto oder auch Corot. Gleich hinter dem Museum steht an der Ave de la Gare eine hübsche kleine **russisch-orthodoxe Kirche** aus dem 19. Jh. mit einem goldenen Zwiebelturm. Im Norden ragt auf der anderen Seite der Bahngleise der imposante Glockenturm der **Église de St. Martin** (13. Jh.) empor; der gotische Originalbau ist zum Teil noch erhalten. Nördlich davon liegt ein friedvoller grüner Friedhof.

Das **Musée Suisse de l'Appareil Photographique** (☎ 021 925 21 40; www.cameramuseum.ch; Grande Place; Erw./Kind/Student & Senior 8 SFr/frei/6 SFr; ⓧ Di–So 11–17.30 Uhr) widmet sich der Fotografie, konzentriert sich aber eher auf die Apparate als auf die Bilder. Darüber hinaus hat Vevey auch Museen zum Weinbau und zur Stadtgeschichte.

Alle 20 bis 25 Jahre kommen im Sommer die Winzbauern aus dem Lavaux (s. S. 127) in Vevey zum legendären **Winzerfest** zusammen. Das letzte Mal fand das Ereignis 1999 statt, auf das nächste wird man also wohl noch eine Weile warten müssen.

Schlafen

Yoba Riviera Lodge (☎ 021 923 80 40; www.rivieralodge.ch; Place du Marché 5; B 32 SFr, EZ/DZ 88/95 SFr; Ⓟ 🖳) Die Lodge ist in einem umgebauten Herrenhaus aus dem 19. Jh. untergebracht und liegt sehr zentral. Von der Dachterrasse aus eröffnet sich eine tolle Aussicht. Man darf die hauseigene Küche benutzen, so dass man nicht immer essen zu gehen braucht.

Hôtel des Négociants (☎ 021 922 70 11; www.hotelnegociants.ch; Rue du Conseil 27; EZ/DZ 115/182 SFr; 🖳) Mitten in der ruhigen, hübschen Altstadt von Vevey liegt dieses fröhliche Hotel mit hellen Zimmern und einem guten Restaurant. Im ganzen Gebäude gibt's WLAN.

Hôtel des Trois Couronnes (☎ 021 923 32 00; www.hoteldestroiscouronnes.ch; Rue d'Italie 49; EZ/DZ ab 350/450 SFr; Ⓟ 🍴 🖳) Die „Drei Kronen" sind das Beste, was Vevey zu bieten hat. Das elegante Lustschloss ist schon seit Mitte des 19. Jhs. in Betrieb. Auf allen drei Stockwerken gibt es großzügige Galerien, und das Dekor mit jeder Menge Marmor, antikem Mobiliar und anderen Antiquitäten ist ganz exquisit.

Essen & Ausgehen

Le National (☎ 021 923 76 25; Rue du Torrent 9; Hauptgerichte 25–32 SFr; ⓧ Mo & Di 11–24, Mi & Do bis 1, Fr & Sa bis 2 Uhr) Ein junges, enthusiastisches Team betreibt dieses Lokal, in dem man hervorragend essen und trinken kann. Die eine Hälfte des Gebäudes beherbergt die hippe Bar, die andere das Restaurant mit einem gemischtem Angebot aus internationalen Gerichten und leckeren Salaten (17 SFr). An sonnigen Tagen kann man sich im Hinterhof im Schatten eines großen Baumes niederlassen.

Le Mazot (☎ 021 921 78 22; Rue du Conseil 7; Hauptgerichte 22–36 SFr; ⓧ Mo, Di & Do–Sa mittags & abends, So abends) Im Herzen der Altstadt findet man diese Institution der klassischen regionalen Küche. Der Fokus liegt vor allem auf Steaks und Pferdefilets in einer speziellen Sauce (dieses Hausrezept konnten wir dem Koch leider nicht entlocken).

LP Tipp Restaurant Le Château (☎ 021 921 12 10; www.denismartin.ch; Rue du Château 2; Häppchen-Menü 260 SFr; ⓧ Di–So nur abends) Der Chefkoch Denis Martin ist einer der ganz Großen in der modernen Schweizer Küche. Er hat sich inspirieren lassen von Ferran Adrià, dem katalanischen König der Molekulargastronomie. Bei

FRANZ WEBER, DER KÄMPE VON LAVAUX

Franz Weber kam 1927 in Basel zur Welt und studierte ab 1948 an der Pariser Sorbonne. Jahrelang war er ein eifriger Journalist. 1956 lernte er das Weinanbaugebiet Lavaux kennen und lieben, 1965 engagierte er sich erstmals für den Umweltschutz im Kampf um die Erhaltung des Dorfes Surlej in Graubünden – die erste von mehr als 150 Schlachten um die Wahrung des Naturerbes. Weber gründete 1975 eine Stiftung (www.ffw.ch) und ist noch heute engagiert dabei.

Sie nennen sich lieber „Anwalt der Natur" als „Ökologe".
Wenn ich sehe, dass etwas Schönes, an dem noch unsere Nachkommen Freude haben könnten, zerstört wird, macht mich das krank. Ich war schon Ökologe, ehe es das Wort überhaupt gab.

Wann gaben Sie den Journalismus auf?
Im Jahr 1974. Da lag ich mit 15 Geschichten im Rückstand – einfach unmöglich!

Sie haben eine besondere Verbindung zu Lavaux …
Als ich in Paris war, führte ich Fremde nach Lavaux, wenn ich ihnen etwas besonders Schönes zeigen wollte. 1972 gründete ich die Vereinigung „Save Lavaux", die sich gegen Erschließungspläne wandte, doch außer einigen Weinbauern waren alle gegen mich, auch die Regierung. Es hieß: „Von einem Pariser aus Basel lassen wir uns nichts vorschreiben." Selbst viele Weinproduzenten wollten von Grundstücksspekulationen profitieren. Allerdings unterstützte mich die Presse in Lausanne.

Die Region wurde schließlich vom Kanton Waadt unter Schutz gestellt und 2007 von der Unesco zur Welterbestätte erklärt. Ist der Kampf damit gewonnen?
Durchaus nicht. Wir kämpfen ständig gegen Bauprojekte, es ist schrecklich. Im Jahr 2003 wurde eine neue Kantonsverfassung ohne den Schutzartikel bezüglich Lavaux angenommen. Wieder mussten wir in die Schlacht ziehen und errangen bei der Volksabstimmung einen überwältigenden Sieg: 80 % der Weinbauern des Lavaux standen hinter uns und fast 100 % der Lausanner!

Sie unterstützen die Initiative gegen den Umzug des Lausanner Musée des Beaux Arts.
Der gegenwärtige Sitz, das Palais de Rumine, ist einfach prächtig! Aber die Lausanner Stadtverwaltung will nun einen Bunker direkt am See bauen, der den schönen See verschandelt. Das ist scheußlich und überflüssig. Das Palais ist doch ein wirklich schönes Gründerzeitgebäude!

Stehen Sie immer noch mit Brigitte Bardot in Verbindung?
Na sicher.

Haben Sie sie damals in den 1970er-Jahren dazu gebracht, sich gegen das Abschlachten von Robbenbabys in Kanada zu engagieren?
Ich war von der Schlächterei schockiert und äußerte mich darüber im Radio und in den Zeitungen. Einige Leute von Greenpeace baten mich daraufhin um Hilfe und ich lieh ihnen 5000 US$, die ich nie wiedersah. Ich habe den Anstoß zu der internationalen Kampagne gegeben. Bardot schrieb mir, und ich antwortete ihr: „Kommen Sie doch vorbei!" (d. h. auf die Eisschollen in Kanada, wo Weber 75 Journalisten zusammenbrachte, die die Jagd beobachteten).

Muss man eigentlich wütend sein, um solche Kampagnen durchzuführen? Und werden Sie des Kampfes niemals müde?
Wut ist nötig, und ich war und bin immer gegen Ungerechtigkeit.

Sind Sie noch immer aktiv?
Oh ja, es gibt immer noch viel zu tun. Da sind diese Leute in Zürich, die aus St. Gallen gern ein zweites Genf machen wollen, einen Hochhausdschungel. Das ist einfach schrecklich.

Und was bringt die Zukunft?
Ich weiß es nicht. In der Schweiz denken viele nur an sich selbst, aber wenn irgendwo auf der Welt etwas Schönes stirbt, stirbt auch ein Teil von uns.

---

den Menüs mit Weinverkostung bekommt man Exemplare der rund 20 kreativen Gaumenkitzler, die so sonderbare Namen wie *L'air de rien parmesan et cubisme de veau* (Ein Hauch von Nichts aus Parmesan und Kubismus vom Kalb) tragen. Das Restaurant ist einen Block vom See entfernt in dem Herrenhaus aus dem 17. Jh. untergebracht, das auch das stadtgeschichtliche Museum beherbergt.

An- & Weiterreise

Vevey liegt mit dem Zug 18 bis 25 Minuten von Lausanne (7 SFr) und fünf bis zehn Minuten von Montreux (3,40 SFr) entfernt. Der

O-Bus 1 fährt von Vevey nach Montreux (3,20 SFr) und weiter nach Villeneuve (4,60 SFr).

RUND UM VEVEY

Eine Museumsbahn dampft die 3 km lange Strecke (15 Min.) von Blonay nach Chamby entlang, in Chamby gibt's ein **Lokmuseum** mit Dampfeisenbahnen und Motorwagen (Eintritt, Fahrt hin & zurück Erw./Kind 18/9 SFr). Die Museumsbahn fährt allerdings nur von Anfang Mai bis Anfang Oktober und nur samstagnachmittags und sonntags. Im Sommer startet die Dampflok an vier oder fünf Sonntagen in Vevey (Erw./Kind 39/19,50 SFr); mehr Infos auf www.blonay-chamby.ch.

In der Nähe von Vevey gibt's ein paar Orte mit tollem Ausblick und guten Wandermöglichkeiten, z. B. Les Pléiades (1360 m), das mit dem Zug zu erreichen ist, Chexbres, ein Haltepunkt der im Sommer fahrenden „Weinbahn" nach Puidoux, oder Mont Pélerin (1080 m) mit dem Panoramaturm Plein Ciel, das man mit der Seilbahn erreicht. Auf dem Weg nach Les Pléiades liegt Lally, wo man im weitläufigen, rustikalen **Les Sapins** (☎ 021 943 13 95; www.les-sapins.ch; Rte des Monts; EZ/DZ 80/150 SFr, DZ mit Bad 160 SFr; P 🍴 🏊) Unterkunft und Verpflegung findet. Die Zimmer sind ziemlich unterschiedlich. Auf dem Gelände gibt's einen Whirlpool und eine Sauna (Massagen nach Vereinbarung). Der Blick nach Süden auf die Alpen ist grandios.

WEINANBAUGEBIET LAVAUX

Die dichten Reihen aus üppigen grünen Weinterrassen, die die steilen Hänge oberhalb des Genfer Sees zwischen Lausanne und Montreux bedecken, gehören zum Weinanbaugebiet Lavaux. Hier werden 20 % des Weines aus dem Kanton Waadt produziert. Die Region wurde 2007 von der Unesco zur Welterbestätte erklärt.

Zu den Zentren des Weinbaus gehören die Dörfer Lutry, Villette, Cully, Calamin, Epesses (welches einen der wenigen FKK-Strände am See besitzt), Dézaley, St. Saphorin, Chardonne und Riex. Die beiden wichtigsten Weinsorten, die hier angebaut werden, sind Calamin und Dézaley. Ungefähr drei Viertel des Weißweins werden aus der Chasselas-Traube hergestellt.

Einen großen Teil der Weinanbauregion Lavaux kann man zu Fuß erkunden: Von Lutry aus führen Wanderwege durch Dörfchen wie Grandvaux hinunter zum am Ufer gelegenen Örtchen Cully. In allen Ortschaften sind Weinkeller zu besichtigen; in der Regel sind sie von Freitag bis Sonntag zwischen 17 und 21 Uhr geöffnet. Wer möchte, kann sogar durch die ganze Region bis nach Chardonne wandern. Das dauert etwa vier Stunden, je nachdem, wieviele Abstecher man zwischendurch macht. Von Chardonne aus sucht man sich dann einen beliebigen Ort am Ufer aus, von dem aus man den Zug zurück nach Lausanne nimmt.

Der **Lavaux Express** (www.lavaux.com, französisch & deutsch; Erw./Kind unter 4 Jahren/Kind 4–12 Jahre 10 SFr/frei/ 5 SFr; ⊙ März–Okt.) ist eine von einem Traktor gezogene Touristenbahn, die auf verschiedenen Strecken die Weinorte zwischen Lutry und Cully abklappert.

MONTREUX & UMGEBUNG

23 200 Ew. / 385 m

Im 19. Jh. strömten Schriftsteller, Künstler und Musiker (darunter Lord Byron und die Shelleys) in diese hübsche kleine Stadt am See. Mit ihren friedlichen Uferpromenaden, dem milden Klima und dem Château de Chillon ist Montreux auch heute noch ein echter Publikumsmagnet.

Musikfreunde kennen Montreux wegen des Jazzfestivals im Sommer, das seit 1967 stattfindet. 1971 war das Kasino von Montreux Schauplatz eines ungewöhnlichen Ereignisses: Frank Zappa stand gerade auf der Bühne, als im Kasino ein Feuer ausbrach und dichter Rauch über den Genfer See zog. Deep Purple ließen sich davon zu ihrem Rockklassiker *Smoke on the Water* inspirieren.

Orientierung & Praktische Informationen

Das Seeufer bei Montreux ist von Hotels aus dem 19. Jh., Restaurants und Geschäften gesäumt. Das *vieux quartier* (Altstadt) hoch oben auf dem Hügel bilden die ruhigen Gassen rund um die Rue du Pont. Vom Bahnhof an der Ave des Alpes geht's mit dem Lift oder über die Treppen gegenüber dem Postamt hinunter zum Ufer. Hier befindet sich die **Touristeninformation** (☎ 084 886 84 84; www.montreux-vevey.com; ⊙ Mitte Mai–Mitte Sept. Mo–Fr 9–18, Sa & So 10–17 Uhr, Mitte Sept.–Mitte Mai Mo–Fr 9–12 & 13–17.30, Sa & So 10–14 Uhr), deren Mitarbeiter bei der Suche nach einem Hotel helfen können – ein Service, der vor allem zur Festivalzeit unbezahlbar ist!

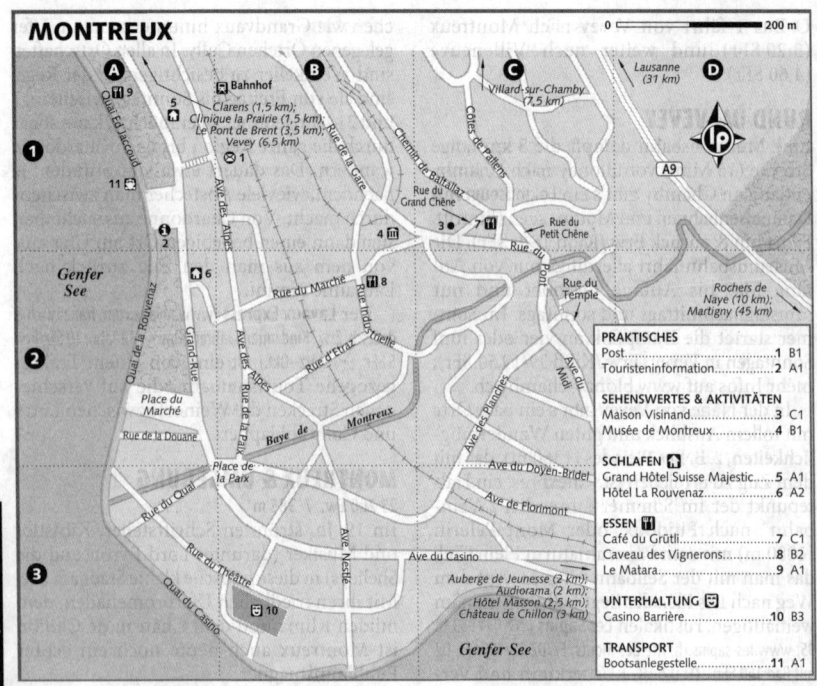

Sehenswertes & Aktivitäten
CHÂTEAU DE CHILLON
Die außergewöhnliche, ovale **Wasserburg** (Karte S. 112; ☎ 021 966 89 10; www.chillon.ch; Ave de Chillon 21; Erw./Kind/Student & Senior 12/6/10 SFr; April–Sept. 9–18 Uhr, März & Okt. 9.30–17 Uhr, Nov.–Feb. 10–16 Uhr) wurde durch Lord Byron weltberühmt und ist seither eine Touristenattraktion.

Die Festung aus dem 13. Jh. liegt herrlich am Genfer See. Ihr Inneres ist ein Labyrinth aus Höfen, Türmen und Sälen voller Waffen, antikem Mobiliar und Kunstwerken. Zum Land hin wirkt die Anlage sehr trutzig, aber zum See hin zeigt sie sich freundlicher. Die Savoyer Herzöge ließen sie errichten, spätere Anbauten stammen von den Berner Landvögten, nachdem die Waadt unter die Herrschaft von deren Kantons gefallen war. In der **Chapelle St. Georges** finden sich Fresken aus dem Mittelalter, und auch die gespenstischen gotischen Verliese sind sehenswert.

Berühmt wurde der Ort durch Byrons Gedicht *Der Gefangene von Chillon* (1816). Es behandelt das Schicksal von François Bonivard, der wegen seiner aufrührerischen Ideen eingekerkert und 1536 von bernischen Truppen befreit wurde; der englische Dichter ritzte seinen Namen in den Pfeiler, an dem Bonivard angekettet gewesen sein soll. Außerdem bannten die Maler William Turner und Gustave Courbet die Silhouette der Burg auf Leinwand, und Jean-Jacques Rousseau, Alexandre Dumas und Mary Shelley schrieben über sie.

Die Wanderung von Montreux zur Burg dauert 45 Minuten und führt am See entlang. Man kann aber auch den O-Bus 1 (2,30 SFr) nehmen, der alle zehn Minuten fährt.

ALTSTADT
Das **Musée de Montreux** (☎ 021 963 13 53; www.museemontreux.ch; Rue de la Gare 40; Erw./Kind/Student & Senior 6 SFr/frei/4 SFr; Mitte März–Anfang Nov. 10–12 & 14–17 Uhr) folgt den Spuren der Geschichte der Stadt und der Gegend. Die Exponate reichen von Funden und Münzen aus der Römerzeit bis hin zu antiken Möbeln, Badewannen und Straßenschildern. Die steilen Straßen rund um das Museum und weiter den Hügel hinauf bilden das Zentrum der Altstadt Montreux' und lohnen einen Spaziergang. Die bezaubernde **Maison Visinand** (☎ 021 963 07 26; www.montreux.ch/visinand; Rue du Pont 32; Mi–So 15–18 Uhr)

ist ein Kulturzentrum, das Theateraufführungen und regelmäßige Ausstellungen beherbergt.

AUDIORAMA
Im **Musée National Suisse de l'Audiovisuel** (☎ 021 963 22 33; www.audiorama.ch; Ave de Chillon 74, Territet; Erw./Kind/Student & Senior 10 SFr/frei/6 SFr; ⏰ Di–So 13–18 Uhr) kann man Tausende Radio- und Fernsehgeräte jeden Alters bestaunen. Das audiovisuelle Archiv mit Material aus aller Welt beleuchtet die Geschichte des Radios und Fernsehens. Das Audiorama ist im ehemaligen Grand Hôtel, einem schmucken Belle-Époque-Gebäude, untergebracht. Sein Highlight ist die Salle Sissi, ein prächtiger Jugendstilsaal mit tollem Blick auf den See.

ROCHERS DE NAYE
Eine malerische Bahn fährt von Montreux aus zu dieser natürlichen Plattform in 2042 m Höhe, von der sich ein atemberaubender Blick auf den See und die Alpen eröffnet. Die Fahrt mit dem MOB-Zug kostet hin und zurück 59 SFr.

SPAS
Montreux ist prima für entspannende Bäder und Schönheitskuren.

Die **Clinique la Prairie in Clarens-Montreux** (☎ 021 989 33 11; www.laprairie.ch; Chemin de la Prairie, Clarens; Beautymed-Kur ab 8400 SFr/Woche) ist das wohl berühmteste Spa der Schweiz. Die Klinik hat sich auf „wissenschaftliche Verjüngungskuren" und „Beautymed-Behandlungen" spezialisiert, aber man kann sich auch Whirlpoolbäder oder kosmetische Eingriffe gönnen.

Feste & Events
Das bekannteste Fest in Montreux ist das **Montreux Jazz Festival** (☎ 021 966 44 44; www.montreuxjazz.com), das Anfang Juli stattfindet und zwei Wochen dauert. An jedem Tag gibt's dann viele kostenlose Konzerte, aber für die großen Auftritte muss man etwa 40 bis 100 SFr hinlegen. Und es wird nicht nur Jazz gespielt; in der Vergangenheit traten hier beispielsweise BB King, Paul Simon, Jamiroquai und Marianne Faithful auf.

Das **Montreux-Vevey Music Festival** (☎ 021 962 80 00; www.septmus.ch; Eintritt 20–115 SFr) ist ein Festival für klassische Musik. Es wird auch September Musical genannt und findet von Ende August bis Mitte September in der Stadt statt.

Schlafen
Auberge de Jeunesse (☎ 021 963 49 34; Passage de l'Auberge 8, Territet; B ab 32 SFr; ⏰ Mitte Feb.–Mitte Nov. 7.30–10 & 17–22 Uhr; 🖥) Läuft man von der Touristeninformation im Uhrzeigersinn am See entlang, erreicht man nach einer halben Stunde diese moderne, muntere Jugendherberge (alternativ kann man die Regionalbahn nach Territet oder Bus 1 nehmen). Die Schlafsäle haben zwei bis acht Betten.

Hôtel La Rouvenaz (☎ 021 963 27 36; www.montreux.ch/rouvenaz-hotel; Rue du Marché 1; EZ/DZ 130/190 SFr; 🖥) Einfache, familienbetriebene Unterkunft mit angeschlossenem italienischen Restaurant im Untergeschoss und in nächster Nähe zum See und der ganzen Action. Die zwölf Zimmer sind einfach, aber hübsch und hell; von den meisten aus erhascht man sogar einen Blick auf den See.

LP Tipp **Hôtel Masson** (☎ 021 966 00 44; www.hotelmasson.ch; Rue Bonivard 5; EZ/DZ 180/240 SFr 🅿) Das alte Herrenhaus des Weinguts wurde 1829 zu einem Hotel umgebaut und hat sich seinen alten Charme bewahrt. Die Unterkunft mit ihrem prächtigen Anwesen wurde vom Schweizer Heimatschutz auf die Liste der schönsten Hotels des Landes gesetzt. Sie liegt versteckt in den Hügeln südöstlich von Montreux und ist am besten per Taxi zu erreichen. Für die Gäste gibt's eine kleine Sauna und einen Whirlpool.

Grand Hôtel Suisse Majestic (☎ 021 966 33 33; www.suisse-majestic.com; Ave des Alpes 45; EZ/DZ 240/340 SFr, mit Seeblick 290/390 SFr; 🍽 🖥) Das historische Hotel (1870 erbaut) mit seiner prachtvollen Fassade und den hellgelben Markisen, die die Balkone der Zimmer mit Blick auf den See vor der Sonne schützen, ist eines der stimmungsvollsten am See. Die Zimmer mit Parkettböden und unaufdringlichem Dekor sind gemütlich und einladend.

Essen
Café du Grütli (☎ 021 963 42 65; Rue du Grand Chêne 8; Hauptgerichte bis zu 30 SFr; ⏰ Mi–Mo) Das heitere kleine Café liegt versteckt in der Altstadt und bringt ordentliche Hausmannskost auf den Tisch, von Rösti mit Schinken bis zu herzhaften Fleischgerichten, Salaten und – natürlich – Fondue.

Caveau des Vignerons (☎ 021 963 25 70; Rue Industrielle 30bis; Hauptgerichte 23–38 SFr; ⏰ Mo–Fr mittags & abends, Sa abends) Ein klassisches Lokal, das traditionelle Schweizer Küche serviert. Besonders lecker sind die verschiedenen Fondue-

Variationen (23–31 SFr) sowie die Fleischgerichte, die auf einem heißen Stein zubereitet werden.

Le Matara (☎ 021 966 22 20; www.eurotelriviera.ch; Grand Rue 81; Hauptgerichte 30–48 SFr; ⌚ 11–23 Uhr) Im Matara kommt der Fang des Tages gut zubereitet direkt auf den Teller. Es gehört zu den besseren Restaurants am See, und seine angenehme Terrasse macht die etwas altbackene Atmosphäre wieder wett.

LP Tipp Montagnard (☎ 021 964 83 49; www.montagnard.ch; Hauptgerichte 22–28 SFr; ⌚ Mi–So) Handfeste Hausmannskost bekommt man in diesem früheren Bauernhaus, das seit 1928 ein Restaurant ist. Es steht mitten in einem Garten im Dorf Villard-sur-Chamby, 9,5 km vom Zentrum von Montreux entfernt; hin geht's mit dem Taxi.

Le Pont de Brent (☎ 021 964 52 30; www.lepontdebrent.com; Rte de Blonay, Brent; Menü mit Verkostung 85–285 SFr, Hauptgerichte 40–80 SFr; ⌚ Di–Sa) Das in einem hübschen Landhaus untergebrachte Restaurant zählt zu den besten des Landes und hat drei Michelin-Sterne (es gibt nur noch ein weiteres Restaurant in der Schweiz mit drei Sternen). Die einfallsreiche Karte wird ständig geändert und von einer guten Weinkarte ergänzt. Das Restaurant liegt nordwestlich von Montreux im Dörfchen Brent, das man mit dem Zug erreicht.

Unterhaltung

Casino Barrière (☎ 021 962 83 83; www.casinodemontreux.ch; Rue du Théâtre 9; ⌚ So–Do 11–3, Fr & Sa bis 5 Uhr) In dem Casino gibt's alles von Spielautomaten bis Swimmingpool (zur Abkühlung nach einem heißen Spiel).

An- & Weiterreise

Von Lausanne aus fährt dreimal pro Stunde ein Zug nach Montreux (10,20 SFr; 20–35 Min.). Ab Montreux verbinden Panoramabahnen mit dem Berner Oberland und den Alpen (S. 403); Infos zu Schiffen s. S. 109.

NORDWESTLICHES WAADT (VAUD)

Die Jura-Gebirgskette schließt das nordwestliche Waadtland ab. Sie verläuft nördlich und ungefähr parallel zum Neuenburger See, an dessen Südspitze der hübsche, ruhige Kurort Yverdon liegt.

YVERDON-LES-BAINS
24 700 Ew. / 437 m

Die Römer entdeckten die Heilkräfte der Thermalquellen Yverdons als Erste, und seit jener Zeit lebt das Städtchen davon. Der nette Kurort am See ist die zweitgrößte Stadt im Kanton Waadt.

Praktische Informationen

Informationen zur Stadt und Umgebung erhält man bei der **Touristeninformation** (☎ 024 423 61 01; www.yverdon-les-bains.ch/tourisme; Ave de la Gare 1; ⌚ Juli & Aug. Mo–Fr 9–18, Sa & So 9.30–15.30 Uhr, Mai, Juni & Sept.–Okt. Mo–Fr 9–12 & 13.30–18, Sa & So 9.30–15.30 Uhr, Nov.–April Mo–Fr 9–12 & 13.30–18 Uhr).

Sehenswertes & Aktivitäten

Der Kern der Altstadt drängt sich um das **Château**, das Peter II. von Savoyen im 13. Jh. errichten ließ. Drinnen zeigt das **Musée du Château** (Musée d'Yverdon-les-Bains et Région; ☎ 024 425 93 10; Erw./Kind/Student & Senior 8/4/7 SFr; ⌚ Juni–Sept. 11–17 Uhr, Okt.–Mai 14–17 Uhr) prähistorische Artefakte aus der Region, Waffen, Kleidungsstücke und eine ägyptische Mumie aus der Ptolemäerzeit.

Der Burg gegenüber findet man die **Maison d'Ailleurs** („Haus von Anderswo"; ☎ 024 425 64 38; www.ailleurs.ch; Place de Pestalozzi 14; Erw./Kind/Student & Senior 9/5/7 SFr; ⌚ Mi–Fr 14–18, Sa & So 12–18 Uhr), ein Science-Fiction-Museum mit einer Raumschiffattrappe, einem Raum, der H. R. Giger (bekannt aus *Alien*) gewidmet ist, sowie Unmengen von Material zu den Fantasiewelten weltberühmter Autoren, von Homer bis Jules Verne. Verne wurde sogar eine eigene Abteilung gewidmet, in der Modelle der fantastischen Gefährte zu sehen sind, die er in seinen Romanen beschreibt. Das Museum ist nur bei Sonderausstellungen geöffnet.

Am westlichen Ende des Platzes erblickt man die eigenwillige ockerfarbene, gerundete, barocke Fassade eines **Tempels** aus der Mitte des 18. Jhs. Diese zentral gelegene Kirche hat einen merkwürdigen trapezförmigen Grundriss, welcher der mittelalterlichen Anlage des Straßennetzes geschuldet war.

Am See kann man diverse Bootsfahrten unternehmen und allerlei Wassersport treiben, u. a. Windsurfen, Wasserski fahren und Segeln. Die Strände erstrecken sich 5 km am Ufer entlang. **Les Vikings** (www.lesvikings.ch; Chemin des Colons 16) in Yvonand, östlich von Yverdon am See, ist eines der Unternehmen, die Boote, Surfbretter und dergleichen vermieten.

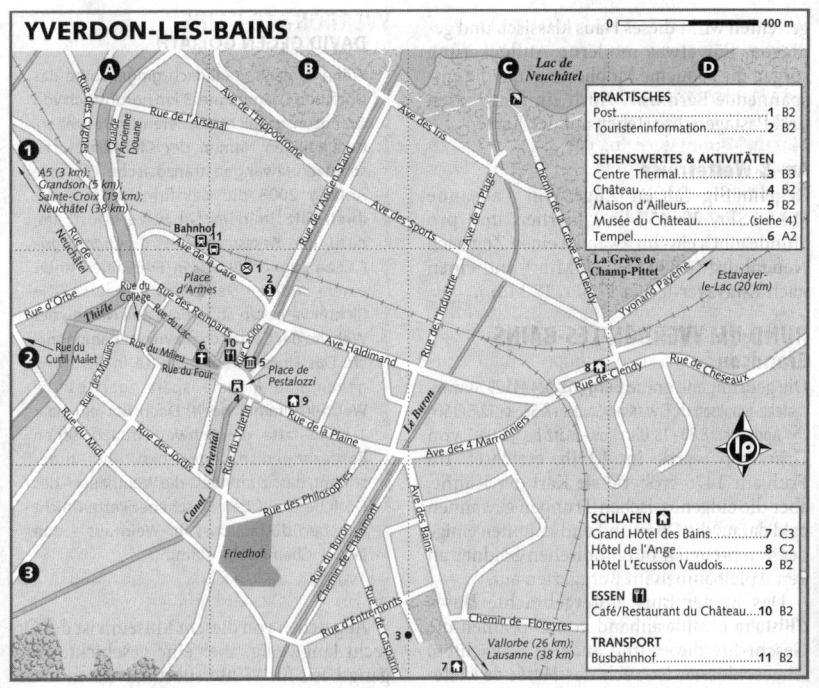

SPAS

Das Wasser der 14 000 Jahre alten Thermalquellen liegt 500 m unterhalb des Erdbodens. Auf seinem Weg an die Oberfläche nimmt es allerlei heilsame Mineralien aus den Felsschichten auf und bringt vor allem bei Rheumatismus und Atembeschwerden Linderung.

Das **Centre Thermal** (☎ 024 423 02 32; www.cty.ch; ⌚ Mo–Fr 8–22, Sa, So & feiertags 9–20 Uhr), der Bäderkomplex an der Ave des Bains, bietet ein breites Spektrum an Behandlungsmöglichkeiten. Auch für Gesunde ist ein Bad in seinen Hallen- und Freiluftbecken (Wassertemperatur 28–34°C) ein Genuss (Erw./Kind 3–16 Jahre 19/11,50 SFr). Für 30 SFr kann man die Schwimmbecken, die Saunas, das *hammam*, die Tropendusche, die japanischen Bäder und den riesigen Whirlpool nutzen.

Schlafen & Essen

Hôtel L'Ecusson Vaudois (☎ 024 425 40 15; www.ecusson vaudois.ch; Rue de la Plaine 29; EZ/DZ 90/130 SFr, ohne Bad 70/110 SFr; ✖) Dieses Hotel mit dem Café im Erdgeschoss ist das einzige in zentraler Lage. Es bietet erfrischende, modernisierte Zimmer, unter denen die ohne eigenes Bad etwas billiger sind. Das Nichtraucher-Restaurant (Hauptgerichte 21–32 SFr) im ersten Stock bietet traditionelle Gerichte aus der Region (Barschfilets, Pferdesteaks) und eine Reihe vegetarischer Optionen. Man kann auch ein Drei-Gänge-Menü mit vegetarischen (38 SFr) oder Fischgerichten (45 SFr) wählen.

Hôtel de l'Ange (☎ 024 425 25 85; Rue de Clendy 25; EZ/DZ 85/140 SFr; P ✖) Das weitläufige alte Haus liegt etwa 15 Gehminuten östlich vom Bahnhof und hat 22 schlichte Zimmer. Im Restaurant gibt's lokale Küche zu vernünftigen Preisen. Zu den Spezialitäten des Hauses zählen Fisch aus dem Neuenburger See, Forelle und flambierte Scampis.

Grand Hôtel des Bains (☎ 024 424 64 64; www.grand hotelverdon.ch; Ave des Bains 22; EZ/DZ bis 350/440 SFr; P ✖ 🖥 🍸) Das Flaggschiff der luxuriösen Bäderhotels bietet allen erdenklichen Komfort. Im Zimmerpreis ist der Eintritt zu den Thermalpools inbegriffen.

Café/Restaurant du Château (☎ 024 425 49 62; Place de Pestalozzi 13; Hauptgerichte 23–42 SFr) Mit seinen schweren dunklen Holzbalken und den ordentlichen traditionellen Fleisch- und Fischgerichten wirkt dieses Haus klassisch und gediegen. Für etwas moderne Auflockerung sorgen die bequeme Möblierung und die entspannende Barmusik. Auch ein paar Pizzen und Pastagerichte stehen auf der Karte.

An- & Weiterreise
Regelmäßig fahren Züge von Lausanne (14,80 SFr, 20–45 Min.) hierher, und pro Stunde gibt's ein- bis zweimal einen Zug nach Neuenburg (13,80 SFr, 20 Min.) und einen nach Estavayer-le-Lac (7 SFr, 17 Min.).

RUND UM YVERDON-LES-BAINS
Grandson
Die gedrungene graue **Burg** (☎ 024 445 29 26; www.chateau-grandson.ch; Erw./Kind/Student & Senior 12/5/9 SFr; ⌚ April–Okt. 8.30–18 Uhr, Nov.–März bis 17 Uhr) von Grandson wurde im 13. Jh. errichtet. Im Frühjahr 1476 eroberte sie Karl der Kühne, aber die eidgenössischen Truppen gewannen bald darauf die Oberhand und knüpften einige der versprengten burgundischen Söldner an den Apfelbäumen im Burggarten auf.

Das in der Burg untergebrachte **Musée d'Histoire** erzählt anhand von Dioramen die Geschichte dieser und anderer Schlachten. Angeschlossen ist auch das **Musée de l'Automobile**, dessen Schmuckstück der weiße Rolls Royce von Greta Garbo ist.

Regelmäßig verkehren Busse zwischen Yverdon und Grandson (3 SFr, 13 Min.). Alternativ kann man die 5 km am See entlang auch einfach zu Fuß bewältigen.

Sainte-Croix
4305 Ew. / 1066 m

Sainte-Croix hoch oben im Jura-Gebirge ist seit der Mitte des 19. Jhs. für seine Spieldosen berühmt. Die Kunst der Herstellung dieser komplizierten Geräte veranschaulicht das **Centre International de la Méchanique d'Art** (☎ 024 454 44 77; www.musees.ch; Rue de l'Industrie 2; Führung auf Französisch Erw./Kind/Student & Senior 13/7/11 SFr; ⌚ Juni–Aug. Di–So 10.30, 14, 15.30 & 17 Uhr, Feb.–Mai & Sept.–Okt. Di–So 14, 15.30 & 17 Uhr, Nov.–Jan. Di–Fr 15, Sa & So 14, 15.30 & 17 Uhr). In den Spieldosen ist ein rotierender Zylinder mit Stiften, die verschiedene Metallzungen anreißen und zum Schwingen bringen und so eine Melodie erzeugen. Aufwändigere Dosen enthalten etwa winzige Trommeln, Glocken oder Akkordeons. Die spektakulärsten Exponate sind die Musikautomaten, z. B. die Akrobaten, und der klitzekleine Mozart.

> **DAVID GEGEN GOLIATH**
>
> Wenn es nach Frankreich ginge, sollte das Dörfchen Champagne, 3 km nordöstlich von Grandson, gar nicht existieren. Im Bestreben, den heiligen Namen der Champagne zu schützen, zwangen französische Gerichte Anfang 2008 die Keksfirma Cornu, die ihren Sitz in dem Schweizer Dorf hat, dazu, ihre Kekssorte *Flûtes de Champagne* („Champagnerflöten") in Frankreich unter einem anderen Namen zu verkaufen. Die Richter verboten außerdem den Namen der Website der Gesellschaft, www.champagne.ch. Das Unternehmen wollte in Berufung gehen und Monate später gab es die Webseite immer noch. Doch vor ein paar Jahren hatte die Schweiz französischen Forderungen nachgegeben und zugestimmt, dass zumindest die Weinbauern des Dörfchens auf den Flaschenetiketten nicht angeben dürfen, dass ihr Wein aus – nun ja … – Champagne stammt.

Abgesehen von diesem Museum ist der Ort recht langweilig, aber eine geschickte Ausgangsbasis für Wintersportaktivitäten in der Gegend. Der höchste Gipfel in dem Gebiet ist der **Le Chasseron** (1607 m). Er bietet sich im Winter für den Abfahrtslauf an und im Sommer für schöne, zweistündige Wanderungen von Sainte-Croix aus. Von oben eröffnet sich ein prächtiges Panorama über die Alpen, den Neuenburger See und das Jura-Gebirge.

Ab Yverdon fährt eine Regionalbahn (10,20 SFr, 36 Min.).

ZUM LAC DE JOUX
Die wenig besuchte Ecke des Kantons nördlich des Lac de Joux und seinem Tal birgt mehrere Schätze. Von Lausanne oder Genf aus kann man die Gegend mit dem Auto gut an einem Tag erkunden.

Von La Sarraz nach Romainmôtier
Von Lausanne aus nimmt man die N9 (nicht die Autobahn) Richtung La Sarraz. In der **Burg** (☎ 021 866 64 23; Erw./Kind/Student & Senior 9/5/8 SFr; ⌚ Juni–Aug. & Okt. Di–So 13–17 Uhr, Ostern–Mai & Sept. Sa, So & feiertags 13–17 Uhr), die teilweise aus dem 11. Jh. stammt, ist ein Museum für Pferdekutschen untergebracht. Von hier aus geht's nordwärts über eine Nebenstraße nach **Orbe** (wo 1938 Nescafé erfunden wurde). Der Ort

ist vor allem wegen der **Tour Bernard**, eines Verteidigungsturms aus dem 13. Jh., und wegen des **Musée de Mosaïques Romaines** (024 441 52 66; Erw./Kind 4/3 SFr; Ostern–Okt. Mo–Fr 9–12 & 13.30–17, Sa & So 13.30–17.30 Uhr) interessant. Das Museum besteht aus einer Reihe Pavillons; zu sehen sind Mosaiken aus einer gallisch-römischen Villa aus dem 3. Jh., die 1,5 km nördlich des Ortes stand. Der erste Pavillon birgt das schöne vielfarbige *mosaïque aux divinités*, das die Götter der sieben Planeten (Jupiter, Saturn usw.) zeigt. In einem anderen befindet sich das *mosaïque du cortège rustique*, das verschiedene ländliche Szenen darstellt, u. a. einen Mann auf einem Ochsenkarren.

8 km südwestlich in einer üppig grünen Talniederung liegt **Romainmôtier**. Dieser Ort wird gänzlich beherrscht von der romanischen **Abbatiale** (024 453 14 65; Eintritt frei; 7–20 Uhr), einer bemerkenswerten Stiftskirche aus Sandstein, deren Ursprung bis ins 6. Jh. zurückreicht. Ihr Kern, der aus dem 11. Jh. stammt, wurde im Lauf der Jahrhunderte immer wieder durch Anbauten in den verschiedensten Stilen ergänzt. Durch den Eingang, der den Übergang vom Romanischen zum Gotischen zeigt, gelangt man in den erhabenen Innenraum der Kirche, den mächtige Pfeiler und verblasste Fresken zieren. Hier finden häufig Konzerte und Liederabende statt (www.concerts-romainmotier.ch). Von allen hiesigen Hotels und Restaurants ist das **LP Tipp Hôtel au Lieutenant Baillival** (024 453 14 58; www.romainmotier.ch/~baillival; EZ 110–180 SFr, DZ 160–260 SFr; P X) das schönste. Es stammt aus dem 17. Jh., ist mit antikem Mobiliar eingerichtet und versprüht rustikalen Charme. Zudem gibt's ein eigenes Restaurant und WLAN im ganzen Gebäude.

Von Vallorbe zum Lac de Joux

Wenn man etwa 12 km auf der N9 gen Westen fährt, gelangt man zur Industriesiedlung **Vallorbe**. Die hübsche Altstadt zu beiden Seiten des Flusses Orbe ist die Heimat des **Musée du Fer et du Chemin de Fer** (Eisen- & Eisenbahnmuseum; 021 843 25 83; Erw./Kind/Student 12/6/10 SFr; Mitte März–Okt. Di–So 9.30–12 & 13.30–18, Mo 13.30–18 Uhr, Nov.–Mitte März Di–Fr 13.30–18 Uhr). Hier kann man einem Schmied bei der Arbeit an einem traditionellen Schmelzofen zusehen. Die Energie für den Ofen liefern vier große Wasserräder, die sich draußen im Fluss drehen. In der Eisenbahnabteilung sind Modelle und Dokumente zur Bahngeschichte ausgestellt. Die Regionalbahn von Lausanne nach Vallorbe (16,80 SFr, stündl., 45 Min.) passiert La Sarraz und hält in Croy, von wo aus man mit dem Postauto ruckzuck nach Romainmôtier kommt (gesamte Strecke 3 SFr, 5 Min.).

Ein paar Kilometer außerhalb von Vallorbe befindet sich das unterirdische **Fort Pré-Giroud** (Karte S. 112; 021 843 25 83; Erw./Kind/Student & Senior 12/7/11 SFr; Juli–Ende Aug. tgl. 10.30–16 Uhr, Mai–Juni & Ende Aug.–Okt. Sa, So & feiertags 11–15.45 Uhr). Es wurde 1937 als Verteidigungsanlage gegen einen möglichen Angriff der Franzosen errichtet. Aus dem Boden ragt nur ein kleiner Teil hervor, der sich als schlichtes Bergchalet präsentiert. Von hier aus hat man einen weiten Blick über das Tal der Orbe bis nach Frankreich. In der unterirdischen Festung konnten 130 Mann untergebracht werden. Heute sind in den Schlafsälen und Kantinen, in der Küche, der Telefonzentrale und im Lazarett an die 40 als Soldaten kostümierte Puppen aufgestellt. Warm anziehen – unten sind es gerade mal 8 °C! Die Festung liegt 40 Gehminuten von Vallorbe entfernt (der Ausschilderung „Fort 39–45" folgen). Man kommt aber auch über die Nebenstraße, die über den Bergrücken nach Vaulion führt, hin.

2 km südlich von Vallorbe, an der Straße zum Lac de Joux am Mont d'Orzeires, liegt der **Juraparc** (021 843 17 35; www.juraparc.ch; Erw./Kind 5/3,50 SFr; 9 Uhr–Sonnenuntergang), in dem nordamerikanische Bisons, Bären und Wölfe leben.

Kurz danach erreicht man den Pass Col du Mont d'Orzeires. Von hier geht es hinunter nach Le Pont, ein verschlafenes Dorf am Nordende des **Lac de Joux**. In dem hübschen, friedvollen See tummeln sich Barsche, die man sich filetiert zum Abendessen gönnen kann.

Die Hauptstraße gen Süden folgt dem Verlauf der Orbe, passiert dabei Le Brassus und übertritt die Grenze nach Frankreich (Personalausweis mitnehmen!). In Le Brassus kann man ostwärts abbiegen, den Pass Col du Marchairuz (1447 m) überwinden und sich dann durch die hübschen Dörfer dem Genfer See nähern.

ALPES VAUDOISES (WAADTLÄNDER ALPEN)

Im Südosten erstreckt sich der Kanton Waadt bis zu einem faszinierenden Ausläufer der

Alpen. Ein fünf Tage gültiger Skipass für die Waadtländer Alpen, der auch den Gletscher Les Diablerets und Gstaad (s. S. 217) beinhaltet, kostet 249 SFr. Im Juni und Juli kann man auf dem Gletscher Ski fahren und den ganzen Sommer über bietet die Region herrliche Wandermöglichkeiten.

AIGLE
8160 Ew. / 405 m

Eine Burg mit vielen Türmchen inmitten der Weinberge ist das Highlight von Aigle, dem Zentrum der Weinanbauregion Chablais in der südöstlichen Waadt. Chablais erstreckt sich bis in den Nachbarkanton Wallis und ist Ursprung von einigen der besten Weißweine des Landes.

Die Burg, die auf einem sanften Hügel steht, ist allein schon einen Stopp wert. Wer sich auch nur ein bisschen für Wein interessiert, sollte unbedingt das **Musée de la Vigne et du Vin** (☎ 024 466 21 30; Erw./Kind/Student & Senior 9/5/6 SFr; ☼ Juli–Aug. tgl. 11–18 Uhr, April–Juni & Sept.–Okt. Di–So bis 18 Uhr) besuchen, in dessen 17 Sälen zwei Jahrtausende Weinanbau lebendig werden. Die Maison de la Dîme gegenüber den Burgtoren beheimatet das **Musée de l'Etiquette**, in dem rund 800 Etiketten von Weinflaschen aus aller Welt ausgestellt und erläutert werden. Für Unterhaltung sorgen die betrügerischen Klebezettel, auf denen minderwertige Rebsäfte als „Champagner" angepriesen werden. Die Eintrittskarte gilt immer für beide Museen.

Wer in Aigle übernachten will, hat mehrere Hotels zur Auswahl. Regelmäßig fahren Züge von Lausanne (14,80 SFr, 30 Min.) über Montreux nach Aigle.

LEYSIN
3480 Ew. / 1350 m

Leysin entstand einst als Kurort für Lungenkrankheiten und ist heute ein großzügiges Skiresort mit insgesamt 60 km Pisten. Man kann auch auf andere Art aktiv werden, etwa an einem Klettersteig (*Via ferrata*), der über Sprossen führt und Abschnitte beinhaltet, die nur mit Seilen zu bewältigen sind. Die **Touristeninformation** (☎ 024 493 33 00; www.leysin.ch; Place Large) ist im New Sporting Centre untergebracht. Im Drehrestaurant auf der **Berneuse** (2048 m) genießt man die Aussicht. Im Sommer kann man für 21 SFr mit der Seilbahn fahren (hin & zurück). Ein Tag Skifahren im Winter kostet 43 SFr (Lift & Tages-Skipass).

Bei Backpackern sehr beliebt ist das **Hiking Sheep** (☎ 024 494 35 35; www.hikingsheep.com; B/DZ 30/80 SFr; P ✕ ☐), ein großes Haus im Art-Déco-Stil, das zwei Gehminuten von der Grand-Hotel-Haltestelle entfernt liegt. Es hat eine Küche und gute Gemeinschaftseinrichtungen. Das **Les Orchidées** (☎ 024 494 14 21; www.lesorchidees.ch; EZ/DZ 80/140 SFr; P ✕), ein Familienhotel an der Haltestelle Vermont, bietet 18 nette Zimmer, einen Ausblick auf die Alpen und ein ordentliches Restaurant. Zudem gibt's noch über ein Dutzend andere Hotels.

Ab Aigle fährt jede Stunde die Zahnradbahn nach Leysin (9 SFr, 22–30 Min.).

LES DIABLERETS
1150 m

Im Schatten des 3209 m hohen gleichnamigen Berges liegt Les Diablerets, eines der wichtigsten Skiresorts in den Waadtländer Alpen. Auf dem **Glacier de Tsanfleuron** (3000 m) sind im Juni und Juli einige recht einfache Skipisten befahrbar. Dem Gletscher verdankt das Resort seinen gegenwärtigen offiziellen Namen „Glacier 3000". Ob man nun Skifahrer ist oder nicht, der Ausblick ist sagenhaft.

Vom Boden des Tals führen zwei Seilbahnen zum Gletscher hinauf. Beide sind vom Dorf aus per Bus zu erreichen: Von Reusch oder Col du Pillon aus gelangt man zur Cabane des Diablerets, wo eine weitere Seilbahn einen fast bis auf den Gipfel bei Scex Rouge bringt. Von hier aus kann man die 2000 m Höhenunterschied bis hinunter nach Reusch auf Skiern überwinden, in einer tollen, 14 km langen Abfahrt.

Ein Tages-Skipass für Les Diablerets, Villars und Gryon sowie für den Gletscher kostet 58 SFr.

Mehr Infos gibt's bei der **Touristeninformation** (☎ 024 492 33 58; www.diablerets.ch) des Ortes, gleich rechts vom Bahnhof.

Die **Auberge de la Poste** (☎ 024 492 31 24; www.aubergedelaposte.ch; Rue de la Gare; EZ/DZ 100/200 SFr; P ✕ ✱) ist ein großes, einladendes Hotel aus Holz mit dem Charme einer rustikalen Berghütte und mit WLAN.

Ab Aigle nimmt man den Zug über Le Sépey (10,80 SFr, stündl., 50 Min.).

VILLARS & GRYON
Für Villars (1350 m) und das nahe Gryon gilt der gleiche Skipass wie für Les Diablerets. Im Winter können Inhaber des Skipasses die Bahn zwischen den Orten kostenlos nutzen.

Infos über das Gebiet gibt's auf www.villars. ch und www.gryon.ch. Unter www.easyski.ch kann man den Skipass im Vorverkauf (mit Rabatt) erwerben.

Die Skipisten sind überwiegend mittelschwer, aber abwechslungsreich und daher ideal für Familien. Im Sommer bietet die Gegend perfekte Wandermöglichkeiten; eine großartige Strecke beginnt z. B. am Pass Col de Bretaye (von Villars aus mit dem BVB-Zug erreichbar) und führt, vorbei eine hübschen Lac de Chavonnes, durch eine grüne Berglandschaft bis nach Les Diablerets. Die Wanderung dauert etwa vier Stunden. Von Les Diablerets aus kann man dann den Zug nach Aigle nehmen. Am Col de Bretaye hat man einen prima Ausblick, der bis zu den Dents du Midi und dem Montblanc reicht.

Da Übernachtungen vor Ort prinzipiell nicht gerade billig sind, empfiehlt es sich, zum Skifahren von Genf oder Lausanne aus einen Tagesausflug hierher zu machen (man sollte dann allerdings relativ früh losfahren).

In Villars bietet das **Hôtel Ecureuil** (☎ 024 496 37 37; Rue Centrale; EZ/DZ 125/210 SFr) angenehme, meist geräumige und mit viel Holz ausgestattete Zimmer. Ein verlockendes kleines Restaurant (Hauptgerichte 17–43 SFr; ⓨ Mi–Mo; ✗) ist angeschlossen, das Grillspezialitäten serviert.

Das Nachtleben in Villars spielt sich überwiegend rund um das **El Gringo** (www.elgringo.ch; ⓨ Nebensaison Fr & Sa 23–4 Uhr, Skisaison tgl. 23–4 Uhr) ab. Neben diesem Club betreiben die Inhaber noch ein paar Bars im selben Komplex und außerdem das einwandfreie **La Toscana** (☎ 024 495 79 21; Rte des Hôtels; Gerichte 50–60 SFr; ⓨ Mi–Mo 19–23 Uhr) mit seiner guten italienischen Küche.

Von Aigle aus fährt stündlich ein Bus nach Villars (8,20 SFr, 40 Min.). Mit der Hauptlinie der Bahn gelangt man bis **Bex** (bekannt für die nahe gelegenen **Salinen** – www.mines.ch), wo man Anschluss an die Regionalzüge nach Gryon (6,20 SFr, 25–30 Min.) und Villars (8,20 SFr, 40 Min.) hat. Die Fahrt von Gryon nach Villars ist für Skipass-Inhaber kostenlos. Ab und an fahren auch Postautos von Villars über die Passstraße des Col de la Croix (im Winter geschl.) nach Les Diablerets.

PAYS D'ENHAUT

Das „Hohe Land" erhebt sich im Nordosten der Waadt, etwa auf halber Strecke zwischen Aigle und Gruyères. Im Winter ist die Gegend quasi die französischsprachige Verlängerung der schicken Skiszene von Gstaad, das gleich hinter der Kantonsgrenze liegt.

Château-d'Œx ist ein attraktives Familienresort mit mehreren guten, mittelschweren Skipisten. Am bekanntesten ist der Ort aber für seine „heiße Luft": Hier starteten im März 1999 Bertrand Piccard und Brian Jones ihre 20-tägige Weltumrundung mit dem Heißluftballon (sie landeten in Ägypten), und bei der **Semaine Internationale de Ballons à Air Chaud** (www.ballonchateaudoex.ch) in der zweiten Januarhälfte bevölkern sieben Tage lang leuchtend bunte Heißluftballons den Himmel. Unter den rund 100 Luftgefährten sind auch so seltsame Dinge wie ein riesengroßer schottischer Dudelsackpfeifer. Sich die Ballons aus der Nähe anzusehen, kostet am Wochenende 9 SFr, werktags ist es umsonst. Wer aber mitfliegen will, muss tiefer in die Tasche greifen: Eine Stunde in der Luft kostet einen Erwachsenen bis zu 350 SFr (Kinder zahlen die Hälfte). Fans von Herzhaftem und Süßem sind im **Le Chalet** (☎ 026 924 66 77; www.lechalet-fromagerie.ch; Hauptgerichte 15–23 SFr; ⓨ Di–So 9–18 Uhr) richtig: Die tolle alte Käserei verwöhnt ihre Gäste mit sahnigem Fondue und Raclette sowie traumhaften Baisers mit Schlagobers. An manchen Tagen kann man zuschauen, wie der Käse hergestellt wird (Mi–So 13.30–15.30 Uhr).

Weniger als 10 km östlich liegt **Rougemont**, das zweite große Zentrum der Gegend. In beiden Dörfern gibt es das ganze Jahr über unzählige Unterkunftsmöglichkeiten und im Sommer kann man unter anderem wandern und Raftingtouren machen.

Die **Touristeninformation** (☎ 026 924 25 25; www.chateau-doex.ch; La Place) von Château-d'Œx liegt im Zentrum des Dorfes, unterhalb des Glockenturmes auf der Hügelspitze. Es gibt etwa 20 Unterkünfte, von netten kleinen Chalets bis zu unerheblichen großen Hotels.

Château-d'Œx liegt an der hübschen MOB-Bahnstrecke Montreux–Spiez (18,20 SFr, 1 Std.).

Fribourg, Neuchâtel & Jura

Da die liebliche Ecke im Westen des Landes weit von der Alpenlandschaft entfernt ist, mit der man die Schweiz verbindet, ist sie noch ein „Geheimtipp". Mit den mittelalterlichen Kantonshauptstädten Fribourg und Neuchâtel, den grünen Hügeln und den dichten, dunklen Wäldern des Jura, dem Drei-Seen-Land und mittelalterlichen Dörfern wie Gruyères und St. Ursanne bietet sie eine Menge Sehenswertes und Landschaften abseits des Touristenrummels.

Man kann den Fröschen zuhören, die in den Sümpfen am Seeufer quaken, die palastartigen Eisformationen zwischen den Kiefern bestaunen oder dem Ruf der bösen grünen Fee ins Val de Travers folgen – eine Reise hierher ist ein Erlebnis für alle Sinne. Auch die Geschmacksknospen kriegen zu tun: Es gibt Tête de Moine (einen würzig-nussigen Käse), man kann sich anschauen, wie einer der bekanntesten AOC-Käse der Schweiz hergestellt wird und süße, federleichte, mit köstlicher Crème double bedeckte Meringues probieren. Wer zu viel davon hatte, wird das Hüftgold auf Tausenden Kilometern von Wander- und Fahrradwegen und Skiloipen wieder los. Segeln, Wasserski fahren und wakeboarden kann man auf dem See ebenfalls – auf geht's!

Das Kapitel behandelt die Kantone Fribourg, Neuchâtel und Jura und den nordwestlichen Zipfel des Kantons Bern. Die drei Seen, die zwischen Fribourg und Neuchâtel liegen – der Lac de Neuchâtel, der Lac de Morat und der Bielersee –, gehören größtenteils zur Mittellandebene. Überall wird in erster Linie Französisch gesprochen, außer am östlichen Rand von Fribourg, wo das Deutsche vorherrscht.

HIGHLIGHTS

- Sich in **Gruyères** (S. 145) bis obenhin mit Käse, Meringues und Sahne vollstopfen
- In **Fribourg** (S. 137) auf den großen roten Knopf drücken, um die Kreationen von Jean Tinguely (S. 295), des Genies der künstlerischen Moderne, in Bewegung zu setzen, und sich ins Nachtleben der Stadt stürzen
- Auf dem **Eulenhof** (S. 144) bei Murten Vully-Wein und *saucisson du marc* probieren und ordentlich frische Luft tanken
- Sich vom mittelalterlichen **Neuchâtel** (S. 147) und von der grünen Fee im Val de Travers (S. 152) verzaubern lassen
- Im **Jura** (S. 154) den Alltag auf einem Bauernhof kennenlernen und der Vergangenheit des Gebirges im Dinopark Préhisto Parc (S. 157) nachspüren

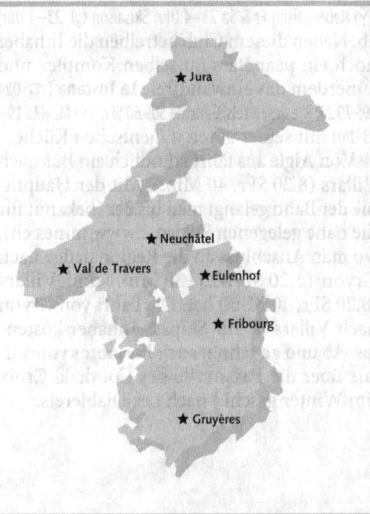

★ Jura
★ Neuchâtel
★ Val de Travers
★ Eulenhof
★ Fribourg
★ Gruyères

| BEVÖLKERUNG: 496 500 | FLÄCHE: 3311 KM² | SPRACHE: FRANZÖSISCH |

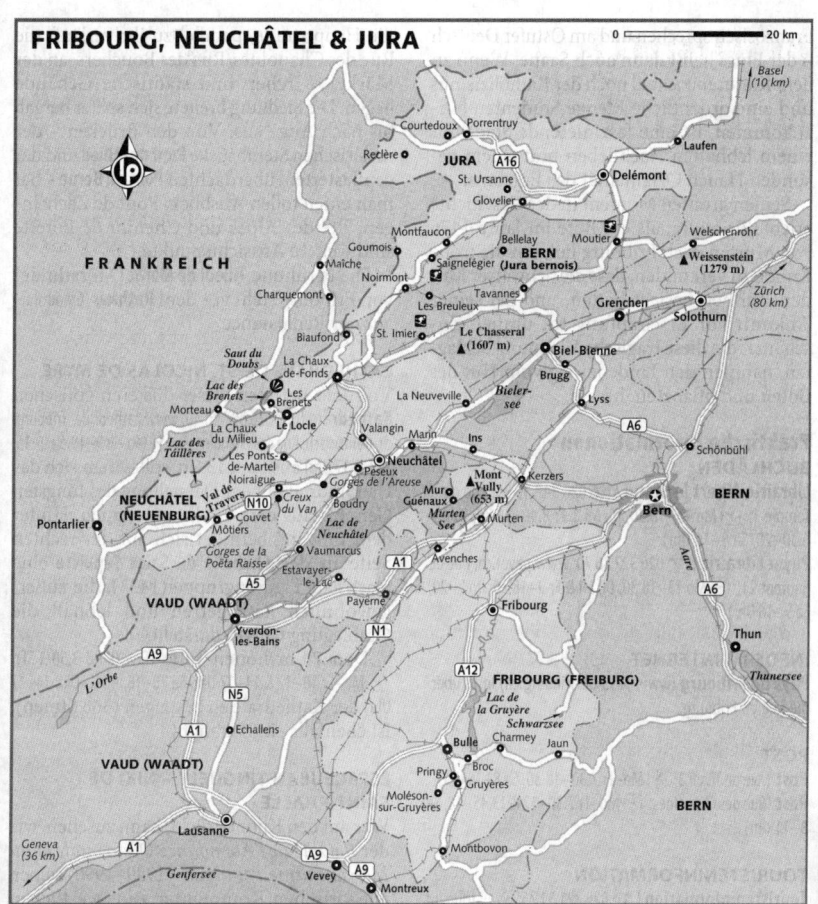

ANREISE & UNTERWEGS VOR ORT

Die Bahnverbindungen zwischen den beiden großen Städten Fribourg und Neuchâtel ermöglichen problemloses Reisen. Die Autobahn A12, die von Bern nach Lausanne und Genf führt, verläuft mitten durch den Canton de Fribourg (Kanton Freiburg).

CANTON DE FRIBOURG (KANTON FREIBURG)

Der südlichste der drei Kantone, der Canton de Fribourg (258 250 Ew.), hat eine Fläche von 1671 km². Über dem zerklüfteten Felsuntergrund erheben sich die eindrucksvollen Voralpen. Mitten im Herzen des Kantons liegt die Gemeinde Gruyères mit ihren kleinen Höhenferienorten drumherum. Die Stadt Fribourg (Freiburg) befindet sich im Norden, wo hübsche Dörfer zwischen Weinbergen und Obstgärten am Seeufer schlummern.

Das Faszinierendste am Canton de Fribourg ist der sogenannte Röstigraben (Sprachgrenze): Im Westen spricht man Französisch, im Osten Deutsch.

FRIBOURG (FREIBURG)
33 420 Ew. / 629 m

Nirgendwo in der Schweiz kommt die sprachliche Trennung stärker zum Ausdruck als in Fribourg, einer mittelalterlichen Stadt, in der die Einwohner am Westufer des Flusses Sarine

Französisch sprechen und am Ostufer Deutsch – der Fluss heißt dann auch Saane. Wenn zu dem Kulturencocktail noch der Katholizismus und eine ordentliche Menge Studenten hinzukommen, ist eine faszinierende Stadt mit einem lebhaften Nachtleben und einem gesunden Hauch Originalität das Ergebnis.

Seinen größten Moment in der Geschichte erlebte Fribourg, als ein Bote im Jahre 1476 von Murten nach Fribourg lief, um die frohe Kunde zu verkünden, dass die Schweizer Karl den Kühnen besiegt hätten, und bei seiner Ankunft vor Erschöpfung tot umfiel. Zuschauer, die diese tragische Wendung beklagten, nahmen den Lindenzweig vom Hut des Boten und pflanzten ihn ein.

Praktische Informationen
BUCHLÄDEN
Librairie Albert le Grand (☎ 026 347 35 35; Rue du Temple 1; Mo 13–18.30, Di, Mi & Fr 8.30–18.30, Do 8.30–20, Sa 8–16 Uhr)

Payot Librairie (☎ 026 322 46 70; www.payot.ch; Rue de Romont 21; Mo 13–18.30, Di, Mi & Fr 9–18.30, Do 9–20, Sa 9–16 Uhr)

INFOS IM INTERNET
Pays de Fribourg (www.pays-de-fribourg.ch) Infos über die Region Fribourg.

POST
Post (Ave de Tivoli 3; Mo–Fr 7.30–18.30, Sa 8–16 Uhr)

Post (Rue des Chanoines; Mo–Fr 7.30–12 & 13.45–18, Sa 8–11 Uhr)

TOURISTENINFORMATION
Touristeninformation (☎ 026 321 31 75; www.fribourgtourism.ch; Ave de la Gare 1; Mai–Sept. Mo–Fr 9–18, Sa bis 15 Uhr, Okt.–April Mo–Fr bis 18, Sa bis 12.30 Uhr)

Sehenswertes
Die **Altstadt** aus dem 12. Jh. ist nach einem simplen Muster gestaltet. Die Grand-Rue ist die Hauptstraße, parallel zu ihr verläuft die Rue des Chanoines/Rue des Bouchers, an der Märkte, Kirchen und städtische Gebäude liegen. Die Siedlung breitete sich später bergab bis nach Auge aus. Von den Brücken – der malerischen Steinbrücke **Pont du Milieu** und der gepflasterten, überdachten **Pont du Berne** – hat man einen tollen Ausblick. Pont de Zaehringen, Rte des Alpes und Chemin de Lorette sind weitere Aussichtspunkte.

Die berühmte **Tilleul de Morat** (Moratlinde) von Fribourg steht vor dem **Rathaus** (Grand-Rue) aus der Renaissance.

CATHÉDRALE DE ST. NICOLAS DE MYRE
Vor dem Betreten dieser düsteren gotischen **Kathedrale** (☎ 026 347 10 40; www.cathedrale-fribourg.ch, französisch; Rue des Chanoines 3; Mo–Fr 9–18, Sa 9–16, So 14–17 Uhr) aus dem 13. Jh. sollte man sich das Hauptportal mit der Darstellung des Jüngsten Gerichts aus dem 15. Jh. anschauen. Hinter dem Eingang befindet sich auf der rechten Seite in der **Chapelle du Saint Sépulcre** eine plastische Figurengruppe (1433), die außergewöhnlich naturgetreu und lebhaft die Grablegung Christi darstellt.

Den 74 m hohen **Turm** (Erw./Kind 3,50/1 SFr; Mo–Fr 10–12 & 14–17 Uhr, Sa 10–16, April–Okt. 14–17 Uhr) der Kathedrale zu besteigen (368 Stufen), ist ebenfalls ein Highlight.

ESPACE JEAN TINGUELY – NIKI DE SAINT PHALLE
Wer auf den Knopf drückt, kann zusehen, wie der *Retable de l'Abondance Occidentale et du Mercantilisme Totalitaire* (1989–1990) seinen allegorischen Kommentar zum westlichen Überfluss abgibt. Geschaffen zum Gedenken an Fribourgs abtrünnigen Sohn der künstlerischen Moderne, Jean Tinguely (1925–1991), zeigt das in einem Straßenbahndepot aus dem Jahre 1900 untergebrachte **Espace Jean Tinguely – Niki de Saint Phalle** (☎ 026 305 51 40; Rue de Morat 2;

DIE FRIBOURGER SEILBAHN
Nirgendwo sonst in Europa erklimmt eine Seilbahn den Hang mithilfe von altem, stinkendem Abwasser (das man an manchen Tagen auch riecht). Die **Funiculaire de Fribourg** (30 Min. gültiges Ticket 2,30 SFr; Mo–Sa 7–8.15 & 9.30–19, So 9.30–19 Uhr), die alle sechs Minuten von der Unterstadt in die Oberstadt fährt (und umgekehrt), wurde 1899 erbaut, bis 1965 von der Cardinal-Brauerei betrieben und danach von der Gemeinde übernommen. Die Fahrt in einer der beiden sich gegenseitig im Gleichgewicht haltenden Gondeln von der unteren Station Pertuis (121 m; Place du Pertuis) zur Bergstation (618 m; Rte des Alpes) dauert zwei Minuten. Auf der Fahrt bieten sich viele schöne Ausblicke auf die Altstadt.

CANTON DE FRIBOURG •• Fribourg

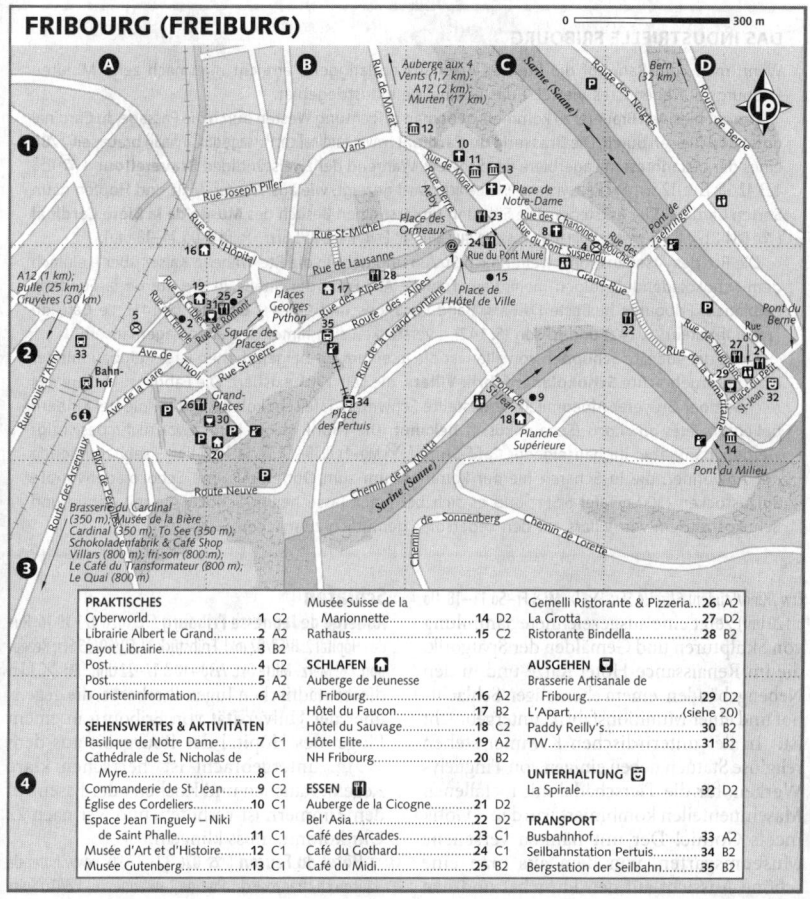

FRIBOURG (FREIBURG)

PRAKTISCHES		
Cyberworld	1	C2
Librairie Albert le Grand	2	A2
Payot Librairie	3	B2
Post	4	C2
Post	5	A2
Touristeninformation	6	A2

SEHENSWERTES & AKTIVITÄTEN		
Basilique de Notre-Dame	7	C1
Cathédrale de St. Nicholas de Myre	8	C1
Commanderie de St. Jean	9	C1
Église des Cordeliers	10	C1
Espace Jean Tinguely – Niki de Saint Phalle	11	C1
Musée d'Art et d'Histoire	12	C1
Musée Gutenberg	13	C1
Musée Suisse de la Marionnette	14	D2
Rathaus	15	C2

SCHLAFEN		
Auberge de Jeunesse Fribourg	16	A2
Hôtel du Faucon	17	B2
Hôtel du Sauvage	18	C2
Hôtel Elite	19	A2
NH Fribourg	20	B2

ESSEN		
Auberge de la Cicogne	21	D2
Bel' Asia	22	D2
Café des Arcades	23	C1
Café du Gothard	24	C1
Café du Midi	25	B2
Gemelli Ristorante & Pizzeria	26	A2
La Grotta	27	D2
Ristorante Bindella	28	B2

AUSGEHEN		
Brasserie Artisanale de Fribourg	29	D2
L'Apart	(siehe 20)	
Paddy Reilly's	30	B2
TW	31	B2

UNTERHALTUNG		
La Spirale	32	D2

TRANSPORT		
Busbahnhof	33	A2
Seilbahnstation Pertuis	34	B2
Bergstation der Seilbahn	35	B2

Erw./Kind/Student 6 SFr/frei/4 SFr; Mi & Fr–So 11–18, Do bis 20 Uhr) seine Maschinen zusammen mit den verrückten Werken der französisch-amerikanischen Künstlerin Niki de Saint Phalle (1930–2002), die von den 1950er-Jahren bis zu seinem Tod mit ihm arbeitete.

ÉGLISE DES CORDELIERS
Im Innern der im 13. Jh. erbauten **Église des Cordeliers** (Rue de Morat 6; April–Sept. 7.30–19, Okt.–März bis 18 Uhr) zeigt ein Triptychon (1480) über dem Hochalter die Kreuzigung. In der benachbarten **Basilique de Notre-Dame** (Rue de Morat 1) ist eine **Crèche Napolitaine** mit 75 Figurinen aus dem 18. Jh. untergebracht, die Jesu Geburt, Mariä Verkündung und Szenen des täglichen Lebens wiedergeben. Wenn man 2 SFr in den Schlitz wirft, werden die Figurinen acht Minuten lang beleuchtet.

MUSÉE GUTENBERG
Hinter der Basilique de Notre-Dame können Besucher im **Musée Gutenberg** (Gutenberg Museum; 026 347 38 28; www.gutenbergmuseum.ch; Place Notre Dame 16; Erw./Kind 10/6 SFr; Mi, Fr & Sa 11–18, Do 11–20, So 10–17 Uhr), einem Druck- und Medienmuseum in einem Kornspeicher aus dem 16. Jh., in die Welt des Buchdrucks eintauchen. Eine Multimedia-Show verleiht der historischen Ausstellung den Schwung des 21. Jhs.

MUSÉE D'ART ET D'HISTOIRE
Fribourgs **Musée d'Art et d'Histoire** (Museum für Kunst & Geschichte, MAHF; 026 305 51 40; Rue de Morat 12;

DAS INDUSTRIELLE FRIBOURG

Wenn man vom Bahnhof die Rte des Arsenaux entlanggeht, erreicht man nach zehn Minuten Fribourgs aufregendstes Viertel – das ehemalige Industriegebiet.

Um zur hiesigen Brauerei zu kommen, geht man in Richtung Westen durch die Passage du Cardinal unter den Gleisen durch. Die **Brasserie du Cardinal** (www.cardinal.ch; Passage du Cardinal) braut seit 1788 eines der bekanntesten Lagerbiere der Schweiz. Während der zweistündigen **Brauereitour** (☎ 058 123 42 58; Erw. 12 SFr; ⓘ Reservierung erforderlich) wird gezeigt, wie aus Wasser, Malz und Hopfen neun Sorten Cardinal-Bier entstehen. Die Führung umfasst einen Besuch des **Musée de la Bière Cardinal** (☎ 084 812 50 00; www.cardinal.ch; Passage du Cardinal; Erw./Kind 10/5 SFr; ⓘ Di & Do 14–18 Uhr).

Die Rte des Arsenaux führt weiter nach Süden und geht in die Rte Wilhelm Kaiser über – einfach dem Schokoladenduft folgen (nein, kein Traum)! Am Ende der Straße in die Rte de la Fonderie einbiegen. Fribourgs heißeste DJ-Bars, Band-Locations und Cafés – Le Quai (S. 141), Le Café du Transformateur (S. 142) und fri-son (S. 142) – verstecken sich hinter den alten Lagerhäusern.

Doch der süßeste Schuppen von allen ist die in einem rot-beigefarbenen Backsteinbau mit der Nr. 2 untergebrachte **Schokoladenfabrik Villars**, die seit 1901 existiert. Die Fabrik ist für ihre aus reichhaltiger Gruyèrer Alpenmilch hergestellte Schweizer Tafelschokolade und für die bei Kindern beliebten *têtes au choco* (Schaumküsse) bekannt. Die Fabrik selbst kann zwar nicht besichtigt werden, dafür aber ihr hauseigener **Café-Shop** (ⓘ Mo–Fr 8.30–17.30, Sa 9–12 Uhr) – sehr zur Freude der Anwohner, die in Scharen hierher kommen, um zum Outletpreis ihre Schokoladenvorräte aufzustocken (300-g-Tafel 6 SFr) und es sich bei einer Tasse heißer Schokolade mit Sahne und Schokostreuseln von Villars auf den Ledersofas gemütlich zu machen.

Erw./Kind/Student 6/frei/4 SFr; ⓘ Di, Mi & Fr–So 11–18, Do bis 20 Uhr) zeigt eine ausgezeichnete Sammlung von Skulpturen und Gemälden der Spätgotik, die im Renaissance-Hôtel Ratzé und in den Nebengebäuden, einem ehemaligen Schlachthof und einer Munitionsfabrik, untergebracht ist. In der unterirdischen Kammer stehen religiöse Statuen neben einigen von Tinguelys Werken, für die Tierschädel mit metallenen Maschinenteilen kombiniert wurden – Gotik meets Gothic! Der mit Bänken versehene Museumsgarten, von dem aus man eine schöne Aussicht auf den Fluss hat und den eine Plastik von Niki de Saint Phalle ziert, eignet sich prima zum Picknicken.

MUSÉE SUISSE DE LA MARIONNETTE

Das **Musée Suisse de la Marionnette** (Schweizer Marionettenmuseum; ☎ 026 322 85 13; www.marionnette.ch, französisch; Derrière-les-Jardins 2; Erw./Kind 5/3 SFr; ⓘ Sa & So 14–17.30 Uhr) lässt bei Aufführungen und bei den samstagnachmittäglichen Puppenspielworkshops die Puppen tanzen.

PLANCHE SUPÉRIEURE

Wer den Pont du Milieu überquert und nach Westen läuft, kommt zu dem großen, schräg abfallenden Platz, der von der einstigen **Commanderie de St. Jean** dominiert wird, die im 13. Jh. von den Rittern des Johanniter-Ordens errichtet worden ist.

Schlafen

Auberge de Jeunesse Fribourg (☎ 026 323 19 16; Rue de l'Hôpital 2; B/EZ/DZ inkl. Frühstück 31,50/59/95 SFr; Rezeption ⓘ März–Mitte Okt. 7.30–10 & 17–22 Uhr; P ✗) In dieser städtischen Jugendherberge, die gegenüber der Universität von Fribourg in einem Flügel des Hôpital des Bourgeois aus dem 17. Jh. untergebracht ist, herrschen klare Regeln. Rauchen und Kochen oder Essen auf den Zimmern ist verboten, und wer nach 22 Uhr kommt, muss klingeln.

Hôtel du Faucon (☎ 026 321 37 90; www.hotel-du-faucon.ch, französisch; Rue de Lausanne 76; EZ/DZ/Suite 85/95/200 SFr; Rezeption ⓘ 9–21 Uhr) Am goldenen Adler erkennt man das Haus. Die moderne Unterkunft liegt günstig in Fribourgs Hauptfußgängerzone und bietet ein außergewöhnlich gutes Preis-Leistungs-Verhältnis. Die Einrichtung ist zeitgemäß; in dem großen Schrank versteckt sich ein Kühlschrank, und auf dem Flachbild-TV laufen je Menge Sender – darunter auch BBC und CNN. Kostenloses WLAN.

Hôtel Elite (☎ 026 322 22 60; elitefribourg@bluewin.ch; Rue du Criblet 7; EZ/DZ/3BZ/4BZ inkl. Frühstück 90/140/160/215 SFr) Das von außen ziemlich düster wirkende Hôtel Elite bietet gepflegte Zimmer und macht Gästen einen ordentlichen Preis für die Halbpension (zzgl. 25 SFr/Pers.) im angeschlossenen (ebenfalls ziemlich düster wirkenden) Restaurant.

NH Fribourg (☎ 026 351 91 91; www.nh-hotels.com; Grand-Places 14; DZ inkl. Frühstück 160–235 SFr; P ✕ ✱ ▣) Das exklusive, moderne NH ist in einem klotzigen Wohnblock untergebracht und zieht durch seine Businesseinrichtungen, die moderne Ausstattung, das Nobelrestaurant und den Suiten mit Whirlpools Anzugträger an. Wer nicht auf Geschäftsreise ist, muss leider mit je nach Buchungslage täglich schwankenden Preisen rechnen. WLAN.

Hôtel du Sauvage (☎ 026 347 30 60; www.hotel-sauvage.ch, französisch; Planche Supérieure 12; EZ/DZ ab 195/260 SFr; Menü ab 34 SFr) Eine weitere altgediente mittelalterliche Unterkunft in der Altstadt. Sie bietet 17 reizende Zimmer über einem Restaurant in zwei miteinander verbundenen Häusern. Das Hotel ist nur ein paar Schritte vom Fluss entfernt und leicht an dem Schild zu erkennen, das einen Höhlenmenschen mit einer Keule zeigt. Kostenloses WLAN.

LP Tipp Auberge aux 4 Vents (☎ 026 347 36 00; www.aux4vents.ch; Res Balzli Grandfrey 124; EZ/DZ inkl. Frühstück 140/200 SFr, EZ/DZ/3BZ/4BZ mit Gemeinschaftsbad 50/100/140/180 SFr; P ▣) Die Bezeichnung „stylish" wird diesem fantasievollen Landgasthaus mit seinen acht Zimmern 2 km nördlich der Stadt kaum gerecht. Verrücktes Design wird hier großgeschrieben. Das *Dortoir* mit seinen vier Betten ist wohl der luxuriöseste Schlafsaal der Schweiz und das verträumte *Bleue* mit dem antiken Mobiliar und den floralen Mustern bietet eine Badewanne, die für ein Bad unter freiem Himmel auf Schienen durchs Fenster geschoben werden kann. Um das „4 Winde" zu erreichen, fährt man auf der Rue de Morat in Richtung Norden und biegt unmittelbar vor der Brücke rechts ab.

Essen

Café des Arcades (☎ 026 321 48 40; www.cafedesarcades.ch, französisch; Rue des Ormeaux 1; Hauptgerichte 15 SFr; ⊙ Di–Do 7–23.30, Fr 7–1, Sa 8–1, So 10–22 Uhr) Das seit 1861 existierende Café ist perfekt, um authentisch zu frühstücken, zu brunchen oder zu Mittag zu essen. Man kann sich zu den Kids setzen, die auf der Baumschaukel herumtollen, und Fribourg an sich vorbei ziehen lassen.

Café du Gothard (☎ 026 322 32 85; Rue du Pont Muré 16; Hauptgerichte 15–35 SFr, Mittagsmenü 17,50 SFr; ⊙ Di–Fr 9–23.30, Sa & So 8–23.30 Uhr) Tinguelys Lieblingslokal ist eine kitschige Mischung von alten Möbeln, Bildern mit Niki de Saint Phalle und nostalgischer Kunst. Man wählt eines der Tagesgerichte von der Tafel, lehnt sich zurück und genießt das legendäre Bistro.

Gemelli Ristorante & Pizzeria (☎ 026 321 59 10; www.gemelli-fr.ch; Grand-Places 10; Pizza 15–24 SFr; ⊙ So–Do 8–23.30, Fr & Sa bis 24 Uhr) Die Pizza, das Eis und die sardischen Spezialitäten (z. B. schwarzes Risotto mit Tintenfisch), die in diesem gläsernen Kasten serviert werden, sind gut, aber die eigentliche Attraktion ist die Gartenterrasse hinten. Nach dem Essen kann man über den Rasen zum Tinguely-Springbrunnen schlendern, den der Künstler für seinen Freund, den Schweizer Rennfahrer Jo Siffert, wenige Monate vor dessen tödlichem Unfall 1971 baute.

Café du Midi (☎ 026 322 31 33; www.lemidi.ch; Rue de Romont 25; Hauptgerichte 15–25 SFr, Fondues 23–30 SFr; ⊙ tgl. mittags & abends) Das seit Jahrzehnten unverändert Fribourger Urgestein lockt Gäste mit Dutzenden Fondue-Sorten (eines mit Ziegenkäse gefällig?), dem mit 18,50 SFr spottbilligen *menu du jour* und einer Menge mehr oder weniger käsiger Gerichte auf seine Terrasse.

LP Tipp Ristorante Bindella (☎ 026 322 49 05; www.bindella.ch, französisch; Rue de Lausanne 38–40; Pasta 25 SFr, Hauptgerichte 40 SFr; ⊙ Di–Fr mittags & abends, Sa abends) Der authentische Italiener verströmt Eleganz. Dank den polierten Holztischen, den flackernden Kerzen, der olivenölgetränkten *bruschetta* und den „ciao bella"-Rufen aus der Küche wähnt man sich in Florenz.

Auberge de la Cicogne (☎ 026 322 68 34; www.la-cigogne.ch, französisch; Rue d'Or 24; Hauptgerichte 30–60 SFr, Menüs 115 SFr & 130 SFr; ⊙ Di–Sa mittags & abends) Die wenigen Hauptgerichte sind fernöstlich angehaucht und die Nachspeisen himmlisch. Dank dem *menu du midi* (Mittagsmenü; 29 SFr) ist ein Besuch in dem 1771 in Auge am Fluss erbauten, beliebten Restaurant sogar erschwinglich. Gerüchten zufolge schließt es aber!

Ebenfalls zu empfehlen:

Bel' Asia (☎ 026 323 44 68; www.belasia.ch; Grand-Rue 36; Hauptgerichte 20–30 SFr; ⊙ Di–Fr mittags, Sa & So mittags & abends) Thai-Restaurant in der Altstadt mit einer Dachterrasse mit atemberaubendem Blick.

La Grotta (☎ 026 322 81 00; www.lagrotta.ch, französisch; Rue d'Or 5; Pasta 25 SFr, Hauptgerichte 31–36 SFr, Mittagsmenü 49 SFr; ⊙ Di–Fr mittags & abends, Sa abends) Der teure Italiener lässt die Geschmacksnerven jubilieren. Man speist inmitten von freigelegtem Stein auf durchsichtigen Kartell-Stühlen sitzend.

Ausgehen

Einen Aperitif bei Kerzenlicht in eleganter, authentischer Atmosphäre nimmt man am besten im Ristorante Bindella (s. oben) ein.

Le Quai (☎ 026 424 22 23; http://lequai.ch, französisch; Rte de la Fonderie 6; ⊙ Mo–Mi 9–23.30, Do 9–0.30, Fr 9–3,

Sa 14–3 Uhr) Die postindustrielle Lounge-Bar, die in der Nähe der legendären Villars-Schokoladenfabrik wunderschön gelegen ist, verspricht Soul und eine gewisse Eleganz. Freitags und samstags legen DJs auf.

Le Café du Transformateur (www.myspace.com/le transformateur; Rte de la Fonderie 11; Di & Mi 20–23.30, Do & Fr 23.30–3, Sa 20–3 Uhr) Dieses riesige Café auf der anderen Straßenseite ist ein weiteres ehemaliges Lager mit einer tollen Inneneinrichtung aus Metallrohren und Sofas zum Faulenzen. Am Wochenende sind DJs und Bands da.

L'Apart (026 321 53 50; www.lapart.ch; Grand-Places 14; Mo-Sa 16–3 Uhr) Den Betonturm auf dem Dach sollte man ignorieren und sich in dieser von Séb und JC im Loft-Stil designten Bar einfach eine der Sitzgelegenheiten aus den 1950er-Jahren aussuchen. Im Sommer wird's auf der schicken Holzterrasse gerappelt voll, und am Wochenende platzt der Laden wegen der DJs aus allen Nähten. Kostenloses WLAN.

TW (026 321 53 82; www.tmcafe.ch; Rue de Romont 29-31; Mo–Mi 7–23.30, Do 7–24, Fr 7–2, Sa 9–2, So 14–23.30 Uhr) Hier trinken und tanzen Trendsetter, die Getränke sind klasse, und DJs zabern aus Elektroniksounds Breakbeat und Bop. Das TW (Talk Wine) ist ein schickes Café mit einer Lounge-Bar über einem Schuhgeschäft. Im Winter werden zum obligatorischen Afterwork-*Apéro* Austern gegessen.

Paddy Reilly's (026 321 18 28; www.paddys.ch; Grand-Places 12; Mo–Do 16.30–1.30, Fr & Sa bis 3, So bis 1 Uhr) Wer auf Fußball, Rindfleisch, Guinness-Pastete, spätabendliche Pfannengerichte und Hochprozentiges steht, ist hier goldrichtig. Montag ist Studentenabend (billiges Bier).

Brasserie Artisanale de Fribourg (026 322 80 88; Rue de la Samaritaine 19; Sa 8–17 Uhr) Die winzige Kleinbrauerei wird von ein paar Freunden geführt, die das Bierbrauen als amüsanten Zeitvertreib begannen (jetzt ist es ihr samstägliches Hobby). Sie brauen nur 50 hl im Jahr – z. B. das goldbraune Barbeblanche, das Barberousse mit dem leichten Karamel- und Honigaroma und das dunkle Old Cat Stout.

Unterhaltung

Die angesagtesten DJ-Clubs und Musikschuppen befinden sich im Industriegebiet westlich vom Bahnhof. Hier wird es nachts im Le Quai und im Le Café du Transformateur (S. 141) gerammelt voll.

La Spirale (026 322 66 39; www.laspirale.ch, französisch; Place du Petit St-Jean 39; 5 Eintritt 80 SFr; Mi–So) Jazz, Blues, Weltmusik, Schweizer Jodelei, spanischer Flamenco und vieles mehr vermischen sich in diesem Kellerclub am Fluss zu einem coolen musikalischen Cocktail. Der Mittwoch ist dem typischen Fribourg-Sound vorbehalten. Die Tür ist blau und unscheinbar.

fri-son (026 424 36 25; www.fri-son.ch, französisch; Rte de la Fonderie 13; Eintritt 5–40 SFr; Mi–So 20–open end) In diesem mit Graffiti bedeckten Lagerhaus legen DJs auf – es hat eine der größten Bühnen für Livekonzerte in der Westschweiz. Tickets kann man online kaufen.

To See (026 424 46 53; www.toseeclub.com, französisch; Passage Cardinal 2c; Eintritt 15 SFr, vor 23 Uhr oft frei; Mi 22–3, Do 23–3, Fr & Sa 23–4 Uhr) Drei Tanzflächen, eine Galerie mit erlesener Kunst und eine Menge wilder Technofans treffen in den weitläufigen Räumlichkeiten gegenüber der Brauerei Cardinal aufeinander.

An- & Weiterreise

Neuchâtel ist außer mit dem Auto auch mit öffentlichen Verkehrsmitteln zu erreichen. Stündlich fahren Züge (19,60 SFr, 55 Min.), nach Genf (32 SFr, 1½ Std.) und Bern (12,80 SFr, 20 Min.) noch häufiger. Zudem gehen regelmäßig Züge nach Yverdon-les-Bains (17,40 SFr, 55–80 Min.) und nach Lausanne (23 SFr, 45–55 Min.).

Busse nach Avenches (8,20 SFr, 25 Min.), Bulle (14,40 SFr, 55 Min.) und Schwarzsee (14,40 SFr, 1 Std.) fahren hinter dem **Busbahnhof** (026 351 05 79) beim Bahnhof ab.

ESTAVAYER-LE-LAC

4500 Ew. / 455 m

Estavayer-le-Lac ist eine hübsche, gepflegte Siedlung am See. Sie hat eine wunderbar erhaltene mittelalterliche Altstadt und ist bekannt für ihre Frösche – tote und lebende.

Orientierung & Praktische Informationen

Wer vom Bahnhof etwa 400 m die Rue de la Gare entlang in Richtung Stadt läuft, erreicht die **Touristeninformation** (026 663 12 37; www.estavayer-le-lac.ch, französisch; Rue de l'Hôtel de Ville 16; Mo–Fr 8.30–12 & 13.30–17.45, Sa 10–12 & 14–16 Uhr), an der Rte du Port, die zum See führt.

Sehenswertes & Aktivitäten

Frösche – gefangen, ausgestopft und „modelliert" von François Perrier, einem Schweizer Soldaten, der in den 1860er-Jahren in den Ruhestand ging – sind die Stars des **Musée des Grenouilles** (Fröschemuseum; 026 663 24 48; www.

museedesgrenouilles.ch; Rue du Musée 13; Erw./Kind 5/3 SFr; März–Juni, Sept. & Okt. Di–So 10–12 & 14–17 Uhr, Juli & Aug. tgl. 10–12 & 14–17 Uhr, Nov.–Feb. Sa & So 14–17 Uhr). Zur Geschichte des Ortes sind auch römische Münzen, Kochutensilien aus dem 17. Jh. und andere Sachen ausgestellt.

Im **Château de Chenaux** (gebaut 1285–1290) sind die Präfektur und die Polizeiwache untergebracht, weshalb man es nicht besichtigen kann, an seinen Schutzwällen entlang zu gehen, ist auch schön. In der Touristeninformation gibt's die Broschüre **Circuit des Remparts**, in der ein eineinhalbstündiger Spaziergang entlang des originalen 40 m langen und 35 m breiten Rechtecks beschrieben ist, das 16 Toren und jede Menge Türme aufzuweisen hat. Der größte Turm, der 32 m hohe **Grand Tour**, konnte nur durch eine Tür betreten werden, die sich 9 m über dem Boden befand. Im Mittelalter erreichte man sie über eine Zugbrücke.

Am **Lac de Neuchâtel** versammelt sich oft ein wilder Haufen: Alle wollen zum **Téléski** (☎ 026 663 50 52; www.alphasurf.ch; 30/60/120 Min. 22/35/60 SFr; Mai–Sept. tgl. 13–19 Uhr) von Alphasurf, einer Art Lift, der Wasserskifahrer und Wakeboarder vom Ende eines Stegs am **Nouvelle Plage** mit einem Kabel im Kreis zieht. Außerdem kann man am steinigen Strand segeln und surfen – oder an der nahe gelegenen **Grande Cariçaie** (www.grande-caricaie.ch) den Froschkonzerten lauschen. Diese Kette aus sumpfigen, schilfgesäumten Seen verläuft am Südrand des Lac de Neuchâtel und dient jeder Menge Rotohrfröschen, kleinen Wasserfröschen, Laubfröschen und Erdkröten als Lebensraum. Aussichtstürme sorgen dafür, dass man das einzigartige Froschland aus der Vogelperspektive betrachten kann.

Schlafen & Essen

L'Abri-Côtier (☎ 026 663 50 52, 079 653 40 14; www.abri-cotier.ch; französisch; Grande Gouille 1; B/Frühstück 20/5 SFr, EZ/DZ 75/110 SFr) Die Unterkunft von Alphasurf ist ein funktionaler Schuhkarton und einen Steinwurf von der Action am Seeufer entfernt. Hier übernachten viele Outdoorfans. Gäste werden in Schlafsälen zu vier oder 12 Betten untergebracht und können gemeinsam die Küche und den Grill benutzen.

Hôtel du Port (☎ 026 664 82 82; www.hotelduport.ch; französisch; Rte du Port; EZ/DZ/3BZ/4BZ ab 80/130/150/160 SFr, Hauptgerichte 30 SFr; P) Das altertümliche Hôtel du Port befindet sich zwischen See und Altstadt. Die fröhliche Klientel, die hier speist, setzt sich aus Fischliebhabern und Familien zusammen, deren Kinder sich im mit Schaukeln und Trampolinen ausgestatteten Garten vergnügen. Kostenloses WLAN.

Les Lacustres (☎ 026 663 11 96; www.leslacustres.ch, französisch; Rte des Lacustres 22; Hauptgerichte 20–35 SFr; Do–Di) Das Café-Restaurant am Ufer ist bei Surfern beliebt, die hier essen, trinken, *pétanque* (Boule) spielen und abhängen. Sonntags gibt's Brunch, freitags Beach Sushi, und an den Wochenenden finden ausgelassene Themen-*soirées* (z. B. Sexy Jeans, Western, Rock & Roll etc.) am Strand statt.

Au Château (☎ 026 663 10 49; www.auchateau.info, französisch; Rue des Granges 2; Hauptgerichte 20–30 SFr; 8–23.30 od. 24 Uhr, Di abends & Winter Mi geschl.) Auf der schattigen Terrasse und im formelleren Restaurant im Obergeschoss kann man es sich gut gehen lassen: Hier wird regionale Küche zelebriert – Barsch frisch aus dem See gefällig?

An- & Weiterreise

Estavayer-le-Lac liegt an der Straße bzw. den Gleisen zwischen Fribourg (11,80 SFr, 40 Min.) und Yverdon (7 SFr, 17 Min.). Auch Schiffe legen hier an. (s. S. 144).

MURTEN
5650 Ew. / 450 m

Das befestigte deutschsprachige Dorf am Ostufer des Murtensees (Lac de Morat) heißt nicht ohne Grund Murten (Morat) – der Ausdruck leitet sich aus dem keltischen Wort *moriduno* ab, was „Festung am See" bedeutet. Im Mai 1476 brach der burgundische Herzog Karl der Kühne in Lausanne auf, um Murten anzugreifen – doch das einzige Ergebnis war, dass 8000 seiner Männer in der Schlacht bei Murten niedergemetzelt wurden oder im Murtensee ertranken. Die Festungsanlagen, die die Pläne des Herzogs (der entkam) durchkreuzten, umgeben eine malerische kleine Stadt am Seeufer, die einen nachmittäglichen Erkundungsspaziergang wert ist.

Kanäle verbinden den Murtensee mit dem Lac de Neuchâtel (im Westen) und dem Bielersee (im Norden) und bilden das Drei-Seen-Land – eine Seenlandschaft, die von etwa 250 km ausgewiesener Rollschuh-, Fahrrad- und Wanderwege durchzogen ist.

Praktische Informationen
Touristeninformation (☎ 026 670 51 12; www.murten.ch; Französische Kirchgasse 6; Okt.–März Mo–Fr 9–12 & 13–18 Uhr, April–Sept. Sa 10–14 Uhr).

Sehenswertes & Aktivitäten

Murten ist eine kleine Stadt voller Arkaden und Kopfsteinpflaster. Eine Reihe von Hotelrestaurants rund um ein für Besucher gesperrtes **Schloss** aus dem 13. Jh. säumt die Rathausgasse. An der Hauptgasse daneben, die am Ostende von einem mittelalterlichen Stadttor, dem **Berntor**, begrenzt wird, befinden sich Geschäfte und Lokale. Parallel verlaufen die Deutsche Kirchgasse und ihre Westverlängerung, die Schulgasse, an den Stadtwällen entlang. Unbedingt die **Boutique Noël** (☎ 026 670 67 37; www.christmasbynoel.com; Rathausgasse 19) anschauen! Das ist eine wahre Fundgrube, in der das ganze Jahr über Weihnachten ist.

Wer den hölzernen **Aufstieg auf die Ringmauer** hinter der **Deutschen Kirche** (Deutsche Kirchgasse) erklimmt, erreicht einen überdachten Fußweg, der Teile der massiven mittelalterlichen Mauern quert.

Oberhalb des Schlosses zeigt das in einer Mühle untergebrachte **Museum Murten** (☎ 026 670 31 00; www.museummurten.ch; Ryf 4; Erw./Kind 6/2 SFr; Mitte April–Okt. Di–Sa 14–17, So 10–17 Uhr, Nov.–April Di–So 14–17 Uhr) Artefakte, die 1829 bei den Grabungsarbeiten zum Broyekanal entdeckt wurden, und Kanonen aus der Schlacht bei Murten.

Navigation Lacs de Neuchâtel et Morat bietet in der Saison von Ende April bis Mitte Oktober Schifffahrten auf dem Murtensee an (70 Min., 18 SFr).

Feste & Events

Murtens dreitägiger **Karneval** findet Anfang März statt. Der Murten-Fribourg-**Marathon** mit rund 8000 Teilnehmern, der am ersten Sonntag im Oktober stattfindet, erinnert an den Lauf des Boten, der Nachrichten über die Schlacht bei Murten überbrachte.

Schlafen & Essen

Hotel Murtenhof & Krone (☎ 026 672 90 30; www.murtenhof.ch; Rathausgasse 1-5; Standard-DZ 75–95 SFr, Deluxe-DZ 100–140 SFr; P ✕) Der Murtenhof, der ein Patrizierhaus aus dem 16. Jh. einnimmt, verbindet Altes und Neues, um Platz zum Essen und Schlafen zu schaffen. Wie wär's mit einem runden Bett? Das Terrassenrestaurant (Hauptgerichte 21–25 SFr) bietet klasse Ausblicke auf den See und kocht traditionell mit einem Hauch Fusion. Die gemütliche Lounge gegenüber lockt mit Wein und Käse.

Des Bains (☎ 026 670 23 38; www.desbains-murten.ch; Ryf 35; Hauptgerichte 25–35 SFr; Mi & Do 11–23.30, Fr 11–24, Sa 10–24, So 10–22 Uhr) Ausgezeichnetes Restaurant am Seeufer. Von der Terrasse führt Rasen hinunter zum Wasser, wo Schwäne nach Brotkrumen gieren. Unbedingt die *filets de perche* (Barschfilets) in Vully-Wein probieren!

Hôtel Le Vieux Manoir (☎ 026 678 61 61; www.vieuxmanoir.ch; Rue de Lausanne 18, Meyriez; EZ/DZ ab 300/430 SFr, Hauptgerichte ab 50 SFr; Mitte Feb.–Dez; P 🖵 ✕) Das unverschämt luxuriöse normannische Haus, das aus einer Laune heraus Anfang des 20. Jhs. entstand, ist die ultimative Unterkunft. Verehrer, die wollen, dass ihre Angebetete „Ja" sagt, entscheiden sich für den Tisch für zwei Personen am Ende des langen Bootssteges, wo man bei Sonnenuntergang für einen Haufen Geld dinieren kann. Das Hotel liegt 1 km südlich von Murten-Meyriez.

Anreise & Unterwegs vor Ort

Vom 300 m südlich der Stadtmauern gelegenen Bahnhof (Bahnhofstrasse) fahren stündlich Züge nach Fribourg (10,80 SFr, 30 Min.), Bern (12,80 SFr, 35 Min.) via Kerzers (3,50 SFr, 9 Min.) und Neuchâtel (11,80 SFr, 25 Min.). Die stündlich verkehrenden Züge nach Payerne (7,40 SFr, 20 Min.) halten in Avenches (3,20 SFr, 7 Min.).

Im Bahnhof von Murten werden **Fahrräder** (☎ 051 221 15 52; 33 SFr/Tag; 9–16 Uhr) verliehen.

Navigation Lacs de Neuchâtel et Morat bietet in der Saison Schifffahrten nach bzw. ab Neuchâtel an. Mit dem Auto erreicht man Murten auf der N1 (Lausanne–Bern).

RUND UM MURTEN

Die Gegend rund um Murten ist überwiegend ländlich geprägt. Es gibt jede Menge Wiesen, frische Luft und Heuschober (s. S. 392), in denen man herumtoben kann. Landwirte stapeln am Straßenrand Karotten, die Vorbeifahrende kaufen können, und öffnen im Rahmen des grünen Tourismusprojektes **Inforama Seeland** (www.inforama.ch) ihre Kopfsalatfelder und Apfelgärten für landwirtschaftlich Interessierte. Am Westufer des Sees wird am Vully (653 m) der Vully-Wein angebaut.

Wer ein Feeling für das hiesige Landleben bekommen will, sollte auf dem **LP Tipp Eulenhof** (☎ 026 673 18 85; www.fermeduhibou.ch; Rue du Château 24, Mur; Übernachtung im Stroh inkl. Frühstück Erw./Kind 30/20 SFr, B inkl. Frühstück Erw./Kind 43/26 SFr, DZ inkl. Frühstück 96–120 SFr, Mitte März–Mitte Sept. Abendessen & So Mittagessen 27 SFr; Jan.–Okt.; P ✕) einchecken, einem Bauernhof, der am Wander- und Radweg **Sentier du Vins de Vully** (Vully-Weinstraße) liegt. Bauer Willy und seine Frau Nadja verwöhnen ihre Gäste mit regionaler Küche auf der Gartenterrasse mit Seeblick. Reservieren! Der Eulenhof liegt 13 km nördlich von Murten. Auf der Seestraße in Richtung Norden bis nach Guénaux fahren und von dort 1 km landeinwärts bis zum Dorf Mur.

Avenches

Das römische Aventicum 8 km südwestlich von Murten wurde an der Stelle erbaut, an der einst der Hauptort des Keltenstammes der Helvetier lag. Im 2. Jh. n. Chr. war es ein wichtiges Zentrum mit zehnmal mehr Bewohnern als heute. Doch Ende des 3. Jhs. hielten die 5,6 km langen Wälle den Angriffen der Alemannen nicht mehr stand und im 5. Jh. war die Stadt in Vergessenheit geraten.

Im **Amphitheater**, das ein **Musée Romain** (Römermuseum; ☎ 026 675 17 27; Ave Jomini; Erw./Kind 4 SFr / frei; April–Sept. Di–So 10–12 & 13–17 Uhr, Okt.–März Di–So 14–17 Uhr) und während des **Opernfestivals** im Juli 12 000 Zuschauer beherbergt, werden die glorreichen Tage der Römerzeit wieder zum Leben erweckt. Tickets gibt's bei der **Touristeninformation** (☎ 026 676 99 22; www.avenches.ch, französisch; Place de l'Église 3).

Payerne

Das 10 km weiter südwestlich gelegene Payerne wird von der romanischen **Abbatiale de Payerne** (Abteikirche; ☎ 026 662 67 04; Place du Marché; Eintritt ohne/mit Ausstellung 3/8–12 SFr; Mai–Sept. Di–So 10–12 & 14–18 Uhr, Okt.–April bis 17 Uhr) aus dem 11. Jh. und ihren fünf Apsiden dominiert. Der Sandsteinbau, der für seine schönen Verzierungen und Fresken berühmt ist, wird oft für Kunstausstellungen und klassische Konzerte genutzt. Infos gibt's unter www.mepayerne.ch oder an der **Touristeninformation** (☎ 026 660 61 61; www.payerne.ch, französisch; Place du Marché 10; Mo–Fr 8–12 & 13.30–18 Uhr) nebenan.

Kerzers

Im 11 km nordöstlich von Murten gelegenen **Papiliorama** (☎ 031 756 04 60; www.papiliorama.ch; Erw./Kind 16/8 SFr; April–Okt. 9–18, Nov.–März 10–17 Uhr) flattern tropische Schmetterlinge zusammen mit Kolibris und anderen exotischen Vögeln herum. Im **Swiss Butterfly Garden** kann man einheimische Schmetterlinge umherfliegen sehen, im **Arthropodarium** krabbeln Taranteln umher, im **Nocturama** (April–Okt. 10–18, Nov.–März bis 17 Uhr) verstecken sich nachtaktive Tiere aus Lateinamerika und für unerschrockene Besucher gibt's den **Jungle Trek** – die Nachbildung eines Naturschutzgebietes in Belize, mit Mangroven, Tropenwald und einer 7 m hohen tropischem Panoramabrücke.

Das Papiliorama ist 80 m vom Bahnhof Kerzers entfernt. Von Murten aus fahren Züge.

GRUYÈRES
1490 Ew. / 830 m

In diesem Dorf, das in einem Dornröschenschlaf zu liegen scheint, dreht sich alles um Käse und federleichte Meringues (Baisers) mit Sahne. Der Name des Dorfes leitet sich vom Wappentier *gru* (Kranich) ab, unter dem die mittelalterlichen Grafen von Gruyères ihre Klingen schwangen. In Gruyères schmiegen sich eine Menge Häuser aus dem 15. und 17. Jh. an einen Hügel. Die Altstadt hat Kopfsteinpflaster, und dank dem Schloss kommen immer mehr Besucher in das Dorf. Der harte Gruyère-Käse wird seit Jahrhunderten auf den umliegenden Alpenhöfen erzeugt.

Praktische Informationen

Touristeninformation (☎ 026 921 10 30; www.gruyeres.ch, französisch; Rue du Bourg 1; ganzjährig Mo–Fr 10.30–12 & 13.30–16.30 Uhr, Juli–Mitte Sept. Sa & So 9–17 Uhr)

Sehenswertes

CHÂTEAU DE GRUYÈRES

Im dem bezaubernden, mit Türmen versehenen **Schloss** (☎ 026 921 21 02; www.chateau-gruyeres.ch; Erw./Kind 9,50/3 SFr; April–Okt. 9–18 Uhr, Nov.–Feb. 10.30–16.30 Uhr) lebten 19 der Grafen von Gruyères. Das Fürstengeschlecht kontrollierte das Saanetal vom 11. bis zum 16. Jh. Das 1493 niedergebrannte Schloss wurde wieder aufgebaut. Im Innern kann man Stilmöbel, Wandteppiche und moderne „Fantasy Art" bewundern und sich einen kurzen Film ansehen. Der Fußweg rund ums das Schloss ist auch ganz hübsch.

MUSEUM HR GIGER

Das **HR Giger Museum** (☎ 026 921 22 00; www.hrgigermuseum.com; Erw./Kind 12/5 SFr; Mai–Okt. Mo–Fr 10–18, Sa & So 10–18.30, Nov.–April 11–17 Uhr) zeigt biomechanische Kunst und ist dem Mann gewidmet, der die Science-Fiction-Uniformen der *Alien*-Filme schuf: dem in Chur geborenen und in Zürich lebenden Giger (geb. 1940). Die Museumsbar gegenüber, die **Bar HR Giger** (Di–So 10–20.30 Uhr), ist im selben verrückten surrealistischen Stil gehalten.

Ein Kombi-Ticket für Museum und Schloss kostet 17 SFr.

KÄSEREIEN

Das Geheimnis des Gruyère wird im **La Maison du Gruyère** (☎ 026 921 84 00; www.lamaison dugruyere.ch; Erw./Kind 7/3 SFr; April–Sept. 9–19, Okt.–März bis 18 Uhr) in Pringy, 1,5 km von Gruyères, gelüftet. Bei der Käseherstellung zuschauen kann man viermal täglich zwischen 9 und 11 bzw. 12.30 und 14.30 Uhr.

In der **Fromagerie d'Alpage de Moléson** (☎ 026 921 10 44; Mitte Mai–Mitte Okt. 9.30–22 Uhr), einem Alpenchalet aus dem 17. Jh., 5 km südwestlich von Gruyères in Moléson-sur-Gruyères (1100 m), wird im Sommer mehrmals täglich auf traditionelle Art Käse hergestellt.

Beide Käsereien verkaufen Käse (2–2,40 SFr/100 g) und servieren in ihren Restaurants Fondue, *soupe du chalet* (dicke, herzhafte Gemüse- und Kartoffelsuppe, abgerundet mit Gruyère und Sahne), *soupe à l'oignon au Gruyère* (Zwiebelsuppe mit Gruyère) und weitere typische Gerichte der Bergregion.

Am Wanderweg **Sentier des Fromageries**, der durch die grünen Wiesen von Gruyères führt, wird in einigen Berghütten Käse immer noch traditionell hergestellt. Im Maison du Gruyère ist eine Broschüre erhältlich, in der die zweistündige Tour (7–8 km) eingezeichnet ist.

Essen

Käsefondue ist natürlich das Highlight jeder Speisekarte, unabhängig von der Jahreszeit (Schweizer essen Fondue aber nur im Winter); *moitié-moitié* ist eine Mischung aus Gruyère und weichem Vacherin-Käse aus der Region.

Chalet de Gruyères (☎ 026 921 21 54; www.chalet-gruyeres.ch; französisch; Rue du Château 53; Fondues & Raclettes 30 SFr; tgl. mittags & abends) *Die* Adresse in Gruyères: Die gemütliche, mit Kuhglocken verzierte Holzhütte verströmt alpinen Charme – und leckere Essensdüfte (von Fondue, Raclette und gegrilltem Fleisch).

Auberge de la Halle (☎ 026 921 21 78; Rue du Château; Menüs 32 SFr & 43,50 SFr, Käsefondue 24,50 SFr/Pers.; Mi–Mo mittags & abends) Man sollte versuchen, einen Platz an einem der beiden Tische zu ergattern, die vor diesem Lokal stehen. Im Mittelalter diente das Gebäude als Kornkammer, in der Weizen in Steinkesseln gewogen wurde – das ist noch heute zu sehen! Die sättigende *soupe du chalet* (Suppe mit Pilzen, Teigwaren und Käse), *croûte au fromage* (mit Käse überbackenes Brot) und *sérac* (*fromage frais* aus Gruyère-Molke) probieren!

Anreise & Unterwegs vor Ort

Gruyères ist außer per Auto mit dem stündlich fahrenden Bus oder Zug (17,20 SFr, 40 Min.–1 Std.) von Fribourg nach Bulle zu erreichen, wo man in einen anderen stündlich verkehrenden Bus oder Zug steigt (3,50 SFr, 15–20 Min.). Gruyères liegt oberhalb des Bahnhofs und ist zu Fuß in zehn Minuten erreichbar.

BROC & BULLE

In Schokowonnen schwelgt man bei **Cailler** (☎ 026 921 51 51; Rue Jules Bellet 7; Eintritt frei; Mai–Okt. 9.30–16 Uhr), einem der ältesten Schokoladenhersteller der Schweiz, der seit 1825 im Geschäft ist. Den Herstellungsprozess kann man sich zwar nur auf Video anschauen, aber es gibt Kostproben. Die Fabrik befindet sich 2 km nördlich von Gruyères in Broc.

GRUYÈRE: KURZINFOS

- Das Dorf heißt Gruyères; der Käse wird Gruyère genannt (ohne „s" am Ende).
- Eine Kuh braucht 100 kg Gras und 85 l Wasser pro Tag, um 25 l Milch zu produzieren.
- Käser benötigen 400 l Milch, um einen 35 kg schweren Laib Gruyère herzustellen.
- Der Gruyère vereint angeblich 75 Aromen der Alpen. Vanille, Orchidee, Veilchen, Kastanie, Minze, Holzspäne, Haselnuss, frisches Gras … Ja, all das gibt es hier!
- Die gut 200 Käsereien der Kantone Fribourg, Neuchâtel, Jura und Vaud verarbeiten etwa 330 Mio. l Milch zu 27 500 t Käse; die Gruyères-Kühe geben etwa 5,7 Mio. l im Jahr.
- Ein milder (*doux*) Gruyère reift in etwa fünf bis sechs Monaten heran, ein kräftigerer (*mi-salé*) in sieben bis acht, ein reifer (*salé*) in neun bis zehn, ein „reserve" (*réserve au surchoix*) braucht mindestens 10 Monate, und der köstliche, würzige, extrareife Gruyère (*vieux*) mindestens 15.
- Zwei Drittel des produzierten Gruyère-Käses werden in der Schweiz konsumiert, der Rest von der EU und Nordamerika.

Bulle, der Hauptverkehrsknotenpunkt der Region, liegt 5 km nordwestlich von Gruyères. Herzukommen lohnt sich wegen des **Schlosses** (heute sind Verwaltungsbüros darin untergebracht) aus dem 13. Jh. und des **Musée Gruérien** (☎ 026 912 72 60; www.musee-gruerien.ch, französisch; Rue de la Condémine 25; Erw./Kind 8 SFr/frei; Di–Sa 10–12 & 14–17, So 14–17 Uhr).

CHARMEY & DER SCHWARZSEE

Von Broc aus steigt das Gelände zu den Voralpen des Canton de Fribourg an. **Charmey** (876 m) ist mit seinen 30 km Piste (1630 m) das Skizentrum der Region. Im Sommer wird der Ort zu einem Eldorado für Mountainbiker. Die **Touristeninformation** (☎ 026 927 55 80; www.charmey.ch; Di–So 14–18 Uhr), die sich am Parkplatz gegenüber der Seilbahn befindet, hat weitere Infos, auch über den Vanil Noir (2389 m), den höchsten Berg der Region.

Nach weiteren 11 km Fahrt in Richtung Osten erreicht man das deutschsprachige Gebiet und das Dorf **Jaun** mit seinen zwei Kirchen. Die ältere mit Holzschindeln bedeckte Kirche dient als **Cantorama** (☎ 026 929 81 81; tourismus@jaun.ch; Eintritt 4 SFr, Konzerte 20 od. 30 SFr; Mitte-Juni–Mitte-Okt. Sa & So 14–17 Uhr), als Konzertsaal und Zentrum für Musik mit Ausstellungen zu traditionellen Fribourger Chören. Die jüngere Kirche (1910) besitzt einen ungewöhnlichen Friedhof mit handgeschnitzten Holzkreuzen (von den 1980er-Jahren bis in die Gegenwart), die jeweils den Beruf versinnbildlichen, der der Verstorbene im Leben ausgeübt hatte.

Nördlich von Charmey liegt das einsame **Chartreuse de la Valsainte** aus dem 13. Jh., das einzige noch bewohnte Kartäuserkloster der Schweiz, in dem 26 Mönche ein stilles Leben führen, das dem Gebet und der Handarbeit gewidmet ist. Im Gegensatz zur kleinen Kapelle, die sich außerhalb des ummauerten Gebäudes befindet, kann es nicht besichtigt werden.

Der nahe gelegene **Schwarzsee** (Black Lake; www.schwarzsee.ch), ein Bergsee, bildet beim Skifahren im Winter und beim Wandern im Sommer die Kulisse. Etwa 2 km nördlich des Dorfes befinden sich die **Eispaläste** (www.eispalaeste.ch; Erw./Kind 8/4 SFr; Dez.–März Mi–So 14–21 Uhr) von Karl Neuhaus, eine magische Konstruktion aus Türmen, Brücken, Kuppeln, Grotten und Palästen zwischen Kiefern, die aus Eis gebaut wurde. Die Eispaläste sind nachts beleuchtet und ein Spaziergang auf den Sandwegen ist märchenhaft (ganz zu schweigen von einem Picknick in einem Iglu).

CANTON DE NEUCHÂTEL (KANTON NEUENBURG)

Das Zentrum dieses bewaldeten 800 km² großen Kantons (168 910 Ew.) nordwestlich von Fribourg ist der Lac de Neuchâtel – der größte See der Schweiz. Die Hauptstadt Neuchâtel (Neuenburg) liegt am Nordufer. Nördlich und westlich der Stadt erhebt sich der Jura. Die Uhrenherstellung ist seit dem 18. Jh. ein wichtiger Industriezweig. Die anderen größeren Kantonstädte – La Chaux-de-Fonds und Le Locle – halten am touristisch stark vermarkteten „Uhrental"-Image fest.

Mit dem Bieler- und dem Murtensee bildet der Lac de Neuchâtel das Drei-Seen-Land. Frankreich liegt gleich nebenan – deshalb ist Französisch *die* Sprache dieser Gegend.

NEUCHÂTEL (NEUENBURG)
32 330 Ew. / 430 m

Die Eleganz der Sandsteinbauten in der Altstadt, die gallische Nonchalance der Menschen im Café und die frische Seeluft, die die Ufer des Sees umweht machen Neuchâtel so reizvoll. Die kleine Universitätsstadt – samt lebendiger *commune libre* – ist leicht zu Fuß zu erkunden, und das hier gesprochene Französisch soll das reinste der Schweiz sein.

Neuchâtels Sternwarte synchronisiert die Funkuhren in der ganzen Schweiz.

Praktische Informationen
BUCHLÄDEN
Payot Librairie (Rue du Seyon; Mo 13.30–18.30, Di–Fr 9–18.30, Sa 8.30–17 Uhr) Karten, Reiseführer & mehr.

POST
Post (Pl du Port; Mo–Fr 7.30–18.30, Sa 8.30–12 Uhr)

TOURISTENINFORMATION
Touristeninformation (☎ 032 889 68 90; www.neuchateltourism.ch; Hôtel des Postes, place du Port; Sept.–Juni Mo–Fr 9–12 & 13.30–17.30, Sa 9–12 Uhr, Juli & Aug. Mo–Fr 9–18.30, Sa 9–16, So 10–14 Uhr)

WASCHSALON
Salon Lavoir (Rue des Moulins 27; 8–20 Uhr)

Sehenswertes
ALTSTADT & CHÂTEAU
Die Straßen sind von hübschen, abgeschotteten Villen aus dem 18. Jh. gesäumt und

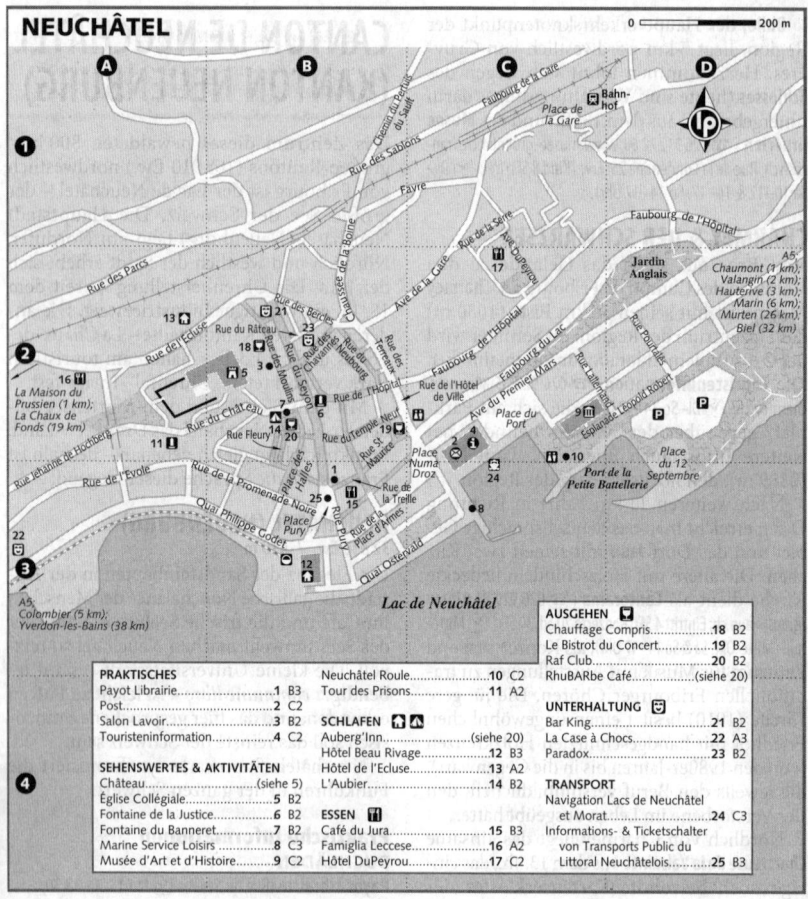

übersät mit fantasievoll golden verzierten Brunnen. Zudem haben viele Brunnen Statuen – vom Ritter auf der **Fontaine du Banneret** (Rue Fleury) bis hin zur Justitia auf der **Fontaine de la Justice** (Rue de l'Hôpital). Letztere ist eine Kopie, das Original befindet sich im Musée d'Art et d'Histoire (s. rechte Spalte).

Die Rue du Château geht bergauf, passiert das mittelalterliche Stadttor und führt dann zum **Tour des Prisons** (☎ 032 717 71 02; Rue Jehanne de Hochberg 5; Eintritt 1 SFr; ⓨ April–Sept. 8–18 Uhr), von dessen Spitze man den See und die Alpen sehen kann. Im Innenraum der größtenteils gotischen **Église Collégiale** lassen sich auch romanische Elemente erkennen (besonders in der dreifachen Apsis). Gegenüber vom Haupteingang befindet sich die Statue des Reformators Guillaume Farel, der schuld daran war, dass die Kathedrale die Seiten wechselte.

Hinter der Kirche liegt das **Château** (☎ 032 889 60 00; Eintritt frei; ⓨ geführte Touren April–Sept. stündl. Mo–Sa 10–12 & 14–16, So 14–16 Uhr) aus dem 15. Jh. mit dem hübschen Hof, der zum Umherstreifen einlädt. Im Rahmen der geführten Touren im Sommer (45 Min.) kann man das Schlossinnere besichtigen.

MUSÉE D'ART ET D'HISTOIRE

Das **Musée d'Art et d'Histoire** (Museum für Kunst & Geschichte; ☎ 032 717 79 25; www.mahn.ch, französisch; Esplanade Léopold Robert 1; Erw./Kind 8 SFr/frei, Mi frei; ⓨ Di–So 11–18 Uhr) ist berühmt für seine drei Androiden, die der Uhrmacher Jaquet Droz zwischen 1764 und 1774 anfertigte. Die Figur des Schreibers kann so programmiert werden, dass sie ihre Feder in ein Tintenfass taucht und bis zu 40 Buchstaben schreibt; der Musiker kann bis zu fünf Melodien auf einer echten Orgel spielen. Der Zeichner, der sechs Bilder malen kann, ist die schlichteste der Figuren. Die Androiden werden am ersten Sonntag jedes Monats um 14, 15 und 16 Uhr in Bewegung gesetzt.

Aktivitäten

Im Sommer steigen am Hafen eine Menge Events. Der Place du 12 Septembre ist ein einziger großer Rummelplatz. Bei **Marine Service Loisirs** (032 724 61 82; www.msloisirs.ch, französisch; Port de la Ville; April–Okt.) kann man Motorboote (5–70 SFr/Std.), Tretboote (25–35 SFr/Std.) und zwei- oder viersitzige pedalbetriebene Buggys (25–35 SFr/Std.) und Fahrräder (halber/ganzer Tag 25/38 SFr) ausleihen, um sich am Ufer entlang zu bewegen.

Alternativ kann man sich beim saisonal betriebenen **Hafenkiosk** (Esplanade Léopold Robert; Ende April–Anfang Nov. 7.30–21.30 Uhr) von **Neuchâtel Roule** (032 717 77 75; www.neuchatelroule.ch, französisch) kostenlos Drahtesel leihen.

Schifffahrten auf dem See bietet **Navigation Lacs de Neuchâtel et Morat** (S. 144) an.

Feste & Events

Auf der **Fête des Vendanges** (Weinlesefest), die am letzten Septemberwochenende gefeiert wird, sorgen Paraden, Kostüme und Alkohol für Stimmung. Jazz, Pop und Rock bringen das Seeufer während des im Juni unter freiem Himmel stattfindenden **Festi'Neuch** (www.festineuch.ch, französisch) zum Swingen.

Schlafen

Auberg'Inn (078 615 84 21; www.auberginn.ch, französisch; Rue Fleury 1; EZ/DZ/3BZ/4BZ/5BZ 100/150/160/190/210 SFr; Rezeption Mo–Sa 8–18, So bis 12 Uhr) Stimmungsvolle Unterkunft im Jugendherbergstil neben dem Ritterbrunnen. Im oberen Stock (kein Lift) dieses Stadthauses aus der Spätrenaissance stehen fünf von einem Designer gestaltete Zimmer zur Verfügung. Man kann hier die Wände des Tafelzimmers bemalen, im Bambuszimmer wie im Grünen schlafen oder im Kinozimmer vor einem Flachbildschirm abhängen. Die Unterkunft liegt über einer Bar (Lärmgefahr). Im Winter kosten die Zimmer 10 SFr weniger. Kostenloses WLAN.

L'Aubier (032 710 18 58; Rue du Château 1; EZ/DZ mit Waschbecken 80/110 SFr, mit Dusche & Toilette 130/180 SFr;

> **LEBEN IN DER KOMMUNE**
>
> Neuchâtels **Commune Libre du Neubourg et Alentours** (Freie Kommune Neubourg & Umgebung; www.leneubourg.ch, französisch) – eine Partnerkommune von der vom Pariser Montmartre (eine seit 1920 bestehende selbsterklärte freie Kommune) – wird mehr und mehr zur einem guten Vorwand zum Feiern. Die 1979 gegründete Kommune umfasst drei Straßen der Altstadt: die Rue de Neubourg, die Rue des Fausses-Brayes und die farbenfrohe Rue des Chavannes, auch Ruedes Peintres (Maler-Straße) genannt. Sie hat sich das freigeistige Motto „voir d'un œil, sentir de l'autre" (mit einem Auge sehen, mit dem andern fühlen) auf ihre Fahne geschrieben hat. Die auf den Boden gemalten Heißluftballons sagen alles.

 Rezeption Mo 11.45–19, Di–Fr 7.30–19, Sa 8–18 Uhr) Das Hotel mit Café, in dem es sich herrlich friedlich übernachten lässt, befindet sich über dem hauseigenen Restaurant. Es liegt in einer der grünsten Ecken Neuchâtels und ist in einem alten Gebäude mit schräg gestreiften Fensterläden und Blick auf den das Schwert schwingenden Ritter untergebracht.

Hôtel de l'Ecluse (032 729 93 10; www.hoteldelecluse.ch; Rue de l'Ecluse 24; EZ/DZ inkl. Frühstück 139/184 SFr; Rezeption 11–19 Uhr;) Das zurückgesetzt an einer geschäftigen Straße gelegene Drei-Sterne-Hotel mit den blauen Fensterläden bietet modernisierte Zimmer mit Messingbetten, Kochnischen und einem netten, kleinen Innenhof im hinteren Teil, in dem man entspannen kann. WLAN ist kostenlos.

Hôtel Beau Rivage (032 723 15 15; www.beau-rivage-hotel.ch, französisch; Esplanade du Mont Blanc 1; EZ/DZ ab 295/370 SFr, Hauptgerichte ab 45 SFr;   ) Das große, majestätische Hotel mit Blick auf den See und die mit Skulpturen übersäten Gartenanlagen ist ebenso traumhaft wie sein Spa, seine Veranda-Bar und die kulinarischen Werke seines Chefkochs Jean-Baptiste Molinari.

Essen

Zu den lokalen Spezialitäten zählen Kutteln und *tomme neuchâteloise chaude* (Vorspeise aus gebackenem Ziegenkäse). Entlang der Rue des Moulins befinden sich zwanglose Lokale, im Le Bistrot du Concert (S. 150) trifft sich eher die Schickeria.

L'Aubier (☎ 032 710 18 58; Rue du Château 1; ⓥ Mo 11.45–19 Uhr, Di–Fr 7.30–19, Sa 8–18 Uhr) Das Bio-Café in der Altstadt ist super gelegen: im Schatten der Fontaine du Banneret. Serviert werden Salate, Quiches, Obstkuchen usw. Es ist ideal für eine Mittagspause.

LP Tipp Famiglia Leccese (☎ 032 724 41 10; Rue de l'Ecluse 49; Pasta/Hauptgerichte 15/20 SFr; ⓥ Di–Sa abends, So mittags & abends) Außerhalb von Italien gibt es kein Stück Italien – kein Stück Lecce, um genau zu sein –, das so authentisch ist wie dieser urtümliche, freundliche, exzellente italienische Familienbetrieb. Da der Eingang aussieht wie der einer normalen Wohnung, ist das Restaurant schwer zu finden, wenn man kein Ortskundiger ist. Nach den Lichterketten hinter Claude Cordey Motos Ausschau halten.

Café du Jura (☎ 032 725 14 10; Rue de la Treille 7; Mittagsmenü 16,50 SFr, Hauptgerichte 25–35 SFr; ⓥ Mo–Sa mittags & abends) In diesem Bistro sind die Portionen ordentlich, und trotz fleischlastiger Hauptgerichte wie *tripes à la Neuchâteloise* (Kutteln Neuchâteler Art) und *tête et langue de veau* (Kalbskopf und -zunge), ist auch für Vegetarier bestens gesorgt.

La Maison du Prussien (☎ 032 730 54 54; www.hotel-prussien.ch; Au Gor du Vauseyon, Rue des Tunnels 11; Hauptgerichte ab 30 SFr; ⓥ Mo–Sa mittags & abends) Die in einem prachtvollen Gebäude untergebrachte ehemalige Brauerei ist von Bäumen umgeben. Auch das Plätschern des nahen Baches ist einfach herrlich. Tolle Zimmer gibt's noch obendrauf. Am Place Pury Bus 1 nach Cormondrèche nehmen und in Beauregard aussteigen. Rechts die Treppen hinuntergehen und der Ausschilderung folgen.

Hôtel DuPeyrou (☎ 032 725 11 83; www.dupeyrou.ch, französisch; Ave Du Peyrou 1; Hauptgerichte 30–60 SFr, Menüs 89, 100 & 140 SFr; ⓥ Di–Sa mittags & abends) Das DuPeyrou thront wie ein Mini-Versailles oberhalb der herrlichen Gartenanlagen. Das zwischen 1765 und 1770 erbaute Restaurant verwöhnt Gäste mit hochwertigen Speisen und einem 18.-Jahrhundert-Ambiente. Man sollte im Herbst kommen, um die besonderen Herbstgerichte zu probieren.

Ausgehen

In der Fußgängerzone Rue des Moulins und um die Rue des Chavannes in der Kommune (S. 149) entstehen laufend neue Kneipen. Aus dem **Raf Club** (Rue Fleury 1; ⓥ Mo–Do 10–1, Fr & Sa 10–2, So 16–1 Uhr), einer coolen Kellerbar mit Dartscheibe und heftiger Kneipenatmosphäre, dringt jede Menge Lärm.

Le Bistrot du Concert (☎ 032 724 62 16; Rue de l'Hôtel de Ville 4; Hauptgerichte 20–25 SFr; ⓥ Mo–Do 8–24, Fr & Sa 8–1, So 15–24 Uhr) Eine tolle Allround-Adresse. Die im Industriestil gehaltene Location mit der gut besuchten Terrasse bietet neben angenehmer Atmosphäre eine Zinkbar und eine familienfreundliche Speisekarte, die mit Kreide auf eine Tafel geschrieben ist.

RhuBARbe Café (☎ 032 721 44 20; www.rhubarbecafe.ch, französisch; Rue Fleury 1; ⓥ Mo–Mi 8–11 & 15–20, Do 8–11 & 15–22, Fri &Sa 8–11 & 15–24, Sa 8–11 Uhr) Ansprechendes Café im 2. Stock, in dem es sich auf den Sesseln und Sofas unter Holzbalken prima relaxen lässt. Neben Getränken gibt es leichte Snacks wie französische *croques monsieurs* und mexikanische Nachos.

Chauffage Compris (Rue des Moulins 37; ⓥ Mo–Do 9–13, Fr 9–2, So 15–1 Uhr) Der Name „Heizung inklusive" spricht Bände. Die Retrobar mit dem dekorativ gefliesten Eingang, der für Heizungen und Küchengeräte wirbt, ist eine coole Location, um abzuhängen, sei es beim morgendlichen Kaffee, beim abendlichen Aperitif, beim nächtlichen Drink oder beim entspannten Brunch am Wochenende (10 SFr).

Unterhaltung

Paradox (☎ 032 721 33 77; www.paradoxclub.com, französisch; Rue du Râteau; ⓥ Do–Sa 22.30–4 Uhr, À l'Étage Di–So 17–1 od. 2 Uhr) Das Paradox besteht aus drei trendigen, stahllastigen Räumlichkeiten: À l'Étage (Bar im 1. Stock), Para (Klub mit Eingang in der Rue des Terreaux 7) und Dox (Eingang in der Rue de Chavannes 19).

La Case à Chocs (☎ 032 721 20 56; www.case-a-chocs.ch, französisch; Quai Philippe Godet 20; Eintritt frei–25 SFr; ⓥ Fr–So 21.30 od. 22–2 Uhr) Alternativer Veranstaltungsort mit Livemusik in einer umgebauten Brauerei.

Bar King (☎ 032 724 27 07; www.barking.ch, französisch; Rue du Seyon 38; ⓥ Mo–Do 18–1, Fr 18–2, Sa 19–2 Uhr) Gut besuchte Location für Bandauftritte, Konzerte, experimentelles Theater, Jazz und verschiedene andere Veranstaltungen.

An- & Weiterreise

AUTO & MOTORRAD
Neuchâtel ist über die A5 erreichbar.

SCHIFF
Navigation Lacs de Neuchâtel et Morat (☎ 032 729 96 00; www.navig.ch; Port de la Ville) bietet von Ende April bis Mitte Oktober Schifffahrten nach/ab Estavayer-le-Lac (19.60 SFr, 1¾ Std.), Yverdon-les-Bains (34 SFr, 2½ Std.), Murten

(23 SFr, 1¾ Std.) und Biel (3 SFr 3, 2½ Std.) an. Fahrkarten gibt's an Bord; wer hin und zurück möchte, zahlt zwei einfache Fahrten.

ZUG
Vom **Bahnhof** (Ave de la Gare), der zehn Gehminuten nordöstlich der Altstadt liegt, verkehren stündlich Züge nach/von Genf (38 SFr, 1¼–1½ Std.), Bern via Kerzers (18,20 SFr, 35 Min.), Basel (35 SFr, 1½ Std.), und Biel (11,80 SFr, 20 Min.). Auch weitere Ziele werden angefahren. Nach Yverdon (13,80 SFr, 20 Min.) fahren zwei Züge pro Stunde.

Unterwegs vor Ort
Die beiden Knotenpunkte Place Pury und der **Informations- & Ticketschalter von Transports Public du Littoral Neuchâtelois** (☎ 032 720 06 58; www.tnneuchatel.ch, französisch; Place Pury; Mo–Fr 7–18, Sa 8.30–11.30 Uhr) werden von Regionalbussen angefahren. Wer weniger als 30 Minuten fährt, zahlt 1 SFr; man kann auch Tickets für Kurz-/Langstrecken (1,70/2,50 SFr) kaufen. Bus 6 pendelt zwischen Bahnhof und Place Pury.

RUND UM NEUCHÂTEL
Landeinwärts
Vom **Chaumont** (1160 m) hat man eine herrliche Aussicht auf die drei Seen und die Alpen. Mit Bus 7 ab Neuchâtel bis La Coudre fahren, von dort geht's mit der **Panoramaseilbahn** (☎ 032 720 06 00; einfache Strecke/hin & zurück 3,60/7,20 SFr; ganzjährig 7.15–19 Uhr) in 12 Minuten zum Gipfel.

Weiter nördlich an der N20 liegt **Vue-des-Alpes** (1283 m). Der Pass ist bei Mountainbikern beliebt, die die 7,3 km und 11 km langen Wanderwege abklappern. Der Pass ist aber auch für Autofahrer mit Kindern ein aufregender Zwischenstopp, denn die Kids sind völlig verrückt auf die 700 m lange **Toboggan Géant** (☎ 032 761 08 00; www.toboggans.ch; Erw./Kind unter 8 Jahren/Kind 4 SFr/frei/3 SFr, 3 Fahrten 11/kostenlos/7 SFr; Mo–Fr 13–18, Sa & So 10–18 Uhr), eine riesige Rodelbahn, auf der man den Berg runter rast. Im Winter fahren die Einheimischen Schlitten, machen Schneeschuhwanderungen, wedeln die sanften Hügel hinab (drei Schlepplifte) oder nutzen die 53 km Loipe.

Der Ort, um Saisonprodukte zu genießen: Die **LP Tipp Auberge de Mont Cornu** (☎ 032 968 76 00; Mont Cornu 116; Menüs 48 & 78 SFr, Hauptgerichte 25–35 SFr; März–Nov. Mi–So mittags & abends) ist ein Chalet auf 1152 m Höhe, das von Blumenwiesen und Kuhweiden umgeben ist. Die Unterkunft – der ganze Stolz der Familie Lüthi – wirkt heimelig. Auf der Speisekarte steht nur Einheimisches wie Käse, Pilze, Dörrfleisch und Wild, zudem wird ein *cornet à la crème* (knusprige, selbstgemachte Waffel mit Sahnefüllung) serviert, das süchtig macht. Schweiz pur! Von Vue-des-Alpes fährt man auf der N20 zwei Kilometer nach Norden und biegt dann rechts nach Mont Cornu ab. Der Beschilderung 3 km auf einer teilweise unbefestigten Straße nach Mont Cornu folgen.

Le Corbusier und die Jugendstilarchitektur sind Gründe, warum man auch **La Chaux-de-Fonds** (36 710 Ew.) besuchen sollte, in die größte Stadt des Kantons und die höchstgelegene der Schweiz. Im 18. und 19. Jh. war die triste, gitterförmig angelegte Stadt in Europa als Zentrum der Präzisionsuhrenherstellung bekannt und auch heute werden hier noch Uhren hergestellt. Die ausführliche Geschichte lernt man im **Musée International d'Horlogerie** (Internationales Uhrmachermuseum; ☎ 032 967 68 61; www.mih.ch, französisch; Rue des Musées 29; Erw./Kind unter 12 Jahren/Kind 12–18 Jahre 15/frei/10 SFr; Di–So 10–17 Uhr) kennen, einem gut konzipierten Museum, das sich in einem grünen Park befindet und in dessen unmittelbarer Nachbarschaft auch das Geschichtsmuseum und das Kunstmuseum liegen. Hinter dem Gebäude steht ein stählernes **Glockenspiel**, das jede viertel, halbe und ganze Stunde zu hören ist. Vom Bahnhof gelangt man in fünf Gehminuten zur **Touristeninformation** (☎ 032 889 68 95; Espacité 1, Place Le Corbusier; Mo–Fr 9–12 & 13.30–17.30, Sa 9–12 Uhr) an der Ave Léopold Robert. Dort gibt's nähere Infos.

Züge fahren stündlich von Neuchâtel nach/ab La Chaux-de-Fonds (10,80 SFr, 30 Min.).

Am Seeufer
Schon seit dem 10. Jh. umgeben Weingüter in Familienbesitz die hügelige Nordwestküste des Lac de Neuchâtel.

Im **Laténium** (☎ 032 889 69 17; www.latenium.ch; Erw./Kind unter 7 Jahren/Kind 7–16 Jahre 9 SFr/frei/4 SFr; Di–So 10–17 Uhr) in Hauterive, 3 km nordöstlich von Neuchâtel, können Besucher eine archäologische Zeitreise von der Urgeschichte bis zur Renaissance machen. Mit Bus 1 ab Place Pury zur Haltestelle Musée d'Archéologie fahren.

Das weiter südlich gelegene **Château de Vaumarcus** (☎ 032 836 36 10; www.chateauvaumarcus.ch, französisch; geführte Tour Erw./Kind 12 SFr/frei; Reservierung erforderlich) ist ein Schloss mit hexenhutförmigen Türmen und Weingütern, das in den 1980er-Jahren vor dem Verfall gerettet wurde.

Heute beherbergt es das ausgezeichnete Restaurant **La Cour du Peintre** (Hauptgerichte 25–38 SFr, Menü 62 SFr). Karl der Kühne hat im März 1476 angeblich hier übernachtet und man kann sein Zimmer, das einzige Gästezimmer des Hauses, mieten (DZ 290 SFr). Im Preis für die geführten Schlosstouren ist das Eintrittsgeld für die im Schloss untergebrachte Fondation Marc Jurt, eine Kunststiftung, die Kunst, Skulpturen und Installationen zeigt, bereits enthalten.

Val de Travers

Von **Noiraigue**, einer Senke im Val de Travers 22 km südwestlich von Neuchâtel, führt ein kurzer Spaziergang zum gigantischen Abgrund **Creux du Van** (Felsiges Loch – das Wort *van* ist keltischen Ursprungs und bedeutet Felsen). Die spektakuläre mondsichelförmige Felswand, die durch eine Gletschererosion entstand, unterbricht die grüne, hügelige Landschaft dieser Gegend auf dramatische Art: Plötzlich taucht diese riesige, 1 km lange und 440 m tiefe Schlucht auf.

Wenn man auf der N10 oder mit demselben Zug aus Neuchâtel (10,80 SFr, 35 Min.) weiterfährt, erreicht man **Môtiers** mit seinem schönen Schloss, der **Absinth-Destillerie** (S. 153) und dem **Maison des Mascarons** (☎ 032 861 35 51; Grande Rue 14; Erw./Kind 5/2 SFr; ⌚ Mai–Mitte Okt. Di, Do Sa & So 14.30–17.30 Uhr), dem hiesigen Kunst-, Kunsthandwerks- und Geschichtsmuseum. Unmittelbar südlich von hier führt ein viereinhalbstündiger Rundweg durch die **Gorges de la Poëta Raisse** zu hoch gelegenen grünen Ebenen, Wald und einem 1448 m hohen Berggipfel.

Für einen karmaverbessernden Schlaf in diesem Tal sorgt das umweltfreundliche **L'Aubier** (☎ 032 732 22 11; www.aubier.ch; EZ/DZ/3BZ/4BZ inkl. Frühstück ab 125/160/280/330 SFr), ein kleines Öko-Hotel. Es steht auf einem biodynamischen Bauernhof in Montézillon, einem in 750 m Höhe gelegenen Dorf 8 km südwestlich von Neuchâtel. Das Hotel bietet moderne, lichtdurchflutete Zimmer mit Blick auf die Kuhweiden. Die Milch dieser Kühe wird mit Karottensaft gemischt, um Karottenkäse herzustellen; den Käse kann man neben Kastanienpasta, selbst gebackenem Brot und weiteren Produkten aus biologischem Anbau im gut bestückten Ökoladen des Hotels kaufen.

DER BETONKÖNIG

Nur wenige wissen, dass Le Corbusier (1887–1965, s. S. 41), der oft für einen Franzosen gehalten wird, in La Chaux-de-Fonds in der Rue de la Serre 38 geboren wurde. Charles Edouard Jeanneret (so heißt der wegbereitende Architekt wirklich) verbrachte seine Kindheit in der Uhrmacherstadt, deren gitterförmig angelegten Betongebäude im Sowjet-Stil sicherlich seine junge Psyche beeinflussten.

Nach Arbeitsaufenthalten im Orient und in Berlin kehrte Le Corbusier 1912 nach La Chaux zurück, um dort ein Architekturbüro zu eröffnen und für seine Eltern die Villa Jeanneret zu errichten. Der Architekt, der einige Jahre später ein Freund des Deutschen Walter Gropius und der Bauhaus-Bewegung werden sollte, lebte bis 1917 in dem Haus, dann tauschte er die Schweiz gegen die Lichter von Paris. Zwei Jahre später verkauften seine Eltern das Haus und verließen die Stadt.

Der neoklassische Bau mit der weißen Fassade und dem glänzenden Dach, auch bekannt als **La Maison Blanche** (Das weiße Haus; ☎ 032 910 90 30; www.maisonblanche.ch; Chemin de Pouillerel 12; Erw./Kind unter 12 Jahren/Kind 12–18 Jahre 10/frei/5 SFr; ⌚ Fr & Sa 10–17 Uhr) wird als die erste unabhängige Arbeit Le Corbusiers gefeiert – sie war ein beachtlicher Bruch mit dem regionalen Jugendstil. Wer mit seinen späteren Werken vertraut ist, wird diese Arbeit nicht als einen Le Corbusier erkennen. Das Haus zerfiel langsam in der grünen Gegend auf dem Hügel oberhalb von La Chaux, bis der Schatz der modernen Architektur 2004 renoviert, wieder möbliert (mit einigen Originalmöbeln, z. B. dem grünen Canapé im Wohnzimmer) und der Öffentlichkeit zugänglich gemacht wurde.

Das Haus ist eine von elf Stationen auf einer Corbusier-Route, die man auf eigene Faust erkundet und die zu verschiedenen Villen führt, die der junge Le Corbusier in La Chaux entworfen hat, darunter auch die mediterran angehauchte **Villa Turque** (☎ 032 912 31 31; www.ebel.ch; französisch; Rue du Doubs 167; ⌚ kostenlose geführte Tour 1. & 3. Sa im Monat 11–16 Uhr). Die auf bestimmte Themen ausgerichteten **Jugendstilspaziergänge** (2 Std., Erw./Kind/Student 12/frei/9 SFr; ⌚ Mitte Juni–Mitte Sept. Sa 10.30 Uhr), die vor der Touristeninformation beginnen, haben ebenfalls Bauwerke von Le Corbusier im Programm.

FEENLAND-ABSINTH

In den tiefsten, finstersten Tiefen des Val de Travers – auch **Pays des Fées** (Feenland) genannt – wurde im Jahre 1740 erstmals Absinth gebrannt und 1797 kommerziell vertrieben (es war jedoch ein Franzose namens Pernod, der den bitteren grünen Likör mit seiner Destillerie bekannt machte, die er nur wenige Kilometer von der französisch-schweizerischen Grenze entfernt in Pontarlier eröffnete).

Nachdem die Schweiz 1910 die Herstellung des frevelhaft alkoholischen und gnadenlos bitteren Anisgetränks verboten hatte, zogen sich die Destillateure des sogenannten „Teufels in der Flasche" im Val de Travers in den Untergrund zurück. Im Jahr 1990 brachte der Großenkel eines vor der Prohibition aktiven Destillateurs aus Môtiers den ersten legalen Absinth der Schweiz seit 1910 auf den Markt – wenngleich dieser nur einen Alkoholgehalt von 45 % hatte (statt 50–75 %) und kaum Thujon (die anstößige, verrufene Chemikalie – ein Bestandteil des Wermuts –, die angebliche Wurzel der teuflischen Wirkung des Absinths). Schon bald folgte ein *extrait d'absinthe* (Absinthe-Extrakt) und im Jahre 2005, nachdem die Schweiz das Verbot für Absinth wieder aufgehoben hatte, stellte die **Blackmint, Distillerie Kübler & Wyss** (☎ 032 861 14 69; www.blackmint.ch; Rue du Château 7) in Môtiers die erste echte und authentische Lage der mythischen *fée verte* (grünen Fee) aus Wermut her, der im Tal gewachsen war. Wenn man einen Teil des kristallklaren Likörs mit fünf Teilen Wasser mischt, entsteht die grüne Farbe.

Die grüne Fee (alias Absinth) in der Bar eines alten Dampfzugs, der durch das Val de Travers fährt, zu sich zu nehmen, ist besonders berauschend. In Neuchâtel kann man mit **Vapeur Val de Travers** (VVT; ☎ 032 863 24 07; www.rvt-historique-ch; Rue de la Gare 19, Travers; Tagesausflug inkl. Mittagessen 75 SFr) an Bord des Zuges gehen.

MONTAGNES NEUCHÂTELOISES

Der Westen des Kantons wird von den niedrigen Gebirgszügen des Jura beherrscht, die sich vom gleichnamigen Kanton in nordöstlicher Richtung hierher erstrecken und im Südwesten bis in den Canton de Vaud hineinreichen. Langläufer, Wanderer und Radfahrer lieben die Berge dieser Region, die Montagnes Neuchâteloises.

Le Locle
10 150 Ew. / 950 m

Unglaublich: Das ganze lukrative Schweizer Uhrengeschäft begann in dieser weitläufigen Stadt, als Daniel Jean-Richard (1665–1741) in Heimarbeit mit der Herstellung von Zeitmessern begann. Sein Name steht noch heute für die von Jean Richard (www.danieljeanrichard.ch) in La Chaux-de-Fonds produzierten Luxusuhren. Wer auf der N20 von einer Stadt zu anderen fährt, kommt an Dutzenden Fabriken vorbei, auf denen die Namen berühmter Uhrenhersteller wie Cartier, Tissot, Tag Heuer, Dior, Breitling und andere prangen.

Prächtige Zimmer aus dem 18. Jh., die Uhren aller Art zieren, lassen das ganze **Musée de l'Horlogerie du Locle** (Uhrmachermuseum; ☎ 032 931 16 80; www.mhl-monts.ch; französisch; Rte des Monts 65; Erw./Kind unter 10 Jahren/Kind 10–18 Jahre 8/frei/4 SFr; Mai–Okt. Di–So 10–17 Uhr, Nov.-April Di–So 14–17 Uhr) ticken. Das Herrenhaus Château des Monts, das 3 km vor der Stadt auf einem Hügel thront, wurde im 18. Jh. für einen Uhrmacher gebaut. Bus 1 fährt vom Bahnhof zur Haltestelle Monts, die 150 m vom Museum entfernt ist.

Die elegante *maison d'hôtes* **Maison Du Bois** (☎ 079 342 25 37; www.maisondubois.ch; Grande Rue 22; EZ/DZ inkl. Frühstück 100/140 SFr; Rezeption Mo, Di, Do & Fr 8.30–13.30 & 15.30–18, Mi 8–13.30, Sa 8–12 Uhr), die im Stadtzentrum gegenüber der Kirche liegt, ist eine „zeit-gemäße" Unterkunft. Denn das Haus des alten Uhrmachers, das aus dem Jahre 1785 stammt, ist nicht nur von außerordentlichem historischen Wert, auch die Innenräume haben Seele. Man erkennt das z. B. an den alten Sirupsorten, die auf dem Regal des altmodischen Frühstücksraums in verschiedenen Farben leuchten, und an den herrlichen Brunches, die am Wochenende (Sa & So) für Gäste und Nichtgäste (Reservierung erforderlich) zubereitet werden. Kostenloses WLAN.

Etwa 2 km westlich ist eine Reihe von Mühlen zu erkennen, die aus dem Felsen herausgemeißelt wurden, um das unterirdische Wasser zu nutzen, das in den Fluss Doubs fließt. Der Besuch der **Moulins Souterrains du Col-des-Roches** (☎ 032 931 89 89; www.lesmoulins.ch, französisch; Eintritt im Rahmen einer geführten Tour Erw./Kind/Fam. 12,50/7/28 SFr; Mai–Okt. 10–17 Uhr, Nov.–April Di–So

14–17 Uhr) aus dem 17. Jh., die 2 km westlich von Le Locle liegen, ist garantiert ein ungewöhnliches Erlebnis.

Le Locle ist 8 Gleiskilometer (3,50 SFr, 6 Min., min. stündl.) von La Chaux-de-Fonds entfernt.

Les Brenets & Saut du Doubs

Der Doubs, der in Frankreich entspringt, wird in Höhe des friedlichen Dorfes **Les Brenets**, das 6 km von Le Locle entfernt ist, breiter. Ab hier bildet er für die nächsten 45 km seines kurvenreichen Laufs nach Nordwesten die Grenze zwischen den beiden Ländern, bevor er einen Bogen in die Schweiz hinein macht und dann in französisches Gebiet zurückkehrt.

Ein einstündiger Spaziergang am **Lac des Brenets** (Lac de Chaillexon auf französischer Seite) entlang führt einen mit dem Fluss zum **Saut du Doubs**, einem herrlichen tosenden Wasserfall, bei dem der Fluss 27 m tief in ein Naturbecken abfällt. Wer nicht gerne läuft, kann bei **Navigation sur le Lac des Brenets** (NLB; ☎ 032 932 14 14; www.nlb.ch) eine der regelmäßig stattfindenden Bootsfahrten buchen. Das Boot fährt von Juli bis September bis zu elfmal täglich (Erw. einfache Strecke/hin & zurück 8/13 SFr) von Les Brenets zum Wasserfall. Im April, Mai und Oktober fährt es nur dreimal täglich.

Zwischen Le Locle und Les Brenets verkehren die Züge häufig (3,50 SFr, 7 Min.).

CANTON DE JURA (KANTON JURA)

Der kleeblattförmige Canton de Jura (Kanton Jura; 840 km², 69 290 Ew.) ist ein ländliches, geheimnisvolles Randgebiet, in das sich nur Wenige verirren. Seine größten Städte sind nicht mehr als bezaubernde Dörfer, und seine kleinen Berge sind abwechselnd mit tiefen Wäldern und unglaublich grünen Lichtungen bedeckt. Die Gebirgskette des Jura selbst erstreckt sich nach Süden durch die Kantone Neuchâtel und Vaud bis zum Haut-Jura im benachbarten Frankreich, aber hier in diesem Kanton ist sein Herz.

Herumzukommen ist ohne Räder – ob zwei oder vier – bzw. ohne Wanderstiefel unmöglich. Wer mit der hübschen roten Bergbahn zwischen den größeren Städten unterwegs ist, sollte nach der 13-teiligen Reihe der Wander- und Radtourprospekte Ausschau halten, die von der regionalen Zuggesellschaft **Chemins de Fer du Jura** (www.cj-transports.ch) herausgegeben wird. Fahrpreise und -pläne gibt's online.

FRANCHES MONTAGNES

Erst im 14. Jh. begannen sich allmählich Siedler in diesen ungezähmten „freien Bergen" niederzulassen. Das dicht bewaldete Bergland ist das Nordende des Juragebirges. Das etwa 1000 m hohe hügelige Gebiet ist mit Dörfern gesprenkelt und eignet sich gut zum Wandern, Mountainbiken und zum Skilanglauf. Der Doubs berührt seine nördliche Spitze.

Saignelégier (2140 Ew., 1000 m), der wichtigste Ort im Kanton Jura an der Eisenbahnstrecke zwischen La Chaux-de-Fonds (13,80 SFr, 35 Min., fast stündl.) und Basel (27 SFr, 1½ Std. mit Zugwechsel in Glovelier), ist nicht sonderlich interessant, außer wenn man im August zur Pferdeschau kommt oder besonders scharf auf eine Trekkingtour mit dem *trottinette* ist (halber/ganzer Tag inkl. Ausrüstung 37/42 SFr): Man kann den klobigen Miniscooter samt Helm am Bahnhof ausleihen und dann einen der drei 14,4 bis 20 km langen ausgewiesenen Wege nehmen.

Die Touristeninformation **Jura Tourisme** (☎ 032 420 47 70; www.juratourisme.ch; Rue de la Gruère 1; ☼ Mo-Fr 9–12 & 14–18, Sa 10–16 Uhr), deckt den ganzen Kanton Jura ab und hat jede Menge Infos zu Unterkünften auf dem Bauernhof.

Skilangläufer können das kleine 5 km nordöstlich gelegene **Montfaucon** oder um das 7 km südlich gelegene **Les Breuleux** herum laufen. Das 6 km im Südwesten gelegene **Le Noirmont** lockt im Sommer mit einem **Tipi-Dorf** (☎ 079 449 12 32; www.tipivillage.ch; Le Creux des Biches; 2/3/4–6 Personen inkl. Feuerholz 50/70/100 SFr; ☼ Mai–Sept.), in dem man unter freiem Himmel übernachten kann. Außerdem kocht dort **Georges Wenger** (☎ 032 957 66 33; www.georges-wenger.ch; Rue de la Gare 2; DZ ab 320 SFr, Hauptgerichte 75 SFr, Probemenüs 165–245 SFr; P 🖳), einer der besten Köche der Schweiz, in seinem Restaurant mit demselben Namen. Es befindet sich gleich gegenüber vom kleinen Bahnhof. Wenger zaubert unglaubliche, mit Michelin-Sternen ausgezeichnete kulinarische Kreationen. Im Sommer kann man im 8 km westlich von Saignelégier gelegenen **Goumois** an der französisch-schweizerischen Grenze Kanu fahren und raften.

Wer die 119 Stufen des **Tour de Moron** (www.tourdemoron.ch) in **Malleray** erklimmt, eines vom zeitgenössischen Schweizer Architekten Mario Botta (S. 41) entworfenen Betonturms, wird mit einem schönen Panoramablick aus 30 m Höhe auf den Jura belohnt. Von den umliegenden Dörfern führen Dutzende von Fußwegen hierher. Wenn man am Parkplatz am Nordrand von Malleray, einige Kilometer östlich von Bellelay, losläuft, ist man nach 25 Minuten beim Turm.

Einen anderen Blick auf den Jura, den Bieler See und die Alpen hat man, wenn man Richtung **St.-Imier** 18 km südlich von Saignelégier fährt und dort der Nebenstraße Richtung Villiers folgt. Die erste Abzweigung nach links (Osten) führt auf einer kurvenreichen Straße (im Winter schneebedeckt) nach **Le Chasseral** (1607 m). Hier starten Drachenflieger.

NORDJURA

Drei Städte reihen sich im Nordjura aneinander; wer sich in der einen befindet, kommt jeweils bequem in die beiden anderen. Alle liegen nahe an der französischen Grenze.

Delémont
11 320 Ew. / 413 m

Die Hauptstadt des Canton de Jura, die am Fluss Scheulte (Scheltenbach) liegt, ist unspektakulär. Ihre Altstadt mit den schiefen Häusern, die mit unglaublich hohen Ziegeldächern bedeckt sind und auf die **Église St.-Marcel** aus dem 18. Jh. und das **château** (1716–1721) blicken, umgibt der Hauch vergangener Zeiten. Das **Musée Jurassien d'Art et d'Histoire** (☎ 032 422 80 77; www.mjah.ch, französisch; Rue du 23 Juin 52; Erw./Kind 6 SFr/frei; Di–So 14–17 Uhr) zeigt einen Mischmasch aus Gemälden, religiöser Kunst und Ähnlichem.

Wer motorisiert ist, kann der Beschilderung 3 km nördlich der Stadt zu den Ruinen der **Chapelle de Vorbourg** folgen, einem toll gelegenen Wallfahrtsort. Liebhaber von zeitgenössischer Kunst und Installationen werden an **La Balade de Séprais** (www.balade-seprais.ch) ihre Freude haben, einem Skulpturenpark, der 12 km weiter nordwestlich liegt und in dem man umherstreifen kann. Die Wege haben Längen von 30 Minuten bis drei Stunden.

St. Ursanne
870 Ew. / 430 m

Nach einer schönen, dreißigminütigen Fahrt von Delémont in westlicher Richtung durch herrliche Landschaft gelangt man zum mittelalterlichen Dorf St. Ursanne am Fluss, dem bezauberndsten Ort des Jura. Schon im 7. Jh. war das Gelände der prachtvollen gotischen **Église Collégiale** mit ihrem wundervollen romanischen Portal auf der Südseite und der faszinierenden Krypta ein Ort religiöser Verehrung.

Wenn man von der Kirche zum Fluss Doubs geht, kommt man an alten Häusern, den Stadttoren aus dem 16. Jh., einer schönen Steinbrücke und an jeder Menge Lokale auf dem kleinen zentralen Platz, der Place Roger Schaffter, vorbei. Die knusprigen *tartes flambées* (17,50 SFr), die über offenem Feuer gebacken werden und ein süchtig machender Apfelkuchen sind die Spezialitäten des **Hôtel-Restaurants de la Demi Lune** (☎ 032 461 35 31; Place Roger Schaffter; EZ/DZ ab 95/100 SFr). Das Hotel hat zehn Zimmer und eine herrliche Terrasse.

Die **Touristeninformation** (☎ 032 420 47 73; Place Roger Schaffter; Mo–Fr 10–12 & 14–17, Sa & So 10–16 Uhr) hat jede Menge Infos zum Kajak- und Kanufahren auf dem Fluss und zu den Wanderwegen.

MÖNCHSKÖPFE

Seit Jahrhunderten produzieren die Dörfer rund um **Abbaye de Bellelay** (www.domaine-bellelay.ch, französisch), das 8 km nördlich von Tavannes zwischen Moutier und St.-Imier liegt, einen herzhaften, nussigen Käse, der bis zur Französischen Revolution als *fromage de Bellelay* oder Mönchskäse bekannt war. 1792 marschierten Revolutionstruppen ein und zwangen die Mönche, die Abtei zu verlassen und den zylinderförmigen Käse, den sie in ihren Kellern lagerten, zurückzulassen. Die Geschichte besagt, dass die Soldaten den Käse sofort Tête de Moine (Mönchskopf) nannten, vielleicht wegen der merkwürdigen Art und Weise, in der er traditionell geschnitten wird. Man hobelt ihn von oben mit kreisförmigen Bewegungen ab, sodass eine hübsche Rosette entsteht. Seit den 1980er-Jahren benutzt man dafür ein praktisches Gerät, eine sogenannte *girolle*.

Der Tête de Moine wird nicht mehr in der Abtei hergestellt (die ist jetzt eine psychiatrische Klinik). Heute wird der durch das AOC-Siegel geschützte Käse im ganzen Jura produziert, z. B. in der **Fromagerie de Tête de Moine** (☎ 032 952 42 40; visites.saigne@emmi.ch; Chemin du Finage 19; geführte Touren März–Okt. 15–17 Uhr) von Saignelégier.

LEBEN AUF EINEM BAUERNHOF IM JURA

Inmitten einer Ziegenherde zu schlafen, ist gar nicht so schlimm, wie es sich anhört. Eigentlich war die Nacht, die wir zwischen Heu- und pieksenden, würfelzuckermäßig aufgestapelten Strohballen verbrachten, verblüffend romantisch. Es war allerdings so frisch, dass man eigentlich nicht mal den kleinen Finger aus dem Schlafsack strecken wollte und das morgendliche Ankleiden sich wie ein Wettkampf gegen das Erfrieren anfühlte. Aber wir waren ja auch Ende Oktober hier, zu einer Zeit, in der die fernen Gebirge des Jura hinter Nebelschleiern verschwinden. Nach 10 Uhr kommt der blaue Herbsthimmel dann aber plötzlich kristallklar durch.

Elizabeth betreibt die Ferme Montavon (S. 157) – einen Bauernhof, in dem vier Generationen, 150 Rinder und eine Menagerie von anderen Tieren leben – nur mit ihrem Ehemann, ihrem Sohn und einer angeheuerten Kraft. Sie ist eine stille, bescheidene, aber entschlossene Frau, die sich außer um das Land, die Tiere und das 1812 gebaute Bauernhaus noch um fünf Kinder und den 86-jährigen Schwiegervater kümmert.

„Mein Schwiegervater hat den Hof 1952 gekauft. Es ist schwer. Bis 1964 hatte er kein Auto, nur Pferde. Wir arbeiten jeden Tag, doch kürzlich haben wir beschlossen, dass einer von uns alle 15 Tage einen Tag frei hat", erzählt Elizabeth, als sie uns mit zwei Flaschen selbstgemachtem Apfelsaft begrüßt. Einer der Säfte kommt gerade frisch aus der Presse und ist trüb, während der andere „gekocht" und klar ist. Wir sitzen mit einer Schweizer Familie aus Zürich am Tisch, die in der Abenddämmerung mit Pferd und Kutsche heraufkam. Es ist ihr zweites *aventure sur la paille* (S. 392) und das zwischen den Heuballen in einer Ecke des riesigen Heuschobers versteckte Klo, das wir uns teilen, ist für sie der reinste Luxus.

Der Bauernhof besitzt zwei Esel, Dutzende von Enten, Hühner und Küken, zwei große Hunde namens Asta und Baloue und unzählige Katzen. In erster Linie züchten sie Rinder wegen des Fleischs – abends essen wir *entrecôte de veau* (Kalbssteak), und das ist unglaublich zart und perfekt gebraten.

„Ich mache lieber einen Braten, doch dieses Kalb kam gerade heute vom Schlachter und ist wirklich frisch", erzählt Elizabeth und erklärt, dass Kälber in der Schweiz geschlachtet werden, wenn sie noch ganz jung sind – acht bis zehn Monate –, und man ihr Fleisch dann mehrere Wochen lang in einem kühlen Raum abhängen lässt. Im Erdgeschoss der Scheune, in der wir

Vom Bahnhof in St. Ursanne, der 1 km östlich vom Zentrum liegt, fahren Züge nach Delémont (6,80 SFr, 20 Min.) und Porrentruy (4,80 SFr, 12 Min.).

Porrentruy
6750 Ew. / 425 m

Vom Col de la Croix führt die Straße durch dichten Wald und eine Ebene zur letzten wichtigen Stadt des Jura, dem schönen Porrentruy, bevor sie Frankreich erreicht. Schöne alte Gebäude, in denen jetzt Geschäfte untergebracht sind, säumen die Hauptstraße, die Grand Rue. Im Hintergrund steht das wuchtige **Château de Porrentruy**, in dem sich heute das Kantonsgericht und verschiedene Regierungsbüros befinden. Wer den 44 m hohen **Tour Réfous** (1270; Eintritt frei; 8.45–11.45 & 13.15–18 Uhr) erklimmt, wird mit einem schönen Blick über die Dächer der Stadt belohnt. Der Turm ist der älteste Teil eines Komplexes aus dem 13. bis 18. Jh. An dem massiven Sockel des Gebäudes sind die Mauern 4,5 m dick.

Im **Musée de l'Hôtel Dieu** (032 466 72 72; www.museehoteldieu.ch, französisch; Grand Rue 5; Erw./Kind 5 SFr/frei; Ostern–Mitte Nov. Di–So 14–17 Uhr), dem ehemaligen Krankenhaus von Porrentuy, ist alles Mögliche ausgestellt, von Büchern und Uhren bis hin zu pharmazeutischen Objekten. Den herrlichen Barockbau mit seinem gepflasterten Innenhof, in dem die **Touristeninformation** (032 466 59 59; www.porrentruy.ch, französisch; Grand Rue 5; Mo–Fr 9–12 & 14–17.30, Sa 9–12 Uhr) untergebracht ist, zu besichtigen, lohnt sich.

Der beste Ort der Stadt, um zu schlafen, zu essen, auszugehen und zu entspannen ist gleich nebenan: **Chez Steph** (032 466 88 30; www.chezsteph.ch; Grand Rue 1; DZ ab 90 SFr; Mi 17–23, Do–Sa 10 od. 11–14 & 17–23 od. 24, So 11–15 Uhr) ist eine moderne Lounge-Bar, in der es spanische Tapas und am Wochenende einen sehr üppigen Brunch gibt (18–25 SFr).

Richtung Frankreich

Von Porrentruy führt eine Straße in Richtung Westen ins 16 km entfernte Frankreich. Auf schlafen, hängen Bilder von Kälbern mit Rehaugen und langen Wimpern, wie sie bei ihrer Mutter trinken. Deshalb macht uns jeder Biss zu schaffen.

Ironischerweise isst die Frau des Bauern kein Fleisch, daher hat sie die Ziegenherde mit auf den Hof gebracht. Die Ziegen werden zweimal täglich gemolken (das war also das Gebimmel heute morgen zu unchristlicher Zeit!) und geben bei jedem Melken etwa 2 l Milch. Aus dieser wird der weiße, frisch von Elizabeth hergestellte *chèvre* (Ziegenkäse) gemacht, den wir zusammen mit dem frisch gebackenen und mit Kirsch- und Johannisbeermarmelade beschmierten Broten genießen. Die gelbe Butter, die fast ein wenig nach Käse schmeckt und in deren Oberfläche eine niedliche Blume geritzt ist, wird aus der köstlichen, cremigen Milch von Elizabeths einziger Jersey-Kuh hergestellt.

Später besichtigen wir den Hof und bewundern das alte steinerne Bauernhaus mit Blick auf die Berge – im Sommer stehen hier jede Menge Blumenkästen mit Geranien (die Stecklinge für nächstes Jahr standen haben uns beim Abendessen Gesellschaft geleistet). Wir blicken auf den angrenzenden Wald und halten nach der Grenzmarkierung Ausschau, einem Felsen aus dem Jahr 1817, auf dem ein Schweizer Eber und eine französisches Maiglöckchen eingraviert sind. Wir laufen an einem moosbewachsenen Stuhl und an einer Blumentopfdame mit zwei Strohzöpfen und einem Filzstift-Lächeln vorbei zum Gemüsebeet, das mit Kopfsalaten, Kohl, Petersilie, Zwiebeln und allerlei anderen Gemüsearten bepflanzt ist. Da die Kühe für den kommenden Winter in ihren Ställen sind und sich an Heu und vergorenem Silofutter gütlich tun, schlendern wir zum Schweinestall.

„Die meisten Landwirte dieser Region schlachten ihre Schweine an St. Martin", erklärt Elizabeth und meint die Fête de la Saint Martin, ein jahrhundertealtes Fest, das auf den zweiten Sonntag nach Allerheiligen im November fällt und mit dem das Ende des ländlichen Arbeitsjahres gefeiert wird, „aber wir warten noch, bis wir unseres in den Schmortopf legen", sagt sie und lächelt, als ein Kind nach dem anderen hoch gehoben wird, um die drei rosa Schweine mit ihren Ringelschwänzen zu bewundern. Das Fest ist *das* gastronomische Ereignis des Jura und ein toller Vorwand, um alle möglichen Wurstarten, Braten und Fleischpasteten zu verdrücken. Schade, dass wir einen Monat zu früh hierher gekommen sind!

einem Pferd kann man durch die herrlich grüne, mit grasenden Kühen gesprenkelte Landschaft um **Courtedoux** galoppieren, eines der wenigen Dörfer in dieser landschaftlich reizvollen Ecke. David und Veronique Protti von **Tourisme Équestre** (☎ 032 466 74 52; www.tourisme equestre.net; La Combatte 79a; ⌚ Ostern–Okt.) organisieren nicht nur geführte Wanderritte (Std./halber/ganzer Tag 30/80/100 SFr), sondern verleihen auch Pferdekutschen, die mit Grill, Picknicktisch, Tellern und allem anderen Notwendigen ausgerüstet sind, sodass man den Jura mit Pferd und Wagen erkunden kann – und zwar im Durchschnitt mit umweltfreundlichen 5 km/h.

Die zwei- bis sechstägigen Touren beinhalten die Übernachtungen auf Stroh in den Scheunen von Bauernhöfen wie der **Ferme Montavon** (☎ 032 476 67 23; www.fermemontavon.ch; Réclère; Übernachten auf Stroh inkl. Frühstück & Dusche Erw./Kind unter 12 Jahren/Kind 12–16 Jahre 24/8/14 SFr, DZ inkl. Frühstück 80 SFr; ⌚ Ostern–Okt.), die sich an der französisch-schweizerischen Grenze in Réclère befindet. Sie bietet ein Zimmer im Bauernhaus und ein Bett aus Stroh im Dachstuhl des riesigen Heuschobers an, in dem im Winter auch die Ziegen und Kühe untergebracht sind. Man muss unbedingt im Voraus reservieren, auch wenn man nur ein herzhaftes Abendessen (20–30 SFr) aus lokalen Produkten möchte.

1,5 km vom Bauernhof entfernt liegt der **Préhisto Parc** (☎ 032 476 61 55; www.prehisto.ch; Französisch; Erw./Kind unter 5 Jahren/Kind 5–15 Jahre 8/frei/6 SFr; ⌚ Ostern–Juni & Sept.–Mitte Nov. 10–12 & 13–17.30 Uhr, Juli & Aug. 9.30–18 Uhr), ein gut konzipierter Dinosaurierpark mit einem 2 km langen Weg, der durch einen Wald vorbei an 45 verschiedenen prähistorischen Kreaturen führt, die zwischen den Bäumen hervorlinsen. Unter dem Park befinden sich die **Grottes de Réclère** (selbe Telefonnummer & Öffnungszeiten; Eintritt im Rahmen einer 50-minütigen geführten Tour Erw./Kind unter 5 Jahren/Kind 5–15 Jahre 9/frei/6 SFr), Höhlen mit Stalagmiten, die 1886 entdeckt wurden. Das Kombiticket für den Dinopark und die Höhlen kostet für Erwachsene 14 SFr und für Kinder 10 SFr.

Wallis (Valais)

So cremig wie die Matterhorn-Dreiecke aus Schokolade, so lässig wie die Skipisten in Verbier, so berauschend wie die Weine aus Salgesch – das Wallis (Valais) ist eine aufreizende Naturschönheit. In dieser abgelegenen Ecke der Südschweiz waren die Bauern vor einem Jahrhundert noch unglaublich arm – heute schlürfen hier die Reichen, Schönen und Erfolgreichen 10000 SFr teure Champagner-Cocktails im Coco Club.

Der launische Kanton kann bodenständig sein wie die Stiefel eines Winzers im September, aber auch blitzsauber wie das Ambiente in Zermatts Lounge-Bars, so heruntergekommen wie ein verwitterter Schuppen und so weich wie die Samtkleider in Verbier. Obwohl sie sich über Kantonsstolz, Wein und fantastischen *fromage* (Käse) einig sind, zeigen die deutsch- und französischsprachigen Städte ganz eigene Besonderheiten. Im Westen versteckt Martigny Henry-Moore-Skulpturen und schlabberige Bernhardiner, während Richtung Osten die Rhone zu Schlössern in den Weinbergen rund um Sion und zur barocken Pracht von Brig führen.

Herrlich exzentrisch und durch und durch ursprünglich – das Wallis ist einmalig. Schon lange amüsieren sich die Einheimischen bei bizarren Feierlichkeiten: freundschaftliche Kuhkämpfe und Mist-Weitwurf-Festivals, haarige Tschäggätta, die während der Fasnacht durch das einsame Lötschental streifen, und im Sommer grasen schwarznasige Schafe mit Dreadlocks auf den Weiden. Abgesehen von diesen Eigentümlichkeiten raubt einem die Landschaft des Wallis' den Atem: Hier begeistern das unergründliche Matterhorn (4478 m), das sich den Gesetzen der Trigonometrie, der Fotografie und zahllosen Karabinern widersetzt, die weiten Weinberg-Teppiche des Rhonetals und die polierten Zähne der Dents du Midi und der 23 km lange glänzende Aletschgletscher. Das Wallis erzählt von wechselnden Jahreszeiten, von Berühmtheiten und von einer Natur, die so grandios ist, dass sie niemals aus der Mode kommt.

HIGHLIGHTS

- Im Schatten der perfekten Schweizer Pyramide, dem **Matterhorn** (S. 178), wandern, klettern oder auf Skiern ins Tal brettern
- Im **Musée et Chiens du Saint-Bernard** (S. 163) in Martigny die schlabbernden Bernhardiner lieben lernen
- In **Salgesch** (S. 173) Pinot Noir direkt an der Quelle genießen und durch sonnengetränkte Weinberge schlendern
- Angesichts der 4000 m hohen Gipfel, die über dem scheinbar endlosen **Aletschgletscher** (S. 185) emporragen, dahinschmelzen
- Vor den felsigen Kulissen in den Thermalbecken in **Leukerbad** (S. 176) treiben

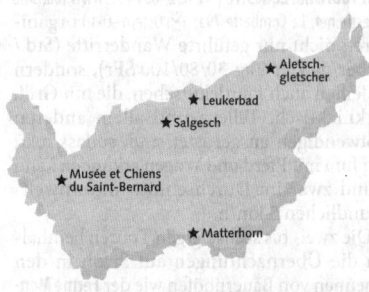

| BEVÖLKERUNG: 298 500 | FLÄCHE: 5224,5 KM² | SPRACHEN: FRANZÖSISCH & DEUTSCH |

WALLIS (VALAIS) 159

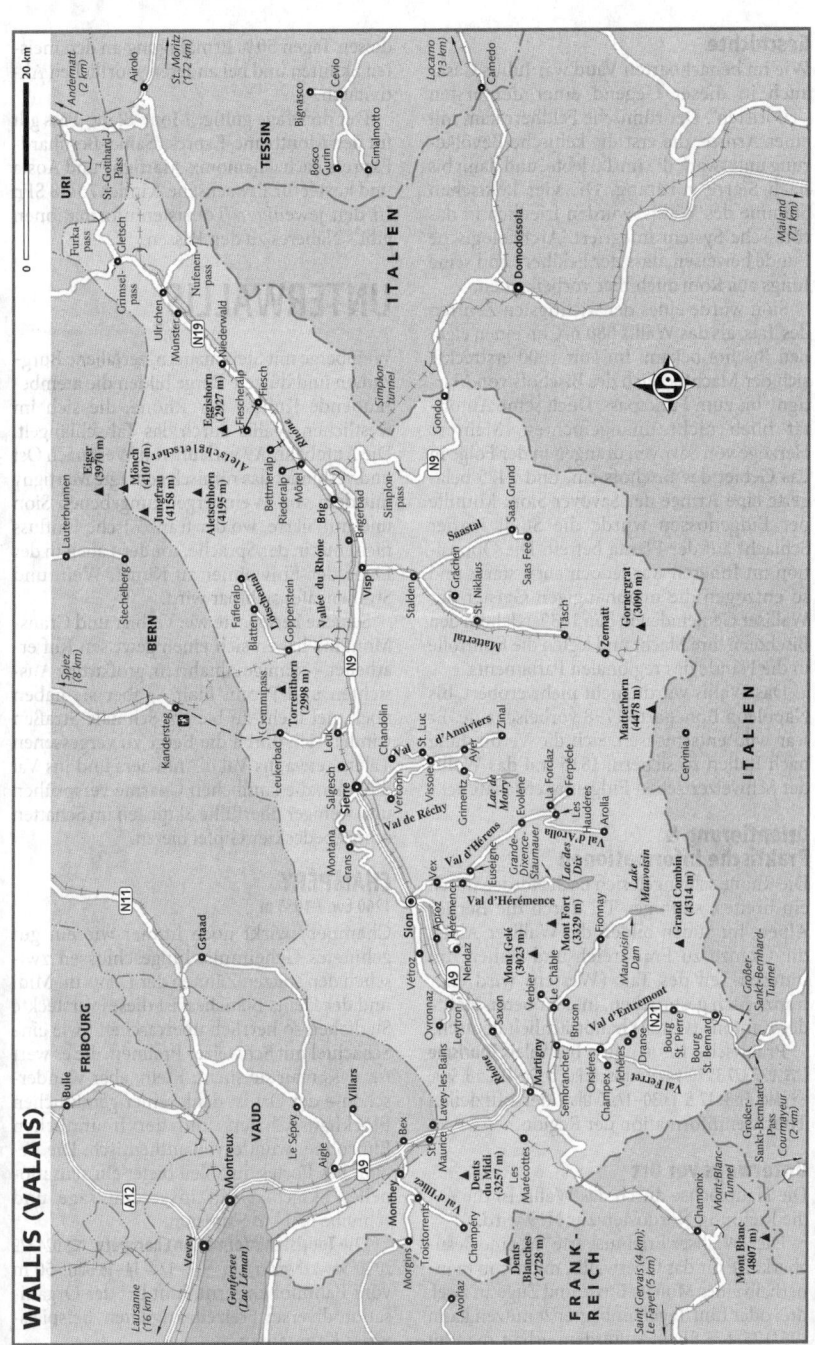

Geschichte

Wie im benachbarten Vaud war Julius Cäsar auch in dieser Gegend einer der ersten „Touristen". Der römische Feldherr kam mit einer Armee, die erst die keltische Bevölkerung unterwarf, die im Tal lebte, und dann bis nach Sierre vordrang. Die vier keltischen Stämme des Wallis' wurden friedlich in das römische System integriert. Archäologische Funde beweisen, dass der Feldherr und seine Jungs aus Rom auch hier vorbeikamen.

Sion wurde eines der wichtigsten Zentren des Tals, als das Wallis 580 n. Chr. einen eigenen Bischof bekam. Im Jahr 1000 erstreckte sich der Machtbereich des Bischofs von Martigny bis zum Furkapass. Doch seine Autorität blieb nicht unangefochten. Mehrere Herzöge von Savoyen drangen in der Folge in das Gebiet des Bischofs ein, und 1475 belagerte eine Armee der Savoyer Sion. Mithilfe der Eidgenossen wurde die Stadt in der Schlacht auf der Planta befreit. Die Opposition im Inneren war jedoch auch stark, und so entzogen die unabhängigen Geister der Walliser Gemeinden in den 1630er-Jahren den Bischöfen ihre Macht und legten die Kontrolle in die Hände des regionalen Parlaments.

Das Wallis wurde nicht mehr erobert, bis Napoleon Bonaparte 1798 vorbeischaute. Er war wild entschlossen, sich die Verbindung nach Italien zu sichern. 1815 trat das Wallis der Schweizerischen Eidgenossenschaft bei.

Orientierung & Praktische Informationen

Die Rhone schlängelt sich nach Norden durch ein breites, sonniges Tal durch die Berner Alpen, im Süden bilden die Walliser Alpen die Grenze zu Frankreich und Italien. Im unteren Teil des Tals (Westen) wird eher französisch gesprochen, in der oberen Hälfte des Kantons (Osten) hauptsächlich deutsch.

Praktische Infos gibt's bei **Valais Tourisme** (☎ 027 327 35 70; www.valais.ch; Rue de Pré-Fleuri 6, Sion; Mo–Fr 8–12 & 13.30–17.30 Uhr), der offiziellen Touristeninformation der Region.

Unterwegs vor Ort

Die Hauptachse durch das Wallis ist die A9, die Richtung Nordosten zur N19 wird.

Die „Walliser Erlebniskarte" ist eine Besucherkarte für das Oberwallis, mit der man innerhalb eines Monats Busse und Züge an zwei, drei oder fünf Tagen unbegrenzt nutzen kann (95/125/175 SFr). Außerdem erhält man an diesen Tagen 50 % Ermäßigung an den meisten Skiliften und bei anderen sportlichen Aktivitäten.

Der drei Tage gültige Mont-Blanc-Pass gilt für den Montblanc-Express/Sankt-Bernhard-Express nach Chamonix, Martigny und Aosta und kostet für Erwachsene/Kinder 75/38 SFr. In den jeweiligen Touristeninformationen gibt's Näheres zu den Pässen.

UNTERWALLIS

Weinberge mit Steinmauern, zerfallene Burgruinen und düstere Berge bilden die atemberaubende Kulisse der Rhone, die sich im westlichen Wallis durch das Tal schlängelt. Die Autobahn A9 verläuft von West nach Ost und verbindet das römisch geprägte Martigny mit dem von Weinbergen umgebenen Sion und mit Sierre, wo der französische Einfluss nicht nur in der Sprache, sondern auch in der Liebe der Einwohner zu Kunst, Wein und Straßencafés sichtbar wird.

Schicke Ferienorte wie Verbier und Crans-Montana haben sich einen gewissen Ruf erarbeitet – sonnige Abfahrten, großartige Aussichten und Promi-Flair –, aber sie haben noch viel mehr zu bieten. Schmale Straßen winden sich durch die Berge zu vergessenen Tälern, etwa ins Val d'Anniviers und ins Val d'Arolla, die ländlichen Charme versprühen und weniger überfüllte Skipisten im Schatten schneebedeckter Gipfel bieten.

CHAMPÉRY
1260 Ew. / 1055 m

Champéry wirkt noch immer wie ein gut gehütetes Geheimnis. Eingeschlossen zwischen den spitzen Zähnen der Dents du Midi und der Dents Blanches, ist dieses versteckte Städtchen so herrlich überraschend wie eine Schachtel mit Schweizer Pralinen, die es wert ist, dass man sie sucht. Klein, aber wunderschön – der Ort ist dank seiner gemütlichen Blockhaus-Chalets und der freundlichen Einwohner wundervoll authentisch. Die Region Les Portes du Soleil bietet ein sensationelles Skigebiet mit insgesamt sage und schreibe 650 km Skipisten.

Die **Touristeninformation Champéry** (☎ 024 479 20 20; www.champery.ch; 8–12 & 14–18 Uhr), 50 m vom Bahnhof entfernt, hilft bei der Organisation diverser Freizeitaktivitäten, beispielsweise Kanufahren.

DIE WAND

Für Geschwindigkeitsfanatiker bedeutet Skifahren in Champéry nur eins: die Schweizer Wand in Chavanette, eine Buckelpiste, auf der man in einem Höllentempo ins Tal rauscht, während einem das Herz stehen bleibt – sie ist als eine der schwierigsten Abfahrten der Welt bekannt. Erfahrene Skifahrer mit viel Selbstvertrauen sollten sich vorab über die Bedingungen informieren, da Eis die Piste oft besonders tückisch macht. Ansonsten ist Chavanette wirklich das Nonplusultra, eine verrückte Abfahrt über Buckel, die so groß sind wie Kleinwagen, und Gefällen von bis zu 50 Grad. Sie ist schnell, steil und es gibt kein Zurüüüüüück …

Aktivitäten

Champéry liegt im Herzen des Slalom-Wunderlandes **Les Portes du Soleil** (Tore zur Sonne; www.portesdusoleil.com), das sich entlang der Grenze zwischen Frankreich und der Schweiz erstreckt – ein alpines Himmelreich für Fortgeschrittene, Tourenskifahrer und Snowboarder. Langläufern stehen insgesamt 243 km Loipen zur Verfügung. Morzine und Avoriaz in Frankreich sind nur eine Liftfahrt entfernt. Tagesskipässe für das gesamte Gebiet kosten 55/46/44/37 SFr für Erwachsene/Studenten und alle unter 26 Jahren/Senioren/Kinder.

Nur einen kurzen Spaziergang von der Bergstation der Planachaux-Gondel entfernt, bietet **Croix de Culet** (1963 m) einen Blick aus der Vogelperspektive auf die gezackten Gipfel des Kalksteingebirges.

Im Sommer ist die mehrtägige, 40 km lange Wanderung um die Dents du Midi ein unvergessliches Erlebnis. Einfacher, aber ebenso malerisch, ist die gemütliche Strecke entlang der Galerie Défago, die in die unwahrscheinlich glatte Felswand gehauen ist. An der Touristeninformation gibt's Näheres zu Wanderungen, Radtouren und Klettertouren.

Schlafen & Essen

Hôtel des Alpes (☎ 024 479 12 22; www.hotel-desalpes.ch; Rue du Village 9; EZ/DZ 135/230 SFr; P) Die Zimmer in diesem familiengeführten Chalet bieten wahlweise ein traditionelles oder modernes Ambiente, alle haben WLAN und sonnige Balkone. Man wird sich bald für diesen Ort erwärmen, eingewickelt in ein Schaffell vor dem offenen Kamin oder während man ein herrliches Croissant zum Frühstück genießt.

Hôtel Beau-Séjour (☎ 024 479 58 58; www.bo-sejour.com; Rue du Village 114; EZ/DZ 145/250 SFr) Robert und Hélène führen dieses putzige Häuschen, das nur einen Freudensprung von den Skiliften entfernt ist. Mit den kuscheligen Decken und den bemalten Möbeln sind die Kiefernholzzimmer unglaublich gemütlich, und die Balkone bieten ein traumhaftes Gebirgspanorama. Auch toll: die hausgemachten Kuchen, die am Holzfeuer serviert werden.

Mitchell's (☎ 024 479 20 10; Hauptgerichte 18–40 SFr; ⊙ 11–24 Uhr) Nordischer Wald-Chic und eine entspannte Atmosphäre machen das Mitchell's zu einem Muss. Der Glögg (Glühwein) zum Après-Ski und die schwedischen Köstlichkeiten – etwa hausgeräuchertes Rentier-Carpaccio mit Preiselbeeren – sind fantastisch.

An- & Weiterreise

Von Aigle (erreichbar über die Zugstrecke von Martigny nach Lausanne, 20 Min.) fährt stündlich ein Zug über Monthey nach Champéry (12,80 SFr, 1 Std.).

MARTIGNY
15 375 Ew. / 476 m

Einst Tummelplatz der Römer, die auf dem Weg nach Italien nach Schweizer Wein und Sonnenschein suchten, ist Martigny die älteste Stadt des Wallis. Wenn man über seine weniger schönen Seiten hinwegsieht (vor allem über die Betonklötze), wird man reichlich entlohnt: Hier gibt's eine erstklassige Galerie, in der Werke von Henry Moore und Rodin gezeigt werden, ein vollständig erhaltenes römisches Amphitheater und eine Meute müde dreinblickender Bernhardiner im Musée et Chiens du Saint-Bernard.

Frisch, jugendlich und künstlerisch interessiert – Martigny ist vielleicht nicht immer hübsch, aber es ist interessant und bildet einen willkommenen Kontrast zum allgegenwärtigen alpinen Niedlichkeitswahn. Es ist außerdem der perfekte Ausgangspunkt für Spaziergänge in den Weinbergen und zweirädrige Abenteuertrips entlang der Rhone.

Orientierung & Praktische Informationen

Das meiste Geschehen findet rund um die Place Centrale statt, hier befindet sich auch die **Touristeninformation** (☎ 027 720 49 49; www.martignytourism.ch; Place Centrale; ⊙ Sommer Mo–Fr 9–12

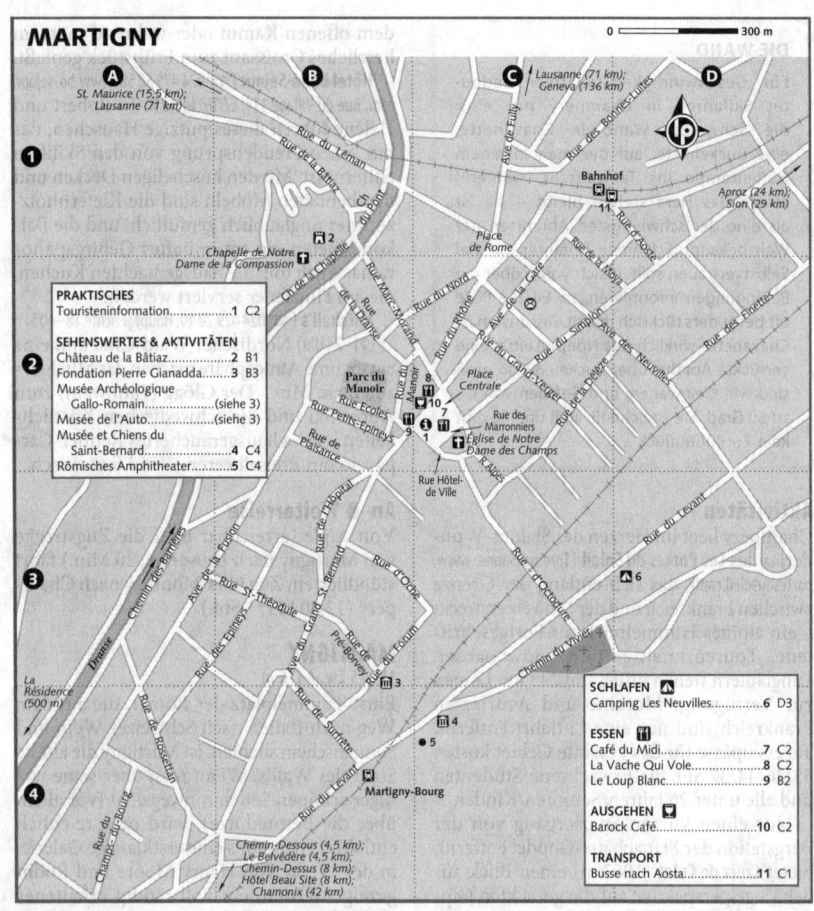

& 13.30–18, Sa 9–12 & 13.30–16.30 Uhr, Juli & Aug. auch So 10–12 & 16–18 Uhr, übriges Jahr Sa & So nachmittags geschl.), 500 m südlich des Bahnhofs an der Avenue de la Gare.

Sehenswertes & Aktivitäten

Untergebracht in einem großen Betongebäude wartet die **Fondation Pierre Gianadda** (☎ 027 722 39 78; www.gianadda.ch; Rue du Forum; Erw./Student/Fam. 15/12/42 SFr; ⌚ Juni–Nov. 9–19 Uhr, Dez.–Mai 10–18 Uhr) mit einer Kunstsammlung in Starbesetzung auf. Eine Kopie von Rodins Skulptur *Der Kuss* am Eingang verspricht Großes, und die Galerie hält dieses Versprechen mit Werken von Picasso, Cézanne und van Gogh, die gelegentlich umgehängt werden, um Platz für andere Ausstellungshits zu machen. Ein Highlight ist der Garten, in dem Henry Moores organische Skulpturen und Niki de Saint Phalles vollbusige *Badende* hinter den Blättern hervorlinsen.

Mit der Eintrittskarte kommt man in zwei weitere Dauerausstellungen. Im oberen Stockwerk befindet sich das **Musée Archéologique Gallo-Romain**, eine wahre Schatzkiste voller römischer Meilensteine, Gefäße und Schmuckstücke. Zu den schönsten Figuren zählt die winzige Statuette der keltischen Pferdegöttin Epona. Unten glänzt das **Musée de l'Auto** vor chromhaltiger Nostalgie; hier sind klassische alte Fords und Schweizer Martinis zu sehen (zum Fahren, nicht zum Trinken).

In der Nähe kann man im makellos restaurierten **Römischen Amphitheater** (Eintritt frei) in Martignys römische Vergangenheit reisen.

Neben dem Amphitheater befindet sich die neuste schwanzwedelnde Attraktion der Stadt, das **Musée et Chiens du Saint-Bernard** (☎ 027 720 49 20, www.museesaintbernard.ch, Rte du Levant 34; Erw./Kind/unter 8 Jahren 10/8 SFr/frei ; ⓥ Juni–Nov. 9–19, Dez.–Mai 10–18 Uhr). Die Hommage an die liebenswerten, dümmlich aussehenden Bernhardiner wäre höchstens ein kurzes Reinschnuppern wert, gäbe es hier nicht ein paar lebendige, herrlich kuschelweiche Bündel in Zwingern. Wenn man Glück hat, kann man sie sogar streicheln. Und jetzt alle zusammen: Süüüß … Im oberen Stock widmet sich eine Ausstellung der Rolle, die die Bernhardiner in Hospizen, in der Malerei (Ernst Otto Leuenbergers Ölgemälde sollte man nicht verpassen), in der Werbung und in Filmen spielen. Von Suchard bis Peter Pan – diese Vierbeiner haben wirklich Starqualitäten.

Das **Château de la Bâtiaz** (Schloss Bâtiaz; ☎ 027 721 22 70; Eintritt frei; ⓥ Mitte Mai–Mitte Okt. Fr–So 11–18 Uhr) klammert sich oberhalb von Martigny an eine Klippe. Es bietet einen weiten Ausblick auf die umliegenden Weinberge und das Rhonetal und ist den im wörtlichen Sinne atemberaubenden Aufstieg allemal wert. Weniger nett ist die grausige Sammlung mittelalterlicher Folterinstrumente im Inneren.

An der Touristeninformation gibt's Näheres zu Spaziergängen in den Weinbergen und eine kostenlose Radkarte der berühmten, 320 km langen Rhone-Route von Andermatt zum Genfer See. Am Bahnhof kann man Fahrräder ausleihen.

Feste & Events

Schweine können vielleicht nicht fliegen, aber in Martigny kämpfen tatsächlich Kühe. Das zehntägige Festival **Foire du Valais** im Oktober (Walliser Kantonsmesse) endet mit einer Kuh-Prügelei von epischem Ausmaß (s. Kasten S. 172).

Wen der Gedanke an erbarmungslose Kuh-Kämpfe nicht anspricht, kann sich im Dezember auf der **Foire du Lard** (Speckmesse) einem brutzelnden Vergnügen zuwenden. Hier pieksen die Einwohner schon seit dem Mittelalter preisgekrönte Mastschweine auf.

Schlafen

Martignys bunte Hochhaushotels bieten all den Charme der Ein-Zimmer-Fertigbau-Apartments der 70er. Wenn man aber ein bisschen an der Oberfläche kratzt, findet man attraktive Schnäppchen, besonders, wenn man auf das 2 km südlich gelegene Martigny-Croix ausweicht (5 Min. mit dem Zug). An der Touristeninformation gibt's eine Liste mit B&Bs und Ferienwohnungen.

Camping Les Neuvilles (☎ 027 722 45 44; Rue du Levant 68; Stellplatz pro Erw./Zelt 8,80/9,20 SFr; ⓡ) Dieser ländlich gestaltete Campingplatz liegt nur eine kurze Wanderung vom Zentrum entfernt. Zu den erstklassigen Einrichtungen zählen ein Restaurant und ein Swimmingpool.

La Résidence (☎ 027 723 16 00; www.residence-martigny.ch; Les Creusats, Martigny-Croix; EZ/DZ 70/120 SFr) Malerisch zwischen Weinbergen gelegen, vermietet dieser rosafarbene Alpengasthof große sonnige Zimmer mit Terrasse zum Garten. Chantal und Jean-François bieten zum köstlichen Frühstück nicht nur hausgemachte Marmelade, Käse aus der Gegend und Schinken an, sondern auch nützliche Tipps.

Hôtel Beau Site (☎ 027 722 81 64; www.chemin.ch; Chemin-Dessus; EZ/DZ 110/140 SFr) Der Zufluchtsort auf bewaldeten Hängen strahlt mit seinen Buntglasfenstern und den klassisch-eleganten Zimmern ein wundervolles Jugendstil-Flair aus. Von der Rue des Champs-du-Bourg geht's grob in nördlicher Richtung nach Chemin-Dessus. Bus 5 fährt hier hoch (25 Min.).

Essen & Ausgehen

Die flache, von Bäumen gesäumte Place Centrale ist Martignys Leben, Seele und Partyzentrum, und in den Straßencafés und Bistros ringsum wird alles von Pizzas bis zuckersüßen Crêpes serviert.

LP Tipp La Vache Qui Vole (☎ 027 722 38 33; Place Centrale 2b; Hauptgerichte 18–40 SFr; ⓥ Mo–Sa 10.30–1 Uhr) Die „Fliegende Kuh" ist ein Restaurant im Stil einer Theatergalerie mit Bohème-Ambiente und kultigem Kuh-Kitsch: Von der Decke hängen engelsgleiche Kuh-Schönheiten, und überall stehen todschicke Kuhglocken-Lampen. Die skurrile Jungfrau-Maria-Sammlung im ersten Stock sollte man sich unbedingt anschauen. Salate, Pasta, Risotto und Currys aus Sri Lanka – alles ist lecker.

Le Belvédère (☎ 027 723 14 00; Chemin-Dessus; Hauptgerichte 26–43 SFr; ⓥ Mo & Di geschl., So abends) Eine kleine Landstraße schlängelt sich zu diesem herausgeputzten Herrenhaus hinauf, in dessen kiefergetäfeltem Speisesaal man einen weiten Blick über das Rhonetal sowie regionale Spezialitäten, etwa Val d'Hérens Rinder-Tournedos in cremiger Pfifferlingssauce, genießen kann; Wegbeschreibung wie beim Hôtel Beau Site.

Café du Midi (☎ 027 722 00 03; Rue des Marronniers 4; Hauptgerichte 20–35 SFr; Di geschl.) Das schäbig-schicke Café nahe der Kirche strahlt einen einladenden Glanz aus. Und man wird selbst leuchten, wenn man an einem ziemlich abgenutzten Holztisch sitzt und sich ein Trappistenbier schmecken lässt oder ein Bergkräuter-Fondue genießt. WLAN ist kostenlos.

Le Loup Blanc (☎ 027 723 52 52; Place Centrale 12; Hauptgerichte 18–30 SFr; 8–1 Uhr) Warme Farben und eine Speisekarte im mediterranen Stil machen das avantgardistische Café sehr beliebt. Alles, von Calamari bis zu Pizza, ist köstlich zubereitet und wird kunstvoll serviert.

Barock Café (☎ 027 722 71 60; www.barock-cafe.com, französisch; Place Centrale 8; 10–1 Uhr) Die flotte Bar ist ausgestattet à la USA – Pepsi-Reklame und Bilder von Rock'n'Roll-Legenden – und bringt häufig Konzerte. Abends wird's nirgendwo in Martigny lauter und lebhafter.

An- & Weiterreise

Martigny liegt an der wichtigsten Eisenbahnstrecke von Lausanne (23 SFr, 50 Min.) bis Brig (25 SFr, 50–60 Min.). Busse fahren von Martigny über Orsières und den Großen-Sankt-Bernhard-Tunnel nach Aosta in Italien (31,80 SFr, min. 2-mal tgl.).

Der private **Montblanc-Express** (☎ 027 721 68 40; www.tmrsa.ch) fährt normalerweise stündlich nach Chamonix (32 SFr, 1½ Std.) in Frankreich; während der Hochsaison verkehren bis zu zwölf Züge täglich. In Martigny startet außerdem der Sankt-Bernhard-Express über Sembrancher nach Châble (10,20 SFr, 26 Min.; Skilift- oder Busanbindung nach Verbier) und Orsières (10,20 SFr, 26 Min.).

RUND UM MARTIGNY
Val d'Entremont & Großer-Sankt-Bernhard-Pass

Der Sankt-Bernhard-Express von Martigny nach Orsières, gut an seinem aufgemalten Hundemaskottchen zu erkennen, zweigt in Sembrancher nach Süden ab und bummelt durch die klassische Alpenszenerie des Val d'Entremont zur italienischen Grenze. In **Orsières**, etwas abseits der Hauptstraße zum Großen-Sankt-Bernhard-Pass, beginnt das kiefernreiche **Val Ferret**. Hier kann man im **Hôtel les Alpes** (☎ 027 783 11 01; Mittagsmenü 65 SFr, Abendmenü 180 SFr; Mo abends geschl.) zu Mittag essen. In dem ehemaligen Wirtshaus zaubert der mit einem Michelin-Stern dekorierte Koch Jean-Maurice Joris saisonale Köstlichkeiten, z. B. saftige Schnecken in Burgunder oder Gerichte aus frisch erlegtem Wild.

Eine Nebenstraße führt nach **Champex**, das an einem glasklaren See liegt; von Orsières aus läuft man etwa eindreiviertel Stunden. Ein Sessellift bringt im Winter und Sommer die Fahrgäste nach La Breya (2194 m), von wo aus man bis zum schneebedeckten Grand Combin (4314 m) sehen kann.

Motorisierte Naturbeobachter können der N21 weiter nach Süden Richtung Drance folgen und dann nach Vichères abbiegen. Bevor man das Örtchen erreicht, kommt man nach ein paar Kilometern an einem kleinen Fußweg vorbei, also Augen offenhalten. Der Weg führt am Naturschutzgebiet La Combe de L'A entlang und ist besonders an goldenen Herbsttagen atemberaubend schön. Dann kann man mit etwas Glück brünstige Hirsche sehen.

Die N21 führt in Richtung Süden zur italienischen Grenze, die man entweder per Tunnel oder auf einer sich windenden Gebirgsstraße überqueren kann, je nach Vorliebe und Wetterbedingungen.

Hoch in den Bergen über einem petrolblauen See gelegen, ist das **Hospiz** (☎ 027 787 12 36; B/DZ 21/66 SFr) am Sankt-Bernhard-Pass bis zu sechs Monate im Jahr eingeschneit. Im Winter kann man die 7 km zwischen dem Eingang und dem bergab gelegenen Tunnel nur zu Fuß bewältigen (bzw. mit Schneeschuhen oder Skiern). Man sollte vorab telefonisch

---

LUST AUF GASSI GEHEN?

Egal, ob großer Softie oder nicht – alle lieben Bernhardiner, und so hat die **Fondation Barry** (☎ 027 722 65 42; www.fondation-barry.ch) einen cleveren Plan ersonnen, um die Besucher des Großen-Sankt-Bernhard-Passes zu erfreuen und gleichzeitig sicherzustellen, dass die Hunde regelmäßig Bewegung bekommen. Von Juli bis Mitte September kann man die treudoof dreinschauenden Tiere bei einem eineinhalbstündigen Spaziergang über den Pass begleiten. Diese geführten Touren bieten die einzigartige Möglichkeit, die Alpenlandschaft in sich aufzunehmen und, natürlich, den Hunden lang ersehnte Streicheleinheiten zu geben. Die Touren starten täglich um 10 Uhr (anspruchsvoll) und 14 Uhr (einfach) und kosten 48 SFr für Erwachsene und 8 SFr für Kinder.

klären, ob geöffnet ist und freie Betten vorhanden sind. Die Schlafsäle sind spartanisch, aber die Mönche heißen die Gäste herzlich willkommen. Die Lage ist schlicht magisch. Das Hospiz wird seit dem 11. Jh. von Mönchen geführt, die geistlichen Beistand geben und Reisende retten, die sich im Schnee verirrt haben. So wurde die Legende von den **Bernhardinern** geboren, weil oft sie diejenigen waren, die Verirrte fanden und retteten. Keiner hatte eine feinere Nase als der legendäre Hund Barry (1800–1814), der vierzig Leben gerettet hat. Die Barry-Stiftung (Fondation Barry) kümmert sich um die **Zwinger** und ein **Museum** (Erw./Senior/Kind 8/6,50/5,50 SFr; Juli–Aug. 9–19 Uhr, Juni–Sept. 9–12 & 13–18 Uhr), die man im Sommer besuchen kann.

Im Sommer erreicht man das Hospiz von Martigny aus mit dem Sankt-Bernhard-Express nach Orsières (s. S. 164) und dann weiter mit dem Anschlussbus (45 Min.). Insgesamt kostet die Fahrt von Martigny aus 25 SFr. Ansonsten fahren die Busse nicht weiter als bis Bourg St. Pierre.

MONT BLANC
4810 m

Ja, die Höhenangabe stimmt. Obwohl in den Büchern zu lesen ist, er sei 4807 m hoch, wächst der Mont Blanc ironischerweise dank der globalen Erwärmung: Die wärmeren, also nasseren, klebrigeren Schneemassen können sich auf seinem Gipfel nun besser halten als früher. Obwohl der Berg de facto nicht in der Schweiz liegt, kommt es einem manchmal so vor, als sei der Alpenriese zum Greifen nah. Der wichtigste Skiort in Frankreich ist Chamonix, berühmt für seine haarsträubenden Pisten und das steile Gelände drumherum. Es ist von Genf aus gut mit dem Auto zu erreichen, von Martigny aus mit dem Zug. Ein Muss für richtig gute Skifahrer ist Europas längste Abfahrt **Vallée Blanche**. Die epische, 22 km lange Gletscherpiste beginnt auf dem 3880 m hohen Gipfel des Aguille du Midi und endet in Chamonix. Auf der italienischen Seite ist Courmayeur der wichtigste Ort. Näheres zu beiden Skiorten gibt's unter www.chamonix.com und www.courmayeur.com. Wanderlustige können sich an der atemberaubenden, 170 km langen **Mont-Blanc-Umrundung** versuchen, die etwa zu einem Drittel durch die Schweiz führt. Die anspruchsvolle Strecke klettert über die 2500-m-Marke hinaus, normalerweise schafft man sie in zehn bis vierzehn Tagen. Zu den Ausgangspunkten in der Schweiz zählen Champex (S. 164) und der Pass Col de la Forclaz, die von Martigny aus mit dem Bus zu erreichen sind.

VERBIER
2800 Ew. / 1500 m

Verbier ist der Diamant der Walliser Alpen: klein, exorbitant teuer und in so perfekten Winkeln geschliffen, dass es förmlich in den Augen der versierten Skifahrer und Pisten-Promis funkelt. Mitglieder der britischen Königsfamilie strömen seit Jahren hierher, aber der Schnee ist in letzter Zeit sogar noch ein bisschen heißer geworden, seit Sir Richard Branson, Gründer der Unternehmensgruppe Virgin, Hotelier spielt, und der kürzlich zugezogene James Blunt auf seinem Balkon das Jodeln übt (Oje!).

Doch trotz seiner schicken Verpackung ist Verbier ein seltenes Exemplar unter den Skiresorts – hier gibt's alles für alle! Von schnapstrunkenen Ausschweifungen zu VIP-Lounges, von Hostels mit Schlafsälen zu Design-Hotels, von Burgern bis zu Michelin-Sternen. Hier wedeln Otto-Normal-Skifahrer in völliger Harmonie neben Promis auf legendärem Pulverschnee im Slalom über die Pisten.

Orientierung & Praktische Informationen

Verbier liegt mit der Nase nach Südwesten auf einer Felsplatte oberhalb von Le Châble, der Endstation des Zuges. Der wichtigste Teil des Resorts liegt oberhalb des Dorfes Verbier. Das Herz von Verbier ist die Place Centrale, hier befindet sich auch die **Touristeninformation** (027 775 38 88; www.verbier.ch; Mo–Fr 8–18.30, Sa 9–12 & 15–19, So 9–12 & 15–18.30 Uhr). Gleich abseits des Platzes sind die Post und die Endstation des Postbusses. Außerhalb der Hochsaison liegt Verbier fast vollständig lahm, das gilt auch für die Seilbahn. Während der Hochsaison verkehren im Resort kostenlose Busse.

Aktivitäten

Verbiers Skipisten zählen zu Recht zu einigen der besten in ganz Europa. Der Ort liegt im Herzen der **Quatre Vallées** (Vier Täler) und bietet unglaubliche 412 km Abfahrten und 94 Skilifte. Ein Skipass für die Region kostet 65 SFr. Günstigere Pässe, die nicht für den Mont Fort gelten, sind ebenfalls erhältlich.

Das gesamte Gebiet ist wirklich aufregend und sehr vielseitig; Anfänger üben auf den

DU BIST ENTZÜCKEND, SCHÄTZCHEN – PROMIS IN VERBIER

Stars und Sternchen, die sich Verbier als Feriendomizil oder neues Zuhause ausgesucht haben, haben in diesem alpinen Wasserglas in letzter Zeit einen Sturm verursacht, der die Immobilienpreise in astronomische Höhen getrieben hat. Der Ort erfand sich sehr schnell als eines der heißesten Resorts in den Schweizer Alpen neu. Fergie tanzte einst im Farm Club Boogie, Prinz William und Kate Middleton lieben die Steaks bei Chez Dany, und Sir Richard Branson, der Gründer der Unternehmensgruppe Virgin – wie immer mit sicherem Blick für neue Geldquellen –, hat hier eine Lodge inklusive Whirlpools und Eislaufbahn eröffnet (www.thelodge.virgin.com). Sie gehört Ihnen – für schlappe 86 000 SFr pro Woche. Autsch.

Regelmäßige Besucher sind auch die Beckhams, Al Pacino, Diana Ross und Michael Schumacher. Und jetzt, da der eis-weiße, ultracoole Coco Club eröffnet hat, haben sie auch ein Plätzchen, an dem sie einen trinken können. In diesem VIP-Club, der dem Unternehmer Harvey Sinclair und dem ehemaligen Fußballer Ramon Vega gehört, gibt's den Coco Chalet, einen Champagner-Cocktail, der in einem gemeißelten Eisglas serviert wird und 10 000 SFr kostet. Wieso nicht gleich noch einen bestellen? James Blunt ist einer der jüngsten Neubürger, die Verbier mit ihrem Promi-Glanz erhellen; er hat sich hier ein Chalet gekauft. Die Behörden haben doch tatsächlich zu Ehren seiner Trällerhaftigkeit einen Skilift nach ihm benannt. Wirklich wahnsinnig entzückend …

---

sanften Hängen von **Le Rouge**, Fortgeschrittene carven über die langen Pisten in **La Chaux**, wo sich auch Snowboarder tummeln und spektakuläre Sprünge und Tricks vollführen. Profis können sich auf eine der kurzen schwarzen Pisten wagen, z. B. Savoleyres Nord oder die steile Buckelpiste am **Mont Fort**, auf der einem schier das Herz stehen bleibt. Die breiten, gut präparierten Pisten von Les Attelas nach Verbier eignen sich ausgezeichnet für eine längere Fahrt. Die wirklichen Herausforderungen für versierte Skifahrer liegen aber abseits der Pisten im jungfräulichen Pulverschnee. Es empfiehlt sich, einen Führer anzuheuern. **Adrenaline** (☎ 079 205 95 95; www.adrenaline-verbier.ch) organisiert Skiwandertouren, die am Médran-Lift starten (um 100 SFr).

Verbier Sport + (☎ 027 775 33 63; www.verbierbooking.com), hinter der Post zu finden, bietet Skikurse, Paragliding und andere Aktivitäten an, u. a. eine sechstägige Wanderung entlang der Haute Route nach Zermatt.

Wandern ist hier sowieso ein Traum. Von Les Ruinettes aus dauert der Aufstieg zum Pass von Creblet einschließlich Abstecher zum Krater des Lac des Vaux etwa eineinhalb Stunden. Auch schön ist die siebenstündige Wanderung zum Corbassièregletscher, die sich vom 4314 m hohen Grand Combin bergab schlängelt, und der fünfstündige Sentier des Chamois (Gämsenpfad), der besonders bei Naturbeobachtern beliebt ist, da man hier häufig Gämsen, Murmeltiere und Adler sieht. Die Regionenkarten der Touristeninformation kosten 8 SFr.

Mountainbiker testen ihr Können auf den Strecken von Les Ruinettes und Médran oder üben ihre Tricks im **Kona Bike Park** (☎ 027 775 25 11; www.verbierbikepark.ch; Erw./Kind 28/14 SFr; ☼ Juli–Sept. 9–16.30 Uhr). Die Touristeninformation bietet an jedem Mittwochnachmittag im Juli und August kostenlose Mountainbiketouren an; Näheres gibt's vor Ort.

Wem der Gipfel eines Berges noch nicht hoch genug ist, der kann beim Drachenfliegen oder Paragliding in die Lüfte steigen. Das **Centre de Parapente** (☎ 027 771 68 18; www.flyverbier.ch) bietet außerdem 30-minütige Tandemsprünge ab 190 SFr an.

Feste & Events

Das größte Event ist das **Verbier Festival & Academy** (☎ 027 925 90 60; www.verbierfestival.com) im Juli, ein bekanntes Festival klassischer Musik.

Ein Höhepunkt des Wintersport-Kalenders ist der **Xtreme Freeride Contest** (www2.xtremeverbier.com) im März, wenn sich Profi-Snowboarder die haarsträubende Nordwand-Abfahrt Bec des Rosses hinunterstürzen.

Schlafen

Mit in bisschen Planung ist Verbier auch für Skiurlauber mit kleinem Budget erschwinglich. Wenn Geld keine Rolle spielt, gibt's genügend schicke Etablissements, in denen man – in kürzester Zeit – ein paar Franken verprassen kann. Im Sommer stürzen die Preise kopfüber um 30 bis 50 % ab.

Le Stop (☎ 079 549 72 23; www.le-stop.ch; Villa Des Dames; Le Châble; B 29–45 SFr) Dieser ehemalige Bunker erhielt durch die schlichten Schlafsäle einen neuen Daseinszweck. Was man hier bekommt? Vier Wände, eine Schlange vor dem Klo und ein klappriges Stockbett, aber mit 29 SFr pro Nacht und der Tatsache, dass Verbier nur eine Seilbahnfahrt entfernt ist, ist das geschenkt. Eigenen Schlafsack mitbringen.

LP Tipp Cabane du Mont-Fort (☎ 027 778 13 84; www.cabanemontfort.ch; B 42–52 SFr) Hoch über den Wolken bietet die auf 2457 m gelegene Alpenhütte einen hypnotisierenden Ausblick auf das Massif des Combins. Dank der direkten Nähe zu La Chaux ist sie im Sommer perfekt für Wanderer, im Winter für Skifahrer geeignet. In den kiefergetäfelten Schlafsälen kann man gemütlich schlummern, das Panorama wird dazu motivieren, morgens ganz früh aufzustehen, und im Restaurant werden köstliche regionale Spezialitäten serviert.

Les Touristes (☎ 027 771 21 47; www.hoteltouristes-verbier.ch; EZ/DZ 70/140 SFr; P) Wer der Ansicht ist, *le chic c'est freak*, sollte in diesem rustikalen Chalet absteigen. Die Zimmer sind schlicht, aber gemütlich: Kiefernholz, geblümte Bettwäsche und Waschbecken. Den Magen kann man im Restaurant (Hauptgerichte 19–39 SFr) mit Käse füllen oder nebenan *fromage* direkt vom Bauernhof kaufen. Etwa 15 Fußminuten vom Zentrum entfernt.

Ermitage (☎ 027 771 64 77; www.ermitage-verbier.ch; Place Centrale; EZ/DZ 150/310 SFr; P 💻) Das zentral gelegene Chalet bietet freundlichen Service und Annehmlichkeiten, etwa kostenlosen Internetzugang und WLAN. Die Zimmer sind etwas eng, aber modern und tadellos. Am besten sind die Doppelzimmer nach Süden mit Blick auf das Massif des Combins.

Nevaï (☎ 027 775 40 00; www.nevai.ch; EZ/DZ/Suite 300/490/1350 SFr; P 💻) In den minimalistischschicken Zimmern gibt's nicht den winzigsten Hauch von Alpenkitsch, dafür Erdtöne, Bettbezüge aus ägyptischer Baumwolle, Balkone mit Alpenblick und Spielereien wie iPods und DVD-Player. Die Penthouse-Suiten bieten Holzfeuer und Whirlpools im Freien. Im angesagten Restaurant (Hauptgerichte 30–60 SFr) wird asiatisch-mediterrane Fusion-Küche serviert, im Spa gibt's Elemis-Behandlungen und in der Bar im Boudoir-Stil genießt man Cocktails an einem 4 m langen Kamin.

Essen

Milk Bar (☎ 027 771 67 77; Rue de Médran; Snacks & kleine Gerichte 8–20 SFr) Der freundliche Laden ist für seine *grands crus de cacao* (heiße Schokolade) und die warme Atmosphäre berühmt. Man sitzt unter Kuhglocken und genießt leckere hausgemachte Törtchen, Pfannkuchen und andere süße Köstlichkeiten – da wird die nächste Schussfahrt noch mal so rasant!

Harold's (☎ 027 771 62 43; Place Centrale; Burger um 10 SFr; ⏰ HS 10–1.30 Uhr, NS 11–23 Uhr) Im Harold's mischt sich dröhnende Musik unter zischende Grills. Die Gerichte sind schlicht, aber lecker: zu 100 % hausgemachte Burger mit viel Cocktailsauce. Während man wartet, kann man seine E-Mails checken.

Chez Dany (☎ 027 771 25 24; Clambin; Hauptgerichte 26–54 SFr) Auf einem sonnigen Plateau zwischen Les Ruinettes und Médran gelegen und Prinz Williams Lieblingsort, wenn er mal Lust auf ein saftiges Steak hat. Von der Terrasse hat man Ausblick auf das Massif des Combins. Bei einer heißen Schokolade oder einer *croûte au fromage* (überbackenes Käsebrot) können sich die vom Schnee geblendeten Augen erholen. Es macht Spaß, abends mit einem Skidoo-Motorschlitten hochzufahren und dann wieder ins Tal zu sausen.

Le Caveau (☎ 027 771 22 26, Place Centrale; Hauptgerichte 27–42 SFr; ⏰ Mi–So 10–24 Uhr) Hinter der Holztür verbirgt sich eine höhlenartige Kneipe voller Kuckucksuhren und Laternen. Hier genießt man gemütlich Raclette oder edles Fondue mit Champagner und Trüffel.

Ausgehen

Wie beim Skifahren kann man auch in Verbiers Après-Ski-Szene Vollgas geben und direkt an der Piste anfangen, bevor man zur Place Centrale hinabgleitet.

Pub Mont Fort (☎ 027 771 48 98; Chemin de la Tinte 10; ⏰ 15–1.30 Uhr) Diesem Après-Ski-Schwergewicht gebührt wegen seiner lebhaften Atmosphäre, den pulsierenden Beats und den halben Preisen zur Happy Hour (16–17 Uhr) alle Ehre. Den Swiss Kiss mit Wodka und Cranberry sollte man versuchen. Im Winter wird hier mehr Bier verkauft als irgendwo sonst in der Schweiz – soviel dazu.

Farinet (☎ 027 771 66 26; Place Centrale; ⏰ 16–1.30 Uhr) Jung, laut und spaßig (wenn man unter Spaß versteht, mit Skistiefeln möglichst aufreizend über die Tanzfläche zu hüpfen) – im Farinet finden wilde Après-Partys statt. In der Diskothek drängeln sich rotgesichtige Skihäschen, die sich die Cocktails schmecken lassen und auf den Tischen tanzen, während sich die müden Krieger in der Chillout-Lounge entspannen.

Farm Club (☎ 027 771 61 21; Rue de la Poste) Nach der Komplettrenovierung sieht die Farm, die es schon seit 35 Jahren gibt, wieder großartig aus. Man muss sich ein bisschen herausputzen, wenn man am samtenen Absperrseil vorbei will, aber es ist die Mühe wert. In dem mondänen Club wimmelt es von reichen Mäuschen, die Daddys (oder Sugardaddys) Rente in Moët-Magnumflaschen anlegen.

An- & Weiterreise

In Martigny fahren das ganze Jahr stündlich Züge ab, die 30-minütige Fahrt endet in Le Châble. Von dort aus geht's per Bus oder Seilbahn weiter. Insgesamt kostet die Fahrt 15,80 SFr und dauert eine Stunde.

VAL DE BAGNES

Von Le Châble ist es eine 19 km lange Fahrt bis zum Lac de Mauvoisin und dem atemberaubenden, 250 m hohen Staudamm. Hier beginnen verschiedene Wanderstrecken, von denen eine über den Fenêtre-du-Durand-Pass (2797 m) nach Italien und dann durch das Valpelline-Tal in die Region des Val d'Aosta führt. Am Wochenende fahren täglich drei Busse von Le Châble hierher (13,80 SFr, 45 Min.).

OVRONNAZ

Bisher wissen nur sehr wenige Menschen von diesem kleinen, aber feinen familienfreundlichen Skiort mit Thermalbad. Von Martigny geht's auf der A9 in östlicher Richtung bis zur Abfahrt Leytron, von wo eine Gebirgsstraße über 10 km im Zickzack nach Ovronnaz im Norden führt. In der **Touristeninformation** (☎ 027 306 42 93; www.ovronnaz.ch; Mitte Dez.–Mitte April Mo–Fr 8.30–12 & 13.30–18, Sa 9–18, So 9–12 Uhr, Mitte April–Mitte Dez. Mo–Fr 8.30–12 & 13.30–18, Sa 9–12 & 14–17 Uhr, So geschl.) am Nordrand des Dorfes in der Nähe des Coop-Supermarkts gibt's Tipps zu B&Bs und Ferienwohnungen.

Die wenigen Skipisten hier sind eher für Fortgeschrittene geeignet, dafür muss man nirgendwo anstehen. Am meisten Spaß macht es, eine Abfahrt mit einem Bad zu verbinden. Ein Kombi-Pass für den Skilift und das **Thermalbad** (☎ 027 305 11 11; www.thermalp.ch; 8–20.30 Uhr) kostet 57 SFr (5 SFr günstiger als separate Tickets).

Busse fahren stündlich von Martigny (in Leytron umsteigen) hierher (13,80 SFr, ca. 1 Std.). Von Sion aus ist die Anbindung ganz ähnlich.

SION (SITTEN)
28 870 Ew. / 490 m

Sion liegt vor einem bezaubernden Hintergrund: umgeben von Weinbergen, geteilt durch die sich schlängelnde Rhone und bewacht von Zwillingsbergen, die von Schlossruinen gekrönt sind, die nachts leuchten. Der Hauptort des Wallis bewegt sich in einem entspannten Rhythmus, und die turbulenten Straßen, die sich vom Château de Tourbillon bis zur mittelalterlichen Altstadt erstrecken, sind von Straßencafés gesäumt.

Schlösser und malerisches Kopfsteinpflaster einmal außer Acht gelassen, erhält Sion den Großteil seiner Anziehungskraft von den umliegenden Weinbergen. Sie laden zu gemächlichen Spaziergängen ein, während man auf den schäumenden Flüssen beim Wildwasser-Rafting und Hydrospeeding den Adrenalinspiegel in die Höhe jagen kann.

Orientierung

Die französischsprachige Stadt liegt nördlich der Rhone. Der Bahnhof befindet sich bergab südlich der Altstadt, gegenüber liegt das moderne, kommerzielle Herz Sions. Die meisten Sehenswürdigkeiten sind in Fußentfernung zum Bahnhof in der Avenue de la Gare und der Rue de Lausanne.

Praktische Informationen

Sion hat eine **Post** (Place de la Gare 11; Mo–Fr 8–18.15, Sa 9–16 Uhr) und eine **Touristeninformation** (☎ 027 327 77 27; www.siontourism.ch; Place de la Planta; Mo–Fr 9–12 & 13.30–18, Sa 9–12.30 Uhr).

Sehenswertes
KIRCHEN & TÜRME

Geziert von einem massiven romanischen Turm, buhlt die gotische **Notre Dame du Glarier** mit ihrer kleinen Schwester **Église de St. Théodule** auf einem grünen Platz in der Altstadt um die Aufmerksamkeit der Besucher. Die Rue de la Tour führt von den Kirchen zu einer Erinnerung an Sions mittelalterliche Vergangenheit, der **Tour des Sorciers** (Turm der Zauberer), einst einer der Wachttürme der Stadtmauer.

CHÂTEAU DE TOURBILLON

Von ihrem Platz in den Bergen über Sion herrscht diese **Schlossruine** (☎ 027 606 47 45; Rue des Châteaux; Eintritt frei; Mitte März–Mitte Nov. 10–18 Uhr) über das fruchtbare Rhonetal, und sie ist den Aufstieg allein wegen der Postkartenaussicht wert. Vom Zentrum ist es nur ein kurzer

SION (SITTEN)

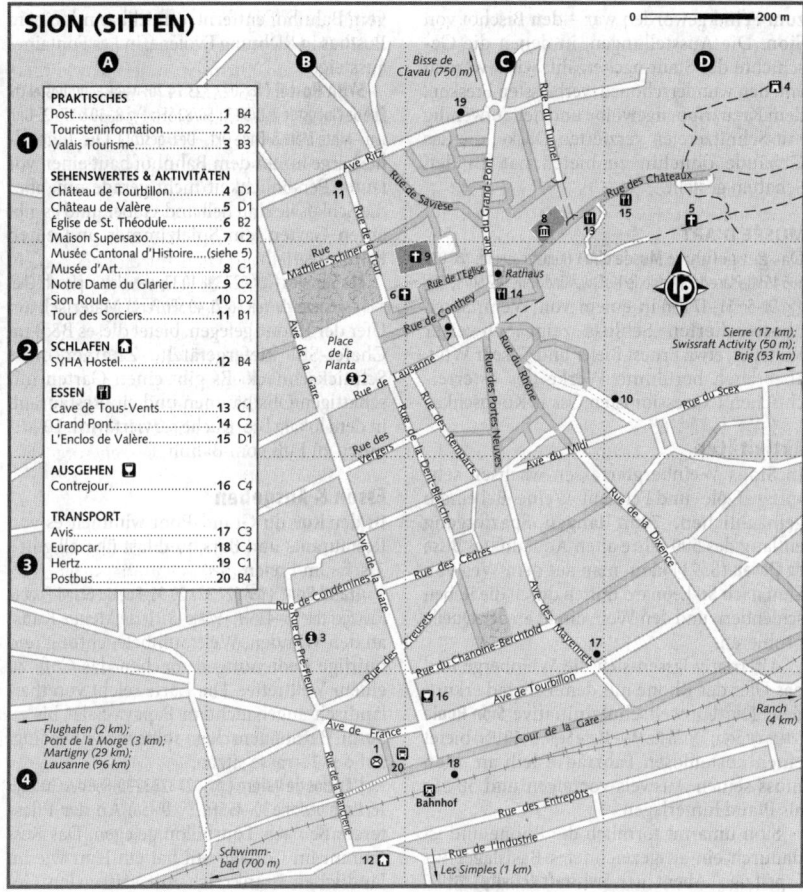

PRAKTISCHES
- Post..................................1 B4
- Touristeninformation..............2 B2
- Valais Tourisme....................3 B3

SEHENSWERTES & AKTIVITÄTEN
- Château de Tourbillon...........4 D1
- Château de Valère................5 D1
- Église de St. Théodule..........6 B2
- Maison Supersaxo.................7 C2
- Musée Cantonal d'Histoire....(siehe 5)
- Musée d'Art........................8 C1
- Notre Dame du Glarier..........9 C2
- Sion Roule........................10 D2
- Tour des Sorciers................11 B1

SCHLAFEN
- SYHA Hostel......................12 B4

ESSEN
- Cave de Tous-Vents............13 C1
- Grand Pont.......................14 C2
- L'Enclos de Valère..............15 D1

AUSGEHEN
- Contrejour.......................16 C4

TRANSPORT
- Avis................................17 C3
- Europcar..........................18 C4
- Hertz..............................19 C1
- Postbus...........................20 B4

Anstieg zu den verfallenen Resten der mittelalterlichen Festung, die 1788 durch ein Feuer zerstört wurde.

CHÂTEAU DE VALÈRE

Auf einem Hügel oberhalb des Zentrums gegenüber dem Château de Tourbillon erbaut, steht die Festung Château de Valère, die auch eine **Basilika** (Rue des Châteaux; Erw./Kind/Fam. 3/2/6 SFr; stündl. Einlass Juni-Sept. Mo-Sa 10-18, So 14-18 Uhr, Okt.-Mai Mo-Sa 10-17, So 14-17 Uhr) aus dem 12. Jh. beherbergt. An der Wand gegenüber der Apsis ist die älteste bespielbare Orgel der Welt zu sehen, die wie das Heck einer mittelalterlichen Karavelle hervorragt. Von Mitte Juli bis Mitte August werden samstagnachmittags Konzerte veranstaltet (ab 16 Uhr).

Im Inneren der Kirche sind ein wunderschön geschnitztes Chorgestühl und eine leuchtend mit Fresken verzierte Apsis zu sehen. Von der Basilika aus hat man einen eindrucksvollen Ausblick über die ganze Stadt. Bergab von der Basilika liegt das **Musée Cantonal d'Histoire** (027 606 47 15; Erw./Kind/Fam. 8/4/15 SFr; Juni-Sept. tgl. 11-18 Uhr, Okt-Mai Di-So 11-17 Uhr), in dem Sions Geschichte anhand zahlreicher Artefakte erläutert wird.

MAISON SUPERSAXO

Diese **Residenz** (Passage de Supersaxo; Eintritt frei; Mo-Fr 8-12 & 14-17 Uhr) liegt versteckt in einem gepflasterten Innenhof in der Altstadt. Sie wurde 1505 von Georg Supersaxo erbaut, um einen ehemaligen Freund zu provozieren, der zum Feind geworden war – den Bischof von Sion. Die Ausstellungen, in denen die Geschichte der Stadt nacherzählt wird, werden von den wunderschönen, verblassten Fresken, dem Kreuzrippengewölbe und der aufwendig mit Schnitzereien verzierten Decke, die das Gebäude ohnehin zu bieten hat, in den Schatten gestellt.

MUSÉE D'ART
Das gut geführte **Musée d'Art** (Kunstmuseum; ☎ 027 606 46 90; Place de la Marjorie 19; Erw./Kind/Fam. 5/2,50/10 SFr; Di-So 11–17 Uhr) in einem von Weinranken überwucherten Schloss zeigt Schweizer Künstler, etwa Ernest Bieler und Caspar Wolf, aber auch berühmte Werke des österreichischen Expressionisten Oskar Kokoschka.

Aktivitäten
In Sions Weinbergterrassen wachsen sehr süffige Dôle- und Fendant-Weine. Bei einem gemächlichen, 7 km langen Spaziergang entlang des 500 Jahre alten Aquäduktes **Bisse de Clavau** (S. 71) kann man auf dem Weg von Sion nach St. Léonard mitten durch die Reben schlendern und den Wein direkt an der Quelle probieren.

Alternativ lassen sich die Weinberge und das Ufer der Rhone mit dem Fahrrad erkunden. Die Umweltschutzinitiative **Sion Roule** (Place du Scex; Mitte Mai–Mitte Sept. 9–19 Uhr) bietet einen kostenlosen Fahrradverleih an. Man muss seinen Ausweis vorzeigen und 50 SFr als Pfand hinterlegen.

Sion umarmt förmlich die Rhone und ist dadurch ein ausgezeichnetes Basislager für „spritzige" Abenteuer. **Swissraft Activity** (☎ 027 475 35 10; www.swissraft-activity.ch; Rue du Scex 28; Büro Mai–Okt. 10–18 Uhr) veranstalten Rafting (75–95 SFr), Hydrospeeding (140 SFr) und Canyoning (160 SFr) für Adrenalinjunkies.

Schlafen
Wem Sions Nullachtfünfzehn-Kettenhotels nicht zusagen, kann unter zahlreichen attraktiven Chalets, Bauernhöfen und B&Bs ringsum wählen. Die Touristeninformation hält eine Liste bereit.

Ranch (☎ 027 203 13 13; www.ranch.ch; 25 SFr/Pers.; Mai–Okt.) Übernachten in einem Schuppen voller Stroh, Frühstück mit Eiern und Schinken und dann im Galopp raus in die Natur rund um die Ranch. Die freundlichen Besitzer organisieren Ausritte und verkaufen Marmelade und Saft aus eigenem Anbau. 5 km vom Bahnhof entfernt, erreichbar mit einem Postbus in Richtung Evolène; in Les Fontaines aussteigen.

SYHA Hostel (☎ 027 323 74 70; www.youthhostel.ch; Rue de l'Industrie 2; B/DZ 31,50/82 SFr; 8–10 & 17–22 Uhr, Jan.–Mitte März & Ende Okt.–Dez. geschl.) Die Jugendherberge hinter dem Bahnhof haut einen vor lauter Persönlichkeit nicht gerade um, aber die Schlafsäle sind hell und sauber, und es gibt einen Garten, ein Spielzimmer und einen Fahrradverleih.

Les Simples (☎ 027 398 10 37; www.lessimples.ch; Chemin des Gardes de Nuit 36; Zi. 40 SFr/Pers.) Malerisch am Ufer der Rhone gelegen, bietet dieses B&B im Chalet-Stil kiefergetäfelte Zimmer ohne Schnickschnack. Es gibt einen Garten mit schattigen Obstbäumen und ein Restaurant, in dem lokale Bio-Küche serviert wird. 10 Minuten zu Fuß vom Bahnhof.

Essen & Ausgehen
In der Rue du Grand-Pont wimmelt es von Restaurants und Bars, und fast überall gibt's Tische im Freien.

Grand Pont (☎ 027 322 20 96; Rue du Grand-Pont 6; Hauptgerichte 25–42 SFr; Mo–Sa) Jede Menge Kunst an den Wänden, Weltraumbeleuchtung und quirlige Bedienungen machen das Café zu einem Volltreffer. Die Karte reicht von thailändisch angehauchtem Papaya-Salat bis zu Sushi. Bei Sonnenschein sollte man unbedingt auf der Terrasse sitzen.

L'Enclos de Valère (☎ 027 323 32 30; Rue des Châteaux 18; Hauptgerichte 30–45 SFr; Di–Sa) An der Pflasterstraße nach Tourbillon gelegen. Das Restaurant im Cottage-Stil hat ein Flair wie im ländlichen Frankreich mit saisonalen Geschmacksexplosionen von Fischsuppe mit reichlich Knoblauch bis zu Wild mit Kastanienrisotto. Im Garten rascheln Weinstöcke und Obstbäume (hier gibt's sogar Kiwis!).

Cave de Tous-Vents (☎ 027 322 46 84; Rue des Châteaux 16; Hauptgerichte 22–43 SFr; 17–24 Uhr) Flackernde Kerzen erleuchten das Ziegelsteingewölbe des mittelalterlichen Kellers, in dem turtelnde Paare in kuscheligen Nischen zu Abend essen. Das Fondue ist köstlich, es gibt auch Varianten mit Safran oder Pfifferlingen.

Contrejour (☎ 027 323 21 11; Ave de la Gare 6; Mo–Do 18–1, Fr & Sa 18–2 Uhr) Golden gebürstete Wände und Samthocker in Schokobraun und Mintgrün machen dies zu einem der angesagten Läden in Sion. Im Sommer kann man die Getränke im Innenhof genießen. Am Wochenende legen DJs House auf.

An- & Weiterreise
AUTO & MOTORRAD
Die Autobahn A9 führt nach Sion. Am Schwimmbad, fünf Fußminuten in westlicher Richtung von der Jugendherberge entfernt, gibt's kostenlose Parkplätze.

Europcar (☎ 027 323 88 88; Place de la Gare 1) befindet sich am Bahnhof, **Hertz** (☎ 027 322 37 42; Ave Ritz 33) in der Garage du Nord, und **Avis** (☎ 027 322 20 77; Ave de Tourbillon 23-25) gibt's auch.

BUS
Die Postbusse fahren vor dem Bahnhof ab. Näheres gibt's telefonisch unter ☎ 027 327 34 34 oder vor Ort am Bahnhof.

ZUG
Alle Züge auf der Express-Strecke zwischen Lausanne (29 SFr, 50–70 Min.) und Brig (18,20 SFr, 35–45 Min.) halten in Sion.

RUND UM SION
Lac Souterrain St. Léonard
Im winzigen St. Léonard versteckt sich Europas größter **unterirdischer See** (☎ 027 203 22 66; www.lac-souterrain.com; Erw./Kind/unter 5 Jahren 10/5 SFr/ frei; ☼ Mitte März–Okt. 9–17 Uhr, Juni–Aug. bis 17.30 Uhr). Wer das smaragdgrüne, glitzernde Wasser sehen möchte, kann sich einer 30-minütigen geführten Tour anschließen. Züge fahren mindestens stündlich von Sion nach St. Léonard (3,40 SFr; 4–18 Min.).

Val d'Hérémence
Das Tal außer Hörweite des touristischen Getrampels ist nach wie vor auf wundersame Weise unbekannt – obwohl sich hier eins der größten hydraulischen Wunder der Welt befindet, die 285 m hohe **Grande-Dixence-Staumauer**. Von Sion aus folgt man den Schildern zum Val d'Hérémence und zum Val d'Hérens bis Vex, dann biegt man rechts ab und folgt einer kurvigen Straße bis zum Damm.

Die skurrile kubistische Kirche in **Hérémence** kann man nicht verpassen; sie hat bei ihrem Bau in den 1960er-Jahren für Unruhe gesorgt. Während man an Höhe gewinnt, wird das stark bewaldete Tal immer schmaler, bis es sich schließlich auf einer Ebene öffnet und die Straße zu einem Feldweg wird. Dann geht's auf einigen abenteuerlichen Serpentinen zum Fuß der Staumauer, von wo man nur noch bewundernd nach oben starren kann.

Kurz bevor man hinunterfährt führt der Weg an einer Reihe von Häusern vorbei, dem Örtchen **Pralong**, in dem sich ein paar schmucke Hotel-Restaurants und Chalets befinden – praktische Unterkünfte für Wanderer. Im waldigen **Val des Dix** (☎ 027 281 12 13; www.val-des-dix.ch, französisch; Zi. 60 SFr/Pers.) mit seinen makellosen, holzgetäfelten Zimmern und dem gemütlichen Restaurant (Hauptgerichte 15–38 SFr), gibt's sättigendes *croûte au fromage* (Brot überbacken mit Bergkäse). Im Winter kann man hier Schneeschuhe oder Langlaufski leihen.

Vom Fuß der Staumauer geht's auf einer 45-minütigen Wanderung oder einer schnellen Fahrt mit der **Seilbahn** (Erw./Kind hin & zurück 9/4,50 SFr; ☼ 9.30–12.20 & 13.15–18.20 Uhr) wieder nach oben. Von schneebedeckten Felsen umgeben, verschwinden die milchig-grünen Wassermassen ganz abrupt wie bei einem riesigen Infinity-Pool. Die Staumauer beeindruckt sowohl durch ihre schiere Größe als auch durch Statistiken: Sie staut das Schmelzwasser aus 35 Gletschern; es wiegt 15 Mio. t und liefert ein Fünftel der gesamten Energie der Schweiz. Die unglaublichen Ausmaße des Damms geben immer wieder Anlass zu bewundernden Pfiffen und Kommentaren wie: „Und was, wenn er bricht?" Keine Angst, wir sind hier in der Schweiz.

Man kann den See auch umrunden oder ins nächste Tal und bis nach Arolla wandern – sechs Stunden für gut Trainierte.

Val d'Hérens & Val d'Arolla
Wie im benachbarten Val d'Hérémence verstecken sich auch in diesem dicht bewaldeten Tal viele Besonderheiten, etwa die Weiden, die von seidig-schwarzen Hérens-Rindern abgegrast werden. Von Sion aus windet sich die Straße durch Vex und **Euseigne**. Bevor man diesen Ort erreicht, muss man sich erst unter den geheimnisvollen gaudíesken Felszinnen der **Pyramides d'Euseigne** hindurchducken. Die nadelfeinen, mit Felsbrocken gekrönten Spitzen, die den Spitznamen *cheminées des fées* (Feen-Kamine) tragen, wurden über Jahrmillionen von Gletschern abgetragen und erhielten so ihre eigenartige Form.

Nochmal 8 km weiter südlich liegt die wichtigste Stadt des Tals, **Evolène**, wo sich auch die meisten Unterkünfte und Restaurants befinden. Das **Hôtel Arzinol** (☎ 021 283 16 65; www.hotel-arzinol.ch; EZ/DZ 60/120 SFr) ist bei Wanderern und Radfahrern beliebt und bietet freundliche Zimmer in einem Holz-Chalet. Im Winter kann man es sich vor einem warmen Feuer in der Lounge gemütlich machen.

UNHEIMLICHE BEGEGNUNGEN DER RINDER-ART

Es klingt vielleicht nach einem Haufen Mist, aber im Val d'Hérens sind *Combats de Reines* (Kuhkämpfe) eine ernste Angelegenheit. Sie werden ausgetragen, um festzustellen, welches Tier am besten dazu geeignet ist, die Herde im Sommer auf die Weiden zu führen. Diese Muh-Hammed-Ali-Möchtegerns rennen aufeinander zu, verhaken ihre Hörner und versuchen dann, den Gegner rückwärts zu schieben. Die Gewinnerin, die „Königin" der Herde, kann bis zu 20 000 SFr wert sein. Genetische Selektion und eingefrorene Embryos sollen starke Streitkühe für die Kampfarena garantieren. Die Auserwählten werden mit Weizenkonzentrat (das wie ein Aufputschmittel wirken soll) und manchmal mit Wein gefüttert. Die Wettkämpfe finden an bestimmten Sonntagen von Ende März bis Mai und von August bis September statt. Die Rivalen verletzen sich nur ganz selten, sodass die Kämpfe die Besucher nicht verstören sollten. Im Mai, an Christi Himmelfahrt, gibt's ein großes Finale in Aproz (eine zehnminütige Postbusfahrt westlich von Sion), und das letzte Treffen der Saison findet jeweils Anfang Oktober in Martignys Foire du Valais statt.

Nach weiteren 5 km erreicht man das traditionelle Örtchen **Les Haudères**. Hier gabelt sich die Straße. Die linke führt über 7 km zu einem weiteren Gebirgsdorf hinauf, nach **Ferpècle**. Dort endet die Straße und man kann im Schatten des perlweißen Zahnes der Dents Blanches (4356 m) durchs Gebirge wandern.

Die andere Straße biegt nach rechts ab und steigt steil zu einem bewaldeten Felsgrat hinauf, bevor sie in ein weiteres abgelegenes Tal fällt, das **Val d'Arolla**. Nach 11 km erreicht man einen bescheidenen Skiort. Im Osten sind gerade noch die Dents Blanches zu erkennen, im Südwesten der gletscherbedeckte Pigne d'Arolla (3796 m), und dazwischen ein halbes Dutzend über 3600 m hohen Gipfeln rund um Arolla. Das Dorf ist eine Etappe auf dem mehrtägigen Wanderklassiker Chamonix-Zermatt. Im Winter fällt reichlich Schnee, sodass man die herrlich leeren Abfahrten und Langlaufloipen genießen kann.

Das steinerne **Grand Hotel & Kurhaus** (☎ 027 283 70 00; www.kurhaus.arolla.com; Zi. 71–92 SFr/Pers.; außerhalb der Saison geschl.) liegt in traumhafter Abgeschiedenheit in einem dichten Lärchenwald wenige Kilometer außerhalb von Arolla. Es ist seit 1896 geöffnet. In den günstigeren Zimmern gibt's nur ein Bad.

Von Sion aus fahren vier bis sieben Busse täglich nach Evolène (13,80 SFr, 45 Min.), einige rollen auch nach Arolla weiter (in Les Haudères umsteigen, 20,60 SFr, 1½ Std.), 40 km von Sion entfernt.

SIERRE
15 400 Ew. / 581 m

In Sierre, einer der sonnigsten Städte der Schweiz, begrüßen die französischsprachigen Einwohner ihre deutschsprachigen Nachbarn (ziemlich beschwipst) mit *bonjour*. Und es geht doch wirklich nichts über ein Glas des hier angebauten Pinot Noir, wenn man in den mit Schlössern gespickten Weinbergen, die sich rund um das Stadtzentrum erheben, die Sprachgrenzen überwinden möchte.

Die **Touristeninformation** (☎ 027 455 85 35; www.sierre-salgesch.ch; Mo–Fr 8.30–18, Sa 9–17, So 9–13 Uhr) befindet sich im Bahnhof. Hier kann man sich den Führer *Promenade des Châteaux* holen, in dem alles über die Weinberge und Wanderungen der Gegend steht.

Sehenswertes & Aktivitäten

Das herrschaftliche **Château de Villa** (☎ 027 455 18 96; www.chateaudevilla.ch; Rue Ste-Catherine 4) aus dem 17. Jh. zieht die meisten Besucher an. Es ist einen 20-minütigen Spaziergang vom Bahnhof entfernt, entlang der Avenue du Marché bergauf durch die Altstadt und vorbei an briefmarkengroßen Weinbergen. In betürmten Schlösschen ist auch das **Musée du Vin** (April–Nov. Di–Fr 14–17 Uhr) untergebracht, in dem Pressen und zahlreiche Kuriositäten rund um das Thema Wein zu sehen sind. Zur Zeit der Recherche war es aufgrund von Renovierungsarbeiten geschlossen, soll jedoch Ende 2009 wieder eröffnen.

Weinliebhaber können in der **Oenothèque** (Weinladen; 10.30–13 & 14.30–20.30 Uhr) lokale Weine probieren. Ihr Keller platzt dank der 500 verschiedenen Flaschen fast aus den Nähten. Wer lieber ein Gläschen zu Walliser Spezialitäten genießen möchte, kann dies im Restaurant des Château de Villa tun (S. 173).

Einen zehnminütigen Spaziergang vom Château de Villa entfernt, der teilweise an Weinbergen vorbeiführt, liegt das **Château Mercier** umgeben von weiteren Herrenhäusern,

DAMIAN CINA

Seit er mit 17 Jahren den Familienweinberg geerbt hat, versucht Damian, Weine der Extraklasse herzustellen. Seine Bemühungen wurden 2005 belohnt, als sein **Caves Fernand Cina** (www.fernand-cina.ch) bei den Vinalies Internationales in Paris die erste Goldmedaille für die Schweiz gewann.
Wieso ist Salgesch die ideale Weingegend? Salgesch hat sich einen fantastischen Namen gemacht, seit es 1988 den ersten Grand Cru hervorgebracht hat. Die Bedingungen hier sind ideal. Wenn ich aufwache, scheint fast immer die Sonne! Die hohen Klippen halten die Wärme hier, und der Kalksteinboden trocknet selbst nach starken Regenfällen schnell wieder. Es ist wie ein kleines Saint-Émilion.
Ich beurteile einen guten Wein nach seinem … Abgang. Der Nachgeschmack sollte mindestens 30 Sekunden auf der Zunge bleiben, nachdem man geschluckt hat. Wein ist mein Leben, meine Leidenschaft. Ich würde nie eine Flasche verkaufen, die ich nicht selber trinken würde.
Was macht Ihre Weine so besonders? Als mein Bruder und ich 1987 das Weingut übernahmen, hatten wir vier verschiedene Weinsorten – heute sind es über 40. Neben klassischen Pinot Noirs finden Sie bei uns auch Interessantes, etwa den Maîtresse de Salquenen, der sich aus dreizehn Rebsorten zusammensetzt. Wir haben nach einer Nische für exklusive Weine gesucht, und wir haben sie gefunden. Um die Qualität zu sichern, verlesen wir die Trauben auf unserem 12 ha großen Weinberg von Hand und arbeiten im Einklang mit der Natur anstatt gegen sie. Unsere Nachfrage ist größer als das Angebot, und ich bin nie glücklicher, als wenn mein Keller leer ist.

---

einer Orangerie und ehemaligen Stallungen in einem hübschen Park. Es wird für Hochzeitsfeiern und andere Veranstaltungen genutzt, aber man kann jederzeit über das Gelände spazieren.

Schlafen & Essen

Bois de Finges (☎ 027 455 02 84; www.tiscover.ch/camping-bois-de-finges; Stellplatz pro Erw./Kind/Zelt/Auto & Zelt 7,20/3,60/11,50/18,50 SFr; ⊙ Ende April–Sept.; P ⓧ) Der Zurück-zur-Natur-Campingplatz befindet sich östlich des Zentrums in einem Kiefernwald nahe der Rhone. Er ist hervorragend für Familien geeignet und bietet einen Spielplatz und ein beheiztes Freibad.

LP Tipp Hôtel Terminus (☎ 027 455 13 51; www.hotel-terminus.ch; Rue du Bourg 1; EZ/DZ 120/190 SFr; P ⓧ) Erst kürzlich zu einer der ersten Adressen der Region umgestaltetes Gourmet-Mekka mit allerlei Köstlichkeiten. Die Zimmer bieten Plasma-Fernseher und WLAN und lassen sich am besten mit „bescheidener Schick" beschreiben. Im eleganten Restaurant (Degustations-Menü 140–210 SFr, geöffnet Di–Sa) serviert der mit zwei Michelin-Sternen dekorierte Didier de Courten Gerichte, bei denen Frische und Geschmack aller Zutaten sich voll und ganz entfalten.

Le Thaï (☎ 027 456 84 56; Hauptgerichte 12–16 SFr; ⊙ Mo–Sa 11–20 Uhr) Wem nach günstigem Thai-Essen ist, der ist in diesem kleinen Restaurant genau richtig. Kokos-Currys, Tom Yam und Rind mit Chili sind authentisch gewürzt.

Château de Villa (☎ 027 455 18 96; www.chateaudevilla.ch; Rue Ste-Catherine 4; Raclette 31 SFr) Überall spitze Türmchen und jahrhundertealte Holzbalken – in diesem Château wird köstliches Raclette mit fünf verschiedenen Käsesorten serviert, das man mit kräftigen Weinen aus der Umgebung hinunterspülen kann.

An- & Weiterreise

Etwa zwei Züge pro Stunde halten auf der Strecke Genf-Brig in Sierre. Die Stadt ist die Absprungstelle für Crans-Montana; ein roter SMC-Shuttlebus (*navette*; kostenl.) fährt vor dem Bahnhof zur nahen Seilbahn, von dort geht's nach Montana (11,80 SFr, 20 Min.).

SALGESCH

1345 Ew. / 540 m

So verträumt wie ein Aquarell von Turner im goldenen Herbstlicht – 1988 wurde im kleinen Weinörtchen Salgesch der allererste Grand Cru der Schweiz hergestellt. Gesegnet mit reichlich Sonnenschein und kalkhaltigem Boden, bringt Salgesch würzige Pinot Noirs, fruchtige Dôles und Fendants hervor. Viele Keller öffnen für Weinproben ihre Tore. Wessen Leidenschaft für Wein über das Trinken hinausgeht, der kann von April bis Oktober den Winzern sogar einen Tag lang bei der Arbeit helfen (Näheres gibt's auf der Website www.salgesch.ch).

Ein malerischer Weg führt vom Château de Villa in Sierre durch Weinberge nach Salgesch, wo das giebelige **Weinmuseum** (☎ 027 456 45 25; Erw./Student & Senior 5/4 SFr; ☼ April–Nov. Di–So 14–17 Uhr) den Fokus auf den Weinanbau in der Region richtet.

Wer schon immer davon geträumt hat, einmal in einem Weinfass oder in einer Presse zu schlafen, kann das im skurrilen **Hotel Arkanum** (☎ 027 451 21 00; www.hotelarkanum.ch, EZ/DZ 115/180 SFr) tun, in dem jedes einzelne Zimmer nicht nur Fachwerk, sondern auch ein Weinmotto hat. Im Restaurant (Hauptgerichte 18–38 SFr) werden köstliche Walliser Spezialitäten und Weine aus Salgesch serviert. Von Sierre aus fahren stündlich Züge nach Salgesch (3 SFr, 3 Min.).

CRANS-MONTANA
7000 Ew. / 1500 m

Crans-Montana ist ein Begriff, seit Dr. Théodore Stéphani 1896 eine kräftige Portion Alpenluft einatmete und erklärte, sie sei ganz entscheidend für die Genesung seiner Tuberkulose-Patienten. Im Winter tobt hier das pralle Leben, denn heute ist das Zwillingsresort ein sehr beliebter Zufluchtsort für Promis (etwa Roger Moore) und neureiche Russen.

Crans-Montana hat aber noch mehr zu bieten als Prada und Posen. Es ist das Paradies für fortgeschrittene Skifahrer – hier wedelt man über sonnige Pisten und genießt ein 360°-Panorama, das bis zum Matterhorn und zum Mont Blanc reicht; auch ein Grund, weshalb Profis hier gerne ihre Weltcup-Rennen austragen. Im Sommer üben Golfer ihren Schwung auf einem 18-Loch-Kurs, der von Steve Ballesteros entworfen wurde.

Orientierung & Praktische Informationen
Das moderne, weitläufige Resort liegt an einer Seenkette. Die **Touristeninformation** (☎ 027 485 04 04; www.crans-montana.ch; ☼ Dez.–April & Mitte Juni–Aug. Mo–Sa 8.30–18.30, So 10–12.30 & 14–17 Uhr, übriges Jahr Mo–Fr 8.30–12 & 14–18, Sa 8.30–12 Uhr) hat Zweigstellen in der Rue Centrale in Crans und der Avenue de la Gare in Montana.

Aktivitäten
Das Skigebiet, das sich fast ausschließlich auf der Südseite befindet, umfasst 160 km Abfahrtspisten und 50 km Langlaufloipen. Freitagabends werden 4 km Piste mit Flutlicht beleuchtet. Snowboarder sollten sich die Quarter-Pipes und Rails im Aminona-Park ausprobieren. Tages-Skipässe für Crans-Montana kosten 63/54/38 SFr für Erwachsene/Jugendliche/Kinder. Für einen Aufschlag von etwa 20 % schließt der Pass auch den **Plaine-Morte-Gletscher** (3000 m) ein. Nicht-Skifahrer und Familien kommen auch auf ihre Kosten, etwa bei Schneeschuh-Touren, bei Winterwanderungen oder auf der 6 km langen Rodelbahn.

In Crans-Montana gibt's Golfplätze mit neun oder 18 Löchern, die Preise reichen von 40 bis 80 SFr; Details gibt's direkt am **Golfclub** (☎ 027 485 97 97; www.golfcrans.ch; ☼ Mai–Okt). Im September werden die Omega European Masters ausgetragen.

Adrenatur (☎ 027 480 10 10; www.adrenatur.ch) verkauft Abenteuer – egal ob Rafting (80 SFr), Canyoning (160 SFr) oder Nervenkitzel auf dem Hochseil-Parcours im Wald (30 SFr).

Zu den schönsten **Wanderungen** zählen der schwindelerregende dreieinhalbstündige Weg zum Bisse du Ro und eine achtstündige Tour vom Plaine-Morte-Gletscher hinunter nach Chermignon-d'en-Bas. An der Touristeninformation ist eine einfache Wanderkarte für 5 SFr erhältlich.

Die Region hat 135 km erstklassiger **Mountainbike-Strecken** zu bieten. Die Abfahrten sind gut ausgeschildert, und an der Talstation der Seilbahn in Crans Cry d'Er gibt's einen Bike-Park. Der Schwierigkeitsgrad der 16 Hindernisse ist jeweils angegeben. Bei **Crans Mountain** (☎ 027 480 30 30; www.crans-mountain.ch; Rue Centrale 15; ☼ Mo–Sa 9–12 & 14–18 Uhr, Do geschl.) kann man erstklassige Räder ausleihen.

Schlafen & Essen
Über die Website des Ortes (www.crans-montana.ch) kann man online buchen. In der Touristeninformation ist eine Liste mit Ferienwohnungen und Chalets erhältlich.

Auberge du Petit Paradis (☎ 027 481 21 48; www.petit-paradis.com; EZ/DZ 80/150 SFr; P) Unterhalb von Crans im kleinen Örtchen Bluche gelegen. Die rustikale familiengeführte Unterkunft ist ihr Geld absolut wert. Die gemütlichen kiefergetäfelten Zimmer haben Balkone mit herrlichem Blick auf die Berge.

La Diligence (☎ 027 485 99 85; www.ladiligence.ch; Rte de la Combaz; EZ/DZ 125/175 SFr; P) Vor einem Waldhintergrund liegt das ruhige, einladende Chalet 1 km östlich von Montana. Die ordentlichen Zimmer haben Balkon oder Terrasse.

Hostellerie du Pas de l'Ours (☎ 027 485 93 33; www.pasdelours.ch; Rue du Pas de l'Ours; Suite 600–1650 SFr; P ☒) Das charaktervolle Gebirgs-Refugium aus Holz und Stein scheint direkt aus einem

Märchen zu stammen. In der Lobby-Bar setzen ein knisterndes Feuer und ein netzartiges Gewölbe Akzente. Der Rest des Hauses erfüllt alle Erwartungen: neun Suiten mit Whirlpool und Kamin, ein von englischem Rasen umgebener Pool im Außenbereich, ein Spa und ein Restaurant (Degustations-Menü 65–175 SFr), in dem der Michelin-besternte Küchenchef Franck Reynaud provenzalische Geschmackssensationen kreiert. Die sind natürlich nicht ganz billig.

Le Plaza (☎ 027 481 20 83; Rue Centrale; Tapas 6–20 SFr, Hauptgerichte 20–50 SFr; ☼ 7.30–1, Sa & So 10–1 Uhr) Skurriler geht's nirgendwo sonst in Crans zu – in dieser Lounge hat man ein messerscharfes Auge fürs Detail: gewagte Kuh-Gemälde und Stühle, auf denen Decken der Schweizer Armee liegen. In der Bar hört man Elektro-Jazz, während man ein Glas Wein genießt und sich Knoblauch-Chorizo oder einen originellen Salat schmecken lässt.

Le Pavillon (☎ 027 481 24 69; Rte de Rawyl; Hauptgerichte 29–48 SFr; ☼ HS tgl., NS Mi–Mo) Dank der sonnigen Terrasse mit Blick auf den Lac Grenon zieht dieses klassische Restaurant vor allem Einheimische an. Man sollte essen, was immer an diesem Tag frisch ist, sei es Lachs oder Wild nach Züricher Art mit Rösti. Das Restaurant liegt auf halber Strecke zwischen Crans und Montana (Bushaltestelle Pavillon).

An- & Weiterreise

Informationen zur Anreise nach Crans-Montana stehen auf S. 173. Im Ortsgebiet verkehren kostenlose Shuttles.

VAL D'ANNIVIERS

Das unglaublich schöne, selten erkundete Tal ist von Kiefern und Lärchen umgeben. Seine dunklen Holz-Chalets und Dörfchen in Postkarten-Idylle, die vor dem Hintergrund eines leuchtenden, 4000 m hohen Gipfels stehen, locken Wanderer auf der Suche nach unberührter Natur ebenso an wie Skifahrer, die gerne ohne Getümmel über den Pulverschnee wedeln.

Die Straße südlich von Sierre schlängelt sich wie ein Korkenzieher an winzigen Obstgärten und Weingütern hinunter und erreicht nach 13 km schließlich das mittelalterliche Dorf **Vissoie** an einer Tal-Kreuzung, die zu fünf Ski-Stationen führt (www.sierre-anniviers.ch). Man kann einen Skipass für die ganze Region kaufen (Erw./Kind/Student 47/28/40 SFr), der für insgesamt 220 km an Skipisten gilt.

Nach 11 km auf einer schmalen Kurvenstraße zurück nach Norden Richtung Sierre gelangt man nach **Vercorin** (☎ 027 455 58 55; www.vercorin.ch), das mit seinen 35 km Pisten auf sanften Hängen und einer Handvoll Unterkünften und Restaurants eher etwas für Familien ist. Über Chippis ist es auch direkt von Sierre aus zu erreichen. Im September sieht man auf dem einstündigen Spaziergang nach Süden zum **Val de Réchy** mit seiner vielfältigen Flora und Fauna oft große Gruppen Rotwild.

Näher und interessanter für Skifahrer sind die miteinander verbundenen Dörfer **St. Luc** (☎ 027 475 14 12; www.saint-luc.ch) und **Chandolin** (☎ 027 475 18 38; www.chandolin.ch), die 75 km breite, sonnige Pisten bieten, eine Halfpipe für Snowboarder und ein märchenhaftes Panorama. St. Luc liegt 4 km östlich von Vissoie am Ende einer Reihe von Serpentinen, Chandolin weitere 4 km nördlich. Es ist das hübschere der beiden und besteht aus ein paar Holzhäusern, die sich in etwa 2000 m Höhe an die steilen Hügel klammern, als gehe es um ihr Leben. Man sollte während seines Aufenthalts die **Espace Ella Maillart** (Eintritt frei; ☼ Mi–So 10–18 Uhr) besuchen, das einer bemerkenswerten Schweizer Abenteurerin gewidmet ist, die in Chandolin lebte – wenn sie nicht gerade ferne Länder wie Afghanistan oder Tibet erkundete oder Skirennen und Regatten gewann. Solaranlagen-Modelle unterbrechen den Chemin des Planètes (Weg der Planeten), einen Anstieg von Tignousa (oberhalb von St. Luc) zum **Weisshorn Hotel** (☎ 027 475 11 06; www.weisshorn.ch; EZ/DZ mit HP 140/275 SFr; ☼ außerhalb der Saison geschl.). In 2337 m Höhe gelegen, ist das großartige Hotel aus dem 19. Jh. nur zu Fuß oder mit dem Mountainbike erreichbar (oder im Winter auf Skiern, dann wird das Gepäck von St. Luc aus für die Gäste transportiert).

Wieder unten in Vissoie, kann man über das Örtchen Ayer zum idyllischen **Zinal** (☎ 027 475 13 70; www.zinal.ch) weitermarschieren; hier warten 70 km feiner Skipisten im Schatten der Giganten Weisshorn, Zinalrothorn und der zahnähnlichen Dents Blanches.

Sogar noch hübscher ist das märchenhafte **Grimentz** (☎ 027 476 20 01; www.bendolla.ch), in dem die typischen Walliser Kornspeicher auf Stelzen stehen (ursprünglich wollte man so die diebischen Mäuse fernhalten) und mit Geranien bedeckte Chalets aus dunklem, feuergehärtetem Holz sich an schmale Sträßchen schmiegen. Das Dorf ist ein charmantes Basislager für Wanderer oder Skifahrer. Das **Hotel de Moiry** (☎ 027 475 11 44; www.hoteldemoiry.ch; EZ/DZ mit HP 136/232 SFr) bietet gemütliche Zimmer mit all den Vorzügen eines warmen Gebirgs-Chalets. Im Restaurant im Erdgeschoss wird herzhaftes Essen serviert. Das zentral gelegene **Le Mélèze** (☎ 027 475 12 87; www.lemeleze.ch; Zi. 51 SFr/Pers.) hat bescheidene kiefergetäfelte Zimmer und ein Restaurant im Stil einer Scheune.

Die 8 km lange Straße Richtung Süden nach La Grouga führt zum kobaltblauen **Lac de Moiry** (2249 m) und ist nur im Sommer geöffnet. Nach weiteren 3 km erreicht man einen kleineren Damm, an dem die Straße ausläuft. Direkt voraus streckt der Moirygletscher seine schmutzig-weiße Zunge heraus; er ist eine anderthalbstündige Wanderung entfernt.

Bis zu acht Postbusse fahren jeden Tag von Sierre nach Vissoie, wo man über St. Luc Anschluss nach Chandolin (14,80 SFr), Zinal (15,80 SFr) und Grimentz (13,80 SFr) hat. Alle Fahrten dauern von Sierre etwa eine Stunde. Im Sommer fahren drei Busse die 20-minütige Strecke von Grimentz zum Lac de Moiry (10,20 SFr).

OBERWALLIS

Ein Unterschied wie zwischen Xylophon und Gong – im Osten des Wallis verwandelt sich die sanfte Anmut der Weinberge des Westens in herbe Schönheit. Hübsche Dörfer mit Holz-Chalets stehen allesamt ehrfürchtig vor dem spektakulären Hintergrund schwindelerregender Schluchten, 4000 m hoher Berggipfel und gewaltiger Gletscher. Die sprudelnden Thermalquellen von Leukerbad, der atemberaubende 23 km lange Aletschgletscher und die gigantische Pyramide des Matterhorns sind Naturdenkmäler, die zu spontanen Beifallsstürmen hinreißen.

LEUK
3460 Ew. / 750 m

Die meisten Menschen übersehen Leuk, weil sie es eilig haben, nach Leukerbad zu kommen, und schwupps – haben sie eines der bestgehüteten Geheimnisse des Wallis verpasst. Kelten, Römer und Burgunder haben die Pflastersteine dieses Bergdorfes schon stark abgenutzt. Die Dorfmitte ist im Mittelalter steckengeblieben und so überschaubar, dass man sie zu Fuß erkunden und alles in sich aufsaugen kann. Schmale Gassen führen an gurgelnden Brunnen, hölzernen Kornspeichern und weinbewachsenen Villen vorbei. Der moderne Architekt Mario Botta hat auf dem romanischen **Schloss Leuk** seinen Fingerabdruck hinterlassen; es war im Laufe der Jahrhunderte bereits eine Bischofsresidenz, eine Folterkammer und der Ort mehrerer Hexenprozesse. Am Hauptplatz gibt's eine Metzgerei, eine Bäckerei und ein paar Cafés.

Mit seinen einfachen, makellosen, holzgetäfelten Zimmern ist das märchenhaft fantastische **Hotel Schloss** (☎ 027 473 12 13; www.schlosshotel-leuk.ch; Leukerstraße 14; EZ/DZ 60/100 SFr) bescheidener und erschwinglicher, als sein herrschaftliches Äußeres vermuten lässt.

Leuk liegt an der Hauptbahnstrecke von Lausanne nach Brig, halbstündlich fahren Züge nach Sierre (4 SFr, 7 Min.) und Brig (10,80 SFr, 20 Min.).

LEUKERBAD
1565 Ew. / 1411 m

Die Straße, die von Leuk aus im Zickzack vorbei an atemberaubend steilen Schluchten und bewaldeten Felsen führt, ist eine spektakuläre Einleitung für Leukerbad. Von Europas größtem Thermalkurort blickt man auf ein Amphitheater aus thronenden Felsentürmchen hinauf – dramatischer geht's nicht. Die Römer hatten schon immer ein Auge für Schönheit. Sie nutzten einst Leukerbads dampfende Quellen, in denen heute die Besucher entspannen, nachdem sie zum Gemmipass hinaufgestiegen sind, die längste *via ferrata* der Schweiz gemeistert oder den Schnee auf dem Torrenthorn genossen haben.

Orientierung & Praktische Informationen
Leukerbad liegt 14 km nördlich von Leuk. Die **Touristeninformation** (☎ 027 472 71 71; www.leukerbad.ch; ◯ Juli–Nov. & Dez.–April Mo–Fr 9–12 & 13.15–18, Sa 9–18, So 9–12 Uhr, übriges Jahr Mo–Sa 9–12 & 13.15–17.30 Uhr) ist im Ortskern und weiß alles über die verschiedenen Kur-Anwendungen. Im selben Gebäudekomplex befinden sich auch das Rathaus, die Post, das Parkhaus und der Busbahnhof. Nachts ist Leukerbad autofrei.

Sehenswertes & Aktivitäten
Das größte von Leukerbads vier öffentlichen Bädern ist das **Burgerbad** (☎ 027 472 20 20; www.burgerbad.ch; Rathausstrasse; 3 Std. Bad Erw./Student/Kind/unter 8 Jahren 20/16/12 SFr/frei; ◯ 8–20 Uhr) mit Innen-

und Außenbecken, Whirlpools, Massagedüsen, Dampfgrotten und Wasserrutschen.

Sein schickerer Rivale ist die **Lindner Alpentherme** (☎ 027 472 10 10; www.alpentherme.ch; Dorfplatz; 3 Std. Bad Erw./Kind/unter 6 Jahren 20/14 SFr/frei, römisch-irisches Bad mit/ohne Massage 74/54 SFr, Sauna-Dorf 19 SFr; ☼ Bäder 8–20, Fr bis 22, römisch-irisches Bad & Sauna-Dorf 10–20 Uhr), in der alle, die sich trauen, im römisch-irischen Bad wie Gott sie schuf entspannen können: zwei Stunden herrlich baden oder in Schlamm gepackt und mit ordentlich Seife geschrubbt werden. Außerdem kann man Behandlungen wie Unterwasser-Massagen und Wildblumen-Packungen buchen oder einfach auf 40°C warmem Wasser treiben. Die neuste Attraktion ist das Walliser Sauna-Dorf komplett mit Mühle, eiskaltem Bach und Kräuterdampfräumen.

Über einen glatten Berggrat fährt eine Seilbahn zum **Gemmipass** (2350 m) und in ein fantastisches Wandergebiet. Die Fahrt kostet 19/28 SFr einfache Strecke/hin & zurück, der steile Aufstieg dauert etwa zwei Stunden. Wer eine größere Herausforderung sucht, kann den Pass auf einer achtstündigen Wanderung nach **Kandersteg** (S. 216) überqueren. Etwas leichter ist der sogenannte Thermalquellen-Weg, der durch eine Schlucht führt, die an einem stufenförmigen Wasserfall endet. Trittsichere auf der Suche nach Nervenkitzel können sich an die längste *via ferrata* der Schweiz wagen. Der Klettersteig führt auf schwindelerregende Stunden über die Klippen hinauf zum **Dauberhorn** (2941 m). Dank des sensationellen Ausblicks auf die Walliser und Berner Alpen lohnen sich Schweiß und Flüche. An der Touristeninformation gibt's Infos zu Ausrüstungsverleih und Alpenführern.

Die **Skipisten** am Torrenthorn (2998 m) sind hauptsächlich etwas für Anfänger und leicht Fortgeschrittene, es gibt aber auch eine anspruchsvolle, 1400 m lange Abfahrt. Tages-Skipässe kosten 49/29/39 SFr pro Erwachsenem/Kind/Student und Senior.

Schlafen & Essen

Weisses Rössli (☎ 027 470 33 77; www.rossli.net; Tuftstrasse 4; EZ/DZ 60/120 SFr) Das Belle-Époque-Hotel beim Dorfplatz wird mit echter *passione* vom italienischsprachigen Paolo und seinem Sohn Jean-Pierre geführt. Die altmodischen Zimmer mit Waschbecken und winzigem Balkon sind schlicht, aber gemütlich.

Hôtel de la Croix Fédérale (☎ 027 472 79 79; www.croix-federale.ch; Kirchstraße 43; EZ/DZ 95/180 SFr) In diesem mit Geranien gespickten Chalet wird man herzlich empfangen. In den ausschließlich kiefergetäfelten Zimmern fühlt man sich rundum wohl, alle haben daunenweiche Bettdecken und Flachbildfernseher. In der Walliser Kanne (Hauptgerichte 20–35 SFr) im Erdgeschoss werden köstliche Holzofen-Pizzas serviert und ab und an fröhliche Jodel-Vorführungen geboten.

Lindner Hotel Leukerbad (☎ 027 472 10 00; www.lindnerhotels.ch; Dorfplatz; EZ/DZ 229/459 SFr; 🅿 🖳 🕿) Direkt in der Ortsmitte liegt dieser recht imposante Komplex. Die geräumigen Zimmer zeigen bereits erste Alterserscheinungen, sollen aber bald renoviert werden. Dank des direkten Zugangs zu den Thermalbädern und den Saunas wird man ohnehin keine Lust haben, Design-Punkte zu vergeben – also Bademantel an und los!

Café Leukerbad (Rathausstrasse; kleine Gerichte 5–15,50 SFr; ☼ 11–21 Uhr) In diesem Juwel von einem Teehaus findet man keinerlei Allüren, nur Einheimische, die Gulaschsuppe schlürfen und sich die köstlichen Kuchen schmecken lassen. Hier erwartet die Gäste altmodischer Service mit einem freundlichen Lächeln.

An- & Weiterreise

Von Leuk fährt stündlich ein Postbus nach Leukerbad; letzte Abfahrt ist um 19.20 Uhr (10,80 SFr, 30–35 Min.).

LÖTSCHENTAL

Eine abgeschiedene Wildnis mit glasklaren Bächen, Lärchenwäldern und Gletschern – das Lötschental bietet einen bezaubernden, wenig besuchten Vorgeschmack auf die Täler der Region Aletsch, am besten ist es von Brig aus zu erreichen (s. S. 185). Die meisten Menschen, die sich hierher verirren, kommen nur bis nach Goppenstein, 9 km nördlich der N9, wo sie ihre Autos auf die halbstündlich verkehrende Lötschbergtunnel-Bahn verladen, die sie nach Kandersteg im Berner Oberland bringt (20–25 SFr/Auto, 15 Min.).

Hinter Goppenstein windet sich die Straße durch ein abgelegenes Tal vorbei an einer Reihe von ruhigen Dörfchen Richtung Nordosten nach **Fafleralp** (1787 m), das eigentlich nur aus einer Handvoll Chalets besteht. Das **Hotel Fafleralp** (☎ 027 939 14 51; www.fafleralp.ch; Zi. 75–90 SFr/Pers.) ist ein herrlich rustikaler Zufluchtsort, dessen Zimmer mit dem Holz der Umgebung gestaltet wurden, und nirgends ist auch nur ein Telefon oder Fernseher in Sicht. Im Winter ist die Straße aufgrund der Schneemassen oft unpassierbar, aber wenn man vorab reserviert, wird das Gepäck in Blatten abgeholt und man wandert die letzten 4 km mit Schneeschuhen zum Hotel.

Der eisige Finger des **Langgletschers** reicht fast bis an das Dorf heran und ist nur eine einfache, anderthalbstündige Wanderung vom Hauptparkplatz entfernt. Man kann auch noch andere Wanderungen in die Berge unternehmen, auf einigen sieht man Gletscher-Wasserfälle, dafür jedoch kaum Vegetation außer ein bisschen Alpengras; Details gibt's unter www.loetschental.ch.

Langlauf ist hier sehr beliebt, und auf der **Lauchneralp** in **Wiler**, 3 km südwestlich von Blatten, gibt's sogar ein paar kleine alpine Abfahrten.

Von Juni bis Oktober fahren bis zu zwölf Postbusse von Goppenstein nach Blatten und dann weiter nach Fafleralp (32 Min.).

VISP
6670 Ew. / 650 m

Alles, was die meisten Besucher von dem Örtchen Visp zu sehen bekommen, ist der Bahnhof, wenn sie in einen Zug nach Zermatt oder Saas Fee steigen. Dabei ist die Altstadt mit ihren Pflasterstraßen und schönen Fensterläden wirklich sehenswert. Weinliebhaber können sich beim zweieinhalbstündigen Aufstieg nach **Visperterminen**, der berühmten Heimat von Europas höchstem Weinberg (1150 m), den nötigen Durst verschaffen. Jede Stunde fährt ein Bus dieselbe Strecke in 20 Minuten (6,20 SFr).

Wenn man über Nacht in Visp hängen bleibt, kann man aus einer Reihe von Hotels in der Nähe des Bahnhofs wählen. Züge fahren ungefähr stündlich nach Zermatt (33 SFr, 65 Min.), und jede Stunde fährt ein Postbus nach Saas Fee (15,80 SFr, 45 Min.).

BRIGERBAD
In den Freiluft-Becken der **Thermalbäder** (☎ 027 946 46 88; www.brigerbad.ch; Erw./Kind 15/7 SFr; ⊗ Anfang Mai–Sept. 9.30–18 Uhr) in Brigerbad kann man einen äußerst spritzigen Sommer verbringen – hier gibt es rasante Ströme und grottenähnliche Pools. Die Bäder liegen auf halbem Weg zwischen Visp und Brig, sind von Visp aus aber mit dem Postbus leichter zu erreichen (3 SFr, 10 Min.); sie fahren mehr oder weniger stündlich ab.

ZERMATT
5785 Ew. / 1605 m

Im Zug, der von Täsch kommt, ist die freudige Erwartung beinahe greifbar: Pärchen blicken sehnsüchtig aus dem Fenster, Kinder zappeln herum und stopfen sich mit Toblerone voll, während ihre Eltern die Kamera auspacken. Und dann, wenn sie endlich in Zermatt ankommen, glucksen sie vor Freude über den Aufklappbuch-Effekt beim Anblick des einzigartigen **Matterhorns** (4478 m). Trigonometrie vom Feinsten, topografische Perfektion, eine verdammte Schönheit von einem Berg – man kann es nennen, wie man will, das Matterhorn ist und bleibt von hypnotisierender Faszination. Wie die Rückenflosse eines Hais erhebt es sich über der Stadt, wie ein geltungsbedürftiger Promi schiebt es sich in jeden Schnappschuss, und wie eine echte Diva leidet es unter Stimmungsschwankungen, die von hübsch rosa bis finster und geheimnisvoll reichen.

Seit Mitte des 19. Jhs. gilt Zermatt als eines der schillerndsten Resorts der Schweiz. Heute zieht es unerschrockene Bergsteiger, Wanderer und Skifahrer, die von der Szenerie so hypnotisiert sind, dass sie nur im Schneckentempo bergab wedeln, ebenso an wie stilsichere Häschen, die sich in ihren Designerklamotten in den Lounge-Bars die Zeit vertreiben. Aber alle sind hin und weg vom Matterhorn, dem unergründlichen Monolithen, von dem man einfach nicht die Augen lassen kann.

Praktische Informationen
Im **Papperla Pub** (S. 182; ☎ 027 967 40 40; www.papperlapub.ch) kann man kostenlos online gehen oder dank WLAN mit dem eigenen Laptop surfen. In der **Touristeninformation** (☎ 027 966 81 00; www.zermatt.ch; Bahnhofplatz 5; ⊗ Mitte Juni–Sept. Mo–Sa 8.30–18, So 8.30–12 & 13.30–18 Uhr, übriges Jahr Mo–Sa 8.30–12 & 13.30–18, So 9.30–12 & 16–18 Uhr) gibt's jede Menge Broschüren über die ganze Gegend.

Sehenswertes
Der Ausblick aus sämtlichen Seilbahnen und Gondeln ist absolut atemberaubend, besonders aber aus der Zahnradbahn zum 3090 m hohen **Gornergrat** (einfache Strecke 38 SFr). Die Fahrt dauert 35 bis 45 Minuten, es fahren zwei bis drei Bahnen pro Stunde. Für freie Sicht aufs Matterhorn unbedingt auf der rechten Seite sitzen! Alternativ kann man in etwa fünf Stunden von Zermatt zum Gornergrat wandern.

Das **Hinterdorf** ist die älteste Ecke des Dorfes, hier gibt's überall archetypische Walliser Chalets und Kornspeicher aus Holz, komplett mit Steinplatten und Stelzen, um die Ratten fernzuhalten – Welten von den schniken Boutiquen in der Bahnhofstrasse entfernt.

Der **Friedhof** ist eine ernüchternde Erfahrung für alle Möchtegern-Bergsteiger. Hier erzählen zahlreiche Grabsteine von tödlichen Unglücken auf dem Monte Rosa, dem Breithorn oder dem Matterhorn.

Das Zentrum des gläsernen, hochmodernen **Matterhorn Museums** (☎ 027 967 41 00; www.matterhornmuseum.ch; Kirchplatz; Erw./Student/Kind/unter 10 Jahren 10/8/5 SFr/frei; ✆ Dez–Sept. 11–18, Okt. 14–18 Uhr, Nov. geschl.) ist ein authentisch nachempfundenes Walliser Dorf. Es bietet einen faszinierenden Überblick über die Geschichte des Bergsteigens, die Anfangszeit des Tourismus und die Leben, die das Matterhorn gefordert hat. Unbedingt anschauen muss man Roosevelts Briefe, Raymond Lamberts Rentierhaut-Stiefel (nach Maß gefertigt, nachdem seine Zehen amputiert wurden) und das berüchtigte Seil, dass 1865 riss und die Erstbesteigung des Matterhorns in eine Tragödie verwandelte.

Aktivitäten

Zermatt ist der reinste Abfahrer-Himmel. Die meisten Strecken sind lange rote Pisten mit grandioser Kulisse, es gibt aber auch ein paar blaue für Ski-Jungfrauen und schwarze für Experten, bei denen der Puls ganz schön in die Höhe geht. Die drei wichtigsten Skigebiete sind **Rothorn**, **Stockhorn** und **Klein Matterhorn**. Insgesamt gibt's 300 km Pisten, und zwischen den einzelnen Gebieten verkehren kostenlose Shuttle-Busse. Die Hauptsaison ist zwischen Februar und April. Im Frühsommer kann hier und da noch Schnee liegen, aber an den Liften ist es dann viel ruhiger. Snowboarder pilgern zum Freestyle-Park und der Halfpipe am Klein Matterhorn, während Buckelpisten-Fans auf den holprigen Pisten am Stockhorn voll auf ihre Kosten kommen.

Auf dem Klein Matterhorn steht Europas höchste Seilbahnstation (3820 m), nirgendwo sonst auf dem Kontinent kann man in größerer Höhe Ski fahren, nirgendwo in der Schweiz gibt's mehr Sommer-Skipisten (25 km Abfahrten), und im italienischen Ort Cervinia ist der Pulverschnee herrlich tief. Unglaublich weit und schlicht berauschend – die Abfahrt Nummer 7 über die Grenze ist ein absolutes Muss, aber man darf den Ausweis nicht vergessen. Bei schönem Wetter sollte man mit dem Lift zum Gipfel des Klein Matterhorn (3883 m) fahren, von wo aus man einen sensationellen Blick auf die Schweizer Alpen (vom Mont Blanc bis zum Aletschhorn) und bis weit nach Italien hat.

Ein Tagespass für Zermatt (ohne Cervinia) kostet 71/36/65 SFr für Erwachsene/Kinder/Senioren und Studenten oder 80/40/74 SFr mit Cervinia. Von September bis Ende November können sparsame Skifahrer mit einem Wochenendangebot Geld sparen, das jedoch einschließt, dass man die neuesten Skier auf einer begrenzten Anzahl von Abfahrten rund um den Klein-Matterhorn-Gletscher testet. In den Preisen sind Frühstück, Skipässe und der Testski-Verleih eingeschlossen, sie reichen von 315 SFr pro Person in einem Ein-Sterne-Hotel bis zu 439 SFr mit vier Sternen.

Zermatt lockt im Sommer Wanderer mit insgesamt 400 km Wanderwegen. Sie führen durch eine Kulisse, die zu den schönsten in den Alpen zählt. Für alle, die dem Matterhorn ganz nahe kommen wollen, ist der **Höhenweg Höhbalmen** (S. 69) die ultimative Tageswanderung. Auf der Website der Touristeninformation gibt's mehr zu größeren Wanderungen, wie etwa zur zweieinviertelstündigen Tour zum Matterhorngletscher und zum vierstündigen Hörnli-Weg.

Im **Alpin Center** (☎ 027 966 24 60; www.alpincenter-zermatt.ch; Bahnhofstrasse 58; ✆ Mitte Nov.–April & Juli–Sept. 8.30–12 & 15 19 Uhr) sind die Skischule und

---

SKURRILE UNGEHEUER IM FEBRUAR

Wenn die Fasnachtszeit beginnt, schwärmen haarige Tschäggättä-Ungeheuer durch das Lötschental. Sie tragen Schaf- oder Ziegenfelle und Kuhglocken, Angst einflößende Holzmasken und rußgeschwärzte Handschuhe. Früher jagten sie die Dorfbewohner traditionell von 12 Uhr mittags bis 18 Uhr und schmierten jedem Ruß ins Gesicht, den sie erwischten. Heutzutage streifen sie eher abends durch die Gegend und nehmen mehr Rücksicht auf rußscheue Opfer. Man ist sich nicht ganz einig, wie diese Tradition entstand; manche sagen, man wollte damit die Reste des Winters vertreiben, andere glauben, sie habe ihren Ursprung in einer maskierten Diebesbande, die im 11. Jh. das Tal unsicher machte.

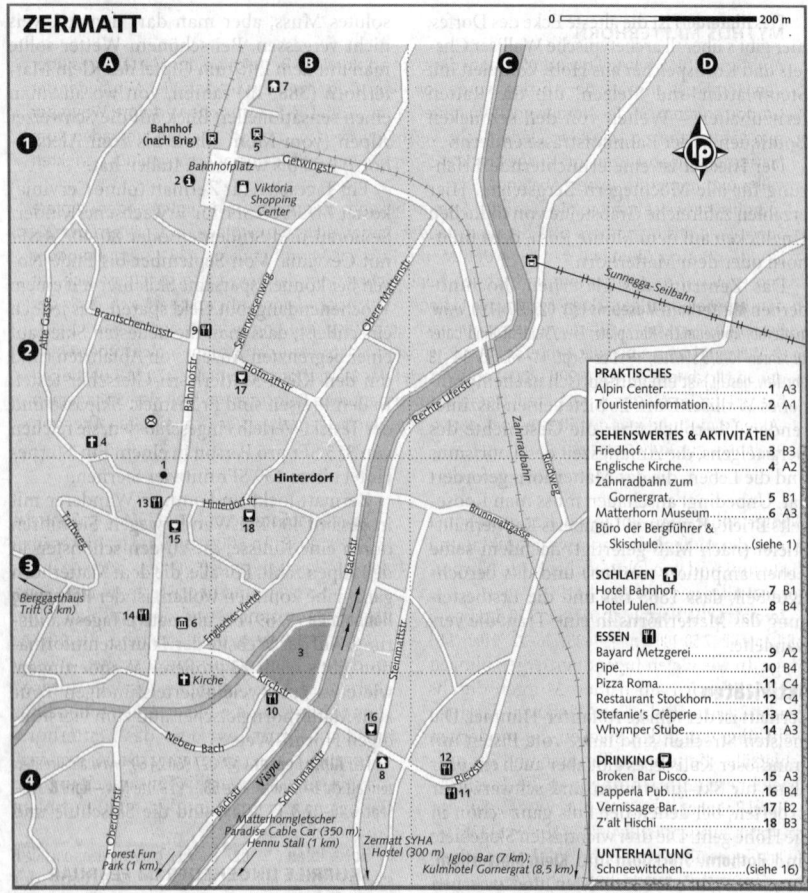

ZERMATT

PRAKTISCHES
Alpin Center..................................1 A3
Touristeninformation.....................2 A1

SEHENSWERTES & AKTIVITÄTEN
Friedhof...3 B3
Englische Kirche............................4 A2
Zahnradbahn zum
 Gornergrat...................................5 B1
Matterhorn Museum......................6 A3
Büro der Bergführer &
 Skischule..............................(siehe 1)

SCHLAFEN
Hotel Bahnhof................................7 B1
Hotel Julen....................................8 B4

ESSEN
Bayard Metzgerei...........................9 A2
Pipe...10 B4
Pizza Roma..................................11 C4
Restaurant Stockhorn...................12 C4
Stefanie's Crêperie.......................13 A3
Whymper Stube............................14 A3

DRINKING
Broken Bar Disco..........................15 A3
Papperla Pub................................16 B4
Vernissage Bar..............................17 B2
Z'alt Hischi...................................18 B3

UNTERHALTUNG
Schneewittchen......................(siehe 16)

das Büro der Bergführer untergebracht. Sie organisieren geführte Aufstiege zu den wichtigsten 4000ern, etwa dem Breithorn (165 SFr), dem Riffelhorn (257 SFr) und, für Experten, die gewillt sind, sich eine Woche lang zu akklimatisieren, zum Matterhorn (998 SFr). Ihr Angebot umfasst auch mehrtägige Wanderungen, Gletschertouren nach Gorner (120 SFr), Schneeschuhtouren (140 SFr) und Eisklettern (175 SFr).

Für ein Abenteuer à la Tarzan geht man zum **Forest Fun Park** (☎ 027 968 10 10; Erw./Kind/unter 7 Jahren 31/21/15 SFr; April–Nov. 9–18.30 Uhr), einem gigantischen Spielplatz über den Baumkronen aus Hochseilen, Plattformen, Flusstraversen und Brücken, die mit dem jeweiligen Schwierigkeitsgrad gekennzeichnet sind.

Feste & Events

Abenteuerlustige Freestyler nehmen am **Bump Bash** (www.bumpbash.com) teil, einem Buckelpistenrennen rund um den Triftgletscher (April). Im Juli können sich die Ultra-Fitten beim (wörtlich!) atemberaubenden **Zermatt-Marathon** (www.zermatt-marathon.ch) messen, der von St. Niklaus zum Riffelberg führt. Der **Folkloreumzug** am 10. August bringt Alpenmusik und eine feierliche Stimmung nach Zermatt. Im September werden beim **Zermatt Festival** weltberühmte Kammerorchester begrüßt.

Schlafen

Zermatt hat erst kürzlich an den Übernachtungsmöglichkeiten geschraubt und eine Reihe neuer Boutiquehotels gebaut. Im

MYTHOS MATTERHORN

Am 13. Juli 1865 führte Edward Whymper die erste erfolgreiche Besteigung des Matterhorns über den Hörnligrat an, aber der Abstieg wurde von einer Tragödie überschattet: Vier Mitglieder der Gruppe stürzten an der Nordwand 1200 m tief in den Tod. Die Katastrophe verfolgte Whymper sein Leben lang; so klagte er: „Jede Nacht, verstehen Sie das, sehe ich meine Kameraden vom Matterhorn hinabstürzen, mit ausgestreckten Armen, einen nach dem anderen, in einer perfekten Reihe und immer im selben Abstand."

Ironischerweise machte die Tragödie Zermatt bekannt, und schon bald folgten andere tapfere Seelen, die das Matterhorn und die umliegenden Riesen erklettern wollten, unter ihnen der 20-jährige Winston Churchill, der 1894 den Monte Rosa (4634 m) bezwang. 1881 stieg Theodore Roosevelt auf das Matterhorn und schrieb seiner Schwester, „der Berg ist so steil, dass sich auf den bröckelnden, gezackten Felsen der Schnee nicht halten kann", aber dass er sich nach der Besteigung so „frisch fühlte wie sonst nur nach einer Tasse Tee und einem warmen Bad".

Während man über die Hinterdorfstraße spaziert, sollte man den Brunnen nicht übersehen, der an Ulrich Inderbinen (1900–2004) erinnert, der das Matterhorn sagenhafte 370 Mal bestiegen hat, zuletzt im Alter von 90 Jahren. Der in Zermatt geborene Bergsteiger erhielt den Spitznamen „Alpenkönig" und war der älteste noch aktive Bergführer der Welt, als er sich im reifen Alter von 95 Jahren zur Ruhe setzte.

Winter sollte man vorab buchen und sonst immer daran denken, dass zwischen Mai und Mitte Juni und von Oktober bis Mitte November fast alles geschlossen hat.

Zermatt SYHA Hostel (☎ 027 967 23 20; Staldenweg 5; B/DZ mit HP 47,50/100 SFr; 7–10 & 16–22.30 Uhr;) Frage: In wie vielen Jugendherbergen blinzelt das Matterhorn am frühen Morgen durchs Fenster? Antwort: in einer. Und wen das noch nicht überzeugt, den stecken die modernen Schlafsäle, die sonnige Terrasse und die ausgezeichneten Einrichtungen in die Tasche.

Hotel Bahnhof (☎ 027 967 24 06; www.hotelbahnhof.com; Bahnhofstrasse; B/EZ/DZ 43/78/98 SFr; 8–12 & 16–20 Uhr) Gegenüber vom Bahnhof. In den adretten Zimmern stehen herrliche Betten, die nach einem anstrengenden Kletter- oder Ski-Tag in den Bergen den Himmel schickt. Es gibt eine Lounge, eine schicke Großraum-Küche und kostenloses WLAN.

LP Tipp Berggasthaus Trift (☎ 079 408 70 20; B/DZ mit HP 63/150 SFr Juli–Sept.) Der Aufstieg zu der auf 2337 m gelegenen Berghütte zieht sich, aber die Wanderung ist sensationell. Der alpine Hafen am Fuß des Triftgletschers wird von Hugo (einem wahren Alphorn-Zauberer) und Fabienne geführt. Die Zimmer sind gemütlich und die Aussicht – aah, die Aussicht! – zu den schneebedeckten 4000ern ist hypnotisierend. Auf der Terrasse kann man Köstlichkeiten wie selbst gezüchtetes Rind oder ofenfrischen Apfelkuchen genießen. Wenn die Sonne über dem Monte Rosa untergeht, die Kamera griffbereit haben!

Kulmhotel Gornergrat (☎ 027 966 64 00; Gornergrat; EZ/DZ 180/310 SFr) In 3000 m Höhe ist dieses über den Wolken gelegene Hotel das höchste in der ganzen Schweiz und begeistert vor allem jene, die die Atmosphäre und den Ausblick einer Alpenhütte lieben, denen es beim Gedanken an dünne Matratzen und eiskaltes Wasser aber graust. Die gepflegten Zimmer mit weichen Daunendecken bieten einen tollen Blick auf den Monte Rosa und das Matterhorn. Wenn bei Sonnenuntergang die Massen verschwinden, kann man die Einsamkeit und das Panorama der leuchtenden 4000 m hohen Gipfel genießen.

Hotel Julen (☎ 027 966 76 00; www.julen.com; Riedstrasse 2; EZ/DZ mit HP 265/530 SFr;) Eins der Schweizer Romantik-Hotels. Im Julen treffen Holzfällerhütte und Pariser Boudoir aufeinander – aufwendig geschnitzte Decken, roter Samt und dicke Schaffelle. Die mit Kiefernholz ausgestatteten Zimmer sind kleine Liebesnester mit weihnachtlichen, rot-grünen Stoffen und Blick auf die Berge. Es gibt auch ein Spa und ein Restaurant.

Essen

Stefanie's Crêperie (☎ 079 772 99 66, Bahnhofstrasse 60; Snacks 5–16 SFr; 11–24 Uhr) Die perfekten, hauchdünnen Crêpes sind es wert, darauf zu warten. Durch die Luke sieht man, wie Crêpe-Fee Stefanie mit einer Pfanne ihren Zauber vollführt. Man kann sie, die Crêpes, mit Schokolade oder selbst gemachter Marmelade genießen.

Bayard Metzgerei (☎ 027 967 22 66; Bahnhofstrasse 9; Würstchen um 6 SFr; ⊗ Juli–Sept. 12–18.30 Uhr, Dez.– März 16–18.30 Uhr) Für die Bratwürste, Hähnchen und anderen fleischlichen Leckereien dieser Metzgerei mit Grill folgt man am besten der eigenen Nase.

Pizza Roma (☎ 027 967 32 29; Riedstrasse 20; Hauptgerichte 16–26 SFr; ⊗ abends) Knusprige Holzofenpizza, herzhafte Pasta und das zarteste Tiramisu diesseits von Bellinzona gibt's in diesem Lokal mit niedrigen Decken.

Pipe (☎ 079 758 53 24; Kirchstrasse 38; Hauptgerichte 27–39 SFr; ⊗ abends) Das brummende afrikanisch-asiatische Lokal bringt Würze in den Schweizurlaub. Nach dem Genuss des heißen, fruchtigen Springbock-Currys oder des Karoo-Lamms mit Aprikosenglasur in Verbindung mit einem lakritzigen Shiraz schlagen die Geschmacksknospen Purzelbäume. Unter der Decke hängen Surfbretter, an den Wänden Stammesmasken, und an den Tischen sitzt man Ellbogen an Ellbogen – so entsteht eine authentische, intime Atmosphäre.

Whymper Stube (☎ 027 967 22 96; Bahnhofstrasse 80; Hauptgerichte 23–42 SFr) Der Alpenklassiker ist nach dem unerschrockenen Entdecker Edward Whymper benannt, der 1965 als Erster das Matterhorn bestieg. Hier werden die leckersten Fondues von ganz Zermatt serviert, einschließlich Variationen mit Birnen und Gorgonzola. Das Motto: Heute schlemmen, morgen klettern.

Restaurant Stockhorn (☎ 027 967 17 47; Riedstrasse 11; Hauptgerichte 35–40 SFr; ⊗ abends) Ein gemütliches Chalet, in dem man sich ganz warm und kuschelig fühlt. Das Stockhorn serviert köstliche Fondues, Raclettes und Fleischspezialitäten aus dem Holzofen. Das fällt-direkt-vom-Knochen-Lamm ist göttlich.

Ausgehen

Auch nach zahllosen Schussfahrten noch voller Energie? In Zermatt pulsiert das Leben in partyverrückten Après-Ski-Hütten und entspannten Lounge-Bars. Die meisten schließen (und einige schmelzen) in der Nebensaison.

Papperla Pub (☎ 027 967 40 40; Steinmattstrasse 34; ⊗ 11–23.30 Uhr) Im Winter voll mit betrunkenen Skifahrern, mischt dieser Pub pulsierende Musik mit tödlichen Jägermeister-Bomben und guter Stimmung. Einfach reinquetschen, Kurze kippen und dann runter in den Schneewittchen Club (bis 4 Uhr morgens geöffnet) für dasselbe in Grün.

Hennu Stall (☎ 027 966 35 10; Klein Matterhorn; ⊗ 14–19 Uhr) Wer diesen eingeschneiten „Hühnerstall" zuletzt erreicht, ist das faule Ei. Hennu ist der wildeste Après-Ski-Schuppen am Klein Matterhorn. Man kann sich einen Karamell-Wodka bestellen und dann auf der Terrasse in Skistiefeln zu Livemusik schwofen. Nach einem meterlangen „Ski" mit Kurzen gackert man auf dem ganzen Weg runter nach Zermatt.

Igloo Bar (Gornergrat; www.iglu-dorf.ch; ⊗ 22–4 Uhr) Bei Temperaturen unter Null schlürfen die Gäste Glühwein zwischen Eisskulpturen, baden in der Sonne oder starren zum Matterhorn. Die Bar liegt an der Abfahrtsstrecke vom Gornergrat zum Riffelberg.

Z'alt Hischi (☎ 027 967 42 62; Hinterdorfstrasse 44; ⊗ 21–2 Uhr) Die in Zermatts charmantester Straße versteckte Kneipe zu finden, ist eine Herausforderung, die man am besten den Nüchternen überlässt. Warm, mit viel Holz, die Gläser werden großzügig eingeschenkt und es gibt jede Menge Klatsch und Tratsch.

Broken Bar Disco (☎ 027 967 19 31; Bahnhofstrasse 41; ⊗ 22–4 Uhr) Im Gewölbekeller des Hotel Post untergebracht. Hier kann man auf einem Weinfass zu 80er-Jahre-Beats und Europop bis 4 Uhr morgens tanzen.

Vernissage Bar (☎ 027 967 66 36; Hofmattstrasse 4; ⊗ 17–2 Uhr) Die ultimative Après-Ski-Antithese – das Vernissage strahlt erwachsene Kultiviertheit aus. Der aus der Gegend stammende Heinz Julen hat einen dramatischen Raum mit fließenden Samtvorhängen, Filmrollen-Kronleuchtern und von Kerzen beleuchteten Nischen geschaffen. Man kann eine Ausstellung besuchen, im dekadenten Kino einen Bond-Film anschauen und dann in der Lounge Bar die 007-Martini-Pose üben.

An- & Weiterreise

AUTO

Zermatt ist autofrei. Niedliche Elektro-Fahrzeuge werden zum Transport von Waren genutzt und in der ganzen Stadt als Taxis eingesetzt. Autofahrer müssen ihren Wagen in einem der Parkhäuser oder auf dem Parkplatz in Täsch abstellen (13,50 SFr/Tag) und mit dem Zug (7,60 SFr, 12 Min.) nach Zermatt fahren.

ZUG

Züge fahren etwa alle 20 Minuten von Brig (35 SFr, 1½ Std.) hierher, sie halten unterwegs in Visp. In Zermatt fährt auch der Gletscher-

Express nach Graubünden ab, eine der spektakulärsten Zugstrecken der Welt.

SAAS FEE
1665 Ew. / 1800 m

Das kleine Saas Fee ist umgeben von einem bedrohlichen Amphitheater aus dreizehn unerbittlichen, über 4000 m hohen Gipfeln. Es steht vor einem Hintergrund aus nicht weniger bedrohlichen Zungen von neun Gletschern – und im verräterischen Sommerlicht sieht es wirklich schwächlich aus. Bis 1951 führte nur ein Maultierpfad zu diesem isolierten Außenposten, und die Einwohner lebten sehr bescheiden ausschließlich von der Landwirtschaft. Obwohl die Dorfmitte ihr rustikales Flair dank der Holz-Chalets und Stelzen-Schuppen behalten hat, ist der Rest sehr modern gestaltet. Das Resort ist weniger charmant als das benachbarte Zermatt, aber während der Skisaison glitzert es nicht minder fröhlich.

Orientierung & Praktische Informationen
Saas Fee ist ein stetig wachsender Ort. Die Dorfmitte und Skilifte liegen südwestlich des Busbahnhofs.

Die **Touristeninformation** (☎ 027 958 18 58; www.saas-fee.ch; ⊙ Mo–Sa 8.30–12 & 14–18.30, So 10–12 & 15–17 Uhr) ist gegenüber der Post und des Busbahnhofs. In der Nebensaison sind die Öffnungszeiten etwas kürzer. Mit der Gästekarte erhält man einige Vergünstigungen.

Sehenswertes & Aktivitäten
In Saas Fee ist Schnee garantiert, die meisten **Skipisten** befinden sich oberhalb von 2500 m Höhe; der Gletscher wirkt wie eine Tiefkühltruhe. Die 140 km gut präparierten, malerischen Pisten sind eher für Anfänger und leicht Fortgeschrittene geeignet, aber auch echte Cracks, die sich einen Führer nehmen, finden abseits der Pisten herrlich tiefen Pulverschnee. Skitouren sind auf der berühmten Haute Route nach Chamonix möglich. Das Resort ist ein Mekka für Snowboarder, in dem regelmäßig Weltmeisterschaften ausgetragen werden. Im Freestyle-Park am Mittelallalin gibt's Kicker, eine Halfpipe und eine Chill-Out-Zone. Ein Liftpass kostet pro Tag 65/36 SFr für Erwachsene/Kinder und 370/205 SFr pro Woche.

Nicht-Skifahrer können auf insgesamt 20 km ausgeschilderten **Winterwegen** schlendern oder den Hannig hinunterrodeln. Dienstags und donnerstags zwischen 18 und 21 Uhr kann man in der Abenddämmerung auf einem Schlitten durch glitzernde Wälder sausen. Andere Winteraktivitäten sind u. a. Eisklettern, Husky-Schlittenfahrten und Airboarden.

In der Touristeninformation gibt's eine Karte, in der 350 km sommerlicher **Wanderwege** durch das Saas-Tal verzeichnet sind. Es gibt auch einfache Spaziergänge entlang der rasanten Vispa und durch den Wald von Saas-Almagell. Zu den schönsten, etwas anspruchsvolleren Touren zählen die fünfstündige Wanderung nach Gspon, auf der man eine atemberaubende Aussicht auf die Berge hat, und der dreieinhalbstündige Weg von Mattmark nach Macugnaga in Italien. Kinder dabei? Dann auf nach Spielboden, wo sie die zahmen Murmeltiere füttern und streicheln können.

Zum **Mittelallalin** (3500 m) fährt ganzjährig eine unterirdische Seilbahn. Oben befindet sich das höchstgelegene Drehrestaurant der Welt, von dem man einen Rundumblick auf die 4000-Meter-Gletscherriesen hat. Von hier aus ist auch der Feegletscher erreichbar, ein Sommer-Ski-Zentrum (Juli & Aug.) mit 20 km Abfahrten auf über 2700 m Höhe. Im **Eispavillon** (Erw./Kind 5/3 SFr), 10 m unter der Oberfläche, herrschen Minusgrade – also warm einpacken. Die Fahrt von Saas Fee zum Mittelallalin mit der Gondelbahn und dann weiter mit der Seilbahn kostet 69 SFr hin und zurück (Kinder zahlen die Hälfte).

Schlafen
An der Touristeninformation ist eine Broschüre erhältlich, in der preiswerte Chalets und Ferienwohnungen verzeichnet sind. Die meisten Hotels und Restaurants sind im Mai und November geschlossen.

Unique Hotel Dom (☎ 027 958 77 00; www.unique-dom.com; B 45–60 SFr; ⊙ Rezeption Winter 8–21 Uhr, Sommer 9–18 Uhr) Jung, hip und total entspannt – das ist das Hostel der Wahl, wenn man snowboarden und feiern will, bis man umfällt. Es ist voller Typen in weiten Gore-Tex-Klamotten, die auf die grellbunten Schlafsäle, in denen es Playstations und WLAN gibt, und die Partys unten im Popcorn abfahren. Das Restaurant wird von einer Meute zu Tode gelangweilter Teenager geführt, die, offen gesagt, lieber durch den Pulverschnee fahren würden, als sich um die Wünsche der Gäste zu kümmern.

Hotel Elite (☎ 027 958 60 60; www.elite-saas-fee.ch; EZ/DZ 140/266 SFr) Freundlich und familiengeführt. Das gemütliche Chalet bietet kiefergetäfelte Zimmer mit schneeweißen Laken, Balkone mit Alpenpanorama und kostenloses WLAN. Und einen Spielplatz für die Kleinen gibt es auch.

Hotel Waldesruh (☎ 027 958 64 64; www.hotel waldesruh.ch; EZ/DZ 164/308 SFr) Am Waldrand gelegen und einen begeisterten Ich-werde-der-Erste-in-der-Schlange-sein-Freudensprung von den Skiliften entfernt, ist dieses Chalet eine tolle Entdeckung. Die Besitzer sind freundlich, und die altmodischen Zimmer mit Balkon mit Blick auf die Pisten sehr gemütlich. Es gibt eine Sauna, einen Whirlpool und regelmäßig Alphorn- und Glockenspiel-Darbietungen.

Romantik Hotel Beau-Site (☎ 027 958 15 60; www.beausite.org; EZ/DZ 230/405 SFr; ☒) Das Beau-Site erhält dank seines exquisiten Service und der klassisch-eleganten Zimmer mit antiken Möbeln stets begeisterte Empfehlungen. An Wintertagen fällt es schwer, sich vom Kamin in der Bar, von den Dampfbädern, dem grottenähnlichen Pool und den Saunas im Spa loszureißen.

Essen

Zur Mühle (☎ 027 957 26 76; Hauptgerichte 15–30 SFr) Schaffelle, Vorhänge mit Kuhmuster und Kupferpfannen schaffen eine gemütliche Atmosphäre in diesem Restaurant am Flussufer. Hier dreht sich fast alles um Rösti. Es ist in verschiedenen Variationen erhältlich, z. B. mit Schinken, Zwiebeln und Käse.

La Ferme (☎ 027 958 15 69; Hauptgerichte 19–49 SFr; ☒ 9.30–24 Uhr) Junge Fräuleins im Dirndl servieren in diesem wie ein Schuppen gestalteten Restaurant Walliser Spezialitäten. Es ist mit Hopfen, Kuhglocken und landwirtschaftlichen Werkzeugen dekoriert. Das zarte, in Alpenstroh gekochte Lamm oder die frische Flussforelle sollte man probieren.

Holzwurm (☎ 027 957 24 84; Hauptgerichte 20–40 SFr; ☒ Winter 15.30–1.30 Uhr, Sommer 8–1.30 Uhr) Der gemütliche Holzwurm bietet Livemusik, eine entspannte Atmosphäre, sensationelles *fondue chinoise* und Raclette. Er befindet sich nahe der Kirche in der Dorfmitte.

LP Tipp Fletschhorn (☎ 027 957 21 31; www.fletsch horn.ch; Degustations-Menü 175–205 SFr; ☒ 10–24 Uhr) Versteckt in einem bewaldeten Tal mit dramatischem Blick auf die Berge. Das mit Michelin-Sternen dekorierte Restaurant ist eine der allerersten Adressen der Schweiz. Küchenchef Markus Neff interpretiert französische Küche mit Finesse. Zu seinen Spezialitäten zählen knuspriges Spanferkel mit Rosmarin und gegrillte Taube mit schwarzen Trüffeln. Der Sommelier Charlie Neumüller hilft gerne bei der Auswahl aus den 45 000 Flaschenweinen, die im Keller lagern. Wenn man vorher anruft, wird man abgeholt.

Ausgehen

Auf der Hauptstraße buhlen ein Dutzend lebhafter Après-Ski-Bars um die Aufmerksamkeit der Gäste.

Popcorn Bar (☎ 027 958 19 14; ☒ 8–4 Uhr) In diesem Snowboard-Laden mit Après-Ski-Kneipe kann man an seiner Bräune mit Skibrillen-Abdruck arbeiten, lässige Boarder-Posen üben oder einfach mal in die Szene reinschnuppern. Am späten Nachmittag ist das Popcorn brechend voll mit trinkfreudigen Skifahrern, die eine Vorliebe für Jägermeister und Hip-Hop vereint.

Nesti's Ski Bar (☎ 027 957 42 11; ☒ 15.30–2 Uhr) Das turbulente Nesti's, eine der beliebtesten Après-Ski-Kneipen, ist immer voll. Hier kann man sich gut einen leckeren Glühwein gönnen. Oder auch drei.

An- & Weiterreise

Aus Brig (21 SFr, 1¼ Std.) und Visp (15,80 SFr, 45 Min.) fahren halbstündlich Busse hierher. Von Brig aus ist der Zug einen Tick schneller, aber man muss dafür in Visp umsteigen. Nach/von Zermatt muss man in Stalden/Saas umsteigen.

Saas Fee ist autofrei. Man kann am Dorfeingang parken, im Winter kosten die ersten 24 Stunden 16 SFr (überdachter Parkplatz). Nach dem ersten Tag und mit einer Gästekarte ist es billiger.

BRIG

11 900 Ew. / 688 m

Nahe der italienischen Grenze und durch die Rhone und die Saltina geteilt, ist Brig seit römischen Zeiten ein wichtiger Kreuzungspunkt. Obwohl man es auf dem Weg zum Mont Blanc oder nach Mailand oft übersieht, ist es einen längeren Besuch durchaus wert. Dann kann man z. B. den gepflasterten Stadtplatz sehen, der von Cafés mit Tischen im Freien und bunten Stadthäusern umgeben ist, und den fantastischen barocken Stadtpalast besichtigen.

Orientierung & Praktische Informationen

Das Zentrum liegt südlich der Rhone und östlich ihres Nebenflusses, der Saltina. Der Bahnhof befindet sich im 1. Stock der **Touristeninformation** (☎ 027 921 60 30; www.brig-tourismus.ch; Bahnhofplatz 1; ⓧ Mo–Fr 8.30–12 & 13.30–18 Uhr). Postbusse fahren vor dem Bahnhof ab. Direkt vom Platz führt die Bahnhofstrasse in die Stadtmitte.

Sehenswertes
STOCKALPERSCHLOSS

Kaspar von Stockalper (1609–91), ein verschrobener Geschäftsmann, der die Handelsstraßen über den Simplonpass beherrschte, erbaute diesen skurrilen Palast und nannte sich selbst den „Großen Stockalper." Die Einheimischen fanden ihn allerdings weniger großartig und vertrieben ihn nach Italien. Sein **Palast** (☎ 027 921 60 30; Alte Simplonstrasse 28; Erw./Kind/unter 7 Jahre 7/3 SFr/frei; ⓧ 50-minütige geführte Touren Mai–Okt. stündl. Di–So 9.30–16.30 Uhr) mit den weihnachtskugelartigen Zwiebeltürmen und dem Innenhof mit Bogengang ist jedoch erhalten geblieben. Man kann kostenlos über den Haupthof und durch die barocken Grünanlagen schlendern (geöffnet April–Okt. 6–22 Uhr & Nov.–März 6–20 Uhr), in denen vollkommene Gärten, Springbrunnen und perfekt gestutzte Hecken zu bewundern sind.

Schlafen & Essen

Wenn das Wetter wärmer wird, füllen die Einheimischen die Cafés und Restaurants an der Fußgängerzone rund um den Hauptplatz.

Schlosshotel (☎ 027 922 95 95; Am Schlosspark; www.schlosshotel.ch; EZ 85–98 SFr, DZ 120–160 SFr; P 🖳) So nah am Palast, dass man beinahe die Türmchen polieren kann. Dieses Haus ist die beste Wahl in Brig. Es begrüßt seine Gäste herzlich und bietet ihnen eine grandiose Aussicht. Viele der hellen, geräumigen Zimmer haben einen Balkon mit Blick auf das Stockalperschloss. In der Lounge gibt's kostenlosen Internetzugang.

Hotel de Londres (☎ 027 922 93 93; www.hotel-de-londres.ch; Bahnhofstrasse 17; EZ/DZ 85/140 SFr) Sicher, die Einrichtung versetzt einem einen 1970er-Jahre-Schock, aber der freundliche Service, die einladende Atmosphäre und die erstklassige Lage machen dieses Hotel absolut zeitlos. Es liegt fünf Gehminuten vom Bahnhof entfernt am Hauptplatz.

Zum Eidgenossen (☎ 027 923 92 07; Zum Eidgenossen; Hauptgerichte 16–36 SFr; ⓧ Mi–Mo) Bei den Spezialitäten vom Grill, z.B. Wildschwein oder Bison, gehen die Geschmacksknospen in der warmen Atmosphäre des Restaurants im Stil eines Walliser Gebirgs-Chalets auf eine wahre Abenteuerreise.

An- & Weiterreise

Brig lieg auf der Gletscher-Express-Route von Zermatt nach St. Moritz und an der Hauptstrecke von Italien (Mailand über Domodossola) nach Genf (57 SFr, 2–2¾ Std.). Züge aus Brig fahren über Domodossola (Ausweis mitnehmen) auch nach Locarno (51 SFr, 2½ Std.) im Tessin.

GOMS & ALETSCHGLETSCHER

Wenn man sich aus Brig verabschiedet, betritt man eine andere Welt. Während man sich der Quelle der mächtigen Rhone nähert und an Höhe gewinnt, wird das Tal immer enger und das Grün der kiefernbedeckten Berghänge und der nach Süden zeigenden Weinberge, die den Westen des Kantons bestimmen, weicht rauer Wildnis. Die Gegend mit einer Reihe idyllischer Dörfer (z.B. Bitsch) mit geranienverzierten Holz-Chalets und Kirchen mit Zwiebeltürmen ist als Goms bekannt und erstreckt sich Richtung Nordosten. Dabei sehen die einzelnen Häuser wie die Perlen eines Rosenkranzes aus. Auf jeder Seite des türkisfarbenen Stromes, der Rhone, erstrecken sich billardtischgrüne Felder, zwischen denen hier und da ein Bauernhof steht.

Aletschgletscher

Im Goms blickt man hinter die Kulissen eines echten Alpen-Dramas. Außer Sichtweite der Talsohle liegt der 23 km lange Aletschgletscher, ein scheinbar endloser Eiswirbel mit tiefen Spalten, der sich an tosenden Wasserfällen und gezackten Felsspitzen vorbeischiebt. Der längste Alpengletscher gehört zum Unesco-Welterbe und erstreckt sich vom der Jungfrau bis zu einem Plateau oberhalb der Rhone im Berner Oberland. Sein Südausläufer ist vom 2000 m langen Aletschwald begrenzt, einem der höchstgelegenen Kiefernwälder Europas.

ORIENTIERUNG & PRAKTISCHE INFORMATIONEN

Drei autofreie Skiorte grenzen an den Südrand des Gletschers, der durch eine Hügelkette vom

Wald getrennt ist. Am westlichsten liegt **Riederalp** (☎ 027 928 60 50; www.riederalp.ch), gefolgt von **Bettmeralp** (☎ 027 928 60 60; www.bettmeralp.ch) und **Fiescheralp** (☎ 027 970 10 70; www.goms.ch); alle liegen knapp unter 2000 m. In jedem Ort gibt's eine Touristeninformation, ebenso wie in den Städten in der Talsohle, in denen die Seilbahnen abfahren.

AKTIVITÄTEN

Die meisten Menschen erhaschen den ersten Blick auf den Aletschgletscher vom Jungfraujoch (S. 203) aus, aber dies ist der beste Ort, wenn man ihn besuchen möchte. Wenn man auch sonst nichts im Goms macht, sollte man zumindest in Fiesch anhalten und die zwei **Seilbahnen** (☎ 027 971 27 00; www.eggishorn.ch; Erw./Kind hin & zurück 42,80/21,40 SFr; ☼ Juni–Mitte Okt. alle 30 Min. 8.15–18.15 Uhr) hinauf zum **Eggishorn** (2927 m) nehmen. Während man oberhalb der Baumgrenze über samtene Felder und die karge, olivgrün-grau-braune Alpenlandschaft schwebt, wird man in keiner Weise auf das vorbeireitet, was einen beim Aussteigen aus der Gondel erwartet.

Wie er sich in einer breiten Schleife um das Aletschhorn (4195 m) windet, sieht der Gletscher wie eine zugefrorene sechsspurige Autobahn aus. Im Norden, in weiter Entfernung, ragen die glitzernden Gipfel von Jungfrau (4158 m), Mönch (4109 m), Eiger (3970 m) und Finsteraarhorn (4274 m) auf. Wenn man den felsigen Anstieg (viel Geröll) westlich des Ausgangs der Seilbahnstation – den mit der Antenne – hinaufkraxelt, sieht man in der Ferne vielleicht den Mont Blanc oder das Matterhorn.

Während man dieses Naturwunder bestaunt, kann man mal über ein paar statistische Fakten nachdenken: Der Hauptgletscher (Großer Aletschgletscher) bedeckte 1856 eine Fläche von 163 km², 1973 waren es noch 128 km², heute sind es 85 km². In ein paar Generationen könnte er bereits komplett verschwunden sein.

Es gibt keine bessere Möglichkeit, die umwerfend schöne Aletsch-Region zu erkunden, als auf den Wanderwegen im Sommer. Eine der schönsten Wanderungen in der Schweiz ist die **Aletschgletscher-Wanderung** (S. 66) von Fiescheralp nach Bettmeralp. Eine leichtere Alternative ist die Fahrt mit der Seilbahn zum Gletscher, von wo aus man wieder hinunter nach Fiescheralp, der Mittelstation, wandern kann. Wer einen Adrenalinschub sucht, kann sich an den schwindelerregenden *vie ferrate* (Klettersteige) am Eggishorn (2½ Std.) und Aletsch (4 Std.) versuchen.

Im Winter kann man in den drei kleinen Orten prima Ski fahren, überall gibt's Unterkünfte und Restaurants. Das familienfreundliche Bettmeralp liegt am besten und ist noch dazu das hübscheste der Dörfer. Alternativ kann man in einer der praktisch gelegenen Städte des Rhonetals – Mörel, Betten und Fiesch – absteigen. In der Aletsch-Region locken insgesamt 99 km Skipisten und 35 Lifte. Die Pisten richten sich hauptsächlich an Anfänger und leicht Fortgeschrittene. Tages-Skipässe kosten 50/25 SFr pro Erwachsenem/Kind oder 56/28 SFr, wenn man auch die Lifte in den Talstädten benutzen möchte.

Paraglider und Drachenflieger nutzen gerne die ausgezeichneten thermischen Bedingungen und den grandiosen Gletscherblick in Fiescheralp. Wer sich ihnen anschließen möchte, kann sich an **Good Flight** (☎ 027 971 20 85; www.good-flight.ch) wenden, die Tandemsprünge ab 120 SFr anbieten.

SCHLAFEN & ESSEN

In den Touristeninformationen ist eine Liste mit Chalets und Ferienwohnungen erhältlich. Im Sommer kann man bis zu 50 % günstigere Preise als die hier angegebenen Hochsaison-Preise erwarten.

KUHFLADEN-KLATSCHEN

Erst kürzlich haben die braven Einwohner von Riederalp einer jahrhundertealten Tradition ihren ganz eigenen Stempel aufgedrückt. Früher zerbröselten die Bauern, wenn sie das Vieh von den hohen Alpenweiden am Ende des Sommers zurück ins Tal trieben, den Mist und verteilten ihn als Dünger auf den Feldern. Inspiriert von diesem ländlichen Ritual, trugen die Einheimischen 2005 das allererste Chüefladefäscht (Kuhfladenfest) aus. Ziel des Spiels: so vielen Kuhfladen wie möglich mit einem golfschlägerähnlichen Gerät einen kräftigen Schlag versetzen. Für alle, die gerne wetten, hatten die Dörfler noch eine andere Idee: Sie steckten 49 Quadrate auf einem Feld ab und ließen die Kühe los. Und dann wurde gewettet, auf welchem Feld eine Kuh wohl zuerst einen Fladen fallen lässt ...

Camping Eggishorn (☎ 027 971 03 16; Fiesch; Stellplatz pro Erw./Kind/Zelt/Auto 13/6/12/3 SFr; ☻ ganzjährig; 🅿) Der angenehm grüne Campingplatz liegt am Ufer eines plätschernden Baches und bietet ein Restaurant, einen beheizten Außenpool und einen Spielplatz. Er liegt nur zehn Gehminuten von der Seilbahn zum Eggishorn entfernt und ist ein wirklich friedlicher Ort, um sein Zelt aufzustellen.

Hotel Eggishorn (☎ 027 971 14 44; www.hotel-eggishorn.ch; B 35–45, DZ 130–200 SFr) Egal, ob man sich für die schnickschnackfreien Schlafsäle oder für die holzgetäfelten, von natürlichem Licht durchfluteten Zimmer entscheidet – man hat auf jeden Fall einen tollen Blick auf die schneebedeckten Gipfel von Matterhorn und Weisshorn. Im zugehörigen Restaurant (Hauptgerichte 15–35 SFr) werden auf der sonnigen Terrasse Walliser Spezialitäten und zudem ein atemberaubendes Panorama geboten. Fiescheralp liegt in der Nähe der Eggishorn-Seilbahn und ist somit ideal für alle Skifahrer und Wanderer, die unbedingt mal zum Gletscher wollen.

Hotel Alpina (☎ 027 927 24 24; www.alpinafiescheralp.ch; EZ/DZ 135/250 SFr; 🅿) Das Alpina, auch eine großartige Wahl in Fiescheralp, vermietet helle Zimmer mit viel Kiefernholz und Balkonen. In der Sauna, im Whirlpool oder auch bei einem Glas Glühwein in der Tipi-Bar kann man ganz wunderbar entspannen. Im Restaurant (Hauptgerichte 15–25 SFr) wird wirklich köstliches Rösti mit Lachs und Meerrettich serviert.

Bettmerhof (☎ 027 928 62 10; www.bettmerhof.ch; EZ/DZ mit Halbpension 162/315 SFr; 🅿) In der Nähe der Bettmeralp-Lifte gelegen, eignet sich dieses Chalet hervorragend für Skifahrer, die die Allerersten auf der Piste sein wollen. In den gemütlichen, kiefergetäfelten Zimmern schläft man wie ein Baby. Wer noch 10 SFr drauflegt, bekommt den Blick aufs Matterhorn dazu. Es gibt ein Restaurant, ein Spa und ein Spielzimmer.

AN- & WEITERREISE
Die Talstationen für diese Resorts liegen entlang der Bahnlinie zwischen Brig und Andermatt. Die Abfahrtszeiten der Seilbahnen richten sich generell nach der Ankunft der Züge. Die einfache Fahrt von Mörel nach Riederalp kostet 9 SFr, ebenso die von Betten hoch nach Bettmeralp. In einigen Skipässen ist die Benutzung dieser Seilbahnen schon enthalten.

Von Fiesch zum Furkapass
Die Straße hinaus aus dem Wallis schlängelt sich von Fiesch aus Richtung Nordosten und führt unterwegs immer wieder an postkartenidyllischen Dörfern vorbei, etwa an **Niederwald**, wo Cäsar Ritz (1850–1918), der Gründer der Luxushotel-Kette, geboren wurde und begraben liegt. **Münster** ist von allen mit Abstand das charmanteste. Von der herrlich weißen Kirche aus reiht sich den Hang hinunter ein Chalet an das andere. Durch das Herz des Dorfes plätschert ein nimmermüder Bach, und müde Reisende sind im **Hotel Croix d'Or et Poste** (☎ 027 974 15 15; www.hotel-postmuenster.ch; EZ/DZ 100/200 SFr) richtig, das auf einem winzigen Platz an der Hauptstraße steht und über und über mit Blumen geschmückt ist. Goethe übernachtete hier 1779. Die traditionellen Zimmer sind gemütlich, wobei die Pastelltöne, Blumenmuster und Rüschendeckchen wohl von Oma ausgesucht wurden.

In **Ulrichen** muss man sich entscheiden. Man kann nach Südwesten fahren und das Wallis über eine schmale Straße verlassen, die sich dann Richtung Süden bergab und in die Berge wieder hinaufschlängelt, die den Kanton vom Tessin trennen. Durch eine eindrucksvolle, karge Landschaft, die manchmal an die schottischen Highlands oder die spanischen Pyrenäen erinnert, führt sie über den **Nufenenpass** (Passo di Novena) in 2478 m Höhe, vermutlich das abgelegenste Tor zum italienischen Kanton der Schweiz. Auf der anderen Seite ist **Airolo** (S. 360) die erste größere Stadt, sie liegt 24 km östlich des Passes im ruhigen, beinahe düsteren Val Bedretto.

Sollte man sich aber entschließen, von Ulrichen aus Richtung Osten zu fahren, bewegt man sich langsam nach **Gletsch** hinauf. Von hier liegt der **Grimselpass**, der einen spektakulären Blick nach Westen über mehrere Seen im Kanton Bern und über das Ostwallis bietet, nur eine kurze steile Fahrt Richtung Norden entfernt. Allerdings ist die Straße oft geschlossen, außer im Sommer.

Die Kantonsgrenze mit Uri markiert der schwindelerregende **Furkapass** (2431 m). Auf dem Weg hinauf hat man einen unübertrefflichen Blick auf den zerklüfteten Rhonegletscher im Norden. Der Pass ist nur im Sommer geöffnet, er ist das Tor in den Südosten der Schweiz. Von **Oberwald** aus bewerkstelligen Autozüge die Strecke unterirdisch, wenn der Pass zu ist. Der Zug kommt in Realp nahe Andermatt (S. 288) wieder an die Oberfläche.

Berner Oberland

Für das Berner Oberland sollte eine Gesundheitswarnung herausgegeben werden: Achtung! Kann zu unkontrolliertem Zittern an der Eigernordwand führen, spontane Lustschreie am Fuß der Jungfrau fördern und 007-Wahnsinn auf dem Schilthorn oder Promi-Fieber in Gstaad auslösen! Zudem birgt diese Region ein gewaltiges Suchtpotential. Mark Twain schrieb einst nicht ohne Grund, dass kein Opiat so berauschend wirke wie Wanderungen durch diese Landschaft. Doch selbst nüchtern betrachtet erscheinen die tiefgrünen Fichtenwälder, Bergriesen, Gletscher, türkisfarbenen Seen und der kobaltblaue Himmel wie Produkte einer Halluzination.

Nach ersten Adrenalinkicks in Interlaken empfiehlt sich die Jungfrau-Region. Dort kann man in den Dunst des Staubbachfalls eintauchen, das winzige Mürren genießen, die Hänge am Lauberhorn hinabwedeln und ehrfürchtig vor dem königlichen Weiß des einzig wahren Alpentrios erstarren: Eiger, Mönch und Jungfrau. An Europas höchstem Bahnhof auf dem Jungfraujoch vermischen sich Schlittenhundkläffen und Bollywood-Beats. Gleich daneben windet sich der Aletschgletscher zu Tal – umgeben von 4000 m hohen Gipfeln und eisiger Stille.

Von Interlaken aus kann man sich in vielen Richtungen orientieren: Meiringen im Osten empfängt Besucher mit Baisers und Sherlock-Holmes-Andenken. Im Westen verbreitet Thuns turmbesetztes Schloss mittelalterliches Flair. Das vergleichsweise wildere Gelände bei Kandersteg im Süden macht verschlammte Wanderstiefel zum Pflichtaccessoire. Ein ganz anderer Dresscode herrscht im benachbarten Gstaad, wo Paris Hilton in Paparazzi-Linsen schmollt und neureiches Porzellanlächeln weißer als Schnee erstrahlt. Fotografen mögen zwar erfolgreich VIP-Schokoladenseiten ablichten, doch die Landschaft schlägt ihnen oft ein Schnippchen. Hiervon zeugen Äußerungen enttäuschter Touristen an Postkartenständern, die ihre Erinnerungen adäquat konservieren möchten. In einer Region, deren unglaubliche Schönheit unbedingt persönlich erlebt werden muss, lässt sich dies wohl kaum vermeiden.

HIGHLIGHTS

- Sich in **Mürren** (S. 207) an Seilrutschen, Hängebrücken und dem Eigerblick vom Klettersteig berauschen
- Den traumhaften **Faulhornweg** (S. 75) zwischen der Schynige Platte und Grindelwald-First abwandern
- Auf dem **Jungfraujoch** (S. 203) mit einem Huskyschlitten an Gletschern und 4000 m hohen Bergen vorbeiflitzen
- Bei Tandem-Gleitschirmflügen von **Interlaken** (S. 190) aus über den Gipfeln kreisen
- In **Meiringen** (S. 214) Sherlock-Holmes-Geheimnissen und göttlichen Baisers nachspüren

| BEVÖLKERUNG: 897 500 | FLÄCHE: 5907 KM² | SPRACHE: DEUTSCH |

BERNER OBERLAND

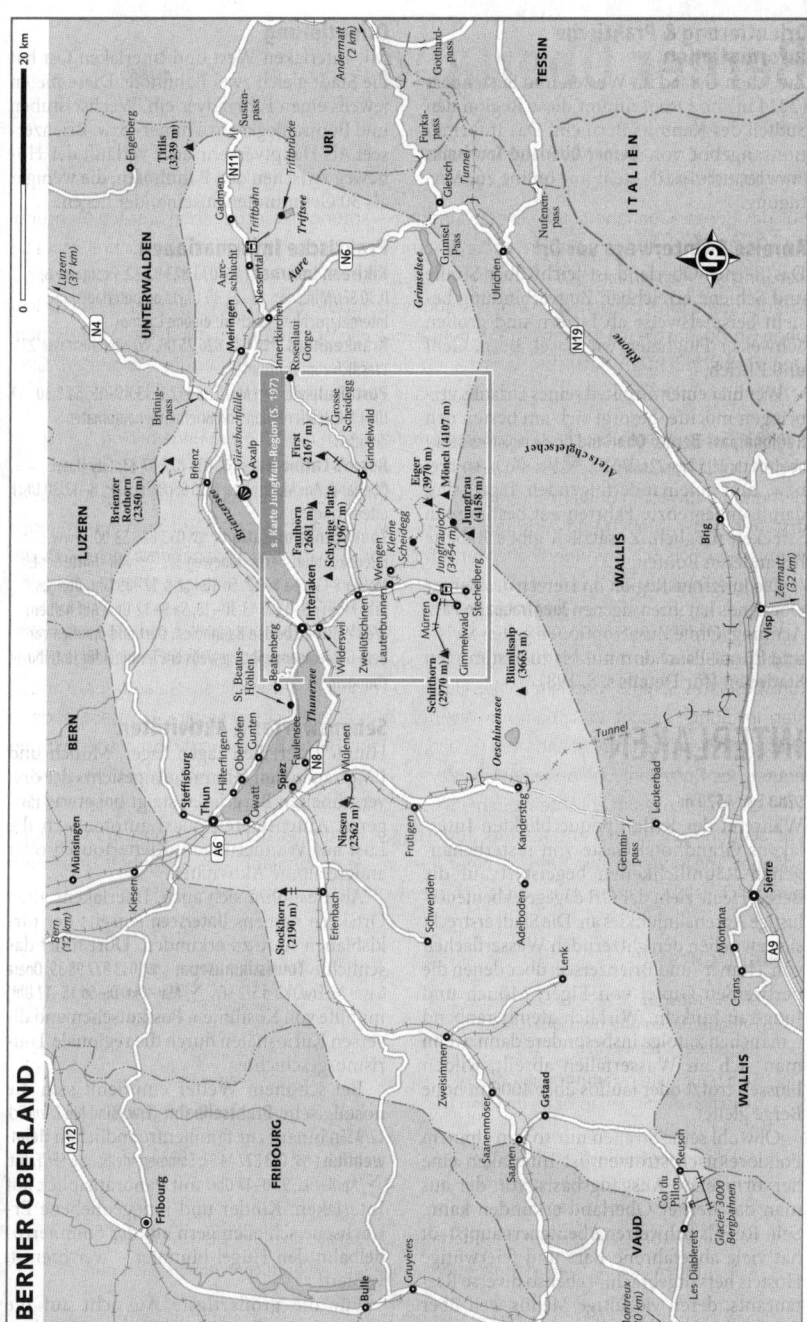

Orientierung & Praktische Informationen

Zwischen Gstaad im Westen und Sustenpass (2224 m) im Osten nimmt diese Region den Südteil des Kantons Bern ein. Das Informationsangebot von **Berner Oberland Tourismus** (www.berneroberland.ch) steht nur online zur Verfügung.

Anreise & Unterwegs vor Ort

Das Berner Oberland ist leicht über Straße und Schiene erreichbar. Zugverbindung besteht beispielsweise ab Luzern und großen Schweizer Flughäfen wie Basel, Bern, Genf und Zürich.

Wer hier einen Großteil seines Urlaubs verbringen möchte, besorgt sich am besten den **Regionalpass Berner Oberland** (www.regiopass-berner oberland.ch; 7/15 Tage 224/270 SFr; ☼ Mai–Okt.). An drei bzw. fünf aufeinanderfolgenden Tagen sind damit unbegrenzte Fahrten auf bestimmten Strecken möglich. Zusätzlich gibt's Rabatte bei anderen Routen.

Die Jungfrau-Region im Herzen des Berner Oberlands hat ihren eigenen **Jungfraubahn-Pass**. Achtung: Ohne Zusatzoptionen gelten Swiss- und Eurail-Pässe dort nur bis zu bestimmten Stationen (für Details s. S. 198).

INTERLAKEN

5280 Ew. / 570 m

Während der Belle Époque blickten Interlakens Grandhotel-Gäste von lüsterbehangenen Räumlichkeiten begeistert auf die Berge. Heute zieht der Ort dagegen abenteuerlustige Adrenalinjunkies an. Die Stadt erstreckt sich zwischen den glitzernden Wasserflächen von Thuner- und Brienzersee, über denen die perlweißen Gipfel von Eiger, Mönch und Jungfrau funkeln. Wirklich atemberaubend – manchen zufolge insbesondere dann, wenn man sich an Wasserfällen abseilt, wilden Flüssen trotzt oder lautlos über 4000 m hohe Berge gleitet.

Obwohl seine Straßen nur so von alpinem Folklorekitsch strotzen, ist Interlaken eine hervorragende Ausgangsbasis, von der aus man das Berner Oberland erkunden kann. Sein Ruf als Schweizer Abenteuerhauptstadt hat viele abgefahrene Bars und feierwütige Hostels hervorgebracht – ebenso diverse Restaurants, deren vielfältige Menüs weit über Fondue hinausgehen.

Orientierung

Mit Interlaken West und Interlaken Ost hat die Stadt gleich zwei Bahnhöfe. Diese bieten jeweils einen Fahrradverleih, Wechselstuben und Bootsanleger am Thuner- bzw. Brienzersee. Als Hauptverkehrsader verläuft der Höheweg zwischen den Bahnhöfen, die weniger als 30 Gehminuten auseinander liegen.

Praktische Informationen

Kikireon Internet (☎ 033 823 32 32; Postgasse 6; 0,30 SFr/Min.; ☼ 12–22.30 Uhr) Computerladen mit Internetanschluss (auch für eigene Laptops).

Krankenhaus (☎ 033 826 25 00; Weissenaustrasse 27) Westlich vom Zentrum.

Post (Postplatz; ☼ Mo–Fr 8–12 & 13.45–18, Sa 8.30–11 Uhr) Mit Telefonzellen und Briefmarkenautomaten draußen.

Rocco's Latino Bar (☎ 033 827 87 83; City Hotel Oberland, Am Marktplatz; 0,30 SFr/Min.; ☼ 8–12.30 Uhr) Internetzugang.

Touristeninformation (☎ 033 826 53 00; www.interlakentourism.ch; Höheweg 37; ☼ Juli–Mitte Sept. Mo–Fr 8–19, Sa 8–17, So 10–12 & 17–19 Uhr, übriges Jahr Mo–Fr 8–12 & 13.30–18, Sa 9–12 Uhr) Auf halbem Weg zwischen beiden Bahnhöfen. Dort und draußen vor dem Büroeingang gibt's jeweils ein Terminal für Hotelbuchungen.

Sehenswertes & Aktivitäten

Hinter Interlaken ragen Eiger, Mönch und Jungfrau in den Himmel. Angesichts der drei verschneiten Bergriesen steigt bei etwas längeren Aufenthalten quasi automatisch die Lust auf Wanderungen, Klettertouren oder andere alpine Aktivitäten.

Aber es lohnt sich auch, Interlakens alten Ortskern **Unterseen** jenseits der türkisblauen Aare zu erkunden. Dort führt das schlichte **Touristikmuseum** (☎ 033 822 98 39; Obere Gasse 26; Erw./Kind 5/2 SFr; ☼ Mai–Okt. Di–So 15–17 Uhr) mithilfe von Kostümen, Postkutschen und diversen Kuriositäten durch die regionale Tourismusgeschichte.

Bei schönem Wetter empfiehlt sich die nostalgische **Drahtseilbahn** (Erw./Kind hin & zurück 12/9 SFr) hinauf zur familienfreundlichen **Heimwehfluh** (☎ 033 822 34 53; Sommerrodelbahn 6 SFr/Fahrt; ☼ April–Okt. 9.30–17 Uhr) mit Panoramablick auf Interlaken. Kinder und junggebliebene Erwachsene schießen gern auf der Sommerrodelbahn den Hügel hinunter – wer bremst, verliert!

Für die großartigste Aussicht auf die 4000 m hohen Bergriesen nimmt man am bes-

INTERLAKEN

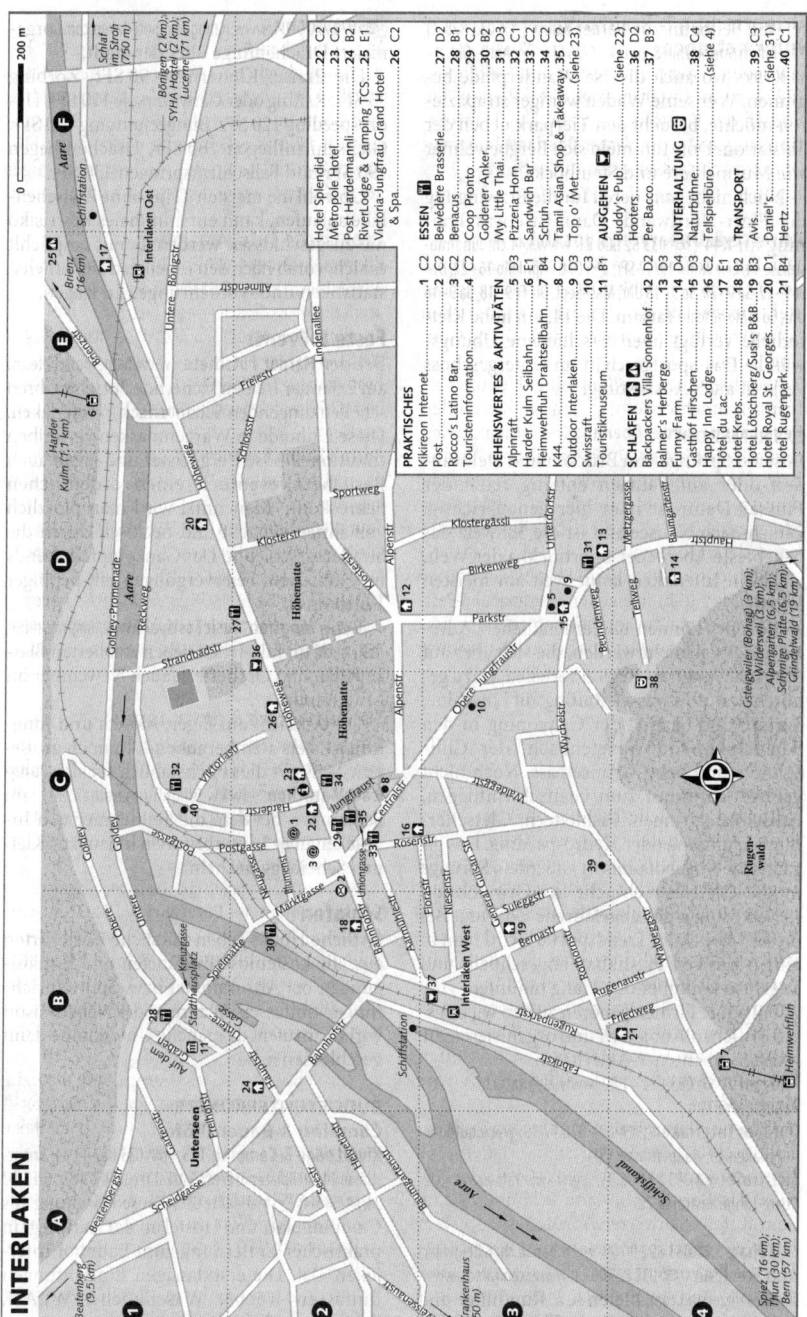

PRAKTISCHES		
Kikireon Internet	1	C2
Post	2	C2
Rocco's Latino Bar	3	C2
Touristeninformation	4	C2

SEHENSWERTES & AKTIVITÄTEN		
Alpinraft	5	D3
Harder Kulm Seilbahn	6	E1
Heimwehfluh Drahtseilbahn	7	B4
K44	8	C2
Outdoor Interlaken	9	D3
Swissraft	10	C3
Touristikmuseum	11	B1

SCHLAFEN		
Backpackers Villa Sonnenhof	12	D2
Balmer's Herberge	13	D3
Funny Farm	14	D4
Gasthof Hirschen	15	D3
Happy Inn Lodge	16	C2
Hôtel du Lac	17	E1
Hotel Krebs	18	B2
Hotel Lötschberg/Susi's B&B	19	B3
Hotel Royal St. Georges	20	D1
Hotel Rugenpark	21	B4
Hotel Splendid	22	C2
Metropole Hotel	23	C2
Post Hardermannli	24	B2
RiverLodge & Camping TCS	25	E1
Victoria-Jungfrau Grand Hotel & Spa	26	C2

ESSEN		
Belvédère Brasserie	27	D2
Benacus	28	B1
Coop Pronto	29	B2
Goldener Anker	30	B2
My Little Thai	31	D3
Pizzeria Horn	32	C1
Sandwich Bar	33	C2
Schuh	34	C2
Tamil Asian Shop & Takeaway	35	C2
Top o' Met		(siehe 23)

AUSGEHEN		
Buddy's Pub		(siehe 22)
Hooters	36	D2
Per Bacco	37	B3

UNTERHALTUNG		
Naturbühne	38	C4
Tellspielbüro		(siehe 4)

TRANSPORT		
Avis	39	C3
Daniel's		(siehe 31)
Hertz	40	C1

ten die Seilbahn zur **Harder Kulm** (☎ 033 828 71 11; einfach Strecke/hin & zurück 15/25 SFr; ⊙ April–Okt. 8–18.30 Uhr), wo auch diverse Wanderpfade beginnen. Wer seine Waden weniger strapazieren möchte, besucht den Tierpark neben der Talstation. Dort tummeln sich Bergbewohner wie Murmeltiere und Steinböcke.

Noch nicht *ganz* bereit für die Erzwingung der Eiger-Nordwand? Dann ist etwas Training im **K44** (☎ 033 821 28 21; www.k44.ch; Jungfraustrasse 44; Erw./Kind 19/12 SFr; ⊙ Okt.–April Mo 16–22, Di–Fr 9–22, Sa 9–20, So 9–18 Uhr, Mai–Sept. Di–Fr 9–18, Sa 9–16 Uhr, So & Mo geschl.) ratsam. Die 14,5 m hohe Kletterhalle verfügt über verschiedene Übungswände. Das Sportgeschäft im Untergeschoss verleiht auch Ausrüstung.

EXTREMSPORT
Lust auf Sprünge von Brücken und Steilwänden oder auf Fahrten entlang reißender Flüsse? Dann ist man hier genau richtig: Gleich nach Neuseeland ist die Schweiz das beliebteste Abenteuer-Sportmekka der Welt, wobei in Interlaken landesweit am meisten los ist.

Vor Ort können alle erdenklichen Adrenalinkicks gebucht werden, die sich aber auf die ganze Jungfrau-Region verteilen. Dazu gehören u. a. Wildwasser-Rafting auf Lütschine, Simme und Saane oder Canyoning in den Schluchten vom Saxetenbach, der Chli-Schliere und beim Grimselpass. Noch nicht genug? Dann auf zum Gleitschirmfliegen, Fallschirmspringen, Eisklettern, Gletscher-Bungeejumping oder Hydrospeeding. Das gigantische Angebot umfasst außerdem Sprünge in die Gletscherschlucht bei Grindelwald (S. 199) sowie das abgefahrene Zorbing. Bei dieser verrückten Trendsportart wird man in einem riesigen Plastikball angeschnallt und kugelt so kopfüber den Hang hinunter.

Folgende Firmen gehören zu den wichtigsten örtlichen Anbietern und organisieren die meisten Abenteuer-Aktivitäten:

Alpinraft (☎ 033 823 41 00; www.alpinraft.ch; Hauptstrasse 7)
Outdoor Interlaken (☎ 033 826 77 19; www.outdoor-interlaken.ch; Hauptstrasse 15)
Swissraft (☎ 033 821 66 55; www.swissraft-activity.ch; Obere Jungfraustrasse 72)

Bohag (☎ 033 822 90 00; www.bohag.ch; Gsteigwiler) und **Scenic Air** (☎ 033 821 00 11; www.scenicair.ch, www.skydiveswitzerland.com) bieten u. a. Rundflüge und Fallschirmsprünge. **Hang Gliding Interlaken** (☎ 079 770 0704; www.hangglidinginterlaken.com) organisiert Drachenflüge über der Stadt.

Die Preise: Klettern ab 90 SFr, Zorbing 95 SFr, Rafting oder Canyoning je 110 SFr, Hydrospeeding 120 SFr, Bungeejumping 130 SFr, Gleitschirmfliegen 160 SFr, Drachenfliegen 195 SFr und Fallschirmspringen 430 SFr.

Obwohl die meisten Trips ohne Zwischenfälle ablaufen, kann ein minimales Restrisiko nie ausgeschlossen werden. Somit empfiehlt es sich, vorab nach den jeweiligen Sicherheitsstatistiken und -vorkehrungen zu fragen.

Feste & Events
Bei der **Harder Potschete** (www.harderpotschete.ch) am 2. Januar treiben kichernde Potschen ihren schellenklingenden Schabernack in Interlaken. Diese Unholde in Warzenmasken vertreiben traditionell böse Berggeister und jagen auch Besuchern eventuell einen ordentlichen Schreck ein: Manchmal wird man plötzlich von ihnen gepackt und neckisch durch die Straßen geschleppt. Das Ganze gipfelt abends in teuflischem Feiervergnügen mit peppiger Volksmusik.

Beim **Jungfrau Music Festival** (www.jungfrau-music-festival.ch) im Juli stehen neben etablierten Blaskapellen und Orchestern auch Newcomer im Mittelpunkt.

Die Aussicht auf Eiger, Mönch und Jungfrau ist stets atemberaubend. In noch größerem Maß gilt dies buchstäblich für den **Jungfrau-Marathon** (www.jungfrau-marathon.ch) im September, bei dem die Teilnehmer von Interlaken über Lauterbrunnen hinauf zur Kleinen Scheidegg hecheln.

Schlafen
Örtliche Hotels geben nützliche Gästekarten aus, die kostenlose Busfahrten und Ermäßigungen bei Attraktionen bzw. Sporteinrichtungen umfassen. Während der Nebensaison vorher anrufen, da manche Unterkünfte dann geschlossen haben.

BUDGETUNTERKÜNFTE
Camping & Bauernhöfe
RiverLodge & Camping TCS (☎ 033 822 44 34; Brienzstrasse 24; Stellplatz pro Erw./Zelt/Fahrzeug 9/7/4 SFr, B/EZ/DZ 28/64/88 SFr; ⊙ Mai–Mitte Okt.) Diese Mischung aus Campingplatz und Hostel an der Aare liegt in praktischer Entfernung vom Bahnhof Interlaken Ost. Die erstklassigen Einrichtungen umfassen Küche, Waschküche, WLAN, Fahrrad- und Kajakverleih.

Schlaf im Stroh (☎ 033 822 04 31; www.uelisi.ch; Lanzenen 30; 28 SFr/Pers.; ⊙ Mai–Sept.; [P]) Unsere Leser loben den freundlichen Bauernhof in den höchsten Tönen. Hier übernachtet man mit mitgebrachtem Schlafsack im Stroh und bekommt morgens ein herzhaftes Frühstück. Kinder erfreuen sich an den örtlichen Katzen, Ziegen und Kaninchen. All dies gibt's 15 Gehminuten vom Bahnhof Interlaken Ost entfernt flussaufwärts an der Aare. Alternativ den Bus zur Haltestelle Interlaken Geissgasse nehmen und der Sendlistrasse 500 m weit folgen.

Hostels

Balmer's Herberge (☎ 033 822 19 61; www.balmers.ch; Hauptstrasse 23; B 27–30 SFr; DZ 74–80 SFr; ⊙ Rezeption 24 Std.; [P] [🖥]) Adrenalinjunkies lieben das Balmer's für seine fröhliche Partyvibe. Es empfängt Feierwütige mit Happy Hours im Biergarten, einer pulsierenden DJ-Bar und Hängematten zum Kurieren des Katers. Doch wenn jemand so laut ins Alphorn bläst, gibt's oft auch eine Schattenseite: Manchen Gästen zufolge sollte das Balmer's besser in längere, dickere Matratzen investieren und seine Themenpark-Atmosphäre loswerden.

Backpackers Villa Sonnenhof (☎ 033 826 71 71; www.villa.ch/de; Alpenstrasse 16; B/DZ 37/98 SFr, mit Jungfraublick zzgl. 5 SFr; ⊙ Rezeption 7–23 Uhr; [🖥]) Während die meisten Hotels in Interlaken mehr unter Strom stehen als ein Duracellhase, kann man in dieser heimeligen Villa prima seinen Akku aufladen. Hinter der olivgrünen Fassade sorgen Stuck und alte Schiffstruhen für gründerzeitliches Flair. Die tadellosen Schlafsäle haben teilweise eigene Balkone mit Jungfraublick. Zudem gibt's eine Lounge, eine toll ausgestattete Küche und einen Garten mit viel Grün.

Funny Farm (☎ 033 828 12 81; www.funny-farm.ch; Hauptstrasse 36; B 30–38,50 SFr, EZ/DZ 90/110 SFr; ⊙ Rezeption 24 Std.; [P] [🖥] [🏊]) Die Funny Farm wirkt wie eine Kreuzung aus einem besetzten Haus und einem Schiffswrack. Das heruntergekommene Jugendstilhaus wird von provisorischen Bars und einem Pool umgeben. Über all dies wacht der reizende, träge Bernhardiner Spliff. Den Gästen sind die etwas abgenutzten und muffigen Schlafsäle egal: Sie kommen hierher, um in anachronistischem Ambiente zu feiern.

Weitere Budgetunterkünfte:

Happy Inn Lodge (☎ 033 822 32 25; www.happy-inn.com; Rosenstrasse 17; B/EZ/DZ/3BZ 22/40/80/96 SFr, Frühstück 8 SFr) Erträgliches Hostel in zentraler Lage. Wurde kürzlich etwas verschönert und hat supergünstige Preise. Dafür muss man sich mit einer lärmigen Bar im Untergeschoss und penetrantem Pommesbudengeruch anfreunden.

SYHA-Hostel (☎ 033 822 43 53; www.youthhostel.ch/boenigen; Aareweg 21, Bönigen; B 29–35 SFr; ⊙ Rezeption 7–10 & 14–23.30 Uhr, Hostel Okt.–Dez. geschl.; [🖥]) Hat neben einem Ufergarten auch einen Fahrrad- und Kajakverleih. Liegt ein gutes Stück vom Ort entfernt und ist mit Bus 1 erreichbar.

Hotels & Pensionen

LP Tipp Hotel Rugenpark (☎ 033 822 36 61; www.rugenpark.ch; Rugenparkstrasse 19; EZ/DZ/3BZ/4BZ 65/105/140/175 SFr, mit eigenem Bad 85/130/165/200 SFr; ⊙ Nov.–Mitte Dez. geschl.; [P] [✗] [🖥]) Durch das zauberhafte Zutun von Chris und Ursula hat sich dieses Haus in ein unglaublich reizendes B & B mit schlichten Zimmern verwandelt. Das Dekor wird überall durch farbenfrohe Schmetterlinge, Glasperlen und Reiseandenken aufgelockert. Gäste können kostenlos im Internet surfen, den großen Garten zusammen mit Hund Monty erkunden und sich Snacks in der Küche zubereiten. Hier fühlt man sich sofort zuhause. Die Eigentümer kennen die Gegend sehr gut und geben gerne Tipps.

Hotel Lötschberg/Susi's B & B (☎ 033 822 25 45; www.lotschberg.ch; General-Guisan-Strasse 31; B & B EZ/DZ 95/135 SFr, Hotel EZ/DZ 120/165 SFr; [P] [✗] [🖥]) Das Duo aus Hotel und B & B erinnert an den Glanz vergangener Tage. Die altmodischen Zimmer mit winzigen Bädern sind hell und sauber. Der fröhliche Fritz serviert Frühstück und gibt Tipps zur Region. Zu den weiteren Pluspunkten gehören eine Küche und kostenloser Internetzugang. Anständiges Preis-Leistungs-Verhältnis.

MITTELKLASSEHOTELS

Post Hardermannli (☎ 033 822 89 19; www.post-hardermannli.ch; Hauptstrasse Unterseen 18; EZ/DZ 100/155 SFr; [P]) Das rustikale Chalet wird von einem schweizerisch-neuseeländischen Paar geführt. Andreas und Kim sind freundlich und vermieten schlichte, aber behagliche Zimmer. Diese sind mit Kiefernholz und in kitschigen Pastelltönen dekoriert. In den günstigeren Varianten muss man auf Privatbalkon und Jungfraublick verzichten. Toll: Zum Frühstück gibt's hausgemachte Produkte von einem örtlichen Bauernhof.

Gasthof Hirschen (☎ 033 822 15 45; www.hirschen-interlaken.ch; Hauptstrasse 11; EZ/DZ 110/180 SFr; [P]) Mit seiner dunklen Holzfassade und zahllosen Geranien verbreitet das denkmalgeschützte Chalet den Charme des 17. Jhs. Niedrige Decken

STEIN DES ANSTOSSES

Konflikte zwischen den Schweizer Sprachgemeinschaften halten sich normalerweise in Grenzen. Im Fall des Falles entzünden sie sich jedoch an äußerst ungewöhnlichen Themen. Beispiel: Der deutschsprachige Kanton Bern und die französischsprachigen Jura-Separatisten (Béliers) streiten sich seit über 20 Jahren um einen 83,5 kg schweren Stein.

Der 200 Jahre alte Unspunnenstein ist ein zentrales Element des Schweizer Unspunnenfestes, das seit 1805 symbolisch die nationale Einheit festigt und etwa alle zwölf Jahre stattfindet. Die Béliers beanspruchen bis heute einen Teil des Berner Territoriums für sich. 1984 entwendeten sie den Stein aus einem Museum in Interlaken und hielten ihn 17 Jahre lang als „Geisel" fest – verbunden mit der Forderung, den Kanton Jura aus der Eidgenossenschaft auszugliedern und in die EU eintreten zu lassen. 2001 wurde der Unspunnenstein unter mysteriösen Umständen mit eingemeißelten EU-Sternen zurückgegeben. 2005 verschwand er zum zweiten Mal aus Interlaken, wo das Fest auch in diesem Jahr stattfinden sollte.

Das **Unspunnenfest** (☎ 033 826 53 53; www.unspunnenfest.ch) steht im Zeichen von Jodelgesängen, Alphornklängen, Schwingen (traditionellem Ringen) und Steinstoßen. Für letzteres wird nunmehr ein Replikat des historischen Unspunnensteins verwendet, das seit dem ersten Diebstahl ununterbrochen im Einsatz ist: Einerseits hatte das Original durch die EU-„Gravur" zu viel Gewicht verloren; andererseits war es zum Zeitpunkt der Recherche noch nicht wieder aufgetaucht. Das nächste Unspunnenfest soll 2017 in Interlaken stattfinden.

und Rauchschwaden erhöhen die Behaglichkeit noch weiter. Die „modernen Rustikalzimmer" sind mit Parkettböden, kuscheligen Bettdecken, Nasszellen und WLAN ausgestattet. Das Hausrestaurant (Hauptgerichte 20-30 SFr) serviert einheimische Standardkost.

Hotel Splendid (☎ 033 822 76 12; www.splendid.ch; Höheweg 33; EZ/DZ 145/240 SFr) Das 100 Jahre alte Hauptstraßenhotel wird von einer Familie geführt. Es hat geräumige, sonnige Zimmer mit Parkettböden und viel Kiefernholz. Allerdings haben Traveller mit leichtem Schlaf hier eventuell Probleme, einzuschlafen. Im Untergeschoss gibt's eine schräge Bar mit Zebrastühlen und Bücherregalen aus Hirschgeweihen.

Hôtel du Lac (☎ 033 822 29 22; www.dulac-interlaken.ch; Höheweg 225; EZ/DZ 160/280 SFr; 🖥) Freundlicher Oldschool-Service und die Lage nahe Interlaken Ost machen das Hotel aus dem 19. Jh. zu einer soliden Wahl. Direkt am Flussufer wird es seit Generationen von derselben Familie geführt. Trotz stilistischen Mischmaschs ist noch genug Belle-Époque-Charme vorhanden.

Hotel Royal St. Georges (☎ 033 822 75 75; www.royal-stgeorges.ch; Höheweg 139; EZ/DZ 190/290 SFr) Dieses Hotel versetzt Gäste direkt zurück in die Gründerzeit. Hierfür sorgen u. a. Gemeinschaftsbereiche mit hohen Decken, die durch gut erhaltene Originalelemente wie Stuck und Kronleuchter aufgepeppt werden. Trotz betagter Einrichtung sind die Zimmer komfortabel. Zudem gibt's eine kleine Sauna und ein Dampfbad.

Metropole Hotel (☎ 033 828 66 66; www.metropole-interlaken.ch; Höheweg 37; EZ/DZ 198/305 SFr, Frühstück 25 SFr; P 🖥 🛎) Interlakens größtes Betonhochhaus ist nicht zu übersehen. Trotz der unattraktiven Architektur sind Aufenthalte hier ein echtes Vergnügen: In luftiger Höhe hat man eine tolle Aussicht auf Ort und Jungfrau, ohne selbst auf das Metropole blicken zu müssen.

Hotel Krebs (☎ 033 826 03 30; www.krebshotel.ch; Bahnhofstrasse 4; EZ/DZ/Suite 238/312/490 SFr; P 🍴 🖥) Nach einer Komplettrenovierung wirkt das Krebs ziemlich stilvoll. Das Zimmerdekor in erdigen Farbtönen wird durch kühnes Scharlachrot, alpine Schwarzweißfotos und zahlreiche Designelemente abgerundet. Hinzu kommen jeweils blitzende Bäder, Flachbild-TVs und WLAN. Eine selbstbewusste Trendbar und ein asiatisch-französisches Spitzenrestaurant belegen das Untergeschoss.

SPITZENKLASSEHOTELS

Victoria-Jungfrau Grand Hotel & Spa (☎ 033 828 28 28; www.victoria-jungfrau.ch; Höheweg 41; EZ/DZ ab 560/680 SFr, DZ mit Jungfraublick ab 780 SFr; P 🍴 🖥 🛎) Der ehrerbietig diskrete und tadellose Victoria-Service erinnert an eine Zeit, als sich nur Adlige und richtig Reiche auf Reisen begaben. Dasselbe gilt allerdings auch für die hiesigen Preise. Interlakens Antwort auf das Raffles punktet mit einem perfekten Mix aus gut erhaltenen Gründerzeitelementen, modernem Luxus und traumhaftem Jungfraublick.

Essen

Am Marktplatz findet man zahlreiche Bäckereien und Bistros mit Tischen im Freien.

Sandwich Bar (☎ 033 821 63 25; Rosenstrasse 5; Snacks 4–8 SFr; Mo–Fr 7.30–19, Sa 8–17 Uhr) Die Snackbar mit purpurroten Wänden wird nur von wenigen Touristen besucht. In diesem Juwel kann man sein Brot individuell aussuchen und belegen lassen – am besten mit Bündnerfleisch, Parmesan und sonnengetrockneten Tomaten. Ansonsten stehen leckere Suppen, Salate, Sandwichtoasts und hausgemachte Eiscreme auf der Karte.

My Little Thai (☎ 033 821 10 17; Hauptstrasse 19; Hauptgerichte 12,50–22 SFr, Mittagsmenüs 10,50–15,50 SFr; Di geschl.) Das thailändische Minilokal serviert seine Traditionsgerichte direkt neben dem Balmer's. Die Wände sind mit kitschigen Feenlichtern, glücklichen Katzen und Bildern des thailändischen Königs geziert. Da heißt es Platz nehmen und Eddies pikante Papaya-Salate, frisch zubereitete Frühlingsrollen oder Currys futtern.

Pizzeria Horn (☎ 033 822 92 92; Hardererstrasse 35; Pizzen 14–22 SFr, Hauptgerichte 25–35 SFr; Do–Mo mittags) Das Ambiente der einladenden Pizzeria ist von freiliegendem Gebälk, massiven Tischen und Don-Camillo-Fotos geprägt. In behaglichen Sitzecken kann man hier Antipasti und leckere Holzofenpizzas vertilgen. Im Sommer stehen zusätzlich Tische auf der Gartenterrasse.

Belvédère Brasserie (☎ 033 828 91 00; Höheweg 95; Hauptgerichte 18–36 SFr) Obwohl die Brasserie zum langweilig wirkenden Hapimag nebenan gehört, ist sie modern und peppig dekoriert. Zudem gibt's eine Terrasse mit appetitanregendem Jungfrimblick. Tischt neben internationalen Standardgerichten wie Lamm in Merlotsauce auch ein paar Schweizer Klassiker wie Fondue und Rösti auf.

Benacus (☎ 033 821 20 20; www.benacus.ch; Stadthausplatz; Hauptgerichte 20–30 SFr; Sa mittags, So geschl.) Mit Glaswänden, flotten weinroten Sofas, Loungemusik und Straßenterrasse verbreitet das supercoole Benacus einen Hauch von Urbanität. Hier wird die ProSieben-Fernsehserie *Funky Kitchen Club* gedreht. Auf der kreativen Karte stehen z. B. Kartoffelsuppe mit Sternanis oder Aargau-Hühnchen mit karamellisiertem Senfkohl.

Goldener Anker (☎ 033 822 16 72; www.anker.ch; Marktgasse 57; Hauptgerichte 18–38 SFr; tgl. abends) Der Anker wird selbst anspruchsvolle Gaumen zufriedenstellen – Einheimischen zufolge ist er Interlakens bestes Restaurant. Unter freiliegendem Gebälk schwelgt man hier in einem internationalen Allroundmenü, das von brutzelnden Fajitas und Rotem Schnapper bis hin zu Straußensteaks reicht. Dabei sorgen oft Livebands für Unterhaltung.

Für Kaffee und Kuchen oder Cocktails bei atemberaubender Aussicht empfiehlt sich das **Top o' Met** (☎ 033 828 66 66; Höheweg 37) im obersten Stockwerk des Metropole Hotels. Der **Schuh** (☎ 033 822 94 41; Höheweg 56; 9–23.30 Uhr) ist ein Kaffeehaus im Wiener Stil, dessen Backwaren und Pralinen Appetit auf noch mehr machen. Zum Abendessen geht man aber besser woanders hin: Das Klimperklavier in Barry-Manilow-Manier und das Dekor in schreiendem Rosa erinnern vielleicht doch zu stark an B-Movies aus den 1970er-Jahren.

Gut und günstig ist z. B. der **Tamil Asian Shop & Takeaway** (☎ 033 822 23 30; Uniongasse 1; alle Menüs 12,90 SFr; 10.30–22.30 Uhr).

Supermärkte findet man gegenüber von beiden Bahnhöfen. Dazwischen gibt's einen **Coop Pronto** (Höheweg 11; tgl. 6–22.30 Uhr).

Ausgehen

Die belebten Bars von Balmer's und Funny Farm sind vor allem etwas für feierwütige Twens. Das Happy Inn zieht dagegen ein gemischtes Publikum an.

Buddy's Pub (☎ 033 822 76 12; Höheweg 33) Der älteste Schweizer Pub ist lärmig, verraucht und gesellig. Hier kann man sich bei Rugenbräu vom Fass oder einem (mangels Strand) „Sex on the Mountain" niederlassen und prima mit Einheimischen tratschen.

Hooters (☎ 033 822 65 11; Höheweg 57) Ja: Dies ist eine Kette mit Kellnerinnen in Hotpants und knalligen Trägertops, die Feministinnen auf die Palme bringen. Trotzdem ist Hooters immer noch schwer angesagt. Für Unterhaltung beim Bier sorgen Sport auf Großbild-TVs und eine Terrasse mit tollem Jungfrimblick. Allerdings starren die meisten männlichen Gäste offenbar lieber auf andere Berge …

Per Bacco (☎ 033 822 97 92; Rugenparkstrasse 2; Mo–Sa 9–24 Uhr) Die Hufeisenbar des Per Bacco zieht ein vergleichsweise kultivierteres und besser gekleidetes Publikum an. Letzteres genehmigt sich z. B. Antipasti und italienische Weine, die im Glas erhältlich sind.

Unterhaltung

Von Ende Juni bis Anfang September inszeniert die Naturbühne im Rugenwald zweimal wöchentlich Schillers *Wilhelm Tell* (1804). Tickets gibt's beim **Tellspielbüro** (☎ 033 822 37 22; www.tellspiele.ch; Höheweg 37; Tickets 26–48 SFr) in der Touristeninformation.

An- & Weiterreise
Züge nach Luzern (30 SFr, 2 Std.), Brig (über Spiez; 41 SFr, 1 Std.) und Montreux (über Bern oder Visp; 57–67 SFr, 2¼–3 Std.) fahren regelmäßig vom Bahnhof Interlaken Ost ab.

Die Autobahn A8 führt nordostwärts nach Luzern, während man Bern über die A6 in Richtung Nordwesten erreicht. In südlicher Richtung sind jedoch die Berge im Weg. Wer diese nicht langwierig umfahren möchte, muss südlich von Spiez den Autozug ab Kandersteg nehmen.

Die bekannten Autovermieter **Hertz** (☎ 033 822 61 72; Harderstrasse 25) und **Avis** (☎ 033 822 19 39; Waldeggstrasse 34a) nahe einer 24-Stunden-Tankstelle verleihen Fahrzeuge für ausgedehntere Schweiztouren. Beide sind in einigermaßen zentraler Lage zu finden.

Unterwegs vor Ort
In Interlaken kommt man problemlos zu Fuß voran. Zusätzlich starten Taxis, Busse und sogar Pferdekutschen (ca. 40 SFr) an beiden Bahnhöfen. Für Stadttouren auf zwei bzw. vier Rädern können Motorroller und Autos bei Firmen wie **Daniel's** (☎ 033 822 01 75; www.daniels-rental.ch; Hauptstrasse 19) gemietet werden.

RUND UM INTERLAKEN

SCHYNIGE PLATTE
Bei Aufenthalten in Interlaken gehört ein Trips zur Schynige Platte (1967 m) ein Muss. Im **Alpengarten** (Eintritt 4 SFr) auf dem Hochplateau wachsen etwa 600 verschiedene Bergpflanzen wie Alpenglöckchen, Arnika, Enzian und Edelweiß. Das Highlight sind aber die Wandermöglichkeiten: Der leicht zu meisternde **Panoramaweg** führt nach etwa zwei Stunden zum Ausgangspunkt zurück. Vergleichsweise anstrengender ist der 15 km lange **Faulhornweg** (S. 75). Entlang dieses Höhenpfads hat man eine unvergessliche Aussicht auf Eiger, Mönch und Jungfrau. Tipp: Im Juli und August finden hier auch tolle **Mondscheinwanderungen** statt.

Bis etwa 17 Uhr startet die **Zahnradbahn** (www.schynigeplatte.ch, www.jungfraubahn.ch; einfache Strecke/hin & zurück 33/54 SFr; ⌚ Ende Okt.–Ende Mai geschl.) in Wilderswil etwa alle 40 bis 50 Minuten zum Hochplateau. Die exakten Betriebszeiten hängen jedoch von der Wetter- und Schneelage ab. Super: Naturfreunde ohne eigene Wanderstiefel können kostenlos diverse Lowa-Modelle auf der Schynige-Platte testen (für Details s. Webseite).

ST. BEATUS-HÖHLEN
Die **St. Beatus-Höhlen** (☎ 033 841 16 43; Erw./Kind/Student 18/10/16 SFr; ⌚ Mitte März–Ende Okt. 10.30–17 Uhr) entstanden im Lauf mehrerer Jahrtausende. Im Rahmen von Höhlenwanderungen können hier spektakulär beleuchtete Tropfsteinformationen und unterirdische Seen besichtigt werden. Der Legende nach lebte St. Beatus im 6. Jh. als Mönch und Einsiedler in den Höhlen. Außerdem soll der erste Schweizer Apostel an diesem Ort einen Drachen bekämpft haben. Von Interlaken aus gelangt man entweder zu Fuß (1½ Std.) oder in einer kurzen Bootsfahrt (9,60 SFr) hierher.

JUNGFRAU-REGION

Wenn das Berner Oberland das Herz der Schweiz ist, ist die Jungfrau-Region das Gebiet, in dem das Herz der Besucher beinahe ins Stocken gerät. Die von Gletschern überzogenen Bergriesen Eiger, Mönch und Jungfrau wühlen das Gemüt auf und strapazieren noch dazu die Halsmuskeln. Egal, ob man die üppig grünen Wiesen und tiefen Schluchten bei Grindelwald abwandert, per Seilbahn aufs Schilthorn fährt oder sich in einem Hotel in Mürren erholt: Überall wird der Blick von endloser Schönheit geblendet. Das Netz der Wanderwege ist mehrere Hundert Kilometer lang. So kann diese Region aus vielen Perspektiven betrachtet werden – grundverschieden, aber stets umwerfend.

Die „Großen Drei" haben ihren festen Platz in der Bergsteigergeschichte. Dies gilt vor allem für den Eiger (3970 m), dessen berüchtigte Nordwand viele Todesopfer forderte und erst 1938 bezwungen wurde. Heute lassen sich große Höhen vergleichsweise einfach erreichen: In wenigen Stunden fahren Züge hinauf zu Europas höchstgelegenem Bahnhof auf dem Jungfraujoch (3454 m).

Orientierung & Praktische Informationen
Von Interlaken aus erstrecken sich zwei Täler in Richtung Süden. Das breitere von beiden

biegt sich Richtung Osten und wird von Grindelwald dominiert. Das schmalere Tal führt genau südwärts nach Lauterbrunnen. Von dort aus kommt man zu autofreien Ferienorten in den umliegenden Bergen – z. B. nach Wengen am östlichen Bergkamm. Mürren und Gimmelwald im Westen sind über die Bergstation Grütschalp oder in einer etwas längeren Fahrt über Stechelberg im Lauterbrunnental erreichbar. Über Mürren geht's hinauf zum Aussichtspunkt Schilthorn.

Zwischen beiden Tälern erstreckt sich das großartige Jungfraujoch. Die meisten Reisenden machen eine Tour im Uhrzeigersinn, die z. B. ab Interlaken zuerst nach Grindelwald und dann zur Kleinen Scheidegg am Fuß des Eigers führt. Anschließend geht's zum Jungfraujoch und wieder zurück zur Kleinen Scheidegg. Die beiden letzten Stationen vor Interlaken sind dann Wengen und Lauterbrunnen. Alternativ kann man den Trip auch in Gegenrichtung absolvieren oder auf demselben Weg zurückkehren.

Gipfeltouren lohnen sich wirklich nur an klaren Tagen. Wegen des launischen Bergwetters ist es ratsam, vor dem Start einen geeigneten Webcamservice zu nutzen (z. B. unter www.jungfraubahn.ch oder www.swisspanorama.com).

Wer in Ferienorten übernachtet, hat Anspruch auf eine Gästekarte. Diese berechtigt zu Ermäßigungen in der Region. Daher nachfragen, wenn die Karte nicht automatisch im Hotel ausgehändigt wird!

Anreise & Unterwegs vor Ort

Von Interlaken Ost aus besteht stündlich Bahnverbindung zur Jungfrauregion. Richtung Lauterbrunnen nimmt man am besten gleich in der vorderen Zughälfte Platz, während sich die hintere bei Trips Richtung Grindelwald empfiehlt: Wo die Täler zusammenlaufen, werden die Zugteile in Zweilütschinen auseinandergekoppelt. Dann führen die Gleise auf separaten Routen um das Bergmassiv herum, um sich am Fuß des Eigers wieder zu vereinen – genauer gesagt am Bahnhof Kleine Scheidegg, der auch als Talstation für die Züge zum Jungfraujoch fungiert.

Swiss-Pässe gelten bis Grindelwald bzw. in Gegenrichtung bis Wengen und Mürren. Jenseits dieser Stationen erhalten Inhaber 25 %

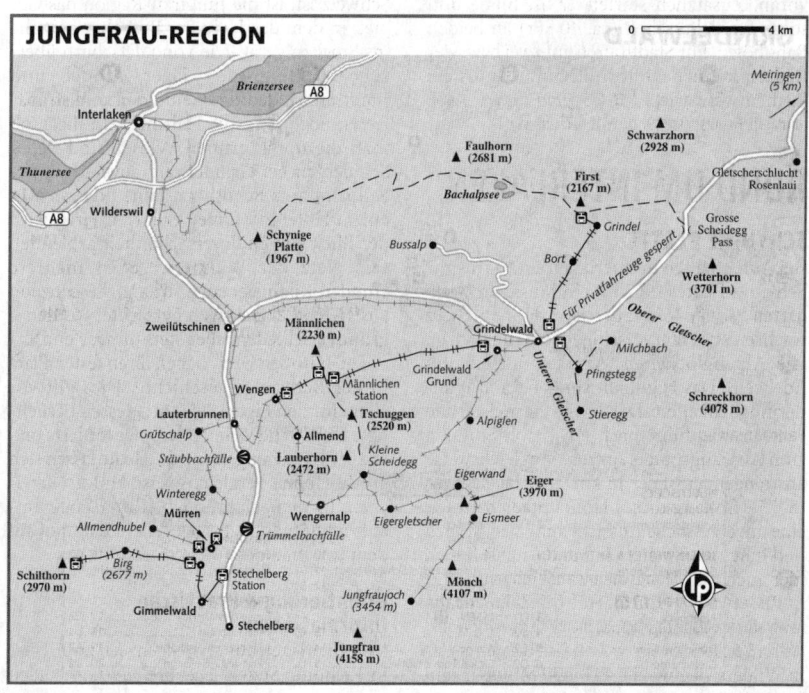

Ermäßigung. In Interlaken endet die Gültigkeit von Eurail- und InterRail-Pässen, die bei Trips zum Jungfraujoch aber ebenfalls 25% Rabatt einbringen. Die Swiss Half Fare Card gilt in der ganzen Region.

Die **Jungfraubahnen** (☎ 033 828 72 33; www.jungfraubahn.ch) bieten einen eigenen Pass für 195 SFr an (145 SFr mit Swiss Pass, Swiss Card oder Half-Fare Card). An sechs aufeinanderfolgenden Tagen kann damit die ganze Region unbegrenzt bereist werden. Wer von Eigergletscher (die Station nach Kleine Scheidegg) zum Jungfraujoch fahren möchte, muss dennoch 52 SFr extra bezahlen.

Beispiele für Strecken und Preise: Interlaken Ost–Grindelwald (10,20 SFr), Grindelwald–Kleine Scheidegg (31 SFr), Kleine Scheidegg–Jungfraujoch (hin & zurück 107 SFr), Kleine Scheidegg–Wengen (23 SFr), Wengen–Lauterbrunnen (6,20 SFr) und Lauterbrunnen–Interlaken Ost (7 SFr). Die Website informiert über den aktuellen Gesamtfahrplan.

Zu Wartungszwecken stellen viele Seilbahnen den Betrieb jeweils Ende April und Ende Oktober vorübergehend ein.

GRINDELWALD
3810 Ew. / 1034 m

Grindelwalds natürliche Schönheit macht es zum Bilderbuch-Drehort: Die Eiger-Nordwand wirkt wie gemeißelt und auch die glitzernden Zungen von Oberem und Unterem Gletscher lassen den beeindruckten Betrachter augenblicklich zur Kamera greifen. Dasselbe gilt für die wunderschöne Wildheit des Wetterhorns. Ende des 19. Jhs. verfielen die ersten Skifahrer und Wanderer dem Charme Grindelwalds, das somit zu den ältesten Urlaubsorten der Schweiz zählt. Im Lauf der Jahrzehnte hat das Dorf nichts an Reiz verloren – bis heute findet man hier typische Alpenchalets und grüne Viehweiden vor oscarreifer Hintergrundkulisse.

Orientierung & Praktische Informationen

Das Zentrum liegt östlich vom Bahnhof. An beiden Ortsenden zweigt der malerische Terrassenweg nordwärts von der Hauptstraße ab und verläuft als Höhenschleife in Ost-West-Richtung. Die Schwarze Lütschine rauscht unterhalb und südlich der Hauptstraße.

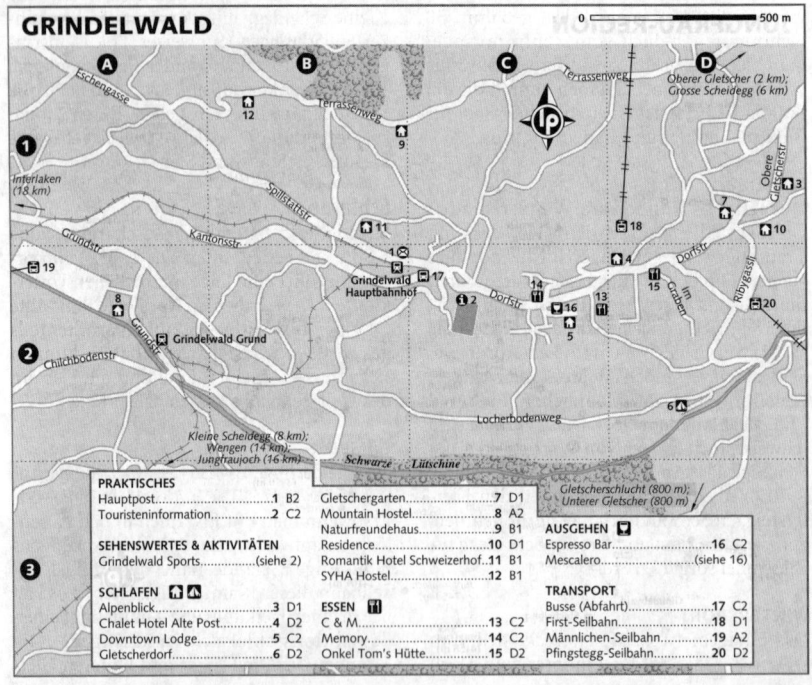

PRAKTISCHES
Hauptpost.................................1 B2
Touristeninformation.................2 C2

SEHENSWERTES & AKTIVITÄTEN
Grindelwald Sports................(siehe 2)

SCHLAFEN
Alpenblick..................................3 D1
Chalet Hotel Alte Post...............4 D2
Downtown Lodge.....................5 C2
Gletscherdorf............................6 D2

Gletschergarten.........................7 D1
Mountain Hostel.......................8 A2
Naturfreundehaus.....................9 B1
Residence.................................10 D1
Romantik Hotel Schweizerhof..11 B1
SYHA Hostel............................12 B1

ESSEN
C & M.....................................13 C2
Memory..................................14 C2
Onkel Tom's Hütte...................15 D2

Gletscherschlucht (800 m);
Unterer Gletscher (800 m)

AUSGEHEN
Espresso Bar............................16 C2
Mescalero............................(siehe 16)

TRANSPORT
Busse (Abfahrt).......................17 C2
First-Seilbahn..........................18 D1
Männlichen-Seilbahn..............19 A2
Pfingstegg-Seilbahn................20 D2

Post- und Regionalbusse fahren nahe dem Hauptbahnhof ab. Neben dem Bahnhof findet man auch eine Post.

Die **Touristeninformation** (☎ 033 854 12 12; www.grindelwald.ch; Dorfstrasse; ⊙ Sommer & Winter Mo–Fr 8–12 & 13.30–18, Sa & So 9–12 & 13.30–17 Uhr, übriges Jahr Mo–Fr 8–12 & 13.30–17, Sa 9–12 Uhr) im Sportzentrum verteilt Broschüren und Karten. Dort gibt's außerdem eine Buchungsstation für Unterkünfte (inkl. Telefon) und ein münzbetriebenes Internetterminal vor dem Eingang.

Sehenswertes & Aktivitäten

Östlich vom Dorf schmilzt der schimmernde **Obere Gletscher** (Erw./Kind 6/3 SFr; ⊙ Mitte Mai–Okt. 9–18 Uhr) langsam vor sich hin. Man erreicht ihn entweder in einer Wandertour (1½ Std.) oder fährt mit dem Bus (Linie „Terrassenweg–Oberer Gletscher") zum Hotel-Restaurant Wetterhorn. Ab der Bushaltestelle geht's zunächst zehn Minuten bergauf. Dann führen 890 Holzstufen hinauf zu einer Terrasse mit herrlicher Aussicht. Eine neue örtliche Attraktion ist die schwindelerregende Hängebrücke über die Schlucht.

Wilde Wasser haben sich ihren Weg durch die schroffe **Gletscherschlucht** (Eintritt 7 SFr; ⊙ Mai–Okt. 10–17 Uhr, Juli & Aug. bis 18 Uhr) gebahnt. 30 Gehminuten südlich vom Zentrum findet man hier rosa-grün marmorierte Steilwände mit eingeschlagenen Tunneln, durch die ein Fußpfad führt. Dies ist ein beliebter Spot für Bungeejumping- und Canyoningtrips.

WANDERN

Quer durchs wunderbare Wanderparadies Grindelwald erstrecken sich viele Wege mit Traumblick auf gewaltige Nordwände und vereiste Gipfel. Eine der besten Tagestouren mit Blick auf Eiger, Mönch und Jungfrau ist die 18 km lange **Kleine-Scheidegg-Wanderung** (S. 72) von Grindelwald nach Lauterbrunnen. Seilbahnen verbinden andere Höhenwanderwege im Gebiet von Männlichen, First und Pfingstegg mit dem Dorf. Diese Gebiete sind teilweise auch einfach von Wengen oder der Schynige-Platte aus erreichbar (für Details s. S. 201). Abenteuerlustige können den Klettersteig am Schwarzhorn in Angriff nehmen, der zwischen First und Großer Scheidegg für Schwindel sorgt (5½ Std.).

WINTERSPORT

Das Firstgebiet (S. 201) erstreckt sich vom Oberjoch (2486 m) bis hinunter zum Dorf. Dort finden Skifahrer eine tolle Mischung aus mittelschweren (roten) und schweren (schwarzen) **Abfahrten**. Von der Kleinen Scheidegg und dem Männlichen führen lange, leicht zu meisternde Abfahrten zurück nach Grindelwald. Dabei zieht der Eiger stets alle Aufmerksamkeit auf sich. Das 17 km lange Netz der örtlichen **Langlaufloipen** ist prima präpariert und ermöglicht Brettlvergnügen ohne Menschenmassen. Grindelwald Sports (s. unten) betreibt eine Skischule.

NOCH MEHR AKTIVITÄTEN

Grindelwald Sports (☎ 033 854 12 90; www.grindelwaldsports.ch) im Gebäude der Touristeninformation bietet neben Bergsteigen und eisigen Bungeesprüngen in der Gletscherschlucht auch Schlucht- und Fallschirmsprünge an. Die Gleitschirmflüge von **Paragliding Jungfrau** (☎ 079 779 90 00; www.paragliding-jungfrau.ch) starten am First auf 1200 m Höhe (ab 170 SFr).

Feste & Events

Ende Januar schwingen Künstler beim **World Snow Festival** den Pickel, um außergewöhnliche Eisskulpturen zu erschaffen. Anfang April rockt das **SnowpenAir** (www.snowpenair.ch) die Kleine Scheidegg mit startträchtigen Livekonzerten. **Schwingen** (Schweizer Traditionsringen), Steinstoßen und andere landestypische Vergnüglichkeiten erwecken die Große Scheidegg im Juli zum Leben. Einen Monat später führt die 90 km lange **Eiger Bike Challenge** rasant über Stock und Stein.

Schlafen

Grindelwald hat zahlreiche charaktervolle B & Bs und Ferienhütten. Die Touristeninformation führt eine Liste mit örtlichen Unterkünften. Diese haben im April bzw. von Mitte Oktober bis Mitte Dezember größtenteils geschlossen. Gästekarteninhaber können Lokalbusse sowie den Pool und die Eisbahn des Sportzentrums kostenlos benutzen.

CAMPING

Gletscherdorf (☎ 033 853 14 29; www.gletscherdorf.ch; Stellplatz Erw./Kind 7,50/3,50 SFr, Zelt 6–18 SFr; ⊙ Mai–Okt.) Erst wenn man mit Eiszapfen in den Nasenlöchern aufwacht, offenbart sich, warum das flussseitige Gelände nahe der Pfingstegg-Seilbahn diesen Namen trägt: Hier ist es so kalt wie in einer Tiefkühltruhe – unbedingt einen Expeditionsschlafsack mitbringen! Die Traumaussicht auf Eiger und Unteren Gletscher macht den Campingplatz nichtsdestotrotz zu einem der herrlichsten des Landes. An Einrichtungen sind z. B. Gemeinschaftsraum, Waschküche und ein kostenloser WLAN-Zugang vorhanden.

HOSTELS

Die ersten beiden der folgenden Hostels sind mit Bussen in Richtung Bussalp, Terrassenweg und Waldspitz erreichbar (9–17 Uhr, mind. stündl.). Der halbstündige Anmarsch bergauf beginnt an der Straße, die den Eisenbahnschienen auf deren Nordseite folgt. Dort markiert ein Schild rechts den Anfang des steilen Fußpfads.

SYHA-Hostel (☎ 033 853 10 09; www.youthhostel.ch/grindelwald; Terrassenweg; B 31,50–38,50 SFr, DZ 80 SFr, DZ mit eigenem Bad 108 SFr; Rezeption 7.30–10 & 16–22 Uhr;) Hoch oben auf einem Hügel steht dieses Hostel mit herrlicher Aussicht. Die hiesigen Quartiere verteilen sich auf ein gemütliches Holzchalet und einen modernen Anbau. Hinzu kommen geräumige und luftige Schlafsäle, ein offener Kamin sowie eine sonnige Terrasse.

LP Tipp Naturfreundehaus (☎ 033 853 13 33; www.naturfreundehaeuser.ch; Terrassenweg; B/EZ/DZ 36/46/72 SFr, Frühstück 8 SFr; Rezeption 13–15 Uhr geschl., Haus Nebensaison geschl.;) Das umweltbewusste Chalet oberhalb vom Dorf ist ein echtes Juwel. Während sich die meisten Leute Katzen oder Hunde halten, schwimmt mit Mono und die sechsjährige Forelle als Haustier im Gartenteich von Vreni und Heinz herum. Knarrende Dielen führen hinauf zu niedlichen Zimmern mit Kiefernvertäfelung und karierten Vorhängen – darunter auch die wahrscheinlich kleinste Einzel-„Schuhschachtel" der Schweiz. Das skurrile Café im Untergeschoss serviert u. a. empfehlenswerten Eiger-Kaffee mit Amaretto und selbstgebrannten Minzlikör. Im Garten hat man eine wunderbare Aussicht auf Eiger und Wetterhorn.

Downtown Lodge (☎ 033 828 77 30; www.downtown-lodge.ch; Dorfstrasse; B/DZ 36/82 SFr; Rezeption 7.30–12 & 16.30–21.30 Uhr;) Grindelwalds zentralste Zimmer wirken modern, sauber und einladend. Die Schlafsäle sind vergleichsweise recht gewöhnlich – im Gegensatz zu den überdurchschnittlichen Einrichtungen wie Bistro, Gemeinschaftsküche, Spielezimmer und kostenlosem Internetzugang.

Mountain Hostel (☎ 033 854 38 38; www.mountainhostel.ch; Grundstrasse; B 37–42 SFr, DZ 92–102 SFr; Rezeption 16–21 Uhr) Der weitläufige, türkisfarbene Komplex nahe der Männlichen-Seilbahn ist eine ideale Ausgangsbasis für Sportsüchtige. Hier gibt's gepflegte Schlafsäle, hilfsbereites Personal, einen Hofgarten sowie eine Lounge mit Kabel-TV und WLAN-Anschluss.

HOTELS & PENSIONEN

Alpenblick (☎ 033 853 11 05; www.alpenblick.info; Obere Gletscherstrasse; B 48 SFr, DZ 148–190 SFr;) Tolle Budgetoption, die zehn Gehminuten vom Zentrum entfernt in einer ruhigen Ecke steht. In den tadellos sauberen Zimmern gibt's jede Menge Kiefernholz, während helle Bettdecken die Schlafsäle im Untergeschoss aufpeppen. Zudem findet man hier kostenlose Parkmöglichkeiten, WLAN, ein Diner im amerikanischen Stil (Hauptgerichte 15–19 SFr) und eine Terrasse mit Gletscherblick. Edi und Vreni sorgen dafür, dass alles wie ein Schweizer Uhrwerk läuft.

Residence (☎ 033 854 55 55; www.residence-grindelwald.ch; Dorfstrasse; EZ/DZ 105/180 SFr;) Das heimelige Chalet mit toller Aussicht auf das Wetterhorn versteckt sich in einem beschaulichen Ortsteil. Die Zimmer empfangen Gäste mit neutralen Farbtönen und 1970er-Jahre-Einrichtung. Sie sind nichts Besonderes, aber einwandfrei sauber. Die besten Varianten haben eigene Balkone mit vielen Geranien.

Chalet Hotel Alte Post (☎ 033 853 42 42; www.altepost-grindelwald.ch; Dorfstrasse; EZ/DZ ab 115/200 SFr;) Wer als Allererste(r) auf der Piste sein will, steigt am besten in diesem schmucken Chalet direkt neben dem Skilift am First ab. Die hellen, geräumigen Zimmer sind mit hellem Kiefernholz und erdigen Farbtönen dekoriert. Nett: Auf den Kopfkissen liegt Schokolade. Ein Whirlpool und eine Sauna laden zum Relaxen ein. Im Winter empfiehlt sich hierfür auch die Lounge mit dem offenen Kamin.

Gletschergarten (☎ 033 853 17 21; www.hotel-gletschergarten.ch; Dorfstrasse; EZ/DZ ab 120/220 SFr;) Im rustikalen Holz-Chalet der sympathischen Familie Breitenstein fühlt man sich sofort zuhause. Hierfür sorgen u. a. zahlreiche Erbstücke wie Landschaftsgemälde und Fotos von Elsbeths Großvater, der zwölf Kinder hatte – das waren noch Zeiten… Die Einrichtung der Zimmer umfasst Kiefernholzelemente und Stoffe mit Blumenmustern. Auf der Vorderseite blickt man von ihren Balkonen auf den Unteren Gletscher, während die hintere Seite Aussicht auf das Wetterhorn bietet und zu Sonnenuntergang besonders schön ist.

Romantik Hotel Schweizerhof (☎ 033 854 58 58; www.hotel-schweizerhof.com; Dorfstrasse; EZ/DZ/Suite inkl. Halbpension 270/490/690 SFr; P 🖳 🗷) Das vornehme Gründerzeithaus ist der Großvater aller Grindelwald-Hotels. Seine stilvollen Zimmer haben glänzende Bäder mit Schieferböden. Der hervorragende Wellnessbereich bietet Massagedüsen, Behandlungsräume, eine superkalte Eisgrotte und einen Pool, der an große Panoramafenster mit Bergblick grenzt. Das erstklassige Hausrestaurant verwendet Gemüse und Kräuter aus einheimischer Produktion.

Essen

Onkel Tom's Hütte (☎ 033 853 52 39; Im Graben 4; Pizzas 13–33 SFr; ⓥ Do 18–24, Fr–Di 12–24 Uhr) Unglaublich gemütliches Chalet im Scheunenstil mit überdurchschnittlichen Tischen. Auf diesen landen leckere, frisch gebackene Pizzas in jeweils drei möglichen Größen. Das Angebot der umfassenden Weinkarte reicht von der Schweiz bis Südafrika.

Memory (☎ 033 854 31 31; Hauptgerichte 16–28 SFr; Dorfstrasse; ⓥ 11.30–22.30 Uhr) Das einfache Restaurant des Hotel Eiger ist immer gut besucht. Es serviert schmackhafte Schweizer Gerichte wie Rösti und Fondue. Tipp: Die Tische auf der straßenseitigen Terrasse.

C & M (☎ 033 853 07 10; Hauptgerichte 20–36 SFr; ⓥ Mi–Mo 8.30–23 Uhr) Galerieähnliches Café, dessen Speisekarte genauso beeindruckt wie der herrliche Blick auf den Unteren Gletscher von der sonnigen Terrasse. Hier kann man sich z. B. an Salaten, Kaffee und Kuchen laben. Alternativ gibt's saisonal beeinflusste Gerichte wie Wildbret-Eintopf zu Klößen und Äpfeln mit Heidelbeerfüllung.

Ausgehen

Die irreführend benannte **Espresso Bar** (☎ 033 954 88 88) im Hotel Spinne platzt zur Winterzeit aus allen Nähten. Sie zieht scharenweise lärmende Biertrinker an und beherbergt zudem das **Mescalero** (Eintritt frei; ⓥ Winter Mo–So, Sommer Do–Sa) mit mexikanischem Kitschdekor. Dort sorgen DJs und gelegentlich auch Livemusik für Unterhaltung.

An- & Weiterreise

Auf S. 197 stehen Details zu Zugverbindungen. Grindelwald ist gut von der A8 aus, die durch Interlaken führt, erreichbar. Vom Dorf führt ein kleinerer Pass über die Große Scheidegg (1960 m) nach Meiringen. Diese malerische Route ist für Privatfahrzeuge gesperrt. Von Mitte Juni bis Anfang Oktober sind hier aber Postbusse (einfache Strecke/hin & zurück 49/95 SFr, 2 Std.) unterwegs, die sich zwischen 7 und 16.30 Uhr etwa stündlich auf den Weg machen.

RUND UM GRINDELWALD
First

Eine Seilbahn fährt hinauf zum **First** (☎ 033 828 77 11; einfache Strecke/hin & zurück 31/51 SFr). Dort beginnen insgesamt 100 km lange Wanderwege, von denen die Hälfte auch im Winter offen ist. Von hier aus kann man z. B. am kobaltblauen Bachalpsee vorbei zum **Faulhorn** (2681 m; 2½ Std.) hinaufsteigen. Entlang des Bergrückens ist die Aussicht auf das Jungfraumassiv einfach hinreißend. Am Faulhorn wird das Mittagessen durch einen tollen Rundumblick versüßt. Anschließend gibt's zwei Möglichkeiten: Entweder zur Schynige-Platte (weitere 3 Std.) weiterwandern und per Zug zurückfahren oder zur Bussalp (1800 m; 1½ Std.) marschieren und von dort einen Bus nach Grindelwald nehmen (20,60 SFr).

Weitere wunderbare Wanderungen führen zum Schwarzhorn (3 Std.), zur Großen Scheidegg (1½ Std.), zum Unteren Gletscher (1½ Std.) und nach Grindelwald (2½ Std.). Wer in den rustikalen Schlafsälen vom **Berggasthaus First** (☎ 033 853 12 84; B inkl. Halbpension

---

SKIFAHREN IN DER JUNGFRAU-REGION

Egal, ob man die breiten, sonnigen Hänge am Fuß des Eigers hinunterwedeln oder das atemberaubend steile, 16 km lange Inferno-Rennen zwischen Schilthorn und Lauterbrunnen absolvieren möchte: Die Jungfrau-Region bietet Pisten für jeden Geschmack. Rund um Grindelwald, Männlichen, Mürren und Wengen gibt's insgesamt ca. 213 präparierte Pistenkilometer und 44 Lifte. Für die Gebiete Grindelwald-Wengen und Mürren-Schilthorn sind jeweils Tagesskipässe erhältlich (Erw./Kind/Jugendl. 16–19 Jahre/Senior über 62 Jahren 59/30/47/53 SFr). Varianten für die ganze Jungfrau-Region (126/63/101/113 SFr) gelten mindestens zwei Tage lang. Wer verschiedene Skigebiete per Zug besuchen möchte, muss eventuell mit überfüllten Waggons und langen Fahrtzeiten rechnen.

> **RODELVERGNÜGEN**
>
> Nicht nur Skifahrer lieben den tiefen Pulverschnee am First: Über den Weg Nummer 50 kann man auch im Winter zum Faulhorn stapfen (2½ Std.). Dabei fällt der Blick auf den zugefrorenen Bachalpsee und die ganze Winterpracht des Jungfrau-Massivs. Abgesehen von der tollen Aussicht hat diese Route aber noch mehr zu bieten: Am Faulhorn beginnt Europas längste Rodelbahn, die nur zu Fuß erreichbar ist. Die teilweise holperige Piste mit dem Spitznamen „Big Pintenfritz" führt über Bussalp hinunter nach Grindelwald. Unterwegs schießt der eigene oder gemietete Schlitten über vereiste Viehweiden und durch glitzernde Wälder. Je nach Rodeltempo ist man nach ca. eineinhalb Stunden am Ziel.

79 SFr) übernachtet und früh aufsteht, erlebt einen unglaublichen Sonnenaufgang. Diese Unterkunft liegt neben der Gipfelstation der First-Seilbahn.

Der First bietet insgesamt 50 prima präparierte Pistenkilometer. Die meisten Abfahrten sind breit, gewunden und eignen sich dank mittelschwerer Kategorie (rot) für Fortgeschrittene. Wälder und Wiesen prägen die interessanten Südhänge. Für Freestyler gibt's **Bärgelegg** mit Schanzen und Rails sowie eine Superpipe an der Station **Schreckfeld**.

Männlichen

Der Männlichen (2230 m) liegt auf dem Kamm zwischen Grindelwald- und Lauterbrunnental und zählt landesweit zu den schönsten Aussichtspunkten. Er ist über Europas längste **Seilbahn** (☎ 033 854 80 80; www.maennlichen.ch) mit der Station Grindelwald Grund verbunden (einfache Strecke/hin & zurück 31/51 SFr, 15–17 Uhr zurück 31 SFr). Auf der anderen Kammseite führt eine zweite Seilbahn von Wengen aus hinauf (einfache Strecke/hin & zurück 23/38 SFr).

Direkt nach Erreichen der Gipfelstation Männlichen marschiert man am besten zehn Minuten bergauf, um die Aussicht von ganz oben zu genießen. Hinter Tschuggen (2520 m) und Lauberhorn (2472 m) am südlichen Ende des Bergkamms ragen die „Großen Drei" in den Himmel. An dieser Stelle offenbart sich der Unterschied zwischen den beiden Tälern: Links liegt das relativ breite Grindelwaldtal, während sich das glaziale, U-förmige Lauterbrunnental zur Rechten erstreckt. Im Norden ist ein Teil des Thunersees erkennbar.

Den Sommer über kann man bei Bedarf im gemütlichen **Berggasthaus Männlichen** (☎ 033 853 10 68; berggasthaus@maennlichen.ch; EZ/DZ 80/170 SFr) übernachten. Im Winter bevölkern Skifahrer die hiesige Schneebar. Von der sonnigen Terrasse schweift der Blick weit über die vereisten Gipfel – ideal, um bei einem Glühwein zu entspannen.

Die breiten Pisten am Männlichen eignen sich perfekt zum Skifahren im Schatten von Eiger, Mönch und Jungfrau. Ohne Bretter an den Füßen geht's alternativ per Rodelschlitten hinunter nach **Holenstein**. Während der rasanten Fahrt (45 Min.) müssen steile Bodenwellen und Kehren gemeistert werden.

Eine klassische Wanderung führt über den malerischen **Panoramaweg** zur Kleinen Scheidegg (1½ Std.). Nach dem Start am Männlichen marschiert man dabei erst südwärts zur Honegg und umrundet dann das Lauberhorn. Schließlich kommen Rotstöckli und Kleine Scheidegg in Sicht.

Pfingstegg

Eine weitere Seilbahn fährt hinauf zur **Pfingstegg** (☎ 033 853 26 26; www.pfingstegg.ch; einfache Strecke/hin & zurück 12/18 SFr; ☼ Mai–Okt.). Dort beginnen kurze Wanderpfade zur Stieregg nahe dem tief zerklüfteten Unteren Gletscher. Vielleicht ist auch der Weg zum **Hotel Wetterhorn** (☎ 033 853 12 18; www.grosse-scheidegg.ch) am Fuß des Oberen Gletschers (1½ Std.) geöffnet. Dabei passiert man unterwegs das Restaurant Milchbach (1 Std.) und die geologisch interessante **Breitlouwina**. Bei dieser handelt es sich um das ehemalige Bett einer Gletscherzunge, das von den Schleifspuren mitgeführter Steine überzogen ist.

Hier oben gibt's zudem eine **Sommerrodelbahn** (Erw./Kind 5/3 SFr; ☼ 11–18 Uhr).

KLEINE SCHEIDEGG

Eiger, Mönch und Jungfrau überragen die Kleine Scheidegg (2061 m) um beinahe 2000 m. Restaurants umgeben den hiesigen Bahnhof, der von den meisten Zugpassagieren lediglich zum schnellen Umsteigen in Richtung Jungfraujoch genutzt wird. Allerdings lohnt es sich, die herrliche Aussicht etwas länger zu genießen – im Blickfeld liegt z. B. der reißzahnförmige Gipfel des Silberhorns (3695 m) mit seiner glatten Eiskappe.

Die Kleine Scheidegg ist ein super Ausgangspunkt für Wanderer. Von hier aus führen leichte Kurzwanderungen (jeweils 1 Std.) zum Eigergletscher, hinunter zur Wengernalp und aufs Lauberhorn hinter dem Dorf. Von Dezember bis April werden diese Areale zu mittelschweren Skigebieten. Alternativ kann man über den Eigertrail vom Eigergletscher nach Alpiglen marschieren (2¼ Std.).

Einfache Übernachtungsmöglichkeiten bieten das **Restaurant Bahnhof Röstizzeria** (☎ 033 828 78 28; B/DZ 51,50/133 SFr, Halbpension zzgl. 19,50 SFr) und das vor Kurzem renovierte **Restaurant Grindelwaldblick** (☎ 033 855 13 74; B 40 SFr, Halbpension zzgl. 25 SFr; ⊙ Nov. & Mai geschl.) in acht Gchminuten Entfernung Richtung Grindelwald. Schlaue Wanderer übernachten stattdessen im **Gästehaus Eigergletscher** (☎ 033 828 78 66; DZ/3BZ inkl. Halbpension 138/207 SFr), um den Eigertrail relaxt am nächsten Morgen in Angriff zu nehmen.

Das weitläufige **Hotel Bellevue des Alpes** (☎ 033 855 12 12; EZ/DZ 250/410 SFr) ist ein Ex-Grandhotel aus dem 19. Jh. Knarrend und voller Atmosphäre steht es in unschlagbarer Lage, hat aber eine in Teilen ziemlich makabre Geschichte: Mithilfe der hiesigen Teleskope haben Schaulustige immer wieder Bergunglücke am Eiger beobachtet.

JUNGFRAUJOCH

Sicher: Jeder will aufs Jungfraujoch (3454 m), doch die Zugtickets dorthin sind nicht gerade günstig. Dies ist vielleicht ein Grund, sollte aber kein Hindernis sein – denn diesen unvergesslichen Trip muss man einfach erlebt haben. Schließlich verzeichnet Europas höchstgelegener Bahnhof nicht umsonst 2 Mio. Besucher pro Jahr: Dort schweift ein zutiefst berauschender Blick weit über die eisige Wildnis aus gewundenen Gletschern und 4000 m hohen Gipfeln.

Der letzte Streckenabschnitt vom Bahnhof Kleine Scheidegg aus führt zuerst tief durch die Eingeweide des Eiger und erreicht dann die hochmoderne Wetterstation Sphinx. Der 1912 eröffnete Tunnel wurde von 3000 Arbeitern 16 Jahre lang durch den Fels getrieben. Unterwegs hält der Zug an den Stationen Eigerwand und Eismeer. Dank Panoramafenstern hat man dort jeweils einen herrlichen Blick auf die zerklüfteten Eisströme.

Diese Reise ist ausschließlich bei schönem Wetter sinnvoll. Daher sollten unbedingt entsprechende Infos vorab unter www.jungfrau.ch oder ☎ 033 828 79 31 eingeholt werden. Warme Kleidung, Sonnenbrille und -schutzmittel nicht vergessen: Schnee und gleißendes Licht sind dort oben ganzjährig Standard. Die Wetterstation dient als Endhaltestelle. Neben einer palastartigen Eisgalerie mit skurrilen Skulpturen beherbergt sie auch Restaurants, Indoor-Aussichtsplattformen und einen Souvenirshop. Dort kann man u. a. sein eigenes Stück Eiger für den heimischen Kaminsims kaufen – irgendwie nicht ganz so eindrucksvoll wie der echte Berg.

Im Freien fällt die Traumaussicht auf den 23 km langen **Aletschgletscher** (S. 185), dessen gewundene Zunge von Moränen durchsetzt ist. Der längste Gletscher in den europäischen Alpen gehört seit 2001 zum Unesco-Weltnaturerbe. Jenseits der glitzernden Gipfel liegt sogar der deutsche Schwarzwald im Blick – da empfiehlt sich dringend eine Digitalkamera mit großer Speicherkarte.

Wer der Aussicht überdrüssig ist (ist das überhaupt möglich?), kann auf Schneescheiben bergabwärts gleiten (kostenl.), an einer

HINDI-SOUND IN DEN BERGEN

Warum nur stößt man am Jungfraujoch auf ein Curry-Büfett und auf Schnappschüsse von Shahrukh Khan? Ganz einfach: Weil Indiens gewaltige Filmindustrie auf Berge, Wasserfälle und Seen als Hintergrundkulisse für ihre ungemein phantasievollen Tanz- und Gesangssequenzen schwört. Da die traditionellen Drehorte in Kaschmir inzwischen zu gefährlich für Bollywoodfilmer sind, fungiert die Schweiz immer häufiger als Landschaftsdouble.

Ergebnis: Heute werden hier mehr Bollywoodstreifen gedreht als in jedem anderen Land – und Tausende treuer Fans wandeln auf den Schweizer Spuren ihrer Idole. *Wer zuerst kommt, kriegt die Braut* (1995) entstand als erster von mehreren Dutzend Bollywood-Blockbustern auf eidgenössischem Boden. Seitdem hat sich die Zahl der indischen Schweiztouristen mehr als verdoppelt. Während des Vormonsuns in ihrer Heimat (Mai und Juni) besuchen riesige Reisegruppen ihre cineastischen Lieblingslocations – darunter Gstaad (S. 217), Engelberg/Titlis (S. 282) und Genf (S. 93).

Seilrutsche über das vereiste Plateau flitzen (20 SFr), die eher harmlosen Möglichkeiten zum Ski- und Snowboardfahren nutzen (33 SFr) oder ein Team von Grönlandhunden lenken (S. 205). Da wäre auch noch die Option, als Tiger Woods in Moonboots sein Glück beim Gletschergolf zu versuchen – nicht gerade günstig (10 SFr/Schlag), doch der Jackpot für einen Hole-in-One beträgt 100 000 SFr. Seltsamerweise hat das noch niemand geschafft.

Ein präparierter Weg (50 Min.) führt quer über den Gletscher zur **Mönchsjochhütte** (☎ 033 971 34 72; Mitte März–Mitte Okt.) auf 3650 m Höhe. Dort teilt man Tisch und Stockbett mit Hardcore-Sportkletterern, die sich mental auf ihren Aufstieg an Eiger oder Mönch vorbereiten. Tipp: Es lohnt sich, früh aufzustehen und den Sonnenaufgang zu genießen.

Die einfache Zugfahrt mit Startpunkt Interlaken Ost dauert zweieinhalb Stunden (hin & zurück 177,80 SFr, mit Swiss Pass/Eurail 133 SFr). Der letzte Zug zurück geht um 17.50 (Sommer) bzw. 16.40 Uhr (Winter). „Guten-Morgen-Tickets" für 153,80 SFr (günstiger mit Swiss Pass/Eurail) schonen die Reisekasse: Dabei muss man um 6 Uhr den ersten Zug ab Interlaken Ost nehmen und den Gipfel spätestens um 12.30 Uhr verlassen. Vom 1. November bis zum 30. April gilt diese Sparoption zusätzlich für den Zug um 7.05 Uhr, während das Zeitlimit für die Rückfahrt (12.30 Uhr) entfällt.

Die Frühzüge lassen sich bequemer erwischen, wenn der Startpunkt etwas tiefer in der Region liegt. Daher am besten an der Kleinen Scheidegg übernachten und die Ausflugszüge um 7.35 Uhr (Sommer) bzw. 7.35 oder 8.30 Uhr (Winter) nehmen. Von hier aus kostet die „Guten-Morgen"-Rückfahrt statt 107 nur 83 SFr. Von der Kleinen Scheidegg aus können Wanderer maximal bis zur Station Eigergletscher (2320 m) aufsteigen, wobei sich die Ersparnis allerdings in Grenzen hält; man spart bei der einfachen Strecke/hin & zurück: 7,60/12,60 SFr.

Selbst ganz normale Rundreisetickets zum Jungfraujoch sind einen Monat lang gültig. Somit eignen sie sich gut als Haupttransportoption für den gesamten Trip. Man kann z. B. zuerst hinaus nach Grindelwald fahren und dort ein paar Wandertage verbringen. Dann folgen Kleine Scheidegg, Jungfraujoch, Wengen und Lauterbrunnen als nächste Einzelstationen.

LAUTERBRUNNEN
2480 Ew. / 796 m

Die himmlische Schönheit von Lauterbrunnens schmalem Staubbachfall inspirierte bereits Goethe und Lord Byron zu Lobgedichten. Heute zieht der entspannte Ort etwas weniger hohen Besuch an. Dank vieler eher anspruchsloser Unterkünften ist er eine hervorragende Ausgangsbasis für Naturfreunde, die wandern oder klettern möchten. Adrenalinsüchtige Basejumper finden sich aber ebenfalls gern hier ein.

Wer den Bahnhof mit Blick auf die gegenüberliegende **Touristeninformation** (☎ 033 856 85 68; www.myjungfrau.ch; Mai–Sept. tgl. 9–12 & 13–18 Uhr, übriges Jahr Mo–Fr 9–12 & 13–18 Uhr) verlässt und sich nach links wendet, erreicht neben Post und Bank auch die meisten Hotels und Sehenswürdigkeiten.

Wenn die autofreien Ferienorte Wengen und Mürren auf dem Reiseplan stehen, können Fahrzeuge bei Bedarf im mehrstöckigen **Parkhaus** (☎ 033 828 71 11; www.jungfraubahn.ch; pro Tag/Woche 12/65 SFr) am Bahnhof abgestellt werden (Reservierung ratsam bzw. erforderlich). Alternativ gibt's einen nicht überdachten Parkplatz (5 SFr/Tag) an der Stechelberg-Seilbahnstation.

Sehenswertes & Aktivitäten

Vor allem im frühmorgendlichen Licht kann man sich leicht vorstellen, wie der dunstige **Staubbachfall** (Eintritt frei; Juni–Okt. 8–20 Uhr) die Dichtergrößen einst in seinen Bann zog: Am Rand der Felsen schießen dünne Gischtfäden 300 m tief ins Tal. Was aus einiger Entfernung noch wie superfeiner Nebel wirkt, entpuppt sich bei einem Gang hinter dem Fall als reißender Sturzbach. Hier wird man so gut wie sicher nass.

Das Donnern der **Trümmelbachfälle** (☎ 033 855 32 32; www.truemmelbach.ch; Erw./Kind 11/4 SFr; April–Nov. 9–17 Uhr, Juli & Aug. 8.30–18 Uhr) ist vergleichsweise deutlich lauter. Hier hat das Wasser beeindruckende Klüfte und Strudellöcher in den Berg gegraben. Der in diesem entstehende Druck lässt bis zu 20 000 l pro Sekunde hervorschießen. Die insgesamt zehn Kaskaden werden von einem 24 km² großen Einzugsgebiet mit Gletschern und Schneefeldern gespeist. Vom Bahnhof aus sind die Fälle mit Bussen (3,40 SFr) erreichbar, die durch das Tal in Richtung Stechelberg fahren. Auch an diesem ziemlich feuchten Ort empfiehlt sich wasserdichte Kleidung. Somit sind Trips zu

THOMAS KERNEN, HUNDEZÜCHTER UND -SCHLITTENFÜHRER

Über die blendend weiß verschneite Ebene am Jungfraujoch schallt das Kläffen und Heulen der den Huskys ähnelnden Grönlandhunde. Diese können den Start kaum erwarten und zerren wie wild an ihren Geschirren. Bevor es aber endgültig losgeht, gibt Hundeschlittenprofi und -weltmeister Thomas Kernen noch ein kurzes Interview.

Seit wann gibt's Grönlandhunde in der Schweiz? Vor etwa 100 Jahren wurden sie erstmals aus Grönland eingeführt, um Vorräte zum Eigergletscher zu bringen und die Pisten zu präparieren. Später zogen sie Schlitten über den Aletschgletscher. Heute veranstalten wir sommerliche Fahrten am Jungfraujoch und Wintertrips auf dem Eigergletscher (Erw./Kind 8/5 SFr).

Was ist Ihre Aufgabe? Schätzungsweise Rudelführer [lacht], da ich die Hunde füttere und ausbilde. Trotz toller Schneebedingungen ist die Sonne hier oben stärker als in nördlichen Regionen. Daher muss ich meine Schützlinge mithilfe von schattenspendenden Iglus und Schirmen vor einem Sonnenbrand oder Blasen bewahren. Selbst wenn das Wetter zu warm für Schlittenfahrten ist, können Besucher die Tiere in der Sphinx-Halle streicheln und fotografieren.

Was empfinden Sie bei Rennen mit Ihren Hunden? Euphorie. Vor sieben Jahren habe ich meinen ersten Grönlandhund angeschafft. Daraus wurden dann zwei, vier und schließlich zwölf. Durch gezieltes Training konnte ich Kondition und Geschwindigkeit dieses Teams schrittweise so erhöhen, dass es mir 2005 und 2006 zum Weltmeistertitel verhalf. Der größte Lohn bestand jedoch im Bewusstsein, dass ich meinen Job gut gemacht hatte – durch faire Behandlung der Hunde und instinktiv richtiges Reagieren auf deren Bedürfnisse.

Besuchertipps fürs Jungfraujoch? Am liebsten mag ich den Herbst. Dann kommen weniger Touristen hierher, während klareres Wetter für eine schönere Aussicht sorgt. Um ein echtes Gefühl für die Gegend zu bekommen, lohnt sich auf jeden Fall eine Übernachtung in der Mönchsjochhütte. Besucher sollten sich zudem unbedingt warm anziehen: Bei 30 °C in Interlaken können hier oben trotzdem Temperaturen um den Gefrierpunkt herrschen.

---

den örtlichen Wasserfällen eine ideale Option für Regentage.

Im Winter bietet der Talboden auch prima Möglichkeiten zum **Skilanglaufen**.

Schlafen

Camping Jungfrau (☎ 033 856 20 10; www.camping-jungfrau.ch; Stellplatz pro Erw./Kind/Fahrzeug 11,60/10/3,50 SFr, B 27–30 SFr; ⊙ Rezeption Winter 8–12 & 14.30–18.30 Uhr, Sommer 7–12 & 15–20 Uhr; 🖳) Dieser Rolls-Royce von einem Campingplatz besitzt auch gemütliche Schlafsäle und Hütten für Gäste mit höherem Komfortbedürfnis. Seine erstklassigen Einrichtungen umfassen Küche, Kiosk, Fahrradverleih, WLAN-Zugang und sogar eine Hundedusche für vierbeinige Schmutzfinken! Liegt ein paar Gehminuten südlich vom Zentrum in unmittelbarer Nähe des Staubbachfalls.

Valley Hostel (☎ 033 855 20 08; www.valleyhostel.ch; B/2BZ/DZ 25/60/70 SFr; ⊙ Rezeption 8–12 & 15–22 Uhr; 🅿 🖳) Im hinten liegenden Garten des entspannten Hostels flattert die koreanische Nationalflagge. Hier gibt's eine Küche mit offenem Grundriss, einen Garten mit Wasserfallblick, eine Waschküche, kostenlosen WLAN-Zugang und eine Katze namens Tiggy. Die geräumigen Schlafsäle sind mit Kiefernholz verkleidet und haben meist eigene Balkone. Das aufgeweckte Personal hilft beim Organisieren diverser Aktivitäten.

Gästehaus im Rohr (☎ 033 855 21 82; Zi. 27 SFr/Pers.) Das 400 Jahre alte Chalet wird im Sommer von zahllosen dunkelroten Geranien geziert und ist ein echtes Schnäppchen. Knarrende Dielen und kleine Fenster tragen zu seinem gemütlich-traditionellen Charme bei. Die schlichten Zimmer im Stil der 1970er-Jahre sind blitzsauber. Vom großen Gemeinschaftsbalkon blickt man auf den Wasserfall.

Hotel Staubbach (☎ 033 855 54 54; www.staubbach.com; EZ/DZ/3BZ/FZ 110/150/180/250 SFr, EZ/DZ ohne eigenes Bad ab 70/90 SFr; 🖳) Den freundlichen Eigentümern des prächtigen Hotel-Oldtimers ist nichts zu viel. Die hellen Zimmer mit kuscheligen Bettdecken sind tadellos in Schuss. Die besten Varianten haben eigene Balkone mit Blick auf den Staubbachfall. In der Lounge mit kostenlosem Kaffee und Kinderspielbereich geht's stets gesellig zu.

Essen & Ausgehen

Airtime (☎ 033 855 15 15; www.airtime.ch; ⊙ Sommer 9–20 Uhr, Winter 9–12 & 16–20 Uhr; 🖳) Ihre Neuseelandtrips haben Daniela und Beni zu dieser Mischung aus unkonventionellem Café, Büchertauschbörse, Waschsalon und Extremsportagentur inspiriert. Während des Genusses von hausgemachten Pasteten und heißer Schokolade können Gäste ihre E-Mails checken (12 SFr/Std.) oder relaxt Romane lesen. Zudem lassen sich hier adrenalintreibende Aktivitäten wie Eisklettern, Canyoning und Bungeejumping buchen.

Hotel Oberland (☎ 033 855 12 41; Hauptgerichte 16,50–36 SFr) Auf der Straßenterrasse des Traditionslokals ist immer Hochbetrieb. Das Menü reicht von Schweizer Spezialitäten bis hin zu internationalen Standardgerichten. Serviert z. B. Fondue, Pizzas, Gemüsecurry und Fusionartiges wie indisch angehauchte Rösti.

Hotel Horner (☎ 033 855 16 73; 🖥) Nach erfolgreicher Erdung durch ein paar Bier erzählen Basejumper in dieser brummenden Kneipe gern von ihren haarsträubenden Fallschirmabenteuern. Im Lauf des Abends wird der Vibe dann etwas clubartiger. Der hiesige Internetzugang (12 SFr/Std.) kann bei Bestellung eines Getränks 15 Minuten lang kostenlos genutzt werden.

WENGEN
1330 Ew. / 1274 m

Wengen klebt äußerst fotogen auf einem Bergrücken. Seine „himmlische Aussicht" lockt seit den Tagen König Eduard VII. von England Briten hierher. Der Romantikfaktor wird dadurch erhöht, dass das Nest nur per Zug erreichbar ist. Wenn man bei Sonnenuntergang auf einer Bank vor der Kirche sitzt, erscheint die traumhafte Landschaft wie mit Wasserfarben gemalt. Dabei erfasst das Auge den dunstigen Staubbachfall und das ganze Lauterbrunnental, an dessen Rand die vergletscherten Bergriesen des Jungfraumassivs aufragen. Im Winter wird Wengen zu einem unaufdringlichen, familienfreundlichen Skiort.

Die **Touristeninformation** (☎ 033 855 14 14; www.myjungfrau.ch; ⊙ tgl. 9–18 Uhr, Nov. & März–April Sa & So geschl.) liegt nur wenige Gehminuten vom Bahnhof entfernt. Um hinzukommen, beim Hotel Silberhorn links abbiegen und noch 100 m weiterlaufen. In unmittelbarer Nähe findet man eine **Post** und die **Rock's Bar** mit Internetzugang.

Highlight in Wengens Veranstaltungskalender ist das weltberühmte **Lauberhorn-Abfahrtsrennen**, bei dem die Skiprofis Ende Januar bis zu 160 km/h erreichen. Dank der Seilbahnen am Männlichen und den Zügen in Richtung Allmend, Wengernalp oder Kleine Scheidegg können auch weniger Todesmutige den Pulverschnee genießen. Da leicht (blau) bis mittelschwer (rot), ermöglichen die meisten Pisten recht gediegenes Wedeln. Trotzdem kommen auch erfahrene Könner nicht zu kurz: Die schweren (schwarzen) Lauberhorn-Abfahrten und die passend benannte Route „Oh-God" sind äußerst reizvoll. Abseits der normalen Pisten wartet zudem noch anspruchsvolleres Terrain wie die legendäre „White Hair" am Fuß der gewaltigen Eigernordwand.

Im Sommer eignen sich dieselben Gebiete wunderbar zum Wandern (für Details zu Touren ab dem Männlichen s. S. 202). Etwa 20 Wegkilometer sind auch im Winter geöffnet. Besonders schön ist der Waldpfad hinunter nach Lauterbrunnen (1 Std.).

Schlafen
In der Nebensaison sind die Zimmerpreise etwa 30 % niedriger als die im Folgenden genannten Beträge. Die Touristeninformation hat eine Liste mit Ferienapartments.

Hotel Bären (☎ 033 855 14 19; www.baeren-wengen.ch; EZ/DZ ab 90/180 SFr; 🖥) Wer unter der Bahnbrücke hindurchmarschiert und den Hügel hinabsteigt, erreicht das schnuckelige Chalet der liebenswerten Familie Brunner. Hinter dessen Holzwänden verbergen sich helle, wenn auch etwas kompakte Zimmer. Deren Preis beinhaltet ein standardmäßig herzhaftes Frühstück, während die Halbpensionsoption (zzgl. 20 SFr) ein unglaubliches Preis-Leistungs-Verhältnis bietet. Weiterer Bonus: Kostenloser Internetnutzung.

Hotel Berghaus (☎ 033 855 21 51; www.berghaus-wengen.ch; EZ/DZ ab 135/270 SFr) Fünf Gehminuten vom Zentrum entfernt steht das familiengeführte Chalet direkt am Waldrand. Die hellen und geräumigen Zimmer sind extrem ruhig. Auf der Südseite punkten sie mit traumhaftem Jungfraublick. Gäste können vorher anrufen und sich vom Bahnhof abholen lassen.

Hotel Caprice (☎ 033 856 06 06; www.caprice-wengen.ch; DZ 430 SFr; 🖥) Lust auf designorientierten Luxus in der Jungfrau-Region? Dann empfiehlt sich dieses Boutique-Juwel mit diskretem Service und original französischer Küche. Das niedliche Bergdekor täuscht: Hier regiert skandinavische Schlichtheit in Schoko-Sahne-Farbtönen, repräsentiert durch schicke Zimmer und einer Lounge mit offenem Kamin.

Essen & Ausgehen

Santos (☎ 078 67 97 445; Snacks 6–9 SFr; ⓧ 10–24 Uhr) Genau das Richtige nach einem Tag auf der Piste: Hungrige Skifahrer kehren gern in diesem portugiesischen Lokal mit TV und Fliesendekor ein. Frau Santos serviert Burger, Tintenfisch, Sandwiches und göttliche *pastéis de nata* (Eiercremetörtchen).

Café Gruebi (☎ 033 855 58 55; Snacks & Hauptgerichte 7–16 SFr; ⓧ Mo-Sa 8.30–18, So 13–20 Uhr) Wird von einem Ehepaar geführt und tischt Günstiges wie Rösti oder Gulasch auf. Die leckeren Kuchen werden beinahe täglich vom Herrn des Hauses gebacken.

Da Sina (☎ 033 855 31 72; Pizzas 16–25 SFr, Hauptgerichte 14–42 SFr; ⓧ Hauptsaison 11.30–23.30 Uhr, übriges Jahr 11.30–14 & 18–23.30 Uhr) Die einladende Pizzeria empfängt Gäste mit Kerzenlicht, Kupferpfannen und vielen gemütlichen Sitzecken. Als stets beliebter Après-Ski-Spot wird die angrenzende Kneipe kräftig von DJs oder Karaoke beschallt.

Hotel Bären (☎ 033 855 14 19; Hauptgerichte 18–42 SFr; ⓧ Di–Sa mittags & abends, So & Mo abends) Das familiengeführte Hotel gibt Schweizer Traditionsgerichten einen internationalen Kreativtouch. Restaurantbesuche lohnen sich also auch für Nicht-Übernachtungsgäste.

Crystal Bar (Haus Crystal; ⓧ 8–2 Uhr) Relaxte Bar gegenüber der Männlichen-Seilbahn. Die Crystal Bar zieht feierwütige Après-Ski-Typen mit pulsierenden Sounds und gelegentlichen Livekonzerten an.

STECHELBERG

260 Ew. / 922 m

Im Lauterbrunnental stürzen insgesamt 72 Wasserfälle über senkrechte Felswände in die Tiefe. Von Stechelberg aus lässt sich dieses eindrucksvolle Naturschauspiel am besten beobachten. Während der Schneeschmelze im Frühjahr und nach starken Regenfällen donnern die klaren, „lauteren" Katarakte in voller Pracht zu Tal. Obwohl unter gewieften Wanderern schon lange bekannt, wirkt das winzige Dorf bis heute wie ein gut gehütetes Geheimnis.

Der herrlich ländliche **Alpenhof Stechelberg** (☎ 033 855 12 02; www.alpenhof-stechelberg.ch; Zi. 28 SFr/Pers.; ⓧ Nov. geschl.) hat helle, blitzsaubere Zimmer mit einem hervorragenden Preis-Leistungs-Verhältnis. Zudem gibt's hier ein herzhaftes Frühstück (zzgl. 12 SFr) mit einheimischen Milchprodukten.

MÜRREN

430 Ew. / 1650 m

Von der Grütschalp aus rollen Züge entlang des Bergkamms nach Mürren. Bei der Ankunft an einem schönen Abend wirken die Gipfel jenseits des Tals so nah, dass sie scheinbar in Reichweite der Hände liegen. Dann wähnt man sich augenblicklich im Heidi-Himmel: Gedrungene Holzchalets und atemberaubende Aussicht auf die „Großen Drei" machen das autofreie Mürren zum Paradebeispiel für Schweizer Postkartenidylle.

Die **Touristeninformation** (☎ 033 856 86 86; www.myjungfrau.ch; ⓧ Hauptsaison Mo–Sa 8.30–19, Do bis 20, So 8.30–18 Uhr, Zwischensaison Mo–Sa 8.30–19, So 8.30–17 Uhr, Nebensaison Mo–Fr 8.30–12 & 13–17 Uhr) befindet sich im örtlichen Sportzentrum.

Im Sommer fährt die **Allmendhubel-Standseilbahn** (einfache Strecke/hin & zurück 12/7,40 SFr) zu einem Aussichtsrestaurant oberhalb von Mürren. Dort beginnen viele Wanderungen wie der berühmte **Nordwandpfad** (1½ Std.), der über die Schiltalp und Wildblumenwiesen nach Westen führt. Dabei blickt man auf die Gletscher und Wasserfälle des Lauterbrunnentals. Ebenfalls im Blickfeld liegt die gewaltige Eigernordwand. Dort sind oft furchtlose Kletterer unterwegs, die sich per Fernglas beobachten lassen. Ansonsten gibt's auch noch einen kinderfreundlichen **Abenteuerpfad** (1 Std.).

Im Winter stehen neben einer **Skischule** (☎ 033 855 12 47) auch insgesamt 53 präparierte Pistenkilometer in Mürrens näherer Umgebung zur Verfügung, die sich vor allem für Fortgeschrittene eignen. Der Ort ist außerdem für sein rasantes **Inferno-Rennen** berühmt, das Draufgänger seit 1928 aufs Schilthorn lockt. Ende Januar nehmen daran fast 2000 Skiamateure teil, die allzu oft schmerzhafte „Souvenirs" mit nach Hause bringen.

Schlafen & Essen

Eiger Guesthouse (☎ 033 856 54 60; www.eigerguesthouse.com; B 40–70 SFr, DZ ohne/mit Bad 120/160 SFr; 🖥) Das schweizerisch-schottische Eigentümerpaar versteht viel Spaß und ist auch sonst auf Draht. Zudem sorgen hier saubere, gepflegte Zimmer und ein üppiges Frühstücksbuffet für ein prima Preis-Leistungs-Verhältnis. Die Kneipe im Untergeschoss punktet mit leckerem Essen und super Single-Malt-Auswahl.

HÄNGEPARTIE

Abenteuerlustig? Nur wenige Orte lassen Schwindelgefühl und Adrenalinpegel so stark ansteigen wie Mürrens **Klettersteig** (☎ 033 856 86 86; www.klettersteig-muerren.ch; ☺ Mitte Juni–Okt.). Diese 2,2 km lange Höhenroute zählt landesweit zu den aufregendsten ihrer Art und windet sich über atemberaubend steile Kalksteinfelsen nach Gimmelwald. Dank Gurtgeschirr, Schutzhelm und Karabinerhaken kann man hier einen Flirt mit dem Bergsteigen wagen. Unterwegs schlängeln sich Leitern entlang von Steilhängen, über einer 80 m hohen Hängebrücke und einer Seilrutsche – dort rast der Eiger im Eiltempo vorbei. Leihausrüstung (20 SFr/Tag) gibt's bei Intersport gegenüber der Touristeninformation. Alternativ bietet **Bergsteigen für Jedermann** (☎ 033 821 61 00; www.be-je.ch) geführte Touren für 95 SFr an.

Hotel Jungfrau (☎ 033 856 64 64; www.hoteljungfrau.ch; EZ 88–110 SFr, DZ 270–300 SFr; 💻) Das einladende Hotel aus dem Jahr 1894 wird von einer Familie geführt. Mit Blick auf die örtlichen Anfängerpisten steht es oberhalb von Mürren. Trotz gewisser 1970er-Jahre-Spuren machen die Zimmer in warmen Farbtönen einen geschmackvollen Eindruck. In den Varianten auf der Südseite blickt man auf das Jungfraumassiv. Im Untergeschoss gibt's eine Lounge mit freiliegendem Gebälk und offenem Kamin.

Hotel Alpenruh (☎ 033 856 88 00; www.alpenruh-muerren.ch; EZ/DZ 145/270 SFr; ✗ 💻) Das viel gepriesene Chalet ist liebevoll mit allem möglichem Schnickschnack verziert – z. B. mit grimmigen Masken, die böse Geister vertreiben sollen. Die lichtdurchfluteten Zimmer punkten mit viel massivem Kiefernholz. Gäste schwärmen vom Service, dem Essen und dem unschlagbaren Blick auf das Jungfraumassiv.

Hotel Eiger (☎ 033 856 54 54; www.hoteleiger.com; EZ/DZ 198/325 SFr; ✗ 💻 ♨) Schickes, zeitgenössisches Hotel mit vornehmen Zimmern und erstklassigem Service. Hinzu kommt ein Pool, dessen Wasser heftige 32 °C warm ist, und eine super Aussicht, die durch Panoramafenster auf Eiger, Mönch und Jungfrau fällt.

Tham's (☎ 033 856 01 10; Hauptgerichte 15–28 SFr; ☺ abends) Die thailändischen Gerichte und anderen asiatischen Köstlichkeiten werden von einem Ex-Fünfsternekoch zubereitet, den der ständige Konkurrenzkampf buchstäblich in die Berge getrieben hat. Das Sechuan-Rindfleisch und die gebratenen Nudeln im Singapur-Stil sind authentisch scharf gewürzt.

Restaurant La Grotte (☎ 033 855 18 26; Hauptgerichte 16,50–35 SFr; ☺ 11–14 & 17–21 Uhr) Trotz touristischer Ausprägung steht das Pseudo-Höhlenrestaurant für eine unterhaltsame Mischung aus Kitsch und Rustikalität. Hierfür sorgen u. a. zahlreiche Kuhglocken, Kessel und anderer alpiner Zierrat. Empfehlenswert: Flammkuchen und Fonduegerichte.

GIMMELWALD
110 Ew. / 1370 m

Wer Mürren für niedlich hält, hat Gimmelwald noch nicht gesehen. Seit langem dient das winzige Bergdorf als Schlupfwinkel für Wanderer und Abenteurer, die klammheimlich vor den Massen flüchten. Doch das Geheimnis ist nun gelüftet: Mit atemberaubender Umgebung, uriger Ländlichkeit und friedlicher Atmosphäre macht Gimmelwald immer stärker von sich reden.

Zu den Wanderwegen in der Umgebung gehören z. B. einer, der von Mürren (30–40 Min.) herunterführt oder von Stechelberg (1¼ Std.) bergauf. Zu beiden Orten besteht auch jeweils Seilbahnverbindung (je 5,60 SFr).

Schlafen & Essen

Pension Berggeist (☎ 033 855 17 30; www.berggeist.ch; B/DZ 15/40 SFr; ☺ Rezeption 9–22 Uhr) Selbst die Eigentümer beschreiben ihre Pension als einfach und rustikal – aber im naturverbundenen Gimmelwald braucht man eigentlich kaum mehr als die günstigen Zimmer mit Traumaussicht. Zudem berechnet sich der hiesige Sandwichpreis nach Zentimetern, um jedem Geldbeutel gerecht zu werden. Organisiert außerdem alle möglichen Aktivitäten von Fallschirmsprüngen bis zu Lamatreks.

Mountain Hostel (☎ 033 855 17 04; www.mountainhostel.com; B 20 SFr; ☺ April–Nov., Rezeption 8.30–12 & 18–23 Uhr; 💻) Seine gesellige Atmosphäre macht das einfache Hostel mit niedrigen Decken zu einer echten Backpacker-Legende. Nach anstrengenden Wandertagen gibt's nichts Besseres, als den tollen Bergblick bei einem Bad im Freiluft-Whirlpool zu genießen.

LP Tipp **Esther's Guest House** (☎ 033 855 54 88; www.esthersguesthouse.ch; EZ/DZ 45/100 SFr, Apt. 140–

220 SFr; 🖳) Esther führt ihr charmantes B & B mit viel Liebe. Die blitzsauberen Zimmer sind mit hellem Kiefernholz verkleidet, und die Apartments sind ideal für Familien geeignet. Dank schräger Decken mit Oberlichtern ist die Dachstube besonders attraktiv. Auf Wunsch gibt's ein leckeres Frühstück mit selbstgemachtem Brot, Käse und Joghurt (zzgl. 15 SFr). Der Miniladen am Eingang verkauft einheimische Spezialitäten wie Salami aus Gimmelwald und Honig aus Stechelberg.

SCHILTHORN

An klaren Tagen reicht der bombastische Rundumblick auf dem 2970 m hohen **Schilthorn** (www.schilthorn.ch) vom Titlis bis zum Mont Blanc und sogar hinüber zum Schwarzwald. Doch statt sich von den ca. 200 sichtbaren Gipfeln beeindrucken zu lassen, zitieren manche Besucher offenbar lieber mantraartig „Mein Name ist Bond, James Bond" – und das nicht ganz ohne Grund: Zwischen 1968 und 1969 wurden hier ein paar Szenen von *Im Geheimdienst Ihrer Majestät* gedreht. Daran erinnert heute das ziemlich kitschige **Touristorama** unterhalb des Drehrestaurants **Piz Gloria**.

Von Interlaken fahren Ausflugszüge über Lauterbrunnen, Grütschalp und Mürren zum Schilthorn (116 SFr; Ermäßigung mit Half-Fare Card & Eurail Pass/Swiss Pass 50/65 %). Über Stechelberg geht's dann zurück nach Interlaken. Die Rückfahrt ab Lauterbrunnen (über Grütschalp) und Mürren kostet 100 SFr, während die Stechelberg-Seilbahn mit 91,80 SFr zu Buche schlägt. Von Mürren aus wird man 71,40 SFr los. Tipp: Nach Rabatten für Trips am frühen Morgen fragen.

Die Mürren-Seilbahn hält unterwegs an der Station Birg (2677 m) mit grandioser Aussicht.

DIE SEEN

Wer zum ersten Mal von Bern nach Interlaken reist, wird nie den Moment vergessen, in dem der Blick auf den Thunersee fällt. Wenn der Zug in einem Bogen die Weiden und schmucken Dörfer am niedrigen Südufer passiert, bleibt manchen Passagieren angesichts der himmelhohen Alpen jenseits des petrolblauen Wassers buchstäblich die Luft weg.

Im Osten grenzt Interlaken an den Brienzersee, der mit unglaublich türkisblauem Wasser und schroffer Bergkulisse ebenso viele Schnappschüsse provoziert. Wohlverdient wird er weithin als sauberster See der Schweiz gepriesen: Wer schon immer mal in Mineralwasser baden wollte, kommt hier seinem Traum ziemlich nahe.

Von Ende Mai bis Mitte September schippern Dampfer über beide Seen. Im Winter ruht der Schiffsbetrieb auf dem Brienzersee, während auf dem Thunersee weiterhin Sonderkreuzfahrten stattfinden. Weitere Infos gibt's bei der **Bern-Lötschberg-Simplon AG** (BLS; ☎ 033 334 52 11; www.bls.ch). Vor Ort erhält man Tagespässe für Touren auf beiden Seen (Erw./Kind 55/27,50 SFr). Eurail-, Regional- und Swiss-Pässe gelten für alle Boote, während InterRail-Pass und Swiss Half-Fare Card jeweils 50 % Ermäßigung einbringen.

THUN

41 650 / 559 m

Das mittelalterliche Thun sprüht vor jugendlichem Geist. Inmitten von Bergen schmiegt sich die Stadt an beide Ufer der Aare. Sie wird von einem turmbesetzten Märchenschloss überragt, das sämtliche Disney-Klischees erfüllt. In den uferseitigen Straßencafés sonnen sich viele Hedonisten, während abgefahrene Läden die ungewöhnlichen Arkaden füllen. Trotz dieser charmanten Eigenschaften denken viele Schweizer bei Thun zuallererst an Fußball: Seit der kleine FC Thun in den letzten Jahren unerwartet ein paar europäische Spitzenclubs besiegt hat, belegt er einen Stammplatz im Herzen der Nation.

Orientierung

Thun erstreckt sich am Nordende des gleichnamigen Sees entlang der Aare. Im Bahnhof, der durch den Fluss vom mittelalterlichen Zentrum rund um das Schloss abgetrennt wird, findet man Wechselschalter und einen Fahrradverleih. Eine Fußgängerzone namens Bälliz erstreckt sich längs der schmalen Aare-Insel, die über Brücken mit den Spazierwegen und Straßen an beiden Ufern verbunden ist.

Praktische Informationen

Post (Bahnhofplatz; Mo–Fr 7.30–19, Sa 8–12 Uhr) Gegenüber vom Bahnhof.

Manor (☎ 033 227 36 99; Bahnhofstrasse 3; Mo–Fr 9–18.30, Do 9–21, Sa 8–16 Uhr) Supermarkt mit Internetcafé im 1. Stock.

Touristeninformation (☎ 033 225 90 00; www.thunersee. ch; Bahnhofplatz; Juli & Aug. Mo–Fr 9–18, Sa 9–12 &

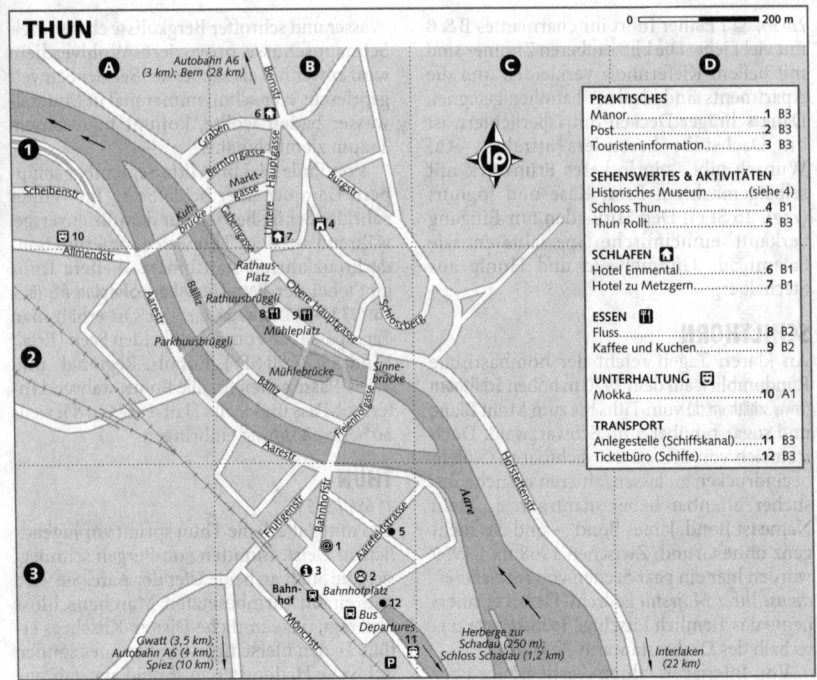

13–16 Uhr, übriges Jahr Mo–Fr 9–12 & 13–18.30, Sa 9–12 Uhr)

Sehenswertes & Aktivitäten

In Thun mit seinem schönen Flussufer machen bereits ganz normale Spaziergänge Spaß. Zwischen den Gassen und Plätzen stehen bonbonfarbene Stadthäuser aus dem 15. und 16. Jh.

Der gepflasterten **Oberen Hauptgasse** sollte man unbedingt einen Besuch abstatten. Auf zwei Ebenen verstecken sich dort schräge Läden, die von Gewürzen und Schmuck bis hin zu marokkanischen *babouches* (Slippern) alles Mögliche verkaufen. Ein Fußweg verläuft oberhalb der Straße, quasi auf den Dächern der ersten Ebene.

Als örtliche Hauptattraktion vor alpiner Hintergrundkulisse erhebt sich **Schloss Thun** oben auf einem Hügel. Seine roten Erker und himmelhohen Türme aus dem 12. Jh. erfüllen jedes Märchenklischee. Früher residierte hier mit Herzog Berthold V. ein Vertreter der mächtigen Zähringer. Heute beherbergt der Bau das **Historische Museum** (☎ 033 223 20 01; www.schlossthun.ch; Erw./Kind unter 6 Jahren/Kind 6–16 Jahre/Student 7/frei/2/5 SFr; ⓥ April–Okt. tgl. 10–17 Uhr, Nov.–Jan. So 13–16 Uhr, Feb. & März tgl. 13–16 Uhr). Dieses zeigt u. a. Prähistorisches, Gobeline, Majolika-Stücke, viele glänzende Rüstungen und römische Artefakte.

Das roséfarbene **Schloss Schadau** steht inmitten von Gärten am Seeufer und ist heute eine schicke Restaurantbar. Wer hier draußen in die Pedale treten möchte, kann bei **Thun Rollt** (Aarefeldstrasse; Kaution 20 SFr; ⓥ Mai–Okt. 7.30–21.30 Uhr) kostenlos Citybikes ausleihen (Personalausweis erforderl.).

Schlafen & Essen

Herberge zur Schadau (☎ 033 222 52 22; www.herberge.ch; Seestrasse 22; B 39 SFr; ⓥ Einchecken 17–19 Uhr) Das himmelblaue Hostel ist nicht zu übersehen. Liegt fünf Gehminuten südlich vom Bahnhof am Fluss und hat einfache, aber saubere Schlafsäle mit Vertäfelungen aus Kiefernholz.

Hotel zu Metzgern (☎ 033 222 21 41; Untere Hauptgasse 2; EZ/DZ ohne eigenes Bad 55/110 SFr) Das 700 Jahre alte Zunfthaus steht an Thuns schönstem Platz. Kühne Kunstwerke zieren seine gepflegten Zimmer mit Parkettböden. Das Restaurant (Hauptgerichte 27–44 SFr) im Untergeschoss verwendet Bio-Zutaten aus einheimischer Produktion für Leckeres wie Lammkeule in Rosmarin-Lavendel-Marinade oder Gemüse-Dal.

Hotel Emmental (☎ 033 222 01 20; Bernstrasse 2; EZ/DZ 90/180 SFr) Das prächtige Schweizer Bauernhaus fesselt das Auge mit aufwändig geschnitzten Traufen. Die Zimmer haben noch stark von den 1970er-Jahren geprägte Möbel und Bäder. Nichtsdestotrotz sind sie geräumig, luftig und bekommen nur wenig Lärm von der darunter liegenden Bar ab.

Kaffee und Kuchen (☎ 079 79 254 02; Obere Hauptgasse 34; Kuchen & Snacks 5–12 SFr; ☼ Di–Mi 8–22.30, Do–Sa 8–24, So 10–18 Uhr) Viele Kunstwerke, Jazzmusik und Kerzenlicht geben dem Gewölbekeller eine gewisse Bohème-Atmosphäre. Gabrieles selbstgebackene Kuchen versetzen Gäste regelmäßig in Verzückung. Insbesondere empfehlen sich die nussigen Brownies oder der reichhaltige weiße Schokoladenkuchen. Die Atmosphäre lädt zum gediegenen Abhängen bei Zeitungslektüre, Kaffee oder auch zum Brunch ein.

Fluss (☎ 033 222 01 10; Mühleplatz 9; Hauptgerichte 18–49 SFr; ☼ 11–0.30 Uhr, Winter So & Mo geschl.) Die ultra hippe Loungebar mit Glaswänden lockt Trendsetter mit herrlich angerichtetem Sushi bzw. Sashimi und diversen Grillspezialitäten. Die mediterran angehauchte Uferterrasse ist ein prima Plätzchen für den Dämmerschoppen und People-Watching.

Unterhaltung

Im Juli und August finden kostenlose Folklore-Vorführungen auf dem Rathausplatz statt. Top-DJs, Livekonzerte und Festivals machen das **Mokka** (www.mokka.ch; Allmendstrasse 14) zum bekanntesten Nachtclub der Stadt.

An- & Weiterreise

Thun liegt an der Hauptbahnstrecke, die von Frankfurt a. M. über Mailand Richtung Süden führt. Ab Interlaken West fahren Züge (einfach 14,80 SFr) und Boote (33 SFr) hierher. Zudem ist Thun über die Autobahn A6 erreichbar, die von Spiez Richtung Norden nach Bern verläuft.

SPIEZ

12 410 Ew. / 628 m

Spiez liegt an einer hufeisenförmigen Bucht, an die steil abfallende Weinberge unterhalb eines mittelalterlichen Schlosses grenzen. Mit ihrer ruhigen Atmosphäre verspricht diese relativ unbekannte Stadt einen relaxten Aufenthalt. Dank der traumhaften Lage kann man hier die Aussicht auf den kegelförmigen Niesen (2362 m) und einen schmalen, fjordartigen Seeabschnitt genießen. Die örtlichen Winzer produzieren süffigen Riesling und Sylvaner.

Orientierung & Praktische Informationen

Während der Zwischensaison hat die **Touristeninformation** (☎ 033 655 90 90; www.thunersee.ch; ☼ Sommer Mo–Fr 8–18, Sa 9–12 & 14–18 Uhr, Winter Mo–Fr 8–12 & 14–18 Uhr) außerhalb vom Bahnhof etwas kürzere Öffnungszeiten. Links unterhalb davon führt die See- bzw. Hauptstraße zum Schloss (15 Min.).

Sehenswertes & Aktivitäten

Im turmbesetzten **Schloss Spiez** (☎ 033 654 15 06; Erw./Kind 7/2 SFr; ☼ Ostern–Mitte Okt. Mo 14–17, Di–So 10–17 Uhr, Juli–Mitte Sept. 10–18 Uhr) repräsentieren viele Ölgemälde die einflussreichen Ex-Herrscherfamilien von Strättlingen, Bubenburg und Erlach. Die Hauptattraktion hier ist jedoch die Aussicht – entweder vom hoch aufragenden Turm (mit Graffiti aus dem 13. Jh.) oder vom Bankettsaal aus.

Das benachbarte **Heimat- & Rebbaumuseum** (Eintritt frei; ☼ Mai–Okt. Mi, Sa & So 14–17 Uhr) beleuchtet in einem Chalet aus dem 18. Jh. die örtliche Weinbaugeschichte. Die örtlichen Weine lassen sich am besten Ende September beim **Läset-Fescht** probieren.

Das **Freibad Spiez** (☎ 033 654 15 76; Erw./Kind 6/3 SFr; ☼ Mitte Mai–Aug. 7.30–20 Uhr, Sept. 8–19 Uhr) zieht sonnenhungrige Einheimische und Familien an, die sich im See vergnügen oder im Becken ihre Bahnen ziehen. Ansonsten sorgen Volleyballfelder, Tennisplätze und Minigolf für Unterhaltung – ebenso die (auch in punkto Warteschlange) längste Wasserrutsche im Berner Oberland.

Schlafen & Essen

Hotel Bellevue (☎ 033 654 84 64; www.bellevue-spiez.ch; Seestrasse 36; EZ/DZ 85/150 SFr; P) Die 1970er-Jahre-lastigen Zimmer sind nicht gerade umwerfend, aber dennoch ihr Geld wert. Manche warten mit tollem Seeblick auf. Das Restaurant serviert schmackhafte Hausmannskost.

Strandhotel Belvédère (☎ 033 655 66 66; www.belvedere-spiez.ch; Schachenstrasse; EZ/DZ ab 130/270 SFr; ☼ März–Jan.; P) Das elegante Hotel bietet Gemeinschaftsbereiche mit Kronleuchtern, die Gäste dank Jugendstil-Flair in die Zeit vor 100 Jahren zurückversetzen. Die Zimmer sind teilweise etwas übertrieben mit Blumenmustern und Pastelltönen im Laura-Ashley-Stil dekoriert. Nichtsdestotrotz machen vor allem die mit Balkonen zum See einen gemütlichen Eindruck. Die Übernachtungspreise sind durch einen Wellnessbereich und ein Restaurant (Hauptgerichte 39–55 SFr) mit Gault-Millau-Wertung gerechtfertigt.

Rund um den Bootsanleger verteilen sich viele, aber ziemlich standardmäßige Pizza-Pasta-Lokale.

An- & Weiterreise
Ab Interlaken West ist Spiez mit dem Zug (einfache Strecke 9,60 SFr) und Boot (21 SFr) erreichbar. Parallel fahren Schiffe von Thun aus (16,20 SFr) hierher.

THUNERSEE
Schlösser & Museen
Die prächtigen Schlösser bzw. Paläste am Thunersee sind leicht mit einem Schiff zu erreichen und machen Lust auf einen wahrhaft königlichen Tag im Freien.

Schloss Oberhofen (☎ 033 243 12 35; Oberhofen; Erw./Kind 7/2 SFr; ⊙ Mitte Mai–Mitte Okt. Mo 14–17, Di–So 10–17 Uhr) wurde der Kontrolle durch die Habsburger nach der Schlacht bei Sempach (1386) entrissen. Heute beleuchtet das hiesige Museum die feudale Berner Wohnkultur vom 16. bis zum 19. Jh. Besucher können beispielsweise die mittelalterliche Kapelle, den napoleonischen Prachtsalon und den türkischen Rauchsalon besichtigen. Bei Rundgängen durch die üppige exotische Pflanzenwelt der gepflegten **englischen Gärten** (Eintritt frei; ⊙ Mitte März–Mitte Nov. 10 Uhr–Sonnenuntergang) fällt es Besuchern nicht schwer, sich hier promenierende Adlige vorzustellen.

Schloss Oberhofen liegt mit dem Schiff 25 Minuten von Thun entfernt und wird ca. stündlich angelaufen. Ansonsten fährt jede Viertelstunde ein Bus (14 Min.).

Schloss Hünegg (☎ 033 243 19 82; Staatsstrasse 52, Hilterfingen; Erw./Kind unter 6 Jahren/Kind 6–16 Jahre 8/frei/3 SFr; ⊙ Mitte Mai–Mitte Okt. Mo–Sa 14–17, So 11–17 Uhr) mit seinen silbernen Turmspitzen war früher das Luxusspielzeug eines preußischen Barons. Es repräsentiert eine herrliche Kombination aus Jugendstil und Neorenaissance. Zu sehen gibt's u. a. stuckstrotzende Salons und beeindruckende Bäder aus dem 19. Jh.

Wassersport
Sobald die Temperaturen steigen, wartet der Thunersee mit vielen feuchten Aktivitäten auf. Das Angebot reicht von Schwimmen und lustigen Bootsfahrten bis hin zu Gerätetauchen und Segeln. **Wakeadventure** (☎ 078 635 88 33; Gunten) hat neben Windsurfen, Wasserskilaufen und Wakeboarden auch reine Spaßgeräte wie Bananenboote, Ringos und Wasserreifen im Programm. Die *Thunersee*-Broschüre der örtlichen Touristeninformation (www.thunersee.ch) enthält Hinweise zu allen Wassersportzentren und -schulen der Umgebung.

Die Stellplätze von **Camping Gwatt** (☎ 033 336 40 67; camping.gwatt@tcs.ch; Gwattstrasse 103; Stellplatz pro Erw./Kind/Zelt 8,40/4,20/10,50 SFr, Modulhotel Zi. 65–80 SFr/Pers.; ⊙ Mai–Okt.) liegen direkt am Seeufer. Hinzu kommen hervorragende Einrichtungen wie WLAN, Restaurant, Laden und das skurrile Modulhotel – eine einzigartige Übernachtungsmöglichkeit mit Stockbetten in fünf riesigen Röhren.

BRIENZ
2980 Ew. / 566 m

Das idyllische Brienz liegt am Ufer des gleichnamigen Sees. Über herrlich türkisblaues Wasser blicken Besucher hier auf schroffe Berge und dichte Wälder. Dank Holzschnitzerwerkstätten und einer dampfgetriebenen Zahnradbahn scheint die Zeit in dem stark traditionsbewussten Dorf irgendwie stillzustehen. Bei einer Überdosis Nostalgie empfehlen sich nahe Sehenswürdigkeiten wie die Giessbachfälle und das Freilichtmuseum Ballenberg.

Orientierung & Praktische Informationen
Im kompakten Ortszentrum findet man die Post, Bootsanleger, den Bahnhof mit der **Touristeninformation** (☎ 033 952 80 80; www.alpenregion.ch; ⊙ Mitte Juni–Okt. tgl. 8–18 Uhr, Nov.–Mitte Juni Mo–Fr 8–12 & 14–18 Uhr) und die Talstation der Rothornbahn.

Sehenswertes & Aktivitäten
Die **Rothornbahn** (☎ 033 952 22 22; www.brienz-rothorn-bahn.ch; einfache Strecke/hin & zurück 48/74 SFr, mit Swiss Pass 50 % erm.; ⊙ Mai–Okt. 7.30–16.30 Uhr, stündl.) ist heute die einzige dampfgetriebene Zahnradbahn im ganzen Land. Von der Bergstation (2350 m) schweift der Panoramablick weit über den Brienzersee und schneebedeckte Viertausender. Zudem beginnen dort diverse

BUNKERMENTALITÄT

Warum kann man auch mitten im tiefsten Tunnel noch Radio hören? Was die Schweiz anbelangt, ist nur die halbe Geschichte an der Oberfläche zu finden: Die Landschaft hier hat mehr Löcher als ein Emmentaler Käse. Zu den unterirdischen Überraschungen dieser Nation gehören auch die ehemals streng geheimen Bunker von **Faulensee** (☎ 033 654 25 07; www.artilleriewerk-faulensee.ch; Erw./Kind 9/5 SFr; April–Okt. 14–17 Uhr am ersten Sa des Monats) – einst gebaut für die militärische Verteidigung von Thun, Spiez und der Lötschbergbahn. Im Sommerhalbjahr ist die Anlage einmal pro Monat für Besucher zugänglich. Kanonen schirmen die Bunkereingänge ab, die raffiniert als landwirtschaftliche Scheunen getarnt sind und in ein unterirdisches Tunnelsystem münden. Dessen beengte Schlafquartiere, Büros, Laboratorien und Küchen können im Rahmen von geführten Touren (1½–2 Std.) besichtigt werden. Potentielle Teilnehmer benötigen warme Bekleidung und stabiles Schuhwerk.

Faulensee ist mit dem Bus (ab Bahnhof Spiez) und dem Schiff (ab Interlaken West; einfache Srecke/hin & zurück 21/36 SFr) erreichbar.

Wanderwege. Zu Fuß dauert der Aufstieg von Brienz aus etwa fünf Stunden.

Zurück im Ort empfehlen sich gediegene Spaziergänge entlang der äußerst schmucken **Brunngasse**. Das gewundene Pflastersträßchen wird von Holzchalets gesäumt, die sich mit Kletterpflanzen, putzigen Wichteln und wogenden Geranien an den Fenstern offenbar gegenseitig auszustechen versuchen.

Die Läden an der Hauptstraße verkaufen neben Touristenkitsch auch Schnitzereien sowie Spiel- und Kuckucksuhren aus einheimischer Produktion.

Zudem öffnen Kunsthandwerker die Werkstätten ihrer Verkaufsräume für Besucher. **Jobin** ist z. B. seit 1835 im Geschäft und betreibt nebenbei auch das **Living Museum** (☎ 033 952 13 00; Hauptstrasse 111; Eintritt/Führung 5/15 SFr; Mai–Okt. tgl. 8–18.30 Uhr, Nov.–April Mo–Fr 8–12 & 13.30–18.30, Sa 9–17 Uhr, Mi & So geschl.). Dort kann man den Meistern beim Schnitzen und Malen zusehen.

Schlafen & Essen

Camping Aaregg (☎ 033 951 18 43; Seestrasse 22, Stellplatz pro Erw./Zelt & Fahrzeug 12/10 SFr; April–Okt.) Ruhiger Campingplatz auf einer kleinen Halbinsel. Liegt zehn Gehminuten östlich vom Bahnhof am Seeufer und hat sehr gute Einrichtungen (z. B. Restaurant, Spielplatz).

SYHA-Hostel (☎ 033 951 11 52; www.youthhostel.ch/brienz; Strandweg 10; B/DZ 26,90/62,80 SFr; Mitte April–Mitte Okt. 7.30–10 & 17–22 Uhr) Obwohl seine Schlafsäle teilweise unpersönlich groß sind, ist das chaletartige Hostel am See eine anständige Budgetoption. Eine tolle Aussicht und ein Garten mit Grillbereich entschädigen für das Massen-Schnarchkonzert.

Hotel Lindenhof (☎ 033 952 20 30; www.hotel-lindenhof.ch; Lindenhofweg 15; EZ 130–160 SFr; DZ 160–240 SFr) Das leicht skurrile Hotel auf einem Hügel besteht aus mehreren Chalets und ist von weitläufigen Gärten umgeben. Die individuell dekorierten Zimmer haben zweifellos einen gewissen Unterhaltungsfaktor: Darin nächtigt man z. B. in einem Bett aus Baumstämmen, unter aufgehängten Heuballen oder im Ambiente einer Berghütte. Das etwas alberne Personal ist weit weniger neumodisch.

Hotel Steinbock (☎ 033 951 40 55; www.steinbock-brienz.ch; Hauptstrasse 123; EZ/DZ 150/200 SFr; P) Seit seiner Renovierung ist das Chalet aus Kiefernholz attraktiver denn je. Die vornehmen, blitzsauberen Zimmer mit WLAN, Naturmatratzen und Flachbild-TVs sind in warmen Terrakottatönen dekoriert. Ihre coolen Bäder besitzen Duschen mit Kieselsteinböden, die die Reflexzonen an den Füßen der Gäste sozusagen automatisch massieren. Das Untergeschoss beherbergt ein gemütliches Restaurant und einen Weinkeller.

Tea-Room Hotel Walz (☎ 033 951 14 59; Hauptstrasse 102; Hauptgerichte 18–30 SFr; tgl. 8–22.30 Uhr, Winter Do–Di 8–18.30 Uhr) Die dirndltragenden Kellnerinnen der altmodischen Teestube servieren herzhafte Gerichte und Kuchen. Leckere Spezialität des Hauses sind Brienzer Krapfen mit Dörrbirnenfüllung.

Seerestaurant Löwen (☎ 033 951 12 41; Hauptstrasse 8; Hauptgerichte 21–46 SFr; Mitte März–Ende Dez.) Auf der hiesigen Seeterrasse stehen zahlreiche Fischgerichte zur Wahl – beispielsweise Flussbarsch im Bierteigmantel, Wels in Vollkornsenf oder Seeteufel in grünem Curry. Auch Fleischliebhaber und Vegetarier kommen auf ihre Kosten.

An- & Weiterreise

Ab Interlaken Ost ist Brienz mit dem Zug (7,60 SFr) und mit dem Schiff (23 SFr, April–Mitte Okt.) erreichbar. Der malerische Brünigpass (1008 m) bildet die Straßenverbindung nach Luzern.

RUND UM BRIENZ
Freilichtmuseum Ballenberg

Das **Freilichtmuseum Ballenberg** (☎ 033 952 10 30; www.ballenberg.ch; Erw./Kind unter 6 Jahren/Kind 6–16 Jahre 18/frei/9 SFr; ☾ Gebäude tgl. 10–17 Uhr, Gelände Mitte April–Ende Okt. 9–18 Uhr) bietet faszinierende Einblicke in die ländliche Schweiz der guten alten Zeit. Das 80 ha große Gelände mit authentisch rekonstruierten Bauerndörfern liegt östlich von Brienz und erlaubt einen Architekturspaziergang, der scheinbar durch das ganze Land führt. Das Spektrum der 100 Jahre alten Gebäude reicht von schlichten Walliser Holzhütten bis zu Bauernhäusern aus dem Berner Oberland mit schmucken Dächern. Demonstrationen zu Themen wie der Herstellung von Klöppelspitzen oder der Durchführung eines Viehtriebs repräsentieren hier gleichzeitig Schweizer Kunsthandwerk und Tradition. Zu sehen gibt's außerdem Wälder, Heilkräutergärten und Tiere wie z. B. struppige Schwarznasenschafe. Picknickfans können sich im Laden mit Holzofenbrot, hausgemachtem Käse und Wurst eindecken.

Ballenberg ist zu groß, um an einem Tag komplett erkundet zu werden. Stattdessen holt man sich besser eine Karte am Eingang, informiert sich mithilfe des Aushangs über die Zeiten besonderer Demonstrationsveranstaltungen und plant dann seinen Besuch.

Parkplätze gibt's an beiden Eingängen. Der nächstgelegene Bahnhof befindet sich in Brienzwiler. Eine gute Option ist der (oft voll besetzte) Bus vom Bahnhof Brienz aus (einfache Strecke 4 SFr). Passagiere können an einem Museumseingang aussteigen und am anderen wieder abfahren, ohne das ganze Gelände erneut durchqueren zu müssen.

Giessbachfälle

Wie ein Licht in der Dunkelheit stechen die dunstigen **Giessbachfälle** aus den Tannenwäldern hervor. Über 14 Felsstufen stürzen sie 500 m tief zu Tal. Europas älteste Standseilbahn (einfache Strecke/hin & zurück 5/7 SFr) von 1879 verbindet den Bootsanleger mit den Kaskaden. Zu deren eindrucksvollstem Abschnitt sind es jedoch nur 15 Minuten zu Fuß. Die Giessbachfälle lassen sich leicht per Boot erreichen (hin & zurück ab Brienz/Interlaken Ost 16,40/32 SFr).

Hoch über dem Brienzersee und den donnernden Wasserfällen steht das prächtige **Grand Hotel Giessbach** (☎ 033 952 25 25; www.giessbach.ch; EZ 140–180 SFr, DZ 210–380 SFr; ☾ Ende April–Okt.) auf einem Hügel. Dieser romantische Schlupfwinkel aus dem 19. Jh. punktet mit noblem Service und Zimmern voller Antiquitäten. Von seiner Restaurantterrasse aus schweift der Blick weit über die Landschaft.

ÖSTLICHES BERNER OBERLAND

Das Haslital erstreckt sich östlich der Jungfrau-Region. Mit etwas Detektivarbeit im Stil von Sherlock Holmes können Wanderer hier einige Naturwunder entdecken. Dabei reicht das Spektrum von engen Schluchten bis hin zu Europas längster Hängeseilbrücke, die über das Triftwasser führt. Zudem ist dies ein idealer Ausgangspunkt für Touren über Grimsel- und Sustenpass.

MEIRINGEN
4530 Ew. / 595 m

Einst ließ der Schriftsteller Arthur Conan Doyle seinen berühmten Detektiv am Fuß der Reichenbachfälle bei Meiringen sterben. Seit Sherlock Holmes' fiktionalem (scheinbarem) Ableben ist diese Ecke der Schweiz von einem gewissen englischen Spleen geprägt: Am „Todestag" ihres Idols (4. Mai) veranstalten Fans in typischen Tweedmützen und Capes hier regelmäßig eine Gedenkfeier.

Meiringen ist nicht nur für Ermittlungsarbeit bekannt, sondern gilt vor allem als Geburtsort des Baisers (alias Meringue). Diese luftige Köstlichkeit aus gezuckertem Eischnee ziert heute Süßigkeitenwagen auf der ganzen Welt. Zudem liefert sie genau den Zuckerschock, der für Wanderungen zu nahen Schluchten und Gletschern notwendig ist.

Orientierung

Meiringen liegt nördlich der Aare. Post und Busbahnhof findet man gegenüber dem örtlichen Bahnhof (mit Fahrradverleih). Von dessen Ausgang ist es nicht weit bis zur Touristeninformation. Um zu ihr zu kommen, geradeaus am Hotel Meiringen vorbeigehen, nach rechts abbiegen und der Hauptstraße ein paar Minuten lang folgen.

Praktische Informationen

Haslital-Pass (3/6 Tage 100/160 SFr; April–Okt.) Beinhaltet unbegrenzte Fahrten mit Lokalbussen, BLS-Schiffen, Zügen (Brienz–Meiringen–Brünig) und Bergbahnen (Meiringen–Hasliberg). Kinder erhalten kostenlose Pässe, wenn sie von ihren Eltern begleitet werden.

Touristeninformation (☎ 033 972 50 50; www.alpenregion.ch; Bahnhofstrasse; ganzjährig Mo–Fr 8–12 & 14–18 Uhr, Ende April–Mitte Okt. Sa 9–12 & 13.30–17 Uhr, Juli–Aug. So 15–17 Uhr).

Sehenswertes & Aktivitäten

Mit ohrenbetäubendem Donnern stürzen die mächtigen **Reichenbachfälle** 250 m ins Tal. Kein Wunder war dies für Arthur Conan Doyle der perfekte Ort, um seinen allmählich lästig gewordenen Helden vorübergehend loszuwerden: In *Sein letzter Fall* (1891) agierte der Autor wie einer seiner Schurken, indem er Sherlock Holmes und Dr. Moriarty hier zusammen in den Abgrund schickte. Seitdem sind die Fälle eine Pilgerstätte für Fans.

Von Willigen südlich der Aare fährt die **Reichenbachfall-Standseilbahn** (☎ 033 972 90 10; www.reichenbachfall.ch; einfache Strecke/hin & zurück Erw. 6/9 SFr, Kind 3/5 SFr; Juli & Aug. 9–18 Uhr, Mai, Juni, Sept. & Okt. 9–11.45 & 13.15–17.45 Uhr) zur oberen Fallkante. Der Rückmarsch hinunter nach Meiringen dauert eine Stunde. Alternativ führt ein steiler Pfad am Rand der Fälle hinauf zum Dorf Zwirgi. Das gleichnamige Gasthaus vermietet dort Trottinett-Roller (Erw./Kind 19/15 SFr) für einen etwas schnelleren Rückweg nach Meiringen.

Zwirgi liegt am Anfang des bergigen **Reichenbachtals**, das in Richtung Grindelwald verläuft. Von hier aus sind Rosenlaui und die **Gletscherschlucht** (☎ 033 971 24 88; www.rosenlauischlucht.ch; Erw./Kind unter 7 Jahren/Kind 7–16 Jahre 7/frei/3,50 SFr; Juni–Sept. 9–18 Uhr, Mai & Okt. 10–17 Uhr) über einen Wanderweg erreichbar. Anstatt nach Meiringen zurückzulaufen (mind. 2 Std.), kann man von Juni bis September auch einen der stündlich fahrenden Busse nehmen.

Das **Sherlock-Holmes-Museum** (☎ 033 971 41 41; www.sherlockholmes.ch; Bahnhofstrasse 26; Erw./Kind 4/3 SFr, inkl. Reichenbachfall-Standseilbahn 11/7 SFr; Mai–Sept. Di–So 13.30–18 Uhr, übriges Jahr Mi–So 16.30–18 Uhr) im Untergeschoss von Meiringens englischer Kirche ist ein absolutes Muss für echte Fans. Hiesiges Highlight ist der Nachbau des Wohnzimmers in der Baker Street 221b. Bei Bedarf stehen auch mehrsprachige Audioguides zur Verfügung.

Ansonsten einfach weiter die Region erkunden: Die schmale **Aareschlucht** (☎ 033 971 40 48; www.aareschlucht.ch; Erw./Kind unter 7 Jahren/Kind 7–16 Jahre 7,50/frei/4 SFr; Juli & Aug. tgl. 8–18, Mi & Fr zusätzlich 21–23 Uhr, April–Juni & Sept.–Okt. 9–17 Uhr) liegt nicht einmal 2 km vom Ort entfernt. Dort führen Tunnels und Galerien an milchblauen Sturzbächen und Felsüberhängen vorbei. Die **Meiringen-Innertkirchen-Bahn** (MIB; ☎ 033 982 10 11; einfache Strecke/hin & zurück 3,40/6,80 SFr; 6–19 Uhr) fährt von Meiringen zum Osteingang der Aareschlucht – wochentags alle 30 Minuten, am Wochenende etwas seltener.

Ein 300 km langes Netz von ausgeschilderten Wanderwegen durchzieht das Haslital. 2005 wurde die 102 m lange **Triftbrücke** (www.trift.ch) eröffnet. Seit 2009 ersetzt eine neue, noch längere (170 m) Konstruktion die erste Brücke. Hier balancieren Wanderer in 100 m Höhe über dem Gletschersee am Fuße des majestätischen Triftgletschers, der sich heute schneller als früher in Schmelzwasser verwandelt. Und so erreicht man den Gletscher von Meiringen aus: Zunächst einen Zug nach Innertkirchen nehmen, dann einen Bus nach Käppel bei Nessental im Triftgebiet (5,60 SFr, 35 Min.). Von dort geht's per **Standseilbahn** (☎ 033 982 20 11; www.grimselwelt.ch; einfache Strecke/hin & zurück 12/20 SFr; Juni–Okt. 9–16 Uhr) auf 1022 m Höhe. Anschließend geht es nocheinhalb Stunden Fußmarsch bis zur Brücke (1870 m).

Meiringens Touristeninformation liefert Details zur Triftbrücke sowie zum Bergsteigen und Gleitschirmfliegen in der Umgebung. Die 60 regionalen Pistenkilometer (Tagespass 54 SFr) eignen sich hervorragend für Skianfänger und Fortgeschrittene.

Schlafen & Essen

Hasli Lodge (☎ 033 971 59 00; www.haslilodge.ch; Kirchgasse 11; EZ/DZ 80/120 SFr; P) Die Quartiere gleichen einer Mischung aus Großmutters Schlafgemach und Kinderzimmer: Scheibengardinen, weiche Matratzen und viel Beige treffen auf Bettdecken, auf denen ein Comiczug zu sehen ist. Dennoch ist das Preis-Leistungs-Verhältnis recht anständig. Die beliebte Bar im Untergeschoss (Hauptgerichte 14–28 SFr) serviert leckere Rösti und Steaks.

Park Hotel du Sauvage (☎ 033 971 41 41; www.sauvage.ch; Bahnhofstrasse 30; EZ/DZ 115/205 SFr) Einst übernachtete Arthur Conan Doyle in diesem Belle-

SÜSSE KÜSSE

Trotz französischer Proteste besteht Meiringen darauf, der wirkliche Geburtsort des Baisers (auch Meringue genannt) zu sein. Das mürbe, süße Schaumgebäck wurde angeblich 1600 von dem italienischen Konditor Gasparini erfunden und eroberte Europa bald darauf im Sturm: Elisabeth I. von England beschrieb es als „Kuss", von dem auch das französische Leckermaul Ludwig XV. gar nicht genug bekommen konnte. Das Meisterwerk vom Frutal (s. rechte Spalte) lässt die Standardvariante mit Sahnehäubchen jedoch ziemlich alt aussehen: 1985 machte sich die Teestube mit Erfolg daran, den größten Baiser des Planeten aus 2500 Eiern und 120 kg Zucker herzustellen. Dieses Monster wurde in einer speziell umgebauten Sauna gebacken, mit 80 l Sahne serviert und in nicht einmal drei Stunden komplett von Einheimischen verspeist. Am Ende blieb „nur" ein Eintrag im *Guinness-Buch der Rekorde*.

Époque-Klassiker. Während der heutigen Krimi-Wochenenden nehmen eher Pensionäre das hiesige Frühstücksbüfett unter die Lupe. Im Untergeschoss lässt sich der ehemalige Glanz noch erahnen. Die Zimmer kombinieren dagegen Selbstbaumöbel aus den 1970er-Jahren spektakulär mit Pastelltönen, die blasser als ein halbes Dutzend Baisers wirken. Echten Detektiven werden die Vorzüge des Hotels aber nicht verborgen bleiben: Freundlicher Service, tolle Aussicht und vielleicht auch ein Tweedhut im Schrank …

LP Tipp Hotel Victoria (☎ 033 972 10 40; www.victoria-meiringen.ch; Bahnhofplatz 9; EZ/DZ 140/190 SFr; P 🖥) Das zweifellos beste Hotel vor Ort kommt schicker daher als David Beckham nach einer Rundumverschönerung. Die durchdesignten Zimmer sind mit hellem Holz und lokaler Kunst dekoriert. Ihr relativ moderater Preis schließt unerwartete Extras wie frisches Obst, Blumen und kostenlosen Zimmerservice ein. Simons Restaurant im Untergeschoss (Hauptgerichte 29–47 SFr) erfreut sich einer Bewertung des Gault Millau. Es serviert diverse Köstlichkeiten wie einheimisches Wildbret und Ricotta-Ravioli. Nach dem Abendessen heißt es einen der coolen Baumstammhocker schnappen und ein Glas Rotwein am offenen Kamin genießen.

Hotel Alpbach (☎ 033 971 18 31; Kirchgasse 17; Hauptgerichte 24–52 SFr; ⓥ 8.30–24 Uhr) Die mit Kiefernholz vertäfelten Wände des Traditionslokals werden von Kuhglocken und Akkordeons geziert. Auf den Tisch kommen Köstlichkeiten wie Flussbarsch mit Risotto oder gebratene Entenleber mit Chutney – toll abgerundet durch einheimische Weine.

Frutal (☎ 033 971 10 62; Bahnhofstrasse 18; Kuchen 3–6 SFr; ⓥ 7–18.30 Uhr) Im Fenster der altmodischen Teestube leckt sich ein kitschiger Plastikbaiser die Lippen. Gäste werden es ihm gleichtun, wenn sie eine der hauchzarten echten Varianten probieren.

An- & Weiterreise

Regelmäßig rollen Züge auf malerischen Strecken nach Luzern (über den Brünigpass; 21,60 SFr, 80 Min.) und Interlaken Ost (über Brienz; 11,80 SFr, 30 Min.). Im Sommer können Busse und Autos den Pass südostwärts in Richtung Andermatt befahren. In südwestlicher Richtung geht's dagegen über die Große Scheidegg nach Grindelwald – allerdings nicht für Privatfahrzeuge.

WESTLICHES BERNER OBERLAND

Auf der Westseite des Jungfraumassivs liegen Frutigland, das vor allem vom wilden Tal der Kander geprägt ist, und das nach dem Fluss Simme benannte Simmental. Noch weiter westlich erstreckt sich das Saanenland mit dem berühmten Nobelskiort Gstaad.

KANDERSTEG
1190 Ew. / 1176 m

Wer nach Kandersteg kommt und keine verschlammten Stiefel trägt, wird wohl schiefe Blicke ernten: Ein 550 km langes Wanderwegnetz ist der Grund für die Existenz dieses rustikalen Dorfs. Dessen Chalets aus dunklem Holz stehen vor einer großartigen Kulisse: Drumherum erstreckt sich ein natürliches Amphitheater aus spitzen Gipfeln, Gletschern und aquamarinblauen Seen.

Die **Touristeninformation** (☎ 033 675 80 80; www.kandersteg.ch; ⓥ Juni–Sept. Mo–Fr 8–12 & 13.30–18, Sa 8.30–12 & 15–18 Uhr, Dez.–März Mo–Fr 8–12 & 14–18, Sa 8.30–12 & 15–18 Uhr, übriges Jahr Mo–Fr 8–12 & 14–17 Uhr) gibt Tipps zu regionalen Wanderrouten und weiteren Aktivitäten.

Schroffe Berge umgeben den unglaublich türkisblauen **Oeschinensee** (www.oeschinensee.ch). Dieser ist mit einer brandneuen Gondelbahn und einem kurzen Fußmarsch (20 Min.) zu erreichen. Der Abstieg vom See nach Kandersteg dauert eine Stunde.

Kanderstegs wildes Hinterland an der Grenze zum Kanton Wallis bietet ein paar erstklassige Wandermöglichkeiten. Dazu zählt z. B. der herrliche Höhentrek über den **Gemmipass** (2314 m) nach Leukerbad (S. 176), bei dem es teilweise steil bergab geht. Alternativ kann man über die blumigen Weideflächen im artenreichen Üschenetäli spazieren oder zum **Blausee** (☎ 033 672 33 33; Eintritt 5 SFr) hinaufsteigen (5 km). Im dortigen Naturpark werden frische Forellen direkt am Ufer serviert. Vergleichsweise anspruchsvoller ist der Klettersteig im Bereich der **Allmenalp** (3½ Std.). Leihausrüstung (20 SFr) gibt's bei der Talstation.

Im Winter gleiten Langläufer hier auf über 50 **Loipenkilometern** (teilweise über den zugefrorenen Oeschinensee). Die insgesamt nur 15 km langen Abfahrtspisten (Tagespass 37 SFr) eignen sich für Skianfänger. Kanderstegs gefrorene Wasserfälle ziehen Eiskletterer an. **Bergsteigen Kandersteg** (☎ 079 604 40 59; www.bergsteigen-kandersteg.ch) veranstaltet neben regulären Kursen auch Schnupperstunden (ab 50 SFr), die jeden Mittwoch stattfinden.

Schlafen & Essen

Da Kandersteg bei Wanderern sehr beliebt ist, findet man hier viele günstige Übernachtungsmöglichkeiten – doch in der Zwischensaison haben die örtlichen Unterkünfte oft geschlossen. Mit einer Gästekarte gibt's Rabatt bei diversen Aktivitäten.

Camping Rendez-vous (☎ 033 675 15 34; www.camping-kandersteg.ch; Stellplatz pro Erw./Kind/Fahrzeug/Zelt 7,50/4,20/3/8–16 SFr; ganzjährig) Grüner und angenehmer Campingplatz unterhalb des Oeschinensees. Das Restaurant serviert Herzhaftes aus der Schweiz.

Hotel zur Post (☎ 033 675 12 58, www.hotel-zur-post.ch; EZ 50–70 SFr, DZ 100–120 SFr) Fröhliches, zentral gelegenes Hotel mit gutem Preis-Leistungs-Verhältnis. Die einfachen Zimmer besitzen eigene Balkone. Das Restaurant im Untergeschoss (Hauptgerichte 18–35 SFr) tischt viele landestypische Gerichte wie Fondue oder Rösti auf. Bei schönem Wetter empfehlen sich die Terrassentische.

Hotel Victoria Ritter (☎ 033 675 80 00; www.hotel-victoria.ch; EZ/DZ ab 125/210 SFr; P) Die ehemalige Säumertaverne ist heute ein elegantes Hotel und wird von der Familie Platzer vorbildlich geführt. Der gründerzeitliche Seitenflügel ist im traditionellen Stil des 19. Jhs. dekoriert, während die gemütlichen Ritter-Zimmer mit ihrer Holzvertäfelung eher rustikal wirken. Hat ein Restaurant, einen Pool, ein Spielzimmer für Kinder und sogar einen eigenen Tennisplatz.

Waldhotel Doldenhorn (☎ 033 675 81 81; www.doldenhorn-ruedihus.ch; EZ/DZ ab 140/240 SFr; P) Die modernen Zimmer im Doldenhorn sind nicht ganz so vornehm, wie ihr Preis vermuten lässt. Im Vergleich zum dazugehörigen Ruedihus ist das Hotel auch weniger individuell. Hierfür entschädigen jedoch kostenloser Nachmittagstee, ein blitzender Wellnessbereich und das renommierte Hausrestaurant.

Ruedihus (☎ 033 675 81 81; www.doldenhorn-ruedihus.ch; EZ/DZ ab 140/260 SFr; P) Dieser Inbegriff eines Berggasthofs ist schlichtweg der Hit und strotzt nur so vor Geschichte: Das knarrende Gebälk hat mittlerweile gut 250 Jahre auf dem Buckel. Die romantisch-heimeligen Zimmer im Hüttenstil empfangen Gäste mit niedrigen Decken, bemalten antiken Möbeln und Himmelbetten. Das behagliche Restaurant (Hauptgerichte 34–40 SFr) verfeinert seine Küche mit Kräutern aus dem eigenen Garten.

Hari (☎ 033 675 12 59; Bahnhofstrasse; Mo–Sa 8–12 & 14–18.30 Uhr) Der winzige Lebensmittelladen verkauft frisches Brot, selbstgemachten Joghurt, Honig, Wein und Käse aus einheimischer Produktion – prima für Picknicker.

An- & Weiterreise

Kandersteg liegt am Nordende des Lötschbergtunnels, durch den Züge zuerst nach Goppenstein (30 km vor Brig) und dann weiter nach Iselle in Italien rollen (Details unter www.bls.ch/autoverlad). In Richtung Süden wird traditionell über den Gemmipass (ca. 5 Std.) gewandert. Nach weiteren eindreiviertel Stunden erreicht man dann Leukerbad.

GSTAAD
3600 Ew. / 1100 m

Als Inbegriff des Jetsets wird Gstaad recht zutreffend mit Cannes verglichen. Allerdings wirkt das Dorf kleiner als sein Ruf – die Designerskistiefel sind sozusagen ein paar Nummern zu groß. Hier haben bereits Michael Jackson, Roger Moore, Paris Hilton und sogar Margaret Thatcher ihr jeweiliges Urlaubsvergnügen per Platin-Kreditkarte bezahlt. Neben begehrlichem Bummeln durch Boutiquen voller Gucci-Artikel zählt Sehen- und-Gesehen-Werden zu den beliebtesten örtlichen Sportarten. Normalsterbliche profitieren von den tollen Möglichkeiten zum Wandern und Skifahren.

Orientierung

Der Bahnhof befindet sich im Zentrum. Um von dort aus die Touristeninformation zu erreichen, geht man geradeaus zur parallel verlaufenden Hauptstraße, biegt dann nach rechts bzw. Osten ab und folgt der Fußgängerzone 200 m weit.

Praktische Informationen

Mit dem Easyaccess-Pass (33 SFr) kann man drei Tage lang kostenlos auf manche öffentlichen Verkehrsmittel, geführten Touren und Bademöglichkeiten zurückgreifen. Von Mai bis Oktober gibt's zusätzlich Ermäßigung bei vielen Aktivitäten.

Die **Touristeninformation** (☎ 033 748 81 81; www.gstaad.ch; Promenade; Juli–Aug. & Dez.–März Mo–Fr 8.30–18.30, Sa & So 9–12 & 13.30–17 Uhr, übriges Jahr Mo–Fr 8.30–12 & 13.30–18.30, Sa 10–12 & 13.30–17 Uhr) liefert umfangreiche Regionalinfos.

Aktivitäten

Viele Besucher fragen sich, wo man in Gstaad eigentlich richtig Ski fährt. Trotz Möglichkeiten zum **Alpinskilaufen** enden die Lifte rund um das Dorf bereits auf 2200 m Höhe – wodurch keine Schneesicherheit gewährleistet ist. Die meisten Pisten sind leicht (blau) bis mittelschwer (rot). Für abwechslungsreicheres Brettvergnügen empfehlen sich daher Nachbarorte wie Saanen, Saanenmöser, St. Stephan oder Zweisimmen. Diese liegen in der sogenannten Super-Ski-Region mit insgesamt 250 Pistenkilometern und 62 Liften. Letztere bedienen selbst entlegene Orte wie Château-d'Œx und den Gletscher Les Diablerets (S. 134). Regionale Skipässe (116 SFr) gelten mindestens zwei Tage lang. Parallel gibt's Tagesvarianten (29–58 SFr) für einzelne Bereiche.

Die Möglichkeiten zum **Snowboarden** sind vergleichsweise besser. Dies gilt vor allem für das Gebiet oberhalb der Eggli-Seilbahn, wo Schneekanonen in Betrieb sind. Dort beginnen Sessellifte zu den anspruchsvolleren Hängen von Videmanette.

Wandertouren sind in vier Tälern möglich, die sich von Gstaad aus erstrecken. Ein malerischer, leichter Marsch führt über den Reulisenpass zunächst nach Turbach. Von dort aus geht's runter nach St. Stephan oder Lenk im benachbarten Simmental (insgesamt ca. 4½ Std.). Dort besteht jeweils Zugverbindung nach Gstaad (in Zweisimmen umsteigen).

Von Mai bis September können **Raftingtrips** auf der Saane und anderen nahen Flüssen unternommen werden (ca. 98 SFr). Als ein verlässlicher Veranstalter hat **Absolut Activ** (☎ 033 748 14 14; www.absolut-activ.ch) auch Tubing, Canyoning, Gletschertouren, Eisklettern und Gleitschirmfliegen im Programm. Das ähnliche Angebot von **Swiss Adventures** (☎ 084 816 11 61; www.swissadventures.ch) wird durch Winterspäße wie Iglubauen, Airboarden und Schneeschuhlaufen ergänzt.

Feste & Events

Im Juli findet hier mit den **Allianz Suisse Open** (☎ 033 748 08 60; www.allianzsuisseopengstaad.com) ein bekanntes Tennisturnier statt. Beim **Menuhin Festival** (☎ 033 748 83 38; www.menuhinfestivalgstaad.ch) erklingt ein Monat lang klassische Musik. Mitte September bringt die **Country Night** (www.countrynight-gstaad.ch) gewagte Frisuren, Stetsons und Nashville-Sounds nach Gstaad.

Schlafen

Die folgenden Zimmerpreise gelten für die winterliche Hauptsaison. Im Sommer sind sie 30 bis 50 % niedriger. Die Touristeninformation hat eine Liste mit Campingplätzen und Chalets (Berghütten) für Selbstversorger. Viele örtliche Unterkünfte haben von Mitte Oktober bis Mitte Dezember und von April bis Mitte Juni geschlossen.

SYHA-Hostel (☎ 033 744 13 43; www.youthhostel.ch/saanen; B 34 SFr; Rezeption 8–10 & 17–21 Uhr;) Ruhiges Chalet-Hostel in Saanen, das nur vier Zugminuten entfernt liegt. Hat neben hellen, sauberen Schlafsälen auch ein Spielzimmer und einen Kiosk.

Hotel Alphorn (☎ 033 748 45 45; www.gstaad-alphorn.ch; Gsteigstrasse; EZ/DZ 180/240 SFr; P) Traditionelles Schweizer Chalet mit den Vorzügen des 21. Jhs. Die eleganten Zimmer haben dunkle Parkettböden, massive Betten und Balkone mit Aussicht auf die Landschaft. Im unteren Stockwerk gibt's ein Restaurant (Hauptgerichte 16–38 SFr) und einen münzbetriebenen Whirlpool mit Platz für zwei Personen.

Hotel Christiania (☎ 033 744 51 21; www.christiania.ch; Hauptstrasse; EZ/DZ ab 145/246 SFr) Heimeliges Chalet im Herzen Gstaads. Es wird von einer Familie betrieben und hat einladende Zimmer in warmen Farbtönen. Im Hausrestaurant bereitet der ägyptische Eigentümer aromatische Gerichte aus Nahost zu.

Iglu-Dorf Gstaad (☎ 041 612 27 28; www.iglu-dorf.com; 149–179 SFr/Pers.; ⓥ Ende Dez.–Ostern) Brrr! Gstaads Igluhotel klebt in 1500 m Höhe am Eggli. Von dort schweift der Blick weit über die Alpen und den Les-Diablerets-Gletscher. Fondue und Schnaps lassen Gäste trotz Minustemperaturen selig schlummern.

Gstaad Palace (☎ 033 748 50 00; www.palace.ch; EZ/DZ ab 620/1020 SFr; ⓟ ⓧ ⓡ ⓢ) Opulent, exklusiv und natürlich per Hubschrauber erreichbar: Dieses eindrucksvolle Märchenschloss thront hoch über Gstaad und hat Promis wie Michael Jackson, Robbie Williams oder Liza Minelli beherbergt. Schließlich kostet das Penthaus nur schlappe 14 000 SFr pro Nacht. Hier oben findet man auch die Retro-Disko Green Go.

Essen & Ausgehen

Wer eine Alternative zu den örtlichen Nobellokalen bevorzugt, speist am besten im Holzambiente der Bergrestaurants an den Gipfelstationen der Seilbahnen. Da wäre auch noch Günthers Stand an der Promenade, der am Wochenende leckeres Brot, Kuchen und Donuts aus eigener Produktion verkauft.

Apple Pie (☎ 033 744 46 48; Promenade; Snacks 10–22 SFr; ⓥ 8.30–22 Uhr) Dieser Laden ist genauso nett, wie sein Name vermuten lässt. Mit lebhaften jungen Angestellten und Bohème-Vibe gibt er Gstaad eine gewisse Dosis Coolness. Das appetitliche französische Menü reicht von Crêpes und reichhaltiger Zwiebelsuppe bis hin zu knusprigem Apfelkuchen.

Shumi (☎ 033 748 15 00; Promenade; Sushi & Sashimi 19–42 SFr) Trendige Kombination aus Sushibar, Lounge und Nachtclub. Gehört teilweise Roger Moores Sohn Geoffrey und gibt sich ziemlich selbstbewusst. (Möchtegern-) Promis genießen hier Sashimi und Cocktails oder machen die Tanzfläche unsicher.

Michel's Stallbeizli (☎ 033 744 43 37; Hauptgerichte 20–29 SFr; ⓥ Mitte Dez.–März 9.30–18 Uhr) Nirgendwo speist man näher am Busen der Natur als in dieser umgebauten Scheune. Im Winter kommen hier neben Fondue und Tee aus Bergkräutern auch Räucherfleisch und Käse aus eigener Produktion auf den Tisch. Dabei fällt der Blick auf die wiederkäuenden Kühe und Ziegen im angrenzenden Stall. Bei Kindern sehr beliebt.

Blun Chi (☎ 033 748 88 44; Hotel Bernerhof; Hauptgerichte 30–44 SFr) Wer erstmal genug von Bergkäse hat, kann sich in dem geselligen Lokal mit authentischer Asia-Küche stärken. Letztere reicht von knuspriger China-Ente bis zum Roten Schnapper im thailändischen Stil. Die Sonnenterrasse ist mit Bambus verkleidet.

Rialto (☎ 033 744 34 74; Promenade; Hauptgerichte 42–65 SFr) Trotz glitzernder Murano-Lüster und geschniegeltem Personal wirkt dieser Italiener angenehm schlicht. Mit frisch zubereiteten Nudeln, dünn geschnittenem Rindfleisch-Carpaccio und mediterranem Wolfsbarsch geht das Menü weit über Pizza hinaus. Auf der Straßenterrasse kann man prima Leute beobachten.

Chesery (☎ 033 744 24 51; Lauenenstrasse; Degustationsmenüs 150–168 SFr; ⓥ Dez.–April & Juni–Okt. Di–So 12–14 & 18.30–21.30 Uhr) Das Spitzenrestaurant wurde in den 1960er-Jahren vom Aga Khan eröffnet und wurde nicht umsonst vom Gault Millau ausgezeichnet: Zu feinsten Spezialitäten wie wildem Wolfsbarsch mit Auberginenkaviar serviert es vollmundige Weine – stets mit französischer Raffinesse und einem Schuss Arroganz.

An- & Weiterreise

Gstaad liegt an der Golden-Pass-Linie zwischen Montreux (24 SFr, 1½ Std.) und Spiez (25 SFr, 1½ Std.; in Zweisimmen umsteigen). In Montreux besteht Anschluss zum Flughafen Genf (51 SFr, 3 Std.). Postbusse fahren nach Les Diablerets (12,40 SFr, 50 Min., ca. 5-mal tgl.). Als wichtigste Straßenverbindung zwischen Aigle und Spiez führt die N11 nahe Gstaad an Saanen vorbei.

Mittelland

Es ist erstaunlich, dass im flachen, bescheidenen Mittelland die Hauptstadt der Schweiz liegt – andererseits deutet der Name die tragende Rolle dieser Gegend ja bereits an. Wer bei Hauptstadt an grelle Lichter, städtisches Treiben und kosmopolitischen Schick denkt, muss umdenken. Bern, dessen Status als Landeshauptstadt fast unter Insiderwissen fällt, ist herrlich träge und entspannt (manche nennen das auch provinziell) und auch nicht allzu groß, kurz: so ziemlich das Gegenteil eines Machtzentrums.

Doch gerade seine kleinen Maße machten Bern strategisch so wertvoll. Einst im Mittelalter ein wichtiger Stadtstaat, verlor es 1789 an Gebiet, als die Franzosen ins Land eindrangen. Als die Politiker 100 Jahre später eine Hauptstadt für die gebeutelte Schweizerische Eidgenossenschaft (S. 30) suchten, war Bern der beste Kompromiss: Genf war zu französisch, Zürich zu deutsch, aber das zweisprachige Bern (die Berner sprechen größtenteils Deutsch mit einem langsamen, beschwingten Dialekt, doch an der westlichen Grenze der Region wird genauso auch Französisch gesprochen) erschien perfekt für diese Aufgabe.

Und Bern ist in der Tat perfekt, eine der dezentesten, charmantesten Hauptstädte der Welt. Seine märchenhafte Altstadt aus dem 15. Jh. prägen terrassierte Steingebäude, überdachte Arkaden, Uhr- und Kirchtürme und gepflasterte Straßen. In seiner Umgebung finden sich jahrhundertealte Dörfer und Bauernhäuser inmitten grüner Hügel, Kühe mit klingenden Glocken … und lokale Käsereien, die die schweizerischste aller Käsesorten produzieren!

HIGHLIGHTS

- Im märchenhaften **Bern** (S. 223) von einem Brunnen zum nächsten schlendern und sich auf dem Zwiebelmarkt (S. 226) mit einem Plastikhammer auf den Kopf hauen lassen
- Das erstaunliche wellenförmig gebaute **Zentrum Paul Klee** (S. 225) erkunden
- In **Ligerz** (S. 243), einem wunderschönen Dorf am Nordufer des Bieler Sees, in einer Weinprobe ertrinken
- Sich im **Emmental** ganz im Käse verlieren: Käse rollen, bei der täglichen Vorführung seiner Herstellung zuschauen und ihn auf einem Bauernhof oder in einem Gasthaus genüsslich verspeisen (S. 242)
- Durch die Barockstadt **Solothurn** (S. 244) bummeln und sich viiiiel Zeit nehmen für die Kathedrale und kreative Gerichte am Wasser

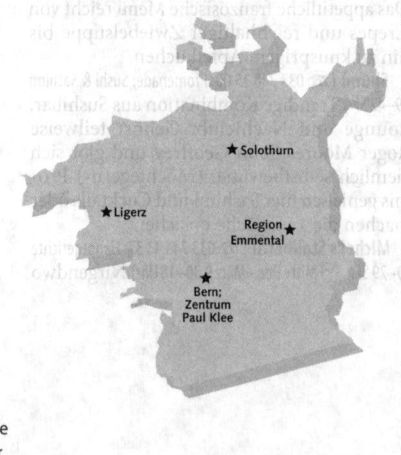

| ■ EINWOHNER: 1,2 MIO. | ■ FLÄCHE: 842 KM² | ■ SPRACHEN: DEUTSCH, FRANZÖSISCH |

MITTELLAND

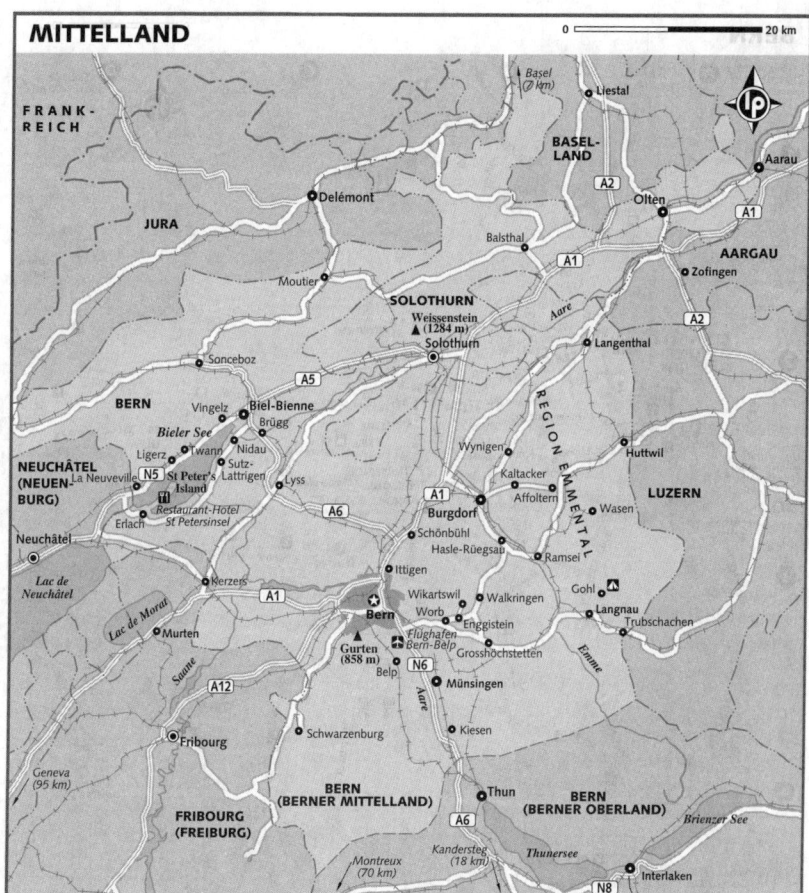

Orientierung & Praktische Informationen

Das Schweizer Mittelland (Plateau Suisse) ist eine flache Landschaft zwischen Alpen und Jura und besteht hauptsächlich aus dem Berner Mittelland, dem nördlichen Teil des Kantons Bern (Plateau Bernois), und dem Kanton Solothurn (Soleure).

Das regionale Tourismusbüro in Bern ist **Schweizer Mittelland Tourismus** (☎ 031 328 12 12; www.smit.ch). Die Berner **Touristeninformation** (S. 223) gibt telefonisch Auskunft über die gesamte Region.

An- & Weiterreise

Bern hat zwar nur einen kleinen Flughafen, ist aber über Straßen und Eisenbahnverbindungen hervorragend in alle Richtungen angebunden. Manche Züge in der Region werden von kleineren Privatunternehmen betrieben.

BERN

122 422 Ew. / 540 m

Wenn man durch die Altstadt von Bern bummelt, die mit ihren 6 km Kopfsteinpflaster und den Arkaden ein perfektes Fotomotiv abgibt, taucht man in eine provinzielle, entspannte Atmosphäre ein und glaubt kaum, dass dies die Hauptstadt der Schweiz ist. So ist es aber in der Tat, und darüber hinaus ist Bern auch noch ein Welterbe der Unesco!

222 BERN •• Praktische Informationen

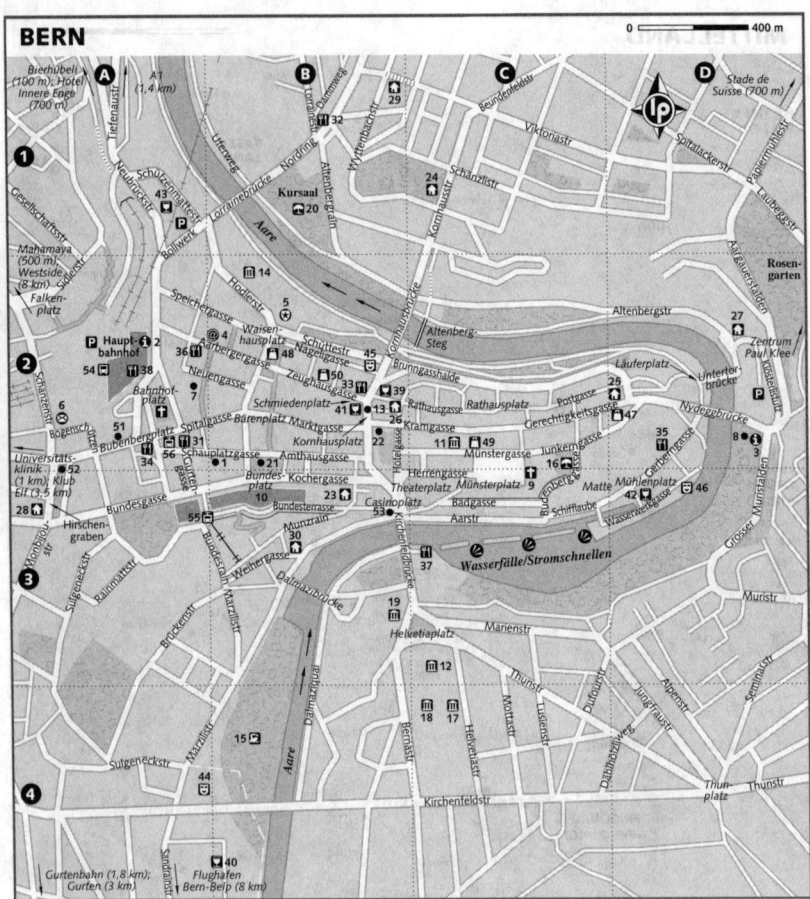

Die langen, kurvigen und oft mit Kopfsteinpflaster versehenen Straßen, die von hohen, terrassierten Gebäuden aus dem 15. Jh. gesäumt werden, schaffen gemeinsam mit den fantastischen traditionellen Figuren (16. Jh.) an den Brunnen eine etwas verwirrende architektonische Schlucht. Von den umliegenden Hügeln aus bietet sich ein toller Blick auf die roten Dächer, die sich in einer Biegung der Aare auf einem kleinen Fleckchen Land drängen.

Doch trotz seines provinziellen Charakters fasziniert Bern. Das Nachtleben ist dynamisch, es gibt eine alternative Kunstszene und man muss sich nur eines der knallpinken Fahrräder anschauen, die überall in der Stadt stehen und auf denen das neueste Filmfestival oder Daniel Libeskinds beeindruckendes neues architektonisches Meisterwerk angepriesen werden, um zu erkennen: Bern ist weit mehr als nur eine Stadt voller parlamentarischer Bürokraten.

Praktische Informationen
BUCHLÄDEN

Atlas Travel World (☎ 031 311 90 44; Schauplatzgasse 21; ◯ Mo 12–18, Di, Mi & Fr 9–18.30, Do 10–20, Sa 9–17 Uhr) Reiselektüre und Zubehör für Rucksackreisende; im Untergeschoss gibt's Wander- und Straßenkarten.

Stauffacher (☎ 031 311 24 11; Neuengasse 25; ◯ Mo–Mi & Fr 9–19, Do 9–21, Sa 9–17 Uhr) Labyrinthartiger Buchladen mit einer hervorragenden Auswahl an Sachbüchern, Reiselektüre und Büchern über die Schweiz (3. Stock).

PRAKTISCHES		SCHLAFEN		Pery Bar	**41** B2
Atlas Travel World	**1** B2	Bellevue Palace	**23** B3	Silo Bar	**42** D3
Bern Tourismus	**2** A2	Hotel Allegro	**24** C1	Sous le Pont	**43** A1
Bern Tourismus	**3** D2	Hotel Belle Epoque	**25** D2		
Internetcafé	**4** B2	Hotel Glocke Backpackers		UNTERHALTUNG	
Polizeiwache	**5** B2	Bern	**26** B2	Bern Ticket	(siehe 45)
Post	**6** A2	Hotel Landhaus	**27** D2	Cinématte	(siehe 46)
Stauffacher	**7** A2	Hotel National	**28** A3	Dampfzentrale	**44** A4
		Marthahaus Garni	**29** B1	Olmo Ticket	(siehe 50)
SEHENSWERTES & AKTIVITÄTEN		SJH-Jugendherberge	**30** B3	Stadttheater Bern	**45** B2
Bärengraben	**8** D2			Wasserwerk	**46** D3
Bern Show	(siehe 3)	ESSEN			
Berner Münster	**9** C3	Altes Tramdepot	(siehe 3)	SHOPPEN	
Bundeshäuser	**10** B3	Casa Della	**31** A2	Alpin	**47** D2
Einstein-Haus	**11** C2	Du Nord	**32** B1	Markt	**48** B2
Historisches Museum Bern	**12** C4	Fudu Nydegg	(siehe 25)	Holz Art	**49** C2
Kindlifresserbrunnen	**13** B2	Kornhauskeller	**33** B2	Olmo Shoes	**50** B2
Kunstmuseum	**14** B2	Markthalle	**34** A2		
Freibad Marzili	**15** B4	Santorini	**35** D2	TRANSPORT	
Münsterplattform	**16** C2	Sassafraz	**36** A2	Bern Mobil	**51** A2
Museum für Kommunikation	**17** C4	Sous le Pont	(siehe 43)	Bern Rollt	**52** A2
Naturhistorisches Museum	**18** C4	Terrasse & Casa	**37** C3	Bern Rollt	**53** B3
Schweizerisches Alpines Museum	**19** B3	Tibits	**38** A2	Bern Rollt	(siehe 2)
Botanischer Garten				Busbahnhof	**54** A2
der Universität	**20** B1	AUSGEHEN		Drahtseilbahn Marzili -	
Springbrunnen	**21** B2	Café des Pyrénées	**39** B2	Stadt Bern	**55** A3
Zytglogge	**22** B2	Gaskessel	**40** B4	Tram-/Bushaltestelle	**56** A2

INTERNETZUGANG

Im Tourismusbüro im Bahnhof kann man für 12 SFr eine Stunde lang surfen.
Internetcafé (☎ 031 311 98 50; www.pokerhill.ch, Aarbergergasse 46; Internetzugang 8–10 SFr pro Std.; ☼ Mo–Fr 9.30–12.30, Sa 12–0.30 Uhr)

MEDIZINISCHE VERSORGUNG

Apothekennotdienst (☎ 0900 98 99 00; ☼ rund um die Uhr)
Medizinischer Notdienst (☎ 0900 57 67 47; ☼ rund um die Uhr)
Uniklinik (☎ 031 632 21 11; Fribourgstrasse; ☼ rund um die Uhr) Westlich des Stadtzentrums; hat eine Notaufnahme.

NOTFALL
Polizeiwache (☎ 031 321 21 21; Waisenhausplatz 32)

POST
Post (Schanzenstrasse 4; ☼ Mo–Fr 7.30–21, Sa 8–16, So 9–16 Uhr)

TOURISTENINFORMATION
Bern Tourismus (www.berninfo.com) Bahnhof (☎ 031 328 12 12; Bahnhofsplatz; ☼ Juni–Sept. 9–20.30 Uhr, Okt.–Mai Mo–Sa 9–18.30, So 10–17 Uhr); Bärengraben (☎ 031 328 12 12; ☼ Juni–Sept. 9–18 Uhr, März–Mai & Okt. 10–16 Uhr, Nov.–Feb. 11–16 Uhr) Im Bahnhof auf Strassenebene und bei den Bärenzwingern. Hier kann man Stadtführungen buchen, kostenlos Hotelzimmer reservieren und im Internet surfen.

Sehenswertes

Wenn man nur für einen Tag oder etwas länger in Bern ist und vor allem Sehenswürdigkeiten besuchen will, lohnt sich die **BernCard** (Karte für 24/48/72 Std. Erw. 20/31/38 SFr, Kind 16/24/29 SFr). Sie gewährt freien Eintritt zu den Dauerausstellungen von 27 Museen und zur Bern Show, erlaubt die kostenlose Nutzung der öffentlichen Verkehrsmittel und reduziert den Preis für Stadtführungen um 25 %.

ALTSTADT

Das Zentrum der Altstadt von Bern ist mit einer Flagge geschmückt und schon eine Sehenswürdigkeit für sich. Man kann 6 km weit in überdachten Arkadengänge bummeln, vorbei an in Kellern untergebrachten Geschäften und zahllosen Bars. Nach einem verheerenden Brand im Jahr 1405 wurde die einst komplett aus Holz errichtete Stadt mithilfe von Sandstein wieder aufgebaut.

Bedeutend ist die **Zytglogge** (Uhrturm), die einst Teil des westlichen Stadttors war (1191–1256); sie erinnert an die Astronomische Uhr in Prag. Jeweils vier Minuten vor der vollen Stunde versammeln sich die Menschen vor ihr, um die beweglichen Figuren zu bestaunen, danach beginnt das eigentliche Glockenspiel. Zwischen Mai und Oktober kann man sich im Rahmen einer Stadtführung den Turm und den Uhrmechanismus anschauen; mehr Infos dazu gibt's beim Tourismusbüro.

Angeblich half die Astronomische Uhr Albert Einstein (S. 224) dabei, seine Relativitätstheorie zu perfektionieren. Diese stellte er in der Zeit auf, als er als Prüfer beim Patentamt in Bern arbeitete. Der große Wissenschaftler vermutete während einer Tramfahrt, die ihn vom Turm wegbrachte, dass die Astronomische Uhr auch dann noch die gleiche Zeit anzeigen würde, wenn die Tram mit Lichtgeschwindigkeit führe – seine eigene Uhr aber würde normal weiterlaufen. Daraus schloss er, dass Zeit in der Tat relativ sei.

Weitere Wahrzeichen von Bern sind seine elf dekorativen **Brunnen** (1545) mit ihren historischen und folkloristischen Figuren. Die meisten stehen in der Marktgasse an der Stelle, wo sie in die Kram- und die Gerechtigkeitsgasse übergeht. Der berühmteste jedoch befindet sich auf dem Kornhausplatz: der **Kindlifresserbrunnen**, den ein Oger ziert – na, was verdrückt der wohl?!

BERNER MÜNSTER
Der höchste Punkt des gotischen **Berner Münsters** (Audioguide 5 SFr; Eintritt Turm Erw./Kind 7–16 Jahre 4/2 SFr; Ostern–Nov. Di–Sa 10–17, So 11.30–17 Uhr, übriges Jahr Di–Fr 10–12 & 14–16, Sa bis 17, So 11.30–14 Uhr; Turm schließt 30 Min. früher) aus dem 15. Jh. ist seine erhabene Turmspitze. Mit 100 m ist dieser Kirchturm der höchste in der gesamten Schweiz. Wer fit genug ist, um sich über die schwindelerregende Treppe 344 Stufen in die Höhe hinaufzuarbeiten, wird an klaren Tagen mit einem umwerfenden Blick auf die Berner Alpen belohnt. Beim Abstieg kann man in der **Oberen Glockenstube** (1356) verschnaufen. Deren Glocken läuten täglich um 11, 12 und 15 Uhr. Die drei Glocken der **Unteren Glockenstube** wiegen je 10 t und sind die größten Exemplare in der ganzen Schweiz.

Zurück auf dem Boden (der Tatsachen), kann man im **Hauptportal** die dekorativen Szenen bewundern, die das Jüngste Gericht darstellen – mit dem Bürgermeister von Bern, der in den Himmel kommt, während sein Züricher Kollege in die Hölle verwiesen wird.

Danach ist die **Münsterplattform** hinter der Kathedrale an der Reihe. Der schöne Park ist von Hecken und Bänken gesäumt und endet an einem steilen Abhang. Im Pavilloncafé im Park kann man gemütlich in der Sonne einen Kaffee trinken und dann mit dem **Matte-Lift** (Eintritt 1,20 SFr) hinunterfahren zur Berner **Matte** an der Flussniederung. Im mittelalterlichen Viertel der Handwerker, Hafenarbeiter und Künstler wurde einst ein ganz eigener Dialekt des Bernerdeutsch gesprochen. Das moderne Matte trug bei den Überschwemmungen 1999 und 2005 schwere Schäden davon.

EINSTEIN-HAUS
1905 stellte der weltberühmte Wissenschaftler in Bern seine Relativitätstheorie auf. Wer mehr über ihn wissen möchte, sollte das hiesige kleine **Museum** (031 312 00 91; www.einstein-bern.ch; Kramgasse 49; Erw./Student 6/4,50 SFr; Feb.–Mitte Dez. Mo–Fr 10–17, Sa 10–16 Uhr) besuchen. Es ist in der schlichten Wohnung untergebracht, die Einstein und seine junge Familie zwischen 1903 und 1905 bewohnten, als er als schlechtbezahlter Angestellter im Berner Patentamt arbeitete. Heute erzählen Multimedia-Darstellungen die Geschichte hinter der von Einstein aufgestellten Gleichung $E = mc^2$ (bzw. Energie = Masse mal Lichtgeschwindigkeit im Quadrat), die das menschliche Verständnis von Raum, Zeit und Universum maßgeblich verändert hat. Im Obergeschoss gibt ein 20-minütiger Film einen Einblick in die Lebensgeschichte des Wissenschaftlers.

BUNDESHÄUSER
Die **Bundeshäuser** (031 322 85 22; www.parliament.ch; Bundesplatz) der Schweizer Bundesversammlung (1902) sind im Florentinischen Stil erbaut und beherbergen Statuen der Gründungsväter der Nation, eine mit den Emblemen der Kantone geschmückte Buntglaskuppel und einen Kronleuchter mit 214 Glühbirnen. Während der sitzungsfreien Zeit werden 45-minütige **Führungen** (Eintritt frei; Mo–Sa 9–16 Uhr stündl.) angeboten. Parlamentssitzungen kann man von der öffentlichen Galerie aus beobachten. Unbedingt einen Ausweis mitbringen!

Auf dem großen Platz vor dem Parlamentsgebäude plätschern 26 beleuchtete **Springbrunnen**, die jeder einen Schweizer Kanton symbolisieren. Der Platz ist im Sommer ein perfekter Kinderspielplatz und ein Treffpunkt für Großstädter, die ein wenig Ruhe suchen – einfach auf den Bürgersteig setzen und es ihnen gleichtun!

BÄRENGRABEN
Ein weit verbreiteter Volksglaube besagt, dass Bern seinen Namen von einem Bären hat: Der Gründer der Stadt, Berchtold V. von Zähringen, soll auf einem Jagdausflug hier einen

Bären erlegt haben. Auch heute noch gibt's einen Bärengraben in der Stadt, der – zum Ärger einiger Einwohner – im Herbst 2009 eventuell in einen großen Park am Fluss umgestaltet werden soll, in dem dann ein Bär oder vielleicht sogar eine ganze Bärenfamilie leben soll. Die Realisierung dieser Pläne hängt allerdings davon ab, ob der 28 Jahre alte Bär Pedro, der als Jungtier nach Bern gebracht wurde, bis 2009 durchhält. Die meisten Berner und natürlich vor allem sein liebevoller Wärter Walter hoffen das natürlich, auch wenn Bären in Gefangenschaft in der Regel nicht älter als ca. 25 Jahre werden.

Wenn man Bern vor der Eröffnung des neuen Bärenparks besucht, kann man Pedro noch in seinem jetzigen Zuhause besuchen, in dem er in Bern schon immer lebte. Es liegt am östlichen Ende des Nydeggbrücke. Reste vom Mittagessen verträgt er nicht so gut, wer ihm etwa Gutes tun möchte, ersteht lieber von Walter eine Papiertüte voll gemischter Früchte (3 SFr). Der Wärter bringt seinen Schützling abends in seinen unterirdischen Stall unterhalb des runden, von Steinmauern umgebenen und 3,5 m tiefen **Bärengrabens** (www.baerenpark-bern.ch; 9.30–17 Uhr), wo Pedro schläft.

Im Tourismusbüro hinter dem Graben läuft die 20-minütige **Bern Show** (☎ 031 328 12 12; Touristenzentrum Bärengraben; Erw./Kind 12–16 Jahre 3/1 SFr; Juni–Sept. 9–18 Uhr, März–Mai & Okt. 10–16 Uhr, Nov.–Feb. 11–16 Uhr), eine Multimediapräsentation zur Geschichte der Stadt.

ROSENGARTEN & BOTANISCHER GARTEN DER UNIVERSITÄT

Oberhalb des Bärengrabens liegt der duftende **Rosengarten**, der für seinen traumhaften Blick über die Stadt noch bekannter ist als für seine wohlriechende Bepflanzung. Letztendlich freut man sich über beides, wenn man erst mal oben ist …

Treppenstufen führen vom nördlichen Ende des Lorrainebrücke zum **Botanischen Garten der Universität** (☎ 031 631 49 45; Altenbergrain 21; Eintritt frei; Mai–Sept. 8–17.30 Uhr, Okt.–April bis 17 Uhr). Das Stück Natur am Fluss beherbergt zahlreiche Grünpflanzen und Gewächshäuser.

ZENTRUM PAUL KLEE

Berns Antwort auf Guggenheim ist das großartige **Zentrum Paul Klee** (☎ 031 359 01 01; www.zpk.org; Monument in Fruchtland 3; Erw./Kind 6–16 Jahre 16/6 SFr, Audioguides 5 SFr; Di–So 10–17 Uhr), ein auffälliges, 150 m langes Gebäude voller bekannter moderner Kunst. Das kurvenreiche Gebäude, das von Renzo Piano entworfen wurde, erhebt sich wie eine kleine Hügelkette in der ländlichen Gegend östlich der Stadt. Leider führt die viel befahrene A6 direkt am Gebäude vorbei.

Im mittleren Hügel des Gebäudes befindet sich die Hauptausstellung mit 4000 Exponaten aus Paul Klees außerordentlichem und oft verspieltem Gesamtwerk, die ständig ausgetauscht werden. Interaktive Computerdisplays, die in die Stühle eingebaut sind, liefern alle notwendigen Infos über die Meisterwerke des Schweizer Künstlers. Audioguides (5 SFr) nehmen die Besucher mit auf eine einstündige musikalische Erläuterungstour zu den Ausstellungsstücken. Im Untergeschoss eines weiteren „Hügels" befindet sich das lustige und gut gestaltete **Kindermuseum Creaviva**, in dem die Kleinen an interaktiven Ausstellungsstücken herumexperimentieren (im Eintrittspreis enthalten) können. Auch einstündige Kunstkurse (15 SFr) werden angeboten, bei denen die jungen Künstler ihre Werke danach mit nach Hause nehmen können.

Ein Spaziergang über das Museumsgelände führt zu modernen, zeitgenössischen Skulpturen, die u. a. von Yoko Ono und Sol Lewitt stammen.

Bus 12 fährt vom Bubenbergplatz zum Zentrum Paul Klee (3,80 SFr). Autofahrer nehmen auf der A6 die Ausfahrt Bern-Ostring – das Museum liegt direkt daneben.

HISTORISCHES MUSEUM BERN

Wandteppiche, Diptycha und weitere Schätze von Weltrang illustrieren im fantastischen **Historischen Museum Bern** (☎ 031 350 77 11; www.bhm.ch; Helvetiaplatz 5; Erw./Kind 24/12 SFr, nur Einsteinmuseum 18/8 SFr; Di–So 10–17, Mi 10–20 Uhr) die Geschichte der Stadt von der Steinzeit bis ins 20. Jh. Ein Teil des Museums ist einer hervorragenden Dauerausstellung über Albert Einstein gewidmet.

KUNSTMUSEUM

Die Dauerausstellung des **Kunstmuseums** (Museum of Fine Arts; ☎ 031 328 09 44; www.kunstmuseumbern.ch; Hodlerstrasse 8-12; Dauerausstellung Erw./Student 8/5 SFr, Wanderausstellungen 8–18 SFr; Di 10–21, Mi–So 10–17 Uhr) zeigt Werke von italienischen Künstlern (z. B. Fra Angelico), von Schweizer Größen wie Ferdinand Hodler (S. 41) und von anderen wie etwa Picasso und Dalí.

> **FEIERN IM ZEICHEN DER ZWIEBEL**
>
> Während des legendären **Zwiebelmarktes** *(Zibelemäri)* am vierten Montag im November befindet sich Bern fest in der Hand der Markthändler. Mehr als 600 Stände bieten an diesem Tag fein gewobene Zwiebelzöpfe, Kränze, Seile, Pasteten, Skulpturen und regionale Leckereien feil. Der Legende nach geht der Markt auf das große Feuer von 1405 zurück: Die Bauern aus dem Kanton Fribourg leisteten den Bernern danach großen Beistand und durften zum Dank ihre Erzeugnisse in Bern verkaufen. Tatsächlich entstand der Markt jedoch wohl als Teil der Martinimesse, der mittelalterlichen Feierlichkeiten zum Winteranfang. Was auch immer sein Ursprung ist: Der Zwiebelmarkt ist eine hervorragende Entschuldigung für die oftmals ausgelassenen Festlichkeiten. Straßenkünstler sorgen für Karnevalsstimmung und alle Leute werfen Konfetti durch die Gegend und hauen sich gegenseitig mit quietschenden Plastikhammern auf den Kopf.

NOCH MEHR MUSEEN

Das **Schweizerische Alpine Museum** (☎ 031 351 04 40; www.alpinesmuseum.ch; Helvetiaplatz 4; Erw./Kind 6–16 Jahre 10/3 SFr; Mo 14–17.30, Di–So 10–17.30 Uhr) erläutert anhand beeindruckender Reliefkarten die Geschichte des Bergsteigens und der Kartografie der Alpen.

Das Highlight des **Naturhistorischen Museums** (☎ 031 350 71 11; www.nmbe.unibe.ch; Bernastrasse 15; Erw./Kind 8 SFr/frei; Mo 14–17, Di, Do & Fr 9–17, Mi 9–18, Sa & So 10–17 Uhr) sind die ausgestopften, von Motten in Mitleidenschaft gezogenen Überreste des berühmten Rettungs-Bernhardiners Berry.

Im **Museum für Kommunikation** (☎ 031 357 55 55; www.mfk.ch; Helvetiastrasse 16; Erw./Kind 6–16 Jahre 12/3 SFr; Di–So 10–17 Uhr) gibt's die verschiedensten Ausstellungsstücke zu sehen, von antiken Telefonen und Briefmarken bis hin zu elektronischen Kommunikationsmitteln.

AKTIVITÄTEN

Im Sommer kann man sich im **Freibad Marzili** (www.aaremarzili.ch, Eintritt frei; Mai–Sept.) an der Aare hervorragend in der Sonne aalen. In den Fluss selbst sollten sich jedoch nur sichere Schwimmer wagen.

Es gibt zahlreiche hübsche Fahrradwege am Fluss und in den Berner Hügeln. Infos zu kostenlosem Fahrradverleih s. S. 239.

Rund 3 km südlich der Stadt liegt der **Gurten** (☎ 031 970 33 33; www.gurtenpark.ch), auf dessen Gipfel zwei Restaurants thronen. Außerdem gibt's hier eine Miniatureisenbahn, Fun Trails für Biker, einen Sommerzirkus, im Winter Pisten für Schlittenfahrer, einen Abenteuerspielplatz und allerlei weitere Möglichkeiten für spaßige, saisonbedingte Outdoor-Aktivitäten. Beim Abstieg über einen gut ausgeschilderten Pfad (ca. 1 Std.) bietet sich ein schöner Blick. Zum Gurten kommt man mit der Tram 9 (Richtung Wabern); bei der Haltestelle Gurtenbahn aussteigen und von hier die **Gurtenbahn** (www.gurtenbahn.ch, einfach/hin & zurück Erw. 6/10 SFr, Kind 3/5 SFr; 7–23.30 Uhr) nehmen, die den Berg hinauffährt.

Bern mit Kindern

Mit den tanzenden Figuren auf dem Uhrenturm, der zauberhaften Altstadt, den Springbrunnen wie aus dem Bilderbuch (s. S. 224) und den Bären (s. S. 224) ist Bern auch für Kids ein Highlight. Die besonderen Lieblinge sind der Gurten (S. 226) und das Zentrum Paul Klee (S. 225).

Ältere Kinder können mit Leihrädern von Bern Rollt (S. 239) durch die Gegend düsen, das Stade de Suisse (S. 238) erkunden oder auf einem der beiden riesigen Schachfelder auf der von Bäumen gesäumten Bundesterrasse hinter den Bundeshäusern üben, wie man seinen Gegner schachmatt setzt.

Feste & Events

Der Kanton Bern begeht einen offiziellen Feiertag am 2. Januar (Berchtoldstag) und feiert im Mai ein **Jazzfestival** (www.jazzfestivalbern.ch) und Mitte Juli das **Gurten Rock Festival** (www.gurtenfestival.ch). Im August findet die Aareschwümme (www.aareschwuemme.ch) statt, ein lebendiges Spektakel. Aber das alles ist natürlich nichts im Vergleich zu der Möglichkeit, sich beim Zwiebelmarkt mit einem Plastikhammer auf den Kopf hauen zu lassen (s. Kasten oben)…

Schlafen

Das Tourismusbüro führt kostenlos Hotelreservierungen durch und liefert Informationen zu Angeboten wie „3 Nächte zum Preis von 2", die von vielen Hotels in der Stadt angeboten werden.

BUDGETUNTERKÜNFTE

SJH-Jugendherberge (☎ 031 326 11 11; www.youth hostel.ch/bern; Weihergasse 4; B inkl. Frühstück 33–44,50 SFr, Mittag- od. Abendessen 15,50 SFr; ⓥ Rezeption 7–12 & 14–24 Uhr) Diese gut organisierte Jugendherberge liegt hübsch auf der anderen Seite des Flusses und bietet makellose Schlafsäle und eine Terrasse im Grünen mit knallroten Sitzgelegenheiten und einem Pingpongtisch. Hin kommt man über den Pfad, der vom Parlamentsgebäude hinunterführt, oder man fährt mit der Seilbahn (S. 239). Von Mai bis Oktober werden kostenlos Fahrräder vermietet (Kaution 20 SFr).

Hotel Glocke Backpackers Bern (☎ 031 311 37 71; www.bernbackpackers.com; Rathausgasse 75; B inkl. Frühstück 33–41 SFr, EZ/DZ ohne Bad 69/104 SFr, DZ mit Bad 140 SFr; ⓥ Rezeption 8–11 & 15–22 Uhr; 🖳 ✗) Moderne Zimmer, saubere Bäder, eine Küche und ein belebter Gemeinschaftsraum – und all das mitten in der Altstadt – machen diese Unterkunft zu einem besonders beliebten Quartier bei Backpackers. Wer einen leichten Schlaf hat, fühlt sich vom Straßenlärm vielleicht gestört. Die gemischten Schlafsäle haben zwei bis sechs Betten. WLAN gibt's kostenlos.

Hotel Landhaus (☎ 031 331 41 66; www.landhaus bern.ch; Altenbergstrasse 4; B ohne/mit Kissen & Decke 33/38 SFr, Frühstück 8 SFr, DZ ohne/mit Bad 120/160 SFr; 🖳 ✗ 🅿) Vor dem grasbewachsenen Hügel des Stadtparks und zwischen dem Fluss und den Türmen der Altstadt liegt dieses charaktervolle historische Hotel mit seiner apricotfarbenen Fassade in einem besonders schönen Teil der Stadt. Sein Dach sieht aus wie ein Hexenhut. Das leicht künstlerisch angehauchte, belebte Restaurant im Erdgeschoss ist die Seele des Hotels und zieht viele lokale Stammgäste an.

LP Tipp **Marthahaus Garni** (☎ 031 332 41 35; www.marthahaus.ch; Wyttenbachstrasse 22a; B 45 SFr, EZ/DZ/DBZ ohne Bad 69/99/135 SFr, EZ/DZ/DBZ mit Bad 110/135/165 SFr; 🖳 ✗) Mitten in einer grünen Wohngegend liegt dieses fünfstöckige Gebäude mit dem Charme einer freundlichen Pension. Die sauberen, schlichten Zimmer sind mit viel Weiß und einigen modernen Kunstwerken eingerichtet. Den Gästen steht auch eine Küche zur Verfügung.

Hotel National (☎ 031 381 19 88; www.nationalbern.ch; Hirschengraben 24; EZ/DZ ohne Bad ab 60/120 SFr, EZ/DZ mit Bad 95/140 SFr; 🖳) Das idyllische Hotel National mit seinem schmiedeeisernen Lift, den Lavendelzweigen und den persischen Teppichen auf knarrenden Holzdielen wäre auch in Paris nicht fehl am Platz. In den Familienzimmern finden bis zu fünf Personen Platz (220–280 SFr).

MITTELKLASSEHOTELS

Hotel Allegro (☎ 031 339 55 00; www.allegro-hotel.ch; Kornhausstrasse 3; EZ/DZ 230/285 SFr; ❄ 🖳 ✗) Dieses coole, moderne Gebäude auf der anderen Flussseite eröffnet von den Zimmern nach vorne raus einen hervorragenden Blick. Es bietet viele kleine Plätzchen zum Essen und Trinken und Geschäftsreisende finden hier alles Notwendige an einem Fleck. Die Einrichtung der Zimmer ist trotzdem alles andere als 08/15. Das beste Zimmer des Hauses ist die Penthouse-Suite im 7. Stock – eine liebevolle Hommage an das Leben und Wirken von Berns berühmtestem Künstler, Paul Klee. Am Wochenende übernachtet man hier günstiger.

LP Tipp **Hotel Innere Enge** (☎ 031 309 61 11; www.zghotels.ch; Engestrasse 54; DZ ab 240 SFr; 🖳 ✗ 🅿) Es liegt zwar nicht mitten im Stadtzentrum, aber dafür ist das historische Gasthaus und Jazzhotel einzigartig. Besitzer und leidenschaftliche Betreiber des Hotels sind Hans Zurbrügg, der Organisator des Berner Jazzfestivals, und seine Frau Marianne Gauer, ihres Zeichens eine der Top-Raumausstatterinnen der Schweiz. Die extravagante Unterkunft wartet mit einer Jazzbar im Keller auf.

Hotel Belle Epoque (☎ 031 311 43 36; www.belle-epoque.ch; Gerechtigkeitsgasse 18; EZ/DZ ab 250/350 SFr; 🖳 ✗) Romantisches Altstadthotel mit opulenter Jugendstileinrichtung. Das Motto des Hauses –Belle Époque – wird so konsequent durchgezogen, dass sich moderne Annehmlichkeiten wie der Fernseher in Schränken verstecken, wie man sie von Dampfschiffen kennt, um die Optik nicht zu stören.

SPITZENKLASSEHOTELS

Bellevue Palace (☎ 031 320 45 45; www.bellevue-palace.ch; Kochergasse 3-5; EZ/DZ ab 360/390 SFr; ❄ 🖳 ✗ 🅿) In dem einzigen Fünf-Sterne-Hotel der Stadt steigen Berns führende Geschäftsleute und internationale Staatsmänner wie Nelson Mandela ab. Das beeindruckende Gebäude steht in der Nähe des Parlaments. Am Wochenende sinken die Preise.

Essen

Wer am Wasser dinieren möchte, ist beispielsweise im stylishen **Cinématte** (S. 238) genau richtig.

> **TOP PICKS: SCHNELLIMBISSE**
>
> Die lebendige Studentenstadt Bern bietet zahlreiche hervorragende Schnellimbisse mit toller Atmosphäre und sogar mit richtigen Tischen, die absolut bezahlbare Preise haben.
>
> - Es gibt keinen besseren Zwischensnack als **Brezeln** mit Salz, Sonnenblumen- oder Kürbiskernen oder auch Sesam von einem der Kioske am Bahnhof. Ebenso lecker: eine Tüte voll glühend heißer Kastanien im Schatten der Astronomischen Uhr.
> - **Markthalle** (Bubenbergplatz 9; Mo–Mi 6.30–23.30, Do & Fr 6.30–0.30, Sa 7.30–0.30 Uhr) In diesem überdachten Markt herrscht lebendiges Treiben und man findet unzählige günstige Imbissbuden mit Leckereien aus aller Welt. Hier bekommt man alles: Currys, vegetarische Speisen, Wokgerichte, *bruschette*, Nudeln, Pizza und außerdem südindische, türkische und nahöstliche Köstlichkeiten. Was immer einem auch vorschwebt – hier bekommt man es. Gegessen wird im Stehen an den Bars oder an Plastiktischen.
> - **Sous le Pont** (S. 237) Pommes, Falafel und Schnitzel bekommt man in dieser winzigen Kneipe, die neben der gleichnamigen Café-Bar liegt. Man isst an mit Graffiti verzierten Tischen in einem mit Graffiti verzierten Hof (Bier 0,3/0,5 l 3,80/5,20 SFr).
> - **Tibits** (031 312 91 11; Bahnhofplatz 10; Mo–Mi 6.30–23.30, Do–Sa 6.30–24, So 8–23 Uhr) In diesem vegetarischen Büfettrestaurant im Bahnhof bekommt man gesunde Schnellgerichte in allen Größen und zu jeder Tageszeit. Man bedient sich selbst und bezahlt nach Gewicht des Essens.

Sassafraz (031 311 79 50; www.sassafraz.ch; Aarbergergasse 57; Nudelgerichte 16,50–35 SFr, Hauptgerichte 25–40 SFr; Mo 8.30–23.30, Di–Fr bis 1.30, Sa 10–0.30, So 10–23.30 Uhr) Schönes Restaurant für Weinliebhaber. In der modernen Lounge und der *vinothèque* werden allerlei verschiedene Gerichte aufgetischt, u. a. englische Fish & Chips (25,50 SFr). Der kulinarische Spitzenreiter ist die italienische Mozzarella-Bar. Im Sommer ziehen die verführerischen Düfte aus der Küche über die Teakholztische im Freien.

Altes Tramdepot (031 368 14 15; Bärengraben; Hauptgerichte 18–38 SFr, Menüs 16–20 SFr; 11–0.30, Sa & So ab 10 Uhr) Die Einheimischen empfehlen diese höhlenartige kleine Brauerei im schönen Gebäude des Tourismusbüros in der Nähe des Bärengrabens. Auf der Speisekarte, die der eines Bistros ähnelt, stehen Schweizer Spezialitäten, schnelle Bratgerichte aus dem Wok, Pasta und internationale Speisen.

Fugu Nydegg (031 311 51 25; www.fugu-nydegg.ch; Gerechtigkeitsgasse 16; Hauptgerichte 19–25 SFr; Mo–Fr mittags & abends, Sa 10–0.30, So 10–22 Uhr) Wenn man Lust hat auf Pad-Thai im Bangkok-Stil, gebratene Nudeln oder Thai-Fisch, ist das schicke und coole Fugu die erste Wahl. Der Speisebereich ist in Limettengrün, Edelstahl und unbearbeitetem Zement gehalten. Alternativ kann man draußen in der Sonne sitzen.

Du Nord (031 332 23 38; www.dunord-bern.ch; Lorrainestrasse 2; Hauptgerichte 20–35 SFr; Mo–Do 8–23.30, Fr bis 0.30, Sa 16–0.30 Uhr) Das schwulenfreundliche Du Nord ist von der Altstadt zwar einen kleinen Fußmarsch entfernt (über die Brücke), aber mit seiner internationalen Küche und der Bar, an der sich Berns hippste Einwohner treffen, ist es eine der angesagtesten Adressen der Stadt. Gelegentlich gibt's Live-Gigs. Im grünen Lorraine-Viertel gelegen; ein märchenhafter rosa Turm krönt das Gebäude.

Terrasse & Casa (031 350 50 01; www.schwellenmaetteli.ch; Dalmaziquai 11; Hauptgerichte 28–45 SFr; Terrasse Mo–Sa 9–23.30, So 9–22 Uhr, Casa Di–Fr mittags & abends, Sa & So 11.45–23.30 Uhr) Die „Riviera von Bern" genannte Location aus Terrasse und Casa ist ein klassischer Treff an der Aare. Die Terrasse, ein Glasbau mit Holzbohlen auf dem Wasser, versprüht mit ihren Sonnenliegen mit Blick auf das (nachts beleuchtete) Wehr und den gemütlichen Sofas St.-Tropez-Atmosphäre. Man kann hier sonntags prima brunchen und zu jeder Tages- und Nachtzeit etwas trinken. In der Casa, untergebracht in einem gemütlichen Fachwerkhaus im Landhausstil, wird italienisches Essen serviert.

Kornhauskeller (031 327 72 72; Kornhausplatz 18; Hauptgerichte 32–52 SFr; Mo–Sa mittags & abends, So abends, Bar Mo–Mi 17–1, Do–Sa 17–2, So 17–0.30 Uhr) Unbedingt schick anziehen! In Berns einfallsreich herausgeputztem ehemaligen Getreidespeicher speist man unter gewölbten, mit Fresken versehenen Bögen. Das überraschende Restaurant

(Fortsetzung auf S. 237)

Outdoor-Aktivitäten

Die Schweiz bietet einige der verrücktesten schwarzen Abfahrten – wie diese bei Engelberg (S. 282)

Die Schweiz ist das Land, in dem ein ganz normaler 65-Jähriger eine vierstündige Wanderung über einen 2500 m hohen Bergpass einen Sonntagsspaziergang nennt, wo kichernde Dreijährige auf Skiern über die Hänge wedeln, und in dem Einheimische, gelangweilt vom „normalen" Marathon, Berge rückwärts hinaufrennen – aus Spaß. Die Schweiz sportlich zu nennen, wäre eine Untertreibung. Sie ist hyperaktiv.

Und die nationale Leidenschaft für alles, das Schweiß, klebriges Lycra und Skihosen beinhaltet, ist ansteckend. Warum? Man muss sich nur umsehen: Gletscherbäche und donnernde Wasserfälle, kolossale Gipfel und geschickt gefaltete Täler. Das Wasser ist die reinste Heilquelle, der Himmel von einem leuchtenden Blau, die Luft anregend frisch. Kein Wunder, dass die Schweizer bei diesem phänomenalen Hinterhof nicht still halten können.

IN DER LUFT
Paragliding & Drachenfliegen

Wo immer es in der Schweiz eine schöne Brise und einen Berg gibt, kann man Tandem-Paragliden und -Drachenfliegen. Also: Gurtzeug umschnallen, Anlauf nehmen, abspringen und an geriffelten Bergwänden entlang, über samtweiche Almwiesen und Wälder gleiten. Manche sagen, es gäbe keinen besseren Weg, die Kulisse dieses sagenhaften Landes aufzusaugen als aus der Luft. Und sie haben recht.

Im eisigen Reich des Unesco-Welterbes Aletschgletscher findet man auf der Fiescheralp (S. 186) die beste Thermik und in First (S. 199) erhebende Ausblicke auf die mächtige Jungfrau. Wer mehr auf die Seenlandschaft steht, kann wie ein Vogel über den glitzernden Vierwaldstättersee (S. 278) oder Luganersee (S. 370) gleiten.

Bungee-Jumping

Wenn einen die Schwerkraft nach unten zieht, hat man keine Zeit zum Nägelkauen. Man spürt den Kick des freien Falls hinunter zur schäumende Lütschine in der Grindelwalder Gletscherschlucht (S. 199) oder fällt aus der Stockhornbahn bei Interlaken (S. 192) 134 m in die Tiefe. Wer sich wie James Bond fühlen will, kann den 007-Sprung vom 220 m hohen Verzasca-Staudamm (S. 374) wagen, der in *GoldenEye* zu sehen war und der zweithöchste Bungee-Jump der Welt ist. Weitere Sprünge findet man auf www.bungy.ch.

> „Nichts übertrifft den Kick, sich in 4000 m Höhe aus einem Flugzeug zu werfen – mit (puh!) einem qualifizierten Ausbilder huckepack."

Fallschirmspringen & Base-Jumping

Wenn Paragliding keinen Reiz mehr bietet, sollten sich Unerschrockene nach Interlaken (S. 192) begeben, um beim Fallschirmspringen atemberaubende Momente zu erleben. Nichts übertrifft den Kick, sich in 4000 m Höhe aus einem Flugzeug zu werfen – mit (puh!) einem qualifizierten Ausbilder huckepack. Man fällt die senkrechte Eigerwand hinunter und genießt dann, wenn der Profi den Fallschirm geöffnet hat, die grandiose Szenerie.

Beim Gleitschirmfliegen hat man den besten Blick auf die spektakuläre Schweizer Bergwelt MARTIN MOOS

Hardcore-Adrenalinjunkies mit Mumm und Knowhow können beim Base-Jumping von den Staubbachfällen (S. 204) in Lauterbrunnen ihren Mut testen. Frei zu fallen und den Schirm erst kurz vor dem Eintauchen zu öffnen, ist aber riskant und für Ungeübte nicht geeignet. Das Hotel Horner (S. 206) ist ein beliebter Treffpunkt fürs Base-Jumping.

Ballonfahren

Wenn sich Fallschirmspringen und Bungee-Jumping zu gefährlich anhören, wie wäre es dann, sich vor dem Hintergrund der Alpen lautlos über Hügel, Täler und Wälder treiben zu lassen? In Château-d'Œx (S. 135), Gastgeber der Heißluftballon-Woche im Januar, steht ein Ballon zum Einsteigen bereit – hier werden ganzjährig Passagierflüge angeboten. Der 360°-Ausblick bis zum Montblanc und Eiger ist im Dämmerlicht besonders hypnotisierend.

AUF DEM BODEN
Radfahren

Durchzogen von 3300 km ausgeschilderten Routen ist dieses beneidenswert grüne Land ein effizient betriebenes Paradies für Radsportler. Zuverlässige Räder gibt es in allen Großstädten und – Hurra! – viele bieten inzwischen von Mai bis Oktober kostenlosen Fahrradverleih an, als Teil der Initiative **Schweiz Rollt** (www.schweizrollt.ch), darunter Bern, Lausanne, Zürich und Genf. Karten, Routenbeschreibungen und alles über die neun Schweizer nationalen Routen findet man auf **Veloland** (www.veloland.ch).

Andermatt (S. 288) ist ein toller Ausgangsort für alle, die ihre Kraft in den Kurven der Pässe wie Furka, Oberalp und Gotthard testen wollen. Zwei eindrucksvolle nationale Routen starten hier: eine nach Genf über den Rhone-Gletscher und durch das ländliche Goms (320 km) und eine den Rhein entlang nach Basel (420 km). Biker, die sich nach rasanten Gefällstrecken und atemberaubenden Ausblicken sehnen, strömen nach Lenzerheide (S. 330) sowie Klosters und Davos (S. 339).

Die Schweiz ist von Radwegen durchzogen
ROBERTO GEROMETTA

Kürzere, flachere Strecken, die trotz fehlender Schufterei nichts von der Pracht opfern, umrunden die Seen des Landes und folgen den Flüssen. Pedalritter, die Weinproben schätzen, können durch die Weinberge rund um Sion (S. 170 oder Lavaux (S. 127) radeln.

Geschwindigkeitsverrückte Downhill-Fahrer zieht es sommers in die Urlaubsorte, wo man die Räder oft umsonst oder gegen eine kleine Gebühr mit der Seilbahn transportieren darf. Wiesen und Berge verschwimmen, wenn man bei Arosa (S. 332) oder Lenzerheide (S. 330) die Berge hinunter rast. Wer seine Geschicklichkeit im Querfeldeinfahren verbessern will, ist in den Geländeparks in Crans-Montana (S. 174) und Verbier (S. 166) gut aufgehoben.

Klettern

Die Schweiz gilt als das gelobte Land der Bergsteiger, seit Edward Whymper 1865 die Erstbesteigung des Matterhorns gelang (s. S. 181), obwohl der Triumph durch ein gerissenes Seil in einer Tragödie endete. Hartgesottene Alpinisten finden einige der mörderischsten Touren Europas in Reichweite: Monte Rosa (4633 m), Matterhorn (4478 m), Mont Blanc (4807 m), Eiger (3970 m) – schon die Namen dieser Giganten verheißen Abenteuer in luftiger Höhe.

Für alle, die die Großen in Angriff nehmen wollen, organisiert das Alpin Center in Zermatt (S. 179) Bergtouren rund um die Viertausender. Das wildromantische Kandersteg (S. 216) lockt Eiskletterer mit seinen gefrorenen Wasserfällen, während eisbedeckte Monolithen wie der Piz Bernina Pontresina (S. 352) zum Bergsteiger-Mekka machen. Infos zu den 33 besten Schweizer Bergsportschulen gibt's beim **Verband Bergsportschulen Schweiz** (☎ 027 948 13 45; www.bergsportschulen.ch). Der **Schweizer Bergführerverband** (www.4000plus.ch) listet qualifizierte Führer.

DIE BESTEN ADRENALINKICKS

- Das Herz rast, wenn man sich an der Schweizer Mauer (S. 161) in die Tiefe stürzt.
- Begleitet von einem Tarzanschrei mit dem Flying Fox am Jungfraujoch vorbeisausen (S. 203).
- Mit Eiszapfen am Po die 15 km lange Rodelbahn „Big Pintenfritz" (S. 202) absolvieren.
- Beim Cresta-Rennen (S. 348) auf der Eisbahn bis zu 140 km/h schnell werden.
- Wie ein Hamster im Rad beim Zorbing (S. 192) in einer riesigen Plastikkugel abwärtsrollen.

In den ausgezeichneten Kletterhallen in Chur (S. 328) und Interlaken (S. 190) lernt man den Unterschied zwischen Karabiner und Klettergurt kennen. Weitere Bergsteigertipps gibt's im Interview mit der berühmten Schweizer Alpinistin Evelyne Binsack (S. 80).

Vie ferrate

Jeder, der mit dem Bergsteigen liebäugelt, dabei aber lieber sicher an der Felswand verankert bleibt, sollte sich an einem *via ferrata* (Klettersteig) versuchen. Obwohl für Ungeübte sicherer und einfacher als Klettern, sind diese schwindelerregende Durchquerungen an festen Seilen, versehen mit Leitern, Seilrutschen und Drahtseilbrücken, nichts für schwache Nerven. Diese Mischung aus Bergwandern und Sportklettern ist derzeit in der Schweiz der letzte Schrei. **Via Ferrata** (www.viaferrata.org) liefert Karten und nach Schwierigkeitsgrad abgestufte Routen.

Die *via ferrata* in Andermatt (S. 288) ist ideal für Anfänger, mit tollen Schluchtenblicken, aber minimaler Kraftanstrengung. Mit einem Schlangen-und-Leiter-Spiel in echt kann man in Mürren (S. 208) seinen Mut testen und genießt Ausblicke auf Eiger, Mönch und Jungfrau. Die *vie ferrate* in Leukerbad (S. 176) und Kandersteg (S. 216) sorgen für weiße Knöchel.

Vie ferrate, wie dieser bei Leysin (S. 134), bieten einen sicheren Einstieg ins Klettern

AUF DEM EIS
Skifahren

Wüste Glühweingelage zugunsten dörflichen Charmes und Skifahrens zu meiden, ist in der Schweiz ebenso erschwinglich wie in Italien oder Frankreich. Nun ja, fast. Man muss mit etwa 50 bis 60 SFr für einen Tagespass rechnen, plus etwa 60 SFr Leihgebühr für Skiausrüstung. Alle großen Urlaubsorte haben Skischulen, die jedem in halbtägigen Kursen für 40 bis 50 SFr die Grundlagen beibringen. Bei **Swiss Snowsports** (www.snowsports.ch) kann man auf einer Karte 185 Skischulen im ganzen Land anklicken.

In einem Land, in dem jeder Weiler einen Skilift hat, ist die Frage nicht, wo, sondern wie man Ski fährt. Wer beim Slalom Berühmtheiten sehen will, sollte nach Klosters (S. 339) fahren, das sich 315 km Pisten mit Davos teilt; oder ins Paradies St. Moritz (S. 348) oder ins obercoole Verbier (S. 165). Tiefschneeliebhaber, die von jungfräulichem Pulverschnee träumen, finden genau das im gletschergesäumten Saas Fee (S. 183, in Engelberg (S. 282) und Andermatt (S. 288).

„In einem Land, in dem jeder Weiler einen Skilift hat, ist die Frage nicht, wo, sondern wie man Ski fährt."

Für lange Abfahrten mit unglaublichen Ausblicken aufs Matterhorn muss es das Postkartenidyll Zermatt (S. 178) oder Crans Montana (S. 174) sein. Ebenso traumhaft (uups – nicht in den Abgrund fallen!) sind die Urlaubsorte in der Jungfrau-Region (S. 201) wie Grindelwald, Mürren und Wengen.

Wer glaubt, schon jede Abfahrt gemeistert zu haben, für den hat die Schweiz noch ein paar Überraschungen in den Goretex-Ärmeln versteckt. Arosa (S. 331) und, jenseits des

Verbier (S. 165), mit perfektem Pulverschnee und toller Aussicht, ist nur einer der vielen Schweizer Skiorte
GLENN VAN DER

SEHT DIE ÖKO-ENGEL

Viele Schweizer Urlaubsorte haben ihr Öko-Image aufpoliert, um die Auswirkungen des Skisports auszugleichen. Von autofreien Dörfern zu Ferienorten, die ganz auf erneuerbare Energien setzen – hier ein Überblick über die mit der ganz weißen Weste. Wer einen umweltfreundlichen Skiurlaub plant und seinen CO_2-Abdruck im Schnee verringern möchte, findet Infos auf **Save our Snow** (www.saveoursnow.com, englisch) und bei der **Gemeinschaft autofreier Schweizer Tourismusorte** (www.gast.org).

Arosa (S. 331) Recycelt fleißig, verwendet zu fast 100 % erneuerbare Energie.
Flims, **Laax** und **Falera** (S. 333) Das Trio nutzt Wasserkraft und recyceltes Wasser zur (Kunst)Schneeproduktion.
Wengen (S. 206) Autofrei, erzeugt erneuerbare Energie und setzt eine Politik der Müllvermeidung um.
Verbier (S. 165) Verwendet energieeffiziente Pistenraupen, die mit Biodiesel betrieben werden.
Mürren (S. 207) Autofrei, verwendet erneuerbare Energie und hat mit Biodiesel angetriebene Pistenraupen.
Saas Fee (S. 183) Fördert nachhaltige Entwicklung und hat eine strikt umweltfreundliche Bauordnung.
Bettmeralp (S. 186) Autofrei, und macht aktive Anstrengungen zur Müllvermeidung.
Zermatt (S. 178) Autofrei, und fördert nachhaltiges Skifahren und ökologisch einwandfreies Bauen.
Gstaad (S. 217) Hat das Zentrum zur Fußgängerzone umgewandelt und ein tolles öffentliches Nahverkehrsnetz.
St. Moritz (S. 348) Bietet eine Politik der sauberen Energie, Fußgängerzonen und ein leistungsfähiges Transportsystem.

Berges, Lenzerheide (S. 330) sind toll für Familien. Angeschmiegt an die beeindruckenden Zähne des Dents du Midi liegt, mit 650 km Abfahrten, Champéry (S. 160), berüchtigt für seine schwarze Abfahrt, die Schweizer Mauer. Und in den weniger bekannten Schönheiten Bettmeralp (S. 186), Arolla (S. 171) und Scuol (S. 345) sind Warteschlangen selten.

Langlauf

Wer keine Abfahrten mag, überlange Ski hat und gern Lycra-Leggings anzieht, ist ein ernsthafter Langlauf-Kandidat. Anfänger lernen in der erstklassigen Langlauf-Skischule in Arosa (S. 331) und üben dann in den gepflegten Loipen dort und im benachbarten Lenzerheide (S. 330). Wem vom Skifahren die Beine schmerzen, wird bei diesem Ganzkörper-Workout die Muskeln aus Grundschul-Spielzeiten wieder entdecken. Außerdem gilt es, sich neues Vokabular anzueignen – klassischer oder Skaterstil, Fischgrätmuster gegen Parallelspur.

Im Langlaufmekka Davos (S. 339) kann man 105 km Loipen nutzen, stille Wunderwelten wie die Franches Montagnes gibt's im Jura (S. 154) oder im Lötschental (S. 177).

Snowboarden

Die ausgebeulten Hosen sind idiotisch, aber in den Freeride-Zentren der Schweiz total angesagt. Als top in der Szene gilt Laax (S. 334), Gastgeber der Burton European Open (Jan.). Ähnlich radikal ist Saas Fee (S. 183), das vor einem Gletscher-Amphitheater liegt. Das Hinterland von Zermatt (S. 179) wartet im Schatten des Matterhorn mit Pulverschnee-Becken auf.

Im Pulverschnee abseits der Pisten kann man sich am Jakobshorn in Davos (S. 341), in Andermatt (S. 288) und Engelberg (S. 282) vergnügen. Verbier (S. 165) bietet inzwischen ein tolles Terrain sowohl für Easy Rider wie für Geschwindigkeitsfreaks und veranstaltet im März den Xtreme Freeride Contest. Wer all dies ausgeschöpft hat, kann im sogenannten „Hawaii der Snowboarder" in der Umgebung von St. Moritz (S. 348) Riesensprünge machen.

Tipps aus dem berufenen Mund eines Olympiasiegers in der Halfpipe finden sich im Interview mit Gian Simmen (S. 331).

Die Schweiz bietet viel Nervenkitzel für Extremsportler, wie beim Rafting auf dem Rhein (S. 334)

AUF DEM WASSER
Rafting & Hydrospeeding

Wildwasser-Sportarten boomen in der Schweiz, wo die starken Strömungen der reißenden Wasser von Saane, Rhein, Inn und Rhône Wasserratten vor Vergnügen gurgeln lässt. Mit einem Paddel in der Hand und einer Rettungsweste an kann man sich in die Fluten stürzen. In den gleichen Wildwasser-Wunderländern ist auch Hydrospeeding möglich – wie Rafting, nur auf einem kurzen Surfbrett. **Swissraft** (☎ 081 911 52 50; www.swissraft.ch) unterhält im ganzen Land Stützpunkte für Rafting und Hydrospeeding.

Zu den erinnernswerten Touren gehört der donnernde Vorderrhein durch die Kalkstein-Ruinaulta (Rheinschlucht; S. 334) und turbulente Abschnitte der Saane im Pays d'Enhaut (S. 135) und einiger Flüsse bei Interlaken (S. 192. Eine mit Kehrwassern und Felsblöcken gespickte Herausforderung bieten die schäumenden Wasser des Inn in Scuol (S. 345).

Kajak- & Kanufahren

Faule Sommernachmittage verbringt man am besten auf den kristallklaren Seen und Flüssen der Schweiz und genießt deren langsamen Rhythmus. Die Stille kräuselt sich, wenn das Paddel durch das Wasser des Bodensees (S. 312) schneidet, und der fjordähnliche Urnersee (S. 278) des Wilhelm Tell verströmt hypnotisierende Ruhe. Wenn es ein Fluss sein soll, wie wär's mit dem Doubs in Goumois (S. 154), der durch eine unberührte Wildnis mäandert.

Windsurfen & Wasserskifahren

Echte Könner auf dem Brett zieht es nach Silvaplana (S. 351), wo hervorragende Winde von den Höhen fegen und man Kite- und Windsurfer-Stunden nehmen oder seine Fähigkeiten auf zwei windumtosten kobaltblauen Seen zeigen kann.

Die zerklüfteten Berge, die sich um den Thunersee (S. 212) erheben, bieten beim Windsurfen und Wakeboarden faszinierende Ausblicke. Bekannt für seine Frösche, gibt Estavayer-le-Lac (S. 142) auch Wasserskifahrern und Wakeboardern Grund zur Freude.

(Fortsetzung von S. 228)

im Keller hat sich auf mediterrane Küche spezialisiert. Im Zwischengeschoss darüber schlürfen schöne Menschen Cocktails und blicken durch Buntglasfenster auf das Café auf der anderen Straßenseite, in dem man zu Mittag essen kann (Menü 18,50 SFr). Am beliebtesten ist dessen Terrasse auf dem Bürgersteig, vor allem im Sommer.

Ebenfalls empfehlenswert:

Santorini (☎ 031 312 18 12; www.santorini.ch; Gerberngasse 34; Hauptgerichte 25–40 SFr; ⓥ Di–Fr mittags & abends, Sa & So abends) Griechisches Restaurant in einer schönen Straße im Viertel Matte am Fluss.

Casa Della (☎ 031 311 21 42; Schauplatzgasse 16; Hauptgerichte 25–38 SFr; ⓥ Mo–Fr 10.30–23.30, Sa 9–15 Uhr) Paul Klee war 1890 schon hier. Die Küche ist durch und durch traditionell.

Mahamaya (☎ 031 301 01 01; www.mahamaya.ch; Länggassstrasse 43; ⓥ Mo–Fr mittags, Di–Sa abends) Angesagtes indisches Restaurant und Imbissstube; die Fenster zieren unzählige Plakate mit Veranstaltungshinweisen.

Ausgehen

Das Nachtleben in Bern ist bunt und quirlig. Wer urig mit den Einheimischen der älteren Generation einen heben will, sollte in der **Markthalle** (S. 228) die Bar mit dem Marmortresen aufsuchen.

BARS & LOUNGES

Viele Clubs und Lokale wie der Kornhauskeller und das Alte Tramdepot (S. 228) sind Restaurants und Kneipen in einem. Ein paar fröhliche, lebendige After-Work-Aperitifbars liegen in der Gurtengasse, ganz in der Nähe der Bundeshäuser.

Silo Bar (☎ 031 311 54 12; www.silobar.ch, Mühlenplatz 11; ⓥ Do–Sa 22–3.30 Uhr) Mitten am Wasser im Viertel Matte, das immer trendiger wird, steht Berns Silo aus dem 19. Jh. Hier wird für ein vorwiegend studentisches Publikum hauptsächlich Mainstream gespielt. Wer trinken, tanzen und feiern will, ist hier goldrichtig.

Sous le Pont (☎ 031 306 69 55; www.souslepont.com; Neubrückstrasse 8; ⓥ Di–Do 11.30–14.30 & 18–23.30, Fr 11.30–14.30 & 19–2, Sa 19–2.30 Uhr) Hier taucht man ab in die düstere Untergrundszene rund um den Bahnhof. Die Bar ist in der „Reitschule", einem ziemlich chaotischen Zentrum für alternative Kunst nahe der Eisenbahnbrücke, untergebracht. Das historische Steinhaus (1897) ist mit Graffiti übersät.

Pery Bar (☎ 031 311 59 08; Schmiedenplatz 3; ⓥ Mo–Mi 17–1.30, Do 17–2.30, Fr 17–3.30, Sa 18–3.30 Uhr) Die Pery Bar ist ein bei der Jugend beliebter Treffpunkt und besticht durch beständig gute Laune. Im Sommer kann man an Tischen draußen auf dem Bürgersteig sitzen.

Café des Pyrénées (☎ 031 311 30 63; Kornhausplatz 17; ⓥ Mo–Sa) Hier treffen sich Trendsetter auf ein Glas Wein und Studenten auf ein Bierchen. Das schöne, unkonventionelle Café erinnert an eine Pariser Café-Bar. „Hier muss man auf der Kneipentour unbedingt einen Zwischenstopp einlegen", schrieben die meisten Zeitschriften, die vor der Fußballeuropameisterschaft 2008 über Bern berichteten.

CLUBS

Flyer für Clubpartys gibt's bei **Olmo Shoes** (S. 228) und **Olmo Ticket** (☎ 031 318 18 18; ⓥ Mo–Mi, Fr & Sa 9.30–19, Do 9.30–21 Uhr) drinnen verkauft Tickets. Die schicke **Midnight Lounge** (ⓥ Fr & Sa 23.30–2 Uhr) ist der Clubableger des Kornhauskellers (gegenüber).

Bierhübeli (☎ 031 301 92 92; www.bierhuebeli.ch; Neubrückstrasse 43; ⓥ Mo–Do 19–0.30, Fr & Sa 21.30–3.30 Uhr) In einer riesigen alten Halle mit Balkon, in der häufig internationale Mainstreambands die Bühne rocken, stehen vor allem Club-Nächte auf dem Programm. Die schicke DJ-Lounge ist an den meisten Abenden proppenvoll, genau wie im Sommer der Biergarten. Bus 11 bringt einen vom Bahnhof zum Bierhübeli.

Wasserwerk (☎ 031 312 12 31; www.wasserwerkclub.ch; Wasserwerkgasse 5; ⓥ Do–Sa 22 Uhr–open end) Berns größter Technotempel mit Bar und Club. Gelegentlich gibt's Liveauftritte – zu ihren Glanzzeiten traten hier u. a. Moby und The Prodigy auf, was immer noch zu Marketingzwecken genutzt wird.

Klub Elf (www.myspace.com/klubelf; Ziegelackerstrasse 11a; ⓥ Fr & Sa 23 Uhr–open end) House, Techno, Trance und Minimal geben den Ton an in diesem beliebten Wochenendclub. Hier geht die richtige Samstag-Nacht-Party erst nach Mitternacht los und dauert bis in die frühen Morgenstunden, und am Sonntag um 17 Uhr beginnt die „After-Party". Flyer findet man auf der Website des Klub Elf.

Gaskessel (☎ 031 372 49 00; www.gaskessel.ch; Sandrainstrasse 25; ⓥ Do–Sa 19.30–3.30 Uhr) In einem mit Graffiti besprühten Gebäude mit Kuppel in Marzili liegt der Gaskessel. Hier sind Trance, Rap und an manchen Abenden Schwulenpartys angesagt.

Dampfzentrale (☎ 031 310 05 40; www.dampf zentrale.ch, Marzilistrasse 47; ☺ wechselnde Öffnungszeiten) In diesem Industriegebäude aus rotem Backstein neben dem Fluss wird mehr geboten als die übliche Freitagabend-Club-Action (ab 22 Uhr), z. B. Konzerte, Festivals und zeitgenössischer Tanz. Ein Restaurant mit Terrasse am Fluss (☎ 031 312 33 00; Mo–Fr mittags und abends, Sa & So abends) gehört ebenfalls dazu.

Unterhaltung

KINO
Sous le Pont (S. 228) zeigt in seinem Kino alternative Filme, ebenso wie das **Cinématte** (☎ 031 312 21 22; www.cinematte.ch; Wasserwerkgasse 7; ☺ Mo, Do & So 18–23.30, Fr & Sa 18–0.30 Uhr). Das Kino am Fluss hat eine von Bambus umgebene Terrasse aus Holzdielen (Hauptgerichte 28–42 SFr) und ein interessantes Filmangebot.

THEATER & KLASSISCHE MUSIK
Karten für Theateraufführungen und Musikkonzerte bekommt man bei **Bern Ticket** (☎ 031 329 52 52; www.bernbillett.ch, Nageligasse 1a; ☺ Mo–Fr 12–18.30, Sa 10–14 Uhr) in der Nähe des Theaters.

Stadttheater Bern (☎ 031 329 51 51; www.stadt theaterbern.ch, Kornhausplatz 20) Oper, Tanz, klassische Musik und Theaterstücke.

SPORT
Berns **Stade de Suisse** (www.stadedesuisse.ch; Führungen Erw./Kind 20/15 SFr) bietet Platz für 32 000 Zuschauer. Es wurde nordöstlich der Altstadt auf dem Gelände des abgerissenen Wankendorfstadions gebaut (in welchem 1954 das Finale der Weltmeisterschaft stattfand). Heute spielt hier der lokale Verein Young Boys, und es werden internationale Spiele ausgetragen.

Außerhalb der Spielsaison kann man den Komplex mit dem flächenmäßig größten Solardach der Welt (8000 m^2) und vielen Läden und Restaurants erkunden.

Shoppen
Auf Berns **Gemüse-, Obst- & Blumenmärkten** (Bärenplatz, Bundesplatz, Schauplatz & Münstergasse; ☺ Di & Sa 6–12 Uhr) sowie auf dem **Markt** (Waisenhausplatz; ☺ Jan.–Nov. Di 8–18, Sa 8–16 Uhr) kann man sich herrlich in der lebendigen Atmosphäre der Stadt verlieren.

Ein Bummel durch die Altstadt mit ihren Läden, von denen sich viele in bunkerähnlichen Gewölben unterhalb der Straße verstecken oder in überdachten Arkadengängen darüber, ist ein netter Zeitvertreib hier. Hat man ein wenig mehr Zeit, sollte die Gerechtigkeitsgasse mit ihren unzähligen Kunst- und Antiquitätengalerien, Buchantiquariaten und den kleinen Läden, die witzige Designergegenstände fürs Haus verkaufen, auf dem Programm stehen. Daneben gibt's hier viele Modeboutiquen, etwa das **Alpin** (Gerechtigkeitsgasse 19), das tolle Strickwaren und Kleider zum Selberzusammenstellen von der Züricher Designerin Nathalie Schweizer verkauft. Im nahe gelegenen **Olmo Shoes** (Zeughausgasse 14) kann man sich mit verrücktem Schuhwerk eindecken, bei **Holz Art** (Münstergasse 36) gibt's exquisites handgeschnitztes Holzspielzeug, verzierte Holzhäuschen und Uhren.

Berns eleganteste Meile ist das **Westside** (www.westside.ch; Riedbachstrasse 100; ☺ Geschäfte Mo–Do 9–20, Fr 9–22, Sa 8–17 Uhr), ein supermodernes Freizeit- und Einkaufszentrum mit 55 Läden, einem Kino, Restaurants, einem Wasserpark und einem Wellnessbereich. Es wurde von dem international angesehenen Architekten Daniel Libeskind entworfen und öffnete 2008 seine Tore westlich des Stadtzentrums. Hin kommt man mit der Buslinie 14 ab dem Bubenbergplatz (3,80 SFr).

An- & Weiterreise

AUTO & MOTORRAD
Die A1 bringt motorisierte Traveller, die aus nordöstlicher Richtung kommen, in die Stadt.

BUS & ZUG
Postautos fahren an der Westseite des **Bahnhofs** (Bahnhofsplatz) ab. Züge verbinden mindestens stündlich mit vielen Städten, u. a. mit Genf (46 SFr, 1¾ Std.), Basel (37 SFr, 70 Min.), Interlaken Ost (26 SFr, 50 Min.) und Zürich (46 SFr, 1 Std.).

FLUGZEUG
Von Berns kleinem **Flughafen Bern-Belp** (☎ 031 960 21 21; www.alpar.ch) starten und landen Lufthansa-Direktflüge nach bzw. aus München (S. 394).

Unterwegs vor Ort

BUS, TRAM & SEILBAHN
Bern lässt sich prima zu Fuß erkunden. Alternativen sind Busse oder die Trams von **Bern Mobil** (☎ 031 321 88 44; www.bernmobil.ch, Bubenbergplatz 17; ☺ Mo–Fr 7–19, Sa 8–17, So 12–17 Uhr), für die man Tickets im Büro von Bern Mobil oder an den

Kartenautomaten an den Haltestellen bekommt. Für 2 SFr (30 Min. gültig) kommt man bis zu sechs Haltestellen weit, eine Einzelfahrkarte für die Zonen 1 und 2 kostet 3,80 SFr (1 Std. gültig), ein Ticket für den ganzen Tag 12 SFr.

Nachtbusse von **Moonliner** (☎ 031 321 88 12; www.moonliner.ch) bringen Partypeople freitags und samstags nachts zwischen 0 und 3.30 Uhr vom Bahnhofplatz aus nach Hause. Je nach Länge der Fahrt zahlt man zwischen 5 und 20 SFr pro Person (mit der BernCard bekommt man hier keine Ermäßigung).

Die **Drahtseilbahn Marzili – Stadt Bern** (einfach 1,20 SFr; 6.15–21 Uhr) fährt vom Parlamentsgebäude hinab ins Marzili-Viertel am Fluss.

FAHRRAD & MOTORROLLER

Ein Fahrrad ist das beste Fortbewegungsmittel, was vor allem an den zahlreichen Fahrradwegen an Straßen und entlang der Straßenbahnstrecken liegt. Ein Fahrrad kann man an einem der drei Stände von **Bern Rollt** (☎ 079 277 28 57; www.bernrollt.ch; 4 Std. kostenlos, danach 1 SFr/Std.; Mai–Okt. 7.30–21.30 Uhr) mieten. Sie liegen im Bahnhof, am Casinoplatz und in unmittelbarer Nähe des Bubenbergplatzes im Hirschengraben. Als Kaution hinterlässt man seinen Personalausweis und 20 SFr. Auch Miniroller und Skateboards bekommt man zu diesen Bedingungen kostenlos.

ZUM/VOM FLUGHAFEN

Der **Flughafen-Shuttlebus** (☎ 031 971 28 88, 079 651 70 70) pendelt zwischen dem Flughafen Bern-Belp und dem Bahnhof (einfach 15 SFr, 20 Min.) und ist auf die Ankunfts- bzw. Abflugzeiten abgestimmt.

Ein **Taxi** (☎ 031 333 55 55, 079 702 89 77) kostet 40 bis 50 SFr.

BIEL (BIENNE)

49 038 Ew. / 429 m

Direkt auf dem Röstigraben, der Grenze zwischen der französischen und der deutschen Schweiz, liegt Biel, die „zweisprachigste" Stadt des Landes. Ihre Einwohner wechseln häufig mitten in der Unterhaltung von der einen Sprache in die andere, und als Besucher weiß man oft nicht, welche man denn nun sprechen soll.

Biel zählt nun nicht gerade zu den malerischsten Städten der Schweiz, und abgesehen von seinem gut erhaltenen historischen Stadtkern, dem Bieler See und den Weinreben, die die Hänge rund um den See bedecken, hat es nicht viel zu bieten. Wer mit öffentlichen Verkehrsmitteln unterwegs ist, nutzt die Stadt wohl hauptsächlich als Umsteigemöglichkeit.

Orientierung & Praktische Informationen

Biel liegt am nördlichen Ende des Bieler Sees. Der Bahnhof befindet sich zwischen dem See und der Altstadt; hier kann man Fahrräder leihen und an einem Schalter Geld wechseln. Die Altstadt erreicht man von hier aus in 10 Minuten zu Fuß in nördlicher Richtung (oder man nimmt Bus 1).

Post (Bahnhofplatz 2; Mo–Fr 7.30–18.30, Sa 8–16 Uhr)

Tourismusbüro (☎ 032 329 84 84; www.biel-seeland. net; Bahnhofplatz 12; Mo–Mi & Fr 8–12.30 & 13.30–18, Do bis 20, Sa 9–15 Uhr) An einem Stand vor dem Bahnhof; Führungen durch die Altstadt (10 SFr), Fahrkarten für öffentliche Verkehrsmittel, Infos.

Sehenswertes & Aktivitäten

Biels **Kongresshaus** (Zentralstrasse 60) ist A-förmig erbaut, besteht aus Beton und wurde in den 1950er-Jahren mit einem Sportzentrum und einem Freibad gebaut. Es bietet genau das Bild, das Besucher als ersten Eindruck von der Stadt mitnehmen: nicht hübsch, düster und keinen Umweg wert.

Die winzige Altstadt liegt rund um den sogenannten **Ring**. Der Name dieses Platzes geht zurück auf vergangene Zeiten, als hier die städtischen Richter in einem Halbkreis saßen und die bedauernswerten Übeltäter verurteilten, die ihnen vorgeführt wurden. Hier kann man gut ein bisschen verweilen.

Die **Burggasse** führt vom Ring weg und vorbei an einem bunten Brunnen (16. Jh.). In dieser Straße stehen das Rathaus mit dem Stufengiebel, das Theater, der Justitiabrunnen von 1744 und ein paar leerstehende Häuser.

Die besten Museen in Biel-Bienne sind das **Museum Schwab** (☎ 032 322 76 03; Seevorstadt 50; Eintritt 5 SFr; Di–Sa 14–18, So 11–18 Uhr) mit prähistorischen Fundstücken aus der Gegend rund um den Bieler See, den Murtensee und den Neuenburger See sowie das **Omega-Museum** (☎ 032 344 92 11; Stämpflistrasse 96; Eintritt frei; Mo–Fr nach Vereinbarung). Hier sind Dutzende Uhren hinter Glas zu sehen, darunter auch so berühmte Exponate wie eine Taschenuhr, die

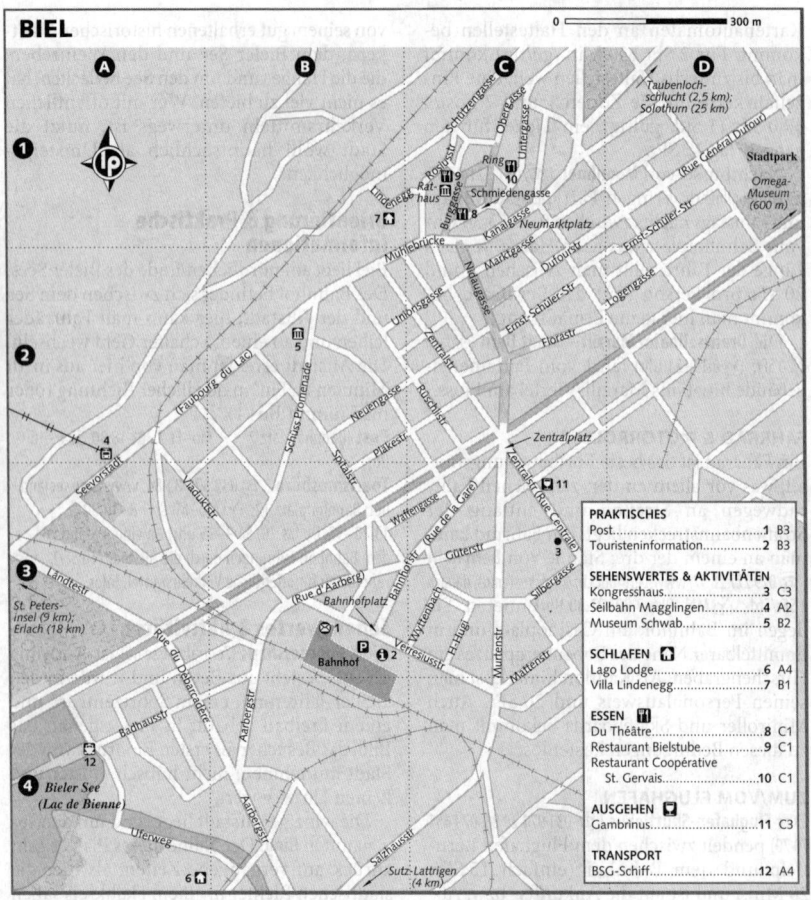

BIEL

PRAKTISCHES
Post..................................1 B3
Touristeninformation..........2 B3

SEHENSWERTES & AKTIVITÄTEN
Kongresshaus.....................3 C3
Seilbahn Magglingen...........4 A2
Museum Schwab.................5 B2

SCHLAFEN
Lago Lodge.........................6 A4
Villa Lindenegg...................7 B1

ESSEN
Du Théâtre.........................8 C1
Restaurant Bielstube...........9 C1
Restaurant Coopérative
 St. Gervais.....................10 C1

AUSGEHEN
Gambrinus........................11 C3

TRANSPORT
BSG-Schiff........................12 A4

Lawrence von Arabien trug, und eine Uhr, die schon einmal auf dem Mond war.

Außerhalb der Stadt fährt die **Seilbahn Magglingen** (☎ 032 322 45 11; www.funic.ch; Seevorstadt; Erw./Kind 5/2,50 SFr) auf den Magglingerberg, der Wanderwege und schöne Ausblicke zu bieten hat. Beim Touristenbüro erhält man eine Broschüre, die fünf kurze Spaziergänge beschreibt.

Wer einen ungefähr 30-minütigen Spaziergang entlang der Straße nach Solothurn in Kauf nimmt, gelangt in die **Taubenlochschlucht** (man kann alternativ auch mit Bus 1 hinfahren). Durch die Schlucht wiederum führt ein 2,5 km langer Wanderweg (man muss keinen Eintritt bezahlen, aber es gibt ein Kässchen, in das man eine Spende werfen sollte).

Feste & Events
Die **Bieler Braderie** im Juni ist einer der größten Märkte in der Schweiz.

Schlafen
Lago Lodge (☎ 032 331 37 32; www.lagolodge.ch; Uferweg 5; B 28–34 SFr, DZ mit Bad 80 SFr, Frühstück/Mittagessen/Abendessen 8/17/17 SFr; ✆ Rezeption 7–11.30 & 14–22 Uhr; 🖳) Zwischen dem Bahnhof und dem See liegt dieses Hostel, das sich vornehmlich an Backpacker richtet und mit seinen kleinen Schlafsälen ein bisschen an ein amerikanisches Motel erinnert. In jedem der Schlafsäle stehen nur drei bis sechs Hochbetten in einer Reihe. Die Rezeption befindet sich in der Bistro-Bar (Mi–Mo geöffnet); hier bekommt man Essen, das man hervorragend mit vier selbstge-

brauten und äußerst leckeren Sorten Biobier hinunterspülen kann.

Villa Lindenegg (☎ 032 322 94 66; www.lindenegg.ch; Lindenegg 5; EZ 90–180 SFr, DZ 150–250 SFr; P) In einem schönen Park einige Minuten vom Zentrum entfernt liegt diese schöne Landvilla mit Garten aus dem 19. Jh. Zu einem wirklich bezahlbaren Preis bekommt man hier Eleganz und persönlichen Service geboten. Die acht Zimmer sind gleichzeitig modern und historisch, manche haben auch einen Balkon. Im Bistro kann man zu Abend essen oder sich am frühen Abend einen Aperitif gönnen.

Essen & Ausgehen

LP Tipp Restaurant Coopérative St. Gervais (☎ 032 322 48 22; www.stgervais.ch; Untergasse/Rue Basse 21; Hauptgerichte 15–20 SFr; Mo & Mi–Sa 9.30–0.30, Di 9.30–15, So 14–23.30 Uhr) Unter den gewölbten Bögen oder an den schönen, immer voll besetzten Tischen unter den Bäumen serviert dieses angesagte und alternative Restaurant mit Bar und Galerie gesunde Gerichte, die oftmals aus Biozutaten hergestellt sind. Außerdem bietet das Haus vielen hervorragenden Kulturveranstaltungen eine Bühne, darunter auch Konzerte; das genaue Programm findet man auf der Website.

Restaurant Bielstube (☎ 032 322 65 88; Rosiusstrasse 18; Hauptgerichte 28–36 SFr; Mo–Fr 11–14.30 & 18–24, Sa ab 9 Uhr) Pfefferminzgrün gestrichene Wände mit erbsengrünen Fensterläden machen dieses historische Restaurant im Herzen der Altstadt zu einem Blickfang. Die Küche ist sehr traditionell: Es werden verschiedene Arten von Rösti, viel Rindfleisch, Kalb und Schwein sowie Pferdesteaks und -koteletts aufgetischt, bevorzugt in einer Sahnesauce.

Du Théâtre (☎ 032 325 50 50; Schmiedengasse/Rue des Maréchaux 1; Hauptgerichte 28–40 SFr; Di–So 8–23.30 Uhr) Natürliches Tageslicht durchflutet dieses zeitgenössische Bistro mit den hohen Decken, wechselnden Kunstwerken am Fenster und Sofas, auf denen man sich zwischen den Mahlzeiten entspannen kann. Die Küche ist italienisch inspiriert und der Teller mit den gemischten *antipasti* (klein/mittelgroß 12/18 SFr) ist eine gute Alternative zu einem opulenten Mittagessen. Der Brunch sonntags kostet 25 SFr.

Gambrinus (☎ 032 322 41 89; www.gambrinus-loungeria.ch; Zentralstrasse 57; Di & Mi 7.30–24, Do & Fr 7.30–1.30, Sa 9–2, So 18–24 Uhr) Crèmefarbene Sofas, lindgrüne Wände und eine große Auswahl an Cocktails locken schöne Menschen hierher. Leicht anmaßend bezeichnet sich das Gambrinus selbst als die erste „Loungeria" – Bar, Lounge und *trattoria* in einem – im Lande. Ob das so wirklich hinhaut, muss jeder für sich selbst entscheiden…

An- & Weiterreise

Züge fahren von Bern aus nach Biel (14,80 SFr, 30 Min.), Solothurn (10,80 SFr, 15–30 Min.) und Neuenburg (11,80 SFr, 15–30 Min.).

Schöner (dafür aber auch teurer) ist im Sommer eine Fahrt mit dem täglich verkehrenden **BSG-Schiff** (☎ 032 329 88 11; www.bielersee.ch) nach bzw. von Murten (einfach/hin & zurück 51/102 SFr, 4 Std.) und Neuenburg (34/68 SFr, 2½ Std.).

Solothurn (einfach/hin & zurück 44/88 SFr, 2½ Std., Di–So 5-mal tgl.) erreicht man über die Aare; s. auch S. 241.

Unterwegs vor Ort

Fahrräder und Rollerblades kann man bei der **Fundstelle** (☎ 051 226 22 81; www.rentabike.ch; halber/ganzer Tag Fahrrad 18/26 SFr, Rollerblades 20/25 SFr) im Bahnhof ausleihen.

RUND UM BIEL

Am Westufer des Bieler Sees reihen sich Weindörfer aneinander. Die unter Naturschutz stehende **St. Petersinsel** (Île de St. Pierre) mitten im See ist bei Ebbe keine Insel mehr, sondern nur noch eine dünne Landzunge am Südwestufer, die in der Nähe von Erlach in den See hineinragt. Man kann von Erlach aus einen 1¼-stündigen Spaziergang auf diesem natürlichen Damm machen, aber da die Fahrt von Biel nach Erlach etwas beschwerlich ist – man nimmt zuerst den Zug nach La Neuveville und dann den unregelmäßig fahrenden Bus nach Erlach –, ist ein Schiff von Biel (einfach/hin & zurück 20,60/41,20 SFr, 50 Min.) aus direkt zur Insel die bessere Alternative.

Der Politologe Jean-Jacques Rousseau verbrachte nach eigenen Angaben die schönste Zeit seines Lebens auf der St. Petersinsel. Das Kloster aus dem 11. Jh., in dem er lebte, ist heute das renommierte **Restaurant-Hotel St. Petersinsel** (☎ 032 338 11 14; www.st-petersinsel.ch; DZ 225 SFr, Suite 285–305 SFr;).

Man kann die Insel im Rahmen eines entspannten Tagesausflugs mit dem Boot besuchen und unterwegs so oft man will von Bord gehen und wieder zusteigen. Dabei lassen sich z.B. die wunderschönen Weindörfer **Twann**

(Douanne) und **Ligerz** (Gléresse) besuchen (Infos zu Weinproben in diesen beiden Dörfern s. Kasten S. 243). Wer gern schwimmen geht, kann bei Erlach, auf der St. Petersinsel oder bei La Neuveville in den See hüpfen.

Die benachbarten Seen Neuenburger See und Murtensee sind durch einen Kanal mit dem Bieler See verbunden. Das ganze Jahr über bieten die **BSG** (☎ 032 329 88 11; www.bielersee.ch) in Biel und **Navigation Lacs de Neuchâtel et Morat** (☎ 032 729 96 00; www.navig.ch) in Neuenburg Tagestouren über alle drei Seen (ca. 77 SFr inkl. Mittagessen) an. Weitere Schiffe verkehren nur im Frühling und Sommer regelmäßig, es gibt im Herbst und Winter jedoch Sonderfahrten (z. B. Fondueabende).

REGION EMMENTAL

In der ländlichen Idylle östlich von Bern dreht sich alles um eines der berühmtesten Milchprodukte der Schweiz: den löchrigen Emmentaler Käse. Die bunte Mischung aus friedvollen Dörfern, grasenden Kühen, Feldern voller Zuckerrüben und wunderschönen Bauernhäusern mit riesigen Scheunen und überhängenden Dächern erstreckt sich entlang des fruchtbaren Ufers der Emme.

Sehenswertes & Aktivitäten

In der **Emmentaler Schaukäserei** (034 435 16 11; www.showdairy.ch; Eintritt frei; ◷ 8.30–18.30 Uhr) in Affoltern kann man dabei zusehen, wie riesige runde, 95 kg schwere Käselaibe hergestellt werden, und das Endergebnis dann auch probieren. Kurze Videos erläutern die moderne Produktion und erklären, woher der Emmentaler seine berühmten Löcher hat. In einer Hirtenhütte aus dem 18. Jh. wird auch einmal am Tag gezeigt, wie der Käse im 18. Jh. mithilfe von offenem Feuer hergestellt wurde. In der Käserei werden jährlich 6 Mio. l Milch verarbeitet, die jeden Morgen zwischen 6 und 7 Uhr von Bauern aus der Gegend angeliefert wird. Im Sommer darf man hier sogar selber versuchen, Käse zu rollen.

Die malerische Straße von Burgdorf ins 6 km östlich gelegene **Affoltern** führt vorbei an trutzigen alten Bauernhöfen, deren Häuser prächtig mit Blumen geschmückt sind. Das Winterholz ist sauber aufgestapelt und der Gemüsegarten penibel gepflegt. Bei einer Rast verspeist man im traditionellen **Landgasthof zum Hirschen** (☎ 034 422 32 16; Kaltacker; Hauptgerichte 15–30 SFr; ◷ Do–Mo mittags & abends, März & Nov. geschl.) ein rustikales Kürbisbrot, das in zerlaufenen Käse getaucht wurde, sonnengetrocknete Tomaten (14 SFr) oder ein Rösti mit Kalbsniere (27 SFr).

Wer mit öffentlichen Verkehrsmitteln anreisen will, nimmt den Zug von Burgdorf nach Hasle-Rüegsau und dann das Postauto 195 (6 SFr) – oder noch besser ein Mietfahrrad vom Bahnhof Burgdorf (33 SFr/Tag). Das **Tourismusbüro** (☎ 058 327 50 92; www.burgdorf.ch; Bahnhofstrasse 44; ◷ Mo–Fr 9–12 & 13.30–18 Uhr) am Bahnhof kann mit Karten dienen.

Burgdorf selbst ist aufgeteilt in eine Ober- und eine Unterstadt. Das unangefochtene Highlight der idyllischen alten Oberstadt ist ihr **Schloss** aus dem 12. Jh. Mit seiner Zugbrücke, den dicken Steinmauern und den drei Museen zur Stadtgeschichte, zum Schweizer Gold und zur Ethnologie wirkt es wie aus einem Bilderbuch. In der neueren Unterstadt sind im **Franz-Gertsch-Museum** (☎ 034 421 40 20; Platanenstrasse 3; Erw./Kind 12/5 SFr; ◷ Di, Do & Fr 10–18, Mi 10–19, Sa & So 10–17 Uhr) die Werke des berühmtesten fotorealistischen Malers der Schweiz zu bewundern.

Die kleine Stadt **Langnau** 20 km weiter südlich ist berühmt für ihr dekoratives Geschirr und hat einige Schautöpfereien zu bieten. Das idyllischste kleine Dorf im Emmental ist **Trubschachen**, 6 km südwestlich von Langnau. In diesem Ort mit einem ruhigen Dorfplatz und einem Kirchturm, das wie aus einer anderen Welt wirkt, verfolgte man im 16. Jh. Wiedertäufer aus religiösen Gründen.

Schlafen & Essen

In Langnau gibt's eine Handvoll traditioneller Hotels im Chaletstil mit Blumenkästen, die nur so strotzen vor roten Geranien. Das Tourismusbüro vor Ort ist für das gesamte Emmental zuständig.

SJH-Jugendherberge (☎ 034 402 45 26; www.youthhostel.ch/langnau; Mooseggstrasse 32, Langnau; B inkl. Frühstück 27 SFr, DZ 68 SFr, Lunchpaket 9 SFr; ◷ Rezeption 7–9 & 17–20 Uhr, Anfang Feb. & Ende Sept.–Mitte Okt. geschl.) Die Jugendherberge in Langnau ist nur zehn Minuten vom Bahnhof entfernt, aber dennoch recht abgelegen. Das Gebäude, ein Chalet im Bauernhausstil mit überhängendem Dach, bietet schlichte Zimmer und eine besonders fröhliche, warmherzige Atmosphäre.

Landgasthof Löwen (☎ 034 495 53 04; Löwenplatz, Trubschachen; EZ/DZ 45/90 SFr; ◷ Fr–Di mittags & abends) Regionaltypisches Dorfgasthaus mit creme-

EDLE TROPFEN UND TRAUMHAFTE AUSBLICKE

Die üppig grünen Weinstöcke, die sich in Reih und Glied hügelabwärts bis zum Nordufer des Bieler Sees hinunterziehen, sind ein spektakulärer Anblick.

Und nirgendwo kann man die prächtigen Reben, die vor der Ernte im Herbst mit dicken Trauben behangen sind, schöner bewundern als in **Ligerz** (Gléresse), einem idyllischen Dorf am See mit einem kleinen **Weinmuseum** (☎ 032 315 21 32; www.vinsdulacbienne.ch; Le Fornel; Erw./Kind 6 SFr/frei; ☼ Mai–Okt. Sa & So 13–16.30 Uhr) und einer altmodischen **Seilbahn** (☎ 032 315 12 24; www.vinifuni.ch; Erw. einfach 5,40 SFr), die sich durch die Weinberge nach **Prêles** hinaufarbeitet. An klaren Tagen reicht die Sicht bis in die schneebedeckten Berner Alpen – einfach atemberaubend!

Zwei einmalig gute Locations, vom See aus beide bergauf gelegen, machen Ligerz zu einem Ort, in dem man unbedingt Mittag gegessen oder lokalen Wein als frühen Abendaperitif probiert haben sollte. Los geht's in der modernen **Weinlounge/Lounge à Vin** (☎ 032 315 23 24; www.schernelz-village.ch, Untergasse 22; ☼ Juni–Mitte Aug. 17–21 Uhr). Hier hat man die Qual der Wahl zwischen Chardonnay, Pinot Noir und weiteren lokalen Weinen, die auf dem Weingut Domaine de Schernelz Village hergestellt und auf einer hübschen Terrasse aus Holzbohlen oberhalb der Weinreben kredenzt werden. Moderne Designersofas machen die Weinlounge zu einem besonders gemütlichen, entspannenden Ort, um mit einem Glas Wein in der Hand den Sonnenuntergang hinter der St. Petersinsel zu beobachten. Der schönen Lage entsprechend hat die Weinlounge nur bei gutem Wetter geöffnet.

Ein paar Schritte weiter liegt das **LP Tipp Restaurant Aux Trois Amis** (☎ 032 315 11 44; Untergasse 17), ein typisches Dorfbistro mit einer Jahrhunderte alten, weinbewachsenen Fassade. Am schönsten ist es hier im Sommer, wenn die Terrasse im Schatten der Bäume vor Gästen überquillt, die zufrieden essen, trinken und in die in unmittelbarer Nähe steil abfallenden Weinberge schauen. Weiter unten plätschert ein schieferblauer Bach Richtung St. Peter.

Im **Hotel Restaurant Kreuz** (☎ 032 315 11 15; www.kreuz-ligerz.ch; Hauptstrasse 17; EZ/DZ ab 105/205 SFr) in Ligerz, einem alten Patrizierhaus an der Uferpromenade, kann man stilvoll übernachten. Es gibt bunte Fensterläden, ein Renaissanceambiente und einen Garten am Wasser, von dem aus man direkt ins kühle Nass springen kann. Im Gartenbistro bekommt man selbst hergestellten Wein aus den Weinreben, die dahinter in Reih und Glied den Berg bedecken. Im Januar und Februar sollte man sich die *Treberwurst* nicht entgehen lassen; diese Wurst wird von den Weinbauern traditionell hergestellt, wenn sie die ausgepressten Weintrauben zu *Marc* (Tresterschnaps) verarbeiten – der Schnaps verleiht der Wurst ihr besonderes Aroma.

Mit Abstand der idyllischste Weg nach Ligerz ist ein Fußmarsch entlang auf dem **Sentier du Viticole**, einem Pfad, der am Nordufer des Bieler Sees von Vingelz (im Osten) nach Twann und bis über La Neuveville (im Westen) hinaus führt. In der **Vinethek Viniterra Bielersee** (☎ 032 315 77 47; Im Moos 4; ☼ Di–Fr 17–21, Sa & So 14–20 Uhr) stehen mehr als 300 verschiedene Weine der Winzer vom Bieler See zur Verkostung und zum Verkauf bereit.

---

farbener Fassade, einem riesigen steilen Dach, grünen Fensterläden und Blumenkästen. Es liegt am Dorfplatz und blickt friedvoll auf die Hügel. Die Zimmer mit Gemeinschaftsbädern sind schlicht, die Küche (Menüs 25,50 SFr & 29,50 SFr) zeigt sich lokal inspiriert. Besonders gemütlich ist es am Kamin.

LP Tipp Möschberg (☎ 031 710 22 22; www.hotel moeschberg.ch, Grosshöchstetten; EZ/DZ ohne Bad 90/120 SFr, Abendessen 28 SFr; ✗) Das umweltbewusste Hotel und Kulturzentrum ist zu 100 % bio und liegt inmitten von Kuhweiden und schönen Wanderwegen – ein typisches Stück Emmental. Die Zimmer sind schlicht, aber stylish. Das einfallsreiche hausgemachte Abendessen wird rein vegetarisch mit viel Gemüse zubereitet, dazu gibt's Biowein. Das freundliche Haus, das in den 1930er-Jahren als Landwirtschaftsschule für Frauen diente, liegt 14 km westlich von Langnau in den sanften grünen Hügeln über Grosshöchstetten, einem auf Milchprodukte spezialisierten Dorf. Bevor man abreist, sollte man unbedingt nebenan beim Käsehof vorbeischauen, um den Alpkäse und den reifen Hobelkäse zu probieren (und mitzunehmen).

LP Tipp Gasthaus Bäregghöhe (☎ 034 495 70 00; www.baereggoehe.ch; Trubschachen; EZ/DZ 90/150 SFr; ☼ März–Jan. Mi–So) Fast am Ende der Welt liegt dieses familienbetriebene Gasthaus mit sei-

BLOSS KEINEN KÄSE MEHR!

Wer den ganzen Käse nicht mehr sehen kann, für den ist das Bergdörfchen Rüttihubelbad die richtige Zuflucht. Hier erwartet einen ein Sinneserlebnis der anderen Art: Im **Sensorium** (031 700 85 85; www.sensorium.ch; Erw./Kind/Fam. 17/9/50 SFr; Di–Fr 9–17.30, Sa & So 10–17.30 Uhr), einem interaktiven Museum, kann man vier seiner fünf Sinne austesten und fördern (nur das Schmecken wird nicht gebraucht). Man tappt im Dunkeln durch einen Irrgarten, schlägt auf einen ohrenbetäubend lauten Gong, bekommt eine Massage, schaukelt in einem Weidenkorb und läuft barfuß durch Sand, über Ziegelsteine und über Baumstümpfe – um nur einige der spielerischen Erfahrungen zu nennen, die man hier sammelt. Ein oder zweimal im Monat bietet das angrenzende Hotel **Sensonero** (Reservierung im Voraus unter 031 700 81 81; 60 SFr) ein Drei-Gänge-Menü im Dunkeln an.

Das Sensorium liegt eine schöne, 45-minütige Wanderung vom Bahnhof Worb bzw. eine Stunde von Walkringen entfernt; den Schildern mit der Aufschrift „Berner Wanderwege" folgen. Mit dem Auto fährt man von Worb aus Richtung Osten ins winzige Dorf Enggistein und von dort nach Norden Richtung Wikartswil bis nach Rüttihubelbad.

---

nen fünf Zimmern. Es liegt auf einem grünen Hügel vor einer traumhaften Kulisse aus häufig schneebedeckten Bergen und blickt auf das Tal hinunter. Der Blick von der Südterrasse aus ist umwerfend. Das Gasthaus ist im Jugendstil eingerichtet und recht schick. Im Restaurant (Hauptgerichte 15–30 SFr), das in weitem Umkreis einen guten Ruf genießt, werden teils Bioprodukte verarbeitet. Hier sollte man unbedingt gewesen sein. Das Haus liegt vom östlichen Ortsausgang von Langnau aus 2,8 km über eine holprige Landstraße den Hügel hinauf; es ist ausgeschildert.

Hotel Stadthaus (034 428 80 00; www.stadthaus.ch; Kirchbühl 2, Burgdorf; EZ/DZ 210/250 SFr, Preise am Wochenende 140/200 SFr;) Das ist Luxus pur! Das weit und breit einzige Fünf-Sterne-Hotel war einst das Rathaus und bietet neben allen erdenklichen Annehmlichkeiten auch ein fantastisches Panorama.

An- & Weiterreise

Stündlich verkehren Züge von **BLS** (www.bls.ch) zwischen Bern und Burgdorf (8,40 SFr, 15 Min.). Ab Bern (13 SFr) oder Burgdorf (8,40 SFr) bringt einen ein direkter Zug nach Langnau.

SOLOTHURN (SOLEURE)

15 184 Ew. / 440 m

Solothurn (Soleure) ist eine bezaubernde kleine Stadt mit hübschem Kopfsteinpflaster und kreativen Restaurants. Ihre St. Ursenkathedrale ist riesig: Die Fassade ragt beeindruckende 66 m hoch völlig unterwartet am Ende der schnuckeligen Hauptstraße auf. Wäre die Kirche nicht, könnte man das Dorf fast für französisch halten – erst recht, wenn man weiß, dass die durch und durch katholische Stadt seit Langem gute Verbindungen zu Frankreich pflegt. Solothurn behauptet von sich selbst, die schönste Barockstadt der Schweiz zu sein, und seine majestätisch über Springbrunnen, Kirchen und Stadttoren thronende Kathedrale gibt ihm Recht. An Straßenständen werden Papiertüten mit heißen Maronen verkauft und bei einem Bummel durch die Straßen wird diese Stadt einen mit Sicherheit verzaubern.

Orientierung & Praktische Informationen

Vom Haupteingang des Bahnhofs in die Altstadt braucht man kaum 10 Minuten zu Fuß, erst geradeaus Richtung Norden über die Rötistrasse und dann über die Aare. Schon von Weitem ist die Turmspitze der Kathedrale zu sehen, die auf dem Kronenplatz, dem Hauptplatz der Stadt, in den Himmel ragt.

Tourismusbüro (032 626 46 46; www.solothurn-city.ch; Hauptgasse 69; Mo–Fr 8.30–12.30 & 13.30–18, Sa 9–12 Uhr) In der Nähe der Kathedrale; nebenan gibt's einen Geldautomaten.

Sehenswertes & Aktivitäten

Der Architekt der gigantischen **St. Ursenkathedrale** (032 622 87 71; Eintritt frei; Kronenplatz; Ostern–Sept. 8–12 & 14–19 Uhr, Okt.–Ostern bis 18 Uhr), Gaetano Matteo Pisoni, hielt sich bei deren klassischer Fassade im italienischen Stil zurück; innen aber ließ er seiner Kreativität freien Lauf und dekorierte das Gebäude mit viel Weiß und Gold und in kitschigem Barockstil.

Zwei Minuten östlich von hier steht das **Baseltor**, der schönste und meistbenutzte Eingang in die Stadt. Unmittelbar westlich, die Hauptgasse hinunter, steht eine **Jesuitenkirche** (1680–1689). Ihre schlichte Fassade verbirgt einen Innenraum mit Barockverzierungen und Stuck. Der gesamte „Marmor" im Innenraum ist nicht echt, sondern besteht aus aufpoliertem Holz und Gips.

Etwas weiter westlich tickt der **Zeitglockenturm** aus dem 12. Jh., eine Astronomische Uhr. Zu jeder vollen Stunde tanzen hier ein Ritter, ein König und ein grimmiger Sensenmann miteinander. Die Uhrzeiger sind so angeordnet, dass der kleine Zeiger die Minuten anzeigt (und nicht wie normal die Stunden).

In der nahegelegenen Hauptgasse befindet sich der **Justitiabrunnen** (1561). Auf dem Brunnen steht die allegorische Figur selbst mit verbundenen Augen und einem Schwert in der Hand, zu ihren Füßen sitzen die vier in Europa wichtigsten zeitgenössischen Personen (was manch einem ein ironisches Lächeln entlocken mag): der Kaiser des Heiligen Römischen Reiches in roten und weißen Gewändern bei Justitias rechtem Fuß, links daneben der Papst, dann der türkische Sultan und – zu guter Letzt – der Bürgermeister Solothurns!

MUSEEN

Das Schmuckstück des **Kunstmuseums** (☎ 032 622 23 07; www.kunstmuseum-so.ch, Werkhofstrasse 30; Eintritt gegen Spende; Di–Fr 11–17, Sa & So 10–17 Uhr) ist Ferdinand Hodlers berühmtes Portrait von Wilhelm Tell. Wer noch nie in der Schweiz war, stellt sich den Nationalhelden wahrscheinlich nicht als rothaarigen Goliath mit Bart in einem weißen Hippie-Top und kurzen Hosen vor, doch hier ist eine solche Darstellung Tells sehr verbreitet. Die *Madonna von Solothurn* (1522) von Holbein dem Jüngeren ist eines der wenigen weiteren Meisterwerke, die die Dauerausstellung des Museums bilden, doch dafür beherbergt die Einrichtung immer wieder interessante Wanderausstellungen.

Das riesige **Museum Altes Zeughaus** (☎ 032 623 35 28; Zeughausplatz 1; Erw./Kind unter 8 Jahren/Fam. 6/4/10 SFr; Mai–Okt. Di–Sa 10–12 & 14–17, So 10–17 Uhr, Nov.–April Di–Fr 14–17, Sa & So 10–12 & 14–17 Uhr) mit seinen vielen Fenstern erinnert mit der rostfarbenen Fassade aus dem 17. Jh. daran, dass Solothurn einst ein Zentrum für Söldner war, von denen viele für französische Könige kämpften. Zwischen Kanonen und Rüstungen kann man im Museumscafé eine Kaffeepause einlegen.

Schlafen

Das winzige Solothurn hat erstaunlich viele interessante Unterkünfte zu bieten.

SJH-Jugendherberge (☎ 032 623 17 06; www.youthhostel.ch/solothurn; Landhausquai 23; B inkl. Frühstück 29,50–47 SFr; DZ mit Dusche & Toilette 94 SFr; Mittag- oder Abendessen 15 SFr; Rezeption März–Mitte Dez. 7.30–10 & 16.30–21.30 Uhr;) Diese auffällige Jugendherberge ist in einem Jahrhunderte alten Gebäude am Fluss mit viel Glas, Edelstahl und Beton untergebracht. Sie gehört zu den modernsten Herbergen in der Schweiz. In den teils gemischten Schlafsälen stehen drei bis 10 Betten. Das Haus ist auch für Rollstuhlfahrer geeignet.

LP Tipp Gasthaus Kreuz & Café Landhaus (☎ 032 622 20 20; www.kreuz-solothurn.ch, Kreuzgasse 4; EZ/DZ/3BZ/4BZ ohne Bad 50/90/120/140 SFr) Auch dieses jugendliche Gästehaus mit Kulturzentrum liegt am Fluss. Witzig ist die knallrote Dusche, die sich 13 Zimmer teilen. Alle Unterkünfte haben knarrende Holzböden und sind minimalistisch eingerichtet; die Bettwäsche ist strahlend weiß. In der schlichten Café-Bar im Erdgeschoss (Mittagessen 15 SFr, Abendessen 20–30 SFr) is(s)t man nie allein. Hier finden auch Bandauftritte, Konzerte, Kulturveranstaltungen und am 1. Januar die größte Tanzveranstaltung in ganz Solothurn statt.

EIN BETT IM KORNFELD

Etwas für Frischluftfanatiker ist das **Cornfield Openair Hotel** (☎ 032 622 39 53, 079 439 20 74; www.maishotel.ch; Rütihof 111, Nennigkofen; DZ/VBZ 80/160 SFr, Frühstück Erw./Kind 4–14 Jahre 15/7 SFr; Juni–Anfang Sept.), die naturnahste Unterkunft Solothurns: Man nächtigt in einem Kornfeld, 4,5 km westlich des Orts Nennigkofen. Die „Zimmer" für zwei oder vier Personen sind ausgestattet mit einem oder zwei schmiedeeisernen Doppelbetten und inklusive Himmel, Strohmatratzen, Moskitonetzen, Holzstühlen und „Wänden" aus grünen Getreidehülsen – man muss nur einen Schlafsack und romantische Stimmung mitbringen. Bevor man die Kerzen auspustet, bekommen die Besucher Mahlzeiten, Konzerte und Filmvorführungen unter leuchtenden Sternen geboten.

Baseltor (☎ 032 622 34 22; www.baseltor.ch; Hauptgasse 79; EZ/DZ 95/160 SFr; ✗) Das charmant im Schatten der Kathedrale gelegene, atmosphärische Gasthaus hat stahlgrau gestrichene, hölzerne Fensterläden und ein einladendes, minimalistisch gehaltenes Interieur. Es ist Unterkunft und traditionelles Restaurant (Hauptgerichte 28–40 SFr) in Personalunion. Drei der neun schlichten, aber schönen Zimmer liegen in einem separaten Anbau.

Hotel an der Aare (☎ 032 626 24 00; www.hotelaare.ch; Berntorstrasse 2; EZ/DZ ab 130/165 SFr; 🖳 ✗ 🅿) Das ehemalige Schwesternheim des Solothurner Krankenhauses (18. Jh.) wurde im Stil des 14. Jhs. gebaut. Heute bietet es als superstylishes, ultramodernes Hotel eine schöne Designereinrichtung und helle Wände, die aus freiliegendem Mauerwerk und Backstein bestehen. Im Weinkeller gegenüber kann man Wein aus der Region probieren und kaufen.

Essen & Ausgehen

Das gemütliche Café Landhaus (s. S. 245) ist eine gute Wahl. Daneben bieten sich auch noch die folgenden Optionen an:

LP Tipp Pittaria (☎ 032 621 22 69; Theatergasse 12; gefüllte Pita 12–15 SFr; ⏰ Di–Fr 10–15 & 17.30–21, Sa 10–18 Uhr) Das natürliche Charisma, der Charme und das kreative Talent des palästinischen Besitzers Sami Dasher in Kombination mit seinem außergewöhnlich leckeren Pfefferminztee, hausgemachtem Mangochutney, Hummus und Falafel machen die Pittaria zu einem unserer Favoriten. Im Kebablokal bekommt man hervorragendes Essen und speist in freundlicher, heimeliger Atmosphäre auf Bänken mit persischen Teppichen. Im Jahr 2004 wurde die Pittaria zum besten Schnellimbiss der Schweiz gekürt.

Sol Heure (☎ 032 625 54 34; Ritterquai 10; Menüs 17,50–20,50 SFr, Hauptgerichte 15–25 SFr; ⏰ Mo 5.30–23.30, Di–Do 11.30–0.30, Sa 10–2, So 14–23.30 Uhr) Alte Steinwände, moderne Möbel, Lifestyle-Magazine und eine sonnenverwöhnte Terrasse mit Blick aufs Wasser locken halb Solothurn in die Bar am Fluss, die in einem schicken ehemaligen Kaufhaus untergebracht ist. Das Essen ist schlicht: Auf der Speisekarte stehen Gerichte wie Hähnchencurry und Burger.

Cantinetta Bindella (☎ 032 623 16 85; Ritterquai 3; Nudelgerichte 15–20 SFr, Hauptgerichte 30–44 SFr; ⏰ Mo–Sa 10–0.30 Uhr) Gegenüber vom Sol Heure gelegen. Der Innenraum dieses schicken italienischen Restaurants erstrahlt in idyllischem Kerzenlicht, in dem grünen, von Mauern umgebenen Garten stehen Tische mit weißen Tischdecken (am schönsten sitzt man an dem alten Steintisch). Echte *primi piatti* aus Teigware gibt's als kleine Portion, wie in Italien üblich, oder als größeres Hauptgericht.

An- & Weiterreise

Zweimal pro Stunde fahren Züge des privaten Betreibers RBS (www.rbs.ch, 15,20 SFr, 40 Min., mit Bahnkarten benutzbar) nach Bern. Außerdem fahren regelmäßig Züge nach Basel (über Olten/Moutier-Delemont 26/25 SFr, 1–1½ Std.) und Biel (10,80 SFr, 15–30 Min.).

Mit Biel verbinden Solothurn auch Schiffe (s. S. 241).

RUND UM SOLOTHURN

Das großartige **Schloss Waldegg** (☎ 032 622 38 67; www.schloss-waldegg.ch; Feldbrunnen-St. Niklaus; Erw./Kind 7–16 Jahre 6/4 SFr; ⏰ März–Okt. Di–Do & Sa 14–17, So 10–17 Uhr), wenige Kilometer nördlich der Stadt, wurde im 17. Jh. erbaut. Hier kann man Möbel und Gemälde im Stil der damaligen Zeit bewundern. Bus 4 fährt vom Bahnhof zur Haltestelle St. Niklaus; von dort aus läuft man an der Kirche vorbei weitere zehn Minuten Richtung Norden.

Der **Weissenstein** (1284 m) nördlich von Solothurn bietet sich zum Wandern und Langlauf oder für eine malerische Autofahrt an.

Zürich

Zürich ist wie eine Sphinx. Es ist der Inbegriff Schweizer Effizienz: ein cleveres Finanzzentrum mit dem möglicherweise dichtesten öffentlichen Verkehrssystem der Welt, aber auch mit einer rauen postindustriellen Seite, die mehr zu einer Stadt im Ruhrpott passen würde. Doch die größte Stadt der Schweiz, die einst für ihre Drogenproblematik bekannt war, ist zweifelsohne in – und erfolgreich. Warum sonst hätte Google, dessen hiesige Angestellte Zooglers genannt werden, sein europäisches Technikzentrum hierher verlegt? Zürich atmet eine coole, verrückte künstlerische Freiheit, die man eher mit Berlin assoziieren würde. Neben piekfeinen Vierteln gibt es auch zwielichtige Ecken. Die Einwohner mögen zwar seriöse, hart arbeitende Frühaufsteher sein, doch nach Feierabend stürzen sie sich kompromisslos ins Partyleben – nicht umsonst ist die Street Parade im Sommer ist eine der größten Europas.

Ein Großteil der Altstadt mit ihren gewundenen Gassen und riesigen Kirchtürmen wurde liebevoll instand gehalten. Die Stadt hat sich jedoch auch zeitgenössischen Designertrends nicht verschlossen. Nirgendwo kommt das deutlicher zum Ausdruck als im stillgelegten Industrieviertel Kreis 5 und dem angrenzenden Kreis 4, lange Domäne von Dealern, Kleinkriminellen und Prostituierten, seit Mitte der 1990er-Jahre aber Ort einer städtischen Renovierungsrevolte.

Die Stadt wird vom gleichnamigen Kanton umgeben: Zahllose nette Orte am See wie etwa Rapperswil laden zum Verweilen ein, Wanderer lockt der Uetliberg und Winterthur im Nordosten kann mit bedeutenden Kunst- und Wissenschaftsmuseen punkten.

HIGHLIGHTS

- Vor Marc Chagalls Buntglasfenstern im **Fraumünster** (S. 249) ehrfürchtig in die Knie gehen
- Im **Kunsthaus** (S. 249) Alberto Giacomettis Strichmännchen, die Werke der Dadaisten und weitere moderne Kunst bewundern
- Im **Schiffbau** (S. 260) eine Theatervorstellung besuchen und hinterher die Bars in **Züri-West** (S. 258) abklappern
- Mit dem Zug hoch zum **Uetliberg** (S 261) fahren und dort die tollen Wandermöglichkeiten und Panoramen genießen
- Die Kunstgalerien, das Wissenschaftsmuseum Technorama und das nahe gelegene Schloss Kyburg in **Winterthur** (S. 237) besuchen

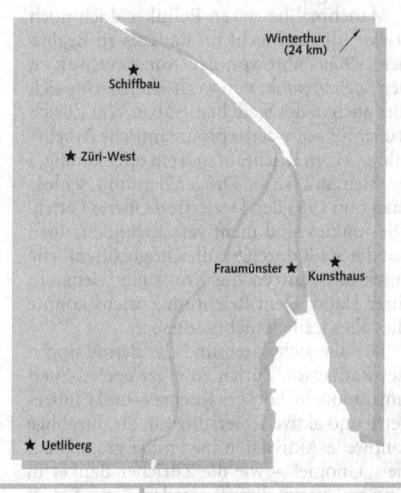

- EINWOHNER: 350 125
- FLÄCHE: 1729 KM²
- SPRACHE: DEUTSCH

GESCHICHTE

Regelmäßig belegt Zürich einen Spitzenplatz in der Rangliste der europäischen Städte mit der höchsten Lebensqualität. Schon die Römer erkannten das Potenzial des Ortes und gründete hier ein Kastell namens Turicum, das 401 von Germanen erobert wurde. 1336 erlebte die bereits wohlhabende Stadt eine kleine Revolution: Handwerker und Kaufleute übernahmen die Macht, vertrieben den Adel und gründeten 13 Zünfte, die von da an über einen langen Zeitraum die Geschicke der Stadt bestimmten. Viele von ihnen gibt es noch heute, bewundern kann man sie beim Sechseläuten (S. 253). Nur Einheimische dürfen den Zünften beitreten, die viele Würdenträger der Stadt in ihren Reihen haben.

Zürich, das 1351 der Eidgenossenschaft beitrat, wurde im 16. Jh. (S. 249) ein Zentrum der Reformation Zwinglis. In den folgenden Jahrhunderten kam es durch Textilien und Banken zu Wohlstand.

Die Schweizer Neutralität lockte im Krieg wie im Frieden viele bedeutende Persönlichkeiten nach Zürich. James Joyce und Lenin wohnten hier. Noch während des Ersten Weltkriegs formierte sich in Zürich die Bewegung der Dadaisten. 1923 war ihre Blütezeit vorbei, ihr Geist aber lebte in den Werken von Georg Grosz, Hans Arp und Max Ernst fort. Dadaistische Werke sind im Züricher Kunsthaus (S. 249) und im Plakatraum des Museums für Gestaltung (S. 249) zu sehen.

Manchmal bewirken Politiker doch noch etwas: Als die Macht im Rathaus zu Beginn der 1990er-Jahre von den Konservativen zu den Sozialdemokraten wechselte, machte sich dies auch in der Stadt bemerkbar. War Zürich früher für seine derbe protestantische Arbeitsethik, seinen Reichtum und ein offenkundiges Problem mit harten Drogen berühmt, schloss man nun 1995 den Dealertreff Oberer Letten. Die Junkies sind nicht verschwunden, doch hat die Stadt durch beaufsichtigte öffentliche Injektionszentren die Kontrolle wieder in ihrer Hand. Dem Reichtum Zürichs konnte dies alles freilich nichts anhaben.

Für alle sichtbarer sind die Bemühungen des Rathauses, Zürich zu einer coolen Stadt umzumodeln. Lockere Kneipen- und Clubgesetze und aktive Unterstützung für unzählige kulturelle Aktivitäten haben der grauen Stadt der „Gnome" – wie die Zürcher Banker in England verunglimpft werden – am See in einen der hippsten Orte Europas verwandelt.

ORIENTIERUNG

Zürich liegt an der Nordwestspitze des Zürichsees. Die Limmat, die den See verlässt und Richtung Norden fließt, teilt die Altstadt in zwei Hälften. Die schmalen Gassen des Viertels Niederdorf am Ostufer des Flusses wimmeln vor lauter Restaurants, Kneipen und Läden. Parallel zum Westufer verläuft die etepetete Einkaufsmeile der Bahnhofstrasse, an deren nördlichem Ende der Hauptbahnhof liegt.

Der wiederbelebte hippe Teil der Innenstadt, Züri-West genannt, erstreckt sich westlich vom Hauptbahnhof und besteht größtenteils aus den früheren Arbeitervierteln Kreis 4 und Kreis 5: Kreis 4, immer noch ein Rotlichtviertel, hat sein Zentrum in der Langstrasse und ist voller billiger Läden, Lokale, Bars und Peepshows. Die Langstrasse überquert weiter nördlich die Bahnlinie in den Kreis 5, wo es etwas ruhiger zugeht, aber immer noch eine Menge geboten ist. Besonders pulsiert das Leben in Kreis 5 in der Hardstrasse, der die Stadtväter den Namen Kulturmeile (www.kulturmeile.ch) verpassten.

Der Großteil des Kantons Zürich liegt im Osten und Norden der Stadt. Im nordöstlich gelegenen Winterthur gibt es sehenswerte Museen. Der lang gezogene Zürichsee erstreckt sich Richtung Südosten bis in die Kantonen St. Gallen und Schwyz.

PRAKTISCHE INFORMATIONEN

Buchläden
Orell Füssli Kramhof (Karte S. 250 f.; ☎ 044 211 04 44; www.books.ch; Füsslistrasse 4; ☉ Mo–Fr 9–20, Sa 9–18 Uhr) Riesige Filiale der Schweizer Kette Orell Füssli.

Ermäßigungen
ZürichCard (24 Std. Erw./Kind 17/12Sfr, 72 Std. 34/24 SFr) Mit der in der Touristeninformation und am Bahnhof Flughafen erhältlichen Karte kann man kostenlos öffentliche Verkehrsmittel nutzen und Museen besuchen.

Notfall
Polizeirevier (Karte S. 250 f.; ☎ 044 216 71 11; Bahnhofquai 3)

Internetzugang
Internetcafe (Karte S. 250 f.; ☎ 044 210 33 11; www.e-cafe.ch; Uraniastrasse 3; 0,30 SFr/Min.; ☉ Mo–Fr 7–23, Sa 8–23, So 10–22 Uhr) Hier kann man auch per Laptop surfen.

Quanta (Karte S. 250 f.; ☎ 044 260 72 66; Limmatquai 94, Niederdorf; 10 SFr/Std.; ☉ 9–24 Uhr) Laut, aber zentral gelegen. Der Eingang ist in der Mühlegasse.

Medizinische Versorgung
Bellevue Apotheke (Karte S. 250 f.; ☎ 044 266 62 22; www.bellevue-apotheke.com; Theaterstrasse 14) Rund um die Uhr geöffnet.
Universitätsspital Zürich (Karte S. 250 f.; ☎ 044 255 11 11, 044 255 21 11; www.usz.ch; Rämistrasse 100).

Post
Post im Hauptbahnhof (Karte S. 250 f.; Hauptbahnhof; tgl. 7–21 Uhr)
Sihlpost (Karte S. 250 f.; Kasernenstrasse 97; Mo–Fr 6.30–22.30, Sa bis 20, So 10–22.30 Uhr)

Touristeninformation
Zürich Tourismus (Karte S. 250 f.; ☎ 044 215 40 00; www.zuerich.com; Hauptbahnhof; Mai–Okt. Mo–Sa 8–20.30 & So 8.30–18.30 Uhr, Nov.–April Mo–Sa 8.30–19 & So 9–18.30 Uhr) Hotelreservierungen unter ☎ 044 215 40 40. Hat auch tolle Stadtspaziergänge.

SEHENSWERTES
Kirchen
Die Kirche **Fraumünster** (Karte S. 252 f.; ☎ 044 221 20 63; www.fraumuenster.ch; Münsterhof; März–Okt. 10–18, Nov.–Feb. 10–16 Uhr) aus dem 13. Jh. ist berühmt für ihre besonderen Buntglasfenster, die Marc Chagall (1887–1985) entworfen hat. 1971 konzipierte er fünf Fenster im Chor, 1978 eine Rosette im südlichen Querschiff. Die Rosette im nördlichen Querschiff stammt von Augusto Giacometti (1945).

Mehr von Augusto Giacometti kann man am anderen Flussufer im **Grossmünster** (Karte S. 252 f.; ☎ 044 251 38 60; www.grossmuenster.ch; Grossmünsterplatz; Mitte März–Okt. tgl. 9–18, Nov.–Mitte März 10–17 Uhr, Mitte März–Okt. So morgens & Nov.–Mitte März So ganztags geschl.) sehen, welches an zwei Türmen zu erkennen ist. Das Wahrzeichen Zürichs soll im 9. Jh. von Karl dem Grossen begründet worden sein. Im 16. Jh. begann Ulrich Zwingli (1484–1531), der aufrührerische Prediger aus der Provinz, hier gegen die Katholische Kirche Sturm zu laufen und brachte so die Reformation nach Zürich. Den südlichen **Karlsturm** (Eintritt 2 SFr; März–Okt. 9.15–17 Uhr) kann man besteigen. **Zwinglis Wohnhaus**, in dem er auch arbeitete, ist in der nahen Kirchgasse 3.

Von jedem Punkt der Stadt aus kann man die **St. Peterskirche** (Karte S. 252 f.; St Peterhofstatt; Mo–Fr 8–18, Sa 8–16, So 11–17 Uhr) aus dem 13. Jh. sehen. Ihr Markenzeichen ist die Uhr: Das Zifferblatt misst im Durchmesser 8,70 m und ist damit das grösste Europas. Der Chor stammt aus dem 13. Jh., der Rest des Kircheninneren entstand aber im 18. Jh.

Museen
Das nicht gerade riesige Zürich nennt 43 Museen sein Eigen; eine Liste gibt es bei der Touristeninfo. Über Newcomer in der Züricher Kunstszene informiert www.artinzurich.ch.

KUNSTHAUS
Das beeindruckende **Kunsthaus** (Karte S. 250 f.; ☎ 044 253 84 84; www.kunsthaus.ch; Heimplatz 1; Erw./Kind/Student & Senior 18/frei/8, So frei; Mi–Fr 10–20, Di, Sa & So 10–18) kann mit einer riesigen Sammlung aufwarten, die Strichmännchen-Figuren von Alberto Giacometti, Gemälde von Monet und Van Gogh, Rodin-Skulpturen und weitere Kunstwerke aus dem 19. und 20. Jh. umfasst. Auch der Schweizer Künstler Ferdinand Hodler ist vertreten. Der Zementklotz selbst hingegen ist ziemlich grauenhaft.

SCHWEIZERISCHES LANDESMUSEUM
Das grosse **Schweizerische Landesmuseum** (Karte S. 250 f.; ☎ 044 218 65 11; www.musee-suisse.ch; Museumstrasse 2; ständige Sammlung Erw./erm. 5/3 SFr; Di–So 10–17 Uhr) ist in einer Mischung aus Villa und Schloss untergebracht – ein Sahnestückchen der Züricher Museenlandschaft. Die ständige Sammlung bietet einen Rundgang durch die Schweizer Geschichte, darüber hinaus gibt es meist fesselnde Sonderausstellungen.

MUSEUM FÜR GESTALTUNG
Die Ausstellungen im **Museum für Gestaltung** (Karte S. 250 f.; ☎ 043 446 67 67; www.museum-gestaltung.ch; Ausstellungstrasse 60; Erw./erm. 9/6 SFr; Di–Do 10–20, Fr–So 10–17 Uhr) sind immer imposant und vielfältig. Von Bollywood bis zu „Kurzgeschichten in der Fotografie" ist alles vertreten. Im nahe gelegenen **Plakatraum** (Karte S. 250 f.; Limmatstrasse 55; Di–Sa 13–17 Uhr) werden Werke aus dem riesigen Archiv alter touristischer Fotos, Dadaismus-Drucke und Poster ausgestellt.

MUSEUM RIETBERG
Zum **Museum Rietberg** (ausserhalb der Karte S. 250 f.; ☎ 044 206 31 31; www.rietberg.ch; Gablerstrasse 15; ständige Sammlung Erw./erm. 12/10 SFr, Sonderausstellungen 16/12 SFr; Di & Fr–So 10–17, Mi & Do 10–20 Uhr) gehören drei Villen in einem grünen Park, die tolle afrikanische, orientalische und altamerikanische Kunst beherbergen.

MUSEEN MODERNER KUNST
Cabaret Voltaire (Karte S. 252 f.; ☎ 043 268 57 20; www.cabaretvoltaire.ch; Spiegelgasse 1; variierende Eintrittspreise; Café/Bar frei; Ausstellungen Di–Fr & So 12–18.30, Sa

ZÜRICH

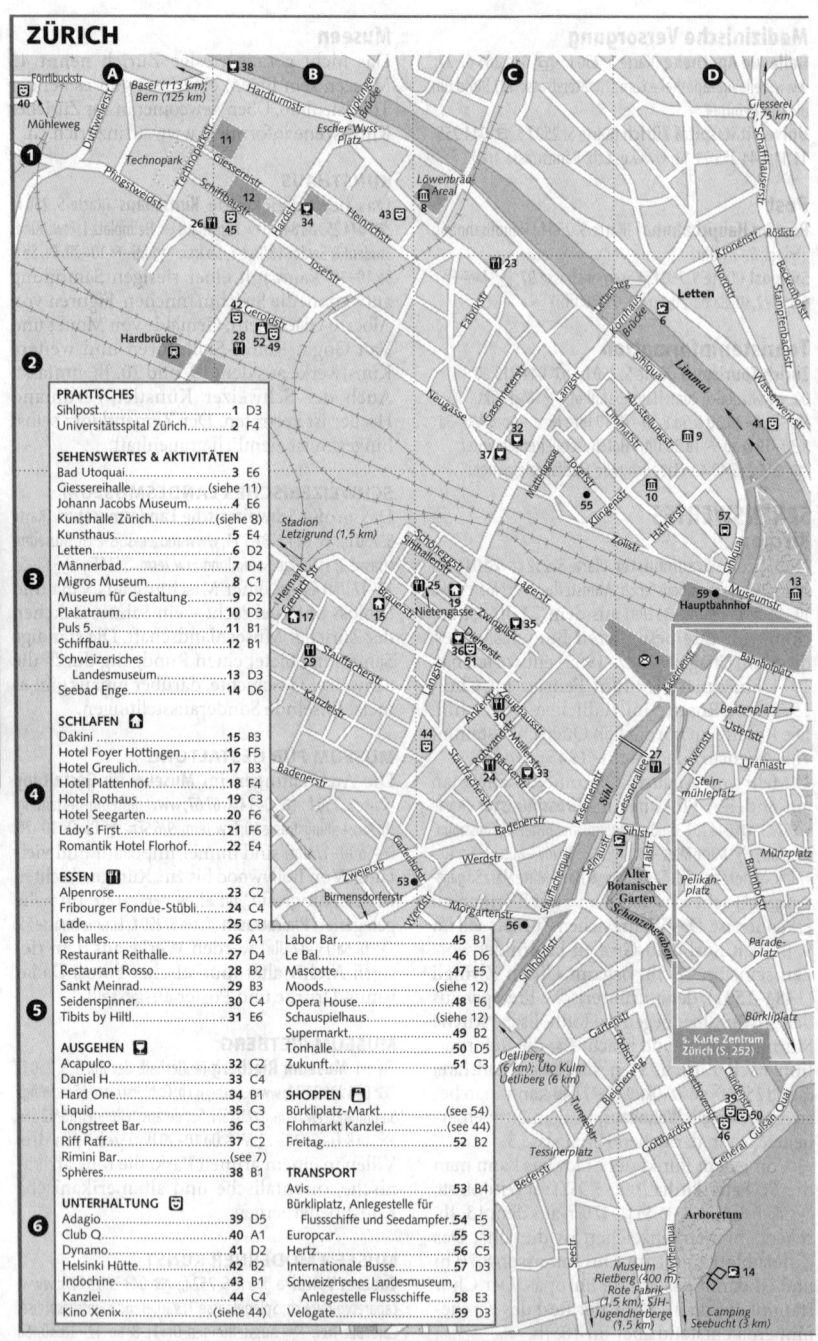

PRAKTISCHES
Sihlpost	1 D3
Universitätsspital Zürich	2 F4

SEHENSWERTES & AKTIVITÄTEN
Bad Utoquai	3 E6
Giessereihalle	(siehe 11)
Johann Jacobs Museum	4 E6
Kunsthalle Zürich	(siehe 8)
Kunsthaus	5 E4
Letten	6 D2
Männerbad	7 D4
Migros Museum	8 C1
Museum für Gestaltung	9 D2
Plakatraum	10 D3
Puls 5	11 B1
Schiffbau	12 B1
Schweizerisches Landesmuseum	13 D3
Seebad Enge	14 D6

SCHLAFEN
Dakini	15 B3
Hotel Foyer Hottingen	16 F5
Hotel Greulich	17 B3
Hotel Plattenhof	18 F4
Hotel Rothaus	19 C3
Hotel Seegarten	20 F6
Lady's First	21 F6
Romantik Hotel Florhof	22 E4

ESSEN
Alpenrose	23 C2
Fribourger Fondue-Stübli	24 C4
Lade	25 C3
les halles	26 A1
Restaurant Reithalle	27 D4
Restaurant Rosso	28 B2
Sankt Meinrad	29 B3
Seidenspinner	30 C4
Tibits by Hiltl	31 E6

AUSGEHEN
Acapulco	32 C2
Daniel H.	33 C4
Hard One	34 B1
Liquid	35 C3
Longstreet Bar	36 C3
Riff Raff	37 C2
Rimini Bar	(see 7)
Sphères	38 B1

UNTERHALTUNG
Adagio	39 D5
Club Q	40 A1
Dynamo	41 D2
Helsinki Hütte	42 B2
Indochine	43 B1
Kanzlei	44 C4
Kino Xenix	(siehe 44)
Labor Bar	45 B1
Le Bal	46 D6
Mascotte	47 E5
Moods	(siehe 12)
Opera House	48 E6
Schauspielhaus	(siehe 12)
Supermarkt	49 B2
Tonhalle	50 D5
Zukunft	51 C3

SHOPPEN
Bürkliplatz-Markt	(see 54)
Flohmarkt Kanzlei	(see 44)
Freitag	52 B2

TRANSPORT
Avis	53 B4
Bürkliplatz, Anlegestelle für Flussschiffe und Seedampfer	54 E5
Europcar	55 C5
Hertz	56 C5
Internationale Busse	57 D3
Schweizerisches Landesmuseum, Anlegestelle Flussschiffe	58 E3
Velogate	59 D3

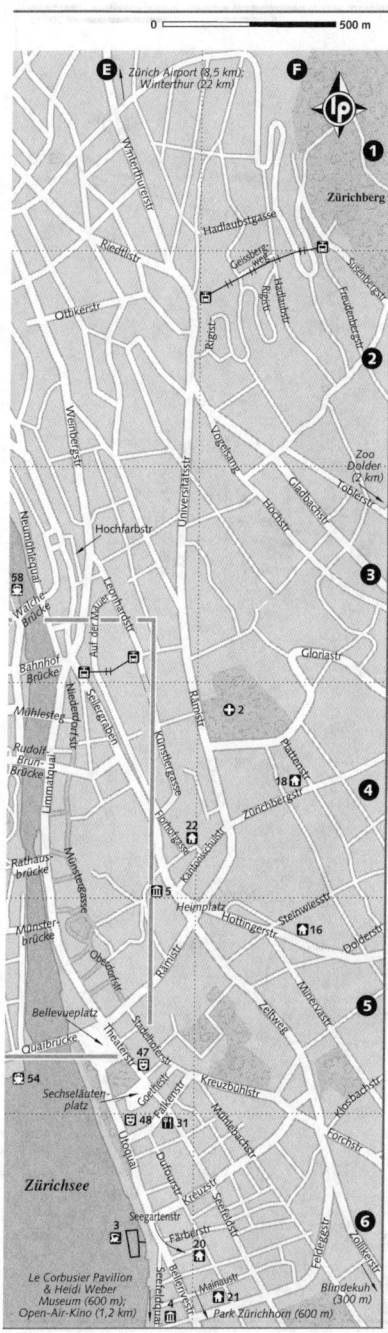

11–17 Uhr, Bar Di–Sa 12–24, So 12.30–18.30 Uhr) ist die Wiege des Dadaismus (s. S. 42). Seit 2004 finden hier Ausstellungen und Shows statt, die zumeist mit einer kräftigen Dosis Sozialkritik gewürzt sind.

Das **Migros Museum** (Karte S. 250 f.; ☎ 044 277 20 50; www.migrosmuseum.ch; Limmatstrasse 270; Erw./erm. 8/4 SFr, Kombiticket inkl. Kunsthalle Zürich 12/6 SFr; Di–Mi & Fr 12–18, Do bis 20, Sa & So 11–17 Uhr) zeigt zeitgenössische Kunst und ist eines der beiden Hauptmuseen in der umgebauten Löwenbräu-Brauerei. Im selben Gebäude befinden sich auch mehrere Galerien, ein Buchladen, ein Fitnesszentrum und Büros.

Auch die **Kunsthalle Zürich** (Karte S. 250 f.; ☎ 044 272 15 15; www.kunsthallezurich.ch; Limmatstrasse 270; Preise & Öffnungszeiten wie Migros Museum) präsentiert Wechselausstellungen zeitgenössischer Kunst.

WEITERE MUSEEN

Das **Johann Jacobs Museum** (Karte S. 250 f.; ☎ 044 388 61 51; www.jacobsfoundation.org; Seefeldquai 17; Erw./erm. 5/3 SFr; Fr 14–19, Sa 14–17, So 10–17 Uhr) macht so süchtig wie der Kaffee, dem es gewidmet ist. Zu sehen ist alles rund ums Koffeingebräu: von der Kaffeekanne über Gemälde bis zum Kaffeehaus.

Das **Beyer Museum** (Karte S. 252 f.; ☎ 043 344 63 63; www.beyer-chronometrie.ch; Bahnhofstrasse 31; Erw./Kind 5 SFr/ frei; Mo–Fr 14–18 Uhr) ist ein kleines Museum, das die Geschichte der Zeitmessung nachzeichnet, angefangen bei eingekerbten Kerzen aus dem Mittelalter bis hin zur modernen Uhr. Ein Shop führt fast ebenso außergewöhnliche Zeitmesser wie das Museum selbst.

Das **Le Corbusier Pavilion & Heidi Weber Museum** (off Karte S. 250 f.; www.centrelecorbusier.com; Park Zürichhorn; Juli–Sept. Sa & So 14–17 Uhr) ist der letzte Entwurf des Schweizer Bilderstürmers und Architekten (der später die französische Staatsbürgerschaft annahm). Das nach Le Corbusiers Tod fertiggestellte Gebäude sieht aus wie ein Gemälde von Mondrian, das man in einen Park gepflanzt hat. Es enthält viele Skizzen, Malereien, Möbel und Bücher Le Corbusiers, die seine Vertraute und Freundin Heidi Weber gesammelt hat.

James Joyce verbrachte einen Großteil des Ersten Weltkriegs in Zürich, wo er auch *Ulysses* schrieb. In der **James Joyce Foundation** (Karte S. 252 f.; ☎ 044 211 83 01; www.joycefoundation.ch; Augustinergasse 9; Eintritt frei; Mo–Fr 10–18 Uhr) finden regelmäßig Lesungen der Originalausgaben von *Ulysses* (Di 17.30–19 Uhr) und *Finnegan's Wake* (Do 19–20.30 Uhr) statt.

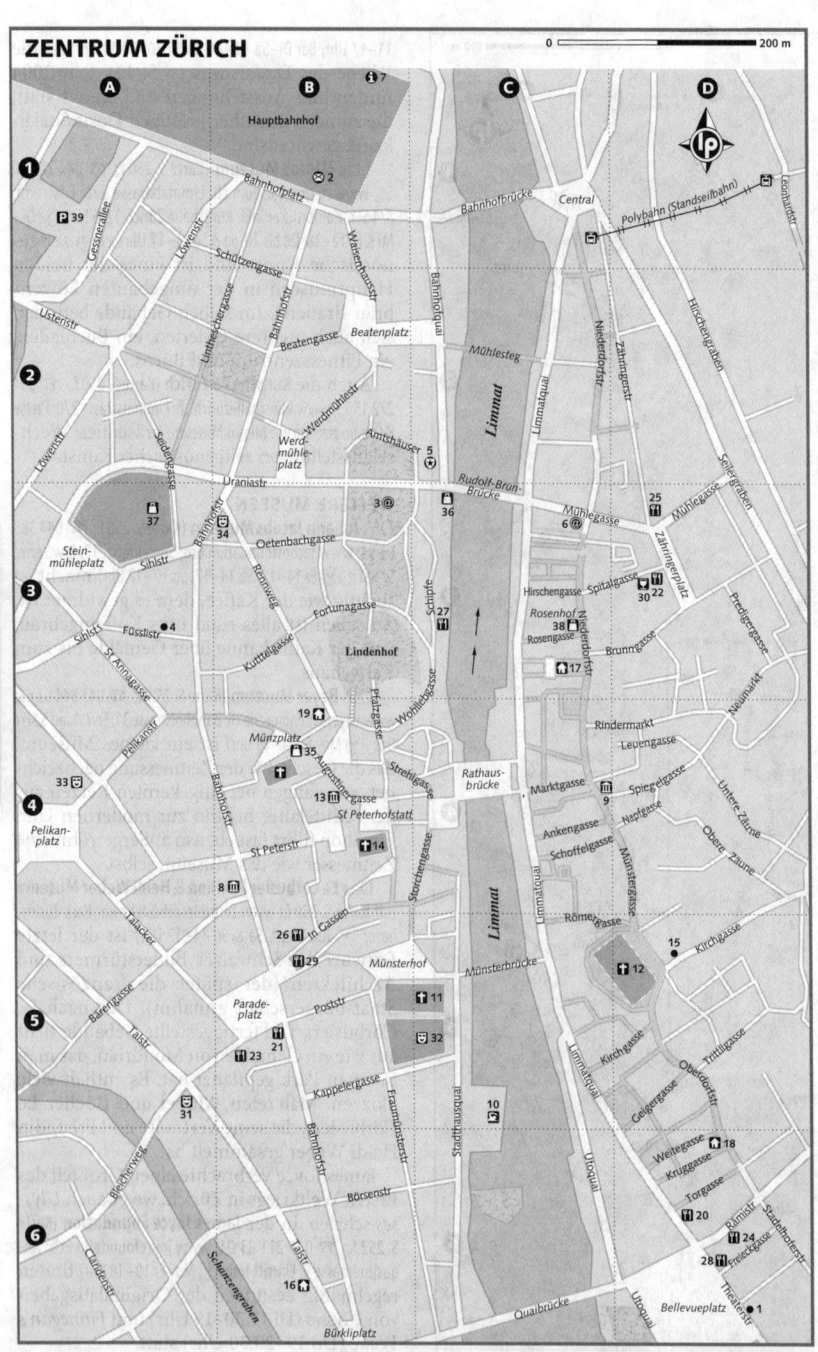

PRAKTISCHES	
Apotheke Bellevue	**1** D6
Postfiliale Hauptbahnhof	**2** B1
Internetcafe	**3** B3
Orell Füssli Kramhof	**4** B3
Polizei	**5** C2
Quanta	**6** C3
Zürich Tourismus	**7** B1

SEHENSWERTES & AKTIVITÄTEN	
Beyer Museum	**8** B4
Cabaret Voltaire	**9** C4
Frauenbad	**10** C5
Fraumünster	**11** C5
Grossmünster	**12** D5
James Joyce Foundation	**13** B4
St. Peterskirche	**14** B4
Zwingli-Haus	**15** D5

SCHLAFEN	
Baur au Lac	**16** B6
City Backpacker	**17** C3
Hotel Otter	**18** D6
Hotel Widder	**19** B4

ESSEN	
Café Odeon	**20** D6
Café Sprüngli	**21** B5
Café Zähringer	**22** D3
Coco	**23** B5
Kronenhalle	**24** D6
Raclette Stube	**25** D3
Restaurant Zum Kropf	**26** B5
Schipfe 16	**27** C3
Sternen-Grill	**28** D6
Zeughauskeller	**29** B5

AUSGEHEN	
Barfussbar	(siehe 10)
Barfüsser	**30** D3

UNTERHALTUNG	
Alte Börse	**31** A5
Billettzentrale	**32** C5
Kaufleuten	**33** A4
Saint Germain	**34** B3

SHOPPEN	
Fidelio	**35** B4
Heimatwerk	**36** C3
Jelmoli	**37** A3
Rosenhof Market	**38** C3

TRANSPORT	
Parkhaus	(siehe 3)
Parkhaus	**39** A1

Seeufer

Zürich zeigt sich von einer komplett anderen Seite, wenn Schwimmer, Sonnenanbeter, Inlineskater, Fußballspieler, Liebespaare, Picknicker, Partyvolk und Prahlhänse die Parks am Seeufer überrennen. Sogar die Polizei patrouilliert auf Rollerblades!

Von Mai bis Mitte September sind offizielle Badebereiche am See und oben an der Limmat geöffnet. Natürlich gibt es auch jede Menge kostenlose, inoffizielle Badeplätzchen.

Offizielle Strandbäder bestehen normalerweise aus Holzstegen mit einem Pavillon. Die meisten bieten auch Massagen, Yoga, Sauna und Snacks an. Der Eintritt kostet 6 SFr. Die Schwimmbereiche sind normalerweise im Mai und September von 9 bis 19 und von Juni bis August zwischen 9 und 20 Uhr geöffnet. Im trendigen **Seebad Enge** (Karte S. 250 f.; ☎ 044 201 38 89; www.seebadenge.ch; Mythenquai 95; Mai–Mitte Sept.) schenken die Bars bei gutem Wetter bis Mitternacht Drinks aus. In den kühlen Monaten (Sept.–April) betreibt es eine **Sauna** (25 SFr; tgl. 11–23 Uhr, Mo nur Frauen). Am gegenüberliegenden Ufer befindet sich neben dem Park Zürichhorn das **Bad Utoquai** (Karte S. 250 f.; ☎ 044 251 61 51; Utoquai 49).

Das **Frauenbad** (Karte S. 252 f.; Stadthausquai) aus dem 19. Jh. am Ufer ist tagsüber nur für Frauen zugänglich, das **Männerbad** (Karte S. 250 f.; Schanzengraben) dementsprechend tagsüber nur für Männer. Abends öffnen beide Bäder ihre hippen Bars für Weiblein wie Männlein (s. S. 258).

Das Flussbad **Letten** (Karte S. 250 f.; ☎ 044 362 92 00; Lettensteg 10; Eintritt frei) ist der Badeort für die Trendsetter von Züri-West. Hier wird gegrillt, geskatet, Volleyball gespielt, sich in Bars geräkelt oder auch nur auf den Gras- und Betonliegeplätzen gequasselt. Unvorstellbar, dass sich hier bis 1995 die Züricher Drogenszene konzentrierte und das Viertel für Touristen wie Einheimische quasi ein Sperrgebiet war.

Ab Mitte Juli gibt es ein äußerst beliebtes **Open-Air-Kino** (abseits Karte S. 250 f.; ☎ 080 007 80 78; www.orangecinema.ch; Zürichhorn) am Ufer.

Zoo

Der **Zoo Dolder** (abseits Karte S. 250 f.; ☎ 044 254 25 05; www.zoo.ch; Zürichbergstrasse 221; Erw./bis 6 Jahre/6-16 Jahre/Student 22 SFr/frei/11/16 SFr; März–Okt. 9–18, Nov.–Feb 9–17 Uhr) auf dem Zürichberg ist weitläufig und beherbergt 1800 Tiere und einen Regenwald. Die Straßenbahnlinie 6 fährt zur Haltestelle Zoo.

FESTE & EVENTS

Im Folgenden sind nur die wichtigsten Einträge im Züricher Festkalender genannt; die komplette Liste gibt's unter www.zuerich.com.

Sechseläuten (www.sechselaeuten.ch) Höhepunkt des Züricher Frühlingsfests ist der Umzug der historisch bekleideten Zunftmitglieder am dritten Montag im April. Am frühen Abend wird der *Böögg*, ein mit Feuerwerks-

körpern gefüllter „Schneemann" verbrannt, um das Ende des Winters zu feiern.
Street Parade (☎ 044 215 40 00; www.street-parade. ch) Die riesige Technoparty Mitte August ist eine der größten Straßenpartys Europas.
Knabenschießen (www.knabenschiessen.ch) Gigantischer Schießwettbewerb für 12- bis 17-Jährige Ende September.

SCHLAFEN

Am Street-Parade-Wochenende sind Unterkünfte sehr gefragt und superteuer. Auch bei großen Messen ziehen die Preise mitunter an (selbst wenn die Messen in Basel sind!).

Budgetunterkünfte

Wer knapp bei Kasse ist, wird vor allem auf Hostels und B&Bs angewiesen sein (auf der entsprechenden Seite der Touristeninformation nachschauen, www.zuerich.com).

HOSTELS

City Backpacker (Hotel Biber; Karte S. 252 f.; ☎ 044 251 90 15; www.city-backpacker.ch; Niederdorfstrasse 5; B 34 SFr, Bettwäsche zzgl. 3 SFr, EZ/DZ 71/104 SFr; ⓧ Rezeption 12–15 Uhr geschl.; 🖳) Freundlich und gut ausgestattet, wenngleich etwas beengt. Im Sommer kann man der Platzangst entkommen, indem man auf der Dachterrasse abhängt. Das Hostel ist fest in der Hand von partylustigen jungen Leuten.

SJH-Jugendherberge (abseits Karte S. 250 f.; ☎ 043 399 78 00; www.youthhostel.ch/zuerich; Mutschellenstrasse 114, Wollishofen; B 42 SFr, EZ/DZ 106,50/127 SFr; 🖳) Das klobige, purpurrote Hostel hat eine rund um die Uhr geöffnete Rezeption, ein Restaurant, Flachbildschirme und blitzblanke Bäder. Die Schlafsäle sind etwas klein. Straßenbahn 7 bis Morgental oder S-Bahn bis Wollishofen nehmen.

B&B

Dakini (Karte S. 250 f.; ☎ 044 291 42 20; www.dakini.ch; Brauerstrasse 87; EZ 75–95 SFr, DZ 130 SFr; 🖳 ⓧ) Das entspannte B&B ist etwas für Künstler und hippe Touristen. Die vier Doppel- und zwei Einzelzimmer sind auf ein paar Apartments über zwei Stockwerke verteilt. Jede Etage hat eine Küche und ein Bad.

HOTELS

Hotel Foyer Hottingen (Karte S. 250 f.; ☎ 044 256 19 19; www.hotel-hottingen.ch; Hottingerstrasse 31; B 40 SFr, EZ/DZ ohne Bad 110/145 SFr; EZ mit Bad 125–145 SFr, DZ 165–185 SFr; ⓧ) Innen ist der Laden viel besser, als man es von außen vermuten würde. Die Zimmer sind etwas steril, aber preiswert. Einige haben einen Balkon. Auf jedem Stockwerk gibt's Duschen und eine Gemeinschaftsküche, in der obersten Etage einen Frauenschlafsaal mit Dachterrasse.

Hotel Rothaus (Karte S. 250 f.; ☎ 043 322 10 58; www.hotelrothaus.ch; Sihlhallenstrasse 1; EZ 82–88 SFr, DZ 110–195 SFr; ⓧ) Man möchte kaum glauben, dass das mitten an der Langstrasse gelegene Backsteinhaus einst ein Bordell war. Neben der Auswahl an frischen, luftigen Zimmern gibt es im Untergeschoss ein beliebtes Lokal mit Bar.

CAMPING

Camping Seebucht (abseits Karte S. 250 f.; ☎ 044 482 16 12; www.camping-zurich.ch; Seestrasse 559; 2 Pers., Zelt & Auto 27 SFr; ⓧ Mai–Sept.) Der 4 km vom Stadtzentrum am Westufer des Sees gelegene Platz ist gut ausgestattet: Restaurant mit Seeblick, Kinderspielplatz, heiße Duschen und sogar ein Partyzelt, das für private Feste gemietet werden kann. Anreise mit Bus 161 oder 165 ab Bürkliplatz.

Mittelklassehotels

Hotel Otter (Karte S. 252 f.; ☎ 044 251 22 07; www.wueste.ch; Oberdorfstrasse 7; EZ 115 SFr, DZ 150–175 SFr) Ein echtes Juwel. Man nächtigt in einem der 17 Zimmer mit rosa Satinlaken und Plastikperlen, Betten auf Podesten und Wandmalereien. Ein Zimmer hat sogar eine Hängematte. Unten gibt es die beliebte Kneipe Wüste.

Uto Kulm Uetliberg (off Karte S. 250 f.; ☎ 044 457 66 66; www.utokulm.ch; Uetliberg; EZ 150–200 SFr, DZ 250–490 SFr) Das luxuriöse Uto Kulm mit seinen Whirlpools und großen Betten ist genau das Richtige für ein romantisches Wochenende. Die unterschiedlich großen Zimmer haben Holz- oder Parkettböden. S10 bis Uetliberg (S 261) nehmen, wo man abgeholt wird.

Hotel Greulich (Karte S. 250 f.; ☎ 043 243 42 43; www.greulich.ch; Hermann Greulich Strasse 56; EZ 190–270 SFr, DZ 255–360 SFr; ⓧ) Nicht vom Namen abschrecken lassen: Geschwungene blau-graue Wände verleihen dem Designerschuppen im Kreis 4 einen Hauch Art déco. Die minimalistischen, hellen Zimmer befinden sich in Bungalows, die in einem schmucklosen Innenhof stehen.

Hotel Seegarten (Karte S. 250 f.; ☎ 044 388 37 37; www.hotel-seegarten.ch; Seegartenstrasse 14; EZ 190–275 SFr, DZ 240–325 SFr) Rattanmöbel und alte Touristenposter verleihen dem Hotel mediterranes Flair, das durch die Nähe des Sees und das Restaurant Latino noch betont wird.

LP Tipp **Hotel Plattenhof** (Karte S. 250 f.; ☎ 044 251 19 10; www.plattenhof.ch; Plattenstrasse 26; EZ 205–245 SFr,

DZ 245–285 SFr; (P)) Das jugendlich minimalistische Designerhotel in einem ruhigen Wohnviertel hat niedrige Betten, Molteni-Möbel und Parkettböden aus Eichenholz sowie in manchen Zimmern Lampen mit verschieden farbigen Lichtfiltern. Cool, aber nicht arrogant – selbst die „alten" Zimmer sind stilvoll minimalistisch. Unten im Gebäude findet sich ein hippes kleines Café.

Lady's First (Karte S. 250 f.; ☎ 044 380 80 10; www.ladysfirst.ch; Mainaustrasse 24; EZ 215–255 SFr, DZ 270–320 SFr; 🖥) Die makellosen und größtenteils geräumigen Zimmer zeichnen sich durch eine angenehme Kombination von traditionellen Parkettböden und Designermöbeln aus. Das Hotelspa und die dazugehörige Dachterrasse sind nur für Frauen zugänglich. Es gibt kostenloses WLAN.

Romantik Hotel Florhof (Karte S. 250 f.; ☎ 044 250 26 26; www.florhof.ch; Florhofgasse 4; EZ 220–290 SFr, DZ 330–380 SFr) Das traditionelle Hotel hat einen sehr schönen Garten und ist einen Steinwurf vom Kunsthaus (S. 249) entfernt.

Spitzenklassehotels

Hotel Widder (Karte S. 252 f.; ☎ 044 224 25 26; www.widderhotel.ch; Rennweg 7; EZ/DZ ab 523/725 SFr; (P) 🍴 🖥) Das Widder ist ein stilvolles Hotel im ebenso prächtigen Augustinerviertel. Es bietet eine erfreuliche Mischung aus Moderne und traditionellem Charme. Zimmer und Gemeinschaftsräume verteilen sich auf acht Stadthäuser und sind mit Kunst und Designermöbeln vollgestopft.

Baur au Lac (Karte S. 252 f.; ☎ 044 220 50 20; www.bauraulac.ch; Talstrasse 1; EZ/DZ ab 523/825 SFr; (P) 🍴 🍴 🖥) Das Juwel am See ist in Familienbesitz. Es punktet mit einem Privatpark, allem erdenklichen Komfort und einer beruhigenden intimen Atmosphäre. Die in klassischen Farben gehaltenen Zimmer, das Spa, die Restaurants und der makellose Service erklären zu Genüge, warum die VIP's in Scharen kommen.

ESSEN

Die Züricher können aus über 2000 Kneipen und Restaurants wählen – unfassbar! Die traditionelle regionale Küche ist ziemlich schwer, wie die Spezialität der Stadt beweist: Zürcher Geschnetzeltes.

Cafés

Café Odeon (Karte S. 252 f.; ☎ 044 251 16 50; www.odeon.ch; Am Bellevueplatz; ⌚ So–Do 9–14, Fr & Sa 9–16 Uhr) Wo einmal Lenin und die Dadaisten saßen, treffen

> **DAS AUSRÄUCHERN DER RAUCHER**
>
> Die Züricher stimmten im September 2008 für ein Rauchverbot in Bars und Restaurants, die keine gesonderten Raucherbereiche haben. Die Änderung soll im Januar 2010 in Kraft treten.

sich heute Heteros wie Schwule zum People Watching. Die Jugendstil-Innenausstattung mitsamt OTT-Kronleuchtern erinnert an längst vergangene Zeiten. Es gibt auch Essen.

Café Sprüngli (Karte S. 252 f.; ☎ 044 224 47 31; www.spruengli.ch; Bahnhofstrasse 21; ⌚ Mo–Fr 7–18.30, Sa 8–18, So 9.30–17.30 Uhr) Hier ist man im Epizentrum der süßen Schweiz angekommen. Das seit 1836 bestehende Café Sprüngli serviert Kuchen, Schokolade und Kaffee, aber auch leichte Mittagsgerichte. Auf keinen Fall darf man sich das himmlische Schokoladengeschäft um die Ecke am Paradeplatz entgehen lassen.

Günstig

Tibits by Hiltl (Karte S. 250 f.; ☎ 044 260 32 22; www.tibits.ch; Seefeldstrasse 2; Gerichte pro 100 g 3,60–4,10 SFr; ⌚ Mo–Fr 6.30–24, Sa ab 8, So ab 9 Uhr) Im Tibits nehmen trendige, gesundheitsbewusste Züricher leichte Häppchen zu sich. Es gibt ein leckeres vegetarisches Büffet, frische Fruchtsäfte, Kaffee und Kuchen.

Sternen-Grill (Karte S. 252 f.; Bellevueplatz/Theatrestrasse 22; Snacks 5–12 SFr; ⌚ 11.30–24 Uhr) Der berühmteste – und geschäftigste – Würstchenstand der Stadt; einfach den Menschenmassen zum leckeren, etwas triefenden Mahl folgen. Die klassische Kalbsbratwurst mit Goldbürli (Brötchen) kostet 6,50 SFr. Es gibt auch ein paar vegetarische Speisen.

Schipfe 16 (Karte S. 252 f.; ☎ 044 211 21 22; Schipfe 16; Menüs 16–20 SFr; ⌚ Mo–Fr 10–16 Uhr) Das Schipfe 16 blickt vom historischen Viertel Schipfe auf die Limmat. Das nette kantinenähnliche Lokal hat ein einfaches Mittagessen. Ob man es nun mediterran, schweizerisch oder indisch, es ist für jeden Geschmack etwas dabei.

Café Zähringer (Karte S. 252 f.; ☎ 044 252 05 00; Zähringerplatz 11; Hauptgerichte 18–32 SFr; ⌚ Mo 18–24, Di–So 9–24 Uhr) Das alternative angehauchte Old-School-Café serviert an Gemeinschaftstischen vor allem vegetarische Biokost. Die riesige Frühstückstafel ist für Vegetarier und Fleischesser (20,50 SFr & 22,50 SFr).

Lade (Karte S. 250 f.; ☎ 043 317 14 34; www.nietengasse.ch; Nietengasse 1; Hauptgerichte 20–32 SFr; ⌚ Di–Fr

DER KOCHTEUFEL

Der gebürtige Luzerner Tobias Meinrad Buholzer leitet mit gerade mal 28 Jahren eines der aufstrebendsten Restaurants Zürichs, das **Sankt Meinrad** (S. 257). Mit respektablen 15 (von 20) Punkten wurde er für 2009 für den renommierten Schweizer Restaurantführer Gault Millau nominiert, zudem hat er bereits einen Michelin-Stern im Visier. Wir haben mit Buholzer gesprochen.

Wie wichtig ist diese Art von Anerkennung?
Eine bessere Werbung kann man nicht bekommen. Seit Verleihung dieser Auszeichnung sind wir oft zwei Wochen im Voraus komplett ausgebucht.

Gibt es verschiedene kulinarische Kulturen in der Schweiz?
Ich wuchs in einer Zeit auf, in der sich alles vermischte. Heutzutage dominiert eher Multikulti.

Wie sieht die moderne Schweizer Küche aus?
Ich persönlich versuche, mir keine Grenzen zu setzen. Mit Ausnahme der asiatischen Küche – die Asiaten machen das schon viel besser! Ich wuchs mit italienischem, französischem und deutschem Essen auf und das koche ich auch. Ich übernehme Elemente aller drei Länder und vermische sie.

Gibt es traditionelle Regeln?
Traditionelle Regeln gibt es nicht mehr: Der katalanische Koch Ferran Adrià beispielsweise hat sie alle gebrochen. Heutzutage ist so ziemlich alles erlaubt.

Verschwindet die traditionelle Küche?
Nein, das glaube ich nicht. Es wird immer wieder Köche geben, die zur klassischen Küche zurückkehren, die sagen, „genug mit all dem Schickimickikram". Ich finde das klasse. Man kann nicht die ganze Zeit kreative Gerichte essen. Hackbraten schmeckt immer noch toll!

Verwenden Sie nur regionale Produkte?
Das würde ich gerne, doch es ist unmöglich. Wann immer möglich, verwende ich aber welche. Wir beziehen das meiste Gemüse z. B. aus Italien. In der Schweiz, haben wir jede Menge Kartoffeln. Oh ja, und Karotten auch.

Wie viele Personen arbeiten hier?
Fünf.

Das sind nicht viele.
Nein … Ich habe schon darüber nachgedacht, noch jemanden für die Küche einzustellen, doch ich habe kaum Platz. Es müsste eine kleine Person sein!

Haben Sie manchmal genug vom Kochen?
Natürlich, es gibt Tage, an denen mir die Arbeit bis zum Hals steht und ich alles hinschmeißen will. Doch nach ein paar Wochen Urlaub freue ich mich immer, wieder in die Küche zurückzukehren.

Was ist Ihr Lieblingsgericht?
Ich liebe Crêpes über alles. Kein Aufenthalt in Frankreich ohne Crêpes. Man kann sie mit allem füllen!

Wie gefällt Ihnen Zürich?
Es ist meine zweite Heimat. Es ist eine Menge los und man trifft Leute aus der ganzen Welt.

Gehen Sie oft essen?
Ich liebe es, essen zu gehen. Das Coco ist super (S. 257). Dort gibt es gegrilltes Fleisch und gegrillten Fisch mit einfachen Beilagen – toll!

---

mittags & abends, Mo mittags) Das in einer grünen Gasse im Kreis 4 gelegene Lokal erinnert an Stoke Newington in London oder den Prenzlauer Berg in Berlin. In einem ehemaligen Tante-Emma-Laden wird in relaxter Atmosphäre eine kleine Auswahl an Gerichten wie Salate und Pasta serviert.

les halles (Karte S. 250 f.; ☎ 044 273 11 25; www.leshalles.ch; Pfingstweidstrasse 6; Hauptgerichte 22–29 SFr; Mo-Mi 11–24, Do-Sa 11–1 Uhr) In den „Markthallen" in Kreis 5 geht es an eng gestellten Tischen fröhlich zu. Sie sind die beste Adresse für Moules mit Frites (Muscheln mit Pommes). Man kann auch am lebhaften Tresen sitzen oder in der Markthalle einkaufen. In den ehemaligen Fabrikgebäuden der Gegend gibt es noch mehrere quirlige Restaurants und Kneipen.

Mittelteuer

Zeughauskeller (Karte S. 252 f.; ☎ 044 211 26 90; www.zeughauskeller.ch; Bahnhofstrasse 28a; Hauptgerichte

17,50–33,50 SFr; 11.30–23 Uhr) Auf der Speisekarte der riesigen, stimmungsvollen Bierkneipe stehen 20 verschiedene Würste und zahlreiche andere Schweizer Spezialitäten, darunter auch ein paar vegetarische.

Fribourger Fondue-Stübli (Karte S. 250 f.; 044 241 90 76; www.fondue-stuben.ch; Rotwandstrasse 38; Hauptgerichte 20–25 SFr; Mo–Fr mittags & abends, Sa & So abends) Das gemütliche, warme Lokal ist eine von drei Filialen der Züricher Minikette. Hier werden Fonduetträume wahr. Ein heller Baumwollstoff schmückt die Holztische und passt zu den dampfenden roten Töpfen mit leckerem geschmolzenem Käse.

Restaurant Zum Kropf (Karte S. 252 f.; 044 221 18 05; www.zumkropf.ch; In Gassen 16; Hauptgerichte 21,50–45,50 SFr; Mo–Sa 11.30–23.30) Marmorsäulen, Buntglasfenster und Deckenmalereien schmücken das für seine traditionelle Inneneinrichtung bekannte Kropf. Die Züricher kommen seit 1888 wegen der herzhaften Schweizer Speisen und guten Biere her.

Restaurant Rosso (Karte S. 250 f.; 043 818 22 54; Geroldstrasse 31; Hauptgerichte SFr21.50-46; So–Fr) In der ehemaligen Kantine einer Gasfabrik an der Bahnlinie locken jetzt die besten Pizzas der Stadt (7 Varianten, 16–26 SFr). Sie sind dünn, knusprig und lecker – ganz so wie sie die zufriedenen italienischen Kunden mögen.

Restaurant Reithalle (Karte S. 250 f.; 044 212 07 66; www.restaurant-reithalle.ch; Gessnerallee 8; Hauptgerichte 23,50–33,50 SFr; Mo–Fr mittags & abends, Sa & So abends) Zur Abwechslung mal im Stall essen? An den Wänden hängen immer noch die Futter- und Wassertröge der Kavalleriepferde. Anstelle von Stroh gibt es heute aber Schweizer und internationale Gerichte, darunter auch vegetarische. Das ausgelassene, gesellige Lokal befindet sich in einer ehemaligen Kaserne. Um 23.30 Uhr werden die Tische abgeräumt und der Laden verwandelt sich in einen Tanzschuppen.

LP Tipp Alpenrose (Karte S. 250 f.; 044 271 39 19; Fabrikstrasse 12; Hauptgerichte 24–42 SFr; Mo–Sa) Holzgetäfelte Wände, ein „Kein Polkatanz"-Schild und eine leckere Küche sind die Garanten für einen netten Abend. Probieren könnte man z. B. das Tessiner Risotto oder Pizokel (auch Bizochel), lange und besonders leckere Spätzli aus Graubünden, oder Filets frisch gefangener Flussbarsche.

Coco (Karte S. 252 f.; 044 211 98 98; www.coco-grill.ch; Bleicherweg 1a am Paradeplatz; Hauptgerichte 25–45 SFr; Mo–Fr mittags & abends, Sa abends) Für Freunde saftiger Grillgerichte mit Fisch oder Fleisch die erste Wahl. Das Coco versteckt sich in einer vom Paradeplatz abgehenden kurzen Gasse. Zuerst gelangt man zur winzigen Theke, an der man gut einen Wein als Aperitif trinken kann. Der fast schon konspirative Speisesaal befindet sich im hinteren Bereich.

Giesserei (außerhalb der Karte S. 250 f.; 044 205 10 10; www.diegiesserei.ch; Birchstrasse 108; Hauptgerichte 25–40 SFr; Mo–Fr mittags & abends, Sa abends, So Brunch) Die frühere Fabrik in Oerlikon punktet mit einem abgewetzten postindustriellen Flair und einer kurzen, knackigen Speisekarte (3 Vorspeisen, 3 Hauptgerichte & 3 Nachspeisen). Der riesige Brunch (49 SFr) ist stadtbekannt. Straßenbahnlinie 11 vom Hauptbahnhof bis Regensbergbrücke nehmen.

Blindekuh (außerhalb der Karte S. 250 f.; 044 421 50 50; www.blindekuh.ch; Mühlebachstrasse 148; Hauptgerichte 27–41 SFr; Di–Fr mittags & abends, Mo, Sa & So abends) In vollkommener Dunkelheit essen und trinken? Unmöglich? In dem von Blinden betriebenen Restaurant kann man erleben, wie es ist, nicht sehen zu können. Abends ist es Monate im Voraus ausgebucht, fürs Mittagessen – und Last Minute auch abends – sollte man aber einen Platz reservieren können.

Raclette Stube (Karte S. 252 f.; 044 251 41 30; www.raclette-stube.ch; Zähringerstrasse 16; Hauptgerichte 27,50–43,50 SFr; abends) Käse satt gibt es in dieser gastfreundlichen Stube, die wie ein netter Landgasthof wirkt. Neben Raclette (36,50 SFr) wird auch Fondue serviert.

Teuer

Sankt Meinrad (Karte S. 250 f.; 043 534 82 77; www.sanktmeinrad.ch; Stauffacherstrasse 163; Hauptgerichte 29–54 SFr; Di–Fr mittags & abends, Sa abends) Die gedämpften Cremetöne des einstigen Eckbistros erlauben es, sich ganz auf die kreative Küche von Tobias Meinrad Buholzer (s. Kasten S. 256) zu konzentrieren, dem man bei der Arbeit teilweise über die Schulter schauen kann. Wenn man nur an das „Toggenburger Rindsfilet in Kakaobohnen rosa gebraten mit Pastinaken-Karotten-Gemüse und Petersilienspätzli" denkt, läuft einem schon das Wasser im Mund zusammen.

Seidenspinner (Karte S. 250 f.; 044 241 07 00; www.seidenspinner.ch; Ankerstrasse 120; Hauptgerichte 29–56 SFr; Di–Fr mittags & abends, Sa abends) Besonders beliebt bei Medien- und Modeleuten, bei denen die extravagante Inneneinrichtung, riesige Blumenarrangements und mit Spiegelglasscherben bedeckte Wände gut ankommen. Die größtenteils europäische Küche umfasst Gerichte wie „Hirsch-Entrecote Calvados mit

Eierspätzli" und typischen Herbstbeilagen. Mittagsmenüs ab 22 SFr.

Kronenhalle (Karte S. 252 f.; ☎ 044 251 66 69; Rämistrasse 4; Hauptgerichte 30–80 SFr; ⏰ 12–24 Uhr) In die altertümlich wirkende Kronenhalle pilgern wichtige Leute in Anzügen. Sie sieht wie eine Brasserie aus; weiße Tischdecken und dunkles Holz geben den Ton an. Tadellos auftretende Kellner bewegen sich diskret unter Gemälden von Chagall, Miró, Matisse und Picasso.

AUSGEHEN

Natürlich gibt es überall in Zürich Bars ohne Ende, die meisten guten Schuppen liegen allerdings in Züri-West (Kreis 4 und 5). Die Langstrasse ist das Zentrum der Szene im Kreis 4; entlang ihrer Seitenstraßen finden sich weitere Bars. Im Kreis 5 ist noch mehr geboten, vor allem in der Hardstrasse und in deren Umgebung. Und südlich des Escher-Wyss-Platzes gibt es auf der rechten (westlichen) Seite einige Bars.

LP Tipp Longstreet Bar (Karte S. 250 f.; ☎ 044 241 21 72; www.longstreetbar.ch; Langstrasse 92; ⏰ Di–Do 20–3, Fr & Sa 20–4, So 20–2 Uhr) Das Longstreet wird von Yves Spink betrieben, einem Mann, der nahezu hinter der Hälfte des städtischen Nachtlebens zu stehen scheint. In der Musikbar wechseln sich diverse DJs ab. Wer Langweile hat, kann ja mal versuchen, die Glühbirnen in dem alten, mit lila Filz verzierten Variété zu zählen.

Liquid (Karte S. 250 f.; ☎ 079 446 73 66; www.liquidbar.ch; Zwinglistrasse 12; ⏰ Mo–Do 17–1, Fr 17–3, Sa 19–3 Uhr) Leicht kitschige Bar mit viel Lounge-Musik, Streifentapeten und Plastikstühlen in Form von futuristischen Eierbechern. Netter Ort, um sich für die zweite Hälfte des Abends aufzuwärmen.

Sphères (Karte S. 250 f.; ☎ 044 440 66 22; www.spheres.cc; Hardturmstrasse 66; ⏰ Mo–Fr 8–24, Sa & So 9.30–19.30 Uhr) Bar und Buchladen mit intimer Atmosphäre. Gut geeignet, um bei einem Gläschen Wein, einer Lesung oder einem Kurzfilm den Abend im Kreis 5 zu beginnen.

Ebenfalls empfehlenswert:

Acapulco (Karte S. 250 f.; ☎ 044 272 66 88; Neugasse 56; ⏰ Mo–Di 17–1, Mi–Do 15–2, Fr 17–3, Sa 15–3, So 15–2 Uhr) Lokal im Retrostil.

Hard One (Karte S. 250 f.; ☎ 044 444 10 00; www.hardone.ch; Hardstrasse 260; Eintritt frei–15 SFr; ⏰ Di–Do 18–2, Fr & Sa 18–4 Uhr) Loungebar in Form eines Glaswürfels mit toller Aussicht und guten Konzerten am Wochenende.

Riff Raff (Karte S. 250 f.; ☎ 044 444 22 05; Neugasse 57; ⏰ Mo–Fr ab 8, Sa & So ab 10 Uhr) Mix aus Kino und Bistro. Warum nicht einmal den Abend im Stil der Gegenkultur beginnen?

ZECHEN AM UFER

Das Frauenbad und das Männerbad (s. S. 253) öffnen ihre Türen für erfrischende Barnächte. Beim Frauenbad dürfen bis zu 150 Männer in die **Barfussbar** (Karte S. 250 f.; ☎ 044 251 33 31; www.barfussbar.ch; Stadthausquai; ⏰ Mitte Mai–Mitte Sept. Mi–So ab 20.30 Uhr). Die Schuhe müssen am Eingang ausgezogen werden – aber man will ja eh gern mit einem Drink in der Hand die Füße im Wasser baumeln lassen! In die **Rimini Bar** (Karte S. 250 f.; ☎ 044 211 95 94; www.rimini.ch; Schanzengraben; ⏰ So–Fr 19.30–24, Sa 17–24 Uhr) des Männerbads dürfen abends auch Frauen rein; es hat nur bei gutem Wetter geöffnet.

UNTERHALTUNG

Die Stadtzeitung *Züritipp* hat einen Veranstaltungsteil und ist überall in der Stadt und in der Touristeninformation erhältlich. Der *Zürich Guide* erscheint alle drei Monate. Eintrittskarten bekommt man in der **Billettzentrale** (Karte S. 252 f.; ☎ 044 221 22 83; Stadthausquai 9; ⏰ Mo–Fr 10–18.30 Uhr) im Stadthaus am Fluss oder am jeweiligen Veranstaltungsort.

Clubs

Im Allgemeinen sollte man sich eher schick anziehen und mit Eintrittspreisen von 15 bis 30 SFr rechnen.

ZÜRI-WEST

Zukunft (Karte S. 250 f.; www.zukunft.cl; Dienerstrasse 33; ⏰ Do–Sa 23–open end) Der authentische Underground-Tanzschuppen hat das Problem klagender Nachbarn gelöst und ihm eine neue Wohnung besorgt. Nach der kurzen Schlange Ausschau halten (kein Schild!) und sich ins ins UG begeben. Eine große Bandbreite an elektronischen und anderen Tanzbeats hält das bunt gemischte Publikum bei Laune. Noch konnte uns niemand erklären, was die ganzen Bücher am Eingang sollen.

LP Tipp Club Q (Karte S. 250 f.; ☎ 044 444 40 50; www.club-q.ch; Förrlibuckstrasse 151; Eintritt bis 30 SFr; ⏰ Fr 23–7, Sa 23–8, So 22–4 Uhr) Der Club ist die richtige Adresse, wenn einem Tanzen zu House, Hip Hop und R & B wichtiger ist als Sehen und Gesehen werden. Der Club liegt an der Rückseite des Parkhauses am Mühleweg. Zwar können die Ibiza-Nights nicht ganz mit der Atmosphäre der Megaclubs auf der spanischen Rave-Insel mithalten, doch der Club gilt der Züricher Ravegemeinde als zweitbeste Wahl. Der kleinere Bruder des Club Q, der Club BBQ, ist ebenfalls im Parkhaus zu Hause.

Supermarket (Karte S. 250 f.; ☎ 044 440 20 05; www.supermarket.li; Geroldstrasse 17; Do–Sa 23–open end) Der Club ist in einem unscheinbaren kleinen Wohnhaus untergebracht. Drinnen erwarten einen drei gemütliche Loungebars rund um eine Tanzfläche, ein überdachter Innenhof und ein tolles DJ-Team, das House auflegt. Das Publikum besteht vor allem aus Twens.

Labor Bar (Karte S. 250 f.; ☎ 044 272 44 02; www.laborbar.ch; Schiffbaustrasse 3; Do 19–open end, Fr & Sa 22–open end) Inbegriff des Retrochics mit jeder Menge Plexiglas, diffuser bunter Beleuchtung und schönen Menschen. Freitags feiern alle ab 28 die Celebreighties, bei den Urban Saturdays gibt's Achtziger- und Neunziger-Beats.

Indochine (Karte S. 250 f.; ☎ 044 448 11 11; www.clubindochine.ch; Limmatstrasse 275; Do–Sa 22–open end) In der „Opiumhöhle" tummeln sich zwischen schwach beleuchteten dicken Buddhas Models und reiche Kinder. Zürichs Antwort auf die Pariser Buddha Bar.

ZÜRICHER INNENSTADT

Kaufleuten (Karte S. 252 f.; ☎ 044 225 33 22; www.kaufleuten.com; Pelikanstrasse 18; 23–spät) Opulentes Art-déco-Theater mit Bühne, erstem Rang und Bars rund um eine Tanzfläche. Im Züricher „Institutionsclub" wird House, Hiphop und lateinamerikanische Musik gespielt. Das Publikum ist nicht mehr blutjung.

Saint Germain (Karte S. 252 f.; ☎ 044 215 90 00; www.saintgermain.ch; Bahnhofstrasse 66; Fr & Sa 23–4 Uhr) Zurzeit der angesagteste und schickste Club Zürichs. Nachdem sich das tadellos gekleidete Publikum an Designer-Blinis und geräuchertem Lachs gelabt hat, entpuppt sich der Laden zu einer wilden Tanzhöhle. Eingang am Rennweg.

Alte Börse (Karte S. 252 f.; www.alteboerse.ch; Bleicherweg 5; Do–Sa 22–open end) In dem unlängst in einem prächtigen Gebäude im Stadtzentrum eröffneten Club hotten Hunderte von Tanzwütigen dicht gedrängt zu elektronischen Beats von DJs aus der ganzen Welt ab. Gelegentlich gibt es auch Livemusik.

Mascotte (Karte S. 250 f.; ☎ 044 260 15 80; www.mascotte.ch; Theaterstrasse 17; Mo–Do 21.30–2, Fr & Sa 21.30– 5, So 21.30–24 Uhr) Das ehemalige Varieté „Corso" ist inzwischen ein beliebter Club mit riesigen Fenstern, die auf den Sechseläutenplatz und den See blicken. Das „Karaoke from Hell", bei der Gäste von einer Liveband begleitet Punk- oder Metalsongs zum Besten geben, ist stadtbekannt.

Zwei weitere, benachbarte Clubs für ein gutgekleidetes Publikum um die 25 plus liegen einen Steinwurf vom Südufer entfernt: Das **Adagio** (Karte S. 250 f.; ☎ 044 206 36 66; www.adagio.ch; Gotthardstrasse 5; Di–Mi 21–2, Do 21–open end, Fr & Sa 21–4 Uhr) könnte mit seiner bemalten Gewölbedecke auch als Kulisse für einen mittelalterlichen Thriller herhalten. Gespielt wird einer breite Mix von Tanzmusik, während im benachbarten **Le Bal** (Karte S. 250 f.; ☎ 044 206 36 66; www.lebal.ch; Beethovenstrasse 8; Di–Mi 21–2, Do–Sa 21–spät) vorwiegend lateinamerikanische Musik und House zu hören ist.

Kulturzentren

Rote Fabrik (off Karte S. 250 f.; Musikveranstaltung 044 481 91 21, Theatervorführung 044 482 42 12; www.rotefabrik.ch; Seestrasse 395; Di–So 21.30–spät) Die einstige gegenkulturelle Institution bietet heute eher Mainstream: Rockkonzerte, OmU-Kinofilme, Theater- und Tanzveranstaltungen. Zum Komplex gehören eine Bar und ein Restaurant. Bus 161 oder 165 ab Bürkliplatz nehmen.

Kanzlei (Karte S. 250 f.; ☎ 044 291 63 11; www.kanzlei.ch; Kanzleistrasse 56; Fr & Sa 22–open end, So 18–open end) Ähnelt der Roten Fabrik. Tagsüber als Schulhof genutzt, verwandelt sich das Areal abends in eine besonders im Sommer beliebte Freiluftbar. Im Untergeschoss der Kanzlei ist Clubbing angesagt.

Kino Xenix (Karte S. 250 f.; ☎ 044 242 04 11; www.xenix.ch; Kanzleistrasse 52) Programmkino mit Bar gleich neben der Kanzlei.

Schwulen- & Lesbenszene

Zürich hat eine lebhafte Schwulenszene, zu der auch das Café Odeon (S. 255) zählt.

Barfüsser (Karte S. 252 f.; Spitalgasse 14; So–Do 12–1, Fr & Sa 12–2 Uhr) Eine der ersten Schwulenbars des Landes. Zu dem immer noch sehr beliebten Treff gehört heute auch eine Sushi-Bar.

Daniel H (Karte S. 250 f.; ☎ 044 241 41 78; www.danielh.ch; Müllerstrasse 51; Mo–Do 15–24, Fr 15–2, Sa 11–2 Uhr) Die lässige Loungebar mit winzigem Innenhof eignet sich gut als Warm-up-Station für den Abend. Sehr heterofreundlich.

Livemusik

Neben dem Klangangebot für Bildungsbürger hat Zürich auch eine lebendige Livemusikszene

POSTINDUSTRIELLE ZEITEN

Sinnbild für die Renaissance des alten Industriezentrums im Westen Zürichs ist der **Schiffbau** (Schiffbaustrasse). Die gewaltige Halle der riesigen alten Fabrik, die Dampfer und – bis 1992 – Turbinenteile produzierte, wurde mit großem finanziellen Aufwand in das **Schauspielhaus** (www.schauspielhaus.ch), ein riesiges Theater mit drei Bühnen, umgewandelt. Es lohnt sich, einen Blick ins Innere zu werfen. Angeschlossen sind ein elegantes Restaurant (LaSalle), eine Bar (Nietturm) im Obergeschoss und ein Jazzschuppen (Moods, s. unten).

Besuchen sollte man auch die **Giessereihalle** in **Puls 5** (Technoparkstrasse). Die ehemalige Gießerei wurde in einen Mehrzweck-Komplex mit Restaurants, Bars und Büros umgewandelt. Die beeindruckende Haupthalle mit intaktem Fabrikinventar wird für Events genutzt.

zu bieten. In vielen der oben erwähnten Bars und Clubs finden gelegentlich Konzerte statt.

KLASSIK & OPER

Tonhalle (Karte S. 250 f.; ☎ 044 206 34 34; www.tonhalle-orchester.ch; Claridenstrasse 7) Eindrucksvoller Veranstaltungsort mit buntem Konzertprogramm.

Opernhaus (Karte S. 250 f.; ☎ 044 268 66 66; www.opernhaus.ch; Falkenstrasse 1) Genießt Weltruhm.

ROCK, POP & JAZZ

LP Tipp **Helsinki Hütte** (Karte S. 250 f.; www.helsinkiklub.ch; Geroldstrasse 35; Do–Di 20–2 Uhr) Der Schuppen stammt aus einer Zeit, in der Viertel industriell genutzt wurde. Die relaxte schummrige Atmosphäre und die Bands ziehen ein bunt gemischtes Publikum an. Neben den sonntäglichen Countrynights gibt's vor allem Konzerte mit Soul und Funk. Bier 5 SFr.

Moods (Karte S. 250 f.; ☎ 044 276 80 00; www.moods.ch; Schiffbaustrasse 6; Mo–Do 19.30–24, Fr & Sa 19.30–spät, So 18–22 Uhr) Eine der Top-Location für Jazz, in deren vollen Programmkalender manchmal auch lateinamerikanische Musik oder Weltmusik ein Plätzchen finden.

Dynamo (Karte S. 250 f.; ☎ 044 365 34 44; www.dynamo.ch; Wasserwerkstrasse 21; Eintritt frei–18 SFr; 20 oder 21 Uhr–spät) In verschiedenen Räumen finden Konzerte mit mächtigem Sound statt: von Rock über Reggae bis hin zu jeder Menge Heavy Metal. Normalerweise geht hier jede Nacht etwas.

Sport

Die Fußballer der Grashoppers spielen im **Letzigrund** (abseits Karte S. 250 f.; Ecke Herden & Baslerstrasse). Bus 31 Richtung Letzipark nehmen.

SHOPPEN

Haute Couture gibt's in der Bahnhofstrasse und den angrenzenden Straßen. Boutiquen mit flippigeren Sachen findet man in den Niederdorfer Gassen auf der anderen Seite des Flusses. Secondhand-Ware, Klamotten im Schmuddel-Look und junge Mode bekommt man in der Langstrasse im Kreis 4.

Freitag (Karte S. 250 f.; ☎ 043 366 95 20; www.freitag.ch; Geroldstrasse 17) Die Brüder Freitag verarbeiten in ihrer Fabrik Lastwagenplanen zu wasserdichten schicken Taschen. Alles ist recycelt, jeder Artikel ein Original. Ihr Outletshop ist gleichermaßen imposant: Er besteht aus übereinandergestapelten Containern – das erste Hochhaus des Kreis 5. Schnäppchenjäger sollten sich bis ganz nach oben durchkämpfen.

Fidelio (Karte S. 252 f.; ☎ 044 211 13 11; www.fideliokleider.ch; Münzplatz 1) Eine der besten Boutiquen der Stadt, die eine große Auswahl an Herren- und Damenbekleidung führt, von Designersachen bis hin zu Streetwear.

Heimatwerk (Karte S. 252 f.; ☎ 044 222 19 55; www.heimatwerk.ch; Uraniastrasse 1) Souvenirs von guter Qualität, wenngleich touristisch. Hier gibt's u. a. Fonduetöpfe und -gabeln, Spielzeug und klassische Handtaschen.

Jelmoli (Karte S. 252 f.; ☎ 044 220 46 00; www.jelmoli.ch; Seidengasse 1) Die Lebensmittelabteilung ist das Highlight des legendären Kaufhauses, des ersten, größten und besten Zürichs.

Zu den besten Flohmärkten Zürichs zählen der auf dem **Bürkliplatz** (Karte S. 250 f.; Mai–Okt. Sa 8–16 Uhr), der ganzjährig stattfindende **Flohmarkt Kanzlei** (Karte S. 250 f.; www.flohmarkt kanzlei.ch; Kanzleistrasse 56; Sa 8–16 Uhr) und der Flohmarkt am **Rosenhof** (Karte S. 252 f.; Do 10–20 Uhr, März–Dez. Sa 10–17 Uhr). In der Touristeninformation erfährt man Details.

AN- & WEITERREISE
Auto & Motorrad

Vom Süden führt die A3 am Zürichsee entlang nach Zürich. Von Bern und Basel aus ist die A1 die schnellste Route; sie führt in Richtung Nordosten weiter nach Winterthur.

Europcar (Karte S. 250 f.; ☎ 044 271 56 56; Josefstrasse 53), **Hertz** (Karte S. 250 f.; ☎ 084 882 20 25; Morgartenstrasse 5) und **Avis** (Karte S. 250 f.; ☎ 044 296 87 87; Gartenhofstrasse 17) haben am Flughafen Filialen.

Flugzeug
Der **Züricher Flughafen** (außerhalb der Karte S. 250 f.; ☎ 043 816 22 11; www.zurich-airport.com) liegt 9 km nördlich des Zentrums. Er wird von den meisten größeren Städten Europas aus angeflogen.

Zug
Direkte Zugverbindungen bestehen u. a. nach Stuttgart (76 SFr), München (104 SFr) und Innsbruck (79 SFr). Regelmäßig verkehren Züge in zahlreiche Schweizer Städte, etwa nach Luzern (23 SFr, 46 bis 50 Min.), Bern (46 SFr, 57 Min.) und Basel (31 SFr, 55 Min.).

UNTERWEGS VOR ORT
Auto
Die Parksituation ist angespannt. Ein praktisches **Parkhaus** (www.parkhaeuser.ch; bis 40 SFr/Tag) liegt gegenüber der Hauptpost, ein anderes in der Uraniastrasse 3. An Parkuhren gilt meist eine maximale Parkdauer von einer (2 SFr) oder zwei Stunden (5 SFr).

Fahrrad
Citybikes (www.zuerirollt.ch) kann man an verschiedenen Orten ausleihen, beispielsweise am **Velogate** (Karte S. 250 f.; ⊙ 8–21.30 Uhr) am Hauptbahnhof. Bevor mal losradeln kann, muss man den Ausweis vorzeigen und 20 SFr als Pfand hinterlegen. Der Verleih ist tagsüber kostenlos, über Nacht zahlt man 10 SFr.

Zum/Vom Flughafen
Zwischen 6 und 24 Uhr fahren bis zu neun Züge stündlich zum Hauptbahnhof und zurück (6 SFr, 9–14 Min.).

Öffentliche Verkehrsmittel
Zum öffentlichen Nahverkehr des **Züricher Verkehrsverbunds** (ZVV; www.zvv.ch) gehören Busse, S-Bahnen und Straßenbahnen, die jeweils zwischen 5.30 und 24 Uhr verkehren. Tickets müssen vor Fahrtantritt gekauft werden; Automaten gibt es an jeder Haltestelle. Entweder man gibt den vierstelligen Code für das Fahrziel ein oder wählt eine der folgenden Fahrkarten: die Kurzstrecke für bis zu fünf Haltestellen (2,40 SFr), den eine Stunde gültigen Einzelfahrschein für den Großraum Zürich (3,90 SFr) oder die Tageskarte für das Zentrum, Zone 10 (7,80 SFr). Tickets aus dem Automaten müssen nicht entwertet werden, wohl aber alle anderen Fahrkarten wie etwa die Zürichcard; die orangefarbenen Entwerter stehen am Bahnsteig. Eine Tageskarte für den gesamten Kanton kostet 30,40 SFr.

Am Wochenende verkehren nachts zwischen 1 und 4 Uhr 39 Buslinien und sechs S-Bahn-Linien (Ticket plus Nachtzuschlag 5 SFr, Zeitkarten gelten nicht).

Schiff/Fähre
Bootstouren (☎ 044 487 13 33; www.zsg.ch) über den See finden von April bis Oktober statt. Los geht's am Bürkliplatz (Karte S. 250 f.). Die kleine Rundfahrt dauert eineinhalb Stunden (Ew./Kind 8/4 SFr), Abfahrt alle 30 Minuten zwischen 9 und 19 Uhr. Die große Rundfahrt dauert vier Stunden (Ew./Kind 23/11,50 SFr). Tickets gibt's beim Fahrkartenschalter des ZVV (öffentlicher Nahverkehr).

Flussfahrten (Limmatschiffe; ☎ 044 487 13 33; www.zsg.ch; Ew./Kin 3,90/2,70 SFr, Tageskarte gültig; ⊙ Ostern–Mitte Okt. alle 30 Min.) beinhalten eine kleine Runde über den See (55 Min.). Am besten geht man am Schweizerischen Landesmuseum (Karte S. 250 f.) an Bord.

Taxi
Die teuren Taxis kann man sich angesichts des tollen ÖPNV normalerweise sparen. Falls man doch eines benötigt, findet man sie am Hauptbahnhof und weiteren Taxiständen in der Stadt. Telefonisch kann man Taxis unter ☎ 044 444 44 44 bestellen.

RUND UM ZÜRICH

UETLIBERG
813 m

Der tolle Halbtagesausflug beginnt mit einer Zugfahrt (Linie S10) zum 813 m hohen Uetliberg (23 Min., alle 30 Min). Von hier aus wandert man auf dem **Planetenweg** in rund zwei Stunden zur Felsenegg; unterwegs kann man an Planetenmodelle studieren und ein herrliches Seepanorama genießen. Von der Felsenegg fährt eine Luftseilbahn alle zehn Minuten nach Adliswil, von wo aus Züge regelmäßig zurück nach Zürich (Linie S4, 16 Min.) fahren. Am besten kauft man eine Albis-Tageskarte (15,60 SFr), die u. a. für den Uetliberg und das Zentrum Zürichs gilt.

RAPPERSWIL-JONA

25 400 Ew. / 405 m

Ein hübscher Ausflug ist auch Rapperswil (Teil des Ballungszentrums Rapperswil-Jona). Das Städtchen hat eine wunderschöne Altstadt und einen Kinderzoo. Die **Touristeninformation** (☎ 084 881 15 00; www.zuerichsee.ch; Hintergasse 16; 8.30–12 & 13.30–17 Uhr) befindet sich im Herzen der Altstadt.

Nördlich vom Bahnhof wird die Altstadt von einem Schloss aus dem 13. Jh. beherrscht. Vom Schlosshügel aus hat man eine tolle Aussicht. Im bei Hochzeitspaaren beliebten Schloss ist das **Polenmuseum** (☎ 055 210 18 62; www.muzeum-polskie.org; Erw./Kind 4/2 SFr; April.–Okt. tgl. 13–17 Uhr, Nov., Dez, & März Sa & So 13–17 Uhr, Jan. & Feb. geschl.) untergebracht. Es informiert über die Geschichte der Polen in der Schweiz, die polnische Immigration, den Zweiten Weltkrieg und die jüngere polnische Vergangenheit wie die Gewerkschaftsorganisation Solidarność und Papst Johannes Paul II.

Schweizer verbinden Rapperswil in erster Linien mit dem **Circus Knie** (www.knie.ch) , einem Familienzirkus, der seit 1919 durch die ganze Schweiz tourt (März–Nov.). Wer keine Gelegenheit hat, den Zirkus zu besuchen, kann sich das **Zirkusmuseum** (☎ 055 220 57 57; Fischmarktplatz 1; Erw./Kind unter 4 Jahren/4–12 Jahre 4 SFr/frei/2 SFr; Juli–Aug. tgl. 10–19 Uhr, April–Juni & Sept.–Okt. bis 18 Uhr, Nov.–März 13–17 Uhr) anschauen.

Zum eigentlichen Zirkus gehören etwa 100 Tiere, 300 weitere sind in **Knies Kinderzoo** (Kinderzoo; ☎ 055 220 67 67; www.knieskinderzoo.ch; Oberseestrasse; Erw./Kinder 10/4,50 SFr; Anfang März–Okt. 9–18 Uhr) südöstlich des Bahnhofs (ausgeschildert) zu Hause. Kids können auf Ponys, Elefanten und Kamelen reiten, den dressierten Seelöwen applaudieren und über eine Menge Tiere – von Giraffen und Affen bis hin zu Kängurus und Schildkröten – Wissenswertes erfahren.

Kunstliebhaber sollten das **Kunst(zeug)haus** (☎ 055 220 20 80; www.kunstzeughaus.ch; Schönbodenstrasse 1; Erw./Kinder unter 6 Jahre/erm. 10 SFr/frei/6 SFr; Mi 14–20, Do–Fr 14–18, Sa & So 11–18 Uhr) besuchen. Seit Mitte 2008 wird der riesige Kunstraum, ein ehemaliges Zeughaus mit sehr avantgardistischem Wellendach – für Ausstellungen zeitgenössischer Schweizer Kunst genutzt.

2001 wurde eine neue, 840 m lange **Holzbrücke** zwischen Rapperswil am Nordufer des Zürichsees und Hurden am Südufer erbaut. Die letzte wurde 1878 abgerissen.

Das Hotel **Jakob** (☎ 055 220 00 50; www.jakob-hotel.ch; Hauptplatz 11; EZ 106–121 SFr, DZ 131–173 SFr;) hat schicke, in neutralen Farbtönen gehaltene Zimmer und ist die beste Wahl unter den Mittelklassehotels. Es hat ein Restaurant, eine Bar (oft mit Livemusik) und – Raucher aufgepasst – sogar eine Zigarrenlounge. Den Fischmarktplatz und den Hauptplatz von Rapperswil säumen jede Menge Restaurants.

Nach Rapperswil kommt man vom Züricher Hauptbahnhof mit der S5, S7 und der S15 (15,20 SFr, 40 Min.) bzw. vom Bürkliplatz mit dem Schiff (2 Std.). Für einen Tagesausflug lohnt sich auf jeden Fall der **9-Uhr-Tagespass** (9-Uhr Tagespass; 23 SFr), der montags bis freitags jeweils ab 9 Uhr den ganzen Tag und samstags, sonntags und an Feiertagen rund um die Uhr lang gilt.

WINTERTHUR

94 710 Ew. / 447 m

Die sechstgrößte Stadt der Schweiz ist Namenspate einer der führenden Versicherungsgesellschaften Europas und gleichermaßen bekannt für ihre guten Museen und Galerien.

Der Großraum Winterthur zählt 143 000 Einwohner, viele von ihnen sind junge Familien, die vor den hohen Preisen Zürichs in die 25 Autominuten entfernte Stadt geflohen sind. In den 1970er-Jahren brach die Schwerindustrie der Stadt zusammen, was den Verlust von 10 000 Arbeitsstellen zur Folge hatte. Diese dunklen Tagen hat die Stadt jedoch mittlerweile weit hinter sich gelassen.

Einen Museumsbus-Shuttle (5 SFr) pendelt zwischen 9.45 und 16.45 Uhr stündlich vom Hauptbahnhof, der Sammlung Oskar Reinhart am Römerholz, dem Museum Oskar Reinhart am Stadtgarten und dem Kunstmuseum und sonntags auch dem Fotomuseum hin und her.

Praktische Informationen

Museumspass Der Museumspass kostet 20/30 SFr für einen Tag/zwei Tage. Er umfasst fast alle Sehenswürdigkeiten.

Post (Bahnhofplatz 9; Mo–Sa 8.30–19, So 9–12 & 14.30–19 Uhr)

Touristeninformation (☎ 052 267 67 00; www.winterthur-tourismus.ch; bei Gleis 1 im Hauptbahnhof; Mo–Fr 8.30–18.30, Sa 8.30–16 Uhr)

Sehenswertes & Aktivitäten

Winterthur verdankt viel seines Renommees als Kunstmekka dem Kunstsammler Oskar Reinhart, einem Spross einer mächtigen Fa-

RUND UM ZÜRICH •• Winterthur

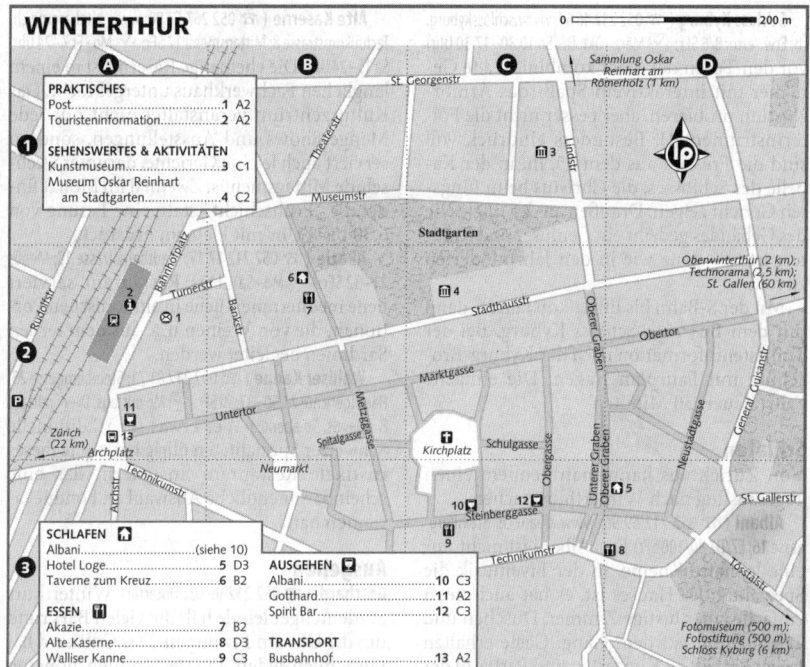

milie aus dem Bank- und Versicherungswesen. Bei seinem Tod 1965 ging die Kunstsammlung testamentarisch in Schweizer Besitz über und wurde seiner Heimatstadt anvertraut.

Es ist faszinierend, wie die **Sammlung Oskar Reinhart am Römerholz** (☎ 052 269 27 40; www.roemerholz.ch; Haldenstrasse 95; inkl. Museum Oskar Reinhart am Stadtgarten Erw./Student 12/8 SFr; Di & Do-So 10-17, Mi bis 20 Uhr) eine Brücke zwischen traditioneller und moderner Kunst schlägt und Werke von Cézanne, Goya, Rembrandt und Rubens denen von Monet, Picasso, Renoir und Van Gogh gegenüberstellt. Anfahrt: mit Bus 3 zum Spital oder mit dem Museumsbus.

Reinharts 500 Werke umfassende Sammlung schweizerischer, deutscher und österreichischer Kunst ist im **Museum Oskar Reinhart am Stadtgarten** (☎ 052 267 51 72; www.museumoskarreinhart.ch; Stadthausstrasse; Erw./Student 8/6 SFr, mit dem Ticket für die Sammlung Oskar Reinhart am Römerholz frei; Di 10-20, Mi-So 10-17 Uhr) zu sehen.

Winterthurs ausgezeichnetes **Fotomuseum** (☎ 052 234 10 34; www.fotomuseum.ch; Grüzen-strasse 44; Erw./erm. 9/7 SFr; Di & Do-So 11-18, Mi bis 20 Uhr) ist ein weiteres Highlight der insgesamt 17 Museen der Stadt. Die riesige Sammlung umfasst die Werke zahlreicher renommierter Fotografen. Ebenso zahlreich vertreten sind auch die Stile, die die Geschichte der Fotografie von ihren Anfängen im 19. Jh. bis hin zur Gegenwart widerspiegelt; allerdings sind oft nur temporäre Ausstellungen zu sehen. Weitere Fotografien gibt's in der **Fotostiftung** (☎ 052 234 10 30; www.fotostiftung.ch; Grüzenstrasse 45; Erw./erm. 7/5 SFr; s. Fotomuseum) auf der gegenüberliegenden Straßenseite. Ein Kombiticket für diese und andere Fotoausstellungen beträgt 15/11 SFr.

Lohnend ist auch ein Besuch des **Kunstmuseums** (☎ 052 267 58 00; www.kmw.ch; Museumstrasse 52; Erw./erm. 15/10 SFr; Di 10-20, Mi-So 10-17 Uhr), das Werke aus dem 19. und 20. Jh. zeigt.

Genug von der Kunst? Lust auf etwas Naturwissenschaft? Kein Problem: Das **Technorama** (☎ 052 244 08 44; www.technorama.ch; Technoramastrasse 1; Erw./erm. 8/6 SFr; Di-So 10-17 Uhr) ist eine außergewöhnliche Reise in die interaktive Welt der Wissenschaft. Es bietet Hunderte interaktiver Erlebnisse, die Kinder und Erwachsene gleichermaßen faszinieren, etwa die größte Plasmakugel Europas oder eine Spielzeugeisenbahn. Bus 5 fährt vom Hauptbahnhof hierher.

Schloss Kyburg (☎ 052 232 46 64; www.schlosskyburg.ch; Erw./erm. 8/6 SFr; ⊗ März–Okt. Di–So 10.30–17.30 Uhr) vor den Toren der Stadt kombiniert alte Gemäuer mit interaktivem Spaß (das Armor-Kostüm probieren, aber besser nicht die Folterinstrumente!). Besonders eindrucksvoll sind die Fresken aus dem 15. Jh. in der Kapelle des Schlosses, die Christus beim Jüngsten Gericht zeigen. Draußen an der Rückseite des Gebäudes gedeiht ein Gemüse- und Kräutergarten – ganz wie in den Jahrhunderten zuvor.

Mit der S-Bahn bis Effretikon fahren, dann mit dem Bus zum Schloss Kyburg. Bei der Touristeninformation nach der Kyburg-Broschüre mit Fahrplan fragen. Die einfache Fahrt dauert 30 Minuten.

Schlafen

Von Zürich aus kann man bequem einen Tagesausflug nach Winterthur machen.

Albani (☎ 052 212 69 96; www.albani.ch; Steinberggasse 16; EZ/DZ 80/100 SFr) Das Albani ist nicht nur eine lebhafte Kneipe, in der Livemusik die Spezialität des Hauses ist, es hat auch neun einfache, aber lustige Zimmer. Duschen und Telefon sind auf dem Gang. Gäste erhalten freien Eintritt zu Konzerten und Partys in der Kneipe unten. Coole Sache!

Taverne zum Kreuz (☎ 052 269 07 20; www.tavernezum-kreuz.ch; Stadthausstrasse 10b/Im Stadtpark; EZ/DZ 142/172 SFr) Das Gasthaus liegt in einem herrlich schiefen Fachwerkhaus aus dem 18. Jahrhundert untergebracht. Es hat gemütliche Zimmer mit viel Charakter. Unten gibt es ein ebenso freundliches Restaurant mit Bar.

Hotel Loge (☎ 052 268 12 00; www.hotelloge.ch; Oberer Graben 6; EZ/DZ 195/250 SFr) Durch ein gotisches Tor betritt man das durchdesignte Hotel, das auch eine Bar, ein Restaurant und sogar ein Kino hat. Es bietet allen erdenklichen Komfort und Stil. Von einigen der 17 geräumigen Zimmer hat man einen schönen Blick auf die grüne Allee zur Altstadt.

Essen

Am Neumarkt konzentrieren sich einige Kneipen und günstige Restaurants, die eine große Bandbreite kulinarischer Spezialitäten aus unterschiedlichen Ländern offerieren.

Alte Kaserne (☎ 052 267 57 80; www.altekaserne.ch; Technikumstrasse 8; Mittagsmenü 17 SFr; ⊗ Mo–Fr 7–24 Uhr, Sa 15–24 Uhr) Die ehemalige Kaserne ist in einem länglichen Fachwerkhaus untergebracht. Das Kulturzentrum veranstaltet nicht nur jede Menge Shows und Ausstellungen, sondern serviert auch leichte Gerichte, darunter wechselnde Mittagsmenüs. Zweimal im Monat findet die „Frühschicht" statt, eine Lesung von 6.30 bis 8 Uhr mit kleinem Frühstück.

Akazie (☎ 052 212 17 17; Stadthausstrasse 10; Menüs 21–32 SFr; ⊗ Mo–Sa) Das Restaurant serviert neue mediterrane Küche in altmodischen Portionen, die von Weinen u. a. aus dem fernen Sardinien begleitet werden.

Walliser Kanne (☎ 052 212 81 71; Steinberggasse 25; Hauptgerichte 24,50–37,50 SFr; ⊗ Mo mittags, Di–Fr mittags & Abends, Sa abends) Wer etwas für traditionelle Schweizer Spezialitäten übrig hat, sollte dieses rustikale Restaurant ansteuern, das eine scheinbar unendliche Auswahl an Fonduevarianten hat.

Ausgehen

Gotthard (☎ 052 212 09 05; Untertor) Winterthurs Studentengemeinde hält die vielen Bars rund um die Uhr am Brummen. Das Gotthard hat tatsächlich jeden Tag 24 Stunden nonstop geöffnet.

Albani (☎ 052 212 69 96; www.albani.ch; Steinberggasse 16) Obwohl sich höchstens ein paar Hundert Menschen ins Albani quetschen können, ist es der Magnet für Liebhaber von Livemusik. Es treten schweizerische und ausländische Bands auf, selbst Sheryl Crow und Pearl Jam haben bereits ihre Visitenkarte abgegeben.

Spirit Bar (☎ 052 212 24 04; Steinberggasse 2; ⊗ Di–Sa 16–open end) Wenn im Albani nichts los ist, lockt diese gute Alternative gleich ums Eck auf ein Gläschen. Bei Studenten beliebt. Manchmal spielt Livemusik.

Anreise & Unterwegs vor Ort

Pro Stunde fahren vier bis fünf Züge nach Zürich (11,40 SFr, 19–25 Min.). Die A1 führt von Zürich aus an Winterthur vorbei weiter nach St. Gallen und Österreich.

Da Busfahrkarten nach Oberwinterthur 3,90 SFr kosten, ist es ratsam, ein 24-Stunden-Ticket für 7,80 SFr zu kaufen.

Zentralschweiz

Müssten die Schweizer einen Lieblingskanton wählen, würde es sicher die Zentralschweiz werden. Das grüne, hügelige Land ist die Quintessenz allen Schweizerischen: Hier wurde 1291 der Pakt der Pakte geschlossen, hier rebellierte Wilhelm Tell gegen die Habsburger, hier erfand Karl Elsener den besten Freund des Pfadfinders, das Victorinox-Messer. Geografisch, politisch und im Geiste ist dies das Herz der Schweiz, nirgends hängt die rot-weiße Flagge höher.

Der Vierwaldstätter See, wie er morgens so geheimnisvoll unter dem wabernden Nebel liegt und in der Dämmerung wirkt wie flüssiges Gold, faszinierte den Maler Turner und erfreute Königin Victoria, als sie zu Pferde den Rigi bezwang. Wagner kannte „keinen schöneren Ort auf der Welt", und Twain bezeichnete die Gegend als die charmanteste, in der er je gelebt hat.

Auch Luzern mit seinem Seeblick, den Brücken und den viktorianischen Raritäten erobert die Herzen im Sturm. Das verträumte Städtchen ist klein genug, um zu Fuß erkundet zu werden, und dabei groß genug, um schicke Designerhotels und eine Galerie voller Picassos zu bieten. Von hier ist man schnell in Orten wie Weggis und Brunnen, und auch die nahegelegenen Berge Pilatus und Rigi sind gut erreichbar. Im überkandidelten Zug gibt's eine Kirschtorte, die so reich(haltig) ist wie die Bewohner und das historische Erbe der Stadt.

Sogar noch bei Luzern drängen sich die Alpen in den Vordergrund und laden zu Erkundungstouren ein. Wanderer finden in der Nähe von Andermatt raue Berglandschaften vor, und Skihasen können im himmlischen Engelberg über unberührten Puderschnee fahren.

HIGHLIGHTS

- Sich bei einem Spaziergang über die **Kapellbrücke** (S. 267) in Luzerns mittelalterliche Vergangenheit zurückversetzen lassen und die **Stadtmauer** (S. 269) erklimmen
- Sich bei einer Wanderung auf dem schwindelerregend hohen **Felsenweg am Bürgenstock** (S. 77) vom umwerfenden Blau des Vierwaldstätter Sees verzaubern lassen
- Sich über dem zerklüfteten Gletscher des **Titlis** (S. 284) in einer Seilbahn mit rotierendem Fußboden um die eigene Achse drehen
- Sich bei einer Bootsfahrt auf dem **Urner See** (S. 278) wie Wilhelm Tell fühlen
- Im Sommer zum Rheinursprung wandern und im Winter das verschneite Hinterland von **Andermatt** (S. 288) erkunden

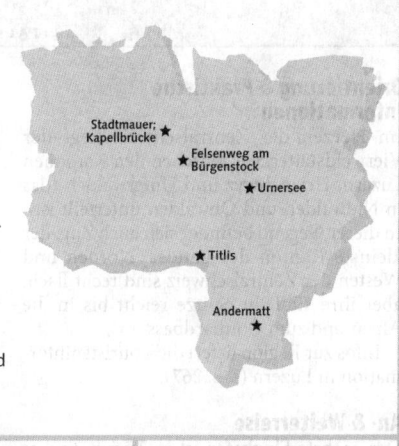

- BEVÖLKERUNG: 613 800
- FLÄCHE: 4484 KM²
- SPRACHE: DEUTSCH

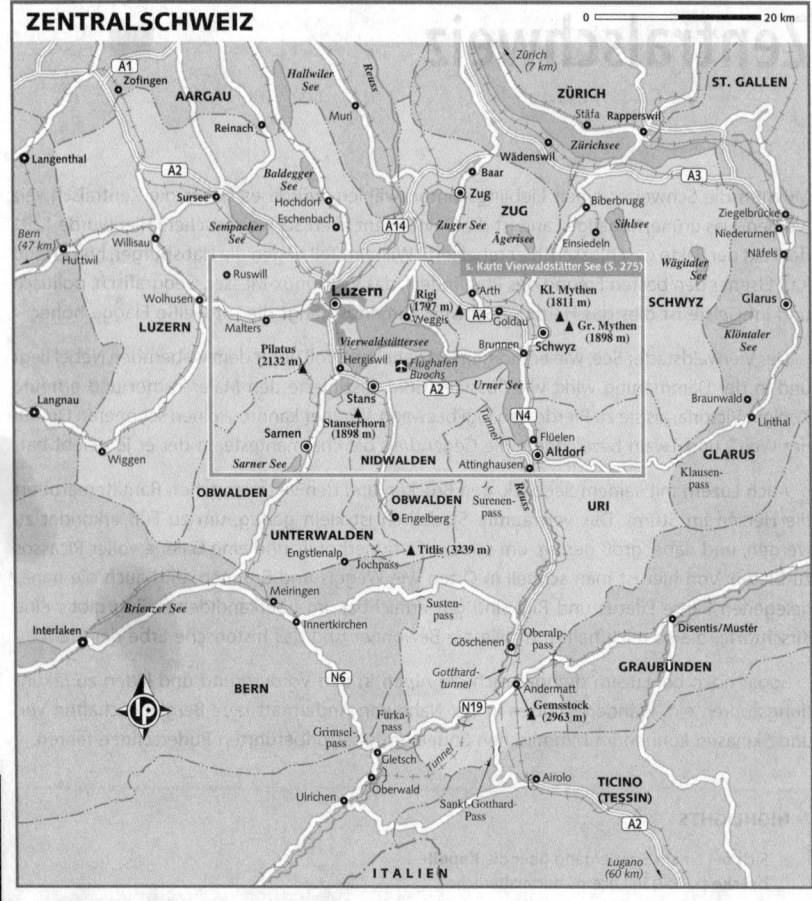

Orientierung & Praktische Informationen

Im Herzen der Zentralschweiz liegt der Vierwaldstätter See zwischen den Kantonen Luzern, Uri, Schwyz und Unterwalden (das in Nidwalden und Obwalden unterteilt ist). In dieser Gegend befindet sich auch Zug, der kleinste Kanton des Landes. Norden und Westen der Zentralschweiz sind recht flach, aber ihre südliche Spitze reicht bis in die Alpen und zum Gotthardpass.

Infos zur Region liefert die Touristeninformation in Luzern (s. S. 267).

An- & Weiterreise

Der nächste Flughafen ist in Zürich, und es gibt hervorragende Straßen- und Zugverbindungen in alle Richtungen. Eine interessante Heim- oder Weiterfahrt verspricht der Wilhelm-Tell-Express (S. 403).

Ohne Swiss Pass (der auch für Fahrten auf dem See gilt) lohnt sich eventuell der Erwerb des regionalen **Tell-Passes** (www.tell-pass.ch; für 7/15 Tage 158/210 SFr; ⊙ Ende März–Okt.), erhältlich bei der Touristeninformation in Luzern und an allen Bootsanlegestellen. Mit ihm kann man zwei bzw. fünf Tage kostenlos und sieben bzw. 15 Tage um 50 % ermäßigt reisen. Mit der Gästekarte für den Vierwaldstätter See, die man bei einer Übernachtung in der Region erhält, gibt's u. a. Nachlass bei Sporteinrichtungen und 10–50 % auf bestimmte Seilbahnen. Außerdem kann man viele Museen vergünstigt besuchen, etwa das in Luzern.

LUZERN

58 380 Ew. / 435 m

Man nehme einen kobaltblauen See inmitten mystischer Berge, füge eine gut erhaltene mittelalterliche Altstadt hinzu und würze das Ganze mit Brücken, sonnigen Plätzen, bonbonfarbenen Häusern und Uferpromenaden – und heraus kommt Luzern, eine freundliche, schöne und sehr beliebte Stadt. Im 19. Jh. genossen hier schon Goethe, Königin Victoria von England und Wagner den traumhaften Blick. Der Legende nach wies ein Engel mit einem Licht den ersten Siedlern den Weg zu dem Ort, an dem sie eine Kapelle in Luzern bauen sollten, was sie auch taten. Das Gotteshaus ist auch heute noch sehr charmant.

Luzern hat zwei Gesichter – einerseits ist es sehr nostalgisch mit seinen pathetischen Löwenskulpturen und dem kitschigen Irrgarten, andererseits zeigt es sich auch äußerst intellektuell. Im KKL, das eine hervorragende Akustik zu bieten hat, finden ständig tolle Konzerte statt und die berühmte Sammlung Rosengart wartet mit einer einmaligen Picasso-Sammlung auf. Die Geschäfte sind immer noch vollgestopft mit Keramikkühen und anderen Dingen, die Mark Twain als „Kitsch nach Souvenirart" bezeichnete, doch trotzdem lebt Luzern nicht nur in der Vergangenheit: In der lebendigen Stadt werden regelmäßig Konzerte veranstaltet, in ihren Unterkünften, etwa im The Hotel, steigen häufig Rockstars ab, und die Fasnacht hat eine starke Lobby. Der Sommer ist mild, der Herbst golden, kurz: Die „Stadt der Lichter" strahlt zu jeder Jahreszeit.

Orientierung

Die Stadt schmiegt sich ans westliche Ende des Vierwaldstätter Sees, durch den die Reuss fließt. Ihr mittelalterliches Zentrum liegt am nördlichen Flussufer. Der Hauptbahnhof an der Südseite des Sees ist zu Fuß erreichbar.

Praktische Informationen

INTERNETZUGANG
Stadtbibliothek (Löwenplatz 11; 4 SFr/Std.; Mo 13.30–18.30, Di–Fr 10–18.30, Do bis 20, Sa 10–16 Uhr) Kostenloses WLAN.

Surfers Island (☎ 041 412 00 44; Weinmarkt 15; 10 SFr/Std.; Mo–Fr 10–19, Sa bis 16 Uhr) Wer hier surft, bekommt zehn Freiminuten für internationale Gespräche.

MEDIZINISCHE VERSORGUNG
Permanence Medical Center (☎ 041 211 14 44; Hauptbahnhof, UG; 24 Std.)

POST
Post (Ecke Bahnhofstrasse & Bahnhofplatz; Mo–Fr 7.30–18.30, Sa 8–16 Uhr) In der Nähe des Bahnhofs.

ERMÄSSIGUNGEN
Die **Gästekarte Luzern–Vierwaldstättersee** wird von der Unterkunft gestempelt, in der man wohnt. Sie gewährt Rabatte auf den Eintritt für viele Museen und einige Sporteinrichtungen und bei Bootsausflügen auf den See.

Lucerne Card (24/48/72 Std. 19/27/33 SFr) Mit dieser Karte, die man bei der Touristeninformation und am Bahnhof bekommt, kann man unbegrenzt und kostenlos mit öffentlichen Verkehrsmitteln (außer mit den Schiffen der SGV) fahren, bekommt 50 % Nachlass in Museen sowie Nachlässe bei den Preisen für Aktivitäten, Stadtführungen und Mietwagen.

TOURISTENINFORMATION
Luzern Tourismus AG (☎ Auskunft 041 227 17 17, Hotelreservierungen 041 227 17 27; www.luzern.com; Zentralstrasse 5; Mitte Juni–Mitte Sept. Mo–Fr 8.30–19.30, Sa & So 9–19.30 Uhr, Nov.–April Mo–Fr 8.30–17.30, Sa & So 9–13 Uhr, übriges Jahr tgl. 9–18.30 Uhr) Zur Touristeninformation gelangt man über die Zentralstrasse oder über Gleis 3 im Bahnhof. Sie hat auch Stadtführungen im Angebot.

WASCHSALONS
Jet Wasch (☎ 041 240 01 51; Bruchstrasse 28; Mo–Fr 8–12 & 14–18, Sa 9–16 Uhr)

Sehenswertes

MITTELALTERLICHE BRÜCKEN
Man ist nicht in Luzern gewesen, wenn man nicht wenigstens ein Mal in der Altstadt über die knarrende **Kapellbrücke** (14. Jh.) gelaufen ist, die über die Reuss führt. Der achteckige Wasserturm ist ein Originalbau, doch sein Giebeldach kam erst in jüngerer Zeit dazu; er wurde nach einem verheerenden Feuer im Jahr 1993 errichtet. Beim Überqueren der Brücke einen Blick nach oben auf Heinrich Wägmanns mit dreieckigen Bildern verzierte Überdachung aus dem 17. Jh. werfen: Die Darstellungen illustrieren wichtige Ereignisse der schweizerischen Geschichte und Mythologie. Am Schönsten wirkt die Brücke bei Abenddämmerung, denn dann ist sie in ein sanftes, goldenes Licht getaucht.

Ein Stück weiter den Fluss hinab gelangt man zur kleineren, etwas dunkleren **Spreuer-**

LUZERN

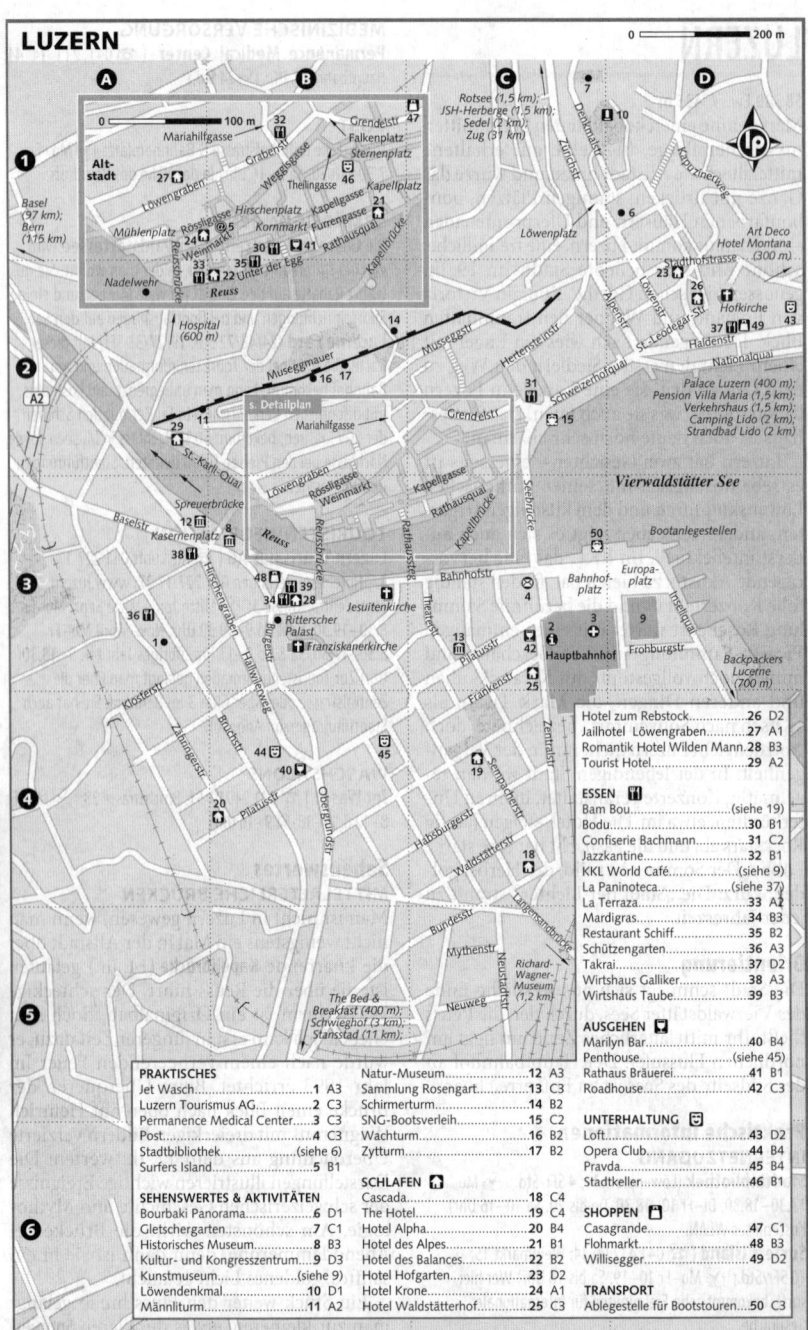

PRAKTISCHES	
Jet Wasch	1 A3
Luzern Tourismus AG	2 C3
Permanence Medical Center	3 C3
Post	4 C3
Stadtbibliothek	(siehe 6)
Surfers Island	5 B1

SEHENSWERTES & AKTIVITÄTEN	
Bourbaki Panorama	6 D1
Gletschergarten	7 C1
Historisches Museum	8 B3
Kultur- und Kongresszentrum	9 D3
Kunstmuseum	(siehe 9)
Löwendenkmal	10 D1
Männliturm	11 A2
Natur-Museum	12 A3
Sammlung Rosengart	13 C3
Schirmerturm	14 B2
SNG-Bootsverleih	15 C2
Wachturm	16 B2
Zytturm	17 B2

SCHLAFEN	
Cascada	18 C4
The Hotel	19 C4
Hotel Alpha	20 B4
Hotel des Alpes	21 B1
Hotel des Balances	22 B2
Hotel Hofgarten	23 D2
Hotel Krone	24 A1
Hotel Waldstätterhof	25 C3
Hotel zum Rebstock	26 D2
Jailhotel Löwengraben	27 A1
Romantik Hotel Wilden Mann	28 B3
Tourist Hotel	29 A2

ESSEN	
Bam Bou	(siehe 19)
Bodu	30 B1
Confiserie Bachmann	31 C2
Jazzkantine	32 B1
KKL World Café	(siehe 9)
La Paninoteca	(siehe 37)
La Terraza	33 A2
Mardigras	34 B3
Restaurant Schiff	35 B2
Schützengarten	36 A3
Takrai	37 D2
Wirtshaus Galliker	38 A3
Wirtshaus Taube	39 B3

AUSGEHEN	
Marilyn Bar	40 B4
Penthouse	(siehe 45)
Rathaus Bräuerei	41 B1
Roadhouse	42 C3

UNTERHALTUNG	
Loft	43 D2
Opera Club	44 B4
Pravda	45 B4
Stadtkeller	46 B1

SHOPPEN	
Casagrande	47 C1
Flohmarkt	48 B3
Willisegger	49 D2

TRANSPORT	
Ablegestelle für Bootstouren	50 C3

brücke, deren Struktur aus dem Jahr 1408 noch komplett erhalten ist. Der Überlieferung nach war dies die einzige Brücke, von der aus die Menschen im Mittelalter Spreu in den Fluss werfen durften. Ihre Überdachung ist mit einem großen, an einen Comic erinnernden Gemäldezyklus von Kaspar Meglinger zum Thema Totentanz verziert, der darstellt, wie die Pest alle Gesellschaftsschichten traf.

MUSEGGMAUER

Wer von oben einen Blick auf die Dächer Luzerns, den glitzernden See und die Berge dahinter werfen möchte, sollte auf der mittelalterlichen **Museggmauer** (Eintritt frei; April–Okt. 8–19 Uhr) einen Spaziergang machen. Hier führt ein Weg vom **Schirmerturm** bis zum **Wachturm**, bei dem man wieder umkehrt. Man kann auch den **Zytturm** und den **Männliturm** (Letzterer ist über den Weg auf der Stadtmauer nicht zu erreichen) besteigen.

SAMMLUNG ROSENGART

Luzerns größtes kulturelles Highlight ist die **Sammlung Rosengart** (041 220 16 60; www.rosengart.ch; Pilatusstrasse 10; Erw./Kind bis 6 Jahre/Kind 7–16 Jahre & Student/Senior 18 SFr/frei/10/16 SFr; April–Okt. 10–18 Uhr, Nov.–März 11–17 Uhr), die in einem eleganten neoklassizistischen Gebäude untergebracht ist. Zu sehen sind die einmaligen Schätze von Angela Rosengart, Schweizer Kunsthändlerin und enge Freundin von Picasso. Neben Werken des spanischen Meisters kann man Bilder und Zeichnungen von Cézanne, Klee, Kandinsky, Miró, Matisse und Monet bewundern. Zu den besonderen Juwelen gehören Joan Mirós leuchtend blaue *Tänzerin II* (1925) und Paul Klees naives *X-chen* (1938).

Ergänzt wird die Sammlung durch rund 200 Fotografien von David Douglas Duncan, die Picasso während seiner letzten 17 Lebensjahre mit seiner Familie in seinem Haus in der Nähe von Cannes zeigen. Diese aufschlussreiche Serie porträtiert Picasso als spitzbübischen Künstler, Liebhaber und Vater.

VERKEHRSHAUS

Klingt nicht besonders spannend, ist aber äußerst faszinierend: Im interaktiven **Verkehrshaus** (041 370 44 44; www.verkehrshaus.ch; Lidostrasse 5; Erw./Kind bis 5 Jahre/Kind 6–16 Jahre 24 SFr/frei/12 SFr; April–Okt. 9–18 Uhr, Nov.–März 10–17 Uhr) finden sich neben Raketen, Dampfloks, fliegenden Fahrrädern und Einbäumen viele Dinge zum Ausprobieren, z. B. Flugsimulatoren, Radiostudios und ein Schattenorchester, das Bewegung in Musik übersetzt.

Im beliebtesten Museum des Landes sind zudem ein Planetarium, ein **IMAX-Kino** (www.imax.ch; Erw./Kind bis 5 Jahre/Kind ab 6 Jahre 18/12/14 SFr; Filmvorführungen stündl. Mo–Do 11–17, Fr–So bis 21 Uhr) und die **Swiss Arena**, eine gigantische begehbare Karte der Schweiz mit einem Maßstab von 1 : 20 000. Sie wurde mithilfe von Luftbildern gemacht und erlaubt es einem, über die Alpen zu springen. Daneben gibt's noch Malereien zum Thema Technologie sowie Zeichnungen und Skulpturen des Schweizer Künstlers Hans Enri. Hin geht's mit den Bussen 6, 8 und 24.

KULTUR- UND KONGRESSZENTRUM & KUNSTMUSEUM

Das **Kultur- und Kongresszentrum** (KKL; www.kkl-luzern.ch; Europaplatz) vom Pariser Architekten Jean Nouvel am Ufer mit seinen auffälligen Winkeln und den klaren Linien ist ein postmodernes Schmuckstück in einer ansonsten historischen Stadt. Sein hübsches Äußeres birgt einen interessanten Innenraum: Die Akustik in der Hauptkonzerthalle ist nahezu perfekt und laut der Musiker und Dirigenten, die hier schon aufgetreten sind, qualitativ einmalig. Die hohe, schmale Konzerthalle wurde teils unterhalb der Wasseroberfläche des Sees gebaut, ist von einem Hallraum umgeben und hat eine abgehängte Decke, was die totale Stille erklärt, die hier herrscht.

Die vielen Lobeshymnen auf die Halle kommen auch dem Lucerne Festival (s. S. 270) zugute, das langsam ein Highlight unter den internationalen Musikfesten wird.

Die Dauerausstellung des **Kunstmuseum**s(041 226 78 00; www.kunstmuseumluzern.ch; Level K, KKL; Erw./Kind bis 5 Jahre/Kind 6–16 Jahre & Student 12 SFr/frei/4 SFr, Aufpreis bei Sonderausstellungen 4 SFr; Di–So 10–17, Mi bis 20 Uhr) im KKL ist wenig einfallsreich, aber es gibt immer wieder tolle Wanderausstellungen, z. B. kürzlich eine zu Hiroshi Sugimotos rätselhafter Fotografiekunst.

VIKTORIANISCHE SEHENSWÜRDIGKEITEN

Nostalgiker locken vermutlich die erstaunlichen viktorianischen Sehenswürdigkeiten nördlich der Altstadt. Das eindrucksvollste darunter ist das **Löwendenkmal** (Denkmalstrasse). Lukas Ahorn meißelte diese 10 m lange Skulptur eines sterbenden Löwen 1820 in Stein zum Gedenken an die Schweizer Soldaten, die während der Französischen Revolution starben, bei der sie Ludwig XIV. verteidigten. Mark Twain nannte es den „traurigsten und bewegendsten Stein der Welt". Narnia-Fans fühlen sich an Aslan erinnert.

Direkt daneben liegt der **Gletschergarten** (☎ 041 410 43 40; www.gletschergarten.ch; Denkmalstrasse 4; Erw./Kind bis 5 Jahre/Kind 6–16 Jahre/Student 12 SFr/frei/ 7/9,50 SFr; ◷ April–Okt. 9–18 Uhr, übriges Jahr 10–17 Uhr), ein Felsrelief (u. a. mit großen Löchern), das bei einem Gletscherrutsch vor ca. 20 Mio. Jahren entstanden war. Kult-Kitsch-Fans können sich in dem Spiegellabyrinth im Tausendundeine-Nacht-Stil verlieren, das von der Alhambra in Spanien inspiriert ist.

Wer sich für Geschichte interessiert, ist im **Bourbaki Panorama** (☎ 041 412 30 30; www.bourbakipanorama.ch; Löwenplatz 11; Erw./Kind bis 5 Jahre/Kind 6–16 Jahre/Student & Senior 8 SFr/frei/5/7 SFr; ◷ Mo 13–18, Di–So 9–18 Uhr) gut aufgehoben. Die akribische Darstellung des Deutsch-Französischen Krieges (1870–1871) und eine bewegende Audioschilderung erwecken das 1100 m² große Rundgemälde, das elend wirkende Truppen und Zivilisten zeigt, zum Leben.

NOCH MEHR MUSEEN

Das **Historische Museum** (☎ 041 228 54 24; www.hmluzern.ch; Pfistergasse 24; Erw./Kind/Senior 10 SFr/frei/8 SFr; ◷ Di–So 10–17 Uhr) ist geschickt nach Themengebieten unterteilt, von Lust und Lüsternheit bis Regierung und Tourismus. Am besten schnappt man sich einen Audioguide, der Erläuterungen zu den Exponaten gibt.

Freunde von ausgestopften Kreaturen und Krabbelgetier sollten sich das interaktive **Natur-Museum** (☎ 041 228 54 11; Kasernenplatz 6; Erw./ Kind bis 5 Jahre/Kind 6–16 Jahre/Student 6 SFr/frei/2/5 SFr; ◷ Di–So 10–17 Uhr) nicht entgehen lassen. Zu den Highlights zählen ein Waldpfad mit richtigen Bäumen und ein Computer, der verschiedene Pilzarten erläutert (aha, die roten mit den Punkten soll man also nicht essen …). Augen offen halten nach dem *Luzerner Drachenstein* (15. Jh.), der der Legende nach aus dem Maul eines Drachen fiel, als dieser über den Pilatus flog. Die moderne Forschung geht davon aus, dass der Stein ein Meteorit ist.

In Tribschen am südlichen Seeufer liegt im ehemaligen Haus des Komponisten das **Richard-Wagner-Museum** (☎ 041 360 23 70; www.richard-wagner-museum.ch; Richard-Wagner-Weg 27; Erw./ Kind bis 5 Jahre/Kind 6–12 Jahre/Student 6 SFr/frei/3/4 SFr; ◷ Mitte März–Nov. Di–So 10–12 & 14–17 Uhr), das historische Musikinstrumente und Raritäten zeigt, z. B. ein Regal (tragbare Orgel). Hin kommt man vom Bahnhof aus mit den Bussen 6, 7 oder 8 in Richtung Wartegg.

Aktivitäten

Im **Strandbad Lido** (☎ 041 370 38 06; www.lido-luzern.ch; Lidostrasse 6a; Erw./Kind bis 5 Jahre/Kind 6–15 Jahre 6 SFr/frei/3 SFr; ◷ Mitte Mai–Sept. 9–20 Uhr) kann man in einem beheizten Becken schwimmen oder sonnenbaden; der Strand am Seeufer nahe dem Campingplatz Lido (s. S. 271) bietet zudem einen Spielplatz und ein Volleyballfeld. Im Seepark am anderen Ufer nahe dem Alpenquai schwimmt man umsonst.

SNG (☎ 041 368 08 08; www.sng.ch) an der Nordseite der Seebrücke vermietet Ruder-, Tret- und kleinere Motorboote (ab 22/29/55 SFr pro Std., zzgl. Kaution) und bietet Bootsfahrten auf dem See an (15 SFr).

Outventure (☎ 041 611 14 41; www.outventure.ch; Stans) lockt Adrenalinjunkies mit Aktivitäten wie Tandem-Paragliding (150 SFr), Canyoning (ab 110 SFr), Gletscherwandern (150 SFr) und Kanufahren auf dem Vierwaldstätter See (115 SFr).

Wanderungen sind dank der unglaublich schönen Landschaft ebenfalls Highlights in dieser Region. Ein einmaliges Panorama über den Vierwaldstätter See eröffnet sich, wenn man mit der Fähre nach Kehrsiten-Bürgenstock fährt und dort den **Felsenweg am Bürgenstock** (S. 77) entlangläuft; diese Wanderung dauert zwei Stunden. Die Touristeninformation gibt Auskunft zu weiteren Wanderungen in der Gegend, z. B. zu der gemütlichen Tour vom Schwanenplatz zum Sonnmatt.

Daneben bieten sich **Radtouren** rund um den See an. Gut zu bewältigen und landschaftlich schön sind die 16 km von Kastanienbaum nach Winkel, die größtenteils am Seeufer entlang verlaufen. Am Bahnhof gibt's einen **Fahrradverleih** (☎ 041 51 227 32 61; halber/ganzer Tag 25/33 SFr).

Feste & Events

Die Weltklasseveranstaltung **Lucerne Festival** (☎ Ticketreservierung 041 226 44 80, Info 041 226 44 00; www.luzernfestival.ch) umfasst ein Festival zu Ostern, eines im Sommer und das „Piano" im November. Alle Konzerte finden im KKL (S. 269) statt.

Das **Jodlerfest Luzern** (www.jodlerfestluzern.ch), das Ende Juni steigt, ist ein typisches Alpenevent, zu dem sich 12 000 Schweizer Jodler, Alphornspieler und Fahnenschwinger in der Stadt treffen.

Schlafen

Von Designerhotels bis zu süßen, schlichten B&Bs am Seeufer hat Luzern für jeden Geschmack etwas zu bieten. Inspiration gibt's auf www.luzern-hotels.ch. Die meisten Hotels haben im Winter günstigere Preise, manchmal zahlt man gar bis zu einem Drittel weniger. An Fasnacht wird's eng in den Unterkünften, also rechtzeitig im Voraus buchen!

BUDGETUNTERKÜNFTE
Jugendherbergen & Hostels

Backpackers Lucerne (☎ 041 360 04 20; www.backpackers lucerne.ch; Alpenquai 42; B/DZ 31/70 SFr; ✆ Rezeption 7–10 & 16–23 Uhr; ▣) Der Backpacker-Himmel! Direkt am See liegt dieses stimmungsvolle Hostel mit Kunst an den Wänden, quirligem Personal, einer gut ausgestatteten Küche und makellosen Schlafsälen mit Balkonen. Von Bahnhof aus erreicht man es in 15 Minuten zu Fuß (in südöstlicher Richtung).

SJH-Jugendherberge (☎ 041 420 88 00; www.youth hostel.ch/luzern; Sedelstrasse 12; B/DZ 32,50/82 SFr; ✆ Check-in im Sommer 14–24 Uhr, im Winter ab 16 Uhr; P ▣) Die gut geführte, saubere Jugendherberge bietet moderne Zimmer, außerdem bekommt man den ganzen Tag über günstige Mahlzeiten. Vom Bahnhof aus fährt Bus 18 bis zur Haltestelle „Jugendherberge".

Gästehäuser & Hotels

The Bed & Breakfast (☎ 041 310 15 14; www.thebandb. ch; Taubenhausstrasse 34; EZ/DZ mit Gemeinschaftsbad 80/120 SFr; ✆ März–Okt.; P ✗) Dieses freundliche B&B wirkt wie ein Privathaus. Seine schicken, modernen Zimmer sind mit strahlend weißer Bettwäsche und vielen Kissen ausgestattet und in leuchtenden Pink- und Lindgrüntönen gehalten. Im üppig blühenden Garten oder den altmodischen Badewannen kann man herrlich entspannen. Eine weitere Annehmlichkeit ist das kostenlose WLAN. Hin bringt einen Bus 1 in Richtung Eichhof.

Tourist Hotel (☎ 041 410 24 74; www.touristhotel.ch; St.-Karli-Quai 12; B 40–45 SFr, EZ/DZ 80/120 SFr, mit Bad 140/220 SFr; P ✗ ▣) Man sollte sich von einfallslosen Namen und der kotzgrünen Fassade dieses zentral gelegenen, günstigen Hotels am Fluss nicht abschrecken lassen. Die Schlafsäle sind schlicht, doch die Zimmer mit dem frechen Anstrich, dem Parkettboden und den Flachbildschirm-TVs sind einladend.

Hotel Alpha (☎ 041 240 42 80; www.hotelalpha.ch; Zähringerstrasse 24; EZ/DZ 70/140 SFr; ▣) Schön und günstig ist dieses Hotel in einer ruhigen Wohngegend, vom Zentrum in zehn Minuten zu Fuß erreichbar. Die Zimmer sind schlicht, hell und makellos sauber.

Jailhotel Löwengraben (☎ 041 410 78 30; www.jail hotel.ch; Löwengraben 18; EZ/DZ 118/149 SFr; ✗) Dieses ehemalige Gefängnis verspricht ein besonderes Erlebnis. Die Zellen mit den vergitterten Fenstern, den nackten Holzdielen und dem lieblosen Badezimmer können schon einen Gefängniskoller auslösen. Es ist witzig, doch wirklich gut schläft man nicht, da im Club Alcatraz unten bis morgens um 3 Uhr Techno aus den Boxen dröhnt. Bei der Ankunft muss man im Voraus und bar bezahlen – hallo?!

Camping

Camping Lido (☎ 041 370 21 46; www.camping-interna tional.ch; Lidostrasse 19; Stellplatz pro Erw./Kind/Zelt 10/5/10 SFr, Strom 5 SFr, B in einer Hütte 25 SFr; ✆ ganzjährig) Der schattige Campingplatz liegt an der Nordseite des Sees östlich von Luzern. Man kann auch in Holzhütten mit vier bis acht Betten nächtigen (Schlafsack mitbringen). Es gibt einen Spielplatz, Waschmaschinen, einen Fahrradverleih (10 SFr) und einen Hobbyraum mit WLAN. Die Busse 6 und 8 fahren hierher.

MITTELKLASSEHOTELS

Das Beste am **Hotel des Alpes** (☎ 041 417 20 60; www.desalpes-luzern.ch; Furrengasse 3; EZ/DZ ab 128/201 SFr; ✗) ist seine Lage mit Blick auf den Fluss und die Kapellbrücke. Die altmodischen Zimmer sind gemütlich, aber wer einen leichten Schlaf hat, findet es vielleicht etwas laut hier. Einziger Kritikpunkt ist das unwirsche Personal an der Rezeption.

Pension Villa Maria (☎ 041 370 21 19; villamaria@ bluewin.ch; Haldenstrasse 36; DZ 150 SFr, mit Bad 170 SFr; ✆ Nov.–Feb. geschl.; P) In den sauberen, schlichten Zimmern der etwas altmodischen Pension, die der freundlichen Maria gehört, fühlt man sich sofort zu Hause. 15 Minuten zu Fuß vom Stadtzentrum entfernt.

Romantik Hotel Wilden Mann (☎ 041 210 16 66; www.wilden-mann.ch; Bahnhofstrasse 30; EZ 165–220 SFr, DZ 215–320 SFr; ▣) Die klassisch-eleganten Zimmer dieses tollen Hotels (16. Jh.) in Flussnähe sind mit Stuck, dunkelrotem Stoff und antiken Kommoden eingerichtet. Auf der Terrasse oben isst man unter freiem Himmel.

Hotel Waldstätterhof (☎ 041 227 12 71; www.hotel -waldstaetterhof.ch; Zentralstrasse 4; EZ/DZ 170/260 SFr; P ✗ ▣) Hinter seiner unechten gotischen Backsteinfassade verbirgt dieses Hotel Zimmer mit minimalistischem Chic, Hartholzbö-

> **WEHE, WENN SIE LOSGELASSEN!**
>
> Wer sich über die nervtötende Schweizer Gründlichkeit und Wohlerzogenheit aufregt, sollte über **Fasnacht** Luzern besuchen, und schon verlieren diese Klischees ihre Gültigkeit. Vor der Fastenzeit geht's hier sechs Tage lang völlig verrückt und deutlich ausgelassener zu als etwa in Basel oder Bern. Alles beginnt am Schmutzigen Donnerstag, wenn der „Fritschi" die Menge vom Rathaus aus begrüßt und ein Kanonenschuss das vergnügungssüchtige Chaos einleitet. Hexen mit Warzen, schielende Monster, polternde Spaßvögel – egal, für welches Kostüm oder welche Maske man sich entscheidet, hier heißt es anziehen, trinken und tanzen, das ist schließlich Tradition! Guggenmusiker spielen auf Brücken, Akrobaten und Künstler treten auf und bunte Umzüge füllen die Straßen mit Chaos und lauter Musik. Den Höhepunkt des Spaßes bildet der Faschingsdienstag.

den und hohen Decken. Wer einen leichten Schlaf hat, sollte Ohrstöpsel mitbringen, denn es liegt gegenüber dem Bahnhof.

Cascada (☎ 041 226 80 88; Bundesplatz 18; www.cascada.ch; EZ/DZ 175/280 SFr; P 🖥) Die Unterkunft wirkt ein bisschen wie ein Geschäftshotel, ist aber ordentlich und liegt zentral in der Nähe des Bahnhofs. Bilder mit Schweizer Wasserfällen an den Wänden lassen die geräumigen, in kühlem Grün und Blau gehaltenen Zimmer etwas weicher wirken. Die Zimmer zum Hof hinaus sind ruhiger als die anderen.

Hotel zum Rebstock (☎ 041 410 35 81; www.hereweare.ch; St.-Leodegar-Strasse 3; EZ 195–220 SFr, DZ 295–320 SFr; P 🖥) Als der tschechische Schriftsteller Franz Kafka hier nächtigte, bemängelte er „dunkle Zimmer, unfreundliches Personal und nicht vorhandenes Obst". Was sich doch in 100 Jahren alles ändern kann: Heute hat man die Wahl zwischen eleganten Boudoirs mit Holzbalken und künstlerisch angehauchten Zimmern mit Mosaiken in den Bädern. Die kostenlosen Äpfel in der Lobby zeigen, dass Kritik hier ernst genommen wird.

Hotel Hofgarten (☎ 041 410 88 88; www.hofgarten.ch; Stadthofstrasse 14; EZ/DZ 205/305 SFr; P ✗) Das Schwesterhotel des Rebstock hat auffällige, individuell eingerichtete, moderne Zimmer. Die Mies-van-der-Rohe-Möbel in Zimmer 226 stechen heraus.

Hotel Krone (☎ 041 419 44 00; www.krone-luzern.ch; Weinmarkt 12; EZ/DZ 195/310 SFr) Ein schickes und zentrales Hotel. Es besticht mit seiner historischen Fassade und Zimmern, die Tempel des schlichten, zeitgenössischen Chics sind. Erdtöne, klare Linien und Parkettboden geben den Ton an. WLAN gibt's gratis.

SPITZENKLASSEHOTELS

Hotel des Balances (☎ 041 418 28 28; www.balances.ch; Weinmarkt 4; EZ 260 SFr, DZ 360–395 SFr, Suite 470–550 SFr; P 🖥) Hinter der mit Fresken verzierten Fassade erwartet einen federleichtes Design. Die strahlend weißen Zimmer zieren goldgeränderte Spiegel und Parkettböden mit Intarsien. Die Suiten bieten Whirlpools und Balkone mit Flussblick. Im von Kerzen erleuchteten Restaurant kreiert Chefkoch Andy Fluri originelle französische Küche.

Art Deco Hotel Montana (☎ 041 419 00 00; www.hotel-montana.ch; Adligenswilerstrasse 22; EZ 265–390 SFr, DZ 330–590 SFr; ✗ 🖥) Über dem See thront das opulente Montana, das eine eigene Seilbahn hat. Die Zimmer sind schön bis ins Detail, vom Parkettboden mit Intarsien bis zu den Art-déco-Lampen. Viele Zimmer bieten wie die Terrasse und der von Holzfässern gesäumte Eingang fantastische Ausblicke.

LP Tipp The Hotel (☎ 041 226 86 86; www.the-hotel.ch; Sempacherstrasse 14; Suite 430–570 SFr; ✗ 🖥) Marilyn Manson gehört zu den Stammgästen dieses megacoolen Designerhotels, das die Handschrift des Architekten Jean Nouvel trägt. Es ist modern und pechschwarz und bietet 10 gruftartige Suiten in Edelstahloptik mit Großraumbädern und Blick auf den Garten. Bilder aus Filmklassikern schmücken die Decken. Das Bam Bou eine Etage tiefer ist das angesagteste Restaurant der Stadt.

Palace Luzern (☎ 041 416 16 16; www.palace-luzern.ch; Haldenstrasse 10; EZ 400–600 SFr, DZ 510–710 SFr, Suite 790–2600 SFr; P 🖥) Das luxuriöse Belle-Époque-Hotel am See ist der Liebling aller Lifestylemagazine. Innen prunken im Glamourstil der Jahrhundertwende glänzender Marmor und Kronleuchter. Bei den Zimmerpreisen verwundert es, dass das Frühstück 40 SFr zusätzlich kostet.

Essen
RESTAURANTS

Jazzkantine (☎ 041 410 73 73; Grabenstrasse 8; Hauptgerichte 15–22 SFr; ⏰ Mo-Sa 7–0.30, So 16–0.30 Uhr) Künstlerische Kneipe mit Edelstahltresen, massiven Holztischen und Gerichten, die auf einer Tafel angepriesen werden. Besonders lecker sind die Bruschetta und Dinge wie Penne mit Wodka. An den Wochenenden gibt's Jazzworkshops, samstagabends finden danach Gigs statt.

La Terraza (☎ 041 410 36 31; Metzgerrainle 9; Hauptgerichte 17–45 SFr) Ein Gebäude aus dem 12. Jh., in dem Jahrhunderte lang Fischhändler, Herzoge und Schriftgelehrte residierten, beherbergt heute das stimmungsvolle La Terraza. Stühle mit hohen Lehnen und Schwarzweißbilder von *Bella Italia* geben dem gewölbten Innenraum einen urbanen Touch. Man kann seine Spaghetti mit Muscheln und Rucola auch auf der Terrasse am Fluss verdrücken.

Wirtshaus Taube (☎ 041 210 07 47; Burgerstrasse 3; Hauptgerichte 18–40 SFr; ☺ Mai–Sept. tgl., Jan.–April Di–Sa, Okt.–Dez. Mo–Sa) Eine Pseudohöhle und flackernde elektrische Kerzen wirken mehr wie in einer Geisterbahn als wie in einem Gourmetrestaurant, doch an der herzhaften Küche gibt's nichts auszusetzen. Zu den Highlights zählen gigantische Cordon bleus (420 g) und hausgemachte Kalbswürstchen.

Bodu (☎ 041 410 01 77; Kornmarkt 5; Hauptgerichte 18–45 SFr) Sitzbänke, Holzvertäfelungen und Tische, an denen man dicht an dicht sitzt, sorgen in diesem französischen Bistro für eine gemütliche Atmosphäre. Hier treffen sich die Einheimischen zu Bordeaux und *bouillabaisse* (Fischeintopf) oder saftigen Lendensteaks.

Schützengarten (☎ 041 240 01 10; Bruchstrasse 20; Hauptgerichte 18,50–45 SFr; ☺ Mo–Sa) Hier gibt's auch Fleisch … Das Schützengarten hat nicht nur einen großartigen Sinn für Humor, sondern auch lächelndes Personal, Holzvertäfelungen und leckere vegetarische und vegane Gerichte sowie Biowein. Im Sommer sitzt man auf der weinumrankten Terrasse.

Restaurant Schiff (☎ 041 418 52 52; Unter der Egg 8; Hauptgerichte 20–45 SFr) Unter den Arkaden am Ufer liegt dieses sehr charmante und abends von Teelichtern beleuchtete Restaurant. Besonders lecker sind der Fisch aus dem Vierwaldstätter See und das beliebteste *Chögalipaschtetli* (Blätterteigpastete gefüllt mit Fleisch und Pilzen) der Stadt.

Wirtshaus Galliker (☎ 041 240 10 01; Schützenstrasse 1; Hauptgerichte 22–50 SFr; ☺ Juli–Mitte Aug. So & Mo geschl.) Am Tag vor dem Besuch hier lieber nichts essen! Diese Wirtschaft nach alter Schule wird seit 1856 mit viel Liebe von der Familie Galliker geführt und zieht zahlreiche Stammgäste an. Mütterliche Kellnerinnen tischen typische Luzerner Gerichte wie Bratwurst und Rösti auf, und zwar in solchen Portionen, dass man danach kaum noch laufen kann.

Bam Bou (☎ 41 226 86 86; Sempacherstrasse 14; Hauptgerichte 46–68 SFr) Das Hotelrestaurant präsentiert sich im coolen Stil des 21. Jhs.: Schwarze Lederbänke bilden einen Kontrast zu dunkelroten Wänden, goldenen Schriftzeichen und geneigten Spiegeln, die die Straße reflektieren. Die Küche, ein verführerischer Mix aus französisch und asiatisch, zaubert Gerichte wie Thunfisch mit Korianderkruste und schottischen Lachs in Ingwer-Sake-Sauce.

AUF DIE SCHNELLE & CAFÉS

Confiserie Bachmann (☎ 041 227 70 70; Schwanenplatz 7; ☺ Mo–Sa 7–19, Do bis 21, So 9.30–19 Uhr) In diesem auf Süßes spezialisierten Laden fließt aus einem Schokobrunnen Schweizer Milchschokolade. Hier gibt's Gebäck, Eis und den längsten Pralinentresen der Schweiz.

La Paninoteca (☎ 041 410 90 70; Haldenstrasse 9; Panini & Pizza 7,50–17,50 SFr; ☺ Mo–Sa 10–24 Uhr) Der tolle italienische Familienbetrieb im Retrostil bietet leckere Panini mit Roast Beef und Ziegenkäse und hauchdünne, knusprige Pizza in entspanntem Ambiente.

KKL World Café (☎ 041 226 71 00; Europaplatz 1; belegte Brote ab 8,50 SFr, Hauptgerichte 16–19 SFr; ☺ 9–24 Uhr) Schickes Bistro, das in Glastheken Müsli und Sandwiches anbietet. Mittags und abends stehen zudem Wok-Gerichte auf der Karte.

Mardigras (Burgerstrasse 5; leichte Mahlzeiten 9–18 SFr; ☺ Mo 16–22.30; Di–Sa 7–22.30, So 9–22.30 Uhr) Weiße Lederbänke, riesige Blumenarrangements und sanfte Jazzmusik verleihen diesem hippen Café persisches Flair. Tagsüber gibt's leckere Baguettes oder einen Nizza-Salat, oder man kommt abends auf ein Glas Rotwein hier.

LP Tipp Takrai (☎ 041 412 04 04; www.takrai.ch; Haldenstrasse 9; Hauptgerichte 14,50–21,50 SFr) Der ellenlangen Schlange zur Mittagszeit nach ist dieser winzige Thai-Imbiss der allgemeine Favorit. Der Duft der Gewürze und das Zischen der Woks ziehen einen nur in die offene Küche, wo aus lokalen Bioprodukten von frischen Papayasalaten bis zu großzügig portionierten Currys ein ausgewogenes Angebot entsteht. Also ran an die Stäbchen und los geht's! Alle Gerichte gibt's auch mit Tofu.

Ausgehen & Unterhaltung

Rathaus Brauerei (☎ 041 410 52 57; Unter den Egg 2; ☺ Mo–Sa 8–24, So bis 23 Uhr) In dieser lebhaften Taverne trinkt man unter den gewölbten

Arkaden oder an einem Tisch am Bürgersteig mit Blick auf den Fluss selbstgebrautes Bier.

Marilyn Bar (☎ 079 337 82 43; Pilatusstrasse 46) Diese galerieartige Bar ist eine Hommage an die Leinwanddiva. Die feuerroten Wände sind zugepflastert mit Fotos von Miss Monroe. Hier kann man entspannt den Abend einläuten, bevor man durch die Clubs zieht.

Roadhouse (☎ 041 220 27 27; Pilatusstrasse 1; www.roadhouse.ch; ⊙ 11–4 Uhr) Im Roadhouse wird solide Rockmusik für ein junges, lustiges Publikum gespielt. Mittwochabends finden Jamsessions statt, bei denen jeder mitmachen kann, der ein Instrument oder seine Stimme (oder am besten beides) beherrscht.

Penthouse (Astoria Hotel, Pilatusstrasse 29) Noble Lounge auf einer Dachterrasse mit tollem Blick auf Luzern. Die schönen Gäste nehmen sich jedoch lieber diskret gegenseitig unter die Lupe. Im Erdgeschoss legen DJs im eleganten und beliebten Nachtclub Pravda (Mi–Sa geöffnet) von R&B bis House alles auf.

Opera Club (☎ 041 259 20 00; www.operaclub.ch; Pilatusplatz; ⊙ Di–Sa) Der Opera Club ist in einem ehemaligen Kino untergebracht und verströmt mit dunkelroten Gardinen und bodenlangen vergoldeten Spiegeln noch immer Theaterflair. Für volle Tanzflächen sorgen DJs, die Beats von Hip-Hop bis Elektro spielen.

Loft (☎ 041 410 92 44; Haldenstrasse 21; ⊙ Mi–So) Das Loft mit seinem minimalistischen Design aus Stahl und Beton zieht ein junges, aufgedonnertes und hippes Publikum an. DJs spielen Latin, Hip-Hop und Urban.

Stadtkeller (☎ 041 410 47 33; Sternenplatz 3; Eintritt 15 SFr; ⊙ Show März–Okt. 20.30 Uhr) Alphörner, Kuhglocken, Flaggenschwenken und Jodeln – dieser rustikale Laden bedient alle Klischees.

Shoppen

Schlendert man gemütlich die Haldenstrasse hinunter, stößt man auf viele Kunst- und Antiquitätenläden, die Löwenstrasse hat Vintage-Klamotten und Souvenirs zu bieten, und jeden Dienstag- und Donnerstagmorgen findet an den Kais ein Obst- und Gemüsemarkt statt. Einen Flohmarkt gibt's jeden Samstag (Mai–Okt.) in der Burgerstrasse.

Williseger (☎ 041 410 58 81; Haldenstrasse 11; ⊙ Mo–Fr 9–17.30, Sa bis 16 Uhr) In diesem herrlich nostalgischen Weihnachtsgeschäft bekommt man haufenweise handgeschnitzte und Vintage-Dekoartikel, von Nussknackern aus dem Erzgebirge und rauchenden Männern bis zu glitzernden Christbaumkugeln, winzigen Krippenszenen in Streichholzschachtelformat und Spieluhren.

Casagrande (☎ 041 418 60 70, Grendelstrasse 6; ⊙ Mo–Sa 8–22, So 9–22 Uhr) Der schönste aller hiesigen Kitschtempel lockt mit Heidi-Puppen, jodelnden Murmeltieren und – kein Witz! – Pärchen-Bechern in Kuhform.

An- & Weiterreise

Regelmäßig fahren Züge zwischen Luzern und Interlaken West (33,40 SFr, 2 Std., über den reizvollen Brünigpass), Bern (35 SFr, 1¼ Std.), Lugano (55 SFr, 2¾ Std.), Genf (72 SFr, 3¼ Std., via Olten od. Langnau) und Zürich (23 SFr, 1 Std.).

Die A2 führt von Basel nach Lugano über Luzern, die A14/A4 ist die Verbindungsstraße nach Zürich.

SCHIFF/FÄHRE

Informationen zu Schiffen und Fähren s. S. 275. Los geht's jeweils an den Kais rund um den Bahnhofplatz/Europaplatz.

Unterwegs vor Ort

Die Altstadt ist größtenteils Fußgängerzone. Wer weiter hinaus will, nimmt die Busse, die vor dem Hauptbahnhof am Bahnhofplatz abfahren. Eine Kurzstrecke kostet 2 SFr, eine Zone 2,80 SFr und zwei Zonen 4 SFr. Die Ticketautomaten nennen den Preis für jedes Fahrziel. Der 24 Stunden gültige Pass (10 SFr) umfasst alle Zonen; mit Swiss Pass fährt man kostenlos. Am Bahnhof ist eine Tiefgarage.

VIERWALDSTÄTTER SEE

Im Kanton Luzern ruft der Berg: Rund um den Vierwaldstätter See erheben sich majestätische Gipfel. Besonders schöne Panoramen eröffnen der Pilatus, der Rigi und das Stanserhorn. Bei wolkenlosem Himmel hat man von den an steilen Felshängen gelegenen Aussichtspunkten einen Blick auf teppichartige grüne Hänge und schimmerndes, kobaltblaues Wasser mit vereisten Bergspitzen dahinter. Die Atmosphäre ist am tollsten im Herbst, wenn der Nebel wie trockenes Eis vom See emporsteigt, und im Winter, wenn auf den zerklüfteten Bergspitzen Schnee liegt.

Neben den Aussichtspunkten auf den Bergen hat die Gegend rund um den See auch noch versteckte Ferienresorts zu bieten, die man per Boot erreicht. Der östlichste Teil des

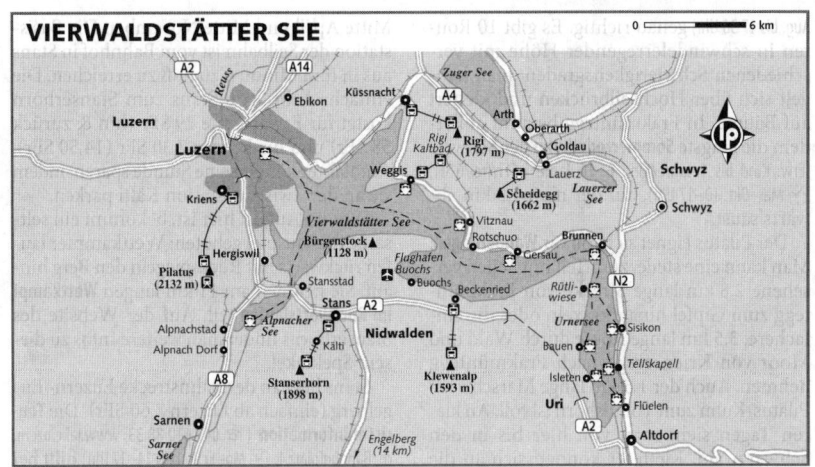

Vierwaldstätter Sees, der Urner See, hat für die Schweizer eine besondere Bedeutung: Hier befindet sich die Rütliwiese, auf der angeblich die Schweiz entstand.

Unterwegs vor Ort

Die **Schifffahrtsgesellschaft des Vierwaldstätter Sees SGV** (☎ 041 367 67 67; www.lakelucerne.ch) betreibt täglich Schiffe (manchmal auch Schaufelraddampfer) auf dem Vierwaldstätter See, mit Ausnahme von dessen östlichstem Abschnitt, dem Urner See: Über Rütli hinaus fahren die Schiffe nur im Sommer und an Nationalfeiertagen.

Von Luzern aus gibt's Verbindungen nach Alpnachstad (einfach/hin & zurück 23/38 SFr, 1¾ Std.), Weggis (16,80/31 SFr, 50 Min.), Vitznau (23/38 SFr, 1¼ Std.), Brunnen (34/53 SFr, 1¾ Std.) und Flüelen (39/59 SFr, 3¼ Std.). Die längeren Fahrten sind im Verhältnis günstiger als die kürzeren, und man kann so oft von Bord gehen, wie man möchte. Ein Tagesticket der SGV kostet 59 SFr für Erwachsene und 29,50 SFr für Kinder. Der Swiss Pass gilt an bestimmten Tagen nur für Reisen (nicht aber für Ausflüge) und generell nur für bestimmte Schiffsstrecken; mit einem Inter-Rail-Ticket fährt man hingegen immer zum halben Preis. Der Swiss Pass gewährt auch auf viele Berg- und Seilbahnfahrten Nachlässe.

Mit dem Auto kann man den gesamten See fast komplett in Ufernähe umrunden. Ausgenommen ist das Teilstück von Flüelen nach Stansstad, wo man die recht geradlinige A2 nehmen muss, die manchmal unter der Erde und in der Regel in einiger Entfernung zum See entlangführt.

PILATUS

Im Südwesten von Luzern erhebt sich der **Pilatus** (www.pilatus.com). Er erlangte im 19. Jh. Ruhm, als Wagner lyrisch über seinen Alpenblick schwadronierte und Königin Victoria von England ihn auf dem Rücken eines Pferdes bezwang. Der Legende nach ist der 2132 m hohe Berg nach Pontius Pilatus benannt, dessen Leiche auf seinem Gipfel in einen See geworfen wurde; angeblich geistert sein rastloser Geist seither in den Höhen umher. Wahrscheinlicher als diese Poltergeist-Theorie ist aber, dass sich der Spitzname vom lateinischen *pileatus* ableitet, was „wolkenverhangen" bedeutet – das ist er wirklich oft.

Von Mai bis Oktober kann man den Pilatus im Rahmen einer klassischen „Goldenen Rundfahrt" besuchen. Dabei geht's erst mit dem Raddampfer von Luzern nach Alpnachstad und dann mit der steilsten Zahnradbahn der Welt hoch zum Pilatus. Vom Gipfel aus fahren Seilbahnen über Fräkmüntegg und Krienseregg hinab nach Kriens, von wo aus einen die Buslinie 1 zurück nach Luzern bringt. Die Tour ist auch andersrum (Kriens–Pilatus–Alpnachstad–Luzern) möglich. Eine Hin- und Rückfahrt kostet 88,80 SFr (56,80/41,20 SFr mit Swiss-/InterRail-Pass).

Wer schon immer mal in Baumwipfeln umherturnen wollte, ist im Sommer im **Pilatus Seilpark** (www.pilatus-seilpark.ch; Fräkmüntegg; Erw./Kind 8–16 Jahre 26/19 SFr; ⌚ Mai–Okt. 10–17 Uhr, Juli &

Aug. bis 17.30 Uhr) genau richtig. Es gibt 10 Routen in schwindelerregender Höhe mit verschiedenen Schwierigkeitsgraden; man hangelt sich über Hochseilbrücken und klettert auf Bäume. In Fräkmüntegg beginnt außerdem die längste **Sommerrodelbahn** der Schweiz (Erw./Kind bis 5 Jahre/Kind 6–16 Jahre 8 SFr/frei/6 SFr; Mai–Okt. 10–17 Uhr), auf der man 1,3 km abwärts saust.

Der Pilatus eignet sich toll für **Wanderungen**. Man kann eine steile, zum Teil mit Seilen versehene 2,8 km lange Strecke von Fräkmüntegg zum Gipfel hinaufkraxeln oder die einfachere, 3,5 km lange Route durch Wald und Moor von Krienseregg nach Fräkmüntegg nehmen. Auch der 1,5 km lange Marsch vom Pilatus-Kulm zum Tomlishorn ist toll. An klaren Tagen sieht man von hier bis in den Schwarzwald. Kletterer können sich an die schwindelerregend hohen Galtigentürme (Felstürme) oder die Wasserrinnen der Holzwangflue heranwagen, wo zahlreiche Steinböcke herumspringen.

Ein Riesenspaß ist es, im Winter 6 km weit durch verschneite Waldgebiete von Fräkmüntegg nach Kriens zu **rodeln**. Ein Tagespass für die Seilbahn Kriens–Fräkmüntegg kostet 41 SFr für Erwachsene und 20 SFr für Kinder. Am Bahnhof in Fräkmüntegg kann man kostenlos Schlitten ausleihen.

Wer Traditionen liebt, verbringt die Nacht auf dem Rigi (S. 276), aber es gibt auch zwei Hotels auf dem Pilatus. Das rustikale **Pilatus-Kulm** (041 670 12 55; hotels@pilatus.ch; EZ/DZ mit Gemeinschaftsbad 77/124 SFr) und das moderne **Hotel Bellevue** (EZ/DZ 111/192 SFr) haben eine gemeinsame Rezeption. Auf diesem Gipfel gibt's auch ein Selbstbedienungsrestaurant.

STANSERHORN

1898 m hoch erhebt sich das **Stanserhorn** (www.stanserhorn.ch) über den See. Hier befindet sich das einzige sich drehende Restaurant der Region; eine komplette Umdrehung dauert 43 Minuten. Vom sternförmigen Rondorama aus bietet sich ein 360°-Panorama auf den Titlis und weitere Berggipfel, die bei Dämmerung unscharf und verträumt wirken. Toll für Kids ist der Murmeltierpark am Berggipfel, in dem man die pfeifenden Tiere in einem beinahe naturgetreuen Habitat beobachten kann.

Hinauf geht's mit der altmodischen Seilbahn von Stans nach Kälti und dann weiter mit der Kabelbahn. Beide fahren zwischen Mitte April und Mitte November. Die Basisstation der Seilbahn ist vom Bahnhof in Stans aus in fünf Minuten zu Fuß zu erreichen. Die einfache Fahrt von Stans zum Stanserhorn kostet für Erwachsene 29 SFr (hin & zurück 58 SFr) und für Kinder 7,30 SFr (14,50 SFr). Autofahrer können eine Stunde sparen, indem sie an der Zwischenstation Kälti parken.

Wer im August hier ist, bekommt ein seltsames Schauspiel geboten: Wettkämpfer laufen rückwärts mit Rückspiegeln den Berg hinauf. Sie nehmen am 11 km langen **Wettkampf im Rückwärtslaufen** teil. Auf der Website des Stanserhorns findet man weitere Infos zu diesem Spektakel.

Stans liegt an der Bahnstrecke Luzern–Engelberg (einfach ab Luzern 7,60 SFr). Die **Touristeninformation** (041 610 88 33; www.lakeluzern.ch; Bahnhofplatz 4; Mo–Fr 9–12 & 14–17 Uhr) hilft bei der Quartiersuche. Der Dorfplatz, Mittelpunkt des charmanten Stadtzentrums mit seiner frühbarocken Kirche, liegt hinter dem Bahnhof. Hier steht auch das angesehene **Hotel Engel** (041 619 10 10; www.engelstans.ch; Dorfplatz 1; EZ/DZ 90/150 SFr;), das hinter einer historischen Fassade schicke Zimmer mit minimalistischer Einrichtung bietet.

BECKENRIED

Beckenried am Südufer erreicht man von Stans aus mit dem Bus. Nur wenige Fußminuten vom Bootsanleger entfernt startet die Seilbahn zur **Klewenalp** (www.klewenalp.ch; einfach/hin & zurück 22/35 SFr), einem leider sehr wenig geschätzten Skigebiet mit 40 km guten roten und blauen Pisten, die im Sommer zu Wander-, Kletter- und Mountainbikerouten umfunktioniert werden; auf einer Karte am Berggipfel sind die verschiedenen Optionen eingezeichnet. An der Basisstation kann man für 33 SFr pro Tag Fahrräder mieten.

RIGI

Blau, nein – rot, nein – dunkel ... Turner konnte sich nicht ganz entscheiden, wie er den 1797 m hohen **Rigi** (www.rigi.ch) darstellen wollte, und deshalb malte er ihn 1842 in drei verschiedenen Helligkeitsstufen, um seine wechselnden Stimmungen widerzuspiegeln. An einem klaren Tag hat man von hier aus einen beeindruckenden Blick auf eine Reihe zerklüfteter Berggipfel, z. B. die gewaltigen Berge Titlis und Jungfrau. Im Norden und Westen sieht man Arth-Goldau und den Zuger See, der einen großen Bogen beschreibt und dabei beinahe bis Küssnacht und an einen Ausläufer des Vierwaldstätter Sees reicht. Die schönste Sicht bietet sich bei Sonnenaufgang. Seit der viktorianischen Zeit nächtigen schon Touristen im **Rigi Kulm Hotel** (☎ 041 880 18 88; www.rigikulm.ch; EZ/DZ ab 140/220 SFr) und stehen vor der Dämmerung auf, um zu sehen, wie die gleißende Sonne den Himmel erleuchtet. Das heutige Hotel aus dem 20. Jh. ist ein Nachbau des Originals und die einzige Unterkunft auf dem Berggipfel. Ein Restaurant und eine Imbissbude gehören dazu.

Rigi ist ein Paradies für Wanderer; empfohlene Wanderrouten findet man auf www.rigi.ch. Es gibt zahlreiche einfache Wanderungen (1½–2 Std.), die tolle Blick vom Rigi Kulm hinunter nach Rigi Kaltbad eröffnen. Bei der Touristeninformation in Luzern oder Weggis bekommt man Infos zur Alternative, dem Rigi-Lehnenweg, einem landschaftlich schönen, 17,5 km langen Wanderweg um den Berg herum.

Oder man steigt auf den Berg hinauf. Von Weggis aus dauert der Aufstieg mindestens viereinhalb Stunden, aber man kann auch mit der Seilbahn von Küssnacht zur Seeboldenalp (einfach/hin & zurück 13/22 SFr) fahren und von dort aus auf recht steilen Wegen in gut zwei Stunden zum Berggipfel wandern. Ist man auf dem Rigi unterwegs, sollte man die Augen offen halten nach *Chlyni Lüüt*. Das winzige „wilde Volk" mit den übernatürlichen Kräften bewohnte in der Mythologie einstmals den Rigi.

Wer nicht ganz so viel Bewegung braucht (oder will), kann mit einer der beiden Bahnen zum Gipfel fahren, entweder ab Arth-Goldau oder ab Vitznau (einfach/hin & zurück jeweils 37/62 SFr). Bei der Fahrt ab Vitznau hat man an der Station Rigi Kaltbad die Möglichkeit, in die Seilbahn zum bzw. vom Weggis umzusteigen. Wer einen Swiss- oder InterRail-Pass hat, fährt zum halben Preis, genau wie Kinder unter 16 Jahren in Begleitung eines Elternteils.

Weggis
4020 Ew. / 440 m

Weggis wird vom Rigi vor kalten Nordwinden geschützt und hat daher ein sehr mildes Klima. An seinem Seeufer wachsen sogar Palmen und Feigenbäume. Man kann sich kaum vorstellen, dass in diesem ruhigen Ferienort die rebellische Kunstbewegung „Moderner Bund", ein Vorläufer des Dadaismus, ins Leben gerufen wurde. Die kleine Stadt ist sehr einladend und freundlich, doch länger als ein paar Tage muss man sich hier in der Regel nicht aufhalten. Eine Seilbahn fährt von hier aus zur Station Rigi Kaltbad (einfach/hin & zurück 27/45 SFr).

Die **Touristeninformation** (☎ 041 390 11 55; www.the-best-of-lake-lucerne.ch; Seestrasse 5; Mo–Fr 8–12 & 13–17.30, Sa & So 9–16 Uhr) befindet sich neben dem Bootsanleger.

Budget-Hotel Weggis (☎ 041 390 11 31; www.budgethotel.ch; Parkstrasse 29; EZ/DZ/DBZ 53/101/129 SFr, mit Bad 68/126/149 SFr; Rezeption 15–21 Uhr) Das Budget-Hotel hält, was es verspricht, und sogar die pingeligsten Gäste werden zufrieden sein mit den sauberen, einfachen Zimmern. Es liegt oberhalb des Bootsanlegers.

SeeHotel Gotthard (☎ 041 390 21 14; www.gotthard-weggis.ch; EZ/DZ ab 142/230 SFr; Mitte Okt.–Mitte Dez. geschl.) Das freundliche Hotel am Ufer wartet mit gemütlichen, makellosen Zimmern auf, in denen alles da ist, um sich selber Tee zu machen. Die schönsten haben Seeblick. Es gibt kostenloses WLAN und einen Fahrradverleih. Die Gäste können den Wellnessbereich des angrenzenden Hotels mitnutzen.

Park Hotel Weggis (☎ 041 392 05 05; www.phw.ch; Herteinsteinstrasse 34; EZ/DZ ab 340/515 SFr; P   ) Brasiliens Fußballnationalmannschaft nächtigte schon in diesem üppigen Hotel am Seeufer inmitten gepflegter Gärten. Schlichte Eleganz zeichnet die Zimmer aus, die alle in Lavendel- und Grüntönen gehalten und so hell und luftig wie eine Sommerwiese in der Provence sind. Alle Zimmer haben Bäder mit Mosaikkacheln und Fünf-Sterne-Zubehör wie Espressomaschinen und DVD-Player. Hat man genug Seeblick genossen, kann man im zenartigen Wellnessbereich entspannen, am Privatstrand herumliegen und in dem vom Michelin ausgezeichneten Restaurant Annex französisch-asiatische Küche genießen.

Lüücht Türmli (☎ 041 390 04 04, Seestrasse 27; Snacks & Hauptgerichte 6–22 SFr; Di–So 11–23 Uhr, im Sommer in der Hochsaison tgl.) Ahoi! Leuchttürme in Miniaturformat und selbstgemachte Kunst prägen dieses fröhliche Café in Form eines Schiffes, eine tolle Adresse, wenn man Lust auf Fisch oder eine Portion köstlich knuspriger Tintenfischringe hat. Über den Steg kommt man hin. Man kann auch Tretboote bzw. Wasserfahrräder für 28 bzw. 18 SFr pro Stunde mieten.

Tiffany's (☎ 041 390 18 12; Seestrasse 48; Snacks 10–18 SFr; Mi–Mo) Ein Café im griechischen Stil, in dem man förmlich die Wellen plätschern und die Bouzouki spielen hört. Der Besitzer hat eine Taverne in Paros bis ins letzte Detail nachempfunden, angefangen vom blauweißen Hausanstrich über die Fischernetze aus Plastik bis zur sonnigen Terrasse. Auf der Karte stehen griechische Köstlichkeiten wie Dolmaden, Auberginen und klebriges Baklava. WLAN gibt's kostenlos.

Grape (☎ 041 392 07 07; Seestrasse 60; Hauptgerichte 17–30 SFr; ✱ 10–12.30 Uhr) Weggis kalifornischste Bar ist ein extrem cooler Laden, in dem man Chardonnay schlürft und die Bilder der Golden Gate Bridge an den goldenen Wänden bewundert. Auf der internationalen Speisekarte findet man von Holzofenpizza bis zu Thai-Nudeln und Caesar Salad einfach alles.

URNER SEE

Der fjordähnliche Urner See ist ein Zipfel des Vierwaldstätter Sees und liegt inmitten zerklüfteter Berge. In seinem türkisblauen Wasser spiegelt sich die mittelalterliche Vergangenheit des Landes. Die Fähre von Brunnen nach Flüelen passiert einen beinahe 30 m hohen natürlichen Obelisken, der aus dem Wasser ragt. Seine goldene Inschrift ist eine Hommage an Friedrich Schiller, den Autor des Theaterstückes *Wilhelm Tell*, das wesentlich zur Legende um Tell beitrug.

Nächster Halt ist die **Rütliwiese**, die Wiege der Schweizer Demokratie. Hier wurde 1291 der Ewige Bund zwischen den drei Kantonen Uri, Schwyz und Nidwalden geschlossen. Im Zweiten Weltkrieg versammelte General Guisan hier die Schweizer Armee als Machtdemonstration gegen potentielle Eindringlinge. Für Schweizer Patrioten ist die Rütliwiese daher geheiligtes Land; sie dient als Hauptveranstaltungsort der Feiern zum Nationalfeiertag am 1. August. Natürlich gibt's hier nicht nur eine allmächtige Flagge, sondern auch den obligatorischen Souvenirshop, der gleichzeitig ein Café ist.

Ein wichtiger Anlaufpunkt ist die schlichte **Tellskapelle**, deren Wandmalereien vier Episoden aus der Tell-Legende darstellen, u. a. Tells Flucht vom Boot Gesslers, die hier stattgefunden haben soll. Ein riesiges Glockenspiel ertönt hinter der Kapelle. Kommt man nicht vom Wasser, sondern vom Land her, passiert man Apfelgärten, in denen man am liebsten sofort die Armbrust zücken würde – wenn man denn eine hätte…

Schließlich läuft das Boot in Flüelen, das zu dem Gründerkanton Uri gehört, ein. Früher war der Ort eine Zwischenstation der Maultierzüge, die den Gotthard-Pass überquerten, heute ist er ein Haltepunkt an der Hauptstraße und der Zugstrecke. In der Nähe liegt das Dorf **Altdorf**, wo Wilhelm Tell angeblich seinen Stunt mit dem pfeildurchbohrten Apfel vollbracht hat. Eine Statue Tells steht am Hauptplatz und im Altdorfer Tellspielhaus wird Schillers Theaterstück aufgeführt.

BRUNNEN
8250 Ew. / 435 m

Versteckt in den Bergen an der Stelle, wo der Vierwaldstätter See und der Urner See im rechten Winkel aufeinander treffen, liegt Brunnen und eröffnet eine umwerfende Sicht Richtung Süden und Westen. Turner, der regelmäßig hierher kam, war so beeindruckt von der Aussicht, dass er seine Wasserfarben zückte und *The Bay of Uri from Brunnen* (1841) malte. Der Föhnwind, der von den Bergen herunterkommt, schafft ideale Bedingungen für Segelsport und Paragliding. Schön folkloristisch sind die im Sommer einmal pro Woche stattfindenden Alphornkonzerte.

Praktische Informationen

Die **Touristeninformation** (☎ 041 825 00 40; www.brunnentourismus.ch; Bahnhofstrasse 15; ✱ Juli & Aug. Mo–Fr 8.30–18, Sa & So 9–15 Uhr, Juni & Sept. Mo–Fr 8.30–18, Sa 9–13 Uhr, Okt.–Mai Mo–Fr 8.30–12 & 13.30–17.30 Uhr) bietet Informationen und Internetzugang (10 SFr/Std.). Das Büro liegt fünf Minuten vom Bahnhof entfernt (den Schildern folgen). Hier kann man für 50 SFr pro Tag Fahrräder mieten. Nicht vergessen, nach der Gästekarte zu fragen!

Aktivitäten

Gleitet man über die Baumwipfel hinweg und zum **Urmiberg** (Seilbahn einfach/hin & zurück 11/19 SFr) hinauf, hat man eine tolle Sicht auf die hohen Berggipfel, die den Urner See und Luzern umgeben. Wer noch höher hinaus will, setzt sich mit **Touch and Go** (☎ 041 820 54 31; www.paragliding.ch; Parkstrasse 14) in Verbindung: Hier wird Tandem-Paragliding ab 150 SFr angeboten. Im Winter kann man an der Seilbahn-Station Schneeschuhe mieten (10 SFr/Tag) und damit durch die glitzernden Wälder stapfen.

Eine tolle Methode, die verschiedenen Facetten des Sees kennenzulernen, ist eine Paddeltour. **Adventure Point** (☎ 079 247 74 72; www.

GESTATTEN, SEPP STEINER (AUCH WILHELM TELL GENANNT), ARMBRUSTBAUER.
Schon als Kind war Sepp Steiner fasziniert von Armbrüsten und von Wilhelm Tell. Heute pflegt er in **Tells Armbrustwerkstatt** (☎ 079 414 63 19; www.armbrustwerkstatt.ch; Gersau; ☼ Mai – Okt.) am Ufer des Vierwaldstätter Sees ein mittelalterliches Handwerk – und den Mythos von Wilhelm Tell.
Ist Wilhelm Tell Fakt oder Erfindung? Mit hoher Wahrscheinlichkeit Fakt. Tell lebte im frühen 14. Jh. im Kanton Uri und war ein Meisterschütze mit der Armbrust. Vermutlich ertrank er im See, nachdem er sich geweigert hatte, sich der Habsburg-Regierung zu beugen. Goethe überzeugte jedenfalls Schiller davon, die Geschichte zu dramatisieren, und dessen Theaterstück von 1804 wurde berühmt für die Szene mit dem weggeschossenen Apfel. Wir haben es Schiller zu verdanken, dass im 19. Jh. so viele Touristen in diese Gegend kamen.
Wofür steht Wilhelm Tell Ihrer Meinung nach? Er symbolisiert den Gotthard mit seinen vier Pässen, das mittelalterliche Handwerk, den Vierwaldstätter See, die Auflehnung gegen politische Unterdrückung, den Kampf zwischen Aristokratie und Kirche und den starken Schweizer Charakter.
Wann fingen Sie an, sich für Wilhelm Tell und die Armbrust zu interessieren? Man nannte mich wegen meiner Größe immer Wilhelm Tell. Armbrüste baue ich seit 24 Jahren, sie sind meine Lieblingswaffen, weil sie schneller und genauer als Langbögen sind. Vor vier Jahren gab ich die Landwirtschaft auf, um meinen Traum zu erfüllen und in dieser Werkstatt in Vollzeit Armbrüste herzustellen. Ich verwende dieselben Techniken und Materialien (Kirschholz, Horn und Sehne), die auch zu Tells Zeiten verwendet wurden. Besucher können sowohl die Bögen als auch die Handwerkskunst sehen, die hinter der Produktion steht. Es ist wichtig, diese Fähigkeiten und dieses Handwerk am Leben zu erhalten, bevor sie komplett aussterben.
Was lieben Sie am Vierwaldstätter See? Die Dampfschiffe auf dem See, den Rigi, die Altstadt von Luzern und die Wildnis des Gotthards. Das Gefühl von Unabhängigkeit ist hier in Uri deutlicher spürbar als in anderen Teilen der Schweiz, da dieser Kanton bereits seit 1352 autonom ist. Für mich ist der See der schönste Ort der Welt, denn er ist mein Zuhause.

---

adventurepoint.ch) bietet geführte Kanu- und Kajaktouren (95 SFr) an, ansonsten kann man für ca. 50 SFr pro Person auch auf eigene Faust losziehen. Wer einen Adrenalinkick sucht, sollte nach den Canyoningmöglichkeiten (ab 99 SFr) in der Gegend erkundigen.

Schlafen
Zwei attraktive Campingplätze im westlichen Brunnen sind zwischen Ostern und September geöffnet: der familienbetriebene **Camping Urmiberg** (☎ 041 820 33 27; Stellplatz pro Erw./Kind/Zelt/Auto 5,80/2,70/5,20/2,70 SFr) und **Camping Hopfreben** (☎ 041 820 18 73; Stellplatz pro Erw./Kind/Zelt/Auto 5,50/3/8/3 SFr) am See.

Schlaf im Stroh (☎ 041 820 06 70; Schulstrasse 26a; Erw. 25 SFr, Kind 14 – 19 SFr; ☼ Mai–Okt.; P) Wer ist die Vogelscheuche da im Spiegel? Nun, eine Nacht im Stroh im Bauernhaus der Familie Bucheli hinterlässt Spuren. Die Kinder werden die Tiere des Hofes lieben. Ein herzhaftes Frühstück ist inklusive, und auf Anfrage bekommt man auch abends etwas zu essen.

Hotel Alfa + Schmid (☎ 041 820 18 82; www.schmidalfa.ch; Axenstrasse 5-7; EZ 70 – 90 SFr, DZ 130 – 220 SFr) Das Hotel nimmt zwei Gebäude am See ein und bietet einladende Zimmer in Gelbtönen mit Parkettböden und schmiedeeisernen Balkonen. Von den günstigsten Zimmern aus entgeht einem der schönste Blick. Das Restaurant (Hauptgerichte 17,50 – 38 SFr) ist für seinen frischen Fisch aus dem See bekannt.

Weisses Rössli (☎ 041 825 13 00; www.weisses-roessli-brunnen.ch; Bahnhofstrasse 8; EZ/DZ 100/160 SFr; P) Die geräumigen Zimmer im Rössli wurden kürzlich aufpoliert und haben nun glänzende neue Parkettböden, modern gefliese Bäder und Fernseher mit Flachbildschirmen. Die schönsten von ihnen sind mit Balkon.

LP Tipp **Alpina** (☎ 041 820 18 13; www.alpina-brunnen.ch; Gersauerstrasse 32; DZ 145 – 180 SFr, Apt. 850 SFr/Woche; P 🖳) Stefan heißt der Betreiber dieses einmaligen und wohl kreativsten Hotels in Brunnen. Er steckt seine ganze Leidenschaft in seinen Laden. Die lichtdurchfluteten Zimmer sind mit Stuck, Decken mit Himmelsbemalung und schiefen Holzbalken eingerichtet, alle haben Küchenzeilen. Zur Begrüßung gibt's nette Aufmerksamkeiten wie Pralinen und frische Blumen. Die Treppen werden von unzähligen Muscheln, Beatles-Miniaturen und anderen Kuriositäten geziert. Das Biomüsli zum Selbermachen und die hausgemachte Löwenzahnmarmelade auf dem Frühstückstisch sind köstlich. Im Garten wachsen Palmen, Obstbäume und Gemüse.

Waldstätterhof (☎ 041 825 06 06; www.waldstaetter hof.ch; Waldstätterquai 6; EZ 180–220 SFr, DZ 310–360 SFr; 🖳) Königin Victoria von England und Winston Churchill sind nur zwei der berühmten historischen Gäste dieses riesigen Hotels am See. Hier erwarten einen Kronleuchter und Prunk, aber der Service und die nüchternen Zimmer sind nicht so klasse.

Essen

Gasthaus Ochsen (☎ 041 820 11 59; Bahnhofstrasse 18; Hauptgerichte 16–22 SFr) Wer keine ellenlangen Speisekarten mag, ist im ältesten Restaurant von Brunnen (1740) genau richtig. Es hat sich auf scharf gewürzte, saftige Brathähnchen spezialisiert, die entweder paniert oder nach Art des Hauses im Korb serviert werden.

Mezcalito (☎ 041 820 08 08; Axenstrasse 9; Hauptgerichte 17–35 SFr) Sombreros, bunte Überwürfe und eine lebendige Atmosphäre ziehen die Einheimischen in dieses Uferrestaurant im mexikanischen Stil. Hier kann man Nachos mit Käse, Fajitas oder Burritos mit starken Hauscocktails hinunterspülen.

Badhüsli (☎ 079 266 75 25; Seeufer; 🕒 Di–Do 16–1, Fr & Sa 16–3, So 10–2 Uhr) Ein fröhliches niederländisches Team betreibt diese höhlenähnliche Bude. Auf der von Platanen beschatteten Terrasse blickt man auf den See. Sitzbänke mit rotem Samt wie im Theater, Steinwände und klassischer Kitsch, z. B. eine Gummiente und ein mit Pailletten besetzter Papagei, machen das Badhüsli zur unschlagbaren Location für einen Drink am Abend. Samstags um 22 Uhr finden Konzerte statt.

An- & Weiterreise

Der eindeutig schönste Weg nach Brunnen ist mit dem Schiff von Luzern (34 SFr, 1¾ Std.) aus. Der Zug (15,80 SFr, 45 Min.–1 Std.) ist günstiger und schneller, oft muss man aber in Arth-Goldau umsteigen. Über die Straße kommt man über Luzern, Zug und Flüelen hierher.

DER KANTON SCHWYZ

Der hügelige grüne Kanton Schwyz rühmt sich zweierlei Dinge: Er gab der Schweiz ihren Namen und war 1291 wie auch die Kantone Uri und Nidwalden ein Gründerkanton des Ewigen Bundes. Die „Geburtsurkunde" der Schweizer Konföderation wird in der Stadt Schwyz noch immer stolz präsentiert.

SCHWYZ

14 190 Ew. / 516 m

Die pfeilförmigen Berge Grosser Mythen und Kleiner Mythen (1898 m & 1811 m) bilden die südliche Grenze von Schwyz. Hier sind nicht nur die Berggipfel scharfkantig: Die bescheidene kleine Stadt inmitten von Kuhweiden ist die Geburtsstätte eines kleinen, multifunktionalen Lebensretters beim Zelten – des Schweizer Armeemessers. Und als wäre das noch nicht genug des Ruhmes, ist sie zudem die Heimat des wichtigsten Dokuments in der Geschichte der Schweiz, der Gründungsurkunde der Föderation von 1291.

Orientierung & Praktische Informationen

Der Bahnhof von Schwyz liegt im Stadtteil Seewen, 2 km vom Stadtzentrum entfernt. Zum Postplatz im Stadtzentrum fahren vor dem Bahnhof Busse mit der Aufschrift „Schwyz Post" ab. Die **Touristeninformation** (☎ 041 810 19 91; www.wbs.ch; Bahnhofstrasse 4; 🕒 Mo–Fr 6.30–18.30, Sa 7.30–12 Uhr) in der Nähe der Bushaltestelle liefert viele Infos zur Region.

Sehenswertes

Am quirligsten ist die Stadt rund um den sprudelnden Springbrunnen auf dem gepflasterten **Hauptplatz**, der vom **Rathaus** dominiert wird. Wandgemälde aus dem 19. Jh. stellen die Schlacht am Morgarten dar, außerdem steht hier die Barocke **Kirche St. Martin**.

Das **Bundesbriefmuseum** (☎ 041 819 20 64; www.bundesbriefmuseum.ch; Bahnhofstrasse 20; Erw./Student/Kind 4/2,50 SFr/frei; 🕒 Mai–Okt. Mo–Fr 9.30–11.30 & 13.30–17, Sa & So 9–17 Uhr, Nov.–April Mo–Fr 9.30–11.30 & 13.30–17, Sa & So 13.30–17 Uhr) ist allein wegen eines Blicks auf die Gründungsurkunde der Föderation einen Besuch wert. Daneben findet man akademisches Gezänk über die Echtheit des Dokuments, da viele Historiker die Richtigkeit des Schweizer „Gründungsmythos" anzweifeln.

Das gut organisierte **Forum der Schweizer Geschichte** (☎ 041 819 60 11; www.landesmuseen.ch; Hofmatt; Erw./Kind/Student 8 SFr/frei/6 SFr; 🕒 Di–So 10–17 Uhr) führt Besucher mit Artefakten und interaktiven Ausstellungsstücken durch die Schweizer Geschichte von 1300 bis 1800.

Inmitten von barocken Gärten liegt das mit Türmen verzierte **Ital Reding-Hofstatt** (☎ 041 811

45 05; www.irh.ch; Rickenbachstrasse 24; Erw./Kind/Student 5 SFr/frei/3 SFr; April–Nov. Di–Fr 14–17, Sa & So 10–12 & 14–17 Uhr). Es war einst eine Herberge für Söldner. In den holzgetäfelten Zimmern des Herrenhauses aus dem 17. Jh. und im Kellergewölbe fühlt man sich in die Vergangenheit zurückversetzt. Auf der gegenüberliegenden Seite liegt das Haus Bethlehem, ein Liliputanerhaus aus dem Jahr 1287.

Praktische, herrlich kompakte Schweizer Armeemesser bekommt man direkt an der Quelle, im Laden der **Victorinox**-Fabrik (041 818 12 11; www.victorinox.ch; Schmiedgasse 57; Mo–Fr 7.30–12 & 13.15–18, Sa 8–15 Uhr). Karl Elsener gründete das Unternehmen 1884, das nach anfänglichen Startschwierigkeiten mit dem „Offiziersmesser" 1897 den Riesencoup landete.

Aktivitäten

Im **Hölloch** im Muotatal, 35 km von Schwyz entfernt, kann man in die Erde hinabsteigen. Die labyrinthähnlichen Höhlen mit ihrer Gesamtlänge von 190 km sind die längsten in Europa und die viertgrößten der Welt. Man braucht einen Fremdenführer, festes Schuhwerk und warme Klamotten, wenn man sie erkunden will. **Trekking Team** (041 390 40 40; www.trekking.ch; kurze Touren Erw./Kind 20/10 SFr, Ausflüge ab 169 SFr, Touren mit Übernachtung ab 395 SFr) bietet alles an von kurzen Touren bis zu Tagesausflügen, die tiefer in das Innere des Berges hineinführen. Die Biwak-Variante mit Übernachtung ist der Horror für Menschen, die unter Klaustrophobie leiden, und ein Traum für Höhlenfans – auf jeden Fall aber ist es eine surreale Erfahrung (die man so nur in der Schweiz machen kann); ein Fondue in den stockdunklen Höhlen ist inklusive.

Adventure Point (079 247 74 72; www.adventurepoint.ch; Hirschen Hotel, Hinterdorfstrasse 14) bietet eine Reihe adrenalinausschüttender Aktivitäten an, von Höhlenwanderungen im Hölloch (98 SFr) bis zu Canyoning in der Muotaschlucht (95 SFr); auch Schneeschuhtouren sind zu haben (ab 65 SFr).

Viele Wanderungen beginnen im nahen **Stoos** (www.stoos.ch) auf einem Plateau oberhalb des Vierwaldstätter Sees. Unterwegs hat man tolle Aussichten auf Rütli, Rigi und Pilatus.

Schlafen & Essen

Hirschen (041 811 12 76; www.hirschen-schwyz.ch; Hinterdorfstrasse 14; B 32 SFr, EZ/DZ 58/92 SFr, mit Bad 68/112 SFr; Rezeption 10–12 & 16–24 Uhr;) Freundliche Unterkunft mit recht schlichten Zimmern und netter Atmosphäre. Es gibt eine Küche, eine Kneipe und ein verrücktes Hirschmaskottchen in dem Hof, der wie ein Dschungel gestaltet ist. Vom Hauptplatz aus den Schildern folgen.

Wysses Rössli (041 811 19 22; www.wrsz.ch; Am Hauptplatz; EZ/DZ ab 140/220 SFr;) Schon Goethe nächtigte in diesem Jahrhunderte alten Hotel, dessen geräumige Zimmer in modernem Einheitslook renoviert wurden. Das Restaurant (Hauptgerichte 20–35 SFr) serviert Schweizer Küche mit mediterranen Einflüssen.

My Thing (041 810 30 00; Hauptplatz 7; Snacks 6,50–12,50 SFr; Mo–Fr 6.30–24, Sa & So 8.30–24 Uhr) Im höhlenähnlichen Keller dieses Cafés im Bohème-Stil sitzt man sehr gemütlich. Verstreute Kissen und Kerzenlicht sorgen für eine kuschelige Atmosphäre, in der man sein Baguette oder den Salat mit einem Glas Merlot richtig genießen kann. Bei Sonnenschein kann man auf der winzigen Terrasse sitzen.

Kreuz & Quer (041 810 01 01; Hauptplatz 7; leichte Mahlzeiten 10–25 SFr; 11.30–13.45 & 18–21.45 Uhr) Dieses superentspannte Café serviert leckere Wraps, Sandwiches und Salat. In Ruhe Zeitung lesen oder es sich mit einem Kaffee auf der Terrasse am Gehweg gemütlich machen.

Ratskeller (041 810 10 87; Strehlgasse 3; Hauptgerichte 18–32 SFr; Di–Sa) Charmantes altes Gebäude mit Flaschenfenstern und Holzvertäfelung. Der Ratskeller hat treue Stammgäste und serviert leckeres Saisonales, z. B. Wild mit Kastanien und Blaubeerrisotto mit Ziegenkäse.

Purpur (041 810 01 01; Hauptplatz 7; Hauptgerichte 27,50–36,50 SFr; Mo–Fr 11.30–14 & 20–24 Uhr, Sa & So nur abends) Winkende Katzen muss man hier suchen. Das neue stylishe Thairestaurant über dem Kreuz & Quer hat scharlachrote Wände, Fontänen und flackernde Teelichter. Die Currys sind köstlich scharf; eine der weiteren Spezialitäten des Hauses ist der göttliche, in Tamarindenhonig glasierte Kabeljau.

An- & Weiterreise

Schwyz liegt 30 Minuten von Zug (9 SFr) entfernt an der Hauptachse von Norden nach Süden (s. S. 288 für weitere Infos), Luzern ist 40 Minuten entfernt (13,80 SFr). Das Zentrum von Schwyz erreicht man über die A4, die durch Brunnen führt.

EINSIEDELN

13 770 Ew. / 900 m

Einsiedeln, das Schweizer Pendant zu Lourdes, lockt viele Pilger an. Der Legende nach versuchte der Bischof von Konstanz 964 n. Chr., das Originalkloster zu weihen, wurde aber von einer himmlischen Stimme aufgehalten, die sprach: „Lass ab davon. Gott selbst hat dieses Gebäude geweiht." Eine päpstliche Order erkannte dieses Ereignis nachträglich als echtes Wunder an. Selbst wer nicht an Wunder glaubt, wird von sagenhaft pompösen Inneren der Klosterkirche beeindruckt sein.

Orientierung & Praktische Informationen

Einsiedeln liegt südlich des Zürichsees und westlich des Sihlsees. Der Bahnhof und die Post befinden sich gegenüber vom Dorfplatz in der Ortsmitte; man läuft über den Platz hinüber und biegt links in die Hauptstrasse ein. Zur Kirche am Ende der Strasse am Klosterplatz sind es zehn Minuten zu Fuß; in ihrer Nähe ist die **Touristeninformation** (☎ 055 418 44 88; www.einsiedeln.ch; Hauptstrasse 85; ☼ Mo–Fr 8.30–17, Sa 9–16, So 10–13 Uhr).

Sehenswertes & Aktivitäten

Alle Strassen führen zur **Klosterkirche** (☎ 055 418 61 11; www.kloster-einsiedeln.ch; Benzigerstrasse; ☼ 5.30–20.30 Uhr) – einfach der Menschenmenge folgen. Das Barockgebäude wurde im 18. Jh. von Caspar Moosbrugger errichtet. Im Inneren sind bunte Fresken, Stuck und goldene Verzierungen zu bewundern, aber die Pilger interessieren sich nicht für diese Opulenz, sondern für die Heiligste der Heiligen, die **Schwarze Madonna**. An die winzige Statue in der Kapelle am Eingang richten sie ihre Gebete.

Das fromme Thema wird vom **Diorama Bethlehem** (☎ 055 412 26 17; www.diorama.ch; Benzigerstrasse; Erw./Kind 4,50/2 SFr; ☼ Ostern–Okt. 10–17 Uhr, Dez.–6. Jan 13–16 Uhr) fortgeführt, der wohl größten Krippe der Welt. Weiter die Strasse hinunter liegt die **Panorama Gesellschaft mit dem Gemälde der Kreuzigung Christi** (☎ 055 412 11 74; Eintritt & Öffnungszeiten wie im Diorama).

Einen tollen Blick über die Klosteranlage und auf die Hügel hat man beim Rundgang durch die Ställe des Klosters und bei der Wanderung den Berg hinauf (15 Min.) zur **Statue von St. Benedikt**. Ein zweistündiger Marsch von Einsiedeln aus gen Norden und zurück führt zur schmalen hölzernen **Teufelsbrücke**, die ebenfalls Moosbrugger gebaut hat.

Schlafen

Materieller Komfort ist in Einsiedeln nicht so wichtig wie Frömmigkeit, aber wer über Nacht hier bleiben will, findet einige anständige Unterkünfte.

Hotel Linde (☎ 055 418 48 48; www.linde-einsiedeln.ch; Schmiedenstrasse 28; EZ/DZ 75/110 SFr, mit Bad 120/195 SFr) Die beste Unterkunft des Ortes bietet große, moderne Zimmer. Das Restaurant (Hauptgerichte 36–69 SFr) serviert köstlichen Fisch und (saisonal bedingt) Wildgerichte.

Hotel Sonne (☎ 055 412 28 21; Klosterplatz; EZ/DZ 75/120 SFr; 💻) Dieses Hotel gewinnt zwar keinen Designerpreis, liegt aber schön am Platz gegenüber dem Kloster.

An- & Weiterreise

Die Bahnlinie endet in Einsiedeln, daher steigt man meist in Biberbrugg um. Man erreicht Einsiedeln mit den Zügen der Züricher S-Bahn; Zürich selbst (16,80 SFr) ist eine Stunde entfernt (via Wädenswil). Bei manchen Zugverbindungen nach Luzern (21,60 SFr, 1 Std.) muss man in Goldau umsteigen. Von Einsiedeln nach Schwyz gibt's im Sommer einen hübschen „Schleichweg": mit einem Postauto nach Oberiberg, von dort weiter mit einem Privatbus (Swiss-Pass nicht gültig).

ENGELBERG

3635 Ew. / 1050 m

Engelberg zieht zweierlei Arten „Gläubige" an: die, die im Benediktinerkloster Erleuch-

---

SCHWEIZER NATIONALSTOLZ

Einmal in der Schweiz angekommen, bleiben keine Zweifel, wo man gelandet ist: Die Schweizer lassen ihre Nationalflagge mit leidenschaftlichem Patriotismus wehen. Das weiße Kreuz auf rotem Grund weht in Gärten, auf halbem Weg zwischen Boden und Berggipfeln und sogar mitten in den Wasserfällen. Die Schweiz ist neben dem Vatikan der einzige Staat, der eine Flagge mit einem Kreuz hat. Wie alle Designerstücke hat auch die Schweizer Flagge mit ihren besonderen Proportionen einen hohen Wiedererkennungswert. Einst sollte das Motiv dazu dienen, in der Schlacht von Laupen 1339 die Schweizer Söldner zu erkennen, heute ist es das Nationallogo. Ob auf Teddys, Toastern, Postkarten oder Victorinox Armeemessern – die Schweizer Flagge findet sich überall.

tung suchen, und die, die den unberührten Pulverschnee der herrlichen Skipisten anbeten. Auf der einen Seite erhebt sich der vereiste Titlis, auf der anderen ragen schneebedeckte Berggipfel auf – kein Wunder also, dass diese Gegend schon die eine oder andere Bollywood-Traumsequenz inspiriert hat. Dass Engelberg trotz des tiefen Schnees, der tadellosen Strecken abseits der Pisten und seiner Nähe zu Luzern weniger bekannt ist als andere Urlaubsorte dieser Größe, ist jedoch durchaus verwunderlich – oder eher ein Segen …

Orientierung
Die Hauptstraße ist die teils zur Fußgängerzone erklärte Dorfstrasse, an der Geschäfte und Restaurants liegen. Viele davon schließen im November, doch dank der zahlreichen indischen Touristen im Mai und Juni haben viele Geschäfte auch außerhalb der Hauptsaisons im Winter und Sommer geöffnet.

Praktische Informationen
Die **Touristeninformation** (☎ 041 639 77 77; www.engelberg.ch; Klosterstrasse 3; ⓧ Mo–Sa 8–18.30 Uhr, Hochsaison So 14–18 Uhr, übriges Jahr Mo–Fr 8–18.30, Sa 8–17 Uhr) ist zu Fuß fünf Minuten vom Bahnhof entfernt. Sie hilft bei der Hotelbuchung und gibt die Gästekarte aus, die Rabatte, u. a. für die Seilbahn auf den Titlis (10 %), gewährt.

Sehenswertes
KLOSTER ENGELBERG
Das Engelberg-Tal wurde einst von der Kirche regiert und das **Benediktinerkloster** (☎ 041 639 61 19; Führungen Erw./Kind 6/3 SFr; ⓧ Führung 1 Std. Juni–Okt. & Dez.–April Mi–Sa 10 & 16 Uhr) war das hiesige Machtzentrum. Heute sind seine Mönche Lehrer statt Herrscher, doch ihr Domizil aus dem 12. Jh. hat an Erhabenheit nichts eingebüßt. Es wurde nach einem verheerenden Feuer im Jahr 1729 wieder aufgebaut und präsentiert nun Zimmer, die mit unglaublich detaillierten Holzeinlegearbeiten verziert sind, und eine barocke **Klosterkirche** (Eintritt frei).

Innen im Kloster ist eine hochmoderne **Schaukäserei** (☎ 041 638 08 88; www.schaukaeserei-engelberg.ch; Eintritt frei; ⓧ Mo–Sa 9–18.30, So 9–17 Uhr) untergebracht, in der man den Käsern über die Schulter schauen, leckere Milchprodukte im Bistro genießen oder im Laden cremigen hausgemachten Käse kaufen kann.

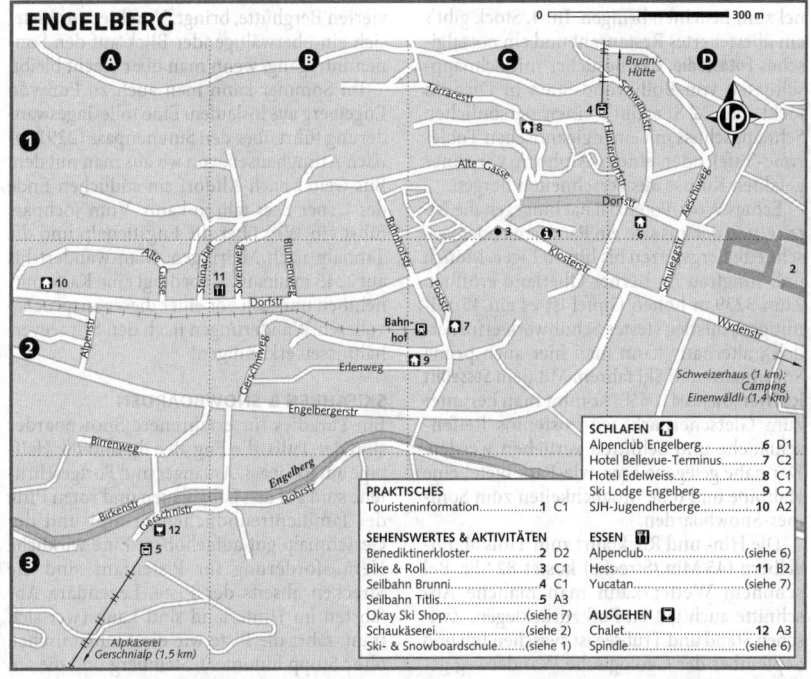

ENGELBERG

PRAKTISCHES	
Touristeninformation	1 C1

SEHENSWERTES & AKTIVITÄTEN	
Benediktinerkloster	2 D2
Bike & Roll	3 C1
Seilbahn Brunni	4 C1
Seilbahn Titlis	5 A3
Okay Ski Shop	(siehe 7)
Schaukäserei	(siehe 2)
Ski- & Snowboardschule	(siehe 1)

SCHLAFEN	
Alpenclub Engelberg	6 D1
Hotel Bellevue-Terminus	7 C2
Hotel Edelweiss	8 C1
Ski Lodge Engelberg	9 C2
SJH-Jugendherberge	10 A2

ESSEN	
Alpenclub	(siehe 6)
Hess	11 B2
Yucatan	(siehe 7)

AUSGEHEN	
Chalet	12 A3
Spindle	(siehe 6)

Aktivitäten

TITLIS

Der **Titlis** (www.titlis.ch) ist der höchste Berg der Zentralschweiz und ihr einziger Gletscher. Man erreicht ihn über die erste Seilbahn mit rotierendem Fußboden der Welt, die 1992 fertiggestellt wurde. Sie übernimmt den letzten Abschnitt einer atemberaubenden Fahrt in vier Etappen. Zuerst geht's hoch auf die Gerschnialp (1300 m), dann zum Trübsee (1800 m). Dort steigt man in eine große Gondel um, die einen nach Stand (2450 m) bringt. Von hier aus schwebt die „Titlis Rotair" in schwindelerregender Höhe über den grandiosen **Titlisgletscher**. Während man über das zerklüftete Eis gleitet, erheben sich vor einem spitze Berggipfel, die an Haifischzähne erinnern, während von kleinen Seen durchzogene Wiesen, schroffe Abhänge und Wasserfälle hinter einem immer kleiner werden.

An der Station Titlis (3020 m) weht ein eisiger Wind. Drinnen befindet sich eine Art Themenpark mit einer herrlich kitschigen **Eishöhle**, in der man sich ein Lied aussuchen (Funk, ein fröhliches Jodellied, die indische Nationalhymne …) und dann beobachten kann, wie Neonlichter ins Eis gehauene Tunnel zum Leuchten bringen. Im 4. Stock gibt's ein überteuertes Restaurant und ein nostalgisches **Fotostudio**, das Besucher mit Schnappschüssen von Bollywood-Stars in Dirndln lockt. Für 32 SFr gibt's einen persönlichen Schnappschuss mit einer gigantischen Toblerone-Tafel oder einem Alphorn vor einer gefakten Kulisse aus verschneiten Bergen.

Echtes Wow-Potenzial hat hingegen die **Terrasse**, von der aus sich ein Panorama über verschneite Bergspitzen bis hin zu Eiger, Mönch und Jungfrau im Berner Oberland eröffnet. Zum 3239 m hohen Gipfel ist es ein 45-minütiger Aufstieg (festes Schuhwerk erforderlich); alternativ kann man hier auch prima Snowboard und Ski fahren. Mit dem **Sessellift Ice Flyer** (Erw./Kind 12/6 SFr) kommt man herunter zum Gletscherpark, wo kostenlos Reifenschläuche und Schlitten verliehen werden. Der nahe gelegene Freestyle-Park bietet eine Halfpipe und tolle Möglichkeiten zum Sommer-Snowboarden.

Die Hin- und Rückfahrt zum Titlis ab Engelberg (45 Min./Strecke) kostet 82 SFr. Bei schönem Wetter kann man manche Abschnitte auch gut zu Fuß zurücklegen. Zwischen Stand und Trübsee ist zwischen Juli und September der Geologische Wanderweg geöffnet. Auf ihm braucht man für den Aufstieg zwei und für den Weg runter 1½ Stunden. Von Trübsee zum Jochpass (2207 m) dauert's etwa 1½ Stunden, ungefähr genauso lang wie hinunter nach Engelberg.

Tolle Wanderziele von Engelberg aus sind u. a. die Gerschnialp (einfach/hin & zurück 7/10 SFr), Trübsee (19/27 SFr) und Stand (39/55 SFr). Mit Swiss- oder InterRail-Pass bekommt man 50 % Ermäßigung auf alle Fahrpreise, auch auf die Fahrt zum Titlis. In der Nebensaison nach Rabatten fragen!

Die Seilbahn ist täglich von 8.30 bis 17 Uhr geöffnet (letzte Fahrt nach oben/unten 15.40/16.50 Uhr). Immer Anfang November wird sie wegen Wartungsarbeiten zwei Wochen geschlossen.

WANDERN

Gemütliche Wandertouren und eine wunderschöne Landschaft bietet Brunni, das auf der gegenüberliegenden Seite des Tales liegt. Die Seilbahn (im Sommer, einfach/hin & zurück 14/24 SFr) fährt auf 1600 m Höhe zum Ristis, von wo aus einen ein Sessellift weiter hinauf zur **Brunnihütte** (☎ 041 637 37 32; www.berghuette.ch; Erw. 62 SFr, Kind 15–38 SFr), einer kürzlich renovierten Berghütte, bringt. Von hier aus bietet sich ein überwältigender Blick auf den Sonnenuntergang, wenn man über Nacht bleibt.

Im Sommer kann man auch zu Fuß von Engelberg aus loslaufen. Eine tolle Tageswanderung führt über den Surenenpass (2291 m) nach Attinghausen, von wo aus man mit dem Bus weiter nach Altdorf am südlichen Ende des Urner Sees fahren kann. Vom Jochpass führt ein Weg über die Engstlenalp und die Tannalp nach Meiringen. Man wandert bis auf 2245 m hinauf. Unbedingt eine Karte mitnehmen und sich vor einer dieser anspruchsvolleren Wanderungen nach den Schneeverhältnissen erkundigen!

SKIFAHREN & SNOWBOARDEN

Ein Paradies für erfahrenere Snowboarder sind der Titlis, die Engstlenalp und die Halfpipe am Jochpass. Anfänger und Fortgeschrittene sind auf den babyblauen und roten Piste des familienfreundlichen Brunni und der Gerschnialp gut aufgehoben. Eine wirkliche Herausforderung für Pistenfans sind die Strecken abseits der Piste. Legendäre Abfahrten im Hinterland sind Laub (wer sich traut, fährt die Piste wie die Einheimischen ohne Stopp hinunter), Steinberg und die am

Galtiberg vom Kleinen Titlis bis ins 2000 m weiter unten liegende Tal, die anspruchsvollste von allen. Ein Tagesskipass kostet 53 SFr (Wochenende & Feiertag 59 SFr).

Die Geschäfte verleihen Ski- und Snowboardausrüstung zu recht einheitlichen Preisen (ca. 45 SFr/Tag). Wer die Sachen für einen längeren Zeitraum mietet, bezahlt weniger.

In der Touristeninformation gibt's eine **Ski- & Snowboardschule** (☎ 041 639 54 54; www.skischule-engelberg.ch; Klosterstrasse 3). Ausrüstung zum Skifahren abseits der Piste und fürs Snowboarden bekommt man bei Danis **Okay Ski Shop** (☎ 041 637 07 77; Hotel Bellevue). Hier treffen sich die Hardcore-Fahrer, um Tipps auszutauschen – und um ihre E-Mails zu checken.

Im Dezember findet in Engelberg das **FIS-Weltcup-Skispringen** (☎ 041 639 77 33; www.weltcup-engelberg.ch) statt.

ABENTEUERSPORT

Für den Adrenalinkick im Sommer hat **Outventure** (☎ 041 611 14 41; www.outventure.ch; Stans) einiges zu bieten, z. B. Gletscherwandern auf dem vereisten Titlis für 150 SFr, Tandem-Paragliding zum selben Preis sowie andere actiongeladene Aktivitäten in der Region wie Kajakfahren, Canyoning und Klettern.

Bike 'n' Roll (☎ 041 638 02 55; www.bikenroll.ch; Dorfstrasse 31; ☼ Mo–Sa 8.30–12 & 14–18.30 Uhr, Do & So geschl.) vermietet Mountainbikes für 30 SFr. Für 65 SFr kann man an einer ihrer zwei Abenteuertouren mit dem Fahrrad teilnehmen. Wenn man sich an eine der fünf *vie ferrate* des Engelbergs wagt, braucht man Kletterausrüstung (20 SFr Leihgebühr).

MILCHIGES SCHÖNHEITSELIXIER

Wer eine so schöne Haut möchte, wie sie einst Kleopatra hatte, sollte ernsthaft über ein Schönheitsbad in der Molke der **Alpkäserei Gerschnialp** (☎ 079 431 52 45; Gerschnialp; ☼ Juni–Okt.) am Fuße des Titlis nachdenken. In einer Wanne auf einer Blumenwiese kann man zum Gebimmel von Kuhglocken abtauchen. Das natürliche Nebenprodukt von Käse steckt voller Vitamin B und Mineralien und soll die Haut seidig machen. Will man nicht alleine baden (40 SFr), kann man den Spaß für 60 SFr zusammen mit einem Freund oder für 80 SFr gar mit der gesamten Familie genießen (telefonisch reservieren).

Schlafen

Die hier angegebenen Preise gelten für die Hochsaison im Winter. im Sommer ist mit Nachlässen von 30–50 % zu rechnen. Viele Hotels haben zwischen Haupt- und Nebensaison geschlossen.

Camping Einenwäldli (☎ 041 637 19 49; www.einenwaeldli.ch; Stellplatz pro Erw./Kind/kl. Zelt/Auto 8/4/8,50/2 SFr; ☼ ganzjährig) Neben dem Sporthotel Einenwäldli liegt dieser Luxuscampingplatz mit eigenem Restaurant und Wellnesseinrichtungen. Ski- und Shuttlebusse bringen Gäste bis vors Tor.

SJH-Jugendherberge (☎ 041 637 12 92; www.familienherberge.ch; Dorfstrasse 80; B 36–41 SFr, DZ 72 SFr; P ▣) Diese saubere, geräumige und moderne Jugendherberge im Chalet-Stil ist nur zehn Minuten vom Bahnhof entfernt. Manche Schlafsäle sind unpersönlich groß.

Hotel Bellevue-Terminus (☎ 041 639 68 68; www.bellevue-engelberg.ch; Bahnhofplatz; EZ/DZ 44/88 SFr, mit Bad 100/170 SFr; P ▣) Die einstige Grande Dame Engelbergs aus der viktorianischen Zeit ist heute abgewetzt und in die Jahre gekommen und bräuchte eine Verjüngungskur gebrauchen. Die Mängel werden aber im Preis berücksichtigt, und außerdem hat sich das Hotel mit seinen herrlich quietschenden Holzdielen und den Zimmern mit den hohen Decken viel von seinem ursprünglichen Charakter bewahrt.

LP Tipp Ski Lodge Engelberg (☎ 041 637 35 00; www.skilodgeengelberg.com; Erlenweg 36; Zi. pro Pers. 105–120 SFr; ▣) Die Hütte wird von zwei Skifans betrieben, die wissen, was Skihasen brauchen – vom großen Frühstück bis zu schenkelfreundlich niedrigen Betten. Die netten Schweden haben beim Design nicht gespart: In den boutiqueähnlichen Zimmern vermischt sich echtes Jugendstil-Flair mit den Annehmlichkeiten des 21. Jhs. Überall hängen Schwarzweißbilder von Oskar Enander in Action, und Après-Ski bedeutet Schwitzen in der schwedischen Sauna, vom Whirlpool draußen aus auf verschneite Bergspitzen schauen, einen Cocktail schlürfen und bei Rukas köstlichem Essen über Bretter fachsimpeln.

Alpenclub Engelberg (☎ 041 637 12 43; www.alpenclub.ch; Dorfstrasse 5; EZ/DZ 130/180 SFr, Suite 300–410 SFr; P ✕) Ein Schmuckstück im Herzen von Engelberg ist der Alpenclub mit seinen elf einmaligen und makellos sauberen Zimmern, die mit niedrigen Holzbalken, gemaserten Wänden und Schaffell-Teppichen 200 Jahre Geschichte erzählen. Das Steinbergzimmer bietet einen umwerfenden Blick auf den Titlis.

Für ein paar Franken mehr gibt's eine Suite mit Antikmöbel, Kamin und Whirlpool.

Hotel Edelweiss (☎ 041 639 78 78; www.edelweiss engelberg.ch; Terracestrasse 10; EZ/DZ 125/216 SFr; 🖳) In diesem lebendigen Hotel der Jahrhundertwende wird man herzlich empfangen. Viele der klassisch eleganten Zimmer mit den hohen Decken bieten Ausblicke auf den Gletscher. Es gibt coole Details, z. B. Buntglasvertäfelung in der Bar und einen Whirlpool im Freien für fröhliches Après-Ski-Planschen.

Essen & Ausgehen

Yucatan (☎ 041 637 13 24; Bahnhofplatz; Hauptgerichte 20–32 SFr; ⏱ 15 Uhr–open end) Engelbergs beliebtester Aprés-Ski-Treffpunkt ist dieses belebte mexikanische Restaurant. Riesige Chili-Burger, Caipirinhas sowie Partys mit DJs, Bands und einer Bar sorgen für gute Laune.

Alpenclub (☎ 041 637 12 43; Dorfstrasse 5; Pizza 15–26 SFr, Hauptgerichte 28–47 SFr; ⏱ 16 Uhr–open end) Bei scheußlichem Wetter wärmt diese mit Kerzen beleuchtete, 200 Jahre alte Kneipe mit ihrer niedrigen Decke jedes Herz. Zu essen gibt's sämiges Fondue, gebratenes Rindfleisch und knusprige Pizza.

Schweizerhaus (☎ 041 637 12 80; Schweizerhausstrasse 41; Hauptgerichte 25–56 SFr; ⏱ Fr–Mi) Das gemütliche traditionelle Chalet serviert marktfrische Küche und gute Schweizer Weine; es ist eines der beliebtesten Restaurants vor Ort. Besonders lecker sind die zarten Lammmedaillons mit Rosmarinkartoffeln.

Hess (☎ 041 637 09 09; www.hess-restaurant.ch; Dorfstrasse 50; Hauptgerichte 38–65 SFr; ⏱ Nebensaison Mo & Di geschl.) Blütenreine Tischtücher, Hartholzparkett und Terrakottawände bilden die schicke Kulisse für Stephan Oberlis saisonale Geschmackssensationen. Mediterrane Gerichte wie Meeresfrüchtesuppe mit Safran oder Rehrücken mit Artischockenrisotto werden aus lokalen Bioprodukten zubereitet. Dazu gibt's vollmundige Weine.

Chalet (Titlis-Talstation); ⏱ 15–20 Uhr) Nirgendwo an der Piste kann man besser Glühwein trinken als in diesem niedlichen Holzchalet.

Spindle (Dorfstrasse 5; ⏱ Mi, Fr & Sa 10–16 Uhr) Nach dem Yucatan ziehen Nachtschwärmer ins Spindle weiter. Am Wochenende ist es hier brechend voll.

An- & Weiterreise

Engelberg liegt am Ende der Zugstrecke, ca. eine Stunde von Luzern (17,40 SFr) entfernt. Wer einen Tagesausflug hierher macht, sollte bei der Touristeninformation in Luzern nach speziellen Tickets für Ausflüge zum Titlis fragen. Eine kleine Straße führt von Stans an der A2 nach Engelberg.

Von Anfang Juli bis Mitte Oktober fahren etwa halbstündlich Shuttlebusse vom Bahnhof in Engelberg zu allen wichtigen Hotels und Sehenswürdigkeiten des Ortes. Mit der Gästekarte oder einem Zugticket fährt man umsonst, sonst kostet es 1 SFr. Im Winter fahren kostenlose Skibusse zu den Pisten.

DER KANTON ZUG

ZUG

25 500 Ew. / 426 m

Auf den ersten Blick sieht Zug aus wie jede andere Schweizer Stadt – sie ist niedlich, liegt am See und ist von Bergen umgeben. Doch Zug, die reichste Stadt in einem der reichsten Länder der Welt, prägt auch der Geist vieler Unternehmer. Abgesehen von ein paar Anzugträgern und Mercedes-Limousinen verrät aber nichts, dass sich hier wegen des unglaublich niedrigen Steuersatzes (nur ca. 50 % des nationalen Durchschnitts) internationale Großverdiener angesiedelt haben. Und vermutlich ist das auch egal, wenn man in likörgetränkter Zuger Kirschtorte schwelgt, über mittelalterliches Kopfsteinpflaster schlendert und traumhafte Sonnenuntergänge genießt.

Orientierung

Zug liegt an der Nordostküste des Zugersees. Sein Bahnhof befindet sich 1 km nördlich der Altstadt. Um in die Altstadt zu kommen, geht man vom Hauptausgang des Bahnhofs bis zum Kreisel am Anfang der Alpenstrasse (links ist die Confiserie Albert Meier) und dann noch einmal 700 m Richtung Süden.

Praktische Informationen

Die **Touristeninformation** (☎ 041 723 68 00; www.zug -tourismus.ch; Reisezentrum Zug, Hauptbahnhof; ⏱ Mo–Fr 9–19, Sa 9–16, So 9–15 Uhr) hat Stadtpläne. Wechselstuben gibt's am Bahnhof.

Sehenswertes & Aktivitäten

In der Altstadt von Zug scheint die Zeit im Mittelalter stehen geblieben zu sein. Die Altstadt beginnt am Wahrzeichen Zugs, dem **Zytturm** (Glockenturm; Kolinplatz). Die Ziegel seines markanten Daches sind in den Kantonalfarben blau und weiß gehalten. Läuft man durch den

UND DIE REICHEN WERDEN REICHER ...

Zug war einst die Heimat armer Landwirte, aber 1946 vollzog sich ein Wandel in der Gesellschaft wie im Märchen: von Tellerwäschern zu Millionären. Auf einmal zogen die globalen Multikonzerne Zug dem Standort Zürich vor – natürlich nicht wegen des Alpenblicks und des ländlichen Charmes, sondern weil irgendein helles Köpfchen auf die Idee kam, in der Zentralschweiz ein Steuerparadies zu schaffen. Heute hat Zug mehr Unternehmen (nämlich 27 000) als Einwohner, darunter Johnson & Johnson, Kellogg, Shell, der weltweit größte Rohstoffhändler Glencore und die Krom River AG.

Mit einer Einkommenssteuer von nur 8 bis 12,5 % ist Zug ein Himmelreich für Unternehmer. Der begnadete Steuerflüchtling und Milliardär Marc Rich (wie passend ...), der durch seine Ölgeschäfte mit dem Iran Anfang der 1980er-Jahre berühmt wurde, hat sich hier niedergelassen, und auch Wimbledon-Champion Boris Becker tauschte sein Domizil in München gegen ein Penthouse in Zug ein, nachdem er 2002 in Deutschland wegen Steuerhinterziehung verklagt wurde. Zug wirkt vielleicht bescheiden, aber sogar ein schlichtes Apartment kann 1,5 Mio. SFr kosten. Wer diese Kuh melken will, muss also schon vorher gut betucht sein.

Bogen, erreicht man die Fußgängerzonen Oberaltstadt, Unteraltstadt und Fischmarkt. Sie sind gesäumt von mit Fresken verzierten Stadthäusern aus dem 15. Jh. und winzigen Boutiquen. Nach dem Brunnen mit der Figur der **Gret Schell** Ausschau halten! Die Fasnachtsfigur ist eine alte Hexe, die ihren betrunkenen Mann in einem Korb nach Hause trägt.

Oberhalb des Glockenturms, gegenüber der St. Oswaldkirche, liegt das **Museum in der Burg** (☎ 041 728 32 97; Kirchenstrasse 11; Erw./Kind/Student 9 SFr/frei/5 SFr; ⌚ Di-Sa 14–17, So 10–17 Uhr). In der Burg aus dem 11. Jh. sind Malereien, Kostüme und ein 3-D-Modell von Zug ausgestellt. Die Erläuterungen sind etwas gestelzt formuliert, aber man bekommt hervorragende Infos über die Stadt, u. a. auch über das Problem, dass sie teilweise im See zu versinken droht.

Das **Kunsthaus Zug** (☎ 041 725 33 44; Dorfstrasse 27; www.kunsthauszug.ch; Erw./Kind/Student 8 SFr/frei/6 SFr; ⌚ Di-Fr 12–18, Sa & So 10–17 Uhr) beherbergt eine hervorragende Sammlung von Werken von Wiener Vertretern der Moderne, z. B. Klimt, Kokoschka und Schiele. Regelmäßig sind hochkarätige Ausstellungen zu sehen.

Am Ufer liegt der **Landsgemeindeplatz** mit einer Voliere voller exotischer Vögel, darunter so auffällige wie Jägerlieste, Nashornvögel und scharlachrote Ibisse (die vor allem bei kaltem Wetter Heimweh haben). Direkt südlich der Altstadt liegt unter Kastanienbäumen am Seeufer das **Seebad Seeliken** (☎ 041 711 14 56; Artherstrasse 2). Hier kann man sich herrlich abkühlen und ein Sonnenbad nehmen.

Die **Seilbahn Schönegg** fährt hinauf zum Zugerberg (988 m), wo man eine beeindruckende Aussicht und Wanderwege findet. Ein Tagespass (12 SFr) ist die beste Wahl, da man mit ihm alle Busse und die Seilbahn nutzen kann. Bus 11 fährt bis zur unteren Station der Seilbahn.

City-Fahrräder (☎ 041 761 33 55; Bundesplatz; ⌚ Mai–Okt. 9–21 Uhr) werden kostenlos verliehen (Personalausweis & Kaution erforderlich). Am Ufer in der Nähe des Landsgemeindeplatzes kann man Tret- und Ruderboote (30/60 Min. 17/24 SFr) mieten.

Schlafen

Da viele Großstädter über Nacht hierbleiben, sind die Hotels ort auf Geschäftsleute ausgerichtet. In den hiesigen Gästehäusern geht's gemütlicher zu. Die Touristeninformation gibt eine Liste mit Unterkünften heraus.

Camping Zugersee (☎ 041 741 84 22; Chamer Fussweg 36; Stellplatz Erw./Kind/Zelt 7,80/3,90/9 SFr; ⌚ Ende März–Anfang Okt.) 2 km westlich des Stadtzentrums am Seeufer; sehr schöner Campingplatz mit kostenlosen Bademöglichkeiten in der Nähe.

SJH-Jugendherberge (☎ 041 711 53 54; www.youthhostel.ch; Allmendstrasse 8; B/DZ 32,50/96 SFr; ⌚ Rezeption 8–10 & 17–22 Uhr, Ende Nov.–Anfang März geschl.; P ⌨) Diese moderne und klinisch saubere Jugendherberge bietet eine Gemeinschaftsküche und einen Kiosk. Man erreicht sie vom Hauptbahnhof aus zu Fuß in zehn Minuten (nach rechts in Richtung der Sportanlagen gehen).

Hotel Guggital (☎ 041 711 28 21; www.hotel-guggital.ch; Zugerbergstrasse 46; EZ 118–165 SFr, DZ 190–220 SFr) Der Familienbetrieb oberhalb des Sees mit schönem Blick auf Pilatus und Rigi hat ruhige, kompakte Zimmer mit WLAN und (teilweise) Balkonen. Bus 11 vom Bahnhof nehmen.

Ochsen Zug (☎ 041 729 32 32; www.ochsen-zug.ch; Am Kolinplatz; EZ/DZ/Suite 182/270/350 SFr; **P**) Das Ochsen stammt zwar aus dem Jahr 1480 und schon Goethe hat hier gewohnt, aber heute ist es ein Geschäftshotel, das hinter der Fassade mit Stufengiebeln modernisiert wurde. Die lichtdurchfluteten Zimmer sind mit Naturholz und Stoffen eingerichtet. Die Junior-Suite (Zimmer 503) bietet einen tollen Blick auf den Zytturm und den See. Die Bar ziert abstrakte Kunst von Ferdinand Gehr.

Hotel Löwen am See (☎ 041 725 22 22; www.loewen-zug.ch; Landsgemeindeplatz; EZ/DZ 205/280 SFr;) Dieses Hotel bietet schlichte, aber gemütliche Zimmer mit Extras wie kostenlosen Obsttellern. Es liegt an einem gepflasterten Platz in der Altstadt und blickt auf den See. Das mediterrane Restaurant Domus eine Etage tiefer ist äußerst beliebt.

Essen & Ausgehen

Confiserie Albert Meier (☎ 041 711 10 49; Alpenstrasse 16; Kuchen 3–5 SFr; Mo–Fr 7–18.30, Sa 8–16 Uhr) In diesem Café im alten Stil duftet es herrlich. Die Spezialität des Hauses ist die Zuger Kirschtorte aus Baiser, Biskuit, Mandelcreme, Buttercreme und Kirschwasser. Diese gibt's zwar überall in der Stadt, doch die bei Albert Meier ist laut den Einheimischen die beste. Ein Stück kostet 4,50 SFr und ist ein klasse Mitbringsel – falls es den Heimweg überlebt.

Café Platzmühle (☎ 041 711 01 10; Landsgemeindeplatz 2; Pizza 17–24 SFr; Hauptgerichte 23–30 SFr; Mo–Sa 7–24, So 8–24 Uhr) Die ehemalige Mühle ist heute das angesagteste Café der Stadt mit freiliegendem Mauerwerk, Tischen mit Granitplatten und einer Terrasse voller Palmen. Auf der Speisekarte stehen Salate, Pizzas aus dem Holzofen und Pasta.

Schiff (☎ 041 711 00 55; Graben 2; Hauptgerichte 25–45 SFr; Sommer 11–0.30 Uhr, Winter kürzer) Im hinteren Raum des Schiffes sorgen Holzvertäfelung und Buntglas für rustikale Pracht. Zu essen gibt's Schweizer Küche mit internationalem Touch, von saftigem Lamm bis zu argentinischem Öko-Rindfleisch. Nach dem Abendessen hat man oben in der Panoramabar einen traumhaften Blick.

Gasthaus Rathauskeller (☎ 041 711 00 58; Obere Altstadt 1; Hauptgerichte Bistro 19–38 SFr, Zunftstube 36–68 SFr; Di–Sa 11.30–14.30 & 15.30–22.30 Uhr) Die mit Fresken verzierte spätgotische Fassade des Rathauskellers ist nicht zu übersehen. Das künstlerisch angehauchte Bistro unten serviert hervorragende Rösti und Couscous, im noblen Restaurant – ein Traum aus gewundenen Säulen, knarrenden Holzdielen und vergoldetem Rosenthal-Geschirr, gibt's Delikatessen wie Hummerragout mit Sommertrüffeln und dazu edle Weine.

An- & Weiterreise

Zug liegt an der großen Nord-Süd-Achse von Zürich (13,80 SFr, 25–45 Min.) nach Lugano. Züge aus Zürich bringen einen von hier nach Luzern (10,80 SFr, 20–30 Min.) und ins Berner Oberland.

Wer man mit dem Auto unterwegs ist, kommt von Zürich über die N4 (von Norden nach Süden) her. Sie führt am Westufer des Zugersees entlang und trifft auf die A2, die nach Luzern, zum Gotthard-Pass und weiter nach Lugano und Italien führt. Die N25 zweigt nördlich von Zug von der N4 ab und führt östlich um den See herum. Bei Goldau trifft sie wieder auf die A4.

Schiffe legen in der Nähe der Schiffsstation nördlich des Landsgemeindeplatzes ab. Im Sommer fahren sie Richtung Süden nach Arth und zu vielen weiteren Zielen. Mit Swiss-Pass reist man zum halben Preis.

GOTTHARD-PASS

ANDERMATT

1265 Ew. / 1447 m

Das charmante Andermatt mit seinen nüchternen Bergen verbindet Kleinstadtidylle mit rauer Wildnis. Dies wird sich jedoch bald ändern: Der ägyptische Unternehmer Samih Sawiris, Besitzer der ägyptischen Geschäftsgruppe Orascom, hat 1 Mrd. SFr investiert, um aus Andermatts ehemaliger Militärkasernen ein ganzjährig geöffnetes **Megaresort** (www.andermattresort.com) mit sechs Fünf-Sterne-Hotels, einer tropischen Spa-Landschaft und einem 18-Loch-Höhengolfplatz zu machen. 2000 neue Arbeitsplätze sollen hier Andermatts Tourismusindustrie den nötigen Aufschwung bringen. Kritiker, darunter zahlreiche lokale Landwirte, warnen, dass das Resort die sowieso schon gefährdete Alpenlandschaft noch stärker belasten wird. Und das trotz umweltfreundlicher Maßnahmen wie einem Zentrum ohne Ampeln und der Nutzung erneuerbarer Energiequellen.

Andermatt war einst ein wichtiger Halt auf der Nord-Süd-Route über den Sankt Gotthard. Heute umfährt man es durch einen Tunnel, aber die Stadt ist nach wie vor ein wichtiger Verkehrsknotenpunkt, von dem aus man gen Westen über den Furkapass nach Valais und gen Osten über den Oberalppass nach Graubünden gelangt.

Der Bahnhof liegt 400 m nördlich des Stadtzentrums. Die **Touristeninformation** (☎ 041 887 14 54; www.andermatt.ch; Mo–Fr 9–17, Sa & So 10–16 Uhr), vom Bahnhof 200 m links, ist im selben Gebäude wie das Ticketbüro des Postautos.

Sehenswertes & Aktivitäten

Der **Gemsstock** (2963 m) zieht im Sommer Wanderer an und im Winter fortgeschrittene Skifahrer, die garantiert weiße Pisten hinabsausen. Die Region ist auch beliebt für Abfahrten abseits der Piste in unberührtem Puderschnee. Die Seilbahn von Andermatt kostet für die einfache Fahrt bzw. für den Hin- und Rückweg 32 bzw. 45 SFr. Für einen Skipass für Gemsstock bezahlt man 55 SFr pro Tag, für Nätschen/Gütsch 44 SFr und für Realp 29 SFr. Nicht-Skifahrer erfreuen sich im Winter an Rodelpisten, guten Wanderwegen und Schlittenfahrten.

Eine spektakuläre Wanderung führt vom nahegelegenen Oberalppass zum funkelnden **Lai da Tuma** (Tumasee; S. 86), dem Ursprung des Rheins. Eine Klettertour in schwindelerregender Höhe bietet der Klettersteig Diavolo (*via ferrata Diavolo*). Bei dieser dreistündigen Kraxelei an Granitfelsen und über graswachsene Felsvorsprünge genießt man einen atemberaubenden Blick auf die **Teufelsbrücke**, die über eine tiefe Schlucht führt. Da Andermatt ganz in der Nähe vier bedeutender Alpenpässe liegt – Susten, Oberalp, Gotthard und Furka –, ist es ein hervorragender Ausgangspunkt für Auto-, Rad- oder Bustouren. Auf www.postbus.ch findet man Infos zu den dieses Jahr angebotenen Bustouren. Von Realp aus fahren zwischen Ende Juni und Anfang Oktober freitags bis sonntags **Dampfzüge** (www.furka-bergstrecke.ch) durch das flache Tal nach Furka (Mitte Juli–Ende Aug. tgl.).

Schlafen & Essen

Die Touristeninformation kann bei der Suche nach Privatunterkünften helfen, ist aber außerhalb der Hauptsaisons unter Umständen geschlossen.

Touristenlager Postillion (☎ 041 887 10 44; Gotthardstrasse 36; B 35 SFr; P) Für Skifahrer mit kleinem Budget sind die schlichten Schlafsäle in diesem zentral gelegenen Chalet genau das Richtige. Aktivitäten von Paragliding bis hin zu Fahrradtouren werden angeboten.

Hotel Sonne (☎ 041 887 12 26; www.hotelsonne andermatt.ch; Gotthardstrasse 76; EZ 85–110 SFr, DZ 150–190 SFr; P) Warmes Licht zieht die Gäste in dieses dämmrige Holzchalet. Die gemütlichen Zimmer, die an die 1970er-Jahre erinnern, haben bequeme Betten und viel Kiefernholz. Das Restaurant mit den urigen Holzbalken (Hauptgerichte 16–37 SFr) eine Etage tiefer ist berühmt für seine frische Forelle.

LP Tipp **The River House Boutique Hotel** (☎ 041 887 00 25; www.theriverhouse.ch; Gotthardstrasse 58; DZ 180–220 SFr, Suite 280–360 SFr; P) Das charismatische, eigenwillige Hotel ist 250 Jahre alt und ein Unikat. Die schweizerisch-amerikanischen Besitzer haben die schönen Zimmer mit Parkettböden mit Intarsien, Holzbalken und selbstgebauten Betten aus Kiefernholz und Granit aus der Region eingerichtet. Zur Begrüßung gibt es einen Korb voller lokaler Leckereien. Jedes Zimmer ist individuell verschieden, vom Apothekerzimmer, das mit Flaschen dekoriert ist, bis zu dem Raum mit der antiken Tür. Das köstliche Frühstück beinhaltet Pfannkuchen, Eier und Saft. Im Restaurant (Hauptgerichte 17–42 SFr) werden superfrische Bioprodukte verarbeitet.

Toutoune (☎ 041 887 01 76; Gotthardstrasse 91; Hauptgerichte 20–48 SFr) Das Restaurant im mediterranen Stil ist mit auffälligen Drucken von Olivenbäumen und Natursteinen dekoriert und ist immer voll. Man bekommt leckere Falafel und italienische Leckereien wie Salbeignocchi, zu denen man sich z. B. ein Glas leckeren Chianti gönnt.

An- & Weiterreise

In Andermatt hält der Gletscher-Express von Zermatt nach St. Moritz. Wer Richtung Norden oder Süden will, steigt im 15 Minuten entfernten Göschenen um. Bei der **Matterhorn Gotthard Bahn** (☎ 027 927 77 77) bekommt man Informationen zu den Autozügen über den Oberalppass nach Graubünden und durch den Furkatunnel nach Valais. Postautos halten am Bahnhof. Der 17 km lange Gotthardtunnel ist eine der wichtigsten Nord-Süd-Verbindungen über die Alpen. Er führt von Göschenen in die Nähe von Airolo im Tessin und passiert dabei Andermatt. Es sind bereits Bauarbeiten für einen neuen Basistunnel für Hochgeschwindigkeits- und Güterzüge durch den Sankt Gotthard im Gang; er soll 2012 fertiggestellt werden.

Basel & Aargau

Wer sich für einen Besuch der nordwestlichen Kantone Zeit nimmt, wird sicher von diesen überrascht werden: Es locken Basels neueste architektonische Kreationen und eine lebendige Kunstszene genauso wie römische Ruinen und Aargaus stolze Schlösser, hübsche mittelalterliche Dörfer und herrliche Hügellandschaften – für jeden ist da etwas dabei.

In Basel kommen die Liebhaber von Galerien und toller Architektur voll auf ihre Kosten. Während sich die Fondation Beyeler einer der bedeutendsten Sammlungen der gesamten Schweiz rühmt, widmet sich ein faszinierendes Museum dem ausgeflippten Bildhauer Jean Tinguely. Und ganz in der Nähe lockt in Weil am Rhein das Vitra Design Museum mit Schaustücken von einigen der besten zeitgenössischen Architekten der Welt. Basels alter Stadtkern ist eine tadellos erhaltene Schatzkiste aus der Vergangenheit. Das Münster und das im 16. Jh. erbaute Rathaus sind bekannte Wahrzeichen der Stadt, doch schon ein Spaziergang auf den schmalen Straßen hoch über dem Rhein versprechen eine Menge Spaß. Und Fans der Antike werden in Augusta Raurica, der am besten erhaltenen römischen Siedlungsruine der Schweiz, auf Entdeckungstour gehen – sie liegt am Rhein, nur eine kurze Zugfahrt östlich von Basel.

Direkt hinter der Kantonsgrenze liegen überall im Aargau ehemalige Habsburger Besitztümer verstreut, etwa Rheinfelden (bekannt für sein Feldschlösschen-Bier) und die Burg in der Nähe der Aare, die der Dynastie ihren Namen gab. Eine Reise entlang der majestätischen Aare hält noch weitere Kleinode bereit, z. B. das kokette Aarau, den nicht minder bezaubernden Kurort Baden und zahlreiche Schlösser und Dörfer, etwa das charmante Lenzburg. Der Kanton Aargau bietet unzählige Ausflüge durch sanft gewellte Landschaften und spektakuläre (Herbst-)Farben fernab breit getretener Pfade.

HIGHLIGHTS

- Sich von der Kunst und der Architektur der sensationellen **Fondation Beyeler** begeistern lassen (S. 295)
- Im **Vitra Design Museum** im deutschen Weil am Rhein (S. 295) Ausstellungen zur Innenarchitektur bestaunen
- Im **Tinguely-Museum** (S. 295) verrückte mechanische Skulpturen bewundern
- Durch die bezaubernden Straßen von **Aarau** (S. 304) mit seinen jahrhundertealten Häusern schlendern
- Zum mächtigen mittelalterlichen Schloss in **Lenzburg** (S. 303) hinaufklettern und durch das hübsche Barock-Dörfchen zu seinen Füßen bummeln
- Die Mineralbäder in **Baden** (S. 302) genießen und die charmante Altstadt erkunden

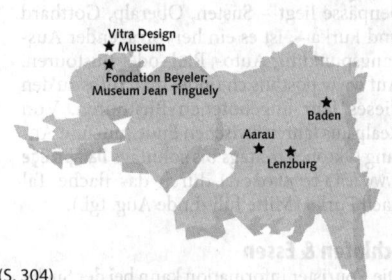

| ■ BEVÖLKERUNG: 1 035 930 | ■ FLÄCHE: 1958 KM² | ■ SPRACHE: DEUTSCH |

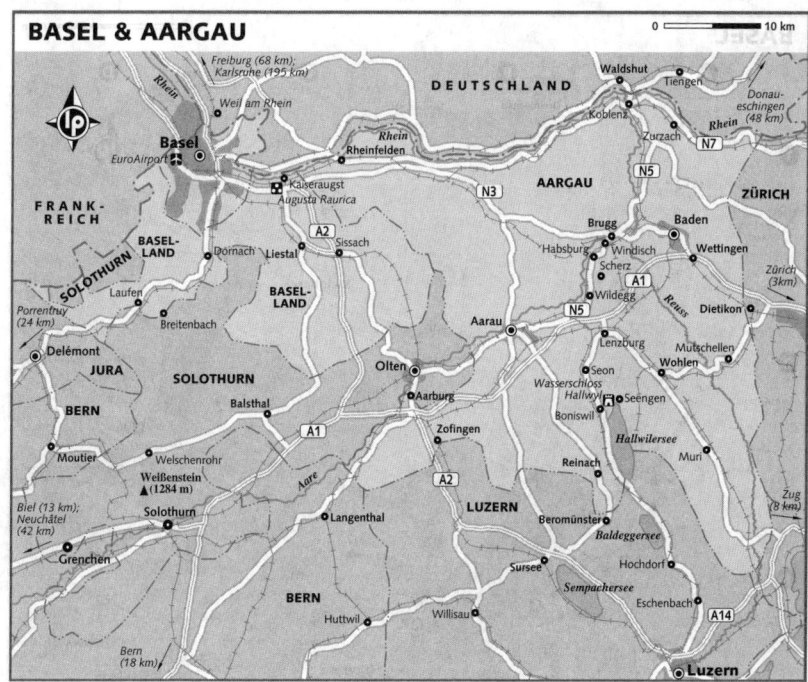

Orientierung

Der Kanton Basel-Stadt schmiegt sich im nördlichen Zipfel des Landes an den Rhein, der hier gen Norden abbiegt („Rheinknie"). Die Stadt liegt im Dreiländereck von Deutschland, der Schweiz und Frankreich und wird vom größeren Kanton Basel-Land umschlossen, der sich in Richtung Süden und Osten erstreckt.

Der wesentlich größere Kanton Aargau, durch die hübsche Aare in zwei Hälften geteilt, liegt weiter östlich zwischen Basel-Land und dem Kanton Zürich. Entlang der Nordgrenze der Kantone Aargau und Basel-Land fließt der majestätische Rhein, der auch die Grenze zu Deutschland bildet.

Die Region ist durch den EuroAirport im Westen und den Züricher Flughafen im Osten international gut angebunden und hat ausgezeichnete Zug- und Autoverbindungen nach Deutschland, Frankreich und in den Rest der Schweiz (s. auch S. 300).

Praktische Informationen

Basel Tourismus (S. 293) wickelt die meisten Anfragen rund um die Region ab. Wer aber die Gegend abseits der Haupttouristenströme erkunden möchte, sollte sich für weitere Tipps an **Aargau Tourismus** (☎ 062 824 76 24; www.aargau tourismus.ch) wenden.

BASEL

Ew. 163 080 / 273 m

Obwohl Basel besonders für die Fasnacht und das Vogel-Gryff-Fest im Frühling und Winter berühmt ist, ist der Sommer vielleicht die bessere Reisezeit. Dann wirft die Stadt ihre allseits bekannte Zurückhaltung ab und bekommt – trotz der nördlichen Lage – eigenartigerweise mit das wärmste Wetter der ganzen Schweiz ab. Wenn die Einheimischen sich auf dem rasanten Rhein tummeln, auf Motorrollern vorbeisausen und auf überfüllten Gehwegen zu Abend essen oder sich ein Gläschen genehmigen, könnte man beinahe meinen, man sei in Italien und nicht direkt an der Grenze zu Frankreich und Deutschland.

Zu Basels ganzjährigen Attraktionen gehören die bezaubernde Altstadt, einige der besten Kunstsammlungen des Landes und faszinierende moderne Gebäude.

292 BASEL

www.lonelyplanet.de

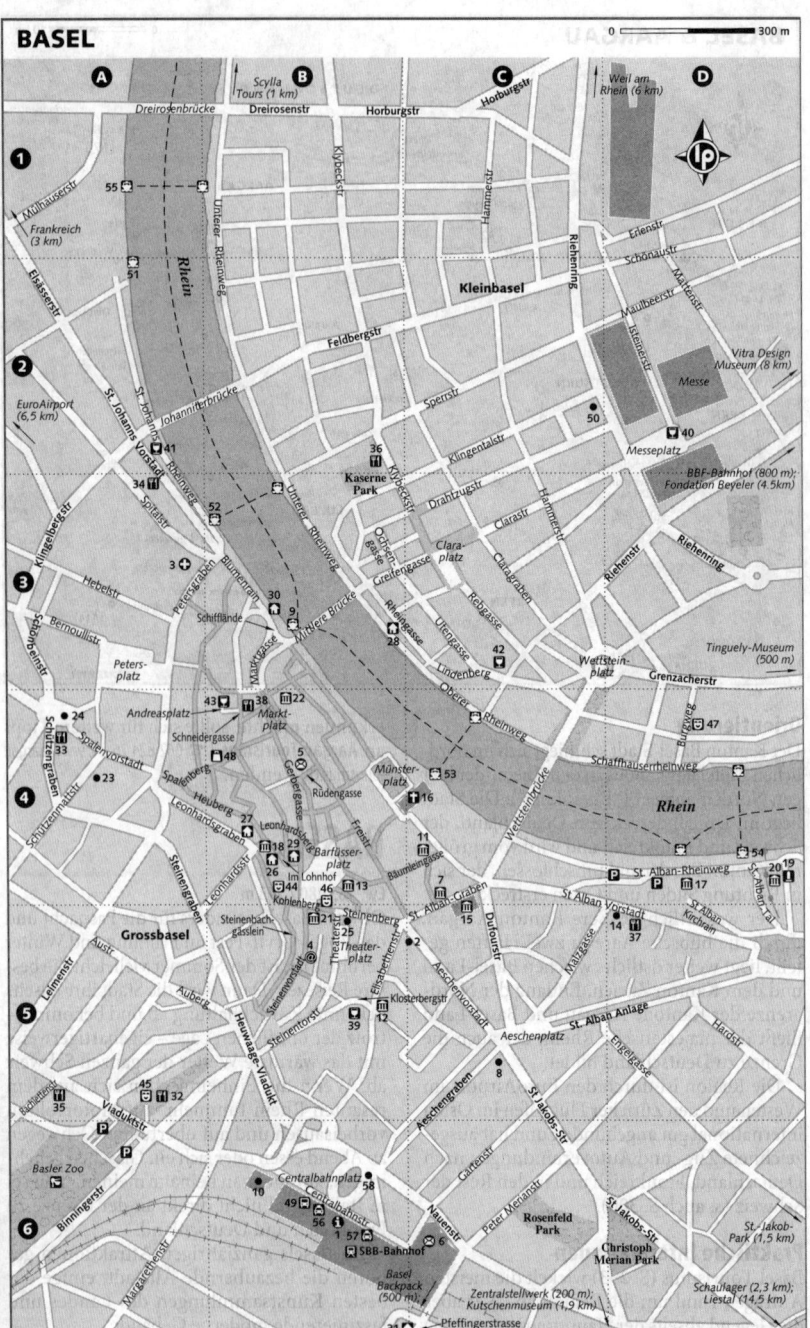

PRAKTISCHES		Puppenhausmuseum	21 B5	Cargo-Bar	41 A2
Basel Tourismus	1 B6	Rathaus	22 B4	Hirscheneck	42 C3
Basel Tourismus	(siehe 46)	Schützenmattstrasse 11	23 A4	Kaserne	(see 36)
Bider & Tanner	2 C5	Spalentor	24 A4	Zum Roten Engel	43 B4
Kantonsspital Basel	3 A3	Tinguely-Brunnen	25 B5		
Internet Dome	4 B5			UNTERHALTUNG	
Hauptpost	5 B4	SCHLAFEN		Bird's Eye Jazz Club	44 B4
Post	6 C6	Au Violon	26 B4	Die Kuppel	45 A5
		Der Teufelhof	27 B4	Stadtcasino	46 B4
SEHENSWERTES & AKTIVITÄTEN		Hotel Krafft	28 B3	Sudhaus Warteck	47 D4
Antikenmuseum Basel	7 C4	Hotel Stadthof	29 B4		
Bank für Internationalen		Les Trois Rois	30 B3	SHOPPEN	
Zahlungsausgleich	8 C5	SJH-Jugendherberge Basel City	31 B6	Weihnachtshaus Johann	
Basler Personenschiffahrt	9 B3			Wanner	48 B4
Elsässer Tor	10 B6	ESSEN			
Galerie Beyeler	11 C4	Acqua	32 A5	TRANSPORT	
Haus zum Kirschgarten	12 B5	Charon	33 A4	Abfahrt Flughafenbus	49 B6
Historisches Museum Basel	13 B4	Druck Punkt	34 A3	CityRent	50 C2
Jakob-Burkhardt-Haus	14 D5	Oliv	35 A5	Hauptschiffsanlegestelle	51 A2
Kunstmuseum	15 C5	Parterre	36 B2	Rheinfähre (Klingental)	52 B3
Münster	16 C4	St.-Alban-Stübli	37 D5	Rheinfähre (Münster)	53 C4
Museum für		Weinstube Gifthüttli	38 B4	Rheinfähre (St. Alban)	54 D4
Gegenwartskunst	17 D4			Rheinfähre (St. Johanns)	55 A1
Musikmuseum	18 B4	AUSGEHEN		Taxistand	56 B6
Alte Stadtmauer	19 D4	Atlantis	39 B5	Taxistand	57 B6
Papiermuseum	20 D4	Bar Rouge	40 D2	Velö	58 B6

Orientierung

In Basel kommt die Schweiz einem Hafen am Meer am nächsten: Von hier aus ist der Rhein bis zu seiner Mündung in die Nordsee für relativ große Schiffe durchgehend befahrbar. Er fließt in einer sanften Kurve von Südosten kommend gen Norden durch die Stadt.

Die Altstadt und der Großteil der Sehenswürdigkeiten liegen am Südufer des Stroms in Großbasel; Kleinbasel liegt am Nordufer. Früher besaß die Bezeichnung „Klein" einen abwertenden Charakter, sie bezog sich auf die Einwohner der Arbeiterklasse. Die Reliefbüste des Lällekönig (Zungenkönig), der seine Zunge Richtung Nordbezirk herausstreckt, bringt die alten Animositäten anschaulich auf den Punkt (an der Kreuzung am südlichen Ende der Mittleren Brücke ist eine Kopie des Originals zu sehen).

In Großbasel liegt der Bahnhof der Schweizerischen Bundesbahnen (SBB), an dem Züge zu Zielen innerhalb der Schweiz abfahren. Die Straßenbahnlinien 1 und 8 fahren von hier ins Zentrum der Altstadt. Der BBF- (Badische) Bahnhof für Zugverbindungen nach Deutschland liegt in Kleinbasel.

Praktische Informationen

BUCHLÄDEN

Bider & Tanner (☎ 061 206 99 99; www.biderund tanner.ch; Aeschenvorstadt 2; ❍ Mo–Mi 9–18.30, Do & Fr 9–20, Sa 9–18 Uhr) Gut sortierter Buchladen, der auch Reiseführer und Karten im Sortiment hat.

ERMÄSSIGUNGEN

BaselCard (ab 20/27/35 SFr für 24/48/72 Std.) Gilt für 25 Museen (nur Dauerausstellungen), den Baseler Zoo (www.zoobasel.ch) sowie für geführte Touren und Fähren. Wer kein Mobility-Ticket (s. S. 296) hat, sollte über die 24 Stunden gültige TNW-Variante für 25 SFr nachdenken, die eine unbegrenzte Nutzung der öffentlichen Verkehrsmittel einschließt.

INTERNETZUGANG

Internet Dome (Steinenvorstadt 53; 9 SFr/Std.; ❍ So–Do 12–23, Fr & Sa 12–1 Uhr)

MEDIZINISCHE VERSORGUNG

Kantonsspital Basel (☎ 061 265 25 25; www. kantonsspital-basel.ch; Petersgraben 2)

POST

Hauptpost (Rüdengasse 1; ❍ Mo–Mi 7.30–18.30, Do & Fr 7.30–19, Sa 8–17 Uhr)
Postamt (Centralbahnstrasse 20; SBB-Bahnhof; ❍ tägl. 10–13.30 & 15–19 Uhr)

TOURISTENINFORMATION

Basel Tourismus (☎ 061 268 68 68; www.basel.com; ❍ Mo–Fr 8.30–18.30, Sa 9–17, So 9–16 Uhr) Stadtcasino (Steinenberg 14;); SBB-Bahnhof (Aeschenvorstadt 36) Organisiert zahlreiche, vielfältige Stadtführungen.

Sehenswertes

ALTSTADT

Die mittelalterliche Altstadt im Herzen Basels weckt die reinste Freude. Am besten beginnt man am Marktplatz, der von der überraschend lebendig wirkenden, roten Fassade des **Rathauses** aus dem 16. Jh. dominiert wird, das noch vor nicht allzu langer Zeit renoviert wurde. Schlendert man vom Marktplatz etwa 400 m Richtung Westen durch das ehemalige Handwerkerviertel rund um den Spalenberg, gelangt man schließlich bergauf zu einem 600 Jahre alten Stadttor, dem **Spalentor**. Das schönste der 40 Verteidigungstore und -türme, die einst zur Befestigungsanlagen gehörten, ist eines von nur dreien, die das Schleifen der Stadtmauer im Jahr 1866 überlebt haben.

Die schmalen Gassen, die die Hügel zwischen dem Marktplatz und dem Spalentor durchziehen, sind der hinreißendste Teil der Basler Altstadt. Ein gemütlicher Spaziergang in den von makellos erhaltenen, jahrhundertealten Häusern gesäumten Gassen des Spalenbergs, Heubergs oder Leonhardsbergs lohnt sich immer.

Etwa 400 m südlich des Marktplatzes liegt der Barfüsserplatz, benannt nach der gleichnamigen Kirche, die im 18. Jh. säkularisiert wurde und seit Langem das **Historische Museum Basel** (s. rechte Spalte) beherbergt. In den Gassen dieses Viertels verstecken sich jede Menge Läden und Restaurants.

Gleich südlich des Barfüsserplatzes steht der verrückte **Tinguely-Brunnen** (Fasnachtsbrunnen; Theaterplatz). In dem Becken stehen etliche skurrile Maschinen, die Wasser spritzen und speien. Er bietet einen Vorgeschmack auf die nicht minder verrückten beweglichen Skulpturen im Tinguely-Museum (S. 295).

Das **Basler Münster** (☎ 061 272 91 57; www.muensterbasel.ch; Münsterplatz; Ostern-Okt. Mo-Fr 10-17, Sa 10-16, So 13-17 Uhr, Nov.-Ostern Mo-Sa 11-16, So 14-16 Uhr) wurde im 13. Jh. fertiggestellt. Es weist einen Stilmix aus Gotik (außen) und Romanik (innen) auf und wurde nach einem Erdbeben 1356 fast vollständig wieder aufgebaut. Das Grab des Renaissance-Humanisten Erasmus von Rotterdam (1466-1536), der in Basel lebte und starb, befindet sich im Nordschiff der Kirche. In der Krypta sind die Überreste des Vorgängerbaus des Münster aus dem 9. Jh. zu besichtigen. Man kann den gewaltigen gotischen Turm besteigen, muss dazu aber mindestens zu zweit sein (4 SFr). Der kompakte kompakte spätgotische doppelte Kreuzgang mit Arkaden aus rötlichem Stein und weißem Putz stammt größtenteils aus dem 15. Jh., es sind jedoch auch einige romanische Überbleibsel erhalten geblieben. Der große und der kleine Kreuzgang sind durch eine breite Halle miteinander verbunden, deren Holzdecke einst reich verziert war.

MUSEEN & GALERIEN
Details zu den ca. 40 Museen und Galerien der Stadt kann man der entsprechenden Broschüre der Touristeninformation entnehmen oder unter www.museenbasel.ch nachlesen.

Historisches Museum Basel
Eine der vielfältigsten Sehenswürdigkeiten der Stadt ist das **Historische Museum Basel** (☎ 061 205 86 00; www.hmb.ch; Barfüsserplatz; Erw./Kind/Student 7 SFr/frei/5 SFr, am 1. So des Monats frei; Di-So 10-17 Uhr) mit seinen interessanten Ausstellungen, die mit vorchristlichen archäologischen Funden, einer Sammlung religiöser Gegenstände aus dem Münster und einer Fülle weiterer Exponate die Stadtgeschichte näherbringen. Es ist in der ehemaligen Barfüsserkirche (benannt nach den barfüßigen Franziskanermönchen, die sie im 14. Jh. gründeten) untergebracht. Zu den Höhepunkten zählen das großartige Chorgestühl aus dem 16. Jh. und die spätgotischen Wandteppiche aus dem 15. Jh.

Weitere Ausstellungen sind auf drei weitere Orte verteilt. Im **Musikmuseum** (Im Lohnhof 9; Mi-Sa 14-18, So 11-17 Uhr) ist eine umfassende Instrumentensammlung zu sehen. Der Höhepunkt des **Hauses zum Kirschgarten** (Elisabethenstrasse 27-29; Di-Fr 10-17 Uhr, Sa 13-17 Uhr) ist eine Sammlung feinsten Meissner Porzellans. Das **Kutschenmuseum** (Brüglingen, St. Jakob im Botanischen Garten) zeigt schließlich Kutschen, Schlitten und Hunde-Kutschen aus dem 19. und 20. Jh.

Kunstmuseum & Museum für Gegenwartskunst
Das **Kunstmuseum** (☎ 061 206 62 62; www.kunstmuseumbasel.ch; St. Alban-Graben 16; inkl. Museum für Gegenwartskunst Erw./Kind/Student 12/frei/5 SFr, am 1. So des Monats frei; Di-So 10-17 Uhr) konzentriert sich auf die Periode von 1400 bis 1600 und auf die Zeit von 1800 bis heute. Zur Mittelalterkollektion gehört die weltgrößte Sammlung von Holbein-Werken. Die kleinere zeitgenössische Ausstellung umfasst Picassos und Rodins und geht quasi fließend in das **Museum für Gegenwartskunst** (☎ 061 206 62 62; www.kunstmuseumbasel.ch; St Alban-Rheinweg 60; gleiche Preise wie im Kunstmuseum; Di-So 11-17 Uhr) über.

In der Nähe des Museums für Gegenwartskunst befindet sich das **Papiermuseum**

(☎ 061 225 90 90; www.papiermuseum.ch; St. Alban-Tal; Erw./Kind/Senior & Student 12/8/10 SFr; ☺ Di–Fr 10–12 & 14–17, Sa & So 14–17 Uhr). Die an einem mittelalterlichen Kanal gelegene Papiermühle ist mit einem noch funktionstüchtigem Wasserrad ausgestattet. Man gewinnt einen Einblick in eine jahrhundertealte Tradition der Basler Papierherstellung. Einst standen in der Stadt ein Dutzend Mühlen, deren Geschichte das Museum nacherzählt. Gleich östlich von hier steht ein Stück der alten **Stadtmauer**.

Antikenmuseum Basel

Gegenüber vom Kunstmuseum befindet sich das **Antikenmuseum Basel** (☎ 061 201 12 12; www.antikenmuseumbasel.ch; St. Alban-Graben 5; Erw./erm.7/5 SFr; ☺ Di–So 10–17 Uhr), in dem die beeindruckendste Sammlung antiker Artefakte des ganzes Landes zu bestaunen ist. Diese stammen größtenteils aus ägyptischer bis römischer Zeit.

Puppenhausmuseum

Basels **Puppenhausmuseum** (☎ 061 225 95 95; www.puppenhausmuseum.ch; Steinenvorstadt 1; Erw./Kind/Senior & Student 7/frei/5 SFr; ☺ tägl. 10–18 Uhr) zieht Teddybären-Fans von nah und fern an. Tatsächlich behauptet das Museum, die weltgrößte Teddybären-Sammlung zu besitzen. Jede Menge Puppenhäuser gibt's natürlich auch.

Fondation Beyeler

Von allen privaten Sammlungen in der Schweiz, die mittlerweile der Öffentlichkeit zugänglich gemacht wurden, ist die von Hildy und Ernst Beyeler die bemerkenswerteste. In der **Fondation Beyeler** (☎ 061 645 97 00; www.beyeler.com; Baselstrasse 101, Riehen; Erw./unter 11 Jahre/11–19 Jahre/Student/Senior 23 SFr/frei/6/12/18 SFr, Mo 10–18 & Mi 17–20 Uhr 16 SFr/frei/frei/8/12 SFr; ☺ Do–Di 10–18, Mi bis 20 Uhr) stehen Skulpturen von Miró und Max Ernst ozeanischen Stammesfiguren gegenüber, während an den langen, niedrigen Wänden des hellen, vom italienischen Stararchitekten Renzo Piano offen gestalteten Gebäudes Werke von Picasso, Rothko und anderen Größen aus dem 19. und 20. Jh. hängen. Vom Barfüsserplatz oder Marktplatz geht's mit der Straßenbahnlinie 6 Richtung Riehen.

Die Fahrt in die Vororte zu weit? Die ursprüngliche **Galerie Beyeler** (☎ 061 206 97 00; www.beyeler.com; Bäumleingasse 9; Eintritt frei; ☺ Di–Fr 9–12 & 14–18, Sa 9–12 Uhr) ist auch einen Besuch wert. Die Wechselausstellungen hier sind immer für eine Überraschung gut. Auf ihrer Web-site kann man sich einen Überblick über die beeindruckende Liste der Künstler machen, mit denen die Beyelers arbeiten.

Tinguely-Museum

Das vom führenden Tessiner Architekten Mario Botta erbaute **Tinguely-Museum** (☎ 061 681 93 20; www.tinguely.ch; Paul Sacher Anlage 1; Erw./Kind/Student & Senior 15 SFr/frei/10 SFr; ☺ Di–So 11–19 Uhr) ist ein Hort verschmitzter Spielereien. Leider darf man die meisten von Tinguelys „kinetischen" Skulpturen nicht berühren (s. Kasten unten), da sie scheppern und sich schütteln und drehen würden, wenn man es täte – mit den ganzen (Vogel- und Metall-)Federn und den zahllosen Rädchen, die an allen möglichen Enden rotieren, sehen sie jedenfalls wie das Werk eines verrückten Wissenschaftlers aus. Vom Claraplatz fährt Bus 31 hierher.

Vitra Design Museum

Wer schon immer einmal das unglaubliche Guggenheim-Museum in Bilbao sehen wollte, es aber vorerst nicht über die Alpen geschafft hat, kann von Basel aus über die Grenze nach Deutschland hüpfen und in Weil am Rhein für einen kleinen Vorgeschmack das **Vitra Design Museum** (☎ +49 7621 702 32 00; www.design-museum.de; Charles Eames Straße 1, Weil am Rhein; Erw./Kind/Student 8 €/frei/6,50 €, BaselCard gültig; ☺ Do–Di 10–18, Mi bis 20

DIE EXPLOSIVE WELT DES JEAN TINGUELY

Der in Basel aufgewachsene Künstler Jean Tinguely (1925–1991) arbeitete bis kurz vor seinem Tod unermüdlich an seiner Kunst, darunter unzählige Installationen. Er wurde hauptsächlich durch seine „kinetische Kunst" – nämlich skulpturartigen Maschinen –, bekannt und verbrachte einen großen Teil seines Lebens in Paris, wo er zur künstlerischen Avantgarde gehörte. Er hat aber nicht all seine Maschinen für die Nachwelt entworfen: Eine seiner spektakulärsten Installationen entstand zu einer Zeit, als die Installationskunst noch in den Kinderschuhen steckte; die selbstzerstörerische *Homage to New York* schaffte es 1960 jedoch nicht, sich im Garten des Museum of Modern Art komplett selbst zu zerstören. Erfolgreicher war hingegen seine *Study for an End of the World No. 2* in der Wüste von Las Vegas im Jahr 1962.

BASELS ARCHITEKTUR ENTDECKEN

Basel und Umgebung können sich damit rühmen, Gebäude von sieben Gewinnern des Pritzker-Preises für Architektur vorweisen zu können. Werke von vier dieser Gewinner – Frank Gehry, Álvaro Siza, Tadao Ando und Zaha Hadid – sind allerdings hinter der Grenze im **Vitra Design Museum** (S. 295) in Deutschland zu sehen.

Einige Werke von Herzog & de Meuron liegen etwas zentraler. Das in Basel ansässige Duo ist für seine Entwürfe des Londoner Tate Modern und des Olympiastadions in Peking bekannt. Zu den in Basel verwirklichten Werken gehören **Schaulager** (unten), das Stadion im **St.-Jakob-Park** (S. 299), die wundervolle Eisenfassade des Hauses **Schützenmattstraße 11** und das mattschwarze **Zentralstellwerk** in der Münchensteinerstraße 115 – Letzteres ist mit Sicherheit das einzige Eisenbahndepot, das gleichzeitig ein architektonisches Wunderwerk ist! Direkt neben dem Hauptbahnhof (SBB-Bahnhof) ist das überraschende gläserne **Elsässer Tor** der beiden Architekten zu bewundern.

Der renommierte italienische Architekt Renzo Piano ist für die **Fondation Beyeler** (S. 295) verantwortlich. Der Tessiner Architekt Mario Botta hat den Pritzker-Preis noch nicht gewonnen, sein **Museum Jean Tinguely** (S. 295) und das Bürogebäude der **Bank für Internationalen Zahlungsausgleich** am Aeschenplatz 1 sind ebenfalls einen Blick wert.

Uhr) besuchen. Damit nicht genug, dass das Hauptgebäude des Museums vom Schöpfer des Guggenheim, Frank Gehry, entworfen wurde, gehören zum umliegenden Fabrikkomplex des berühmten Möbelbauers Vitra auch noch Gebäude anderer Top-Architekten, darunter Tadao Ando, Zaha Hadid und Álvaro Siza. Die Ausstellungen decken sämtliche Aspekte rund um das Thema Innendesign ab. Vom Claraplatz in Kleinbasel fährt Bus 55 zur Vitra-Haltestelle (30 Minuten).

Schaulager

Das **Schaulager** (☎ 061 335 32 32; www.schaulager.org; Ruchfeldstraße 19, Münchenstein; Erw./erm. 14/12 SFr; ☼ Apr–Sept Di, Mi & Fr 12–18, Do bis 19, Sa & So 10–17 Uhr) wurde als eine Art Kunstbunker von Herzog & de Meuron entworfen. Die hauptsächlich weiße Galerie mit ihren spitzen Ecken ist teilweise mit Erde verkleidet, die rund um das Fundament ausgebuddelt wurde. Eine riesige Videoleinwand an der Vorderfassade bietet einen Vorgeschmack auf die Wechselausstellungen, die die Besucher im Inneren erwarten. Vom Barfüsserplatz oder Marktplatz gelangt man mit der Straßenbahn 11 hierher.

Aktivitäten

Die Touristeninformation hält eine Broschüre bereit, in der fünf ausgeschilderte Spaziergänge durch die Basler Altstadt verzeichnet sind.

Zwischen Mitte April und Mitte Oktober bietet die **Basler Personenschifffahrt** (☎ 061 639 95 00; www.bpg.ch) eine **Schiffsrundfahrt** (15 SFr; ☼ Abfahrt Di–Sa 14 Uhr) durch die Stadt und den Hafen sowie diverse längere Touren nach Rheinfelden oder Brunch-, Jazz- und Dinner-Fahrten an. Die Touren starten an der Schifflände in der Nähe der Mittleren Brücke.

Im Rhein zu **schwimmen**, ist im Sommer ebenfalls ein beliebter Zeitvertreib.

Feste & Events

Im Februar oder März ist bei der Basler **Fasnacht** so einiges los. Das Fest beginnt, wenn die Faschingszeit anderorts schon vorbei ist, nämlich am Montag nach Aschermittwoch um Punkt 4 Uhr morgens. Beim **Basler Morgestraich** gehen auf einen Schlag alle Straßenlaternen aus – der Startschuss für einen prächtigen Umzug, der sich durchs Zentrum schlängelt. Die Teilnehmer tragen aufwendige Kostüme und Masken und auf den Straßen wird das eine oder andere kleine Gelage veranstaltet. Die wichtigsten Paraden finden am Montag- und Mittwochnachmittag statt, der Dienstag ist für den Kinderumzug reserviert.

Auch **Liestal** (5 SFr, Zug von Basel max. 16 Min.) ist am Sonntagabend vor dem Morgestraich einen Besuch wert. Dann findet hier der **Chienbäse** statt, ein spektakulärer Feuerwagenumzug.

Beim **Vogel-Gryff-Fest** Ende Januar treibt man in Kleinbasel symbolisch den Winter aus. Die drei Schlüsselfiguren – der Greif (Vogel Gryff), der Wilde Mann und der Löwe (Leu) – tanzen zum Rhythmus der Trommeln und Bollerschüsse auf einem Floß auf dem Rhein und später auf den Straßen von Kleinbasel.

Zu den wichtigsten Messen zählen die Schweizer Industriemesse **MUBA** (www.muba.ch) im Frühling, die **Herbstmesse** im Oktober, **Baselworld: Weltmesse für Uhren und Schmuck** (www.baselworld.ch) im März und die **ART Basel** (www.art-basel.ch), eine Messe für zeitgenössische Kunst im Juni.

Das Tennisturnier **Swiss Indoors** (www.davidoffswissindoors.ch) findet jeden Oktober in Basel statt; es zählt zu den wichtigsten alljährlichen Sportveranstaltungen der Schweiz. Der in Basel geborene Wimbeldon-Seriensieger Roger Federer gewann in seiner Heimatstadt 2008 seinen dritten Titel in Folge.

Jazzfreunde sollten sich das zweiwöchige Basler **Offbeat Jazz Festival** (www.jazzfestivalbasel.ch) vormerken, das in der zweiten Aprilhälfte stattfindet.

Schlafen

Wer wegen eines Kongresses oder einer Messe nach Basel kommt, sollte vorab buchen. Im Juli und August finden keine Messen statt, aber ärgerlicherweise schließen dann auch einige Hotels in der Stadt. Beim Einchecken immer gleich nach dem Mobilitätsticket fragen, mit dem man kostenlos die öffentlichen Verkehrsmittel nutzen kann.

BUDGETUNTERKÜNFTE

Auf www.bbbasel.ch gibt's Näheres zu den vielfältigen B & Bs in der Gegend.

Basel Backpack (☎ 061 333 00 37; www.baselbackpack.ch; Dornacherstraße 192; B 32 SFr, EZ/DZ 80/98 SFr, Frühstück 8 SFr; ✗ 🖳) Das in einer ehemaligen Fabrik entstandene unabhängige Hostel hat freundliche, farblich gekennzeichnete Acht-Bett-Zimmer sowie etwas ruhigere Doppel- und Familienzimmer.

SJH-Jugendberge Basel City (☎ 061 365 99 60; www.youthhostel.ch/basel.city; Pfeffingerstraße 8; B 35,50 SFr, EZ/DZ 79/95 SFr; ⌚ Rezeption 7–12 & 15–23 Uhr; 🖳) Die praktische Jugendherberge ist in einem ehemaligen Postgebäude direkt gegenüber vom SBB-Bahnhof untergebracht. In den allgemein geräumigen Zimmern stehen bis zu vier Betten. Im Sommer kann man sich im Innenhof entspannen.

Hotel Stadthof (☎ 061 261 87 11; www.stadthof.ch; Gerbergasse 84; EZ/DZ 75/130 SFr) In dem spartanisch ausgestatteten, aber zentral gelegenen Hotel muss man reservieren. Über einer Pizzeria auf einem alten Stadtplatz gelegen, sind die neun Zimmer sauber (mit Gemeinschaftstoilette und -dusche). Die Besitzer dieses mehrere Jahrhunderte alten Gebäudes sind sehr freundlich.

MITTELKLASSEHOTELS

LP Tipp **Au Violon** (☎ 061 269 87 11; www.au-violon.com; Im Lohnhof 4; EZ 123–185 SFr, DZ 146–208 SFr; ✗) Die Türen gehören zu den wenigen Hinweisen darauf, dass das skurrile wie atmosphärische Au Violon von 1835 bis 1995 ein Gefängnis war. Bei den meisten Zimmern wurde sozusagen aus zwei Zellen eine gemacht; sie blicken entweder auf einen hübschen gepflasterten Innenhof oder auf das Münster. Zu der auf einem grünen Hügel gelegenen Unterkunft gehört außerdem ein renommiertes Restaurant.

Hotel Krafft (☎ 061 690 91 30; www.hotelkrafft.ch; Rheingasse 12; EZ/DZ ab 145/230 SFr, mit Flussblick 185/290 SFr) Das Krafft gefällt besonders Städtern, die etwas für Design übrighaben. Skulpturenartige moderne Kronleuchter hängen über dem knarrenden Boden des Speisesaals, in dem sehr edle Speisen serviert werden, während man den Blick über den Rhein schweifen lassen kann. Und jeden Absatz der Wendeltreppe zieren minimalistische Fugenstangen (Edelstahl, graue Farben). Die kleineren Einzelzimmer sind hell, aber beengt, die Doppelzimmer haben riesige Betten, Holzböden und Balkone.

Der Teufelhof (☎ 061 261 10 10; www.teufelhof.com; Leonhardsgraben 49; EZ/DZ im Galeriehotel ab 180/265 SFr, Zi. im Kunsthotel ab 295 SFr; 🅿 ✗) Der Teufelhof vereint quasi zwei Hotels unter einem Dach. Die neun Zimmer des Kunsthotels sind jeweils von einem anderen Künstler eingerichtet worden. Im Anbau des größeren Galeriehotels, einem ehemaligen Kloster, geht's eher um stilvolles Alltagsdesign; Größe und Atmosphäre der Zimmer variieren hier sehr stark. Das Tüpfelchen auf dem i ist das ausgezeichnete Restaurant.

SPITZENKLASSEHOTELS

Les Trois Rois (☎ 061 260 50 50; www.lestroisrois.com; Blumenrain 8; EZ/DZ ab 365/590 SFr) Ohne Zweifel die beste Adresse der Stadt. Die „Drei Könige" haben Gemeinschaftsräume und Zimmer, die die würdevolle Eleganz vergangener Zeiten (Lust auf einen Walzer im Ballsaal, irgendjemand?) mit unerlässlichen Annehmlichkeiten der Gegenwart verbinden, etwa einem hochmodernen Mediacenter von Bang & Olufsen, das in jedem Zimmer steht. Am Wochenende purzeln die Zimmerpreise.

Essen

LP Tipp Acqua (☎ 061 564 66 66; www.acquabasilea.ch; Binningerstraße 14; Gerichte 15–42 SFr; ⌚ Di–Fr mittags & abends, Sa abendessen) Wer nach einem ganz besonderen Erlebnis sucht, wird in diesem umgebauten Wasserwerk am Ufer eines ruhigen Baches fündig. Die Atmosphäre ist postindustriell-glamourös, Wände und Boden sind aus kahlem Beton, die Einrichtung besteht aus braunen Lederbänken, Kerzen und Kronleuchtern. Die schönen Menschen Basels genießen die toskanische Küche und genehmigen sich in der angeschlossenen Lounge Bar den einen oder anderen Drink. Im Sommer kann man auf der Terrasse sitzen.

Parterre (☎ 061 695 89 98; www.parterre.net; Klybeckstraße 1b; Hauptgerichte 17–32 SFr; ⌚ Mo–Fr 8–24, Sa 10–24 Uhr) Auf der Karte stehen ungewöhnliche Gerichte wie Seelachs in Safransoße mit Kartoffelgratin und Kohl. Das alternativ angehauchte Restaurant blickt auf das Kasernenareal.

Druck Punkt (☎ 061 261 50 22; St. Johanns Vorstadt 19; Menüs 17,50 & 22,50 SFr; ⌚ Mo–Fr) Diese umgebaute Druckerei ist heute ein einfaches Bistro mit kalkweißen Wänden und schweren Holztischen. Die sättigenden Gerichte, z. B. der tolle Salat (19 SFr), sind durchaus erschwinglich.

Oliv (☎ 061 283 03 03; www.restaurantoliv.ch; Bachlettenstraße 1; Hauptgerichte 28–39 SFr; ⌚ mittags & abends Di–Fr, Sa abends) Ein trendiger Treffpunkt in der Nähe des Zoos. Das Oliv serviert hauptsächlich frische, abwechslungsreiche mediterrane Kost – klasse für alle, die den bloßen Gedanken an nochmehr Spätzli nicht mehr ertragen können. Die Bouillabaisse à Marseille ist köstlich. Man kann auch halbe Portionen bestellen.

Weinstube Gifthüttli (☎ 061 261 16 56; Schneidergasse 11; Hauptgerichte 29–57 SFr; ⌚ Di–Fr mittags & abends, Sa abends) Dieses gemütliche Restaurant im ersten Stock ist eine Mischung aus traditioneller Holzeinrichtung und einem Hauch Art nouveau. Hier gibt's verschiedene Cordon-Bleu-Variationen und ein festes Mittagsmenü für 22,50 SFr.

Charon (☎ 061 261 99 80; Schützengraben 62; Hauptgerichte 40–49 SFr; ⌚ Mai–Sept. Mo–Fr, Okt.–April Di–So) Hier sieht's aus wie in einem privaten Wohnzimmer – das unauffällige Restaurant mit Art-nouveau-Dekor hat sorgsam zubereitete Gerichte auf der Speisekarte, die sich an der französischen Küche orientieren. Zu den Spezialitäten des Hauses zählt die gebratene Seezunge mit Minikapern.

St. Alban Stübli (☎ 061 272 54 15; www.st-albanstuebli.ch; St. Alban Vorstadt 74; Hauptgerichte 40–58 SFr; ⌚ Mo–Fr) Das in einer hübschen ruhigen Straße gelegene Restaurant sieht aus wie eine urtypische gemütliche Gaststube. Bei gedämpft-gelber Beleuchtung, jeder Menge Holz und feinen Leinentüchern wird hier eine Mischung aus lokaler und französischer Küche serviert. Eine der zahlreichen köstlichen Erfolgsgeschichten ist die zart-rosa gebratene Entenbrust an Orangenpfeffersauce mit Gemüse der Saison und Nudeln. Ein Stück weiter lebte im Haus Nr. 64 von 1866 bis 1892 der gefeierte, in Basel geborene Kunsthistoriker Jacob Burckhardt (1818–1897). Aus dessen Feder stammt der Klassiker *Die Cultur der Renaissance in Italien* (1860).

Ausgehen

In der Steinenvorstadt und am Barfüsserplatz wimmelt es am Wochenende von Teenies und Twens. Interessanter ist Kleinbasel rund um die Rheingasse und die Utengasse. Hier wabert ein Hauch Grunge durch die Luft, es gibt eine ganze Reihe Kneipen und der Rotlichtbezirk macht die ganze Sache ein bisschen verrucht.

KLEINBASEL

Bar Rouge (☎ 061 361 30 21; www.barrouge.ch; Level 31, Messeplatz 10; ⌚ Mo–Mi 17–1, Do 17–2, Fr & Sa 17–4 Uhr) Diese vornehme rote Bar mit tollem Panorama im 31. Stock des hässlichen gläsernen Messeturms ist die unvergesslichste Location der Stadt. Hier freuen sich hippe Gäste – und an Werktagen früh am Abend auch ein paar Anzugträger – über die DJs und Filme, die regelmäßig im Programm sind.

Kaserne (www.kaserne-basel.ch; Klybeckstraße 1b) In dieser lebhaften Kneipe in Kleinbasel hängen die Öffnungszeiten davon ab, was geboten wird: alternatives Theater oder doch nur Getränke.

Hirscheneck (☎ 061 692 73 33; Lindenberg 23; ⌚ So–Do 9–24, Fr & Sa 10–2 Uhr) Eine entspannte, schön schmuddelige Bar, in der man beinahe schon eine zünftige Prügelei erwartet, die aber dennoch urbanen Flair besitzt (schon jemanden ohne Piercing gesehen?). Tische stehen auf dem Bürgersteig und regelmäßig treten Bands und DJs auf – könnte auch mitten in Berlin sein.

GROSSBASEL

Zum Roten Engel (061 261 20 08; Andreasplatz 15; Mo–Sa 9–24, So 10–22 Uhr) Dieser Laden ist immer voller Studenten, die auch den zauberhaften, aber winzigen gepflasterten Innenhof füllen. Hier gibt's tagsüber Caffè Latte und Snacks, abends ein, zwei Gläschen Wein. Da startet man ganz entspannt in die Nacht.

Cargo-Bar (061 321 00 72; www.cargobar.ch; St. Johanns Rheinweg 46; So–Do 16–1, Fr & Sa 16–2.30 Uhr) Bar mit nettem Flair – halb cool, halb alternativ –, die sich in einer versteckten Ecke am Fluss findet. Jede Menge Kunstinstallationen, Live-Auftritte, Videoshows und DJs.

Atlantis (061 228 96 96; www.atlan-tis.ch; Klosterberg 13; Bar Di–Do 17–24, Fr & Sa 18–4 Uhr) An der langen, gebogenen und – wenn am Wochenende DJs auftreten – vollen Bar stehen Lederhocker. Die Mottos wechseln wöchentlich und reichen von Funk bis zur Musik der Neunziger. Vielleicht zieht sie deshalb hauptsächlich die Generation 30+ an. Im Sommer ist die Dachterrasse geöffnet. Montags bis freitags gibt es Mittagessen.

Unterhaltung

Wer sich einen umfassenden Überblick darüber verschaffen will, was in der Stadt so los ist, sollte sich in der Touristeninformation die monatliche Broschüre *Basel Live* holen. Im Stadtcasino und anderen großen Hallen der Stadt, etwa in der Messe, treten oft Größen des Musikbusiness auf.

LIVEMUSIK

Das **Sinfonieorchester Basel** (www.sinfonieorchester-basel.ch) und das **Kammerorchester Basel** (www.kammerorchesterbasel.ch) spielen beide im Stadtcasino; Infos in der Touristeninformation.

Das **Sudhaus Warteck** (061 681 44 10; www.sudhaus.ch; Burgweg 15) bietet einen bunt gemischten Kulturkalender, der von afrikanischer Percussion bis zu Tanzmusik aus den Fünfzigern reicht.

Der **Bird's Eye Jazz Club** (061 263 33 41; www.birdseye.ch; Kohlenberg 20; Sept–Mai Di–Sa 20–24 Uhr, Juni–Aug Mi–Sa) gehört zu den besten Jazzläden Europas. Die Konzerte beginnen an den meisten Abenden um 21.30 Uhr.

CLUBS

Die Kuppel (061 270 99 39; www.kuppel.ch, deutschsprachig; Binningerstraße 14; Di 21 Uhr–open end, Do–Sa 22 Uhr–open end) Die atmosphärische Holzkuppel mit Tanzfläche und Cocktail-Bar ist in einem abgeschiedenen Park zu finden. Salsa, Soul, House und Musik aus den Siebzigern und Achtzigern stehen regelmäßig auf dem Plan.

SPORT

Der **FC Basel** (www.fcb.ch) stellt eines der besten Fußballteams der Schweiz. Dessen Heimstadion ist der St.-Jakob-Park, 2 km östlich des Hauptbahnhofs (SBB-Bahnhof). Die durchsichtige Membrane des Stadions, entworfen von Herzog & de Meuron, sieht am besten aus, wenn sie beleuchtet ist, also z. B. während eines Spiels (das gleiche Architektenduo entwickelte auch die Allianz Arena in München). Vom Barfüsserplatz oder Marktplatz fährt die Straßenbahn 14 hierher.

Shoppen

In der Gegend rund um den Marktplatz und den Barfüsserplatz wimmelt es von Geschäften, in denen von Mode bis zu Delikatessen schlichtweg alles zu bekommen ist.

Auf der langen Fußgängerzone auf der Freistraße, die vom Marktplatz aus nach Südosten verläuft, gibt's die unterschiedlichsten Läden.

Eine hübsche Gasse klettert den Spalenberg hinauf. Die Gegend würde sich bereits ohne die schönen Boutiquen rundum für einen Spaziergang lohnen. Das **Weihnachtshaus Johann Wanner** (061 261 48 26; Spalenberg 14) ist ein bekannter Weihnachtsladen – hier kann man auch an einem heißen Tag im Juli Dekoration für den Heiligen Abend kaufen.

Wer in der Adventszeit nach Basel kommt, kann auf den Weihnachtsmärkten auf dem Barfüsserplatz bzw. Marktplatz ordentlich Weihnachtsstimmung tanken. Mit einem Gläschen Glühwein schlendert es sich gleich noch viel beschwingter.

Am Wochenende findet auf dem Marktplatz das ganze Jahr über ein Wochenmarkt statt.

An- & Weiterreise

AUTO & MOTORRAD

Die deutsche A5 führt am Rheinufer entlang über Karlsruhe und Freiburg nach Basel. Die französische A35 verbindet Basel mit Straßburg; sie verläuft am EuroAirport vorbei.

Mieten

Am Flughafen und am Bahnhof (SBB-Bahnhof) sind diverse internationale Autovermieter ansässig.

„ACID HOUSE"

Rund um Basel sind die Unternehmen Roche und Novartis angesiedelt, die die Region zum Epizentrum der zig Milliarden Franken schweren Schweizer Pharmaindustrie machen.

1943 nahm ein Chemiker des Unternehmens Sandoz, der auf der Suche nach einem Heilmittel gegen Migräne war, versehentlich eine experimentelle Substanz über seine Haut auf und – schwups! – schon war er auf dem ersten „Acid-Trip" der Welt. Der Chemiker war Albert Hofmann (1906–2008), die Substanz war Lysergsäurediethylamid (LSD), die eine Reihe psychedelischer Halluzinationen hervorrief. Hofmann hatte soviel Spaß daran, dass er sie gleich noch mal versuchte.

Später begeisterten sich Schriftsteller und Künstler für LSD, z.B. Aldous Huxley, der es für kreativitätssteigernd hielt. Seine bewusstseinserweiternden Eigenschaften machten es auch bei der „weltfernen" Flower-Power-Generation der 1960er-Jahre sehr beliebt. Ende der 1960er wurde die Droge dann in den meisten Ländern verboten. Doch trotz des unstrittigen zerstörerischen Potenzials von LSD, dem guten Herrn Hofmann hat es ganz offensichtlich nicht sonderlich geschadet – er starb im zarten Alter von 102 Jahren!

Ein Smart ForTwo von **CityRent** (☎ 061 685 70 01; www.cityrent.ch; Hotel Alexander, Riehenring 83; pro Std./Tag/Woche 10/65/390 SFr plus Kilometer) ist eine tolle Möglichkeit, durch die Stadt zu flitzen.

FLUGZEUG

Der **EuroAirport Basel-Mulhouse-Freiburg** (☎ 061 325 31 11; www.euroairport.com) ist der zentrale Flughafen im Dreiländereck. Er liegt 5 km hinter der französisch-schweizerischen Grenze. Flüge gehen in mehrere Städte in Deutschland, Österreich und in der Schweiz.

SCHIFF/FÄHRE

Nett, wenn auch beschaulich und langsam reist man nach Basel per Schiff über den Rhein. Der wichtigste Schiffsanleger liegt zwischen der Johanniterbrücke und der Dreirosenbrücke.

Viking River Cruises (www.vikingrivers.com) bietet eine achttägige Reise von Amsterdam aus an (ab 1300 €).

Ähnliche Angebote gibt's bei **Scylla Tours** (☎ 061 638 81 81; www.scylla-tours.com; Uferstraße 90).

ZUG

In Basel gibt's zwei große Bahnhöfe: den schweizerischen/französischen SBB-Bahnhof im Süden der Stadt und den deutschen BBF-(Badischen)Bahnhof im Norden.

Vom SBB-Bahnhof fahren stündlich zwei Züge nach Genf (69 SFr, 2¾ Std.), wobei man jedoch in der Regel unterwegs einmal umsteigen muss. Ganze sieben Züge fahren jede Stunde direkt nach Zürich (31 SFr, 55 Min.– 1¼ Std.). Züge nach Frankreich fahren im speziellen SNCF-Bereich des Bahnhofs ab. Verschiedene Züge verbinden Paris und Basel – der schnellste schafft die Strecke in dreieinhalb Stunden.

Die schnellen Intercitys nach Deutschland halten an beiden Bahnhöfen, um allerdings kleinere Städte in Süddeutschland zu erreichen, muss man in einen Zug am BBF-Bahnhof einsteigen.

Unterwegs vor Ort

Zwischen SBB-Bahnhof und Fußgängerzone gibt's mehrere Parkhäuser (ca. 1,50–3 SFr/Std.). Die meisten Parkuhren kosten genauso viel, sind aber auf ein oder zwei Stunden begrenzt. Tipp: Am St.-Alban-Rheinweg zahlt man nur 50 Rappen pro Stunde und kann maximal 24 Stunden parken.

Busse verkehren zwischen 5 und 23.30 Uhr alle 20 bis 30 Minuten zwischen dem Flughafen und dem Bahnhof (SBB-Bahnhof, 3 SFr, 20 Min.). Die Fahrt mit dem Taxi (☎ 061 691 77 88, 061 271 22 22) kostet etwa 35 SFr. Vor dem SBB-Bahnhof befindet sich ein Taxistand.

Wer nicht in der Stadt übernachtet, kann mit Bussen und Straßenbahnen ins Zentrum fahren (Kurzstrecke/2 Zonen/Tagespass 1,90/3/8 SFr).

Bis 2012 soll die Straßenbahnlinie 8 bis nach Weil am Rhein ausgebaut werden – erstmals seit dem Zweiten Weltkrieg wird dann in Europa ein öffentliches Nahverkehrsmittel eine Landesgrenze überqueren.

Am **Velô** (☎ 061 272 09 10; www.veloparking.ch; Centralbahnplatz; pro 3 Std./halber Tag/ganzer Tag 10/18/25 SFr; ⊙ tägl. 8–22 Uhr), einem riesigen unterirdischen Fahrradparkhaus inklusive Reparaturwerkstatt, kann man sein Fahrrad abstellen.

An vier Stellen überqueren durchgehend von 9 bis 17 Uhr bzw. bis Sonnenuntergang

– je nachdem, was zuerst kommt – kleine Fähren den Rhein (1,60 SFr, Tagespässe nicht gültig).

BASEL & UMGEBUNG
Augusta Raurica

Die **römischen Ruinen** (☎ 061 816 22 22; www.augusta raurica.ch; Eintritt frei; 10–17 Uhr) am Rhein sind die größten der Schweiz. Sie sind die letzten Überreste der 44 v. Chr. gegründeten Siedlung, in der im 2. Jh. 20 000 Menschen lebten. Heute zählen zu den renovierten Gebäuden ein römisches Theater und mehrere Tempel.

Ferner kann man in Kaiseraugst ein **Römermuseum** (Giebenacherstraße 17; Erw./Senior & Student 7/5 SFr, BaselCard gültig; März–Okt. Mo 13–17, Di–So 10–17, Nov.–Feb. Mo 13–17, Di–So 11–17 Uhr) besuchen, in dem u. a. ein orignalgetreu nachgebautes römisches Haus zu sehen ist.

Die Fahrt mit dem Zug von Basel nach Kaiseraugst dauert elf Minuten (5 SFr); vom Bahnhof sind es dann noch zehn Gehminuten.

Rheinfelden
10 870 Ew./ 285 m

Rheinfelden, das Zuhause des Feldschlösschen-Brauerei, liegt direkt hinter der Kantonsgrenze im Aargau am Südufer des Rheins, 24 km von Basel entfernt. Seine hübsche, halbkreisförmige **Altstadt** ist wirklich sehenswert. Einige mittelalterliche Stadttore, Wehrtürme und Teile der alten Stadtmauer sind immer noch intakt. Es heißt, der dreieckige **Messerturm** sei so genannt worden, weil sich in seinem Inneren einst ein Schacht befunden habe, in dem zahllose Messer aus der Wand geragt hätten. Habe man dort jemand hineingeworfen, sei dieser regelrecht aufgeschlitzt worden!

Die Fußgängerzone auf der Marktgasse ist von Geschäften, Restaurants und der einen oder anderen Kneipe gesäumt. An ihrem Westende führt eine Brücke aus dem frühen 20. Jh. zum Inseli, einer ehemaligen Festungsinsel, die in der Mitte des Rheins liegt und Teil des deutschen Rheinfelden am Nordufer ist.

Die für Besucher offen stehende **Feldschlösschen-Brauerei** (☎ 084 82 50 00; www.feldschloesschen.ch; Theophil-Roniger Straße; Touren 12 SFr) ist in einem Gebäude aus dem 19. Jh. untergebracht, das eine ungefähre Kopie des Hampton Court Palace in London sein könnte – nur, dass die Brauerei ihre eigene Eisenbahn hat und wie eine, nun, eine Brauerei riecht. Der Brauereiname passt übrigens gut. Die zweistündigen Touren inklusive Bierverkostung finden theoretisch zweimal täglich statt, von Montag bis Freitag und an jedem zweiten Samstag. Man muss sich eigentlich telefonisch anmelden, wer aber morgens einfach mal vorbeischaut, ergattert vielleicht noch einen Platz – immer den Schildern mit der Aufschrift „Treffpunkt" folgen. Die Brauerei ist zehn Fußminuten vom Bahnhof entfernt.

Westlich der Altstadt gibt's ein paar Wellness-Hotels. Weitere Unterkünfte sind überall in der Stadt zu finden; auch nach einem Restaurant sollte man nicht allzu lange suchen müssen.

Rheinfelden ist nur eine kurze Zugfahrt von Basel entfernt (7 SFr, 15 Minuten).

Dornach

Das bescheidene Dörfchen Dornach, 13 km von Basel entfernt, beherbergt das **Goetheanum** (☎ 061 706 42 42; www.goetheanum.org; Touren 14 SFr, 8–22, Tour 14 Uhr), ein ziemlich weltfremdes Gebäude, in dem das Hauptbüro der Anthroposophischen Gesellschaft untergebracht ist. Der österreichische Philosoph und Lehrer Rudolf Steiner (1861–1925) hat die Theorie der anthroposophischen Lehre begründet, derzufolge der Mensch im fortschreitenden Erkennen das Sinnlich-Anschauliche der Welt erfahren soll. Er hat auch dieses Stahlbeton-Gebäude aus dem Jahr 1928 entworfen. Ganz in der Nähe steht das nicht weniger seltsame, ebenfalls von Steiner entworfene Haus Duldeck (1918) mit seinem seltsam gewellten, zerknitterten Dach (Rutsch' rüber, Antoni Gaudí!). Von einem friedlichen Park umgeben, dient es heute als Archiv.

Die Straßenbahn 10 (24 Min.) oder lokale Züge (3,80 SFr, 10 Min.) fahren vom SBB-Bahnhof aus hierher.

KANTON AARGAU

Zwischen Zürich im Osten und dem Kanton Basel-Land im Westen gelegen, ist das Aargau die Heimat der Habsburger, der Dynastie, die einst über ein Weltreich und später immerhin über Österreich-Ungarn regierte, sämtliche Hoheitsgebiete der Gegend jedoch an die unabhängig gesinnten Schweizer verlor. Am wichtigsten Fluss des Kantons, der Aare, findet man zahllose hübsche Städtchen und Burgen auf schroffen Felsen. Mehr Infos online auf der Seite des **Aargau Tourismus** (www.aargautourismus.ch).

BADEN
16 690 Ew. / 388 m

Baden ist ein traditioneller Kurort: Die Menschen kommen schon seit römischen Zeiten hierher, sei es wegen der heilenden Wirkung seiner Mineralbäder oder, um dem Stress der großen weiten Welt zu entkommen. Die Kurhotels, die sich entlang einer Flussbiegung aneinanderreihen, könnten allesamt aus Thomas Manns *Zauberberg* stammen. Die mittelalterliche Altstadt wirkt wie ein riesiger Wandteppich, auf dem man über schmale, gepflasterte Gassen vom Fluss bis zu den steinernen Festungsruinen auf dem Hügel klettert.

Orientierung & Praktische Informationen

Vom Bahnhof geht's Richtung Süden in die Altstadt oder nach Norden ins Zentrum der Kuranlage (beides ist 20 Gehminuten voneinander entfernt).

Postamt (Bahnhofstraße 31; Mo-Fr 7.30-18.30, Sa 8-16 Uhr)

Touristeninformation (056 200 83 83; www.baden.ch; Bahnhofplatz 1; Mo 12-19, Di-Fr 9.30-19, Sa 9.30-16 Uhr)

Sehenswertes & Aktivitäten

In Baden gibt's 19 mineralstoffreiche **Schwefelquellen**, die gegen Rheuma, Atemwegs-, Herz- und Gefäß- und sogar einige neurologische Erkrankungen helfen sollen.

Die Schwimmbäder einiger Hotels sind auch der Allgemeinheit zugänglich; die Eintrittspreise liegen zwischen 6 und 16 SFr, wobei Whirlpools, Sauna, Solarien und spezielle Anwendungen extra kosten. Zudem bieten diverse Spas und Wellnesscenter ihre Dienste an – für ein Basispaket muss man mit etwa 40 SFr rechnen.

Zum Altstadtkern gehören die überdachte **Holzbrücke** und Häuser mit Giebeldächern. Ganz Kühne können die Hunderte von Stufen in der Nähe des **Stadtturms** hinaufsteigen und von den Schlossruinen auf dem Hügel den Blick über Stadt und Umland schweifen lassen. Westlich der Kurbäder befindet sich die **Stiftung Langmatt** (056 200 86 70; www.langmatt.ch; Römerstrasse 30; Erw./Kind/Student 12 SFr/frei/8 SFr; Apr-Okt. Di-Fr 14-17, Sa & So 11-17 Uhr), ein herrschaftliches Gebäude voller impressionistischer Kunstwerke aus Frankreich.

Schlafen & Essen

SJH-Jugendherberge (056 221 67 36; www.youthhostel.ch/baden; Kanalstraße 7; B 33 SFr, EZ/DZ 85/92 SFr; Rezeption 7-10 & 17-21.45 Uhr, Mitte Dez.-Mitte März geschl.; P) Eine der attraktivsten Jugendherbergen der Schweiz, in der graue Schieferböden, rotbraune Wände und Materialien von bester Qualität für Behaglichkeit sorgen. Ganz leicht zu finden: vom Bahnhof in die Altstadt gehen, an der Holzbrücke über die Limmat und dann die Erste rechts in die Kanalstraße.

Atrium-Hotel Blume (056 222 55 69; www.blume-baden.ch; Kurplatz 4; EZ/DZ 180/255 SFr;) Ein altes Hotel mit viel Atmosphäre und einem hübschen Innenhof inklusive Brunnen und Pflanzen; es gibt auch ein kleines Thermalbecken. Die Zimmer gehen auf die innere Galerie im ersten Stock hinaus, die zum Frühstück und manchmal auch während des recht lauten Abendessens überfüllt ist – das macht aber nichts, meistens sind alle schon um 20 Uhr mit dem Nachtisch durch! WLAN gibt's auch.

Roter Turm (056 222 85 25; www.restaurant-roterturm.ch; Rathausgasse 5; Hautgerichte 28-45 SFr; Mo-Sa 9-24 Uhr) Ein angesagtes Restaurant mit Bar im Herzen der Altstadt – hier gibt's eine Mischung aus moderner europäischer, hauptsächlich italienischer Küche und traditionelleren Gerichten. Auch keine schlechte Adresse für ein entspanntes Gläschen am Abend.

LP Tipp Rebstock (056 221 12 77; www.rebstockbaden.ch; Untere Halde 21; Hauptgerichte 30-45 SFr; Di-Fr mittags & abends, Sa & Mo abends;) Das 500 Jahre alte, von Jazzklängen erfüllte Haus ist eine erfolgreiche Kreuzung aus entspannter Lounge und mittelalterlichem Domizil (über die gigantischen Balken, meterdicken Wände und Ziegelgewölbe unten über den Toiletten kann man nur staunen). Aber vergessen wir all das und konzentrieren uns auf Didiers Essen – herrlich zubereitete Pilze und Wild während der Saison und die besten (aus Nordfrankreich importierten) Muscheln diesseits von Brüssel. Wegen Letzterer reisen die Menschen scharenweise aus Zürich an.

Ausgehen

Baden ist zwar ein ruhiges Städtchen, doch dank einer Handvoll Bars kommt am Wochenende Leben ins Stadtzentrum. In der unkonventionellen **UnvermeidBAR** (056 200 84 84; Rathausgasse 22; 9-13 & 19-1 Uhr) kann man relaxt ein Gläschen Wein genießen; ein großes Piano, Kronleuchter über der Bar, riesige Spiegel und irritierende Kunstwerke schaffen ein interessantes Ambiente. Das **Rossini** (☎ 056 222 08 81; www.rossinibar.ch; Haselstraße 29; ⓥ 18–2 Uhr) ist etwas lebhafter und hat leckere Cocktails.

An- & Weiterreise

Baden ist 14 Zugminuten von Zürich entfernt (10,20 SFr). Es ist auch ans Züricher S-Bahn-Netz angeschlossen (Linien S6 und S12, 30 Min.). Mit dem Auto kommt man über die A1 Richtung Zürich hierher.

AN DER AARE ENTLANG

Die Aare ist der längste Fluss, der in der Schweiz entspringt, nur ihn verläuft und auch endet. Der Nebenfluss des Rheins entspringt im Gletschergebiet der Berner Alpen. Zahlreiche bezaubernde Fleckchen sind im ganzen Aargau entlang der Aare zu finden.

Brugg & Windisch
15 780 Ew. / 351 m

Zehn Zugminuten westlich von Baden liegt die Habsburger-Siedlung **Brugg**, die einst als Zollstelle an der Aare gegründet wurde. Die Hauptstraße ist von Häusern mit Giebeldächern und hübschen Fassaden gesäumt; sie schlängelt sich zur einstigen Zollbrücke hinunter, die noch immer von dem abschreckenden steinernen **Schwarzen Turm** bewacht wird. Der Turm wurde noch bis 1951 als Gefängnis genutzt.

An der „Hüfte" mit Brugg verbunden ist **Windisch**, dessen Name vom römischen Vindonissa abstammt. Es sind nur wenige Beweise für die Existenz der ehemaligen römischen Garnisonsstadt erhalten geblieben, etwa das Amphitheater, das einst das größte der Schweiz war, und das Fundament des Osttores an der Straße, die aus der Stadt Richtung Baden führt. Das Tor steht direkt vor dem ehemaligen **Franziskanerkloster Königsfelden**, das 1308 von den Habsburgern gegründet wurde. Das hübsche dreiseitige Kloster mit Holzsäulen und Galerie ist von Efeu überwuchert und hat eine Cafeteria. Nebenan steht die gotische Kirche, die hauptsächlich für ihre Buntglasfenster aus dem 14. Jh. bekannt ist. Das ganze Areal gehört heute zu einer psychiatrischen Anstalt, ein Spaziergang in der Grünanlage ist dennoch erlaubt.

Auf der Hauptstraße in Brugg gibt's ein Hotel und eine Handvoll Restaurants.

Man erreicht Brugg mit dem Regionalzug oder der S12 der Züricher S-Bahnen (4 SFr).

Habsburg & Wildegg

Die steil aufragende, um 1020 erbaute Steinfestung Habsburg, die auch in der Artus-Legende oder in einem Monty-Python-Sketch eine gute Figur abgeben würde, hat ihren Namen einem Geschlecht gegeben, das ab dem 15. Jh. zu den größten Herrscherdynastien Europas aufstieg.

Wie in Monty Pythons Version von Camelot wurden die Habsburger dieser speziellen Schlossfestung bald überdrüssig (zählt denn eine traumhafte Aussicht über weite grüne Felder und umliegende Dörfer gar nichts mehr?). Fortan wechselte sie mehrfach den Besitzer, bevor sie 1804 schließlich in den Besitz des Kantons Aargau überging. Heute sind in dem Gemäuer Verwaltungsbüros und ein zünftiges **Restaurant** (☎ 056 441 16 73; Hauptgerichte 25–45 SFr; ⓥ Mai–Sept. Di–So 9–24 Uhr, Okt.–April Mi–So) untergebracht.

Liebhaber alter Schlösser und Burgen binden mit dem **Schloss Wildegg** (☎ 062 887 08 30; ⓥ April–Okt. Di–So 10–17 Uhr), 5,5 km südlich auf einem grünen Hügel gelegen, eine weitere Schönheit mit Giebeldach. Die Lage ist ein Traum. Im Inneren des Schlosses gibt's eine Ausstellung zu Aspekten der jahrhundertealten Schweizer Geschichte, dargelegt an den Archiven und Besitztümern der Familie Effinger, die das Schloss 1483 übernahm.

Vom Bahnhof in Brugg fahren alle zwei Stunden Busse ins Dorf Habsburg (3,40 SFr, 11 Min.), von hier sind es dann zur Festung noch zehn Minuten zu Fuß bergauf. Wer mit dem Auto anreist: Schloss Wildegg liegt 3 km abseits der N5, zwischen Brugg und Lenzburg; unterwegs kommt man durch ein Dörfchen namens Scherz – wirklich, kein Scherz!

Von Brugg fahren Züge nach Wildegg (4 SFr, 5–10 Min.). Ansonsten fahren Regionalbusse vom Bahnhof in Lenzburg ab; sie halten unterhalb des Schlosses Wildegg, das dann in einem kurzen Spaziergang zu erreichen ist.

Lenzburg
7700 Ew. / 406 m

Vom Bahnhof in Lenzburg führt ein rund 30-minütiger Spaziergang durch das einst mittelalterliche Dorf, dessen nette Häuser im 18. Jh. nach einem Feuer im unaufdringlichem Barockstil wieder aufgebaut wurden.

Man gelangt schließlich über einen grünen, ansteigenden Pfad zum **Schloss Lenzburg** (☎ 062 888 48 40; www.ag.ch/lenzburg; Erw./unter 4 Jahre/4–16 Jahre 12 SFr/frei/6 SFr, nur Garten 4 SFr/frei/2 SFr; ☾ April–Okt. Di–So 10–17 Uhr) der Kyburger. Im Inneren des Hauptturms des Schlosses und des ehemaligen Kerkers sind auf mehreren Stockwerken alte Möbel zu sehen; die ältesten stammen aus dem Mittelalter, die jüngsten aus dem 19. Jh. Im allerliebsten Café kann man sich wieder stärken.

Von Baden (über Brugg) fahren stündlich direkte Züge nach Lenzburg (8,20 SFr, 25 Min.), von wo aus sporadisch Busse ins Dorf oder zum Schloss fahren.

Wasserschloss Hallwyl

Etwa 20 km südlich von Lenzburg steht eines der schönsten **Schlösser** (☎ 062 767 60 10; www.schlosshallwyl.ch; Erw./unter 6 Jahre/6–16 Jahre 12 SFr/frei/6 SFr; ☾ Apr–Okt. Di–So 10–17 Uhr) der Nordschweiz. Ein Wasserschloss ist es, weil es in der Mitte eines Flusses erbaut wurde, der den perfekten Burggraben darstellt. Tatsächlich besteht die Anlage aus zwei putzigen Schlössern, die durch eine Brücke miteinander verbunden sind.

Wanderwege führen Richtung Süden zum Hallwyler See, über dessen friedliche Wasser man kreuz und quer mit einer Fähre fahren kann.

Stündlich hält eine S-Bahn (die zwischen Luzern und Lenzburg verkehrt) in Boniswil (4 SFr, 12 Min. ab Lenzburg), von wo aus man den letzten Kilometer zum Schloss zu Fuß auf der Straße nach Seengen im Osten erreicht.

Aarau

15 480 Ew./ 383 m

Die Kantonshauptstadt ist das unwiderstehliche Ergebnis mittelalterlicher Stadtplanung. Sie schmiegt sich an ein höher gelegenes schmales Landstück mit Blick über die breite Aare. Von den Kyburgern gegründet, stand die Stadt eine Zeit lang unter Habsburger Führung, bevor sie 1415 vom Kanton Bern übernommen wurde.

Bern verlor durch französische Revolutionstruppen später die Kontrolle über Aarau. Im März 1798 besetzen die französischen Revolutionäre Aarau und erklärten es zur Hauptstadt der Helvetischen Republik. Dieser Moment des Ruhmes dauerte jedoch nur kurz – die republikanische Regierung zog bereits im September nach Luzern um. Als 1803 Napoleon die Schweizer Kantone neu organisierte, bekam Aarau ein Trostpflaster und wurde zur Hauptstadt des Kantons Aargau ernannt.

ORIENTIERUNG & PRAKTISCHE INFORMATIONEN

Vom Bahnhof sind es etwa 500 m zum Schlossplatz am Nordostrand der Altstadt.

Post (Metzgerstraße 2; ☾ Mo–Fr 8.30–11.30 & 14–18, Sa 8.30–11 Uhr)

Touristeninformation (☎ 062 824 76 24; www.aargautourismus.ch; Schlossplatz 1; ☾ Mo 13.30–18.30, Di–Fr 9–18.30, Sa 9–17 Uhr)

SEHENSWERTES

Die unwiderstehliche Altstadt von Aarau und die Reste der mittelalterlichen Stadtbefestigung befinden sich auf einem ansteigenden Landvorsprung über der Aare, dessen höchste Stelle durch eine Kirche aus dem 15. Jh. markiert wird. Die Straßen sind von anmutigen, jahrhundertealten Häusern gesäumt, die alle einen ganz eigenen Charme besitzen. Vielen sind die weit über die Fassade und die Straße hinausragenden Dächer gemein, deren Unterseiten (Ründen) reich bemalt sind (der Stadt zufolge gibt es mehr als 70 solcher Häuser). Obwohl es mehrere Museen gibt – u. a. auch ein Museum für zeitgenössische Kunst, das von Herzog & de Meuron entworfen wurde –, dürfte es am meisten Spaß machen, seine Nase in jeden mittelalterlichen Winkel zu stecken.

SCHLAFEN & ESSEN

In Aarau gibt's nur drei Hotels; alle liegen sie direkt außerhalb des mittelalterlichen Stadtkerns. Der **Gasthof zum Schützen** (☎ 062 823 01 24; www.gasthofschuetzen.ch; Schachenallee 39; EZ/DZ 112/175 SFr) ist das günstigste: ein funktionelles, modernes Haus, das auch auf Geschäftsreisende ausgerichtet ist. Die meisten Zimmer sind geräumig und makellos.

Es gibt zahlreiche Restaurants und Bars im Herzen der Stadt. Abseits des größten Trubels, aber noch immer in der Altstadt gelegen, findet sich das heimelige **Restaurant Halde 20** (☎ 062 823 45 65; www.halde20.ch; Halde 20; Hauptgerichte 22–65 SFr; ☾ Mo–Sa), in dem es von guter Pasta (22–27 SFr) bis hin zu Pferdesteak (44 SFr) eine große Auswahl gibt.

AN- & WEITERREISE

Von Baden fahren stündlich bis zu vier direkte Züge nach Aarau (10,80 SFr, 25 Minuten).

Aarburg & Zofingen

Das friedliche **Aarburg** wird vom langen, knorrigen Finger einer Festung dominiert, die auf einem hohen Bergkamm hinter dem Städtli, dem alten Dorf, aufragt. Die **Festung** (☎ 062 787 01 01; ⓥ Touren April–Okt. Sa 14 Uhr) ist heute ein Kinderheim und kann im Rahmen einer geführten Tour besucht werden.

Das mittelalterliche **Zofingen** 6 km südlich von Aarburg ist ein nahezu perfekt erhaltenes Dorf, das von modernen Geschwüren aus dem 20. Jh. umgeben ist.

Die tolle Altstadt erinnert mit Pflasterstraßen und ineinander übergehenden Plätzen an Aarau. Die Häuser sind eine kunterbunte Mischung: Einige Häuser mit Fachwerk stehen neben solchen mit barocker Fassade, wieder andere sind mit bunten Fresken verziert; am augenfälligsten ist der **St. Urbanhof** (Ecke Engelgasse & Vordere Hauptgasse) aus dem 17. Jh.

Es gibt mehrere Hotels und Restaurants. Die **Jugendherberge** (☎ 062 752 23 03; www.youthhostel.ch/zofingen; General-Guisan-Straße 10; B 29 SFr; ⓥ Rezeption 7–10 & 17–21 Uhr, März–Mitte Dez. geschl.) ist in einem hübschen, kleinen Fachwerkhaus untergebracht, direkt gegenüber der Altstadt in der General-Guisan-Straße.

Im **Wirtshaus Markthalle** (☎ 062 751 85 35; Marktgasse 8; Hauptgerichte 29,50–35,50 SFr; ⓥ Mo–Fr mittags & abends, Sa mittags) kann man sich herzhafte regionale Spezialitäten, etwa zartes Rehschnitzel an Preiselbeeren und Rahmsauce, schmecken lassen.

Um von Baden oder Basel aus nach Aarburg zu gelangen, muss man zunächst zum Bahnhof nach Olten fahren, von wo aus alle 30 Minuten Busse nach Aarburg-Städtli fahren (3,60 SFr, 15 Min.). Züge nach Zofingen fahren in Olten ungefähr alle zehn Minuten ab (4 SFr, 7 Min.).

Nordostschweiz

Fernab der atemberaubenden Alpen und der bedeutendsten Städte der Schweiz liegt ein Flecken sanfter Schönheit, der von den Strömen des internationalen Tourismus weitgehend unberührt blieb. Schaffhausen, das für seine herrliche Bibliothek berühmte St. Gallen und Konstanz am deutschen Bodenseeufer sind überschaubare, jahrhundertealte Juwelen voller Überraschungen – von einem mit Weinreben berankten Stadtschloss bis zu versteckten Kneipen und traditionellen Restaurants.

In die liebliche, teils topfebene, teils leicht sanft gewellte Landschaft zieht es Radfahrer aus allen Himmelsrichtungen. Jede Menge Burgen und reizvolle Ortschaften säumen das Bodenseeufer und den Rhein. Vielerorts haben sich Weingüter angesiedelt, die die regionale Spezialität, einen leckeren Blauburgunder, keltern. Südlich vom See hält einen der Anblick hügeliger Landschaften, saftiger Weiden und umhegter Apfelplantagen bei Laune. Raue wie imposante Gebirgsketten prägen dagegen den Süden der Kantone St. Gallen und Glarus. Berge wie der Säntis und der abgelegene Piz Sardona sind ein Paradies für Wanderer. Ein dichtes Netz von Wanderwegen findet man auch in der restlichen Nordostschweiz.

Der „duftende" Appenzeller Käse ist vielleicht nicht jedermanns Sache, doch hungrig wird wohl kaum jemand bleiben. Spezialitäten wie Rösti und Spätzli sind klassische Beilagen vieler herzhafter Fleischgerichte – bei denen ein Glas Blauburgunder natürlich nicht fehlen darf.

HIGHLIGHTS

- Die mittelalterliche Altstadt von **Stein am Rhein** (S. 311) mit seinen exquisiten Fachwerkhäusern bewundern
- Von einem Felsen aus hautnah den **Rheinfall** (S. 310), den größten Wasserfall Europas, erleben
- Zu den **Seerenbachfällen** (S. 321), dem höchsten Wasserfall der Schweiz wandern, nachdem man in Weesens **Trattoria** (S. 321) mittags geschlemmt hat
- In der **Stiftsbibliothek** (S. 315) von St. Gallen, einem Meisterwerk des Rokoko, den Bücherwurm spielen
- Im autofreien **Braunwald** (S. 323) die Ruhe genießen
- Die üppig grüne und bewaldete Route zum Gigerwaldsee abklappern und von St. Martin aus in der Umgebung des **Piz Sardona** (S. 322) wandern
- An den Ufern des **Bodensees** (S. 312) an unzähligen Schlössern und Stränden vorbeiradeln

■ EINWOHNER: 885 140	■ FLÄCHE: 4418 KM²	■ SPRACHE: DEUTSCH

KANTON SCHAFFHAUSEN

Orientierung & Praktische Informationen

Zu der Touristenregion Ostschweiz gehören mehrere Kantone und Liechtenstein (S. 375). Infos gibt es auf den Seiten von **Schweiz Tourismus** (www.myswitzerland.com) oder auf der offiziellen Webseite von **Ostschweiz Tourismus** (ostschweiz.ch). Ferner kann man sich auch bei der Touristeninformation in St. Gallen erkundigen (S. 316).

Anreise & Unterwegs vor Ort

Die Region liegt im Einzugsgebiet der Flughäfen von Zürich und Friedrichshafen und ist bequem mit öffentlichen oder privaten Verkehrsmitteln erreichbar. Von Zürich gelangt man problemlos per Bahn und Auto nach Schaffhausen, Stein am Rhein, St. Gallen und Linthal (nach Braunwald). Zwischen Friedrichshafen und und dem Verkehrsknotenpunkt Romanshorn verkehrt eine Autofähre über den Bodensee.

Für mehrere Gebiete in der Bodenseeregion und im Appenzellerland gibt es Regionalpässe. Nähere Infos stehen in den einzelnen Abschnitten.

KANTON SCHAFFHAUSEN

Die relativ flache Region ist bei Radlern sehr beliebt. Preiswerte Unterkünfte sind daher an

Wochenenden schnell belegt. Dank der tollen öffentlichen Verkehrsmittel und der kurzen Entfernungen kann man auch gut von Zürich (S. 247) aus Tagesausflüge hierher machen.

SCHAFFHAUSEN

33 460 Ew. / 404 m

Schaffhausen mit seiner malerischen und ruhigen mittelalterlichen Altstadt ist nur einen Steinwurf von der deutsch-schweizerischen Grenze entfernt. Schöne Fresken und Erkerfenster zieren pastellfarbene Häuser, die in der Fußgängerzone gepflasterte Straßen säumen. Das Wahrzeichen der Stadt, das runde Kastell Munot, thront auf einem Weinberg über der Stadt.

Das im Mittelalter als Hafenstadt gegründete Schaffhausen kam für ein Jahrhundert unter die Herrschaft der Habsburger, bevor es sich 1501 der Eidgenossenschaft anschloss. Im Zweiten Weltkrieg hielten alliierte Flieger Schaffhausen irrtümlicherweise für eine deutsche Stadt und warfen im April 1944 zweimal Bomben über den Außenbezirken ab. So wurde Schaffhausen die zweifelhafte Ehre zuteil, die einzige Gegend der Schweiz zu sein, die unmittelbar vom Krieg betroffen war.

Orientierung

Der Bahnhof, den Schweizer und deutsche Züge anfahren, liegt parallel zu einer der wichtigsten Straßen, der Vorstadt. Man überquert die Straße und läuft 150 m geradeaus, schon ist man mitten im Zentrum.

Praktische Informationen

Hauptpost (☎ 052 630 03 40; Bahnhofstraße 34; Mo–Fr 7–18.30, Sa 8–17 Uhr) Gegenüber vom Bahnhof.
Touristeninformation (☎ 052 632 40 20; www.schaffhauserland.ch; Herrenacker 15; Juni–Sept. Mo–Fr 9.30–18, Sa 9.30–16 Uhr, Juni–Aug. auch So 9.30–14 Uhr, Okt.–Mai Mo–Fr 9.30–17, Sa 9.30–14 Uhr)

Sehenswertes & Aktivitäten

Viele Besucher verschlägt es nur wegen des nahe gelegenen Rheinfalls (s. S. 310) nach Schaffhausen. Die Puppenstuben-Altstadt ist aber für sich einen Abstecher wert. Die Touristeninformation bietet einstündige **Stadtspaziergänge** (Erw./Kind 12/6 SFr; März–Mitte Okt. Di 10 & Sa 14 Uhr) und Weinproben an.

Schaffhausen hat den Spitznamen Erkerstadt – die Bürger ließen insgesamt 170 Erker als Zeichen ihres Wohlstands erbauen. Eines der bemerkenswertesten Fenster ziert das Haus **Zum Goldenen Ochsen** (Vorstadt 17) aus dem 17. Jh. Die Fresken an der Fassade zeigen u. a. einen goldenen Ochsen. Am Haus **Zum Großen Käfig** (Vorstadt 45) aus dem 16. Jh. ist eine besonders farbenfrohe Geschichte des türkischen Sultans Bayezid I. zu sehen, der vom siegreichen Mongolenführer Tamerlan vorgeführt wird. Die jahrhundertealten Fresken wurden 1906 restauriert.

Die Vorstadt schlängelt sich Richtung Süden am **Mohrenbrunnen** vorbei zum alten Marktplatz, dem Fronwagplatz, an dessen Südende der **Metzgerbrunnen** mit einer großen an Wilhelm Tell erinnernde Figur und ein mächtiger Uhrenturm stehen.

Gegenüber vom Turm befindet sich die spätbarocke **Herrenstube** (Fronwagplatz 3) von 1748, in der früher Schaffhausens Adlige zechten.

Einen Block weiter östlich ist das **Haus zum Ritter** (Vordergasse 65) aus dem Jahr 1492 mit der Kopie eines detailgetreuen Renaissance-Freskos bemalt, das – wer hätte es gedacht? – einen Ritter darstellt. Teile des Originals aus dem 16. Jh. befinden sich neben allen möglichen anderen Relikten aus der Stadt im **Museum zu Allerheiligen** (☎ 052 633 07 77; www.allerheiligen.ch; Baumgartenstraße 6; Erw./Kind/Student 9 SFr/frei/5 SFr; Di–So 11–17 Uhr). Das Museum liegt neben dem wunderbar schlichten romanischen Kloster des **Allerheiligen Münsters** (Di–So 10–12 & 14–17 Uhr). Zum **Kloster** (Mai–Sept. Mo–Fr 7.30–20, Sa & So 9–20 Uhr, Okt.–April Mo–Fr 7.30–17, Sa 9–17 Uhr) gehört ein Garten, der an einen Urwald erinnert. Der hinten gelegene Kräutergarten wird seit dem Mittelalter gepflegt. Die 1103 fertiggestellte Kirche ein seltenes, größtenteils erhaltenes Überbleibsel der Romanik in der Schweiz.

Östlich des Hauses zum Ritter verwandelt sich die Vordergasse in die Unterstadt, wo eine Treppe durch die Reben zum **Kastell Munot** (Eintritt frei; Mai–Sept. 8–20, Okt.–April 9–17 Uhr) aus dem 16. Jh. führt. Die ungewöhnlich runde Festung wurde nach der Reformation von Zwangsarbeitern errichtet und bietet einen tollen Blick.

Die 45 km lange Bootsfahrt von Schaffhausen nach Konstanz führt an einem der schönsten Abschnitte des Rheins entlang. Die **Schweizerische Schifffahrtsgesellschaft Untersee und Rhein** (☎ 052 634 08 88; www.urh.ch, www.riverticket.ch; Freier Platz; einfache Strecke/hin & zurück 21/30 SFr; Mai–Mitte Okt. 3- bis 4-mal tgl., Ende März–Ende April Sa, So & feiertags 4 mal tgl.) schippert ab/nach Konstanz via Stein am Rhein und Reichenau. Die Reise dauert nach Schaffhausen stromabwärts fast vier

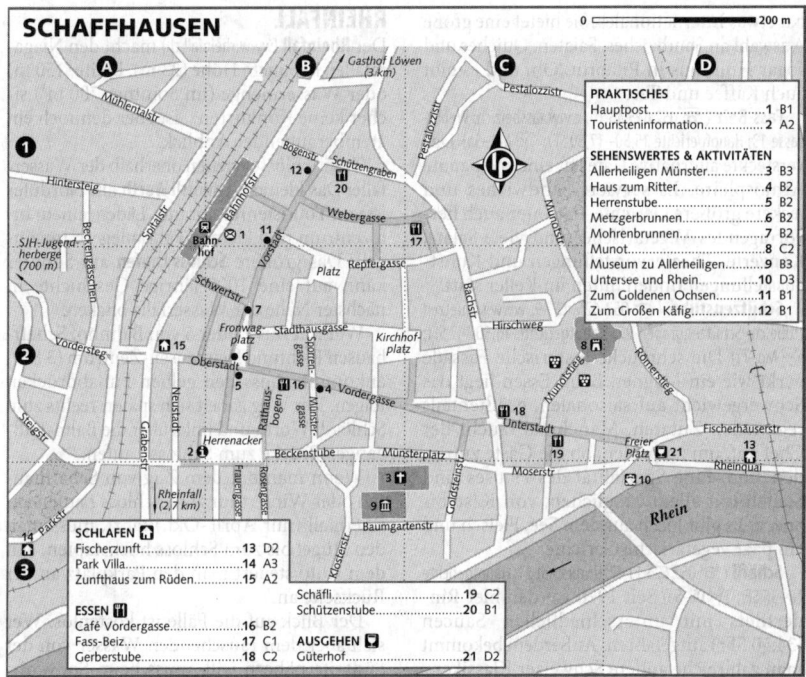

Stunden, in die Gegenrichtung eine Stunde länger.

Schlafen

Infos zu den sechs B&Bs in Schaffhausen gibt's bei der Touristeninformation – falls diese geschlossen ist, hängen Infos im Fenster). Das günstigste kostet für ein Einzelzimmer/Doppelzimmer 45/90 SFr.

SJH-Jugendherberge (☎ 052 625 88 00; www.youthhostel.ch/schaffhausen; Randenstraße 65; B 28 SFr; Rezeption 8–10 & 17–21 Uhr, Mitte Nov.–Feb. geschl.; P) Die alte Villa hat saubere, moderne Bäder. In den meisten Schlafsälen stehen sechs bis zehn Betten, es gibt aber auch ein Einzel- und ein Doppelzimmer. Sie steht auf einem grünen Anwesen 15 Gehminuten westlich vom Bahnhof. Alternativ Bus 6 bis zum Hallenbad nehmen.

Gasthof Löwen (☎ 052 643 22 08; www.loewen-sh.ch; Im Höfli 2; EZ/DZ ohne Bad 80/130 SFr) Die Pension in Familienbesitz liegt rund 5 km nördlich der Altstadt in Herblingen. Sie existiert seit Mitte des 17. Jhs. Die sieben Doppelzimmer sind geräumig und gemütlich, aber auch etwas einfallslos. Bus 5 bis zur Endhaltestelle nehmen. Kreditkarten werden nicht akzeptiert.

Zunfthaus zum Rüden (☎ 052 632 36 36; www.rueden.ch; Oberstadt 20; EZ/DZ ab 160/260 SFr;) Die feierliche, restaurierte Zunfthalle beherbergt vor allem Geschäftsleute. Sie hat Charakter und liegt günstig zwischen Altstadt und Bahnhof.

Park Villa (☎ 052 635 60 60; www.parkvilla.ch; Parkstraße 18; EZ/DZ ab 170/180, ohne Bad ab 80/130 SFr; P) Das bunt zusammengewürfelte Mobiliar im gotisch angehauchten Haus erinnert an eine private Antiquitätensammlung. Die Zimmer sind mit Himmelbetten, persischen Teppichen, Kerzenhaltern, gemusterten Tapeten und nachgemachten Mingvasen ausgestattet. Im Speisesaal diniert man à la Ludwig XVI.

Fischerzunft (☎ 052 632 05 05; www.fischerzunft.ch; Rheinquai 8; EZ/DZ ab 210/295 SFr) Hinter der hellrosa Fassade der Villa am Rhein verbirgt sich eines der opulenteren Hotels der Schweiz, das vor allem für seine Gourmetküche bekannt ist. Die Zimmer sind individuell und mitunter etwas knallig gestaltet.

Essen

Café Vordergasse (☎ 052 625 42 49; Vordergasse 79; Snacks & leichte Gerichte 10–20 SFr; Mo–Fr 6–19, Sa 7–17, So 10–17 Uhr) Die Teestube im Jugendstil-Look hat etwas Internationales. Sie bietet eine große Auswahl an Sandwiches, Salaten, Quiches und sogar Hummus in Pitabrot. Oh, und es gibt auch Kaffee und Tee.

Fass-Beiz (☎ 052 625 46 10; www.fassbeiz.ch; Webergasse 13; Hauptgerichte 15,50–17,50 SFr; Mo–Sa) Das versteckte alternative Café hat eine entspannte Atmosphäre. Es serviert Sandwiches und leckere größere Gerichte, darunter auch hervorragendes Vegetarisches und viele Salate. Konzerte, Theatervorstellungen und Kunstausstellungen finden unten im Keller statt.

Schützenstube (☎ 052 625 42 49; www.schuetzenstube.ch; Schützengraben 27; Hauptgerichte 16,50–42 SFr; Mo–Fr) Die schmucke historische Fassade wirkt wie ein Magnet. Beim Essen liegt das Schwergewicht auf saisonalen, größtenteils regionalen Zutaten. Manchmal taucht der Chef auf, um zu prüfen, ob die Gäste zufrieden sind. Eine Spezialität des Hauses sind Spätzli mit allem Möglichen, von Käse bis Speck. Es gibt Fisch aus dem See, Fleisch und ein paar vegetarische Gerichte.

Schäfli (☎ 052 625 11 47; Unterstadt 21; Hauptgerichte 18–35 SFr; Di–Sa) Seit 1970 werden hier Rinderfilets mit unterschiedlichen Saucen (34,50 SFr) aufgefahren. Außerdem bekommt man zahlreiche andere Schweizer Klassiker.

LP Tipp Gerberstube (☎ 052 625 21 55; www.gerberstube.ch; Bachstraße 8; Hauptgerichte 40–65 SFr; Di–Sa) Hinter der 1708 errichteten Rokokofassade der früheren mittelalterlichen Zunfthalle schaffen die opulenten Speisesäle das passende Flair für die sorgfältig zubereiteten traditionellen Speisen. Tipp: das Entrecôte mit Sauce Café de Paris (50 SFr) oder die weniger traditionellen Curryscampi (65 SFr).

Ausgehen

In der Altstadt gibt es jede Menge Kneipen und vereinzelte Tanzschuppen. Direkt am Rhein liegt der **Güterhof** (☎ 052 630 40 40; www.gueterhof.ch; Freier Platz 10, So–Mi 7–24, Do–Sa 7 Uhr–open end), früher das Warenlager für die Rheinschifffahrt, heute eine hippe Kombination aus Kneipe (mit Außenbereich), Café, Restaurant und Sushibar.

An- & Weiterreise

Stündlich verkehren Züge ab/nach Zürich (18,20 SFr, 40 Min.), alle 30 Minuten Regionalzüge nach Stein am Rhein (7,60 SFr, 25 Min.). Nach St. Gallen (28 SFr, 1 Std. 20 Min.–2 Std.) muss man meist in Winterthur oder Romanshorn umsteigen.

RHEINFALL

Der **Rheinfall** (www.rheinfall.ch) macht den Niagarafällen in puncto Höhe (23 m), Breite (150 m) oder Wassermenge (im Sommer 700 m^3) sicher keine Konkurrenz, ist aber dennoch ein atemberaubender Anblick.

Zwei Schlösser stehen oberhalb der Wasserfälle: Das kleinere **Schlössli Worth** am Nordufer ist von Touristenrestaurants, Läden, einem Infozentrum und kleinen Fähranlegern umzingelt. Das größere **Schloss Laufen** am Südufer kann auf eine 1000-jährige Geschichte in nächster Nähe der Wasserfälle blicken.

Wer mit Bus 1 oder 6 von Bahnhof Schaffhausen Richtung Neuhausen-Zentrum (3 SFr) ankommt, muss den gelben Fußabdrücken folgen. Der Weg gabelt sich später: rechts zum Schlössli Worth und links über die Bahn-Fußgänger-Brücke zum Schloss Laufen.

Wenn man mit dem Zug von Schaffhausen oder Winterthur zum Schloss Laufen am Rheinfall (nur April–Okt.) fährt, muss man den Hügel bis zum Schloss hochstapfen. Mit dem Auto steuert man den Parkplatz an der Rückseite an.

Der Blick auf die Fälle ist kostenlos. Wer sich aber dem rauschenden Wasser von der Südseite nähern will, muss beim Souvenirladen am Schloss Laufen (tgl. geöffnet) 1 SFr bezahlen, um die Treppe zur Aussichtsplattform Känzeli betreten zu dürfen .

Im Sommer nähern sich **Fähren** (☎ 052 672 48 11; www.maendli.ch) dem Wasserfall. Einige setzen lediglich vom Schlössli Worth zum Schloss Laufen (Erw./Kind 2,50/1,50 SFr) über. Mehr Spaß macht die Rundfahrt (Erw./Kind 6,50/3,50 SFr), bei der man den hohen Felsen in der Mitte des Rheinfalls besteigen und das tosende Wasser um sich herum bewundern kann.

Am Schweizer Nationalfeiertag am 1. August wird über dem Wasserfall ein spektakuläres Feuerwerk veranstaltet.

Wer sich gerne vom Klang der Wasserfälle in den Schlaf säuseln lässt, kann die **SJH-Jugendherberge** (☎ 052 659 61 52; www.youthhostel.ch/dachsen; B 28,50–36 SFr; Rezeption 8–9.30 & 17–21 Uhr, Mitte Okt.–Mitte März geschl.) im Schloss Laufen ansteuern.

Schloss Laufen, die Jugendherberge, Restaurants und Känzeli sind wegen Renovierungsarbeiten bis Anfang 2010 geschlossen.

KLETTGAU

Westlich von Schaffhausen erstreckt sich das Weingebiet Klettgau, das sich bis ins benachbarte Deutschland erstreckt. Wie die Rippen von Cord verlaufen die Reben über die erbsengrünen Felder und sanften Hügel. Größtenteils wachsen Blauburgundertrauben.

Nette Ortschaften sprenkeln die sanfte Landschaft. Das Highlight dürfte das mittelalterliche, 13 km von Schaffhausen entfernte **Neunkirch** sein, hübsch anzusehen sind aber auch **Beringen**, **Hallau** und **Osterfingen**. Einige der verschlafenen Dörfer erwachen Mitte Oktober anlässlich von Weinfesten zum Leben. Besonders zu empfehlen ist das **Trottenfest** in Osterfingen, bei dem die Winzer Weinproben veranstalten. Ansonsten kann man im Weinkeller **Bad Osterfingen** (☎ 052 681 21 21; www.badosterfingen.ch; Zollstraße; Hauptgerichte 30–45 SFr; Mi–So) die herzhafte lokale Küche und die besten Spätzli der Region genießen.

Die Ortschaften sind von Schaffhausen aus mit Bussen zu erreichen.

STEIN AM RHEIN
3120 Ew. / 407 m

Stein am Rhein ist so malerisch, dass es fast schon wehtut. Wer das nicht glauben will, sollte sich auf dem gepflasterten Rathausplatz davon überzeugen – nicht wenigen ist er der schönste Platz der Schweiz, und das will was was heißen! Wie für einen Fototermin scheinen sich Häuser aufgereiht zu haben, die mit Fachwerk oder Fresken prahlen. Da sei schon mal die Frage erlaubt, warum Stein am Rhein nicht zur Unesco-Weltkulturerbe gehört? An den Hängen des Burgberges wachsen Reben, das Rohmaterial für den örtlichen Roten.

Orientierung & Praktische Informationen

Der Bahnhof (mit Fahrradverleih) liegt am Südufer, die Altstadt am Nordufer des Rheins.

Die winzige **Touristeninformation** (☎ 052 742 20 90; www.steinamrhein.ch; Oberstadt 3; Mo–Fr 9.30–12 & 13.30–17 Uhr) befindet sich östlich vom Rathausplatzes im Zentrum.

Sehenswertes & Aktivitäten

Das mit unzähligen Fresken geschmückte **Rathaus** bildet das östliche Ende des **Rathausplatzes**. Einige der Häuser aus dem 16. Jh., die den länglichen Platz säumen, sind nach Bildern benannt, die sie schmücken, z. B. das Haus **Zur Sonne** oder **Zum Weißen Adler**.

Die größte Attraktion von Stein am Rhein ist ein Spaziergang durch die herrlichen Gas-

> **SÜFFIGER SAUSER**
>
> Wer im Herbst in den deutschsprachigen Kantonen unterwegs ist, sieht überall Werbung für Sauser. Nicht alle rote Trauben sind gut genug, um einen guten Wein daraus zu keltern. Aus ihnen wird Traubensaft gewonnen, den man kurz gären lässt, bis ein kohlensäurehaltiger, süßer neuer Wein mit wenig Alkoholgehalt entstanden ist.

sen und Straßen. Ein vierstöckiges Haus wurde ins nette **Museum Lindwurm** (☎ 052 741 25 12; www.museum-lindwurm.ch; Unterstadt 18; Eintritt 5 SFr; März–Okt. Mi–Mo 10–17 Uhr) verwandelt, in dem Wohnräume, Dienstmädchenzimmer und Küche die Lebensbedingungen einer bürgerlichen Familie des 19. Jhs. veranschaulichen.

Lohnend ist auch das **Klostermuseum St. Georgen** (Erw./Senior & Student 4/2 SFr; April–Okt. Di–So 10–17 Uhr) zwischen Rathaus und Rhein. Bereits 1007 wurde hier ein Benediktinerkloster erreichtet; das, was man heute sieht, stammt aber größtenteils aus der Spätgotik, auch der kühle Kreuzgang und der großartige Festsaal.

Über die Stadt wacht die **Burg Hohenklingen** (☎ 052 741 21 37; www.burghohenklingen.ch; Hohenklingenstraße 1; April–Okt. Di–So, Nov.–März Mi–So 10–23 Uhr), die unlängst für 20 Millionen SFr renoviert wurde. Allein das Panorama lohnt die Fahrt (zu Fuß ist es sehr weit). Im Rittersaal und auf der Terrasse werden Gourmetmahlzeiten serviert.

Schlafen

SJH-Jugendherberge (☎ 052 741 12 55; www.youthhostel.ch/stein; Hemishoferstraße 87; B 28 SFr; Rezeption 8–10 & 17–22 Uhr, Nov.–Feb. geschl.;) Rund 1,5 km westlich vom Stadtzentrum und etwa zwei Minuten vom Badestrand entfernt liegt die nette Jugendherberge, die auch sieben Doppelzimmer hat.

Hotel Schiff (☎ 052 741 22 73; Schifflände 10; EZ/DZ 85/130 SFr) Kleines Haus am Ufer mit einer Handvoll kleiner, aber hübscher Zimmer. Die mit Rheinblick sind ein guter Fang.

Rheingerbe (☎ 052 741 29 91; www.rheingerbe.ch; Rathausplatz 2; EZ/DZ 90/160 SFr) Die in einem hübschen, vierstöckigen Haus untergebrachten Zimmer mit dunklen Holzbetten und einfachen Möbeln sind etwas altmodisch. Unbedingt eines mit Flussblick nehmen.

Rheinfels (☎ 052 741 21 44; www.rheinfels.ch; EZ/DZ 135/190 SFr) In dem stimmungsvollen Hotel gelangt man über die knarrende Treppe an einer Rüstung vorbei oder – weniger stilecht – einfach mit dem Aufzug zu den geräumigen, altmodischen Zimmern, in denen Rosa- und Brauntöne dominieren und von denen viele einen Flussblick haben. Das Hotel liegt direkt an der Brücke. Das Restaurant ist für seinen Fisch berühmt.

Essen
Badstube (☎ 052 741 20 93; www.badstube.ch; Bei der Schifflände; Hauptgerichte 19–42 SFr; ✆ Feb.–Okt. Mi–So) In den Speisesälen mit Holzbalken und Terrakottafliesen wird leckere Schweizer Kost serviert. Im Sommer kann man auf der Terrasse des Fachwerkhauses sitzen und sich an Röstivariationen, einer Spezialität des Hauses, laben.

LP Tipp Hotel Adler (☎ 052 742 61 61; www.adler steinamrhein.ch; Rathausplatz 2; Hauptgerichte 29–49 SFr; ✆ Di–So) Hinter einer mit Fresken verzierten Fassade versteckt sich ein tolles Lokal, in dem vor allem Fischliebhaber auf ihre Kosten kommen. In hübsch altmodisch gestalteten Speiseräume wird perfektes, wenn auch nicht übermäßig kreatives Essen serviert.

Die Burg Hohenklingen (S. 311) ist ein Gourmettempel – das tolle Panorama gibt es gratis dazu.

An- & Weiterreise
Stein am Rhein liegt an der Bahnlinie zwischen Schaffhausen (7,60 SFr, 25 Min.) und St. Gallen (28 SFr, 1½ Std.). Die Züge fahren stündlich.

BODENSEE

Bevor Urlauber in den 1970er- und 1980er-Jahren mit Sack und Pack zuhauf ins Ausland reisten, war der Bodensee das deutsche Mittelmeer. Das „Schwäbische Meer" ist immer noch eine herrliche Region, in der man ein paar Tage abschalten und das Wasser, die schöne Landschaft und nette kleine Ortschaften genießen kann.

Orientierung
Die Schweiz teilt den Bodensee mit Deutschland und Österreich. Die größte Stadt am Bodensee ist das deutsche Konstanz am Ende der Halbinsel zwischen den beiden Westarmen, dem Überlinger- und dem Untersee. Das benachbarte Kreuzlingen in der Schweiz ist mit Konstanz quasi zu einer Stadt zusammengewachsen.

> **ROLLING AROUND THURGAU**
>
> Ein Großteil des Kantons Thurgau ist schön und flach, besonders am Bodensee. Er ist daher ein Paradies für Inlineskater, zumal die Kantonsverwaltung einiges unternommen hat, um es den Fans recht zu machen. Für Infos zu den drei zwischen 30 und 52 km langen Wegen auf www.thurgautourismus.ch gehen und „Skater's Paradise" anklicken.

Praktische Informationen
ERMÄSSIGUNGEN
Die **Bodensee-Erlebniskarte** (www.bodensee-erlebniskarte.de; 3/7/14 Tage 69/89/121 €) wird von März bis Oktober verkauft. Die teuerste Version berechtigt zur unbegrenzten Benutzung von Fähren, zum Eintritt in viele Museen, darunter das Zeppelin-Museum in Friedrichshafen, einer Hin- und Rückfahrt mit der Säntisbahn (S. 320), Spaziergänge in St. Gallen u. v. m.

GELD
Die meisten Läden, Restaurants und andere Unternehmen auf beiden Seiten des Sees akzeptieren Euro und Schweizer Franken.

An- & Weiterreise
Von Friedrichshafen verkehrt eine Autofähre nach Romanshorn am Schweizer Ufer.

Konstanz ist an das deutsche wie schweizerische Bahnnetz angeschlossen. Aus Österreich kommend gelangt man via Bregenz nach St. Margrethen nahe dem südöstlichen Seeufer.

Unterwegs vor Ort
Mehrere Fährunternehmen, darunter **Schweizerische Bodensee Schifffahrt** (☎ 071 466 78 88; www.sbsag.ch), **Vorarlberg Lines** (☎ +43 5574 42868; www.bodenseeschifffahrt.at) und die **Bodensee-Schiffsbetriebe** (☎ +49 7531 3640 389; www.bsb-online.com) fahren von Anfang März bis Ende Oktober kreuz und quer über den See und an seinem Ufer entlang. Ab Ende Mai verkehren mehr Schiffe. Der Swiss Pass gilt nur auf der Schweizer Seite des Sees.

Auf der schweizerischen Seite ist die Bahn das beste Verkehrsmittel, auf der deutschen der Bus. Die B31 führt am Nordufer entlang, ist aber oft gnadenlos verstopft. Am Südufer folgt die N13 der Bahnlinie um den See.

Ein 270 km langer, gut ausgeschilderter Radweg führt um den See. An den meisten

Bahnhöfen der Region kann man Räder leihen (S. 400).

KONSTANZ

☎ +49 7531 / 81 900 Ew. / 397 m

Konstanz ist die Metropole des Bodensees. Einer von sieben Einwohnern, die wie andernorts am Nordufer auch „Seehasen" genannt werden, studiert an der Universität.

Die **Touristeninformation** (☎ 133 030; www.konstanz.de/tourismus; Bahnhofplatz 13; ☉ April–Okt. Mo–Fr 9–18.30, Sa 9–16, So 10–13 Uhr, Nov.–März Mo–Fr 9.30–12.30 & 14–18 Uhr) liegt unmittelbar nördlich des Ausgangs des Hauptbahnhofs.

Konstanzer großer Auftritt in der Weltgeschichte war 1414 bis 1418, als das Konzil von Konstanz hier einen alleinigen Papst zu bestimmen und das Schisma der katholischen Kirche zu beenden suchte. Das Konzil trat auch im riesigen grauen **Münster Unserer Lieben Frau** zusammen, das unterschiedliche Baustile von 1052 bis 1856 vereint. In der Krypta aus dem 9. und 10. Jh. befinden sich vier goldene Tafeln von der Außenwand der früheren Chorgestühle. Den gotischen **Glockenturm** (☉ Mo–Sa 10–17, So 12.30–17.30 Uhr) kann man besteigen, um die großartige Aussicht zu genießen.

Vom Münster Richtung Rhein erstreckt sich das alte Viertel **Niederburg** mit vielen gewundenen Gässchen nach Norden.

Konstanz hat mehrere **Museen**, die größte Attraktion dürfte aber eine unweit vom Zentrum gelegene Insel sein, die man mit der Fähre oder vom Bahnhof aus mit der Buslinie 4 erreicht: Zur **Insel Mainau** (☎ 303 0; www.mainau.de; Erw./Kind/Student April–Okt. 14,90 €/frei/8 €, Nov.–März 6,50 €/frei/3,20 €; ☉ Sonnenaufgang–Sonnenuntergang) gehören Garten- und Parkanlagen mit einer Gesamtfläche von 45 ha, darunter ein tropischer Garten, ein italienischer Garten, ein Schmetterlingshaus und ein im Winter geschlossenes Palmenhaus. Im Sommer herrscht ordentlich Betrieb. Fahrräder sind erlaubt.

Schlafen & Essen

DJH-Jugendherberge (☎ 322 60; www.jugendherberge-konstanz.de; Zur Allmannshöhe 16; B unter/über 27 Jahre 21,90/24,90 €; ☉ März–Okt.) Die Jugendherberge befindet sich in einem umgebauten Wasserturm. Die Zimmer sind ziemlich unspektakulär, dafür blitzsauber. Bus Nr. 4 fährt vom Bahnhof zur Jugendherberge.

Barbarossa (☎ 128 990; www.barbarossa-hotel.com; Obermarkt 8–12; EZ 50–70 €, DZ 90–120 €) Mit seinen drei Zimmerkategorien kann das labyrinthische Hotel die meisten Geldbeutel und Geschmäcker bedienen. Dokumente deuten darauf hin, dass hier seit dem frühen 15. Jh. ein Haus gestanden hat. Die günstigen Zimmer sind modern und einfach, die teuren besitzen mehr Flair. Im Hotel kann man auch elegant essen (Hauptgerichte 12–25 €, Menü 32 €).

LP Tipp Stephanskeller (☎ 691 818; www.stephanskeller.com; Stephansplatz 41; Hauptgerichte 10–12 €) Wer aufs Geld schauen muss, ist in diesem netten Keller richtig. Das neben der gleichnamigen Kirche gelegene laute, altmodische Lokal hat eine lange Speisekarte. Spezialität des Hauses sind Fleisch-Gemüse-Pfannen.

KREUZLINGEN

18 300 Ew. / 404 m

Kreuzlingen im Schweizer Kanton Thurgau wirkt fast wie ein Anhängsel von Konstanz, ist aber nicht so attraktiv wie der Nachbar. Es gibt eine gute **SJH-Jugendherberge** (☎ 071 688 26 63; www.youthhostel.ch/kreuzlingen; Promenadenstraße 7; B 29,30 SFr; ☉ März–Nov.), ansonsten ist man aber besser beraten, am Bahnhof in Kreuzlingen einen Zug nach Konstanz zu nehmen (3 SFr, 3 Min.). Es gibt keine Passkontrolle (im Gegensatz zum Zweiten Weltkrieg, als an diesem Grenzposten Gefangene und Verwundete ausgetauscht wurden). Mehr Infos gefällig? Dann hilft die **Touristeninformation** (☎ 071 672 38 40; www.kreuzlingen-tourismus.ch; Sonnenstraße 4; ☉ Mo–Fr 9.30–12 & 13.30–17 Uhr) weiter. Zwischen Kreuzlingen und Schaffhausen fahren alle 30 Minuten Direktzüge (16,80 SFr, 55 Min.).

Hübsche Thurgauer Dörfer säumen die Uferstraße zwischen Kreuzlingen und Stein am Rhein (S. 311), darunter **Gottlieben**, **Steckborn** und **Berlingen**; in dessen Nähe liegt **Schloss Arenenberg** (☎ 071 663 32 60; www.napoleonmuseum.tg.ch; Salenstein; Erw./unter 6 Jahre/6–16 Jahre/Senior & Student 10 SFr/frei/5/8 SFr; ☉ April–Mitte Okt. Mo 13–17, Di–So 10–17 Uhr, Mitte Jan.–Mitte April & Mitte Okt.–Mitte Dez. Di–So 10–17 Uhr), in dem Napoleon III. von Frankreich aufgewachsen ist.

FRIEDRICHSHAFEN

☎ +49 7541 / 58 300 / Höhe 400 m

Friedrichshafen ist untrennbar mit dem Zeppelin verbunden, dem unverwechselbaren zigarrenförmigen Luftschiff. Das erste Luftschiff des Grafen Zeppelin unternahm 1900 seinen Jungfernflug über den Bodensee. Der kleinere Zeppelin NT dreht als Touristenattraktion wieder seine Kreise. Die Stadt selbst ist nicht gerade der Inbegriff von Charme.

Die **Touristeninformation** (☎ 19412, Hotelbuchung 24 Std. 30010; www.friedrichshafen.info; Bahnhofplatz 2; ☺ Mai–Sept. Mo–Fr 9–18, Sa 9–13 Uhr, April & Okt. Mo–Do 9–12 & 14–17, Fr 9–12 Uhr, Nov.–März Mo–Do 9–12 & 14–16, Fr 9–12 Uhr) befindet sich direkt vor dem Bahnhof Friedrichshafen-Stadt.

Das **Zeppelin Museum** (☎ 38010; www.zeppelin-museum.de; Seestraße 22; Erw./Student & Kind/Senior 7,50/3/6,50 €; ☺ Juli–Sept. tgl. 9–17 Uhr, Mai, Juni & Okt. Di–So 9–17 Uhr, Nov.–April Di–So 10–17 Uhr) wird eingerahmt von Altstadt und Fährhafen. Es verfolgt die Geschichte des majestätischen, aber vom Schicksal nicht gerade begünstigten Verkehrsmittels nach. Zu sehen ist auch der Nachbau eines Teils der *Hindenburg*, die auf tragische Weise in die Geschichte eingegangen ist: 1937 ging sie in New Jersey nach einem Transatlantikflug von Frankfurt in Flammen auf, 36 Crewmitglieder und Passagiere kamen dabei ums Leben.

Die **Deutsche Zeppelin-Reederei** (☎ 59000; www.zeppelinflug.de; 30 Min./1/2 Std. 200/335/715 €; ☺ April–Nov.) bietet Rundflüge im Zeppelin über den Bodensee und Friedrichshafen bis nach Schaffhausen und zum Rheinfall an.

Stündlich verkehren zwei Züge (1,70 €, 15 Min.) der Bodensee-Oberschwaben-Bahn (BOB) vom **Flughafen** (www.fly-away.de) bis Friedrichshafen-Stadt und -Hafen, in dessen Nähe das Zeppelin-Museum und der Fährhafen liegen. Eine **Autofähre** (☎ 9238 389; www.bsb-online.com; Erw./Kind/Familie 7/3,50/25,40 €, Auto 16 €) verkehrt mindestens von 8.30 bis 17.30 Uhr stündlich zwischen Friedrichshafen und Romanshorn.

ROMANSHORN & ARBON
Romanshorn 9230 Ew. / Höhe 406 m
Arbon 13 070 Ew. / Höhe 398 m

Trotz seines auffälligen Kirchturms ist **Romanshorn** von minimalem touristischen Interesse – kaum mehr als die Anlegestelle der Friedrichshafener Autofähre.

Die mittelalterliche Innenstadt von **Arbon** 8 km südöstlich ist mit ihren Fachwerkhäusern und alten Kapellen wesentlich hübscher. Vom Bahnhof geht man etwa 1 km zur **Touristeninformation** (☎ 071 440 13 80; www.arbon.ch; Schmiedgasse 5; ☺ Mo–Fr 9–11.30 & 14–18 Uhr, Mitte Juni–Aug. auch Sa 9–11.30 Uhr) in der Altstadt, die von **Schloss Arbon** aus dem 16. Jh. beherrscht wird. Das **Historische Museum** (☎ 071 446 60 10; Alemannenstraße 4; Erw./Kind 4/2 SFr; ☺ Mai–Sept. 14–17 Uhr, März–April & Okt.–Nov. nur So) im Schloss lohnt einen Besuch. In einem Gässchen sind jahrhundertealte Häuser zu sehen, deren Fresken den Handel früherer Zeiten darstellen.

Es gibt eine gute Auswahl an Unterkünften, darunter das freundliche **Hotel Altstadt** (☎ 071 446 12 93; www.altstadtarbon.ch; Schäfligasse 4; DZ 120 SFr, EZ/DZ ohne Bad 57/96 SFr). Der teurere **Gasthof Frohsinn** (☎ 071 447 84 84; www.frohsinn-arbon.ch; Romanshornerstraße 15; EZ/DZ 120/180 SFr) befindet sich in einem Fachwerkhaus. Die meisten Hotels haben ein eigenes Restaurant, das Frohsinn sogar eine eigene Brauerei.

Romanshorn und Arbon liegen an der Bahnlinie zwischen Zürich und Rorschach.

RORSCHACH
8460 Ew. / 398 m

Der ruhige Ferienort am See hat nichts mit den gleichnamigen Tintenkleckstests von Psychiatern zu tun. Die Schönheit des Ortes ist eher verblasst, der bewaldete Rorschacher Berg und einige nette Häuser aus dem 16. bis 18. Jh. mit Erkerfenstern machen aber einiges wett.

Die Stadt hat drei Bahnhöfe: Rorschach-Stadt, -Hafen und -Hauptbahnhof. Von St. Gallen kommend steigt man in Rorschach-Stadt (6,20 SFr, 15–20 Min.) aus und läuft 500 m durchs Zentrum bis zum Bahnhof Rorschach-Hafen (an der Strecke von Arbon und Schaffhausen), zur nahe gelegenen **Touristeninformation** (☎ 071 841 70 34; www.tourist-rorschach.ch; Hauptstraße 63; ☺ ganzjährig Mo–Fr 8.30–12 & 13.30–18 Uhr, Mai–Mitte Sept. auch Sa 10–16 Uhr) und zur nostalgischen Zahnradbahn (Rorschach-Heiden-Bergbahn) zum Biedermeier-Kurort **Heiden**.

Der Bahnhof Rorschach-Hafen liegt günstig an der Hauptstraße im Herzen der Altstadt. Wenn man vom Bahnhof aus nach links (Osten) läuft, sieht man schöne Erkerfenster, vor allem an Haus Nr. 33, 31 und 29, dem Rathaus. Weitere sind in der Mariabergstraße zu sehen. Im See steht eine **Badhütte** aus dem 19. Jh., die mit dem Festland durch einen kleinen Steg verbunden ist – ein nettes Örtchen für ein kühles Getränk.

Vom Bahnhof aus rechter Hand liegen die meisten Hotels, darunter das einfache **Hotel Rössli** (☎ 071 844 68 68; www.hotel-roessli.ch; Hauptstraße 88; EZ/DZ ab 85/140 SFr), das total gemütliche Zimmer und ein annehmbares Restaurant hat.

LP Tipp **Schloss Wartegg** (☎ 071 858 62 62; wartegg.ch; Rorschacherberg; EZ 145–155 SFr, DZ 220–270 SFr; P) Wer etwas Außergewöhnliches sucht, kann ein Zimmer in diesem Märchenpalast buchen, der zehn Autominuten von Rorschach entfernt in den Bergen über der Stadt liegt. Der ehemalige österreichische Kaisersitz aus dem 16. Jh. liegt auf einem grünen, mit Mammutbäumen bestandenen Grundstück. Es wurde mehrfach renoviert, bevor es 1999 in ein schickes Hotel umgemodelt wurde.

BREGENZ
+43 5574 / 27 300 Ew. / 405 m

Bregenz ist nicht gerade die hübscheste Hauptstadt eines österreichisches Bundeslandes. Besonders viel Betrieb herrscht hier während der alljährlichen **Bregenzer Festspiele** (407-0; www.bregenzerfestspiele.com; Juli & Aug.), wenn auf der riesigen Bühne im See und an anderen Veranstaltungsorten Opern, Rock- und klassische Konzerte zu sehen sind.

Ein sensationelles Panorama und tolle **Wanderwege** bietet der Hausberg von Bregenz, der Pfänder (1064 m). Eine **Seilbahn** (42 16 00; www.pfaenderbahn.at; Erw./Kind/Senior hin & zurück 10,40/5,20/9,40 €; 8–19 Uhr, im Nov. 2 Wochen geschl.) überwindet die rund 650 Höhenmeter.

Die **Touristeninformation** (495 90; www.bregenz.ws; Rathausstraße 35a; Mo–Fr 8.30–18 & Sa 9–12 Uhr) liegt fast direkt am Seeufer in der Altstadt.

Ein Gewirr gepflasterter Gässchen führt um die Kaiserstraße herum vom See weg. Es ist ganz nett, hier ein bisschen zu flanieren – Weltbewegendes wird man aber nicht sehen.

Es gibt jede Menge Hotels (für die Festspielzeit reservieren). Die **Pension Sonne** (425 72; www.bbn.at/sonne; Kaiserstraße 8; DZ 35–55 €) ist eine einfache Unterkunft mitten in der Altstadt.

Ein traditionelles österreichisches Mahl sollte man im Fachwerkhaus der herrlich zeitlosen **Gaststätte Zum Goldenen Hirschen** (428 15; Kirchstraße 8, Hauptgerichte 9–28 €; Mi–Mo) zu sich nehmen. Hier gibt es Rind in zahlreichen Variationen (Rindfleischtöpfli).

KANTONE ST. GALLEN & APPENZELL

Die kulturelle Highlight einer Reise durch den Schweizer Nordosten bildet ein Besuch der legendären Abtei von St. Gallen mit ihrer herausragenden Rokokobibliothek. Ausflüge in die Umgebung sind Abstecher in ein sehr traditionelles Agrargebiet.

Der Kanton St. Gallen erstreckt sich von Zürich im Westen bis an die Grenze zu Österreich und Liechtenstein im Osten. Im Norden grenzt er an Thurgau und den Bodensee. Im Südwesten befindet sich der Kanton Glarus (auch Glarnerland), im Süden Graubünden. Die beiden Kantone Appenzell-Innerrhoden und Appenzell-Ausserrhoden werden wie eine Insel vom St. Galler Kanton umzingelt.

Die Appenzeller sind – ähnlich wie die Ostfriesen in Deutschland – Gegenstand vieler teils wenig netter Witze. Die Deutschschweizer sagen von den Appenzeller, sie *hätte ä langi Laitig* (haben eine lange Leitung).

Unleugbar sind die drei Kantone tief mit der Tradition verwurzelt. In Innerrhoden findet immer noch einmal jährlich eine Volksversammlung unter freiem Himmel statt; und Frauen dürfen erst seit 1991 wählen.

Diese Verankerung in ländlicher Tradition hat durchaus positive Aspekte. Die Menschen geben sich Mühe, ihr Erbe zu bewahren: So prägen herrliche grüne Täler und reizende zeitlose Dörfer die Landschaft, die auf endlosen Wander-, Rad- und Mountainbikewegen erkundet werden kann.

ST. GALLEN
70 380 Ew. / 670 m

St. Gallens Geschichte als „Schreibstube Europas" offenbart sich in der wichtigsten Sehenswürdigkeit: der Stiftsbibliothek, das Herzstück der riesigen Benediktinerabtei.

Die Altstadt, das adrette Zentrum der Stadt, drängt sich nahezu für einen Spaziergang auf; die Stadtlounge bildet ihr modernes Pendant.

Orientierung

Die Sehenswürdigkeiten konzentrieren sich in der Altstadt. Sie ist eine Fußgängerzone

---

DIE LEGENDE VON ST. GALLEN

Die Gründungslegende St. Gallen beinhaltet einen Busch, einen Bären und einen irischen Mönch, der besser hätte aufpassen sollen: Der Wandermönch Gallus soll im Jahr 612 in einen Dornstrauch gefallen sein und dieses Missgeschick als ein Zeichen Gottes gedeutet haben, an dieser Stelle zu bleiben. Später, so die Legende, überraschte ihn nachts ein Bär, dem Gallus furchtlos auftrug, Holz für den Bau einer Kirche herbeizuschaffen. Im Gegenzug wurde der Bär mit Brot belohnt. Aus der Kirche entstand die Kathedrale von St. Gallen. Und der Bär ziert bis heute das Stadtwappen.

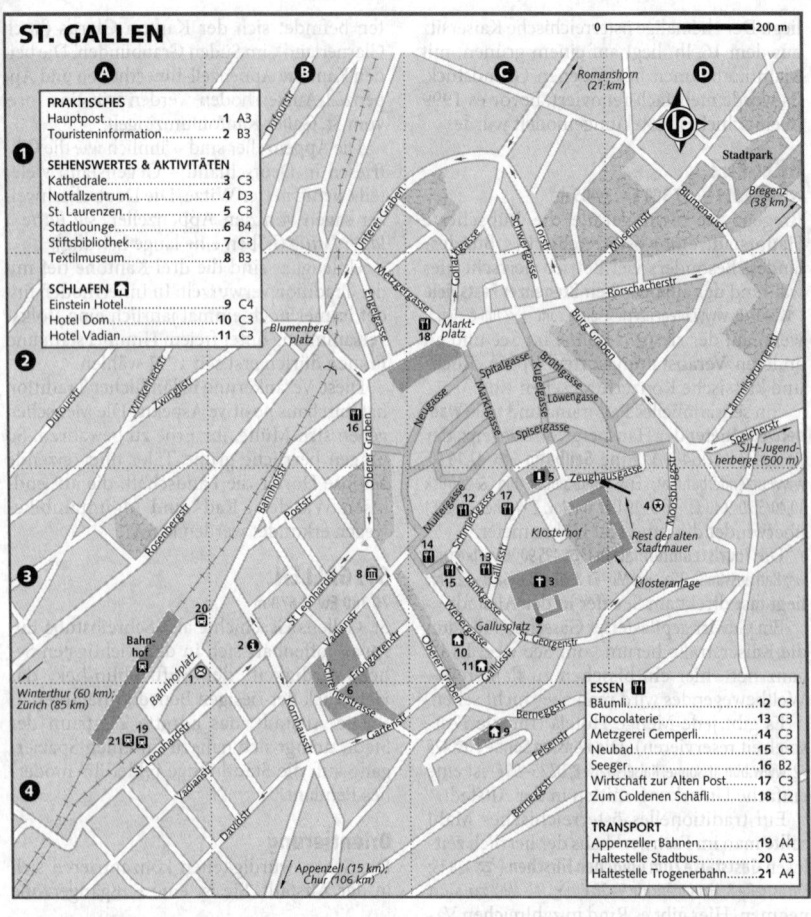

und zehn Gehminuten östlich vom Bahnhof gelegen.

Praktische Informationen

Hauptpost (Bahnhofplatz 5; Mo–Mi & Fr 7–19.30, Do bis 20, Sa 7–16, So 15–18 Uhr)
Touristeninformation (071 227 37 37; www.stgallen-bodensee.ch; Bahnhofplatz 1a; Mai–Okt. Mo–Fr 9–18, Sa 9–15 Uhr, Nov.–April Mo–Fr 9–18, Sa 10–13 Uhr). Hat auch in der Chocolaterie (S. 318) einen SB-Stand, an dem man Broschüren mitnehmen kann.

Sehenswertes

Kunstvolle Erker zieren viele Häuser der Altstadt, vor allem rund um den Gallusplatz, die Spisergasse, Schmiedgasse und Kugelgasse. Die Tourismusbehörde hat die Erkerfenster gezählt und ist auf 111 gekommen! Viele von ihnen schmücken ausgefallene Holzskulpturen – ein Zeichen für den einstigen Reichtum der Bewohner, vornehmlich der Textilbarone.

STIFTSBIBLIOTHEK & KATHEDRALE

Die St. Galler **Stiftsbibliothek** (071 227 34 16; www.stiftsbibliothek.ch; Klosterhof 6d; Erw./Kind/Student & Senior 7 SFr/frei/5 SFr; Mo–Sa 10–17, So bis 16 Uhr) aus dem 16. Jh. ist eine der ältesten Bibliotheken der Welt und das herrlichste Beispiel Schweizer Rokokoarchitektur. Zusammen mit dem restlichen Klosterkomplexes wurde sie von der Unesco auf die Liste des Weltkulturerbe gesetzt.

Die Bibliothek hütet unbezahlbare Bücher und Handschriften, die von Mönchen im Mittelalter mit viel Sorgfalt angefertigt wurden. Jede Menge Deckenfresken, Stuck, Cherubim und Parkett zieren die Räume. Nur 30 000 der insgesamt 170 000 Bände befinden sich gleichzeitig in der Bibliothek; und nur eine Hand voll sind bei thematischen Ausstellungen in den Schaukästen zu sehen. Wenn gerade eine Führung in der Bibliothek ist, kann man auch die Registratur sehen, die hinter der Wandtäfelung versteckt ist.

Kindern gefällt der 2600 Jahre alte mumifizierte Körper in der hinteren rechten Ecke.

Im Wettstreit um die Krone der Top-Sehenswürdigkeiten ist die **Kathedrale** (Mo, Di, Do & Fr 9–16, Mi 10–18, Sa 9–16, So 12–17.30 Uhr, zum Gottesdienst geschl.) mit ihren zwei Türmen ein harter Konkurrent der Bibliothek. Sie hat dunkle, stürmische Fresken und blaugrüne Stuckverzierungen. Merkwürdigerweise betritt man ihn durch zwei unauffällige Türen an der Nordseite – die Hauptfassade, eigentlich die Apsis der Kathedrale, hat keine Tür! Manchmal finden Konzerte statt (www.kirchenmusik.ch). Etliche Konzerte gibt es auch in der protestantischen neugotischen **Kirche St. Laurenzen** aus dem 16. Jh. (die aber größtenteils 1850–1854 neu erbaut wurde). Sie ist von der Kathedrale über die Zeughausgasse Richtung Norden zu erreichen. Von ihrem **Turm** (April–Okt. 9.30–11.30 & 14–16 Uhr) hat man einen tollen Blick.

Das **Notfallzentrum** der Kantonspolizei an der Moosbruggstraße bildet einen gewagten wie modernen Kontrast zur mittelalterlichen Umgebung. Es wurde vom spanischen Architekten Santiago Calatrava entworfen und erinnert an einen bedrohlichen Metallkäfer.

STADTLOUNGE

Verblüffenderweise ist ein Teil des historischen St. Gallen seit 2005 mit einem Kunststoffbelag von Tennisplätzen ausgelegt. Dieser „Teppich" bedeckt die Gartenstraße, Schreinerstraße und Vadianstraße. Darauf stehen zahlreiche Freiluftmöbel – Stühle, Sofas, Tische und sogar ein Auto. Die schräge Installation von Pipilotti Rist und Carlos Martínez trägt den Namen **Stadtlounge** (www.stadtlounge.ch) und soll als großes „Freiluftwohnzimmer" dienen, in dem Menschen chillen und sich unterhalten können.

TEXTILMUSEUM

St. Gallen war lange ein Zentrum der Schweizer Textilindustrie, und das **Textilmuseum** (071 222 17 44; www.textilmuseum.ch; Vadianstraße 2; Erw./Kind/Student 12 SFr/frei/7 SFr; 10–17 Uhr) ist das interessanteste der vielen städtischen Museen (die sich einem bunten Themenspektrum von Bier bis hin zu „Musikboxen" aus dem 18. Jh. widmen). Es zeichnet die Geschichte der Tuchherstellung in der Stadt nach.

Feste & Events

Die Stadt hat einen dichten Veranstaltungskalender. Eines der wichtigsten Events sind die **St. Galler Festspiele**, eine zweiwöchige Opernveranstaltung im Klosterhof hinter der Kathedrale (etwa vom 20. Juni bis zum Ende der ersten Juliwoche).

Schlafen

St. Gallen wird von Geschäftsreisenden beherrscht. Wegen häufig stattfindender Ausstellungen und Konferenzen sind freie Betten rar und teuer.

SJH-Jugendherberge (071 245 47 77; www.youthhostel.ch/st.gallen; Jüchstraße 25; B 30,50 SFr, EZ/DZ/4BZ pro Pers. 58/43/35 SFr; Rezeption 7.30–10 & 17–22 Uhr, Mitte Dez.–Feb. geschl.) Die moderne Jugendherberge liegt auf einem Grundstück am Hang 15 Gehminuten von der Altstadt entfernt (man kann auch die Trogenerbahn vor dem Bahnhof bis „Schülerhaus" nehmen, 3 SFr). Es gibt eine gute Aussicht und einen Essbereich im Freien. Die Zimmer mit kahlen Ziegelsteinwänden sind sehr einfach gehalten.

Hotel Vadian (071 228 18 78; www.hotel-vadian.com; Gallusstraße 36; EZ/DZ ohne Bad 80/120 SFr, mit Bad 115/190 SFr) Für diesen Preis kann man nicht dichter am Zentrum St. Gallens nächtigen. Das Hotel wurde 2006 renoviert. Die unterschiedlichen modernen Zimmer sind in perfektem Zustand. Einige haben nette Details wie freiliegende Deckenbalken.

Hotel Dom (071 227 71 71; www.hoteldom.ch; Webergasse 22; EZ/DZ 90/120 SFr, mit Bad 155/205 SFr; P) Das fast atemberaubend moderne Hotel wurde mitten in die Altstadt gepflanzt. Die Zimmer haben klare Linien, sind komfortabel und für dicke und nicht ganz so dicke Geldbeutel gedacht. Alle Angestellten haben leichte Behinderungen und üben ihre Arbeit hingebungsvoll aus – das gleiche Attribut gilt auch für die Kunst im Hotel. In den Zimmer sind WLAN-Netze verfügbar.

Einstein Hotel (071 227 55 55; www.einstein.ch; Berneggstraße 2; EZ/DZ ab 300/350 SFr; P) Selbst anspruchsvolle reiche Russen sind mit dem Service und Luxus des ersten Hotels am Ort zufrieden. In einem Flügel befinden sich die etwas älteren Standardzimmer. Die besseren Zimmer sind heller, luftiger, geräumiger und bieten mehr Hightech. Seidenvorhänge, Kirschholzmöbel und Wollvorleger zählen zu den gemütlichen Extras.

Essen
ERSTSTOCK-BEIZLI
St. Gallen ist bekannt für seine Erststock-Beizli, urtümliche Gaststuben im ersten Stock von Fachwerkhäusern.

Wirtschaft zur Alten Post (☎ 071 222 66 01; Gallusstraße 4; Hauptgerichte 20–39 SFr; ☻ Di–Sa) In dem teuren, aber historischen Beizl geht es recht vornehm zu. Schweizer Gerichte werden hier durch originelle Kreationen wie „Fischvariation in Limonenöl gebraten auf Kürbisrisotto mit Gartengemüse" ergänzt.

Bäumli (☎ 071 222 11 74; Schmiedgasse 18; Hauptgerichte 22–47 SFr; ☻ Aug.–Juni Di–Sa) In dem spätmittelalterlichen Gebäude befindet sich ein zeitloses Restaurant, das die typischen Spezialitäten eines Erststock-Beizls anbietet: von der Bratwurst mit gebratenen Zwiebeln (12,80 SFr) über Lammkoteletts, Wiener Schnitzel, Cordon bleu und Geschnetzeltes (vom Schwein oder Lamm) bis zu Mostbröggli (geräuchertes Rinderdörrfleisch).

Zum Goldenen Schäfli (☎ 071 223 27 27; Metzgergasse 5; Hauptgerichte 25–43 SFr; ☻ Sommer So geschl. ✕) Das gemütliche Erststock-Beizli hat einen deutlich geneigten Fußboden und dazu passende geneigte Aperitifgläser. Gläser, Silber und Blumen zieren die weißen Tischdecken. In der Ecke steht ein mittelalterlicher Kachelofen.

SONSTIGES
Am Marktplatz gibt es jede Menge günstige Restaurants. St. Gallen ist auch bekannt für seine „OLMA-Bratwurst", die in einem Bürli (Brötchen) serviert wird. Überall stehen Wurstbuden, die beste Adresse ist aber die **Metzgerei Gemperli** (Ecke Schmiedgasse & Webergasse; Wurst ab 6 SFr).

LP Tipp Neubad (☎ 071 222 86 83; www.restaurant-neubad.ch; Bankgasse 6; Hauptgerichte 18,50–30,50 SFr; ☻ Mo–Fr) Eine etwas steife, aber gemütliche Einrichtung ist das Ambiente für die klassische regionale Küche. Besonders verlockend sind die zehn Mittagsmenüs (21,50–36,50 SFr), darunter die „St. Galler Bratwurst vom Metzger Schmid mit Zwiebelsauce und Rösti".

Chocolaterie (☎ 071 222 57 70; Gallusstraße 20; ☻ Mo 13–18.30, Di–Fr 9–18.30, Sa 9–17 Uhr) Der Laden gegenüber der Kathedrale, der exquisite Schokolade in fester und flüssiger Form anbietet, steckt zweifelsohne mit dem Teufel unter einer Decke.

An- & Weiterreise
Mit dem Zug oder Bus kommt man schnell nach Romanshorn (10,80 SFr, 25 Min.). Es verkehren auch regelmäßig Züge (nur 4 direkt) nach Bregenz in Österreich (19 SFr), Chur (32 SFr, 1½ Std.) und Zürich (28 SFr, 65 Min. via Winterthur).

Die A1 verbindet St. Gallen mit Zürich, Winterthur und der österreichischen Grenze.

Unterwegs vor Ort
Die einfache Fahrt im Stadtbus kostet 2,50 SFr, eine Tageskarte 9 SFr. Einzeltickets gelten nicht für die Trogenerbahn, bei der sich der Fahrpreis nach der Entfernung richtet; Tageskarte sind gültig (bis zum Bahnhof Rank).

VON ST. GALLEN NACH APPENZELL
Die malerischste Verbindung von St. Gallen nach Appenzell ist eine gewundene Landstraße vorbei an Bergwiesen. Etwa 5 km hinter dem Dorf **Trogen** fällt die Straße steil ab nach **Altstätten** in der Rheinebene. Von dort geht es kurvige 15 km westwärts über Gais nach Appenzell.

APPENZELL
5710 Ew. / Höhe 785 m

Appenzell ist ein Fest für Augen und Gaumen. Hinter den fröhlich dekorativen, pastellfarbenen Fassaden der traditionellen Gebäude befinden sich Cafés, Confiserien, Käse- und Feinschmeckerläden, Metzger und Restaurants mit regionalen Gerichten auf der Speisekarte. Wo ließen sich ein ausgedehntes Mittagessen und ein netter Spaziergang besser miteinander verbinden?

Orientierung & Praktische Informationen
Der Bahnhof (mit Wechselstube und Radverleih) liegt 400 m vom Zentrum entfernt. Den Ausgang „Ortszentrum" nehmen und nach Norden zur Hauptgasse gehen. Der Landsgemeindeplatz liegt links (westlich); rechts (östlich) kommt man nach rund 100 m zur **Touristeninformation** (☎ 071 788 96 41; www.appenzell.ch; Hauptgasse 4; ☻ April–Okt. Mo–Fr 9–12 & 13.30–18, Sa & So 10–12 & 14–17 Uhr, Nov.–März Mo–Fr 9–12 & 14–17, Sa & So 14–17 Uhr).

> **SAG CHEESE!**
>
> Appenzell ist für seinen **intensiv duftenden Käse** (www.appenzeller.ch) bekannt. Alle Sorten eignen sich gut für ein Fondue – mit frischen Kräutern und etwas Schnaps mischen. Restaurants servieren ihn auch auf einer Käseschnitte/Chässchnitte, Chäshörnli (unregelmäßig geformte Käseküchlein mit gebratenen Zwiebeln) und Chäsmageroone (Makkaroni mit Käse).
>
> Ein Appenzeller Chäsflade ist ein salziges Käseküchlein mit Koriander, ein Chäshappech ein Pfannkuchen aus Käse, Mehl, Milch, Bier und Eiern, der in Öl gebraten wird. Auch Raclette ist beliebt. Veganer können ihren Frust in Saurem Most oder Alpenbitter, einem an Jägermeister erinnernden Kräuterlikör, ertränken.
>
> Auf der regionalen Speisekarte stehen auch Rösti, Schweinekoteletts, Kalb, Kalbsleber und Hase; saisonale Spezialitäten ergänzen das Angebot (z. B. Wild und Kürbis im Herbst). Appenzell produziert einen Großteil seiner Backwaren natürlich selbst.

Wer mindestens drei Tage in der Region bleibt, hat Anrecht auf die kostenlose Appenzeller Ferienkarte, die Rabatte für Verkehrsmittel, Sportangebote und Museen ermöglicht; bei der Touristeninformation erkundigen.

Sehenswertes & Aktivitäten

Appenzells Herz ist der **Landsgemeindeplatz**. Hier versammeln sich am letzten Sonntag im April die Stimmberechtigten in traditioneller Kleidung unter freiem Himmel und wählen (die Männer meist durch Heben eines kurzen Degens). Er zählt sicher zu den malerischsten Orten der Stadt. Ringsum liegen sorgfältig bemalte Hotels und Restaurants.

Auch die Gebäude an der Hauptgasse sind beeindruckend. In der **Dorfkirche** stehen Gold- und Silberfiguren neben einem Barockaltar. In der Nähe befindet sich neben der Touristenformation das **Appenzell-Museum** (Erw./Student 6/4 SFr; im Winter Mo geschl.), in dem man jede Menge traditioneller Kostüme zu sehen bekommt (wenngleich das Museum in Stein, S. 320, informativer ist).

Jenseits des Bahnhofs steht das **Museum Liner** (071 788 18 00; www.museumliner.ch; Unterrainstraße 5; Erw./erm. 9/6 SFr; April–Okt. Di–Fr 10–12 & 14–17, Sa & So 11–17 Uhr; Nov.–März Di–Fr 14–17, Sa & So 11–17 Uhr), Appenzells Museum für zeitgenössische Kunst. Das Gebäude, das wegen der metallenen Glanzes der Seitenfront wie eine Säge aussieht, ist interessanter als die Sammlung, die dem örtlichen Künstler Carl August Liner und seinem Sohn Carl Walter gewidmet ist.

An vielen Wanderwegen in Appenzell stehen Bergrestaurants. Ein ungewöhnlicher Weg ist der **Barfußpfad** von Appenzell nach Gonten, auf dem man wirklich keine Schuhe braucht. In Gontenbad gibt es das **Natur-Moorbad** (071 795 31 23; www.naturmoorbad.ch; Gontenbad, Appenzellerland) von 1740, wo man in schlammiges Wasser aus dem Moor eintauchen (20 SFr) und mit Nesseln, Farnen und anderen Pflanzen Haut- und Stresssymptome behandeln lassen oder sich mit einem luxuriösen Rosenbad verwöhnen lassen kann (2 Pers. 80 SFr).

Schlafen & Essen

Viele der besten Restaurants gehören zu Hotels, die wenige Schritte voneinander entfernt sind. Die meisten Restaurants verlangen rund 12 bis 14 SFr für eine Käseschnitte und andere Snacks und 20 bis 40 SFr für Hauptgerichte.

Gasthaus Hof (071 787 40 30; www.gasthaus-hof.ch; Engelgasse 4; EZ/DZ/3BZ/4BZ 85/130/180/220 SFr) Im Gebäude nahe dem Landsgemeindeplatz kann man günstig essen und schlafen. Es hat einfache, aber große Zimmer mit holzgetäfelten Wänden. Das verrauchte, traditionell eingerichtete Restaurant hat reichlich Lokalkolorit.

Hotel Appenzell (071 787 15 15; www.hotel-appenzell.ch; Landsgemeindeplatz; EZ/DZ 130/220 SFr, Ermäßigungen bei längeren Aufenthalten;) Das typische Appenzeller Gebäude mit breiter, hell bemalter Fassade hat großzügige Zimmer in Rosa- und Blautönen, die mit Holzbetten und Rüschengardinen vor den Aussichtsfenstern ausgestattet sind. Das Restaurant bietet eine große Auswahl an saisonalen Gerichten, darunter auch Vegetarisches.

Hotel Freudenberg (071 787 12 40; Riedstraße 57; Dez.–Okt. Di–Mo) Das Familienrestaurant (mit EZ/DZ für 100/170 SFr) liegt vom Bahnhof aus zehn Gehminuten den von der Stadt abgewandten Berg hinauf. Von der Terrasse hat man einen Panoramablick auf Appenzell und Umgebung.

An- & Weiterreise

In St. Gallen fährt die Schmalspurbahn nach Appenzell (10,80 SFr, 50 Min.) rechts vor dem Hauptbahnhof ab. Da es zwei Strecken gibt, kann man für den Rückweg eine andere Route wählen. In St. Gallen fährt etwa jede halbe Stunde ein Zug ab. Die Route führt über Gais bzw. Herisau (hier muss man manchmal umsteigen).

SÄNTIS

Der gezackte Säntis (2503 m) ist nach Schweizer Maßstäben zwar eher mickrig, doch der höchste Berg in dieser Region. Er bietet einen großartigen Panoramablick über den Bodensee, Zürichsee, die Alpen und die Berge Vorarlbergs. Man nimmt den Zug von Appenzell nach Urnäsch und steigt in den Bus (ca. 1-mal stündl.) zur Schwägalp um (Gesamtpreis 16 SFr). Von der Schwägalp fährt die **Säntisbahn** (☎ 071 365 65 65; www.saentisbahn.ch; einfache Strecke/hin & zurück 27/38 SFr; ☼ Juni–Mitte Okt. 7.30–18 Uhr, Mitte Okt.–Mai 8.30–17 Uhr) alle 30 Minuten zum Gipfel.

Vom Säntis kann man über den Grat in etwa dreieinhalb Stunden zur benachbarten Ebenalp (1640 m) wandern. In Wildkirchli auf der Ebenalp gibt es prähistorische Höhlen, in denen Spuren auf eine Benutzung in der Steinzeit hinweisen.

Der Abstieg zum Seealpsee dauert zu Fuß eineinhalb Stunden. Alternativ kann man auch die **Seilbahn** (☎ 071 799 12 12; www.ebenalp.ch; einfache Strecke/hin & zurück Sommer 18/25 SFr, Winter halber/ganzer Tag 25/33 SFr) benutzen, die in rund 30 Minuten zwischen Ebenalp und Wasserauen verkehrt. Zwischen Wasserauen und Appenzell gibt es dann eine Bahnverbindung (4 SFr, 10 Min.).

VON APPENZELL NACH TOGGENBURG

Zwei Straßenverbindungen bieten sich von Appenzell ins westliche Toggenburg an.

Die erste führt zuerst 15 km Richtung Nordwesten nach Herisau, der Hauptstadt von Appenzell-Außerrhoden. Man sollte nicht hetzen. In Hundwil empfiehlt sich ein Umweg von wenigen Kilometern nach Norden bis **Stein** mit seinem **Volkskunde Museum** (☎ 071 368 50 56; www.appenzeller-museum-stein.ch; Erw./Kind/Student 7/3,50/6 SFr; ☼ Di–Sa 10–17 Uhr), das eine umfassende Sammlung über das traditionelle Appenzeller Leben zeigt und gelegentlich Anschauungsunterricht in der Webkunst unterhält. Käseliebhaber werden in der nahe gelegenen **Appenzeller Schaukäserie** (☎ 071 368 50 70; www.showcheese.ch; Eintritt frei; ☼ Mai–Okt. 8.30–18.30, Nov.–April bis 17.30 Uhr) auf ihre Kosten kommen; erklärt werden der Herstellungsprozess des berühmten räßen (kräftigen) Käses und dessen beißenden Geruch nach alten Socken (das Geheimnis liegt in einer Kräutersulz). Nach 14 Uhr ist nicht mehr viel los. Busse fahren direkt von St. Gallen nach Stein. Von Appenzell aus muss man mit dem Zug nach Herisau fahren und dort in einen Bus steigen.

Herisau (15 200 Ew.) ist durch seinen Wohlstand als Textilstadt gewachsen. Außer netten Häusern im Zentrum (darunter ein paar Holzhäuser) und einem Museum im Alten Rathaus gibt es wenig Anlass zum Verweilen. Man wird wohl nur auf der Durchreise vorbeikommen, besonders um in Bus und Bahn umzusteigen.

Von Herisau kann man 4 km nach Norden bis Gossau und dann Richtung Westen fahren. Etwa 2 km vor Flawil nimmt man die Abzweigung nach **Burgau**. Das 1000 Jahre alte Dorf versteckt zwischen seinen Holz- und Schindelhäusern ein bemerkenswertes, bemaltes Fachwerkhaus; lange Zeit war es das Rathaus von Burgau. Eine hübsche Nebenstraße über Stock und Stein führt durch ländliche Orte wie Degersheim nach **St. Peterzell**. Von hier fährt man 9 km auf einer ebenso malerischen Route bis **Liechtensteig**, einer sonderbaren mittelalterlichen Ortschaft mit Kopfsteinpflastergassen und Laubengängen, schlanken traditionellen Häusern und einem Rathaus aus dem 15 Jh. sowie einem Dorfmuseum. Von Appenzell braucht der Zug über St. Gallen oder Herisau bis Lichtensteig rund eineinhalb Stunden (19 SFr).

Die zweite Route ist kürzer, aber nicht weniger schön. Man fährt aus der Stadt Richtung Gonten. Die schmale Landstraße schlängelt sich Richtung Westen durch eine Postkartenlandschaft an den Dörfern Urnäsch und Hemberg vorbei nach Wattwil, das unmittelbar südlich von Liechtensteig liegt.

Die N16 führt von Wattwil Richtung Südosten durch das Tal an der Südflanke einer Bergkette. 1 km vor dem Skiort **Wildhaus** steht noch das einfache Holzhaus, in dem Ulrich Zwingli (S. 29) zur Welt kam. Das Haus in **Lisighaus** – es soll eines der ältesten dieser Art in der Schweiz sein – ist ausgeschildert.

Kurz vor dem Ortseingang von Buchs kann man leicht **Werdenberg** verpassen. Das wäre schade! Das 1289 gegründete Örtchen soll die älteste Holzhaussiedlung der Schweiz sein. Die Ansammlung von rund 40 Häusern liegt zwischen einem überdimensionierten Teich und einem Weinberg, auf dem das **Schloss** (Erw./ bis 6 Jahre/6–16 Jahre/Student 4 SFr/frei/2/3 SFr; April–Okt. Di–So 9.30–17 Uhr) von Werdenberg steht. Von St. Gallen fährt man bis Buchs etwa eine Stunde und steigt dann in den Bus um (Gesamtpreis 19 SFr). Von Buchs aus verkehrt ein Bus nach Schaan in Liechtenstein (S. 375).

Backpacker mit einem Sinn für das Bizarre können das 6 km südlich von Buchs gelegene **Sevelen** ansteuern, wo ein Bunker in eine billige Unterkunft, das **Null Stern Hotel** (www.nullstern-hotel.ch) verwandelt wurde. Bei der Planung des unterirdischen, fensterlosen Hotels, in dem man auf Monitore starrt, haben die beiden Künstler Frank und Patrik Riklin ihrer Fantasie freien Lauf gelassen und beispielsweise die Gemeinschaftsdusche in einen Springbrunnen verwandelt. Da sich die Eröffnung zum Zeitpunkt der Recherchen vorerst verzögerte, haben die Macher ihr Auge bereits auf weitere Bunker in der Schweiz geworfen.

WALENSEE

Die A3 und die Bahnlinie von Zürich nach Graubünden folgen dem Südufer des lang gezogenen Walensee. An seinem Nordufer ragt das Churfirsten-Gebirge wie eine Wand empor. Hin und wieder hat sich zwischen See und Berge ein kleines Dorf oder eine Alm verirrt. Und nicht zu vergessen der höchste Wasserfall der Schweiz.

Von St. Gallen führen zwei etwa gleich lange Routen zum See. Eine verläuft über Altstätten Richtung Südosten zur A13. Man folgt ihr parallel zur Liechtensteiner Grenze bis Sargans, wo man die A3 Richtung Nordwesten bis **Walenstadt** am östlichen Ende des Sees nimmt. Die andere Route führt nach Wattwill über Herisau und Liechtensteig (s. oben), von wo es 27 km nach Süden bis **Weesen** am Westufer des Sees sind. Walenstadt und Weesen sind über die A3 auch von Zürich aus gut zu erreichen. Mit dem Zug fährt man von Zürich bis Ziegelbrücke (20,60 SFr, Direktzug 45 Min.), das 15 Gehminuten vom Zentrum Weesens entfernt ist; nach Walenstadt muss man in einen anderen Zug umsteigen.

Weesen ist die kleinere Stadt und der nettere Ort für einen Aufenthalt. Es gibt nur ein Hotel in der Nähe des Sees (aus dem wie in Genf eine Fontäne in die Höhe spritzt): Das **Parkhotel Schwert** (055 616 14 74; www.parkhotel schwert.ch; Hauptstraße 23; EZ/DZ 125/190 SFr) hat ein breites Spektrum an Zimmern: vom rollstuhlgeeigneten bis zum Fünfbettzimmer. Alle haben schöne Holzfußböden und moderne Extras. Weiter vom See entfernt finden sich außerhalb von Weesen ein paar billigere Unterkünfte. Hinter dem Namen **Hotel Walensee Trattoria** (055 616 16 04; www.hotel-walensee.ch; Hauptstraße 27; Hauptgerichte 22–36 SFr; tgl. mittags & abends) verbirgt sich kein Hotel, sondern eines der besten italienischen Restaurants diesseits der Alpen mit tollen wie üppigen Pastagerichten.

Ein relativ einfacher Weg am Nordufer entlang verbindet Weesen mit Walenstadt (ca. 6½ Std.). Der Weg verläuft am See entlang, durch dichten Wald, über grüne Weiden und an ein paar Häusern vorbei.

Das Highlight der Wanderung befindet sich zwei Stunden östlich von Weesen. Die **Seerenbachfälle** bestehen aus drei grandiosen Treppen, über die sich das Wasser insgesamt 585 m in die Tiefe stürzen. Sie werden durch ein komplexes Netz unterirdischer Wasserläufe gespeist, die durch das Gebirgsgestein verlaufen und sich bis zum Säntis (S. 320) verfolgen lassen. Der mittlere Wasserfall ist 305 m hoch und damit der höchste der Schweiz.

Der nächstgelegene Parkplatz befindet sich im 30 Gehminuten entfernten **Betlis**. In Oberbetlis gibt es den wunderbaren **Landgasthof Paradiesli** (055 611 11 79; EZ/DZ 75/140 SFr). Die Stille des herrlichen Ortes wird nur durch das ferne Tosen der Wasserfälle, Vogelgesang und Kuhglocken gestört. Die Unterkunft hat rustikale Zimmer und einen tollen Garten (mit zahmen Lamas). Man könnte Stunden damit verbringen, auf das südliche Seeufer und die Berge dahinter zu blicken, darunter der **Mürtschenstock** (2441 m) und der **Fronalpstock** (2124 m) im Westen, die beide den größten Teil des Jahres Schneekappen tragen.

Rund eineinhalb Wanderstunden vor Walenstadt liegt **Quinten**, ein winziges, schönes Dörfchen mit Weingütern und ein paar Pensionen.

6 km nördlich von Weesen liegt die Hochweide **Amden**. Es wirkt, als habe eine göttliche Hand die Häuser und Schuppen hierher geschleudert. Im Sommer kann man hier gut wandern, im Winter Spaß im Schnee haben (mehr Infos unter www.amden.ch).

Eine kleine Straße am Südufer eignet sich für eine nette Spritztour. Von Weesen aus fährt man nach Süden Richtung Mollis. Von

TEKTONISCHE VERSCHIEBUNGEN

Seit Mitte 2008 ist die sogenannte Tektonikarena Sardona im Herzen der Glarner Alpen, die in den Kantonen St. Gallen, Glarus und Graubünden liegen, eine Weltnaturerbestätte der Unesco. Zu ihr gehören sieben Dreitausender, anhand derer zu erkennen ist, wie ältere Gesteinsschichten im Prozess tektonischer Verschiebungen von jüngeren Schichten überlagert wurden. Das Gebiet wird seit dem 18. Jh. intensiv geologisch erforscht, auch weil die Schichten so deutlich voneinander unterschieden werden können.

hier windet sich die Straße Richtung Osten bergauf. Noch vor **Filzbach** eröffnen sich tolle Blicke hinunter auf den See. Danach geht es bis nach **Mühlehorn** weiter, von wo aus die Straße wieder hinunter zum See nach **Murg** führt. Hier legt eine Fähre nach Quinten (s. unten) ab; ein Wanderweg südlich von Murg führt zum **Murgsee** (15 km, 4 Std.).

Die Fähren des **Schiffsbetriebs Walensee** (☎ 081 738 12 08; www.walenseeschiff.ch) verkehren regelmäßig zwischen Quinten und Murg. Zwischen März und Oktober sind auch regelmäßig Schiffe zwischen Weesen und Walenstadt unterwegs, die auf dem Weg an mehreren Orten halten (u. a. Betlis und Quinten).

Rund 6 km südöstlich von Walenstadt warten rund um **Flums** alpine Freuden. Eine Bergstraße führt von Flums Richtung Westen zu einer Reihe Dörfer und den Skipisten am **Flumserberg** (www.flumserberg.ch). Ein nettes, freundliches Hotel in Familienbesitz ist das **Hotel Siesta** (☎ 081 733 00 13; www.hotel-siesta.ch; Tannenboden; EZ/DZ ab 140/190 SFr). Im Sommer liegen die Preise niedriger.

TAMINATAL & SARDONA

Der **Piz Sardona** (3056 m) ist der höchste Berg im Kanton St. Gallen (der Fairness wegen sei gesagt, dass er auf der Grenze zu Glarus liegt). Nur wenige ausländische Touristen verschlägt es in diese schöne Bergregion, die sich entlang der Grenze zu Graubünden erstreckt.

Sie wird durch zwei kleine Sträßchen von Bad Ragaz (S. 339) aus Richtung Südwesten erschlossen. Beide steigen steil an, die eine über Pfäfers, die andere über Valens und Vasön. Sie treffen sich beim spektakulären **Taminatal**, das aus Weiden und dichtem Wald besteht (die Herbstfarben leuchten fast so kräftig wie beim Indian Summer).

Nach 20 km erreicht man den Fuß des Dammes am **Gigerwaldsee** (mit Restaurant). Nach weiteren 7 km über den Damm und am Südufer entlang durch eine Reihe gespenstischer Tunnel gelangt man nach **St. Martin**, einem Walserdorf, in dem ein besonderer alemannischer Dialekt gesprochen wird. Man kann im **LP Tipp Restaurant St. Martin** (☎ 081 306 12 34, 081 723 63 07; B/EZ/DZ 36/70/120 SFr; Mahlzeit 40–50 SFr; Mai–Mitte Okt.) übernachten, der perfekten Ausgangsbasis für ein paar majestätische Wandertage. Ein einfacher Weg führt westlich zur **Sardonaalp** (2 Std.). Nach einer weiteren Stunde erreicht man die einfache **Sardonahütte** (☎ 081 306 13 88; Ende Juli–Ende Aug. tgl., Juni–Ende Juli & Ende Aug.–Mitte Okt. Sa & So). Nach neun Wanderstunden kommt man von St. Martin am Piz Sardona vorbei über den **Foopass** (2225 m) ins Dorf Elm (S. 321).

KANTON GLARUS

Der durch den hohen Klausenpass mit dem Rest des Landes verbundene Kanton Glarus (auch Glarnerland genannt) ist eine wenig touristische, aber schöne Ecke der Schweiz. Der Norden des Kantons grenzt an den Walensee (S. 321). Vom Nordufer des Sees erblickt man die alpine Schönheit des Glarnerlands, das ein paar erstaunliche Geheimnisse hütet. Einige lüftet **Glarner Tourismus** (☎ 055 610 21 25; www.glarusnet.ch; Niederurnen).

VOM WALENSEE NACH GLARUS

Straßen winden sich von Weesen am Westende des Walensees über 14 km nach Glarus, der Hauptstadt des gleichnamigen Kantons. Sie führen durch die Schwesterstädte **Näfels** und **Mollis**, die mit ihren netten alten Häusern und ein paar gemütlichen Lokalen zu einem kleinen Spaziergang einladen.

Glarus (5840 Ew.) selbst ist kurios. Da es 1861 zu zwei Dritteln durch ein Feuer zerstört wurde, stammt der Ortsbild größtenteils aus dem 19. Jh. – schöne Wohnhäuser stehen nehmen ein paar typischen ländlichen Holzhäuser, die das Feuer überstanden haben. Man kann es hier gut ein paar Tage aushalten. Einige Hotels finden sich am Park vor dem Hauptbahnhof. Das **Hotel Stadthof** (☎ 055 640 63 66; www.stadthof.ch; Kirchstraße 2; EZ/DZ 90/140 SFr; ✗) unweit vom Bahnhof hat zwölf einfache, aber saubere, mit Parkettböden ausgestattete Zimmer, von denen ein paar auf den Park blicken. An Lokalen herrscht in Glarus kein Mangel.

Bei einigen Bahnverbindungen ab Zürich (24 SFr, 55–65 Min.) muss man in Rapperswil oder Ziegelbrücke (zu Fuß 15 Min. von Weesen) umsteigen. Von St. Gallen (26 SFr, 1 Std. 25 Min.) aus dauert die Fahrt länger.

KLÖNTAL

Westlich von Glarus liegt eines der unberührtesten Täler des Landes: das Klöntal. 12 km hinter Glarus – die Straße ist eine Nebenstrecke in den Kanton Schwyz – gelangt man zum **Klöntaler See**, einem spiegelblanken See, an dessen Südseite sich die Steilwände des Glärnischgebirges erheben. Mehrere majestätische Wasserfälle meißeln Kerben in das Massiv. Am westlichen Ende des Sees befinden sich ein Campingplatz und ein paar Hotels. Das **Hotel Vorauen** (☎ 055 640 13 83; www.vorauen.ch; B/EZ/DZ 45/60/110 SFr) hat eine Handvoll Zimmer mit Holztäfelung und bunte Schlafsäle.

Danach steigt die Straße steil an und führt weg vom See durch **Richisau**, das wenig mehr als eine Ansammlung von Bauernhäusern (mit einem Hotel) ist, und über die Kantonsgrenze nach Schwyz. Hin und wieder verkehren Busse zwischen Glarus und Richisau.

SÜDLICH VON GLARUS

Sechs Kilometer südlich vom Zentrum von Glarus gelangt man bei Schwanden zu einer Gabelung. Eine Straße führt gen Südosten durch ein tiefes Tal nach **Elm**, das einmal für seinen Schieferbergbau berühmt war und immer noch für sein Mineralwasser bekannt ist. Im Sommer ist es ein friedlicher Wanderort, im Winter kann man die Hänge hinunterwedeln. Wer in der ländlichen Provinz angekommen ist, mag kaum glauben, dass 20 km Luftlinie gen Südosten das megatrendige Snowboardresort Flims (S. 333) liegt. In Elm gibt es ein paar Hotels und Lokale. Von Glarus kommt man per Bus hin.

In Richtung Südwesten kommt man nach **Linthal** (17 km von Glarus entfernt), von wo aus man den netten autofreien Urlaubsort **Braunwald** (1256 m) erreicht. Braunwald liegt an einem steilen Hang, bekommt viel Sonne ab und blickt auf die schneebedeckte Spitze des Tödi (3614 m) und die Wiesen im Tal.

Die **Braunwaldbahn** (einfache Strecke/hin & zurück 7,60/15,20 SFr, mit Swiss Pass frei, 7 Min.) fährt von der Station Linthal-Braunwaldbahn den Berg hinauf. **Braunwald-Klausenpass-Tourismus** (☎ 055 653 65 65; www.braunwald.ch; Mo–Fr 8–12 & 13.30–17 Uhr, Juli–Aug. auch Sa) befindet sich am oberen Stock der Seilbahnstation.

Braunwald ist ein Wanderparadies. In der Station der Standseilbahn bekommt man Faltblätter, die unterschiedliche Strecken beschreiben, z. B. zum **Oberblegisee**. Auch Bergsteigen, Skifahren und Snowboarden sind beliebte Freizeitunternehmungen.

Hostel Adrenalin (☎ 079 347 29 05; www.adrenalin.gl; Braunwald; Zi. 35 SFr/Pers., Bettwäsche & Handtücher je 5 SFr extra, Frühstück 8 SFr, Aufpreis für Zi. mit Dusche 20 SFr) Das weniger als zwei Minuten von der Seilbahnstation entfernte Hostel ist das Zentrum der jungen Snowboarder und Abenteuersportler. Es gibt Videospiele, Stellplätze und Werkzeug für Fahrräder und jede Menge Partys. Eine Hälfte der Quartiere sind in Einzel- und Doppelzimmer untergebracht, die andere Hälfte in Schlafsälen (max. 6 Betten).

Märchenhotel Bellevue (☎ 055 653 71 71; www.maerchenhotel.ch; Zi. ab 135 SFr/Pers., Kind unter 6 Jahre frei, zahlreiche Rabatte & Wochenpakete möglich; P) Das Bellevue ist ein umgebautes großes „Märchenhotel" aus viktorianischer Zeit mit eleganten modernen Zimmern, Saunas und Bars für Eltern und jeder Menge Spielzeug für die Kleinen. Erwachsene können sich im Spa auf dem Dach entspannen, während man im Spielareal auf ihre Kinder aufpasst.

Die meisten Hotels in Braunwald haben ein eigenes Restaurant.

Der **Glarner Sprinter** (www.glarnersprinter.ch) verkehrt stündlich von Ziegelbrücke über Glarus nach Linthal-Braunwaldbahn (40 Min.). Von Ziegelbrücke erreicht man gut Zürich (28 SFr, 1¾ Std. ab Linthal-Braunwaldbahn). Bei einigen Verbindungen ab Zürich muss man stattdessen in Rapperswil umsteigen.

Ab/nach Zürich ist man via A3 eine Stunde unterwegs.

KLAUSENPASS

Eine Reise durch den Kanton Glarus kann man spektakulär mit einer Fahrt über die atemberaubende N17 beginnen oder abschließen. Sie führt über den fantastischen **Klausenpass**, der die Kantone Uri und Glarus verbindet und eine echte Sehenswürdigkeit ist. Zwischen Linthal und Altdorf (S. 278) verkehren von Juli bis Mitte Oktober Postbusse, an manchen Tagen bis zu fünf (2–2½ Std.). Im Winter ist der Pass wetterbedingt geschlossen.

Graubünden

Fragt man die Bündner, was sie an ihrem Kanton lieben, schwärmen sie sofort, wie schön wild hier alles sei. In einem Land voller Bilderbuchpanoramen besticht Graubünden mit der einzigartigen Schönheit seiner rauen Natur. Ob beim Anblick des windgepeitschten Engadins, wo Wolken über mächtigen Bergen dahinziehen, der Schluchten bei Flims, die der Rhein in den Fels geschnitten hat, oder der tintenblauen Bergseen und dichten Wälder im Schweizerischen Nationalpark – man kann nur eines sagen: Wow!

Man darf sich nicht davon täuschen lassen, dass Graubünden auf der Landkarte so klein erscheint. Topographisch ist der Kanton äußerst vielfältig. Man findet Straßen, die sich zu einsamen Pässen hinaufwinden, die typischen Engadinerhäuser aus Stein und sprudelnde Thermen wie in Vals. Einmalig ist die kulturelle Wandlungsfähigkeit Graubündens: In den Alpen gibt's Heidi-Kitsch und Fondue, in Chur Kultur pur und Risotto in der Nähe der italienischen Grenze. Sprachlich gesehen geht es hier drunter und drüber: Bei dem Hin und Her zwischen Deutsch, Italienisch und Rätoromanisch kommt man kaum mehr mit.

Graubünden ist ein Outdoor-Wunderland – zu jeder Jahreszeit. Im Sommer kann man im Unterengadin an den *vie ferrate* hochklettern oder bei Lenzerheide über Wiesen voll mit blühenden Alpenrosen spazieren und dann in einer Scheune ein Nickerchen halten. Im Herbst stiefelt man durch Moore und Lärchenwälder, die im Sonnenlicht rostrot und golden schimmern.

Mit dem ersten Winterhauch wird Graubünden zum Tummelplatz der Stars. Oft kommt Prinz Charles zum Skifahren nach Klosters, Sternchen in High Heels tragen in den schicken Bars von St. Moritz die neuesten Prada-Klamotten und ihr Veneers-Lächeln zur Schau, und Freestyle-Snowboarder machen die Pisten in Flims unsicher. Wer Einsamkeit liebt, stapft in den Bergen um Davos in der Dämmerung durch den Schnee zu seinem Iglu. Himmlisch!

HIGHLIGHTS

- Auf 2620 m im Iglu-Dorf von **Davos** (S. 343) den Eskimo in sich entdecken
- Im großartigen **Schweizerischen Nationalpark** (S. 346) durch die Wildnis wandern
- Im Heilwasser in Peter Zumthors Quarzitwunderwerk, der **Therme Vals** (S. 335), dümpeln
- Die Felsen der **Ruinaulta** (S. 334) bestaunen, z. B. beim Raften auf dem Vorderrhein
- Mit Promis und Royals die Pisten von **St. Moritz** (S. 348) und **Klosters** (S. 340) stürmen

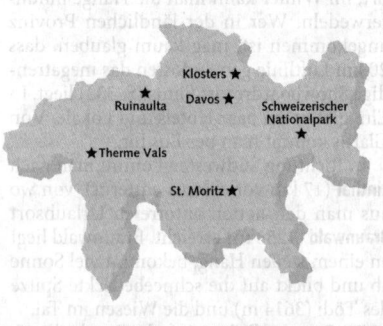

■ BEVÖLKERUNG: 188 800	■ FLÄCHE: 7106 KM²	■ SPRACHEN: DEUTSCH, RÄTOROMANISCH & ITALIENISCH

GRAUBÜNDEN 325

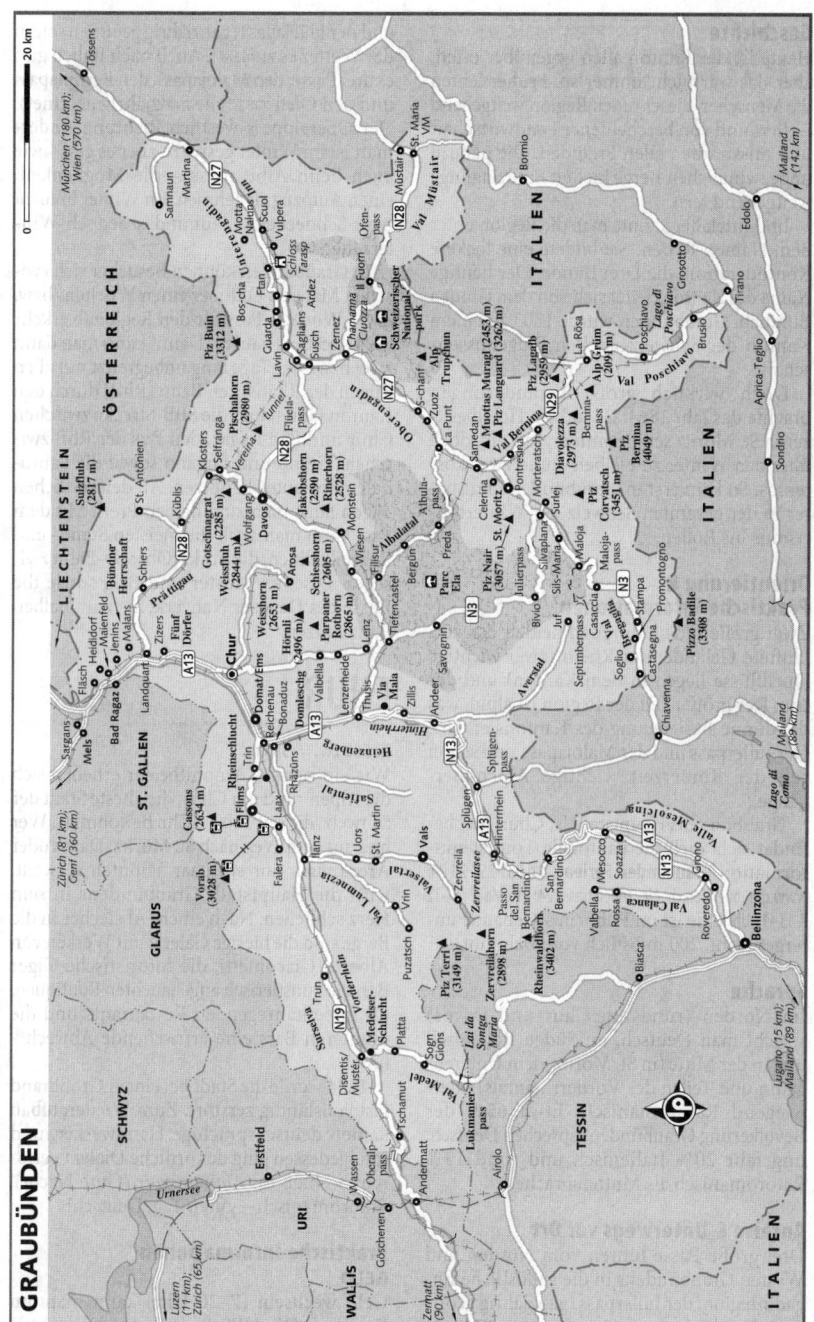

Geschichte

Heute ist der Kanton allen gegenüber offen, aber das war nicht immer so. Früher lebten die Menschen dieser rauen Region weitgehend isoliert und von bescheidener Landwirtschaft und misstrauten allen Fremden. Die nahezu unbezwinglichen Berge hielten Eindringlinge weitgehend fern.

Im Mittelalter kannte man die Region unter dem Namen Rätien. Sie bildete eine lockere Konföderation, die Drei Bünde. Der heutige Name des Kantons leitet sich von dem Grauen Bund ab. Graubünden wurde 1803 zu einem Kanton der Schweizerischen Eidgenossenschaft.

Doch wirklich große Veränderungen brachte das Jahr 1864: Da lud ein Hotelbesitzer in St. Moritz seine Sommergäste ein, doch über den Winter zu bleiben – und zwar kostenlos. So kam erst in Graubünden und später in der gesamten Schweiz der Wintertourismus ins Rollen.

Orientierung & Praktische Informationen

Zwei große Flüsse durchschneiden das zerklüftete Gelände: der Rhein (zwei wichtige Quellflüsse liegen in dem Kanton) und der Inn. Der größte Teil der Region ist alpin, was die dünne Besiedelung des Kantons erklärt. Der Julierpass und der Malojapass sind schon seit der Römerzeit wichtige Alpenübergänge.

Graubündens Hauptstadt ist Chur; hier befindet sich auch die kantonale Touristeninformation **Graubünden Ferien** (☎ 081 254 24 24; www.graubuenden.ch; Alexanderstrasse 24; ◷ Mo–Fr 8–12 & 13–17 Uhr). Sie ist im Publicitas-Gebäude untergebracht, 200 m östlich vom Bahnhof.

Sprache

Im Norden (rund um Chur und Davos) spricht man Deutsch, im Süden Italienisch und in der Mitte (in St. Moritz, dem Unterengadin und Teilen des Vorderrheintals) überwiegend Rätoromanisch. Etwa 65 % der Bevölkerung Graubündens sprechen Deutsch, ungefähr 20 % Italienisch und rund 15 % Rätoromanisch als Muttersprache.

Anreise & Unterwegs vor Ort

Drei große Pässe führen vom Norden und Westen Graubündens in die südöstliche Engadinregion: der Julierpass (ganzjährig geöffnet), der Albulapass (nur im Sommer geöffnet) und der Flüelapass (ganzjährig geöffnet, sofern das Wetter es zulässt). Auch nach Italien gibt es drei Pässe: den Malojapass, den Berninapass und den Ofenpass (alle ganzjährig geöffnet). Der Oberalppass westlich von Andermatt ist im Winter gesperrt, aber es gibt – wie auch beim Albulapass – die Möglichkeit, einen Autozug zu nehmen. Im Winter braucht man Schneeketten, zumindest jedoch Winterreifen.

In Graubünden können Besucher sich zwischen Mai und Oktober einen Wochen- bzw. Zwei-Wochen-Pass für den Regionalverkehr (124/155 SFr) kaufen. Damit kann man dann zwei bzw. vier Tage lang unbegrenzt mit allen Zügen der Rhätischen Bahn (RhB) durch den Kanton fahren und die SBB-Strecke zwischen Chur und Bad Ragaz, den Bus der RhB zwischen Tirano und Lugano sowie die kantonalen Postautos benutzen. An den restlichen Tagen fährt man zum halben Preis. Mit dem Pass kann man auch die meisten Stand- und Radseilbahnen, die Furka-Oberalp-Bahn zwischen Disentis/Mustér und Brig sowie die Busse des Davoser Nahverkehrs zum halben Preis nutzen.

CHUR

32 500 Ew. / 585 m

Wie ein riesiges Amphitheater erheben sich die Alpen rund um Chur, die älteste Stadt der Schweiz, die seit 3000 v. Chr. bewohnt ist. Wer hier auf dem Weg nach St. Moritz, Davos oder Arosa auch nur ein paar Minuten verweilt, wird die Hauptstadt Graubündens in sein Herz schließen. Nach einem Abstecher in die Berge sind die hiesige Galerie mit Werken von Alberto Giacometti, die futuristische Giger Bar, die künstlerisch angehauchten Boutiquen, die appetitanregenden Restaurants und die munteren Bars eine erfrischende Abwechslung.

1464 wurde die Stadt bei einem Großbrand fast vollständig zerstört. Zum Wiederaufbau kamen deutschsprachige Handwerker, und infolgedessen ging der örtliche Dialekt verloren. So hieß es: *Abunansvair* (Gute Nacht), Rätoromanisch – guten Tag, Deutsch!

Praktische Informationen

GELD

Geld wechseln (7–20 Uhr) kann man am Bahnhof. Die UBS-Bank hat eine zentrale

Filiale mit Geldautomaten in der Poststrasse.

INTERNETZUGANG
Street Café (☎ 081 253 79 14; Grabenstrasse 47; 5 SFr/20 Min.; ⊙ So–Do 9–24, Fr & Sa 9–2 Uhr)

POST
Post (Postplatz; ⊙ Mo–Fr 7.30–18.30, Sa 8–12 Uhr) Direkt vor der Altstadt.

TOURISTENINFORMATION
Touristeninformation (☎ 081 252 18 18; www.churtourismus.ch; Bahnhofplatz 3; ⊙ Mo–Fr 7–20, Sa & So 8–18 Uhr) Die Touristeninformation versorgt Traveller mit haufenweise Infos und Karten zur Region und organisiert Stadtrundfahrten.

WASCHSALON
Malteser's Wäsch-Egga (Grabenstrasse; Waschen/Trocknen 7/4 SFr; ⊙ 24 Std.) Selbstbedienung.

Sehenswertes & Aktivitäten

Churs Charme lässt sich am besten bei einem Bummel durch die kopfsteingepflasterten Gassen der für Autos gesperrten Altstadt entdecken. Hier kann man sich mit Fresken verzierte Häuserfassaden aus dem 16. Jh., gluckernde Springbrunnen und hohe Türme anschauen. In der Nähe des Flusses Plessur befindet sich das mittelalterliche **Obertor**, der Haupteingang zur Altstadt. Neben dem mächtigen Obertor sind von den Stadtmauern heute nur noch das steinerne **Maltesertor** (im Mittelalter war der Turm das Waffenlager)

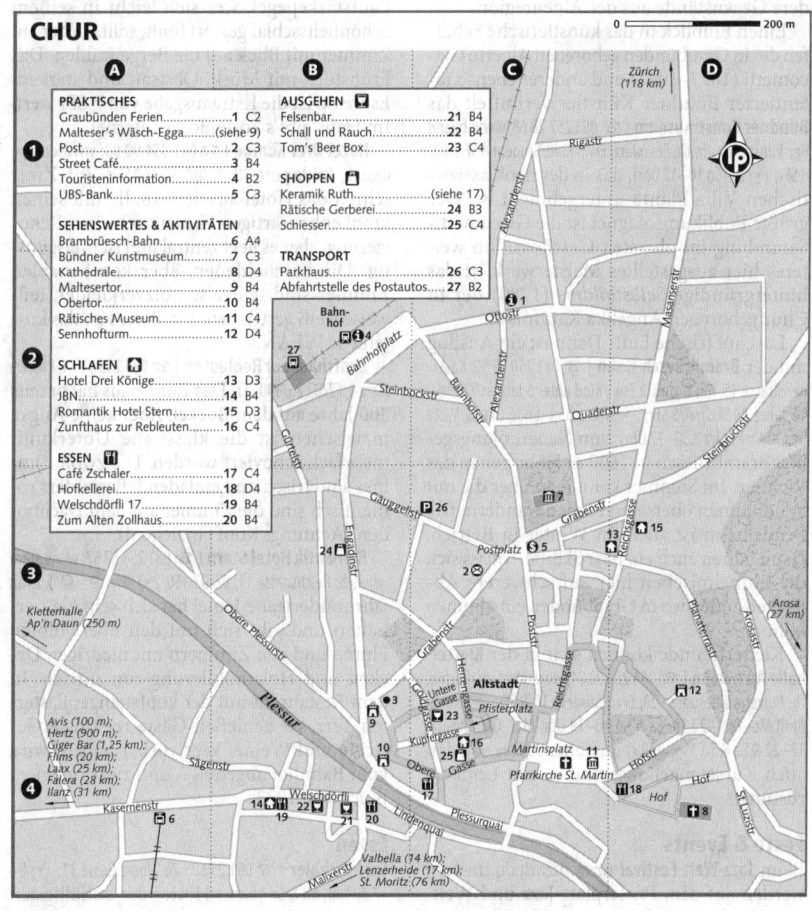

und der **Sennhofturm** (der heute das Gefängnis der Stadt ist) erhalten.

Die aus dem 12. Jh. stammende **Kathedrale** (☎ 081 258 60 00; Hof; ☉ 6–19 Uhr) ist zwar von außen unscheinbar, birgt innen aber wundervolle Buntglasfenster und einen von Jakob Russ geschnitzten Hochaltar aus dem späten 15. Jh. Er besitzt ein zauberhaftes Triptychon.

In einem barocken Patrizierhaus ist das **Rätische Museum** (☎ 081 254 16 40; www.raetisches museum.gr.ch; Hofstrasse 1; Erw./Kind/Student & Senior 6 SFr/ frei/4 SFr; ☉ Di–So 10–17 Uhr) untergebracht. Es veranschaulicht mit Artefakten, römischen Relikten, Münzen, Waffen und Rüstungen die Geschichte des Kantons und hat auch eine Abteilung für ländliches Werkzeug und andere Gegenstände aus der Alpenregion.

Einen Einblick in das künstlerische Schaffen des in Graubünden geborenen Alberto Giacometti (1877–1947) und anderer ebenso talentierter Bündner Künstler vermittelt das **Bündner Kunstmuseum** (☎ 081 257 28 68; www.buend ner-kunstmuseum.ch; Postplatz; Erw./Kind/Student 8 SFr/frei/ 6 SFr; ☉ Di–So 10–17 Uhr), das in der neoklassizistischen Villa Planta untergebracht ist. Der größte Publikumsmagnet ist die Giacometti-Sammlung im obersten Geschoss. Ein weiteres hier ausgestelltes Meisterwerk ist das hintergründige *Selbstbildnis* (1780) der in Chur geborenen Angelika Kauffmann.

Lust auf frische Luft? Dann ist ein Ausflug mit der **Brambrüesch-Bahn** (☎ 081 250 55 90; Kasernenstrasse 15; hin & zurück Erw./Kind unter 6 Jahren/Kind 6–16 Jahre 24 SFr/frei/5 SFr; ☉ Mitte Juni–Ende Okt. & Mitte Dez.–Mitte März 8.30–17 Uhr) zum Naherholungsgebiet Brambrüesch in 1600 m Höhe genau das Richtige. Im Sommer kann man über die mit Wildblumen übersäten Höhen wandern. Die Pendelbahn ist auch im Winter in Betrieb. Dann fahren auch ein paar Skilifte, sodass sich die Einheimischen hier auf schwerere Abfahrten anderswo in Graubünden einstimmen können.

Kletterfreunde können sich in der **Kletterhalle Ap'n Daun** (☎ 081 284 02 84; www.kletterhallechur. ch; Pulvermühlestrasse 20; Erw./Student 10/8 SFr; ☉ Nov.–April Mo–Fr 9–22.30, Sa & So 10–19 Uhr, Mai–Okt. Mo–Do 17–22 & Sa & So 13–19 Uhr) austoben. Hier werden auch Kurse angeboten und es gibt Leihausrüstung.

Feste & Events

Beim **Jazz-Welt-Festival** (www.jazzwelt.ch) im Juni werden auf dem Pfisterplatz Jazz und Weltmusik gespielt. Im August treten beim **Internationalen Alpenbarttreffen** die bartgewaltigsten Männer der Berge gegeneinander an. Das große Sommerevent ist das **Churer Fest** (www.churerfest.org) Mitte August, bei dem es drei Tage lang Konzerte, kulinarische Köstlichkeiten, Kuhmelkmarathons und Fun für Kids gibt.

Schlafen

LP Tipp **JBN** (☎ 081 284 10 10; www.justbenice.ch; Welschdörfli 19; B 33–40 SFr, DZ 108–138 SFr, Suite 178 SFr; ✗ ▢) Hurra, endlich eine tolle Backpacker-Absteige im geschäftigen Viertel Welschdörfli! Das JBN hat geräumige Schlafsäle mit Originalfotos und witzigen Dingen wie Kleiderhaken in Form von Hundehintern. Der Club sorgt am Wochenende für einen erhöhten Lautstärkepegel; wer sich leicht in seinem Schönheitsschlaf gestört fühlt, sollte lieber ein Zimmer mit Blick auf die Berge wählen. Das Frühstück mit Müsli, Obstsaft und starkem Espresso ist die Extraausgabe von 7 SFr wert. Im Haus gibt's kostenloses Internet.

Hotel Drei Könige (☎ 081 354 90 90; www.dreikoe nige.ch; Reichsgasse 18; EZ/DZ 70/160 SFr; Ⓟ) Zwar schreit das Hotel aus dem 18. Jh. mit seinen krankenhausartigen Fluren nach einer Renovierung, aber es liegt zentral und ist preisgünstig. Die bescheidenen, aber komfortablen Zimmer sind teilweise holzverkleidet, teilweise weiß gestrichen. Ein Bonus ist das kostenlose WLAN.

Zunfthaus zur Rebleuten (☎ 081 255 11 44; Pfisterplatz 1; EZ/DZ 85/140 SFr) Das Zunfthaus hat bereits 500 Jahre auf dem Buckel. Aber keine Angst, inzwischen ist die klassische Unterkunft mehrfach renoviert worden. Die zwölf Zimmer sind frisch und einladend. Besonders romantisch sind die Zimmer auf dem Dachboden (Achtung: Kopf einziehen!).

Romantik Hotel Stern (☎ 081 258 57 57; www.stern -chur.ch; Reichsgasse 11; EZ/DZ 150/290 SFr; Ⓟ ▢) Das jahrhundertealte Hotel hat sich sein Flair erhalten und gibt sich mit den überwölbten Fluren und den Zimmern mit niedrigen Decken und Holzmöblierung romantisch. In dem Restaurant mit der kopfsteingepflasterten Terrasse genießen Gäste regionale Gerichte und Weine. Wer vorher anruft, wird vom Bahnhof abgeholt – und zwar in einem Buick von 1933.

Essen

Café Zschaler (☎ 081 252 35 76; Obere Gasse 31; ☉ 8–17.30 Uhr, Mi & So geschl.) Hinter der auffälligsten

Freskenfassade Churs befindet sich dieses muntere Café, in dem man verschiedene Toasts, Kuchen und Teespezialitäten bekommt. Nach Sonnenuntergang auf der Terrasse mit Blick auf den Fluss zu sitzen ist einfach himmlisch.

Hofkellerei (☎ 081 252 32 30; Hof 1; Gerichte 19–36 SFr; ❍ Di–So) Schon seit 1522 wird hier gebrutzelt und gerührt. Die alten Holzdielen knarren beim Betreten des gotischen Gewölberestaurants. Unter den schmiedeeisernen Kandelabern genießt man dann regionale Gerichte wie *Pizokel* (Spätzle) mit Pflaumen oder *Capuns* (gefüllte Röllchen aus Mangoldblättern).

Welschdörfli 17 (☎ 081 534 14 41; Welschdörfli 17; Pfannengerichte 19,50 SFr; ❍ Di–Fr 11–14 Uhr, Sa 17 Uhr–open end) Scharlachrote Wände und verstreute Kissen verleihen diesem Café ein künstlerisches Flair. Man kann sich sein eigenes Pfannengericht zusammenstellen, einen Curry-Macchiato schlürfen oder leckere Tapas und Salate mampfen.

Zum Alten Zollhaus (☎ 081 252 33 98; Malixerstrasse 1; Gerichte 25–40 SFr) An frostigen Winterabenden ist das warme Laternenlicht der Schenke für die Einheimischen wie ein Leuchtfeuer. Unter den niedrigen Holzbalken servieren eifrige Kellner frisches Wild, Rösti und andere herzhafte Gerichte.

Ausgehen

Eine rastlose Studentenschaft hält das Nachtleben in Chur am Leben. Viel los ist vor allem in der Unteren Gasse und im Welschdörfli, wo es Stripclubs genauso gibt wie Bars für aufgestylte Partygänger. Aktuelle Infos unter www.churbynight.ch.

Felsenbar (☎ 081 284 50 50; Welschdörfli 1; ❍ Di–Do 20–2, Fr & Sa 20–3 Uhr) Ein absolut schwarzer Schuppen mit einer hufeisenförmigen Bar. DJs legen auf, und diverse Themenpartys von Single Nights bis zu Kochduellen ziehen ein temperamentvolles Publikum an.

Schall und Rauch (www.schallundrau.ch; Welschdörfli; ❍ Mi–Sa 17–2, So 15–2 Uhr) Salonmusik wabert durch die rot und orange beleuchtete Bar. Am einen Ende ist ein Balkon, am anderen ein Flachbildfernseher, der flackerndes Kaminfeuer zeigt, sodass einem auch warm wird, wenn man nichts Alkoholisches trinkt.

Street Café (☎ 081 253 79 14; Grabenstrasse 47; ❍ So–Do 9–24, Fr & Sa 9–2 Uhr) Das Street Café zählt zu den trendigeren Treffpunkten für den frühen Abend und hat eine tolle Terrasse, auf der man sitzen und Leute beobachten kann.

Tom's Beer Box (☎ 081 252 77 57; Untere Gasse 11; ❍ Mo–Do 17–24, Fr & Sa 15–1 Uhr) Der kleine Laden ist ein absoluter Biertempel, in dem sich die Einheimischen gerne treffen. Zur Auswahl stehen 140 Biersorten. Zu den skurrilen Events hier gehören Wettbewerbe im Zigarettendrehen und Luftgitarrespielen.

Shoppen

Keramik Ruth (☎ 081 253 58 01; Obere Gasse 31) In ihrem Laden, der so klein ist wie eine Hobbithöhle, verkauft Ruth niedliche Töpferwaren von handgefertigten Schüsseln bis hin zu gepunkteten Teetassen.

Rätische Gerberei (☎ 081 252 52 42; Engadinstrasse 30) Diese gut versteckte Gerberei ist einen Besuch wert. Im Untergeschoss finden Shoppingsüchtige bergweise flauschige Schaffelle und echte Kuhglocken für einen Bruchteil des Preises, den man anderswo zahlt. An der Naht auf der Unterseite erkennt man, ob die Felle handgefertigt sind.

Schiesser (☎ 081 252 35 43; Obere Gasse 22) Interesse an regionalen Fleischspezialitäten? Dann ist das Schiesser genau das Richtige. Dort bekommt man Bündnerfleisch (luftgetrocknetes Rindfleisch), Rohschinken und alle möglichen *Salsiz* (luftgetrocknete Rohwurst).

EIN TREFFEN MIT ALIENS

„Im All hört Dich keiner schreien…" Der 1940 in Chur geborene Schweizer Surrealist H.R. Giger war der kreative Kopf hinter dem Schrecken aus dem All, der in Ridley Scotts Film *Alien* (1979) für Nervenkitzel sorgte. Die Gestalt und die Metamorphosen des Aliens beruhten auf Gigers phantastischem Gemälde *Necronom IV* (1976). Mit seinen folgenden Arbeiten für den Film gewann der Schweizer Künstler 1980 den Oscar für Visuelle Effekte. Wer heute ein Sci-Fi-Erlebnis haben möchte, sollte der spacigen **Giger Bar** (☎ 081 253 75 06; www.hrgiger.com; Kalchbühl Center, Comercialstrasse 23; ❍ Mo–Fr 8–20, Sa 8 Uhr–open end) einen Besuch abstatten. Die präsentiert sich als silbern-schwarze Phantasmagorie biomechanischer Kunst mit Stühlen, die aussehen wie Brustkörbe, Spiegeln, die an Tentakel erinnern und Außerirdischen, wo man sie am wenigsten erwartet…

An- & Weiterreise

Es fahren Züge nach Klosters (20,60 SFr, 1¼ Std.) und Davos (27 SFr, 1½ Std.) sowie Schnellzüge nach Sargans mit Anschluss nach Liechtenstein (10,20 SFr, 20–25 Min.) und Zürich (37 SFr, 1¼–1½ Std.). Postautos fahren von der Abfahrtsstelle oberhalb der Bahngleise ab. Die Autobahn A13 führt von Chur Richtung Norden nach Zürich und zum Bodensee.

Unterwegs vor Ort

Am Bahnhofplatz kommen alle Stadtbusse zusammen. Eine Busfahrt kostet 2,50 SFr (die Fahrkarte ist 30 Minuten gültig). Nach 20 Uhr fahren die Busse weniger häufig.

Die Altstadt ist größtenteils Fußgängerzone. Am Rand der Altstadt gibt's ein paar ausgeschilderte Parkhäuser (z. B. an der Gäuggelistrasse), wo man sein Auto für rund 2 SFr pro Stunde abstellen kann.

AUTOVERMIETUNG

Wer ein Auto mieten möchte, kann sich an **Avis** (☎ 081 300 33 77; Kasernenstrasse 37) in der Autowerkstatt Carrosserie Claus oder an **Hertz** (☎ 081 252 32 22; Triststrasse 15) wenden.

RUND UM CHUR

LENZERHEIDE & VALBELLA
1470 m & 1540 m

Am tiefblauen Heidsee locken zwei miteinander verbundene Kurorte mit prächtiger Gebirgslandschaft: Lenzerheide und Valbella. Von den Wäldern und Bergen des Umlandes fühlen sich nicht nur Menschen angezogen: Anfang 2008 machte ein Bär Lenzerheide unsicher. Leider besiegelte seine Vorliebe für Schafe, nächtliche Besuche auf Campingplätzen und das Plündern der örtlichen Bienenstöcke sein Schicksal.

Von den insgesamt 170 km umfassenden Wanderstrecken in dem Gebiet ist die fünf- bis siebenstündige Wanderung auf den 2865 m hohen **Parpaner Rothorn** (S. 84) eine der schönsten. Auf dem **Globi-Wanderweg** werden Kinder überschüssige Energie beim Tannenzapfenwerfen und bei lustigen Spielen im Wasser los. Kostenlose Wanderkarten gibt's in der Touristeninformation.

Im Sommer verwandelt sich Lenzerheide in ein **Mountainbikeparadies** mit markierten Radwegen von insgesamt 305 km Länge und 920 km an Strecken, die man mit GPS ausgerüstet auf eigene Faust in Angriff nehmen kann. Ein GPS-Gerät bekommt man bei der Touristeninformation (1/2 Tage 24/34 SFr). **Activ Sport Baselgia** (☎ 081 384 25 34; Voa Sporz 19; Mo–Fr 8.30–12 & 14–18.30, Sa bis 17 Uhr) vermietet Mountainbikes/Downhill-Mountainbikes/Kinderfahrräder für 38/50/18 SFr pro Tag.

Die 155 km **Skihänge** eignen sich vor allem für Anfänger und mittelgute Skifahrer. Der Tagesskipass kostet 62 SFr für Erwachsene und 20 SFr für Kinder. **Skilangläufer** finden mehrere Langlaufloipen mit insgesamt 50 km Länge. Für weiteres Vergnügen für die ganze Familie sorgen u. a. die insgesamt 80 km langen **Winterwanderwege** und die 3 km lange **Rodelbahn**.

Die **Touristeninformation Lenzerheide** (☎ 081 385 11 20; www.lenzerheide.ch; Voa Principala; Mo–Fr 8.30–12 & 13.30–18, Sa 8.30–12 Uhr) befindet sich in der Hauptstraße.

Schlafen & Essen

In der Touristeninformation ist eine Liste der Ferienwohnungen und Berghütten erhältlich.

Camping St. Cassian (☎ 081 384 24 72; www.st-cassian.ch; Lenz; Stellplatz Erw./Kind/Zelt/Auto 8/4,50/7/2,50 SFr; ganzjährig) Der Campingplatz im Schatten der Bäume ist bei Radfahrern sehr beliebt. Er liegt 3 km südlich der Stadt. Hier genießen Gäste den friedlichen Wald, einen tollen Ausblick auf die Berge und erstklassige Einrichtungen wie Grillplätze, ein Restaurant und WLAN. Herr Nadig, der freundliche Betreiber, kennt sich bestens in der umliegenden Gegend aus.

LP Tipp Bauernhof Tgantieni (☎ 081 384 24 30; Maiensäss; Erw./Kind 20/10 SFr; Juni–Sept.) Wer schon immer mal im Heu schlafen wollte, hat hier die Gelegenheit dazu. Hoch auf einem Hügel über Lenzerheide liegt dieses ländliche Idyll, in dem man die Zivilisation mal hinter sich lassen kann. Vor dem herzhaften Frühstück mit selbstgebackenem Brot und selbstgemachter Marmelade wäscht man sich an der eiskalten Quelle. Kleinkinder haben hier ihren Spaß mit den Katzen, Kaninchen und Ziegen. Schlafsack mitbringen!

Hotel Pöstli (☎ 081 384 11 60; www.stall-lenzerheide.ch; Hauptstrasse 37, Lenzerheide; EZ/DZ 90/170 SFr) Das gemütliche Hotel hat Zimmer, die mit Holzmöbeln eingerichtet sind. Im Untergeschoss bringt das Restaurant leckere Fondues und Raclettes auf den Tisch. Manchmal wird allerdings die Après-Ski-Musik etwas lauter gestellt (das Pöstli ist also nichts für Leute mit leichtem Schlaf).

Seerestaurant Forellenstube (☎ 081 384 11 41; Am Heidsee; Gerichte 16–49 SFr) Das Restaurant am See, 2 km nördlich von Lenzerheide, ist berühmt für seine frischen Forellen. Empfehlenswert sind der Fisch und Spezialitäten wie hausgemachte Wurst aus Wildfleisch. An der Wand hängt der Kopf eines Wolpertingers, jenes Fabelwesens, das sich in den Alpen herumtreiben soll.

An- & Weiterreise

Die beiden Ferienorte sind dank dem stündlich fahrenden Bus von Chur aus auch mit öffentlichen Verkehrsmitteln leicht zu erreichen (10,20 SFr, 40 Min.). Sie liegen an der Strecke von Chur über den Julierpass nach St. Moritz. Während der Hauptsaison im Sommer und Winter fährt ein kostenloser Bus zwischen Lenzerheide und Valbella.

AROSA

2250 Ew. / 1800 m

Zwischen den Gipfeln des Weisshorns, des Hörnlis und des von Moränen überzogenen Schiesshorns liegt Arosa. In diesem Ort findet sich alles, was zu den Alpen gehört: Im Winter kann man prima Ski fahren (Abfahrt und Langlauf), im Sommer Wandern oder die Berge hinunterradeln, und das ganze Jahr über finden Traveller mit Kindern haufenweise Angebote für den Nachwuchs.

Der Ort liegt zwar nur 30 km südöstlich von Chur, aber die Anfahrt ist einfach atemberaubend. Von Chur aus schlängelt sich die Straße in 365 Haarnadelkurven nach Arosa. Die Strecke ist so schwierig, dass keine Postautos fahren können. Die wundervolle Zugfahrt von Chur aus ist aber ein ausgezeichneter Ersatz.

Orientierung & Praktische Informationen

Arosa besteht aus zwei Teilen: dem Hauptferienort Ausserarosa an den Ufern des Obersees mit dem Bahnhof und dem älteren Dorf Innerarosa. Am Bahnhof gibt's Wechselstuben, eine Gepäckaufbewahrung und einen Scooterverleih.

Vom Oberseeplatz geht's bergauf über die Poststrasse nach Innerarosa. Nach fünf Minuten kommt man zur **Touristeninformation**

> **GIAN SIMMEN, OLYMPIASIEGER IN DER HALFPIPE**
>
> Gian begeisterte sich für das Snowboarden, seit er zwölf war. Direkt vor seiner Haustür hatte er die Berge von Arosa und Davos und baute gleich nach Schulschluss immer Rampen und Bahnen. Schnell erlernte er ein paar Kniffe und holte bei den ersten Olympischen Spielen im Halfpipe-Snowboarden 1998 gleich die Goldmedaille.
>
> **Was lieben Sie am Snowboarden?**
> Alles! Das Abheben beim Springen, insbesondere beim Freestyle. Man fühlt sich, als ob man fliegt, wenn man über den Schnee gleitet und superweich landet. Ich liebe die Geschwindigkeit, das Tempo, die Landschaft, die Leichtigkeit, die Freiheit, die Drehungen. Es ist einfach toll, wenn man alle Bewegungen beherrscht.
>
> **Was bedeutete für Sie die Goldmedaille bei den Olympischen Spielen 1998?**
> Die war zugleich der Beginn und der Höhepunkt meiner Karriere. Abgesehen von der Schweizer Meisterschaft 1996 war das mein erster großer Sieg. Ich bin gewissermaßen ins kalte Wasser gesprungen. Heute bin ich 31 und gehöre zu den ältesten Typen auf den Pisten. Aber ich halte noch mit.
>
> **Welche sind Ihre Lieblingsorte zum Snowboarden in der Schweiz?**
> Wenn um Freeriden und Freestyle geht, dann Laax (S. 333), Davos (S. 341), Meiringen (S. 214) und Andermatt (S. 288). In Davos kümmert man sich wirklich um die Anlagen und Halfpipes, und im Riders Palace in Laax gibt's ein großartiges Begleitprogramm mit DJs und Konzerten. Arosa ist eine Alternative, wenn man nicht mit den Profis zusammen fahren will. Da geht's relaxter zu, ohne großes Getue. Ich kenne da ja fast jeden Felsbrocken …
>
> **Irgendwelche Tipps für Snowboarder?**
> Spaß haben und nicht aufgeben. Man muss die eigenen Grenzen kennen, darf aber beim Freestyle keine Angst vorm Hinfallen haben. Und auch mal eine Strecke wandern – irgendwo findet man immer guten Schnee. Man sollte sich einfach morgens auf die Socken machen.

(☎ 081 378 70 20; www.arosa.ch; Poststrasse; ⓥ Mai–Nov. Mo–Fr 8–12 & 13.30–18, Sa 9–13, So 9–12 Uhr, Dez.–April Mo–Fr 8–18, Sa 9–17, So 16–17.30 Uhr).

Im Sommer erhalten Traveller gratis die Arosa Card, mit der man die Skilifte, Nahverkehrsbusse, die Tret- und Ruderboote auf dem Obersee und das Strandbad Untersee unbegrenzt nutzen kann.

Aktivitäten
SOMMERAKTIVITÄTEN
Rund um Arosa gibt es ausgewiesene **Wanderwege** von insgesamt 200 km Länge, darunter den dreieinhalbstündigen Aufstieg zum Weisshorn, von dem aus man einen guten Blick hat. Von der Gipfelstation auf dem **Hörnli** (2513 m) gehen Fußwege ab. Man kann sogar bis zur 3 km entfernten Lenzerheide (S. 330) im Westen marschieren. Kürzere Strecken durch den schattigen Wald am Ufer des Plessur führen nach Litzirüti (1 Std.) und Langwies (2 Std.). Frühaufsteher sehen das Spiegelbild der Berge im tiefblauen Schwellisee und im Älpisee. Kids freuen sich über die Eichhörnchen am Eichhörnchenweg.

Adrenalinjunkies mieten ein Downhill-Mountainbike am **Obersee** (☎ 081 377 23 77; ⓥ 10–17 Uhr) und rasen damit von der Mittelstation nach Litzirüti oder vom Hörnli nach Arosa hinunter. Auf beiden Strecken überwindet man mehr als 500 Höhenmeter.

WINTERSPORT
Arosa ist vor allem bei Anfängern und mittelguten Skiläufern beliebt. Hier gibt es 60 km an roten und blauen Pisten, die teilweise ebenso hoch liegen wie das Weisshorn (2653 m). Wer auf Spaß aus ist, kommt im Vergnügungspark mit der Halfpipe auf seine Kosten. Skiunterricht erteilt die **Skischule** (☎ 081 378 75 00; www.sssa.ch; Seeblickstrasse; ⓥ 8.30–17.30 Uhr). Ein Skipass kostet 58 SFr für einen Tag und 295 SFr für eine Woche (Senior & Kind erm.).

Arosa ist auch toll für Langläufer. Es gibt 30 km präparierte Loipen – von den einfachen Waldstrecken Marans bis hin zu den anspruchsvollen Strecken bei La Isla und der Ochsenalp. In der **Langlauf- & Skiwanderschule Geeser** (☎ 081 377 22 15; www.geeser-arosa.ch; ⓥ 9–12 & 13–18 Uhr) bekommt man Ausrüstung und Anleitungen. Schnupperkurse im Langlauf und im Schneeschuhlaufen gibt's ab 50 SFr.

Aber auch Familien und Traveller, die nicht Ski fahren, können sich hier im Winter amüsieren. In Prätschli beginnt eine mit Flutlicht beleuchtete, 1 km lange **Rodelbahn** durch den schneeglitzernden Wald. Man kann aber auch auf 40 km präparierter **Winterwanderwege** durch den Schnee stampfen, sich auf der Open-Air-Eisbahn tummeln oder eine Runde Curling spielen.

Schlafen
Viele Hotels und Restaurants sind außerhalb der Hauptsaison geschlossen (Mitte April–Anfang Juni & Mitte Okt.–Dez.).

Hotel Erzhorn (☎ 081 377 15 26; www.erzhorn.ch; Kirchweg; EZ 97–117 SFr, DZ 210–260 SFr; P) Die Holzhütte liegt in der Nähe des 300 Jahre alten Bergkirchli von Arosa in einem ruhigen Viertel. Die Familie Nau betreibt das Hotel wie ein Schweizer Uhrwerk. Die hellen Zimmer mit Holzdecke und Balkon sind makellos.

Praval (☎ 081 377 11 40; www.praval.ch; Innere Poststrasse; EZ/DZ 125/250 SFr; P) Mit einem freundlichen Lächeln werden die Gäste dieser Berghütte begrüßt, in der alle Zimmer komplett mit Kiefernholz getäfelt sind und ziemlich komfortable Betten haben. Am besten sind die nach Süden gelegenen Doppelzimmer mit Balkon und weitem Blick über das Tal. Das Praval ist in der Nähe der Gondelbahn Hörnli-Express.

Hotel Arlenwald (☎ 081 377 18 38; www.arlenwaldhotel.ch; Prätschli; EZ/DZ/Suite 130/220/300 SFr; P) Der direkte Zugang zum Restaurant Bureštübli (S. 333) ist nur einer der Vorteile dieses Hotels. Die geräumigen, lichtdurchfluteten Zimmer sind mit Massivholzmöbeln, Familienerbstücken und WLAN ausgestattet. Von der Sauna aus hat man Ausblick auf die mit Tannen übersäten Gipfel.

Waldhotel (☎ 081 378 55 55; www.waldhotel.ch; EZ/DZ/Suite 235/520/670 SFr; P ⌨ ☎) Tief im Wald versteckt sich dieses Refugium. Wer hier absteigt, wünscht sich, dass es immer schneit. Der Literaturnobelpreisträger Thomas Mann verbrachte im Waldhotel die ersten Wochen seines Exils. Das Luxushotel mit dem gediegen, altmodischen Charme hat aufwändige Schnitzdecken und elegante Zimmer. Gäste fahren mit der Pferdekutsche vor. Im Spa kann man ein Peeling mit heißer Schokolade und in der Lounge bei einem Glas Rotwein das Spiel des Pianisten genießen.

Essen & Ausgehen
Grishuna (☎ 081 377 17 01; Poststrasse; Gerichte 16,50–38,50 SFr; ⓥ Mitte Sept.–Okt. & ganzjährig Di geschl.) Die

riesigen Kuhglocken im Fenster fallen sofort ins Auge. Die gesellige Schenke mit niedrigen Deckenbalken ist voller Antiquitäten und hat lauter saisonale Delikatessen im Angebot, z. B. hauchdünne Scheiben vom selbstgeräucherten Lachs und Frischwild.

LP Tipp Burestübli (☎ 081 377 18 38; Arlenwald Hotel, Prätschli; Gerichte 17–32 SFr; ◯ Sept.–Nov. Do geschl.) Von der Holzhütte am Waldrand hat man einen sagenhaften Blick über die Baumwipfel. Im Winter kehren hier gern durchgefrorene Schlittenfahrer ein, um sich an leckeren Fondues, butterweichen Steaks und Glühwein zu laben, bevor sie weiter durch den vom Flutlicht erhellten Schnee ihrer Wege ziehen. Einen Schlitten kann man einen Tag vorab telefonisch reservieren. Der äußerst exzentrische Koch rühmt sich, nur erstklassige regionale Produkte zu verwenden.

Alpenblick (☎ 081 377 14 28; 3-Gänge-Menü 40–50 SFr) Von der Terrasse dieser Berghütte direkt unter dem Hörnli-Express hat man einen traumhaften Blick auf die Alpen. Es gibt hier warme Gerichte wie Gulaschsuppe, Spezialitäten wie das Bündner Lamm mit Kräutern und knusprig-leckeren hausgemachten Apfelstrudel.

Los Café (☎ 081 356 56 10; www.losbar.ch; Haus Madrisa) Abgesehen von den Gaststätten an den Hängen ist das Los Café *die* Location, wo im Winter die Party abgeht. DJs, Tischfußball und eine Menge Schnäpse locken massenweise entspannte Feierlustige in diese Galerie-Bar.

An- & Weiterreise

Nach Arosa kommt man nur von Chur aus – und zwar mit der Schmalspurbahn, die stündlich vor dem Bahnhof abfährt (13,80 SFr, 1 Std.). Die malerische, kurvenreiche Strecke führt an Bergen vorbei, durch Kiefernwälder und über Bergbäche und Brücken. Dabei fährt der Zug auch über die älteste Stahlbeton-Bahnbrücke der Welt. Die eindrucksvolle Meisterleistung der Ingenieurkunst ist 62 m hoch und wurde 1914 fertiggestellt.

Die Busfahrten im Ort sind kostenlos. Autofahrer, aufgepasst: Von 24 bis 6 Uhr herrscht Fahrverbot!

WESTLICH VON CHUR

Die westlich von Chur gelegene, überwiegend rätoromanischsprachige Surselva erstreckt sich entlang der einsamen N19, die nach Westen in den Kanton Uri und das nicht weit entfernte Wallis führt. Abgesehen von dem glitzernden Skigebiet Flims, Laax und Falera sind die Highlights an der Strecke dünn gesät, nur ein paar Stellen am Vorderrhein sind einen Zwischenstopp wert. Interessanter sind einige der urtümlichen Täler, die sich südlich der Straße erstrecken. Die Straße selbst führt schließlich beim Aufstieg zum windgepeitschten **Oberalp Pass** (2044 m), der Graubünden von Uri trennt, in die alpine Wildnis. Ungefähr 4 km südlich des Passes liegt in der Nähe des winzigen Lai da Tuma (Tomasees) versteckt die Quelle des Vorderrheins, die man am besten bei einer Wanderung auf dem Lai-da-Tuma-Höhenweg (S. 86) erkundet.

FLIMS, LAAX & FALERA

Man sagt: Selbst wenn es sonst nirgendwo schneit, gibt es immer noch Schnee rund um Flims, Laax und Falera. Die drei Orte 20 km westlich von Chur bilden das Skigebiet Weisse Arena, in dem 220 Pistenkilometer für Skifahrer aller Levels zur Verfügung stehen. Als Gastgeber der Burton European Open im Januar ist Laax ein Mekka für Snowboarder. Diese heizen auch das Nachtleben ordentlich an. Mit dem Zug oder dem Bus ist der Ferienort in knapp zwei Stunden vom Zürcher Flughafen aus zu erreichen (mit dem Auto geht es noch schneller).

Orientierung & Praktische Informationen

Die drei Ortschaften, die das Rückgrat des Feriengebiets bilden, breiten sich über 15 km von Nordosten nach Südwesten aus. Der größter der Orte ist Flims, unterteilt in das Wohngebiet Flims Dorf im Norden und das grüne Flims Waldhaus 1 km weiter. Die Skilifte liegen zwischen den beiden Ortsteilen. Auch Laax ist zweigeteilt: Im Süden befindet sich das verschlafene, alte Dorf Lag Grond mit hübschen Hütten und dem See, Laax Murschetg mit den Skiliften liegt 1 km weiter nördlich. Falera ist die kleinste und ruhigste der drei Ortschaften. In jedem Ort gibt es eine Touristeninformation, aber die größte **Touristeninformation** (☎ 081 920 92 00; Sommer-Infos www.flims.com, Winter-Infos www.laax.com; Via Nova, Flims; ◯ Mitte Juni–Mitte Aug. Mo–Fr 8–18, Sa 8–12 Uhr, Mitte Dez.–Mitte April Mo–Sa 8–17 Uhr) hat ihren Sitz in Flims.

Sehenswertes

FALERA
Geschichtsfans werden der romanischen **Kirche St. Remigius** in Falera einen Besuch abstatten wollen. Sie thront auf einem Hügel, der schon in prähistorischer Zeit eine Kultstätte war, wie eine Reihe kleiner Menhire bezeugt. Im Inneren der Kirche mit dem Schindeldach befindet sich ein umwerfendes Fresko aus der Mitte des 17. Jhs., das das letzte Abendmahl darstellt. Vom Friedhof aus hat man einen weiten Blick in das Vorderrheintal.

CAUMASEE (LAG LA CAUMA)
Der schöne, von dichten Wäldern umgebene türkisblaue See ist von Flims Waldhaus aus zu Fuß in 15 Minuten zu erreichen. Wer diese Mühe scheut, kann aber auch fünf Minuten laufen und dann den Lift nehmen. Der See bietet sich im Sommer für ein kühles Bad an. Man kann auch Ruderboote mieten und auf der Restaurantterrasse am See speisen.

Aktivitäten

RAFTING
Der turbulente 17 km lange Abschnitt des Vorderrheins zwischen Ilanz und Reichenau führt genau durch die Rheinschlucht und ist ein Paradies für Raftingfans. **Swissraft** (☎ 081 911 52 50; www.swissraft.ch) bietet halbtägige/ganztägige Raftingtouren für 109/160 SFr an. Treffpunkt ist jeweils der Bahnhof Ilanz. Dieselbe spektakuläre Aussicht auf die Schlucht, nur ohne den Nervenkitzel und ohne die feuchten Klamotten, hat man auch, wenn man mit dem Zug Richtung Westen fährt.

SKIFAHREN & SNOWBOARDEN
Fragt man Snowboarder, welcher der beste Ort für ihren Sport in der Schweiz ist, fällt immer der Name Laax. Das Snowboarder-Mekka hat die kleinste und die größte Halfpipe Europas, ausgezeichnete Freestyle-Anlagen und viele Stellen, wo man abseits der Piste fahren kann. Auch zum Skifahren ist das Feriengebiet bestens geeignet: Es gibt 220 km Pisten mit unterschiedlichem Schwierigkeitsgrad (meist in über 2000 m Höhe), die Skifahrer aller Leistungsstufen – mal abgesehen von den hartgesottensten Extremfahrern – zufriedenstellen. Bei der Slalomfahrt den Berg hinunter sieht man den Crap da Flem (*crap* ist rätoromanisch für „Gipfel"). Die Skisaison beginnt auf dem in 3018 m Höhe gelegenen Vorabgletscher Ende Oktober und im übrigen Gebiet Mitte Dezember. Der Tagesskipass (inkl. Skibus) kostet 66 SFr (zzgl. 5 SFr für die KeyCard zur Nutzung der Lifte). Es gibt auch 60 km Langlaufloipen.

WANDERN
Im Sommer umfasst das Wanderwegenetz 250 km. Der Naturlehrpfad auf dem Gipfel des Cassons ist perfekt für alle, die alpine Wildblumen mögen und die Tierwelt der Berge kennenlernen möchten. Noch spektakulärer ist die halbtägige Wanderung **Ruinaulta** (S. 82) durch die von Gletschern ausgemeißelte **Rheinschlucht**, deren Kalksteinklippen zu bizarren Zinnen und Säulen erodiert sind. Wer Abenteuer sucht, überwindet auf der *Via ferrata* (Klettersteig) von **Pinut** steile Felshänge und genießt den Rundblick über das Tal. Die nötige Ausrüstung kann man in Sportläden oder bei der Touristeninformation in Flims für rund 25 SFr ausleihen.

Schlafen & Essen
In der Touristeninformation bekommen Traveller eine Liste mit guten Ferienhäusern und -apartments. Prinzipiell sind Hotels, Restaurants und Bars zwischen Mitte April und Juni sowie Ende September und Mitte November geschlossen.

Riders Palace (☎ 081 927 97 00; www.riderspalace.ch; Laax Murschetg; B 30–60 SFr; DZ 180–280 SFr) Auf der Suche nach Ruhe? Hier gibt's die nicht! Der übergroße Zauberwürfel 200 m von Laax' Liften entfernt ist was für echte Partyfans. Das Haus ist ein merkwürdiges Stück kühles Design; es hat nackte Betonwände und fluoreszierendes Licht. Zur Wahl stehen einfache Schlafsäle für fünf Personen, schicke Zimmer mit Philippe-Starck-Badewannen und die Hightech-Suiten mit Playstation und Dolby-Surround.

Posta Veglia (☎ 081 921 44 66; www.postaveglia.ch; Via Principala 54, Laax; EZ/DZ/Suite 150/250/330 SFr; P) Das ehemalige Postamt aus dem 19. Jh. bietet heute einen diskreten Service und rustikales Ambiente. Die sieben Zimmer und Suiten im Landhausstil sind voller Holzbalken, Antiquitäten und moderner Extras wie DVD-Player und kostenlosem WLAN.

Hotel Cresta (☎ 081 911 35 35; www.cresta.ch; Via Passadi, Flims Waldhaus; EZ/DZ 158/286 SFr; P) Das moderne Hotel liegt an einer bewaldeten Nebenstraße in Flims Waldhaus. Hier gibt's Wellness satt: Saunas, Dampfbäder, Whirlpools und

Anwendungen. Und die Zimmer sind auch sehr hübsch.

Clavau Vegl (☎ 081 911 36 44; Via Nova 29, Flims Dorf; Gerichte 19–30 SFr; Di–Sa 8.30–21.30 Uhr) Der ehemalige Stall mit all dem Kiefernholz und den großen Kuhglocken hat sich seinen bäuerlichen Charme bewahrt. Hier mischen sich Traveller unter die Einheimischen und genießt regionale Gerichte wie *Capuns* und *Pizokel*.

Cavigilli (☎ 081 911 01 25; www.cavigilli.ch; Via Arviul 1, Flims Dorf; Gerichte 19–45 SFr; Mi geschl.) In Flims' ältestem Haus (1453) begrüßen Stefanie und Rüdiger Szimba ihre Gäste. Hier gibt es zwei Stuben: die Gotische Stube im Originalzustand und die Carigiet-Stube mit einem Deckenbild des Schweizer Malers Alois Carigiet, die als Speisesaal dient. Ein gut gefüllter Weinkeller rundet das Ganze ab. Der Schwerpunkt der Küche liegt auf marktfrischen Produkten von hausgemachten Ravioli bis zu herzhaften Eintöpfen.

Restaurant Pöstli (☎ 081 921 44 66; Via Principala 54, Laax; Gerichte 28–40 SFr; Mo geschl.) Das holzgetäfelte Restaurant und der Gewölbekeller des Hotels Posta Veglia stellen selbst verwöhnte Gaumen mit anspruchsvollen Gerichten wie etwa Wildschnitzel mit Schoko-Balsamico-Sauce zufrieden.

La Vacca (☎ 081 927 99 62; Station Plaun der Laax-Murschetg-Lifte; Gerichte 40–70 SFr; Ende Dez.–Mitte April) In diesem abgefahrenen Tipi trifft der Wilde Westen auf die Alpen. Mit Kuhfellen bedeckte Stühle stehen rund um das knisternde offene Feuer. Hier kriegt man keine klebrigen Fondues, die Gerichte hier sind so ausgefallen wie das Design: Beispielsweise werden zarte Bisonsteaks und dazu aromatische argentinische Weine serviert.

Ausgehen

Riders Palace (☎ 081 927 97 00; www.riderspalace.ch; Laax Murschetg; 16–4 Uhr) Diese obercoole Bar ist der Lieblingstreff der Freestyleer und befindet sich in der Lobby der gleichnamigen Unterkunft (S. 334). Hier finden Gigs statt und DJs legen bis in die frühen Morgenstunden auf.

Crap Bar (☎ 081 927 99 45; Laax-Murschetg-Lifte; 16–2 Uhr) Ein Berg dem Namen nach, aber kein natürlicher, sondern ein von Menschenhand geformter: Für diese Bar hat man 24 Tonnen Granit verbaut. Hier tobt die Après-Ski-Party! Nach einem aufregenden Tag im Schnee kippt man in der Crap Bar einen Schnaps, checkt seine E-Mails und tanzt ordentlich ab.

An- & Weiterreise

Jede Stunde fahren Postautos von Chur nach Flims (12,80 SFr, 30 Min.) und zu den anderen Dörfern der Weissen Arena. Ein kostenloser Shuttlebus verbindet die drei Dörfer miteinander.

ILANZ

Die meisten, die das geschäftige Ilanz mit seiner recht hübschen Altstadt besuchen, sind nur auf der Durchreise. Die Hauptstraße N19 führt Richtung Westen durch idyllische Ortschaften des überwiegend deutschsprachigen Obersaxens, bevor sie das rätoromanischsprachige Klosterdorf Disentis/Mustér erreicht. Von Ilanz aus gelangt man auch zu zwei hinreißenden Tälern im Süden.

VALSERTAL & VAL LUMNEZIA

Das üppig grüne Valsertal ist voller beschaulicher Wälder, verschlafener Weiler und donnernder Wasserfälle. Mittendrin plätschert der Glenner (Glogn) auf seinem Weg nach Süden. Die herrliche Fahrt führt durch Uors und St. Martin, ehe man das sehenswerte **Vals** (1252 m) erreicht. Hinter St. Martin wird das Tal enger und tiefer. Das Blätterdach des Waldes schließt sich über der schmalen Serpentinenstraße. Etwa 2 km vor dem Dorf gelangt man dann zu grünen Almwiesen, auf denen verstreut Berg- und Schäferhütten stehen.

Aus Vals stammt das Mineralwasser Valser. Der Ort erstreckt sich 2 km am glitzernden Bach entlang. Alle Welt weiß von diesem märchenhaften Dorf und seinen Heilquellen, seit der aus Basel stammende Architekt Peter Zumthor die Therme Vals in einen Tempel cool-avantgardistischer Architektur verwandelt hat.

Sehenswertes & Aktivitäten

Mit 60 000 Steinplatten aus Valser Quarzit und einer geschickten, das Raumgefühl verstärkenden Lichtführung hat Zumthor eines der bezauberndsten Thermalbäder der Schweiz geschaffen, die **Therme Vals** (☎ 081 926 89 61; www.therme-vals.ch; Vals; Erw./Kind 40/26 SFr, Anwendungen 55–255 SFr; Juni–März 11–20 Uhr). Neben beheizten Hallen- und Freiluftbecken verbergen sich in dem Kalksteinlabyrinth allerlei kleine Ecken zum Baden, die clever beleuchtet sind und eine höhlenartige Stimmung erzeugen. Da gibt es das heiße Feuerbad (42 °C), das parfümierte Blütenbad oder das magische Grottenbad, in dem man nur zu summen braucht, um ein außerirdisches Klangerlebnis zu haben. In den Dampfräumen kann man dann seinen ganzen Ballast rausschwitzen.

Weniger bekannt als die Therme ist die tolle, 8 km lange Wanderstrecke zum türkisblauen **Zervreilasee** im Süden, der im Schatten des eisbedeckten 3402 m hohen Rheinwaldhorns liegt. Die Strecke ist normalerweise nur zwischen Juni und Oktober passierbar. Oberhalb des Sees bieten sich verschiedene Wanderoptionen an. Im Winter gibt es an den Hängen oberhalb von Vals ein paar mittelmäßige Möglichkeiten zum Skifahren.

Parallel zum Valsertal verläuft ab Ilanz das **Val Lumnezia**, das dann einen Schwenk Richtung Südwesten macht. Im Gegensatz zum Valsertal, das tief und schmal ist, ist dieses Tal weit und sonnendurchflutet. Die Straße verläuft hoch oben entlang der westlichen Talflanke. Wenn man das grüne Tal aus dem Blick verliert, nähert man sich **Vrin**, einem hübschen Dorf mit Bauernhäusern, die sich um eine mit leuchtenden Fresken ausgemalte Kirche drängen. In Puzatsch, 8 km weiter, endet die Asphaltstraße.

Schlafen

Neben den Ferienhäusern gibt es in Vals ein paar Hotels.

Gasthaus Edelweiss (☎ 081 935 11 33; www.edelweiss-vals.ch; Dorfplatz, Vals; EZ/DZ 49/118 SFr) Direkt am Dorfplatz liegt dieses 100 Jahre alte Gasthaus mit schlichten holzverkleideten Zimmern. Im Restaurant gibt's regionale Gerichte wie *Capuns*. Wer in dem Hotel übernachtet, erhält eine Ermäßigung von 5 SFr auf den Eintritt in die Therme.

Hotel Glenner (☎ 081 935 11 15; www.glenner.ch; Vals; DZ 170–190 SFr) Im Sommer leuchtet diese dunkle Holzhütte in dem strahlenden Rot von Geranien. Die mit Kiefernholz getäfelten Zimmer sind gemütlich, wenn auch ein wenig altmodisch; die Bäder sind piksauber. Im Restaurant unten werden herzhafte regionale Gerichte serviert.

Hotel Therme (☎ 081 926 80 80; www.therme-vals.ch; Vals; EZ/DZ 265/450 SFr; 🖳) Viele der Zimmer in diesem Koloss aus den 1960er-Jahren hat Peter Zumthor umgestaltet. Die neuesten prunken mit Lüsterstuck, Parkettböden und Seidenbettwäsche. Einige Anbauten wurden allerdings nicht von Zumthor aufgepeppt; die Zimmer hier sind billiger – und offen gesagt echt scheußlich. Im Restaurant legt Chefkoch Urs Dietrich Wert auf marktfrische Produkte.

An- & Weiterreise

Postautos fahren etwa stündlich von Ilanz (das mit dem regelmäßig verkehrenden Zug aus Chur zu erreichen ist; 14,80 SFr, 40 Min.) nach Vrin (12,80 SFr, 47 Min.) und Vals (11,80 SFr, 36 Min.). Das Postauto nach Vals fährt zwischen Juni und Oktober bis ins 30 Minuten weiter entfernte Zervreila.

DISENTIS/MUSTÉR & VAL MEDEL

Hoch über Disentis/Mustér thront das große Benediktinerkloster Disentis mit der dazugehörigen, mit viel Stuck verzierten barocken Klosterkirche. Das Kloster stammt aus dem 8. Jh., aber der heutige gewaltige Gebäudekomplex wurde erst im 18. Jh. errichtet. Links von Kircheneingang führt eine Tür über einen Korridor zum **Klostermuseum** (Eintritt 6 SFr;

MAGISCHE PILZE

Einst gab es Zollstationen an den Pässen von Graubünden ins Tessin. Sie sind längst verschwunden, aber im Herbst bezieht die Kantonspolizei wieder Posten auf Pässen wie dem Lukmanierpass, 15 km südlich von Disentis, um „Banditen" abzufangen, die kiloweise köstliche Pilze hinausschmuggeln.

Nein, um Drogenschmuggel geht's hier nicht. Die Magie dieser Pilze besteht in dem Aroma, das sie einem Risotto verleihen. Die Menschen im Tessin und ihre italienischen Nachbarn können davon gar nicht genug bekommen, und sie strömen über die Kantonsgrenze, um im Herbst ihre Picknickkörbe damit zu füllen. Es gibt da nur ein Problem: Die zulässige Pflückmenge liegt bei 2 kg pro Person und Tag. Und die Polizei drückt kein Auge zu. An einem Septemberwochenende wurden 30 Personen wegen zu schwerer Körbe mit Geldstrafen belegt. Einer der Sammler wurde sogar mit 70 kg der leckeren Pilze erwischt!

Juni–Okt. Di, Do & Sa 14–17 Uhr, Weihnachten–Ostern Mi 14–17 Uhr), in dem eine Unmenge von Zeugnissen zur Geschichte des Klosters versammelt ist. Links führt eine Treppe hinauf zur **Marienkirche**, einer Kapelle mit romanischem Ursprung. Hier sind viele Votivbilder zu sehen, die von Menschen gespendet wurden, die in schwierigen Lebenslagen die Hilfe der Jungfrau Maria erfleht oder ihr für ihr wundertätiges Eingreifen gedankt haben.

Mitten im Ort liegt das wunderschöne **Hotel Alpsu** (☎ 081 947 51 17; EZ/DZ 72/136 SFr; **P**). Es ist mit viel Holz eingerichtet, und jedes Zimmer ist einzigartig. In dem einen steht ein Himmelbett, in einem anderen liegen die Deckenbalken frei und gegenüber vom Bett befindet sich ein Whirlpool. Im hauseigenen Restaurant kommen gute *Capuns* und *Pizokel* auf den Tisch.

Südlich von Disentis, am Eingang zum **Val Medel**, liegt die spektakuläre **Medelserschlucht**. Im Tal kommt man durch mehrere Dörfer, von denen **Platta** wegen seiner schindelgedeckten romanischen Kirche einen Zwischenstopp wert ist. Etwa 20 km weiter trifft man auf den tiefblauen **Lai da Sontga Maria**, der von 3000 m hohen Gipfeln umgeben ist. Die Straße führt dann über den **Lukmanierpass** (1914 m) hinüber ins Tessin.

In Disentis/Mustér befindet sich die Endstation der Matterhorn-Gotthard-Züge aus Brig über Andermatt (19 SFr, 1 Std.), und die Regionalzüge der RhB nach Chur (27 SFr, 1¼ Std.) starten hier. In beide Richtungen fahren die Züge stündlich. Täglich rumpeln außerdem fünf Busse über den Lukmanierpass, von denen vier nach Biasca im Tessin weiterfahren.

SÜDLICH VON CHUR

Einsame Wildnis, atemberaubende Burgruinen, tosende Wasserfälle und eine der beeindruckendsten Schluchten der Schweiz, die Via Mala, sind die Highlights an der Hauptstraße südlich von Chur. Schon in der Römerzeit befand sich hier eine wichtige Nord-Süd-Handelsroute. Auf dem Weg ins Tessin führt die Straße in das abgelegene italienischsprachige Misox (Valle Mesolcina).

VIA MALA & AVERSTAL

Sowohl die A13 als auch die Bahnlinie südlich von Chur verlaufen zuerst Richtung Westen nach Reichenau, ehe sie am Hinterrhein entlang zwischen dem Domleschg im Osten und dem Heinzenberg im Westen gen Süden führen. Auf dem Weg nach **Thusis** kommt man an einer Reihe von Dörfern und den Ruinen von Raubritterburgen vorbei. Thusis ist ein munteres Städtchen, dessen größte Attraktion der fantastische Ausblick von der Ruine der Burg **Obertagstein** ist, die ungefähr eine Wanderstunde vom Ortszentrum entfernt liegt. Die Züge aus Chur halten hier, ehe sie Richtung Osten über Tiefencastel nach St. Moritz fahren.

Südlich von Thusis sollte man nicht über die Autobahn fahren, sondern die N13 nehmen, um die atemberaubende, enge **Via Mala** zu erkunden, über die einst Maultierkarawanen nach Italien zogen. Von Thusis aus kann man die Schlucht bei einer Wanderung auf der 7 km langen Veia Traversina in all ihrer Pracht erleben. Eine Streckenbeschreibung ist unter www.viamala.ch zu finden. Die tiefe Schlucht öffnet sich kurz vor **Zillis**, das für seine **Kirche St. Martin** (Erw./Kind 4/2 SFr; Ende März–Okt. 9–18 Uhr) berühmt ist. An der romanischen Holzdecke der Kirche finden sich 153 außerordentlich lebendige Bildtafeln mit Szenen aus dem Leben Christi und dem des hl. Martin.

Wen es ganz in die Wildnis hinaus zieht, der sollte weitere 8 km über **Andeer** (bekannt für seine Therme und als Standort mehrerer Hotels und eines Campingplatzes) hinaus fahren. Hier kreuzt die Straße die Abzweigung in das einsame **Averstal**. Diese verlassene Straße windet sich 24 km nach Süden durch dichte Wälder, ein kahles Alpental und winzige Weiler bis ins fantastische **Juf** (2126 m), das angeblich die höchstgelegene dauerhaft bewohnte Siedlung Europas ist. Hier leben nur 30 Menschen, deshalb trifft man eher auf Murmeltiere und grasende Kühe als auf Einheimische.

Postautos fahren zwischen Thusis und Bellinzona im Tessin (39 SFr, 2–2½ Std.). Sie halten unterwegs in Zillis, Andeer, Splügen und in den Ortschaften des Misox. Von Andeer fahren Busse nach Juf (15,80 SFr, 52 Min.).

SPLÜGEN & VALLE VESOLCINA (MISOX)

An der Abzweigung nach Avers biegen die beiden Hauptstraßen, die A13 und die N13, ab und führen durch den mit Kiefern übersäten Rheinwald bis zur 1460 m hoch gelegenen Ortschaft **Splügen**. Auf der Website www.viamala.ch finden sich weitere Infos über Splügen, das Averstal, Andeer und Zillis. Splügen besticht durch seinen Mix aus schiefergedeckten Walserhäusern aus dunklem Holz und Herrenhäusern von Familien, die im 19. Jh. durch den Handel mit Italien über den nahe gelegenen Splügenpass und den San-Bernardino-Pass zu Wohlstand gekommen sind. Übernachten kann man hier auf dem Campingplatz am Fluss oder in einem der einfachen, mit Möbeln aus Kiefernholz versehenen Zimmern des **Haus Teuriblick** (☎ 081 664 16 56; EZ/DZ 60/120 SFr; P).

Südlich von Splügen führt eine 9 km lange Straße im Zickzack über den Splügenpass nach Italien. Die Hauptstraße hingegen geht 8 km Richtung Westen weiter, bevor sie nach Süden abbiegt und zum San-Bernardino-Pass (wenn der Pass gesperrt ist, muss man den Tunnel nehmen) sowie zum zerklüfteten **Valle Mesolcina (Misox)** mit seiner italienischsprachigen Bevölkerung führt. Die wichtigsten Orte hier sind Mesocco mit den Burgruinen oberhalb der Gemeinde und die ruhigeren Ortschaften Soazza und Roveredo.

Gleich nördlich von Roveredo öffnet sich Richtung Norden das nur wenig besuchte **Val Calanca (Calancatal)** mit einer 19 km langen Straße bis zum Dörfchen **Rossa**, von wo aus eine unbefestigte Straße noch 5 km weiter über **Valbella** hinaus in Richtung Norden führt. Es gibt hier mehrere friedliche Wanderwege, auf denen man die Höhen oberhalb des engen Tals erobern kann. Von Roveredo aus sind es ungefähr 10 km bis nach Bellinzona (S. 356), das die Hauptstadt des Tessin ist.

Infos zu Verkehrsmitteln gibt's im Abschnitt Via Mala & Averstal (S. 337). Von Bellinzona aus fahren etwa alle eineinhalb Stunden Busse über Rovoredo (in Grono umsteigen) nach Rossa (16,80, SFr 1½ Std.) im Val Calanca.

NÖRDLICH VON CHUR

Lust, wie Heidi Berghänge voller Blumen hinunterzuhüpfen? Oder Appetit auf einen vollmundigen Pinot Noir, getrunken inmitten von Weinreben? Dann ist das hier genau das Richtige: Die Bündner Herrschaft ist Graubündens wichtigste Weinbauregion und bietet den ganzen herrlichen Kitsch von Heidiland. Erholungsbedürftige können natürlich auch der Therme im nahe gelegenen Bad Ragaz einen Besuch abstatten.

BÜNDNER HERRSCHAFT

Die A13 führt von Chur nordwärts durch das Weinbaugebiet, das **Fünf Dörfer** genannt wird uns von denen das idyllische **Zizers** wohl das hübscheste ist. Folgt man der Landstraße und verlässt das industrielle Landquart in Richtung Malans, kommt man direkt in die Bündner Herrschaft. Sie ist die wichtigste Weinbauregion des Kantons. Hier wird vor allem der Rebsorte Blauburgunder angebaut, aus der jener unverkennbare hochwertige Pinot Noir entsteht. Diese Region ist – ebenso unverkennbar – das Heidiland.

Malans & Jenins

Wenn man zwischen Weinbergen und Wäldern entlang fährt, erreicht man schließlich **Malans**. Der Ort liegt im Schatten der Familienburg des Adelsgeschlechts Salis, das einen Namen im örtlichen Weinanbau hat und in der Geschichte der Widersacher des Planta-Clans war, dessen Herrschaftshäuser am Dorfplatz stehen. Ein paar Kilometer nördlich liegt **Jenins**, ein bescheideneres Dorf. Es lohnt sich aber, auf ein Glas (oder auch zwei oder drei) des regional angebauten Weins hier einzukehren. Übernachten kann man im heimeligen **Gasthaus Zur Traube** (☎ 081 302 18 26; www.traube-jenins.ch; Unterdorf 1; EZ/DZ 48/96 SFr).

Fährt man mit dem Zug von Chur nach Malans (7 SFr, 22–32 Min.), kann es bei einigen Verbindungen sein, dass man in Landquart umsteigen muss. Wer weiter nach Jenins (ab 9,60 SFr, ab Chur 36 Min.) fahren möchte, nimmt in Landquart, Malans oder Maienfeld das Postauto.

Maienfeld & Heididorf

Das eindrucksvollste der Weindörfer ist **Maienfeld**, das weitere 2 km hinter üppigen Wäldern und Weinhängen liegt. Ins Auge stechen hier das **Rathaus** mit seinen farbenfrohen Fresken und die mächtige Kirche. Im Ort kann man gute regionale Gerichte kosten. **Schloss Brandis** (☎ 081 302 24 23; Gerichte 20–40 SFr), ein mächtiger Turm aus dem 15. Jh., beherbergt eines der besten Restaurants im Kanton. In dem durch Laternen beleuchteten Speisesaal mit seinen schweren Deckenbalken kann man sich in die Zeit zurückträumen, als hier die Ritter saßen und Spanferkel aßen. Auch heute noch langen hier die Gäste bei der

Maienfelder Rieslingsuppe und herzhaften Fleischspezialitäten kräftig zu. Weine probieren kann man in der gemütlichen **Vinothek von Salis** (☎ 081 302 50 57; Kruseckgasse 3; ⌚ Mo–Fr 14–18, Sa 9.30–16 Uhr), wo einem Frau Möhr alles über die hiesigen Weine erzählen kann.

Jedes Jahr wird abwechselnd in einer der vier Ortschaften der Bündner Herrschaft (Maienfeld, Malans, Jenins und Fläsch) das **Herbstfest** ausgerichtet, das am ersten Oktoberwochenende stattfindet. In den sonst eher ruhigen Straßen geht's dann bei reichlich Wein und Essen sehr lustig zu.

Maienfeld ist natürlich auch der Zugang zum Heidiland. Johanna Spyri (1827–1901) hatte die Idee, die Heidi-Geschichte in der Gegend rund um Maienfeld anzusiedeln. Und die Einheimischen hatten die viel schlimmere Idee, ein Dorf **Heididorf** zu nennen. Das ist ausgeschildert und liegt 20 Gehminuten außerhalb von Maienfeld in idyllischer Landschaft. In der Hauptsaison fährt der Bus Heidi-Express, der am Hotel Heididorf vorbeikommt, dorthin. Neben dem **Heidihaus** (☎ 081 330 19 12; www.heidi-swiss.ch; Erw./Kind unter 6 Jahren/Kind 6–16 Jahre 7 SFr/frei/3 SFr; ⌚ Mitte März–Mitte Nov. 10–17 Uhr), in dem Heidi natürlich nie gelebt hat, weil sie eine Romanfigur ist, kann man den Heidi-Shop besuchen, wo es Heidi-Ausmalbücher, Heidi-Videos und jede Menge Heidi-Kitsch gibt. Wer von all dem noch nicht genug hat, der läuft den Heidiweg durch die umliegenden Hügel entlang bis auf die Heidialp. Danach braucht man natürlich noch einen Heidi-Wein und bekommt einen Heidi-Kater. Vielleicht zieht der eine oder andere es aber auch vor, sich über die A13 nordwärts nach Liechtenstein davonzumachen.

Maienfeld liegt an der Bahnlinie Chur–Bad Ragaz.

Bad Ragaz
5041 Ew. / 502 m

Erholung nach all dem Heidi-Schnickschnack verspricht der Kurort Bad Ragaz ein paar Kilometer westlich von Maienfeld. Die Kureinrichtung wurde 1840 eröffnet und zog berühmte Gäste wie Douglas Fairbanks oder Mary Pickford an. Ein paar Kilometer südlich vom Ort liegt die **Tamina Therme** (☎ 081 303 27 41; www.resortragaz.ch), die zum Zeitpunkt unserer Recherche gerade renoviert wurde. Sie dürfte im Sommer 2009 wiedereröffnet worden sein; Öffnungszeiten und Preise lassen sich telefonisch oder online abfragen. Bad Ragaz liegt an der Bahnstrecke Chur–Zürich. Stündlich fahren Züge von Chur über Maienfeld hierher (8,20 SFr, 15 Min.).

KLOSTERS & DAVOS

Folgt man von Landquart aus der N28 nach Osten, gelangt man in das weitläufige Prättigau. Das Tal erstreckt sich ostwärts bis zum Promimagneten Klosters. Vor Klosters gehen mehrere Seitenstraßen von der Autobahn ab, von denen die Straße nach **St. Antönien** die schönste ist. Es gibt hier keine besonderen Sehenswürdigkeiten, sondern nur alpines Hochland mit verstreuten Dörfern und Walserhäusern, die die Bauern hier errichteten, als sie ab dem 13. Jh. aus dem östlichen Wallis einwanderten.

KLOSTERS
3860 Ew. / 1194 m

Hier kann man wirklich von Royal Ski sprechen! Prinz Charles stand hier als 14-Jähriger auf Skiern und saust heute mit William und Harry über die Pisten. Der Ferienort ist weder aufgedonnert noch aufgetakelt, sondern einer wie aus dem Bilderbuch. Und er schafft es (jedenfalls in der Regel), Paparazzi draußen zu halten und die Blaublüter mit seiner zurückhaltenden Eleganz und der fesselnden Schönheit zum Wiederkommen zu bewegen. Klosters hat Klasse: Hier trinkt man eher Champagnercocktails als Jägermeister, setzt eher auf Holzspielzeug als auf Jodel-Kitsch und bevorzugt Eleganz mit Understatement statt Glamour.

Orientierung & Praktische Informationen

Klosters ist in zwei Abschnitte untergliedert: Klosters Platz rund um den Bahnhof ist der Hauptferienort. Rechts vom Bahnhof befindet sich die **Touristeninformation** (☎ 081 410 20 20; www.klosters.ch; Alte Bahnhofstrasse 6; ⌚ Dez.–März Mo.–Fr 9–12 & 14–18 Uhr, Juni–Okt. Mo–Fr 9–12 & 14–17, Sa 9–12 & 14–17 Uhr, übriges Jahr Mo–Fr 9–12 & 14–17 Uhr). Die Post liegt gegenüber vom Bahnhof.

Das kleinere Klosters Dorf liegt 2 km links vom Bahnhof. Hier befinden sich mehrere Hotels und auch die Seilbahn nach Madrisa fährt hier ab. Die Fahrt mit dem Lokalbus in Klosters ist für Inhaber einer Gästekarte (mit der man auch bei manchen sportlichen Aktivitäten und anderen touristischen Einrichtungen Rabatt bekommt) oder eines Skipasses kostenlos.

Aktivitäten

Mit dem Regionalpass (Erw./Kind/Jugendl. 65/23/46 SFr pro Tag) kann man die insgesamt 315 km umfassenden **Skipisten** von Davos und Klosters benutzten. Die Tagespässe für die einzelnen Gebiete sind etwas billiger.

Parsenn ist gut geeignet für Anfänger, während sich Madrisa mit seinen langen, sonnigen Abfahrtspisten, die überwiegend oberhalb der Baumgrenze liegen, für mittelgute Skifahrer anbietet. Zu den richtig schwierigen Hängen gehören der hinreißende Schlappin und der unglaublich steile Gotschnawang. Die Chance, auf den Pisten zufällig irgendwelchen Royals zu begegnen, gibt dem Skifahren etwas zusätzlichen Glamour. **Snowboarder** können in Madrisa oder im Freestylepark am Selfrangalift Sprünge wagen. Wer lieber geräuschlos durch Kiefernwälder gleitet, findet in Klosters 35 km **Langlaufloipen**. Weitere Infos zum Skifahren vor Ort gibt's unter www.davosklosters.ch.

Auch die Kids gehen nicht leer aus: Für sie gibt es z. B. die 8,5 km lange **Rodelbahn** (☻ Dez.–April 8.15–16 Uhr) von Madrisa nach Saas. Schlitten kann man an der Bergstation ausleihen (8 SFr zzgl. 10 SFr Kaution). Für 80 SFr pro Stunde kann man auch in einem **Pferdeschlitten** (☎ 081 422 18 73; www.pferdekutschen.ch) durch die verschneite Landschaft fahren.

Im Sommer bietet das weitläufige **Wanderwegenetz** das gesamte Spektrum von leichten Spaziergängen in den Alpen bis hin zu kräftezehrenden Tageswanderungen. Auch **Mountainbiken** und Downhill sind in Klosters beliebte Sportarten. Räder bekommt man in **Bertram's Bike Shop** (☎ 076 318 42 64; Bahnhofstrasse 16; ☻ Mo–Fr 9–12 & 13.30–18.30, Sa 9–16 Uhr). Streckentipps lassen sich über die Website der Touristeninformation abfragen.

Schlafen

Eine Liste der Privatzimmer und Ferienwohnungen ist in der Touristeninformation erhältlich. Wie im benachbarten Davos sind die meisten Unterkünfte außerhalb der Saison geschlossen. Im Sommer sinken die Preise um 30 bis 50 %.

Soldanella (☎ 081 422 13 16; www.youthhostel.ch/klosters; Talstrasse 73; B 45 SFr; ☻ Rezeption 8–10 & 17–21 Uhr; 🖳) Selbst die HI-Jugendherberge in Klosters verströmt mit ihren beiden Berghütten alpinen Charme. Die Schlafsäle sind sauber und hell, zum Ausspannen gibt's eine sonnige Terrasse. Vom Bahnhof sind es zu Fuß zwölf Minuten bis hierher.

Hotel Chesa Grischuna (☎ 081 422 22 22; www.chesagrischuna.ch; Bahnhofstrasse 12; EZ/DZ/Suite 240/410/550 SFr) Genauso stellt man sich eine Schweizer Berghütte vor: Das von einer Familie geführte Haus hat urige, kiefernholzverkleidete Zimmer mit einigen antiken Möbeln und prachtvollen geschnitzten Decken. Das holzgetäfelte, mit Laternen beleuchtete Restaurant hat ebenfalls alpinen Charme; Kellnerinnen in Dirndln servieren die regionalen Spezialitäten.

Rustico (☎ 081 410 22 88; www.rusticohotel.com; Landstrasse 194; DZ 265–365 SFr; 🅿) In der Nähe des Gotschnabahn-Skilifts in Klosters Platz bietet dieses intime Hotel geräumige Doppelzimmer mit Parkettböden und üppigen Betten. Am gemütlichsten sind die Zimmer im Dachgeschoss mit ihren Holzdecken. Aufwärmen kann man sich am Kaminfeuer in der Lobby oder in der Sauna. Das mit Kunstwerken dekorierte Restaurant bringt internationale Leckerbissen mit asiatischem Einschlag auf die Tische.

Essen & Ausgehen

Gasthaus Bargis (☎ 081 422 55 77; Kantonsstrasse 8; Gerichte 17,50–30 SFr; ☻ Mi–So) In dem schicken Gasthaus mit Holzfassade an der Straße nach Klosters Dorf bekommt man tolle herzhafte Gerichte – vom leckeren Schnitzel bis zum gehaltvollen Eintopf. Wenn die Sonne scheint, kann man auf der Terrasse mit Blick auf die Berge essen.

Salzi's Sonne (☎ 081 422 13 49; Landstrasse 155; Gerichte 20–50 SFr; ☻ Mi–So) Die holzgetäfelte, von einer Familie geführte Schenke ist gemütlich. Hier gibt's Kalorienbomben wie Fondue (ab 28 SFr/Pers.), Steinpilzravioli, Boeuf Stroganoff und knusprigen Apfelstrudel mit Schlagsahne.

Prättiger Huschi (☎ 081 410 22 88; Landstrasse 192; Fondue 28–49 SFr; ☻ nur Winter 18–22 Uhr) Die 200 Jahre alte Berghütte auf dem Weg nach Rustico eignet sich im Winter ausgezeichnet, um sich aufzuwärmen. Durchgefrorene Gäste können auf den mit Rindsleder bezogenen Bänken sitzen und sich am blubbernden Fondue laben.

It's Bar (☎ 081 422 40 61; Landstrasse 195; ☻ Di–So 17–1 Uhr) Die schicke Cocktailbar verleiht Klosters Platz ein wenig Coolness. Zu sanfter Barmusik sitzt man auf Stühlen mit hoher Rückenlehne und lässt das ultramoderne Design mit den spinnenbeinartigen Metallleuchten auf sich wirken. Die goldgerahmten Bilder entpuppen sich bei näherem Betrachten als Aquarien mit echten Goldfischen.

An- & Weiterreise
Klosters liegt an derselben Bahnlinie wie Davos (s. S. 343) zwischen Landquart und Filisur. Zwischen Klosters und Davos fahren Busse, die Inhaber einer Gästekarte oder eines Skipasses kostenlos nutzen können.

DAVOS
10 700 Ew. / 1560 m

So richtig schön ist Davos zwar nicht – dieses Prädikat gebührt dem Nachbarort Klosters –, aber was dem Ferienort an idyllischem Anblick fehlt, macht er mit tollen Skihängen wett. Teilweise überwinden Skifahrer auf ihnen einen unglaublichen Höhenunterschied von 2000 m! Außerdem gibt's hier die heißeren Après-Ski-Partys zu europäischer Popmusik. Einmal im Jahr trifft sich die Crème de la Crème des Weltkapitalismus beim Weltwirtschaftsforum in Davos. Der Ort inspirierte auch Sir Arthur Conan Doyle (den Schöpfer von *Sherlock Holmes*) zum Skifahren, und Thomas Mann schrieb hier seinen Roman *Der Zauberberg*.

Orientierung & Praktische Informationen
Davos erstreckt sich über 4 km entlang der Bahngleise und dem Fluss Landwasser. Es ist in zwei benachbarte Abschnitte mit jeweils einem eigenen Bahnhof aufgeteilt: in Davos Platz und in das ältere Davos Dorf. Die Hauptfiliale der **Touristeninformation** (☎ 081 415 21 21; www.davos.ch; Promenade 67; ⌚ Mo–Fr 8.30–18.30, Sa 9–17, So 10–12 & 15–17.30 Uhr) befindet sich in Davos Platz. In der Nebensaison (Frühjahr & Herbst) hat sie kürzere Öffnungszeiten als angegeben. Die **Post** (Bahnhofstrasse 9; ⌚ Mo–Fr 8.30–12 & 14–18, Sa 8.30–11 Uhr) hat ihren Sitz in Davos Dorf.

Inhaber einer Gästekarte dürfen kostenlos mit den Lokalbussen und -zügen fahren. Dasselbe gilt für Inhaber eines allgemeinen Skipasses (und des Swiss Pass). Bei **Expert RoRo** (☎ 081 420 11 11; Promenade 123; 20/60 Min. 5/12 SFr) gibt's Internetzugang.

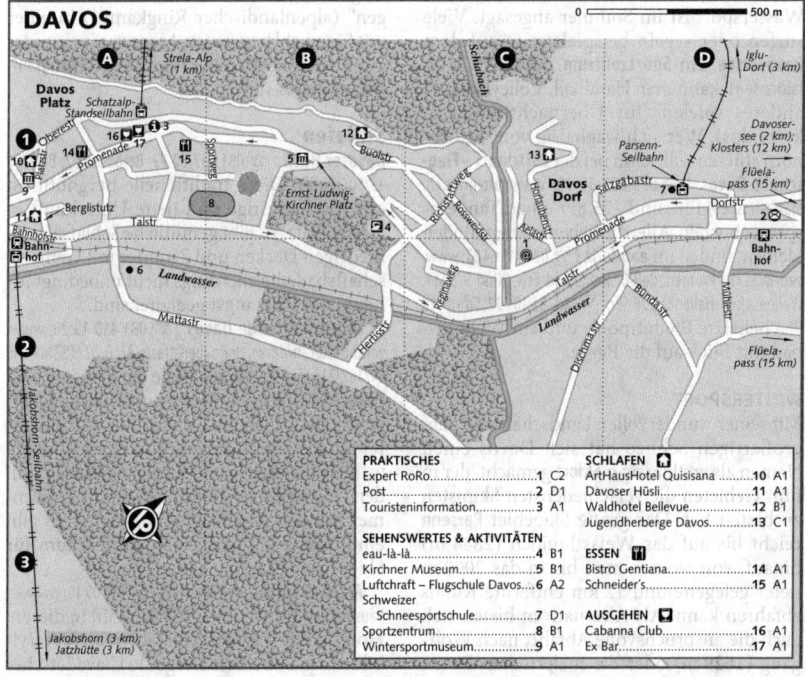

PRAKTISCHES		SCHLAFEN	
Expert RoRo	1 C2	ArtHausHotel Quisisana	10 A1
Post	2 D1	Davoser Hüsli	11 A1
Touristeninformation	3 A1	Waldhotel Bellevue	12 B1
		Jugendherberge Davos	13 C1
SEHENSWERTES & AKTIVITÄTEN			
eau-là-là	4 B1	ESSEN	
Kirchner Museum	5 B1	Bistro Gentiana	14 A1
Luftchraft – Flugschule Davos	6 A2	Schneider's	15 A1
Schweizer Schneesportschule	7 D1	AUSGEHEN	
Sportzentrum	8 B1	Cabanna Club	16 A1
Wintersportmuseum	9 A1	Ex Bar	17 A1

Sehenswertes

In Davos dreht sich fast alles um Outdoor-Aktivitäten, aber wer dringend einen Schuss Kultur braucht, findet hier das schrullige, skibesessene **Wintersportmuseum** (☎ 081 413 24 84; Promenade 43; Erw./Kind 5/3 SFr; ⓥ Dez.–März & Juli–Okt. Di & Do 16.30–18.30 Uhr), das einen in die Zeit zurück versetzt, in der Männer noch zäh wie Leder zu sein hatten.

Das **Kirchner Museum** (☎ 081 413 22 02; Ernst-Ludwig-Kirchner-Platz; Erw./Kind/Senior & Student 10/5/8 SFr; ⓥ Weihnachten–Ostern & 15. Juli–Ende Sept. Di–So 10–18 Uhr, übriges Jahr Di–So 14–18 Uhr) zeigt die weltweit größte Sammlung von Werken des deutschen Expressionisten Ernst Ludwig Kirchner (1880–1938), der die hiesige Landschaft eindrucksvoll auf Leinwand bannte. Als die Nazis ihn als „entarteten Künstler" bezeichneten und seine Werke aus den deutschen Museen verbannten, nahm er sich 1938 verzweifelt das Leben.

Aktivitäten

SOMMERAKTIVITÄTEN

Davos und Klosters bieten zusammen ein Netz von 700 km markierter **Wanderwege** sowie 600 km **Mountainbike-Strecken**. Auch Wassersport ist im Sommer angesagt. Viele surfen oder segeln beispielsweise auf dem **Davosersee**. Im **Sportzentrum** (☎ 081 415 36 00; Talstrasse 41) kann man Handball, Volleyball und anderes spielen (für Übernachtungsgäste kostenlos). Wer sich waghalsig vom Jakobshorn stürzen will, kann bei der **Luftkracht – Flugschule Davos** (☎ 079 623 19 70; www.luftkracht.ch; Mattastrasse 9) für rund 175 SFr einen Tandemsprung buchen. Alle, die lieber auf dem Boden bleiben, finden im **eau-là-là** (☎ 081 413 64 63; www.eau-la-la.ch; Promenade 90; Hallenbad Erw./Kind 15/10 SFr, Wellness inkl. Hallenbad 26 SFr; ⓥ Mo–Sa 10–22, So 10–18 Uhr) beheizte Freiluftpools und ein Wellnessbad mit Blick auf die Berge.

WINTERSPORT

Mit seiner wundervollen Landschaft und dem großartigen Schnee hat sich Davos einen Namen als erstklassiger **Skiort** gemacht, der in fünf Gebieten die verschiedensten Skipisten zu bieten hat. Das große Skigebiet **Parsenn** reicht bis auf das Weissfluhjoch (2844 m) hinauf, von wo aus man bis in das 2000 m tiefer gelegene und 12 km entfernte Küblis abfahren kann. Als Alternativen bieten sich auch die anspruchsvolle Abfahrt nach Wolfgang (1629 m) oder die malerischen Pisten nach Klosters an. Jenseits des Tals ist das **Jakobshorn** eine beliebte Spielwiese für **Snowboarder** mit einer Halfpipe, einem Geländepark und ausgezeichneten Möglichkeiten, abseits der Pisten zu fahren. Infos zu den Preisen der Skipässe gibt's auf S. 340.

Eine der besten Ski- und Snowboard-Schulen ist die **Schweizer Schneesportschule** (☎ 081 416 24 54; www.ssd.ch; Promenade 157). Davos ist auch ein Paradies für **Skilangläufer**. Es gibt 75 km gut gepflegte Loipen, die sich zum Langlauf im klassischen Stil und im Skating-Stil eignen, sowie eine flutlichtbeleuchtete Strecke, auf der man auch abends Ski fahren kann. Außerdem wurden mehrere **Rodelbahnen** angelegt, darunter die flutlichtbeleuchtete, 2,5 km lange Bahn von der Schatzalp nach Davos Platz. Schlitten kann man an der Talstation der Schatzalp ausleihen.

Feste & Events

Klassische Musik steht im Mittelpunkt des **Davos Festival**, das von Ende Juli bis Anfang August stattfindet. Davor wird eine Woche lang ein Jazzfestival abgehalten. Verrückte Schweizer sieht man beim **Sertig Schwinget** im August, bei dem die Champions im „Schwingen" (alpenländischer Ringkampf) in einer mit Sägemehl bestreuten Arena gegeneinander antreten. Im Dezember findet der **FIS Langlauf-Weltcup Davos** statt.

Schlafen

Davoser Hüsli (☎ 081 417 67 77; Berglistutz 2; B/EZ/DZ 45/50/100 SFr) Diese traditionelle Berghütte ist eine preisgünstige und nette Unterkunft in Davos Platz. Es gibt gemütliche Schlafsäle mit niedrigen Decken und Zimmer mit Gemeinschaftsbad, die allerdings nicht unbedingt für Leute mit Platzangst geeignet sind.

Jugendherberge Davos (☎ 081 410 19 20; www.youthhostel.ch/davos; Horlaubenstrasse 27; B/DZ/3BZ inkl. HP 51/162/213 SFr; ⓟ) In der Nähe der Parsenn-Seilbahn befindet sich dieser coole Backpackerpalast, der früher ein Sanatorium war. Skifahrer mit kleinem Geldbeutel und Lust auf Party wählen die hellen, modernen Schlafsäle mit den Doppelstockbetten aus Kiefernholz (Zimmer mit Balkon kosten etwas mehr). Es gibt eine relaxte Lounge, einen Abstellraum für Skier und WLAN.

ArtHausHotel Quisisana (☎ 081 410 05 10; www.arthaushotel.ch; Platzstrasse 5; EZ/DZ 150/260 SFr) In diesem Hotel hängen überall die abstrakten Acrylbilder des Betreibers Diego do Clavadetscher

EINE EISGEKÜHLTE UNTERKUNFT

In Davos' **Iglu-Dorf** (☎ 041 612 27 28; www.iglu-dorf.com; Parsenn/Haupertäli; 149–179 SFr/Pers.; ⓥ Ende Dez.–Mitte April) muss man sich auf einen frostigen Empfang gefasst machen. Es liegt in 2620 m Höhe und ist genau das Richtige für alle, die ihre Eskimo-Fantasien ausleben möchten. Allein der Gedanke, die Nacht in einem kuppelförmigen Haus aus Eis zu verbringen, mag einen bibbern lassen, aber wenn man sich erst einmal in seinen Schlafsack gekuschelt und das Schaffell über die Ohren gezogen hat, vergisst man die Minusgrade schnell. Das klebrige Fondue aus dem Gemeinschaftskessel und der Schnaps vorm Schlafengehen an der Eisbar helfen einem gut ins Land der Träume. Außerdem: In Schneeschuhen durch die sternenklare Nacht zu stapfen und ringsherum die glitzernden Berge zu sehen, ist ein unvergessliches Erlebnis. Wer ein bisschen mehr Kohle investiert, bekommt die Iglu-Suite mit eigenem Whirlpool. Das ist mal richtig cool!

herum. Die Zimmer sind modern eingerichtet und recht geräumig (die Badezimmer allerdings winzig).

Waldhotel Bellevue (☎ 081 415 37 47; www.waldhotel-bellevue.ch; Buolstrasse 3; EZ/DZ 240/440 SFr; Ⓟ 🖥 🐕) Das ehemalige Sanatorium (das die Vorlage für Thomas Manns Roman *Der Zauberberg* von 1924 war) ist heute ein Hotel, das vor Kurzem stilvoll aufpoliert wurde. Die Zimmer sind komfortabel, wenn auch ein wenig einfallslos eingerichtet. Wer sich nicht immer nur von Balkon aus die Berge anschauen will, kann sich im Sole-Hallenbad und der Sauna des Wellnessbereichs vergnügen. Das Restaurant hat sich auf Bündner Küche spezialisiert.

Essen

Strela-Alp (☎ 081 413 56 83; Gerichte 15–30 SFr; ⓥ Mai–Okt. 9–17 Uhr, Dez.–April Di–Sa 9–23 & So & Mo 9–17 Uhr) Der atemberaubende Blick von der Terrasse auf die Berge ist genauso verlockend wie die Speisekarte in diesem rustikalen Restaurant in der Nähe der Bergstation der Schatzalp-Standseilbahn. Ein Spaziergang durch den Wald verhilft zum richtigen Appetit auf Rösti und Apfelstrudel.

Schneider's (☎ 081 420 00 00; Promenade 68; Kuchen 3–6 SFr; Gerichte 20–35 SFr; ⓥ Patisserie 7–18.30 Uhr, Restaurant 8–19 Uhr) Mürbes Gebäck, Biertrüffel und Bündner Nusstorte locken Süßschnäbel in diese Patisserie. Im Restaurant gibt's auch regionale Gerichte, aber am besten wendet man sich hier gleich dem Dessert zu.

Bistro Gentiana (☎ 081 413 56 49; Promenade 53; Gerichte 28–42 SFr; ⓥ Mai & Sommer Mi geschl.) Dieses Art-déco-Bistro ist auf Schnecken und kalorienreiche Käsefondues spezialisiert. Einen Teller mit sechs saftigen, im Ofen geschmorten Schnecken mit Pilzen serviert der Kellner für 29,80 SFr.

Ausgehen

Cabanna Club (☎ 081 415 42 01; Promenade 63; ⓥ Dez.–April 20–3 Uhr) In diesem Dauerbrenner von einem Club im Hotel Europe wird hauptsächlich Techno gespielt. Hier steppt beim Après-Ski der Bär!

Ex Bar (☎ 081 413 56 45; Promenade 63; ⓥ Winter tgl. 17–6 Uhr, Sommer Mo–Do 17–2, Fr & Sa 17–5 Uhr) Diese immer gut besuchte Partyhöhle beschallt Gäste mit europäischem Pop. Kostenloses gesalzenes Popcorn gibt es auch. Über der Tür hängt ein riesiges Plüschrentier.

Jatzhütte (☎ 081 413 73 61; Jakobshorn) Der abgefahrenste Après-Ski-Treff in Davos thront in 2530 m Höhe. Wer sich traut, hier seine Klamotten auszuziehen, kann in den von vereisten Gipfeln umrahmten 39 °C warmen Whirlpool springen. Wer die Thermoklamotten aber lieber anbehält, schnappt sich einen über offenem Feuer gegrillten Burger oder einen extrem starken Kaffee – oder begibt sich gleich auf die Tanzfläche.

An- & Weiterreise

Wer mit dem Zug nach Chur (28 SFr, 1½ Std.) oder Zürich (51 SFr, 2½ Std.) fahren will, muss in Landquart umsteigen. Nach St. Moritz (29 SFr, 1½ Std.) nimmt man den Zug von Davos Platz und steigt in Filisur um. Um nach Scuol im Unterengadin zu kommen, steigt man in den Zug von Davos Dorf bis Klosters und dort in den stündlich fahrenden Bus (28 SFr, 1¼ Std.) um.

PARC ELA

Das Gebiet, das südwestlich von Davos in Richtung Tiefencastel abfällt, bildet den größten Naturpark der Schweiz, den **Parc Ela** (☎ 081 407 11 18; www.parc-ela.ch). Er wurde 2006 eingerichtet, um das einmalige Biotop der Region zu schützen und gleichzeitig der schwach entwickelten Wirtschaft Auftrieb zu geben. Das Gebiet erstreckt sich über 600 km² und umfasst 21 Gemeinden in den Regionen Albula–Bergün und Savognin–Bivio. Der Park ist dreieinhalbmal so groß wie der Schweizer Nationalpark.

Wenn man durch das **Albulatal** fährt, kommt man an blumenübersäten Wiesen, dichten Kiefern- und Lärchenwäldern, einsamen Hochmooren, bizarren Felsformationen und winzigen Dörfchen mit Kirchen im italienischen Stil vorbei. In der Nähe des familienfreundlichen **Wiesen** (www.wiesen.ch), das ein fantastischer Ausgangspunkt für Wanderungen ist, steigen die Berge abrupt an, sodass die steinernen Bögen der im frühen 20. Jh. erbauten **Albulabahn** (www.rhb-unesco.ch), die zum UNESCO-Welterbe gehört, geradezu spielzeughaft winzig wirken.

DAS ENGADIN

Der über 500 km lange Inn (rätoromanisch: En) entspringt in den schneebedeckten Alpen Graubündens in der Gegend des Malojapasses und gibt dem langen Tal, dem Engadin (rätoromanisch: Engiadina), seinen Namen.

Das Tal wird unterteilt in das Oberengadin von Maloja bis Zernez und das Unterengadin, das sich von Zernez bis nach Martina an der Grenze zu Österreich erstreckt.

Die Highlights im Oberengadin sind der schicke Skiort St. Moritz und das Windsurfermekka Silvaplana. Das aus zwei Tälern bestehende Unterengadin beherbergt den einzigen Nationalpark der Schweiz und urtümliche Dörfer mit Häusern, deren Fassaden in Sgraffito-Technik verziert sind, und bietet Landschaft pur. Häufiger als anderswo kann man hier Rätoromanisch hören, obwohl Deutsch die Verkehrssprache ist.

Am 1. März findet im Engadin das Frühlings- und Jugendfest **Chalandamarz** statt. Beim **Schlitteda** fordern die Jungen die Mädchen auf, mit ihnen in prächtig geschmückten Pferdeschlitten durch die Landschaft zu fahren. Diesen uralten Brauch können Besucher im Januar in St. Moritz, Pontresina und Silvaplana miterleben.

UNTERENGADIN

Das dicht bewaldete Unterengadin (rätoromanisch: Bassa Engiadina) liegt in der Ostschweiz und ragt in Form einer Wolfsschnauze in die Nachbarstaaten Österreich und Italien hinein. Von Davos aus führt die N28 in einer Reihe von Kurven hinauf auf den kahlen Flüelapass (2383 m). Auf der anderen Seite eröffnet sich ein majestätischer Blick auf schroffe Alpengipfel, Täler und silbern schimmernde Bergbäche.

Danach führt die Straße hinab nach **Susch**. Ganz in der Nähe bei Sagliains befindet sich die Ausfahrt des Vereinatunnels, durch den die Autozüge fahren, den man ab Selfranga (gleich außerhalb von Klosters) nehmen kann. Diese Züge sind die einzige Möglichkeit, in das Tal zu kommen, wenn der Pass wegen Schneefalls gesperrt ist. Die Züge fahren tagsüber alle 30 bis 60 Minuten (je nach Saison 27–40 SFr/Auto).

Ab Susch kann man 6 km gen Süden nach Zernez und dann nach Osten in den Schweizer Nationalpark und das Münstertal oder auch weiter nach Südwesten ins Oberengadin weiterfahren. Eine andere Möglichkeit ist es, dem Inn auf seinem Weg nach Osten Richtung Österreich zu folgen.

Guarda & Umgebung
180 Ew. / 1653 m

Mit seinen Kopfsteinpflastergassen und den kleinen, bonbonfarbenen Hobbithäusern wirkt das 6 km östlich von Susch gelegene **Guarda** wie ein Ort aus dem Märchenbuch. Vom Bahnhof im Tal geht's 30 Minuten steil den Hügel hinauf bis zum Ort. Die Strecke lässt sich auch mit dem Postauto (3 SFr) zurücklegen, das tagsüber etwa stündlich fährt. Ein Weg führt 8 km in Richtung Norden zu den Ausläufern des 3312 m hohen Piz Buin (den kennt man von der Sonnencreme), der die gletscherbedeckte Gebirgskette Silvretta an der schweizerisch-österreichischen Grenze dominiert.

In seinen traditionellen Häusern bietet Guarda eine Reihe von Unterkünften, darunter das familiengeführte und mit Blumen geschmückte **Hotel Piz Buin** (☎ 081 861 30 00; www.pizbuin.ch; EZ/DZ 95/176 SFr) mit gemütlichen, pieksauberen Zimmern, von denen viele mit Schweizer Pinienholz verkleidet sind. Man frühstückt auf der Terrasse zum Klang der Kuhglocken und nimmt dann in der Badewanne unter freiem Himmel mit Blick in die Berge ein heißes Schaumbad.

In östlicher Richtung ein paar Kilometer durch den Wald liegt das Dörfchen **Bos-cha**. Von hier aus geht's mit dem Auto nicht mehr weiter. Man muss zur Talstraße zurückkehren und folgt dann der Beschilderung hinauf nach **Ardez**. In diesem winzigen Dorf gibt es eine Ruine eines mittelalterlichen Turms, gut erhaltene Erker und das aus dem 17. Jh. stammende Chesa Claglüna zu sehen, die aufwändig in Sgraffito-Technik dekoriert ist. Nach weiteren 8 km ist **Ftan** erreicht, wo die bewaldeten Hänge zu schroffen Felsen hinaufführen. Von hier aus geht's auf der schmalen Straße hinunter nach Scuol.

Scuol
2180 Ew. / 1250 m

Das von schroffen Gipfeln und dichtem Wald umgebene Scuol ist zu jeder Jahreszeit einen Besuch wert: Im Sommer bieten sich einsame Alpenwanderungen an, im Winter kann man abseits der Touristenmassen Ski fahren. Und das ganze Jahr über sorgt das Mineralwasserbad für Entspannung pur. Das Zentrum Scuols ist von kopfsteingepflasterten Gassen und jahrhundertealten, sgraffitogeschmückten Häusern geprägt.

ORIENTIERUNG & PRAKTISCHE INFORMATIONEN
Der Bahnhof liegt 1 km westlich vom Dorfzentrum. Infos zu Outdoor-Aktivitäten in der Region sind in der **Touristeninformation** (☎ 081 861 22 22; www.scuol.ch; Stradun; ⊗ Mo–Fr 8–18.30, Sa 9–12.30 & 13–17.30, So 9–12 Uhr, außerhalb der Hauptsaison verkürzte Öffnungszeiten) im Zentrum erhältlich.

SEHENSWERTES & AKTIVITÄTEN
Der alte Ortsteil (Unterdorf) lädt zum Verweilen ein. Man kann sich urige Engadinerhäuser und kopfsteingepflasterte Plätze mit Springbrunnen ansehen, die aus einer der 20 Quellen in der Gegend gespeist werden. Hoch auf einem Hügel thront das märchenhafte **Schloss Tarasp** (☎ 081 864 93 68; www.schloss-tarasp.ch; Führung Erw./Kind 7,20/3,20 SFr; ⊗ Führung Juni–Mitte Juli & Sept.–Mitte Okt. 14.30 & 15.30 Uhr, Mitte Juli–Aug. 11, 14.30, 15.30 & 16.30 Uhr) aus dem 11. Jh. Mit dem Auto sind es 6 km gen Südwesten bis zur Burg.

Scuols größte Attraktion ist das **Bogn Engiadina Scuol** (☎ 081 861 20 00; www.engadinbadscuol.ch; Stradun; Erw./Kind unter 6 Jahren/Kind 6–15 Jahre 25/5/16 SFr; ⊗ 8–21.45 Uhr), eines der besten Thermalbäder der Schweiz. Die normale Eintrittskarte erlaubt einen zweieinhalbstündigen Aufenthalt in der Bäder- und Saunalandschaft mit Massagebecken, Wasserfällen und Whirlpools. Das schneckenhausförmige Außenbad ist besonders unterm Sternenhimmel stimmungsvoll. Genuss pur verspricht der zweieinviertelstündige Aufenthalt im römisch-irischen Bad (66 SFr) mit verschiedenen Bädern, Massagen und Entspannungsangeboten (FKK-Bereich).

Die **Skihänge** oberhalb von Scuol umfassen insgesamt 80 Pistenkilometer und reichen bis in eine Höhe von 2800 m hinauf (Tagespass Erw./Kind/Student 51/26/41 SFr). Mit **Engadin Adventure** (☎ 081 861 14 19; www.engadin-adventure.ch) kann man **Raftingtouren** (95 SFr) und aufregende **Downhill-Mountainbiketouren** (inkl. Ausrüstung 96 SFr) von Motta Naluns nach Scuol unternehmen.

SCHLAFEN & ESSEN
In Scuol gibt es einen Campingplatz, Ferienhäuser und mehrere hübsche Hotels im alten Unterdorf und an der Stradun, der Hauptstraße in den modernen Ortsteil.

Hotel Traube (☎ 081 861 07 00; www.traube.ch; Stradun; EZ/DZ 120/210 SFr) Das pfirsichfarbene Hotel verfügt über helle, geräumige Zimmer, eine Sauna und sogar eine eigene Mineralquelle. In dem mit Kiefernholz getäfelten Restaurant werden schweizerisch-italienische Gerichte wie Pilzrisotto serviert.

LP Tipp Hotel Engiadina (☎ 081 864 14 21; www.engiadina-scuol.ch; DZ 178–264 SFr) Das niedliche Engiadina im Unterdorf verspricht ruhigen Schlaf. Das lichtdurchflutete und wunderschön mit Pinienholz dekorierte Haus hat unterschiedliche Zimmer zu bieten: Einige sind geweißt, andere haben gewölbte Decken und wieder andere aufwändig geschnitzte. Das Highlight ist das preisgekrönte Restaurant (Gerichte 25–54 SFr), in dem Gerichte wie Wildbraten mit Haselnuss-*Pizokel* auf den Tisch kommen, die man im Kerzenschein genießt.

AN- & WEITERREISE
Von St. Moritz (26 SFr, 1½ Std.) aus kommt man mit dem Zug (in Samedan umsteigen) bis zur Endstation Scuol-Tarasp. Direktzüge fahren ab Klosters (21,60 SFr, 45 Min.). Von Scuol braucht der Zug bis Guarda (7 SFr) 17 Minuten. Vom Bahnhof aus fahren das ganze Jahr über Postautos nach Tarasp (4 SFr, 15 Min.), Samnaun (19 SFr, 1¼ Std.) und bis ins österreichische Landeck.

Samnaun
819 Ew. / 1377 m

Die Fahrt ostwärts am Inn entlang in Richtung der Grenze zu Österreich ist schön, wenn auch

> **WER IST DER BESTE NIKOLAUS?**
>
> Die meiste Zeit des Jahres ist Samnaun nur ein verschlafenes, kleines Nest. Doch am ersten Dezemberwochenende stiehlt es Lappland die Schau: Dann findet hier das **Clau Wau** (www.clauwau.com) statt, die Weltmeisterschaft der Nikoläuse. An die 100 Möchtegern-Nikoläuse kommen hier zusammen und treten um den Titel des Meisters aller Nikoläuse gegeneinander an. Die Kerle (es können aber auch Frauen sein) in Rot beweisen ihre Nikolaustauglichkeit in verschiedenen Disziplinen wie Schornsteinklettern, Lebkuchen verzieren, Reiten auf einem mit Geschenken bepackten Esel (Rentiere gibt's in der Schweiz ja nun mal nicht) und Schlittenfahren. Dieses Event sorgt für eine Menge Spaß und Ho-ho-ho in der Adventszeit.

ohne besondere Höhepunkte. Nach einem kurzen Abstecher in österreichische Gefilde kehrt man in der zollfreien Ortschaft Samnaun wieder in einen abgelegenen Winkel der Schweiz zurück. Samnaun gehört zur Silvretta und bietet im Winter Zugang zu einem 230 km umfassenden gepflegten Pistennetz. Die meisten Einheimischen kommen allerdings hierher, um zollfrei einzukaufen. Bekannt ist der Ort außerdem für die Weltmeisterschaft der Nikoläuse (s. Kasten oben).

Müstair
765 Ew. / 1375 m

Versteckt in einer abgelegenen Ecke der Schweiz liegt Müstair, eine der ältesten christlichen Siedlungen in Europa. Angeblich war es Karl der Große, der an dieser strategischen Stelle unterhalb des Ofenpasses, der Nordeuropa von Italien und dem Zentrum der Christenheit trennt, anfangs des 9. Jhs. ein Kloster mit einer Kirche gründete.

Infos zur Unterkunft im Val Müstair (Münstertal) gibt's in der **Touristeninformation** (☎ 081 858 50 00; www.val-muestair.ch; Mai–Okt. Mo-Fr 9–18, Sa & So 13.30–18 Uhr, Nov.–April Mo-Fr 10–12 & 13.30–16.30, Sa & So 13.30–16.30 Uhr) des Dorfs.

Ausdrucksstarke karolingische (9. Jh.) und romanische (12. Jh.) Fresken bedecken den Innenraum der **Klosterkirche St. Johann** (☎ 081 851 62 28; www.muestair.ch; Eintritt frei; Mai–Okt. 7–20 Uhr & Nov.–April 7–17 Uhr). Unterhalb der karolingischen Fresken in den Apsiden, die u. a. den thronenden Christus zeigen, erzählen Wandbilder aus romanischer Zeit von den grausamen Martyrien des hl. Petrus (der gekreuzigt wurde), des hl. Paulus (den man geköpft hat) und des hl. Stephanus (der gesteinigt wurde). Über all dem Unheil thront Christus erhaben und majestätisch. Das **Museum** (Erw./Kind 12/6 SFr; Mai–Okt. Mo–Sa 9–12 & 13.30–17, So 13.30–17 Uhr, Nov.–April Mo–Sa 10–12 & 13.30–16.30, So 13.30–16.30 Uhr) nebenan umfasst einen Teil des Klosterkomplexes. Hier sind karolingische Kunstwerke und andere Relikte ausgestellt.

Müstair liegt unmittelbar vor der italienischen Grenze am Ende des Val Müstair. Man erreicht den Ort von Samnaun aus über Österreich und Italien oder von Zernez aus durch den Nationalpark (s. unten). Postautos fahren durch das Tal von Zernez nach Müstair (19 SFr, 1 Std.).

Schweizerischer Nationalpark (Parc Naziunal Svizzer)

Der einzige Nationalpark der Schweiz wurde 1914 eingerichtet und umfasst eine Fläche von 172 km^2 voller urtümlicher Natur: Dolomitengipfel, schimmernde Gletscher, Lärchenwälder, edelweißübersäte Bergwiesen, klare Wasserfälle und Hochmoore mit tiefblauen Seen. Man braucht Wanderschuhe, um auf den Wegen zu wandern, und trifft dabei eher auf Steinböcke, wachsame Murmeltiere und Steinadler als auf andere Menschen. Eine fabelhafte Tageswanderung ist der anstrengende, aber wundervolle Trip zu den Lais de Macun (Macunseen, S. 88).

Mitten im Nationalpark liegt **Zernez**. Hier befindet sich das nagelneue interaktive **Nationalparkzentrum** (☎ 081 851 41 41; www.nationalpark.ch; Erw./Kind unter 6 Jahren/Kind 6–16 Jahre 7 SFr/frei/3 SFr; Juni–Okt. 8.30–18 Uhr, Nov.–Mai 9–12 & 14–17 Uhr), in dem Besucher eine Murmeltierhöhle erkunden, im Vivarium Kreuzottern beobachten und viel über Naturschutz und Umweltveränderungen lernen können. Die Touristeninformation hat Infos zu Wanderstrecken im Park, auch zum dreistündigen Anstieg von S-chanf zur Alp Trupchun. Der Weg ist besonders im Herbst beliebt, weil man zu dieser Zeit brünftige Hirsche erspähen kann. Beliebt ist auch der Naturlehrpfad, ein Rundweg in der Nähe von Il Fuorn, von dem aus ab und an Bartgeier gesichtet werden.

Der Besuch des Parks und die Nutzung der Parkplätze sind kostenlos. Zu Fuß kommt man über Wanderwege von Zernez, S-chanf und Scuol aus in den Park. Das gesamte Gebiet steht unter Naturschutz, also sollte man auf den Wegen bleiben und alle Regeln beachten. Es ist verboten zu campen, Abfall zu hinterlassen, Feuer zu machen, Rad zu fahren, Blumen zu pflücken und die Wildtiere zu stören.

SCHLAFEN & ESSEN
Es gibt mehrere Hotels und Restaurants in Zernez und ein paar Unterkünfte im Nationalpark selbst.

Chamanna Cluozza (☎ 081 856 12 35; cluozza@hotmail.com; B/DZ HP 58/136 SFr; ⊙ Ende Juni–Mitte Okt.) Es gibt absolut keine friedlichere und großartigere Unterkunft als dieses Refugium im Wald. Die Schlafsäle sind wie geschaffen für die Wanderer, die früh aufbrechen wollen. Das Haus liegt etwa drei Stunden zu Fuß südöstlich von Zernez.

Hotel Bär & Post (☎ 081 851 55 00; www.baer-post.ch; Zernez; B/EZ/DZ 18/85/170 SFr) Schon seit 1905 sind hier Gäste willkommen. Das zentral gelegene Haus verfügt über einladende Zimmer mit Daunendecken und viel Pinienholz sowie über einfache Übernachtungsmöglichkeiten in Doppelstockbetten. Außerdem gibt's eine Sauna und ein rustikales Restaurant, in dem Hungrige mit guten Steaks und Pasta versorgt werden.

Il Fuorn (☎ 081 856 12 26; www.ilfuorn.ch; Il Fuorn; EZ/DZ ab 80/140 SFr, HP zzgl. 30 SFr; ⊙ Mai–Okt.) Mitten im Zentrum des Nationalparks bietet dieses Gästehaus helle, komfortable Zimmer mit Kiefernholzmöblierung. Forelle und Wild stehen auf der Speisekarte des Stübli ganz oben.

AN- & WEITERREISE
Regelmäßig fahren Züge von Zernez nach St. Moritz (17,40 SFr, 50 Min.) und halten in S-chanf, Zuoz und Celerina. Um nach Celerina und St. Moritz zu kommen, muss man in Samedan umsteigen.

OBERENGADIN
Während das Unterengadin ganz im Zeichen einsamer Natur steht, ist im Oberengadin Skifahren mit Adrenalinkick angesagt. Neben St. Moritz, dem wohl schicksten Ferienort der Schweiz, gibt es noch eine Reihe weiterer Skiorte im Oberengadin und im nahen Pontresina. Wer sich einen regionalen Skipass besorgt, dem stehen 350 Pistenkilometer zur Verfügung.

KEINE LÖWEN, KEINE TIGER – ABER BÄREN!

In den letzten Jahren haben wanderlustige Braunbären mit Appetit auf leckere schweizerische Schafe häufig die Grenze von Italien ins Engadin überquert. Und wo haben sie am liebsten gewütet? Natürlich im Schweizer Nationalpark, wo die Chance, entdeckt zu werden, besonders gering ist. Im Sommer 2007 gaben Bären dort mehrere Gastspiele: Sie steckten in der Nähe von Zernez ihre Pfoten in Bienenstöcke und rissen ein gutes Dutzend Schafe am Albulapass – sehr zum Ärger der Einheimischen. Ein Bär wurde eingefangen und man verpasste ihm einen Peilsender, damit er von weiteren Eskapaden in der Schweiz abgehalten werden kann.

Zuoz
1245 Ew. / 1750 m

Zuoz, 13 km südwestlich von Zernez, ist eine für das Engadin typische Ortschaft. Es gibt farbenfrohe Häuser, die in Sgraffito-Technik dekoriert und mit Blumenkästen voller Geranien geschmückt sind. Und in der Kirche fällt das Licht durch Augusto Giacomettis Buntglasfenster auf die Kanzel. Die Möglichkeiten zum Skifahren sind hier zwar nur begrenzt, aber die Ortschaft ist zweifellos eine der schönsten im Oberengadin.

Am Dorfplatz steht das **Hotel Crusch Alva** (☎ 081 854 13 19; www.hotelcruschalva.ch; Via Maistra 26; EZ/DZ 115/230 SFr; ⊙ Nov. & Mai geschl.). Die zwölf Zimmer in diesem wunderschönen, 500 Jahre alten Engadinerhaus sind holzverkleidet und verströmen rustikalen Charme. In der kleinen Stüva im ersten Stock gibt's Fondue und Fisch.

Das **Castell** (☎ 081 851 52 53; www.hotelcastell.ch; DZ/Suite 300/470 SFr; Ⓟ 🖳) ist ein Design-Trendsetter und wird für seine Innenräume, in denen ländlicher Stil mit Minimalismus trifft, begeistert gepriesen. Einige der führenden Architekten Europas haben ihre Kreativität zusammengekratzt, um dieses Hotel aus der Zeit um 1900 aufzumöbeln. Heute prunkt es mit Räumen voller Kunst, schicken und farbenfrohen Zimmern sowie einem Restaurant mit asiatisch inspirierter Küche. Entspannen können sich Gäste bei einem Dampfbad oder einer Seifenmassage in dem ultra-coolen Hamam.

Celerina

Das sonnige Celerina am Ufer des Inn liegt 45 Gehminuten nordöstlich von St. Moritz und teilt sich mit dem Nobelferienort die Skihänge. Oft wird es im selben Atemzug genannt wie der 1,6 km lange **Olympia Bobrun St. Moritz-Celerina** (☎ 081 830 02 00; www.olympia-bobrun.ch). Die weltweit älteste Bobbahn ist die einzige aus Natureis. Einmal in einem Bob mitzufahren und mit haarsträubenden 135 km/h die Bahn runter zu sausen, kostet happige 250 SFr ist aber ein einmaliger Spaß. Ebensolche Adrenalinschübe verspricht die 1 km lange Fahrt mit dem Kopf voran auf der **Cresta Run** (☎ 081 833 46 09; www.cresta-run.com), die britische Touristen 1885 anlegten. Die Strecke beginnt in der Nähe des Schiefen Turms in St. Moritz. Eine Serie mit fünf Fahrten kostet 600 SFr (jede weitere Fahrt 50 SFr).

Die **Touristeninformation** (☎ 081 830 00 11; www.celerina.ch; Ecke Via Maistra & Via da la Staziun; ☼ Hauptsaison Mo–Fr 8.30–18, Sa 9–12 & 14–18, So 10–16 Uhr, Nebensaison Mo–Fr 8.30–12 & 14–18, Sa 9–12 Uhr) befindet sich im Dorfzentrum.

Das **Hotel Cresta Run** (☎ 081 833 09 19; www.hotel-cresta-run.ch; Via Maistra; DZ/3BZ/4BZ 170/210/260 SFr; P) liegt ungefähr 500 m südlich vom Ortszentrum an einer kleineren Straße, die Celerina mit St. Moritz verbindet. Das einfache Familienhotel hat seine eigene Pizzeria am Ende der Cresta Run.

Celerina ist von St. Moritz aus leicht mit dem Zug (3 SFr, 3 Min.) oder mit dem Lokalbus zu erreichen.

ST. MORITZ
5060 Ew. / 1856 m

St. Moritz (rätoromanisch: San Murezzan) ist das Original-Winterwunderland der Schweiz und die Wiege des Alpentourismus. Seit 1864 kommen Adlige, die Reichen und Schönen und alle, die dazugehören wollen, hierher. Mit dem super gepflegten See und den hohen Bergen gibt die Ortschaft einfach eine traumhafte Kulisse ab. Wer seine erste Milliarde noch nicht zusammen hat, wohnt in der Regel in St. Moritz-Bad.

Doch trotz all des Gucci-Schicks in den Bars und all der Promis (wie Kate Moss oder George Clooney) auf den Pisten ist der Ort nicht nur ein Laufsteg. Sein wahrer Schatz sind die Carvingpisten von Corviglia, die schwierigen schwarzen Pisten am Diavolezza und im Sommer die vielen kilometerlangen Wanderwege.

Orientierung & Praktische Informationen

Vom Bahnhof an der Via Serlas unten am See geht es bergauf zur Post. Nach weiteren fünf Minuten Fußmarsch stößt man auf die **Touristeninformation** (☎ 081 837 33 33; www.stmoritz.ch; Via Maistra 12; ☼ Dez.–Ostern & Mitte Juni– Mitte Sept. Mo–Fr 9–18.30, Sa 9–12 & 13.30–18, So 16–18 Uhr, übriges Jahr Mo–Fr 9–12 & 14–18, Sa 9–12 Uhr). St. Moritz-Bad liegt etwa 2 km südwestlich der Hauptsiedlung St. Moritz-Dorf. Lokalbusse und Postautos fahren zwischen beiden Ortsteilen hin und her. Im November, im Mai und Anfang Juni sind die meisten Unterkünfte geschlossen.

Sehenswertes

Wer sich einen Eindruck von den typischen Behausungen im Engadin und ihrer bescheidenen Einrichtung verschaffen möchte, sollte das **Engadiner Museum** (☎ 081 833 43 33; Via dal Bagn 39; Erw./Kind 5/2,50 SFr; ☼ Dez.–April & Juni–Okt. Mo–Fr 10–12 & 14–17, So 10–12 Uhr) besuchen, wo alte, auf traditionelle Art gebaute Öfen und archäologische Funde ausgestellt sind.

Giovanni Segantini (1858–1899) bannte die in spektakuläres Licht getauchte Alpenlandschaft eindrucksvoll auf die Leinwand. Zu sehen sind seine Gemälde im **Segantini Museum** (☎ 081 833 44 54; www.segantini-museum.ch; Via Somplaz 30; Erw./Kind/Student 10/3/7 SFr; ☼ Dez.–April & Mitte Mai– Mitte Okt. Di–So 10–12 & 14–18 Uhr).

Aktivitäten
SKIFAHREN

Abfahrtsfans steuern meist drei wichtige Gebiete an: Corviglia, Corvatsch und Diavolezza. Gepflegte Hänge mit tollem Blick auf die Berge findet man in Corviglia (2486 m), das von St. Moritz-Dorf aus mit der Standseilbahn zu erreichen ist. Von St. Moritz-Bad fährt eine Seilbahn bis Signal (hier sind die Warteschlangen kürzer), von wo man die Hänge des Piz Nair erreicht. Ein Skipass für beide Gebiete kostet 67 SFr (Kind/Jugendl. 23/45 SFr) pro Tag. Am Corvatsch (3303 m) oberhalb des nahe gelegenen Silvaplana gibt's verschiedene Möglichkeiten, um Ski zu fahren, darunter spektakuläre Gletscherabfahrten und die schwarze Piste zum Hahnensee. Diavolezza (2978 m) vor der Kulisse gletscherbedeckter Viertausender ist ein Muss für Freerider und Fans atemberaubender Abfahrten. Langläufer können auf 160 km präparierter Loipen durch verschneite Wälder und über Ebenen gleiten.

Die erste Skischule der Schweiz wurde 1929 in St. Moritz gegründet. Heute bietet die **Schweizer Skischule** (☎ 081 830 01 01; www.skischool.ch; Via Stredas 14; Dez.–April Mo–Sa 8–18, So 8–9 & 15.30–18 Uhr) Unterricht im Skifahren und Snowboarden (70 SFr/Tag) an.

Der Generalskipass umfasst alle Hänge, einschließlich Silvaplana, Sils-Maria, Celerina, Zuoz, Pontresina und Diavolezza (Hauptsaison Erw./Kind/Jugendl. 384/131/257 SFr pro Woche). Infos zu Skieinrichtungen gibt's unter www.skiengadin.ch.

WANDERN & NOCH MEHR AKTIVITÄTEN
Im Sommer gibt es hier in der Region ausgezeichnete **Wanderwege**, z.B. den Wasserweg am Corvatsch, der sechs Bergseen verbindet. Hoch über St. Moritz ragt der **Piz Nair** (3057 m) empor, von dem aus man einen Panoramablick auf die Gipfel, die Seen und das Tal hat. Wer gerne klettert, kann sich an der schwindelerregenden *Via ferrata* (Klettersteig) des **Piz Trovat** im Skigebiet Diavolezza versuchen. Ausrüstung ist an der Talstation erhältlich. Bei der Touristeninformation können sich Interessierte eine Karte mit weiteren Anregungen zum Wandern im Oberengadin besorgen.

Seit Kurzem demonstriert St. Moritz mit der zweieinhalbstündigen **Clean Energy Tour** (www.clean-energy.ch) Umweltbewusstsein. Bei dieser Ökotour werden verschiedene Formen zur Erzeugung erneuerbarer Energie in natürlicher Umgebung vorgeführt. Man kommt dabei über Chantarella und Corviglia bis hinauf zum Piz Nair. Von Chantarella aus wandert man auf dem Heidi-Blumenweg und dann den Schellenursliweg entlang vorbei an Lord Norman Fosters Chesa Futura, die mit ihren Holzziegeln ein Beispiel für nachhaltiges Bauen ist.

Danach entspannen die müden Muskeln bei einem Mineralbad oder mit einer Schlammpackung im **Medizinischen Therapiezentrum Heilbad** (☎ 081 833 30 62; www.heilbad-stmoritz.ch; Plazza Paracelsus 2; Eintritt Mineralbad 35 SFr; Mo–Fr 8–12 & 14–19, Sa 8–12 Uhr).

Feste & Events
Anfang März wird in St. Moritz der berüchtigte, grausame **Engadin Skimarathon** (www.engadin-skimarathon.ch) ausgetragen, bei dem sich die

Skiläufer über 42 km von Maloja nach S-chanf quälen. Im Zentrum der Aufmerksamkeit steht der zugefrorene See Ende Januar beim **Cartier Polo World Cup on Snow** (www.polostmoritz.com) und Anfang Februar mit den Pferderennen des **White Turf** (www.whiteturf.ch).

Schlafen

Jugendherberge St. Moritz (☎ 081 836 61 11; Stille Via Surpunt 60; www.youthhostel.ch/st.moritz; B/DZ 55/137 SFr; 🖳) Billige Betten sind in St. Moritz absolut rar, aber in der Herberge am Waldrand gibt's noch welche. Die Vierbett- und Doppelzimmer sind ruhig und sauber. Außerdem stehen Gästen ein Kiosk, ein Spielezimmer und eine Waschküche zur Verfügung.

Chesa Chantarella (☎ 081 833 33 55; www.chesachantarella.ch; Via Salastrains; EZ/DZ 95/190 SFr; ☺ Juni–Sept. & Dez.–April; 🅿) Das brummende Haus oberhalb des Orts hat helle, moderne Zimmer. Auf der Terrasse kann man heiße Schokolade trinken, im Weinkeller abschalten und im Restaurant herzhafte Kost aus der Region genießen.

Hotel Eden Garni (☎ 081 830 81 00; www.edenstmoritz.ch; Via Veglia 12; EZ/DZ 169/318 SFr; 🅿 🖳) Mitten in St. Moritz-Dorf liegt dieses ordentliche Mittelklassehotel mit seinem hübschen zentralen Atrium. Die altmodischen, mit Kiefernholz getäfelten Zimmer sind behaglich. Von den Zimmern im obersten Stockwerk hat man einen prachtvollen Blick auf den See und die Berge.

Hotel Waldhaus am See (☎ 081 836 60 00; www.waldhaus-am-see.ch; EZ/DZ 170/320 SFr; 🅿 🖳) Das freundliche Hotel am See hat lichtdurchflutete Zimmer (viele mit Blick auf den See und die Berge) mit Kiefernmöblierung und geblümten Gardinen. Es gibt eine Sauna und ein Restaurant mit leckeren Grillspezialitäten.

Essen

LP Tipp Hatecke (☎ 081 864 11 75; www.hatecke.ch; Via Maistra 16; Snacks & Gerichte 15–25 SFr; ☺ Mo–Fr 9–18.30, Sa 9–18 Uhr) „Essbare Kunst" – das ist der richtige Begriff für die hiesigen Bio-Delikatessen aus regionaler Herstellung. Hier werden das Bündnerfleisch und die zarte Wildschinken mit einer alten Schneidemaschine in hauchdünne Scheiben geschnitten. In dem schicken Café nebenan sitzt man auf Hockern mit Schaffellbespannung und genießt als Mittagssnack ein köstliches Carpaccio vom Engadiner Rind und Bündnerfleisch mit Trüffelöl.

Chesa Veglia (☎ 081 837 28 00; Via Veglia 2; Pizza 22–36 SFr, Gerichte 40–60 SFr, ☺ Dez.–März & Juli–Sept. tgl.)

Die kalkweiße Hütte mit Schieferdach ist St. Moritz' ältestes Restaurant und stammt von 1658. Niedrige Balkendecken und knarrende Holzböden prägen das rustikale Interieur. Von der Terrasse aus hat man einen großartigen Ausblick. Empfehlenswert sind die knusprigen dünnen Pizzas aus dem Holzofen oder die Lammkoteletts mit Kräutern.

Engiadina (☎ 081 833 32 65; Plazza da Scuola 2; Fondue 29–46 SFr; ☺ Mo–Sa) Das Engiadina ist berühmt für seine Fondues – und die sind auch das Beste hier. Am besten bestellt man dazu einen Champagner. Das bei Einheimischen sehr beliebte Lokal ist das ganze Jahr über geöffnet.

Jöhri's Talvo (☎ 081 833 44 55; Via Gunels 15; 4-Gänge-Menü Mittagessen/Abendessen 148/230 SFr; ☺ Di–So) Dieser Gourmettempel mit zwei Michelin-Sternen residiert im nahe gelegenen Champfèr in einem umgebauten Engadinerhaus aus dem 17. Jh. Helles Kiefernholz, gestärkte weiße Tischtücher und Kerzen schaffen die perfekte Kulisse für die französische Küche, die u. a. Milchlamm aus den Pyrenäen und Bouillabaisse zu bieten hat.

Ausgehen

Im Winter steppt in rund 20 Bars und Clubs der Bär. Doch während man sich amüsiert, wird die Brieftasche nach und nach immer dünner, denn Ausgehen in St. Moritz geht ordentlich ins Geld.

Bobby's Pub (☎ 081 834 42 83; Via dal Bagn 50a; ☺ 9.30–1.30 Uhr) Der entspannte und freundliche englische Pub hat 30 verschiedene Biere im Angebot und ist in der Saison bei jungen Snowboardern beliebt. Er ist eine der wenigen Kneipen, die ganzjährig geöffnet sind.

Roo Bar (☎ 081 837 50 50; Via Traunter Plazzas 7; ☺ Dez.–April 14–20 Uhr) Nach einem anstrengenden Tag auf Skiern oder dem Snowboard geht's auf der Terrasse der Roo Bar im Hotel Hauser heiß her. Hip-Hop, Techno und jede Menge Schnaps heizen die Party an.

An- & Weiterreise

Der **Glacier Express** (www.glacierexpress.ch) von St. Moritz nach Zermatt (133 SFr zzgl. 10 SFr obligatorische Sitzplatzreservierung) fährt über den 2033 m hohen Oberalppass. Die wundervolle Fahrt auf der 290 km langen Strecke mit 291 Brücken dauert siebeneinhalb Stunden. Im Sommer zahlt man je nach Zug 15 SFr oder 30 SFr für die obligatorische Platzkarte.

Es gibt, teilweise im Halbstundentakt, regelmäßige Zugverbindungen von Zürich nach St. Moritz (69 SFr, 3½ Std.) mit Umsteigen entweder Landquart oder Chur. Die Strecke über Landquart führt durch Klosters, Zernez, Zuoz und Samedan. Die über Chur geht durch Reichenau, Thusis, Tiefencastel und Celerina.

In der Hauptsaison fahren alle 30 bis 60 Minuten Postautos von St. Moritz ins südwestlich gelegene Maloja (10,60 SFr, 35 Min.) mit Halt in Silvaplana (5 SFr, 14 Min.) und Sils-Maria (7,60 SFr, 21 Min.). Zu den Verbindungen nach Pontresina und darüber hinaus s. Berninapass (S. 351).

SILVAPLANA, SILS-MARIA & MALOJA

Mit zwei kobaltblauen, windumtosten Seen inmitten dicht bewaldeter Hänge ist Silvaplana (rätoromanisch: Silvaplauna), 7,5 km südwestlich von St. Moritz, ein Paradies für Kite- und Windsurfer. Unterricht und Ausrüstung sind im **Sportzentrum Mulets** (☎ 081 828 97 67, www.kitesailing.ch; Einführungs-/2-Tages-/5-Tages-Kurs 190/300/500 SFr; ☼ 10–18 Uhr) erhältlich. Die vierstündigen Einführungskurse finden von Juni bis September immer donnerstags statt.

Ganz auf Surfer ausgerichtet ist das **Julier Palace** (☎ 081 828 96 44, www.julierpalace.com; Via Maistra 6, Silvaplana; Zi. 90–150 SFr/Pers.; 🖳). Hier gibt's Partystimmung, eine Lounge zum Ausspannen und kostenloses Internet. Die Zimmer im Retro-Stil sind unterschiedlich: Manche sind kahl, laut und mit Futons ausgestattet, andere größer, luxuriöser und in abgefahrenen Farben gehalten. Alle Zimmer sind mit TV-Gerät und DVD-Player ausgestattet. Im Restaurant gibt's ordentliche Pizza und Pasta.

Nach weiteren 4 km gelangt man zum bildschönen **Sils-Maria** (rätoromanisch: Segl) zu Füßen der Berge. Eine Seilbahn führt hinauf zum Skigebiet Furtschellas (2312 m), wo ein paar Wanderwege und Skihänge zur Verfügung stehen.

Sils ist heute zwar ein verschlafenes Dorf am See, war aber einst ein Brennpunkt der Philosophie: Von 1881 bis 1888 verbrachte Friedrich Nietzsche hier den Sommer und schrieb Texte, in denen er sich mit dem Los des modernen Menschen befasste. Unter anderem entstand hier sein Werk *Also sprach Zarathustra*. Im **Nietzsche-Haus** (☎ 081 826 53 69; www.nietzschehaus.ch; Erw./Kind/Student & Senior 6 SFr/frei/3 SFr; ☼ Mitte Juni–Mitte Okt. & Ende Dez.–Mitte April Di–So 15–18 Uhr) sind Fotos, Dokumente und Briefe des deutschen Vordenkers ausgestellt.

Wer in Sils übernachten will, trifft mit der familiengeführten **Pensiun Privata** (☎ 081 832 62 00; www.pensiunprivata.ch; EZ/DZ 190/340 SFr) eine gute Wahl. Das traumhafte Landhaus hat große, kiefernholzverkleidete Zimmer mit antiken Möbeln. Vom Kräuter- und Blumengarten aus hat man einen tollen Blick auf den Wald. Prächtiger ist das palastartige **Hotel Waldhaus** (☎ 081 838 51 00; www.waldhaus-sils.ch; EZ/DZ inkl. HP 440/870 SFr; ☼ Mitte Juni–Okt. & Mitte Dez.–Mitte April; 🅿) auf einer Anhöhe im Wald. Hier gibt's modernen Komfort (Hallenbad, Sauna, Tennisplätze). Die großzügigen Gemeinschaftsbereiche sind bezaubernd und gepflegt.

In **Dada's Creparia** (☎ 081 826 51 04; Crêpes 5,50–17 SFr; ☼ Do–Mo 11.11–22.10 Uhr) zaubert das muntere Personal mit die leichtesten Crêpes diesseits der Alpen – unbedingt die Crêpes mit Nektarine und Sahne, mit Biokäse oder Kastanien und Schokolade probieren! Gegenüber in der **Chesa Marchetta** (☎ 081 826 52 32; Kuchen 5–6 SFr; ☼ 15.30–23 Uhr), einem Café mit schwerer Balkendecke, gibt's köstliche Engadiner Nusstorte. Vorn in dem kleinen Laden kann man selbstgemachte Marmelade kaufen.

Die Straße von Sils verläuft am Nordufer des Sees und durch **Maloja**, ein kleines Straßendorf, und führt kurz danach zum **Malojapass**, der das Engadin von Bergell trennt. Der Maler Giovanni Segantini lebte ab 1894 bis zu seinem Tod in Maloja. Sein **Atelier** (Erw./Kind 3/1,50 SFr; ☼ Mitte Juni–Mitte Okt. & Jan.–Mitte April Mi & So 15–17 Uhr) kann besichtigt werden. Auch im **Turm Belvedere** (Eintritt frei; ☼ Juni–Mitte Okt. & Jan.–April tgl. 9–17 Uhr) sind Gemälde zu sehen. Im Dorf gibt's einige Unterkünfte und Lokale.

Alle diese Ortschaften liegen an der Postautoroute ab St. Moritz.

BERNINAPASS

Kahle, düstere Berge und Gletscher, die über dem Ackerland aufragen, verleihen der Landschaft rund um den Berninapass (2323 m; italienisch: Passo del Bernina) eine strenge, erhabene Note. Die Straße windet sich spektakulär von Celerina bis ins südöstlich gelegene italienische Tirano und verbindet das Val Bernina mit dem Val Poschiavo. In diesen Höhen lässt es sich hervorragend wandern; detaillierte Wanderkarten gibt's in der Touristeninformation von Pontresina.

Ab St. Moritz fahren bis zu zehn Züge über Pontresina (5 SFr, 11 Min.) nach Tirano (29 SFr, 2½ Std.) in Norditalien. Dieser Abschnitt wird auch **Berninastrecke** (www.rhb-unesco.ch) genannt und steht gemeinsam mit dem Albulapass (S. 344) seit 2008 auf der UNESCO-Welterbeliste. Die 1910 angelegte Schmalspurbahnstrecke ist eine der steilsten der Welt und die höchstgelegene Gebirgsbahn Europas. Auf der Fahrt sieht man spektakuläre Gletscher, Schluchten und Felszinnen.

PONTRESINA & UMGEBUNG
1940 Ew. / 1800 m

Pontresina ist eine relaxte Alternative zu St. Moritz. Der Ort liegt am Eingang des Val Bernina am Fuß des Morteratschgletschers. Sehenswert sind der fünfeckige Burgturm Spaniola und die Kirche Sta. Maria mit Fresken aus dem 13. und 15. Jh.

Vom Bahnhof westlich des Dorfs geht's über die beiden Flüsse Rosegg und Bernina zum Zentrum und zur **Touristeninformation** (☎ 081 838 83 00; www.pontresina.ch; Rondo Bldg, Via Maistra; ⊙ Mo–Fr 8.30–18, Sa 8.30–12 & 15–18 & So 15–18 Uhr, Mitte Okt.-Mitte Dez. So geschl.).

Pontresinas Hausberg, der Piz Languard (3262 m), eignet sich gut für Familien und Anfänger zum Skifahren. Der Ferienort bietet sich auch als Standort an, wenn man die Hänge weiter unten im Tal, am **Piz Lagalb** (2959 m) und am **Diavolezza** (2973 m), mit der phänomenalen, 10 km langen Gletscherabfahrt unsicher machen möchte. Es gibt Kombiskipässe für beide Gebiete (Erw./Kind/Student 58/20/39 SFr), eine Alternative ist der Engadiner Skipass (S. 349). Im Sommer lohnt sich die Fahrt mit der Seilbahn auf jeden der beiden Gipfel schon wegen der Aussicht. Vom Diavolezza aus kann man ganz einfach am Morteratschgletscher hinunterwandern und ihn sich aus der Nähe anschauen.

Die dramatischen Klippen und gletscherbedeckten Gipfel um Pontresina ermöglichen auch viele andere Abenteuersportarten. **GoVertical** (☎ 081 834 57 58; www.govertical.ch; Chesa Curtinatsch) deckt das gesamte Spektrum von Klettern und Canyoning im Sommer bis zum Freeriden und Schneeschuhlaufen im Winter ab. Termine und Preise kann man telefonisch erfragen.

Schlafen
Pension Hauser (☎ 081 842 63 26; www.hotelpension-hauser.ch; Cruscheda 165; EZ/DZ 85/170 SFr; P) Das 100 Jahre alte Engadinerhaus ist ruhig und freundlich. Seine mit Pinienholz verkleideten Zimmer bieten Ausblick auf die Dächer Pontresinas. Im Restaurant gibt's solide Hausmannskost, und manchmal spielt jemand auf dem Akkordeon.

Hotel Albris (☎ 081 838 80 40; www.albris.ch; Via Maistra; EZ/DZ 155/280 SFr; P) Die gut ausgestatteten Zimmer des Albris an der Hauptstraße von Pontresina sind von viel Holz geprägt und haben saubere Badezimmer. Unten gibt's ein Feng-Shui-inspiriertes Wellnesscenter. Das Restaurant ist berühmt für seine Fischspezialitäten und die Bäckerei für ihre Engadiner Nusstorte.

VAL POSCHIAVO

Hinter dem **Berninapass** (2328 m) geht's hinunter in das sonnige, italienischsprachige Val Poschiavo. Ein guter Aussichtspunkt ist die Alp Grüm (2091 m), die vom Ospizio Bernina, dem Restaurant auf dem Pass, in einem zweistündigen Fußmarsch zu erreichen ist.

Poschiavo liegt 14 km südlich des Passes und 15 km von der italienischen Grenze entfernt. Das Zentrum ist die Plazza da Cumün mit ihren pastellfarbenen Häusern und Straßencafés. Das **Hotel Albrici** (☎ 081 844 01 73; www.hotelalbrici.ch; Plazza da Cumün; EZ/DZ 85/150 SFr; P) direkt am Platz ist eine Herberge aus dem 17. Jh. Die geräumigen Zimmer haben Parkettböden, antike Möbel und jede Menge Charme. Auf der Restaurantterrasse kann man sich eine knusprige Holzofenpizza schmecken lassen.

Man kann einfach mal einen Tag aus St. Moritz hierher kommen, um die Ruhe zu genießen. Gleich hinter dem glitzernden **Lago di Poschiavo** liegt die Ortschaft **Brusio**, die für den auffälligen runden Bahnviadukt bekannt ist. Nach weiteren 5 km erreicht man gleich hinter der italienischen Grenze **Tirano**.

BERGELL (VAL BREGAGLIA)

Vom Malojapass (1815 m) windet sich die Straße hinunter ins raue Bergell (italienisch: Val Bregaglia) und südwestwärts nach Italien hinein. Die Straße teilt sich dann: Die eine Abzweigung führt nach Norden über den Splügenpass in die Schweiz zurück, der andere nach Süden zum Comer See und weiter nach Mailand. Das Postauto von St. Moritz nach

Lugano biegt von der Straße nach Mailand ab und fährt am Westufer des Sees entlang.

Je weiter man in das Tal kommt, desto spürbarer wird in den Dörfern der italienische Einfluss. In **Stampa** lebte einst der Bildhauer Alberto Giacometti (1901–1966). In diesem Ort befindet sich auch die **Touristeninformation** (☎ 081 822 15 55; www.bregaglia.ch; ⊙ Mo–Fr 9–11.30 & 15–17.30, Sa 9–11.30 Uhr) für das gesamte Bergell.

Soglio (1090 m) ist ein Dörfchen nahe der italienischen Grenze. Es liegt der glatten Kante des Pizzo Badile (3308 m) gegenüber auf einem nach Süden gerichteten Felsvorsprung, der vom Tal aus über eine schmale Straße zu erreichen ist. Das Dorf besteht aus ein paar Gassen und Steinhäusern und liegt am Ende eines von der Hauptstraße abzweigenden steilen Waldwegs. Hier beginnen viele **Wanderwege**, u. a. der historische, 11 km lange La Panoramica nach Casaccia unten im Tal.

Soglio verfügt über mehrere schlichte, bescheidene Unterkünfte und den blendend weißen, vierstöckigen **Palazzo Salis** (☎ 081 822 12 08; www.palazzosalis.ch; Soglio; EZ 100 SFr, DZ 210–290 SFr; ⊙ Anfang März–Ende Nov.), eine wahrlich fürstliche Herberge mit Ahnenbildern und Wappenschilden an den Wänden und prachtvollem Mobiliar. Das 1630 errichtete Herrenhaus hat Zimmer mit schönen Stuck- oder Holzdecken, jahrhundertealte antike Möbel und jede Menge Charme. Selbstverständlich gibt's auch ein Restaurant (Gerichte 20–35 SFr) und einen historischen Garten, in dem zwei große Mammutbäume Schatten spenden.

Durch das Bergell fahren die Busse von St. Moritz nach Castasegna. An der Post in Promontogno aus- und in den Bus nach Soglio umsteigen (3,40 SFr, 6–10-mal, 12 Min. tgl.).

Tessin (Ticino)

Die Sommerluft ist feucht und warm, junge megacoole Leute flitzen mit ihren Mofas herum, alles erinnert an Italien – Wetter, Lebensstil, Eis, Pizza, Architektur, Sprache ... Dennoch, dies ist die Schweiz, und zwar die Seite, die Heidi nie kennen gelernt hat.

Das Tessin ist eine seltsame Mixtur. Dunkelhaarige, super gestylte Typen halten Händchen mit ebenso stilbewussten blonden Blauäugigen. In Städten wie Lugano herrscht eine muntere Aktivität, aber ganz so temperamentvoll wie weiter südlich geht es denn doch nicht zu – schließlich ist man hier immer noch in der Schweiz. Neben der passionierten Vorliebe für gutes mediterranes Essen und körperreiche Weine (vor allem Merlot) herrscht hier auch ein gesunder Respekt für Regeln und Vorschriften, und das Italienisch in den Bergdörfern ist gemächlicher als die hitzköpfige Beredsamkeit der Nachbarn. Die Bewohner dieses Kantons sind Meister darin, Schweizer Zurückhaltung mit italienischer Leidenschaft zu verschmelzen.

Die Gegend bietet von allem etwas. In Lugano und Locarno geht es elegant zu, wie es Orten an einem schimmernden See eben gebührt. Dörfer mit Landhäusern und Palmen säumen spiegelblanke Seen, hinter denen sich hohe, grüne Berge erheben. Die beeindruckende, mittelalterliche Festungsstadt Bellinzona ist heute die friedvolle Hauptstadt der Region.

Wer ländliche Ruhe sucht, ist hier richtig. Mehrere Täler verteilen sich über die gesamte nördliche Hälfte des Kantons und bergen gemütliche Weiler und romanische Kapellen, und Wanderer finden endlose Möglichkeiten, vorbei an Seen und rauschenden Gebirgsbächen zu marschieren.

HIGHLIGHTS

- Sich bei einem Spaziergang durch die drei **Burgen** Bellinzonas (S. 357) wie ein Aristokrat fühlen
- Die Hochtäler erforschen, vor allem das **Val Bavona** (S. 374)
- Über Lugano vom **Monte Brè** (S. 366) und dem **Monte San Salvatore** (S. 366) aus den Blick über den See genießen
- Sich beim **Festival Internazionale di Film** (S. 370) im August in Locarno internationale Spitzenfilme reinziehen
- Mit der spektakulären **Centovalli-Bahn** (S. 372) nach Domodossola in Italien fahren

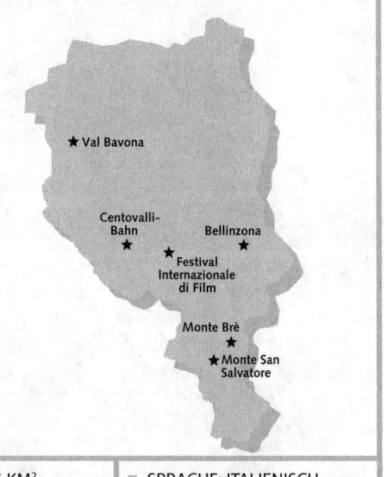

| EINWOHNER: 328 580 | FLÄCHE: 2812,5 KM² | SPRACHE: ITALIENISCH |

Geschichte

Das Tessin war lange der arme ländliche Puffer zwischen den deutschsprachigen Kantonen nördlich der Alpen und Italien im Süden. Die Schweizer erwarben die Landschaft im späten 15. Jh., nachdem hier Jahrhunderte lang abwechselnd die Herrscher Comos und die Herzöge von Mailand regiert hatten.

Die Gründungskantone der alten Schweizer Eidgenossenschaft (Uri, Schwyz und Unterwalden) konnten 1478 eine überlegene Mailänder Streitmacht bei Giornico in der Valle Levantina schlagen und eroberten 1503 Bellinzona, wodurch sie die verwundbare Südseite des Landes absicherten. 1803 schließlich trat das Tessin, das zuvor ein „Untertanengebiet" gewesen war, als freier und gleichberechtigter Kanton der von Napoleon neu geschaffenen Schweizerischen Eidgenossenschaft bei.

Heute blüht die Region als Dienstleistungszentrum (hauptsächlich im Bankwesen) und als Touristenattraktion, besonders für Deutschschweizer, die ein bisschen italienische Lebensart genießen möchten, ohne dafür die Heimat verlassen zu müssen. Die Einrichtung der Universität in Lugano 1996 war ein bedeutsamer Schritt, weil sie italienischsprachige Schweizer Studenten davon erlöste, entweder in der Schweiz in einer anderen als ihrer Muttersprache studieren oder sich durch die Bürokratie des Aufnahmeverfahrens an einer italienischen Universität hangeln zu müssen.

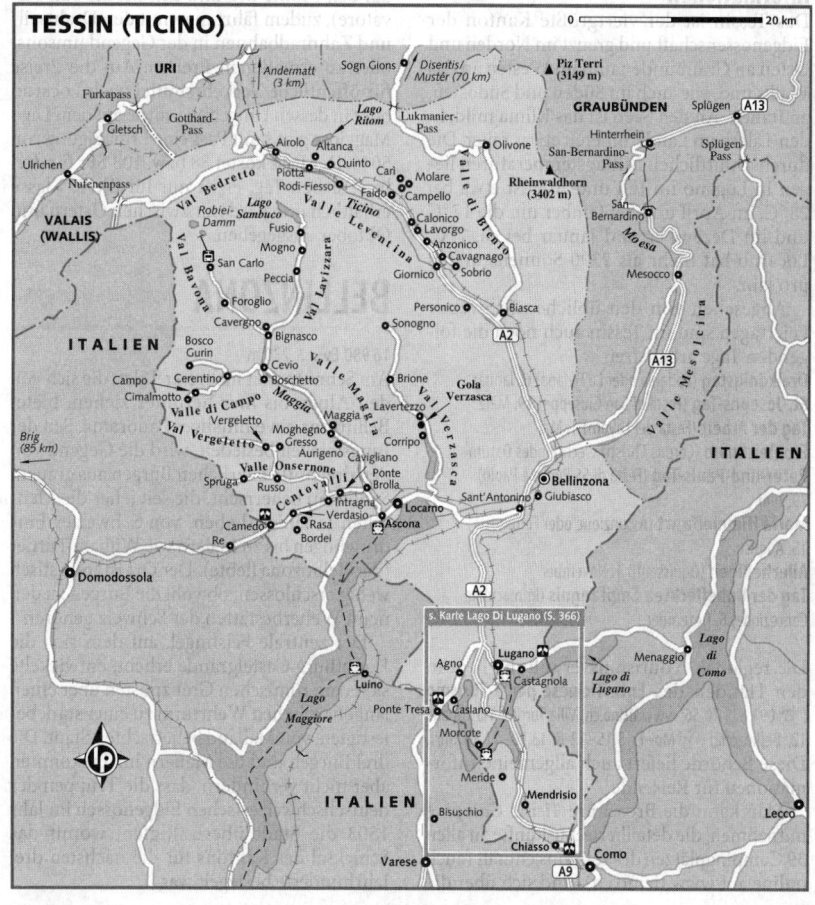

Bei nationalen Entscheidungen hat der Kanton angesichts seiner wenigen Einwohner nicht allzu viel zu melden. Die Löhne sind niedriger als in den meisten Teilen der Schweiz (bis zu 25 %), und mit über 4 % übersteigt die Arbeitslosenrate den Landesdurchschnitt (der bei 2,6 % liegt). Die Tessiner fühlen sich von ihrem großen Nachbarn im Süden angezogen, haben ihm gegenüber aber auch einen leichten Minderwertigkeitskomplex (wozu die Prada-Brigade Mailands das ihre beiträgt).

Dem Vorbild Italiens folgend wurde im Tessin als erstem Schweizer Kanton im Jahr 2007 das Rauchen an öffentlichen Orten verboten.

Orientierung & Praktische Informationen

Das Tessin ist der viertgrößte Kanton der Eidgenossenschaft und grenzt im Norden und Osten an Graubünden und im Westen an das Wallis und, wie auch im Süden und Südosten, an Italien. An den Seen ist das Klima mild, in den Tälern im Landesinneren etwas rauer. Die durchschnittlichen Mittagstemperaturen liegen in Lugano im Juli und August etwa bei 28 °C, im April und September um die 17 °C und im Dezember und Januar bei ca. 7 °C. Locarno hat mehr als 2300 Sonnenstunden pro Jahr.

Abgesehen von den üblichen Schweizer Feiertagen sind im Tessin auch noch die folgenden Tage arbeitsfrei:

Dreikönigstag (Epifania oder La Befana) 6. Januar
St.-Josephs-Tag (Festa di San Giuseppe) 19. März
Tag der Arbeit (Festa del Lavoro) 1. Mai
Fronleichnam (Corpus Christi) wechselndes Datum
Peter-und-Pauls-Tag (Festa di SS Pietro e Paolo) 29. Juni
Mariä Himmelfahrt (Assunzione oder Ferragosto) 15. August
Allerheiligen (Ognissanti) 1. November
Tag der Unbefleckten Empfängnis (Immaculata Concezione) 8. Dezember

Die regionale Tourismusverwaltung liegt in den Händen des **Ente Ticinese per il Turismo** (☎ 091 825 70 56; www.ticino.ch; Villa Turrita, Via Lugano 12, Bellinzona; ⏰ Mo–Fr 8.15–12 & 13.30–17.30 Uhr). Diese Behörde liefert auch allgemeine Informationen für Reisende.

Man kann die Broschüre *Ticino Camping* mitnehmen, die detaillierte Auskünfte zu allen 39 Campingplätzen des Kantons enthält (auch online auf www.ticino.ch), und sich über die 29 Berghütten an den Wanderstrecken erkundigen, welche die **Federazione Alpinistica Ticinese** (FAT; www.fat-ti.ch) unterhält. Diese und weitere Hütten (oft ohne Personal) sind auf www.capanneti.ch aufgelistet.

Wein gehört zu einer echten Tessin-Erfahrung einfach dazu. Details zu den Winzereien des Kantons findet man in *Le Strade del Vino*, einem einschlägigen Führer mit Karte. Wer mehr über die Merlot-Manie im Tessin erfahren will, ist auf www.ticinowine.ch richtig.

Anreise & Unterwegs vor Ort

Mit dem Lugano Regional Pass kann man kostenlos die Schiffe auf dem Luganer See und den öffentlichen Nahverkehr in und rund um Lugano nutzen (inklusive der Standseilbahnen auf die Monte Brè und den Monte San Salvatore), zudem fährt man mit den Drahtseil- und Zahnradbahnen in der Gegend umsonst oder zu ermäßigten Preisen. Auf die Preise für öffentliche Verkehrsmittel nach Locarno oder in dessen Umgebung sowie auf dem Lago Maggiore gibt's mit Pass eine Ermäßigung von 50 %. Der Pass kostet 88 bzw. 108 SFr für drei bzw. sieben Tag, er ist nur für die 2. Klasse erhältlich und wird nur zwischen Ostern und Oktober ausgegeben.

BELLINZONA

16 980 Ew. / 230 m

Am Schnittpunkt mehrerer Täler, die sich von den Alpen bis hier herunter ziehen, bietet Bellinzona ein einmaliges Panorama. Seit der Jungsteinzeit besiedelt, wird die Gegend von den drei mittelalterlichen Burgen aus grauem Sandstein beherrscht, die seit jeher die Menschen fasziniert haben, von Schweizer Eindringlingen bis zu Malern wie William Turner (der Bellinzona liebte). Der Ort ist touristisch wenig erschlossen, obwohl die Burgen zu den neun Welterbestätten der Schweiz gehören.

Der zentrale Felshügel, auf dem sich die Hauptburg Castelgrande erhebt, entwickelte sich vom römischen Grenzposten über einen langobardischen Wehrturm zu einer stark befestigten, von Mailand beherrschten Stadt. Die drei Burgen und die Mauern im Tal konnten aber nicht verhindern, dass die Truppen der deutschschweizerischen Eidgenossen im Jahr 1503 die Stadt überwältigten, womit das Schicksal des Kantons für die nächsten drei Jahrhunderte besiegelt war.

BELLINZONA •• Praktische Informationen

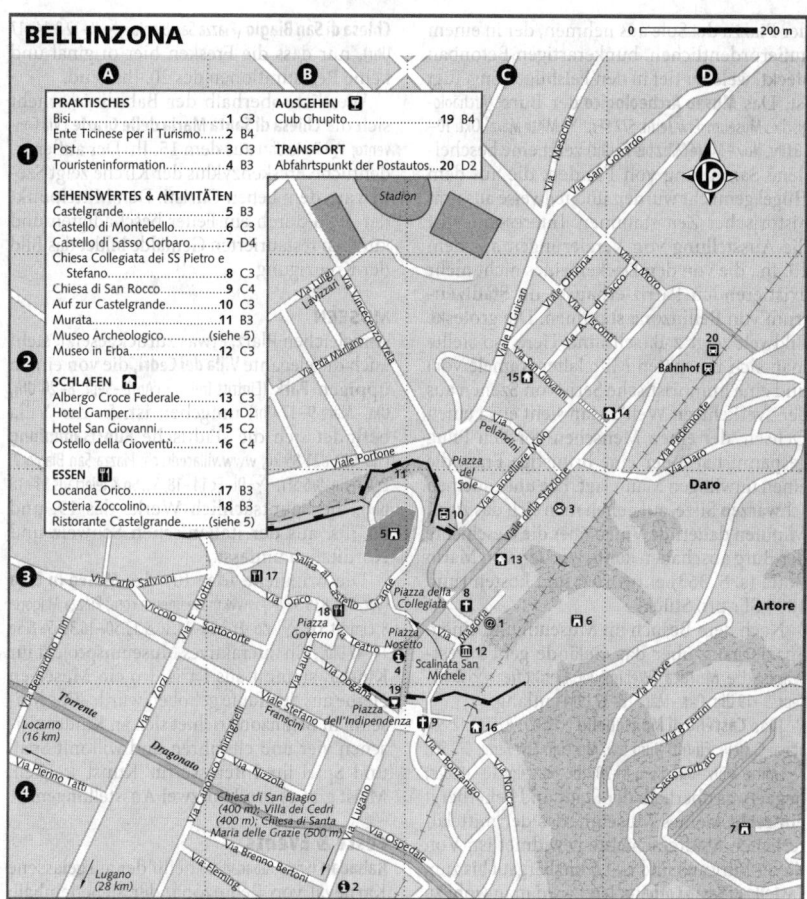

Praktische Informationen

Bisi (☎ 091 210 60 40; Via Magoria 10; 5 SFr/Std.; ⓥ Mo–Fr 10–19 Uhr) In dieser interkulturellen Bibliothek kann man an acht Computern ins Internet.

Post (Viale della Stazione 18; ⓥ Mo–Fr 7.30–18.30, Sa 9–12 Uhr)

Touristeninformation (☎ 091 825 21 31; www.bellinzonaturismo.ch; Piazza Nosetto; ⓥ Mo–Fr 9–18, Sa bis 12 Uhr) Zu finden in dem restaurierten, aus der Renaissancezeit stammenden Palazzo Civico (Rathaus).

Sehenswertes & Aktivitäten

Ein Spaziergang durch die mit Kopfsteinen gepflasterte Altstadt Bellinzonas ist ein herrlicher Zeitvertreib. Sehenswert sind vor allem die mit Fresken geschmückten Kirchen und die dicht gedrängten Stadthäuser. Südlich der Piazza dell'Indipendenza weicht das enge mittelalterliche Straßengewirr eleganten, wenn auch schon leicht verfallenen Villen.

BURGEN

Die Hauptattraktion der Stadt sind die drei imposanten Burgen (Infos gibt's auf www.bellinzonaunesco.ch). Ein Ticket für alle drei kostet für Erwachsene 10 SFr (ermäßigt 4 SFr) und ist unbegrenzt gültig.

Die Ursprünge der Burg **Castelgrande** (☎ 091 825 81 45; Monte San Michele; Eintritt Burggelände frei; ⓥ Di–So 9–22, Mo 10–18 Uhr) reichen bis ins 6. Jh. zurück. Die größte Befestigungsanlage liegt im Stadtzentrum. Man kann hinauflaufen (von der Piazza della Collegiata die Scalinata San Michele nehmen) oder den Aufzug von der Piazza del Sole aus nehmen, der in einem außerordentlichen, bunkerartigen Betonbau steckt, welcher tief in den Felshügel eingefügt ist. Das **Museo Archeologico** der Burg (Archäologisches Museum; Erw./erm. 5/2 SFr; ☽ Mitte März–Okt. 10–18 Uhr, Nov.–Mitte März bis 17 Uhr) zeigt eine bescheidene Sammlung von Funden, die auf dem Hügel gemacht wurden und teilweise aus prähistorischer Zeit stammen. Interessanter ist die Ausstellung von Verzierungen aus dem 15. Jh., die von den Decken eines nicht mehr existierenden Patrizierhauses im Stadtzentrum von Bellinzona stammen. Die groteske Bildwelt zeigt z. B. seltsame Tiere (so stellte man sich im späten Mittelalter Kamele vor) und eine humoristische Serie von Szenen aus der „verkehrten Welt". Man sieht etwa einen Ochsen, der einen Menschen vor den Pflug gespannt hat, oder eine brünstige Frau, die einen unwilligen Mann jagt. Die unbequemen schwarzen Sitze, auf denen man sich das zwölf Minuten dauernde Video über die Geschichte der Burg anschauen kann, wurden von Mario Botta (s. S. 363) entworfen und kosten rund 1000 SFr pro Stück!

Nach dem Besuch im Museum und einem Spaziergang über das Gelände geht's westwärts die **Murata** (Wehrmauer; Eintritt frei; ☽ April–Sept. 9–19 Uhr, Okt.–März 10–17 Uhr) entlang.

Das **Castello di Montebello** (☎ 091 825 13 42; Salita ai Castelli; Eintritt Burg frei, Museum Erw./erm. 5/2 SFr; ☽ Mitte März–Okt. Burg 8–20 Uhr, Museum 10–18 Uhr) liegt etwas oberhalb der Stadt und beherbergt ein recht kleines Museum, das der mittelalterlichen Stadtgeschichte gewidmet ist. Von dieser Burg aus sind es 3,5 km bergauf bis zum **Castello di Sasso Corbaro**. Jetzt wird man wohl zu erschöpft sein, um sich alles noch genauer anzusehen, aber das ist nicht so schlimm: Viel gibt's hier sowieso nicht. In der Burg finden **Wechselausstellungen** (☎ 091 825 59 06; Erw./erm. 5/2 SFr; ☽ Mitte März–Okt. 10–18 Uhr) statt.

KIRCHEN

Wenn man südlich vom Bahnhof spaziert geht, erblickt man als erstes die **Chiesa Collegiata dei SS Pietro e Stefano** (Piazza della Collegiata; ☽ 8–13 & 16–18 Uhr), eine Renaissancekirche mit barocken Elementen, die innen reich mit Fresken verziert ist. Noch prachtvoller ist die **Chiesa di San Rocco** (Piazza dell'Indipendenza; ☽ 7–11 & 14–17 Uhr) mit ihrem großen Fresko des hl. Christophorus und einem kleineren, das die Jungfrau Maria mit dem Jesuskind darstellt. Ähnlich verziert ist die aus dem 14. Jh. stammende **Chiesa di San Biagio** (Piazza San Biagio; ☽ 7–12 & 14–17 Uhr), nur dass die Fresken hier original und keine Restaurationen des 20. Jhs. sind.

Westlich oberhalb der Bahnlinie erhebt sich die **Chiesa di Santa Maria delle Grazie** (Via Convento; ☽ 7–18 Uhr) aus dem 15. Jh. Der außerordentliche Freskenzyklus der Kirche zeigt Szenen aus dem Leben Christi. Den Mittelpunkt der 1996 durch ein Feuer beschädigten und kürzlich restaurierten Gemälde bildet das Bild der Kreuzigung.

MUSEEN

Am gleichen Platz, etwas zurückgesetzt, steht auch die elegante **Villa dei Cedri**, die von einem üppigen **Park** (Eintritt frei; ☽ April–Sept. 8–20 Uhr, Okt.–März 9–17 Uhr) umgeben ist. In der Villa befindet sich die städtische **Kunstsammlung** (☎ 091 821 85 20; www.villacedri.ch; Piazza San Biagio 9; Erw./erm. 8/5 SFr; ☽ Di–Fr 14–18, Sa, So & feiertags 11–18 Uhr), die hauptsächlich Werke des 19. und 20. Jhs. aus der italienischen Schweiz und Norditalien umfasst.

Die originelle Idee für das **Museo in Erba** (☎ 091 835 52 54; www.museoinerba.com; Piazza Magoria 8; Eintritt 5 €; ☽ Mo–Fr 8.30–11.30 & 13.30–16.30, Sa & So 14–17 Uhr), ein interaktives Museumsprojekt für Kinder, stammt aus Paris, wo ein Musée en Herbe aus der Taufe gehoben wurde. Das Museum in Bellinzona richtet sich an Kinder zwischen vier und elf Jahren und will mit Spaß und Spiel ihr Interesse für Kunst wecken. Meist gibt es pro Jahr zwei Ausstellungen.

Feste & Events

Rabadan (www.rabadan.ch) heißt der ausgelassene Karneval von Bellinzona, der siebeneinhalb Wochen vor Ostersonntag an einem Donnerstag beginnt. Im Sommer lockt das **Piazza Blues Festival** (www.piazzablues.ch; ☽ Juni–Juli) vier Tage lang internationale Bluesmusiker in die Stadt. Der Eintritt ist frei, nur die Konzerte auf der Hauptbühne an den beiden letzten Tagen kosten 15 SFr.

Schlafen

Die Hotels sind funktional, in Sachen Charme und Chic aber keine Hits. Die meisten reihen sich an der Viale della Stazione aneinander.

Ostello della Gioventù (☎ 091 825 15 22; www.youthhostel.ch/bellinzona; Via Nocca 4; B 36,50 SFr, EZ/DZ 65/90 SFr; ☽ Rezeption 10–15 Uhr geschl.; Hostel letzte beide Dezemberwochen geschl.; 🖥) Diese Jugendherberge residiert in der Villa Montebello, zu Füßen der namensgebenden Burg. In der Villa befand sich früher hundert Jahre lang eine hochangesehene Mädchenschule.

Hotel San Giovanni (☎ 091 825 19 19; Via San Giovanni 5-7; EZ/DZ 50/90 SFr, DZ mit Dusche 120 SFr) Der einzige Vorzug dieses Hotels ist der niedrige Preis für die engen, verwinkelten Zimmer (mit Gemeinschaftsbad).

Albergo Croce Federale (☎ 091 825 16 67; Viale della Stazione 12; EZ/DZ 100/140 SFr) Das einzige Hotel noch innerhalb der Altstadt (ein mächtiger Turm der alten Stadtmauer ragt dahinter auf) und ein angenehmer Aufenthalt. Die Zimmer sind einfach eingerichtet, aber hell, das Restaurant im Erdgeschoss ist freundlich.

Hotel Gamper (☎ 091 825 37 92; www.hotel-gamper.com; Viale della Stazione 29; EZ/DZ 110/160 SFr) Die schachtelartigen Zimmer im obersten Geschoss bieten einen guten Ausblick. Sämtliche Unterkünfte sind funktional und sauber.

Essen

Osteria Zoccolino (☎ 091 825 06 70; Piazza Governo 5; Hauptgerichte 14–20 SFr; ✠ Mo–Sa) Ein Fotograf führt dieses etwas chaotische, aber nette Lokal, das vor allem mittags sehr gut besucht ist. Man weiß nie genau, was einen hier erwartet: ein indisches Mittagsmenü, Konzerte an einem Donnerstagabend … Und wenn nicht genug Reservierungen reinkommen, bleibt das Restaurant abends auch einmal einfach geschlossen. In diesem Fall gibt's in der Via Teatro und der Via Orico aber noch ein paar Alternativen.

Ristorante Castelgrande (☎ 091 826 23 53; www.castelgrande.ch; Castelgrande; Hauptgerichte 35–60 SFr; ✠ Di–So) Die Gelegenheit, in einer Unesco-Welterbestätte zu speisen, bietet sich nicht oft. Die mittelalterliche Burganlage kann einen wirklich verzaubern, und die elegant präsentierten italienischen und regionalen Gerichte tun ihr Übriges. Abends kann man auch ein Menü haben (68 SFr).

LP Tipp Locanda Orico (☎ 091 825 15 18; Via Orico 13; Pasta 30–40 SFr, Hauptgerichte 45–62 SFr; ✠ Di–Sa) Hinter den Spitzenvorhängen in diesem Gourmettempel mit der niedrigen Decke trifft man auf Kreationen wie *gnocchetti di patate alla zucca in una dadolat di camoscio in salmi* (kleine Kürbis-Gnocchi mit geschmortem Gamsfleisch).

Ausgehen

Für eine Nacht unter den Jungen und Erlebnishungrigen der Stadt bietet sich der **Club Chupito** (Via Dogana; ✠ So–Do 23–3, Fr & Sa bis 4 Uhr) an. In diesem recht einfachen Dance-Club im Erdgeschoss bekommt man Cocktails für 15 SFr. Er liegt gleich rechts hinter dem mittelalterlichen Stadttor.

An- & Weiterreise

Bellinzona liegt an der Bahnstrecke, die Locarno (8,20 SFr, 20–25 Min.) mit Lugano (11,80 SFr, 26–30 Min.) verbindet, und an der Strecke Zürich–Mailand. Bis zu sechs Postautos fahren in nordöstlicher Richtung nach Chur (48 SFr, 2½ Std.); sie halten neben dem Bahnhof.

NÖRDLICH VON BELLINZONA
Biasca & Valle di Blenio

Biasca ist nicht besonders interessant – abgesehen vielleicht von der aus dem 13. Jh. stammenden **Chiesa di SS Pietro e Paolo** –, dafür aber ein wichtiger Verkehrsknotenpunkt. Zweimal pro Stunde fahren Züge von Bellinzona hierher (7,60 SFr, 12–14 Min.).

Wenn man durchkommt, sollte man sich die *grotti* in der Via ai Grotti anschauen. Die einfachen, traditionellen Lokale drängen sich um einfache Steinhütten, die in die Felswand zurückgesetzt sind. Diese Nachbildungen hier sind nicht ganz naturgetreu, aber die originalen *grotti* (Steingebäude, die als Wohnungen oder Lager dienten) wurden oft direkt in die Felshänge der Hügel hineingebaut. Geöffnet sind sie im Allgemeinen von Ostern bis Anfang Oktober. Die **Grotto Greina** (☎ 091 862 15 27; Via ai Grotti 36; Hauptgerichte 20–30 SFr; ✠ März–Jan. Di–So 11–23 Uhr) ist ein typisches Exemplar: Sie serviert jede Menge gegrilltes Fleisch mit Polenta, und man kann sich bis 1 Uhr amüsieren, etwa das Grappa.

Direkt nördlich bei Biasca zweigt das Valle di Blenio von der Hauptstraße ab und führt zum Lukmanierpass (Passo del Lucomagno). Das Tal wirkt öde, aber man kann hier wandern, und in der Nähe des Passes gibt's bescheidene Möglichkeiten zum Skifahren.

Die wichtigste Ortschaft am Weg ist **Olivone**, wo es eine **Touristeninformation** (☎ 091 872 14 87; www.blenioturismo.ch; ✠ Mai–Okt. Mo–Fr 8.30–12 & 14–18, Sa 8.30–12.30 Uhr, Nov.–April Mo–Fr 9–12 & 13.30–17.30 Uhr) gibt. Das Personal kann einem Tipps zum Wandern in den umliegenden Bergen geben, die zu den touristisch am wenigsten erschlossenen der Schweiz gehören. Das **Albergo Olivone e Posta** (☎ 091 872 13 66; www.hotel-olivone.ch; Via Lucomagno; EZ/DZ 85/140 SFr, ohne Bad 60/110 SFr) ist das ansprechendste Hotel, ein massives Haus am nördlichen Eingang zur Stadt. Es gibt hier auch ein ordentliches Restaurant (So geschl.). Lecker sind die *pappardelle al ragù di lepre* (18 SFr), Bandnudeln mit Hasenragout.

Von Bellinzona nimmt man den Zug bis Biasca und steigt dort in ein Postauto um (21,40 SFr, 1 Std.).

Valle Leventina

Von Biasca geht's über die Autobahn in nordwestlicher Richtung nach Airolo und weiter zum Gotthard-Pass sowie in die zentrale Schweiz. Auf diesem Weg verpasst man allerdings die hoch oben gelegenen, wie an einer Perlenkette aufgereihten Bergdörfer, von denen aus sich ein prima Ausblick bietet; es finden sich tolle Wanderwege (die teilweise asphaltierte Strada Alta führt über 45 km von Biasca nach Airolo) sowie ab und an ein gutes Restaurant.

Eine **Wanderroute** (www.gottardo-wanderweg.ch) führt durch das Tal der Reuss in Uri (Start in Erstfeld) und dann weiter die Valle Leventina entlang. Dort ist die Strecke ab Airolo in einzelne Etappen unterteilt – die Distanzen zwischen den jeweiligen End- und Startpunkten überbrückt man mit dem Bus. Die Wanderroute folgt der Bahnlinie; unterwegs stehen Infotafeln (auf Italienisch und Deutsch), die Wissenswertes über die Geschichte der Bahnlinie und der Täler mitteilen.

Ungefähr 7 km nordwestlich von Biasca lohnt ein Abstecher nach Personico: Die **Grotto Val d'Ambra** (☎ 091 864 18 29; Hauptgerichte 15–28 SFr; Juni–Aug. tgl., Ostern–Mai & Sept. Di–So), 500 m außerhalb des Dorfes gelegen, ist über 100 Jahre alt und gehört zu den besonders traditionellen *grotti* im Tessin. Im als Restaurant eingerichteten Hauptgebäude gibt's einen gemütlichen Speisesaal voller Holztische und -bänke. An den grob gearbeiteten Granit-Tischen draußen, die rings um das Dutzend schattiger *grotti* stehen, versammeln sich an milden Sommertagen bis zu hundert Menschen.

Ungefähr 4 km weiter folgt Giornico, wo die Eidgenossen den Mailändern 1478 eine schwere Niederlage beibrachten. Der Ort protzt mit zwei romanischen Brücken, der schönsten romanischen Kirche Tessins (die **Chiesa di San Nicolao** am Südufer des Flusses Tessin), einem malerischen alten Kern und einigen ordentlichen Herbergen und Restaurants. Essen kann man z. B. in der ausgeschilderten **Grotto Rodai** (☎ 091 864 21 48; Hauptgerichte 16–30 SFr; April–Mitte Okt. Di–So), einer typischen *grotto*.

Wer mit dem Auto unterwegs ist, kann an mehreren Stellen zur Strada Alta hinauffahren, die hoch oben an der Nordflanke des Flusstals der Tessin verläuft. Von Lavorgo, 4 km nordwestlich von Giornico, windet sich eine Straße zu den Weilern **Anzonico**, **Cavagnago** und **Sobrio** hinauf. Ca. 7 km weiter führt eine andere Straße von Faido aus zu hochgelegenen Punkten wie **Campello**, **Molare** und **Carì**.

Bei **Rodi-Fiesso** verengt sich der breite Talgrund zu einer schmalen Schlucht. Gleich vor dem östlichen Ortseingang bewachte ab dem 16. Jh. eine Schweizer Wacht- und Zollstation den Weg zum Gotthard-Pass. Heute bietet der restaurierte **Dazio Grande** (☎ 091 874 60 60; www.daziogrande.ch; Via San Gottardo; EZ/DZ 120/180 SFr; Mai–Okt.) angenehme, moderne Zimmer, ein kleines Museum zur Geschichte der Station sowie ein **Restaurant** (Menü 39 SFr, Mai–Sept. Di–So, Okt. Mi–So). Im Museum ist eine kleine Dauerausstellung über die *Via delle Genti* zu sehen; die Straße durch die Alpen führt seit dem Mittelalter durch dieses Tal.

Ungefähr 7 km nordwestlich von Rodi-Fiesso erreicht man das verschlafene Talstädtchen Piotta. Nördlich der Autobahn bringt einen Europas steilste **Standseilbahn** (Erw./Kind/Senior hin & zurück 22/10/19 SFr; Mai–Okt.) über die Strada Alta hinauf zum **Lago Ritom**, einem hochgelegenen Stausee, von dem aus man in die Berge wandern kann. Hinter dem Staudamm bietet das **Ristorante Lago Ritom** (☎ 091 868 14 24; www.lagoritom.com; B 45 SFr; April–Okt.) einfache Gerichte und Schlafplätze.

Airolo, eine überraschend große Siedlung am Eingang der Valle Leventina, ist nicht sehr interessant. Der einfachste Weg durch die Alpen in die Zentralschweiz führt hier durch.

Der Gotthard-Pass (Passo di San Gottardo) liegt 7 km nördlich von Airolo. Man kann den 17 km langen Tunnel oder die Gebirgsstraße nehmen (sofern Letztere nicht wegen Schnee gesperrt ist).

Der Eisenbahntunnel wurde 1882 eröffnet; sein Bau kostete 177 Menschen das Leben. Die Züge aus Bellinzona fahren stündlich über Airolo (21,40 SFr, 55 Min.) bis Zürich. Sie passieren die Orte im Tal, von wo aus man mit Postautos die Weiler an der Strada Alta erreicht.

Übernachten kann man tief unter dem Pass im Untergrund, in **La Claustra** (☎ 091 880 50 55; www.claustra.ch; San Gottardo; EZ/DZ 245/490 SFr; Mai–Okt.). Diese Kombination aus Wellnesshotel, Restaurant, Bibliothek, Weinkeller und Seminarzentrum befindet sich auf 2050 m über dem Meeresspiegel, tief in dem Felsen unter dem Gotthard-Pass in der San-Carlo-Artilleriestellung, früher einer der unbezwingbarsten Bunker des Schweizer Heeres. Ausblick bietet (logischerweise) keines der 17 individuell gestalteten Zimmer. Das Wasser stammt aus unterirdischen Quellen. Hin bringt einen das Postauto von Airolo zum Pass; man sollte reservieren. Für Gruppen ab zehn Personen werden einstündige Führungen angeboten.

Westlich von Airolo steigt das hübsche **Val Bedretto** erst langsam und dann in sanften Kurven an und führt durch eine kahle Alpenlandschaft zu einem weiteren Durchgang durch das Gebirge, dem Nufenenpass im Osten von Wallis (s. S. 187). Die Gegend ist bei Wanderern beliebt, die Ruhe und Einsamkeit suchen.

LUGANO

49 720 Ew. / 270 m

Der malerische Luganer See ist nicht das einzige Flüssige im Tessin: Lugano, die größte Stadt im Kanton, ist das drittwichtigste Bankenzentrum der ganzen Schweiz.

Als Besucher kann man sich nur wundern, warum so viele Einheimische in muffigen Banken arbeiten, wo doch so viele Kopfsteinpflastergassen zum See führen. Wie kann man nur all den Wassersport- und Wandermöglichkeiten in dieser Gegend widerstehen?

Orientierung

Lugano liegt am Nordufer des schönen Luganer Sees (Lago di Lugano). Der Bahnhof erhebt sich westlich über dem Centro Storico (Altstadt). Über Treppen oder mit der Standseilbahn (1,10 SFr, 5.20–23.50 Uhr geöffnet) gelangt man hinunter ins Zentrum; an der wichtigsten der einen Flickenteppich bildenden *piazze*, der Piazza della Riforma, thront das klassizistische *municipio* (Rathaus; 1844).

Die Vorstadt Paradiso im Süden ist der Startpunkt der Standseilbahn auf den Monte San Salvatore. Der andere Berg, der sich weiter östlich über die Stadt erhebt, ist der Monte Brè. Der Flughafen befindet sich 3 km westlich des Bahnhofs.

Praktische Informationen

INTERNETZUGANG

Mondialplay (☎ 091 922 25 69; Via Canova 9; 15 Min./ 1 Std. 3/8 SFr; ⊙ Mo–Fr 9–18.30, Sa 10–17 Uhr)

MEDIZINISCHE VERSORGUNG

Ärztlicher/zahnärztlicher Notdienst (☎ 1811)
Ospedale Civico (☎ 091 811 61 11; Via Tesserete 46) Das Krankenhaus liegt nördlich des Stadtzentrums.

POST

Post (Via Della Posta 7; ⊙ Mo–Fr 7.30–18.15, Sa 8–16 Uhr) Im Zentrum der Altstadt.

TOURISTENINFORMATIONEN

Touristeninformation Municipio (☎ 091 913 32 32; www.lugano-tourism.ch; Riva Giocondo Albertolli; ⊙ April–Okt. Mo–Fr 9–19, Sa 9–17, So & feiertags 10–17 Uhr, Nov.–März Mo–Fr 9–12 & 14–17.30, Sa 10–12.30 & 13.30–17 Uhr), Bahnhof (⊙ Mo–Sa 14–19 Uhr).

Sehenswertes

ALTSTADT & KIRCHEN

Toll ist ein Spaziergang in den Gassen mit Laubengängen rund um den munteren Hauptplatz, die Piazza della Riforma. Besonders geschäftig geht's auf dem Markt (immer Di & Fr vormittag) zu.

Neben der schlichten romanischen **Chiesa di Santa Maria degli Angioli** (Heilige Maria von den Engeln; Piazza Luini; ⊙ 7–18 Uhr) steht ein heute verfallenes ehemaliges Hotel. Die Kirche birgt zwei Fresken, die Bernardino Luini im Jahr 1529 malte. Die Wand, welche sie zweiteilt, ist komplett von einer tollen, lehrhaften Kreuzigungsdarstellung bedeckt – je genauer man hinschaut, desto mehr Szenen der Passion Christi entdeckt man, u. a. Kreuzabnahme und Auferstehung. Die Kraft und Lebendigkeit der Farben sind erstaunlich. Dagegen wirkt Luinis Darstellung des Letzten Abendmahls an der linken Wand eher gedämpft.

Unterhalb des Bahnhofs steht die **Cattedrale di San Lorenzo** (⊙ 6.30–18 Uhr) aus dem frühen 16. Jh. Hinter ihrer Renaissancefassade birgt sie einige schöne Fresken und prächtig verzierte Statuen aus der Barockzeit.

MUSEEN & GALERIEN

Das **Museo Cantonale d'Arte** (Kantonales Kunstmuseum; ☎ 091 910 47 80; www.museo-cantonale-arte.ch; Via Canova 10; Erw./Schüler 7/5 SFr, Sonderausstellungen 10/7 SFr; ⊙ Di 14–17, Mi–So 10–17 Uhr) zeigt Werke von überwiegend regionalen Künstlern des 19. und 20. Jhs. Noch mehr avantgardistische Kreativität kann man im **Museo d'Arte Moderna** (Museum der modernen Kunst; ☎ 058 866 72 14; www.mdam.ch; Riva Antonio Caccia 5; Erw./Kind unter 11 Jahren/Schüler 11–14 Jahre/ Schüler 15–18 Jahre/Student & Senior 12 SFr/frei/3/5/8 SFr; ⊙ Di–So 9–19 Uhr) entdecken. Das Museum ist in der

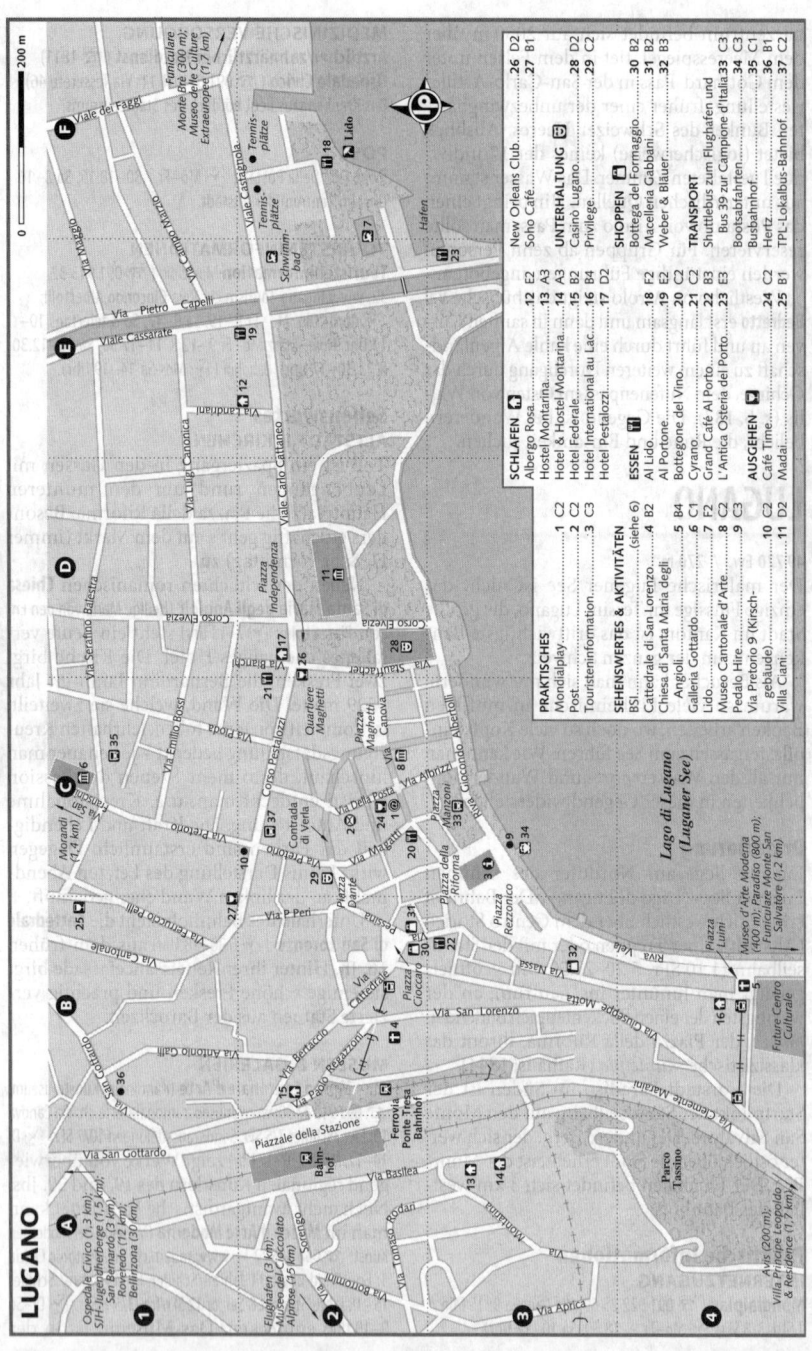

Villa Malpensata untergebracht und einer der wichtigsten Ausstellungsräume für Kunst. Ein anderer ist die **Galleria Gottardo** (☎ 091 808 19 88; www.galleria-gottardo.org; Via San Franscini 12; Eintritt frei; Di 14–17, Mi–Sa 11–17 Uhr), eine private Stiftung der Bank BSI (früher Banca del Gottardo), die Ausstellungen zur Bildenden Kunst zeigt, von Skulpturen bis Fotografien. Auch in der ockerfarbenen **Villa Ciani** (☎ 091 800 72 01; Parco Civico; Di–So 10–18 Uhr) gleich am See ist regelmäßig Kunst zu sehen.

In der Villa Heleneum, ca. 1,7 km vom Zentrum Luganos entfernt, residiert das **Museo delle Culture Extraeuropee** (Museum der außereuropäischen Kulturen; ☎ 058 866 69 09; www.lugano.ch/museoculture; Via Cortivo 24-28; Erw./Kind/Senior & Student 12 SFr/ frei/8 SFr; Di–So 10–18 Uhr). Neben zahlreichen Werken von Stammeskulturen aus aller Welt finden sich viele Masken und Fruchtbarkeitskulten geweihte Skulpturen. Bus 1 bringt einen hin.

Im **Museo del Cioccolato Alprose** (☎ 091 611 88 88; www.alprose.ch; Via Rompada 36, Caslano; Erw./Kind unter 6 Jahre/Kind 7–16 Jahre/frei/1 SFr; Mo–Fr 9–17.30, Sa & So bis 16.30 Uhr) kann man tief in die Kultur des Kakao eintauchen – ein prima Ort für Kinder und Naschkatzen. Es gibt eine Geschichtsstunde in Sachen Schokolade und man kann sich anschauen, wie diese Köstlichkeit gemacht wird – Probieren inklusive und kostenlos. Der Shop ist schlauerweise eine halbe Stunde länger geöffnet. Hin kommt man mit dem Zug nach Ponte Tresa (7 SFr).

Aktivitäten

Östlich des Cassarate liegt der **Lido** (☎ 058 866 68 80; Viale Castagnola; 9 SFr/Tag; Mai & Sept. 9–19 Uhr, Juni–Aug. bis 19.30 Uhr) mit seinen Stränden und einem Schwimmbecken. An der Bootsanlegestelle gibt's Leihtretboote (18 SFr/Std.).

Feste & Events

Lugano steht während des **Lugano Festivals** (www.luganofestival.ch), das von April bis Mai im Palazzo dei Congressi stattfindet, ganz im Zeichen klassischer Musik. Kostenlose Open-Air-Festivals sind u. a. **Estival Jazz** (www.estivaljazz.ch) an drei Tagen Anfang Juli (und an zweien Ende Juni in Mendrisio) und das **Blues to Bop Festival** (www.bluestobop.ch) an den drei letzten Augusttagen. Pyrotechnische Kunst ist am Schweizer **Nationalfeiertag** (1. Aug.) um Mitternacht auf dem Luganer See zu bewundern.

Schlafen

Viele Hotels sind während des Winters zumindest eine Zeitlang geschlossen.

BUDGETUNTERKÜNFTE

Hostel Montarina (☎ 091 966 72 72; www.montarina.ch; Via Montarina 1; B 26 SFr) Das Hostel hat schlichte Zimmer mit je vier bis 16 Stockbetten. Das Frühstücksbüffet kostet 12 SFr. Vor Ort gibt's auch ein Hotel (s. unten).

SJH-Jugendherberge (☎ 091 966 27 28; www.lugano youthhostel.ch; Via Cantonale 13, Savosa; B/EZ/DZ 26/68/96 SFr; Rezeption Mitte März–Okt. 7–12 & 15–22 Uhr;) In der Villa Savosa. Eine der hübscheren Juhes in der Schweiz bietet Schlafsäle mit bis zu acht Stockbetten. Bus 5 bis Crocifisso nehmen.

Hotel Montarina (☎ 091 966 72 72; www.montarina. ch; Via Montarina 1; EZ/DZ 85/125 SFr; P) Dieses charmante Hotel liegt hinter dem Bahnhof. Die besten Zimmer sind luftig, haben Holzböden und sind mit Antiquitäten möbliert. Einige Zimmer haben Küchen und in dem hübschen Garten ist ein Pool.

MITTELKLASSEHOTELS

Hotel Pestalozzi (☎ 091 921 46 46; www.pestalozzi -lugano.ch; Piazza Indipendenza 9; EZ/DZ 106/188 SFr, EZ/DZ

MARIO BOTTAS FAIBLE FÜR PINK

Der Architekt Mario Botta aus Lugano wurde 1943 im nahegelegenen Mendrisio geboren und machte sich einen Namen als einer der führenden Figuren der zeitgenössischen Architekturszene. Zwar ist er am bekanntesten für seine Arbeiten im Ausland, z. B. das Museum of Modern Art in San Francisco, den Kyobo Tower in Seoul, die Kirche Santo Volto in Turin oder die Restaurierung der Mailänder Scala, aber Botta hat auch in und rund um Lugano Spuren hinterlassen. Das zwölf Stock hohe Kasino in Campione d'Italia ist nur ein Beispiel. Der Meister scheint eine besondere Vorliebe für rechte Winkel und die Farbe Rosa zu haben. Zu seinen Werken im Zentrum Luganos gehören das **BSI** (Via San Franscini 12), eine Reihe untereinander verbundener Monolithe, der rosa Backstein-Büroblock an der **Via Pretorio 9** (den Einheimischen als Kirschgebäude bekannt, weil auf dem Dach ein Kirschbaum steht), und das Dach des TPL-Lokalbus-Bahnhofs am Corso Pestalozzi. Nachts wird es angestrahlt – natürlich in hellrosa.

ohne Bad 64/108 SFr; ❄) Die Zimmer des renovierten Jugendstilhotels sind in Rot-, Blau- und Cremetönen gehalten. Die billigeren unter ihnen teilen sich ein Bad im Korridor. Das Restaurant schenkt keinen Alkohol aus.

Albergo Rosa (☎ 091 922 92 86; www.albergorosa.ch; Via Landriani 2-4; EZ/DZ 125/175 SFr, EZ/DZ ohne Bad 72/124 SFr; Ⓟ) Das nette kleine Hotel in hübscher Lage nahe dem Parco Civico ist ein Familienbetrieb. Auf vier Stockwerken, die sich um einen Hof erstrecken, sind saubere Zimmer zu finden (allerdings sehen die Teppiche in manchen schlimm aus). Die Einzelzimmer sind klein. Außerhalb der Saison nächtigt man 25 % billiger.

Hotel Federale (☎ 091 910 08 08; www.hotel-federale.ch; Via Paolo Regazzoni 8; EZ/DZ 165/230 SFr; ⊙ Feb.–Dez.; Ⓟ) Mit den großartigen Doppelzimmern mit Seeblick im obersten Stock schlägt dieses seltsam geformte rosa Hotel so manches Sterne-Haus um Längen. Vom Bahnhof muss man sein Gepäck nur ein kurzes Stück schleppen, um die ruhige Bleibe mit ihren makellos gepflegten Zimmern zu erreichen. In der Lobby gibt's WLAN.

Hotel International au Lac (☎ 091 922 75 41; www.hotel-international.ch; Via Nassa 88; EZ 125–185 SFr, DZ 220–310 SFr; ⊙ April–Okt.; Ⓟ ❄ ≋) Von den Balkonen der Zimmer, die nach vorne raus gehen, blickt man über den Luganer See. Diese Zimmer sind die besten, es gibt aber auch noch billigere. Man wohnt hier komfortabel und von Antiquitäten umgeben.

SPITZENKLASSEHOTELS

Villa Principe Leopoldo & Residence (☎ 091 985 88 55; www.leopoldohotel.com; Via Montalbano 5; EZ/DZ bis 500/590 SFr; Ⓟ ❄ ≋) Diese Residenz aus rotem Backstein inmitten eines Landschaftsgartens wurde 1926 für den Prinzen Leopold von Hohenzollern, ein Mitglied der deutschen Herrscherdynastie, errichtet. Die Atmosphäre ist herrschaftlich-nostalgisch, vom Garten und von vielen der prächtigen Zimmer aus hat man auch Seeblick. Die Preise für die Suiten (mit WLAN) sind allerdings astronomisch.

Essen

Lust auf Pizza oder (überteuerte) Pasta? Die Restaurants rund um die Piazza della Riforma sind allesamt ansprechend und quirlig.

Grand Café Al Porto (☎ 091 910 51 30; Via Pessina 3; ⊙ Mo–Sa 8–18.30 Uhr) In diesem Café, das es schon seit 1803 gibt, kann man in mehreren schönen Sälen dinieren, aber schon allein das mit Fresken verzierte Cenacolo Fiorentino im Obergeschoss, das einst das Refektorium eines Klosters war und heute für Privatveranstaltungen genutzt wird, lohnt den Besuch.

Al Lido (☎ 091 971 55 00; Viale Castagnola; ⊙ Brunch 11–18 Uhr; Mi–Sa abends) Luganos Strandrestaurant am See ist dank seines sonntäglichen Brunchbuffets (36,50 SFr) besonders beliebt. Das gleiche Buffet zum gleichen Preis, genannt Lunar, gibt's auch am Mittwochabend (18.30–1 Uhr). Hier legen DJs auf.

L'Antica Osteria del Porto (☎ 091 971 42 00; Via Foce 9; Hauptgerichte 22–39 SFr; ⊙ Mi–Mo) Die Osteria hinter dem Segelclub von Lugano ist die beste Adresse für lokalen Fisch und Tessiner Küche. Der *grigliata mista di pesci di mare e crostacei* (gemischter Teller mit Fisch und Schalentieren) kann man nur schwer widerstehen. Die Terrasse mit Ausblick auf den Cassarate ist angenehm, und den See sieht man auch.

Cyrano (☎ 091 922 21 82; Via Bianchi; Pasta 19,50–22,50 SFr, Hauptgerichte 25,50–38,50 SFr; ⊙ Mo–Fr) Das orangefarbene Gebäude ist scheußlich, aber der schicke Innenraum und die weiße Tischwäsche machen das wieder wett. Das Restaurant liefert einen Mix aus Tessiner, Schweizer und mediterraner Küche. Die *spadellata di camoscio al ginepro e sugo di caccia con spätzli al burro e cavolo rosso alle mele* (Gamsbraten mit Wacholder-Wildsauce, Butterspätzle und Apfelrotkohl) ist ein leckeres nationales Herbstgericht.

LP Tipp Bottegone del Vino (☎ 091 922 76 89; Via Magatti 3; Hauptgerichte 28–42 SFr; ⊙ Mo–Sa) Die örtlichen Bankangestellten besuchen zur Mittagszeit mit Vorliebe dieses Lokal, wo man zu einem guten Essen auch feine Weine aus der Region genießen kann. Die Karte wechselt täglich. Im Angebot sind z. B. *filetto di rombo al vapore* (gedämpfter Steinbutt) oder Ravioli, gefüllt mit Fleisch vom toskanischen Chianina-Rind. Kenntnisreiche Kellner stehen immer bereit und empfehlen einem gern den passendsten Tischwein aus dem Tessin.

Al Portone (☎ 091 923 55 11; Viale Cassarate 3; Hauptgerichte 30–50 SFr; ⊙ Di–Sa) Das Lokal der gehobenen Preisklasse ist nach wie vor ein sicherer Tipp für Feinschmecker. Man bekommt hier mittags ein Menü für 58 SFr und abends ein Menü mit Degustation für 120 SFr. Wie wäre es denn beispielsweise mit einem *filetto di manzo gratinato alle cipolle rosse di Tropea e purea di patate* (überbackenes Rinderfilet mit süditalienischen roten Zwiebeln und Kartoffelpüree)?

Ausgehen

Soho Café (☎ 091 922 60 80; Corso Pestalozzi 3; ☼ Mo–Fr 7–1, Sa 16–1 Uhr) An dieser langen, orange beleuchteten Bar treffen sich schöne Leute auf einen Cocktail. Coole DJ-Musik sorgt für heitere Stimmung. Manchmal ist es schwierig, bis an die Bar zu kommen, weil es so voll ist.

Im **Café Time** (☎ 091 922 56 06; Via Canova 9; ☼ Mo–Sa 8–1 Uhr) in einer unauffälligen kleinen Shoppingarkade treffen sich die VIPs der Stadt gerne zu einem Aperitif nach italienischer Sitte. Auf den burgunderroten Lederbänken mit hoher Lehne kann man bei einem guten Wein oder Cocktail und herzhaften Barsnacks prima die Seele baumeln lassen.

Madai (☎ 091 922 56 37; www.luganodinotte.ch; Via Ferruccio Pelli 13; ☼ Mi–Sa 19–3 Uhr) Coole Cocktailbar in Rottönen gehalten mit Lounges und Musik zum Abtanzen. Gegen 22 Uhr weicht die Aperitif- der Clubatmosphäre.

Ein anderer munterer Treff ist der **New Orleans Club** (☎ 091 921 44 77; www.neworleansclublugano.com; Piazza Indipendenza 1; ☼ Mo–Sa 17–1 Uhr), in dem es von Donnerstag bis Samstag Latino-, Hip-Hop- und Disconächte gibt. Drinnen ist's sehr dunkel; Raucher haben draußen einen Platz.

Unterhaltung

Privilege (☎ 091 922 94 38; www.privilegelugano.ch; Piazza Dante 8; Eintritt 20 SFr; ☼ Mi–Sa) Dieser Club liegt am zentralsten in der Stadt. Er befindet sich im Unterschoss und ist darum leicht zu übersehen. Es gibt ein paar separate Bereiche, darunter einen für Raucher. Go-go-Girls und -Guys und gelegentliche Livemusik ziehen ein recht gemischtes Publikum an.

Morandi (☎ 076 508 32 25; Via Trevano 56; Eintritt 25 SFr; ☼ Fr & Sa 24–5 Uhr) Das altbewährte Standbein der Dance-Szene von Lugano ist ein Club mit vielen Räumen (auch einem stickigen Raucherbereich) und serviert ziemlich regelmäßig House. Das Publikum liegt altersmäßig zwischen 17 und 47. Pink dominiert.

Keine Lust auf das große Kasino in Campione d'Italia (S. 367)? Kein Problem, auch in dem recht geschmacklosen **Casinò Lugano** (☎ 091 973 7111; www.casinolugano.ch; Via Stauffacher 1; Eintritt frei; ☼ So–Do 12–4, Fr & Sa bis 5 Uhr) wird man sein Geld los.

Shoppen

Eine der wichtigsten Shoppingmeilen ist die Via Nassa, in deren Läden Schweizer Uhren (wen wundert's?!), italienische Mode, Zigarren und Schmuck zu haben sind. Immer wieder interessant ist das zeitlose **Weber & Bläuer** (☎ 091 922 70 30; Via Nassa 7; ☼ Di–Sa), das Antiquitäten und alten Schmuck verkauft.

Macelleria Gabbani (☎ 091 911 30 80; www.gabbani.com; Via Pessina 12) Die riesigen Würste, die vor diesem verführerischen Feinkostladen baumeln, sind nicht zu übersehen. Die gleichen Betreiber führen gegenüber in der gleichen Straße (Nr. 13) auch noch einen verlockenden Käseladen, die Bottega del Formaggio.

An- & Weiterreise

AUTO & MOTORRAD

Autos vermieten **Hertz** (☎ 091 923 46 75; Via San Gottardo 13) und **Avis** (☎ 091 913 41 51; Via Clemente Maraini 14).

BUS

Lugano liegt an der gleichen Straße und Bahnlinie wie Bellinzona. Nach St. Moritz fährt zumindest freitags bis sonntags ein direktes Postauto (via Italien; 69 SFr, 4 Std.; Ende Juni–Mitte Okt. & Ende Dez.–Anfang Jan. tgl.). Reservieren kann man am Busbahnhof, am Bahnhof oder unter ☎ 091 807 85 20. Alle Postautos fahren vom Hauptbusdepot in der Via Serafino Balestra, der Bus nach St. Moritz und einige weitere halten aber auch je 15 Minuten später am Bahnhof.

FLUGZEUG

Vom **Flughafen Agno** (☎ 091 612 11 11; www.lugano-airport.ch) fliegt **Darwin Airline** (www.darwinairline.com) nach Genf. **Flybaboo** (www.flybaboo.com) verbindet regelmäßig mit Genf und die **Swiss** (www.swiss.com) mit Zürich.

ZUG & SCHIFF

Infos zu Zug- und Schiffsverbindungen gibt's auf S. 359.

Unterwegs vor Ort

Von der Piazza Manzoni fährt ein Shuttlebus zum Flughafen (einfach/hin & zurück 10/18 SFr) und zum Bahnhof (8/15 SFr). Fahrpläne sind in der Touristeninformation erhältlich. Ein Taxi zum Flughafen (☎ 091 605 25 10) kostet 25 bis 30 SFr.

Nach Paradiso fährt Bus 1 von Castagnola durch das Stadtzentrum und Bus 2 vom Stadtzentrum über den Bahnhof. Eine Fahrt kostet einfach 1,20 bis 2 SFr (die Automaten an den Haltestellen nennen den genauen Preis), eine Tageskarte 5 SFr. Wichtigster Umsteigepunkt der Lokalbusse ist am Corso Pestalozzi.

RUND UM LUGANO

In der Touristeninformation bekommt man Führer zu den schönsten Wanderwegen am See. Wer sich lieber treiben lässt, kann bei einer Bootsfahrt zur Ruhe kommen.

Von den Hügeln aus sind Lugano und der See aus der Vogelperspektive zu sehen. Die **Standseilbahn** (☎ 091 971 31 71; www.montebre.ch; einfach/hin & zurück 14/20 SFr, Swiss-Pass gültig; ❍ März–Dez.) vom Stadtteil Cassarate (vom Stadtzentrum aus zu Fuß oder mit Bus 1 erreichbar) aus führt auf den Monte Brè (925 m); ebenfalls von hier bringt einen eine erste Standseilbahn bis nach Suvigliana (hin kostenlos, zurück 1,60 SFr), wo man in die Hauptbahn umsteigen kann. Wenn man auf den Berg will, kann man aber auch von der Hauptpost Bus 12 bis zum Dorf Brè nehmen und von dort ca. 15 Minuten laufen.

Von Paradiso aus führt eine **Standseilbahn** (☎ 091 985 28 28; www.montesansalvatore.ch; einfach/hin & zurück 19/26 SFr; ❍ Mitte März–Anfang Nov.) auf den Monte San Salvatore. Die Aussicht lohnt sich, und auch der Abstieg nach Paradiso oder Melide (ca. 1 Std.) ist toll.

Eine hübsche Übernachtungsmöglichkeit ist die **LP Tipp Locanda del Giglio** (☎ 091 930 09 33; www.locandadelgiglio.ch; B 40 SFr, EZ/DZ 95/150 SFr) in Roveredo, Capriasca, 12 km nördlich von Lugano gelegen. Das einladende Holzgebäude wird mit Solarenergie versorgt. Die Zimmer haben Balkone, von denen aus sich ein Ausblick auf die Berge und einen Teil des Sees eröffnet. Man fährt mit dem Bus von Lugano nach Tesserete (30 Min.) und steigt dort in den Bus nach Roveredo um (ca. 10 Min.).

LAGO DI LUGANO (LUGANER SEE)

Wer keinen längeren Ausflug hierher machen möchte, kann auch schon an nur einem Tag viel sehen. Die Verkehrsboote auf dem See werden von der **Società Navigazione del Lago di Lugano** (☎ 091 971 52 23; www.lakelugano.ch) betrieben. Fahrten hin und zurück ab Lugano kosten beispielsweise nach Melide 21,60 SFr, nach Morcote 30,80 SFr und nach Ponte Tresa 37,40 SFr. Wenn man mehrere Orte besuchen will, wählt man am besten eine Zeitkarte: Eine Tageskarte gibt's für 38 SFr, eine Dreitageskarte für 58 SFr und eine Wochenkarte für 68 SFr. Kinder fahren günstiger.

Die Ablegestelle in Lugano liegt in der Nähe der Piazza della Riforma. Die Schiffe fahren das ganze Jahr über, aber am häufigsten zwischen Ende März und Ende Oktober, und dann sogar teilweise bis Ponte Tresa; man kann die Hinfahrt z. B. mit dem Schiff machen und von Ponte Tresa aus mit dem Zug zurück nach Lugano fahren.

Züge verbinden mit Melide (3,40 SFr, 6 Min.). Nach Morcote nimmt man den Bus 431 von der Piazza Rezzonico (30–35 Min.).

GANDRIA

Gandria ist ein hübsches Dörfchen ganz nah am Wasser. Beliebt sind Ausflüge mit dem Schiff von Lugano hierher. Von Gandria aus kann man am Strand entlang bis nach Castagnola (ca. 40 Min.) wandern, wo die Villa Heleneum oder die Villa Favorita zu besichtigen ist. Wenn man von hier aus nicht mit Bus 1 zurück in die Stadt fahren will, spaziert man einfach bis nach Lugano weiter.

In Cantine di Gandria am Seeufer gegenüber liegt das **Museo delle Dogane Svizzere** (Schweizer Zollmuseum; ☎ 091 923 98 43; Eintritt frei; ❍ Ende März–Anfang Okt. 13.30–17.30 Uhr), das per Boot zu erreichen ist. Das Museum erzählt die Geschichte des Zolls (und des Schmuggels) in dieser Grenzregion. Ausgestellt sind u. a. beschlagnahmte Schmugglerboote, die einst auf dem See ihr Unwesen trieben.

CAMPIONE D'ITALIA

Man glaubt es kaum, aber dieser Ort ist tatsächlich eine italienische Exklave. Grenzformalitäten gibt's aber nicht (trotzdem vorsichtshalber den Pass mitnehmen): Viele Autos im Dorf haben Schweizer Nummernschilder, die Einwohner benutzen Schweizer Telefone und zahlen mit Schweizer Franken.

Euros (und jede andere harte Währung) sind ebenfalls willkommen, und die Schweizer Restriktionen hinsichtlich des Glücksspiels gelten in Campione d'Italia nicht. Das **Kasino** (☎ 091 640 11 11; www.nuovocasinodicampione.it; Eintritt frei; ⊙ So–Do 10.30–5, Fr & Sa bis 6 Uhr), das 2005 von Mario Botta, Luganos Lieblingsarchitekten, zu Europas größtem umgebaut wurde und sich nun auf zwölf Stockwerke verteilt, macht mächtige Umsätze. Abendkleidung ist vorgeschrieben. Zwischen 12 und 24 Uhr fährt von der Piazza Manzoni in Lugano Bus 39 nach Campione d'Italia (einfach/hin & zurück 6,80/13,60 SFr). Der letzte Bus nach Lugano fährt um 0.40 Uhr zurück, der nächste erst wieder um 6.39 Uhr.

MONTE GENEROSO

An klaren Tagen schaut man von diesem Gipfel (1701 m) ringsum über die Seen und bis zu den Alpen und Apenninen. Man fährt mit dem Schiff (außer im Winter), dem Zug (5,60 SFr, 17 Min.) oder dem Auto nach Capolago und dann mit der **Zahnradbahn** (☎ 091 630 51 11; www.montegeneroso.ch; Erw./Kind/Kind bis 5 Jahre hin & zurück 39/19,50 SFr/frei; ⊙ April–Okt. & Anfang Dez.–Anfang Jan. tgl. bis zu 10 Fahrten) auf den Berg.

HALBINSEL CERESIO

Südlich von Lugano bildet die Uferlinie des Luganer Sees diese Halbinsel. Am Seeufer stehen kleine Dörfer, und Wanderwege durchziehen das Landesinnere. Das Postauto von Lugano nach Morcote fährt etwa stündlich, entweder über Melide oder über Figino. Das ganze Jahr über verkehren auch Boote von Morcote und Melide nach Lugano.

Montagnola

Der deutsche Romancier Hermann Hesse (1877–1962) wählte 1919, nachdem ihn die Schrecken des Ersten Weltkriegs von seiner Familie entfremdet hatten, diesen kleinen Ort als Wohnsitz. Als sich in Deutschland die Probleme häuften und schließlich die Nazis an die Macht kamen, blieb er in Montagnola und verfasste hier einige seiner bekanntesten Romane. Seine erste Wohnung war in der Casa Camuzzi. In der nahegelegenen Torre Camuzzi befindet sich das **Museo Hermann Hesse** (☎ 091 993 37 70; www.hessemontagnola.ch; Torre Camuzzi; Erw./Kind unter 12 Jahre/Student & Senior 7,50 SFr/frei/6 SFr; ⊙ März–Okt. Di–So 10–12.30 & 14–18.30 Uhr, Nov.–Feb. nur Sa & So). Mit persönlichen Gegenständen, Tausenden Aquarellen, die er im Tessin malte, Büchern und allerlei Krimskrams wird das Leben Hesses anschaulich gemacht. Von Lugano fährt man mit der Ferrovia Ponte Tresa nach Sorengo und steigt dort in ein Postauto um (3,40 SFr, 20 Min.).

Melide

Melide ist eine Ausbuchtung des Seeufers, von der aus die A2 über den See führt. Die Hauptattraktion ist **Swissminiatur** (☎ 091 640 10 60; www.swissminiatur.ch; Via Cantonale; Erw./Kind/Senior 15/10/13 SFr; ⊙ Mitte März–Mitte Nov. 9–18 Uhr), eine Anlage mit Modellen von über 120 Schweizer Attraktionen im Maßstab 1:25 – man erlebt hier quasi die ganze Schweiz an einem Tag.

Morcote

Mit seinen schmalen Kopfsteinpflastergassen und den unzähligen Winkeln kauert das friedliche ehemalige Fischerdorf (740 Ew.) zu Füßen des Monte Abostora. Schmale Stufen führen einen in 15 Minuten hinauf zur **Chiesa di Santa Maria del Sasso** – die Aussicht von hier ist ausgezeichnet. In der Kirche kann man Fresken aus dem 16. Jh. und eine mit Schnitzereien verzierte Orgel bewundern. Von der Kirche aus sind es noch einmal 15 Minuten bergauf nach **Vico di Morcote**, einem hübschen Weiler. Etwa 5 km weiter lockt in Carona der **Parco Botanico San Grato** (Eintritt frei).

In einer subtropischen Parklandschaft stehen im **Parco Scherrer** (☎ 091 996 21 25; Erw./Kind unter 6 Jahre/Kind 6–10 Jahre/Student & Senior 7 SFr/frei/2/ 6 SFr; ⊙ Mitte März–Okt. 10–17 Uhr, Juli–Aug. bis 18 Uhr), 400 m links (westlich) von der Bootsanlegestelle, Nachbildungen berühmter Bauwerke und Bautypen in einer verwirrenden Vielfalt von Stilen (u. a. der Tempel der Nefertiti, ein siamesisches Teehaus).

Am See findet man mehrere Übernachtungsmöglichkeiten. Die **Albergo della Posta**

DIE TESSINER KÜCHE

Wenn gutes Essen und Trinken zu einem perfekten Urlaub einfach dazugehören, ist das Tessin das perfekte Reiseziel. Mit die schönsten Gourmet-Erlebnisse hat man in Tessin in *grotti* – rustikalen, abgelegenen Esslokalen, wo man in den wärmeren Monaten draußen an Granittischen sitzen kann und gesundes Essen aus der Gegend serviert bekommt. Einige solcher Lokale werden in diesem Kapitel erwähnt, aber wem das nicht genug reicht, wird mit dem dreisprachigen *Guida a Grotti e Osterie* noch viele weitere finden.

Was Rösti für die Deutschschweizer, ist Polenta für die Tessiner. Das auf Mais basierende Grundnahrungsmittel ist allein schon äußerst sättigend, aber mit weiteren Zutaten wird es zu einem regelrechten Festmahl. Es gibt z. B. Kombinationen mit *brasato* (geschmortes Rindfleisch) oder die Variante *capretto in umido alla Mesolcinese*, ein scharfes, in Rotwein geschmortes Gericht mit Ziegenfleisch und etwas Zimt. Im Herbst isst man Polenta auch gern mit Wild *(cacciagione)*.

Cazzöla ist ein Gericht mit mehreren Sorten Fleisch und dazu Kohl und Kartoffeln. Andere leckere Spezialitäten sind *cicitt* (kleine Würstchen) und *mazza casalinga* (Schlachtplatten).

Viele tolle Gerichte aus Italien sind über die Grenze ins Tessin geschwappt und viele hiesige Restaurants werden von Italienern geführt. Risotto ist weit verbreitet, z. B. als Pilzrisotto.

Im Tiefland am Luganer See und am Lago Maggiore kommt Fisch auf den Teller, insbesondere *persico* (Barsch), *coregone* (Reinanke) und *salmerino* (Saibling, so ähnlich wie Forelle oder Lachs, nur kleiner).

Im Tessin werden auch verschiedene Käsesorten produziert. *Robiola* ist ein weicher Kuhmilchkäse, der in kleinen runden Scheiben angeboten wird. Eine kühle, frische Alternative ist der *robiolino* (Frischkäse aus Kuhmilch). Auch Ziegenkäse findet man und verschiedene Arten von *formaggella*, Hartkäse mit Kruste.

Die Portionen sind in der Regel sehr groß, deswegen ist die italienische Gewohnheit, einem *primo* (erster Gang, im Allgemeinen Pasta) einen *secondo* (Hauptgang) folgen zu lassen, keineswegs verpflichtend. Die hohen Preise machen eine solche Völlerei ohnehin zu einem zweifelhaften Vergnügen. Eine verbreitete Alternative zu einem vollen Zwei-Gänge-Menü ist es, sich eine *mezza porzione* (kleine Portion) vom ersten Gang und dann den vollen zweiten Gang zu gönnen.

Allgemeine Tipps zum Schweizer Essen und zu Schweizer Weinen gibt's ab S. 46.

(☎ 091 996 11 27; www.hotelmorcote.com; Piazza Grande; EZ/DZ 135/190 SFr; ◯ März–Nov.) etwa bietet zehn charmante kleine Zimmer mit Holzböden und (überwiegend) Blick auf den See. Auch ein Restaurant befindet sich vor Ort.

Die Wanderung am Seeufer bis nach Melide dauert rund 50 Minuten.

MENDRISIO & UMGEBUNG
6760 Ew. / 354 m

Südlich des Luganer Sees liegen das Mendrisiotto und das Untere Ceresio. Dieses Gebiet bietet sich mit hügeligen Tälern für herrliche Wandertouren von noch unberührten Dörfern an. Mendrisio, die Bezirkshauptstadt, hat eine nützliche **Touristeninformation** (☎ 091 641 30 50; www.mendrisiotourism.ch; Via Lavizzari 2; ◯ Mo–Fr 9–12 & 14–18, Sa 9–12 Uhr), die nahe der zentralen Piazza alla Valle liegt. Die Stadt wartet mit mehreren interessanten alten Kirchen und Gebäuden auf und lohnt einen Besuch während der **Gründonnerstagsprozession** oder der **Weinernte** im September.

Große Portionen kommen im **Ristorante Stella** (☎ 091 646 72 28; Via Stella 13; Pizza 11–19 SFr, Hauptgerichte 25–40 SFr; ◯ Mo–Sa) auf den Tisch. Der altmodische Laden gewinnt zwar keinen Designwettbewerb, aber die Küche überzeugt, z. B. mit herbstlichen Nudelspezialitäten wie *pappardelle con cantarelli e pancetta affumicata* (Bandnudeln mit Pfifferlingen und Schinkenspeck). Im Sommer kann man draußen auf dem kopfsteingepflasterten Hof sitzen.

Von Lugano kommt man mit dem Zug hierher (7 SFr, 20 Min.).

Im Südosten führt eine Seitenstraße aus Mendrisio hinaus, ca. 15 km aufwärts und gen Norden durch das für seinen Käse bekannte **Valle di Muggio**. Die hübsche Fahrt endet abrupt im Weiler **Roncapiano**. Von hier aus kann man den **Monte Generoso** bezwingen (2½ Std.).

MERIDE
320 Ew. / 583 m

Das **Museo dei Fossili** (Fossilienmuseum; ☎ 091 646 37 80; www.montesangiorgio.ch; Eintritt frei; ◯ 8–18 Uhr) in

Meride, nordwestlich von Mendrisio, informiert über die ersten Kreaturen, die die Region bewohnten: Die Reptilien und Fische lebten vor über 200 Mio. Jahren hier. Klingt etwas trocken, aber die Funde sind so bedeutend, dass die Unesco das Gebiet um den Monte San Giorgio (ihren Fundort) zum Welterbe erklärte.

Nahe des Ortes kann man auf einem **Naturpfad** im Kreis laufen. Von Lugano nimmt man den Zug nach Mendrisio und steigt dort in das Postauto nach Meride um (11 SFr).

LOCARNO

14 680 Ew. / 205 m

Mit Palmen und beneidenswerten 2300 Sonnenstunden im Jahr zieht Locarno seit dem späten 19. Jh. Touristen aus dem Norden in seine warme, mediterrane Umgebung. Die tiefstgelegene Stadt der Schweiz schien die perfekte Location für die Friedenskonferenz (1925), die Europa nach dem Ersten Weltkrieg Stabilität bringen sollte. Schon lange zuvor schätzten die Römer die strategische Lage des Ortes am See und an der Maggia.

Orientierung & Praktische Informationen

Zu Fuß fünf Minuten westlich vom Bahnhof liegt das Ortszentrum, die Piazza Grande. In ihrer Nähe findet sich die **Touristeninformation** (☎ 091 791 00 91; www.maggiore.ch; Largo Zorzi 1; ⊙ Mitte März–Okt. Mo–Fr 9–18, Sa & feiertags 10–18, So 10–13.30 & 14.30–17 Uhr, Nov.–Mitte März Mo–Fr 9.30–12 & 13.30–17, Sa 10–12 & 13.30–17 Uhr), wo man sich nach der Lago-Maggiore-Gästekarte und den damit verbundenen Rabatten erkundigen kann.

An der Piazza Grande finden sich das Postamt, eine Shoppingarkade und Cafés. Nördlich und westlich der Piazza liegt die Altstadt (*città vecchia*).

Sehenswertes

SANTUARIO DELLA MADONNA DEL SASSO

Das Heiligtum oberhalb der Stadt wurde 1480 errichtet, nachdem dem Mönch Bartolomeo d'Ivrea die Muttergottes in einer Vision erschienen war. Es gibt ein kleines **Museum** (☎ 091 743 62 65; Via del Santuario 2; Erw./Student & Kind 2,50/1,50 SFr; ⊙ 14–17 Uhr), eine **Kirche** (⊙ 8–18.45 Uhr) und mehrere grobschlächtige, nahezu lebensgroße Skulpturengruppen (darunter eine Darstellung des Letzten Abendmahls) in Nischen an der Treppe. Das bekannteste Gemälde in der Kirche ist Bramantinos *Fuga in Egitto* (Flucht nach Ägypten) von 1522.

In ganz anderem Stil sind die naiven Votivmalereien am Kircheneingang gehalten, auf denen die Jungfrau mit dem Kind in lebensgefährlichen Situationen als Schutzgeist erscheint.

Eine Standseilbahn fährt alle 15 bis 30 Minuten vom Stadtzentrum (hin 4,50 SFr, zurück 6,60 SFr) über das Heiligtum nach Orselina hinaus, aber der 20-minütige Aufstieg zu Fuß ist auch nicht besonders anstrengend (von der Via Cappuccini in die Via al Sasso abbiegen) – obwohl es sich um einen „Kreuzweg" mit Kapellen am Wegrand handelt.

ALTSTADT

Beim Spaziergang durch die Altstadt kann man italienisch anmutende Piazze, Laubengänge und lombardische Häuser bewundern. Es gibt auch einige interessante Kirchen. Die im 17. Jh. errichtete **Chiesa Nuova** (Neue Kirche; Via Cittadella) hat eine barocke Decke, deren aufwändige Verzierung einen fast schwindelig macht. Draußen steht links vor dem Eingang eine riesige Statue des hl. Christophorus mit unproportioniert winzigen Füßen. Die aus dem 16. Jh. stammende **Chiesa di San Francesco** (Piazza San Francesco) birgt Fresken von Baldassare Orelli, die **Chiesa di Sant'Antonio** ist vor allem für ihren Altar mit der Darstellung des toten Christus berühmt.

Das **Castello Visconteo** (☎ 091 756 31 70; Piazza Castello; Erw./Student 7/5 SFr; ⊙ April–Mitte Nov. Di–Fr 10–12 & 14–17, Sa & So 10–17 Uhr) stammt in seinen erhaltenen Teilen aus dem 15. Jh. und ist nach dem Geschlecht der Visconti benannt, die lange Mailand beherrschten. Heute ist hier ein Museum mit Exponaten aus der Bronze- und der Römerzeit untergebracht. Locarno soll zu römischer Zeit ein Zentrum der Glasproduktion gewesen sein, was die erstaunliche Zahl der Glaswaren in dem Museum erklären würde. In der labyrinthischen Burg, deren Anfänge bis in das 10. Jh. zurückgehen, findet sich zudem eine kleine Ausstellung (mit italienischen Erläuterungen) über den Vertrag von Locarno.

Aktivitäten

Von der Standseilbahn-Haltestelle Orselina führt eine Gondelbahn nach **Cardada** (⊙ Juni–Sept. 8–20 Uhr, März–Mai & Okt.–Nov. Mo–Do 9–18, Fr–So 8–20 Uhr) und von dort ein Sessellift hinauf nach

370 LOCARNO •• Feste & Events

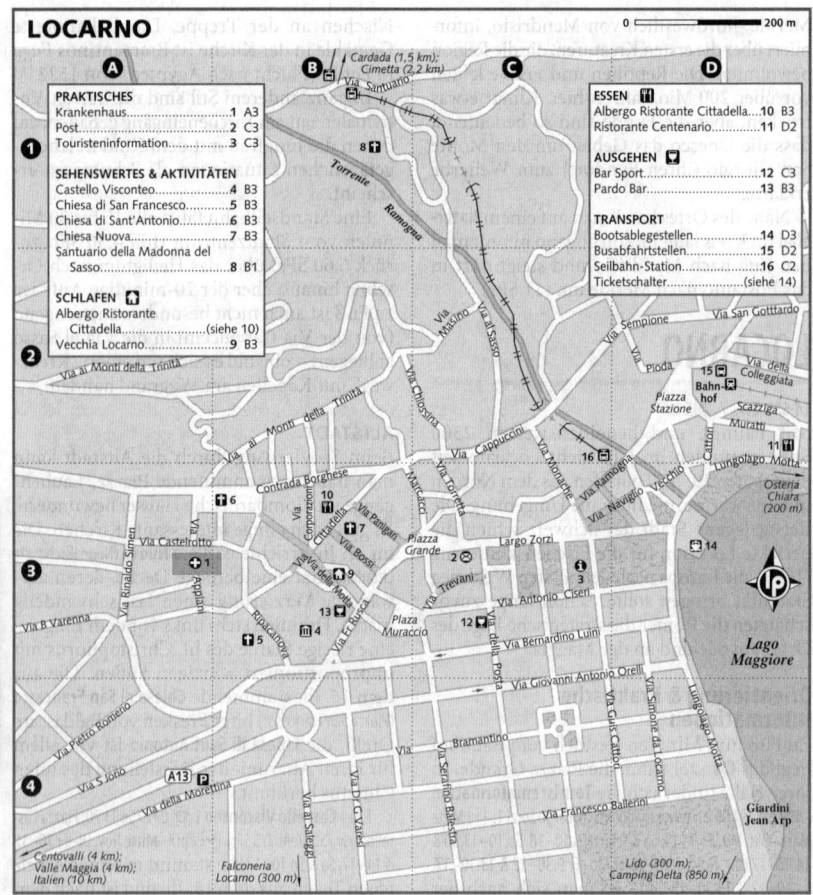

Cimetta (www.cardada.ch; hin & zurück Erw./Kind unter 6 Jahre/Kind 6–16 Jahre/Senior 33 SFr/frei/11/25 SFr; ☼ März–Nov. tgl. 9.15–12.30 & 13.30–16.50 Uhr) auf 1672 m Höhe. An beiden Haltepunkten findet man einen schönen Ausblick und Wanderwege. In Cimetta gibt's die Möglichkeit zum Paragliding und im Winter zum Skifahren.

Locarnos Klima lädt zu Nachmittagen am am See ein. In den **Giardini Jean Arp** (Hans-Arp-Park), einer Anlage am See bei der Lungolago Motta, stehen unter Palmen Plastiken des surrealistischen Künstlers. An verschiedenen Stellen rund um den See kann man kostenlos ins Wasser springen.

Kinder werden die Vorführungen mit den Falken in der **Falconeria Locarno** (☎ 091 751 95 86; www.falconeria.ch; Via delle Scuole 12; Erw./Kind unter 5 Jahre/ Kind 5–16 Jahre 20 SFr/frei/15 SFr; ☼ Mitte März–Okt. Di–So 10–12 & 13.30–16.30 Uhr) lieben.

Feste & Events

Locarno ist seit 1948 Gastgeber des zweiwöchigen **Festival Internazionale di Film** (Internationales Filmfestival; ☎ 091 756 21 21; www.pardo.ch; Via Ciseri 23, CH-6600 Locarno) im August. Tagsüber gibt's Vorführungen in den Kinos, abends auch auf einer Großleinwand auf der Piazza Grande.

Schlafen

Während des Filmfestivals im August steigen die Zimmerpreise um 50 bis 100 %.

Camping Delta (☎ 091 751 60 81; www.campingdelta. com; Via Respini 7; Stellplatz 47–57 SFr, zzgl. pro Erw./Kind/ Senior & Student 18/6/16 SFr; ☼ März–Okt.) Dieser

Campingplatz ist zwar teuer, hat aber super Einrichtungen und liegt perfekt zwischen den Ufern des Lago Maggiore und der Maggia.

Vecchia Locarno (☎ 091 751 65 02; www.hotel-vecchia-locarno.ch; Via della Motta 10; EZ/DZ 55/100 SFr) Die Zimmer verteilen sich um einen sonnigen Innenhof, haben mediterranes Flair und bieten teilweise einen Blick über das Zentrum der Altstadt und in die umliegenden Hügel. Man nächtigt hier einfach, aber bequem (in kühleren Monaten stehen Heizgeräte bereit). Die Bäder befinden sich im Korridor.

Albergo Ristorante Citadella (☎ 091 751 58 85; www.cittadella.ch; Via Cittadella 18; EZ/DZ 100/170 SFr) Neben dem bekannten Restaurant gibt's hier ein paar individuell gestaltete, hübsche kleine Zimmer, die in Schachbrettmuster gefliest sind. Besonders schmuck sind die im Dachgeschoss mit den schrägen Holzdecken.

Essen

Albergo Ristorante Cittadella (☎ 091 751 58 85; Via Cittadella 18; Hauptgerichte 15–25 SFr; ◷ Di–So) Hierher kommt man, um guten Fisch zu essen – im Obergeschoss wird gar nichts anderes serviert. Die Speisekarte des Bereichs im Erdgeschoss ist nicht ganz so streng auf Meeresfrüchte spezialisiert. Hier gibt's auch Pizza (6–8,50 SFr).

LP Tipp Osteria Chiara (☎ 091 743 32 96; Vicolo della Chiara 1; Pasta & Hauptgerichte 16–32 SFr; ◷ Di–Sa) Diese Osteria liegt versteckt in einer kopfsteingepflasterten Gasse und ist gemütlich wie eine *grotto*. Man sitzt an Granittischen unter der Pergola oder an Holztischen am Kamin. Zu essen gibt's große Pastaportionen und überwiegend Fleischgerichte. Vom See aus den Schildern zum Vicolo dei Nessi folgen.

Ristorante Centenario (☎ 091 743 82 22; Lungolago Motta 17; Hauptgerichte 41–62 SFr; ◷ Di–Sa) Das Juwel am See hat seinen früheren französischen Snobismus aufgegeben, bleibt aber mit guten Gerichten wie *filetto di vitello con cuore di cantucci alle mandorle e scaloppa di fegato d'anatra scottata* (Kalbsfilet mit Mandelbiskuit und gebratener Entenleber) eine erstklassige Adresse für Feinschmecker.

Ausgehen

Bar Sport (Via della Posta 4; ◷ Mo–Fr 8–1, Sa 10–1, So 14–1 Uhr) Bei Tag ist diese Bar recht durchschnittlich, abends allerdings wird der Schuppen mit der von roten Wänden umgebenen Tanzfläche hinten und dem Biergarten an der Seite zum angesagten Treff der Nachtschwärmer Locarnos. In der unmittelbaren Nachbarschaft sind noch weitere Bars.

Pardo Bar (☎ 091 752 21 23; www.pardobar.com; Via della Motta 3; ◷ tgl. 16–1 Uhr) Ein entspanntes, gemischtes Publikum besucht die Pardo Bar mit ihren wackeligen Holztischen (auf einem stehen ein paar Computer). Zu trinken gibt's Wein und Cocktails, im Hintergrund dudelt Musik.

An- & Weiterreise

Züge kommen ein bis zwei Mal pro Stunde aus Brig (51 SFr, 2½–3 Std.) hier an – Pass mitnehmen, die Fahrt geht durch italienisches Hoheitsgebiet. In Domodossola steigt man um. Es gibt auch Verbindungen nach bzw. ab Luzern, wobei man unterwegs in der Regel ein oder zwei Mal umsteigen muss (53 SFr, 2¾–3¼ Std.). Auch nach Zürich kommt man mit dem Zug, und zwar auf unterschiedlichen Routen (57 SFr, 3–3½ Std.), die meisten fahren aber über Bellinzona.

Postautos in die umliegenden Täler starten vor dem Bahnhof, die Schiffe (s. unten) in der Nähe der Piazza Grande. In der Via della Morettina parkt man günstig (10 Std. 3 SFr).

RUND UM LOCARNO
Lago Maggiore

Nur die nordöstliche Ecke des Lago Maggiore gehört zur Schweiz, der übrige See liegt in der italienischen Lombardei. **Navigazione Lago Maggiore** (NLM; ☎ 091 751 61 40; www.navigazionelaghi.it) betreibt Schiffe auf dem gesamten See. Die beschränkte Tageskarte kostet 13,80 SFr, mit der für 24 SFr kann man den gesamten Schweizer Teil des Sees befahren. Für den Besuch der italienischen Seite gibt's verschiedene Möglichkeiten.

Ascona

Ascona, der kleinere Zwilling Locarnos (5430 Ew.), liegt jenseits des Maggia-Deltas.

SEHENSWERTES & AKTIVITÄTEN

Ende des 19. Jhs. siedelten sich Naturromantiker, Anarchisten und Anhänger einer befreiten Sexualität aus Nordeuropa in Ascona an. Ihre Hoffnungen und exzentrischen Verhaltensweisen illustriert das **Museo Casa Anatta** (☎ 091 785 40 40; www.monteverita.org; Via Collina 78; Erw./Student & Senior 6/4 SFr; ◷ Juli & Aug. Di–So 15–19 Uhr, April–Juni & Sept.–Okt. Di–So 14.30–18 Uhr) auf dem Monte Verità (am Postamt den Kleinbus nach Buxi nehmen; 1 SFr). Alle möglichen Leute, darunter auch Herman Hesse, schauten vorbei, um zu erfahren, was sich in dieser Gemeinschaft so abspielte.

Das **Museo Comunale d'Arte Moderna** (☎ 091 759 81 40; www.museoascona.ch, italienisch; Via Borgo 34; Erw./erm. 7/5 SFr; Di–Sa 10–12 & 15–18, So 16–18 Uhr) im Palazzo Pancaldi zeigt u. a. Werke von Künstlern, die zeitweilig hier waren, z. B. von Paul Klee, Ben Nicholson, Alexej Jawlensky und Hans Arp.

Das **Collegio Papio** (Via Cappelle), in dem heute eine Oberschule untergebracht ist, besitzt einen schönen lombardischen Hof. Hier steht auch die aus dem 15. Jh. stammende **Chiesa Santa Maria della Misericordia** mit spätgotischen Fresken aus der Zeit ihrer Entstehung.

Seit 1946 finden in Ascona die **Settimane Musicali** (www.settimane-musicali.ch) statt, ein internationales Festival für klassische Musik von Ende August bis Mitte Oktober.

SCHLAFEN & ESSEN

In Ascona gibt's viele Hotels und Restaurants, insbesondere am Seeufer.

Ristorante Antica Posta (☎ 091 791 04 26; www.ti-gastro.ch/anticaposta; Via Borgo; EZ 90–100 SFr, DZ 160–220 SFr) Im Herzen der Stadt liegt dieses Haus, das neben dem netten Restaurant mit idyllischem Innenhof auch zehn einfache Zimmer zu bieten hat.

Castello Seeschloss (☎ 091 791 01 61; www.castello-seeschloss.ch; Piazza Motta; Standardzimmer EZ/DZ 184/348 SFr; P ❋ ❋) Um diese aus dem 13. Jh. stammende Burg im Südosten des Altstadtkerns gab es niemals militärische Auseinandersetzungen. Die Anlage wurde häufig umgebaut und beherbergt nun ein romantisches Uferhotel. Die Standardzimmer befinden sich im Hauptgebäude. Die außergewöhnlichsten, teilweise mit Fresken verzierten Zimmer liegen in dem mit Efeu bewachsenen Turm.

Antica Osteria Vacchini (☎ 091 791 13 96; Contrada Maggiore 23; Hauptgerichte 18–36 SFr; Mo–Sa) In diesem altmodischen Esslokal (mit Außenbereich auf der anderen Seite der Gasse) gibt's eine große Auswahl von Pasta-, Fleisch- und Fischgerichten, aber die Spezialität des Hauses ist *piodadella della Vallamaggia*: drei Sorten kaltes Fleisch mit drei passenden Saucen, Salat und Bratkartoffeln – eine sättigende, schmackhafte Sommerkost.

AN- & WEITERREISE

Bus 31, der in Locarno am Bahnhof und der Piazza Grande hält, sammelt in Ascona am Postamt Passagiere ein; er fährt alle 15 Minuten (2,80 SFr). Auch die Schiffslinien auf dem Lago Maggiore fahren Ascona an.

DIE WESTLICHEN TÄLER

Die Täler nördlich und westlich von Locarno bergen Dörfer mit Häusern aus grauem Sandstein, rauschende Gebirgsbäche, heimelige Refugien, traditionelle *grotti* und Wandermöglichkeiten in Hülle und Fülle.

CENTOVALLI

Die „hundert Täler" sind die westwärts führende Talstrecke nach Domodossola in Italien – im Nachbarland heißt das Gebiet Val Vigezzo. Wenn man hinter dem stark frequentierten Verkehrsknotenpunkt Ponte Brolla (mit mehreren guten Lokalen) 4 km westlich von Locarno weiter gen Westen fährt, passiert man eine Reihe enger Kurven. Die Straße verläuft oben an der Nordflanke des Gebirgsflusses Melezzo entlang, der überwiegend eingedämmt ist. Auf dieser Strecke ist oft überraschend viel Verkehr.

Die ruhigen Ortschaften mit den Steinhäusern, die schwere Schieferdächer haben, liegen meist hoch oben über der Straße und der Bahntrasse an beiden Seiten des Tals; sie bilden friedvolle Ausgangspunkte für Bergwanderungen. Zu den besten Orten für einen Halt gehören **Verdasio**, **Rasa** und **Bordei**. Rasa ist von Verdasio aus nur mit der Seilbahn zu erreichen. Das **Ristorante al Pentolino** (☎ 091 780 81 00; DZ 120 SFr; Restaurant Mi–So) im Zentrum von Verdasio bietet ein paar hübsche Doppelzimmer, außerdem vermieten die Betreiber drei Apartments. An den Granittischen unter der Pergola wird man den ganzen Tag über mit herzhaften Gerichten versorgt (11.30–22.30 Uhr, 30–35 SFr).

In **Re**, auf der italienischen Seite, findet jedes Jahr am 30. April eine Prozession statt zum Gedenken an das Madonnenbild, das im Jahr 1494 nach einem Steinwurf wundersamerweise zwanzig Tage lang geblutet haben soll. Auffälliger noch als die Legende ist die zwiebelartige Basilika der Madonna del Sangue (Blutmadonna), die von 1522 bis 1550 errichtet wurde.

Die malerische **Centovalli-Bahn**, die über zahlreiche Viadukte führt, verbindet bis zu elf Mal täglich Locarno mit Domodossola (einfach Erw./Kind unter 6 Jahre/Kind 6–16 Jahre

32 SFr/frei/16 SFr, 110 Min.). Pass nicht vergessen!

VALLE ONSERNONE

Das Tal war einst für seine Steinbrüche bekannt, in denen Granit gefördert wurde. Es gehört zu den am wenigsten besuchten Tälern im Tessin. Folgt man der Route durch die Centovalli von Locarno aus ca. 10 km nach Westen, biegt bei Cavigliano rechts ab und hält sich dann nordwestlich, gelangt man in sehr dünn besiedeltes Gelände. Am Weg liegen nur einige kleine Weiler mit ein paar Steinhäusern.

Direkt hinter Russo zweigt die Straße gen Westen ab nach **Spruga**, einem bei Deutschschweizern beliebten Ausgangspunkt für Bergwanderungen. Die Hauptstraße schlängelt sich weiter nördlich ins **Val Vergeletto**, dessen Hauptort den gleichen Namen trägt. Die Ruhe in diesem alten Ort durchbricht nur ein Gebirgsbach, der neben den Häusern und der Kirche vorbeirauscht. Etwa 2 km weiter westlich liegt die angenehme **Locanda Zott** (☎ 091 797 10 98; Zi. pro Pers. 55 SFr; mit Dusche 60 SFr) mit einem gut besuchten Restaurant im Erdgeschoss. Das kinderfreundliche Haus bietet im Obergeschoss renovierte Zimmer, zum Teil mit eigener Dusche. 6 km weiter westlich verliert sich die Straße; die Gegend ist ideal zum Wandern.

Im nahegelegenen **Gresso**, einem schmucklosen, dicht gedrängten Dörfchen auf 999 m Höhe über Vergeletto, bieten sich atemberaubende Ausblicke. Mittags versorgt einen hier eine einsame *osteria*.

Täglich fahren bis zu fünf Busse von Locarno nach Spruga (16,80 SFr, 1¼ Std.); nach Vergeletto und Gresso in Russo umsteigen.

VALLE MAGGIA

Dieses überwiegend weite, sonnige Tal erstreckt sich ab Ponte Brolla an der Maggia entlang. Man kommt an mehreren kleinen Dörfern vorbei, bis sich das Tal bei Cevio (seinem wichtigsten Ort) das erste Mal teilt und sich schließlich in mehrere kleinere Täler aufspaltet. Die **Touristeninformation** (☎ 091 753 18 85; www.vallemaggia.ch) für das Valle Maggia befindet sich in Maggia.

Unter den Dörfern, die man als erste passiert, lohnen **Moghegno** und **Aurigeno** einen kurzen Aufenthalt. Moghegno ist eine ruhige Ansammlung grauer Steinhäuser, Aurigeno ist für seine farbenprächtigen Freskenmalereien bekannt. Der Ort **Maggia** hat einen Supermarkt, wo man seine Vorräte aufstocken kann, ist sonst aber ziemlich reizlos.

Interessanter ist das 12 km nordwestlich gelegene **Cevio**. Hier kann man die farbenfrohe Fassade des aus dem 16. Jh. stammenden **Pretorio** (Gemeindehaus) bewundern, an der die Wappen der vielen Herrscher des Städtchens prunken; meist stammen sie aus dem 17. Jh. Ungefähr 1 km davon entfernt hat das historische Dorfzentrum schöne Patrizierhäuser aus dem 16. Jh. zu bieten. Nur einen kurzen (ausgeschilderten) Spaziergang entfernt findet man *grotti*, in große Granitblöcke gehauene Keller; die Felsen purzelten einst bei einem Erdrutsch in den Ort. Auch ein paar Hotels und Lokale gibt es.

Nimmt man von hier die Straße nach Bosco Gurin, kann man nach 1 km in eine Seitenstraße abbiegen, die einen Bach überquert. Man beachte die am Ufer gelegenen *grotti* von **Rovana**. Die Straße führt nach **Boschetto**. Dieser weitgehend verlassene Weiler wirkt etwas unheimlich, ist aber ein guter Ausgangspunkt für Wanderungen in der Gegend.

Die Straße nach Bosco Gurin führt in scheinbar endlosen Haarnadelkurven nach **Cerentino**, wo sie sich gabelt. Man kann in der netten **Osteria Centrale** (☎ 091 754 12 62; EZ/DZ 50/100 SFr; ☼ April–Mitte Okt.) übernachten, wo eine Handvoll einfacher Zimmer (nur im Sommer, da keine Heizung) zur Verfügung stehen. Das angeschlossene Restaurant genießt in der Gegend einen guten Ruf.

Die rechte Abzweigung führt 5,5 km weit nach **Bosco Gurin**. Dieses kleinere Skizentrum (mit ein paar Hotels) befindet sich bei einem schönen, sonnenverwöhnten Dorf, dessen geweißte Häuser mit ihren Schieferdächern mitten in einer Hochwiesenlandschaft stehen. Bosco Gurin ist der einzige Ort im Tessin, in dem ein deutscher Dialekt vorherrscht – das Erbe von Einwanderern aus dem Wallis. Die andere Abzweigung führt ab Cerentino hinauf durch das 8 km lange **Valle di Campo**; die kurvenreiche Waldstraße bringt einen schließlich in ein anderes weitläufiges, hochgelegenes Tal. Die schönste Ortschaft hier ist **Campo** mit seinen verfallenen Häusern und dem romanischen Glockenturm. Der **Cimalmotto** schließt das Tal ab; von hier aus hat man einen großartigen Ausblick.

Zurück in Cevio verläuft die Straße durch das Valle Maggia 3 km weiter bis nach Bignasco, wo man westwärts in das schönste der Täler, das **Val Bavona** abbiegen kann. Eine ebene Straße folgt dem Lauf eines Gebirgsbachs durch schmale Wiesen zwischen steilen Felswänden. Die Reihe der dicht bebauten Dörfchen, deren Steinhäuser mit Schieferdächern gedeckt sind, wird von einer örtlichen Stiftung gepflegt; bewohnt sind die Häuser nur zwischen April und Oktober. Von November bis Februar dringt kein Sonnenstrahl direkt bis ins Tal vor, aber dennoch sind die hiesigen Weiler einfach reizend. **Foroglio** wird von einem mächtigen Wasserfall beherrscht, der außerhalb des Dorfes liegt; man erreicht ihn zu Fuß in zehn Minuten. Im Dorf bietet das `LP Tipp` **Ristorante La Froda** (☎ 091 754 11 81; Gericht 45–50 SFr; ☼ tgl. April–Okt.) beispielsweise auf der Zunge zergehende *stinco di maiale* (Schweinelendchen) mit der besten Polenta, die man sich nur vorstellen kann, und dazu ein Glas Merlot. Im Schankraum stehen fünf Holztische um das knisternde Kaminfeuer.

Am Ende des Tales, gleich hinter San Carlo, fährt eine **Seilbahn** (Erw./Kind hin & zurück 20/10 SFr; ☼ Mitte Juni–Anfang Okt.) hinauf auf den **Robiei-Staudamm** und zu den nahegelegenen Seen, die sich für einen Tagesausflug anbieten. Von April bis Oktober fährt viermal am Tag ein Bus von Bignasco nach San Carlo (10,80 SFr, 30 Min.).

Von Bignasco sind es 17 km bis nach **Fusio**, einem weiteren hübschen, von Wäldern umgebenen Dorf am Eingang des **Val Lavizzara**. Unterwegs kann man in **Mogno** anhalten und sich die außerordentliche zylindrische Kirche anschauen, die 1996 von Mario Botta errichtet wurde. Der in Grau und Weiß gehaltene innere Durchgang (aus Granit aus Maggia und Marmor aus Peccia) macht einen seltsam neoromanischen Eindruck. Von Fusio aus führt die Straße zu dem Damm, der den smaragdgrünen **Lago Sambuco** staut. Von hier aus kann man zu weiteren künstlichen Stauseen oder nordwärts über die Berge ins Valle Leventina wandern. In Fusio ist die **Antica Osteria Dazio** (☎ 091 755 11 62; www.hats.ch; B 16 SFr, EZ 130 SFr, DZ 150–260 SFr; ☼ März–Nov.; **P**) ein wunderbarer Ort zum Übernachten. Das renovierte Haus ist innen mit viel Holz ausgestattet und verströmt alpinen Charme. Die schönsten Doppelzimmer sind auch die teuersten. Ein Restaurant ist angeschlossen.

Regelmäßig fahren Busse von Locarno nach Cevio und Bignasco (15,80 SFr, 50 Min.), von wo aus man weniger häufig Busanschluss in die Seitentäler hat.

VAL VERZASCA

Ungefähr 4 km nordöstlich von Locarno schlängelt sich dieses zerklüftete, 26 km lange Tal an dem eindrucksvollen Vogorno-Staudamm vorbei, der vom reißenden Verzasca („grünes Gewässer") gespeist wird. Die Kiesel am Grund dieses hübschen Flusses lassen sein klares Gebirgswasser smaragdgrün schimmern.

Gleich hinter dem Vogorno-Stausee erblickt man zur Linken eine wahres Postkartenmotiv: den hübschen Weiler **Corripo**, der wirkt als wäre er auf die stark bewaldete Bergflanke aufgeklebt. Um den Ort zu erreichen, überquert man die **Gola Verzasca**, eine hübsche kleine Schlucht. In Corripo kann man in der einfachen **Osteria Corripo** (☎ 091 745 18 71; Pasta 12–15 SFr; ☼ April–Okt. Mi–Mo) etwas zu essen bekommen. Ab Juni ist das Lokal in der Regel sieben Tage die Woche geöffnet.

Etwa 5 km stromaufwärts liegt **Lavertezzo**, das für seine schmale romanische Brücke mit den zwei Bögen (die nach der Zerstörung durch eine reißende Flut im Jahr 1951 wieder aufgebaut wurde) und natürlichen Becken in dem eiskalten Fluss bekannt ist. Hier ist Vorsicht geboten, denn Stürme im Hochland können das Flüsschen in kürzester Zeit in einen reißenden Strom verwandeln. Eine Übernachtungsmöglichkeit ist die am Ufer gelegene **Osteria Vittoria** (☎ 091 746 15 81; www.osteriavittoria.ch; EZ 70–100 SFr, DZ 120–140 SFr), ein munterer Familienbetrieb mit Restaurant und Garten. Die meisten Zimmer haben Balkone mit Ausblick über den Verzasca.

Nach weiteren 12 km gelangt man nach **Sonogno**, dem hintersten Weiler im Val Verzasca, der ziemlich abgeschieden war, ehe ihm vor allem dem Tourismus wieder etwas Leben eingehaucht wurde.

Postautos fahren von Locarno einmal pro Stunde nach Sonogno (17,60 SFr, 70 Min.).

Liechtenstein

Würde Lichtenstein nicht existieren, hätte es irgendjemand erfunden. Ein winziges bergiges Fürstentum, das im Herzen Europas im 21. Jh. von einem Monarchen mit eisernem Willen regiert wird, ist fast schon wieder innovativ. Liechtenstein ist nur 25 km lang und 12 km breit (an der breitesten Stelle) und somit noch kleiner als das Kanton Appenzell Innerrhoden. Liechtenstein hat keinen internationalen Flughafen und ist von der Schweiz aus nur mit Lokalbussen erreichbar. Trotzdem ist es ein reiches Bankenland und, wie es heißt, der weltweit größte Exporteur von Zahnprothesen.

Ihre Nationalhymne hat einen deutschen Text zur Melodie von *God Save The Queen*, und die Liechtensteiner hoffen, dass der Herr ihre königlichen Hoheiten schützen möge. Staatsoberhäupter sind Fürst Hans Adam II. und sein Sohn, Prinzregent Alois. Sie haben eine im modernen Europa einzigartige Verfassungsmacht, doch die meisten Liechtensteiner nehmen die Situation dankbar hin. Die Vorgehensweise ihrer Monarchen lässt die Wirtschaft florieren, und auch aufgrund des Tourismus ist die winzigkleine Binnennation extrem wohlhabend.

Die meisten Besucher kommen nach Liechtenstein, um einmal dagewesen zu sein. Busladungen von Tagesausflüglern strömen täglich ins Land, die einen weiteren Souvenir-Stempel in ihrem Reisepass haben möchten. Voll zur Geltung kommt das kleine Land mit seinen freundlichen Einwohnern und tollen Aussichten aber außerhalb des seelenlosen Vaduz.

Je mehr man über das Fürstentum Liechtenstein liest, desto leichter erkennt man darin ein Vorbild für Ruritanien, das mythische Königreich, das in einigen Romanen auftaucht, z. B. in Anthony Hopes *Der Gefangene von Zenda* und in *Lust und Laster* von Evelyn Waugh.

HIGHLIGHTS

- Den kurzen Weg zum **Schloss Vaduz** (S. 378) hinaufsteigen und die fantastische Aussicht genießen
- Oben auf dem **Triesenberg** (S. 380) mehr über die Walser erfahren
- Einen Familienausflug nach **Malbun** (S. 381) machen und einfache Wanderwege und Skipisten erkunden
- Auf dem legendären **Fürstensteig** (S. 380) Extremwanderungen wagen
- Einen Souvenirstempel bekommen und eine Postkarte verschicken

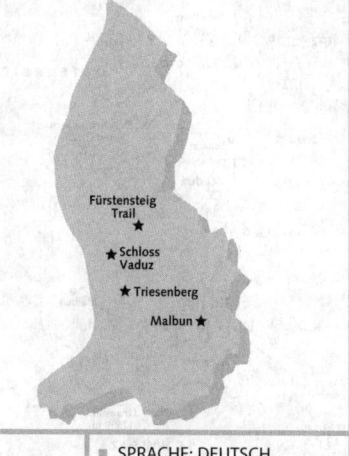

- BEVÖLKERUNG: 35 365
- FLÄCHE: 160 KM²
- SPRACHE: DEUTSCH

Geschichte

Der Österreicher Fürst Johann Adam von Liechtenstein kaufte die Herrschaften Schellenberg (1699) und Vaduz (1712) von verarmtem deutschem Adel und gab ihnen seinen Namen. Liechtenstein war lange Zeit ein Fürstentum im Heiligen Römischen Reich, nach dessen Auflösung 1806 gehörte es als selbständiger Kleinstaat dem Rheinbund und später dem Deutschen Bund an. 1866 wurde Liechtenstein unabhängig. 1923 ging es eine Zollunion mit der Schweiz ein.

Doch nicht einmal zu diesem Zeitpunkt konnten sich die Liechtensteiner Herrscher aufraffen, ihr Palais in Wien zu verlassen, um ihre „Neuerwerbungen" zu begutachten. Erst in Folge des Anschlusses (der Annektierung Österreichs durch die Nazis) 1938 verwandelten Fürst Franz Josef II., der als erster Monarch im Fürstentum lebte, und seine geliebte Frau Gina die arme ländliche Nation in den heutigen reichen Bankenstaat. Ihr Sohn Fürst Hans Adam II. bestieg 1989 nach dem Tod des Fürsten den Thron.

Nach dem Zweiten Weltkrieg verloren die Liechtensteiner Herrscher beträchtliche Ländereien und Besitztümer (darunter zahlreiche Burgen und Paläste) in Polen und in der damaligen Tschechoslowakei, als die Behörden dieser Länder sie beschlagnahmten. Seitdem versucht die Familie erfolglos vor internationalen Gerichten, ihre Besitztümer zurückzuerlangen.

Da in Liechtenstein der Schweizer Franken als Währung verwendet wird, sehen viele Menschen den kleinen Nachbarstaat nur als eine Erweiterung der Schweiz, doch Liechtenstein verfolgt in der Außenpolitik einen anderen Kurs: Es trat relativ früh der UN (1990) und dem Europäischen Wirtschaftsraum (EWR; 1995) bei.

Das als Steueroase bekannte Fürstentum untersagte im Jahr 2000 anonyme Bankgeschäfte. Dennoch wird es weiterhin von Europa (vornehmlich von der EU) gedrängt, weitere Reformen durchzuführen. 2009 erklärte sich Liechtenstein bereit, das Bankgeheimnis weiter zu lockern.

2003 wurde in einem Referendum über eine Revision der Verfassung abgestimmt. 64,3 % der Liechtensteiner waren dafür, dass Hans Adam mehr Macht erhält. Er darf nun die amtierende Regierung entlassen, Richter ernennen und Gesetzesvorschläge zurückweisen. 2004 betraute der Fürst seinen Sohn Alois mit der Ausübung seiner Regierungspflichten.

DIES & DAS ÜBER LIECHTENSTEIN

- Liechtenstein ist das einzige Land der Welt, das nach der Person benannt ist, die es gekauft hat.
- Während des letzten Militäreinsatzes im Jahr 1866 wurde keiner der 80 Soldaten Liechtensteins getötet. Tatsächlich kehrten 81 Soldaten zurück, da sich ihnen ein Italiener als neuer „Freund" angeschlossen hatte. Die Armee wurde kurze Zeit später aufgelöst.
- Aufgrund der niedrigen Gewerbesteuer haben sich in Liechtenstein rund 75 000 Firmen angesiedelt. Viele davon sind Briefkastenfirmen mit nominellem Hauptsitz in Liechtenstein – somit hat das Fürstentum doppelt so viele Firmen wie Einwohner.
- Liechtenstein ist die viertkleinste Nation Europas (nur der Vatikan, Monaco und San Marino sind kleiner).

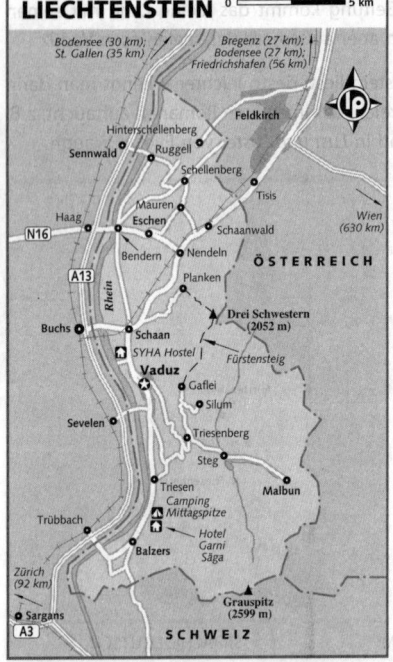

Orientierung
Liechtenstein wirkt noch kleiner, da es zu zwei Dritteln aus Bergen besteht. Eine schmale Ebene – das Flussbett des Rheins, der Liechtenstein von der Schweiz trennt – verläuft an der Westgrenze des Landes entlang. Dem Rhein folgt die wichtigste Nord-Süd-Straße.

Die Ebene ist im Norden, im Unterland, weiter und tiefer. Der Süden wird als Oberland bezeichnet. Die höchste Erhebung des Landes ist der Grauspitz (2599 m) an der Südgrenze zur Schweiz.

Kommt man von Buchs nach Liechtenstein, passiert man zuerst Schaan, das praktisch in Vaduz und dann weiter im Süden in Triesen übergeht. Noch weiter südlich liegt Balzers.

Von Triesen aus führt eine steile, gewundene Straße Richtung Westen zum Triesenberg und nach Malbun (1600 m).

Nördlich von Schaan liegen die ruhigen Dörfer Planken und Schellenberg.

Praktische Informationen
Allgemeine Informationen zum Land findet man unter www.liechtenstein.li, touristische Infos gibt's unter www.tourismus.li. Liechtensteins Landesvorwahl ist ☎ 423.

Die Preise sind ganz ähnlich wie die in der Schweiz. Geschäfte haben in der Regel montags bis freitags von 8 bis 12 und von 13.30 bis 18.30 Uhr geöffnet, samstags von 8 bis 16 Uhr. Souvenirläden sind während der Hauptsaison auch sonntags offen. Die Öffnungszeiten der Banken sind Montag bis Freitag von 8 bis 12 und von 13.30 bis 16.30 Uhr. In Liechtenstein wird die Schweizer Währung verwendet.

Das zutiefst katholische Liechtenstein feiert alle katholischen Feiertage und zusätzlich den Tag der Arbeit (1. Mai) und den Nationalfeiertag (15. August). Insgesamt gibt es im Jahr 22 Feiertage.

Die offizielle Landessprache ist Deutsch, die meisten Liechtensteiner sprechen jedoch einen alemannischen Dialekt. *Grüß Gott* wird genauso häufig verwendet wie das schweizerische *Grüezi*.

An- & Weiterreise
Die nächsten Flughäfen sind in Friedrichshafen und in Zürich. Züge fahren nach Buchs und Sargans an der Schweizer Grenze. Von diesen Städten fahren in der Regel drei Busse nach Vaduz (2,40/3,60 SFr ab Buchs/Sargans, Swiss Pass ist gültig). Busse von der österreichischen Grenzstadt Feldkirch fahren alle 30 Minuten; manchmal muss man in Schaan umsteigen, wenn man nach Vaduz will.

Einige der Züge von Buchs nach Feldkirch halten in Schaan (Bustickets gelten im Zug).

Die Autobahn A16 führt von der Schweiz durch Liechtenstein über Schaan und endet in Feldkirch. Die N13 verläuft parallel zum Rhein an der Grenze entlang. An jeder Autobahnausfahrt zweigen kleine Straßen nach Liechtenstein ab.

Unterwegs vor Ort
Durch ganz Liechtenstein fahren Busse. Einzelfahrkarten (Fahrkarten kauft man im Bus) kosten 2,40/3,60 SFr für zwei/drei Zonen, eine Wochenkarte kostet 13/6,50 SFr für Erwachsene/Kinder. Wochenkarten erhält man bei der Post und in Touristeninformationen. Schweizer Generalabos sind auf allen Hauptstrecken gültig. Fahrpläne hängen an den Haltestellen.

Fahrräder kann man in den Bahnhöfen von Buchs oder Sargans in der Schweiz bzw. in **Sigi's Velo Shop** (☎ 384 27 50; www.sigis-veloshop.li; Balzers; ab 30 SFr/Tag; Mo, Mi–Fr 8.30–12 & 13.30–18, Di & Sa 8.30–12 Uhr) ausleihen. Die Taxirufnummer ist ☎ 233 35 35 oder ☎ 231 20 41.

VADUZ
5150 Ew. / 455 m

Armes Vaduz. Es ist oft das einzige, was Besucher von Liechtenstein sehen, und es wirkt beinahe, als hätte die Stadt ihre Seele an die Banken und Touristenscharen verkauft, die hier aus ihren Reisebussen aussteigen und sich in 17 Minuten die Stadt anschauen. Souvenirläden, Geschäfte mit zollfreien Luxusgütern und würfelförmige Betongebäude beherrschen das Stadtbild in der sterilen Fußgängerzone unterhalb des steilen Bergs mit der Burg auf dem Gipfel.

UNTER DIE LUPE GENOMMEN

Liechtenstein ist eigentlich nur ein kleines Dorf, in dem jeder die Geschäfte der anderen kennt. Die Liechtensteiner sind warmherzige Menschen, die wissen, worauf es im Leben ankommt. Das merkt man sofort, wenn man Charlie Connellys amüsantes Buch *Stamping Grounds: Liechtenstein's Quest for the World Cup* liest, die vermutlich längste und fesselndste Lektüre über Liechtenstein.

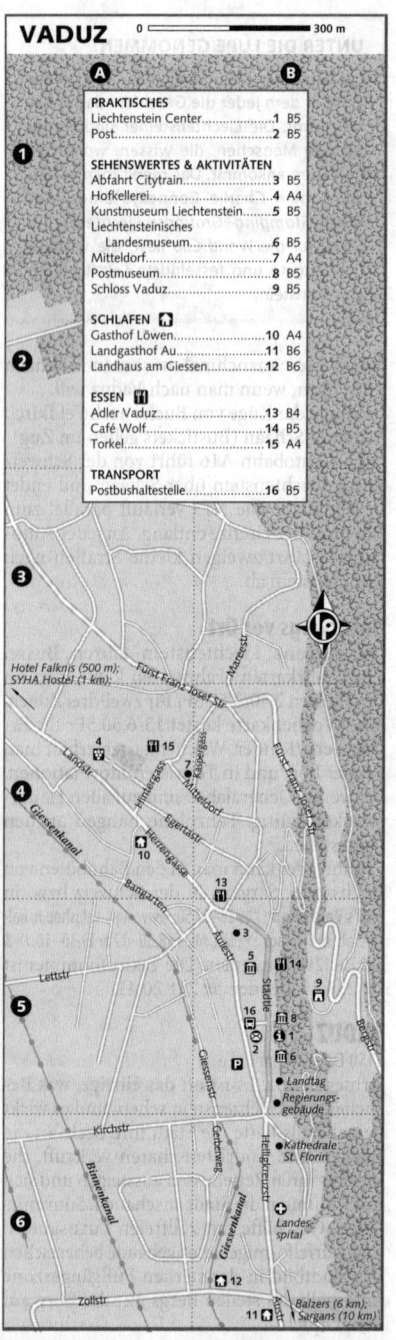

VADUZ

PRAKTISCHES
Liechtenstein Center.................1 B5
Post..2 B5

SEHENSWERTES & AKTIVITÄTEN
Abfahrt Citytrain.......................3 B5
Hofkellerei...............................4 A4
Kunstmuseum Liechtenstein.....5 B5
Liechtensteinisches
 Landesmuseum.....................6 B5
Mitteldorf................................7 A4
Postmuseum............................8 B5
Schloss Vaduz..........................9 B5

SCHLAFEN
Gasthof Löwen.......................10 A4
Landgasthof Au......................11 B6
Landhaus am Giessen.............12 B6

ESSEN
Adler Vaduz...........................13 B4
Café Wolf..............................14 B5
Torkel....................................15 A4

TRANSPORT
Postbushaltestelle..................16 B5

Doch man darf sich nicht entmutigen lassen. Teile des idyllischen Dorfs, das Vaduz vor 50 Jahren war, existieren noch heute. Außerdem gibt es einige lohnenswerte Museen. Und ansonsten wartet der Rest des Landes darauf, erkundet zu werden.

Orientierung

Zwei Straßen, Städtle und Äulestrasse, die auseinanderführen und dann wieder zusammentreffen, bilden das Stadtzentrum. Alle wichtigen praktischen Einrichtungen sind in der Nähe dieses kleinen Gebiets zu finden.

Praktische Informationen

Im **Liechtenstein Center** (☎ 239 63 00; www.tourismus.li; Städtle; ◷ 9–17 Uhr) bekommt man Broschüren und Souvenirstempel für den Pass (3 SFr). Auf Bildschirmen laufen Videos mit Infos über das gesamte Land. Das briefmarkenliebende Liechtenstein ist interessant für Briefmarkensammler. Die **Post** (Äulestrasse 38; ◷ Mo–Fr 7.45–18, Sa 8–11 Uhr) ist in der Nähe.

Sehenswertes & Aktivitäten

Das **Schloss Vaduz** erhebt sich auf einem Hügel oberhalb der Hauptstadt. Auch wenn es nicht für Besucher geöffnet ist, lohnt der Aufstieg für die schöne Aussicht. Vom Ende der Egertastrasse führen Wege den Berg hinauf.

Wer einen seltenen Blick auf das Schlossgelände werfen will, muss am Nationalfeiertag Liechtensteins 15. August herkommen. An diesem Tag gibt es ein herrliches Feuerwerk und der Fürst lädt alle 35 365 Liechtensteiner auf ein Glas Wein oder ein Bier in seine Residenz ein.

Im gut gestalteten **Liechtensteinischen Landesmuseum** (☎ 239 68 20; www.landesmuseum.li; Städtle 43; Erw./erm. 8/5 SFr, in Kombination mit dem Kunstmuseum 18/8 SFr; ◷ Di–So 10–17, Mi bis 20 Uhr) im Stadtzentrum bekommt man einen überraschend interessanten Einblick in die Geschichte des Fürstentums, von mittelalterlichen Hexenprozessen und -verbrennungen bis zur Herstellung von Zahnprothesen.

Hauptstütze des **Kunstmuseums Liechtenstein** (☎ 235 03 00; www.kunstmuseum.li; Städtle 32; Erw./erm. 12/8 SFr, in Kombination mit dem Landesmuseum 18/8 SFr; ◷ Di–So 10–17, Do bis 20 Uhr) sind seine Wechselausstellungen zu moderner Kunst. Die Sammlung Alter Meister des Fürsten wurde zurück ins Liechtensteinmuseum nach Wien verlagert. Im Untergeschoss hängen einige Klassiker aus dem 20. Jh.

BEZIEHUNG MIT HINDERNISSEN

Ein Journalist aus Liechtenstein sagte einst: „Die Schweizer sind unsere Brüder, die Österreicher unsere Freunde und die Deutschen unsere Kunden." Die letztgenannte Beziehung erhielt einen gehörigen Knacks, als im Februar 2008 im Zuge eines Steuerhinterziehungsskandals herauskam, dass manche dieser „Kunden" wenig ehrlich zum deutschen Finanzamt waren. Über 1000 erfolgreiche Deutsche, darunter der Chef der Deutschen Post Klaus Zumwinkel waren dabei erwischt worden, wie sie die Steuer umgingen, indem sie große Geldsummen in Stiftungen der liechtensteinischen Bank LGT fließen ließen, die teils im Besitz der Fürstenfamilie ist.

Der Bundesnachrichtendienst bezahlte angeblich dem ehemaligen Liechtensteiner Bankangestellten Heinrich Kieber 5 Mio. €, damit er plauderte. Kiebers DVDs mit Kundendaten enthielten Informationen zu Steuersündern aus 15 europäischen Ländern. Etwa 4 Mrd. € wurden an der Steuer vorbei nach Liechtenstein abgeführt.

Liechtenstein bestritt nicht, dass Gelder in dieser Höhe auf Konten im Land geflossen sind (im Fürstentum wird Steuerhinterziehung nicht als Verbrechen geahndet) und bezichtigte Deutschland der Spionage. Kieber, der auch an die USA vertrauliche Informationen verkauft hatte, flüchtete aus dem Land. In Liechtenstein wird er als Denunziant und Verräter angesehen.

Der ganze Wirbel, so meinen viele, war auch als Warnschuss für größere Schweizer Banken gedacht. Die EU und die Schweiz liegen schon eine Weile im Clinch über das von der Schweiz gepflegte Bankengeheimnis.

Das **Postmuseum** (☎ 236 61 05; Städtle 37; Eintritt frei; ⏲ 10–12 & 13–17 Uhr) im 1. Stock ist leidlich interessant. Liechtenstein verdiente früher einen Haufen Geld mit Souvenirbriefmarken für begeisterte Sammler, doch mit Einführung der E-Mail ist dieses Geschäft jäh eingebrochen. Im Museum kann man ab 1912 in Umlauf gebrachte Briefmarken anschauen.

Einen Eindruck, wie Vaduz früher aussah, bekommt man in der Straße **Mitteldorf** nordöstlich der Fußgängerzone. Sie bildet zusammen mit den umliegenden Straßen ein charmantes Viertel mit traditionellen Häusern und grünen Gärten.

In der Nähe liegt der Weinkeller des Fürsten, die **Hofkellerei** (☎ 232 10 18; www.hofkellerei.li; Feldstrasse 4). Weinproben sind nur in großen Gruppen und mit Voranmeldung möglich.

Zwischen Mai und Oktober fährt jeden Nachmittag um 16.30 Uhr der touristische **Citytrain** (☎ 777 34 90; www.citytrain.li; Erw./Kind 10,50/7 SFr) auf einer 35-minütigen Tour quer durch Vaduz.

Schlafen & Essen

Vaduz ist der günstigste Ausgangspunkt, doch andere Städte sind für längere Aufenthalte charmanter, deshalb bei der Touristeninformation nachfragen!

Hotel Falknis (☎ 232 63 77; Landstrasse 92; EZ/DZ mit Gemeinschaftsbad 55/110 SFr; Ⓟ) Schlichte Zimmer etwa 15 Gehminuten nördlich des Zentrums. Es fährt auch ein Bus.

Landgasthof Au (☎ 232 11 17; Austrasse 2; EZ/DZ ohne Bad 68/110 SFr, EZ/DZ mit Bad 90/140 SFr; Ⓟ) Ein paar Bushaltestellen südlich des Stadtzentrums von Vaduz (etwa ein zehnminütiger Spaziergang) liegt dieser schlichte, familiengeführte und günstige Landgasthof. Einige der größeren Doppelzimmer haben eine Terrasse. Man kann nur in bar zahlen. Das Gartenrestaurant (Hauptgerichte 18–35 SFr, Mi–So) hat einen guten Ruf für seine lokale Küche. Man bekommt alles von der Schinkenomelette bis zu einigen vegetarischen Gerichten und einem Kindermenü.

Landhaus am Giessen (☎ 235 00 35; www.giessen.li; Zollstrasse 16; EZ/DZ 100/150 SFr; Ⓟ 🐾) Praktisch um die Ecke des Landgasthofs Au liegt dieses recht moderne Landhaus mit gemütlichen und angenehm großen, wenn auch recht uncharmanten Zimmern. Es gibt eine Sauna und es wird Massage angeboten. Überall gibt es WLAN-Empfang.

LP Tipp **Gasthof Löwen** (☎ 238 11 41; www.hotel-loewen.li; Herrengasse 35; EZ/DZ ab 199/299 SFr; Ⓟ) Das historische und auf altmodische Weise elegante 600 Jahre alte Gästehaus vermietet acht geräumige Zimmer mit antiken Möbeln und modernen Bädern. Es gibt eine gemütliche Bar, ein gutes Restaurant und eine Terrasse mit Blick auf Weinstöcke.

Café Wolf (☎ 232 23 21; Städtle 29; Hauptgerichte 12,50–19,50 SFr) Das entspannte Café-Restaurant stellt im Sommer Tische auf den Bürgersteig. Serviert wird eine Mischung aus Schweizer und internationaler Küche – man bekommt so ziemlich alles von Pizza bis zu pseudoasiatischen Gerichten.

Adler Vaduz (☎ 232 21 31; Herrenstrasse 2; Gerichte 17,50–46 SFr; ◷ Mo–Fr) Schönes Restaurant im Hotel Adler mit einer großen Auswahl an Gerichten von Pasta bis zu „Rindsfilet vom Grill auf Steinpilzrisotto mit Trüffel-Rotweinsauce nappiert".

Torkel (☎ 232 44 10; Hintergasse 9; Gerichte 42–58 SFr; ◷ Mo–Fr mittags & abends, Sa abends) Direkt oberhalb des Weinguts des Fürsten liegt das efeubewachsene Restaurant Seiner Majestät. Von der Gartenterrasse aus hat man einen wunderbaren Blick auf die darüber liegende Burg. Im holzverkleideten Innenraum sitzt man im Winter sehr gemütlich. Auf der Speisekarte stehen Kreationen aus klassischen und modernen Gerichten. Ein bisschen von allem bietet das Mittagsmenü (64 SFr).

RUND UM VADUZ
Sehenswertes

Außerhalb der Hauptstadt bekommt man einen besseren Eindruck von Liechtenstein. Vor allem mit der traumhaften Alpenkulisse kann das Land punkten.

Triesenberg (Bus 21 ab Vaduz) liegt an einer Terrasse überhalb des Rheintals. Das **Walsermuseum** (☎ 262 19 26; www.triesenberg.li; Jonaboda 2; Erw./erm. 2/1 SFr; Mo–Fr 7.45–11.45 & 13.30–17.45, Sa 7.45–11 & 13.30–17.45 Uhr) erzählt die faszinierende Geschichte der Walser und zeigt einige interessante Schnitzereien aus in sich gewundenen Baumwurzeln und Ästen. Die Walser waren eine deutschsprachige Volksgruppe aus dem Wallis, die im 13. Jh. durch Europa zog und sich vielerorts niederließ – auch in Liechtenstein, wo die Walser noch heute ihren eigenen Dialekt sprechen. Man kann im Museum nachfragen, wann man das nahe gelegene Walserhaus (Hag 19) besuchen kann, ein 400 Jahre altes Haus, das im Stil des 19. Jhs. eingerichtet ist.

Hinterschellenberg (Bus 11 von Vaduz nach Mauren, dann weiter mit Bus 33) machte sich kurzfristig einen Namen in der Weltgeschichte, als etwa 500 russische Soldaten, die im Zweiten Weltkrieg auf der Seite der Deutschen gekämpft hatten, die Grenze überquerten und 1945 Zuflucht suchten. Sie blieben etwa zweieinhalb Jahre hier, danach gingen die meisten von ihnen nach Argentinien. Liechtenstein war das einzige Land, das nicht auf die Forderung der Sowjetunion einging, flüchtige Soldaten (die als Verräter angesehen wurden), an die UdSSR auszuliefern – was den sicheren Tod bedeutete. Ein Mahnmal etwa 100 m von der österreichischen Grenze entfernt erinnert an die Zeit.

Über die Flüchtlinge wurde in der **Wirtschaft zum Löwen** (Hauptgerichte 16–35 SFr; ◷ Fr–Di) direkt hinter dem heutigen Mahnmal verhandelt, und auch noch heute bekommt man in der Wirtschaft tolle lokale Köstlichkeiten. Sie liegt gegenüber der Endhaltestelle von Bus 33.

In **Balzers** (Bus 12 ab der Post in Vaduz) steht auf einem Hügel die **Burg Gutenberg** aus dem 13. Jh., die heute in staatlicher Hand ist. Die Burg ist nur für Konzerte geöffnet. Sie ist ein auffallendes Wahrzeichen am Horizont. Von der Burg führen viele schöne Spazierwege in die Umgebung. Schon in der Jungsteinzeit war die Gegend besiedelt und im Fundament der Burg wurden auch römische Elemente gefunden. Viele der Originalsteine der Burg wurden nach einem Brand im Jahr 1795 dazu verwendet, das darunter liegende Dorf wieder aufzubauen. Die Burg wurde im frühen 20. Jh. restauriert.

Wandern

Wanderwege mit einer Gesamtlänge von rund 400 km durchziehen das gesamte Fürstentum. Anregungen bekommt man auf www.wanderwege-llv.li.

Der berühmteste Wanderweg des Landes ist der **Fürstensteig**, der für beinahe jeden Liechtensteiner zum Erwachsenwerden dazugehört. Man muss fit und schwindelfrei sein, da der Pfad stellenweise eng, mit Haltegriffen aus Seil versehen ist und/oder steil abfällt. Die Wanderung (sie dauert bis zu vier Stunden) beginnt am **Berggasthaus Gaflei** (Bus 22 ab Triesenberg). Wenig Gepäck mitnehmen und festes Schuhwerk anziehen.

Ein steiler, zweistündiger Aufstieg ab **Planken** (Bus 26 ab Schaan Post) bringt einen zur **Gafadurahütte** (☎ 262 89 27; www.alpenverein.li; ◷ Mitte Mai–Mitte Okt.) mit Panoramablick. Von hier aus kommt man über den Berg **Drei Schwestern** zum Fürstensteig.

Schlafen

Camping Mittagspitze (☎ 392 36 77; www.campingtriesen.li; Camping 2 Erw., Auto & Zelt 29 SFr, B Erw./Kind 22/13 SFr; ◉) Der gut ausgestattete Campingplatz im Grünen eignet sich gut für Familien. Zu den Annehmlichkeiten zählen ein Spielplatz und ein Pool sowie ein Restaurant, eine

TV-Lounge und ein Kiosk. Er liegt südlich von Triesen an der Straße nach Balzers.
Jugendherberge (☎ 232 50 22; www.youthhostel.ch/schaan; Untere Rütigasse 6; B 31,40, DZ 82,80 SFr; ☺ Mitte März–Okt., Rezeption geschl. 10–17 Uhr) Diese Jugendherberge richtet sich vorwiegend an Fahrradfahrer und Familien. Sie liegt auf halbem Weg zwischen Schaan und Vaduz. Beide Orte können problemlos zu Fuß erreicht werden.
Hotel Garni Säga (☎ 392 43 77; www.saega.li; Alte Landstrasse 17; EZ 89–115 SFr, DZ 170 SFr; P) Die moderne familienbetriebene Pension liegt neben einem Spielplatz und vermietet schöne, sonnige Zimmer.

MALBUN
35 Ew. / 1600 m

Am Ende der Straße von Vaduz fühlt man sich im 1600 m hoch gelegenen Ferienort Malbun im positiven Sinne wie am Ende der Welt.

Es ist nicht so abgelegen, wie man meinen könnte, und in der Hochsaison ist in Malbun eine Menge los. Hier kann man sich aber prima entspannen, vor allem mit der Familie. Für wenig Geld kann man Skifahren, auch wenn die Möglichkeiten etwas begrenzt sind. Wandern und entspannen geht dagegen wunderbar. In der Nebensaison ist tote Hose.

Praktische Informationen
Die **Touristeninformation** (☎ 263 65 77; www.malbun.li; ☺ Juni–Okt. & Mitte Dez.–Mitte April Mo–Sa 9–12 & 13–16.30 Uhr) liegt an der Hauptstraße nahe dem Hotel Walserhof. Der Geldautomat bei der unteren Bushaltestelle akzeptiert Kreditkarten aller größeren Anbieter.

Aktivitäten
Skifahren ist hier vor allem für Anfänger interessant, außerdem gibt's einige wenige Pisten für Fortgeschrittene und Langlaufloipen. Ältere britische Mitglieder des Königshauses wie Prince Charles lernten hier Skifahren. Ein Generalskipass (Sessellift Sareis ist inbegriffen) kostet pro Tag/Woche 45/205 SFr für Erwachsene und 29/127 SFr für Kinder. Ausrüstung inklusive Ski, Schuhen und Stöcken bekommt man bei **Malbun Sport** (☎ 263 37 55; www.malbunsport.li; ☺ Mo–Fr 8–18 Uhr, HS außerdem Sa & So) für 58 SFr.

Manche Wanderwege, so auch der zum **Sassfürkle**, sind auch im Winter geöffnet. Im Sommer gibt es außerdem den **Fürstin-Gina-Weg** mit Blick über Österreich, die Schweiz und Liechtenstein. Diese Wanderung beginnt am Gipfel des Sessellifts Sareis (im Sommer einfache Strecke/hin & zurück 8,30/12,90 SFr) und führt zurück nach Malbun.

Schlafen & Essen
Hotel Walserhof (☎ 264 43 23; DZ 140 SFr) Das schlichte Berghaus mit vier Doppelzimmern ist eine friedliche Unterkunft mit einem lebendigen Essbereich im Freien. Die Zimmer sind ein wenig in die Jahre gekommen, aber trotzdem sehr gemütlich.

Alpenhotel Malbun (☎ 263 11 81; www.alpenhotel.li; EZ/DZ bis 110/180 SFr; P ☼) Die Zimmer im terrakottafarbenen Haupt-Chalet sind niedlich, aber etwas eng, und haben traditionell bemalte Türen und viel Holz. Hier gibt es ausschließlich Gemeinschaftsbäder (diese Zimmer sind etwas günstiger). Zimmer mit Bad im nahe gelegenen Anbau sind größer und bequemer und sehen aus, als kommen sie direkt aus den 1970er-Jahren. Kitschige Alpeneinrichtung und herzhaftes Essen sind im Hotelrestaurant an der Tagesordnung.

Der atemberaubende Alpenblick beim Essen im **Bergrestaurant Sareiserjoch** (☎ 268 21 01; www.sareis.li; Hauptgerichte 20–35 SFr; ☺ Juni–Mitte Okt. & Mitte Dez.–April) ist unvergleichlich. Das Restaurant liegt am Endpunkt des Sessellifts Sareis. Auf der Speisekarte stehen Käsknöpfli und Rösti. Im Winter ist donnerstags Racletteabend.

An- & Weiterreise
Die Buslinie 21 fährt jeden Tag zwischen 7.03 und 20.33 Uhr (3,60 SFr, Swiss Pass gültig, 30 Min.) mehr oder weniger stündlich von Vaduz nach Malbun, in die Gegenrichtung zwischen 8.20 und 19.20 Uhr.

RUND UM MALBUN
2 km vor Melbun liegt das Välunatal, das größte **Skilanglaufgebiet** von Liechtenstein. Die im Winter beleuchtete Piste beginnt in Steg. In der Nähe liegt das schlichte, aber charmante **Berggasthaus Sücka** (☎ 263 25 79; www.suecka-erlebnis.li; B 25 SFr, DZ 80 SFr; P), dessen Restaurant von Dienstag bis Sonntag geöffnet hat. Der Schlafbereich besteht aus einer schlichten Reihe Matratzen.

Allgemeine Informationen

INHALT

Alleinreisende	382
Arbeiten in der Schweiz	382
Botschaften & Konsulate	382
Ermässigungen	383
Essen	383
Feiertage	384
Frauen unterwegs	384
Gefahren & Ärgernisse	384
Geld	384
Internetzugang	385
Karten & Stadtpläne	385
Kinder	385
Klima	386
Öffnungszeiten	386
Post	387
Rechtsfragen	387
Reisen mit Behinderung	388
Schwule & Lesben	388
Shoppen	388
Telefon	388
Toiletten	389
TouristenInformation	389
Unterkunft	390
Versicherung	393
Visa	393
Zeit	393
Zoll	393

ALLEINREISENDE

Alleinreisende werden in der sicheren Schweiz nahezu keine Probleme bekommen. In Hostels wird man naturgemäß die meisten Kontakte knüpfen. Zudem ergeben sich unter den freundlichen und gesprächigen Schweizern oft spontane Konversationen.

ARBEITEN IN DER SCHWEIZ
Arbeitsgenehmigungen

Deutsche und österreichische Staatsbürger dürfen pro Jahr 90 Tage lang genehmigungsfrei in der Schweiz arbeiten, müssen sich aber vor Ankunft bei den zuständigen Kantonsbehörden anmelden.

Bei längeren Beschäftigungsverhältnissen ist dagegen eine Aufenthaltsbewilligung erforderlich. Diesbezügliche Informationen erteilt das **Schweizerische Bundesamt für Migration** (www.bfm.admin.ch). Achtung: Wer bei der Schwarzarbeit ertappt wird, muss mit Geldstrafe und Abschiebung rechnen.

Da sich diese Bestimmungen jederzeit ändern können, sollte der aktuelle Stand unbedingt rechtzeitig in Erfahrung gebracht werden.

Arbeitsmöglichkeiten

Vor allem im Dienstleistungssektor sind in den französisch- und italienischsprachigen Landesteilen entsprechende Sprachkenntnisse unabdingbar. In den Skiorten stehen die Chancen auf einen Job im Allgemeinen am besten. Das Taschenbuch *Working in Ski Resorts – Europe and North America* verrät Details. Eine nützliche, umfassendere Informationsquelle ist das Buch *Leben und arbeiten in der Schweiz* von Thomas Bornschein und Mirco Thomas. Direkt vor Ort inserieren mitunter Hotels und Restaurants freie Stellen in der *hotel + tourismus revue* (4,30 SFr), die wöchentlich größtenteils auf Deutsch erscheint. Zudem sind Online-Jobbörsen für den Service- und Gastrobereich (z. B. www.gastronet.ch) gute Anlaufstellen.

Im Oktober benötigen die Winzer im Waadtland und Wallis öfters für die Weinlese Helfer, die verglichen mit anderen Ländern gute Arbeitsbedingungen vorfinden.

WWOOF (Worldwide Opportunities on Organic Farms; zapfig.com/wwoof) vermittelt freiwillige Arbeitskräfte an kleine Biobauernhöfe im ganzen Land. Und der **Landdienst** (www.landdienst.ch) organisiert Einsätze von Freiwilligen zwischen 14 und 25 Jahren ebenfalls bei Schweizer Bauern.

BOTSCHAFTEN & KONSULATE

Die Webseite des Schweizer Außenministeriums (www.eda.admin.ch) informiert über alle eidgenössischen Auslandsvertretungen sowie Botschaften und Konsulate anderer Nationen.

Botschaften & Konsulate in der Schweiz

Deutschland Bern (☎ 031-359 41 11; www.bern.diplo.de; Willadingweg 83); Basel (☎ 061 693 33 03; Schwarzwaldallee 200); Genf (☎ 022 730 11 11; Chemin du Petit-Saconnex 28c)

PRAKTISCH & KONKRET

- Zu den größten Tageszeitungen des Landes zählen die *Neue Zürcher Zeitung* (www.nzz.ch) und der *Tages-Anzeiger* (www.tagesanzeiger.ch) aus Zürich, *Le Temps* (www.letemps.ch, französisch) und *La Tribune de Genève* (www.tdg.ch, französisch) aus Genf sowie der *Corriere del Ticino* (www.cdt.ch, italienisch) aus Lugano. Eher populistisch geprägt sind das kostenlose Boulevardblatt *20 Minuten* (www.20min.ch) und das Schweizer BILD-Pendant *Blick* (www.blick.ch). Das Nachrichtenmagazin *Facts* (facts.ch) erscheint monatlich.

- Ein Großteil der öffentlichen Rundfunk- und Fernsehlandschaft bedient gezielt die einzelnen Schweizer Sprachgruppen: Das deutschsprachige SF-DRS betreibt drei Fernseh- und fünf Radioprogramme. Die Fernsehgesellschaften TSR (französisch) und RTSI (italienisch) sind als RSR bzw. RSI im Rundfunk vertreten. TvR und Radio Rumantsch (RR; www.rty.ch) senden jeweils auf Rätoromanisch.

- Swissinfo (www.swissinfo.org) liefert Online-Nachrichten aus der Schweiz.

- Die Netzspannung beträgt 220 V, 50 Hz. Die sechseckigen Schweizer Steckdosen vom Typ J sind nicht kompatibel zum in Deutschland und Österreich gängigen kreisrunden Schuko-Stecker. Die zweipoligen Euro-Flachstecker können dagegen verwendet werden

Österreich (Karte S. 222200; ☎ 031 356 52 52; www.aussenministerium.at/bern; Kirchenfeldstrasse 77–79, Bern)

ERMÄSSIGUNGEN

Schweizer Museumspass

Wer die Schweiz regelmäßig oder länger bereist, kann sich einen **Schweizer Museumspass** (www.museumspass.ch; Erw./Fam. 144/255 SFr) zulegen. Er berechtigt zum Eintritt in 440 museale Dauerausstellungen im ganzen Land (Details finden sich auf der Webseite).

Senioren

Senioren erhalten für Museen, Skipässe und Seilbahnen oft Rabatte. Nach der Abkürzung AHV (für Alters- und Hinterlassenenversicherung, im französischsprachigen Teil AVS für *Assurance-vieillesse et survivants*) Ausschau halten. Zugtickets der Schweizerischen Bundesbahn müssen voll bezahlt werden.

Viele Hotels gewähren Nebensaisonsrabatte für ältere Gäste. **Schweiz Tourismus** (www.myswitzerland.com) verschickt entsprechende Verzeichnisse.

Museen und Verkehrsgesellschaften gewähren Rabatte nur gegen einen entsprechenden Nachweis. Oft liegt das Mindestalter bereits bei 62 Jahren (ggf. auch höher).

Studenten & Jugendliche

Inhaber Internationaler Studentenausweise (ISIC) erhalten Ermäßigungen auf Eintrittspreise, Flugtickets, internationale Zugfahrkarten und sogar manche Skipässe. Für Nichtstudenten unter 26 Jahren gibt's stattdessen die Internationale Reisekarte für Jugendliche (IYTC).

Beide Varianten bekommt man in der Heimat bei Studentenwerken und Reisebüros, die sich speziell an Jugendliche wenden. Infos dazu gibt's unter www.isic.de, www.isic.at und www.isic.ch. Auch **STA Travel** (www.statravel.ch) und **Globetrotter** (www.globetrotter.ch) stellen ISIC-Ausweise aus (20 SFr).

Touristenpässe

In vielen Urlaubsorten und manchen Städten gibt es Gäste- oder Besucherkarten, mit denen man ermäßigt Museen oder Schwimmbädern besuchen oder Seilbahnen benutzen kann. Unterkünfte (inkl. Hostels und Campingplätze) verteilen Gästekarten quasi automatisch – falls nicht, kann eine Nachfrage nicht schaden. Wer allerdings eine Ferienwohnung mietet, bekommt die Gästekarte immer direkt bei der jeweiligen Touristeninformation.

ESSEN

In diesem Reiseführer sind Restaurants für jeden Geschmack und Geldbeutel aufgeführt. Der Abschnitt „Essen" in den Regionen- bzw. Stadtkapiteln ist jeweils preislich sortiert aufsteigend, beginnend bei den günstigen Lokalen (Gerichte max. 30 SFr/Pers.) hin zu den mittelteuren (30–80 SFr/Pers.) und teuren Adressen (min. 80–200 SFr/Pers.). Mehr zur Schweizer Küche erfährt man ab S. 46).

FEIERTAGE

Landesweite Feiertage:
Neujahr 1. Januar
Ostern März/April; Karfreitag, Ostersonntag und -montag.
Christi Himmelfahrt 40 Tage nach Ostern
Pfingsten Pfingstsonntag & -montag; sieben Wochen nach Ostern
Nationalfeiertag 1. August
Weihnachten 25. und 26. Dezember

Manche Kantone haben eigene säkulare und religiöse Feiertage – beispielsweise am 2. Januar (Berchtoldstag), 1. Mai (Tag der Arbeit), Fronleichnam (60 Tage nach Ostern), 15. August (Mariä Himmelfahrt) und 1. November (Allerheiligen). Am glücklichsten dürfen sich die Bewohner des Tessin und von Luzern schätzen, die insgesamt acht bzw. sieben zusätzliche Feiertage haben. Der dritte Septembersonntag wird landesweit als Eidgenössischer Dank-, Buß- und Bettag begangen. In manchen Kantonen wie Vaud und Neuchâtel ruht am darauffolgenden Montag die Arbeit.

FRAUEN UNTERWEGS

Im Vergleich zu Nachbarländern wie Italien oder Frankreich sind Anzüglichkeiten gegenüber Frauen oder machohaftes Verhalten wie Nachpfeifen oder Ähnliches in der Schweiz wesentlich seltener. Wir haben jedoch die Erfahrung gemacht, dass es in Deutschland und Österreich diesbezüglich noch einen Tick gesitteter zugeht. Ansonsten heißt es wie überall auf der Welt den gesunden Menschenverstand benutzen und potenziell riskante Situationen (z. B. Trampen, nächtliche Spaziergänge ohne Begleitung) möglichst meiden.

GEFAHREN & ÄRGERNISSE

Die Straßenkriminalität ist in der Schweiz sehr schwach ausgeprägt. Wie überall sollte man dennoch gut auf seine Wertsachen achtgeben und sich besonders in städtischen Menschenmengen vor Taschendieben hüten. Die hiesige Polizei zeigt keine sonderlich starke Präsenz. Andererseits gilt sie als relativ unfreundlich gegenüber Menschen mit fremdländischem Erscheinungsbild und führt Berichten zufolge schon mal unnötige Personenkontrollen und andere Überprüfungen durch.

Manche Städte (z. B. Zürich od. Bern) haben mit Drogenproblemen zu kämpfen. Dies macht sich aber vor allem abseits belebter Straßen und Viertel bemerkbar.

Lawinen

Jährlich fordern in den Schweizer Alpen ca. 10 000 Lawinen durchschnittlich 25 Todesopfer – und das trotz modernster Präventivmaßnahmen: Lawinenzäune stoppen abrutschende Schneebretter oberhalb von Urlaubsorten, während kontrollierte Sprengungen potenzielle Gefahrenzonen entschärfen. Warnsysteme mit Flaggen oder Blinklichtern weisen auf Lawinengebiete hin. Und dennoch sollten Skifahrer und Snowboarder stets den Gegebenheiten entsprechend Vorsicht walten lassen und Lawinenwarnungen unbedingt beachten. Vor dem Verlassen präparierter Pisten empfiehlt es sich zudem grundsätzlich, den Rat der Einheimischen einzuholen.

Studien zufolge werden tödliche Lawinen meist von den Opfern selbst ausgelöst. Abseits von präpariertem Terrain sollte man daher niemals alleine skifahren, snowboarden oder durch den Schnee wandern. Um andere Personen im Notfall ausgraben zu können, gehört bei Tiefschneetouren grundsätzlich eine Lawinenschaufel ins Gepäck. Schmale Täler unterhalb der oder in der Nähe von Bergkämmen sind stets mit besonderer Vorsicht zu genießen. Vor dem Aufbruch in die Berge heißt es zudem unbedingt den aktuellen **Lawinenwarnbericht** (☎ 187, aus dem Ausland +41 848 800 162/3; Verbindungsgebühr 0,50 SFr zzgl. 0,50 SFr/Min.) abrufen.

Mitgeführte Lawinenpeilsender erhöhen die Chance, gerettet zu werden – aber natürlich nur, wenn sie einwandfrei funktionieren und korrekt bedient werden. Obwohl die Sender nicht gerade günstig sind, sollte man in Risikogebieten beim besten Willen nicht darauf verzichten. Abseits der Pisten benutzen viele Boarder und Skifahrer mittlerweile auch Lawinenballons, die sich im Notfall automatisch aufblasen und Verunglückte möglichst nahe an der Schneeoberfläche halten sollen.

GELD

Der Schweizer Franken (SFr) besteht aus 100 Rappen (frz. *centimes*, ital. *centesimi*, rätorom. *raps*). Banknoten sind im Wert von 10, 20, 50, 100, 200 und 1000 SFr, Münzen im Wert von 1, 2 und 5 SFr sowie 5, 10, 20 oder 50 Rappen im Umlauf.

Auf S. 17 finden sich einige Angaben zu Durchschnittspreisen in der Schweiz.

Bargeld

Landesweit nehmen viele Hotels, Restaurants, Souvenirshops und andere Geschäfte Euros an. Das Wechselgeld erhält man jedoch stets in Schweizer Franken zum aktuellen Tageskurs zurück.

Geld umtauschen
In Banken, Flughäfen und nahezu allen Bahnhöfen kann Bargeld täglich bis zum späten Abend umgetauscht werden. Banken erheben meist eine Umtauschgebühr (ca. 5 %); manche Wechselstuben verzichten auf diese komplett, haben dann aber etwas schlechtere Kurse. Der Wechselkurs für Reiseschecks ist geringfügig besser als für Bargeld, die Differenz fällt kaum ins Gewicht.

Auf der vorderen Umschlaginnenseite finden sich Infos zu Wechselkursen und Banköffnungszeiten.

Geldautomaten
Einen rund um die Uhr zugänglichen Geldautomaten (Bancomat/Postomat in Banken/ Postämtern) sollte man nicht lange suchen müssen. Sie akzeptieren die meisten internationalen Kredit- oder Bankkarten; normalerweise wird eine Bearbeitungsgebühr von 1 bis 2,5 % fällig. Manchmal kassiert auch der jeweilige Automatenbetreiber noch einen kleinen Extrabetrag.

Kreditkarten
Kreditkarten sind in der Schweiz weniger weit verbreitet als z. B. in den USA und nicht überall akzeptiert. Mit Euro-/MasterCard und Visa hat man allgemein die besten Chancen.

Trinkgelder
In der Schweiz muss man nicht zwingend Trinkgeld geben: Restaurants, Bars und sogar manche Taxigesellschaften berechnen automatisch eine gesetzliche Servicegebühr von 15 %. Wer mit dem Gebotenen rundum zufrieden ist, kann den Rechnungsbetrag wie die Einheimischen aufrunden. Bahnhofs- und Hotelgepäckträger erwarten pro Stück 1 bis 2 SFr. Feilschen ist tabu.

INTERNETZUGANG
WLAN-Hotspots gibt's an Flughäfen, ca. 30 Schweizer Bahnhöfen, im Businessbereich mancher 1.-Klasse-Zugabteile, in vielen Hotels (oft kostenpflichtig) sowie in zahlreichen Cafés und anderen öffentlichen Einrichtungen. Die meisten werden von der **Swisscom** (☎ 080 055 64 64; www.swisscom-mobile.ch) betrieben und werden per Kredit- oder Value Card (30 Min./4 Std./24 Std. ca. 5/20/30 SFr) bezahlt. DSL- oder Mobilfunkkunden der Swisscom zahlen nur 4 SFr pro Stunde, die über die monatliche Rechnung abgerechnet werden. Über den Hotspot-Locator auf der Firmenwebsite der Swisscom sollte sich einer der 1200 Hotspots auch in unmittelbarer Nähe finden.

Internetcafés sind in den Regionenkapiteln jeweils unter „Praktische Informationen" aufgeführt. Eine gute Trefferquote hat man in größeren Städten und Ortschaften, in kleinen Nestern und entlegenen Gegenden wird man aber in den meisten Fällen ohne Internet auskommen müssen. Angesichts hoher Gebühren von 5 bis 15 SFr pro Stunde ist Surfen im Internetcafé zudem verhältnismäßig teuer.

Kurze Nachrichten versendet man daher besser aus Swisscom-Telefonzellen (S. 389). E-Mails können maximal 240 Zeichen, SMS 120 Zeichen lang sein.

Nützliche Websites zum Reiseziel Schweiz stehen auf S. 20.

KARTEN & STADTPLÄNE
Die zahlreichen Straßenatlanten, Stadtpläne und Wanderkarten von **Hallwag, Kümmerly + Frey** (☎ 031 850 31 31; www.swisstravelcenter.ch; Grubenstrasse 109, CH-3322 Schönbühl) können auch online erworben werden. Die meisten Reisebuchhandlungen verkaufen zudem Karten der Dachorganisation **Schweizer Wanderwege** (www.wandern.ch) und des Bundesamts für Topographie (teilweise im Maßstab 1:15000). Das **Swiss Travel System** (www.swisstravelsystem.ch) gibt eine einfache A3-Übersichtskarte mit landesweiten Bus- und Zugstrecken heraus, die kostenlos in Büros von Schweiz Tourismus und in großen Bahnhöfen erhältlich ist. Mehr Details enthält die Streckenkarte der Schweizerischen Bundesbahnen, die man an allen Bahnhöfen kaufen kann.

Örtliche Touristeninformationen verteilen überall kostenlose Karten und Broschüren.

KINDER
Die rundum gepflegte Schweiz ist ein ideales Familienziel. Und die Tourismusbranche rührt ordentlich die Werbetrommel, um ihre Image zu pflegen: Die umfangreiche Broschüre *Familien* von Schweiz Tourismus (www.myswitzerland.com) enthält zahlreiche Vorschläge und kann online als PDF heruntergeladen oder auch bestellt werden. Obendrein informiert die

Webseite über kinderfreundliche Unterkünfte, spezielle Familienangebote u. v. m.

Familien reisen mit dem Zug recht günstig. Bei den **Schweizerischen Bundesbahnen** (SBB; www.sbb.ch) können Kinder unter sechs Jahren umsonst mitfahren. Sechs bis 16-Jährige können mit der Junior-Karte (20 SFr) ein Jahr lang kostenlos an Bord gehen, sofern sie von einem Erziehungsberechtigten mit gültigem Fahrausweis begleitet werden. Gleiches gilt für die Enkel-Karte (60 SFr), wenn Oma und/oder Opa mit von der Partie sind.

Zug- und Bootsreisen durch die malerische Schweizer Berglandschaft (S. 401) werden Kinder aller Altersstufen Spaß machen. Am Ziel X können aktive Familien dann normalerweise wandern, inlineskaten, radeln oder Kanu fahren – und das auf perfekt ausgeschilderten Routen, die dank **Switzerland Mobility** (S. 20) komplett für den motorisierten Verkehr gesperrt sind. Etliche der Strecken sind offiziell auch für jüngere Kinder geeignet und entsprechend gekennzeichnet.

B & Bs (S. 390) sind fantastische Familienunterkünfte: Während die Kleinen oben selig schlummern, können müde Eltern unten bei einem Gläschen Wein und leckerem Essen relaxen (Tipp: Babyfon nicht vergessen!). Bauernhof-B & Bs oder ein Bett im Stroh (S. 392) bescheren abenteuerlustigen Kindern einen unvergesslichen Urlaub.

KLIMA

Wer in der Schweiz unterwegs ist, muss sich in der Berg- und Tallandschaft auf recht unterschiedliche Witterungsbedingungen gefasst machen. Besonders im Winter ist der Jura landesweit die kälteste Ecke. Das Tessin im Süden bekommt dagegen warmes Mittelmeerwetter ab. Generell sorgt das mitteleuropäische Klima in der Schweiz für sommerliche Tagestemperaturen zwischen 18 und 28 °C, im Winter bewegt sich das Thermometer zwischen –2 und 7 °C – Ausreißer nach oben oder unten sind natürlich immer drin.

Und dann wäre da noch der Föhn: Der trockene Wind bläst hinunter in die Täler und sorgt oft bei wetterfühligen Menschen für Unwohlsein, während andere ihn wegen der milden Temperaturen schätzen, die er mit sich bringt. Obwohl der Föhn ganzjährig auftreten kann, ist vor allem im Frühling und im Herbst mit ihm zu rechnen.

Bei **MeteoSwiss** (☎ 162, aus dem Ausland +41 848 800 162; www.meteosuisse.admin.ch) bekommt man den aktuellen Wetterbericht per Telefon.

Auf S. 17 finden sich Infos zur besten Reisezeit.

ÖFFNUNGSZEITEN

Die meisten Schweizer Geschäfte haben montags bis freitags von 8 bis 18.30 Uhr geöffnet, in kleineren Siedlungen teilweise mit

---

HIGHLIGHTS: DIE SCHWEIZ MIT KINDERN

- Den Kanton Jura mit Pferd und Fuhrwerk erkunden, im Stroh schlafen und im Préhisto Parc (S. 157) Saurier suchen
- Im Freilichtmuseum Ballenberg (S. 214) lernen, wie man Vieh hütet oder Spitzen klöppelt, und auch sonst eine Menge über das Leben auf dem Land erfahren
- Bei Kinderworkshops im Berner Zentrum Paul Klee (S. 225) im Namen der Kunst die Hände schmutzig machen
- Unter dem Jet d'Eau (S. 95) in Genf hinwegflitzen
- Im Luzerner Verkehrshaus der Schweiz (S. 269) zum Mond fliegen, ein Flugzeug steuern oder einen Lastwagen lenken
- Im Heißluftballon den Wolken über Château-d'Œx (S. 135) ausweichen
- Auf dem kindgerechten Globi-Wanderweg von Lenzerheide (S. 330) mit Kiefernzapfen um sich werfen und Wasserspiele genießen
- Im Baseler Puppenhausmuseum die weltgrößte Teddysammlung knuddeln (S. 295) und sich im Schweizerischen Spielemuseum (S. 125) von Vevey vergnügen
- Auf dem Spielboden bei Saas Fee zahme Murmeltiere streicheln (S. 183)
- Im Swissminiatur (S. 367) das ganze Land in einem Tag erkunden
- Die längste Sommerrodelbahn der Schweiz hinuntersausen (S. 276)

einer ein- bis zweistündigen Mittagspause. In vielen größeren Städten kann man normalerweise donnerstags oder freitags bis 21 Uhr einkaufen. Samstags schließen Läden normalerweise ab 16 oder 17 Uhr. Mit Ausnahme vereinzelter Souvenirshops und Bahnhofssupermärkten wird man sonntags wohl nur geschlossene Geschäfte vorfinden.

Büros und Behörden haben üblicherweise montags bis freitags von 8 bis 12 und von 14 bis 17 Uhr geöffnet. Banken empfangen Kunden montags bis freitags zwischen 8.30 und 16.30 Uhr; an einem Wochentag sind sie in der Regel auch länger geöffnet.

POST

Schweizer Postämter haben oft einen Geldautomaten. Normalerweise sind sie montags bis freitags mindestens von 8 bis 12 und 14 bis 17 Uhr geöffnet, samstags von 8.30 bis 12 Uhr. Große Filialen verzichten auf die Mittagspause und besetzen außerhalb normaler Öffnungszeiten (z. B. Sonntagabend, Samstagnachmittag, Mittagszeit, später Abend) sogenannte Dringlichkeitsschalter (zzgl. 1–2 SFr/Geschäftsvorgang).

Porto

Innerhalb der Schweiz können Sendungen als A-Post (Zustellung am nächsten Arbeitstag) oder B-Post (innerhalb von drei Arbeitstagen) verschickt werden. Standardbriefe bis 100 g und Postkarten kosten als A-Post 1 SFr, als B-Post 0,85 SFr.

Expresspost *(priority/prioritaire)* in andere europäische Länder ist nach zwei bis vier Tagen am Ziel, Economy-Sendungen *(economique)* nach vier bis acht Tagen. Express-/Economy-Briefe unter 20 g kosten nach Deutschland und Österreich 1,30/1,20 SFr.

Beim Versand schwererer Gegenstände sind Pakete günstiger als die normale Briefpost. Zudem gibt's die kostspielige „Urgent"-Option für internationale Kuriersendungen, die den Empfänger am selben oder nächsten Tag erreichen sollen. Die **Schweizerische Post** (☎ 084 845 45 45; www.post.ch) informiert über Preise und weitere Details.

RECHTSFRAGEN

Aufgrund ihrer umfangreichen Machtbefugnisse kann die Schweizer Polizei verdächtige Personen ohne Anklage oder Gerichtsverhandlung in Untersuchungshaft nehmen – daher unbedingt die hiesigen Gesetze beachten!

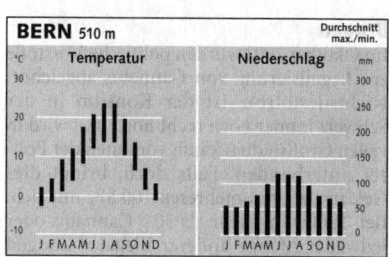

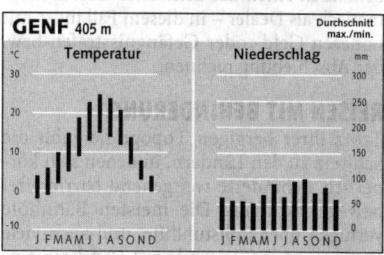

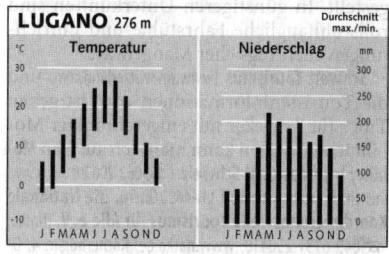

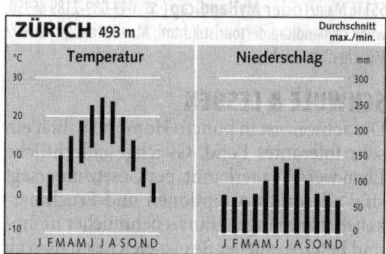

Zudem ist stets der Personalausweis mitzuführen und bei Personenkontrollen vorzuzeigen.

Zwischen den 26 Kantonen bestehen einige wenige rechtliche Unterschiede: Während Frauen beispielsweise in Zürich kein Pfefferspray mitführen dürfen, ist ihnen dies im benachbarten Aargau gestattet; auch werden Straßenmusiker nicht überall in der Schweiz geduldet. Bei Unklarheiten lieber besser rechtzeitig nachfragen.

Drogen

Im Oktober 2003 wurden politische Vorstöße zur Legalisierung von Cannabis abgelehnt. Nichtsdestotrotz ist der Konsum in der Schweiz immer noch recht hoch und wird in vielen Großstädten kaum vonseiten der Polizei unterbunden. Falls doch, bringt dies Geldstrafen von mehreren 100 SFr mit sich. Bei Besitz von mehr als 30 g Cannabis oder jedweder Menge anderer illegaler Drogen behandelt einen das Schweizer Gesetz automatisch als Dealer – in diesem Fall muss mit höheren Geld- oder Gefängnisstrafen bzw. der Abschiebung rechnen.

REISEN MIT BEHINDERUNG

Trotz ihrer bergigen Topografie zählt die Schweiz zu den Ländern, in denen sich körperlich Behinderte weitgehend barrierefrei bewegen können. Die meisten Bahnhöfe verfügen über Rollstuhllifte, und auch viele Hotels sind auf Reisende mit Handicap eingestellt. In günstigeren Unterkünften sind rollstuhltaugliche Fahrstühle und Einrichtungen allerdings eher Mangelware.

Schweiz Tourismus (www.myswitzerland.com) und die Touristeninformationen vor Ort geben Tipps für Traveller mit eingeschränkter Mobilität. Ansonsten kann man sich auch an **Mobility International Schweiz** (☎ 062 206 88 35; www.mis-ch.ch; Froburgstrasse 4, CH-4600 Olten), die **Nationale Koordinierungsstelle Tourismus für Alle e. V.** (☎ 049-6131-250410; www.natko.de; Kötherhofstr. 4, D-55116 Mainz) oder **MyHandicap** (☎ 049-089-2189 86950; www.myhandicap.de/touristik.html; Mandlstr. 22, D-80802 München) wenden.

SCHWULE & LESBEN

Die Schweiz ist in puncto Homosexualität ein sehr tolerantes Land. Gleichgeschlechtliche Ehen werden anerkannt, per Gesetz untersagt sind allerdings Adoptionen und Fruchtbarkeitsbehandlungen. Einvernehmlicher homo- und heterosexueller Sex ist gleichermaßen ab 16 Jahren gestattet.

Sämtliche Großstädte haben Schwulen- und Lesbenbars. Das Szenemagazin **Cruiser** (☎ 044 388 41 54; www.cruiser.ch) enthält umfangreiche Verzeichnisse mit Organisationen, Adressen und Veranstaltungen. Hinzu kommt eine landesweite Online-Datenbank mit Suchfunktion. Weitere nützliche Online-Infos gibt's unter www.gay.ch, www.pinkcross.ch und www.lesbian.ch. Schwulenparaden finden in Genf (Anfang Juli) und Zürich (Mitte Juli) statt.

SHOPPEN

In der Schweiz stoßen Souvenirjäger quasi zwangsweise auf Kuhglocken, Schokoladentafeln und Matterhorn-Schneekugeln. Das **Schweizer Heimatwerk** (www.heimatwerk.ch) hebt sich von herkömmlichen Anbietern ab. Die exklusive Nobelkette verkauft ausschließlich Artikel aus heimischer Produktion – darunter z. B. wunderschön geschnitztes Holzspielzeug, Spiele für Jung und Alt, Keramik, Textilien oder Schmuck. Sie unterhält Boutiquen in Zürich (Innenstadt und Zentrum), Genf (Flughafen) und Basel (Zentrum).

Als Land der großen Marken strotzt die Schweiz nur so vor Einkaufsmöglichkeiten:
Taschen & Mappen Aus Recyclingmaterial stellt Freitag (www.freitag.ch) Trendiges im Kurierstil her.
Buntstifte Caran d'Ache (www.carandache.ch) produzierte einst die ersten wasserlöslichen Filzstifte der Welt.
Schuhe Bally (www.bally.ch) ist auch international bekannt. Auch die Schweizer Kette Navyboot (www.navyboot.ch) verkauft landesweit tolle Edelschuhe und -stiefel.
Schweizer Armeemesser Victorinox (www.victorinox.ch) ist Erfinder und Marktführer, doch auch Wenger (www.wenger-knife.ch) macht gute Klingen. Je nach Ausstattung kosten die Messer 7,50 bis 200 SFr oder mehr.
Uhren TAG Heuer, Rolex, Cartier oder Patek Philippe kosten teilweise ein Vermögen, während eine Swatch (www.swatch.ch) recht erschwinglich ist.
Trinkflaschen Sigg (www.sigg.ch) zählt zu den weltweiten Marktführern in diesem Produktbereich. Eine der kunterbunten, alubeschichteten Behälter dieser Firma ist sogar im New Yorker Museum of Modern Art ausgestellt.

Steuern & Tax free

Bei Konsumartikel und Dienstleistungen beträgt die Schweizer Mehrwertsteuer (französisch *taxe à la valeur ajoutée*, TVA; italienisch *imposta sul valore aggiunto*, IVA) immer 7,6 %, für Hotelrechnungen gilt ein reduzierter Satz von 3,6 %. Bei einem Wert eines Artikels über 300 SFr können sich Ausländer die Mehrwertsteuer zurückerstatten lassen (nicht bei Dienstleistungen, Hotel- und Restaurantrechnungen). Bevor man in Geschäften richtig zuschlägt, sollte man sich also nach den erforderlichen Rückerstattungsformularen erkundigen. Die Steuer wird an großen Grenzübergängen und auf den Flughäfen von Genf und Zürich ausbezahlt. Man kann sich auch nachträglich postalisch zurückfordern.

TELEFON

Die Telefongesellschaft **Swisscom** (☎ 080 080 08 00, aus dem Ausland +41 848 800 811; www.swisscom.ch), die mehrheitlich im Staatsbesitz ist, betreibt das weltweit dichteste Netzwerk öffentlicher Telefonzellen – stolze 8500 Exemplare! Die Mindestgebühr beträgt 0,50 SFr. Gezahlt wird mit Münzgeld (Franken & Euro) oder Prepaid-Telefonkarten (Guthaben zu 5, 10 od. 20 SFr), die u. a. bei Postämtern und Zeitschriftenhändlern erhältlich sind. Viele Geräte akzeptieren zudem gängige Kreditkarten.

Um Schweizer Telefonnummern in Erfahrung zu bringen, empfiehlt sich die Online-Variante des Telefonbuchs (tel.local.ch/en). Unter ☎ 1812 erreicht man die automatische Auskunft (Grundgebühr 0,80 SFr, zzgl. 0,10 SFr/Min.). Wer lieber mit einer realen Person sprechen bzw. internationale Nummern herausfinden möchte, berappt mehr und wählt ☎ 1811 (Grundgebühr 1,50 SFr, zzgl. 0,70/0,22 SFR erste/jede weitere Min.).

Handys
Es ist ratsam, sich beim eigenen Anbieter nach den günstigsten Roaming-Tarifen zu erkundigen. Alternativ kann man SIM-Karten (30–100 SFr) der drei einheimischen Netzbetreiber – **Orange** (www.orange.ch), **Sunrise** (www.sunrise.ch) und **Swisscom Mobile** (www.swisscom-mobile.ch) – benutzen. Diese sind landesweit bei **Mobile Zone** (www.mobilezone.ch) erhältlich (Filialen s. Website). SIM-Karten müssen registriert werden – daher beim Kauf den Personalausweis mitnehmen.

Verbindungstarife & Internationale Telefonkarten
Für Festnetztelefonate gibt's zwei landesweite Tarife: tagsüber (Mo–Fr; 0,08 SFr/Min.) sowie abends/nachts (17–8 Uhr) und an den Wochenende ganztägig (jeweils 0,04 SFr/Min.). Dasselbe Prinzip gilt für Festnetzanrufe via Handys der Swisscom (0,37/0,27 SFr/Min.) und anderer Mobilfunkanbieter (0,55/0,45 SFr/Min.). Und auch die Auslandsgespräche nach Deutschland und Österreich sind gesplittet (0,12/0,10 SFr/Min.). Achtung: Wer vom Hotelzimmer aus telefoniert, muss meist mit kräftigen Zuschlägen rechnen.

Mit Swisscom-Prepaidkarten für Auslandsgespräche (Guthaben zu 10, 20, 50 od. 100 SFr) lässt sich ordentlich sparen. Entsprechende Angebote gibt es auch von Konkurrenzfirmen wie **Mobile Zone** (www.mobilezone.ch).

Vorwahlen
Die Schweiz hat die Landesvorwahl ☎ 0041. Bei Anrufen aus dem Ausland entfällt die Null der Ortsvorwahl (z. B. ☎ 0041 31 für Anschlüsse in Bern).

Telefonate von der Schweiz nach Deutschland haben die Vorwahl ☎ 0049, nach Österreich ☎ 0043, nach Liechtenstein ☎ 00423, nach Frankreich ☎ 0033 und nach Italien ☎ 0039.

Gebührenfreie Servicenummern sind durch ☎ 0800 gekennzeichnet, bei Nummern mit ☎ 0848 am Anfang wird der Ortstarif fällig. Richtig teuer sind Verbindungen, deren Nummern mit ☎ 156 und ☎ 157 beginnen.

Schweizer Mobilfunknummern haben stets eine ☎ 079 am Anfang.

TOILETTEN
In der Schweiz findet man überall saubere öffentliche Toiletten. Urinale können oft kostenlos benutzt werden. Für Toilettenkabinen wird teilweise eine Gebühr von 0,20 bis 0,50 SFr fällig. Die blitzsauberen McClean-Einrichtungen der meisten Bahnhöfe sind vergleichsweise teuer: Pro dringendem Bedürfnis wird man dort ca. 2 SFr los.

TOURISTENINFORMATION
Schweiz Tourismus (www.myswitzerland.com) ist erste Anlaufstelle für allgemeine Infos aller Art.

Schweizer Fremdenverkehrsämter im Ausland
Die Schweizer Fremdenverkehrsämter in Deutschland und Österreich erteilen Auskünfte nur per Post, E-Mail oder Telefon.
Schweiz Tourismus Deutschland (☎ 0800 100 200 30; www.myswitzerland.com/de.cfm/home/kontakt; Rossmarkt 23, 60311 Frankfurt a. M.)
Schweiz Tourismus Österreich (☎ 0800 100 200 30; www.myswitzerland.com/de.cfm/home/kontakt; Schwindgasse 20, 1040 Wien)

Touristeninformationen vor Ort
Sehr hilfreich sind die Touristeninformation vor Ort (auch „Verkehrsbüro" oder „Kurver-

---

ACHTUNG: ALLES WÄHLEN!

Die dreistellige Ortsvorwahl muss immer mitgewählt werden (z. B. ☎ 031 in Bern, ☎ 022 in Genf), auch bei Anrufen innerhalb der gleichen Ortschaft. In diesem Reiseführer ist daher die Vorwahl stets zusammen mit den jeweiligen Telefonnummern angegeben ein" genannt; französisch: *office du tourisme*, italienisch: *ufficio turistico*); in den Regionen- bzw. Stadtkapiteln sind diese Einrichtungen unter „Praktische Informationen" aufgeführt. Ihr Serviceangebot umfasst neben kostenlosen Infos, Broschüren und Karten häufig auch Buchungen von Hotelzimmern, geführte Touren oder Ausflüge. Falls in den französisch- oder italienischsprachigen Landesteilen nicht auch Deutsch verstanden werden sollte, wird man sicher mit Englisch weiterkommen.

UNTERKUNFT

Die Schweiz hat traditionelle wie kreative Unterkünfte für jeden Geldbeutel – von prächtigen Palästen und Schlössern bis hin zu Berghütten, Atombunkern und einfachen Heuschobern. Parallel beweisen immer mehr Gastgeber mit umweltfreundlichen Heizungen, Leuchten, Entsorgungsmaßnahmen usw. ein grünes Gewissen (s. S. 431 und S. 19).

Die in diesem Reiseführer genannten Unterkünfte unterteilen sich in die Kategorien Budget, Mittel- und Spitzenklasse. Zu den Budgetunterkünften zählen auch Campingplätze, Touristenlager, Bauernhöfe, Hostels und einfache Hotels, die häufig Zimmer mit Gemeinschaftsbädern anbieten. Bei Doppelzimmern dieser Kategorie liegt die obere Preisgrenze bei 150 SFr; abhängig von der jeweiligen Lage (Stadt od. Land) kann diese leicht variieren. Die teuersten Doppelzimmer in der Mittelklasse kosten ca. 350 SFr. Dafür bekommt man Annehmlichkeiten wie eigene Bäder, Fernseher oder Telefon. Auch in diesem Fall hängen die Preise von der Lage ab. Jenseits dieser Preisgrenze schwelgt man über und über in unverfälschtem, altehrwürdigem Schweizer Luxus.

In Städten und den meisten Ortschaften bleiben die Zimmerpreise ganzjährig relativ konstant und steigen nur über Weihnachten bzw. Neujahr. In alpinen Urlaubsorten sind die Beträge stark saisonabhängig. In der Nebensaison (Mitte Sept.–Mitte Dez. und Mitte April–Mitte Juni) kommt man dort generell am günstigsten weg. Mit Beginn der Zwischensaison (Jan.–Mitte Feb., Mitte Juni–Anfang Juli & Sept.) wird's langsam teurer. Der Hochbetrieb in der Hauptsaison (Juli–Aug., Weihnachten & Mitte Feb.–Ostern) bringt dann die höchsten Preise mit sich. Bei Budgetunterkünften sind die saisonalen Preisunterschiede geringer.

Die Touristeninformationen vor Ort führen Listen mit Unterkünften und reservieren Hotelzimmer meistens kostenlos oder gegen eine geringe Gebühr (max. 5 SFr). Die in den Regionenkapiteln genannten Zimmerpreise beziehen sich auf die Hauptsaison. Sofern nicht anderweitig vermerkt, beinhalten sie stets ein Frühstück. Die einzelnen Adressen sind jeweils nach Übernachtungspreisen geordnet, angefangen bei den günstigsten Angeboten. Die Website von **Schweiz Tourismus** (www.myswitzerland.com) eignet sich super für die Suche nach dem passenden Quartier.

B & Bs

Einige der charmantesten Schweizer Unterkünfte sind B & Bs (Bed & Breakfast). Dabei handelt es sich um Privatimmobilien mit Gästezimmern. Das Spektrum reicht von Bauernhöfen, Chalets und Stadthäusern bis hin zu Schlössern. Im Preis ist ein üppiges Frühstück enthalten, bei dem häufig hausgemachte Zutaten auf den Tisch kommen. Nach Voranmeldung bereiten manche Gastgeber auch ein leckeres Abendessen zu (inkl. Wein zzgl. 20–30 SFr/Pers.).

Touristeninformationen führen Listen mit regionalen B&Bs, die draußen auf dem Land wesentlich häufiger als in Städten zu finden sind. **BnB** (www.bnb.ch) informiert online über ca. 800 Adressen und gibt alljährlich einen Führer (25 SFr) heraus. Details zu B&Bs auf Bauernhöfen stehen auf S. 392.

Privathäuser im ländlichen Raum haben häufig günstige Zimmer frei (*chambres libres*/ *camere libere* auf Französisch/Italienisch), deren Preis oft auch ein Frühstück umfasst.

Camping

Je nach Einrichtungsstandard und Erreichbarkeit werden Schweizer Campingplätze durch maximal fünf Sterne klassifiziert. Da sie oft sehr malerisch, aber einsam an Flüssen oder Seen liegen, ist es ratsam, wenn nicht

---

DAS COMPUTERSYMBOL

In diesem Buch kennzeichnet das Computersymbol (🖳) ausschließlich Unterkünfte, die Gäste-PCs mit Internetzugang besitzen, nicht aber solche mit öffentlichen WLAN-Zugang (aber ohne Gäste-PC). Drahtloses Internet wird dafür anderweitig vermerkt.

> **UNTERKÜNFTE ONLINE BUCHEN**
>
> Weitere Berichte zu Unterkünften und Empfehlungen von Lonely Planet Autoren gibt's im Online-Buchungsservice unter www.lonelyplanet.com. Hier findet man echte Insiderberichte zu den besten Unterkünften, wie immer gründlich und unabhängig recherchiert. Außerdem kann online gebucht werden.

zwingend erforderlich, mit einem eigenen fahrbaren Untersatz unterwegs zu sein. Erwachsene bezahlen durchschnittlich 8 SFr pro Übernachtung; Gebühren für Zelte (ca. 6–12 SFr) und Fahrzeuge (ab ca. 4 SFr) kommen separat hinzu. Man sollte möglichst rechtzeitig reservieren, da viele Plätze während der Hauptsaison ausgebucht sind. Bei geringer Nachfrage oder schlechtem Wetter haben viele Betreiber zu Saisonbeginn oder -ende noch bzw. schon geschlossen.

Wildzelten (französisch: *camping sauvage*) ist nicht strengstens verboten, sollte aber diskret vonstatten gehen. Es kann auf großen Freiflächen in den Bergen eine prima Option sein und wird etwa im Tessin recht häufig praktiziert. Wer sich dabei vor allem in puncto Müllentsorgung verantwortungsbewusst benimmt, wird kaum Probleme mit vorbeischauenden Polizisten bekommen. Andernfalls kann man auch dazu aufgefordert werden, das Zelt abzubauen; auch Bußgelder sind theoretisch möglich.

Weitere Infos zu landesweiten Campingplätzen liefern der **Schweizerische Camping- und Caravanning-Verband** (SCCV; ☎ 062 777 40 08; www.sccv.ch), der **Verband Schweizer Campings** (www.swisscamps.ch) oder **Camping NET** (www.camping.ch) .

Der **Touring Club der Schweiz** (TCS; ☎ 022 417 22 20; www.tcs.ch; Chemin de Blandonnet, CP 820, CH-1214 Genf) gibt einen umfangreichen Führer zu Schweizer Campingplätzen heraus.

Ferienwohnungen

Ferienchalets und -wohnungen für Selbstversorger müssen rechtzeitig reserviert werden. Wer zu Spitzenzeiten einziehen möchte, sollte bereits sechs bis gar zwölf Monate vor der geplanten Anreise buchen. Ein Mindestaufenthalt von einer Woche (normalerweise Sa-Sa) ist dabei die Regel.

Bei Touristeninformationen kann man Verzeichnisse mit Mietwohnungen anfordern.

Zudem gibt's nützliche Online-Plattformen mit super Sonderangeboten (vor allem außerhalb der Hauptsaison) oder Last-Minute-Deals, z. B.: **REKA** (Schweizer Reisekasse; ☎ 031 329 66 33; www.reka.ch), **Interhome** (Zürich ☎ 01 497 22 22; www.interhome.ch) oder **Schweiz Tourismus** (www.myswitzerland.com).

Hostels

Bei Schweizer Hostels und Jugendherbergen (*auberge de jeunesse/alloggio per giovanni* auf Französisch/Italienisch) reicht das Spektrum von älterem Einheitsbrei bis hin zu modernen durchdesignten Häusern. Der Durchschnittspreis für ein Schlafsaalbett (29,50–47 SFr) beinhaltet normalerweise Frühstück und Bettwäsche – Schlafsäcke sind in Hostels mittlerweile nicht mehr erlaubt. Die meisten Herbergen werden vom Landesverband der **Schweizer Jugendherbergen** (SJH; ☎ 044 360 14 14; www.youthhostel.ch) betrieben, der wiederum zum Internationalen Jugendherbergsverband (HI) gehört. Wer in einem der 58 Schweizer Verbandshostels übernachten möchte und kein Mitglied eines HI-Verbandes wie des Deutschen Jugendherbergswerks oder des Österreichischen Jugendherbergsverbands ist, kann direkt vor Ort beitreten (Erw./Kind unter 18 Jahren 33/22 SFr); andernfalls wird pro Bett und Übernachtung eine zusätzliche „Gästegebühr" von 6 SFr fällig. Bei sechs Übernachtungen lohnt sich also bereits eine Jahresmitgliedschaft.

Schweizer Hostels sind oft ausgebucht. Reservierungen können zwar nicht telefonisch, aber über die jeweiligen Websites vorgenommen werden. Zu Spitzenzeiten muss man in der Regel mindestens drei Nächte bleiben.

Außer den SJH-Herbergen gibt es auch spezielle Backpacker-Hostels mit häufig flexibleren Bestimmungen, Rezeptions- und Öffnungszeiten. Normalerweise steigen dort kaum Schulklassen oder Jugendgruppen ab; eine Mitgliedschaft ist nicht erforderlich. 33 dieser Hostels sind lose als **Swiss Backpackers** (☎ 033 823 46 46; www.swissbackpackers.ch) organisiert.

Schließlich verteilen sich noch ca. 80 **Naturfreundehäuser** (www.www.naturfreunde-haeuser.net) über die ganze Schweiz. Die hostelartigen Unterkünfte des umweltbewussten Dachverbands belegen Alpinchalets oder Bauernhäuser draußen auf dem Land.

Hotels & Pensionen

Allgemein genießen Schweizer Hotels einen hervorragenden Ruf: Manche sind historisch,

SCHLUMMERN IM STALL

Wohl in keinem anderen europäischen Land werden Traveller ermutigt, in Gesellschaft von Kühen auf Heuböden zu nächtigen: **Aventure sur la paille/Schlaf im Stroh** (☎ 041 678 12 86; www.abenteuer-stroh.ch) ermöglicht ultimative Heuabenteuer – und bietet so eine tolle Möglichkeit, das Schweizer Landleben aus nächster Nähe kennenzulernen.

Während das liebe Vieh auf den Sommerweiden grast, stellen einheimische Landwirte ihre Heuböden oder -schober für Übernachtungen zur Verfügung (Erw. 20–30 SFr, Kind 10–20 SFr). Teilweise kann man dort sogar Anfang Oktober nach dem Almabtrieb im Stroh ruhen und wird vom heraufschallenden Gebimmel der Kuh- oder Ziegenglocken eingelullt. Dabei sorgen gestellte Baumwoll-Betttücher und Wolldecken dafür, dass einem kratzige Halme und Kälte nicht zu sehr zusetzen. Gäste benötigen allerdings eigene Schlafsäcke und sollten unbedingt Taschenlampen dabeihaben. Der Übernachtungspreis beinhaltet meist ein Landfrühstück, während eine morgendliche Dusche (2 SFr) und ein Abendessen (20–30 SFr) extra kosten. Vor allem im Sommer ist eine Reservierung dringend ratsam bzw. erforderlich. Die umfangreiche Online-Datenbank der Webseite informiert über etwa 200 landesweite Adressen mit Quartieren im Stroh.

Wer anstelle tierischer Schlafgesellschaft eher menschlich geprägte Bauten bevorzugt, kann sich an den **Verein Ferien auf dem Bauernhof** (☎ 031 329 66 99; www.bauernhof-ferien.ch) wenden. Dessen 250 landesweite Mitglieder empfangen neben B & B-Übernachtungsgästen auch Selbstversorger, die umgebaute Scheunen, Hütten oder Ähnliches mindestens für eine Woche mieten möchten. Die Webseite **laendlicher-tourismus.ch** (☎ 021 619 44 37; www.tourisme-rural.ch) führt Ferienunterkünfte auf dem Land auf, die nach Kategorien wie z. B. Chalet, Hütte, Heuschober, Bauernhaus, Berg- oder Weinbauern sortiert sind. Hinzu kommen viele Outdoor- und Gastro-Tipps zum ländlichen Raum. Beide Organisationen betreiben Online-Verzeichnisse.

Auf S. 382 stehen Infos für alle, die auf Bauernhöfen nicht nur übernachten, sondern richtig mit anpacken möchten. Wer will, kann sogar einzelne Kühe oder Kälbchen bemuttern (s. S. 57).

---

andere ultraluxuriös. Der Standard am unteren Ende der Preisskala variiert allerdings stark. Am günstigsten sind Quartiere mit Waschbecken, Gemeinschaftstoiletten und Duschen auf dem Gang. Einzel-/Doppelzimmer dieser Preiskategorie kosten ca. 50/80 SFr in Kleinstädten und ca. 90/100 SFr in Großstädten bzw. Urlaubsorten in den Bergen. Eigene Duschen erhöhen den Übernachtungspreis um mindestens 10 bis 20 SFr pro Person.

Wer sich auf Ein- oder Zweisternehotels konzentrieren möchte, bekommt bei **Swiss Budget Hotels** (☎ 084 880 55 08; www.rooms.ch) einen landesweit gültigen Führer mit empfehlenswerten Budgetoptionen. Diese wird regelmäßig durch Sonderangebote ergänzt.

Frühstückspensionen und Garni-Hotels servieren nur ein Frühstück, bieten aber keine Halb- oder Vollpension an. Kleine Pensionen mit eigenen Restaurants haben häufig „Ruhetage", an denen man eventuell ohne Voranmeldung nicht einchecken kann – also unbedingt rechtzeitig anrufen.

Gäste von Drei- und Viersternehotels bzw. -pensionen dürfen durchweg anständigen Komfort erwarten. Dafür sorgen Extras wie Telefon, Fernseher und oft auch Minibars.

Schweizer Spitzenleistung wird durch prächtige Fünf-Sterne-Häuser repräsentiert, die Luxus und tadellosen Service häufig in historischen Gemäuern bieten. Das Baur au Lac in Zürich, das Palace in Gstaad und das Schatzalp in Davos sind legendär.

Das Schweizer **Steinbock-Label** (www.steinbock-label.ch) kategorisiert umweltbewusste Ökohotels mit maximal fünf Steinböcken.

Schlafsäle, Gefängnisse & Iglus

Schlafsäle (alias Touristen- oder Massenlager, französisch *dortoir*) sind in Ski- und anderen Urlaubsorten seit Jahren sehr beliebt. Unterkunftsverzeichnisse sollten jedoch genau studiert werden: Manche Touristenlager nehmen nur Reisegruppen auf. Man nächtigt oft in einer Art Riesenstockbett aus direkt nebeneinander liegenden Matratzen. Normalerweise gibt's keine Sperrstunde und die Türen sind auch tagsüber nicht geschlossen. Auch manche Campingplätze haben einfache Schlafsäle.

Und schließlich gibt es noch den Trend zu diversen ausgefallenen Quartieren, die je nach Geschmack stets leicht rustikal sind. Hierzu zählen z. B. Weinfässer (S. 173), Baumstammbetten (S. 213), ehemalige Gefängnisse

(S. 271), Bunker (S. 321) oder frostige Iglus (S. 219 und S. 343)?
Auf S. 61 stehen Infos zu Berg- und Schutzhütten.

VERSICHERUNG

Die Versicherten deutscher Krankenkassen haben Anspruch auf kostenfreie Behandlung; eine zahnärztliche Behandlung muss jedoch selbst bezahlt werden. Ambulante Behandlungen sind zunächst zu bezahlen. Bei Vorlage der Europäischen Krankenversicherungskarte sind verordnete Medikamente kostenlos, für stationäre Behandlung in einem öffentlichen Krankenhaus ist eine (geringe) Zuzahlung zu leisten. Verauslagte Kosten bekommt man von der eigenen Krankenkasse erstattet (Rechnungen und Quittungen aufbewahren). Weitere Informationen enthalten die Merkblätter der Krankenkassen.

Da die Krankenkassen die Kosten eines Rücktransports nicht übernehmen und Behandlungen meist mit einer Kostenbeteiligung verbunden sind, empfiehlt sich der Abschluss einer Reisekrankenversicherung. Zusätzlicher Versicherungsschutz ist besonders dann ratsam, wenn man in den Bergen Ski fahren, snowboarden oder wandern will; die Police sollte unbedingt die Rettung per Hubschrauber und Transportflüge in die Heimat beinhalten. Rettungsaktionen am Berg sind ungemein kostspielig, während viele Outdoor-Aktivitäten von den vielen Versicherungsverträgen nicht abgedeckt werden. Wintersportler müssen daher häufig eine Extraprämie berappen. Dasselbe gilt bei Abenteuersportarten wie Rafting, Canyoning, Bungee- und Fallschirmspringen. Obwohl es bei Outdoor-Abenteuern in der Schweiz nur selten zu Unfällen kommt, kann ein Restrisiko niemals ausgeschlossen werden. Es ist also ratsam, die eigene Police gegebenenfalls aufzustocken und die Sicherheitsstandards des jeweiligen Anbieters vorab genau zu checken. Vorsicht ist besser als Nachsicht.

Eine weltweit gültige Reiseversicherung kann unter www.lonelyplanet.com/bookings/insurance.do jederzeit online abgeschlossen, erweitert und in Anspruch genommen werden – auch wenn man bereits unterwegs ist.

Details zur Krankenversicherung stehen auch auf S. 405.

VISA

Dank des nunmehr erweiterten Schengenraums können deutsche und österreichische Staatsbürger mit Reisepass, vorläufigem Reisepass, Kinderreisepass oder Personalausweis visumfrei in die Schweiz einreisen und sich dort nach Belieben bewegen. Die maximale Aufenthaltsdauer beträgt drei Monate. Schweizerische Auslandsvertretungen und das **Schweizer Bundesamt für Migration** (www.bfm.admin.ch) informieren über aktuelle Einreisebestimmungen und Voraussetzungen für längerfristige Aufenthalte.

In der Schweiz besteht Ausweispflicht. Reisepass bzw. Personalausweis müssen stets mitgeführt und bei polizeilichen Personenkontrollen auf Verlangen vorgezeigt werden.

ZEIT

In der Schweiz und im Fürstentum Liechtenstein werden die Uhren mit Beginn der Sommerzeit (letzter Märzsonntag) eine Stunde vorgestellt. Am Anfang der Winterzeit (letzter Oktobersamstag) wandern die Zeiger wieder eine Stunde zurück.

Hinweis zum Sprachgebrauch: „Halb acht" bedeutet 7.30 Uhr. Ansonsten gibt's auch noch „viertel acht" (viertel nach sieben; 7.15 Uhr) und „dreiviertel acht" (viertel vor acht; 7.45 Uhr).

ZOLL

Pro Person und Tag dürfen 200 Zigaretten oder 50 Zigarren oder 250 g Schnitttabak zollfrei in die Schweiz eingeführt werden. Dasselbe gilt für alkoholische Getränke in begrenzter Menge (unter/über 15 % Vol. 2/1 l). Wer Alkohol und Tabakwaren importieren möchte, muss mindestens 17 Jahre alt sein. Bis zu einem Gesamtwert von 300 SFr pro Person bleiben Geschenke und andere Waren des Reiseverkehrs ebenfalls abgabenfrei – ebenso der Reiseproviant für einen Tag und gewisse Mengen von landwirtschaftlichen Erzeugnissen (Details unter www.ezv.admin.ch/zollinfo_privat/zu_beachten/00350/index.html?lang=de).

Verkehrsmittel & -wege

INHALT

An- & Weiterreise	394
Einreise	394
Flugzeug	394
Auf dem Landweg	395
Schiff/Fähre	396
Unterwegs vor Ort	396
Auto & Motorrad	397
Berg- & Seilbahnen	399
Bus	399
Fahrrad	400
Flugzeug	400
Nahverkehr	400
Schiff/Fähre	400
Zug	401

AN- & WEITERREISE

Geführte Touren, Flug- und Bahntickets können auch online unter www.lonelyplanet.de/travel_services gebucht werden.

EINREISE

Die Einreise per Flugzeug, Zug oder Auto ist nur mit minimalen Formalitäten verbunden: Ende 2008 ist die Schweiz dem Schengener Abkommen beigetreten. Für die Einreise ist lediglich ein Personalausweis erforderlich; es genügt auch ein vorläufiger, sofern er bei der Einreise gültig ist. Innerhalb der Schweiz muss man sich jederzeit ausweisen können.

FLUGZEUG
Flughäfen

Der **Flughafen Zürich** (☎ 043 816 22 11; für SMS-Fluginfos „ZRH" plus Flugnummer an ☎ 9292 senden; www.zurich-airport.com) und der **Internationale Flughafen Genf** (☎ 0900 57 15 00; www.gva.ch) sind die größten Schweizer Luftkreuze. Der nahe **EuroAirport** (☎ +33 3 89 90 31 11; www.euroairport.com) im Dreiländereck zwischen Basel (Schweiz), Mulhouse (Frankreich) und Freiburg i. B. (Deutschland) liegt auf französischem Boden.

Die Flughäfen von **Bern-Belp** (☎ 031 960 21 11; www.flughafenbern.ch) und **Lugano** (☎ 091 610 11 11; www.lugano-airport.ch) sind vergleichsweise kleiner, wachsen aber stetig.

In praktischer Nähe zur Schweizer Grenze liegen zudem der deutsche **Bodensee-Airport Friedrichshafen** (www.fly-away.de) sowie die beiden Mailänder Flughäfen **Linate** und **Malpensa** (www.sea-aeroportimilano.it).

Fluglinien

Die Schweiz wird u. a. von Linienflügen folgender europäischer Gesellschaften bedient:
Austrian Airlines (OS; ☎ 044 286 80 80; www.aua.com; Drehscheibe Wien)
Lufthansa (LH; ☎ 0900 900 922; www.lufthansa.com; Drehscheibe Frankfurt a. M.)
Swiss International Air Lines (LX; ☎ 084 885 20 00; www.swiss.com) Meist kurz Swiss Air genannt.
Condor (DE; ☎ Deutschland 0180 576 7757, Österreich 0810 969 022; www.condor.com; Drehscheibe Frankfurt a. M.)

Billigfluglinien

Augen auf: Unternehmenslandschaft und Verbindungsangebot innerhalb dieses Markts verändern sich ständig.
Air Berlin (www.airberlin.com) Verbindet Basel (EuroAirport) und Zürich mit vielen Zielen in Deutschland, Italien, Spanien und Portugal.
easyJet (www.easyjet.com) Die „Billig-Briten" verbinden u. a. Dortmund und Wien mit Zürich, Genf und Basel (EuroAirport).
Germanwings (www.germanwings.com) Die deutsche Airline mit Sitz in Köln ist zwischen Köln-Bonn und Zürich unterwegs.
Ryanair (www.ryanair.com) Verbindet u. a. Düsseldorf, Hamburg, Karlsruhe, Linz und Graz mit Basel (EuroAirport).

> **DIE DINGE ÄNDERN SICH**
>
> Die Informationen in diesem Kapitel sind besonders anfällig für Veränderungen. Alle relevanten Aspekte bezüglich Tickets und deren Kauf, Reiserouten und Sicherheitsbestimmungen im internationalen Reiseverkehr sollten vor dem Start mit der Fluglinie oder dem Reisebüro durchgesprochen werden. Und Augen auf beim Ticketkauf! Die Angaben in diesem Kapitel verstehen sich als Hinweise und sind kein Ersatz für eigene gründliche und aktuelle Recherchen.

KLIMAWANDEL & REISEN

Der Klimawandel stellt eine ernste Bedrohung für unsere Ökosysteme dar. Zu diesem Problem tragen Flugreisen immer stärker bei. Lonely Planet sieht im Reisen grundsätzlich einen Gewinn, ist sich aber der Tatsache bewusst, dass jeder seinen Teil dazu beitragen muss, um die globale Erwärmung zu verringern.

Fliegen & Klimawandel

Fast jede Art der motorisierten Fortbewegung erzeugt CO_2 (die Hauptursache für die globale Erwärmung), doch Flugzeuge sind mit Abstand die schlimmsten Klimakiller – nicht nur wegen der großen Entfernungen und der entsprechend großen CO_2-Mengen, sondern auch weil sie diese Treibhausgase direkt in hohen Schichten der Atmosphäre freisetzen. Die Zahlen sind erschreckend: Zwei Personen, die von Europa in die USA und wieder zurück fliegen, erhöhen den Treibhauseffekt in demselben Maße wie ein durchschnittlicher Haushalt in einem ganzen Jahr.

Emissionsausgleich

Die englische Website www.climatecare.org und die deutsche Internetseite www.atmosfair.de bieten sogenannte CO_2-Rechner. Damit kann jeder ermitteln, wie viel Treibhausgase seine Reise produziert. Das Programm errechnet den zum Ausgleich erforderlichen Betrag, mit dem der Reisende nachhaltige Projekte zur Reduzierung der globalen Erwärmung unterstützen kann, beispielsweise Projekte in Indien, Honduras, Kasachstan und Uganda.

Lonely Planet unterstützt gemeinsam mit Rough Guides und anderen Partnern aus der Reisebranche das CO_2-Ausgleichs-Programm von climatecare.org. Alle Reisen von Mitarbeitern und Autoren von Lonely Planet werden ausgeglichen.

Weitere Informationen gibt's auf www.lonelyplanet.com.

Flugtickets

Wer das Internet und die Reiseseiten großer Tageszeitungen gezielt durchforstet, kann bei Flugtickets kräftig sparen. Wer ein echtes Schnäppchen ergattern möchte, sollte so früh wie möglich buchen. So kann man vor allem bei Billigfluglinien für wenig Geld fliegen (s. S. 394).

Die österreichische Fluglinie **Robin Hood** (www.robinhood.aero) transportiert vor allem Geschäftsreisende ab Stuttgart und Graz nach Zürich.

AUF DEM LANDWEG
Auto & Motorrad

Die Schweiz ist über gut ausgebaute Autobahnen mit ihren europäischen Nachbarländern verbunden. Wer über Österreich anreist, muss eine Mautgebühr („Pickerl") zahlen. Autoreisende aus dem Westen Deutschlands fahren meist über Basel oder Schaffhausen, aus dem Osten über Lindau/Bregenz (Pfändertunnel mautpflichtig, 24-Std.-Korridorvignette erhältlich) in die Schweiz.

Die Schweiz liegt mitten in den Alpen – es sollte also nicht überraschen, dass so ziemlich alle Hauptverkehrswege irgendwann durch Tunnels und über Brücken führen. Die Kosten hierfür werden auch durch eine Maut aufgefangen (s. Kasten S. 398). Diese kann man umgehen, wenn man kleinere Nebenstraßen nutzt. Die sind landschaftlich interessanter, aber kosten auch wesentlich mehr Zeit. Auf Bergpässen ist jedoch besondere Vorsicht geboten. Manche davon – etwa die N5 von Champagnole im französischen Jura nach Genf – sind ohne alpine Fahrerfahrung nicht zu empfehlen (für Details s. S. 398).

DOKUMENTE & VORBEREITUNG

Führerscheine aus EU-Ländern können in der Schweiz maximal ein Jahr lang benutzt werden. Als Nachweis für die obligatorische Haftpflichtversicherung wird die Internationale Grüne Versicherungskarte empfohlen; vor der Reise ist es ratsam, beim Versicherer die jeweils gültigen Bestimmungen zu erfragen (z. B. Gültigkeit von Teil- oder Vollkasko). Als nützlich kann sich auch der Europäische Unfallbericht erweisen, dann man beispielsweise auf Websites von Automobilclubs herunterladen kann.

Auch in der Schweiz muss ein Warndreieck mitgeführt werden. Zudem empfiehlt sich Verbandskasten (in Deutschland und Österreich ohnehin Pflicht), Taschenlampe, Feuerlöscher, Pannenwerkzeug und eventuell benötigte Klein- bzw. Ersatzteile (Birnen, Keilriemen o. ä.). Wer über österreichische Straßen anreist oder einen Abstecher nach Italien macht, muss zudem eine Warnweste griffbereit haben. Automobilclubs wie der **ADAC** (www.adac.de) und der **ÖAMTC** (www.oeamtc.at) erteilen weitere Infos rund ums Autofahren in der Schweiz.

Bus

Im Auftrag von **Eurolines** (www.eurolines.com) unterhält das Schweizer Busunternehmen **Alsa+Eggman** (☎ 0900 573 747, Genf 022 716 91 10, Zürich 043 444 65 20; www.alsa-eggmann.ch) etwa 35 Fernrouten, darunter auch nach/ab Deutschland und Österreich

Weitere Infos zu Busverbindungen stehen auf S. 399 und S. 402.

Zug

Die Bahn ist vielleicht nicht ganz so schnell wie das Flugzeug, dafür aber deutlich umweltfreundlicher – und mehr von der Landschaft sieht man ohnehin. **Deutsche Bahn** (DB; ☎ 0180 599 66 33; www.bahn.de), **Österreichische Bundesbahnen** (☎ 05 17 17; www.oebb.at) und **InterRail** (☎ www.interrailers.net) erteilen detaillierte Auskünfte zu möglichen Zugverbindungen. Zürich ist die wichtigste internationale Bahndrehscheibe der Schweiz.

Von Deutschland aus empfiehlt sich z. B. das grenzüberschreitende Europa-Spezial Schweiz der Deutschen Bahn (einfache Strecke 2./1. Klasse ab 39/69 €, bei bestimmten grenznahen Verbindungen ab 19/29 €, mit BahnCard 25 Ermäßigung 5 €). Bedient werden die Strecken Stuttgart–Zürich (ca. 3–4 Std.), München–Zürich (ca. 4–5½ Std.), Bremen–Köln–Mainz–Basel–Zürich–Chur (ca. 9¾–10½ Std.), Kiel–Bremen–Köln–Mainz–Frankfurt a. M.–Basel (ca. 8¾–12 Std.), Dortmund–Flughafen Frankfurt a. M.–Basel (ca. 5¼–6¼ Std.), Berlin–Frankfurt a. M.–Basel–Interlaken (ca. 9½–15 Std.) und Kiel–Hamburg–Frankfurt a. M.–Basel–Zürich (ca. 9¾–13 ¾ Std.). Die jeweilige Fahrtdauer hängt von Umsteigehäufigkeit und Zugtyp ab.

Das Angebot „SparSchiene" der Österreichischen Bundesbahnen ermöglicht ebenfalls vergünstigte Schweiztrips (einfache Strecke 2./1. Klasse ab 29/49 €, Liege-/Schlafwagen ab 39/59 €, Kurzstrecken ab 19 €). Österreichische Züge sind u. a. auf folgenden Routen unterwegs: Bregenz–St. Gallen–Winterthur–Zürich Flughafen–Zürich Hauptbahnhof (ca. 1¾ Std.), Graz–Bruck/Mur–Leoben–Selzthal–Schladming–Sargans–Zürich (ca. 11½–12 ½ Std.), Villach–Spittal–Zürich (9 Std. 20 Min.), Wien Westbahnhof–St. Pölten–Linz–Salzburg–Innsbruck–Zürich (ca. 8¾–9½ Std.). In Zürich kann zu weiteren Schweizer Bahnhöfen umgestiegen werden.

SCHIFF/FÄHRE

Über den Bodensee fahren Ausflugsschiffe, zwischen Friedrichshafen und Romanshorn verkehrt zudem eine Autofähre (s. S. 312 und 314). Und wenn der Weg das Ziel ist, kann man Rheinkreuzfahrten nach Basel unternehmen (S. 300).

UNTERWEGS VOR ORT

Die öffentlichen Verkehrsmittel der Schweiz zählen zu den effizientesten der Welt. Sehr knapp bemessene Zeiträume zwischen Ankunft und Weiterreise werden nach Möglichkeit vermieden. Bei ein paar Minuten Verspätung wird man daher kaum Probleme haben, den Anschluss zu erwischen.

Qualität hat ihren Preis. Wer mit öffentlichen Verkehrsmitteln mehrere Schweizer Städte besucht, sollte daher die Anschaffung eines Swiss-Pass (S. 402) in Betracht ziehen.

Der Vermerk „werktags" in Fahrplänen bedeutet, dass die Busse oder Züge montags bis samstags verkehren.

GEPÄCKSERVICE (VOM FLUGHAFEN ZUM BAHNHOF)

Wer in Genf oder Zürich landet, kann sein Gepäck ohne Wartezeit am Flughafen direkt zu einem von etwa 50 Schweizer Bahnhöfen weiterschicken lassen. In Gegenrichtung lässt sich Gepäck spätestens 24 Stunden vor Abflug aufgeben und dann am jeweiligen Flughafen abholen (jeweils 20 SFr/Stück). Dabei dürfen einzelne Koffer bzw. Taschen maximal 32 kg wiegen; sperrige Gegenstände wie Fahrräder oder Surfbretter sind grundsätzlich ausgeschlossen (Details unter www.sbb.ch und www.myswitzerland.com). Eine rückenschonende Gepäckaufgabe ist landesweit noch anderweitig möglich (s. S. 401).

AUTO & MOTORRAD

Die herrliche Berglandschaft ließe sich zu Fuß oder auf dem Fahrrad natürlich intensiver und umweltverträglicher genießen als im Auto oder auf dem Motorrad – zumal auf den anspruchsvollen Routen die Konzentration beim Fahren stets der Straße gelten muss.

In Stadtzentren gibt's überall hervorragende öffentliche Verkehrsmittel, während die Parkplatzsuche dort z. T. recht stressig ist.

Automobilclubs

Der **Touring Club Schweiz** (TCS; ☎ 022 417 22 20; www.tcs.ch; Chemin de Blandonnet, Case Postale 820, CH-1214 Genf) und der **Automobilclub der Schweiz** (ACS; ☎ 031 328 31 11; www.acs.ch; Wasserwerkgasse 39, CH-3000, Bern 13) liefern Infos zum Autofahren vor Ort.

Der landesweite **Pannenservice** (☎ 140; 24 Std.) des größeren TCS steht Mitgliedern von Schweizer Automobilclubs bzw. deren Partnerorganisationen (z. B. ADAC) kostenlos zur Verfügung.

Benzin

Der Kraftstoff ist in der Schweiz noch deutlich billiger als in Deutschland; zwischen Österreich und der Eidgenossenschaft ist der Preisunterschied an Tankstellen deutlich geringer. Bleifreies Benzin (ca. 1,62 SFr/l; französisch/italienisch: *sans plomb/senza piombo*) ist Standard und läuft landesweit aus grünen Zapfsäulen bzw. -hähnen. Diesel gibt es an schwarzen Zapfhähne (ca. 1,63 SFr). Die Preise sind derzeit starken Schwankungen unterworfen; aktuelle Infos gibt's online unter www.benzin-preis.ch.

Führerschein

Führerscheine aus EU-Staaten gelten auch in der Schweiz.

Mieten

Schweizer Mietwagen sind teuer – besonders wenn man sie bei großen internationalen Ketten mietet. Wer den fahrbaren Untersatz von zu Hause aus bucht, kommt zwar in der Regel günstiger weg, muss aber immer noch 350 bis 500 SFr pro Woche hinblättern. Wer auf dem Genfer Flughafen landet und Bares sparen möchte, mietet ein Auto besser im nahen Frankreich. Grundsätzlich müssen Mietwagenkunden eine Kreditkarte besitzen

ENTFERNUNGSTABELLE (KM)

	Basel	Bellinzona	Bern	Biel-Bienne	Brig	Chur	Fribourg	Genf	Interlaken	Lausanne	Luzern	Lugano	Neuchâtel	St. Gallen	St. Moritz	Schaffhausen
Bellinzona	241															
Bern	97	253														
Biel-Bienne	93	247	41													
Brig	190	161	91	129												
Chur	228	115	242	237	174											
Fribourg	132	285	34	71	179	274										
Genf	267	420	171	209	214	409	138									
Interlaken	153	195	57	92	73	209	92	230								
Lausanne	203	359	107	146	151	346	72	62	167							
Luzern	103	140	115	107	149	140	147	280	71	218						
Lugano	267	28	279	273	187	141	331	446	221	383	166					
Neuchâtel	141	294	46	31	141	283	43	123	104	73	156	320				
St. Gallen	191	217	204	197	288	102	236	371	225	307	138	243	244			
St. Moritz	313	150	327	321	241	85	359	494	294	430	225	176	368	178		
Schaffhausen	161	246	173	167	259	182	205	340	228	276	108	272	214	80	266	
Sion	252	214	160	195	53	399	128	161	86	98	271	240	166	356	294	329
Zürich	113	195	125	119	208	118	157	292	177	229	57	221	166	81	203	51	281

MAUTGEBÜHREN

Für das Fahren auf Schweizer Autobahnen und Schnellstraßen wird eine Maut fällig. Der Aufkleber (Vignette, italienisch *contrassegno*; 40 SFr; Gültigkeit 1. Dez.–31. Jan. des übernächsten Jahres) kann direkt an der Grenze gekauft und bar bezahlt werden (auch in Euro). Alternativ ist er bei Schweizer Fremdenverkehrsämtern im Ausland (S. 389), Tankstellen, Postämtern oder übers Internet (www.swisstravelsystem.com) erhältlich. Die Vignetten müssen deutlich sichtbar an der Frontscheibe angebracht werden und sind auch für Motorradfahrer Pflicht. Für Wohnwagen braucht man eine zweite Plakette. Übersteigt ein Wohnmobil ein Gesamtgewicht von 3,5 t wird die Schwergewichtsabgabe für das gesamte öffentliche Straßennetz fällig (3,25 SFr/Tag, min. 25 SFr). Bei Verstößen gegen die Mautordnung werden 100 SFr Bußgeld fällig (Details unter www.vignette.ch).

Allgemein lassen sich mautpflichtige Strecken relativ leicht umgehen. Während für den Gotthard-Straßentunnel (Tessin–Uri) und San-Bernardino-Tunnel (Tessin–Graubünden) nur die allgemeine Vignette benötigt wird, muss man für den Großen-St.-Bernhard-Tunnel zwischen dem Wallis (Schweiz) und Aosta (Italien) eine zusätzliche Mautgebühr entrichten (Auto & Passagiere einfache Strecke/hin & zurück 30,50/48,50 SFr, Motorrad 17/24 SFr).

und mindestens 25 Jahre alt sein (bei regionalen Anbietern mitunter nur 20 Jahre). Im Winter sind Mietfahrzeuge automatisch mit Winterreifen ausgestattet; Schneeketten kosten oft extra. Vorsicht: In manchen Schweizer Bergregionen kann es auch im Juli schneien.

Autovermieter vor Ort:
Avis (☎ 084 881 18 18; www.avis.ch)
Europcar (☎ 084 880 80 99; www.europcar.ch)
Hertz (☎ 084 881 10 10; www.hertz.ch)
Holiday Autos (☎ 056 675 75 85; www.holidayautos.ch)
Sixt (☎ 084 888 44 44; www.sixt.ch)

Parken in Stadtgebieten

Falls Innenstädte nicht ohnehin komplett für den motorisierten Verkehr gesperrt sind, kann man seinen Wagen dort an straßenseitigen Parkuhren (Mo-Sa 8-19 Uhr 1,50-2 SFr) abstellen – allerdings meistens nur für relativ kurze Zeit (max. 30 Min.-2 Std.). Außerhalb dieser Bereiche kann man an Straßen im Zentrum in blauen Zonen maximal einhalb Stunden und in roten Parkzonen maximal 15 Stunden parken; letztere werden jedoch immer seltener. In den farblich gekennzeichneten Zonen muss deutlich sichtbar hinter der Frontscheibe eine Parkscheibe mit der Ankunftszeit angebracht werden. (Parkscheiben sind kostenlos bei Touristeninformationen, Autovermietern und Polizeistationen erhältlich.)

Straßenzustand & Gefahren

Wie nicht anders zu erwarten, sind Schweizer Straßen allgemein hervorragend ausgebaut und beschildert und bestens in Schuss. Auf steilen Strecken empfiehlt es sich oft, in einen niedrigeren Gang zu wechseln. Und im Winter sollte man stets Schneeketten dabeihaben. Auch wenn die Schweizer umsichtige Fahrer sind, hilft eine passive und vorausschauende Fahrweise nicht nur auf kurvigen Strecke, Unfälle zu vermeiden.

Die meisten großen Bergpässe sind ganzjährig passierbar. Im Winter muss man aber auch von den Pässen Großer St. Bernhard, St. Gotthard und San Bernardino gelegentlich auf Tunnel ausweichen. Folgende Pässe sind nur zu bestimmten Jahreszeiten offen: Albula, Furka, Grimsel, Klausen, Oberalp, Susten, Umbrail (jeweils Juni–Okt.), Lukmanier (Mai–Nov.), Nufenen (Juni–Sept.) und Splügen (Mai–Okt.).

Unter ☎ 163 gibt's Infos zur aktuellen Verkehrslage.

Autozüge rollen ganzjährig durch folgende Tunnel:
Lötschbergtunnel (☎ 0900 553 333; www.bls.ch) Von Kandersteg nach Goppenstein (Fahrzeug inkl. Passagiere Mo–Do 20 SFr, Fr–So 25 SFr; 15 Min.) oder Iselle in Italien (Fahrzeug inkl. Passagiere 90 SFr; Reservierung erforderlich).
Furkatunnel (☎ 027 927 77 71; www.mgbahn.ch) Von Oberwald nach Realp.
Vereinatunnel (☎ 081 288 37 37; www.rhb.ch) Alternative zum Flüelapass, der im Winter gesperrt ist. Von Klosters-Selfranga nach Sagliains (Fahrzeug inkl. Passagiere Neben-/Zwischen-/Hauptsaison 27/35/40 SFr)

Verkehrsregeln

Bei Kantonsverwaltungen und manchen Grenzstationen ist ein Handbuch mit Schweizer Verkehrsregeln erhältlich. Diese können auch online als PDF heruntergeladen werden (www.verkehrstheorie.ch). Auto- und Motorradfahrer müssen mindestens 18 Jahre alt sein, während Mopeds ab 14 Jahren benutzt werden können.

Im Zweifel gilt an Kreuzungen „rechts vor links". Auf Bergstrecken haben aufwärts fahrende Autos Vorrang. Lediglich Postbusse sind von dieser Regel ausgenommen: Vor unübersichtlichen Kurven warnen sie entgegenkommenden Verkehr mit unüberhörbaren Dreiklang-Fanfaren. Straßenbahnen erfordern stets einen ausreichenden Sicherheitsabstand und sollten keinesfalls überholt werden, wenn Passagiere ein- oder aussteigen.

Sofern nicht anderweitig angezeigt, liegt die maximale Höchstgeschwindigkeit innerhalb geschlossener Ortschaften bei 50 km/h. Außerhalb geschlossener Ortschaften ist das Tempo auf 80 km/h (Landstraßen), 100 km/h (einspurige Autobahnen) oder 120 km/h (zweispurige Autobahnen) begrenzt. Vorsicht: Schon geringe Tempoüberschreitungen können schmerzhaft hohe Bußgelder nach sich ziehen – den abschreckenden Bußgeldkatalog kann man unter www.admin.ch/ch/d/sr/c741_031.htm einsehen.

Für sämtliche Fahrzeuginsassen besteht Gurtpflicht. Kinder unter sieben Jahren müssen zusätzlich vorschriftsgemäß mittels Kindersitzen oder geeigneter Vorrichtungen gesichert werden. Am Steuer darf nur mit Freisprecheinrichtung telefoniert werden. Zudem muss man das obligatorische Warndreieck so verstauen, dass es im Notfall ungehindert zugänglich ist.

In sämtlichen Tunnels muss zumindest das Abblendlicht eingeschaltet werden. Motorradfahrern wird dies auch tagsüber empfohlen. Bei Regen, Dunkelheit oder schlechten Sichtverhältnissen besteht jedoch allgemeine Lichtpflicht. Motorradfahrer und Sozien haben grundsätzlich Helme zu tragen.

Bei Alkohol am Steuer verstehen die Schweizer keinen Spaß: Die Promillegrenze liegt bei 0,5‰. Bei Verstößen muss mit hohen Bußgeldern, Führerscheinentzug oder sogar Haftstrafen gerechnet werden. Bei Unfällen mit Personenschäden ist grundsätzlich die Polizei zu verständigen.

Zudem sollte man stets alle erforderlichen Fahrzeugpapiere parat haben. Innerhalb der Schweiz sind ausländische Zulassungen ein Jahr lang gültig. Es empfiehlt sich eine klar erkennbare Länderkennzeichnung mittels EU-Nummernschild oder Aufkleber.

Verkehrsschilder

Fast alle Schweizer Verkehrsschilder entsprechen internationalen Konventionen. Ein kreisrundes blaues Schild mit einem kettenbestückten weißen Reifen weist auf Schneekettenpflicht hin. Ungewöhnlich erscheint einem vielleicht auch ein gelbes Posthorn auf viereckigem, blauem Hintergrund. Dies markiert den offiziellen Beginn einer Bergpoststraße, auf der sich alle Verkehrsteilnehmer nach Postbusfahrern richten müssen.

Versicherung
Details stehen auf S. 395.

BERG- & SEILBAHNEN

In den Schweizer Bergen sind u. a. Standseilbahnen (französisch/italienisch *funiculaire/funicolare*), Luftseilbahnen (*téléphérique/funivia*), Gondelbahnen (*télécabine/telecabinoia*) und Sesselbahnen (*télésiège/seggiovia*) unterwegs. All diese Transportmittel werden regelmäßig gewartet und gelten als sehr zuverlässig und sicher. Wichtig: immer rechtzeitig in Erfahrung bringen, wann die letzte Bergbahn zurück ins Tal fährt – selbst im Hochsommer kann dies in manchen Urlaubsorten schon um 16 Uhr sein.

BUS

Das Schweizer Schienennetz wird durch gelbe Postbusse (französisch/italienisch: *car postal/auto postale*; www.postbus.ch) ergänzt. Diese folgen den Postrouten und schließen auch entlegenere Bergregionen an das öffentliche Verkehrsnetz an. Die sehr regelmäßigen Abfahrtszeiten sind auf den örtlichen Zugverkehr abgestimmt. Die Bushaltestellen befinden sich daher auch direkt neben den Bahnhöfen. In den Bussen gibt's nur eine Sitzklasse.

Für eine Pauschalgebühr von 12 SFr kann man sein Gepäck vorab zu einem Postamt schicken lassen und später dort abholen. Der Service ist besonders praktisch für Wanderer, die hauptsächlich auf Postbusse angewiesen sind.

Wer es nach dem Feiern nicht mehr per pedes zum Hotel schafft oder eilig in aller Herrgottsfrühe abreist, kann am Wochenende auf diverse **Nachtbusse** (☎ 0900 100 201; mct.sbb.ch/mct/nightbird) zurückgreifen.

Buspässe

Schweizer Zug- bzw. Verkehrspässe (S. 402) gelten auch für Postbusse. Bei ein paar touristisch geprägten Bergstrecken werden dennoch separate Zuschläge fällig (15–25 SFr; für Details s. Regionenkapitel).

Preise

Postbus- und Zugtickets sind etwa gleich teuer (s. S. 403).

Reservierungen

Postbustickets gibt's normalerweise direkt beim Fahrer. Für manche malerische Alpenrouten (z. B. Lugano–St. Moritz) muss man allerdings reservieren (Details unter www.postbus.ch).

FAHRRAD

Allgemeine Infos zur Herausforderung Radfahren in der Schweiz und zum landesweiten Radwegnetz stehen auf S. 232.

Leihen

Rent a Bike (☎ 041 925 11 70; www.rent-a-bike.ch) verleiht Fahrräder an ca. 100 Schweizer Bahnhöfen (halber/ganzer Tag 25/33 SFr). Dabei können Drahtesel auch an einer Station ausgeliehen und an einer anderen wieder zurückgegeben werden (ganzer Tag 40 SFr). Inhaber von Swiss-Pässen und Traveller unter 16 Jahren bezahlen jeweils den halben Mietpreis. Die Ausgabestellen haben normalerweise täglich von frühmorgens bis irgendwann abends geöffnet. Achtung: Vor allem im Sommer sind diese Leihfahrräder extrem begehrt, vor allem an kleineren Bahnhöfen aber nur in kleinerer Stückzahl vorhanden – daher mindestens ein bis zwei Tage im Voraus reservieren.

Kostenlose Mietbikes gibt's in Bern (S. 239), Genf (S. 110), Zug (S. 287) und Zürich (S. 261).

Transportieren

In Bummelzügen kann pro Person ein Fahrrad zum Preis eines normalen 2.-Klasse-Tickets für Erwachsene transportiert werden. Manchmal besteht diese Möglichkeit selbst im InterCity (IC) oder EuroCity (EC), wenn noch genügend Platz im Gepäckwagen ist (Fahrradticket 1/6 Tage 15/60 SFr, 1 Tag mit Swiss Pass 10 SFr). Zwischen 31. März und 31. Oktober muss die Fahrradmitnahme in Intercity-Neigezügen (ICN) separat reserviert werden (zzgl. 5 SFr).

Ein durchgestrichenes Fahrradsymbol im Fahrplan zeigt an, wenn man sein Bike nicht eigenhändig mit an Bord nehmen kann. Der Drahtesel kann dann aber normalerweise als Frachtgut aufgegeben werden (16 SFr).

FLUGZEUG

Da die Schweiz nicht sonderlich groß ist und ein super Bahnnetz besitzt, sind Inlandsflüge für die meisten Touristen uninteressant. Wer dennoch Flugmeilen sammeln will: **Swiss International Air Lines** (www.swiss.com) bedient die Flughäfen von Basel (EuroAirport), Genf und Zürich. Bei Tickets mit Hin- und Rückreise ist die Preisspanne extrem groß (ca. 70–300 SFr). Der einheimische Billiganbieter **Fly Baboo** (www.flybaboo.com) pendelt zwischen Genf und Lugano.

In manchen alpinen Urlaubsorten starten außerdem Hubschrauberrundflüge über die Alpen. Malerische Zeppelinflüge über den Bodensee (S. 313) werden von Friedrichshafen aus angeboten.

NAHVERKEHR
Öffentliche Verkehrsmittel

Der ÖPNV in Schweizer Städten ist jeweils in einem Verkehrsverbund zusammengefasst, weshalb mit den Tickets jederzeit und ohne Aufpreis umgestiegen werden kann. Normalerweise müssen Fahrkarten vor dem Einsteigen gekauft werden. An den Haltestellen stehen in der Regel Automaten, gelegentlich sind auch welche im Transportmittel angebracht.

In manchen Schweizer Städten gelten Einzeltickets nur innerhalb bestimmter Netzzonen und Zeiträume; Fahrtunterbrechungen sind dann nur begrenzt möglich. Teilweise sind auch Mehrfachtickets mit vergünstigten Einzelfahrten erhältlich. Diese müssen nach dem ersten Einsteigen in Stempelautomaten entwertet werden. Bei Tagestickets ist das Preis-Leistungs-Verhältnis noch besser.

Wer beim Schwarzfahren erwischt wird, muss an Ort und Stelle ein Bußgeld zahlen.

Taxi

Schweizer Taxis sind mit Taxametern ausgestattet. Sie warten vor Bahnhöfen und können telefonisch bestellt werden (für Details s. einzelne Regionenkapitel).

SCHIFF/FÄHRE

Auf allen größeren Seen sind Dampfer der Schweizerischen Bundesbahnen (SBB/CFF/FFS) oder kooperierender Privatunternehmen unterwegs; auch letztere erkennen mitunter die landesweit gültigen Zugpässe an. Man kann u. a. über den Bodensee, den Genfer, Luzerner, Luganer, Neuenburger und Bieler See, den Murtensee, den Thuner, Brienzer und Zuger See, allerdings nicht über den Langensee (Lago Maggiore) fahren. Die Zugpässe gelten nicht bei Angeboten kleinerer Schiffs- oder Bootsbetreiber.

ZUG

Privatunternehmen und die staatlichen **Schweizerischen Bundesbahnen** (Abkürzung SBB/CFF/FFS; www.sbb.ch) teilen sich das landesweite Schienennetz. Mindestens von 6 bis 24 Uhr sind Züge stündlich zwischen allen großen Bahnhöfen unterwegs.

Die meisten Fernzüge haben Speise- und teilweise auch Familienwagen, in denen Kinder in Ruhe spielen können. In allen Bahnhöfen und Zügen gilt ein striktes Rauchverbot.

Gepäck

In den meisten Bahnhöfen gibt es besetzte Gepäckschalter (10 SFr/Stück) oder Schließfächer (klein/mittel/groß 5/8/10 SFr). Sie stehen normalerweise von 6 bis 24 Uhr zur Verfügung.

An nahezu allen Bahnhöfen kann man mit einem gültigen Fahrschein Gepäck bis spätestens 9 Uhr im Voraus aufgeben (20 SFr/Stück bis 25 kg) und dann nach 18 Uhr direkt am Ziel abholen – sehr praktisch, wenn man vor Erreichen des nächsten Übernachtungsziels noch etwas unternehmen möchte.

> **RUNDREISETICKETS**
>
> Wer sich einen fixen Reiseplan zusammengestellt hat, fährt mit Rundreisetickets bzw. Rundfahrt-Billets (frz. *billets circulaires*) mitunter günstiger als mit Swiss-Pässen: Man kann innerhalb eines Monats zum jeweiligen Ausgangspunkt zurückkehren. Unterwegs lässt sich der Trip in verschiedenen Städten und Siedlungen jeweils für ein paar Tage unterbrechen.

Klassen

Traveller werden mit der 2. Klasse bestens zurechtkommen. Diese sind blitzblank, wenn auch gelegentlich rappelvoll – vor allem während der Armeemanöver muss man sich eventuell mit einem Stehplatz zufrieden geben.

Die geräumige 1. Klasse ist noch komfortabler und nicht so stark ausgelastet. An einigen Plätzen kann man das Laptop anschließen, in einigen Fällen steht sogar ein WLAN-Hotspot zur Verfügung.

Praktische Informationen

An allen Bahnhöfen gibt's deutschsprachige Infos und kostenlose Fahrplanbroschüren. Auch im Internet kann man Fahrplanauskünfte einholen, die sich personalisieren und aufs eigene Handy herunterladen lassen. Weitere Details gibt es online (www.sbb.ch) oder über die allgemeine **Zuginformations- & Reservierungshotline** (☎ 0900 300 300; 1,19 SFr/Min.).

HAUPTSTRECKEN DER SBB

SCHWEIZER ZUGPÄSSE

Die landesweit gültigen Swiss-Pass-Angebote sind bei längeren Schweiztrips oft günstigere Alternativen zu InterRail (S. 403). Sie werden von der **Swiss Travel Centre AG** (☎ 043 266 20 00; www.swiss-pass.ch; Grubenstrasse 12, 8045 Zürich) online verkauft und sind direkt an Schweizer Bahnhöfen und Touristeninformationen erhältlich. In Deutschland bekommt man sie u. a. bei **DB-Reisezentren** (☎ www.bahn.de), in Österreich über die **Österreichische Bundesbahnen** (☎ www.oebb.at) oder die Österreichische Verkehrsbüro AG (www.bahnkarten.at).

Umfangreiche Infos zu Swiss-Pässen gibt's im Internet unter www.swisstravelsystem.ch.

Swiss Pass

Mit einem Swiss Pass kann man landesweit nahezu alle Zug-, Schiffs- und Busverbindungen unbegrenzt nutzen, zudem Straßenbahnen und Busse in 38 Städten. Bei Berg-, Seil- und Privatbahnen wie den Jungfraubahnen gibt's 50 % Rabatt. Die folgenden Preise gelten für die 2. Klasse (1. Klasse zzgl. 50%). Traveller unter 26 Jahren kaufen den Swiss Youth Pass (jeweils 25 % günstiger). Varianten:

- 4 Tage (260 SFr)
- 8 Tage (376 SFr)
- 15 Tage (455 SFr)
- 22 Tage (525 SFr)
- 1 Monat (578 SFr)

Swiss Flexi Pass

Diese Variante ist grundsätzlich einen Monat lang gültig. In diesem Zeitraum ermöglicht sie unbegrenzte Fahrten an einer limitierten Anzahl von Reisetagen, und zwar:

- 3 Tage (249 SFr)
- 4 Tage (302 SFr)
- 5 Tage (349 SFr)
- 6 Tage (397 SFr)

Swiss Half-Fare Card

Die ein Jahr gültige Karte (Erw./Jugendl. 16–18 Jahre 150/92 SFr; Lichtbild obligatorisch) ist in der Schweiz sehr beliebt. Wie der Name vermuten lässt, berechtigt sie zu 50% Ermäßigung auf Zugtickets. Rabatte gibt's außerdem bei manchen Lokalbussen, Straßen- und Seilbahnen.

Swiss Travel System-Familienkarte

Die Familienkarte ist eine kostenlose Zusatzoption. Kinder zwischen sechs und 15 Jahren, die von mindestens einem Elternteil begleitet werden, können kostenlos mit Zügen, Bussen, Schiffen und manchen Seilbahnen fahren. Ist die Begleitperson kein Verwandter, gibt's 50% Ermäßigung.

Regionalpässe

In mehreren Landesteilen sind Pässe erhältlich, die nur für bestimmte Regionen gelten. Man bekommt sie u. a. bei örtlichen Bahnhöfen (Details s. Regionenkapitel).

Bei Ticketpreise und Abfahrtszeiten gilt zu beachten, dass das Bahnangebot jeden Dezember überarbeitet wird.

Preise

Die Standardpreise sind ziemlich hoch (ca. 35 SFr/100 km). Vielfahrer sind daher mit Zugpässen besser beraten (s. oben). Nur bei langen Strecken sind Hin- und Rückfahrttickets günstiger als zwei Einzeltickets. In der Nebensaison gibt's auch Sonderangebote.

Sofern nicht anderweitig vermerkt, gelten alle aufgeführten Zugpreise für die 2. Klasse (1. Klasse ca. 50–60 % teurer).

LANDSCHAFTSREISEN

Schweizer Züge, Busse und Schiffe sind weit mehr als nur ein Verkehrsmittel, das einen von A nach B bringt: Dank atemberaubender Aussichten wird bereits der eigentliche Weg zum Ziel. Die folgenden Routen zählen zu den klassischen Schweizer Sightseeing-Touren. Tipp: Man kann auch nur einen Abschnitt des jeweiligen Trips absolvieren; zudem sind oft herkömmliche Verkehrsmittel zu Standardpreisen auf denselben Strecken unterwegs. Zusätzlich zu den hier genannten Strecken punkten fast alle Züge in der Jungfrau-Region (S. 198) mit fantastischen Landschaften.

Panoramazüge

Folgende Züge haben Panoramawagen mit extragroßen Aussichtsfenstern:

Der **Glacier Express** (☎ Brig 027 927 77 77, Chur 081 288 43 40; www.glacierexpress.ch; 2./1. Klasse 133/221 SFr, obligatorische Platzreservierung 9–17 SFr, obligatorischer Zuschlag ohne/mit Mittagessen Mitte Dez.–Mitte Mai 10/51 SFr, Mitte Mai–Mitte Dez. 30/71 SFr; ☼ 7½ Std., tgl.) verkehrt zwischen Zermatt und St. Moritz, Chur oder Davos. Der spektakuläre Alpentrip führt an den Seen der Zentralschweiz vorbei und erreicht schließlich die Graubündner Hügellandschaft. Die Bergstrecke zwischen Brig und Zermatt hat eine besonders grandiose Aussicht zu bieten. Dasselbe gilt für die Gegend zwischen Disentis/Mustér und Brig (s. S. 24).

Die **GoldenPass Line** (☎ 0900 245 245, aus dem Ausland +41 840 245 245; www.goldenpass.ch; einfache Strecke 2./1. Klasse 69/114 SFr; ☼ 5 Std., 4-mal tgl.) verbindet Luzern mit Montreux. Von der herrlichen Zentralschweiz führt sie zunächst über den Brünigpass nach Gstaad, dann hinunter zum Genfer See und den umliegenden Weinbergen. Im Verlauf der drei Reiseabschnitte muss zweimal umgestiegen werden. Zwischen Luzern und Interlaken (2./1. Klasse 31/52 SFr, 2 Std.) hat man die beste Aussicht am Brünigpass. Wer von Montreux nach Zweisimmen (30/50 SFr, 2 Std.) fährt, kann bis Château-d'Œx ein besonders herrliches Panorama genießen – vor allem während der Berg- bzw. Talfahrt zum/ab dem Genfer See. Der Trip von Interlaken nach Zweisimmen (25/42 SFr) dauert eine Stunde. Herkömmliche Züge ohne Panoramafenster verkehren auf der gesamten Strecke im Stundentakt.

Quer durchs Engadin rollt der **Bernina-Express** (☎ 081 288 63 26; www.rhb.ch; einfach 2./1. Klasse 57/95 SFr, obligat. Platzreservierung Winter/Sommer 7/9 SFr; ☼ 2½ Std., tgl.) von Chur nach Tirano (145 km). Unterwegs passiert der Zug u. a. Viadukte, Kehrtunnels, Gletscher, Wasserläufe und Bergblumenwiesen. Schließlich erklimmt er ganz ohne Zahnradantrieb den 2253 m hohen Berninapass. Im Mai und Oktober fahren Busse ab Tirano weiter nach Lugano.

Weitere malerische Zugstrecken:

Schokoladenzug (www.mob.ch) Per Salonwagen geht's von Montreux aus zur Schokoladenfabrik in Broc und wieder zurück. In Broc gibt es bei Cailler (S. 146) eine Besichtigung der Fabrik mit anschließender Degustation – Fazit: nicht nur was fürs Auge!

Mont-Blanc-/St.-Bernhard-Express (www.tmrsa.ch) Von Martigny nach Chamonix (Frankreich) oder über den St.-Bernhard-Pass.

Voralpen Express (www.voralpen-express.ch) Verbindet Romanshorn am Bodensee mit Luzern am Vierwaldstättersee; unterwegs gelangt man nach St. Gallen und Rapperswil.

Zug/Schiff

Panoramazugfahrten lassen sich auch mit Ausflügen auf Dampfern kombinieren:

Mit dem **Wilhelm-Tell-Express** (☎ Luzern 041 367 67 67, Locarno ☎ 027 922 81 51; www.wilhelmtell-express.ch; Swiss Pass/2./1.Klasse frei/73/111 SFr, obligatorische Platzreservierung 47 SFr; ☼ Mai–Okt.) schippert man zunächst wunderbare drei Stunden lang über den Vierwaldstättersee nach Flüelen. Von dort aus rollen Züge im Schatten der Berge durch Schluchten und Serpentinen nach Locarno.

Postbus

Auf dem Weg von Lugano nach St. Moritz streift der **Palm-Express** (☎ 058 386 31 66; www.palmexpress.ch; Ticket/obligatorische Platzreservierung 69/20 SFr) die mediterran anmutende Landschaft rund um Luganer- und Comer See (Oberitalien). Dann geht's über den Malojapass bergauf ins Engadin.

Weitere malerische Postbusstrecken werden unter www.postbus.ch beschrieben.

Tickets & Reservierungen
Vor allem in der Hauptsaison sind Platzreservierungen (5 SFr) bei längeren Zugreisen dringend ratsam.

Entlang kleinerer Bahnstrecken auf dem Land werden Passagiere mittels eines gelben Augensymbols zur „Selbstkontrolle" angehalten. Das heißt: Unbedingt vor dem Einsteigen ein Billet lösen oder ein Bußgeld riskieren – Kontrollen gibt's regelmäßig.

Einzeltickets für Reisen über 80 km gelten zwei Tage lang. Bei Strecken über 160 km haben Fahrkarten mit Hin- und Rückfahrt eine einmonatige Gültigkeitsdauer. So kann man den Trip mehrfach unterbrechen.

Zugpässe
Staatlich betriebene Strecken innerhalb des Schweizer Schienennetzes können auch mit europaweit gültigen Zugpässen wie **InterRail** (www.interrailnet.com) bereist werden. Diese gelten jedoch nicht für Postbusse, städtische Nahverkehrsmittel, Berg- und Seilbahnen und private Bahnstrecken wie z. B. die Zermatt-Route oder die Jungfraubahnen im Herzen des Berner Oberlands. Die maximal für einen Monat gültigen Zugpässe eignen sich also prima für eine Reise durch mehrere europäischen Länder. Wer aber nur die malerische Schweiz erkunden möchte, ist mit einem Swiss Pass (S. 402) besser beraten.

Gesundheit

INHALT

Vor der Reise	405
Versicherung	405
Empfohlene Impfungen	405
Infos im Internet	405
In der Schweiz	405
Durchfallerkrankungen	405
Gesundheitsrisiken	406

Um auf Reisen gesund zu bleiben, muss man vor Beginn einige Vorkehrungen treffen, unterwegs auf sich achten und mit eventuellen Problemen angemessen umgehen. In der Schweiz besteht kein besonderes gesundheitliches Risiko.

VOR DER REISE

Wer reisen will, sollte an keiner akuten Krankheit leiden. Wenn man ein bestimmtes Medikament benötigt, ist ein ausreichender Vorrat davon mitzuführen, denn das spezifische Medikament ist im Urlaubsland möglicherweise nicht erhältlich. Der internationale Freiname, der auf dem Beipackzettel steht, kann helfen, ein passendes Ersatzmittel zu finden, wenn doch einmal etwas ausgeht. Um Missverständnisse zu vermeiden, sollte zudem ein lesbares Rezept eingepackt werden oder auch ein Brief des Arztes, aus dem hervorgeht, dass die Verwendung des betreffenden Medikaments legal und erforderlich ist.

VERSICHERUNG

Für einen Krankheitsfall im Ausland sollte man ausreichend versichert sein (s. S. 393). In der Schweiz gibt es zwar ein öffentliches Gesundheitssystem, aber das ist wie auch in Deutschland nicht kostenlos; alle Einwohner müssen eine Krankenversicherung haben. EU-Bürger sind dank der Europäischen Krankenversicherungskarte (EHIC), die bei in Deutschland gesetzlich Versicherten automatisch dabei ist und auch für die Schweiz gilt, bis zu einem gewissen Grad abgesichert, aber eine private Reise-/Kranken-Zusatzversicherung empfiehlt sich dennoch. Die EHIC deckt die Behandlung in einem öffentlichen Krankenhaus ab, aber für einen Aufenthalt dort wird pro 30 Tage eine Zuzahlung fällig, die nicht erstattet wird. Außerdem trägt man beim Krankentransport (auf der Straße oder per Helikopter) nur die Hälfte der anfallenden Kosten und man kann zu jedem Arzt gehen, der vom Schweizer Gesundheitssystem eine Zulassung hat. Die jeweils anfallenden Kosten werden von der gesetzlichen Krankenkasse des Patienten übernommen. Überhaupt nicht abgedeckt jedoch ist die zahnärztliche Versorgung (außer im Notfall).

EMPFOHLENE IMPFUNGEN

Zur Einreise in die Schweiz sind keine besonderen Impfungen erforderlich. Man sollte vor Reiseantritt nur überprüfen, ob der Impfschutz gegen Tetanus, Diphtherie und Kinderlähmung noch aktuell ist. Bei Reisen in ländliche Gebiete könnte auch eine Impfung gegen die von Zecken übertragene Enzephalitis sinnvoll sein. Diese Fragen mit einem Arzt besprechen und die Impfungen rechtzeitig vornehmen lassen – idealerweise mindestens sechs Wochen vor Reiseantritt. Infos dazu gibt's auch bei der **Weltgesundheitsorganisation** (www.who.int).

INFOS IM INTERNET

Man sollte die Hinweise auf der Webseite des Gesundheitsamtes seines jeweiligen Bundeslandes beachten und sich darüber informieren, welche Leistungen die EHIC in der Schweiz übernimmt.

IN DER SCHWEIZ

Selbstdiagnosen und Eigenbehandlung sind immer riskant und im Krankheitsfall sollte man einen Arzt aufsuchen. Die Botschaft, das Konsulat oder die Fünf-Sterne-Hotels können in der Regel einen ansässigen Arzt oder eine Klinik empfehlen. Die Qualität der Gesundheitsversorgung in der Schweiz ist sowohl in privaten wie auch in öffentlichen Krankenhäusern sehr gut.

DURCHFALLERKRANKUNGEN

Umstellungen auf anderes Wasser, Essen oder Klima können leichte Durchfallerkrankungen hervorrufen, aber bei ein paar Sprints zur Toilette ohne sonstige Symptome besteht noch kein Grund zur Panik.

Dehydration ist die größte Gefahr bei Durchfallerkrankungen, insbesondere für Kinder und ältere Menschen; sie kann ziemlich schnell eintreten. Am wichtigsten ist es, den Flüssigkeitsverlust auszugleichen, indem man mindestens soviel trinkt, wie ausgeschieden wurde. Schwacher schwarzer Tee mit etwas Zucker, Mineralwasser oder Limonaden mit einem Wasseranteil von 50% sind dafür bestens geeignet. Während der Erholung sollte man nur leichte Sachen essen.

Die Hygienestandards der Schweizer Restaurants sind generell sehr hoch, so dass Lebensmittelvergiftungen nur selten auftreten (aber natürlich nie ganz ausgeschlossen werden können). Manche Schweizer Milchprodukte haben einen sehr hohen Fettgehalt.

GESUNDHEITSRISIKEN
Bisse & Stiche
SCHLANGEN
In der Schweiz gibt's mehrere Schlangenarten, die zum Teil unangenehme, wenn auch nicht tödliche Bisse versetzen können. In den Bergen kommen Schlangen häufiger vor als im Flachland. Zur Vorbeugung sollte man bei Wanderungen durchs Unterholz immer Stiefel, Socken und lange Hosen tragen, mit der Hand nicht in Löcher und Spalten greifen und beim Holzsammeln vorsichtig sein.

Wird jemand von einer Schlange gebissen, die giftig sein könnte, ist der betreffende Körperteil fest zu bandagieren und mit einer Schiene ruhigzustellen. Dann sollte man den Patienten zur Ruhe bringen und medizinische Hilfe aufsuchen. Von Druckverbänden und dem Aussaugen des Giftes aus der Wunde wird grundsätzlich abgeraten.

ZECKEN
Die kleinen Kreaturen findet man bis zu einer Höhe von 1200 m überall in der Schweiz, bevorzugt aber im Buschwerk am Wald- oder Wegrand. Ein winziger Bruchteil der Zeckenpopulation überträgt die Frühsommer-Meningoenzephalitis (FSME), die sich zu einer schweren Krankheit entwickeln kann, wenn sie nicht rechtzeitig bemerkt wird (s. rechte Spalte).

Wenn man durch ein Gebiet gelaufen ist, in dem sich potenziell Zecken aufhalten, sollte man seinen Körper anschließend gründlich absuchen, denn Zecken können Ekzeme oder auch ernsthaftere Erkrankungen verursachen. Um eine festgebissene Zecke zu entfernen, die Haut um den Zeckenkopf mit der Pinzette nach unten drücken, den Kopf packen und vorsichtig herausziehen. Nicht das Hinterteil der Zecke herausziehen! Der Mageninhalt des Insekts kann sonst über die Kieferpartie in die Haut gelangen, was das Infektionsrisiko erhöht. Die Zecke mit Chemikalien zu beträufeln, führt nicht dazu, dass sie loslässt, und ist nicht zu empfehlen.

Lyme-Krankheit
Diese Infektionskrankheit tritt auch in Europa auf. Die Krankheit beginnt in der Regel mit einem Ausschlag, der sich von der Stelle, an der die Zecke gebissen hat, ausbreitet, und wird von Fieber, Kopfschmerzen, starker Müdigkeit, Gelenk- und Muskelschmerzen sowie leichter Nackensteifigkeit begleitet. Unbehandelt klingen die Symptome in der Regel nach mehreren Wochen ab, doch in den folgenden Wochen können Krankheiten des Nervensystems, des Herzens und der Gelenke auftreten. Eine Behandlung im Frühstadium bietet die besten Heilungschancen, deshalb sollte man unbedingt medizinische Hilfe in Anspruch nehmen.

Frühsommer-Meningoenzephalitis (FSME)
FSME ist in den meisten ländlichen und bewaldeten Gebieten der Schweiz verbreitet. Die Entzündung des Gehirns und der Hirnhäute wird von einem Virus verursacht, das Zecken übertragen können. Wurde man von einer Zecke gebissen, sollte man nach ihrer Entfernung sorgsam auf Symptome wie Flecken rund um die Bissstelle achten (manchmal sind diese in der Mitte blass). Kopfschmerzen, Steifigkeit und andere grippeähnliche Symptome sowie extreme Müdigkeit, die oft erst ein bis zwei Wochen nach dem Biss auftreten, können die Vorboten dieser schweren Krankheit sein. Bei solchen Symptomen ist unbedingt ärztlicher Rat einzuholen. Den besten Schutz aber bietet eine Impfung.

Höhenkrankheit
Die Höhenkrankheit tritt auf über 3000 m auf, aber nur sehr wenige Wege oder Skipisten in den Alpen erreichen oder überschreiten diese Höhe (eine Ausnahme ist z. B. der Montblanc), daher wird man in der Schweiz vermutlich

nicht damit konfrontiert. Kopfschmerzen, Erbrechen, Schwächegefühl sowie Atem- und Schlafprobleme sind Anzeichen für die Höhenkrankheit. Leichtere Ausprägungen kann man mit Ausruhen und leichten Schmerzmitteln behandeln, aber wenn die Symptome anhalten oder sich gar verschlimmern, sollte man unbedingt in geringere Höhen hinabsteigen und medizinische Hilfe in Anspruch nehmen.

Hypothermie

In den Bergen Europas kann sich das Wetter zu jeder Jahreszeit sehr schnell ändern. Besonders Skifahrer und Wanderer sollten stets mit kaltem und feuchtem Wetter rechnen.

Eine Hypothermie tritt ein, wenn der Körper schneller Wärme verliert, als er sie produziert; dadurch sinkt die Körpertemperatur. Die Kombination von Wind, nasser Kleidung und Erschöpfung mit Hunger kann selbst bei Temperaturen über dem Gefrierpunkt schnell zu einer gefährlichen Unterkühlung führen. Um dies zu vermeiden, am besten mehrere Schichten Kleidung übereinander tragen; Seide, Wolle und manche der neuartigen Kunstfasern schützen allesamt gut vor Wärmeverlust. Eine Kopfbedeckung ist wichtig, weil viel Wärme über den Kopf verloren geht. Die äußerste Schicht, die man trägt, sollte wasserdicht sein und für den Notfall ist eine Rettungsdecke mitzuführen. Nahrungsmittel sind wichtig, vor allem solche, die einfache Zuckerverbindungen enthalten und dadurch schnell Wärmeenergie liefern, und auch Getränke müssen dabei sein.

Symptome einer Hypothermie sind Erschöpfung, Taubheitsgefühl (vor allem in Zehen und Fingern), Zittern, Lallen, irrationales oder gewalttätiges Verhalten, Lethargie, Torkeln, Schwindelanfälle, Muskelkrämpfe und plötzliche Energieschübe. Wahrnehmungsstörungen können dazu führen, dass die Betroffenen behaupten, ihnen sei warm, und versuchen, ihre Kleidung loszuwerden.

Leichte Formen von Hypothermie behandelt man, indem man die betroffene Person aus dem Wind und/oder dem Regen an einen geschützten Ort bringt und sie in trockene, warme Sachen packt. Warme Flüssigkeit (keinen Alkohol!) sowie kalorienreiche, leicht verdauliche Nahrung verabreichen, und die Person auf keinen Fall warm rubbeln. Für die Frühstufen der Hypothermie sind diese Maßnahmen ausreichend. Das frühe Erkennen und Behandeln der leichten Symptome ist die einzige Methode, eine schwere Hypothermie zu verhindern, die lebensbedrohlich sein kann.

Sonnenbrand

Selbst bei bedecktem Himmel kann man sich erstaunlich schnell einen Sonnenbrand holen, insbesondere in großen Höhen. Zur Prävention empfehlen sich ein Hut, Sonnencreme und Sunblocker für Nase und Lippen. Zur Behandlung eines leichten Sonnenbrands eignen sich eine Galmeilotion oder handelsübliche After-Sun-Produkte. Die Augen sind mit einer guten Sonnenbrille zu schützen, vor allem in der Nähe von Wasser-, Sand- und Schneeflächen.

Wasser

Schweizer Leitungswasser ist problemlos trinkbar, und dasselbe gilt für das Wasser aus den meisten der zehntausenden Brunnen in der Schweiz. Wasserhähne oder Brunnen, deren Wasser nicht zum Trinken geeignet ist, sind mit *Kein Trinkwasser* oder *Eau non potable* entsprechend gekennzeichnet.

Wer aus Flüssen, Seen und Bächen – selbst aus kristallklaren Bergbächen – trinkt, sollte das Wasser vorsichtshalber zuerst reinigen. Die einfachste Methode ist gründliches Abkochen. Starkes Aufkochen sollte ausreichend sein, doch in großer Höhe hat Wasser einen niedrigeren Siedepunkt und die Keime werden daher vielleicht nicht ganz abgetötet; in diesem Fall empfiehlt sich deshalb längeres Kochen. Für einen langen Trip sollte man über die Anschaffung eines Wasserfilters nachdenken. Eine Alternative zum Abkochen ist Jod, das in Tablettenform erhältlich ist. Die Gebrauchsanweisung genau beachten und bedenken, dass zu viel Jod schädlich sein kann!

Sprache

INHALT

Französisch	**408**
Schweizer Französisch	408
Aussprache	409
Grammatisches Geschlecht	409
Konversation & Nützliches	409
Shoppen & Service	409
Transport	410
Uhrzeit & Datum	410
Unterkunft	410
Notfall	411
Zahlen	411
Deutsch	**411**
Schweizer Deutsch	411
Italienisch	**412**
Schweizer Italienisch	412
Aussprache	412
Konversation & Nützliches	412
Shoppen & Service	412
Transport	412
Uhrzeit & Termine	413
Unterkunft	413
Notfall	413
Zahlen	414
Rätoromanisch	**414**
Wichtige Wörter & Ausdrücke	414

> **SO SPRICHT MAN IN DER SCHWEIZ**
>
> Manchmal vergisst man ganz, dass es in der Schweiz eine Sprachgrenze gibt, denn es kann vorkommen, dass die Personen am Nebentisch automatisch vom Deutschen ins Französische wechseln und wieder zurück. Sehr verbreitet sind auch Kombinationen wie „Merci vielmals", wobei *merci* auf der ersten Silbe betont wird, ähnlich wie *salut*. Zwar trennt der berühmte „Röstigraben" sprachlich wie kulturell den deutschen vom französischen Landesteil, aber Besuchern dürfte eher das Gemeinsame der beiden Gegenden ins Auge stechen. Und abgesehen von „Grüezi wohl" dürfte ein Norddeutscher mit dem Schwyzerdütschen seine liebe Not haben – aber da geht es vielen französisch- oder italienischsprachigen Schweizern genauso.

In der Ecke Europas, wo deutsches, französisches und italienisches Sprachgebiet aufeinandertreffen, hat die Schweizerische Eidgenossenschaft (Confédération suisse, Confederazione Svizzera, Confederaziun svizra) vier offizielle Landessprachen: Deutsch (Muttersprache von ca. 64 % der Einwohner), Französisch (19 %), Italienisch (8 %) und Räto- bzw. Bündnerromanisch. Letztere Sprache, die nach Ansicht einiger Forscher zusammen mit dem Ladinischen und dem Friulischen einen eigenen rätoromanischen Zweig innerhalb der romanischen Sprachen bildet, haben weniger als 1 % der Schweizer Bevölkerung als Muttersprache, die hauptsächlich im Kanton Graubünden leben. Ähnlich wie das Friulische und Ladinische in Italien entwickelte sich der vulgärlateinische Dialekt in der Isolation der Bergtäler Graubündens eigenständig. Seit 1999 hat die Sprache in der Bundesverfassung den Status einer Landessprache und gegenüber Personen dieser Sprachgruppe auch den Rang einer Amtssprache, was mit Garantien zu ihrer Bewahrung und Förderung verbunden ist.

Wer in Kantone reist, die nicht Deutsch als Amtssprache haben, und vor Ort nicht verstanden wird, kommt – zumindest im Dienstleistungssektor (in Reisebüros, bei Telefondiensten, als Empfangspersonal in Hotels und Büros, in Restaurants oder in Geschäften) – meist auch sehr gut mit Englisch durch. Auch viele Schweizer Unternehmen, die in verschiedensprachigen Regionen des Landes arbeiten, verwenden Englisch zunehmend als Lingua Franca.

FRANZÖSISCH

SCHWEIZER FRANZÖSISCH

In Neuchâtel spricht man ein Französisch, das dem in Frankreich gesprochenen besonders nahe kommt, aber auch in den anderen französischsprachigen Kantonen sind die Unterschiede zum Standard-Französischen nicht sehr groß. Es gibt allerdings doch ein paar regionale Ausdrücke und Sprachfärbungen: Eine Kellnerin ist eine *sommelière*, keine *serveuse*, und Briefkasten heißt *case*

SPRACHGEBIETE

- Rätoromanisch
- Deutsch
- Französisch
- Italienisch

postale, und nicht *boîte*. Und jeder versteht zwar die üblichen französischen Zahlen, aber die meisten Einheimischen sagen *septante* statt *soixante-dix* für 70, *huitante* oder *octante* statt *quatre-vingt* für 80 und *nonante* statt *quatre-vingt-dix* für 90. Unter *La Suisse romande* versteht man die französischsprachige Schweiz.

AUSSPRACHE

Die meisten Buchstaben des französischen Alphabets klingen – wenn sie überhaupt ausgesprochen werden, was vor allem in Endungen selten der Fall ist – ähnlich wie im Deutschen. Das „u" entspricht allerdings unserem „ü", das „ou" unserem „u". Eine Besonderheit ist die starke Nasalierung, die durch ein nachfolgendes „m" oder „n" verursacht wird.

- **c** wird vor **e** und **i** als scharfes „s" ausgesprochen, vor **a, o** und **u** hingegen als „k"
- **ç** wird immer als scharfes „s" ausgesprochen
- **h** wird nie ausgesprochen
- **j** wie „ge" in „Garage"
- **n, m** wenn die Silbe mit **n** oder **m** endet, werden diese Konsonanten nicht ausgesprochen, sondern der vorausgehende Vokal nasaliert
- **s, r** werden am Wortende meist nicht ausgesprochen

GRAMMATISCHES GESCHLECHT

Das französische Substantiv hat zwei Geschlechter, Maskulinum und Femininum; die Adjektive folgen in ihrer Flexion dem Substantiv, auf das sie sich beziehen. Sehr häufig markiert ein zusätzliches stummes **e** die feminine Form eines maskulinen Substantivs, z. B. *ami* – „Freund", *amie* – „Freundin"; gleich funktioniert das bei Adjektiven. In den folgenden Sätzen sind (wo erforderlich) maskuline und feminine Formen angegeben; die maskuline Form steht zuerst und ist von der femininen durch einen Schrägstrich getrennt. Das Geschlecht eines Substantivs wird durch seinen Artikel erkennbar, also *le/un/du* (m) bzw. *la/une/de la* (f).

KONVERSATION & NÜTZLICHES

Jeder Versuch, sich auf Französisch zu verständigen, wird auf Zuspruch stoßen, selbst wenn es nur die Frage ist: *Pardon, madame/ monsieur/mademoiselle, parlez-vous allemand?* (Entschuldigen Sie, Madame/Monsieur/Mademoiselle, sprechen Sie Deutsch?), ist das allemal höflicher, als Menschen, die gerade Französisch gesprochen haben, einfach auf Hochdeutsch anzureden.

Die Unterscheidung zwischen *tu* und *vous* ist im Grunde die gleiche wie im Deutschen, und im Zweifel verwendet man lieber das höflichere, distanziertere *vous*.

Guten Tag.	*Bonjour.*	bo·schur
Auf Wiedersehen.	*Au revoir.*	o rö·war
Ja.	*Oui.*	wi
Nein.	*Non.*	no
Bitte sehr.	*S'il vous plaît.*	si wu plä
Danke.	*Merci.*	mer·si
Gern geschehen.	*Je vous en prie.*	schö wu·son prih
	De rien. (ugs.)	dö ri·ä
Entschuldigen Sie bitte.	*Excusez-moi.*	ex·kü·see·mwa
Entschuldigung. (für ein Versehen)	*Pardon.*	par·doh

Wie heißen Sie?
Comment vous appelez-vous?
kom·mo wu·sappleh·wu
Ich heiße …
Je m'appelle …
schö ma·pell
Sprechen Sie Deutsch?
Parlez-vous allemand?
par·leh wu·sallmo
Ich habe nicht verstanden.
Je ne comprends pas.
schö nö com·proh pa
Können Sie das bitte aufschreiben?
Est-ce que vous pourriez l'écrire, s'il vous plaît?
eske wu pur·rieh le·krir si wu plä

SHOPPEN & SERVICE

Ich hätte gern …	*Je voudrais acheter …*	schö wu·drä·sasch·teh
Was kostet das?	*C'est combien?*	se kom·biä

SCHILDER	
Entrée	Eingang
Sortie	Ausgang
Ouvert	Geöffnet
Fermé	Geschlossen
Interdit	Verboten
Toilettes/WC	Toiletten
Hommes/Femmes	Männer/Frauen

Kann ich mit … bezahlen?
Est-ce que je peux payer avec …
eske schö pö pej·jeh avek

Kreditkarte	*ma carte de crédit*
	ma kart dö kre·dih
Reiseschecks	*des chèques de voyage*
	deh scheck dö wo·jasch

Ich suche …	*Je cherche …*	schö schersch
eine Bank	*une banque*	ün bank
die … Botschaft	*l'ambassade de …*	lam·bas·sad dö
das Krankenhaus	*l'hôpital*	lo·pi·tal
den Markt	*le marché*	lö mar·scheh
die Polizei	*la police*	la po·lihs
ein Postamt	*la poste*	la post
eine Telefonzelle	*une cabine téléphonique*	
		ün ka·bihn telefo·nihk
eine Toilette	*les toilettes publiques*	
		leh twa·let püb·lik
die Touristeninformation	*l'office de tourisme*	
		lo·ffis dö tu·ris·me

TRANSPORT

Wann fährt/kommt … ab/an?
À quelle heure part/arrive … a kel·ör part/arief

| **der Bus** | *le bus* | lö büs |
| **der Zug** | *le train* | lö trä |

Ich hätte gern eine Fahrkarte …
Je voudrais un billet … schö wudrä ä bi·jeh

einfach	*simple*	säm·ple
hin und zurück	*aller-retour*	alleh-rö·tur
1. Klasse	*de première classe*	dö pröm·jer klass
2. Klasse	*de deuxième classe*	dö dö·siemm klass

der/die/das erste	*le premier* (m)	lö prö·mieh
	la première (f)	la prö·mier
der/die/das letzte	*le dernier* (m)	lö dern·jeh
	la dernière (f)	la dern·jer
Bahnhof	*la gare*	la gar

Wegweiser

Ich suche …
Je voudrais aller à … schö wu·drä·salleh a

Wo ist …?
Où est …? uh e
Gehen Sie einfach geradeaus.
Continuez tout droit. kon·ti·nü·e tu droa
Biegen Sie links/rechts ab.
Tournez à gauche/droite. tur·neh a gohsch/droat
nahe (bei)/weit (von)
près (de)/loin (de) prä (dö)/loa (dö)
Können Sie mir das bitte (auf der Karte) zeigen?
Pouvez-vous m'indiquer pu·weh wu m·andikeh
(sur la carte), s'il vous plaît? (sür la kart) si wu plä

UHRZEIT & DATUM

Wie spät ist es?	*Quelle heure est-il?*
	kel·ör et·ill
Es ist (acht) Uhr.	*Il est (huit) heures.*
	il e wit·ör
Es ist halb (fünf)	*Il est (quatre) heures et demie …*
(„vier und einhalb")	il e (katre) ör e de·mi
am Morgen	*du matin*	dü ma·tä
am Nachmittag	*de l'après-midi*	dö la·preh mi·di
am Abend	*du soir*	dü swar

Montag	*lundi*	lan·dih
Dienstag	*mardi*	mardih
Mittwoch	*mercredi*	mör·kre·dih
Donnerstag	*jeudi*	schö·dih
Freitag	*vendredi*	won·dre·dih
Samstag	*samedi*	samm·dih
Sonntag	*dimanche*	di·mosch

Januar	*janvier*	scho·wjeh
Februar	*février*	fe·fri·jeh
März	*mars*	mars
April	*avril*	afril
Mai	*mai*	mai
Juni	*juin*	schua
Juli	*juillet*	schül·jet
August	*août*	a·ut
September	*septembre*	se·tom·bre
Oktober	*octobre*	ok·to·bre
November	*novembre*	no·vom·bre
Dezember	*décembre*	deh·som·bre

UNTERKUNFT

Ich suche …	*Je cherche …*	schö schersch
eine Pension	*une pension (de famille)*	
		ün po·sion (dö famij)
ein Hotel	*un hôtel*	än o·tel
eine Jugendherberge	*une auberge de jeunesse*	
		ün o·bersch dö jö·ness

Wie lautet die Adresse?
Quelle est l'adresse? kel e la·dress

NOTFALL

Hilfe!
Au secours!
o se·kur

Da ist ein Unfall passiert!
Il y a eu un accident!
il·j·a ü än ak·sido

Ich habe mich verlaufen.
Je me suis égaré/e. (m/f)
schö mö swi eh·gare/eh·gare

Lassen Sie mich in Ruhe!
Fichez-moi la paix!
fische·mwa la pä

Rufen Sie ...!	*Appelez ... !*	app·leh
einen Arzt	*un médecin*	ä med·sä
die Polizei	*la police*	la po·lis

Können Sie die Adresse bitte aufschreiben?
Est-ce que vous pourriez écrire l'adresse, s'il vous plaît?
es·ke vu purrjee ekrir la·dress si wu plä

Haben Sie freie Zimmer?
Est-ce que vous avez des chambres libres?
es·ke vu·sawe dee schom·bre lie·bre

Kann ich es mal sehen?
Est-ce que je peux voir la chambre?
es·ke schö pö wuar la schom·bre

Wo ist das Bad?
Où est la salle de bains?
u e la sall dö bäh

Ich hätte gern ...	*Je voudrais ...*	
	schö wu·drä	
ein Einzelzimmer	*une chambre simple*	
	ün schombre säm·ple	
ein Doppelzimmer	*une chambre double*	
	ün schombre du·ble	
ein Zweibettzimmer	*une chambre avec*	
	des lits jumeaux	
	ün schombre a·vek de lie schü·mo	

	Was kostet das ...?	*Quel est le prix?*	
		kel e lö pri	
	pro Nacht	*par nuit*	par nwi
	pro Person	*par personne*	par per·sonn

ZAHLEN

0	zero	se·roh
1	un	a
2	deux	dö
3	trois	troa
4	quatre	kat·rö
5	cinq	sänk
6	six	sis
7	sept	set
8	huit	wit
9	neuf	nöf
10	dix	dis
11	onze	os
12	douze	dus
13	treize	träs
14	quatorze	ka·tors
15	quinze	käs
16	seize	säs
17	dix-sept	di·set
18	dix-huit	dis·wit
19	dix-neuf	dis·nöf
20	vingt	vä
21	vingt et un	vänt·e·ä
22	vingt-deux	vänt·dö
30	trente	tränt
40	quarante	ka·ront
50	cinquante	sän·kont
60	soixante	swa·sont
70	septante	se·tont
80	huitante	wi·tont
90	nonante	no·nont
100	cent	sont
1000	mille	mij

DER SIEGESZUG DES SCHWYZERDÜTSCHEN

Schwyzerdütsch ist der Sammelbegriff für die Dialekte, die von deutschsprachigen Schweizern verwendet werden. Diese beherrschen zwar auch Hochdeutsch, verwenden aber bevorzugt ihre (dank der jahrhundertelangen Isolierung der Bergtäler zahlreichen) Dialekte. Sogar in den Medien wird mittlerweile überwiegend Schwyzerdütsch verwendet – eine Tatsache, die dem allgemeinen weltweiten Trend zum Verfall der Dialekte entgegensteht. Die Dialekte unterscheiden sich deutlich vom Hochdeutschen, das in der Schweiz eigentlich nur noch auf dem Papier existiert, und sind für die meisten Bürger aus der Bundesrepublik so schwer verständlich wie das Niederländische. Da es keine Diphthongierung aufweist, ähnelt das Schwyzerdütsche stark dem Mittelhochdeutschen.

ITALIENISCH

SCHWEIZER ITALIENISCH
Es gibt Unterschiede zwischen dem Standarditalienischen und der Sprache im Tessin, aber sie sind nicht sehr groß. Manche Leute sagen z. B. *bun di* statt *buon giorno* („guten Tag") und *buona noc* – ausgesprochen „notsch" – statt *buona notte* („gute Nacht").

AUSSPRACHE
Vokale
Die Vokale werden im Wesentlichen wie im Deutschen ausgesprochen.

Konsonanten
Generell werden Doppelkonsonanten nachdrücklicher artikuliert als einfache.

c	ist „k" vor **a**, **o**, **u** und **h**, hingegen „tsch" vor **e** und **i**
g	ist „g" vor **a**, **o**, **u** und **h**, aber „dsch" vor **e** und **i**
gli	ungefähr wie „lj"
gn	ungefähr wie „nj"
h	stets stumm
r	stark gerolltes Zungenspitzen-„r"
sc	wie „sch" vor **e** und **i**, wie „sk" vor **a**, **o**, **u** und **h**
z	wie im Deutschen, nur am Beginn eines Wortes wie „ds" (mit weichem „s")

Betonung
Im Italienischen wird im Allgemeinen die vorletzte Silbe betont; Abweichungen davon sind durch einen Akzent markiert wie etwa in *città* („Stadt").

KONVERSATION & NÜTZLICHES

Guten Tag.	Buongiorno./	bwon·*jor*·no
	Ciao. (ugs.)	dschau
Auf Wiedersehen.	Arrivederci./	a·ri·we·*der*·tschi
	Ciao. (ugs.)	dschau
Guten Abend. (ab dem frühen Nachmittag)	Buonasera.	bwo·na *se*·ra
Gute Nacht.	Buonanotte.	bwo·na *no*·te
Ja.	Sì.	si
Nein.	No.	no
Bitte.	Per favore. /	per fa·*wo*·re
	Per piacere.	per pja·*dsche*·re
Danke.	Grazie.	*gra*·zie
Bitte/Keine Ursache.	Prego.	*prä*·go
Entschuldigung.	Mi scusi.	mi *sku*·si
Entschuldigen Sie bitte.	Mi scusi./	mi *sku*·si
	Mi perdoni.	mi per·*do*·ni

Wie heißen Sie?
Come si chiama?   co·me si *kja*·ma
Ich heiße ...
Mi chiamo ...   mi *kja*·mo
Sprechen Sie Deutsch?
Parla tedesco?   *par*·la te·*des*·ko
Ich verstehe nicht.
Non capisco.   non ka·*pis*·ko
Können Sie das bitte aufschreiben?
Può scriverlo, per favore?   pwo *skri*·ver·lo per fa·*wo*·re

SHOPPEN & SERVICE
Ich hätte gern ...
Vorrei comprare ...   wo·*rey* kom·*pra*·re
Wieviel kostet das?
Quanto costa?   *kwan*·to *kos*·ta
Nehmen Sie Kreditkarten?
Accettate carte di credito?   a·tsche·*ta*·te *kar*·te di *kre*·dito

Ich möchte ... eintauschen.	Voglio cambiare ...	*wol*·jo kam·*bja*·re
Geld	del denaro	del de·*na*·ro
Reiseschecks	dei assegni di viaggio	dej a·*sen*·ji di wi·*jad*·scho

Ich suche ...	Cerco ...	*dscher*·ko
eine Bank	un banco	un *ban*·ko
die ... Botschaft	l'ambasciata di ...	lam·ba·*scha*·ta di
den Markt	il mercato	il mer·*ka*·to
die Post	la posta	la *pos*·ta
eine öffentliche Toilette	un gabinetto	un ga·bi·*ne*·to
die Touristen-information	l'ufficio di turismo	lu·*fid*·scho di tu·*ris*·mo

TRANSPORT
Wann fährt/kommt ... ab/an?
A che ora parte/arriva ...?   a ke·ora par·te/ari·wa

der Bus	l'autobus
der Fernverkehrsbus	il pullman
der Zug	il treno

SCHILDER

Ingresso/Entrata	Eingang
Uscita	Ausgang
Informazione	Information
Aperto	Geöffnet
Chiuso	Geschlossen
Proibito/Vietato	Verboten
Polizia/Carabinieri	Polizei
Gabinetti/Bagni	Toiletten
Uomini/Donne	Männer/Frauen

Ich hätte gern eine Fahrkarte ...
Vorrei un biglietto ...   wo-rey un bi-je-to
  einfach   *di solo andata*   di solo an-da-ta
  hin und zurück   *di andata e ritorno*   di an-da-ta e ri-tor-no
  1. Klasse   *di prima classe*   di pri-ma kla-se
  2. Klasse   *di seconda classe*   di se-kon-da kla-se

der/die/das erste	il/la primo/a	il/la pri-mo/pri-ma
der/die/das letzte	l'ultimo/a	lul-timo/lul-tima
Bahnhof	*la stazione*	la sta-zio-ne

Wegweiser

Wo ist ...?	Dov'è ...?	dow-e
Links abbiegen.	*Giri a sinistra.*	dschi-ri a si-nis-tra
Rechts abbiegen.	*Giri a destra.*	dschi-ri a des-tra

Gehen Sie einfach geradeaus.
Si va sempre diritto./   si wa semp-re di-rit-to
Vai sempre diritto. (ugs.)   wa semp-re di-rit-to

Können Sie mir das bitte (auf der Karte) zeigen?
Può mostrarmelo (sulla   pwo mos-trar-me-lo (su-la
pianta), per favore?   pjan-ta) per fa-wo-re

UHRZEIT & TERMINE

Wie spät ist es?	*Che ore sono?*	ke o-re so-no
Es ist (acht).	*Sono (le otto).*	so-no (le o-to)
am Morgen	*di mattina*	di ma-ti-na
am Nachmittag	*di pomeriggio*	di po-me-ri-dscho
am Abend	*di sera*	di se-ra

Montag	*lunedì*	lu-ne-di
Dienstag	*martedì*	mar-te-di
Mittwoch	*mercoledì*	mer-ko-le-di
Donnerstag	*giovedì*	dscho-we-di
Freitag	*venerdì*	we-ner-di
Samstag	*sabato*	sa-ba-to
Sonntag	*domenica*	so-me-ni-ka

Januar	*gennaio*	dsche-na-jo
Februar	*febbraio*	fe-bra-jo
März	*marzo*	mar-zo
April	*aprile*	a-pri-le
Mai	*maggio*	ma-dscho
Juni	*giugno*	dschu-njo
Juli	*luglio*	lu-ljo
August	*agosto*	a-gos-to
September	*settembre*	se-tem-bre
Oktober	*ottobre*	o-to-bre
November	*novembre*	no-wem-bre
Dezember	*dicembre*	di-tschem-bre

UNTERKUNFT

Ich suche ...   *Cerco ...*   dscher-ko
  eine Pension
  una pensione   u-na pen-si-jo-ne

NOTFALL

Hilfe!
Aiuto!
a-ju-to

Ich bin krank.
Mi sento male.
mi sen-to ma-le

Ich habe mich verirrt.
Mi sono perso/a. (m/f)
mi so-no per-so/per-sa

Lassen Sie mich in Ruhe!
Lasciami in pace!/Vai via! (ugs.)
la-scha-mi in pa-dsche/wa-i wi-a

Rufen Sie ...!   *Chiami ...!*   ki-ja-mi
  einen Arzt
  un dottore/un medico   un do-to-re/un me-di-ko
  die Polizei
  la polizia   la po-li-dsi-ja

ein Hotel
un albergo   un al-ber-go
eine Jugendherberge
un ostello per la gioventù   un os-te-lo per la dscho-wen-tu

Wie lautet die Adresse?
Qual'è l'indirizzo?
kwa-le lin-di-ri-zo

Könnten Sie die Adresse bitte aufschreiben?
Può scrivere l'indirizzo, per favore?
pwo skri-ve-re lin-di-ri-zo per fa-wo-re

Haben Sie ein Zimmer frei?
Avete camere libere?   a-we-te ka-me-re li-be-re
Kann ich es sehen?
Posso vederla?   po-so ve-der-la

Ich hätte gern ein ...   *Vorrei una ...*   wo-rey u-na
  Einzelzimmer
  camera singola   ka-me-ra sin-go-la
  Doppelzimmer
  camera matrimoniale   ka-me-ra ma-tri-mo-nja-le
  Zweibettzimmer
  camera doppia   ka-me-ra do-pia

Wieviel kostet das ...?
Quanto costa ...?   kwan-to cos-ta
  pro Nacht   *per la notte*   per la no-te
  pro Person   *per persona*   per per-so-na

ZAHLEN

0	zero	dse·ro
1	uno	u·no
2	due	du·e
3	tre	tre
4	quattro	kwa·tro
5	cinque	dschin·gwe
6	sei	sey
7	sette	se·te
8	otto	o·to
9	nove	no·we
10	dieci	dje·dschi
11	undici	un·di·dschi
12	dodici	do·di·dschi
13	tredici	tre·di·dschi
14	quattordici	kwa·tor·di·dschi
15	quindici	kwin·di·dschi
16	sedici	se·di·dschi
17	diciassette	di·dscha·se·te
18	diciotto	di·dscho·to
19	diciannove	di·dschja·no·we
20	venti	wen·ti
21	ventuno	wen·tu·no
22	ventidue	wen·ti·du·e
30	trenta	tren·ta
40	quaranta	kwa·ran·ta
50	cinquanta	dschin·kwan·ta
60	sessanta	se·san·ta
70	settanta	se·tan·ta
80	ottanta	o·tan·ta
90	novanta	no·wan·ta
100	cento	dschen·to
1000	mille	mi·le

RÄTOROMANISCH

Die Dialekte der rätoromanischen Sprache unterscheiden sich von einem Bergtal zum nächsten. Das Rätoromanische wird heute zunehmend vom Deutschen verdrängt, und viele Sprachforscher befürchten, dass es irgendwann ganz aussterben könnte. Angesichts der Vielfalt der Dialekte kann man nicht sicher sein, dass alle der hier genannten Wörter überall verstanden werden. Auf eines aber ist (fast) immer Verlass: Die Hauptstraße in rätoromanischen Dörfern heißt in der Regel überall Via Maistra.

WICHTIGE WÖRTER & BEGRIFFE

Bitte.	Anzi.
Danke.	Grazia.
Guten Tag.	Allegra.
Auf Wiedersehen.	Adieu/Abunansvair.
Guten Morgen.	Bun di.
Guten Abend.	Buna saira.
Gute Nacht.	Buna notg.
Bett	letg
Zimmer	chombra
links	sanester
rechts	dretg
Touristeninformation	societad da traffic
geschlossen	serrà
Skilanglauf	passlung
Mann	um
Frau	dunna
Essen	mangiar
Brot	paun
Käse	chaschiel
Fisch	pesch
Schinken	schambun
Milch	latg
Wein	vin
Montag	Lündeschdi
Dienstag	Mardi
Mittwoch	Marculdi
Donnerstag	Gievgia
Freitag	Venderdi
Samstag	Sanda
Sonntag	Dumengia

1	in
2	dus
3	trais
4	quatter
5	tschinch
6	ses
7	set
8	och
9	nouv
10	diesch

Alternative Ortsnamen

ABKÜRZUNGEN	
(D)	Deutsch
(F)	Französisch
(I)	Italienisch
(R)	Rätoromanisch

Basel –Bâle (F), Basilea (I)
Bern – Berne (F), Berna (I)
Berner Mittelland – Le Plateau Bernois (F)
Biel – Bienne (F)
Brig– Brigue (F)
Bündner Oberland – Ältere Bezeichnung für die Region Surselva in Graubünden

Chur – Coire (F)

Freiburg – Fribourg (F), Friburgo (I)

Genf – Genève (F), Ginevra (I)
Glarnerland – Kanton Glarus
Graubünden – Grisons (F), Grigioni (I), Grishun (R)

Genfer See – Lac Léman oder Lac du Genève (F)
Gebiet um den Genfer See – Région du Léman (F)

Leuk – Loeche (F)
Leukerbad – Loeche-les-Bains (F)
Luzern – Lucerne (F), Lucerna (I)

Matterhorn – Cervino (I)
Mont Blanc – Monte Bianco (I)

Neuchâtel – Neuenburg (älterer deutscher Name)

Oberwallis –Haut Valais (F)

Rhein – Rhin (F)

Saane – Sarine (F)
Schaffhausen – Schaffhouse (F), Sciafusa (I)
Schweiz – Suisse (F), Svizzerra (I), Svizzra (R)
Siders – Sierre (F)
Sion – Sitten (alter deutscher Name)
Solothurn – Soleure (F), Soletta (I)
St. Gallen– St. Gall (F), San Gallo (I)
St. Moritz – San Murezzan (R)
St. Petersinsel – Île de St. Pierre (F)

Thuner See – Lac de Thoune (F)
Tessin (D, F) – Ticino (I)

Unterwallis – Bas Valais (F)

Visp – Viège (F)

Wallis – Valais (F)
Waadt – Vaud (F)
Winterthur – Winterthour (F)

Zug – Zoug (F)
Zuger See – Lac de Zoug (F)
Zürich – Zurich (F), Zurigo (I)

Glossar

Die Sprache, aus der die entsprechenden Begriffe stammen, ist in Klammern angegeben: Französisch (F), Italienisch (I), Rätoromanisch (R) und Schwyzerdütsch (S).

abbaye – (F) Abtei
AOC – (F) Appellation d'Origine Contrôlée; staatliches Gütesiegel, das bestätigt, dass die Zutaten und das Endprodukt aus einer bestimmten Region stammen und allen Anforderungen an die Herstellung genügen
albergo – (I) Hotel
auberge – (F) Gasthof, Herberge
auberge de jeunesse – (F) Jugendherberge

belvédère/belvedere – (F/I) – „schöne Aussicht"; malerischer Aussichtspunkt
billetterie – (F) Ticketkasse
bisse – (F) Berg-Aquädukt im Wallis

cabane/capanna– (F/I) Berghütte, die einfache Unterkunft bietet
cairn – Steinhaufen, dient oft dazu, einen Weg oder eine Wegkreuzung zu markieren
castello – (I) Schloss, Burg
cave – (F) Wein- oder Käsekeller
château – (F) Schloss
chiesa – (I) Kirche
cirque – (F) Kar; eine kesselförmige, amphitheaterähnliche Eintiefung an einem Berghang mit flachem Boden und steilen Rückwänden im Hochgebirge
col/passo – (F/I) ein Gebirgspass

dégustation – (F) die Kunst der Wein- oder Käseverkostung
domaine – (F) Weingut
dortoir – (F/I) Schlafsaal

église – (F) Kirche

gare – (F) Bahnhof
gare routière – (F) Busbahnhof
grotto – (I) rustikales Restaurant im Tessiner Stil

haute route – (F) „Höhenweg", ein Weg im Gebirge, insbesondere die klassische Ski- und Wanderroute von Chamonix nach Zermatt im Wallis

Kantone – die Gliedstaaten der Schweiz

lac/lago/lai – (F/I/R) der See
lido – (I) Strand
locanda – (I) Gästehaus, in dem es auch zu essen gibt; kleines Hotel

maison d'hôte – (F) teureres B&B
menu – (F) Mahl zum Festpreis mit zwei oder mehr Gängen
murata – (I) Stadtmauern
musée des beaux arts – (F) Museum der schönen Künste

ostello della gioventù – (I) Jugendherberge
osteria – (I) günstiges Restaurant, Imbiss

pizzo – (I) Gipfel
place/piazza – (F/I) Platz
plat du jour – (F) Tagesgericht
pont – (F) Brücke

Röstigraben – scherzhafte Bezeichnung für die deutschfranzösische Sprachgrenze
rustico/rustici – (I; Singular/Plural) rustikale Steinhütte im Tessiner Stil

SAC – Schweizer Alpen-Club
SAW – „Schweizer Arbeitsgemeinschaft für Wanderwege", heute: Schweizer Wanderwege
SBB/CFF/FSS – (G/F/I) Schweizer Bundesbahn
Scheidegg – (S) Wasserscheide
sentier du viticole/vin – (F) Wanderweg zum Thema Wein, führt häufig durch Weinberge
strada alta – (I) „Höhenweg", s. *haute route*
strade del vino – (I) Touristenwege zum Thema Wein; führen häufig durch Weinberge

Tarn – Bezeichnung für einen kleinen Bergsee
trattoria – (I) traditionelles, preisgünstiges, häufig von einer Familie geführtes Restaurant
trottinette – (F) Tretroller

val – (I/R) Tal
valle/vallée – (I/F) Tal
vieille ville – (F) Altstadt
ville – (F) Stadt oder Ortschaft

Die Autoren

NICOLA WILLIAMS
Hauptautorin, Genf, Fribourg Neuchâtel & Jura, Mittelland

Seit Nicola in ein Dorf an der Südseite des Genfer Sees gezogen ist, hat sie ständig das Gefühl, im Urlaub zu sein: Das erste, was sie morgens sieht, ist ein hübscher Garten, der sich den Hügel hinunter bis zum See erstreckt und dahinter die Kulisse des geheimnisvollen Jura-Gebirges. Nicola lebt und arbeitet seit 1997 in Frankreich, und wenn sie nicht gerade auf dem Weg nach Genf oder beim Skifahren bzw. Wandern in der Schweiz ist, findet man sie an ihrem Schreibtisch. Sie hat schon an vielen Lonely Planet Bänden mitgearbeitet, darunter *Frankreich, Provence & Côte d'Azur, Languedoc-Roussillon, Toskana & Umbrien, Mailand, Turin & Genua* sowie *Piemont*.

DAMIEN SIMONIS
Genfer See, Zürich, Basel & Aargau, Nordostschweiz, Tessin, Liechtenstein

Die Vielfalt, die die Schweiz bietet, hätte Damien wahrscheinlich gar nicht bemerkt – wenn nicht seine bessere Hälfte nach Lausanne am Genfer See gezogen wäre. Ihm, der neben seiner Muttersprache Englisch auch Französisch, Deutsch (allerdings kein Schwyzertütsch!) und Italienisch spricht, schien die Region wie auf den Leib geschnitten zu sein. Und je mehr er sah – von den italienischen Restaurants im Tessin bis zu den Skipisten von Zermatt –, desto mehr bereute er, nicht schon viel früher hierhergekommen zu sein. Aber lieber zu spät als nie! Nirgendwo in Europa hat er eine dermaßen atemberaubend schöne Natur und so eine kulturelle Vielfalt erlebt.

KERRY WALKER
Wandern in der Schweiz, Wallis, Berner Oberland, Zentralschweiz, Graubünden

Die im flachen Essex geborene Kerry war schon immer von Bergen fasziniert. Und getreu ihres Namens entdeckte sie früh, dass Wanderschuhe eher ihr Ding sind als Stöckelschuhe. Ohne einen Penny in der Tasche kam sie 2000 auf eine Gemüsefarm bei Bern. Nachdem sie sich beim Unkrautjäten bewährt und kiloweise Zucchini geschleppt hat, wusste sie: Das ist ihr Land. Später kehrte sie mit Latzhosen ausgerüstet zurück und arbeitete als Saisonarbeiterin in Arosa und Wengen. Nach Abschluss ihres Masters wurde Kerry Reiseschriftstellerin. Sie veröffentlichte rund 15 Bücher und zahlreiche Online-Reiseführer. Wenn sie nicht gerade unterwegs ist, lebt sie im Schwarzwald.

DIE AUTOREN VON LONELY PLANET

Warum gelten unsere Reiseführer als die besten der Welt? Ganz einfach: Unsere Autoren sind unabhängige und leidenschaftliche Globetrotter. Sie recherchieren nicht nur übers Internet oder Telefon und sie lassen sich nicht mit Werbegeschenken für positive Berichterstattung schmieren. Sie reisen um den Globus, zu den touristischen Brennpunkten, aber auch darüber hinaus, querfeldein. Sie besuchen persönlich Tausende von Hotels, Restaurants, Cafés, Bars, Galerien, Schlösser, Museen und mehr – und schildern ihre Eindrücke gnadenlos ehrlich, ohne Schönfärberei. Weitere Infos gibt's auf **www.lonelyplanet.com** im Autorenbereich.

Hinter den Kulissen

ÜBER DIESES BUCH
Dies ist die 1. deutsche Auflage von *Schweiz*, basierend auf der mittlerweile 6. englischen Auflage von *Switzerland*, recherchiert und geschrieben von Nicola Williams, Damien Simonis und Kerry Walker. Unterstützt durch diverse Beiträge von Sarah Johnstone verfassten Damien und Nicola bereits die 5. englische Auflage. Dieser Reiseführer wurde vom Lonely Planet Büro in London in Auftrag gegeben und von folgendem Team betreut:
Verantwortliche Redakteure Paula Hardy, Sally Schafer
Leitende Redakteurin Robyn Loughnane
Leitender Kartograf Ross Butler
Leitende Layoutdesigner Carlos Solarte, Clara Monitto
Redaktion Bruce Evans
Kartografie Mark Griffiths, Herman So, Shahara Ahmed
Layoutdesign Sally Darmody, Laura Jane
Redaktionsassistenz Sally O'Brien, Diana Saad, Cathryn Game
Kartografieassistenz Andy Rojas
Umschlagdesign Marika Mercer
Projektmanagement Glenn van der Knijff
Redaktion Sprachführer Quentin Frayne, Branislava Vladisavljevic

Dank an Jessica Boland, Melanie Dankel, Jennifer Garrett, James Hardy, Alex Leung, Trent Paton, Darren O'Connell, Amanda Rogerson, Lyahna Spencer

DANK DER AUTOREN
NICOLA WILLIAMS
Freunde und Bekannte empfahlen mir Restaurants, Aktivitäten oder Sehenswürdigkeiten – nicht zuletzt die fleißigen Genfkenner vom World Economic Forum in Köln: Carine Benetti, Danielle Boiston, Lena Hagelstein, Sophie Lux, Stéphanie Nassenstein, Juraj Ondrejkovic und Tessema Tesfachew. Direkt in Genf gebührt mein besonderer Dank der feierwütigen Ciara Browne, die mir ihr Adressbuch zur Verfügung stellte – ebenso Salonlöwe Alan Turner für seine erstklassigen Nightlife-Tipps. Gleichermaßen bedanken möchte ich mich bei: Sarah Garner für das Herstellen von Kontakten vor Ort; der Interims-New-Yorkerin Claudia Rosiny für ihre Hinweise zu Bern; Elizabeth und Nicolas vom Ferme Montavon für die Bauernhof-Freuden im Jura; Lee, Michael und der gesamten Messery-Mannschaft für die regelmäßigen Infos zu ihren Genfer *Missionen*; Nana und Omi für ihre Zuverlässigkeit und heimatliche Unterstützung; und nicht zu allerletzt bei den rei-

DIE LONELY PLANET STORY
Am Küchentisch fing alles an – nachdem Tony und Maureen Wheeler 1972 eine lange, abenteuerliche Reise durch Europa, Asien und Australien unternommen hatten, trugen sie ihre Infos und Notizen zusammen. So entstand der erste Lonely Planet Reiseführer *Across Asia on the Cheap*.

Der Reiseführer wurde von Travellern geradezu verschlungen. Ermutigt durch ihren Erfolg, veröffentlichten die Wheelers weitere Bücher über Südostasien, Indien und andere Länder. Die Nachfrage war so ungeheuerlich groß, dass die Wheelers ihr Unternehmen erweiterten. Über die Jahre deckten sie mit ihrer Reiseliteratur den ganzen Globus ab und sie dehnten ihre Berichterstattung auf die virtuelle Welt von lonelyplanet.com und das Lonely Planet Messageboard Thorn Tree aus.

Lonely Planet wurde ein immer beliebterer Reisebuchverlag und Tony und Maureen konnten sich vor Aufträgen kaum mehr retten. Doch erst 2007 fanden sie einen verlässlichen Partner, bei dem sie sich sicher sein konnten, dass er dem Prinzip abenteuerlustiger, aber umweltbewusster Reisens treu blieb. Im Oktober dieses Jahres erwarb BBC Worldwide 75 % der Anteile von Lonely Planet, mit dem Versprechen, die Grundsätze unabhängiges Reisen, vertrauenswürdige Auskünfte und redaktionelle Unabhängigkeit aufrechtzuerhalten.

Heute hat Lonely Planet Büros in Melbourne (Australien), London und Oakland (USA) mit über 500 Mitarbeitern und 300 Autoren. Tony und Maureen engagieren sich immer noch aktiv bei Lonely Planet. Sie reisen mehr als je zuvor und in ihrer Freizeit widmen sie sich wohltätigen Projekten. Das Unternehmen wird nach wie vor von der Philosophie von *Across Asia on the Cheap* getragen: „Wichtig ist, dass du dich entscheidest zu gehen, dann hast du den härtesten Teil geschafft. Also, los geht's!"

zenden Lüfkens-Jungs (Niko, Mischa und Matthias) für ihre immer fröhliche Reisegesellschaft.

DAMIEN SIMONIS

Zuerst möchte ich mich allgemein beim Personal der Touristeninformationen der Kantone Waadt, Basel, Aargau, Zürich, Schaffhausen, Thurgau, St. Gallen, Glarus und Tessin bedanken.

In Zürich wurde ich herzlich von Thierry Délèze empfangen, der mit mir Kontakte, Ideen und ein paar süffige Bierchen teilte! In Lugano geht ein dickes *grazie* an Monica Bonetti und Familie, die mich in ihr Tessiner Heim einluden. Monica stellte mir *gente molto simpatica* wie Gaia Francesconi, Simona Candela und Tommaso di Caro vor. *Grazie anche a* Nicole della Pietra und Andrea Muehle. Ein besonderes *merci vielmals* gebührt dem Knirps, der uns in Mühlenhorn schüchtern auf die Bedeutung der Seerenbachfälle hinwies – wenn er mal groß ist, gebe ich ihm ein Bier aus. Judith Bongard in Lausanne lieferte ebenfalls ein paar tolle Infos – hoffentlich können wir vor Drucklegung noch zusammen den vereinbarten Kaffee genießen! Ein *gracias* geht an Helena Ramírez für ihren Bunkertipp. Das tolle Ergebnis dieses Schweiztrips ist Janique LeBlanc gewidmet, die während meiner ausgedehnten Tour durch den Nordosten trotz schiefer Hüfte eine endlose Geduld bewies!

KERRY WALKER

Herzlichsten Dank an meinen Verlobten Andy für seine Unterstützung und Fahrkunst auf himmelhohen Pässen. Dank gebührt meinen Interviewpartnern Evelyne Binsack, Gian Simmen, Sepp Steiner, Damian Cina und Thomas Kernen. Und ich bedanke mich bei allen Tourismusprofis, die meine Recherche so angenehm gestalteten – besonders Sibylle Gerardi (Luzern), Daniela Fuchs (Jungfrauregion), Susanne Daxelhoffer (Interlaken), Nicole Steindl (Zermatt), David Graefen (Leukerbad), Maria Ferretti (Engelberg), Katharina Schreiber (Chur) und Claudia Kleinbrod (Lenzerheide). *Merci* auch an meine Auftraggeberin Fiona Buchan, an Paula Hardy, Mark Griffiths, an Nicola und Damien sowie das ganze Lonely Planet Team.

DANK VON LONELY PLANET

Vielen Dank an all die Reisenden, die mit der letzten Auflage unterwegs waren und uns hilfreiche Hinweise, nützliche Ratschläge und interessante Anekdoten haben zukommen lassen:

Sara Alereza, Jon Barker, Regina Caputo, Clare Carmody, Rachel Cassidy, Donald Casson, Angie Clark, Christine Cooper, David Cory, Julien Dubois, Tim Dunk, Judy East, Sveinung Eikenes, Krista Eleftheriou, Fabio Fabbiano, Roy Freere, Lilani Goonesena, Anna Lisa Grech, Yunhee Ha, Friederike Haass, Olivier Hartmann, Nadia Hashmi, Tom Hughes, Trout Johnson, Lizanne Joubert, Michael Kaiser-Nyman, Miles Cary Leahey, To Nhu Ly, Kim Lyons, John Madden, Hugh und Eileen Morton, David Polmantuin, Sanat Raiturcar, Flavio Renzetti, Cedric Roserens, Daniel Ryan, Stefan Schmidlin, Keith Siddel, Markus Spring, Alyson Stoakley, Dorien Terpstra, Eva Toia, Jonathan Toker, Bert Van Der Neut, Janneke Van Hardeveld, Matt und Sheryl Vincent, Lizzie Wright

QUELLENNACHWEIS

Fotos im Buch: Arcaid/Alamy S. 8 (Nr. 1), S. 9 (Nr. 7); Arco Images GmbH/Alamy S. 11 (Nr. 6); Travelstock44/Alamy S. 12 (Nr. 4); Yvonne Bischofberger S. 8 (Nr. 3). Alle anderen Fotos stammen von Lonely Planet Images sowie von Glenn van der Knijff S. 7 (Nr. 2); Karl Lehman S. 6 (Nr. 4); Martin Moos S. 5 (Nr. 1), S. 10, S. 11 (Nr. 3); Witold Skrypczak S. 6 (Nr. 1).

Sofern nicht anderweitig vermerkt, halten die jeweiligen Fotografen sämtliche Rechte an den aufgeführten Abbildungen. Viele Bilder in diesem Reiseführer können bei Lonely Planet Images (www.lonelyplanetimages.com) lizenziert werden.

Vielen Dank an folgende Firmen für die Nutzung ihrer Inhalte:

Globus auf S. 1 © Mountain High Maps 1993 Digital Wisdom, Inc.

WIR FREUEN UNS ÜBER EIN FEEDBACK

Post von Travellern zu bekommen, ist für uns ungemein hilfreich – Kritik und Anregungen halten uns auf dem Laufenden und helfen, unsere Bücher zu verbessern. Unser reiseerfahrenes Team liest alle Zuschriften genau, um zu erfahren, was an unseren Reiseführern gut und was schlecht ist. Wir können solche Post zwar nicht individuell beantworten, aber jedes Feedback wird garantiert schnurstracks an die jeweiligen Autoren weitergeleitet, rechtzeitig vor der nächsten Nachauflage.

Wer uns schreiben will, erreicht uns über **www.lonelyplanet.de/kontakt**.

Hinweis: Da wir Beiträge möglicherweise in Lonely Planet Produkten (Reiseführer, Websites, digitale Medien) veröffentlichen, ggf. auch in gekürzter Form, bitten wir um Mitteilung, falls ein Kommentar nicht veröffentlicht oder ein Name nicht genannt werden soll. Wer Näheres über unsere Datenschutzpolitik wissen will, erfährt das unter www.lonelyplanet.com/privacy.

Register

A

Aarau 304
Aarburg 305
Aargau **291,** 301–305
Abenteuersport 192, 285, *siehe auch einzelne Sportarten*
Abteien *siehe* Klöster
Adventure Point 278
Aigle 134
Airolo 360
Alemannen 27
Aletschgletscher 6, 66–69, **67,** 185–187
Alphorn 43
An- & Weiterreise 394–396
Andermatt 288–289
AOC 50
Appellation d'Origine Contrôllée 50
Appenzell (Kanton) **307,** 315–322
Appenzell (Stadt) 318–320
Appenzeller Käse 319
Arbeiten in der Schweiz 382
Arbon 314
Architektur 19, 41–42
Arosa 331–333
Ascona 371–372
Augusta Raurica 301
Auto, Reisen mit dem 395–396, 397–399
  Entfernungen **397**
  Führerschein 397
  Mautgebühren 398
  Verkehrsregeln 398–399
Avenches 145

B

Baden 302–303
Bäder *siehe* Spas & Kurbäder
Ballonfahren 231
Bankwesen 32, 34
Bären 57, 347
Bartgeier 56
Base-Jumping 231
Basel 291–301, **292–293**
  An- & Weiterreise 299–300
  Aktivitäten 296
  Bars 298–299
  Essen 298
  Sehenswertes 293–296
  Shoppen 299

Unterkunft 297
Unterwegs vor Ort 300
Baselland 291–301, **291**
Bauernhof, Urlaub auf dem 152, 157, 245, 330392
BDP *siehe* Bürgerlich-Demokratische Partei
Behinderung, Reisen mit 388
Bellinzona 356–361, **357**
Berge
  Eiger 196
  Jungfrau 196
  Les Diablerets 134
  Matterhorn 178
  Mönch 196
  Monte Brè 366
  Monte Generoso 367
  Monte San Salvatore 366
  Pilatus 275–276
  Piz Sardona 322
  Rigi 276–278
  Säntis 320
  Stanserhorn 276
  Titlis 284
Bergell (Val Bregaglia) 352–353
Bergsteigen 80, 179, 181, 199, 215
Bern (Stadt) 221–239, **222–223**
  An- & Weiterreise 238
  Aktivitäten 226
  Bars 237
  Clubs 237–238
  Essen 228–229, 237
  Kindern, Reisen mit 226
  Shoppen 238
  Unterkunft 226–227
  Unterwegs vor Ort 239
Berner Oberland 72–77, 188–219, **189**
Bernhardiner 163
Bevölkerung 38
Beyer Museum 251
Biasca 359–360
Biel (Bienne) 239–242, **240**
Bildhauerei 44
Bill, Max 44
Binsack, Evelyne 80
Bisse De Clavau 71–72, **72**
Blocher, Christoph 33, 34
Bobbahn 348
Bodensee 312–315

Bootsausflüge
  Genf 101, 109
  Bodensee 312
  Lausanne 122
  Rhein 296, 308
  Vierwaldstättersee 275
  Walensee 322
Botschaften 382
Botta, Mario 41, 363
Brauereien
  Brasserie Artisanale de Fribourg 142
  Brasserie du Cardinal 140
  Feldschlösschen 301
Bregenz 315
Brienz 212–214
Brig 184–185
Brigerbad 178
Broc 146–147
Brugg 303
Bruttoinlandsprodukt 16
Bücher 20
Bulle 147
Bundeshäuser 224
Bundesrat 32
Bundesversammlung 30
Bungeejumping 192, 199, 206, 230
Bunker 213, 321
Burgen & Schlösser
  Aarburg 305
  Bulle 147
  Castelgrande (Bellinzona) 357
  Castello Visconteo 369
  Castello di Montebello 358
  Castello di Sasso Corbaro 358
  Château St. Maire 116
  Château de Chenaux (Estavayer-le-Lac) 143
  Château de Chillon 128
  Château de Gruyères 145
  Château de Porrentuy 156
  Château de Prangins 124
  Château de Tourbillon, Sion 168
  Château de Valère, Sion 169
  Château de Vaumarcus 151–152
  Château de Villa, Sierre 172
  Château de la Bâtiaz, Martigny 163
  Coppet 124
  Fort Pré-Glroud 133
  Grandson 132

Habsburg 303
La-Sarraz 132
Morges 123
Munot 308
Murten 144
Nyon 123
Schloss Arbon 314
Schloss Hünegg 212
Schloss Laufen, Rheinfall 310
Schloss Oberhofen 212
Schloss Spiez 211
Schloss Tarasp 345
Schloss Vaduz 378
Schloss Waldegg 246
Schloss Wartegg 314
Schlössli Worth, Rheinfall 310
Stockalperschloss 185
Wasserschloss Hallwyl 304
Werdenberg 321
Yverdon-Les-Bains 130
Bürgenstock Felsenweg 77–79, **78**
Bürgerlich-Demokratische Partei 33
Burgunder 27
Bus, Reisen mit dem 396, 399–400
Byron, Lord 128

C

Cabaret Voltaire 42
Cailler 146
Calvin, Johannes 94, 95
Canyoning 170, 174, 192, 206, 218, 270, 279, 281, 352
Caspar Moosbrugger 282
Cathédrale de Notre Dame, Lausanne 115
Cathédrale de St-Pierre 95
Celerina 348
Centovalli 372–373
CERN 45, 100
Champéry 160–161
Charmey 147
Chüefladefäscht 39
Chur 326–330, **327**, 91–92
Coppet 124
Crans-Montana 174–175
Cully 124

D

Dadaismus 42
Davos 341–343, **341**
Delémont 155
Design 44

000 Verweise auf Karten
000 Verweise auf Fotos

Disentis/Mustér 336–337
Dornach 301
Downhill-Mountainbiken 345
Drachenfliegen 166, 192, 230
Dreißigjähriger Krieg 29–30

E

Eggishorn 186
Eidgenossenschaft, Entstehung der 28
Einsiedeln 281–282
Einstein, Albert 45
Einwanderung 40–41
Eishockey 40
Eisklettern 180, 206, 217, 218
Emissionsausgleich 395
Emmental 242–244
Engadin 344–351
Engelberg 229, 282–286, **283**
Ermäßigungen 383
 Basel 293
 Bern 223
 Bodensee 312
 Luzern 267
 Winterthur 262
 Zürich 248
Erwärmung, globale 59
Essen 46–54, 383–384, *siehe auch* Käse, Schokolade
 Baisers 216
 Feste 52–53
 Pilze 336
 Reiserouten 26, **26**
 Schokolade 140
 Sprache 54
 Zwiebel 226
Estavayer-le-Lac 142–143
EuroAirport 300
Eventkalender 21
Events 21
Ewiger Bund 28
Extremsport 192

F

Falera 333–335
Fallschirmspringen 192, 199, 230, 342
Fasnacht 12
Faulhornweg 75–77, **76**
Federazione Alpinistica Ticinese 356
Federer, Roger 40
Feiertage 384
Feste & Events 21
 Bieler Braderie 240
 Blues to Bop Festival 363
 Bregenzer Festspiele 315
 Churer Fest 328
 Clau Wau 346

Davos Festival 342
Estival Jazz 363
Fasnacht 12, 21, 179, 272, 296
Festival Internazionale di Film, Locarno 370
Festival de la Cité, Lausanne 118
Festi'Neuch 149
Fête de la Tulipe, Morgues 123
Fête des Vendanges (Neuchâtel) 149
Fêtes de Genève 101
Foire du Valais 163
Folkloreumzug 180
Gurten Rock Festival, Bern 226
Harder Potschete 192
Internationales Alpenbarttreffen 328
Jazzfestival Bern 226
Jazz-Welt-Festival 328
Jungfrau Music Festival 192
Lugano Festival 363
L'Escalade 101
Menuhin Festival 218
Montreux Jazz 129
Murten-Fribourg-Marathon 144
Paléo Festival 124
Sechseläuten 253
SnowpenAir 199
St. Galler Festspiele 317
Street Parade Zürich 254
Verbier Festival & Academy 166
Vogel Gryff 296
World Snow Festival 199
Finanzkrise 34
First 201–202
Flims 333–335
Flugzeug, Reisen mit dem 394–395
 Flughäfen 394
 Fluglinien 394
Fondue 48
Franches Montagnes 154–155
Frauen unterwegs 384
Freeriden 352
Freizeitparks
 Préhisto Parc 157
Fribourg (Kanton) 137–147, **139**
Fribourg (Stadt) 137–142, **137**
 Essen 141
 Unterkunft 140–141
Friedrichshafen 313–314
Frisch, Max 42
Fußball 40
Fußball-EM 2008 40

G

Gämsen 56
Gandria 366–367
Gegenreformation 29
Geld 384–385
Geldautomaten 385
Genf 93–110, **96–97, 98–99**
   An- und Weiterreise 109–110
   Ausgehen 106–108
   Clubs 108
   Essen 104–106
   Geführte Touren 100–101
   Kinder, Reisen mit 100
   Sehenswertes 95–100
   Shoppen 109
   Unterkunft 101–104
   Unterwegs vor Ort 110
Genfer See 7, **112,** 118
Geografie 55
Geologie 55
Geschichte 27–35
   Antike 27
   Eidgenossenschaft 28
   Mittelalter 27
   Nachkriegszeit 32
   Reformation 29–30
   Weltkrieg, Zweiter 31
Gesundheit 405–407
   Impfungen 405
   Versicherung 405
Getränke 50–52
   Absinth 153
   Bier 140
   Sauser 311
Giacometti, Alberto 44
Giessbachfälle 214
Giger, H. R. 130, 329
Giger, Hans Richard 145
Gimmelwald 208–209
Giornico 360
Glacier Express 319
   Reiserouten 24, **24**
Glarus (Kanton) **307,** 322–323
Glarus (Stadt) 322–323
Gleitschirmfliegen 192, 199, 215, 218
Gletscher
   Aletschgletscher 6, 66–69, **67,** 185–187
   Langgletscher 178
   Oberer Gletscher 199
   Plaine-Morte-Gletscher 174
   Titlisgletscher 284–285
   Tsanfleurongletscher 134
Gletscherwandern 270
Gotthard-Pass 288–289
Grandson 132
Graubünden **325,** 324–353
   Reiserouten 25, **25**
Grindelwald 198–201, **198**
Großer Hadronen-Speicherring *siehe* Large Hadron Collider
Gruyères 145–146
Gryon 134
Gstaad 217–219
Guarda 344
Guyer, Mike 42

H

Habsburg 303
Halbinsel Ceresio 367–368
Handys 389
Heidi 42
   Heididorf 339
Hermance 102
Herzog, Jacques 41
Hesse, Hermann 42
Hingis, Martina 40
Hirsche 57
Hodler, Ferdinand 44
Hofmann, Albert 300
Höhenkrankheit 406–407
Höhenweg Höhbalmen 69–71, **70**
Höhlenklettern 281
Hornussen 38
Hunger, Sophie 43
Hydrospeeding 170, 192, 236
Hypothermie 407

I

Ilanz 335
Immigration 40–41
Infos im Internet 20
   Flugtickets 395
Inlineskaten 20
Interlaken 190–196, **191**
   Essen 195
   Unterkunft 192–194
Internetzugang 385

J

Jaun 147
Jenins 338
Jet d'Eau 95
Jodeln 43
Joyce, James 251
Julcn, Heinz 42
Julius Cäsar 27
Jungfrau-Region 196–209, **197**
Jungfraujoch 203–204
Jura (Kanton) **137,** 154–157

K

Käse 48–49
   Appenzeller 319
   Emmentaler 242
   Gruyère 146
   Raclette 49, 50
   Sentier des Fromageries 146
   Tête de Moine 155
   Vacherin Mont d'Or 48
Kajakfahren *siehe* Kanu- & Kajakfahren
Kandersteg 216–217
Kantone 28–29, **29**
Kanu- & Kajakfahren 20, 154, 155, 160, 192, 193, 236, 270, 279, 285
Karten 385
Kasinos
   Campione d'Italia 367
   Casino Barrière 133
   Casinò Lugano 365
Keller, Gottfried 42
Kelten 27
Kerzers 145
Kindern, Reisen mit 385–386, 386
   Genf 100
Kirchen & Kathedralen, *siehe auch* Klöster
   Basler Münster 294
   Berner Münster 224
   Cathédrale de Notre Dame, Lausanne 115
   Cathédrale de Saint Pierre 95
   Cathédrale de St. Nicolas de Myre (Fribourg) 138
   Cattedrale di San Lorenzo 361
   Chiesa Collegiata dei SS Pietro e Stefano 358
   Chiesa Nuova 369
   Chiesa di San Biagio 358
   Chiesa di San Francesco 369
   Chiesa di San Rocco 358
   Chiesa di Santa Maria degli Angioli 361
   Chiesa di Santa Maria delle Grazie 358
   Chiesa di Sant'Antonio 369
   Chur 328
   Einsiedeln 282
   Église Collégiale (Neuchâtel) 148
   Église Collégiale (St. Ursanne) 155
   Église de St. François 117
   Église de St. Martin 125
   Église de St. Martin et St. Clément 124
   Église des Cordeliers 139
   Fraumünster 249

Register (K–M)

Grossmünster 249
Münster Unserer Lieben Frau 313
Santuario della Madonna del Sasso 369
St. Sulpice 123
St. Peterskirche 249
St. Ursenkathedrale 244
Kirchner, Ernst Ludwig 342
Kitesurfen 351
Klausenpass 323
Klee, Paul 44
Kleine Scheidegg 72–74, **74**, 202–203
Klettern 232, 352
Klettersteige *siehe* Vie ferrate
Klettgau 310–311
Klima 386–387
Klimawandel 59, 395
Klöster
  Abbatiale de Payerne 145
  Abbaye de Bellelay 155
  Chartreuse de la Valsainte 147
  Disentis 336–337
  Einsiedeln 282
  Königsfelden (Windisch) 303
  Engelberg 283–284
  Romainmôtier 133
  St. Gallen 316–317
  St. Johann (Müstair) 346
Klosters 339–341
  Aktivitäten 340
Konstanz 313
Konsulate 382
Kreditkarten 385
Kreuzlingen 313
Kühe 57, 172, 186
Kultur 36–45
Kultur- und Kongresszentrum 269
Kunst 41–44, *siehe auch einzelne Künste*
Kunstgalerien *siehe* Galerien & Museen

L

L'Escalade 101
Laax 333–335
La Chaux-de-Fonds 151
Lac de Neuchâtel 143
Lac Léman *siehe* Genfer See
Lago di Lugano 366–369, **366**
Lago Maggiore 371
Lai Da Tuma, Rundweg 86–88, **87**

000 Verweise auf Karten
000 Verweise auf Fotos

Lamas 90
Langlauf 154, 172, 174, 178, 199, 205, 235, 330, 332, 334, 340, 342, 381
Langobarden 27
Large Hadron Collider 45, 100
Lausanne 113–124, **114**, **116**
  An- & Weiterreise 122
  Bars 120–121
  Clubs 121–122
  Essen 119
  Geführte Touren 118
  Sehenswertes 115–118
  Shoppen 122
  Unterkunft 119
  Unterwegs vor Ort 122
Lauterbrunnen 204–206
Lawinen 384
Le Corbusier **8**, 41, 152, 251
Le Corbusier Pavillon & Heidi Weber Museum 251
Le Locle 153–154
Lenzburg 303–304
Lenzerheide 330–331
Leopold I. von Österreich 28
Lesbische Reisende 388
Les Brenets 154
Les Diablerets 134
Leuk 176–177
Leukerbad 176–177
Leysin 134
Liechtenstein 375–381, **376**
Literatur 42
Locarno 369–372, **370**
Lötschental 177
LSD 300
Luganer See *siehe* Lago di Lugano
Lugano 361–366, **362**
  Essen 364
  Unterkunft 363–364
Lutry 124
Luzern **11**, 267–274, **268**
  An- & Weiterreise 274
  Essen 272–273
  Sehenswertes 267–270
  Shoppen 274
  Unterkunft 271–272
  Unterwegs vor Ort 274
Lyme-Krankheit 406

M

Maienfeld 338–339
Malans 338
Malbun 381
Malerei 44
Maloja 351

Männlichen 202
Martigny 161–164, **162**
Matterhorn 178, 181
Meiringen 214–216
Melide 367
Mendrisio 368
Meride 368–371
Meuron, Pierre de 41
Mittelland 220–228, **221**, 237–246
Montagnola 367
Mont Blanc 165
Monte Generoso 367
Montreux 127–130, **128**
Morcote 367–368
Morges 123
Môtiers 152
Motorrad, Reisen mit dem 395–396, 397–399
  Entfernungen **397**
  Führerschein 397
  Mautgebühren 398
  Verkehrsregeln 398–399
Motti, Gianni 44
Mountainbiken 20, 147, 151, 154, 166, 174, **232**, 330, 340, 342
Müller-Brockmann, Josef 44
Mürren 207
Murten 143–144
Museen & Galerien
  Alimentarium/Musée de l'Alimentation 125
  Antikenmuseum Basel 295
  Beyeler-Stiftung 295
  Beyer Museum 251
  Bundesbriefmuseum 280
  Bündner Kunstmuseum 328
  Cabaret Voltaire 249
  Centre International de la Méchanique d'Art 132
  Engadiner Museum 348
  Espace Jean Tinguely/ Niki de Saint Phalle 138–139
  Espace Rousseau 97
  Fondation Pierre Gianadda 162
  Forum der Schweizer Geschichte 280
  Fotomuseum Winterthur 263
  Fotostiftung Winterthur 263
  Galerie Beyeler 295
  Galleria Gottardo 363
  Historisches Museum Basel 294
  Historisches Museum Luzern 270
  Johann Jacobs Museum 251
  Kirchner Museum 342
  Kunsthalle Zürich 251

Kunsthaus Zug 287
Kunsthaus Zürich 249
Kunstmuseum Basel 294
Kunstmuseum Bern 225
Kunstmuseum Liechtenstein 378
Kunstmuseum Luzern 269
Kunstmuseum Solothurn 245
Kunstmuseum Winterthur 263
Le Corbusier Pavilion & Heidi Weber Museum 8, 251
Liechtensteinisches Landesmuseum 378
Living Museum 213
Maison d'Ailleur 130
Matterhorn Museum 179
Migros Museum 251
Museo Cantonale d'Arte 361
Museo del Cioccolato Alprose, Lugano 363
Museo delle Culture Extraeuropee, Lugano 363
Museo delle Dogane Svizzere 366
Museo d'Arte Moderna 361
Museum Altes Zeughaus 245
Museum Jean Tinguely 295
Museum Murten 144
Museum Oskar Reinhart am Stadtgarten 263
Museum Rietberg 249
Museum Schwab 239
Museum für Gegenwartskunst 294
Museum für Gestaltung 226
Museum für Kommunikation 226
Museum in der Burg 287
Musée Barbier-Mueller 97
Musée Cantonal des Beaux-Arts 117
Musée Cantonal d'Histoire 169
Musée d'Art Moderne et Contemporain, Genf 97
Musée d'Art et d'Histoire 139–140
Musée d'Art et d'Histoire 148–149
Musée d'Art et d'Histoire 97
Musée d'Art, Sion 170
Musée de Carouge 101
Musée de Design et d'Arts Appliqués Contemporains 116
Musée de Montreux 128
Musée de Mosaïques Romaines 133
Musée de la Figurine Historique 123
Musée de la Vigne et du Vin 134
Musée de l'Art Brut 117
Musée de l'Elysée 118
Musée de l'Etiquette 134
Musée de l'Horlogerie du Locle 153
Musée des Grenouilles 142–143
Musée d'Histoire Naturelle 99
Musée du Fer et du Chemin de Fer 133
Musée du Vin 172
Musée Gutenberg 139
Musée Historique 123
Musée Historique de Lausanne 116
Musée International de la Croix Rouge et du Croissant-Rouge 100
Musée International d'Horlogerie 151
Musée Jenisch 125
Musée National Suisse 124
Musée National Suisse de l'Audiovisuel 129
Musée Olympique 118
Musée Rath 97
Musée Romain 123
Musée Suisse de la Marionnette 140
Musée Suisse de l'Appareil Photographique 125
Musée Suisse du Jeu 125
Natur-Museum, Luzern 270
Naturhistorisches Museum 226
Nietzsche-Haus 351
Omega-Museum 239
Papiermuseum Basel 294
Patek Philippe Museum 97
Polenmuseum 262
Postmuseum Vaduz 379
Puppenhausmuseum Basel 295
Rätisches Museum 328
Sammlung Oskar Reinhart am Römerholz 263
Sammlung Rosengart 269
Schaulager 296
Schweizerisches Alpines Museum 226
Schweizerisches Landesmuseum 249
Segantini Museum 348
Sensorium 244
Technorama 263
Textilmuseum St. Gallen 317
Verkehrshaus Luzern 269
Villa dei Cedri 358
Vitra Design Museum 295
Walsermuseum 380
Zentrum Paul Klee 9, 225
Zirkusmuseum 262
Müstair 346

N
Nationalparks & Naturschutzgebiete 58, *siehe auch* Parks & Gärten
   Juraparc 133
   Parc Ela 343–344
   Schweizerischer Nationalpark (Parc Naziunal Svizzer) 346–347
Nestlé 125
Neuchâtel (Kanton) **137**, 147–154
Neuchâtel (Stadt) 147–151, **148**
   Essen 149–150
   Unterkunft 149
Nietzsche, Friedrich 351
Noiraigue 152
Nordostschweiz 306–323, **307**
   Wandern 79–82
Nyon 123

O
Öffnungszeiten 386

P
Palais de Rumine 117
Palais des Nations 99–100
Panoramabahnen
Panoramazüge 403, *siehe auch* Zug, Reisen mit dem
Paragliding 166, 230, 270, 370
Paragliding PHOTO 231
Parc Ela 343–344
Parks & Gärten
   Bois de la Bâtie 100
   Bois de Sauvabelin 118
   Forest Fun Park 180
   Giardini Jean Arp 370
   La Balade de Séprais 155
   Parc de la Perle du Lac 100
   Parc des Bastions 97
   Pilatus-Seilpark 275
   Préhisto Parc 157
Parpaner Rothorn 84–86
Payerne 145
Pfingstegg 202
Pflanzen 57–58
Piazza Blues Festival 358
Pilatus 275–276
Pontresina 352
Porrentruy 156
Poschiavo 352
Post 387
Preise 17–18

R

Rabadan 358
Raclette 49, 50
Radfahren 20, 232, 400
   Bern Rollt 239
   Genf 110
   Lausanne 123
   Sion Roule 170
   Waadt 113
Radio 383
Rafting 135, 154, 170, 174, 192, 218, 236, **236**, 334, 345
Rapperswil-Jona 262
Räss, Nadja 43
Rauchverbot 34–35
Rechtsfragen 387–388
Reformation 29–30, 94
Regierung 32
Reiseplanung 17
Reiserouten 23–26, **23–26**
Religion 41
Restaurants 53
Rheinfall 310
Rheinfelden 301
Rheinschlucht *siehe* Ruinaulta
Rigi 276–278
Rist, Pipilotti 44, 317
Rodeln 151, 174, 330, 332, 340, 342
Rolle 123
Romainmôtier 133
Romanshorn 314
Römische Überreste 123, 162, 301
Rorschach 314–315
Rougemont 135
Rousseau, Jean-Jacques 97
Rudolf I. 28
Ruinaulta 82–84, **83**
Rütlischwur 28
Rymann, Rudolf 43

S

Saas Fee 183–184
Saignelégier 154
Sainte-Croix 132
Salgesch 173–174
Samnaun 345–346
Säntis 320
Saut du Doubs 154
Schaffhausen (Kanton) 307–312, **307**
Schaffhausen (Stadt) 308–310, **309**
Schiff, Reisen mit dem 400

000 Verweise auf Karten
000 Verweise auf Fotos

Schilthorn 209
Schlangen 406
Schlösser *siehe* Burgen & Schlösser
Schneeschuhwandern 180, 281, 332, 352
Schnyder, Patty 40
Schokolade 49, 103, 363
   Cailler 146
   Villars 140
Schweizer Alpen-Club 61
Schweizerische Rettungsflugwacht 66
Schweizerischer Nationalpark (Parc Naziunal Svizzer) 58, 346–347
Schweizerische Volkspartei 33
Schweizer Wanderwege 61
Schwimmen 253
Schwingen 39
Schwule Reisende 388
Schwyz (Kanton) 280–282
Schwyz (Stadt) 280–281
Scuol 345
Seenplatte von Macun 88–90, **89**
Seerenbachfälle 321
Segantini, Giovanni 348
Shoppen 388
Sierre 172–173
Sils-Maria 351
Silvaplana 351
Simmen, Gian 331
Sion 168–171, **169**
Skifahren 19, 234
   Aletschgletscher 185–187
   Andermatt 288–289
   Arosa 332
   Champéry 160–161
   Charmey 147
   Château-d'Œx 135
   Crans-Montana 174–175
   Davos 342
   Engelberg **229**, 284–285
   First 201
   Flims, Laax & Falera 334
   Grindelwald 199
   Gryon 134–135
   Gstaad 217–218
   Klosters 340
   Le Chasseron 132
   Lenzerheide & Valbella 330
   Les Diablerets 134
   Leysin 134
   Malbun 381
   Meiringen 215
   Mürren 207
   Ovronnaz 168
   Pontresina 352

   Rougemont 135
   Saas Fee 183–184
   Scuol 345
   St. Moritz 348–349
   Vallée Blanche 165
   Verbier 165–168
   Villars 134–135
   Wengen 206
   Zermatt 179–184
Skilanglauf *siehe* Langlauf
Slow Food 49
Snowboarden 19, 179, 218, 235, 284, 331, 340, 342
   Xtreme Freeride Contest 166
Solothurn 244–246
Sonnenbrand 407
Spas & Kurbäder
   Appenzell 319
   Bad Ragaz 339
   Brigerbad 178
   Leukerbad 176–177
   Ovronnaz 168
   Scuol 345
   St. Moritz 349
   Vals 9, 335
   Yverdon-Les-Bains 131
Spiez 211–212
Sport 38–40
Sportevents 39
   Allianz Suisse Open, Gstaad 218
   Bump Bash, Zermatt 180
   Cartier Polo World Cup on Snow 350
   Eiger Bike Challenge 199
   Engadin Skimarathon 349
   FIS Langlauf Weltcup Davos 342
   Jungfrau-Marathon 192
   Knabenschießen 254
   Lauberhorn-Abfahrtsrennen 206
   Lausanne-Marathon 118
   Sertig Schwinget 342
   Swiss Indoors Basel 297
   White Turf 350
   Xtreme Freeride Contest 166
   Zermatt-Marathon 180
Sportklettern 192, 233, 285
Spyri, Johanna 42
St. Gallen (Kanton) **307**, 315–322
St. Gallen (Stadt) **11**, 315–318, **316**
St. Moritz 348–351, **349**
St. Petersinsel 241
St. Prex 123
St. Sulpice 123
St. Ursanne 155–156
Stade de Suisse 238

Stadtlounge 317
Stadtpläne 385
Stanserhorn 276
Stechelberg 207
Stein am Rhein 311–312
Steinbock 56
Steiner, Rudolf 301
Steinstoßen 39
Steuern 388
Strände
   Bodensee 312
   Genfer See 118
   Lac de Neuchâtel 143
   Lido 363
   Zürich 253
Strom 383
SVP *siehe* Schweizerische Volkspartei

T

Tax free 388
Teilchenbeschleuniger *siehe* Large Hodron Collider
Telefon 388–389
Tell, Wilhelm 28, 196, 278, 279
Tennis 40
Tessin (Ticino) 354–374, **355**
   Reiserouten 25
   Wandern 91–92
Therme Vals 9
Thun 209–211
Ticino *siehe* Tessin (Ticino)
Tiere 56–57
Tinguely, Jean 44, 294, 295
Titlis 284
Toiletten 389
Touristeninformation 389–390
Trekking *siehe* Wandern

U

Uetliberg 261
Uhrenherstellung 153
Umweltschutz 59
Unesco-Welterbe
   Albulabahn 344
   Aletschgletscher 6, 66–69, **67**, 185–187
   Bellinzona 357
   Berner Altstadt 223–224
   Berninastrecke 352
   Lavaux, Weinanbaugebiet 127
   Monte San Giorgio 369
   Stiftsbibliothek St. Gallen 316
   Reiserouten 26, **26**
   Tektonikarena Sardona 322

Unterkunft 390–393, *siehe auch* einzelne Unterkunftsarten
   Bauernhof, Urlaub auf dem 392
Unterwegs vor Ort 396–404
Urnersee 278–280

V

Vacherin Mont d'Or 48
Vaduz 377–380, **378**
Valbella 330–331
Val d'Anniviers 175–176
Val De Bagnes 168
Valais *siehe* Wallis (Valais)
Valle di Blenio 359–360
Vallée Blanche 165
Valle Leventina 360–361
Valle Maggia 373–374
Valle Onsernone 373
Vallorbe 133
Vals 335
Val Verzasca 374
Vaud *siehe* Waadt (Vaud)
Verantwortungsbewusstes Reisen 18–19, 19, 56, 64–66
   Emissionsausgleich 395
Verbier 165–168, **234**
Versicherung 393
   Gesundheit 405
Vevey 124–127
Vie ferrate 134, 177, 186, 208, 217, 233, 289, 334, 349
Via Mala 337
Victorinox 281
Vierwaldstätter See 7, 274–278, **275**
Villars 134–135
Visa 393
Visp 178
Vögel 56
Völkerbund 100
Volksgruppen 40

W

Waadt (Vaud) 111–135, **112**
Waffenlaufen 39
Wakeboarding 143
Walensee 321–322
Wallis (Valais) 66–72, 158–187, **159**
Wandern 20, 60–92, **63**
   Aletschgletscher, Großer 66–68
   Appenzell 319
   Arosa 332
   Bergell 353
   Berner Oberland 73–78
   Bisse De Clavau 71–73, **72**
   Bregenz 315

   Bürgenstock Felsenweg 77–79, **78**
   Cima Della Trosa 91–92, **91**
   Crans-Montana 174
   Davos 342
   Dents du Midi 161
   Engelberg 284
   Falera 334
   Faulhornweg 75–77, **76**
   Flims 334
   Graubünden 82–90
   Grindelwald 199
   Gstaad 218
   Höhenweg Höhbalmen 69–71, **70**
   Kandersteg 217
   Kleine Scheidegg 73–75, **74**, 203
   Klosters 340
   Lai Da Tuma, Rundweg 86–88, **87**
   Laax 334
   Les Diablerets 135
   Liechtenstein 380
   Mont Blanc 165
   Nordostschweiz 79–82
   Parpaner Rothorn 84–86, **85**
   Pays d'Enhaut 135
   Pilatus 276
   Rigi 277
   Ruinaulta (Rheinschlucht) 82–84, **83**
   Saas-Tal 183
   Schynige-Platte 196
   Seenplatte von Macun 88–90, **89**
   St. Moritz 349
   Stoos 281
   Tessin 91–92
   Uetliberg 261
   Val de Bagnes 168
   Valle Leventina 360
   Verbier 166
   Waadt 113
   Zentralschweiz 77–79
   Zermatt 179
   Zwinglipass 79–82, **81**
Wanderverbände
   Federazione Alpinistica Ticinese 356
   Schweizer Alpen-Club 61
   Schweizer Wanderwege SAW 61–62
Wasser 407
Wasserfälle
   Rheinfall 310
   Seerenbachfälle 321

Wasserskifahren 143
Wassersport 212
Weber, Franz 126
Wein 50–52, 173
  Lavaux 127
  Maienfeld 339
  Salgesch 174
  Sentier du Vins de Vully 144
  Sierre 172
  Spiez 211
Weltkrieg, Zweiter 31
Wengen 206–207
Westfälischer Friede 31
Whymper, Edward 181
Wildegg 303
Windisch 303
Windsurfen 130, 212, 236, 351
Winterthur 262–264, **263**
Wirtschaft 37
Wissenschaft 45
World Wide Web 45

Y
Yverdon-Les-Bains 130–132, **131**
Yvoire 102

Z
Zecken 406
Zeit 393
Zeitschriften 383
Zeitungen 383
Zentralschweiz 265–289, **266**
Zentrum Paul Klee 9, 225
Zermatt 178–183, **180**
Zofingen 305
Zoll 393
Zoos
  Bärengraben 224–225
  Knies Kinderzoo 262
  Papiliorama 145
  Zoo Dolder 253
Zorbing 192
Zug (Kanton) 286–288
Zug (Stadt) 286–288
Zug, Reisen mit dem 396, 401–404
  Albulabahn 344
  Berninastrecke 352
  Blonay–Chamby 127
  Brienz 212
  Chemins de Fer du Jura 154
  Glacier Express 350–351
  Matterhorn Gotthard Bahn 289, 337
  Montreux 129
  Panoramazüge 403
  Realp 289
  Reiserouten 24, **24**
  SBB-Streckennetz **401**
  Wilderswil 196
Zuoz 347
Zürich (Kanton) 247–264
Zürich (Stadt) 10, 247–261, **250–251, 253–254**
  An-& Weiterreise 260–261
  Bars 258
  Clubs 258–259
  Essen 255–258
  Sehenswertes 249–253
  Shoppen 260
  Unterkunft 254–255
  Unterwegs vor Ort 261
Zwinglipass 79–82, **81**

---

000 Verweise auf Karten
000 Verweise auf Fotos

GreenDex

Die im Folgenden aufgeführten Sehenswürdigkeiten und Einrichtungen wurden von den Lonely Planet Autoren ausgesucht, weil sie sich einem nachhaltigen Umweltschutz verschrieben haben. Wir haben Cafés und Restaurants ausgewählt, die lokale Erzeuger unterstützen, etwa indem sie für ihre Gerichte nur saisonale oder aus der jeweiligen Region stammende Produkte verwenden. Natürlich sind auch die Bauernmärkte und Erzeuger selbst genannt. Zudem recherchierten wir Unterkünfte, die sich zum Umweltschutz bekennen und beispielsweise mit den Ressourcen des Planeten verantwortungsbewusst umgehen. Sehenswürdigkeiten und Attraktionen werden aufgeführt, wenn sie Naturschutz betreiben, Projekte in puncto Umwelterziehung besitzen oder eine einschlägige Auszeichnung erhalten haben.

Wer mehr zum umweltverträglichen Reisen in der Schweiz erfahren will, sollte das Kapitel „Bevor es losgeht" aufschlagen (S. 17). Wer meint, dass ein Unternehmen übersehen wurde, oder mit unserer Auswahl nicht einverstanden ist, kann uns dies unter www.lonelyplanet.com/contact mitteilen. Mehr Infos zu umweltverträglichem Tourismus und Lonely Planet gibt's auf see www.lonelyplanet.com/responsibletravel.

Aktivitäten
 Alpkäserei Gerschnialp 285
 Schweiz Rollt 232
 Sion Roule 170
 Tourisme Équestre 157

Cafés
 Café de Balzac 123
 Café Zähringer 255
 Chesa Marchetta 351

Nationalparks & Naturschutzgebiete
 Parc Ela 343
 Swiss National Park Centre 346

Restaurants, *siehe auch Cafés*
 Alpenrose 257
 Auberge de Mont Cornu 151
 Bad Osterfingen 311
 Hatecke 350
 Hess 286
 Michel's Stallbeizli 219

Restaurant St. Martin 322
Schützengarten 273
Schützenstube 310
Takrai 273

Shoppen
 Freitag 260
 La 3ème Main 109
 La Ferme Vaudoise 122
 Le Marché de Vie 106

Skigebiete
 Association of Car-Free Swiss Resorts 235
 Save our Snow 235

Touren & Umwelterziehung
 Clean Energy Tour 349
 Inforama Seeland 144

Unterkunft
 Alphütte Sanaspans 86

Alpina 279
Berggasthaus Sücka 381
Berghotel Alpiglen 73
Esther's Guest House 208
Gasthaus Bäregghöhe 243
Hôtel Beau Site 184
Hotel zu Metzgern 210
Lausanne GuestHouse 119
Locanda del Giglio 366
Möschberg 243
Post Hardermannli 193
Naturfreundehaus 200
Ranch 170
Ristorante al Pentolino 372
The River House Boutique Hotel 289

Urlaub auf dem Bauernhof
 Bauernhof Tgantieni 330
 Cornfield Openair Hotel 245
 Ferme Montavon 156
 L'Aubier 149

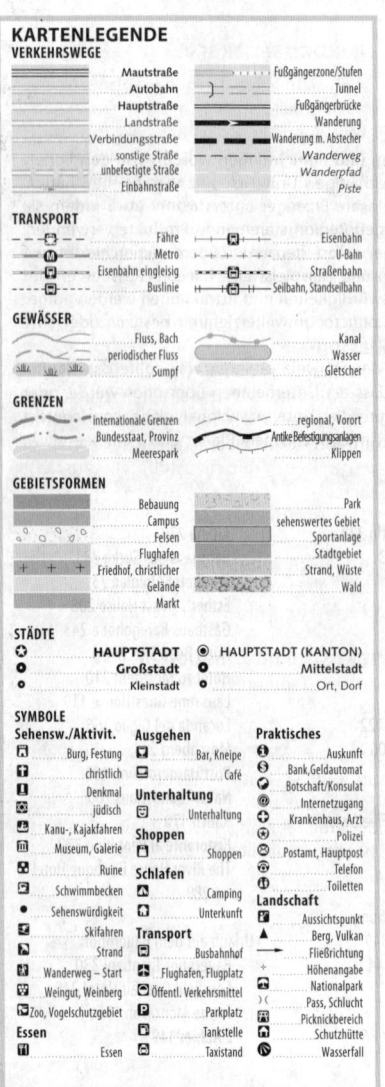

Lonely Planet Publications, Locked Bag 1, Footscray, Melbourne, Victoria 3011, Australia

Verlag der deutschen Ausgabe:
MAIRDUMONT, Marco-Polo-Str. 1, 73760 Ostfildern,
www.mairdumont.com, lonelyplanet@mairdumont.com

Chefredakteurin deutsche Ausgabe: Birgit Borowski
Übersetzung: Anne Bacmeister, Berna Ercan, Tobias Ewert, Karen Gerwig, Laura Leibold, Ute Perchtold, Dr. Christian Rochow, Andrea Schleipen
Redaktion: Julia Berger, Stephanie Iber, Frank J. Müller, Olaf Rappold, Verena Stindl, Ellen Weitbrecht (red.sign, Stuttgart)
Redaktionsassistenz: Kyrill Mende, Thomas Tilsner
Satz: Neslihan Tatar (red.sign, Stuttgart)

Schweiz
1. deutsche Auflage Dezember 2009, übersetzt von *Switzerland 6th edition*, Juni 2009, Lonely Planet Publications Pty

Deutsche Ausgabe © Lonely Planet Publications Pty, Dezember 2009
Fotos © wie angegeben

Printed in China

Umschlagfoto: Angler im Göschenertal, Kanton Uri, Karl Lehmann/Lonely Planet Images.

Die meisten Fotos in diesem Reiseführer können bei Lonely Planet Images, www.lonelyplanetimages.com, auch lizenziert werden.

Alle Rechte vorbehalten. Das Werk einschließlich all seiner Teile ist urheberrechtlich geschützt und darf weder kopiert, vervielfältigt, nachgeahmt oder in anderen Medien gespeichert werden, noch darf es in irgendeiner Form oder mit irgendwelchen Mitteln – elektronisch, mechanisch oder in irgendeiner anderen Weise – weiter verarbeitet werden. Es ist nicht gestattet, auch nur Teile dieser Publikation zu verkaufen oder zu vermitteln, ohne schriftliche Genehmigung des Herausgebers.

Lonely Planet und das Lonely Planet Logo sind eingetragene Marken von Lonely Planet und sind im US-Patentamt sowie in Markenbüros in anderen Ländern registriert.

Lonely Planet gestattet den Gebrauch seines Namens oder seines Logos durch kommerzielle Unternehmen wie Einzelhändler, Restaurants oder Hotels nicht. Bitte informieren Sie uns im Fall von Missbrauch: www.lonelyplanet.com/ip.

Obwohl die Autoren und Lonely Planet alle Anstrengungen bei der Recherche und bei der Produktion dieses Reiseführers unternommen haben, können wir keine Garantie für die Richtigkeit und Vollständigkeit dieses Inhalts geben. Deswegen können wir auch keine Haftung für eventuell entstandenen Schaden übernehmen.